Tobias Koppmann
Gedeckte Schuldverschreibungen in Deutschland und Großbritannien

Schriften zum Europäischen
und Internationalen Privat-, Bank-
und Wirtschaftsrecht

EIW Band 31

Schriften zum Europäischen und Internationalen Privat-, Bank- und Wirtschaftsrecht

EIW Band 31

De Gruyter Recht · Berlin

Tobias Koppmann

Gedeckte Schuldverschreibungen in Deutschland und Großbritannien

Pfandbriefe und UK Covered Bonds im Rechtsvergleich

W DE G RECHT

De Gruyter Recht · Berlin

Dr. *Tobias Koppmann*, München.

♾ Gedruckt auf säurefreiem Papier,
das die US-ANSI-Norm über Haltbarkeit erfüllt.

ISBN 978-3-89949-649-9

Bibliografische Information der Deutschen Nationalbibliothek

Die Deutsche Nationalbibliothek verzeichnet diese Publikation in der Deutschen Nationalbibliografie; detaillierte bibliografische Daten sind im Internet über http://dnb.d-nb.de abrufbar.

Printed in Germany
Umschlaggestaltung: Christopher Schneider, Laufen
Datenkonvertierung/Satz: WERKSATZ Schmidt & Schulz GmbH, Gräfenhainichen
Druck und Bindung: Hubert & Co., Göttingen

Meinen Eltern

Vorwort

Die vorliegende Arbeit wurde im Februar 2008 eingereicht und im Wintersemester 2008/2009 von der rechtswissenschaftlichen Fakultät der Humboldt-Universität zu Berlin als Dissertation angenommen. In diesem Zeitraum hat sich das Finanzsystem aufgrund der seit dem Sommer 2007 andauernden Finanzkrise nachhaltig verändert. Die globalen Auswirkungen dieser Finanzkrise sind in ihrer Gesamtheit noch nicht absehbar. Die Ereignisse der Finanzkrise waren bei der Aktualisierung der Arbeit zu berücksichtigen. Zudem waren mit den Regulated Covered Bond Regulations vom März 2008, dem Banking Act 2009, der PfandBG-Novelle vom März 2009 und der Neufassung des Schuldverschreibungsgesetzes im Juli 2009 Neuerungen in der Gesetzgebung einzuarbeiten. Die Druckfassung ist aktualisiert und auf dem Stand von Anfang Juli 2009.

Mein Dank gilt meinem Doktorvater, Herrn Prof. Dr. Dr. Stefan Grundmann für die Betreuung der Arbeit und die vielfältigen Anregungen sowie die Vermittlung eines Aufenthalts an der Faculty of Law der University of Oxford zur Recherche des englischen Rechts. Herrn Prof. Dr. Hans-Peter Schwintowski danke ich für die zügige Erstellung des Zweitgutachtens.

Besonders danken möchte ich Herrn Dr. Otmar Stöcker und Herrn Andreas Luckow vom Verband Deutscher Pfandbriefbanken (vdp) für die Möglichkeit beim vdp den Bestand der verbandseigenen Bibliothek nutzen zu dürfen, vielfältiges Quellenmaterial und den anregenden Meinungsaustausch.

Danken möchte ich auch Herrn Franz Rudolf und Herrn Florian Hillenbrand (beide UniCredit Group), Herrn Dr. Sönke Siemßen (BayernLB), Herrn Jakob Sernetz (Moody's Investors Service) und Herrn Josef Gerhardinger (Baader Wertpapierhandelsbank) für Hinweise und Anregungen aus der Praxis, fruchtbare Diskussionen und diverses Quellenmaterial.

Mein Dank gilt ferner den Münchner Partnern der internationalen Rechtsanwaltskanzlei Skadden, Arps, Slate, Meagher & Flom LLP, Herrn Dr. Walter Henle, Herrn Dr. Bernd Mayer und Herrn Dr. Lutz Zimmer für die Möglichkeit die Arbeit neben der anwaltlichen Tätigkeit abschließen zu können.

Besonders bedanken möchte ich mich bei meiner lieben Freundin Verena Hauser für ihre Geduld, ihr Verständnis und ihre wertvollen Anmerkungen beim Korrekturlesen.

Ganz besonderer Dank gebührt meinen Eltern – für alles, insbesondere ihre Liebe, Unterstützung und Förderung. Ihnen widme ich diese Arbeit.

München, Anfang August 2009 *Tobias Koppmann*

Inhaltsübersicht

Inhaltsverzeichnis

Abbildungsverzeichnis

Abkürzungsverzeichnis

a.A.	anderer Ansicht
ABl. EG	Amtsblatt der europäischen Gemeinschaften
ABS	Asset Backed Securities
ABB	Asset Backed Bonds
Abs.	Absatz
ABS	Asset Backed Securities
AG	Aktiengesellschaft
AGB	Allgemeine Geschäftsbedingungen
AktG	AktG
Alt.	Alternative
Anh.	Anhang
Anm.	Anmerkung
AnzV	Anzeigenverordnung
A.C.	Appeal Cases
a.E.	am Ende
a.F.	alte Fassung
BaFin	Bundesanstalt für Finanzdienstleistungsaufsicht
BaKred	Bundesaufsichtsamts für das Kreditwesen
BelWertV	Beleihungswertverordnung
BB	Der Betriebsberater
BdB	Bundesverband deutscher Banken
BDSG	Bundesdatenschutzgesetz
BGB	Bürgerliches Gesetzbuch
BGH	Bundesgerichtshof
BGHZ	Entscheidungen des Bundesgerichtshofs in Zivilsachen (amtliche Sammlung)
BGBl.	Bundesgesetzblatt
BIPRU	Prudential sourcebook applying specifically to banks, buidling societies and investment firms
BIZ	Bank für internationalen Zahlungsverkehr
BJIBFL	Butterworths International Banking and Financial Law
BMF	Bundesministerium für Finanzen
BMJ	Bundesministerium für Justiz
BKR	Zeitschrift für Bank- und Kapitalmarktrecht
BörsenZ	Börsenzeitung
BT-Drucks.	Bundestagsdrucksache
BR-Drucks.	Bundesratsdrucksache
bzw.	beziehungsweise

CA	Companies Act
ca.	circa
CfiLR	Company Financial and Insolvency Law Review
CLJ	Cambridge Law Journal
Co. Law	Companies Law
CMBS	Commercial Mortgage Backed Securities
CML	Council of Mortgage Lenders
CVA	Company Voluntary Arrangement
DeckRegV	Deckungsregisterverordnung
d.h.	das heißt
DLK	Der langfristige Kredit
DRegVO	Deckungsregisterverordnung
Drucks.	Drucksache
EA 2000	Enterprise Act 2000
EAPB	European Association of Public Banks
EC	European Community
ECBC	European Covered Bond Council
EDV	Elektronische Datenverarbeitung
EG	Europäische Gemeinschaft
EHV	Europäischer Hypothekenverband
EMF	European Mortgage Federation
ESF	European Securitisation Forum
EU	Europäische Union
EUR	Euro
Euribor	Euro Interbank Offered Rate
EUZW	Europäische Zeitschrift für Wirtschaftsrecht
EZB	Europäische Zentralbank
EWR	Europäischer Wirtschaftsraum
FAZ	Frankfurter Allgemeine Zeitung
f., ff.	folgende, fortfolgende
FHLMC	Federal Housing Loan Mortgage Corporation („Freddie Mac")
FlugBelWertV	Flugzeugbeleihungswertermittlungsverordnung
FIBOR	Frankfurt Interbank Offered Rate
FMLC	Financial Markets Law Committee
FN.	Fußnote
FNMA	Federal National Mortgage Association („Fannie Mae")
FSA	Financial Services Authority
FSMA 2000	Financial Services and Markets Act 2000
FS	Festschrift
FTD	Financial Times Deutschland
gem.	gemäß
GENPRU	Prudential sourcebook applying generally to banks, building socities, investment firms and insurers
GewStDV	Gewerbesteuerdurchführungsverordnung
GBP	Britische Pfund

GG	Grundgesetz
ggf.	gegebenenfalls
GmbH	Gesellschaft mit beschränkter Haftung
GNMA	Government National Mortgage Association („Ginnie Mae“)
GS I	Grundsatz I
Halbs.	Halbsatz
HBG	Hypothekenbankgesetz
HGB	Handelsgesetzbuch
HKLJ	Hong Kong Law Journal
h.L.	herrschende Lehre
h.M.	herrschende Meinung
HM Treasury	Her Majesties Treasury Department
Hrsg.	Herausgeber
IA	Insolvency Act
IFLR	International Financial Review
I&F	Immobilie & Finanzierung, Der langfristige Kredit
i.H.v.	in Höhe von
IL&P	Insolvency Law & Practice
INSPRU	Prudential sourcebook for banks
inkl.	inklusiv, -e
InsInt	Insolvency Intelligence
InsO	Insolvenzordnung
ISVA	Incorporated Society of Valuers and Auctioneers
IR	Insolvency Rules
IRRV	The Institute of Revenues, Rating and Valuation
ISDA	Interest Swap Dealers Association
ISVA	Incorporated Society of Valuers and Auctioneers
i.S.d.	im Sinne des
i.V.m.	in Verbindung mit
JBL	Journal of Business Law
JIBL	Journal of International Banking Law
KO	Konkursordnung
KWG	Kreditwesengesetz
LIBOR	London Interbank Offered Rate
lit.	litera (Buchstabe)
LG	Landgericht
LLP	Limited Liability Partnership
LLPA	Limited Liability Partnership Act
LMCLQ	Lloyd's Maritime and Commercial Law Quarterly
LPA 1925	Law of Property Act 1925
LQR	The Law Quarterly Review
L.S. Gaz.	The Law Society's Gazette
LTV	Loan to value ratio
max.	maximal
MBS	Mortgage Backed Securities

MCOB	Mortgage Code of Conduct
m.E.	meines Erachtens
MFEG	Mortgage Funding Expert Group
Mio.	Million, -en
MIPRU	Prudential sourcebook for mortgage and home finance firms and insurance intermediaries
MLR	The Modern Law Review
Mrd.	Milliarde, -en
mwN.	mit weiteren Nachweisen
MüKo BGB	Münchner Kommentar zum Bürgerlichen Gesetzbuch
MüKo InsO	Münchner Kommentar zur Insolvenzordnung
NILQ	Northern Ireland Legal Quarterly
NJW	Neue Juristische Wochenschrift
Nr.	Nummer
NZG	Neu Zeitschrift für Gesellschaftsrecht
NZI	Neu Zeitschrift für Insolvenzordnung und Sanierung
NZULR	New Zealand Universities Law Review
OECD	Organisation for Economic co-operation and development
OGAW	Organismus für die gemeinsame Anlage in Wertpapieren
OJLS	Oxford Journal of Legal Studies
OLG	Oberlandesgericht
ÖPG	Gesetz über die Pfandbriefe und verwandten Schuldverschreibungen öffentlich-rechtlicher Kreditanstalten
p.	page
para.	paragraph
PfandBarwertV	Pfandbriefbarwertverordnung
PfandBG	Pfandbriefgesetz
r.	rule
RabelsZ	Zeitschrift für ausländisches und internationales Privatrecht, begründet von Erst Rabel
RBEG	Rechtsberatungsgesetz
RCB Regulations 2008	The Regulated Covered Bond Regulations 2008
RCB (Amendment) Regulations 2008	The Regulated Covered Bond (Amendment) Regulations 2008
RCB Sourcebook	Financial Services Authority's Regulated Covered Bonds Specialist
2008	Sourcebook 2008
RefRegV	Refinanzierungsregisterverordnung
Reg.	regulation, regulations
RGBl.	Reichsgesetzblatt
RICS	Royal Institute of Chartered Surveyors
Rn.	Randnummer
RT-Drucks.	Reichstagsdrucksache
RICS	Royal Institution of Chartered Surveyors

RMBS	Residential Mortgage Backed Securities
S.	Seite
SchBkG	Gesetz über die Schiffspfandbriefbanken bzw. Schiffsbankgesetz
SJ	Solicitors Journal
SchiffsBelWertV	Schiffsbeleihungswertermittlungsverordnung
SchVG	Gesetz über Schuldverschreibungen aus Gesamtemissionen bzw. Schuldverschreibungsgesetz
SchVG von 1899	Gesetz betreffend die gemeinsamen Rechte der Besitzer von Schuldverschreibungen bzw. Schuldverschreibungengesetz von 1899
Sec.	section, sections
sog.	sogenannt, -e, -er, -es
SolvV	Verordnung über die angemessene Eigenmittelausstattung von Instituten, Institutsgruppen und Finanzholding-Gruppen bzw. Solvabilitätsverordnung
SPV	Special Purpose Vehicle
SZ	Süddeutsche Zeitung
u.a.	unter anderem
UmwG	Umwandlungsgesetz
UNICTRAL	United Nations Commission on International Trade
U.S.	United States
USD	US Dollar
usw.	und so weiter
u.U.	unter Umständen
Unterabs.	Unterabsatz
UWALR	University of Western Australia Legal Review
v.a.	vor allem
VAT	value added tax
VDH	Verband deutscher Hypothekenbanken (heute Verband deutscher Pfandbriefbanken, vdp)
vdp	Verband deutscher Pfandbriefbanken (vormals Verband deutscher Hypothekenbanken bzw. VDH)
vgl.	vergleiche
WM	Wertpapiermitteilungen
Yale LJ	The Yale Law Journal
z.B.	zum Beispiel
ZBB	Zeitschrift für Bankrecht und Bankwirtschaft
ZfGK	Zeitschrift für das gesamte Kreditwesen
ZHR	Zeitschrift für das Gesamte Handelsrecht und Konkursrecht, ab Band 124 (1962) Zeitschrift für das Gesamte Handelsrecht und Wirtschaftsrecht
ZKA	Zentraler Kreditausschuss
ZPO	Zivilprozessordnung
z.T.	zum Teil

1. Teil: Allgemeine Grundlagen und Überblick

§ 1 Gegenstand, Formen und Begriff

Gedeckte Schuldverschreibungen – im Fachjargon covered bonds genannt – sind im Lauf der letzten zwanzig Jahre zu einer bedeutenden Anlageklasse im europäischen Anleihemarkt und zu einer wichtigen Refinanzierungsquelle für Banken geworden. In vielen Ländern bilden gedeckte Schuldverschreibungen, wie der deutsche Pfandbrief, einen Grundpfeiler des Finanzsystems. Insgesamt hat der Markt für gedeckte Schuldverschreibungen europäischer Emittenten ein Volumen von gut EUR 2,0 Billionen. Auf den deutschen Pfandbrief entfallen hiervon ca. EUR 770 Mrd. (Stand März 2009) und damit knapp 40 % des gesamten Volumens aller covered bonds europäischer Emittenten.

Bis in die 1990er Jahre waren gedeckte Schuldverschreibungen vor allem ein deutsches Kapitalmarktprodukt in Form des Pfandbriefs. Heute gibt es gedeckte Schuldverschreibungen in einer Vielzahl von Ländern. Diese sind nach den jeweiligen gesetzlichen Rahmenbedingungen weit überwiegend an das bewährte Pfandbriefmodell angelehnt. Insbesondere seit dem Jahr 2003 entstanden in einer Vielzahl von Ländern gesetzliche Emissionsgrundlagen für gedeckte Schuldverschreibungen und debütierten zahlreiche neue Emittenten[1].

Obwohl gedeckte Schuldverschreibungen zu den sichersten Anlageprodukten zählen, sind auch sie von der seit 2007 andauernden globalen Finanzkrise erfasst worden. Bis Mitte September 2008 waren gedeckte Schuldverschreibungen zunächst weit weniger betroffen als andere Refinanzierungsinstrumente. Es sah sogar lange so aus, als könnte der Pfandbrief sich der umgreifenden Krise entziehen. Bis zum Sommer 2008 nahmen die Risikoaufschläge für gedeckte Schuldverschreibungen allgemein zu, jedoch bei weitem nicht im selben Umfang wie für ungedeckte Schuldverschreibungen und Verbriefungen. Der Primärmarkt für gedeckte Schuldverschreibungen funktionierte v.a. für Emissionen mit kleinen Platzierungsvolumen und kurzen Laufzeiten in einigen Ländern bis Mitte September 2008 gut. Der Sekundärmarkt war weniger liquide als gewöhnlich, insbesondere aufgrund der Einstellung des Interbankenhandels gedeckter Schuldverschreibungen. Auf dem Höhepunkt der Finanzkrise im Herbst 2008 gerieten sämtliche Refinanzierungsmärkte unter erheblichen Druck; der Interbankenmarkt trocknete aus. Der Verbriefungsmarkt war zu diesem Zeitpunkt in weiten Teilen schon lange zusammen gebrochen. Die Risikoaufschläge für gedeckte Schuldverschreibungen weiteten sich

1 Vgl. ECB, EU Banks' Funding Structures and Policies, May 2009, p. 9.

auf ungewohnt hohe Niveaus aus. Die Ausweitungen fielen aber im Vergleich zu ungedeckten Schuldverschreibungen noch mäßig aus. Die Refinanzierung war in dieser Zeit auch mittels gedeckter Schuldverschreibungen erheblich erschwert und kam vorübergehend zum Halt. Seit dem ersten Quartal 2009 zeigen sich bei den Emissionsvolumen für gedeckte Schuldverschreibungen in einigen Märkten Aufwärtstendenzen. Allerdings ist seither eine deutlich stärkere Differenzierung unter gedeckten Schuldverschreibungen nach Land, rechtlichen Rahmenbedingungen, Bonität des Emittenten und Qualität der Deckungswerte zu erkennen.

Die Europäische Zentralbank (EZB) misst gedeckten Schuldverschreibungen eine entscheidende Bedeutung für die Stabilisierung des Finanzsystems zur Überwindung der Finanzkrise bei[2]. Aus diesem Grund hat die EZB im Mai 2009 ein Aufkaufprogramm für auf Euro lautende gedeckte Schuldverschreibungen europäischer Emittenten in Höhe von EUR 60 Mrd. beschlossen. Gedeckte Schuldverschreibungen genießen als Instrument der Refinanzierung weiter großes Ansehen. Wesentlicher Grund dafür ist sicherlich ihre Krisenfestigkeit. Es besteht damit berechtigte Hoffnung, das gedeckte Schuldverschreibungen dazu beitragen können, das Investorenvertrauen wiederherzustellen.

A. Die Grundidee der gedeckten Schuldverschreibung

Gedeckte Schuldverschreibungen dienen der Refinanzierung des langfristigen Kredits, d.h. des Immobilien-, Staats-, Schiffs- und neuerdings Flugzeugfinanzierungsgeschäfts. Sie ermöglichen Kreditinstituten im Gegensatz zu kurzfristigen Einlagen eine langfristige Refinanzierung am Kapitalmarkt. Mit dem allgemeinen Rückgang des Einlagengeschäfts hat ihre Bedeutung für die Refinanzierung der Kreditinstitute erheblich zugenommen[3].

Nach dem ökonomischen Gesetz sind Kreditinstitute im Rahmen ihrer Refinanzierung bestrebt den Zinsaufwand möglichst gering zu halten. Eine niedrige Verzinsung setzt voraus, dass die zur Refinanzierung ausgegebene Schuldverschreibung mit einer entsprechend hohen Sicherheit ausgestattet ist. Erreicht wird die hohe Sicherheit der gedeckten Schuldverschreibungen – die in der Regel ein sehr hohes Rating (häufig AAA[4]) aufweisen – in besonderer Weise durch das Deckungsprinzip und den Grundsatz der vorrangigen Befriedigung. Ihre Deckung besteht in den überwiegenden Fällen aus einer gesonderten Deckungsmasse, die sich aus grundpfandrechtlich gesicherten Darlehen, Forderungen aus Darlehen an öffentliche Stellen, schiffs- und neuerdings auch flugzeugpfandrechtlich gesicherten Darlehen, mithin besonders sicheren Vermögenswerten, zusammensetzt. Die Deckung ist in

2 Vgl. ECB, Press release, dated 4.6.2009, Purchase programme for covered bonds; ECB press conference, Introductory Statement with Q&A, dated 7.5.2009.
3 Vgl. Forum Group on Mortgage Credit, The Integration of the EU Mortgage Credit Markets, 2004, p. 40.
4 Vgl. ECB, Covered Bonds in the EU Financial System, December 2008, p. 7.

ihrem Umfang so bemessen, dass aus ihr die Ansprüche aus den gedeckten Schuldverschreibungen jederzeit bedient werden können. Im Fall der Insolvenz des emittierenden Kreditinstituts steht die Deckungsmasse vorrangig für die Befriedigung der gedeckten Schuldverschreibungsgläubiger zur Verfügung.

Die Grundidee der gedeckten Schuldverschreibung liegt somit in der Weiterleitung der besonderen Sicherheit bestimmter Deckungswerte an die Gläubiger der gedeckten Schuldverschreibung. Ziel gedeckter Schuldverschreibungen ist die Absicherung ihrer Gläubiger vor Zahlungsausfällen der Emittentin sowie vor Risiken, die Zahlungsinkongruenzen zwischen den Deckungswerten und den gedeckten Schuldverschreibungen verursachen können, um sicherzustellen, dass gedeckte Schuldverschreibungen die Insolvenz ihrer Emittentin „überleben"[5]. Wesentlicher Unterschied zu anderen Finanzierungsinstrumenten ist, dass gedeckte Schuldverschreibungen einen doppelten Schutz bzw. Anspruch (auch sog. *dual claim* bzw. *dual recourse*) bieten: Zum einen hat der Anleger einen direkten Anspruch gegen die emittierende Bank auf Rückzahlung von Kapital und die Zahlung von Zinsen. Zum anderen steht den Anlegern eine aus sicheren Deckungswerten bestehende Deckungsmasse zur vorrangigen Befriedigung ihrer Forderungen zur Verfügung, falls die emittierende Bank in finanzielle Schwierigkeiten oder gar in die Insolvenz geraten sollte. Wesentlich für die Anlageentscheidung sind damit sowohl die Bonität der emittierenden Bank als auch die Qualität der Deckungswerte.

Die besonders hohe Sicherheit gedeckter Schuldverschreibungen rechtfertigt sowohl eine niedrigere Verzinsung als auch eine längere Laufzeit gegenüber ungedeckten Schuldverschreibungen. Gesamtwirtschaftlich betrachtet, dienen gedeckte Schuldverschreibung auf diese Weise öffentlichen und privaten Interessen zugleich. Denn sie ermöglichen, „dass von funktionsfähigen Kapitalvermittlern ein ausreichendes, zinsgünstiges Angebot an langfristigen Finanzierungsmitteln für volkswirtschaftliche Investitionen, insbesondere des Wohnungs- und Städtebaus, zur Verfügung gestellt werden kann" und schützen gleichzeitig sowohl Anleger als auch Kreditnehmer[6].

B. Erscheinungsformen gedeckter Schuldverschreibungen

Die Erscheinungsformen gedeckter Schuldverschreibungen sind abhängig von den rechtlichen Rahmenbedingungen der einzelnen Ländern. Wesentliches Unterscheidungsmerkmal gedeckter Schuldverschreibungen ist ihre Emissionsgrundlage und ihr Format[7].

---

5 Vgl. European Commission, Working paper of the commission services on the treatment of covered bonds, 7.4.2003, p. 2; EU-Commission – Internal Market and Services DG – Financial Institutions – Retail issues, consumer policy and payment systems, Mortgage Industry and Consumer Expert Group, Final Report, Brussels, 20.12.2006, p. 45.

6 Vgl. RT-Drucksache, 1 Session, 10. Legislaturperiode, Nr. 106, Hypothekenbankgesetz, Begründung, S. 21; Schmidt, Die Hypothekenbanken, in: Rüchardt, Handbuch des Hypothekarkredits, 3. Auflage, 1993, S. 1044; Bellinger/Kerl, HBG. 4. Auflage, 1995, Einleitung, S. 27 ff.

7 Vgl. Golin, Covered Bonds beyond Pfandbriefe, p. 11.

I. Gesetzlich versus strukturiert gedeckte Schuldverschreibungen

Absolut vorherrschend ist das traditionelle Konzept der gedeckten Schuldverschreibung auf der Basis einer speziellen gesetzlichen Emissionsgrundlage. Sie regelt das Deckungsprinzip, die zulässigen Deckungswerte, das vorrangige Befriedigungsrecht sowie die besondere öffentliche Aufsicht.

Neben frühen Kodifikationen in Dänemark (1850), Frankreich (1852), Deutschland und Österreich (1899) sowie der Schweiz (1930) sind mittlerweile in mehr als zwei Dutzend – überwiegend europäischen – Ländern gesetzliche Emissionsgrundlagen geschaffen worden[8]. Vor allem in den 1990er Jahren hat der europäische Einigungsprozess, die Einführung des Euro und die Globalisierung der Finanzmärkte eine Renaissance der gedeckten Schuldverschreibung ausgelöst[9]. Aufgrund des Erfolgs des Pfandbriefs auf dem Kapitalmarkt wurden auch in anderen Ländern gesetzliche Emissionsgrundlagen in Anlehnung an das Pfandbriefmodell geschaffen. Auf diese Weise wurde der Pfandbrief zum Exportschlager. Die Nachahmerprodukte reichen allerdings hinsichtlich der Qualität der Deckungsmassen und der Insolvenzfestigkeit häufig nicht an den deutschen Pfandbrief heran[10]. Trotzdem hat der Wettbewerb der unterschiedlichen Modelle stark zugenommen.

Die Möglichkeit der Refinanzierung durch gedeckte Schuldverschreibungen auf der Basis einer gesetzlichen Emissionsgrundlage ist in zweierlei Hinsicht begrenzt. Sie setzt zum einen eine gesetzliche Emissionsgrundlage voraus und ist zum anderen nur für gesetzlich bestimmte Deckungswerte zulässig. Um die Vorteile gedeckter Schuldverschreibungen nutzen zu können, waren in der jüngeren Vergangenheit verstärkt Bestrebungen zu beobachten, die Grundidee und Wirkungsmechanismen gedeckter Schuldverschreibungen durch privatrechtliche Verträge nachzubilden.

Die erste sog. strukturiert gedeckte Schuldverschreibung auf vertraglicher Basis ist im Juni 2003 von der HBOS Group, einer führenden britischen Immobilienbank, ausgegeben worden[11]. Mangels spezifischer gesetzlicher Emissionsgrundlage sind dabei vertragliche Strukturierungsmethoden und -techniken aus der Verbriefung bzw. Securitisation angewendet worden, um das deutsche Pfandbriefmodell nachzubilden[12]. Das Modell dieses sog. UK structured covered bond ist von anderen bri-

---

8 Vgl. Koelsch, Recent Trends in the Covered Bonds Market, in: ECBC, Covered Bond Fact Book, 2007, p. 42.

9 Vgl. Brown, Covered bonds invade new markets, in: Euromoney, 11/2003; Packmohr, Renaissance des Hypothekenpfandbriefs auf breiter Front? In Europa ist der Siegeszug hypothekarisch besicherter Covered Bonds bereits seit langem im Gange, in: BörsenZ vom 25.2.2006, S. B7; Boos/Rost, Landesbanken als Pfandbriefbanken – Geschichte, Gegenwart, Zukunft, in: I&F, 13/2007, S. 440.

10 Vgl. Asmussen, Der Pfandbrief – eine Stütze des deutschen Finanzsystems, in: I&F, 2008, S. 13.

11 Vgl. HBOS plc – HBOS Treasury Services plc EUR 14 Billion Covered Bond Programme, 27.6.2003 (offering circular). Der Begriff der strukturiert gedeckten Schuldverschreibung bzw. des structured covered bond wird in der Arbeit in seiner deutschen und englischen Bezeichnung synonym verwendet.

12 Vgl. Balai, Covered bonds continue to seduce, in: Euromoney, June 2005, p. 142.

tischen Emittenten weitgehend übernommen worden, wodurch sich ein britischer Marktstandard gebildet hat. Mit den Regulated Covered Bond Regulations 2008 (RCB Regulations 2008) hat der britische Gesetzgeber im März 2008 ein regulatorisches Rahmenwerk für UK Regulated Covered Bonds geschaffen[13].

Strukturiert gedeckte Schuldverschreibungen sind kein britisches Phänomen geblieben, sondern auch in anderen Ländern entwickelt worden. In den Niederlanden wurde im Jahr 2005 erstmalig in Anlehnung an das britische Modell eine strukturiert gedeckte Schuldverschreibung ausgegeben[14]. Sehr große Beachtung fand auch die erste strukturiert gedeckte Schuldverschreibung in den U.S.A. im Herbst 2006 durch die U.S.-Sparkassengruppe Washington Mutual (WaMu)[15]. Das U.S.-amerikanische Modell unterscheidet sich aber sowohl vom deutschen Pfandbriefmodell als auch vom Modell des UK structured covered bond erheblich (so werden die U.S.-amerikanischen gedeckten Schuldverschreibungen von einer Zweckgesellschaft und nicht von einem Kreditinstitut emittiert)[16]. Um U.S. covered bonds zum Durchbruch zu verhelfen, hat das U.S.-amerikanische Finanzministerium im Juli 2008 Leitlinien für die Emission von U.S.-covered bonds erlassen[17]. Mit der Royal Bank of Canada hat im Oktober 2007 das erste kanadische Kreditinstitut einen structured covered bond emittiert[18]. Dieser ist nicht am U.S.-amerikanischen Modell, sondern am britischen Modell angelehnt. Schließlich hat im Januar 2008 die Shinsei Bank eine strukturiert gedeckte Schuldverschreibung nach britischem Vorbild begeben und damit das Modell in Japan eingeführt[19].

---

13 In dieser Arbeit werden UK Regulated Covered Bonds (im Folgenden auch groß geschrieben aufgrund der gesetzlichen Definition in sec. 1(2) RCB Regulations 2008) und UK structured covered bonds zusammen als UK covered bonds bezeichnet.

14 In den Niederlanden werden sog. Pfandbrieven seit Gründung der ersten niederländischen Hypothekenbank im Jahr 1861 von spezialisierten Instituten ohne eine spezifische gesetzliche Emissionsgrundlage emittiert. Vgl. Pleyer, Das Recht der Hypothekenbanken in Europa, 1981, S. 26; Schubäus, Das Hypothekenbankgeschäft in den Niederlanden und in der Bundesrepublik Deutschland, 1984. Zum niederländischen structured covered bond-Modell: Vgl. Moor, The Netherlands, in: ECBC, Covered Bond Fact Book, 2007, p. 151 et seq. Im Juli 2008 ist auch in den Niederlanden mit dem Dutch Covered Bond Decree eine gesetzliche Emissionsgrundlage eingeführt worden.

15 Vgl. BörsenZ vom 2.9.2006, Debüt von Washington Mutual begeistert die Bondinvestoren, S. 18; Euromoney, WaMu ponders pioneering role, May 2006, p. 22; Euromoney, Details emerge of WaMu's landmark covered bond, September 2006, p. 26; McLannahan, Seeking Cover – With a blockbuster issue from Washington Mutual and more U.S. borrowers knocking at the door, the European covered bond market is going global, in: Institutional Investor, December 2006/January 2007, p. 37.

16 Vgl. Maiden, The British are coming, in: IFLR, 10/2006, p. 34; Winkler, Der Covered Bond Markt in den USA: Ein weiter Weg von den Kinderschuhen bis zur Marktreife, in: vdp, Der Pfandbrief, 2007, S. 40 ff. Ginieczki, United States, in: ECBC, Covered Bond Fact Book, 2007, p. 219 et seq. Dem vdp soll ein Gutachten vorliegen, wonach im Fall der Insolvenz der die Deckungswerte generierenden U.S.-Bank Zahlungsverzögerungen unter den US covered bonds „sehr wahrscheinlich" sind (vgl. Standard & Poor's, All Covered Bonds are not treated equal, 13.9.2007, p. 162; Bowman, it depends what you mean by covered bond, in: Euromoney, September 2007, p. 162).

17 Vgl. The Department of the Treasury, Best Practices for Residential Covered Bonds, July 2008.

18 Vgl. BayernLB, Covered Bond Report, Nr. 21 vom 31.10.2007, S. 12.

19 Vgl. BayernLB, Covered Bond Report, Nr. 1 vom 10.1.2008, S. 15.

Strukturiert gedeckte Schuldverschreibungen werden also primär in Ländern genutzt, in denen keine spezielle gesetzliche Emissionsgrundlage Zugang zu dieser günstigen Refinanzierungsform ermöglicht. Nachdem bestimmte Privilegierungen für gedeckte Schuldverschreibungen mit gesetzlicher Emissionsgrundlage (z.B. bei der Eigenkapitalgewichtung) gelten[20], geht mit ihrer Entwicklung typischerweise die Forderung einher, diese gesetzlich anzuerkennen bzw. eine gesetzliche Emissionsgrundlage zu schaffen. In der Folge wurde z.B. in Großbritannien und den Niederlanden ein gesetzliches Rahmenwerk für die Emission von gedeckten Schuldverschreibungen geschaffen.

Strukturiert gedeckte Schuldverschreibungen werden aber auch ergänzend in Ländern genutzt in denen eine gesetzliche Emissionsgrundlage für gedeckte Schuldverschreibungen existiert. In der Regel werden auf diese Weise Vermögenswerte refinanziert, die unter den bestehenden gesetzlichen Emissionsgrundlagen nicht als Deckungswerte zugelassen sind (so z.B. in Frankreich und Irland). In Frankreich hat die BNP Paribas im Dezember 2006 als erste französische Universalbank ein EUR 25 Mrd. structured covered bond-Programm aufgelegt[21]. Diesem Modell sind weitere französische Emittenten gefolgt. Aufgrund ähnlicher Erwägungen hat die Anglo Irish Bank Ende März 2007 den ersten irischen structured covered bond ausgegeben. Dieser ermöglichte vorab die Refinanzierung von gewerblichen Immobilienfinanzierungen, die von der irischen gesetzlichen Emissionsgrundlage erst auf der Basis des am 31.8.2007 in Kraft getretenen novellierten Asset Coverage Securities Act 2007 als Deckung zugelassen wurden[22]. Auch in Deutschland wurde von der Landesbank Berlin (LBB) – u.a. als Pooling-Modell für Sparkassen – sowie der Valovis Bank AG eine strukturiert gedeckte Schuldverschreibung entwickelt[23].

Die Emissionsvolumina strukturiert gedeckter Schuldverschreibungen wiesen bis zum Ausbruch der aktuellen Finanzkrise hohe Wachstumsraten auf, während das Emissionsvolumen gesetzlich gedeckter Schuldverschreibungen tendenziell rückläufig war. Gleichwohl wurde und wird seit jeher die Entwicklung strukturiert gedeckter Schuldverschreibungen kontrovers diskutiert[24]. So sahen und sehen sich die Emittenten strukturiert gedeckter Schuldverschreibungen erheblicher Kritik von traditionellen covered bond-Emittenten ausgesetzt. Diese heben Schwächen hervor und machen deutlich, dass die Homogenität der Anlageklasse gefährdet ist. Im Mit-

---

20 Vgl. 2. Teil, § 4, C.

21 Vgl. BNP Paribas, Covered Bonds – Investor Presentation, February 2007; Euromoney, BNP takes structured approach, December 2006, p. 26; BayernLB, Covered Bond Report, Nr. 21 vom 23.11.2006, S. 8; BayernLB, Covered Bond Report, Nr. 22, vom 7.12.2006, S. 2; Osman, Pfandbrief Wildwuchs erbost Insider, in: FTD, vom 22.11.2006.

22 Vgl. BayernLB, Covered Bond Report, Nr. 7, vom 30.3.2007, S. 8; BayernLB, Covered Bond Report, Nr. 14, vom 12.6.2007, S. 7.

23 Vgl. Landesbank Berlin AG, Basisprospekt für die Anleihen Daheim Nr. 1, 26.2.2007; Johannsen, Kai; LBB bringt ersten Structured Covered Bond – Günstige Refinanzierungsmöglichkeit für Sparkassen, denen der Weg an den Pfandbriefmarkt versperrt ist, in: BörsenZ vom 9.3.2007; BayernLB, Covered Bond Report, Nr. 6, vom 16.3.2007, S. 12. Dazu ausführlich: 6. Teil, § 23, C., I.

24 Vgl. Bowman, It depends what you mean by covered bonds, in: Euromoney, September 2007, p. 162.

telpunkt der Diskussion standen hauptsächlich U.S.-amerikanische und französische, weniger dagegen britische und niederländische strukturiert gedeckte Schuldverschreibungen.

II. Jumbo- bzw. Benchmark-Emissionen versus traditionelle Emissionen

Ein v.a. für Investoren wesentliches Unterscheidungskriterium gedeckter Schuldverschreibungen ist deren Format, d.h. die individuelle Ausgestaltung unter Liquiditätsgesichtspunkten. In dieser Hinsicht ist der Markt zu unterteilen in ein hochliquides Segment großvolumiger breit platzierter gedeckter Schuldverschreibungen im sog. Jumbo-Format und ein Segment traditioneller, eher kleinvolumiger und regelmäßig privat platzierter gedeckter Schulverschreibungen.

Im Jahr 1995 existierten in Deutschland rund 18.000 Pfandbriefemissionen mit einem durchschnittlichen Emissionsvolumen von ca. EUR 35 Mio.[25]. Ein liquider, schneller und effizienter Handel der Pfandbriefe konnte aufgrund der kleinvolumigen Emissionen und der Zersplitterung des Pfandbriefmarkts nicht gewährleistet werden. Für institutionelle Anleger war der Pfandbriefmarkt damit nicht ausreichend attraktiv. Vor diesem Hintergrund wurde ein hochliquides Segment für Pfandbriefe mit einheitlicher Ausgestaltung des Emissionsformats entwickelt. Das Format dieses sog. Jumbo Segments zeichnet sich aus durch: eine Ausgabe in EUR Denomination; eine endfällige Tilgung; eine jährlich festverzinsliche Verzinsung; einem ausstehenden Emissionsvolumen von in der Regel über EUR 1 Mrd.; und die Gewährleistung des Handels durch die Stellung von Verkaufs- und Kaufkursen innerhalb eines bestimmten Kursbandes (sog. Marktmachen bzw. market making). In der Zwischenzeit ist das Jumbo-Segment für gedeckte Schuldverschreibungen in einer Vielzahl von Ländern mit gewissen Abweichungen übernommen worden, wodurch in wenigen Jahren ein europäisches Segment für Jumbo- bzw. Benchmark-covered bonds entstand ist[26].

Neben Jumbo-Pfandbriefen werden sog. traditionell gedeckte Schuldverschreibungen ausgegeben[27]. Diese zeichnen sich durch ein wesentlich geringeres Volumen pro Einzelemission sowie eine starke Differenzierung hinsichtlich Form, Denomination, Tilgungs- und Zinsart auf. Nicht selten werden traditionell gedeckte Schuldverschreibungen im Rahmen privater Platzierungen ausgegeben, wobei dann in der Regel die gedeckte Schuldverschreibung speziell nach den Wünschen der Investoren strukturiert wird. In Deutschland haben traditionelle Pfandbriefe als wertpapiermäßig strukturierter Pfandbrief (z. B. als Namenspfandbrief) große Bedeutung und

---

25 Vgl. Munsberg, Zehn Jahre Jumbo-Pfandbriefe, in: vdp, Der Pfandbrief, 2005, S. 32.
26 Vgl. Engelhard, The secondary market and the Jumbo model, in: Golin, Covered bonds beyond Pfandbriefe, S. 64.
27 Traditionelle Pfandbriefe machten Ende 2005 62 % des gesamten deutschen Pfandbriefmarkts aus. Vgl. Volk/Hillenbrand, Der Europäische Jumbo Covered Bond Markt, in: vdp, Der Pfandbrief, 2006, S. 64.

erfreuen sich insbesondere bei sog. buy-and-hold-Investoren großer Beliebtheit[28]. Auch in Großbritannien wurden structured covered bonds in kleinvolumigen Emissionen privat platziert.

C. Der Begriff der gedeckten Schuldverschreibung

Die Verbreitung der gedeckten Schuldverschreibung hat zur Entwicklung nationaler Systeme mit unterschiedlichen nationalen Bezeichnungen wie z. B. Pfandbriefen (Deutschland), obligations foncières (Frankreich), lettres de gage (Luxemburg), cèdulas (Spanien), mortgage and public asset covered bonds (Irland) und covered bonds (Großbritannien) geführt. Die Bezeichnungen dieser Instrumente entstammen zumeist den gesetzlichen Emissionsgrundlagen. Oft wurde aus Marketinggründen darauf verzichtet, die Bezeichnung im Ausland zu übersetzen und ein entsprechender Bezeichnungsschutz gesetzlich geregelt[29]. Vom Markt werden diese Instrumente unter den Begriff der gedeckten Schuldverschreibung (*covered bond*) gefasst[30]. Eine einheitliche Begriffsbestimmung für gedeckte Schuldverschreibungen existiert allerdings nicht[31]. Hierzulande werden gedeckte Schuldverschreibungen auch als mit Krediten bzw. Forderungen besicherte (Bank-)Schuldverschreibungen bzw. Anleihen bezeichnet.

I. Der Marktbegriff der gedeckten Schuldverschreibung

Die genaue Entstehung des englischen covered bond-Begriffs ist heute nicht mehr nachvollziehbar. Es liegt eine Kombination aus dem in den U.S.A. und England bekannten Begriff, Asset bzw. Mortgage Backed Bonds[32] und der Bezeichnung asset covered securities, die für irische gedeckte Schuldverschreibungen verwendet wird[33], nahe. Zeitlich gesehen dürfte der Begriff zusammen mit dem des UK structured covered bond entstanden sein, welcher von den Ratingagenturen geprägt wurde[34].

Gedeckte Schuldverschreibungen weisen wesentliche gemeinsame Merkmale auf[35]. Die sog. mortgage funding expert group (MFEG), die von der EU-Kommission im

28 Vgl. Strohrmann, Transparenz am Pfandbriefmarkt, in: vdp, Der Pfandbrief, 2006, S. 39.

29 Vgl. § 41 PfandBG; Hagen, Covered Bond – Das unbekannte Wesen, in: VDH, Der Pfandbrief, 2003, S. 29.

30 Vgl. statt vieler: IMF Working Paper, The Use of Mortgage Covered Bonds, WP/07/20, p. 4.

31 Vgl. ECB, Covered Bonds in the EU Financial System, December 2008, p. 6.

32 Allerdings nicht zu verwechseln mit asset bzw. mortgage backed securities. Vgl. Wilburger, Asset-Backed Securities im Zivil- und Steuerrecht, S. 43f.

33 Siehe Asset Cover Securities Act, Irland, vom 18.12.2001.

34 Vgl. z.B. Moody's Investor Service, European Structured Covered Bonds: Moody's Rating Approach, 10.4.2003.

35 Vgl. European Commission, Working paper of the commission services on the treatment of covered bonds, 7.4.2003, p. 2; EU-Commission – Internal Market and Services DG – Financial Institutions – Retail issues, consumer policy and payment systems, Mortgage Industry and Consumer Expert Group, Final Report, Brussels, 20.12.2006, p. 44; ECBC, European Covered Bond Fact Book, 2006, p. 23.

Rahmen der Diskussion zur Integration der Hypothekarkreditmärkte im Jahr 2006 eingesetzt wurde, hat im Wissen um das Fehlen eines ausgereiften Marktbegriffs die gemeinsamen bestimmenden Merkmale gedeckter Schuldverschreibungen wie folgt beschrieben[36]:

- Rechtlicher Rahmen:

  Grundsätzlich bestimmt der rechtliche Rahmen die wesentlichen Eigenschaften der gedeckten Schuldverschreibung. Traditionelle bzw. gesetzlich gedeckte Schuldverschreibungen sind in speziellen Gesetzen geregelt. Daneben sind in einigen Ländern (z.B. Großbritannien, Frankreich, den Niederlanden und Irland) vertragliche Modelle entwickelt worden, welche die Grundmerkmale gedeckter Schuldverschreibungen auf der Basis des allgemeinen Rechts mittels vertraglicher Abreden nachbilden und strukturiert gedeckte Schuldverschreibungen genannt werden.

- Deckungswerte:

  Die zulässigen Deckungswerte europäischer covered bond-Systeme sind in der neu gefassten Bankenrichtlinie niedergelegt und umfassen: Staats- und Kommunalkredite; Wohn- und Gewerbeimmobilienkredite; Forderungen gegenüber Kreditinstituten; senior Mortgage Backed Securities; und Schiffskredite[37].

- Immobilienbewertung und Beleihungsgrenzen (*loan to value criteria bzw. LTV*):

  Europäische covered bond-Systeme beinhalten rechtliche Vorschriften oder allgemein anerkannte Grundsätze zur Immobilienbewertung. Die Beleihungsgrenze für einzelne Vermögenswerte ist relativ ähnlich und schwankt zwischen 60 und 80% bei Wohnimmobilienkrediten. In einigen Ländern besteht eine zusätzliche sog. loan to value-Grenze auf Portfoliobasis.

- Aktiv-Passiv-Steuerungs-Richtlinien:

  Richtlinien für die Aktiv-Passiv-Steuerung der Kreditinstitute bestehen in den meisten covered bond-Systemen. Große Unterschiede in Bezug auf die technischen Details und die Regelungstiefe erschweren einen Vergleich in diesem Bereich. In vielen Fällen wird das Deckungsprinzip angewandt, das voraussetzt, dass der Gesamtbetrag der im Umlauf befindlichen gedeckten Schuldverschreibungen jederzeit in Höhe seines Nennwerts durch Vermögenswerte von mindestens gleicher Höhe und mindestens gleichem Zinsertrag gedeckt sein muss. In einigen Jurisdiktionen verlangen die gesetzlichen Emissionsgrundlagen, dass die

---

36 Vgl. EU-Commission – Internal Market and Services DG – Financial Institutions – Retail issues, consumer policy and payment systems, Mortgage Industry and Consumer Expert Group, Final Report, Brussels, 20.12.2006, p. 44; ECBC, European Covered Bond Fact Book, 2007, p. 73. Im Wesentlichen übereinstimmend: „Essential Features of Covered Bonds", European Covered Bond Council (vgl. Burmeister, Der Pfandbrief und die wesentlichen Merkmale von Covered Bonds gemäß der „Essential Features of Covered Bonds" des ECBC, in: vdp, Der Pfandbrief, 2008/2009, S. 48 ff.).

37 Vgl. Annex VI, Teil 1, Para. 12, Ziffer 68 bis 70 der neu gefassten Bankenrichtlinie. Dazu ausführlich siehe unten 2. Teil, § 4, B., II.

als Deckung verwendeten Derivate ebenfalls in Deckung genommen werden müssen. Für den Fall, dass die Derivate Teil der Deckungsmasse sind, sind die Derivate-Vertragspartner gleichrangig mit den gedeckten Schuldverschreibungsgläubiger aus der Deckungsmasse zu befriedigen.

- Überwachung der Deckungsmasse und öffentliche Aufsicht:

  Die Einhaltung des Mindeststandards des Art. 22 Abs. 4 der OGAW-Richtlinie[38] hat im Ergebnis zu einer gewissen Standardisierung der Überwachung der Deckungsmasse und der öffentlichen Aufsicht geführt. Die meisten covered bond-Systeme haben einen externen, unabhängigen Überwacher der Deckungsmasse eingeführt, der entsprechend beruflich qualifiziert sein muss. Darüber hinaus üben in den meisten Ländern die nationalen Finanzaufsichtsbehörden (und in einigen Fällen die Finanzmarktregulierungsbehörden) eine besondere öffentliche Aufsicht in Bezug auf gedeckte Schuldverschreibungen aus.

- Sonderung und Insolvenzferne der Deckungswerte (bzw. vorrangiges Befriedigungsrecht):

  Die europäischen covered bond-Systeme nutzen unterschiedliche Mechanismen, um die Ansprüche der gedeckten Schuldverschreibungsgläubiger vor anderen Gläubigern in der Insolvenz des Emittenten zu schützen. In manchen Systemen wird dies durch die Sonderung der gedeckten Schuldverschreibungen und Deckungsmassen von der Insolvenzmasse des Emittenten aufgrund gesetzlicher oder privatrechtlicher Regelung erreicht. In anderen Systemen besteht der Schutz der gedeckten Schuldverschreibungsgläubiger aus einem bevorzugten bzw. privilegierten Anspruch (*preferential claim*) innerhalb der Insolvenzmasse. Dabei ist ein wichtiges gemeinsames Merkmal, dass gedeckte Schuldverschreibungen in der Regel in der Insolvenz des Emittenten nicht automatisch gesamtfällig gestellt werden. In einigen covered bond-Systemen können die gedeckten Schuldverschreibungsgläubiger im Insolvenzverfahren über das übrige Vermögen des Emittenten ihre Forderungen in Höhe ihres Ausfalls gleichrangig mit den ungesicherten Gläubigern geltend machen.

Im Bezug auf die konkreten Anforderungen bzw. die konkrete Ausgestaltung dieser gemeinsamen Merkmale gedeckter Schuldverschreibungen herrscht im Markt keine abschließende Übereinstimmung[39]. Ihnen liegen in den einzelnen Ländern

---

38 Zur OGAW-Richtlinie, siehe unten 2. Teil, § 4, B., I.

39 Vgl. Grieger, Covered Bonds – Es ist nicht immer darin was darauf steht, in: I&F, 16/2003, S. 18 ff.; Hagen, Covered Bond – Das unbekannte Wesen, in: VDH, Der Pfandbrief, 2003, S. 29 ff.; Structured Finance International, Fifteen into one – the mortgage finance puzzle, Issue 29, December/January, 2003; Weber, Perspektiven bei der Emission gedeckter Schuldverschreibungen, in: I&F, 17/2004, S. 546, 549; Brown, Covered bonds face an identity crisis, in: Euromoney, November 2004, p. 77 et seq.; The Banker, Germany's VDH takes control of European covered bond dispute, 6/2004, p. 13; Miles, The UK Mortgage Market: Taking a Longer-Term View, March 2004, p. 76; Forum Group on Mortgage Credit, The Integration of the EU Mortgage Credit Markets, p. 40; Standard & Poor's, Financial Institutions, Expanding European Covered Bond Universe Puts Spotlight on Key Analytics, 16.7.2004, p. 1; FitchRatings, European Covered Bonds Rating Methodology (Presentation), 9.11.2004, p. 4; Moody's Investor Service (Lindstrom/Greenberg), Moody's rating approach to European covered bonds, 13.6.2005, p. 1.; EMF, Covered Bonds & Mortgageunterschiedlich ausgeprägte Regelungen zu Grunde. Zurückzuführen sind diese auf die in den jeweiligen nationalen Rechtssystemen begründeten Unterschiede insbesondere im Sachenrecht, der Immobilienbewertung, dem Insolvenzrecht, dem Bankaufsichtsrecht und dem Steuerrecht.

Einen Schwerpunkt der Diskussion des Marktbegriffs der gedeckten Schuldverschreibung bildete von Anfang an die Frage, ob dieser zwingend eine gesetzliche Emissionsgrundlage zu beinhalten hat. Dies wird von einer Ansicht als conditio-sine-qua-non betrachtet, um die Sicherheit, Transparenz, Homogenität und Liquidität zu schaffen, die erforderlich ist, damit gedeckte Schuldverschreibung als alternative Anlage für staatliche Schuldverschreibungen qualifizieren[40]. Nach der anderen v.a. von angel-sächsischen Emittenten vorgebrachten – eher funktionellen – Ansicht sollte unabhängig von einer etwaigen gesetzlichen Emissionsgrundlage gelten: „a covered bond is, what a covered bond does“[41]. Unabhängig von der Lösung dieser Frage unterscheidet der Markt zwischen gesetzlich gedeckten Schuldverschreibungen (sog. statutory covered bonds) und strukturiert gedeckten Schuldverschreibungen bzw. ‚prime‘ covered bonds und ‚non-prime‘ covered bonds[42].

Die Diskussion einer einheitlichen Marktdefinition des Begriffs der gedeckten Schuldverschreibung wird naturgemäß aufgrund unterschiedlicher Ausgangslagen und Interessen in den einzelnen Ländern erschwert[43]. Das European Covered Bond Council (ECBC) hat im Februar 2006 zur Entwicklung einer Marktdefinition der gedeckten Schuldverschreibung eine detaillierte Untersuchung der unterschiedlichen rechtlichen Rahmenbedingungen für gedeckte Schuldverschreibungen in Europa angestoßen. Diese sollte die Basis für die Entwicklung einer Marktdefinition der gedeckten Schuldverschreibung bilden[44]. Innerhalb des ECBC wurde deutlich, dass die Vielfalt der unterschiedlichen covered bond-Modelle es nur schwer ermöglicht, sich auf eine einheitliche Definition des covered bond zu einigen[45]. Zudem sah man die Gefahr, durch eine Definition die geschätzte Vielfalt des Markts und den gesunden Wettbewerb der unterschiedlichen Modell zu gefährden[46]. Statt einer De-

---

Backed Securities in the European Union, 2004, p. 4; Verbeek, Covered bonds: A Global instrument?, in: Euromoney, The Euromoney International Debt Capital Markets Handbook, 2005, p. 69; Will, Mind the differences, in: IFR/WestLB Covered Bond Bank, A Guide to Covered Bonds – The best of tradition and innovation, 9/2004, p. 14; Golin, Covered bonds beyond Pfandbriefe, p. 11.

40 Vgl. Hagen, Covered Bond – Das unbekannte Wesen, in: VDH, Der Pfandbrief, 2003, S. 34; Hagen, im Vorwort zu Golin, Covered bonds beyond Pfandbriefe, p. (xi).

41 Vgl. Hagen, im Vorwort zu Golin, Covered bonds beyond Pfandbriefe, p. (xi).

42 Vgl. Golin, Covered bonds beyond Pfandbriefe, p. 12 et seq.; Bowman, It depends what you mean by covered bond, in: Euromoney, September 2007, p. 166.

43 Vgl. Engelhard, Zunehmende Verbreitung der Pfandbrieftechnologie in Europa – Ursachen, Konsequenzen, Investmentimplikationen, in: VDH, Der Pfandbrief, 2004, S. 33.

44 Die Untersuchung und Auswertung der Länderberichte bzw. ECBC Technical Questionnaires ist auf der website des ECBC unter http://ecbc.hypo.org/content/default.asp?PageID=333 (Stand: 16.4.2007) veröffentlicht.

45 Vgl. Hagen, Einheitliche Standards für Covered Bonds – wie weit ist das ECBC?, in: ZfgK, 18/2007, S. 954 f.

46 Vgl. Hagen, Einheitliche Standards für Covered Bonds – wie weit ist das ECBC?, in: ZfgK, 18/2007, S. 954 f.

finition konnte sich das ECBC im Jahr 2008 auf die folgenden gemeinsamen wesentlichen Merkmale bzw. qualitätsbestimmenden Kernelemente gedeckter Schuldverschreibungen einigen[47]:

- Die Schuldverschreibung wird von einem Kreditinstitut ausgegeben, das der staatlichen Aufsicht und Regulierung unterliegt oder die Anleiheninhaber haben anderenfalls einen uneingeschränkten Rückgriff auf ein solches Kreditinstitut.
- Die Inhaber der Schuldverschreibungen haben Anspruch auf eine Deckungsmasse mit Finanzaktiva (Darlehen, Schuldverschreibungen und ähnliche Instrumente sowie Derivate, mit denen Zins- und Währungsrisiken abgesichert werden), und zwar vorrangig vor den ungesicherten Gläubigern des Kreditinstituts.
- Das Kreditinstitut hat die fortwährende Verpflichtung, ausreichende Deckungsaktiva vorzuhalten, um die Forderungen der Inhaber von covered bonds zu jedem Zeitpunkt erfüllen zu können.
- Die Erfüllung der Verpflichtungen des Kreditinstituts in Bezug auf die Deckungswerte wird von einer staatlichen Behörde bzw. sonstigen unabhängigen Stelle geprüft.

Diese Kernelemente werden durch detaillierte Erklärungen, z.B. zur Emissionsgrundlage, zur Deckung, zum Insolvenzvorrecht und zur besonderen öffentlichen Aufsicht ergänzt[48]. Mit dem Verzicht auf eine Definition von covered bonds unterstützt das ECBC im Ergebnis das Konzept der Vielfalt und den Wettbewerb der unterschiedlichen covered bond-Modelle[49].

II. Der regulatorische Begriff der gedeckten Schuldverschreibung

Im europäischen Sekundärrecht ist der regulatorische Begriff der gedeckten Schuldverschreibung in Annex VI, Teil 1, para. 12, Ziffer 68 bis 70 der neu gefassten Bankenrichtlinie eingeführt worden[50]. Darin werden auf der Grundlage des Art. 80, 113 Abs. 3, Unterabsatz 1, Buchstabe l der neu gefassten Bankenrichtlinie gedeckte Schuldverschreibungen definiert als Schuldverschreibungen im Sinne von Art. 22 Abs. 4 der Richtlinie 85/611/EEC (sog. OGAW- bzw. Investmentrichtlinie)[51], welche durch bestimmte deckungsstockfähige Vermögensgegenstände besichert sind.

---

47 Vgl. Burmeister, Der Pfandbrief und die wesentlichen Merkmale von Covered Bonds gemäß der „Essential Features of Covered Bonds“ des ECBC, in: vdp, Der Pfandbrief, 2008/2009, S. 48 ff.
48 Vgl. Burmeister, Der Pfandbrief und die wesentlichen Merkmale von Covered Bonds gemäß der „Essential Features of Covered Bonds“ des ECBC, in: vdp, Der Pfandbrief, 2008/2009, S. 52 ff.
49 Vgl. Hagen, Einheitliche Standards für Covered Bonds – wie weit ist das ECBC?, in: ZfgK, 18/2007, S. 955.
50 Vgl. Directive 2006/48/EC of the European Parliament and of the Council of 14.6.2006 relating to the taking up and pursuit of the business of credit institutions (recast), L 177/1; vgl. zur Vorbereitung hierauf: European Commission, Working Paper of the Commission Services on the Treatment of Covered Bonds, 7.4.2003, page 3.
51 Zur OGAW-Richtlinie, siehe unten: 2. Teil, § 4, B., I.

Diese Vermögensgegenstände werden in Annex VI, Teil 1, para. 68 Buchstabe (a) bis (f) der neu gefassten Bankenrichtlinie festgelegt. Sie umfassen bestimmte Forderungen gegenüber staatlichen Stellen und Kreditinstituten, bestimmte durch Wohn- und Gewerbeimmobilien besicherte Kredite sowie bestimmte Kredite, die durch Schiffe abgesichert sind.

Der regulatorische Begriff der gedeckten Schuldverschreibung des europäischen Sekundärrechts verweist auf Art. 22 Abs. 4 der OGAW-Richtlinie, der zuvor den Mindeststandard für gedeckte Schuldverschreibungen darstellte, und ergänzt diesen um eine Definition der deckungsstockfähigen Vermögenswerte. Nach Art. 22 Abs. 4 der OGAW-Richtlinie muss es sich um Schuldverschreibungen handeln, die von einem Kreditinstitut ausgegeben werden, das seinen Sitz in einem Mitgliedstaat hat und aufgrund gesetzlicher Vorschriften einer besonderen öffentlichen Aufsicht zum Schutz der Inhaber dieser Schuldverschreibungen unterliegt[52]. Insbesondere müssen die mit der Ausgabe der Schuldverschreibungen aufgenommenen Mittel nach den gesetzlichen Vorschriften in Vermögenswerten angelegt werden, die während der gesamten Laufzeit der Schuldverschreibungen die sich aus ihnen ergebenden Verbindlichkeiten ausreichend decken, und die bei einem Ausfall des Emittenten vorrangig für die fällig werdende Rückzahlung und die Zahlung der Zinsen bestimmt sind. Art. 22 Abs. 4 der OGAW-Richtlinie setzt somit eine gesetzliche Emissionsgrundlage voraus, welche die zulässigen Deckungswerte der gedeckten Schuldverschreibung bestimmt und eine besondere öffentliche Aufsicht zum Schutz der gedeckten Schuldverschreibungsgläubiger schafft. Gem. Art. 22 Abs. 6 der OGAW-Richtlinie teilen die Mitgliedstaaten der Kommission gem. Art. 20 Absatz 1 der OGAW-Richtlinie das Verzeichnis der oben genannten Schuldverschreibungen und der Kategorie von Emittenten mit, welche nach den gesetzlichen Vorschriften und den Aufsichtsvorschriften befugt sind, Schuldverschreibungen auszugeben, die den vorgenannten Kriterien entsprechen.

Der regulatorische Begriff der gedeckten Schuldverschreibung wurde ausschließlich für aufsichtsrechtliche Zwecke eingeführt. Er stimmt nicht mit dem Marktbegriff der gedeckten Schuldverschreibung überein[53]. Insbesondere ist der Begriff der gedeckten Schuldverschreibung nicht legal definiert[54]. Er ist nicht geschützt und kann daher auch für Schuldverschreibungen genutzt werden, welche die Voraussetzungen des regulatorischen Begriffs nicht erfüllen.

---

52 Vgl. Art. 22 para. 4 of the Directive 2001/108/EC of the European Parliament and of the Council of 21 January 2002 amending Council Directive 85/611/EEC on the coordination of laws, regulations and administrative provisions relating to undertakings for collective investments in transferable securities (UCITS), with regards to investments of UCITS, L 41/39.

53 Vgl. EU-Commission – Internal Market and Services DG – Financial Institutions – Retail issues, consumer policy and payment systems, Mortgage Industry and Consumer Expert Group, Final Report, Brussels, 20.12.2006, Report of the Mortgage Funding Expert Group, Brussels, 22.12.2006, p. 26.

54 Vgl. Burmeister, Der Pfandbrief und die wesentlichen Merkmale von Covered Bonds gemäß der „Essential Features of Covered Bonds“ des ECBC, in: vdp, Der Pfandbrief, 2008/2009, S. 49.

Im deutschen und im britischen Recht wurde der regulatorische Begriff der gedeckten Schuldverschreibung im Rahmen der Umsetzung der neu gefassten Banken- und Kapitaladäquanzrichtlinie übernommen[55].

D. Abgrenzung von anderen Refinanzierungsinstrumenten

Gedeckte Schuldverschreibungen sind ein Mittel der Refinanzierung. Als Refinanzierung wird die Mittelbeschaffung von Kreditinstituten, insbesondere für die Vergabe von Krediten verstanden[56]. Insofern sind gedeckte Schuldverschreibungen als Verbindlichkeiten zunächst von Real Estate Investment Trusts (Reits) abzugrenzen, die sich durch die Ausgabe von Aktien refinanzieren und deren Hauptgeschäftsfeld darin besteht, Immobilien zu besitzen und/oder zu verwalten sowie zu finanzieren[57].

Innerhalb des Refinanzierungsinstruments der Schuldverschreibungen ist prinzipiell nach Emittenten und nach der Sicherheit zu unterscheiden. Die Emittenten gedeckter Schuldverschreibungen sind aufsichtspflichtige Kreditinstitute. Sie unterscheiden sich insoweit von Schuldverschreibungen staatlicher Emittenten und Unternehmensanleihen. In Bezug auf ihre Sicherheit sind gedeckte Schuldverschreibungen nach staatlichen Schuldverschreibungen sowie staatsgarantierten Bankschuldverschreibungen und vor ungedeckten Bankschuldverschreibungen sowie Unternehmensanleihen einzuordnen. Gedeckte Schuldverschreibungen werden aufgrund ihrer hohen Sicherheit häufig als Substitut für staatliche Schuldverschreibungen angesehen. Alleinstellungsmerkmal der gedeckten Schuldverschreibung ist ihr zweifacher Anspruch (sog. *dual recourse*) zum einen gegenüber dem Emittenten und zum anderen gegenüber bestimmten Deckungswerten.

Abzugrenzen sind gedeckte Schuldverschreibungen in erster Linie von sog. Verbriefungen (*Securitisation*), die eine gewisse Ähnlichkeit mit gedeckten Schuldverschreibungen aufweisen[58]. Verbriefungen ermöglichen ebenfalls eine Refinanzierung über den Kapitalmarkt. Sie basieren in den meisten Ländern allerdings auf vertraglichen Abreden und können deswegen in vielen unterschiedlichen Arten strukturiert sein[59]. Grundsätzlich kann jede Art von Forderung, die einen Mittelzufluss

---

55 Vgl. zum deutschen Recht § 20a Abs. 1 Nr. 1 bis 3 KWG sowie zum britischen Recht para. 3.4.106 bis 3.4110 des sog. prudential sourcebook for banks, building societies and investment firms bzw. BIPRU.

56 Vgl. Krumnow (Hrsg.), Gabler Bank Lexikon, 12. Auflage, 2002, S. 543.

57 Vom deutschen Gesetzgeber ist ein sog. Reit-Gesetz erst im Jahr 2007 geschaffen worden. Bisher gibt es mit der Alstria Office AG und der Fair Value Reit AG erst zwei Reits auf der Grundlage des deutschen Reit-Gesetzes. Insofern bleibt abzuwarten, welche Bedeutung Reits künftig am deutschen Immobilienmarkt einnehmen werden.

58 Vgl. Marcel, Covered Bonds: Influence of Securitisation Techniques, in: ECBC, Covered Bond Fact Book, 2007, p. 60 et seq.

59 Anders z. B. in Luxemburg, wo der Gesetzgeber ein spezielles Verbriefungsgesetz eingeführt hat.

bzw. cash flow generiert, einer Verbriefung zu Grunde gelegt werden[60], daher auch die Bezeichnung asset-backed securities (ABS). Von Bedeutung zur Abgrenzung von gedeckten Schuldverschreibungen sind hier nur sog. mortgage-backed securities (MBS), denen hypothekarisch gesicherte Immobilienkredite zu Grunde liegen, die von einem Kreditinstitut ausgereicht worden sind.

Seit den 1970er Jahren hatte sich aus den U.S.A. heraus mit der Verbriefung mit hohem Tempo eine neue Finanzierungsform entwickelt[61]. Abstrakt werden bei einer Verbriefung Wertpapiere emittiert, die Zahlungsverpflichtungen begründen, welche von der Erfüllung einer der Transaktion zu Grunde liegenden Forderung oder einem Pool von Forderungen abhängen[62]. Verbriefungen ermöglichen damit Kreditinstituten in Zeiten steigender Bedeutung der Refinanzierung über den Kapitalmarkt, Finanzierungen weiter zu platzieren bzw. Kreditrisiken gebündelt weiterzuverkaufen. Verbriefungen sind deswegen zu einem wichtigen Instrument der Bankrisikosteuerung geworden.

Wesentliches Merkmal der Verbriefung ist, dass das mit der Forderung oder dem Pool von Forderungen verbundene Kreditrisiko in Tranchen unterteilt wird, wobei die Rangfolge der Tranchen über die Verteilung der Verluste während der Laufzeit der Transaktion entscheidet[63]. Die Tranchenbildung ermöglicht die Transformation eines Kreditportfolios mit vielen riskanten „BB“-Krediten in eine Wertpapiertranche mit AAA-Ausfallsicherheit sowie kleinere Tranchen mit höheren und teilweise sehr hohen Risiken. Die riskanteren Tranchen werden häufig weiter verbrieft mittels sog. collateralized debt obligations (CDO).

Der Verbriefungsmarkt steht im Zentrum der aktuellen Finanzkrise[64]. Aufgrund von Ausfällen und Zahlungsstörungen v.a. bei U.S.-amerikanischen Immobilienkreditnehmern kam es bei Verbriefungen zu Verlusten, negativen Ratingänderungen,

---

60 Z.B. Immobilienkredite, PKW-/LKW-Darlehensforderungen, Kreditkartenforderungen, Leasingforderungen, Lizenz- und Franchisegebühren, etc. (vgl. Tollmann, Die Bedeutung des neuen Refinanzierungsregisters für Asset Backed Securities, in: ZHR 169 (2005), S. 598; Wilburger, Asset-Backed Securities im Zivil- und Steuerecht, S. 12; Linkert, Insolvenzrechtliche Risiken bei Asset-Backed Securities, 2008, S. 33).

61 Zur geschichtlichen Entwicklung von ABS und MBS: Pfau, Hypothekenpfandbriefe und Mortgage-Backed Securities im Vergleich unter Berücksichtigung des Bedarfes an selbst bewohnten Eigentum, 2002, S. 180 ff. In Deutschland setzt sich seit dem Jahr 2004 die True Sale Initiative (TSI), die aus einer Initiative von 13 Banken entstanden ist, für die Entwicklung des deutschen Verbriefungsmarkts ein.

62 Vgl. Art. 4 Nr. 36 Buchst. a der Richtlinie 2006/48/EC des Europäischen Parlaments und des Rates vom 14.7.2006 über die Aufnahme und Ausübung der Tätigkeit der Kreditinstitute, L 177/1.

63 Vgl. Art. 4 Nr. 36 Buchst. b der Richtlinie 2006/48/EC des Europäischen Parlaments und des Rates vom 14.7.2006 über die Aufnahme und Ausübung der Tätigkeit der Kreditinstitute, L 177/1. Eine Tranche ist dabei definiert als vertraglich festgelegtes Segment des mit einer oder mehreren Forderungen verbundenen Kreditrisikos, wobei eine Position in diesem Segment – ohne Berücksichtigung von Sicherheiten, die von Dritten direkt für die Inhaber von Positionen in diesem oder einem anderen Segment gestellt werden – mit einem größeren oder geringeren Verlustrisiko behaftet ist als eine Position in jedem anderen dieser Segmente. Vgl. Art. 4 Nr. 39 der Richtlinie 2006/48/EC des Europäischen Parlaments und des Rates vom 14.7.2006 über die Aufnahme und Ausübung der Tätigkeit der Kreditinstitute, L 177/1.

64 Vgl. Bowman, The S word, in: Euromoney, November 2007, p. 78 et seq.

Illiquidität und dadurch zu einer Ausweitung der Risikoaversion von Investoren gegenüber Verbriefungen. Im Ergebnis kam der Verbriefungsmarkt in weiten Teilen vollkommen zum Erliegen. Weil durch die Verbriefung der entsprechenden Kreditrisiken diese in aller Welt verstreut waren, konnte sich die Finanzkrise global ausweiten.

I. Mortgage Backed Securities

Bei Mortgage Backed Securities ist zum einen hinsichtlich der Art der zu Grunde liegenden Immobilienkredite zwischen sog. residential- und commercial mortgage backed securities (RMBS bzw. CMBS), d.h. Verbriefungen von Wohnungsimmobilienkrediten oder Gewerbeimmobilienkrediten, zum anderen in Bezug auf die Art der Übertragung der Immobilienkredite zwischen true sale MBS und synthetischen MBS zu unterscheiden.

1. True sale MBS

True sale mortgage backed securities sind Verbriefungen, bei denen die zu verbriefenden Immobilienkredite wirtschaftlich, d.h. durch einen echten Verkauf (*true sale*), von einem Kreditinstitut (Originator) auf eine Zweckgesellschaft (*special purpose vehicle, SPV*) übertragen werden, welche Wertpapiere emittiert[65]. Alternativ kann an dem Immobilienkreditpool eine entsprechende Unterbeteiligung abgegeben werden[66].

Der Begriff des Originators ist bei einer Verbriefung definiert als: ein Unternehmen, das entweder selbst oder über verbundene Unternehmen direkt oder indirekt an der bzw. den ursprünglichen Vereinbarungen (d.h. den Immobilienkrediten im Fall von MBS) beteiligt war, welche die Verpflichtungen oder potenziellen Verpflichtungen des Schuldners bzw. potenziellen Schuldners begründet und deren Forderungen nun Gegenstand der Verbriefung sind; oder ein Unternehmen, das Forderungen eines Dritten erwirbt, diese in seiner Bilanz ausweist und dann verbrieft[67].

Die Zweckgesellschaft ist eine Treuhand- oder sonstige Gesellschaft, die kein Kreditinstitut ist und zur Durchführung einer oder mehrerer Verbriefungen errichtet wurde[68]. Die Tätigkeit der Zweckgesellschaft ist auf den Zweck der Verbriefung

---

65 Vgl. Art. 4 Nr. 37 Satz 1 der Richtlinie 2006/48/EC des Europäischen Parlaments und des Rates vom 14.7.2006 über die Aufnahme und Ausübung der Tätigkeit der Kreditinstitute, L 177/1.

66 Vgl. Art. 4 Nr. 41 Buchst. a und b der Richtlinie 2006/48/EC des Europäischen Parlaments und des Rates vom 14.7.2006 über die Aufnahme und Ausübung der Tätigkeit der Kreditinstitute, L 177/1.

67 Vgl. Art. 4 Nr. 37 Satz 2 der Richtlinie 2006/48/EC des Europäischen Parlaments und des Rates vom 14.7.2006 über die Aufnahme und Ausübung der Tätigkeit der Kreditinstitute, L 177/1.

68 Vgl. Art. 4 Nr. 44 der Richtlinie 2006/48/EC des Europäischen Parlaments und des Rates vom 14.7.2006 über die Aufnahme und Ausübung der Tätigkeit der Kreditinstitute, L 177/1.

beschränkt. Die Zwischenschaltung einer Zweckgesellschaft hat bei true sale MBS neben insolvenzrechtlichen hauptsächlich bilanzielle Gründe. Um eine Ausgliederung der Immobilienkredite aus der Bilanz des Originators bzw. Kreditinstituts (sog. off balance sheet-Behandlung) zu erreichen, werden in der Regel die Kapitalanteile an der Zweckgesellschaft nicht von dem Originator bzw. dem Kreditinstitut, sondern von Dritten gehalten. Auf diese Weise soll mit einer traditionellen Verbriefung eine Reduzierung der Bilanzsumme des Originators und die Entlastung seines regulatorischen Eigenkapitals erreicht werden[69].

Die Wertpapiere werden bei einer Verbriefung von der Zweckgesellschaft, oft einer Gesellschaft ausländischen Rechts und jedenfalls keinem Kreditinstitut, selbst emittiert[70]. Die von der Zweckgesellschaft ausgegebenen Wertpapiere begründen für den Originator keine Zahlungsverpflichtungen[71]. Mit dem Emissionserlös finanziert die Zweckgesellschaft den Kauf der Immobilienkredite. Der Originator verwaltet als sog. servicer gegen Entgelt die abgetretenen Kredite[72]. Der eingehende Mittelzufluss aus den übertragenen Immobilienkrediten wird zur Zahlung der Zinsen und der Rückzahlung unter den Wertpapieren verwendet.

Abbildung 1: Grundschema von True Sale MBS

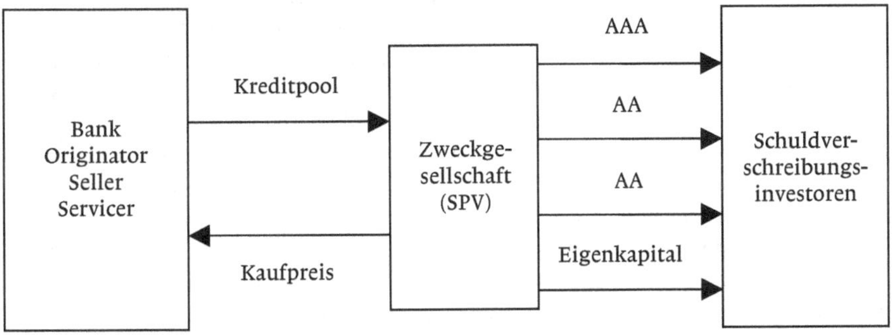

Quelle: Glüder, Promise und Provide – die Verbriefung von Mittelstands- und Wohnungsbaukrediten durch die KfW, in: I&F 17/2002, S. 20; Kretschmar/Damaske, Verbriefungen zur Finanzierung von Immobilien, in: VDH, Professionelles Immobilienbanking, 2003. S. 23.

---

69 Vgl. Kottmann/Lotz/Müller, Securitisation und Behandlung von ABS-Transaktionen, in: Deloitte, Basel II, S. 293 ff.

70 In der Praxis sind daneben auch sog. Multi-Seller-Strukturen gebräuchlich. Bei diesen ist der Zweckgesellschaft eine weitere Gesellschaft vorgeschaltet, die die zu verbriefenden grundpfandrechtlich gesicherten Kredite von verschiedenen Originatoren erwirbt, um diese an die Zweckgesellschaft zu veräußern. Vgl. Nasarre-Aznar, Securitisation & mortgage bonds: Legal aspects and harmonisation in Europe, p. 29; Tollmann, Die Bedeutung des neuen Refinanzierungsregisters für Asset Backed Securities, in: ZHR 169 (2005), S. 600 f.

71 Vgl. Art. 4 Nr. 37 Satz 3 der Richtlinie 2006/48/EC des Europäischen Parlaments und des Rates vom 14.7.2006 über die Aufnahme und Ausübung der Tätigkeit der Kreditinstitute, L 177/1.

72 Vgl. Beaumont, Securitization Structures in the United Kingdom (with emphasis on Mortgage Backed Securities), in: Norton/Spellman, Asset Securitization – International Financial and Legal Perspectives, 1991, p. 63.

Der Pool der Immobilienkredite, welcher der Verbriefung zu Grunde liegt, wird in mindestens zwei unterschiedlich abgestufte Tranchen bzw. Risikopositionen aufgeteilt. Damit übernimmt die Gesamtheit der MBS Investoren das Kreditrisiko bzw. das Risiko der Wertentwicklung der Immobilienkredite vollständig, jedoch wird unter den MBS Investoren das Kreditrisiko durch die Tranchierung bzw. Schaffung einer Subordinationsstruktur teilweise auf nachrangige Wertpapiertranchen transferiert. Auf diese Weise kann für die vorrangigen Wertpapiertranchen (senior Tranchen) eine sehr hohe Bonität erreicht werden[73]. Eine auf diese Weise abgestufte/tranchierte Struktur bei voller Übernahme des Kreditrisikos ist das wesentliche Merkmal einer Verbriefung[74]. Sie unterscheidet sich von vorrangig zu befriedigenden oder nachrangigen Schuldverschreibungen dadurch, dass die nachgeordneten Tranchen (junior Tranchen) Verluste innerhalb des Immobilienkreditpools in einer Weise auffangen, die eine ununterbrochene Fortsetzung der vertraglich vereinbarten Zahlungen an die vorrangigen Tranchen ermöglicht. Dagegen ist eine Vor- oder Nachrangigkeit einer Schuldverschreibung ausschließlich maßgebend für die Reihenfolge der Befriedigung im Fall der Liquidation.

Zur weiteren Bonitätsverbesserung (*credit enhancement*) werden bei Verbriefungen vertragliche Vereinbarungen geschlossen, durch welche die Kreditqualität einer Verbriefungsposition gegenüber dem Stand ohne eine solche Vereinbarung verbessert wird[75]. Abreden dieser Art umfassen regelmäßig die Übersicherung (*overcollateralisation*), Swapverträge, Barreserven und Kreditlinien dritter Kreditinstitute[76]. Der gegenüber gedeckten Schuldverschreibungen bei Verbriefungen üblicherweise hohe Beleihungsauslauf (im Durchschnitt zwischen 70 und 75 %, teilweise sogar bis zu 90 und 95 % des gutachterlich bestimmten Grundstückswerts) wird regelmäßig durch eine entsprechende Übersicherung oder durch Hypothekenausfallversicherungen (*mortgage indemnity policies*)[77] abgesichert. Etwaige Zins- und Währungsrisiken werden in der Regel innerhalb der Struktur vollständig durch entsprechende Swapverträge abgesichert. Cash Reserven dienen dabei zum Ausgleich erster Verluste aus den Immobilienkrediten, wogegen die Kreditlinie eines Drittinstituts re-

---

73 Dennoch konnten die hohen Ratings dieser Tranchen nicht verhindern, dass die Krise auf dem amerikanischen Sub-Prime Hypothekenmarkt aufgrund eines unerwartet großen Anteils bonitätsschwacher Eigenheimerwerber, die ihre Finanzierungsverpflichtungen nicht erfüllen können, den Wert von gut gerateten Verbriefungstranchen belastet hat.

74 Vgl. Baseler Ausschuss für Bankenaufsicht, International Konvergenz der Kapitalmessung und Eigenkapitalanforderungen, Überarbeitete Rahmenvereinbarung (Übersetzung der Deutschen Bundsbank), Juni 2004, S. 130.

75 Vgl. Art. 4 Nr. 43 der Richtlinie 2006/48/EC des Europäischen Parlaments und des Rates vom 14.7.2006 über die Aufnahme und Ausübung der Tätigkeit der Kreditinstitute, L 177/1.

76 Vgl. Beaumont, Securitization Structures in the United Kingdom (with emphasis on Mortgage Backed Securities), in: Norton/Spellman, Asset Securitization – International Financial and Legal Perspectives, 1991, p. 62; Early, UK mortgage funding, in: CML Housing Finance Issue 2/2005, p. 4.

77 Vgl. Dous, Die Hypothekenversicherung bringt frischen Wind, in: FAZ vom 28.7.2006; Dous, Hypothekenversicherung: Kann Deutschland von den USA lernen, in: I&F, 11/2006, S. 363; Kofner, Hypothekenversicherung: auf der Überholspur ins Wohnungseigentum?, in: I&F, 11/2006, S. 356; Dous, Hypothekenversicherung Geschichte und Gegenwart, in: vdp, Immobilien Banking 2006, S. 20.

gelmäßig nur vorübergehenden Liquiditätsschutz zur Überbrückung kurzzeitiger Mittelengpässe gewährt und regelmäßig vor den MBS zurückzuzahlen ist.

Verbriefungen sind in ihrem Grundkonzept mit gedeckten Schuldverschreibungen verwandt. Mit der Einführung strukturiert gedeckter Schuldverschreibungen hat sich die Konvergenz zwischen gedeckten Schuldverschreibungen und true sale MBS erhöht[78]. Sie sind komplementär und werden von den Kreditinstituten auch einander ergänzend eingesetzt[79]. Dennoch unterscheiden sich Verbriefungen und gedeckte Schuldverschreibungen in struktureller Hinsicht und in Bezug auf die mit ihnen verbundenen Risiken fundamental:

- Erstens ist der Emittent der MBS eine Zweckgesellschaft und kein aufsichtsrechtlich reguliertes und beaufsichtigtes Kreditinstitut. Die Zweckgesellschaft ist in der Regel bei dem die Verbriefung arrangierenden Kreditinstitut bzw. Originator nicht zu konsolidieren.
- Zweitens begründen MBS nur einen Anspruch gegenüber der Zweckgesellschaft und nicht wie gedeckte Schuldverschreibungen einen zweifachen Anspruch gegen das emittierende Kreditinstitut und eine gesonderte Haftungs- bzw. Deckungsmasse (*none-recourse*). Während also bei MBS Wertpapiere von einer Zweckgesellschaft ausgegeben werden, deren Vermögen ausschließlich der Bedienung der Wertpapiere dient, werden bei gedeckten Schuldverschreibungen die Wertpapiere von einem Kreditinstitut ausgegeben, wobei zusätzlich für die Bedienung der Wertpapiere für den Fall des Zahlungsausfalls des emittierenden Kreditinstituts eine rechtlich gesonderte Deckungsmasse als Haftungsobjekt gebildet wird.
- Drittens unterscheiden sich traditionelle Verbriefungen und gedeckte Schuldverschreibungen hinsichtlich der Übernahme des Kredit- und Vorfälligkeitsrisikos

---

78 Vgl. Brown, Covered bonds face an identity crisis, in: Euromoney, November 2004, p. 80; Bowman, Why the sun hasn't set on RMBS, in: Euromoney, April 2006, p. 98; Marcel/Volk, Covered Bonds and RMBS – Compare and Contrast, in: ECBC, European Covered Bond Fact Book, 2006, p. 191; Beckmann, Mortgage Backed Securities und Pfandbriefe nähern sich an – Keine Konkurrenz zwischen beiden Produkten – Gesetzesänderungen führen zu verbesserten Rahmenbedingungen, in: BörsenZ vom 25.2.2006, S. B5.

79 Vgl. bereits: Knobloch, Verbriefung und Pfandbrief ergänzen einander, in: BörsenZ vom 23.6.2007, S. B4; Paul/Fehr, Hypothekenpfandbrief versus MBS – Konkurrenz oder Komplementarität? (I), in: Die Bank 6/96, S. 351; Schörnig, Der Jumbo-Pfandbrief in der globalen Kapitalmarktkonkurrenz, in: I&F 10/2005, S. 359; Specht/Kauntze, MBS – ein komplementäres Instrument zum Pfandbrief, in: I&F 23/2002, S. 54; Marcel/Volk, Covered Bonds and RMBS – Compare and Contrast, in: ECBC, European Covered Bond Fact Book, 2006, p. 192 et seq.; Lorenz, Pfandbriefe versus MBS – Rivalen oder komplementäre Instrumente, in: vdp, Der Pfandbrief, 2006, S. 57; Kaufmann, Pfandbrief und Verbriefung machen Immobilienmarkt attraktiver – Paradebeispiel für ein effektives Nebeneinander – Europa hat die Vorteile von Verbriefungstransaktionen längst erkannt, in: BörsenZ vom 25.2.2006, S. B10; Deutsche Bank Research (Financial Market Special – EU Monitor No. 38), Integration of EU mortgage markets – It's the funding, commissioner!, 19.10.2006, p. 7; ZKA, Gemeinsame Stellungnahme des zentralen Kreditausschusse, des Gesamtverbands der deutschen Versicherungswirtschaft und des Verbands der Privaten Bausparkassen zu den Berichten der Expertengruppen ‚Mortgage Funding' und ‚Mortgage Industry and Consumers', vom 9.2.2007, S. 6.

der Immobilienkredite. Während dieses bei traditionellen Verbriefungen voll von den MBS Gläubigern übernommen wird, wird es bei gedeckten Schuldverschreibungen bis zur Insolvenz des emittierenden Kreditinstituts aufgrund des Deckungsprinzips von diesem selbst getragen und erst danach von den Gläubigern der gedeckten Schuldverschreibung übernommen.

- Viertens erwirbt der Anleger mit einer traditionellen Verbriefung ein klar definiertes Immobilienkreditexposure. Dagegen erwirbt der Anleger mit einer gedeckten Schuldverschreibung einen Anspruch gegen ein Kreditinstitut, der durch eine dynamische bzw. revolvierende haftende Deckungsmasse gesichert ist.
- Fünftens beruhen die hohe Sicherheit der gedeckten Schuldverschreibung und der senior Tranchen traditioneller Verbriefungen auf unterschiedlichen Grundlagen. Die hohe Sicherheit der senior Tranchen traditioneller Verbriefungen wird in erster Linie durch die Tranchierung erreicht. Demgegenüber wird die hohe Sicherheit der gedeckten Schuldverschreibungen durch ein vorrangiges Befriedigungsrecht und die hohen Anforderungen an die Qualität der Deckungswerte begründet.

Aufgrund der vielfältigen Modelle gedeckter Schuldverschreibungen und true sale MBS fällt eine pauschale Einschätzung hinsichtlich ihrer Sicherheit schwer. Wegen der Rückgriffsmöglichkeit auf das emittierende Kreditinstitut, ihrer qualitativ erstklassigen Deckungsmasse und deren breiter Risikoverteilung werden gedeckte Schuldverschreibungen im Allgemeinen sicherer eingestuft als traditionelle Verbriefungen[80]. Diese Einschätzung hat sich in der aktuellen Finanzkrise bestätigt. Sie wurde zudem gutachterlich im Auftrag des Verbands Deutscher Pfandbriefbanken (vdp) untermauert[81].

2. Synthetische MBS

Synthetische MBS lassen sich leichter von gedeckten Schuldverschreibungen abgrenzen. Denn bei synthetischen Verbriefungen wird die Unterteilung in Tranchen allein durch Kreditderivate[82] oder Garantien erreicht[83]. Synthetische Verbriefungen

---

80 Vgl. Luff, Comparison of Covered Bonds and Asset-backed Securities, in: WestLB, Guide to Covered Bonds, Thomson financial, September 2004, p. 37.

81 Vgl. Rudolf/Saunders, Refinancing Real Estate Loans – Lessons to be Learned from the Subprime Crisis, February 2009.

82 Typischerweise durch credit linked notes (d.h. eine Kombination einer Schuldverschreibung mit einem Kreditderivat) oder ohne Refinanzierungsfunktion durch credit default swaps. Bei ersteren ist grundsätzlich zwischen sog. partially funded und fully funded Transaktionen zu unterscheiden. Vgl. Barbour/Hostalier/Thym, True sale versus synthetics for MBS/CLO transactions, Commerzbank Securities Global Structural Analysis, 29.5.2003, p. 13 et seq.; Batchvarov, Merrill Lynch Guide to International Mortgage Markets and Mortgage Backed Securities, 2003, p. 16.

83 Vgl. Art. 4 Nr. 38 der Richtlinie 2006/48/EC des Europäischen Parlaments und des Rates vom 14.7.2006 über die Aufnahme und Ausübung der Tätigkeit der Kreditinstitute, L 177/1; Baseler Ausschuss für Bankenaufsicht, Internationale Konvergenz der Kapitalmessung und Eigenkapitalanforderungen, (Übersetzung der Deutschen Bundesbank), Juni 2004, S. 130.

nutzen somit die Aufteilung von Krediten in Forderungen und Ausfallrisiken[84]. Durch synthetische Verbriefungen werden Kreditrisiken übertragen, ohne dass dazu eine Übertragung der Kredite selbst erforderlich ist[85]. Die Bank verzichtet bei synthetischen MBS auf den Refinanzierungseffekt und nutzt diese allein zur Übertragung des Ausfallrisikos der Kredite auf die Käufer der Derivate gegen eine entsprechende Risikoprämie. Die synthetische Verbriefung hat nur geringe Auswirkungen auf die Bankbilanz[86]. Die zu Grunde liegenden Kredite verbleiben unverändert bilanziert und werden weiterhin vom Originator verwaltet. Lediglich die Gewinn- und Verlustrechnung wird durch die zu zahlende Prämie für die Risikoabsicherung und die Transaktionskosten belastet. Synthetische Verbriefungen sind sogar in Bezug auf Forderungen möglich, die bereits mit gedeckten Schuldverschreibungen refinanziert worden sind[87]. Auf diese Weise kann das Kreditrisiko von der Deckungsmasse auf die Investoren der synthetischen MBS übertragen werden.

II. Asset bzw. Mortgage Backed Bonds

Ein weniger weit verbreitetes aber etabliertes Refinanzierungsinstrument sind sog. Hypothekenanleihen oder Asset bzw. Mortgage Backed Bonds (ABBs bzw. MBBs)[88]. Mit Hypothekenanleihen, die z. B. von Immobilienhandelsunternehmen ausgegeben werden, erwirbt der Anleger durch einen oder mehrere Immobilien hypothekarisch gesicherte Schuldverschreibung[89].

Die Zins- und Rückzahlungen der Hypothekenanleihen werden aus dem Mittelzufluss des emittierenden Unternehmens als Ganzes und nicht ausschließlich aus den Mittelzuflüssen der zur Sicherheit beliehenen Immobilie geleistet. Die beliehene Immobilie wird im Fall der Insolvenz des Emittenten verwertet, um nach Ausfall des Emittenten die Hypothekenanleihe bedienen zu können. Bei der Bewertung von Hypothekenanleihen kommt es in erster Linie auf die Bewertung des emittie-

---

84 Vgl. Glüder, Promise und Provide – die Verbriefung von Mittelstands- und Wohnungsbaukrediten durch die KfW, in: I&F 17/2002, S. 20.

85 Vgl. Lord/Wells, Zunehmende Internationalisierung des Pfandbriefs und anhaltendes Wachstum bei MBS, in: VDH, Der Pfandbrief, 2001, S. 39 f.; Barbour/Damerow/Thym, Verbriefungen von Aktiva im Rahmen des Hypothekenbankgeschäfts, in: VDH, Der Pfandbrief, 2002, S. 86; Barbour/Hostalier/Thym, True sale versus synthetics for MBS/CLO transactions, Commerzbank Securities, Global Structural Analysis, 29.5.2003, p. 1; Nasarre-Aznar, Securitisation & mortgage bonds: Legal aspects and harmonisation in Europe, 2004, p. 56.

86 Vgl. Michl/Zoller, Die Beratung bei der Verbriefung von Immobilienfinanzierungen, in: VDH, Professionelles Immobilien-Banking, 2003, S. 18.

87 Für die Zulässigkeit beim Pfandbrief: Vgl. Lorenz, Pfandbriefe versus MBS – Rivalen oder komplementäre Instrumente?, in: vdp, Der Pfandbrief, 2006, S. 50.

88 Vgl. Friedrich, Hypothekenanleihen als Alternative im Wertpapierdepot, in: I&F, 2008, S. 24 ff.

89 Vgl. Wilburger, ABS im Zivil- und Steuerrecht, S. 43. Bei U.S. amerikanischen- und britischen MBS werden dabei regelmäßig die dinglichen Sicherheitsrechte von einem Treuhänder gehalten. Vgl. Pfau, Hypothekenpfandbriefe und Mortgage Backed Securities im Vergleich unter Berücksichtigung des Bedarfes an selbst bewohntem Eigentum, S. 249.

renden Unternehmens im Ganzen und erst in zweiter Linie auf die beliehene Immobilie an.

Anders als ABS und MBS begründen Hypothekenanleihen ebenfalls einen dualen Anspruch gegen den Emittenten und im Sicherungsfall gegen eine bestimmte Haftungsmasse, während ABS bzw. MBS von einer Zweckgesellschaft emittiert werden und eine direkte Abhängigkeit von den Mittelzuflüssen der zu Grunde liegenden Vermögensgegenstände aufweisen.

Von gedeckten Schuldverschreibungen unterscheiden sich Hypothekenanleihen durch das Vorliegen einer bloßen dinglichen Sicherung ohne Vollrechtsübertragung. Sie gewähren in der Insolvenz des Emittenten kein Aussonderungsrecht, sondern lediglich ein Absonderungsrecht. Hypothekenanleihen laufen regelmäßig nicht nach der Eröffnung der Insolvenz über das Vermögen des emittierenden Unternehmens weiter, sondern werden gesamtfällig gestellt.

E. Die Finanzmarktkrise und ihre Auswirkungen auf gedeckte Schuldverschreibungen

Im Sommer 2007 wurden die Finanzmärkte von einer noch immer andauernden globalen Finanzkrise getroffen. Ein vollständiger Abriss der Finanzkrise kann und soll im hier gesetzten Rahmen nicht vermittelt werden. Die nachfolgenden Ausführungen konzentrieren sich daher auf den wesentlichen Verlauf, relevante Stabilisierungsmaßnahmen und die Auswirkungen auf den Markt für gedeckte Schuldverschreibungen in Deutschland und Großbritannien[90].

Die Finanzkrise begann mit einer Immobilienkrise (auch Subprimekrise genannt) in den U.S.A, die weltweit zu erheblichen Marktverwerfungen geführt hat. Die Krise resultierte auf zunächst in Verlusten und Insolvenzen bei Unternehmen der Finanzbranche und seit 2008 auch in der Realwirtschaft. Auch der Markt für gedeckte Schuldverschreibungen ist von der Finanzkrise erheblich erschüttert worden. Insbesondere der Primärmarkt für Pfandbriefe belebte sich aber als eines der ersten Segmente im Kapitalmarkt wieder[91].

I. Auslöser und Verlauf der aktuellen globalen Finanzkrise

Die aktuelle Finanzkrise hat mit einer Erschütterung des Immobilienmarkts in den U.S.A begonnen. Auslöser der Krise war der Umstand, dass lange Zeit steigende Immobilienpreise in den U.S.A. in weiten Teilen des Immobilienmarkts nicht mehr

---

90 Vgl. zu früheren Bankenkrisen in Deutschland und Großbritannien: Binder, Bankinsolvenzen im Spannungsfeld zwischen Bankaufsichts- und Insolvenzrecht, 2005, S. 51 ff.

91 Vgl. I&F Redaktionsgespräch mit Henning Rasche, „Wir müssen an der Vertrauensbasis arbeiten", in: I&F, 2008, S. 858.

den realen Wert der fraglichen Immobilien widerspiegelten[92]. Gleichzeitig konnten viele U.S.-amerikanische Immobilienkreditnehmer ihre Kreditraten nicht mehr bedienen, teils wegen steigender Zinsen, teils wegen fehlender Einkommen. Zunächst waren in erster Linie sog. Subprime-Kredite betroffen, die überwiegend an Kreditnehmer mit schwacher oder sehr schwacher Bonität vergeben worden waren (Subprime-Markt). Im Frühjahr 2007 erreichten die Zahlungsausfälle im Subprime-Markt der U.S.A. den bis dahin höchsten Stand.

Die Kreditausfälle hatten nicht nur Auswirkungen auf die kreditgebenden Immobilienbanken. Denn die kreditgebenden Immobilienbanken hatten die Kreditrisiken in strukturierten Wertpapieren (MBS und CDOs) gebündelt und verbrieft. Die Möglichkeit der Verbriefung schaffte einen Anreiz bei der Kreditvergabe die Anforderungen an die Kreditwürdigkeit der Kreditnehmer zu verringern, da das Ausfallrisiko auf andere Marktteilnehmer abgewälzt werden konnte[93]. Verbriefungen stellen insofern ein zentrales Problem der Finanzkrise dar. Aufgrund der Verbriefung der Kreditrisiken und des weltweiten Verkaufs weitete sich die Krise durch die enge Verzahnung der Einzelwirtschaften und Finanzströme global aus. Käufer der Verbriefungen waren langfristige Anleger wie Versicherungen und Pensionskassen, die auf die im Rückblick unrealistisch einzustufenden Bewertungen der Verbriefungen von Ratingagenturen vertrauten, aber auch Hedgefonds. Banken waren selbst in erheblichen Maß – Schätzungen zufolge mit USD 400 Mrd. im Sommer 2007[94] – z.B. mittels strukturierter Zweckgesellschaften bzw. Investmentvehikel (SIV) teilweise außerhalb der Bankbilanzen (sog. *conduits*)[95] in Verbriefungen u.a. von Subprime-Krediten investiert. Diese Engagements waren teilweise mit bis zu einem Drittel durch kurzlaufende Anleihen (sog. Commercial Papers) refinanziert, welche nach den früheren Solvenzvorschriften (Basel I) bei der Eigenkapitalgewichtung nicht berücksichtigt werden mussten. In der Regel wurden derartige kurzfristige Refinanzierungen der Zweckgesellschaften mit Bankgarantien gesichert.

Im Sommer 2007 teilten sodann sowohl in den U.S.A. als auch in Europa und Asien eine Vielzahl von Finanzinstituten erheblichen Abschreibungsbedarf infolge notwendiger Wertberichtigungen in Bezug auf Subprime-Papiere mit entsprechenden negativen Auswirkungen auf ihr Eigenkapital mit[96]. Als die mit den Immobilien- und Subprime-Krediten verbundenen Risiken offensichtlich geworden waren, führte dies zu heftigen Kursverlusten an den internationalen Börsen. Gleichzeitig verringerte sich die Risikobereitschaft privater und institutioneller Anleger am Geld- und Kapitalmarkt. Kurzfristige Refinanzierungen wurden nicht mehr verlän-

92 In den U.S.A. und Großbritannien war es unter der Annahme steigender Immobilienpreise möglich, ein Haus mit bis zu 100 bis 120 % seines Marktwerts zu beleihen.

93 Vgl. Becker/Mock, FMStG, Einleitung, Rn. 2.

94 Vgl. FAZ vom 15.12.2007, Teure Aufräumarbeiten bei Banken, S. 19.

95 Derartige außerbilanzielle Zweckgesellschaften sind seit der Geltung der neuen Eigenkapitalrichtlinien für Banken (Basel II) im Jahr 2008 zumindest in Europa ein Anachronismus. Die U.S.A. haben mit Hinweis auf die „Kompliziertheit der Regelungen" die Einführung von Basel II bis heute verzögert.

96 Z.B. teilte die New Yorker Investmentbank Bear Stearns im Juni 2007 die völlige Entwertung zweier Hedgefonds mit.

gert. Dadurch gerieten Banken und Zweckgesellschaften weiter unter Druck. Ihre strukturierten Wertpapiere konnten sie nicht verkaufen, da sich hierfür keine Käufer mehr fanden. Deshalb wurden in der Folge die zu Gunsten der Zweckgesellschaften abgegebenen Bankgarantien in Anspruch genommen. Teilweise fingen Banken, soweit sie dazu in der Lage waren (z. B. die Citigroup, HSBC und Société Genérale), ihre Zweckgesellschaften auf und nahmen sie – mit erheblichen Folgen u.a. für ihr Rating und ihren Kapitalbedarf – wieder in die eigenen Bücher, u.a. um zu verhindern, dass die Zweckgesellschaften ihre strukturierten Wertpapiere zu Ausverkaufspreisen abgeben mussten[97].

Aufgrund der mangelnden Transparenz hinsichtlich der Engagements in strukturierten Wertpapieren und den Verpflichtungen aus entsprechenden Bankgarantien war das Vertrauen der Banken untereinander erheblich in Frage gestellt[98]. Dies führte im August 2007 zu einem sprunghaften Anstieg der Geldmarktzinsen für Interbankenkredite. Auf dem Höhepunkt trocknete der Interbankenmarkt komplett aus. Die Zentralbanken verschiedener führender Wirtschaftsnationen sahen sich daher gezwungen, ab Dezember 2007 mehrfach dem Geldmarkt Liquidität von mehreren hundert Milliarden Euro zur Verfügung stellen.

Bereits im Sommer 2007 zeigten sich erste Auswirkungen der Finanzkrise in Deutschland. Die IKB Deutsche Industriekreditbank AG (IKB) geriet in eine existenzbedrohende Schieflage und musste durch ein Rettungspaket in Höhe von EUR 3,5 Mrd. der Kreditanstalt für Wiederaufbau (KfW), als Großaktionärin der IKB, sowie von weiteren durch die deutschen Bankverbände koordinierten Instituten abgesichert werden, um eine kurzfristig drohende Zahlungsunfähigkeit der IKB sowie eine mögliche Kettenreaktion für den deutschen Bankenmarkt abzuwenden. Die Landesbank Sachsen AG (SachsenLB), WestLB AG, HSH NordBank und Bayerische Landesbank (BayernLB) gerieten wegen ihrer Anlagen in strukturierten Wertpapieren und Verbriefungen in erhebliche Schwierigkeiten. Die Landesbank Baden-Württemberg (LBBW) übernahm noch im August 2007 die SachsenLB, um deren Überleben zu sichern, geriet aber später selbst in Schwierigkeiten.

Im Jahr 2008 weitete sich die Krise aus. Im Februar 2008 musste nach einem Run der Einleger die britische Immobilienbank Northern Rock zur Rettung vom englischen Staat übernommen werden[99]. Im März 2008 musste die New Yorker Investment-

---

97 Vgl. FAZ vom 10.11.2007, Zweckgesellschaften schlagen auf Banken zurück, S. 23; FAZ vom 15.12.2007, Citigroup fängt Zweckgesellschaft auf, S. 11.

98 Vgl. Franke/Krahnen, Finanzmarktkrise: Ursachen und Lehren, in: FAZ vom 24.11.2007, S. 13.

99 Northern Rock war selbst nicht im Subprime-Hypothekenmarkt engagiert und ist aufgrund ihrer überproportional hohen Abhängigkeit von der Refinanzierung über den Kapitalmarkt dem Austrocknen des Interbankenmarkts zum Opfer gefallen. Nachdem eine zügige Rettung von Northern Rock gescheitert war, kam es zu einem massiven Mittelabzug der Einlagengläubiger des Instituts. In der Folge musste die Bank of England, als „lender of last ressort" mit Notkrediten in Höhe von über GBP 25 Mrd. und das HM Treasury mit einer Staatsgarantie der Spareinlagen einspringen. Die Ratingagenturen reagierten durch Herabstufungen des langfristigen Ratings von Northern Rock auf A- bzw. Aa3. Das Rating der UK covered bonds von Northern Rock blieb zwar stabil bei AAA, jedoch weiteten sich die Spreads mit Verbilligungen um über 30 Basispunkte innerhalb weniger Tage in einem für den covered bond-Markt bis dahin nicht bekannten Umfang bank Bear Stearns zur Vermeidung eines Zusammenbruchs an J.P. Morgan Chase verkauft werden. Im August 2008 war der Geldmarkt zwischen Banken zum Erliegen gekommen. Die Banken waren nicht mehr bereit, sich im Interbankenhandel gegenseitig Liquidität zu verschaffen und gerieten dadurch in immer stärkere Liquiditätsschwierigkeiten. Die Notenbanken versuchten, dieser Entwicklung durch die zur Verfügung Stellung von weiterer Liquidität entgegen zu wirken. Anfang September übernahm die U.S.-Regierung die Kontrolle über die halbstaatlichen Immobilienfinanzierer Fannie Mae und Freddie Mac.

Im September 2008 erreichte die Finanzkrise mit der Teilinsolvenz der New Yorker Investmentbank Lehman Brothers, nachdem eine staatliche Rettung unterblieben war, sowie der Rettungsübernahme der New Yorker Investmentbank Merrill Lynch durch die Bank of America und dem Notverkauf der Washington Mutual zu weiten Teilen an J.P. Morgan Chase eine neue Dimension. Kurz darauf musste die U.S.-Regierung den Versicherungskonzern American International Group (AIG) mit einem USD 85 Mrd. Kredit retten. Diese Entwicklung brachte das weltweite Finanzsystem ins Wanken[100].

In England übernahm Ende September 2008 Lloyds TSB in einem Notverkauf die kriselnde Immobilienbank HBOS, nachdem diese zuvor nur mit Mühe eine Kapitalerhöhung durchgeführt hatte und weitere Verluste angefallen waren. Des Weiteren mussten Teile der britischen Immobilienbank Bradford & Bingley verstaatlicht sowie weitere Teile auf die britische Universalbank Abbey National übertragen werden, um einen Zusammenbruch des Instituts zu verhindern.

In Deutschland musste im September/Oktober 2008 die Bundesregierung zusammen mit der Bundesbank und einem vom deutschen Bankenverband geführten Finanzkonsortium der Hypo Real Estate Group (HRE) ein erstes Rettungspakets in Höhe von EUR 50 Mrd. zur Verfügung stellen. Die HRE war aufgrund einer „umfangreichen, kurzfristigen unbesicherten Refinanzierung“ der im Jahr 2007 übernommenen irischen Tochtergesellschaft DEPFA Bank plc selbst in eine tiefe Krise geraten[101]. Infolge der Austrocknung des Interbankenmarktes nach der Teilinsolvenz von Lehman Brothers entstand der DEPFA Bank plc ein mittelfristiger Liquiditätsbedarf in Höhe von rund EUR 35 Mrd. per 27.9.2008[102]. Ohne staatliche Intervention drohte unmittelbar eine Insolvenz der DEPFA Bank plc, sowie mittelbar der Hypo Real Estate Holding AG und der Hypo Real Estate Bank AG[103]. Das von der deutschen Bundesbank, einem Konsortium deutscher Finanzinstitute und dem Sonderfonds Finanzmarktstabilisierung (SoFFin) zur Verfügung gestellte HRE-Rettungspaket zur Sicherung der kurz- und mittelfristigen Refinanzierung der HRE

---

aus. Vgl. BayernLB, Covered Bond Report Nr. 18 vom 19.9.2007, S. 3; BayernLB, Covered Bond Report, Nr. 24 vom 13.12.2007, S. 14.

100 Vgl. VÖB, Jahresbericht 2008, S. 7.

101 Vgl. Afhüppe, Hypo Real Estate: Was wusste Steinbrück?, in: Handelsblatt vom 17.10.2008.

102 Vgl. Gemeinsame Stellungnahme des Vorstands und des Aufsichtsrats der Hypo Real Estate Holding AG zum öffentlichen Übernahmeangebot des SoFFin, 24.4.2009, S. 10.

103 Vgl. Gemeinsame Stellungnahme des Vorstands und des Aufsichtsrats der Hypo Real Estate Holding AG zum öffentlichen Übernahmeangebot des SoFFin, 24.4.2009, S. 10.

musste mehrfach auf einen Bürgschaftsrahmen in Höhe von EUR 52 Mrd. und Kreditgarantien in Höhe von EUR 50 Mrd. aufgestockt bzw. verlängert werden[104].

Im Oktober 2008 gab nach dem Vorbild anderer Länder auch die deutsche Bundesregierung eine Garantie für Spareinlagen in Deutschland für jedes Institut und jeden Sparer eines Instituts ab, das von dem System der deutschen Anlagensicherung geschützt ist[105].

Neben umfangreichen geldpolitischen Maßnahmen zur Linderung der Spannungen an den Geldmärkten senkten die führenden Notenbanken im Herbst 2008 u.a. die Leitzinsen[106].

II. Koordinierte Gegenmaßnahmen zur Finanzmarktstabilisierung

Die von den Notenbanken ergriffenen Maßnahmen wurden auf dem Höhepunkt der Finanzkrise als nicht mehr ausreichend empfunden. Die Kräfte des Markts waren zu diesem Zeitpunkt zu einer Stabilisierung des weltweiten Finanzsystems nicht mehr in der Lage. In der Folge sind in vielen Ländern Konjunkturprogramme aufgelegt worden und zur Lösung der systemischen Finanzkrise Gesetze zur Stabilisierung der Finanzmärkte erlassen worden. In den U.S.A., wo die Finanzkrise ihren Ursprung nahm, wurde zur Stärkung der Konjunktur und zur Stabilisierung des Finanzystems der Economic Stimulus Act of 2008 mit einem Umfang von USD 150 Mrd., der Emergency Economic Stabilization Act of 2008 mit einem Umfang von USD 700 Mrd. und der American Recovery and Reinvestment Act of 2009 mit einem Umfang von USD 787 aufgelegt. Auch in Deutschland und Großbritannien wurden die Folgen der bestehenden gesetzlichen Regelungen zur Bewältigung von Insolvenzen im Kreditwesen mit Blick auf die damit verbundenen Auswirkungen auf Einlegervertrauen, Interbankenmarkt und Zahlungssysteme für nicht verkraftbar gehalten. Stattdessen wurden auch hier umfassende Stabilisierungsmaßnahmen getroffen.

1. Finanzmarktstabilisierung in Deutschland

In Deutschland hat der Gesetzgeber im Oktober 2008 mit dem Finanzmarktstabilisierungsgesetz (FMStG) im Schnellverfahren ein Rettungspaket für deutsche Unternehmen des Finanzsektors mit einem Volumen von EUR 480 Mrd. aufgelegt[107]. Die Regelungen des FMStG gelten nur vorübergehend in der Krise[108]. Nicht nur aus diesem Grund wird auch in Deutschland die Einführung von das Insolvenzrecht ergänzenden Regelungen zur effektiven Krisenintervention bei in Schieflage geratenen systemrelevanten Kreditinstituten diskutiert.[109]

---

104 Vgl. Gemeinsame Stellungnahme des Vorstands und des Aufsichtsrats der Hypo Real Estate Holding AG zum öffentlichen Übernahmeangebot des SoFFin, 24.4.2009, S. 11.

105 Vgl. Regierungserklärung der Bundeskanzlerin vor dem Bundestag, BT-Plenarprotokoll 16/181, 19304 (19323).

106 Ausführlich zu den Maßnahmen der Notenbanken: ECB, EU Banks' Funding Structures and Policies, May 2009, p. 13 et seq.

107 Vgl. Jaletzke/Veranneman, FMStG; Becker/Mock, FMStG.

108 Vgl. § 13 Finanzmarktstabilisierungsfondsgesetz – FMStFG.

109 Vgl. zu den erst im August 2009 bekannt gewordenen Diskussionsentwürfen: Bundes-

a) *Finanzmarktstabilisierungsgesetz*

Ziel des FMStG ist es „durch ein Maßnahmenpaket ein tragfähiges Instrumentarium zu schaffen, um die bestehenden Liquiditätsengpässe zeitnah zu überwinden und die Stabilität des deutschen Finanzmarkts zu stärken“[110].

Hauptbestandteil des FMStG ist ein sog. Finanzmarktstabilisierungsfonds (FMS) bzw. Sonderfonds Finanzmarktstabilisierung (SoFFin) bei der Finanzmarktstabilisierungsanstalt (FMSA), einer Anstalt des öffentlichen Rechts, die bei der deutschen Bundesbank angesiedelt, aber getrennt von dieser organisiert ist.

Für diesen Zweck wurde das Bundesfinanzministerium ermächtigt für den SoFFin unmittelbare Garantien in einem Umfang von bis zu EUR 400 Mrd. gegen eine angemessene Gebühr zu übernehmen und zwar für ab Inkrafttreten des FMStG neu begebene Schuldtitel und begründete Verbindlichkeiten von Unternehmen des Finanzsektors jeweils mit einer Laufzeit von 36 Monaten[111].

Daneben kann der SoFFin in einem Umfang von EUR 80 Mrd. Unternehmen des Finanzsektors durch unterschiedliche Instrumente zu angemessenen Konditionen rekapitalisieren (z.B. stimmrechtslose Vorzugsaktien, Aktien, Hybridkapital wie Genussscheine und stille Beteiligungen). Die Rekapitalisierung ist an Bedingungen geknüpft, die einen fairen Wettbewerb zwischen allen Finanzinstituten sicherstellen, die Interessen der Steuerzahler wahren und die bisherigen Eigner sowie das Management in die Verantwortung nehmen sollen (z.B. durch Auflagen in Bezug auf die geschäftspolitische Ausrichtung, Managementvergütung, Dividendenausschüttungen oder die Kreditvergabe an kleine und mittelständische Unternehmen)[112].

Schließlich ermöglicht das FMStG den Erwerb oder die Absicherung von Risikopositionen, insbesondere von Forderungen, von Wertpapieren, von derivativen Finanzinstrumenten, von Rechten und Pflichten aus Kreditzusagen oder Gewährleistungen und Beteiligungen[113].

Die näheren Einzelheiten der Verwaltung des SoFFin und der entsprechenden Rahmenbedingungen wurden in der Verordnung zur Durchführung des Finanzmarktstabilisierungsfondsgesetzes (Finanzmarktstabilisierungsfonds-Verordnung – FMStFV) konkretisiert.

Bisher stützt der SoFFin deutsche Institute mit über EUR 22 Mrd. Kapitalhilfen und EUR 143 Mrd. Refinanzierungsgarantien[114]. Die Landesbanken werden zu-

---

wirtschaftsministerium (BMWi), Gesetz zur Ergänzung des Kreditwesengesetzes (Entwurf), undatiert (siehe: http://www.bmwi.de/BMWi/Redaktion/PDF/Gesetz/entwurf-gesetz-ergaenzung-des-kreditwesengesetzes,property=pdf,bereich=bmwi,sprache=de,rwb=true.pdf; zuletzt besucht am: 26.8.2009); BMJ, Diskussionsentwurf für ein Gesetz zur Einführung eines Reorganisationsplanverfahrens für systemrelevante Kreditinstitute und zur Abwehr von Gefahren für die Stabilität des Finanzsystems, 26.8.2009 (siehe: http://www.bmj.bund.de/files/-/3891/DiskE%20KredReorgG.pdf; zuletzt besucht am 26.8.2009).

110 Vgl. Deutscher Bundestag, Entwurf eines Gesetzes zur Umsetzung eines Maßnahmenpakets zur Stabilisierung des Finanzmarkts (Finanzmarktstabilisierungsgesetz – FMStG), Drucks. 16/10600 vom 14.10.2008, S. 1.

111 Vgl. § 6 Finanzmarktstabilisierungsfondsgesetz – FMStFG.

112 Vgl. § 7 Finanzmarktstabilisierungsfondsgesetz – FMStFG.

113 Vgl. § 8 Finanzmarktstabilisierungsfondsgesetz – FMStFG.

114 Vgl. Focus, Staatsbanken die größten Bittsteller, in: Focus Nr. 23 vom 30.5.2009, S. 112.

sätzlich erheblich von den Bundesländern und Sparkassen rekapitalisiert bzw. gestützt.

Abbildung 2: Stabilisierungsmaßnahmen in Deutschland (Stand: 5.6.2009)

Bank	Kapitalhilfen[115] inklusive Verlustübernahmen und Risikoabschirmungen in Mrd. EUR	Refinanzierungsgarantien in Mrd. EUR
Commerzbank AG	18,2	15
Bayern LB	10,0[116]	15
LBBW	5,0[117]	bis 20
West LB	5,0	beantragt
HSH Nordbank	3,0	40
Hypo Real Estate Group	2,96[118]	102[119]
Aareal Bank	0,525	4
Nord LB	0,0	20

Quelle: Focus, Staatsbanken die größten Bittsteller, in: Focus Nr. 23 vom 30.5.2009, S. 112; BörsenZ vom 5.6.2009, Länder wollen die Bankenkonsolidierung, S. 3.

b) *Implizite Staatsgarantie für Pfandbriefe*

Das FMStG erfasst in weitem Umfang Unternehmen des Finanzsektors. Begünstigte Unternehmen sind damit grundsätzlich auch Pfandbriefbanken[120]. Pfandbriefe selbst hat der Gesetzgeber aber bewußt nicht unmittelbar in den Anwendungsbereich des FMStG einbezogen. Dies erschien „nicht geboten“[121]. Denn der Pfandbrief ist auch nach Ansicht des Gesetzgebers aufgrund der besonderen gesetzlichen Regelungen im PfandBG sicher[122]. Darüber hinaus ist der bereits bestehende Ordnungsrahmen geeignet, die Sicherheit und Vertrauenswürdigkeit des deutschen Pfandbriefs zu gewährleisten[123].

---

115 D.h. bei privaten börsennotierten Kreditinstituten überwiegend stille Beteiligungen; im Fall der Hypo Real Estate AG und der Commerzbank AG u.a. Erhöhung des Grundkapitals durch neu ausgegebene Aktien.

116 Zusätzliche Risikoabschirmung für riskante Wertpapiere in Höhe von EUR 4,8 Mrd.

117 Zusätzliche Risikoabschirmung für riskante Wertpapiere in Höhe von EUR 12,7 Mrd.

118 Weitere Kapitalhilfen geplant. Vgl. Pressemitteilung der Hypo Real Estate vom 2.6.2009.

119 Davon EUR 15 Mrd. von anderen Banken.

120 Vgl. § 3 Abs. 1 S. 1 FMStG, § 1 Abs. 1 Satz 1 und Abs. 1b KWG i.V.m. § 1 Abs. 1 Satz 1 PfandBG.

121 Vgl. Deutscher Bundestag, Entwurf eines Gesetzes zur Umsetzung eines Maßnahmenpakets zur Stabilisierung des Finanzmarkts (Finanzmarktstabilisierungsgesetz – FMStG), Drucks. 16/10600 vom 14.10.2008, Begründung, S. 15.

122 Vgl. Deutscher Bundestag, Entwurf eines Gesetzes zur Umsetzung eines Maßnahmenpakets zur Stabilisierung des Finanzmarkts (Finanzmarktstabilisierungsgesetz – FMStG), BT-Drucks. 16/10600 vom 14.10.2008, Begründung, S. 15.

123 Vgl. Asmussen, Der Pfandbrief – eine Stütze des deutschen Finanzsystems, in: I&F, 2008, S. 861.

Nach Einschätzung des Bundesfinanzministeriums gibt es auch in der Finanzkrise keine Veranlassung zu glauben, dass ein deutscher Pfandbrief künftig ausfallen wird[124]. Selbst Pfandbriefe der erheblich in Schieflage geratenen Hypo Real Estate wären bei einer Insolvenz des Instituts bedient worden[125]. Es gebe „keinerlei Anhaltspunkte" dafür, dass die Deckungen der Pfandbriefe der HRE nicht ausgereicht hätten[126].

Mit Beschluss des Bundeskabinetts vom 13.10.2008 erklärte die Bundesregierung dafür Sorge zu tragen, dass auch in Zukunft kein deutscher Pfandbrief ausfällt und soweit dies die Funktionsfähigkeit des Pfandbriefmarkts erfordert, kurzfristig weitere gesetzliche Maßnahmen zur Gewährleistung von deutschen Pfandbriefen zu ergreifen[127]. Damit übernahm die Bundesregierung eine implizite Staatsgarantie für den Pfandbrief, die allerdings als solche nicht einklagbar ist[128].

Mit dieser impliziten Staatsgarantie sendete die Bundesregierung ein Signal, um einer etwaigen Verunsicherung der Anleger entgegenzuwirken und den Primärmarkt für Pfandbriefemissionen wieder in Gang zu setzen[129]. Dass es überhaupt einer solchen „impliziten" Garantie bedurfte, liegt nicht am Pfandbrief selbst, sondern an einigen in die Krise geratenen Pfandbriefbanken. Diese hatten teilweise ihre Aktivitäten über ihr klassisches Geschäftsfeld hinaus ausgedehnt oder sind mit ihrem Geschäftsmodell überproportional abhängig von kurz- und mittelfristiger Kapitalmarktrefinanzierung.

Vom Verband deutscher Pfandbriefbanken (vdp) wurde begrüßt, dass der Pfandbrief nicht unter den Risikoschirm des FMStG genommen wurde[130]. Seitens des vdp hätte es das Ende des Pfandbriefs in seiner gewohnten Form bedeutet, wenn der Pfandbrief nur noch mit einer (expliziten) Staatsgarantie zu verkaufen gewesen wäre[131]. Es sollte schon gar nicht erst der Verdacht Boden gewinnen, dass ein Qualitätsmakel des Pfandbriefs staatliche Unterstützungshilfe erforderlich macht[132]. Für Anleger

---

124 Vgl. Asmussen, Der Pfandbrief – eine Stütze des deutschen Finanzsystems, in: I&F, 2008, S. 862.
125 Vgl. Afhüppe/Cünnen, Regierung fürchtet Verunsicherung der Anleger, in: Handelsblatt vom 28.5.2009, S. 24.
126 Vgl. Afhüppe/Cünnen, Regierung fürchtet Verunsicherung der Anleger, in: Handelsblatt vom 28.5.2009, S. 24.
127 Vgl. Deutscher Bundestag, Entwurf eines Gesetzes zur Umsetzung eines Maßnahmenpakets zur Stabilisierung des Finanzmarkts (Finanzmarktstabilisierungsgesetz – FMStG), BT-Drucks. 16/10600 vom 14.10.2008, Begründung, S. 15; redaktioneller Vorspann vor Asmussen, Der Pfandbrief – eine Stütze des deutschen Finanzsystems, in: I&F, 2008, S. 861; I&F Redaktionsgespräch mit Henning Rasche, „Wir müssen an der Vertrauensbasis arbeiten", in: I&F, 2008, S. 859.
128 Vgl. I&F Redaktionsgespräch mit Henning Rasche, „Wir müssen an der Vertrauensbasis arbeiten", in: I&F, 2008, S. 859.
129 Vgl. Asmussen, Der Pfandbrief – eine Stütze des deutschen Finanzsystems, in: I&F, 2008, S. 861; Afhüppe/Cünnen, Regierung fürchtet Verunsicherung der Anleger, in: Handelsblatt vom 28.5.2009, S. 24.
130 Vgl. I&F Redaktionsgespräch mit Henning Rasche, „Wir müssen an der Vertrauensbasis arbeiten", in: I&F, 2008, S. 859.
131 Vgl. I&F Redaktionsgespräch mit Henning Rasche, „Wir müssen an der Vertrauensbasis arbeiten", in: I&F, 2008, S. 859.
132 Vgl. Die Begrüßungsrede von Henning Rasche anlässlich des vdp Jahresempfangs 2008, am 27.11.2008, in Berlin, S. 5.

ist es aber sicherlich gut zu wissen, dass die Bundesregierung alle notwendigen Maßnahmen ergreifen würde, um die Funktionsfähigkeit des Pfandbriefmarkts zu gewährleisten[133]. Der vdp sieht den Pfandbrief deswegen gestärkt aus der Finanzkrise hervorgehen[134]. Die Tatsache, dass sich der Pfandbriefmarkt als einer der ersten grundsätzlich notenbankunabhängigen Bankrefinanzierungsmärkte wieder belebt hat, bestätigt dies.

c) *Finanzmarktstabilisierungsergänzungsgesetz und die Verstaatlichung der Hypo Real Estate*

Bereits im April 2009 hat der deutsche Gesetzgeber das FMStG mit dem Finanzmarktstabilisierungsergänzungsgesetz (FMStErG) die Stabilisierungsmaßnahmen erweitert und vereinfacht. Es hatte sich gezeigt, dass die geschaffenen Rahmenbedingungen im FMStG, aber auch in den gesellschaftsrechtlichen Begleitmaßnahmen für Rekapitalisierungen in einigen Punkten der Ergänzung bedurften, um dem SoFFin eine flexiblere Handhabung der vorhandenen Stabilisierungsinstrumente und dem Bund eine erleichterte Übernahme von Instituten zum Zweck der Stabilisierung zu ermöglichen[135].

Die zentralste Maßnahme im Rahmen der Stabilisierungsmaßnahmen ist die Erweiterung der Garantieübernahme für bis zum 31.12.2009 ausgegebene Schuldtitel und begründete Verbindlichkeiten mit einer Laufzeit von 60 Monaten (vormals 36 Monate)[136]. Der vdp warnte im Gesetzgebungsverfahren ausdrücklich vor einer Ausweitung der Staatsgarantien für Bankschuldverschreibungen wegen einer unangemessenen Benachteiligung des Absatzes von Pfandbriefen[137].

Des Weiteren räumt das FMStErgG übergangsweise als ultima ratio die Option einer sog. staatlichen Rettungsübernahme systemrelevanter Institute durch Enteignung der Aktionäre ein[138]. Insbesondere im Fall der Hypo Real Estate Group (HRE) wurden nämlich die im FMStG vorgesehenen Stabilisierungsmaßnahmen für nicht ausreichend angesehen. Die Hypo Real Estate Holding AG hatte im Geschäftsjahr 2008 einen Rekordverlust von mehr als EUR 5 Mrd. eingefahren. Die Kernkapitalquote der HRE sank in der Folge von 8,7 % (31.12.2007) auf 3,4 % (Ende 2008) und damit unter die gesetzlich vorgeschriebene Mindestgrenze von 4 %. Die Bundesanstalt für Finanzdienstleistungsaufsicht (BaFin) hätte die HRE grundsätzlich schließen können. Das Jahresergebnis 2008 der HRE wurde in die Berechnung der Kernkapitalquote aber zunächst nicht einbezogen, so dass die Quote noch bei 6,2 %

---

133 Vgl. Die Begrüßungsrede von Henning Rasche anlässlich des vdp Jahresempfangs 2008, am 27.11.2008, in Berlin, S. 5.

134 Vgl. I&F Redaktionsgespräch mit Henning Rasche, „Wir müssen an der Vertrauensbasis arbeiten“, in: I&F, 2008, S. 859.

135 Vgl. Deutscher Bundestag, Entwurf eines Gesetzes zur weiteren Stabilisierung des Finanzmarkts (Finanzmarktstabilisierungsergänzungsgesetz – FMStErgG), BT-Drucks. 16/12100 vom 3.3.2009, S. 1.

136 Vgl. Art. 1 Ziffer 4 FMStErgG.

137 Vgl. vdp, Pfandbriefbanken gegen zeitliche Ausweitung von Staatsgarantien für Bankschuldverschreibungen, 30.1.2009.

138 Vgl. Art. 3 FMStErgG.

lag. Durch die kurz vor der Veröffentlichung des Jahresabschlusses für das Geschäftsjahr 2008 öffentlich gemachte geplante Kapitalerhöhung durch den SoFFin konnte eine Schließung der HRE abgewendet werden. Die Bundesregierung hatte als Grund für die Rettung der HRE mehrfach angeführt, dass es auch darum ging bzw. geht, den Pfandbriefmarkt zu stabilisieren[139].

Von der Option einer staatlichen Rettungsübernahme muss der SoFFin bei der HRE voraussichtlich nicht Gebrauch machen. Stattdessen erwarb die Bundesregierung im Mai 2009 im Rahmen eines öffentlichen Übernahmeangebots eine Beteiligung von 47,3 % am Grundkapital an der HRE. Im Anschluss führte der SoFFin eine Kapitalerhöhung herbei. Zur Zeichnung der neuen HRE-Aktien wurde ausschließlich der SoFFin zugelassen. Das gesetzliche Bezugsrecht der Aktionäre wurde ausgeschlossen. Der SoFFin hat im Vorfeld der Kapitalerhöhung erklärt, dass er neue HRE-Aktien in dem Umfang zeichnen wird, der erforderlich ist, um dem SoFFin eine Beteiligung von 90 % am Grundkapital der HRE zu verschaffen[140]. Dies bedeutet eine Zeichnung von 986,5 Mio. HRE-Aktie durch den SoFFin; bei einem Ausgabebetrag von EUR 3 pro Aktie fließt der HRE hieraus ein Betrag in Höhe von EUR 2,96 Mrd. zu[141]. Dadurch wird der Weg frei, um die Minderheitsaktionäre der HRE ggf. durch einen Squeeze-out aus dem Institut zu drängen. Die HRE kündigte an, das im Rahmen der strategischen Neuausrichtung weitere Kapital- und Liquiditätsunterstützung benötigt wird, um das Unternehmen über die nächsten Jahre zu führen[142]. Seit Juni 2009 firmiert die künftige strategische Kernbank der Hypo Real Estate Group als Deutsche Pfandbriefbank AG[143]. Die Rettung und Stabilisierung der HRE ist seit April 2009 Gegenstand eines Anfang August 2009 noch nicht abgeschlossenen parlamentarischen Untersuchungsausschussverfahrens[144].

---

139 Vgl. Afhüppe/Cünnen, Regierung fürchtet Verunsicherung der Anleger, in: Handelsblatt vom 28.5.2009, S. 24.

140 Vgl. Pressemitteilung der HRE vom 2.6.2009.

141 Vgl. Pressemitteilung der HRE vom 2.6.2009.

142 Vgl. Pressemitteilung der HRE vom 2.6.2009; Gemeinsame Stellungnahme des Vorstands und des Aufsichtsrats der Hypo Real Estate Holding AG zum öffentlichen Übernahmeangebot des SoFFin, 24.4.2009, S. 12 f.

143 Die Umfirmierung erfolgt im Zusammenhang mit der Zusammenführung der DEPFA Deutsche Pfandbriefbank AG und der Hypo Real Estate Bank AG im Wege der Verschmelzung zur Deutschen Pfandbriefbank AG. Die beiden Immobilienbanken Hypo Real Estate Bank und Hypo Real Estate Bank International wurden bereits im November 2008 verschmolzen. Damit sind alle deutschen Banktöchter des Konzerns in der Deutschen Pfandbriefbank AG aufgegangen. Die irische DEPFA Bank plc bleibt eine direkte Beteiligung der Hypo Real Estate Holding AG. Ihr Portfolio bzw. signifikante Teile davon sowie weitere nicht-strategische bzw. problembehaftete Wertportfolios des Konzerns sollen im Rahmen eines künftigen sog. Bad Bank-Modells in eine Abwicklungsanstalt ausgelagert werden. Vgl. Pressemitteilung der HRE vom 29.6.2009; Bundesministerium für Finanzen, Entwurf Zweites Gesetz zur Fortentwicklung der Finanzmarktstabilisierung (Finanzmarktstabilisierungsfortentwicklungsgesetz, FMStFG) vom 4.6.2009.

144 Vgl. BMF, Untersuchungsausschuss zur HRE-Rettung – Keine Alternative zur Rettung und Stabilisieurng der HRE, vom 23.4.2009 (siehe: http://www.bundesfinanzministerium.de/DE/Wirtschaft_und_Verwaltung/Finanz_und_Wirtschaftspolitik/230409_UA_HRE.html; zuletzt besucht am 31.7.2009); Deutscher Bundestag, Antwort der Bundesregierung auf die kleine Anfrage der Abgeordneten Dr. Volker Wissing, Jens Ackermann, Dr. Karl Addicks, weiterer Abgeordneter und der Fraktion der FDP – Drucksache 16/11950 – Verstaatlichung der Hypo Real Estate, Drucks. 16/12486, vom 26.3.2009.

2. Finanzmarktstabilisierung in Großbritannien

In Großbritannien erfolgte die Stabilisierung des Finanzmarkts in drei Stufen[145]. Zunächst wurde Anfang 2008 mit dem Banking (Special Provisions) Act 2008 ein vorläufiger Rechtsrahmen für außerordentliche Stabilisierungsmaßnahmen geschaffen. Dieser wurde ab Oktober 2008 ergänzt durch verschiedene Programme zur Rekapitalisierung systemrelevanter Institute. Anfang 2009 wurde der vorläufige Rechtsrahmen des Banking (Special Provisons) Act 2008 durch den Banking Act 2009 abgelöst, mit dem ein spezielles Krisenregime und Insolvenzrecht für Kreditinstitute eingeführt worden ist.

a) Banking (Special Provisions) Act 2008

Mit dem Banking (Special Provisions) Act 2008 vom 21.2.2008 wurde vom britischen Gesetzgeber ein vorläufiger Rechtsrahmen für außerordentliche Stützungs- und Krisenbewältigungsmaßnahmen durch das britische Finanzministerium (*HM Treasury*) geschaffen. Wesentlicher Regelungsgegenstand des Banking (Special Provisions) Act 2008 ist die Kompetenz zur Verstaatlichung insolventer britischer Banken durch Enteignung der Kapitalanteile ggf. gegen eine Entschädigung. Daneben tritt die Kompetenz zur zwangsweisen Übertragung von Vermögenswerten, Forderungen und Verbindlichkeiten eines Instituts auf eine Gesellschaft im Eigentum des Staates, der Bank of England oder ein anderes Institut. Des Weiteren ermöglicht das Gesetz nicht nur die Verstaatlichung insolventer Institute, sondern alternativ auch Gestaltungen für Institute in einer instabilen Marktlage (z.B. Rettungsübernahmen, Überbrückungsbanken).

Bereits am Tag des Inkrafttretens des Banking (Special Provisions) Act 2008 erließ das HM Treasury auf der Grundlage der Ermächtigung in sec. 3 des Gesetzes die Verordnung zur Verstaatlichung von Northern Rock, der fünftgrößten britischen Immobilienbank[146]. Am 29.9.2008 wurde sodann das Immobilienkreditgeschäft von Bradford & Bingley zur Abwicklung verstaatlicht und das Filial- und Einlagengeschäft auf Abbey National übertragen[147]. Die den Vermögensübertragungen zu Grunde liegenden Verordnungen enthalten u.a. Regelungen für die rechtstechnische Ausgestaltung des Rechtsübergangs, die privatrechtlichen Konsequenzen für die übertragenen Vermögenswerte, zur Einlagensicherung sowie zur Entschädigung.

Anders als Bradford & Bingley soll Northern Rock in einen fortzuführendes Institut (BankCo) und ein abzuwickelndes Institut (AssetCo), in dem u.a. die Deckungswerte

---

145 Vgl. Binder, Institutionalisierte Krisenbewältigung bei Kreditinstituten, in: ZBB, 2009, S. 19 ff.

146 Vgl. The Northern Rock plc Transfer Order 2008, S. I. 2008 No. 432. Lastra, Northern Rock, UK bank insolvency and cross-border bank insolvency, in: Journal of Banking Regulation, Vol. 9, 2008, p. 165 et seq.

147 Vgl. The Bradford & Bingley plc Transfer of Securities and Property etc. Order 2008, S. I. 2008 No. 2546.

für UK covered bonds von Northern Rock verbleiben, aufgespalten werden[148]. Faktisch sind damit die Deckungsmassen für UK covered bonds sowohl von Northern Rock als auch von Bradford & Bingley statisch geworden. Dies ist allerdings vor dem Hintergrund der Verstaatlichung beider Emittenten für deren UK covered bond-Gläubiger von untergeordneter Bedeutung. Zuständig für die Verwaltung der verstaatlichten Institute ist die neu gegründete staatliche UK Financial Investments Limited, die von Vertretern der Regierung und Marktteilnehmern geleitet wird.

b) Credit Guarantee Scheme, Asset Guarantee Scheme, Asset Protection Scheme, Bank Recapitalisation Fund und Asset Purchase Scheme

Ab Oktober 2008 führte der britische Gesetzgeber verschiedene Programme zur Rekapitalisierung systemrelevanter Kreditinstitute mit einem Umfang von über GBP 500 Mrd. ein. Die Rekapitalisierungsmaßnahmen traten neben die Liquiditätsmaßnahmen der Bank of England und den Banking (Special Provisions) Act 2008.

Die Rekapitalisierungsmaßnahmen umfassten zunächst einerseits Garantien für Verbindlichkeiten im Interbankenmarkt und andererseits Maßnahmen zur Stärkung des Kernkapitals. Die Garantien stellt das HM Treasury im Rahmen des sog. HM Treasury Credit Guarantee Scheme. Hierunter bürgt der Staat für die Rückzahlung einer Reihe von Refinanzierungspapieren britischer Banken in Höhe von GBP 250 Mrd. Des Weiteren wurde ein sog. Asset Guarantee Scheme in Höhe von GBP 50 Mrd. aufgelegt.

Eigenkapital zur Stärkung der Kernkapitalquote („Tier 1"-Kapital nach den Basler Eigenmittelübereinkommen) in der Finanzkrise wird durch den Bank Recapitalisation Fund zur Verfügung gestellt. Die Rekapitalisierung ist an Restriktionen für die Dividendenausschüttung, die Vergütung des Managements sowie an Auflagen zur Kreditvergabe geknüpft. Von den insgesamt GBP 50 Mrd. des Programms zur Stärkung des Kernkapitals nahmen bei dessen Einführung die drei britischen Banken Royal Bank of Scotland (RBS), die HBOS und die Lloyds TSB insgesamt GBP 37 Mrd. in Anspruch, wodurch die Institute im Ergebnis verstaatlicht worden sind[149].

Nach neuen Rekordverlusten bei Banken musste die britische Regierung Anfang 2009 ein zweites massives Rettungspaket (sog. Asset Protection Scheme) für weiter in eine Schieflage geratene Banken schnüren. Hierunter können Institute riskante Kredit-Portfolios gegen eine Gebühr bzw. eine staatliche Beteiligung an dem Institut vor möglichen Ausfällen von der britischen Regierung absichern lassen. Auf

148 Vgl. EU-Commission, Restructuring aid to Northern Rock, C14/2008, 7.5.2009.
149 Davon wurde z.B. die Lloyds Banking Group nach der Rettungsübernahme von HBOS mit GBP 17 Mrd. gestützt. Dieser Betrag teilt sich auf in GBP 13 Mrd. Stammaktien, die dem britischen Staat eine Beteiligung von 43 % vermitteln und stimmrechtslosen Vorzugsaktien in Höhe von GBP 4 Mrd. Als erste Universalbank in Europa kündigte die Lloyds Banking Group im Juni 2009 an, einen Teil des Staatskapitals (nämlich den auf die Vorzugsaktien entfallenden Teil) zurückzuzahlen mit dem sie auf dem Höhepunkt der Finanzkrise gerettet wurde. Vgl. FAZ vom 10.6.2009, Lloyds Banking Group gibt Staatskapital zurück, S. 16.

diese Weise sicherte sich die RBS gegen entsprechende Risiken in Höhe von GBP 325 Mrd. und die Lloyds TSB Bankengruppe in Höhe von GBP 260 Mrd. ab. Dadurch erhöhte der britische Staat seinen Anteil an der RBS auf 70 % und an der Lloyds TSB Bankengruppe auf 75 %.

Um die Liquidität auf den Refinanzierungsmärkten zu erhöhen wurde schließlich auch ein sog. Asset Purchase Scheme in Höhe von GBP 150 Mrd. aufgelegt. Hierunter erwirbt die Bank of England in Abstimmung mit dem Finanzministerium kurzfristige Finanzierungspapiere (*commercial papers*) von Unternehmen und erstklassige Unternehmensanleihen. Darüber hinaus erwirbt die Bank of England im Rahmen der quantitativen Lockerung und aktiven Ausweitung der Geldmenge britische Staatsschuldverschreibungen.

c) Banking Act 2009

Der vorläufige Rechtsrahmen des Banking (Special Provisions) Act 2008 für außerordentliche Stützungs- und Krisenbewältigungsmaßnahmen ist am 12.2.2009 vom Banking Act 2009 und dem ‚Banking Act 2009 – Special resolution regime: Code of Practice' ersetzt worden[150]. Insbesondere das Krisenmanagement seitens der Finanzaufsicht im Fall Northern Rock hatte eine Reihe von Schwächen des britischen Aufsichtsrechts, der Einlagensicherung und v.a. der Aufgabenverteilung und der Zusammenarbeit bzw. des sog. ‚tri-partite systems' zwischen dem HM Treasury, der Finanzaufsicht (Financial Services Authority, FSA) und der Bank of England offenbart, die einen Run der Einleger auf das Institut nicht verhindern konnten[151].

Mit dem Banking Act 2009 unterstellt der britische Gesetzgeber Banken künftig einem gesonderten Krisenregime und Insolvenzrecht. Vor Einführung des Banking Act 2009 unterlagen britische Banken den allgemeinen Insolvenzregeln für börsennotierte britische Unternehmen. Dies verhinderte im Fall von Northern Rock bestimmte Rettungsmaßnahmen, wie z.B. einen Zwangsverkauf an eine andere Bank. Deswegen ist mit dem Banking Act 2009 ein gesetzlicher Rahmen für das Eingreifen bei notleidenden Banken geschaffen worden. Darin werden die außerordentlichen Stützungs- und Krisenbewältigungsmaßnahmen des Banking (Special Provisions) Act 2008 außerhalb förmlicher Insolvenzverfahren zu sog. stabilisation powers zum Schutz der Stabilität des britischen Finanzsystems und der britischen Einlagensparer in einem sog. *special resolution regime* (*SRR*) ausgebaut[152]. Diese können auf Initiative der Bank of England bzw. des britischen Finanzministeriums als Alternative zur Beseitigung einer Insolvenz durch ein Liquidations- oder Sanierungsverfahren ausgeübt werden.

---

150 Auch in Deutschland sind in der Finanzkrise alternative Konzepte zur Restrukturierung instabiler Banken jenseits des geltenden Insolvenzrechts unter dem Stichwort „eingeschränkte Insolvenz" diskutiert worden (Vgl. Amend, Die „eingeschränkte Insolvenz", in: ZIP, 9/2009, S. 395; Amend, Das Finanzmarktstabilisierungsergänzungsgesetz oder der Bedeutungsverlust des Insolvenzrecht, in: ZIP, 9/2009, S. 597 f.).

151 Vgl. FAZ, London stärkt die Bankenaufsicht, vom 5.1.2008, S. 12.

152 Vgl. Ziffer 8 Banking Act 2009 – Explanatory Notes; Banking Act 2009 – Special resolution regime: Code of Practice, February 2009, p. 3.

Konkret ermöglichen die stabilisation powers des Banking Act 2009 der Bank of England zunächst Vermögenswerte und Verbindlichkeiten eines insolventen oder insolvenzbedrohten Instituts teilweise oder vollständig entweder auf einen privaten Erwerber oder eine durch die Bank of England gegründete Zwischengesellschaft (*bridge bank*) zu übertragen. Die Bank of England hat dafür die Einzelheiten der technischen Ausgestaltung der Übertragung von Rechten sowie die privatrechtlichen Auswirkungen auf betroffene Rechtsverhältnisse festzulegen. Darüber hinaus regelt der Banking Act 2009 damit einhergehende Befugnisse für Maßnahmen gegen Geschäftsleiter (einschließlich Abberufung und Bestellung neuer Geschäftsleiter). In Fällen schwerer Gefahr für die Stabilität der britischen Finanzmärkte kann das HM Treasury als ultima ratio die vorübergehende Verstaatlichung des Instituts anordnen.

Der Banking Act 2009 führt daneben ein umfassendes, auf Initiative der FSA oder der Bank of England einzuleitendes, aber gerichtlich anzuordnendes Bankinsolvenzverfahren ein. Dieses sieht alternativ die Eröffnung eines Liquidationsverfahrens (*bank insolvency order*) oder eines Sanierungsverfahrens (*bank administration order*) vor[153]. Das neue ergänzende britische Bankinsolvenzrecht ist dem Verfahren der liquidation bzw. administration des Insolvency Act 1986 teilweise nachgebildet, teilweise übernimmt es auch die entsprechenden Verfahrensbestimmungen.

III. Auswirkungen der Finanzkrise auf den Markt für gedeckte Schuldverschreibungen in Deutschland und Großbritannien

Sowohl der Primär- als auch der Sekundärmarkt für gedeckte Schuldverschreibungen sind von der Finanzkrise erfasst worden. Katastrophenmeldungen wie z.B. in Teilen der Verbriefungsmärkte sind jedoch ausgeblieben.

Generell zeigte sich, dass Emittenten von gedeckten Schuldverschreibungen aus etablierten Ländern (z.B. Deutschland und Frankreich) in der Finanzkrise einen deutlich besseren Zugang zum Primärmarkt haben, als solche aus Ländern mit jüngeren bzw. strukturierten covered-bond-Modellen (z.B. U.S.A., Großbritannien und Spanien). Auch haben sich gedeckte Schuldverschreibungen aus etablierten Ländern mit robuster gesetzlicher Emissionsgrundlage in den Risikoaufschlägen besser gehalten. Auf diese Weise hat die Finanzmarktkrise die Unterscheidung im Markt zwischen gesetzlich gedeckten Schuldverschreibungen und strukturiert gedeckten Schuldverschreibungen befördert[154].

Nach der Verstaatlichung von Northern Rock und Bradford & Bingley sind deren UK covered bond-Emissionen staatlich verbürgt. Demgegenüber bedurfte es für Pfandbriefe keiner expliziten staatlichen Garantie.

---

153 Vgl. Sec. 81 et seq. bzw. Sec. 123 et seq. Banking Act 2009.
154 Vgl. ECB, Covered Bonds in the EU Financial System, December 2008, p. 26; Moore, Rocked to its core? In: Euromoney, November 2007, p. 95.

In Großbritannien sind seit Ausbruch der Finanzkrise zwar weitere UK covered bond-Programme aufgelegt und unter dem Regime der Regulated Covered Bond Regulations 2008 registriert worden. Diese sind von den emittierenden Instituten aber ausschließlich als Sicherheiten für Refinanzierungsgeschäfte mit der Bank of England genutzt worden. Am Markt öffentlich platziert worden ist der letzte UK structured covered bond im Oktober 2007 von HBOS. Seitdem gewährte der Primärmarkt für UK covered bonds im Jumbo-Format britischen Emittenten bis zum Abschluss dieser Arbeit keinen Zugang mehr[155]. Dies dürfte insbesondere daran liegen, dass britische Immobilienbanken und der britische Immobilienmarkt allgemein wesentlich stärker von der Krise betroffen sind[156]. Es bleibt daher abzuwarten, wann sich der öffentliche UK covered bond-Markt wieder belebt.

Der Pfandbrief hat in der Finanzkrise seine Krisenfestigkeit bewiesen. Er ist als eines der letzten Segmente im Kapitalmarkt von der Finanzkrise erschüttert worden und belebte sich auch als eines der ersten wieder[157]. Im Zeitraum von Juli 2007 bis zum Tag der Insolvenz von Lehman Brothers im September 2008 funktionierte der Pfandbriefmarkt mit einem ordentlichen Absatz v.a. von traditionellen Inhaberpfandbriefen und Namenspfandbriefen[158]. Nach der Lehman-Insolvenz war der Pfandbriefmarkt vorübergehend eingefroren[159]. Insoweit ist der Pfandbrief als Bankschuldverschreibung von der allgemeinen Vertrauenskrise in Sippenhaft genommen worden[160]. Traditionelle Inhaberpfandbriefe und Namenspfandbriefe konnten aber bereits in den darauf folgenden Wochen wieder platziert werden. Der Pfandbrief-Jumbo-Primärmarkt kam dagegen von Oktober 2008 bis Februar 2009 gänzlich zum Erliegen[161]. Nach einigen wenigen Jumbo-Pfandbrief-Emissionen zu Beginn des Jahres 2009 belebte sich der Primärmarkt wieder. Allerdings waren gedeckte Schuldverschreibungen nur zu ungewohnt hohen Renditeaufschlägen platzierbar. Ein Grund hierfür ist sicherlich auch darin zu sehen, dass die Geschäftsmodelle der Pfandbriefbanken in der Finanzkrise umso kritischer hinterfragt werden. Im Mittelpunkt der Diskussion stehen dabei insbesondere diejenigen Institute, bei denen das Pfandbriefgeschäft das Hauptgeschäftsfeld darstellt und damit die früheren reinen Hypothekenbanken. Diese sind besonders auf das reibungslose Funktionieren der Geld- und Kapitalmärkte angewiesen, da sie nicht ohne Weiteres in der Krise auf alternative Refinanzierungsquellen zurückgreifen können und damit stark abhängig sind vom reinen Interbankenmarkt[162]. Insofern häufen sich die Indi-

155 Kurz vor Drucklegung dieser Arbeit organisierte z. B. Barclays eine Roadshow für ihre UK covered bond-Debütemission.
156 Vgl. Bradley, General Law Based Frameworks: Structured Covered Bonds, in: ECBC, European Covered Bond Fact Book, 2008, p. 38.
157 Vgl. I&F Redaktionsgespräch mit Henning Rasche, „Wir müssen an der Vertrauensbasis arbeiten", in: I&F, 2008, S. 858.
158 Vgl. I&F Redaktionsgespräch mit Henning Rasche, „Das Vertrauen in das Produkt ist nach wie vor groß", in: I&F, 2009, S. 115.
159 Vgl. I&F Redaktionsgespräch mit Henning Rasche, „Das Vertrauen in das Produkt ist nach wie vor groß", in: I&F, 2009, S. 115.
160 Vgl. Die Begrüßungsrede von Henning Rasche anlässlich des vdp Jahresempfangs 2008, am 27.11.2008, in Berlin, S. 6.
161 Vgl. das Vorwort von Rasche/Hagen, in: vdp, Jahresbericht 2008, S. 1.
162 Vgl. BaFin, Jahresbericht 2008, S. 117.

zien dafür, dass Schieflagen besonders solchen Instituten drohen können, deren Geschäftsmodell eher einseitig ausgerichtet ist (z.B. rein auf das stark auf Refinanzierungsinkongruenzen angewiesene Staatsfinanzierungsgeschäft)[163].

Überdies erschwerte die Einführung staatsgarantierter Bankschuldverschreibungen mit kurzer und mittelfristiger Laufzeit den Absatz von gedeckten Schuldverschreibungen. Obgleich gedeckte Schuldverschreibungen unverändert eine der sichersten Anlageformen sind, können sie im direkten Wettbewerb mit staatsgarantierten Bankschuldverschreibungen nur unter Renditeaspekten attraktiver sein[164].

Im Sekundärmarkt haben sich seit der Finanzkrise die Risikoaufschläge anhand der Swap-Spreads für gedeckte Schuldverschreibungen ständig ausgeweitet. UK structured covered bonds waren besonders stark betroffen. Deren Risikoaufschläge sind im Jahr 2008 im Schnitt von 10 auf über 150 Basispunkte angestiegen[165]. Dagegen war die Ausweitung der Risikoaufschläge beim Pfandbrief im Schnitt von – 5 auf über 40 Basispunkte deutlich geringer[166]. Begründet wurde die starke Ausweitung bei UK structured covered bonds insbesondere mit der Überhitzung des britischen Immobilienmarkts[167].

Erhebliche Konsequenzen hat die Finanzkrise für den Jumbo-Sekundärmarkt als solches[168]. Nach mehrfachen Ansätzen zur Wiederbelebung des Interbanken-Market-Making, musste schließlich eingesehen werden, dass dies zu einheitlichen Bedingungen für sämtliche covered bond-Segmente nicht möglich ist[169]. Trotz der Zweiteilung des Markts gelang es allerdings bisher nicht, das Funktionieren des Interbanken-Market-Making zu gewährleisten. Offen bleibt damit die Frage, ob die Konsortialbanken das market making bekannter Ausprägung untereinander künftig wieder schultern werden können[170].

Positiv auf die Liquidität im covered bond-Markt und v.a. auf den Wettbewerb mit staatsgarantierten Bankschuldverschreibungen wirkt sich das im Mai 2009 beschlossene Aufkaufprogramm von auf Euro lautenden gedeckten Schuldverschreibungen europäischer Emittenten in Höhe von EUR 60 Mrd. der Europäischen Zentralbank (EZB) aus[171].

---

163 Vgl. BaFin, Jahresbericht 2008, S. 118.

164 Vgl. ECB, EU Banks' Funding Structures and Policies, May 2009, p. 5; BaFin, Jahresbericht 2008, S. 118.

165 Vgl. Kullig, Die Refinanzierung der Pfandbriefbanken, in: vdp, Jahresbericht 2008, S. 6.

166 Vgl. Kullig, Die Refinanzierung der Pfandbriefbanken, in: vdp, Jahresbericht 2008, S. 6.

167 Vgl. BayernLB, Covered Bond Report, Nr. 1 vom 10.1.2008, S. 8.

168 Vgl. dazu ausführlicher unten 2. Teil, § 7, A., V., 1., d).

169 Vgl. das Vorwort von Henning Rasche in: vdp. Der Pfandbrief 2008/2009, S. 4.

170 Vgl. das Vorwort von Rasche/Hagen, in: vdp, Jahresbericht 2008, S. 1.

171 Vgl. ECB press conference, Introductory Statement with Q&A, dated 7.5.2009; ECB, Press release, dated 4.6.2009, Purchase programme for covered bonds; EZB, Pressemitteilung, Programm zum Ankauf gedeckter Schuldverschreibungen, 4.6.2009.

§ 2 Methode und Gang der Untersuchung

A. Rechtsvergleichung

Die Aufgaben der Rechtsvergleichung sind vielfältig. Eine wichtige Rolle kommt ihr etwa bei der Aufbereitung ausländischen Rechts für inländische Rechtsanwender zu[172]. Eine weitere wichtige Aufgabe besteht darin, den Wettbewerb der Rechtsordnungen bei sachgemäßer Fortbildung des Rechts zu fördern[173]. Die eigentliche Bedeutung der Rechtsvergleichung liegt allerdings in der Unterstützung der nationalen Gesetzgebung sowie der sog. Rechtsvereinheitlichung[174]. Sie dient einerseits dazu die Berührungspunkte des Vergleichsgegenstandes aufzuzeigen sowie andererseits zur Darstellung etwaiger Abweichungen, um dadurch Hindernisse der Rechtsangleichung deutlich zu machen.

Das Recht der gedeckten Schuldverschreibung ist aufgrund des Wettbewerbs der Systeme ein klassisches Beispiel für die Fortbildung des Rechts infolge rechtsvergleichender Untersuchung. Dies zeigen die vielfältigen Reformen und Novellierungen der nationalen gesetzlichen Emissionsgrundlagen und die Diskussion zur Integration der europäischen Hypothekarkreditmärkte. Das rasante Wachstum des Markts für gedeckte Schuldverschreibungen der vergangenen Jahre birgt allerdings die Gefahr von Unübersichtlichkeit und die Flut neuer Gesetze und Modelle geht zu Lasten der Homogenität und Transparenz. Hier kann die Rechtsvergleichung gegen wirken.

I. Frühere Untersuchungen

Die erste vergleichende Untersuchung über die europäischen Hypothekenbanken wurde im Jahr 1900 von Hecht durchgeführt[175]. Dieser begründete die Jahrbücher des europäischen Bodenkredits, mit dem Ziel die vergleichende Erforschung der Entwicklung des Bodenkredits voranzutreiben. Die Jahrbücher wurden später nicht fortgesetzt. Im Jahr 1973 wurde die Idee vergleichender Untersuchungen des Bodenkredits von der Europäischen Bankenvereinigung[176] und im Jahr 1977 mit einer Veröffentlichung des Hypothekenverbandes bei der Europäischen Wirtschaftsgemeinschaft[177] aufgegriffen. Beide Untersuchungen widmeten sich nur dem Bodenkredit und nicht seiner Refinanzierung.

---

172 Vgl. Röver, Vergleichende Prinzipien dinglicher Sicherheiten, S. 10.
173 Zum Wettbewerb der Rechtsordnungen: Kieninger, Wettbewerb der Rechtsordnungen im Europäischen Binnenmarkt, S. 350; Schwartz, Rechtsangleichung und Rechtswettbewerb im Binnenmarkt – Zum Europäischen Modell, in: EuR, 2/2007, S. 195 ff.
174 Vgl. Röver, Vergleichende Prinzipien dinglicher Sicherheiten, S. 10.
175 Vgl. Hecht, Les Crédit Foncier en Europe, Paris, 1900.
176 Vgl. Fédération Bancaire de la CEE, Le Crédit immobilier en Allemagne, Belgique, France et Italie, Rom, 1973.
177 Vgl. Fédération Hypothécaire (Hypothekenverband bei der Europäischen Wirtschaftsgemeinschaft), Bedingungen zur Ausübung der Hypothekarkredittätigkeit in den Ländern der Europäischen Wirtschaftsgemeinschaft, 1977.

Eine Untersuchung der obligations fonciéres und der Pfandbriefe in Frankreich, Deutschland, Österreich und der Schweiz wurde im Jahr 1909 aus schweizerischer Sicht von Lamazure unternommen[178]. Das Hypotheken- und Pfandbriefgeschäft in der Bundesrepublik Deutschland und in Frankreich untersuchte Reinecker im Jahr 1974[179]. Im Jahr 1984 untersuchte Schubäus das Hypothekenbankgeschäft in den Niederlanden und in der Bundesrepublik Deutschland[180]. Die neueren Gesetze über Hypothekenbanken und Pfandbriefe der Tschechischen Republik, der Slowakischen Republik, Ungarns und Polens wurden von Stöcker im Jahr 1998 untersucht[181].

Auf Anregung des Verbands privater Hypothekenbanken führte Pleyer im Jahr 1980 eine 14 Länder umfassende, das Recht vergleichende Untersuchung durch[182]. Ziel Pleyer's war, die Gemeinsamkeiten im Recht der europäischen Hypothekenbanken herauszuarbeiten und die sich aus den unterschiedlichen Rechtsystemen ergebenden Probleme des Wettbewerbs und Sparerschutzes einerseits, sowie die geschichtliche und geschäftliche Einheit der europäischen Hypothekenbanken andererseits ins Bewusstsein zu heben. Die Ergebnisse der Untersuchung fanden Berücksichtigung in einem späteren Vorschlag der EG-Kommission einer Richtlinie des Rates über die Harmonisierung der Ausgabe von hypothekarisch gesicherten Schuldverschreibungen (sog. Pfandbrief-Richtlinien-Entwurf)[183]. Dieser war im Jahr 1988 zusammen mit den Beratungen zum Entwurf einer Hypothekarkredit-Richtlinie zurückgestellt worden[184]. Die in der Untersuchung Pleyer's identifizierten wesentlichen Merkmale des Pfandbriefs sind immerhin in die Richtlinie zur Änderung der Richtlinie 85/611/EWG zur Koordinierung der Rechts- und Verwaltungsvorschriften betreffend bestimmte Organismen für gemischte Anlagen in Wertpapieren (OGAW) in Art. 22 Abs. 4 zur Definition bestimmter bei der Anlagepolitik privilegierter Schuldverschreibungen eingegangen.

Im Jahr 1993 hat der Europäische Hypothekenbankverband (European Mortgage Federation, EMF) eine Zusammenstellung praktischer Informationen und wissenschaftlichen Materials veröffentlicht[185]. Ziel war es, aktuelle und umfassende Infor-

---

178 Vgl. Lamazure, Das System der Obligations fonciéres und der Pfandbriefe in Frankreich, Deutschland, Österreich und nach den Bestimmungen des Schweizerischen Zivilgesetzbuches, Bern, 1909.

179 Vgl. Reinecker, Das Hypotheken- und Pfandbriefgeschäft in der Bundesrepublik Deutschland und in Frankreich, 1974.

180 Vgl. Schubäus, Das Hypothekenbankgeschäft in den Niederlanden und in der Bundesrepublik Deutschland, 1984.

181 Vgl. Stöcker, Die Hypothekenbanken und der Pfandbrief in den mitteleuropäischen Reformländern, 1998.

182 Vgl. Pleyer, Das Recht der Hypothekenbanken in Europa, 1981.

183 Vgl. XV/140/87 – Rev. 1 – DE; Bellinger/Kerl, HBG, 4. Auflage, 1995, Einleitung, S. 73.

184 Vgl. Vorschlag für eine „Richtlinie des Rates über die Niederlassungsfreiheit und den freien Dienstleistungsverkehr auf dem Gebiet des Hypothekarkredits“, Kom (84) 730; Vorschlag für eine Richtlinie des Rates über die Harmonisierung der Ausgabe hypothekarisch gesicherter Schuldverschreibungen“, XV/140/87 – Rev. 1 – DE; EMF, Die Hypothekenbanken und der Pfandbrief in Europa, 3. Auflage, S. 11.

185 Vgl. EMF, Die Hypothekenbanken und der Pfandbrief in Europa, 3. Auflage, 2001. Daneben hat der EMF seit dem Jahr 2000 jährlich eine Veröffentlichung unter dem Titel „Covered Bonds & Mortgage Backed securities in the European Union“ herausgegeben. Vgl. zuletzt: EMF, Covered Bonds & Mortgage Backed Securities in the European Union, 2004.

mationen über Hypothekarkreditinstitute, die Pfandbriefe emittieren, und über Pfandbriefe in Europa vorzulegen. Die Veröffentlichung enthielt eine Darstellung und Kommentierung des einschlägigen europäischen Sekundärrechts sowie Länderberichte. Nach der vierten Auflage im Jahr 2003 wurde die Veröffentlichung im Jahr 2006 vom ECBC durch das European Covered Bond Fact Book mit 20 Länderzusammenfassungen, Aufsätzen zu aktuellen Themen sowie diversen Statistiken ersetzt[186]. Dieses ist mittlerweile in der dritten Auflage im Jahr 2008 erschienen und enthält nunmehr 29 Länderberichte[187]. Darüber hinaus hat das ECBC auf der Internetseite http.//www.ecbc.eu einen Technical Issues Covered Bond Comparative Framework Questionnaire veröffentlicht.

Im Jahr 2006 herausgegeben wurde eine überblicksmäßige Darstellung von 15 covered bond-Märkten von Golin, die u.a. eine Diskussion des covered bond-Begriffs, eine Darstellung der neuen Eigenkapitalanforderungen für covered bonds unter Basel II, des Sekundärmarkts für Jumbo covered bonds und des Ratings zum Gegenstand hat[188].

Ende 2007 erschien eine Untersuchung von sog. Mortgage Covered Bonds und Mortgage Backed Securities in europäischen Ländern von Bauersfeld. Diese befasst sich schwerpunktmäßig mit einer Analyse der Wirtschaftlichkeit von Mortgage Covered Bonds und Mortgage Backed Securities[189].

Zuletzt herausgegeben wurde im Dezember 2008 eine Untersuchung europäischer covered bonds von der Europäischen Zentralbank (EZB), die neben einer Beschreibung des covered bond-Begriffs eine Untersuchung des Wachstums, der Regulierung, des Risikomanagements und der Entwicklung von covered bonds in der Finanzkrise beinhaltet[190].

Neben einer Vielzahl von weiteren Veröffentlichungen unterschiedlichen Umfangs und Häufigkeit von zahlreichen Investmentbanken[191] und Ratingagenturen[192] gibt der Verband deutscher (vormals) Hypotheken bzw. (heute) Pfandbriefbanken (vdp) u.a. seit 1996 jährlich ein sog. Pfandbrief Fact Book heraus[193]. Dieses hat sich, nachdem der Kommentar zum Hypothekenbankrecht von Dieter Bellinger und Volkher Kerl seit der 4. Auflage von 1995 nicht mehr fortgeführt worden ist, über die Jahre zur wichtigsten Informationsquelle zum deutschen Pfandbrief entwickelt und befasst sich regelmäßig auch mit pfandbriefähnlichen Produkten[194].

---

186 Vgl. ECBC, European Covered Bond Fact Book, 2006.
187 Vgl. ECBC, European Covered Bond Fact Book, 2008.
188 Vgl. Golin, Covered Bonds beyond Pfandbriefe, 2006.
189 Vgl. Bauersfeld, Gedeckte Instrumente zur Refinanzierung von Hypothekendarlehen, 2007.
190 Vgl. ECB, Covered Bonds in the EU Financial System, December 2008.
191 Vgl. statt vieler: Batchvarov, Merrill Lynch Guide to International Mortgage Markets and Mortgage Backed Securities, 2003; BayernLB, Covered Bond Report (14-tägig).
192 Vgl. z.B.: Standard & Poor's, Structured Finance View Point – Covered Bonds Expand into New Areas, 2006.
193 Vgl. vdp, Der Pfandbrief, 1996, 1997, 1998, 1999, 2000, 2001, 2002, 2003, 2004, 2005, 2006, 2007 und 2008.
194 Vgl. z.B. Grodzki, Der Pfandbrief und pfandbriefähnliche Produkte, in: VDH, Der Pfandbrief, 2001, S. 29 ff.; Tolckmitt, Walburg, Der Pfandbrief im europäischen Kapitalmarkt, in: VDH,

II. Vergleichsgegenstand

Gegenstand des nachfolgenden Rechtsvergleichs ist das Recht des deutschen Pfandbriefs und das Recht des UK covered bond. Der Pfandbrief hat aufgrund seiner langen Tradition von jeher eine Vorreiterrolle als ‚Benchmark' für die Entwicklung anderer gedeckter Schuldverschreibungen gespielt. Diese Stellung verdankt der Pfandbrief nicht zuletzt seiner kontinuierlichen Weiterentwicklung, d.h. insbesondere den HBG-Reformen der Jahre 1998, 2002 und 2004, der Entwicklung des Jumbo-Formats sowie der Einführung einer einheitlichen Emissionsgrundlage mit dem PfandBG im Jahr 2005. Zudem stand der Pfandbrief nach der Neuordnung des Pfandbriefrechts im Rahmen der Entwicklungen um die in eine Schieflage geratene Allgemeine Hypothekenbank Rheinboden Aktiengesellschaft (AHBR) im Herbst 2005 im Interesse der Anleger[195]. Die ordnungsgemäße Rückzahlung der AHBR-

Der Pfandbrief, 2001, S. 16 ff.; Hagen, Covered Bond – Das unbekannte Wesen, in: VDH, Der Pfandbrief, 2003, S. 29 ff.; Engelhard, Zunehmende Verbreitung der Pfandbrieftechnologie in Europa – Ursachen, Konsequenzen, Investmentimplikationen, in: VDH, Der Pfandbrief, 2004, S. 27 ff.; Hagen, Das erste halbe Jahr des European Covered Bond Council, in: vdp, Der Pfandbrief, 2005, S. 36; Volk/Hillenbrand, Der Europäische Jumbo Covered Bond Markt auf den Spuren des deutschen Pfandbriefs, in: vdp, Der Pfandbrief, 2006, S. 58.

195 Ausgelöst wurde die Krise der AHBR durch die schwierige Lage auf den Immobilienmärkten, insbesondere in Ostdeutschland und durch ein negatives Zinsbuch aufgrund erheblicher Belastungen aus Derivategeschäften sowie einer unerwarteten Zinsentwicklung. Im Oktober 2005 erklärte die AHBR in einer Mitteilung, dass im Falle des Scheiterns ihres Verkaufs eine teilweise oder vollständige Liquidation nicht ausgeschlossen werden kann. Der Testfall für den Pfandbriefmarkt, nämlich die Abwicklung der AHBR, wurde durch eine konzertierte Aktion unter Beteiligung des Bankenverbandes, der Bundesanstalt für Finanzdienstleistungsaufsicht (BaFin), des Einlagensicherungsfonds, anderer privater Banken und der Altgesellschafter abgewendet. Dies war zum Schutz des Pfandbriefmarkts, des Hybridrefinanzierungsmarkts für Banken (d.h. Genussrechte und stille Beteiligungen) und wegen der Zugehörigkeit der AHBR zum Einlagensicherungsfonds – die AHBR hatte zwar nur geringe Verbindlichkeiten gegenüber Kunden aus Einlagen (vgl. § 5 Abs. 1 Nr. 4a HGB), aber erhebliche andere Verbindlichkeiten gegenüber Kunden (vgl. § 6 Nr. 1 Spiegelstrich 1, Satz 2 Statut des Einlagensicherungsfonds des Bundesverbands der deutschen Banken) – im Interesse der privaten Banken. Im Dezember 2005 wurde die AHBR für einen negativen Kaufpreis zur Sanierung an den amerikanischen Finanzinvestoren Lone Star verkauft. Seit August 2007 firmiert das Institut unter dem neuen Namen Corealcredit Bank AG. Die Pfandbriefe der AHBR wurden trotz aller Schwierigkeiten durchgehend bedient und schließlich durch Rückkäufe teilweise vom Markt genommen. Trotz der Krise weiteten sich die Pfandbriefe der AHBR in der Spitze um nicht mehr als 30 Basispunkte aus. Vgl. Deutsche Bundesbank, Einlagensicherung und Anlegerentschädigung in Deutschland, in: Monatsbericht Juli 2000, S. 29 ff.; FAZ vom 25.10.2005, Hypothekenbank gerät in Bedrängnis; FAZ vom 26.10.2005, Sicherheitsschirm für die AHBR; FAZ vom 26.10.2005, Testfall für den Pfandbriefmarkt; BörsenZ vom 27.10.2005, Systemtest für den Pfandbrief; FAZ vom 13.11.2005, Liquiditätshilfe vor AHBR Verkauf; BörsenZ vom 27.10.2005, Schwarzer Tag für AHBR-Anleihen – Pfandbrief-Verkäufer in Aufruhr – Nachrangpapiere stürzen ab – Ratingagenturen bestätigen Höchstnoten für besicherte Titel; Mußler, Die marode Hypothekenbank und die BaFin, in: FAZ vom 14.7.2006, S. 15; Hagen, Würde der Pfandbrief durch die Pleite einer Pfandbriefbank Schaden nehmen?, in: I&F, 23/2005, S. 6; Hagen, Lone Star und die AHBR-Bilanz – kein stiller Genuss, in: I&F, 10/2006, S. 6; Leitartikel, Pfandbriefe und Rating – ein gestörtes Verhältnis?, in: I&F, 03/2007, S. 76; DG Hyp, Sicher und zuverlässig – der deutsche Pfandbrief in Zeiten der Finanzmarktkrise, September 2008, S. 35.

Pfandbriefe ist aber jederzeit gewährleistet gewesen[196]. Dabei konnte der Pfandbrief seine besondere Sicherheit grundsätzlich unter Beweis stellen und gestärkt aus diesem Krisenfall hervorgehen[197]. Die in diesem Zusammenhang identifizierten Schwächen v.a. im Bereich des market makings wurden zum Anlass genommen, die zu Grunde liegenden Regelungen weiter zu entwickeln.

Die Einführung des UK structured covered bond wird als die wichtigste Entwicklung in der Refinanzierung der britischen Immobilienfinanzierung seit der Einführung von mortgage backed securities eingestuft[198]. Durch weitere Emissionen hat sich in kurzer Zeit ein Marktstandard für UK structured covered bonds herauskristallisiert. Das Modell des UK structured covered bond ist von Beginn an aufgrund seiner vertraglichen Struktur und der ursprünglich fehlenden gesetzlichen Emissionsgrundlage diskutiert worden. Sein Modell hat zu einer anhaltenden grundsätzlichen Diskussion des covered bond-Begriffs geführt. Der Erfolg des UK structured covered bond hat den britischen Gesetzgeber und die britische Finanzmarktaufsicht (FSA) veranlasst, eine gesetzliche Emissionsgrundlage (The Regulated Covered Bond Regulations 2008, RCB Regulations 2008) sowie ein besonderes öffentliches Aufsichtsreglement für UK Regulated Covered Bonds einzuführen.

Die Gründe für die Auswahl des Vergleichsgegenstands liegen auf der Hand. Die unterschiedliche Konzeption der gesetzlichen Emissionsgrundlage legt insbesondere den Vergleich des Pfandbriefs mit der strukturierten Alternative, d.h. dem SPV-Modell, des UK covered bond nahe. Sie machen die rechtsvergleichende Untersuchung besonders fruchtbar.

Als primäre Informationsquelle zur Untersuchung des UK covered bond wurden neben den Gesetzesmaterialien der RCB Regulations 2008 insbesondere die Wertpapieremissionsprospekte des HBOS covered bond-Programms, des Northern Rock covered bond-Programms, des Bradford & Bingley covered bond-Programms und des Yorkshire Building Society covered bond-Programms verwendet[199]. Darüber hinaus wurde das Abbey covered bond-Programm, das Nationwide Building Society

---

196 Vgl. Deutscher Bundestag, Antwort der Bundesregierung auf die kleine Anfrage der Abgeordneten Frank Schäffler, Jens Ackermann, Dr. Karl Addicks, weiterer Abgeordneter und der Fraktion der FDP – Drucks. 16/2734 – Verhalten der Bundesanstalt für Finanzdienstleistungsaufsicht bezüglich der Allgemeinen HypothekenBank Rheinboden AG, Drucks. 16/2949, vom 13.10. 2006, S. 2.

197 Der zweite bekannte Krisenfall einer Pfandbriefbank nach der Neuordnung des Pfandbriefrechts ist der „Notverkauf" der Düsseldorfer Hypothekenbank aufgrund ‚massiver Finanzprobleme' an den Einlagensicherungsfods des Bundesverbands deutscher Banken im April 2008. Die wirklichen Beweggründe des Notverkaufs sind bis heute nicht geklärt. Die Düsseldorfer Hypothekenbank steht seither zum Verkauf. Vgl. DG Hyp, Sicher und zuverlässig – der deutsche Pfandbrief in Zeiten der Finanzmarktkrise, September 2008, S. 36; BayernLB, Covered Bond Report, 2008, Nr. 9, S. 1 f. Zur Krise der HRE, vgl. 1. Teil, § 1, E, II, 1., c.

198 Vgl. Volk (Presentation, HypoVereinsbank), Covered Bonds and RMBS, January 2006.

199 Vgl. HBOS plc – HBOS Treasury Services plc EUR 14 Billion Covered Bond Programme, 27.6.2003 (offering circular); Northern Rock plc EUR 10 Billion Global Covered Bond Programme, 30.4.2004 (offering circular); Bradford & Bingley plc EUR 10 Billion Covered Bond Programme, 21.5.2004 (offering circular); Yorkshire Building Society EUR 7.5 Billion Global Covered Bond Programme, 1.11.2006 (offering circular).

covered bond-Programm und das HSBC Covered Bond-Programm anhand der für diese erstellten Pre-sale Reports der Ratingagentur Moody's in die Untersuchung einbezogen[200].

Die Untersuchung befasst sich mit dem spezifischen Passivgeschäft des Pfandbriefs und des UK covered bond. Im Mittelpunkt der Arbeit steht damit das Deckungsprinzip, das vorrangige Befriedigungsrecht und die besondere öffentliche Aufsicht gedeckter Schuldverschreibungen. Das allgemeine Bankinsolvenz- und Bankaufsichtsrecht findet entsprechende Berücksichtigung, so weit gedeckte Schuldverschreibungen hierdurch spezifisch betroffen sind[201]. Die Diskussion der Neuregelung des allgemeinen Bank- und Finanzaufsichtsrechts infolge der Finanzkrise liegt ebenso wie die Diskussion sog. Bad Bank-Modelle außerhalb der hier verfolgten Fragestellung[202]. Die bilanzielle Behandlung des Pfandbriefs und des UK covered bond wird auf die herkömmliche handelsbilanzielle Rechnungslegung bzw. UK GAAP beschränkt. Das Aktivgeschäft, insbesondere das spezifische Recht des Immobilienkredits in Großbritannien und Deutschland, kann darüber hinaus keine vertiefte Berücksichtigung finden[203]. Es wird deswegen davon abgesehen, die allgemeinen vertraglichen, verbraucherschutz-, sachen-, bewertungs-, grundbuch-, zwangsvollstreckungs- und datenschutzrechtlichen Grundlagen des Immobilienkreditgeschäfts eingehend darzustellen. Ebenso wird auf eine umfassende Darstellung des Wertpapieremissions- und Wertpapierprospektrechts verzichtet, da mit der neuen EU-Prospektrichtlinie grundsätzlich gleiche Wettbewerbsbedingungen für deutsche und britische Emittenten gelten[204]. Dies ist gerechtfertigt, da sich im

---

200 Vgl. Moody's Investor Service, Abbey National Treasury Services plc Covered Bond Programme, Pre-Sale Report, 27.3.2006; Moody's Investor Service, Nationwide Building Society Covered Bonds, Pre-Sale Report, 23.11.2005; Moody's Investor Service, HSBC Covered Bond Programme, Pre-Sale Report, 24.10.2006.

201 Zum allgemeinen Bankinsolvenzrecht in Deutschland: Vgl. Pannen, Krise und Insolvenz bei Kreditinstituten, 2005. Zum allgemeinen Bankaufsichts- und Bankinsolvenzrecht in Großbritannien: Vgl. Hadijemmanuil, Banking Regulation and the Bank of England, 1996. Umfassend für Deutschland und England als Rechtsvergleich: Vgl. Binder, Bankinsolvenzen im Spannungsfeld zwischen Bankaufsichts- und Insolvenzrecht, 2005. Sowie allgemein: Hüpkes, The Legal Aspects of Bank Insolvency: A comparative Analysis of Western Europe, the United States and Canada, 2000; Moss/Wessels, EU Banking and Insurance Insolvency, 2006.

202 Zur Diskussion der Neuregelung der Finanzaufsicht: Council of the European Union, Agreed Council conclusions on Strengthening EU Financial Supervision, Brussel, 10.6.2009, 10862/09, ECOFIN 434, EF 91, SURE 20; FSA, The Turner Review – A regulatory response to the global banking crisis, March 2009. Zum Gesetzgebungsverfahren eines Gesetzes zur Stärkung der deutschen Finanzmarktaufsicht: Deutscher Bundestag, Gesetzentwurf der Bundesregierung, Gesetz zur Stärkung der Finanzmarkt- und Versicherungsaufsicht, Drucks. 16/12783, vom 27.4.2009). Zum Gesetzgebungsverfahren zur Schaffung eines deutschen Bad Bank-Modells: Deutscher Bundestag, Gesetzentwurf der Fraktionen der CDU/CSU und SPD, Entwurf eines Gesetzes zur Fortentwicklung der Finanzmarktstabilisierung (Finanzmarktstabilisierungsfortentwicklungsgesetz, FMStFG), Drucks. 16/13156, vom 4.6.2009.

203 Vgl. hierzu: Kircher, Grundpfandrechte in Europa, 2004; Jungmann, Grundpfandgläubiger und Unternehmensinsolvenz, Deutschland – England – Schottland, 2004; Hofmann, Mortgage und Charge – Gestaltungsmöglichkeiten im englischen Kreditsicherungsrecht, 2001.

204 Mit dem Inkrafttreten der Prospekt-Richtlinie entfiel der privilegierte Status des sog. Daueremittenten. Seither hat die Mehrheit der Pfandbriefbanken Prospekte für Emissionsprogramme in Form von sog. Basisprospekten erstellt und veröffentlicht. Vgl. Directive 2003/71/EC

Markt die Emissionsverfahren vereinheitlicht und die internationalen Gepflogenheiten angepasst haben[205].

III. Vergleichskriterien

Grundfrage jeder Rechtsvergleichung nach der Festlegung des Vergleichsgegenstandes ist die Bestimmung des Vergleichskriteriums bzw. des sog. tertium comparationis. Herkömmlicherweise wird es in der Funktionsgleichheit von Rechtsinstituten gesehen. Danach wird die Möglichkeit eines Rechtsvergleichs durch das „Gesetz der funktionalen Äquivalenz" gewährleistet[206]. Insofern soll hier untersucht werden, ob Pfandbriefe und UK covered bonds funktional äquivalent sind.

Daneben gewinnt die ökonomische Analyse des Rechts immer stärker an Bedeutung. Denn die Einbeziehung ökonomischer Gesichtspunkte stellt einen geeigneten Bewertungsmaßstab für die Rechtsvergleichung und damit erst die Grundlage der normativen Komparation dar[207]. Für die komplexe Bewertung gedeckter Schuldverschreibungen ist sie unerlässlich. Dagegen beschränkt sich die rein empirische und analytische Rechtsvergleichung auf die Erarbeitung der Unterschiede und Übereinstimmungen des Vergleichsgegenstandes, und es mangelt ihr an der Entwicklung von Wertmaßstäben. Als geeigneter Wertungsmaßstab haben sich insbesondere ökonomische Gesichtspunkte erwiesen. Die größte Aussagekraft kann allerdings durch eine Verknüpfung der Vergleichsmethoden erreicht werden, in der sich empirische und analytische Rechtsvergleichung sowie die ökonomische Betrachtung verschränken.

Vor diesem Hintergrund soll nach der rein empirisch-analytischen Darstellung des Rechts des Pfandbriefs und des UK covered bond eine analytische Gegenüberstellung erfolgen, um im Anschluss das Recht des Pfandbriefs und des UK covered bond einer ökonomischen Analyse zu unterziehen. Als Grundlage der analytischen Unter-

---

of the European Parliament and of the Council of 4.11.2003 on the prospectus to be published when securities are offered to the public or admitted to trading and amending Directive 2001/34/EC; Hemetsberger/Schoppmann/Schwander/Wengler, European Banking and Financial Services Law, 2nd edition, 2006, p. 51 et seq; Boos/Preuß, Die Umsetzung der EU-Prospekt-Richtlinie in Deutschland – Folgen für daueremittierende Banken, in: ZfgK, 10/2005, S. 523 ff.

205 Die Preisfindung wird bei der Emission von gedeckten Schuldverschreibungen regelmäßig im fixed-price-reoffer-Verfahren durchgeführt. Dabei wird der endgültige Preis und das Emissionsvolumen festgelegt, wenn sich die market maker bei potentiellen Investoren einen Überblick über die vorhandene Nachfrage verschafft haben (sog. open pricing bzw. bookbuilding-Verfahren). Schließlich werden bei Jumbo-covered bonds auch Techniken der U.S. amerikanischen-Agencies, wie das Pot Syndizierungsverfahren oder das online book building angewendet. Vgl. von Stein/Russ, Der europäische Rentenmarkt, in: Hummel/Breuer, Handbuch des Europäischen Kapitalmarkts, 1. Auflage, 2001, S. 604; Köller, Pfandbriefrefinanzierung in Deutschland, in: Hummel/Breuer, Handbuch des Europäischen Kapitalmarkts, 1. Auflage, 2001, S. 623; Schörnig, Der Jumbo-Pfandbrief in der globalen Kapitalmarktkonkurrenz, in: I&F 10/2005, S. 358.

206 Vgl. Esser, Grundsatz und Norm in der richterlichen Fortbildung des Privatrechts. Rechtsvergleichende Beiträge zur Rechtsquellen und Interpretationslehre, 4. Auflage, 1990, S. 346–381.

207 Vgl. Röver, Vergleichende Prinzipien dinglicher Sicherheiten, S. 2 f.

suchung dienen insbesondere das Schema der Länderberichte des Europäischen Hypothekenbankverbandes[208] und die Anforderungen an die rechtlichen Rahmenbedingungen für gedeckte Schuldverschreibungen der Ratingagenturen[209].

B. Ziel der Arbeit

Die Arbeit verfolgt mit der rechtsvergleichenden Untersuchung des deutschen Pfandbriefs und des UK covered bond fünf Ziele:

- Erstens soll mit der Arbeit im Rahmen der das Recht vergleichenden Untersuchung eine umfassende Darstellung des neuen einheitlichen Pfandbriefrechts nach Inkrafttreten des PfandBG und der PfandBG-Novelle 2009 unternommen werden. Das deutsche Pfandbriefrecht ist seit der 4. Auflage des Kommentars zum Hypothekenbankgesetz aus dem Jahr 1995 von Dieter Bellinger und Volkher Kerl nicht mehr umfassend dargestellt worden. Wesentliche Reformen sind – soweit bekannt – seit 1995 umfassend nur in den Gesetzesmaterialien sowie Aufsätzen und Beiträgen in Jahrbüchern zum Pfandbrief bzw. covered bond sowie Bankhandbüchern dargestellt[210]. Insofern soll die Arbeit auch als Handbuch des geltenden Pfandbriefrechts im Gewand eines Rechtsvergleichs mit dem UK covered bond dienen.
- Zweitens soll die rechtsvergleichende Untersuchung dem besseren Verständnis von strukturiert gedeckten Schuldverschreibungen sowie der Fortbildung des nationalen Rechts dienen. Gesetzlich und strukturiert gedeckte Schuldverschreibungen setzen die Grundidee der gedeckten Schuldverschreibung mit Hilfe unterschiedlicher Rechtsinstitute um. Aus den im Rahmen der vergleichenden Untersuchung gewonnenen Erkenntnissen können wichtige Aspekte im Hinblick auf die Weiterentwicklung des Pfandbriefs, des UK covered bond und der gesetzlich oder strukturiert gedeckten Schuldverschreibung allgemein gewonnen werden.
- Drittens, soll die Arbeit einen Beitrag zur Bewertung der Sicherheit und Vorteilhaftigkeit von gedeckten Schuldverschreibungen leisten. Historisch bedingt haben Investoren der Analyse von gedeckten Schuldverschreibungen eher weniger Aufmerksamkeit gewidmet. Hierzu bestand in einem durch den Pfandbrief dominierten Markt vor Wegfall der staatlichen Garantien jedenfalls für die Emissionen von Landesbanken nur geringer Anlass. Angesichts der Entwicklung einer immer größer werdenden Anzahl unterschiedlicher gesetzlicher und strukturierter Mo-

208 Vgl. EMF, Die Hypothekenbanken und der Pfandbrief in Europa, 3. Auflage, S. 91–93.
209 Vgl. Standard & Poor's Covered Bond Seminar, Standard & Poor's Approach in European Covered Bond Ratings, Presentation, Frankfurt, 14.2.2006; Moody's Investor Service (Lindstrom/Greenberg), European covered bond legal frameworks: Moody's legal checklist, 9.12.2005.
210 Vgl. Stöcker, Grundzüge des Pfandbriefrechts, in: Schimansky/Bunte/Lwowski, Bankrechts-Handbuch, § 86a; Hagen, Pfandbriefe, in: Habersack/Mülbert/Schlitt, Unternehmensfinanzierung am Kapitalmarkt, § 19; Herpfer, Der Pfandbrief – Pfandbriefgesetz vs. Novellierung des HBG, 2007; Pollmann, Das neue deutsche Pfandbriefrecht, 2007.

delle verschiedener Emittenten aus einer Vielzahl von Ländern ist dies heute nicht mehr rechtfertigbar[211].

- Und viertens soll mit der Untersuchung neben der Vertiefung des Verständnisses und der Fortbildung des nationalen Rechts ein Beitrag zur Diskussion der Integration der EU-Hypothekarkreditmärkte und insbesondere zur Refinanzierung des Hypothekarkredits mittels gedeckter Schuldverschreibungen geleistet werden.

C. Gang der Arbeit und Ordnungskriterien

Der Rechtsstoff der gedeckten Schuldverschreibung kann nach verschiedenen Kriterien geordnet werden[212]. Die Kriterien können eher äußerlicher Natur sein wie z. B. die offizielle Nummerierung im PfandBG. Diese folgt zwar teilweise, doch längst nicht vollständig, einer inneren Logik. Insofern wird in den einzelnen Kapiteln und Unterkapiteln zum deutschen Recht der Gliederung des PfandBG gefolgt. Eine Aufteilung nach Tatbeständen hat den Vorteil einer Untersuchung nach einheitlichen, übergeordneten und systematischen Grundsätzen und dient damit der anschaulichen Rechtsvergleichung. Bei einer Aufteilung nach Sachverhalten entlang der Laufzeit von Finanzinstrumenten werden die wichtigsten (möglichen) Ereignisse während der Laufzeit eines Pfandbriefs bzw. UK covered bonds betrachtet. Die Untersuchung gedeckter Schuldverschreibungen muss sich augrund ihres Wesens am Kriterium der Sicherheit und damit an Eskalationsstufen möglicher Krisen orientieren.

Die wesentlichen Tatbestandsmerkmale der gedeckten Schuldverschreibung im geltenden europäischen Sekundärrecht lassen sich in drei Komplexe einteilen: Das Deckungsprinzip, den Grundsatz der vorrangigen Befriedigung und die besondere öffentliche Aufsicht. Die Einteilung der Arbeit in sechs Teile orientiert sich weitgehend an diesen Themenkomplexen und ist unterteilt in: (i) Allgemeine Grundlagen und Überblick; (ii) Rechts- und wertpapierrechtliche Grundlagen; (iii) Deckungsprinzip; (iv) Grundsatz der vorrangigen Befriedigung; (v) besondere öffentliche Aufsicht; und (vi) Vergleich und Folgerungen. Am Ende der einzelnen Teile erfolgt im Anschluss an die Darstellung des Themenkomplexes ein empirischer Vergleich des zuvor untersuchten Teilgegenstands.

Im einleitenden ersten Teil werden der Begriff, der Gegenstand und die Erscheinungsformen der gedeckten Schuldverschreibung sowie überblickmäßig die Grundlagen des Pfandbriefs und des UK covered bond vorgestellt. Im zweiten Teil folgt eine Darstellung der Rechtsgrundlagen und der wertpapierrechtlichen Grundlagen der beiden Finanzinstrumente.

Das Deckungsprinzip ist Gegenstand des dritten Teils, welcher in zwei Abschnitte – jeweils für den Pfandbrief und den UK covered bond – unterteilt ist. Der Aufbau der einzelnen Abschnitte ist dem Wesen der Finanzinstrumente angelehnt. Er umfasst

---

211 Vgl. Standard & Poor's, All Covered Bonds are not created equal, 13.9.2007, p. 2.
212 Vgl. beispielhaft für Ordnungskriterien im Kapitalgesellschaftsrecht: Grundmann, Europäisches Gesellschaftsrecht, 2004, S. 12, Rdn. 24.

im ersten Kapitel zur Pfandbriefdeckung die Deckungsstockfähigkeit, Indeckungnahme und das Deckungsregister. Das zweite Kapitel untersucht die Pfandbriefdeckungskongruenz, die treuhänderische Überwachung sowie die Rechnungslegung, das Risikomanagement und die Veröffentlichungspflichten. Im ersten Kapitel über das Deckungsprinzip des UK covered bond wird die Bildung der Deckungsmasse, die Vollrechtsübertragung und die Verwaltung der Deckungswerte dargestellt. Die gesellschaftsvertragliche Deckungskongruenz des UK covered bond, deren Überwachung und die Veröffentlichungspflichten sind Gegenstand des zweiten Kapitels zur Deckung des britischen Pendants.

Der vierte Teil untersucht den Grundsatz der vorrangigen Befriedigung und ist wiederum unterteilt in einen deutschen und englischen Abschnitt. In beiden Abschnitten wird in einem ersten Kapitel der Mechanismus bzw. die Methode der vorrangigen Befriedigung allgemein vorgestellt. Anschließend wird in einem weiteren Kapitel die Behandlung des Pfandbriefs und des UK covered bond in der Insolvenz untersucht. Das Kapitel ist dabei unterteilt nach Eskalationsstufen einer typischen Krisenentwicklung bzw. eines typischen Krisenablaufs. Sukzessive wird insofern die Insolvenz des Emittenten, die Verwaltung der Deckungsmasse nach der Insolvenz des Emittenten sowie die Insolvenz der Deckungsmasse selbst untersucht.

Die besondere öffentliche Aufsicht über den Pfandbrief und den UK covered bond ist Gegenstand des fünften Teils.

Im abschließenden sechsten Teil wird das Recht des Pfandbriefs und des UK covered bond in einem zusammenfassenden Vergleich gegenübergestellt und der Versuch einer Bewertung unternommen. Dieser umfasst, aufbauend auf den empirischen Vergleichen in den jeweils abschließenden Kapiteln der vorangegangenen Teile, eine ökonomische Analyse des Rechts anhand der Ratingansätze für gedeckte Schuldverschreibungen und einer Transaktionskostenanalyse. Anschließend werden Folgerungen aus den Vergleichsergebnissen für den Pfandbrief und den UK covered bond gezogen. Abschließend wird die aktuelle Diskussion der Integration der EU-Hypothekarkreditmärkte erörtert und ein allgemeiner Ausblick gewagt.

§ 3 Grundlagen des Vergleichsgegenstands

A. Grundlagen des Pfandbriefs

Der Pfandbrief ist der älteste covered bond. Er stellt auch nach Beginn einer Konsolidierungsphase in der jüngeren Vergangenheit umlaufmäßig mit rund EUR 770 Mrd. (Stand März 2009) das größte covered bond-Segment dar. Aufgrund seiner Tradition, Größe und insbesondere seiner Marktreife hat der Pfandbrief den Status einer Benchmark für die übrigen covered bond Märkte[213].

---

213 Vgl. Hoggett, Irish Asset Covered Securities, in: The Euromoney, International Debt Capital Markets Handbook, 2005, p. 88.

I. Ursprung des Pfandbriefs

Seinen Ursprung hat der Pfandbrief im preußischen Hypothekenpfandbrief der Schlesischen Landschaft bzw. einer Cabinet-Ordre Friedrichs des Zweiten von Preußen vom 29.8.1767 und dem darauf erlassenen Reglement der Schlesischen Landschaft vom 9./15.7.1770[214]. Die Schlesische Landschaft war als genossenschaftliche Bodenkreditanstalt organisiert[215]. Landschaften dieser Art gaben Schuldverschreibungen aus, mit welchen die Gläubiger jeweils ein unmittelbares Pfandrecht an einem zu der betreffenden Landschaft gehörenden Gut erwarben[216]. Dem Inhaber des Pfandbriefs diente als Sicherheit die Verpfändung des in dem Pfandbrief namentlich beschriebenen Gutes (daher auch die Bezeichnung „Güterpfandbrief")[217]. Wegen der Zins- und Tilgungszahlungen hatte sich der Pfandbriefinhaber primär an die Landschaft zu wenden, und nur im Falle eines Ausfalls der Landschaft hafteten sämtliche in der Landschaft zusammengeschlossenen Grundbesitzer als dingliche Schuldner (sog. Solidarhaftung). Durch die Verpfändung blieb eine unmittelbare Verbindung von Aktiv- und Passivgeschäft erhalten[218]. Zur Verbesserung der Sicherheit der Pfandbriefe durften diese nur auf die erste Hälfte der Güter der Landschaft bezogen werden. Die Pfandbriefe wurden den Grundbesitzern ausgehändigt. Ihnen blieb es überlassen, sich durch den Verkauf der auf den Inhaber lautenden Pfandbriefe bares Geld zu verschaffen. Nach dem Vorbild der Schlesischen Landschaft entstanden in und außerhalb Preußens weitere Landschaften[219]. Mit dem Ende des 18. Jahrhunderts kam die Entwicklung des Pfandbriefs innerhalb Deutschlands ins Stocken[220]. Angetrieben von der starken Industrialisierung in anderen europäischen Staaten entwickelte sich allerdings dort der Gedanke, den Pfandbrief zur Finanzierung des Städte- und Wohnungsbaus heranzuziehen[221].

Einen neuen und entscheidenden Impuls für die Entwicklung des deutschen Pfandbriefwesens brachte die Gründung des crédit fonciers de France im Jahr 1852[222].

---

214 Vgl. Schmidt, Die Hypothekenbanken, in: Rüchardt, Handbuch des Hypothekarkredits, 3. Auflage, 1993, S. 1023; Goedecke/Kerl/Scholz, Die deutschen Hypothekenbanken, 4. Auflage, 1997, S. 21, 23; Pohl, Europäische Bankengeschichte, Frankfurt, 1993, S. 228.

215 Vgl. Zum Recht der Landschaften ausführlich: Hagedorn, Die Landschaften. Eine rechtsgeschichtliche Darstellung der preußischen Agrarinstitute, Dissertation Freiburg, 1978.

216 Vgl. Köller, Pfandbriefrefinanzierung in Deutschland, in: Hummel/Breuer, Handbuch des Europäischen Kapitalmarkts, 1. Auflage, 2001, S. 614.

217 Vgl. Goedecke/Kerl/Scholz, die deutschen Hypothekenbanken, 4. Auflage, 1997, S. 23 ff.

218 Vgl. Pleyer, Das Recht der Hypothekenbanken in Europa, 1981, S. 104.

219 Vgl. Bellinger/Kerl, HBG, 4. Auflage, 1995, S. 25; Pleyer, Das Recht der Hypothekenbanken in Europa, 1981, S. 11 ff.

220 Vgl. EMF, Die Hypothekenbanken und der Pfandbrief in Europa, 3. Auflage, 2001, S. 124.

221 Vgl. Pleyer, Das Recht der Hypothekenbanken in Europa, 1981, S. 12 ff.; EMF, Die Hypothekenbanken und der Pfandbrief in Europa, 3. Auflage, 2001, S. 124.

222 Vgl. Walter, Der Pfandbrief und seine Bedeutung in historischer Perspektive, in: VDH, Der Wissenschaftliche Beirat des Instituts für bankhistorische Forschung e.V., Bankhistorisches Archiv – Zeitschrift für Bankgeschichte, Beiheft 38, Pfandbrief und Kapitalmarkt, 2000, S. 15; Köller, Pfandbriefrefinanzierung in Deutschland, in: Vgl. Hummel/Breuer, Handbuch des Europäischen Kapitalmarkts, 1. Auflage, 2001, S. 614 f.; Pohl, Europäische Bankengeschichte, Frankfurt, 1993, S. 228.

Dieser führte in Deutschland zur Anpassung des Rechts der bestehenden Landschaften und der Gründung neuer Landschaften. Die Gründung neuer Landschaften ging einher mit der Abkehr von den sog. Güterpfandbriefen als „Hypothekeninstrument"; vielmehr lauteten die „neuen Pfandbriefe" nicht mehr auf ein bestimmtes Grundstück, sondern wurden aufgrund vertragsmäßig bestellter Hypotheken von der Landschaft als Schuldverschreibungen auf den Inhaber ausgegeben[223]. Dadurch lockerte sich die Verbindung zwischen Aktiv- und Passivgeschäft. Das deutsche Recht kennt seitdem keine subsidiäre Haftung des Hypothekarkreditnehmers gegenüber dem Pfandbriefgläubiger mehr, sondern nur noch ein Recht auf vorrangige Befriedigung aus der Deckungsmasse im Konkurs des Pfandbriefemittenten.

Des Weiteren wurde in Deutschland der im crédit fonciers niedergelegte Gedanke, privatrechtliche Bodenkreditinstitute zuzulassen, mit der Gründung von Hypothekenbanken aufgegriffen[224]. Als erste reine Hypothekenbank wurde im Gebiet der freien Reichsstadt Frankfurt a. M. mit Senatsbeschluss vom 8.12.1862 die Frankfurter Hypothekenbank gegründet[225]. Bereits im Jahr 1864 wurde der 1835 gegründeten Bayerischen Hypotheken- und Wechsel-Bank als erster privatrechtlicher Realkreditbank das Pfandbriefprivileg verliehen. Aus den Statuten dieser Banken und vor allem aus den preußischen Regelungen der Jahre 1863, 1867 und 1893, sowie aus den in den anderen Bundesstaaten ergangenen Gesetzen entwickelte sich später das deutsche Hypothekenbankgesetz (HBG) als Rechtsgrundlage der privaten Hypothekenbanken. Dieses trat gleichzeitig mit dem Bürgerlichen Gesetzbuch (BGB) am 1.1.1900 in Kraft und stand im Jahr 1927 Pate bei der Einführung des Gesetzes über die Pfandbriefe und verwandten Schuldverschreibungen öffentlich-rechtlicher Kreditanstalten (ÖPG).

II. Das Modell des Pfandbriefs

Pfandbriefe sind standardisierte Schuldverschreibungen, die von einem Kreditinstitut mit einer Erlaubnis zum Betreiben des Pfandbriefgeschäfts ausgegeben werden. Die Qualität und der Standard der Pfandbriefe unterliegen strikt den Bestimmungen des PfandBG (PfandBG) und unterstehen der Aufsicht der Bundesanstalt für Finanzdienstleistungsaufsicht (BaFin).

Nach dem Modell des Pfandbriefs ist das Pfandbriefgeschäft ein erlaubnispflichtiges Bankgeschäft, das einer besonderen Erlaubnis bedarf. Pfandbriefe können danach ausschließlich von sog. Pfandbriefbanken ausgegeben werden. Pfandbriefbanken sind gem. § 1 Abs. 1 Satz 1 PfandBG Kreditinstitute, deren Geschäftsbetrieb das Pfandbriefgeschäft umfasst. Das Pfandbriefgeschäft selbst unterteilt sich in das Aktiv- und das Passivgeschäft. Im Aktivgeschäft reicht die Pfandbriefbank Hypothe-

---

223 Vgl. Bellinger/Kerl, HBG, 4. Auflage, 1995, S. 26; EMF, Die Hypothekenbanken und der Pfandbrief in Europa, 3. Auflage, 2001, S. 124.
224 Vgl. Pleyer, Das Recht der Hypothekenbanken in Europa, 1981, S. 16. Die Landschaften und Kreditvereine spielen heute eine untergeordnete Rolle.
225 Vgl. Bellinger/Kerl, HBG, 4. Auflage, 1995, S. 27.

karkredite und Darlehen an staatliche Stellen sowie Schiffs- und Flugzeugkredite aus. Die privaten Haushalte nehmen Hypothekarkredite auf, um in Wohnungseigentum zu investieren. Gewerbliche Hypothekarkreditnehmer benötigen Kapital zur Finanzierung von Geschäftshäusern oder sonstigem Nicht-Wohnungseigentum. Staatliche Stellen nehmen Kapital auf, um ihre öffentlichen Aufgaben zu erfüllen. In den ersten beiden Fällen reicht die Pfandbriefbank an den Kreditnehmer einen Kredit aus, der durch eine Hypothek bzw. Grundschuld an einem Grundstück gesichert ist. Im Passivgeschäft beschafft sich die Pfandbriefbank die Mittel, um die vorgenannten Kredite ausreichen zu können. Dies geschieht beim Pfandbriefgeschäft durch die Ausgabe von Pfandbriefen am Kapitalmarkt.

Abbildung 3: Grundprinzip des Pfandbriefgeschäfts

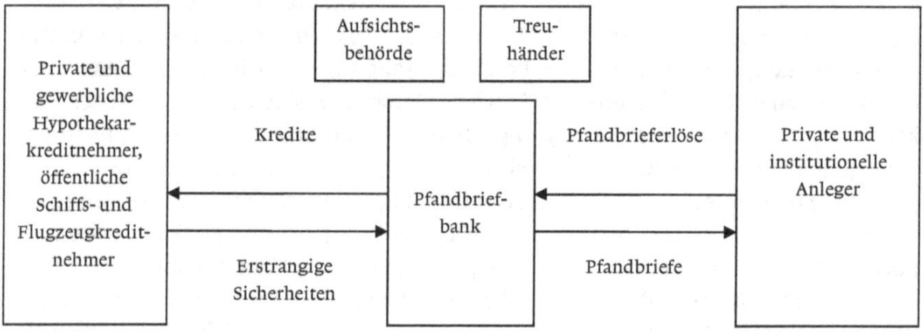

Pfandbriefe sind Schuldverschreibungen bzw. verbriefte Forderungen einer Pfandbriefbank die stets durch ein Portfolio bestimmter geeigneter Deckungswerte gedeckt werden: (i) ein Portfolio mit hypothekarisch gesicherten Immobilienkrediten für Hypothekenpfandbriefe; (ii) ein Portfolio mit Forderungen gegen staatliche Stellen für Öffentliche Pfandbriefe; (iii) ein Portfolio mit durch Schiffshypotheken gesicherten Schiffskrediten für Schiffspfandbriefe; und (iv) ein Portfolio mit durch Registerpfandrechten gesicherten Flugzeugkrediten für Flugzeugpfandbriefe. Diese unterschiedlichen Portfolios bilden für jede der vorgenannten Pfandbriefgattungen eine Deckungsmasse.

Das Gesetz stellt an die Hypotheken, Forderungen gegen staatliche Stellen, Schiffshypotheken und Registerpfandrechte für Flugzeugkredite bestimmte Anforderungen, welche eine hohe Sicherheit gewährleisten (z.B. hinsichtlich der Belegenheit und Bewertung der Immobilien, etc.). Neben den vorgenannten Deckungswerten lässt das Gesetz weitere besonders sichere und liquide Deckungswerte zu. Die Pfandbriefbank hat die Deckungswerte in das für die jeweilige Pfandbriefgattung zu führende Deckungsregister einzutragen und auf diese Weise in Deckung zu nehmen[226]. Die Eintragung der Deckungswerte wird von einem bei der Pfandbriefbank

---

226 Eine Pfandbriefbank kann demnach je nach Geschäftsstrategie bis zu vier getrennte Deckungsmassen für das Hypotheken-, das Öffentliche Schiffs- und Flugzeugpfandbriefgeschäft bilden.

zu bestellenden Treuhänder überwacht. Die Verwaltung der Deckungswerte und die Kollektierung der Rück- und Zinszahlungen der in Deckung genommenen Kredite bleibt bei der Pfandbriefbank, und die Deckungsmassen bleiben in jedem Fall Bestandteil der Bilanz der Pfandbriefbank.

Die umlaufenden Pfandbriefe einer Gattung müssen jederzeit in Höhe des Barwerts durch Deckungswerte gleicher Höhe gedeckt sein; gleichzeitig muss der Gesamtbetrag der im Umlauf befindlichen Pfandbriefe in Höhe des Nennwerts jederzeit gedeckt sein (sog. Deckungskongruenz). Die Deckungsmasse ist insoweit dynamisch. Zusätzlich ist eine sichernde Überdeckung in Höhe von 2% des Barwerts der zu deckenden Verbindlichkeiten vorzuhalten. Das Liquiditätsrisiko ist adressiert. Der maximale kumulierte Liquiditätsbedarf der nächsten 180 Tage ist durch besonders liquide Werte zu sichern. Der Treuhänder hat die vorschriftsmäßige Deckung zu überwachen.

Die Pfandbriefbank muss über ein geeignetes Risikomanagementsystem verfügen, das die im PfandBG im Einzelnen aufgeführten Vorschriften erfüllt, und muss den umfangreichen Transparenzvorschriften nach näherer Maßgabe des PfandBG durch quartalsweise Veröffentlichungen und im Jahresabschluss nachkommen.

Solange die Pfandbriefbank zahlungsfähig ist, sind die Rückzahlungs- und Zinszahlungsverpflichtungen der Pfandbriefgläubiger aus dem gesamten Vermögen der Pfandbriefbank und damit u.a. aus der dynamischen Deckungsmasse zu erfüllen. In der Insolvenz der Pfandbriefbank (sog. Hauptinsolvenz) fallen die Deckungswerte der einzelnen Deckungsmassen der jeweiligen Pfandbriefgattung nicht in die allgemeine Insolvenzmasse, sondern bilden jeweils ein Sondervermögen. Ergänzend sind die Deckungsmassen vor Zwangsvollstreckung, Arrest und Aufrechnung durch Drittgläubiger geschützt. Die Deckungsmasse wird mit Eröffnung der Insolvenz über das Vermögen der Pfandbriefbank und ihrer Sonderung von der Insolvenzmasse der Pfandbriefbank statisch. Die Pfandbriefgläubiger sind in der Folge unmittelbar aus den Deckungswerten weiter voll zu befriedigen und werden in der Insolvenz der Pfandbriefbank nicht fällig gestellt. Dazu wird für jede Deckungsmasse ein Sachwalter auf Antrag der BaFin vom Gericht des Sitzes der Pfandbriefbank ernannt. Dieser hat die dann statische Deckungsmasse ausschließlich zu Gunsten der Pfandbriefgläubiger zu verwalten. Hierzu ist er berechtigt, über die Werte der Deckungsmasse zu verfügen und Zahlungen auf die betreffenden Deckungswerte einzuziehen, um die vollständige Befriedigung der Pfandbriefgläubiger sicherzustellen. Soweit diese Werte jedoch offensichtlich nicht zur Befriedigung der Ansprüche notwendig sein werden, kann der Insolvenzverwalter der Pfandbriefbank verlangen, dass diese der Insolvenzmasse zugeführt werden. Der Sachwalter kann mit Zustimmung der BaFin alle oder einen Teil der Deckungswerte und Verbindlichkeiten aus den damit gedeckten Pfandbriefen auf eine andere Pfandbriefbank übertragen. Nur im Falle einer gleichzeitigen oder späteren Insolvenz der Deckungsmasse einer Pfandbriefgattung findet auf Antrag der BaFin über deren Vermögen ein sog. Sonderinsolvenzverfahren statt. In diesem Fall sind die Ansprüche der Pfandbriefgläubiger gegenüber der Deckungsmasse erstrangig. Dieses

Vorrecht erstreckt sich auch auf diejenigen Zinsen, die nach der Eröffnung des Insolvenzverfahrens auf die Pfandbriefe anfallen. Darüber hinaus können die Pfandbriefgläubiger ihre Ansprüche auch gegen das übrige Vermögen der Pfandbriefbank, das nicht Teil der Deckungsmasse ist, geltend machen, allerdings nur in Höhe eines ihnen entstehenden Ausfalls. Hinsichtlich dieses Vermögens stehen die Pfandbriefgläubiger im gleichen Rang mit anderen unbesicherten und nicht nachrangigen Gläubigern der Pfandbriefbank.

Schließlich unterliegt die Pfandbriefbank einer besonderen öffentlichen Aufsicht durch die Bundesanstalt für Finanzdienstleistungen (BaFin), die u.a. regelmäßig die Deckung der Pfandbriefe überprüft.

Zur Beschreibung des Pfandbriefmodells und seiner normativen Grundprinzipien wurden in der Vergangenheit unterschiedliche Bilder, wie z.B. das einer inneren und äußeren Mauer bzw. eines Schutzrings[227] oder das eines mehrstufigen Sicherheitsnetzes bzw. Sicherheitsschirms verwendet[228]. Der Grundsatz der vorrangigen Befriedigung stellt danach eine äußere Mauer bzw. ein erstes Sicherheitsnetz dar, indem er den Pfandbriefgläubigern neben dem Anspruch gegen die Pfandbriefbank einen zweiten insolvenzfesten Haftungsanspruch gegen die Deckungsmasse gewährt. Das Deckungsprinzip bildet zusammen mit der vorsichtigen Bewertung eine innere Mauer bzw. spannt ein zweites Sicherheitsnetz, welches sicherstellen soll, dass die Deckungswerte im Insolvenzfall der Pfandbriefbank ausreichen, um die Pfandbriefgläubiger zu befriedigen. Ergänzt wird dieses doppelte Sicherheitsnetz durch operative und regulatorische Anforderungen.

III. Das deutsche Bankensystem

Das deutsche Bankensystem ist traditionell gekennzeichnet durch ein sog. Universalbanken- und Drei-Säulen-System[229]. Letzteres besteht aus dem privaten, dem genossenschaftlichen und dem öffentlichen Bankensektor. Dem privaten Sektor gehören u.a. die privaten Universalbanken und auch die früheren privaten Hypothekenbanken sowie die Schiffsbanken an. Der öffentlich-rechtliche Sektor besteht aus den Landesbanken, den Sparkassen und den öffentlich-rechtlichen Grundkreditanstalten[230]. Schließlich bilden die genossenschaftlichen Institute den dritten Sektor. Für alle drei Sektoren gilt grundsätzlich das Universalbankprinzip[231]. Neben den früheren Hypothekenbanken sind in Deutschland Schiffsbanken, private

227 Vgl. Goedecke/Kerl/Scholz, Die deutschen Hypothekenbanken, S. 80; Letschert/Steffan, Pfandbrief und Kommunalobligation, 2. Auflage, 1981, S. 76.

228 Vgl. FAZ vom 26.11.2005, Testfall für den Pfandbriefmarkt, S. 19.

229 Vgl. Klein, Die Bankensysteme der EU-Länder, 1998, S. 62.

230 Zur Tradition und Bedeutung des Pfandbriefs für die Landesbanken, vgl. Boos/Rost, Landesbanken als Pfandbriefbanken – Geschichte, Gegenwart, Zukunft, in: I&F, 13/2007, S. 440 f.

231 Die Entstehung des Begriffs des Universalbankprinzips ist auf die Ausweitung der Geschäftstätigkeit der Geschäftsbanken auf das allgemeine Kundengeschäft nach dem zweiten Weltkrieg zurückzuführen. Darüber hinaus wird das Universalbankprinzip deutscher Prägung oft als Gegensatz zum amerikanischen Trennbankensystem verwendet, nach welchem Unternehmen entweder das Einlagen- oder das Wertpapiergeschäft betreiben dürfen. Vgl. Bellinger/Kerl, HBG, 4. Auflage, 1995, § 1 Rdn. 14.

und öffentliche Kreditinstitute mit Sonderaufgaben, private und öffentliche Bausparkassen, Kapitalanlagegesellschaften, Teilzahlungsbanken und Wertpapiersammelbanken als Spezialinstitute organisiert[232]. Trotz des Universalbankprinzips betreiben die Landesbanken, die Sparkassen und die Genossenschaftsbanken nicht alle Bankgeschäfte. Vielmehr sind die Funktionen im öffentlichen Sektor und im genossenschaftlichen Sektor auf verschiedene Stufen verteilt[233], wobei bei den regionalen Instituten das Einlagengeschäft und bei den überregionalen Instituten das Wertpapieremissionsgeschäft im Vordergrund stehen[234]. Das Immobilienkreditgeschäft wird von Kreditinstituten aller Sektoren sowie den Bausparkassen betrieben.

IV. Die wirtschaftliche Bedeutung des Pfandbriefs

Die Zahl der Pfandbriefe emittierenden Banken beläuft sich im Jahr 2009 auf ca. 75 Institute[235]. Seit Inkrafttreten des PfandBG im Jahr 2005 hat eine Reihe von Kreditinstituten eine Erlaubnis erhalten, das Pfandbriefgeschäft zu betreiben (z.B. die SEB AG, die DKB Deutsche Kreditbank, die Deutsche Ärzte- und Apothekerbank, die Deutsche Postbank AG und die Deutsche Bank AG)[236]. Die größte Pfandbriefbank ist aktuell die Eurohypo AG, eine Tochtergesellschaft der Commerzbank AG[237].

Zur Refinanzierung des Immobilienkreditgeschäfts werden in Deutschland insbesondere Einlagen angenommen sowie Hypothekenpfandbriefe, ungedeckte Bankschuldverschreibungen und MBS ausgegeben. Der Refinanzierungsmix der einzelnen Institute hängt dabei von deren jeweiliger Geschäftsstrategie ab. In Deutschland refinanzieren Hypothekenpfandbriefe ca. 19 % des Bestands der Wohnungsimmobilienfinanzierung[238]. Der Finanzbedarf öffentlicher Haushalte, der über

---

232 Vgl. Klein, Die Bankensysteme der EU-Länder, 1998, S. 89; EMF, Die Hypothekenbanken und der Pfandbrief in Europa, 3. Auflage, 2001, S. 126.

233 Dabei handelt es sich in beiden Sektoren um eine dreistufige Aufgabenteilung: Zum einen Kreditgenossenschaften (Volksbanken und Raiffeisenbanken) und Genossenschaftliche Zentralbanken und zum anderen Sparkassen und Landesbanken/Girozentralen. Vgl. Stein, Das Bankensystem in Deutschland, 1997, S. 43; Klein, Die Bankensysteme der EU-Länder, 1998, S. 78.

234 Vgl. Klein, Die Bankensysteme der EU-Länder, 1998, S. 84 f.; Bellinger/Kerl, HBG, 4. Auflage, 1995, § 1 Rdn. 14; EMF, Die Hypothekenbanken und der Pfandbrief in Europa, 3. Auflage, 2001, S. 127.

235 Vgl. Deutsche Bundesbank, Vorläufiges Verzeichnis der privilegierten Schuldverschreibungen deutscher Kreditinstitute nach Artikel 22 Absatz 4 der Richtlinie 85/611 EG, Stand August 2009 (siehe: http://www.bundesbank.de/download/bankenaufsicht/pdf/verzschuld.pdf).

236 Vgl. u.a. Jahresbericht der Bundesanstalt für Finanzdienstleistungsaufsicht, 2005, S. 112.

237 Zur größten Pfandbriefbank wurde die Eurohypo AG auch durch die Verschmelzung der Hypothekenbank in Essen (Essen Hyp) zum 1.1.2008. Die Commerzbank hat die Essen Hyp im November 2007 im Rahmen der Neuordnung des Staatsfinanzierungsgeschäfts komplett übernommen. Die Commerzbank AG muss die Eurohypo AG in den nächsten fünf Jahren aufgrund von EU-Auflagen im Zuge der in der Finanzkrise erhaltenen staatlichen Stabilisierungsmaßnahmen verkaufen.

238 Vgl. EMF, Die Hypothekenbanken und der Pfandbrief in Europa, 3. Auflage, 2001, S. 29 f. Diese Angabe ist aus den Deckungsmassen des Hypothekenpfandbriefs abgeleitet. Nachdem in der Vergangenheit gerade im Sparkassensektor das Hypothekarkreditgeschäft in erheblichem Umfang durch die Ausgabe von Sparkassenbriefen und Schuldscheinen refinanziert worden ist,

Pfandbriefe refinanziert wird, spiegelt sich in der Gesamtsumme in Höhe von EUR 492,5 Mrd. wider, der angabegemäß in den Deckungsmassen für Öffentliche Pfandbriefe aller Pfandbriefbanken enthalten ist[239].

Der Pfandbrief ist das Premiumprodukt unter den deutschen Bankschuldverschreibungen und nach staatlichen Schuldverschreibungen die zweitgrößte Anlageklasse am deutschen Rentenmarkt. Zum 31.12.2008 waren ca. EUR 227 Mrd. an Hypothekenpfandbriefen und ca. EUR 579 Mrd. an Öffentlichen Pfandbriefen in Umlauf[240].

Öffentlich-rechtliche Kreditanstalten nutzten im Jahr 2005 letztmalig die Möglichkeit vor dem Wegfall der Gewährträgerhaftung und Anstaltslast, sich auf deren Grundlage preisgünstig zu refinanzieren[241]. Allgemein wird erwartet, dass der Wegfall der Staatsgarantien weiter zu einem Anstieg des Absatzvolumens des Hypothekenpfandbriefs gegenüber dem Öffentlichen Pfandbrief – v.a. aufgrund des Wegfalls von Sparkassenbriefen als deckungsfähigem Material des Öffentlichen Pfandbriefs – führen wird[242]. Deswegen wird auch aus dem Sparkassensektor direkt oder indirekt in Zusammenhang mit dem Refinanzierungsregister ein weiter ansteigender Absatz an Hypothekenpfandbriefen erwartet[243].

Im internationalen Vergleich hat der Pfandbrief in seinem Segment weiterhin den höchsten Anteil, jedoch hat dieser vor der Finanzkrise z.B. im Jumbo-Segment von über 75 % in 2003 auf 45 % in 2006 abgenommen[244]. Die Hintergründe dieser Entwicklung sind vielfältig[245]. Für den Öffentlichen Pfandbrief liegen diese v.a.: (i) im Rückgang des Geschäfts mit der öffentlich-rechtlichen Hand in Deutschland nach

---

die bis zum Wegfall der Anstaltslast und Gewährträgerhaftung für den Öffentlichen Pfandbrief deckungsstockfähig waren, bedarf diese Angabe allerdings einer erheblichen Korrektur, da sich in Folge dieser sog. In-sich-Finanzierung in den Deckungsmassen des Öffentlichen Pfandbriefs Hypothekarkreditrefinanzierungen unbekannten Umfangs befinden.

239 Vgl. Deutscher Bundestag, Antwort der Bundesregierung auf die kleine Anfrage der Abgeordneten Dr. Volker Wissing, Jens Ackermann, Dr. Karl Addicks, weiterer Abgeordneter und der Fraktion der FDP – Drucksache 16/11950 – Verstaatlichung der Hypo Real Estate, Drucks. 16/12486, vom 26.3.2009, S. 7.

240 Auf den Öffentlichen Pfandbrief entfallen davon ca. EUR 735 Mrd. und auf den Hypothekenpfandbrief ca. EUR 241 Mrd. Euro. Vgl. Deutsche Bundesbank, Statistische Beihefte zu den Monatsberichten; VDH Jahresbericht 2007, S. 7.

241 Vgl. Süddeutsche Zeitung vom 15.7.2005, Landesbanken ohne staatlichen Schutz: Was das Ende der Garantie für die Finanzbranche bedeutet (Interview mit Werner Schmidt, BayernLB), S. 23; Mußler, Landesbanken ohne Staatsgarantien – Herabgestuft, in: FAZ vom 18.7.2005, S. 16; Schmid, Hektik vor dem Tag der Wahrheit, in: FTD vom 18.7.2005, S. A1; Schmid, Wirkung stellt sich langsam ein – Wegfall staatlicher Garantien trifft Institute nicht sofort – Liquidität gebunkert, in: FTD vom 18.7.2005, S. A6.

242 Vgl. BörsenZ vom 19.7.2005, Das neue Pfandbriefgesetz – eine Zäsur für alle Emittenten (Interview mit Jürgen Grieger und Louis Hagen vom vdp), S. B1; Strüder, Pfandbriefgesetz schafft vorbildlichen Rechtsrahmen, in: BörsenZ vom 19.7.2005, S. B2.

243 Vgl. Osman, Pfandbriefe sichern vorteilhafte Refinanzierung, in: FTD vom 18.7.2005, S. A8.

244 Vgl. Rasche, Premiumprodukt Pfandbrief ist noch zeitgemäß – Kein Anlass zur Schwarzmalerei – Permanente Pflege und Weiterentwicklung durch Emittenten und den Gesetzgeber notwendig, in: BörsenZ, vom 23.6.2007, S. B1.

245 Vgl. Rasche, Premiumprodukt Pfandbrief ist noch zeitgemäß – Kein Anlass zur Schwarzmalerei – Permanente Pflege und Weiterentwicklung durch Emittenten und den Gesetzgeber notwendig, in: BörsenZ, vom 23.6.2007, S. B1.

dem Wiedervereinigungsboom; (ii) dem Wegfall der staatlichen Garantien für öffentlich-rechtliche Kreditinstitute in 2005; und (iii) in der Verlagerung der Emissionstätigkeit einiger Institute ins Ausland. Das Zurückbleiben des Hypothekenpfandbriefs hinter den allgemeinen Erwartungen ist zurückzuführen auf: (i) einen wachsenden Anteil am Privatkunden-Immobilienkreditgeschäft, der über Einlagen refinanziert wird und dem Rückzug vieler Pfandbriefbanken aus diesem Geschäft; (ii) den an die Einführung des Refinanzierungsregisters geknüpften bislang nicht erfüllten Erwartungen; (iii) der steigenden Verbriefung von Immobilienfinanzierungen; und (iv) die Refinanzierung des Auslandsgeschäfts, welche aufgrund der komplexen Finanzierungsstrukturen nur schwer in die Pfandbriefdeckung zu nehmen ist. Diese Entwicklung stellt die deutschen Pfandbriefbanken vor Herausforderungen. Gleichwohl wird zu Recht darauf verwiesen, dass sich der reale Bedeutungsrückgang des Pfandbriefs auf einem sehr hoch bestehenden Niveau ereignet[246].

B. Grundlagen des UK Covered Bond

Der erste UK structured covered bond wurde erstmalig im Juni 2003 emittiert. Nachdem im britischen Recht zum damaligen Zeitpunkt keine gesetzliche Emissionsgrundlage existierte, ist der UK structured covered bond auf der Basis von aus der Verbriefung bzw. Securitisation bekannten Strukturierungsmethoden und -techniken entwickelt worden. Auf diese Weise ist so erstmalig das Modell einer gedeckten Schuldverschreibung auf rein vertraglicher Basis umgesetzt worden. Ermöglicht wurde dies v.a. durch eine größere Schuldner- oder Gläubigerfreundlichkeit des britischen Insolvenzrechts[247].

Zum 30.6.2007 und damit gerade vier Jahre nach seinem Debüt bestand das Segment des UK structured covered bond bereits aus 32 Emissionen von sieben Emittenten[248]. Dieser Erfolg des UK structured covered bond hat den britischen Gesetzgeber und die britische Finanzmarktaufsicht (FSA) veranlasst, im März 2008 einen regulatorischen Ordnungsrahmen bzw. eine gesetzliche Emissionsgrundlage (The Regulated Covered Bond Regulations 2008, RCB Regulations 2008) einzuführen.

---

246 Vgl. Rasche, Premiumprodukt Pfandbrief ist noch zeitgemäß – Kein Anlass zur Schwarzmalerei – Permanente Pflege und Weiterentwicklung durch Emittenten und den Gesetzgeber notwendig, in: BörsenZ, vom 23.6.2007, S. B1.
247 Vgl. Verbeek, Covered Bonds: A Global Instrument, in: The Euromoney, International Debt Capital Markets Handbook, 2005, p. 70; FMLC, Issue 55 – Asset-Backed Bonds, January 2006, p. 7. Zur „debtor/creditor friendliness" der Insolvenzrechtsregime: Wood, The Law and Practice of International Finance, 1980, p. 2 et seq.
248 Quelle: Bloomberg.

I. Der Ursprung des UK Covered Bond

Bereits vor Inkrafttreten des deutschen Hypothekenbankgesetzes (HBG) war in Großbritannien mit dem Mortgage Debenture Act 1865 und dem Mortgage Debenture Amendment Act 1870 eine Rechtsgrundlage zur Ausgabe von gedeckten Schuldverschreibungen für Gesellschaften geschaffen worden, die Geld gegen Immobiliensicherheiten ausleihen[249]. Soweit ersichtlich, kamen diese Gesetze nie zur Anwendung und sind im Jahr 1958 aufgehoben worden[250]. Ferner hatte es auf dem Gebiet des landwirtschaftlichen Kredits in Großbritannien ein Refinanzierungsinstrument gegeben, welches als covered bond ähnlich eingeordnet werden konnte. Dieses basierte auf dem Agricultural Credits Act (ACA) von 1928. Die Bedeutung dieser Refinanzierungsform war allerdings immobilienwirtschaftlich zu vernachlässigen, da sie gesetzlich auf den landwirtschaftlichen Sektor beschränkt war, weshalb im Jahr 1991 der Gesetzgeber den Agricultural Credits Act aufgehoben hat[251].

Obwohl das Konzept der gedeckten Schuldverschreibung in Großbritannien demnach nicht unbekannt gewesen ist, handelt es sich beim UK covered bond nicht um eine – wie in anderen Mitgliedstaaten zu beobachtende – Wiederbelebung oder Weiterentwicklung einer bestehenden Struktur. Stattdessen ist ein vertragliches Modell geschaffen worden, welches das Modell des Pfandbriefs repliziert[252].

Das primäre Ziel des UK structured covered bond war die Erschließung einer neuen günstigen Refinanzierungsquelle. Daneben sollte eine weitere Diversifizierung der Refinanzierung neben dem Einlagengeschäft, ungedeckten Bankschuldverschreibungen, dem wholesale market und MBS geschaffen werden[253]. Auch sollte mit dem UK structured covered bond eine Laufzeitverlängerung gegenüber ungedeckten Schuldverschreibungen und MBS ermöglicht werden. Ein weiteres Ziel war bei der Preisfindung – aufgrund des Emissionsvolumens im Jumbo-Format – von der höheren Liquidität zu profitieren[254].

---

249 Vgl. Pleyer, Das Recht der Hypothekenbanken in Europa, 1981, S. 17, 30, 297 ff. (mit Auszug aus dem Mortgage Debenture Act 1865, 1870); Bellinger/Kerl, HBG, Einleitung S. 31.
250 Vgl. Pleyer, Das Recht der Hypothekenbanken in Europa, 1981, S. 23; Kern, Die Sicherheit gedeckter Wertpapiere, 2004, S. 125.
251 Vgl. Agricultural and Forestry (Financials Provisions) Act 1991 (c. 33) of 25.7.1991; Statutory Instrument 1991 No. 1937 (C. 54) The Agricultural Mortgage Corporation (Specified Say of Repeals) Order 1991 of 20.8.1991; Kern, Die Sicherheit gedeckter Wertpapiere, 2004, S. 125.
252 Vgl. Balai, Covered bonds continue to seduce, in: Euromoney, June 2005, p. 142.
253 Vgl. Hagen, Covered Bond – Das unbekannte Wesen, in: VDH, Der Pfandbrief, 2003, S. 31.
254 Vgl. Deutsche Bank, Covered Bonds and Mortgage Backed Securities in the light of Basel II, Unternehmenspräsentation auf dem 2nd Annual Covered Bond Investor Congress in Amsterdam, 21.9.2004; Vgl. Balai/Whittacker/Grossman, United Kingdom, in: Golin, Covered Bonds beyond Pfandbriefe, p. 200 et seq.

II. Das Modell des UK Covered Bond

Bis zum Inkrafttreten der RCB Regulations 2008 im März 2008 existierten in Großbritannien ausschließlich UK structured covered bonds auf der Basis des im Jahr 2003 von HBOS entwickelten Modells. Dieses basiert auf vertraglichen Abreden unter Anwendung von Strukturierungsmethoden und -techniken aus der Verbriefung bzw. Securitisation. Den öffentlich platzierten UK structured covered bond-Programmen liegt ein weitgehend einheitlicher Standard zu Grunde[255]. Sie nutzen zur Umsetzung der Grundidee der gedeckten Schuldverschreibung mit der Vollrechtsübertragung der Deckungswerte auf einen rechtlich selbständigen Rechtsträger, der Garantie der covered bonds durch denselbigen und der dinglichen Sicherung der Deckungswerte zu Gunsten der covered bond-Gläubiger allgemeine Rechtsinstitute des britischen Rechts.

Die Schuldverschreibungen des UK covered bond werden von einem Kreditinstitut emittiert. Alternativ werden die UK covered bonds von einer Finanzierungstochtergesellschaft eines Kreditinstituts emittiert[256]. In diesem Fall werden die UK covered bonds von der Muttergesellschaft zusätzlich garantiert (*group guarantee*)[257]. UK covered bonds werden auf der Grundlage von Emissionsprogrammen ausgegeben, die eine mehrfache Emission von Schuldverschreibungsserien ermöglichen.

Die Deckungsmasse des UK covered bond wird durch die Gründung einer Zweckgesellschaft in Form eines rechtlich selbständigen Rechtsträgers gebildet. Auf diese Weise wird eine rechtliche Sonderung bzw. Isolierung der Deckungsmasse von dem Emittenten erreicht. Bei den bisherigen UK covered bonds wurde für die Zweckgesellschaft die Rechtsform einer Limited Liability Partnership (LLP) gewählt. Sowohl die Gesellschafter der LLP als auch die LLP selbst geben weitreichende Gewährleistungen ab, welche die Position der UK covered bond-Gläubiger sicherstellen sollen. Mehrheitsgesellschafter der LLP ist die Emittentin und/oder deren Muttergesellschaft, weshalb die LLP und damit die Deckungsmasse in deren Bilanz zu konsolidieren ist.

Zur Finanzierung reicht die Emittentin die Emissionserlöse aus den UK covered bonds an die LLP mittels eines Gesellschafterdarlehens (*intercompany loan agreement*) weiter. Bei der Verwendung dieser Mittel ist die LLP auf den Erwerb von bestimmten Deckungswerten vertraglich beschränkt. Bislang wurden in den UK covered bond-Programmen lediglich mit Wohnimmobilien besicherte Darlehen (*residential*

---

255 Vgl. HM Treasury/FSA, Proposals for a UK Regulated Covered Bonds legal framework, July 2007, para. 1.10 et seq.; Birkett, First English Covered Bond – HBOS paves the way, in: practicallaw, 8/2003; Dreesbach, UK Covered Bonds – die feine englische Art, in: BörsenZ, 25.10.2003, S. B6; Hardman, Vanessa; Covered bonds face tough questions in the UK, in: IFLR, Supplement, The 2005 Guide to Structured Finance, p. 62.

256 Vgl. als Beispiele für die Emission eines UK structured covered bonds durch eine Finanzierungstochtergesellschaft: HBOS plc – HBOS Treasury Services plc (mittlerweile Bank of Scotland; vgl. BayernLB, Covered Bond Report, Nr. 20 vom 18.10.2007, S. 6) EUR 14 Billion Covered Bond Programme, 27.6.2003 (offering circular), p. 2; Moody's Investor Service, Abbey National Treasury Services plc. Covered Bond Programme, Pre-Sale, p. 4.

257 Vgl. Balai/Whittacker/Grossman, United Kingdom, in: Golin, Covered Bonds beyond Pfandbriefe, p. 201.

mortgage loans and related security) und Forderungen aus dem sozialen Wohnungsbau (*housing loans*) zugelassen.

Die Deckungswerte erwirbt die LLP entgeltlich im Wege einer Vollrechtsübertragung (*true sale*) von der Emittentin, deren Muttergesellschaft oder einem sonstigen Konzernunternehmen (*originator*). Um eine hohe Qualität der Deckungswerte sicherzustellen, werden im mortgage sale agreement bestimmte Anforderungen an die zu übertragenden Vermögenswerte vereinbart (*eligibility criteria*) und diesbezüglich entsprechende Zusicherungen (*representations and warranties*) von der ursprünglich kreditgebenden Bank abgegeben. Danach sind die als Deckungswerte zugelassenen Immobilienkredite allesamt grundpfandrechtlich (durch eine erstrangige sog. fixed charge by way of legal mortgage) gesichert. Die Verwaltung der Deckungswerte überträgt die LLP der Emittentin oder deren Muttergesellschaft (*servicer*).

Um eine ausreichende Deckung der UK covered bonds zu gewährleisten, verpflichtet sich die LLP in ihrer Satzung, einen sog. asset coverage test einzuhalten und die Mittelzuflüsse aus den Deckungswerten in einer verbindlichen Weise zu verwenden. Der asset coverage test verpflichtet die LLP, Deckungswerte im Umfang der ausstehenden covered bonds zuzüglich einer Überdeckung (*over-collateralisation*) für strukturimmanente Risiken vorzuhalten. Bei einer Verletzung des asset coverage test ist die LLP verpflichtet, zusätzliche Deckungswerte zu erwerben. Zusätzlich sieht die Satzung der LLP einen sog. amortisation test vor, der nach der Insolvenz der Emittentin an Stelle des asset coverage test während der Abwicklung der Deckungsmasse einzuhalten ist und den Verlust des revolvierenden bzw. dynamischen Charakters ab diesem Zeitpunkt berücksichtigt. Die Einhaltung des asset coverage test und des amortisation test wird von einem sog. asset cover monitor überwacht.

Zur Sicherstellung der jederzeitigen Zahlungsfähigkeit der LLP wird entweder ein sog. pre-maturity test oder eine Option zur Verlängerung der Schuldverschreibungen um bis zu ein Jahr vereinbart, damit die LLP ausreichend Zeit hat, die für die Rückzahlung der Schuldverschreibungen erforderliche Liquidität zu generieren bzw. erforderlichenfalls aufzunehmen. Zusätzlich ist unter bestimmten Voraussetzungen ein sog. Reserve Fund zu bilden, um jederzeit ausreichend Liquidität sicherzustellen.

Damit die UK covered bond-Gläubiger Zugriff auf die Deckungsmasse der LLP erhalten, wird eine Garantie der LLP zu Gunsten der covered bond-Gläubiger vereinbart, in welcher diese die Erfüllung der Zins- und Tilgungsverbindlichkeiten des Emittenten unter den UK covered bonds garantiert (sog. covered bond-Garantie). Bis zur Geltendmachung des Anspruchs aus der covered bond-Garantie ist somit ausschließlich die Emittentin und/oder deren Muttergesellschaft verpflichtet, die Zins- und Rückzahlungsansprüche unter den Schuldverschreibungen zu erfüllen. Die LLP ist dagegen erst nach Zahlungsausfall oder Eintritt eines Kreditereignisses bei dem Emittenten (*issuer event of default*) und der Gesamtfälligstellung der Schuldverschreibungen gegenüber der Emittentin (*issuer acceleration notice*) sowie einer Zahlungsaufforderung (*issuer notice to pay*) unter der covered bond-Garantie verpflichtet, die Zins- und Rückzahlungsverpflichtungen aus den UK covered bonds zu erfüllen.

Zur Sicherung des Anspruchs aus der covered bond-Garantie wird die dingliche Belastung des gesamten gegenwärtigen und zukünftigen Vermögens der LLP vereinbart. Die Verwertung der Sicherheiten setzt einen Zahlungsausfall oder das Eintreten eines sonstigen Kreditereignisses bei der LLP (*LLP event of default*) und die Gesamtfälligstellung der Schuldverschreibungen gegenüber der LLP (*LLP acceleration notice*) sowie eine Zahlungsaufforderung gegenüber der LLP (*LLP notice to pay*) voraus.

Neben der Verwaltung der Deckungswerte und insbesondere deren Einziehung als servicer erbringt die Emittentin und/oder deren Muttergesellschaft bestimmte cash management Dienstleistungen, wie z. B. die Durchführung des asset coverage tests, amortisation tests und pre-maturity tests, und unterhält verschiedene Bankkonten für die LLP.

Schließlich schließt die LLP in Bezug auf ihre Zinsverpflichtungen aus dem Gesellschafterdarlehen für jede UK covered bond Serie sog. interest rate-Swaps und in Bezug auf ihre Zinsverpflichtungen aus den UK covered bonds für jede Serie sog. covered bond-Swaps zur Absicherung gegen Zinsänderungs-, Währungs- und sonstige Risiken ab.

Abbildung 4: Grundprinzip des UK covered bond

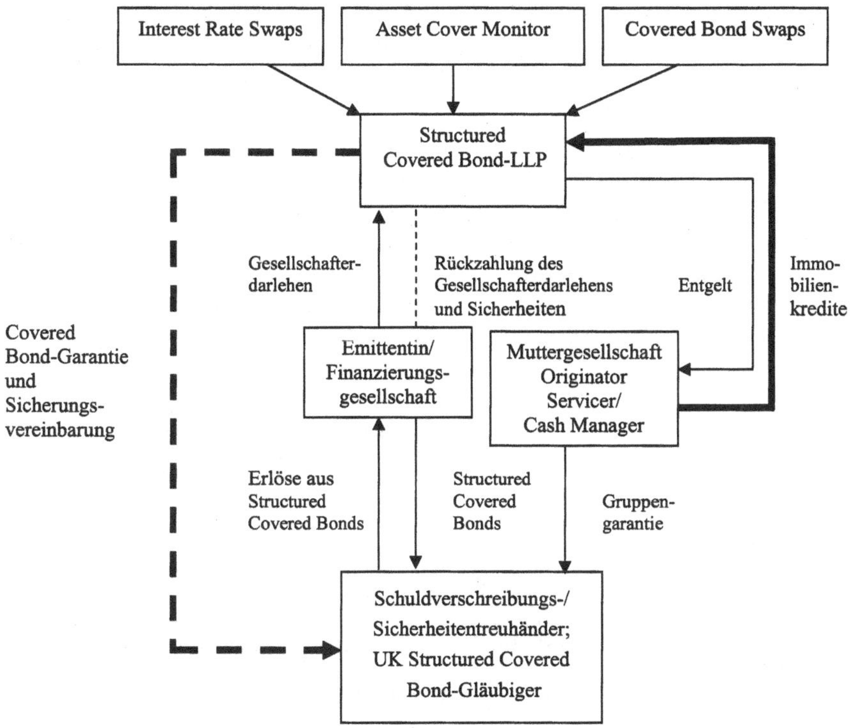

Der etablierte Marktstandard des UK structured covered bond wurde in dem regulatorischen Ordnungsrahmen der Regulated Covered Bond Regulations 2008 (RCB Regulations 2008) übernommen und seine hohe Rechtssicherheit anerkannt[258]. Unter Einhaltung der RCB Regulations 2008 emittierte und bei der FSA registrierte gedeckte Schuldverschreibungen sind in den RCB Regulations 2008 als Regulated Covered Bonds definiert[259]. Damit ist es in Großbritannien grundsätzlich möglich, entweder UK structured covered bonds auf rein vertraglicher Grundlage, oder UK Regulated Covered Bonds auf der Basis des regulatorischen Ordnungsrahmens der RCB Regulations 2008 zu emittieren.

III. Das britische Bankensystem

Das britische Bankensystem unterscheidet sich in mehrfacher Hinsicht von den kontinentaleuropäischen Banksystemen[260]. Es galt lange Zeit als ein Musterbeispiel klarer Arbeitsteilung, wenngleich nicht wie in den U.S.A. gesetzlich verordnet, sondern historisch gewachsen. Während noch heute von den clearing banks überwiegend das Einlagen-, Kredit- und Girogeschäft (*retail banking*) und damit auch das Immobilienkreditgeschäft betrieben wird, konzentrieren die merchant banks ihr Geschäft auf die Handelsfinanzierung und das Wertpapieremissionsgeschäft[261]. Allerdings haben die strukturellen Veränderungen im Zusammenhang mit dem sog. Big Bang an der Londoner Börse im Oktober 1986 ein Ende des strikten Spezialisierungsprinzips zur Folge gehabt. Seitdem haben die merchant banks gegenüber den sog. clearing banks an Bedeutung verloren.

Großbritannien hat Deutschland als größten Markt für Wohnungsimmobilienfinanzierung abgelöst[262]. Das Immobilienkreditgeschäft wird in Großbritannien von Banken, Building Societies und anderen Finanzdienstleistungsunternehmen beherrscht[263]. In Großbritannien gibt es keine Hypothekenbanken in Form von Spezialinstituten. Einige der Geschäftsbanken haben sich allerdings auf das Immobilienkreditgeschäft spezialisiert[264]. Building Societies ähneln den deutschen Bausparkassen und sind, soweit sie keine Banklizenz haben, keine Banken[265]. Sie sind

258 Der Entwurf der RCB Regulations 2008 sah zusätzlich noch ein integriertes Modell vor. Dessen Grundkonzept entsprach dem europäischer Pendants eines integrierten Emittenten ohne Separierung der Deckungsmasse in einer Zweckgesellschaft. Auf das integrierte Modell wurde im späteren Verlauf des Gesetzgebungsverfahrens verzichtet. Vgl. HM Treasury/FSA, Proposals for a UK Regulated Covered Bonds legislative framework, July 2007, para. 2.54.

259 Vgl. sec. 1 para. 2 RCB Regulations 2008.

260 Vgl. Klein, Die Banksysteme der EU-Länder, S. 183.

261 Für eine ausführliche Darstellung des britischen Banksystems und seiner Teilnehmer, siehe Ellinger/Lomnicka/Hooley, Modern Banking Law, 2002, p. 4 et seq.

262 Vgl. EMF, Fact Sheet 2007 – United Kingdom, p. 2.

263 Vgl. Batchvarov, Merrill Lynch Guide to International Mortgage Markets and Mortgage Backed Securities, 2003, p. 404.

264 Vgl. von Köller, Hypothekarkreditsysteme in der EU, in: Handbuch des Hypothekarkredits, 3. Auflage, 1993, S. 782.

265 Building Societies sind genossenschaftlich organisierte Bausparkassen. Das Recht der Building Societies ist geregelt im Building Societies Act 1986. Dieser legt die Geschäftstätigkeit genossenschaftlich organisierte Einrichtungen, welche den jeweiligen Sparern und Kreditnehmern gehören und betreiben ihr Geschäft ohne Gewinnerzielungsabsicht[266].

IV. Die wirtschaftliche Bedeutung des UK Covered Bond

Seit ihrer Einführung und vor Ausbruch der Finanzkrise brachten es UK structured covered bonds mit 24 Einzelemissionen bis zum 31.12.2006 auf ein ausstehendes Gesamtvolumen von knapp EUR 44 Mrd.[267]. Dies entsprach 5,8 % des seinerzeit ausstehenden Gesamtvolumens europäischer Jumbo covered bonds[268]. Zudem hat es auch beim UK structured covered bond zahlreiche private Platzierungen gegeben[269]. Aufgrund der Finanzkrise wurde allerdings seit Oktober 2007 weder ein UK structured covered bond noch ein UK Regulated Covered Bond öffentlich platziert. Sämtliche seit dem Inkrafttreten der UK Regulated Covered Bonds Regulations 2008 (RCB Regulations 2008) emittierten UK covered bonds wurden lediglich zur Besicherung für Refinanzierungsgeschäfte mit der Bank of England genutzt.

Ende Mai 2009 beträgt das Gesamtvolumen von UK covered bonds ca. EUR 120 Mrd.[270]. Davon sind weniger als EUR 60 Mrd. öffentlich platziert.

Die Anzahl der UK covered bond-Emittenten ist auf mittlerweile zehn Emittenten angewachsen. Dabei handelt es sich in fünf Fällen um Banken, von welchen vier auf das Immobilienkreditgeschäft spezialisierte Institute sind (HBOS, Northern Rock, Bradford & Bingley und Alliance & Leicester) sowie um drei Universalbanken (Barclays Bank, Abbey National und HSBC Bank). Ferner haben drei Building Societies (Nationwide Building Society, Yorkshire Building Society und Leeds Building Society) UK covered bonds emittiert.

---

der Building Societies fest und erlaubt den Building Societies Bankprodukte zu führen. Building Societies nutzen die Einlagen ihrer Mitglieder (*investing members*) zur Ausgabe von Hypothekarkrediten (*borrowing members*). Das Immobilienkreditgeschäft der Building Societies muss allerdings 75 % ihres Aktivgeschäfts ausmachen. Für die verbleibenden 25 % besteht keine Geschäftsbeschränkung. Die Refinanzierung muss zu mindestens 50 % aus der Ausgabe von Anteilen aufgebracht werden. Der Rest kann durch die Ausgabe von Anteilen (*shares*), die Annahme von Einlagen (*deposits*), die Aufnahme von Darlehen (*loans*) und die Ausgabe von Schuldverschreibungen aufgebracht werden. Derzeit operieren 63 Buidling Societies in Großbritannien. Building Societies unterliegen der Aufsicht der britischen Finanzaufsicht (FSA). Vgl. zum Recht der Building Societies: Wurtzburg/Mills, Building Societies Law, 15th Edition, Verfasser: Lloyd M. Water, E. Ovey, 1989; BayernLB, Covered Bond Report, Nr. 4 vom 16.2.2007, S. 1.

266 Vgl. Coles, The Role of the Building Societies in Great Britain, in: DLK, 8/2000, p. 282 Miles, The UK Mortgage Market: Taking a Longer Term View, Final Report and Recommendations, p. 93; Kern, Die Wohnungsfinanzierung durch die Building Societies und ihre Refinanzierung, 1981, Nr. 35 Gelbe Reihe, S. 1; Pohl, Europäische Bankengeschichte, Frankfurt, 1993, S. 229.

267 Vgl. BayernLB, Covered Bond Report, Nr. 4 vom 16.2.2007, S. 5; mit Stand vom 30.6.2007 umfasste das UK structured covered bond Segment bereits 32 Emissionen mit einem Gesamtumlauf in Höhe von EUR 56 Mrd. (Quelle: Bloomberg).

268 Vgl. BayernLB, Covered Bond Report, Nr. 22, vom 7.12.2006, S. 5.

269 Vgl. Bowman, Why the sun hasn't set on RMBS, in: Euromoney, April 2006, p. 93.

270 Quelle: Bloomberg.

Die Refinanzierung britischer Immobilienfinanzierer hängt stark von ihrem jeweiligen Geschäftsmodell ab, erfolgt aber traditionell überwiegend durch das Einlagengeschäft[271]. Während Building Societies sich überwiegend durch das Einlagengeschäft refinanzieren, werden die für das Immobilienkreditgeschäft der britischen Kreditinstitute erforderlichen Mittel hauptsächlich durch das Einlagengeschäft, durch Bankschuldverschreibungen, mortgage backed securities (MBS), wholesale market Geschäfte auf dem institutionellen Geld- und Kapitalmarkt und neuerdings durch UK covered bonds finanziert[272]. Vor Ausbruch der Finanzkrise wurde erwartet, dass die Bedeutung der Refinanzierung durch UK covered bonds auch in Zukunft weiter zunehmen wird[273].

---

271 Vgl. Early, UK mortgage funding, in: CML Housing Finance Issue 2/2005, p. 1.; Forum Group on Mortgage Credit, The Integration of the EU Mortgage Credit Markets, 2004, p. 39.
272 Vgl. Council of Mortgage Lenders, 2nd Annual Funding Conference, Presentation: Funding as an Enabler of Product Innovation, 9.11.2006.
273 Vgl. Bowman, Why the sun hasn't set on RMBS, in: Euromoney, April 2006, p. 92.

2. Teil: Rechts- und wertpapierrechtliche Grundlagen

Das Recht der gedeckten Schuldverschreibung ist geprägt von der Zweistufigkeit des Regelwerks[1]. In der Materie, die das Recht der gedeckten Schuldverschreibung regelt, sind mindestens zwei Rechte nebeneinander anzuwenden: auf europäischer Ebene gesetztes Sekundärrecht und das jeweilige nationale Recht.

§ 4 Das europäische Sekundärrecht der gedeckten Schuldverschreibung

Das europäische Sekundärrecht der gedeckten Schuldverschreibung ist eingebettet in das allgemeine europäische Bankaufsichtsrecht und das spezifische europäische Recht der gedeckten Schuldverschreibung. Die Ausgabe gedeckter Schuldverschreibungen ist bislang auf europäischer Ebene ebenso wenig als Bankgeschäft geregelt, wie die Vergabe hypothekarisch gesicherter Darlehen. Die Vereinheitlichung beider bankgeschäftlicher Tätigkeiten wurde parallel zur zweiten Bankrechtskoordinierungs-Richtlinie diskutiert, aber letztlich zurückgestellt. Aufgrund ihrer wirtschaftlichen Bedeutung hat das Recht der gedeckten Schuldverschreibung an anderer Stelle Eingang ins europäische Sekundärrecht gefunden. Es wurde kein einheitlicher Begriff zu Grunde gelegt, sondern man beschränkte sich darauf, die wesentlichen Merkmale besonders sicherer Schuldverschreibungen zu umschreiben. Erstmals findet sich eine solche Umschreibung in dem 1988 eingefügten Art. 22 Abs. 4 der OGAW-Richtlinie, der sich in der Folge zu einem europäischen Mindeststandard für gedeckte Schuldverschreibungen entwickelt hat[2]. Erst im Jahr 2006 wurde aufbauend auf dem Mindeststandard des Art. 22 Abs. 4 der OGAW-Richtlinie, in Annex VI, Teil 1, Ziffer 68 bis 70 der neu gefassten Bankenrichtlinie im Rahmen der Überarbeitung der Eigenkapitalanforderungen für Banken eine regulatorische Definition der gedeckten Schuldverschreibung eingeführt[3].

---

1 Im folgenden Paragraphen zum EU-Recht bezieht sich die Verwendung des Begriffs der gedeckten Schuldverschreibung ausschließlich, wenn nicht anders deutlich gemacht, auf solche, welche den Mindeststandard des Art. 22 Abs. 4 der OGAW-Richtlinie erfüllen.

2 Vgl. Directive 2001/108/EC of the European Parliament and of the Council of 21.1.2002 amending Council Directive 85/611/EEC on the coordination of laws and administrative provisions relating to undertakings for collective investment in transferable securities (UCITS), with regard to investments of UCITS, L 41/35. Zur gegenwärtigen Diskussion der Überarbeitung der OGAW-Richtlinie, die allerdings den Mindeststandard der gedeckten Schuldverschreibung nicht berührt, vgl.: Commission of the European Communities, White Paper on Enhancing the Single Market Framework for Investment Funds, COM(2006) 686 final, Brussels, 15.11.2006.

3 Vgl. Directive 2006/48/EC of the European Parliament and of the Council of 14.6.2006 relating to the taking up and pursuit of the business of credit institutions (recast), L 177/1.

A. Das europäische Bankaufsichtsrecht im Überblick

Die Entwicklung des gemeinsamen Binnenmarkts im Finanzsektor und damit des allgemeinen EU-Bankaufsichtsrechts verlief in vier Phasen[4]: Erstens dem Abschluss des EWG-Vertrags und der Geltung der Grundfreiheiten für Kreditinstitute (1957–1969). Zweitens der Harmonisierung des EWG Bankaufsichtsrechts (1969–1984). Drittens der Vollendung des Binnenmarkts (1985–1992) und viertens der Konsolidierung und Verbesserung der Rahmenbedingungen des Binnenmarkts (1993–2006)[5]. In diesen Phasen erging ein umfangreiches Bündel an Erlassen, Empfehlungen, Stellungnahmen, Berichten, Vorentwürfen und Entwürfen[6].

Das mit dem EWG-Vertrag von 1957 gefasste Ziel der Schaffung eines gemeinsamen Markts umschloss auch die Kreditwirtschaft. Für den Bankensektor beschränkte sich dies in der ersten Phase bis zum Jahr 1968 auf die Geltung der Grundsätze über die freie Niederlassung und den freien Dienstleistungsverkehr aufgrund des EWG-Vertrags. Eine umfassende Bankrechtsangleichung und Bankrechtskoordinierung fand erst in der Zeit zwischen 1967 und 1985 statt[7].

In der zweiten Phase scheiterte zunächst ein Richtlinienvorschlag der Kommission zur umfassenden Harmonisierung des Bankaufsichtsrechts mit dem Beitritt des Vereinigten Königreichs, Dänemarks und Irlands[8]. Stattdessen entschied sich die EG-Kommission unter Beibehaltung des Ansatzes einer umfassenden Harmonisierung für eine schrittweise Angleichung[9]. In der Folge wurde im Jahr 1977 die erste Bankrechtskoordinierungsrichtlinie verabschiedet[10]. Von wesentlicher Bedeutung ist bis heute die darin zu Grunde gelegte Definition des Kreditinstituts, als Unternehmen dessen Tätigkeit darin besteht, Einlagen oder andere rückzahlbare Gelder des Publikums entgegenzunehmen und Kredite auf eigene Rechnung zu gewähren[11]. Ferner wurden erste Mindestvoraussetzungen für die Zulassung von Kredit-

---

4 Vgl. Hemetsberger/Schoppmann/Schwander/Wengler, European Banking and Financial Services Law, 2nd edition, 2006, p. 3 et seq.

5 Vgl. Bader, Die Entwicklung des europäischen Bankaufsichtsrechts, in: Der Europäische Binnenmarkt, 1992, Frankfurt, 1990, S. 19 ff.

6 Vgl. Schnyder, Europäisches Banken- und Versicherungsrecht, S. 11.

7 Ungeachtet einer unterschiedlichen Terminologie drücken die Begriffe „Angleichung", „Koordinierung" und „Harmonisierung" keine inhaltlichen Unterschiede aus. Vgl. Streinz, Europarecht, 8. Auflage, 2008, S. 409, Rdn. 957; Groeben/Thiesing/Ehlermann, Kommentar zum EU-/EG-Vertrag, Art. 88-102 EGV, 5. Auflage, 1999, Art. 100, Rdn. 1.

8 Vgl. Entwurf einer Richtlinie zur Koordinierung der Rechts- und Verwaltungsvorschriften für die Aufnahme und Ausübung der selbständigen Tätigkeit der Kreditinstitute, EG Kommission, Dok.-Nr. XIV/508/72-D, abgedruckt bei Römer, Harmonisierung der Bankaufsicht in der Europäischen Gemeinschaft, S. 52, 142 f. Schubäus, Das Hypothekenbankgeschäft in den Niederlanden und in der Bundesrepublik Deutschland, 1984, S. 177; Bellinger, Entwicklung und Stand des EG-Bankrechts, in: Rüchardt, Handbuch des Hypothekarkredits, 3. Auflage, 1993, S. 665.

9 Vgl. Schubäus, Das Hypothekenbankgeschäft in den Niederlanden und in der Bundesrepublik Deutschland, 1984, S. 177; Bellinger, Entwicklung und Stand des EG-Bankrechts, in: Rüchardt, Handbuch des Hypothekarkredits, 3. Auflage, 1993, S. 665.

10 Vgl. Richtlinie 77/780/EWG, Erste Richtlinie des Rates vom 12.2.1977 zur Koordinierung der Rechts- und Verwaltungsvorschriften über die Aufnahme und Ausübung der Tätigkeit der Kreditinstitute, ABl. L 322/30.

11 Vgl. Art. 1 Ziffer 1 Abs. 1 der ersten Bankrechtskoordinierungsrichtlinie.

instituten sowie grenzüberschreitenden Zweigniederlassungen, die Rechtsform, die Eigenmittel und die Geschäftsleiter festgesetzt. Schließlich wurde die Basis für die Berechnung und Entwicklung der Koeffizienten für die Solvabilität, Rentabilität und Liquidität der Kreditinstitute geschaffen.

In der dritten Phase wurde die Methode einer Harmonisierung des Bankaufsichtsrechts in kleinen Schritten aufgegeben. Gleichzeitig wurde auch vom Ziel einer umfassenden Rechtsangleichung Abstand genommen. Stattdessen sollte eine Harmonisierung auf Basis des Grundsatzes der gegenseitigen Anerkennung des jeweiligen nationalen Bankaufsichtsrechts erreicht werden. Umgesetzt wurde diese neue Strategie im Rahmen der zweiten Bankrechtskoordinierungsrichtlinie im Jahr 1989[12]. Mit ihr wurde das Prinzip der einmaligen Bankzulassung im EG-Raum eingeführt und das Prinzip der Herkunftslandkontrolle, d.h. die Zuständigkeit der Aufsichtsbehörde des Sitzlandes eines Kreditinstituts auch bei grenzüberschreitender Tätigkeit übernommen. Ferner beschränkte die Richtlinie die Rechtsangleichung der nationalen Bankaufsichtsvorschriften auf europäischer Ebene auf das wesentliche Minimum (Prinzip der minimalen Harmonisierung der wesentlichen Bankaufsichtsnormen). Nachdem in etwa zeitgleich der Baseler Bankenausschuss[13] im Jahr 1988 mit der sog. Baseler Eigenkapitalvereinbarung Anforderungen an das Mindesteigenkapital festlegte[14], wurde die zweite Bankrechtskoordinierungsrichtlinie von der Eigenmittel- und der Solvabilitätsrichtlinie[15] flankierend begleitet[16]. Mit der Richtlinie über die Eigenmittel der Kreditinstitute wurden die kontinuierliche Sicherung der Kreditinstitute und der Sparerschutz europaweit vereinheitlicht. Daneben wurde in der Solvabilitätsrichtlinie ein einheitlicher Standard für die ausreichende Eigenkapitalausstattung der Kreditinstitute geregelt. Schließlich wurde im Jahr 1992 die Richtlinie über die Überwachung und Kontrolle der Großkredite von Kreditinstituten verabschiedet[17] und im Jahr 1993 sowohl die Bestimmungen zum Kreditrisiko als auch die Bestimmungen zum Marktrisiko auf Wertpapierhäuser ausgeweitet[18].

---

12 Vgl. Richtlinie 89/646/EWG, Zweite Richtlinie des Rates vom 15.12.1989 zur Koordinierung der Rechts- und Verwaltungsvorschriften über die Aufnahme und Ausübung der Tätigkeit der Kreditinstitute und zur Änderung der Richtlinie 77/780/EWG, ABl. L 386/1.

13 Dieser Ausschuss wurde von den Zentralbankpräsidenten der sog. G-10-Länder (d.h. Belgien, Deutschland, Frankreich, Großbritannien, Italien, Japan, Kanada, Luxemburg, den Niederlanden, Schweden, Schweiz und USA) eingesetzt. Der Ausschuss ist ein Forum für Kooperation zwischen den Mitgliedstaaten zu allen Themen der Bankaufsicht.

14 Auch wenn die Vereinbarung formal nur für international tätige Banken der G-10-Gruppe geschlossen wurde, fand sie doch weltweit auf Banken unterschiedlichster Größe und Komplexität Anwendung.

15 Vgl. Richtlinie 89/299/EWG vom 17.4.1989 über die Eigenmittel von Kreditinstituten, ABl. 1989 L 124/16; Richtlinie 89/647/EWG vom 18.12.1989 über einen Solvabilitätskoeffizienten für Kreditinstitute, ABl. 1989 L 386/14; Hemetsberger/Schoppmann/Schwander/Wengler, European Banking and Financial Services Law, 2nd edition, 2006, p. 12.

16 Vgl. Scholz, Die rechtlichen Rahmenbedingungen der Hypothekenbanken für den gemeinsamen Bankenmarkt, in: Der Europäische Binnenmarkt 1992, 1990, Frankfurt a.M., A. 170.

17 Vgl. Richtlinie 92/121/EWG vom 21.12.1992 über die Überwachung und Kontrolle der Großkredite von Kreditinstituten, ABl. 1993 L 29/1.

18 Vgl. Richtlinie 93/6/EWG vom 15.3.1993 über die angemessene Eigenkapitalausstattung von Wertpapierfirmen und Kreditinstituten, ABl. 1993 L 141/1.

Im Jahr 2000 wurde die zweite Bankrechtskoordinierungs-, die Eigenmittel- und die Solvabilitätsrichtlinie in einer Richtlinie konsolidiert[19]. Obwohl die bis dahin erlassenen Bestimmungen wesentlich zur Schaffung des Finanzbinnenmarkts und zu hohen Aufsichtsstandards beigetragen haben, waren v.a. hinsichtlich der Eigenkapitalanforderungen einige schwerwiegende Mängel zu verzeichnen[20]. Um insbesondere die Aufnahme und Ausübung der Tätigkeit der Kreditinstitute zu erleichtern und die Vorschläge der Rahmenvereinbarung über internationale Konvergenz der Kapitalmessung und Eigenkapitalanforderungen des Baseler Ausschusses für Bankenaufsicht vom 26.6.2004 (Basel II)[21] umzusetzen, wurde die Richtlinie 2000/12/EG über die Aufnahme und Ausübung der Tätigkeit der Kreditinstitute und die Richtlinie 93/6/EWG über die angemessene Eigenkapitalausstattung von Wertpapierfirmen und Kreditinstituten neu gefasst (sog. neu gefasste Bankenrichtlinie)[22].

Die vorvertraglichen Informationspflichten der Hypothekarkreditnehmer wurden im Jahr 2001 europaweit einheitlich auf der Basis eines freiwilligen Kodexes anstelle einer bindenden Richtlinie geregelt[23]. Dieser Verhaltenskodex wurde von den europäischen Verbraucherschutzverbänden, den europäischen Bankenverbänden und der Europäischen Kommission vereinbart. In Großbritannien sind Teile des Verhaltenskodex' von der Finanzaufsicht im sog. prudential sourcebook for mortgage and home finance firms, and insurance intermediaries (MIPRU) umgesetzt worden.

Am 13.3.2007 hat das Europäische Parlament eine Richtlinie angenommen, die das aufsichtsrechtliche Genehmigungsverfahren bei Beteiligungen an Kreditinstituten u.a. durch die Einführung von einheitlichen Höchstfristen und einer weitgehenden Formalisierung des Verfahrens grundlegend reformiert[24]. Zuletzt wurden technische Änderungen an der Eigenkapitalrichtlinie im April 2009 und an der neu gefassten Bankenrichtlinie im Juli 2009 verabschiedet[25]. Seit dem Frühjahr 2009 laufen

---

19 Vgl. Richtlinie 2000/12/EG vom 20.3.2000 über die Aufnahme und Ausübung der Tätigkeit der Kreditinstitute, ABl. 2000 L 126/1.

20 Vgl. Richtlinie des Europäischen Parlaments und des Rates, Neufassung der Richtlinie 2000/12/EG des Europäischen Parlaments und des Rates vom 20.3.2000 über die Aufnahme und Ausübung der Tätigkeit der Kreditinstitute und der Richtlinie 93/6/EWG des Rates vom 15.3.1993 über die angemessene Eigenkapitalausstattung von Wertpapierfirmen und Kreditinstituten, Lesefassung erstellt von der Deutschen Bundesbank, S. 2.

21 Vgl. Baseler Ausschuss für Bankenaufsicht, Internationale Konvergenz der Kapitalmessung und Eigenkapitalanforderungen, Überarbeitete Rahmenvereinbarung, Juni 2004 (Übersetzung der Deutschen Bundesbank).

22 Vgl. Richtlinie 2006/48/EG des Europäischen Parlaments und Rates vom 14.6.2006 über die Aufnahme und Ausübung der Tätigkeit der Kreditinstitute, L 177/1.

23 Vgl. Europäische Vereinbarung eines freiwilligen Verhaltenskodex über vorvertragliche Informationen für wohnungswirtschaftliche Kredite.

24 Vgl. Richtlinie des Europäischen Parlaments und des Rates zur Änderung der Richtlinie 92/49/EWG des Rates sowie der Richtlinien 2002/83/EG, 2004/39/EG, 2005/68/EG und 2006/48/EG betreffend Verfahrensregeln und Bewertungskriterien für die aufsichtliche Beurteilung des Erwerbs und der Erhöhung von Beteiligungen im Finanzsektor; Hoger, Bankenaufsicht in der EU im Wandel – Bemerkungen zur Reform des aufsichtsrechtlichen Genehmigungsverfahrens bei Fusionen im Bankensektor, in: WM, 23/2007, S. 1053 ff.

25 Vgl. Richtlinie 2009/27 EG vom 7.4.2009 und Richtlinie 2009/83 EG vom 27.7.2009.

Konsultationsverfahren zur Verbesserung der Eigenkapitalrichtlinie insbesondere hinsichtlich Vergütungspolitiken, Kapital- und Offenlegungsanforderungen als Teil der Reaktion der EU Kommission auf die Finanzkrise[26].

B. Die regulatorische Definition der gedeckten Schuldverschreibung im europäischen Sekundärrecht

Bei der Überarbeitung der Mindesteigenkapitalvorschriften für Kreditinstitute hat die EU-Kommission im Zusammenhang mit der Umsetzung des Rahmenwerks von Basel II beschlossen, die besondere Sicherheit der gedeckten Schuldverschreibung weiter anzuerkennen und sich für deren fortgesetzte privilegierte Behandlung bei der Eigenkapitalgewichtung entschieden[27]. Dazu hat sie im Juni 2006 eine Definition für gedeckte Schuldverschreibungen auf europäischer Ebene eingeführt. Danach ist eine gedeckte Schuldverschreibung gem. Annex VI, Teil 1, Ziffer 68 bis 70 der neu gefassten Bankenrichtlinie eine Schuldverschreibung im Sinne von Art. 22 Abs. 4 der Richtlinie 85/611/EEC (OGAW-Richtlinie), die durch bestimmte deckungsstockfähige Vermögensgegenstände besichert ist. Die deckungsstockfähigen Vermögensgegenstände werden in Annex VI, Teil 1, para. 68 Buchstabe (a) bis (f) der neu gefassten Bankenrichtlinie festgelegt und umfassen bestimmte Forderungen gegenüber staatlichen Stellen, bestimmte Forderungen gegenüber Instituten, bestimmte durch Wohn- und Gewerbeimmobilien besicherte Kredite sowie bestimmte Kredite, die durch Schiffe abgesichert sind. Die neu gefasste Bankenrichtlinie nimmt damit Art. 22 Abs. 4 der OGAW-Richtlinie als Ausgangspunkt der Definition der gedeckten Schuldverschreibung und ergänzt diesen um bestimmte Anforderungen für die als Deckungsmasse zu Grunde liegenden Vermögenswerte. Die regulatorische Definition der gedeckten Schuldverschreibung dient nach ihrem Regelungszweck ausschließlich der Spezifizierung der Voraussetzungen, die erfüllt werden müssen, damit eine Schuldverschreibung in den Genuss einer privilegierten Risikogewichtung kommt[28]. Der Regelungszweck umfasst keinen Bezeichnungsschutz[29]. Dies hat zur Folge, dass eine Schuldverschreibung, welche die Voraussetzungen der neu gefassten Bankenrichtlinie nicht erfüllt, zwar bei der Eigenkapitalunterlegung nicht privilegiert wird, aber sich dennoch gedeckte Schuldverschreibung nennen darf[30].

---

26 Vgl. http://ec.europa.eu/internal_market/bank/regcapital/index_de.htm.
27 Unter Basel II werden – wie bereits unter Basel I – keine speziellen Regelungen für gedeckte Schuldverschreibungen getroffen, sondern diese vielmehr wie ungesicherte Bankschuldverschreibungen behandelt. Vgl. Bonfig, Das Baseler Konsultationspapier zur Novellierung der Kapitaladäquanz-richtlinie, in: DLK 16+17/1999, S. 539; ECBC, European Covered Bond Fact Book, 2006, p. 20.
28 Vgl. Hagen, Covered Bonds: Der Markt sorgt für Standards, in: I&F, 14/2006, S. 477.
29 Vgl. Hagen, Covered Bonds: Der Markt sorgt für Standards, in: I&F, 14/2006, S. 477.
30 Vgl. Hagen, Covered Bonds: Der Markt sorgt für Standards, in: I&F, 14/2006, S. 477.

I. Der Mindeststandard des Art. 22 Abs. 4 der Investment- bzw. OGAW-Richtlinie

Das Kernstück der Definition der gedeckten Schuldverschreibung stellt Art. 22 Abs. 4 der OGAW- bzw. Investmentrichtlinie dar[31]. Die Richtlinie zur Koordinierung der Rechts- und Verwaltungsvorschriften betreffend bestimmte Organismen für gemeinsame Anlagen in Wertpapieren regelt die Anlagevorschriften bestimmter Organismen für gemeinsame Anlagen in Wertpapieren (OGAW). Mit der Änderungsrichtlinie zur OGAW-Richtlinie vom 22.3.1988 wurden die Anlagevorschriften der Investmentgesellschaften erweitert und in Art. 22 Abs. 4 der OGAW-Richtlinie die Merkmale bestimmter, bei der Anlagepolitik der Investmentgesellschaften aufgrund ihrer besonderen Sicherheit privilegierter Schuldverschreibungen aufgenommen[32]. Der Gesetzestext des Art. 22 der OGAW-Richtlinie lautet:

> (1) Ein OGAW darf höchstens 5 % seines Sondervermögens in Wertpapieren ein- und desselben Emittenten anlegen. [...]
>
> (3) Die Mitgliedstaaten können die in Abs. 1 Satz 1 genannte Obergrenze von 5 % auf höchstens 35 % anheben, wenn die Wertpapiere oder Geldmarktinstrumente von einem Mitgliedstaat oder seinen Gebietskörperschaften, von einem Drittstaat oder von internationalen Einrichtungen öffentlich-rechtlichen Charakters, denen mindestens ein Mitgliedstaat angehört, begeben oder garantiert werden.
>
> (4) Die Mitgliedstaaten können für bestimmte Schuldverschreibungen die in Abs. 1 Satz 1 genannte Obergrenze auf höchstens 25 % anheben, wenn die Schuldverschreibungen von einem Kreditinstitut mit Sitz in einem Mitgliedstaat begeben werden, das aufgrund gesetzlicher Vorschriften zum Schutz der Inhaber dieser Schuldverschreibungen einer besonderen öffentlichen Aufsicht unterliegt. Insbesondere müssen die Erträge aus der Emission dieser Schuldverschreibungen gemäß den gesetzlichen Vorschriften in Vermögenswerten angelegt werden, die während der gesamten Laufzeit der Schuldverschreibungen die sich daraus ergebenden Verbindlichkeiten ausreichend decken und vorrangig für die bei Ausfall des Emittenten fällig werdende Rückzahlung des Kapitals und der Zinsen bestimmt sind.
>
> Legt ein OGAW mehr als 5 % seines Sondervermögens in Schuldverschreibungen im Sinne des Unterabsatzes 1 an, die von ein und demselben Emittenten begeben werden, so darf der Gesamtwert dieser Anlagen 80 % des Werts des Sondervermögens des OGAW nicht überschreiten.
>
> Die Mitgliedstaaten übermitteln der Kommission ein Verzeichnis der vorstehend genannten Kategorien von Emittenten, die nach den gesetzlichen Vorschriften und den Aufsichtsvorschriften im Sinne des Unterabsatzes 1 befugt sind, Schuldverschreibun-

---

31 Vgl. Directive 2001/108/EG of the European Parliament and of the Council of 21.1.2001 amending Council Directive 85/611/EEC on the coordination of laws and administrative provisions relating to undertakings for collective investment in transferable securities (UCITS), with regard to investments of UCITS, L 41/35; Hemetsberger/Schoppmann/Schwander/Wengler, European Banking and Financial Services Law, 2nd edition, 2006, p. 58.

32 Vgl. Richtlinie 88/220/EWG des Rates vom 22.3.1988 zur Änderung der Richtlinie 85/611/EWG zur Koordinierung der Rechts- und Verwaltungsvorschriften betreffend bestimmte Organismen für gemeinsame Anlagen in Wertpapieren (OGAW) in Bezug auf die Anlagepolitik bestimmter OGAW, ABl. Nr. L 100/31.

gen auszugeben, die den obigen Kriterien entsprechen. Diesen Verzeichnissen ist ein Vermerk beizufügen, in dem der Status der gebotenen Garantien erläutert wird. Die Kommission übermittelt diese Informationen mit den ihr erforderlich erscheinenden Bemerkungen unverzüglich den anderen Mitgliedstaaten und macht sie der Öffentlichkeit zugänglich. Der Kontaktausschuss kann nach dem Verfahren des Art. 53 Abs. 4 hierüber einen Gedankenaustausch vornehmen.

[...]

Die Heranziehung des Art. 22 Abs. 4 der OGAW-Richtlinie für die Definition der gedeckten Schuldverschreibung ist folgerichtig, nachdem sich diese Vorschrift über die Jahre zu einer Art europäischem Mindeststandard für gedeckte Schuldverschreibungen entwickelt hat[33]. Die gedeckten Schuldverschreibungen der einzelnen EU-Mitgliedsländer erfüllen auch in der überwiegenden Anzahl die Voraussetzungen des Art. 22 Abs. 4 der OGAW-Richtlinie[34]. Im August 2009 haben 24 Mitgliedstaaten ein Verzeichnis der Schuldverschreibungen und der Emittenten der EU-Kommission mitgeteilt, die nach den gesetzlichen Vorschriften und den Aufsichtsvorschriften befugt sind, Schuldverschreibungen auszugeben, die dem Mindeststandard des Art. 22 Abs. 4 der OGAW-Richtlinie entsprechen[35].

1. Der Ursprung des Art. 22 Abs. 4 der OGAW-Richtlinie

Die Einführung der OGAW-Richtlinie im Jahr 1985 hatte eine erhebliche Beschränkung der Anlagepolitik der OGAW zur Folge. Eine Prüfung der ursprünglichen Rechtslage hatte ergeben, dass es in Dänemark Investmentgesellschaften nicht gestattet war, ihre Mittel in Höhe von mehr als 10 % ihres Vermögens in realkreditobligationen, d.h. dänischen gedeckten Schuldverschreibungen, die von demselben Emittenten ausgegeben wurden, anzulegen[36]. In der Folge entschied man sich für eine einheitliche Neuregelung.

Zu diesem Zweck wurden in Art. 22 Abs. 4 der OGAW-Richtlinie bestimmte Schuldverschreibungen den Schuldverschreibungen des öffentlichen Sektors gem. Art. 22 Abs. 3 der OGAW-Richtlinie gleichgestellt. Auf diese Weise erkannte man an, dass die von einem Staat begebenen oder garantierten Wertpapiere nicht die einzigen Wertpapiere sind, deren Bedienung mit größter Wahrscheinlichkeit sichergestellt werden kann, sondern, dass dies auch für andere Schuldverschreibungen wie z.B. Pfandbriefe zutrifft[37]. Eine gleichwertige Sicherheit boten nach der damaligen Begründung Schuldverschreibungen, sofern die Gefahr der Insolvenz des Emittenten gering ist oder der Schutz der Gläubiger bei Zahlungseinstellung des Emittenten sichergestellt ist. Dies sollte jedenfalls dann der Fall sein, wenn der Emittent einer

---

33 Vgl. Hagen, Covered Bond, Das unbekannte Wesen, in: VDH, Der Pfandbrief, 2003, S. 35.
34 Vgl. ECBC, European Covered Bond Fact Book, 2006.
35 Vgl. http://ec.europa.eu/internal_market/investment/legal_texts/instruments_de.htm bzw. http://ec.europa.eu/internal_market/consultations/2009/capital_requirements_directive_en.ht.
36 Vgl. EMF, Die Hypothekenbanken und der Pfandbrief in Europa, 3. Auflage, 2001, S. 76.
37 Vgl. die Begründung zur Änderung der OGAW-Richtlinie (KOM (86) 315 endg.), abgedruckt in: EMF, Die Hypothekenbanken und der Pfandbrief in Europa, 3. Auflage, 2001, S. 77.

besonderen Regelung zur Wahrung seiner Liquidität und seiner Zahlungsfähigkeit unterlag, wenn die Emission der Schuldverschreibungen durch Darlehen dinglicher Sicherheit oder durch Darlehen an den öffentlichen Sektor gedeckt werden musste oder wenn die Anteilsinhaber Vorrechte genossen, die die Bedienung der Anleihe selbst bei Zahlungseinstellung des Emittenten gewährleisteten[38].

Ursprünglich hielt man es nicht für zweckmäßig diejenigen Kriterien in die Richtlinie aufzunehmen, die eine Gleichstellung gestatten sollten, da sich diese Kriterien von einem Mitgliedstaat zum anderen und auch im Zeitverlauf ändern können[39]. Vielmehr sollte es den Mitgliedstaaten überlassen bleiben, die entsprechenden Schuldverschreibungen in einem Verzeichnis zu erfassen. Um zu vermeiden, dass auf diese Weise eine behördliche Bonitätsgarantie begründet werden könnte, entschloss man sich, die Merkmale der zu privilegierenden Schuldverschreibung im Einzelnen in den Text der Richtlinie aufzunehmen[40].

2. Die Regelungstechnik des Art. 22 Abs. 4 der OGAW-Richtlinie

Art. 22 der OGAW-Richtlinie schreibt für OGAWs vor, das Wertpapier-Sondervermögen nach dem Grundsatz der Risikomischung anzulegen. Dazu legt Art. 22 Abs. 1 der OGAW-Richtlinie die Höhe des Anteils des Vermögens einer Investmentgesellschaft, den diese in Schuldverschreibungen desselben Kreditinstituts investieren darf, auf 5 % fest. Ziel dieser Beschränkung ist es, die Auswirkungen einer etwaigen Insolvenz oder der Zahlungseinstellung eines Emittenten, dessen Wertpapiere sich im Bestand des OGAW befinden, zu begrenzen. Da ein Staat normalerweise nicht insolvent werden kann, gestattet 22 Abs. 3 der OGAW-Richtlinie die Grenze für die Anlagen eines OGAW in von ein und demselben Staat begebenen oder garantierten Wertpapieren bis auf 35 % des Sondervermögens eines OGAW anzuheben. Nach Anerkennung der besonderen Sicherheit bestimmter Schuldverschreibungen wurde in Art. 22 Abs. 4 der OGAW-Richtlinie der Grundsatz der Gleichstellung bestimmter Schuldverschreibungen mit Schuldverschreibungen des Staates aufgenommen, indem der Anteil ersterer durch die Mitgliedstaaten auf bis zu 25 % angehoben werden kann.

Art. 22 Abs. 4 der OGAW-Richtlinie enthält einen Mitgliedstaaten-Vorbehalt. Die Mitgliedstaaten können für bestimmte Schuldverschreibungen die Obergrenze von 5 auf 25 % anheben. Damit steht es im Ermessen der Mitgliedstaaten, ob sie von diesem Vorbehalt Gebrauch machen. Die Mitgliedstaaten, die von dem Staatenvorbehalt Gebrauch machen, übermitteln der EU-Kommission gem. Art. 22 Abs. 4 Unterabs. 3 der OGAW-Richtlinie ein Verzeichnis der Kategorien von Emittenten, die

---

38 Vgl. die Begründung zur Änderung der OGAW-Richtlinie (KOM (86) 315 endg.), abgedruckt in: EMF, Die Hypothekenbanken und der Pfandbrief in Europa, 3. Auflage, 2001, S. 77.

39 Sog. Versteinerungseffekt. Vgl. Kern, Die Sicherheit gedeckter Wertpapiere, S. 28.

40 Vgl. den Beschluss des Wirtschafts- und Sozialausschusses und den Vorschlag des Europäischen Parlaments hierzu, abgedruckt in: EMF, Die Hypothekenbanken und der Pfandbrief in Europa, 3. Auflage, 2001, S. 78 f.

nach den nationalen gesetzlichen Vorschriften und den Aufsichtsvorschriften zum Schutz der Inhaber der Schuldverschreibungen befugt sind, Schuldverschreibungen auszugeben, welche die Voraussetzungen des Art. 22 Abs. 4 der OGAW-Richtlinie erfüllen. Die EU-Kommission übermittelt diese Informationen unverzüglich den anderen Mitgliedstaaten und macht sie der Öffentlichkeit zugänglich[41].

3. Die Tatbestandsmerkmale des Art. 22 Abs. 4 der OGAW-Richtlinie

Die Tatbestandsmerkmale des Art. 22 Abs. 4 OGAW-Richtlinie enthalten wesentliche Elemente der gedeckten Schuldverschreibung, die sich in den langjährigen Beratungen zur zurückgestellten Hypothekarkredit-[42] und Pfandbriefrichtlinie[43] herauskristallisiert hatten und aus den diesbezüglichen Arbeitsdokumenten[44] übernommen wurden[45]. Auf diese Weise ist der Mindeststandard der gedeckten Schuldverschreibung an durchaus ungewöhnlicher Stelle bei der Harmonisierung des Investmentrechts Bestandteil des europäischen Sekundärrechts geworden. Die durch den Mindeststandard gewährleistete hohe Qualität und Sicherheit ist das Alleinstellungsmerkmal der gedeckten Schuldverschreibung, das diese für viele Anleger zu einem Äquivalent für staatliche Anleihen werden lässt. Gedeckte Schuldverschreibungen sind in der Regel mit AAA oder AA gerated. Der Mindeststandard schreibt jedoch kein bestimmtes Mindestrating vor. Jedoch impliziert der Mindeststandard eine entsprechend hohe Qualität.

a) *Schuldverschreibung*

Der privilegierten Behandlung des Art. 22 Abs. 4 OGAW-Richtlinie zugänglich sind ausschließlich Schuldverschreibungen. Maßgebend ist nicht der bilanzielle, sondern der allgemeine wertpapierrechtliche Begriff der Schuldverschreibung[46]. Es muss sich daher um ein Wertpapier handeln, in dem die Forderung, eine bestimmte Geldsumme zu zahlen, verbrieft ist. Aktien, Beteiligungsrechte, Anteilsscheine, z.B. über Anteile an Grundvermögen, an einzelnen Hypotheken oder an einem Hypothekenbestand sind keine Schuldverschreibungen und scheiden damit genauso aus dem Anwendungsbereich des Art. 22 Abs. 4 OGAW-Richtlinie aus wie Darlehen, die in einem Vertrag oder in einem Schuldschein dokumentiert werden.

---

41 Die entsprechende Veröffentlichung erfolgt auf der EU Website http://ec.europa.eu/internal_market/investment/legal_texts/instruments_de.htm.

42 Vgl. Vorschlag für eine „Richtlinie des Rates über die Niederlassungsfreiheit und den freien Dienstleistungsverkehr auf dem Gebiet des Hypothekarkredits", KOM (84) 730 edg.

43 Vgl. Vorschlag für eine „Richtlinie des Rates über die Harmonisierung der Ausgabe von hypothekarisch gesicherten Schuldverschreibungen", XV/140/87-Rev. 1-DE.

44 Vgl. Kommission der EWG, „Überlegungen zur Koordinierung der Rechtsvorschriften über den Wohnungsbaukredit", Arbeitsdokument XV/38/78-DE; Kommission der EWG, „Die Freizügigkeit im Sektor des Wohnungsbaukredits", Arbeitsdokument XV/118/79-DE.

45 Vgl. Grieger, Covered Bond – es ist nicht immer darin, was darauf steht, in: I&F 16/2003, S. 18.

46 Vgl. EMF, Die Hypothekenbanken und der Pfandbrief in Europa, 3. Auflage, 2001, S. 83.

b) Kreditinstitut als Emittent und Sitz des Kreditinstituts in einem Mitgliedstaat

Der Privilegierung zugänglich sind ausschließlich Schuldverschreibungen, die von einem Kreditinstitut begeben werden. Der Begriff des Kreditinstituts entspricht dem der Bankenrichtlinie. Der Kreditinstitutsbegriff setzt voraus, dass das Institut sowohl Passiv- als auch Aktivoperationen tätigen muss. Finanzinstitute, die nur Passiv- oder Aktivoperationen ausführen, sind dagegen keine Kreditinstitute. An den Begriff des Kreditinstituts sind bestimmte Qualitätsmerkmale geknüpft, die sich aus dem allgemeinen Bankaufsichtsrecht ergeben. Insoweit unterscheiden sie sich erheblich von Emittenten, die keine Kreditinstitute sind. Das Kreditinstitut muss außerdem seinen Sitz in einem Mitgliedstaat haben. Gemeint sind die Mitgliedstaaten der Europäischen Gemeinschaft. Mit dem Abkommen über den europäischen Wirtschaftsraum trat zusätzlich eine Erweiterung auf die bisherigen EFTA-Staaten ein.

c) Deckungsprinzip

Das Deckungsprinzip ist in Art. 22 Abs. 4 der OGAW-Richtlinie insofern verankert, als dieser verlangt, dass die Erträge aus der Emission dieser Schuldverschreibungen gemäß den gesetzlichen Vorschriften in Vermögenswerten angelegt werden, die während der gesamten Laufzeit der Schuldverschreibungen die sich daraus ergebenden Verbindlichkeiten ausreichend decken.

Die Erträge aus der Emission der Schuldverschreibungen sind demnach gemäß den gesetzlichen Vorschriften anzulegen. Unter den Erträgen aus der Emission ist ausschließlich der Emissionserlös aber nicht die Zinsen der Schuldverschreibungen zu verstehen. Der Zwang zur Anlage der Erträge aus der Emission der Schuldverschreibungen führt dazu, dass die Schuldverschreibungen in einem direkten Zusammenhang mit diesen Vermögenswerten stehen[47]. Besondere Anforderungen an das Verhältnis zwischen den Schuldverschreibungen und den Deckungswerten stellt Art. 22 Abs. 4 der OGAW-Richtlinie nicht. Dieses kann entweder derart sein, dass ein unmittelbares Verhältnis zwischen einer bestimmten Hypothek bzw. einem bestimmten Darlehen an den öffentlichen Sektor und einer bestimmten Schuldverschreibung besteht, oder auch derart, dass der Gesamtbetrag der Emission durch den Gesamtbetrag der Vermögenswerte gedeckt ist.

Die Anlage der Deckungswerte muss auf der Grundlage einer speziellen gesetzlichen Vorschrift erfolgen[48]. Dieses Kriterium wird sicherlich erfüllt sein, wenn es sich um ein förmliches Gesetz handelt. Ausreichend dürfte es auch sein, wenn die Vorschriften aufgrund einer Ermächtigung, wie sie die jeweilige Verfassung des Mitgliedstaates vorsieht, erlassen worden sind. Anlagevorschriften, die in Satzungen von Kreditinstituten oder Anleihebedingungen geregelt sind, reichen nicht aus, sofern sie nicht vom Gesetzgeber beschlossen sind. Auch dieses Erfordernis soll der Sicherheit der Schuldverschreibungen dienen[49].

---

47 Vgl. EMF, Die Hypothekenbanken und der Pfandbrief in Europa, 3. Auflage, 2001, S. 86.
48 Vgl. FMLC, Issue 55 – Asset-Backed Bonds, January 2006, p. 9.
49 Vgl. EMF, Die Hypothekenbanken und der Pfandbrief in Europa, 3. Auflage, 2001, S. 86.

Die zulässigen Deckungswerte werden in Art. 22 Abs. 4 der OGAW-Richtlinie nicht definiert. Theoretisch kommen alle denkbaren Bank-Aktiva in Betracht. Die Begründung der EU-Kommission zur Einführung des Art. 22 Abs. 4 der OGAW-Richtlinie spricht allerdings nur von Darlehen mit dinglicher Sicherheit und solcher an den öffentlichen Sektor[50]. Eine vorübergehende Anlage von Erträgen aus der Emission der Schuldverschreibungen in anderen sicheren Anlageklassen ist nicht ausgeschlossen. Allerdings muss eine derartige Zwischenanlage ihrer Art nach auf besondere sichere Anlageklassen und in ihrem Volumen begrenzt sein (sog. sonstige Deckung oder Zwischendeckung).

Das Erfordernis der Deckung verlangt ferner, dass die im Umlauf befindlichen Schuldverschreibungen während der gesamten Laufzeit der Schuldverschreibungen jederzeit ausreichend gedeckt sein müssen. Für die Deckung kommt es gem. Art. 22 Abs. 4 der OGAW-Richtlinie allein auf den Nennwert der ausstehenden Schuldverschreibungen und die Nominalbeträge der Deckungswerte an. Im Fall des Ausfalls des Emittenten müssen die Schuldverschreibungsgläubiger in vollem Umfang durch die Deckungsmasse geschützt sein. Die Deckungsmasse muss damit jederzeit, d.h. auch in der Insolvenz des Emittenten ausreichen, um das Kapital und die Zinsen der Schuldverschreibung in vollem Umfang und pünktlich zahlen zu können. Dies setzt eine Kongruenz zwischen den Schuldverschreibungen und der Deckungsmasse unter sorgfältiger Beobachtung der Laufzeiten von Schuldverschreibungen und Deckungswerten voraus. Schließlich muss der Emittent Deckungswerte, die nicht mehr deckungsstockfähig sind, ersetzen, oder, im Fall einer vorzeitigen Rückzahlung oder Leistungsstörung, in der Lage sein, Deckung bereit stellen zu können (sog. Ersatzdeckung[51]) oder andernfalls berechtigt sein, Schuldverschreibungen zu kündigen, um die Kongruenz zwischen den Schuldverschreibungen und der Deckungsmasse gewährleisten zu können[52].

d) Grundsatz der vorrangigen Befriedigung

Die Erträge aus der Emission der Schuldverschreibungen müssen vorrangig für die beim Ausfall des Emittenten fällig werdende Rückzahlung des Kapitals und der Zinsen bestimmt sein (Grundsatz der vorrangigen Befriedigung). Erforderlich ist nach der Begründung des Art. 22 Abs. 4 der OGAW-Richtlinie, dass der Schutz der Schuldverschreibungsgläubiger durch ein Vorrecht sichergestellt ist, welches die Bedienung ihrer Ansprüche selbst bei Zahlungseinstellung des Emittenten gewährleistet[53]. Den Schuldverschreibungsgläubigern muss insofern in der Insolvenz des

50 Vgl. (KOM (86) 315 endg.) abgedruckt in: EMF, Die Hypothekenbanken und der Pfandbrief in Europa, 3. Auflage, 2001, S. 78.

51 In der Praxis wird der Begriff der Ersatzdeckung – eher verwirrend – häufig auch für sonstige zulässige sichere und liquide Deckungswerte verwendet (so auch noch in § 6 Abs. 4 Satz 1 HBG).

52 Vgl. EU-Commission, Working paper of the commission services on the treatment of covered bond, 7.4.2003, S. 4.

53 Vgl. KOM (86) 315 endg., abgedruckt in: EMF, Die Hypothekenbanken und der Pfandbrief in Europa, 3. Auflage, 2001, S. 78.

Emittenten ein vorrangiges Befriedigungsrecht an den Deckungswerten eingeräumt sein. Es muss sichergestellt sein, dass Drittgläubiger in der Insolvenz des Emittenten nicht in die Deckungsmasse vollstrecken dürfen und nur die Schuldverschreibungsgläubiger berechtigt sind, Befriedigung hinsichtlich ihrer Kapital- und Zinsansprüche aus der Deckungsmasse zu suchen.

Wie ein derartiges vorrangiges Befriedigungsrecht rechtlich ausgestaltet sein muss, lässt Art. 22 Abs. 4 der OGAW-Richtlinie offen bzw. überlässt die Ausgestaltung den nationalen Gesetzgebern. Prinzipiell kann ein derartiges vorrangiges Befriedigungsrecht in einem Spektrum zwischen der Bestellung eines dinglichen Sicherheitsrechts, das den Schuldverschreibungsgläubigern ein Aus- oder Absonderungsrecht an den Deckungswerten gewährt und der gesetzlichen Qualifikation der Deckungsmasse als Sondervermögen erreicht werden[54]. Daneben kann ein solches vorrangiges Befriedigungsrecht auch durch Vollrechtsübertragung der Deckungswerte auf einen selbständigen Rechtsträger erreicht werden, der die gedeckten Schuldverschreibungen garantiert. Der Grundsatz der vorrangigen Befriedigung des Art. 22 Abs. 4 der OGAW-Richtlinie setzt somit eine absolute Separierung der Deckungsmasse vom sonstigen Vermögen der Emittentin nicht voraus[55]. Die Gesamtfälligstellung der Schuldverschreibungen in Folge der Insolvenz des Emittenten schadet nach dem Wortlaut der Vorschrift nicht.

e) Besondere öffentliche Aufsicht

In aufsichtsrechtlicher Hinsicht verlangt Art. 22 Abs. 4 der OGAW-Richtlinie, dass die Schuldverschreibungen aufgrund gesetzlicher Vorschriften zum Schutz der Inhaber dieser Schuldverschreibungen einer besonderen öffentlichen Aufsicht unterliegen. Dabei muss es sich um eine öffentliche Aufsicht, d.h. um eine solche, die von staatlichen Stellen wahrgenommen wird, handeln. Nicht ausreichend ist, wenn ausschließlich ein Verband, ein Zusammenschluss von Banken, eine Sicherungseinrichtung, ein Wirtschaftsprüfer oder ein Treuhänder die besondere Aufsicht ausübt. Eine Aufsicht durch eine solche Institution selbst kann neben der öffentlichen Aufsicht hinzukommen, wie z.B. im Fall des Treuhänders des deutschen PfandBG, allein ist sie nicht ausreichend.

Ferner muss die besondere öffentliche Aufsicht dem Schutz der Inhaber dieser Schuldverschreibungen dienen. Verlangt wird damit eine besondere öffentliche Aufsicht, die sich von der allgemeinen Bankaufsicht, die „nur“ der Gesamtheit der Gläubiger eines Kreditinstituts und der Allgemeinheit dient, unterscheidet[56]. Zwar dient die allgemeine Bankaufsicht auch dem Schutz der Anleger. Die bloße Beaufsichtigung der Einhaltung der Vorschriften über die Eigenmittel, die Solvabilität,

---

54 So wohl auch: EU-Commission, Working paper of the commission services on the treatment of covered bonds, 7.4.2003, S. 4 f.

55 Anders Bellinger, der verlangt, dass die Deckungswerte in der Insolvenz des Emittenten nicht in die Insolvenzmasse fallen dürfen. Vgl. EMF, Die Hypothekenbanken und der Pfandbrief in Europa, 3. Auflage, 2001, S. 87.

56 Vgl. FMLC, Issue 55 – Asset-Backed Bonds, January 2006, p. 9.

die Großkredite, etc. ist allerdings für die besondere öffentliche Aufsicht nicht ausreichend. Vielmehr stellt Art. 22 Abs. 4 Satz 2 der OGAW-Richtlinie klar, dass Gegenstand der besonderen öffentlichen Aufsicht insbesondere die Überwachung der Anlage der Erträge aus der Emission dieser Schuldverschreibungen gemäß den gesetzlichen Vorschriften und die jederzeitige ausreichende Deckung der Schuldverschreibungen sein muss.

Darüber hinaus wird aus dem Wortlaut des Art. 22 Abs. 4 Satz 1 und 2 sowie Unterabs. 3 Satz 1 der OGAW-Richtlinie das Erfordernis einer gesetzlichen Emissionsgrundlage abgeleitet[57]. Der Wortlaut soll zum Ausdruck bringen, dass der EU-Gesetzgeber zwischen den gesetzlichen Vorschriften und den Vorschriften einer besonderen Aufsicht zum Schutz der Inhaber dieser Schuldverschreibungen unterscheidet und damit eine gesetzliche Emissionsgrundlage erforderlich sei[58]. Die EU-Kommission geht nicht so weit[59]. Bei der Erarbeitung der Tatbestandsmerkmale gedeckter Schuldverschreibungen bezieht sie das Erfordernis einer gesetzlichen Grundlage lediglich auf die Bestimmung der zulässigen Deckungswerte („*... eligibility criteria are set by law ...*“) und die besondere öffentliche Aufsicht („*... is subject by law to special public supervision ...*“). Dem entspricht richtigerweise der Wortlaut der Vorschrift, da dieser gerade keine Ausgabe der Schuldverschreibungen aufgrund gesetzlicher Vorschriften verlangt, sondern lediglich, dass das Kreditinstitut aufgrund gesetzlicher Vorschriften zum Schutz der Inhaber der Schuldverschreibungen einer besonderen öffentlichen Aufsicht unterliegt („*... is subject by law to special public supervision ...*“) und die Erträge aus der Emission dieser Schuldverschreibung gemäß den gesetzlichen Vorschriften in Vermögenswerten angelegt werden („*... must be invested in conformity with the law ...*“). Überdies beruht die Gleichstellung bestimmter Schuldverschreibungen mit denjenigen aus dem öffentlichen Sektor auf ihrer besonders hohen Sicherheit. Unzweifelhaft erleichtert eine umfassende gesetzliche Emissionsgrundlage die Beantwortung der Frage nach dem gleichwertigen Anlegerschutz und sorgt für die erforderliche Transparenz. Ein gleichwertiger Anlegerschutz ist aber letztlich nicht von der formellen Voraussetzung, sondern ausschließlich vom materiellen Gehalt der Sicherheit der Schuldverschreibung abhängig. Denn vertragliche Sicherheitsrechte müssen per se nicht weniger sicher als gesetzliche Sicherheitsrechte sein. Entscheidend sind vielmehr die materielle Ausgestaltung des Sicherheitsrechts und ihre Anerkennung durch die Gerichte. Insofern ist auch nach dem Sinn und Zweck des Art. 22 Abs. 4 der OGAW-Richtlinie eine umfassende gesetzliche Emissionsgrundlage, die den Sicherheitsmechanismus ausdrücklich regelt, nicht zwingend erforderlich, solange die zulässigen Deckungswerte und die besondere öffentliche Aufsicht gesetzlich geregelt sind. Dieses Kriterium wird hier ebenfalls sicherlich erfüllt sein, sobald es sich um ein förmliches Gesetz han-

---

57 Vgl. EMF, Die Hypothekenbanken und der Pfandbrief in Europa, 3. Auflage, 2001, S. 84.
58 So Bellinger in: EMF, Die Hypothekenbanken und der Pfandbrief in Europa, 3. Auflage, 2001, S. 84 und 86.
59 Vgl. European Commission, Working paper of the Commission Services on the Treatment of Covered Bonds, 7.4.2003, S. 3. Ebenfalls ablehnend unter Verweis auf den Wortlaut der englischen Fassung: Kern, Die Sicherheit gedeckter Wertpapiere, S. 497, Rdn. 33.

delt. Ausreichend dürfte ebenso sein, wenn die Vorschriften aufgrund einer Ermächtigung, wie sie die jeweilige Verfassung des Mitgliedstaates vorsieht, erlassen worden sind[60]. Sogar das Statut oder die Satzung einer Bank wird als ausreichend erachtet, wenn der zuständige Gesetzgeber diese Regelung beschlossen hat[61].

II. Die zulässigen Deckungswerte nach der neu gefassten Bankenrichtlinie

Der zweite wesentliche Bestandteil der regulatorischen Definition der gedeckten Schuldverschreibung ist die Aufzählung der zulässigen Deckungswerte in Anhang VI Teil 1, Ziffer 65 Buchstaben a bis e der neu gefassten Bankenrichtlinie[62]. Diese wurde eingeführt, um eine verlässliche Grundlage für die Behandlung von gedeckten Schuldverschreibungen zu schaffen, die Anwendung privilegierter Eigenkapitalanforderungen für gedeckte Schuldverschreibungen zusätzlich zu rechtfertigen und das Spektrum der zulässigen Deckungswerte zu harmonisieren[63]. Als zulässige Deckungswerte (*eligibility criteria*) werden festgelegt:

- Forderungen gegen oder garantiert durch bestimmte staatliche oder quasi-staatliche Stellen mit Sitz in (a) und außerhalb der EU (b);
- Forderungen gegen bestimmte Kreditinstitute, Wertpapierhandelsunternehmen, Einlagenkreditinstitute und E-Geld-Institute (c);
- durch bestimmte mit Wohn- (d) und Gewerbeimmobilien (e) grundpfandrechtlich abgesicherte Kredite; und
- durch bestimmte mit Schiffen abgesicherte Kredite (f).

Die neu gefasste Bankenrichtlinie definiert somit für regulatorische Zwecke die zulässigen Deckungswerte für gedeckte Schuldverschreibungen. In Bezug auf den Begriff der gedeckten Schuldverschreibung belässt es die neu gefasste Bankenrichtlinie dabei, auf die Voraussetzungen des Art. 22 Abs. 4 der OGAW-Richtlinie zu verweisen[64].

Flugzeugpfandbriefe erfüllen damit nicht die geltenden Anforderungen für gedeckte Schuldverschreibungen der neu gefassten Bankenrichtlinie[65].

---

60 Vgl. EMF, Die Hypothekenbanken und der Pfandbrief in Europa, 3. Auflage, 2001, S. 84.
61 Vgl. EMF, Die Hypothekenbanken und der Pfandbrief in Europa, 3. Auflage, 2001, S. 84.
62 Vgl. dazu auch schon: EU-Commission, Working Paper of the Commission Services on the Treatment of Covered Bonds, 7.4.2003, S. 7.
63 Vgl. EU-Commission, Working Paper of the Commission Services on the Treatment of Covered Bonds, 7.4.2003, S. 7.
64 Vgl. Brown, Has Brussel got the market covered? In: Euromoney, November 2005, p. 90; Hagen, Covered Bonds: Der Markt sorgt für Standards, in: I&F, 14/2006, S. 477.
65 Die regulatorische Begriffsbestimmung der gedeckten Schuldverschreibung des § 20a Abs. 1 Nr. 1 KWG verweist auf § 1 Abs. 3 PfandBG. Sie umfasst damit neuerdings im deutschen Recht auch Flugzeugpfandbriefe. Nachdem Flugzeugpfandbriefe allerdings – wie gesehen – keine gedeckten Schuldverschreibungen im Sinne der neu gefassten Bankenrichtlinie sind, sind Privilegierungstatbestände im deutschen Recht für gedeckte Schuldverschreibungen im Sinne des § 20a

1. Forderungen gegen bestimmte staatliche Stellen mit Sitz in und außerhalb der EU

Ohne Einschränkungen zur Deckung zugelassen sind Forderungen gegenüber oder garantiert durch bestimmte staatliche Stellen. Davon umfasst sind Forderungen, die gegenüber Zentralstaaten, Zentralbanken, öffentliche Stellen, Regionalverwaltungen oder Gebietskörperschaften in der EU bestehen oder von diesen garantiert werden. Ferner sind ebenso unbeschränkt zur Deckung zugelassen Forderungen, die gegenüber Nicht-EU Zentralstaaten, Zentralbanken aus Nicht-EU-Ländern, multilateralen Entwicklungsbanken, internationalen Organisationen der Bonitätsstufe 1 (AA-) gem. Anhang VI der neu gefassten Bankenrichtlinie bestehen oder von diesen garantiert sind. Schließlich sind auch bestimmte Forderungen, die gegenüber öffentliche Stellen aus Nicht-EU-Ländern, Regionalverwaltungen und nicht zur EU gehörenden Gebietskörperschaften aus der Bonitätsstufe 1 (AA-) gem. Anhang VI der neu gefassten Bankenrichtlinie bestehen oder von diesen garantiert sind zur Deckung zugelassen. Dagegen sind bestimmte Forderungen, die gegenüber öffentliche Stellen aus Nicht-EU-Ländern, Regionalverwaltungen und nicht zur EU gehörenden Gebietskörperschaften aus Nicht-EU-Ländern der Bonitätsstufe 2 (A-) gem. Anhang VI der neu gefassten Bankenrichtlinie bestehen oder von diesen garantiert sind, nur insofern zur Deckung zugelassen als diese Forderungen max. 20 % des Nominalbetrags der ausstehenden gedeckten Schuldverschreibungen des emittierenden Instituts ausmachen dürfen.

2. Forderungen gegen Kreditinstitute, Wertpapierhandelsunternehmen, Einlagenkreditinstitute und E-Geld-Institute

Forderungen gegen Kreditinstitute, Wertpapierhandelsunternehmen, Einlagenkreditinstitute und E-Geld-Institute der Bonitätsstufe 1 (AA-) sind gem. Anhang VI der neu gefassten Bankenrichtlinie bis zu 15 % des Nominalbetrags der ausstehenden gedeckten Schuldverschreibungen des emittierenden Instituts zur Deckung zugelassen[66].

Bei der Bemessung der 15 %-Grenze müssen Forderungen, die durch die Übermittlung und Verwaltung von Zahlungen der Schuldner bzw. des Liquidationserlöses von durch Immobilien gesicherten Krediten an die Inhaber gedeckter Schulverschreibungen entstehen, nicht berücksichtigt werden. Dadurch soll insbesondere sichergestellt werden, dass bei Fälligkeit großvolumiger gedeckter Schuldverschreibungen (sog. Jumbos) für ausreichende Liquidität gesorgt werden kann, ohne dabei durch die 15 %-Grenze beschränkt zu sein[67]. Außerdem müssen Forderungen ge-

KWG (z.B. §§ 32, 93 Abs. 1 Nr. 1 SolvV) richtlinienkonform dahin gehend auszulegen, dass Flugzeugpfandbriefe nicht von den Privilegierungen umfasst sind.

66 Vgl. Anhang VI, Teil 1, Ziffer 68 Buchst. c der neu gefassten Banken-Richtlinie.

67 Vgl. Marburger, Die künftige Eigenkapitalgewichtung von Pfandbriefen in Europa, in: VDH, Der Pfandbrief, 2004, S. 21.

genüber diesen Instituten, die eine Restlaufzeit von unter 100 Tagen haben, mindestens der Bonitätsstufe 2 (A-) gem. Anhang VI der neu gefassten Bankenrichtlinie entsprechen.

3. Durch Grundpfandrechte an Immobilien abgesicherte Forderungen

Zur Deckung grundsätzlich zugelassen sind Forderungen, die durch Grundpfandrechte sowohl an Wohn- als auch an Gewerbeimmobilien abgesichert sind. Allerdings müssen die Grundpfandrechte bestimmte Mindestanforderungen erfüllen.

a) Durch Grundpfandrechte an Wohnimmobilien abgesicherte Forderungen

Unbeschränkt zur Deckung zugelassen sind Forderungen, die durch Grundpfandrechte an Wohnimmobilien abgesichert sind oder Anteile an bestimmten finnischen Wohnungsbaugesellschaften, wenn die Forderung unter Berücksichtigung vorrangiger Sicherheitsrechte eine maximale Beleihungshöhe von 80 % des Werts der als Sicherheit gestellten Wohnimmobilie nicht übersteigt. Darüber hinaus ist die Deckung mit vorrangigen bzw. senior Tranchen französischer Fonds Communs de Créances oder vergleichbarer Verbriefungsgesellschaften, die dem Recht eines EU-Mitgliedstaates unterliegen und durch verbriefte Forderungen, die mit Grundpfandrechten an Wohnimmobilien abgesichert sind, zugelassen. Dies setzt aber voraus, dass mindestens 90 % der verbrieften Forderungen unter Berücksichtigung vorrangiger Sicherheitsrechte eine maximale Beleihungshöhe von 80 % des Werts der als Sicherheit gestellten Wohnimmobilie nicht übersteigen und die Tranchen der Bonitätsstufe 1 (AA-) gem. Anhang VI der neu gefassten Bankenrichtlinie entsprechen.

Forderungen aus der Übermittlung und Verwaltung von Zahlungen der Schuldner bzw. des Liquidationserlöses von durch Immobilien gesicherten Krediten der vorrangigen bzw. senior Verbriefungstranchen müssen bei der Bemessung der 90 %-Grenze nicht berücksichtigt werden. Die Begrenzung auf 20 % des Nominalbetrags der ausstehenden gedeckten Schuldverschreibungen des emittierenden Instituts in Bezug auf Verbriefungen, die durch Grundpfandrechte an Wohnimmobilien abgesichert sind, findet für Verbriefungsschuldverschreibungen mit einem AAA Rating bis zum 31.12.2010 keine Anwendung. Diese Ausnahmeregel wird vor Ablauf ihrer Ausnahmefrist überprüft und kann ggf. verlängert werden.

b) Durch Grundpfandrechte an Gewerbeimmobilien abgesicherte Forderungen

Ebenfalls unbeschränkt zur Deckung zugelassen sind Forderungen, die durch Grundpfandrechte an Gewerbeimmobilien oder Anteile an bestimmten finnischen Wohnungsbaugesellschaften abgesichert sind, wenn die Forderung unter Berücksichtigung vorrangiger Sicherheitsrechte eine maximale Beleihungshöhe von 60 % des Werts der als Sicherheit gestellten Gewerbeimmobilie nicht übersteigt. Darüber hinaus ist bis zu 20 % des Nominalbetrags der ausstehenden gedeckten Schuldverschreibungen des emittierenden Instituts die Deckung mit vorrangigen bzw. senior

Tranchen französischer Fonds Communs de Créances oder vergleichbaren Verbriefungsgesellschaften mit Sitz in der EU und durch verbriefte Kredite, die mit Grundpfandrechten an Gewerbeimmobilien abgesichert sind, zugelassen. Dies gilt wiederum nur, wenn mindestens 90 % der verbrieften Kredite unter Berücksichtigung vorrangiger Sicherheitsrechte eine maximale Beleihungshöhe von 60 % des Werts der Gewerbeimmobilie nicht übersteigen und die Tranchen der Bonitätsstufe 1 (AA-) gem. Anhang VI der neu gefassten Bankenrichtlinie entsprechen. Des Weiteren sind die zuständigen Aufsichtsbehörden ermächtigt, Kredite, welche durch Grundpfandrechte an Gewerbeimmobilien abgesichert sind zur Deckung zuzulassen, die unter Berücksichtigung vorrangiger Sicherheitsrechte eine maximale Beleihungshöhe von 70 % des Werts der Gewerbeimmobilie nicht übersteigen. Dies gilt aber nur, wenn der Gesamtwert der Deckungswerte den nominalen Gesamtwert der ausstehenden gedeckten Schuldverschreibungen um 10 % übersteigt und die Forderung der Schuldverschreibungsgläubiger in Bezug auf diese Überdeckung die Anforderungen gem. Anhang 8 der neu gefassten Bankenrichtlinie erfüllt. Die Forderung der Schuldverschreibungsgläubiger muss hinsichtlich der Überdeckung ebenfalls insolvenzfest sein, d.h. Vorrang vor allen anderen Sicherheitsrechten an den Deckungswerten haben.

Auch hier müssen Forderungen aus der Übermittlung und Verwaltung von Zahlungen der Schuldner bzw. des Liquidationserlöses von durch Immobilien gesicherten Krediten der vorrangigen bzw. senior Verbriefungstranchen bei der Bemessung der 90 %-Grenze nicht berücksichtigt werden. Die Begrenzung auf 20 % des Nominalbetrags der ausstehenden gedeckten Schuldverschreibungen des emittierenden Instituts in Bezug auf Verbriefungen, die durch Grundpfandrechte an Gewerbeimmobilien abgesichert sind, findet für Verbriefungsschuldverschreibungen mit einem AAA Rating ebenfalls bis zum 31.12.2010 keine Anwendung. Diese Ausnahme wird ebenso vor Ablauf der Ausnahmefrist überprüft und kann ggf. verlängert werden.

c) Mindestanforderungen zur Anerkennung von Grundpfandrechten

Zur Anerkennung eines Grundpfandrechts als zulässiger Deckungswert setzt Anhang VI, Teil 1, Ziffer 66 in Verbindung mit Anhang VIII Teil 2 Ziffer 8 Buchst. a bis d der neu gefassten Bankenrichtlinie die folgenden Mindestanforderungen voraus:

- Rechtssicherheit:

  Das Grundpfandrecht muss in allen relevanten Rechtsordnungen durchsetzbar und in einer angemessenen Zeit verwertbar sein (a);

- Überprüfung des Immobilienwerts;

  Der Immobilienwert ist regelmäßig – mindestens jährlich, bei deutlichen Marktveränderungen öfter – zu überprüfen. Zu diesem Zweck sind statistische Methoden zulässig. Sinkt der Sicherheitenwert deutlich gegenüber dem allgemeinen Marktpreis, so ist eine Neubewertung durch einen unabhängigen qualifizierten Sachverständigen erforderlich (b);

- Dokumentation:

  Das Grundpfandrecht und die Vergabepraxis müssen ausreichend dokumentiert sein (c); und

- Versicherung:

  Das Kreditinstitut hat Überwachungsmechanismen vorzuhalten, die die angemessene Versicherung der belasteten Immobilien sicherstellen (d).

Darüber hinaus verlangt Anhang VI Teil 1 Ziffer 1 und 66 in Verbindung mit Anhang VIII Teil 3 Ziffer 63 der neu gefassten Bankenrichtlinie zur Bewertung des Beleihungsobjekts die Durchführung der Bewertung der Immobilie durch einen unabhängigen qualifizierten Sachverständigen. Die Bewertung der Immobilie darf gem. Anhang VIII Teil 3 Ziffer 63 der neu gefassten Bankenrichtlinie den Marktwert (*market value*) nicht übersteigen. Der Marktwert einer Immobilie ist erstmalig gem. Anhang VIII Teil 3 Ziffer 64 der neu gefassten Bankenrichtlinie definiert als der geschätzte Betrag, für welchen ein Beleihungsobjekt am Bewertungsstichtag zwischen einem verkaufsbereiten Verkäufer und einem kaufbereiten Erwerber – in einer Transaktion im gewöhnlichen Geschäftsverkehr – nach angemessener Vermarktung verkauft wird, wobei jede Partei mit Sachkenntnis, Umsicht und ohne Zwang handelt. In den Mitgliedstaaten, die einen gegenüber dem Marktwert niedrigeren Beleihungswert durch Gesetz oder Verordnung festgelegt haben, kann gem. Anhang VIII Teil 3 Ziffer 63 der neu gefassten Bankenrichtlinie an Stelle des Marktwerts ein gleich hoher oder niedrigerer Beleihungswert der Beleihung zu Grunde gelegt werden. Der Beleihungswert (*mortgage lending value*) ist ebenfalls erstmalig gem. Anhang VIII Teil 3 Ziffer 65 der neu gefassten Bankenrichtlinie definiert als der Wert des Beleihungsobjekts, der sich im Rahmen einer gewissenhaften Bewertung der zukünftigen Verkäuflichkeit des Beleihungsobjekts unter Berücksichtigung der langfristigen, nachhaltigen Merkmale des Beleihungsobjekts, der normalen regionalen Marktgegebenheiten sowie der derzeitigen und möglichen anderweitigen Nutzung ergibt. Spekulative Elemente dürfen bei der Ermittlung des Beleihungswerts nicht berücksichtigt werden. Darüber hinaus sind gem. Anhang VIII Teil III Ziffer 66 der neu gefassten Bankenrichtlinie im Rahmen der Überprüfung der Immobilienwerte ermittelte Wertveränderungen aufgrund von Marktveränderungen zu berücksichtigen und gegenüber dem Grundpfandrecht vorrangige Rechte zu berücksichtigen.

4. Durch mit Schiffshypotheken abgesicherte Kredite

Durch mit Schiffen abgesicherte Kredite sind bis zu einer Beleihungshöhe von max. 60 % unter Berücksichtigung vorrangiger Sicherheitsrechte zur Deckung zugelassen. Die Beleihungshöhe kann bis zum 31.12.2010 durch eine Beleihungshöhe von 70 % ersetzt werden. Diese Ausnahme wird auch vor Ablauf der Ausnahmefrist überprüft und kann in Abhängigkeit von dieser Überprüfung verlängert werden.

C. Die Privilegierung der gedeckten Schuldverschreibung im europäischen Sekundärrecht

Neben Art. 22 Abs. 4 der OGAW-Richtlinie kennt das europäische Sekundärrecht weitere Privilegierungen für gedeckte Schuldverschreibungen, die auf der Basis einer gesetzlichen Emissionsgrundlage ausgegeben werden. Von wesentlicher Bedeutung ist dabei insbesondere die Privilegierung der gedeckten Schuldverschreibung im Rahmen der neuen Eigenkapitalanforderungen für Kreditinstitute. In dieser ist der wesentliche Grund für die hohe Nachfrage nach gedeckten Schuldverschreibungen durch Kreditinstitute zu sehen[68].

I. Die Eigenkapitalanforderungen für gedeckte Schuldverschreibungen

Da Kreditinstitute eine besondere Rolle in einer Volkswirtschaft spielen, unterliegen sie zur Stabilisierung des Banken- und Finanzsystems bestimmten (Mindest-) Eigenkapitalvorschriften. Dies dient der Begrenzung der Risiken, welche Kreditinstitute übernehmen sowie als Puffer für eintretende unerwartete Verluste[69]. Ursprünglich wurden die Eigenkapitalvorschriften für Kreditinstitute im ersten Baseler Akkord im Jahr 1988 (Basel I) entwickelt, der im Rahmen der Richtlinie über den Solvabilitätskoeffizienten im Jahr 1989 in europäisches Recht transformiert wurde[70]. Bereits im Finanzdienstleistungsaktionsplan (Financial Services Action Plan – FSAP) aus dem Jahr 1999 nannte die EU-Kommission die Überarbeitung der bestehenden Richtlinien zur Umsetzung der vom Baseler Ausschuss für Bankenaufsicht erarbeiteten Baseler Eigenkapitalvereinbarungen (Basel II)[71].

---

68 Vgl. Rasche/Hagen, The Pfandbrief and other covered bonds in the EU capital market: development and regulation, in: Deutsche Bank Research, EU Monitor Financial Market Special, No. 7, 1.10.2003, p. 1, 3.

69 Dagegen sollen erwartete Verluste durch Risikoprämien bei der Rendite und durch die Bildung von Wertberichtigungen sowie ggf. Rückstellungen abgefangen werden. Vgl. Hofmann, Basel II, in: WISU 10/04, S. 1202

70 Vgl. Richtlinie des Rates vom 18.12.1989 über einen Solvabilitätskoeffizienten für Kreditinstitute (89/647/EWG), ABl. Nr. L 386 vom 30.12.1989, S. 14–22. Mittlerweile aufgegangen in der kon-solidierten Bankrichtlinie (2000/12/EWG) vom 20.3.2000, ABl. L 126/1. Vgl. Humpert, Basel II und Internes Rating, S. 45 ff.; Cluse/Dernbach/Engels/Lellmann, Einführung Basel II, in: Deloitte, Basel II, S. 19.

71 Vgl. EU-Kommission, Mitteilung der Kommission, Finanzdienstleistungen: Umsetzung des Finanzmarktrahmens: Aktionsplan, KOM (1999) 232, 11.5.1999, S. 28 (abgedruckt auch in: ZBB, 1999, S. 254); Baseler Ausschuss für Bankenaufsicht, Internationale Konvergenz der Kapitalmessung und Eigenkapitalanforderungen, Überarbeitete Rahmenvereinbarung, Juni 2004 (Übersetzung der Deutschen Bundesbank).

1. Die Eigenkapitalanforderungen für gedeckte Schuldverschreibungen unter Basel I

Privilegierte Eigenkapitalanforderungen für gedeckte Schuldverschreibungen, die den Mindeststandard des Art. 22 Abs. 4 der OGAW-Richtlinie erfüllen, sind bereits in der Solvabilitätsrichtlinie enthalten, die aus dem ersten Baseler Akkord hervorgegangen ist[72]. Die Solvabilitätsrichtlinie regelt das Mindestverhältnis zwischen den Eigenmitteln eines Kreditinstituts und den Risikoaktiva aus dessen Geschäftstätigkeit. Der Solvabilitätskoeffizient ist darin entsprechend dem ersten Baseler Akkords auf 8 % festgesetzt[73]. Für Bankschuldverschreibungen legt die Solvabilitätsrichtlinie pauschal eine Eigenkapitalgewichtung von 20 % fest. Dies hat zur Folge, dass ein Kreditinstitut, welches eine Bankschuldverschreibung erwirbt, diese in Höhe von 1,6 % des erworbenen Betrags mit Eigenkapital unterlegen muss. Eine Ausnahme von dieser Grundregel statuiert Art. 11 Abs. 2 der Solvabilitätsrichtlinie. Danach können die Mitgliedstaaten bestimmen, dass die in Art. 22 Abs. 4 der OGAW-Richtlinie genannten Schuldverschreibungen nur mit 10 % zu gewichten sind. Dies führt dazu, dass für den Erwerb von Schuldverschreibungen, die den Voraussetzungen des Art. 22 Abs. 4 der OGAW-Richtlinie entsprechen, für ein Kreditinstitut nur eine Eigenkapitalunterlegung in Höhe von 0,8 % des erworbenen Betrags und damit insgesamt nur halb soviel Eigenkapital erforderlich ist, wie für den Erwerb einer sonstigen Bankschuldverschreibung. Die Präambel der Solvabilitätsrichtlinie begründet die Privilegierung damit, dass die Anwendung einer Risikogewichtung von 20 % auf diese bis dahin in Deutschland und Dänemark mit 0 % gewichteten Schuldverschreibungen zu Störungen auf den nationalen Finanzmärkten, auf welchen diesen Finanzinstrumenten eine entscheidende Rolle zukommt, führen könne[74]. Die privilegierte Eigenkapitalgewichtung ist in Art. 11 Abs. 2 der Solvabilitätsrichtlinie grundsätzlich nur für Schuldverschreibungen vorgesehen worden, die vor dem 1.1.1998 begeben worden sind. Wie in Art. 63 Abs. 2 der konsolidierten Bankenrichtlinie noch einmal klargestellt, sollte die Privilegierung zur Verhinderung von Störungen auf den nationalen Finanzmärkten im Dezember 1997 außer Kraft treten[75]. Die Ausnahmen waren der Kommission von den Mitgliedstaaten mitzuteilen. Nach Ablauf der Übergangsfrist am 1.1.1998 wurde die Risikogewichtung dieser Schuldverschreibungen formell nicht geklärt. Allerdings

---

72 Vgl. Richtlinie des Rates vom 18.12.1989 über einen Solvabilitätskoeffizienten für Kreditinstitute (89/647/EWG), ABl. 1989 L 386/14 aufgehoben durch die Richtlinie 2000/12/EG vom 20.3.2000 über die Aufnahme und Ausübung der Tätigkeit der Kreditinstitute, ABl. L 126/1.

73 Unter dem Solvabilitätskoeffizienten ist die Relation zwischen den Eigenmitteln eines Kreditinstituts einerseits und der Summe oder von Teilbereichen der Verbindlichkeiten und/oder von risikobehafteten „Kreditgeschäften“ andererseits zu verstehen.

74 Vgl. Bellinger, Entwicklung und Stand des EG-Bankrechts, in: Rüchardt, Handbuch des Hypothekarkredits, 3. Auflage 1993, S. 671; EMF, Die Hypothekenbanken und der Pfandbrief in Europa, 3. Auflage, 2001, S. 71.

75 Vgl. Directive 2000/12/EC of the European Parliament and of the Council of 20.3.2000 relating to the taking up and pursuit of the business of credit institutions, L 126/44; Hardt, Refinanzierung von Hypothekendarlehen in Europa: Auswirkungen der vorgeschlagenen Kapitaladäquanz, in: DLK 10/2001, S. 336.

erlaubte die EU-Kommission für irische asset covered securities ein Risikogewicht von 10 %[76]. Damit erlaubte die Kommission die Anwendung der privilegierten Risikogewichtung sogar für gedeckte Schuldverschreibungen auf der Basis einer nach Ablauf der Übergangsfrist geschaffenen gesetzlichen Emissionsgrundlage[77].

In Ergänzung zur Solvabilitätsrichtlinie regelte die Kapitaladäquanzrichtlinie das erforderliche Anfangskapital von Wertpapierfirmen und die Anforderungen an das Mindesteigenkapital aufgrund von Marktrisiken aus dem Wertpapierhandelsbestand von Wertpapierfirmen und Kreditinstituten. Dabei erlaubt auch die Kapitaladäquanzrichtlinie aufgrund der Verweisung des Art. 11 Abs. 2 der Kapitaladäquanzrichtlinie auf Art. 11. Abs. 2 der Solvabilitätsrichtlinie den Erwerb einer Schuldverschreibung, die die Anforderungen des Art. 22 Abs. 4 der OGAW-Richtlinie erfüllt, nur zur Hälfte mit Eigenkapital zu unterlegen.

2. Die neuen Eigenkapitalanforderungen für gedeckte Schuldverschreibungen unter Basel II

Die neuere zweite Baseler Eigenkapitalvereinbarung ersetzte den ersten Eigenkapitalakkord von 1988[78]. Das unter dem Begriff Basel II bekannte Rahmenwerk wurde im Jahr 2004 verabschiedet, im Jahr 2005 um spezielle Sachverhalte ergänzt und als zusammenfassendes Regelwerk nach mehr als sieben Jahren Entwicklungs- und Entstehungszeit im Juli 2006 vorgelegt[79]. Für die Hypotheken- bzw. nun Pfandbriefbanken brachte Basel II eine Reihe von Veränderungen im Aktiv- und Passivgeschäft[80]. Im zweiten Baseler Akkord selbst werden keine speziellen Regelungen für gedeckte Schuldverschreibungen getroffen[81]. Diese werden für Zwecke der Eigenkapitalanforderungen wie ungesicherte Bankschuldverschreibungen behandelt[82].

In der Europäischen Union erfolgte die Umsetzung von Basel II mittels Neufassung der Richtlinie 2000/12/EG des Europäischen Parlaments und des Rates vom

---

76 Vgl. Evans, Regulatory confusion casts shadow over launch of UK Pfandbriefe, in: IFLR, 8/2003, S. 7.

77 Vgl. Evans, Regulatory confusion casts shadow over launch of UK Pfandbriefe, in: IFLR, 8/2003, S. 8.

78 Vgl. Humpert, Basel II und Internes Rating, S. 59 ff. Im März 2009 hat der Baseler Ausschuss für Bankenaufsicht beschlossen, die regulatorischen Eigenkapitalanforderungen für Kreditinstitute erst im Jahr 2010 zu überprüfen, um während der Finanzkrise prozyklische Wirkungen durch eine Verschärfung der Eigenkapitalanforderungen zu vermeiden. Ziel ist aber, die Anforderungen im Vergleich zu Basel II anzuheben. Vgl. BörsenZ vom 13.3.2009, Mindestkapitalregeln werden erst 2010 überprüft, S. 3.

79 Vgl. Basel Committee for Banking Supervision, International Convergence of Capital Measurement and Capital Standards, a Revised Framework, Comprehensive Version, June 2006; Cluse/Dernbach/Engels/Lellmann, Einführung Basel II, in: Deloitte, Basel II, S. 21.

80 Vgl. Esperstedt, Basel II in Hypothekenbanken, in: Deloitte, Basel II, S. 517 ff.

81 Vgl. Sachs, Covered Bonds profitieren von Basel II – Deutlich geringere Risikogewichte beim IRB-Ansatz – Spreadimplikationen sind mit Vorsicht zu genießen, in: BörsenZ vom 16.9.2006, S. B2.

82 Vgl. ECBC, European Covered Bond Fact Book, 2006, p. 20; Bonfig, Das Baseler Konsultationspapier zur Novellierung der Kapitaladäquanzrichtlinie, in: DLK 16+17/1999, S. 539.

20.3.2000 über die Aufnahme und Ausübung der Tätigkeit der Kreditinstitute (Bankenrichtlinie) sowie der Richtlinie 93/6/EWG des Rates vom 15.3.1993 über die angemessene Eigenkapitalausstattung von Wertpapierfirmen und Kreditinstituten (Kapitaladäquanzrichtlinie)[83]. Aufgrund der besonderen Bedeutung der gedeckten Schuldverschreibung in den europäischen Kapitalmärkten hat die EU-Kommission im Rahmen der Umsetzung von Basel II beschlossen, die besondere Sicherheit gedeckter Schuldverschreibungen, die den Mindeststandard des Art. 22 Abs. 4 der OGAW-Richtlinie erfüllen, weiter anzuerkennen und sich insofern für eine privilegierte Behandlung von solchen gedeckten Schuldverschreibungen bei der Eigenkapitalgewichtung entschieden[84].

a) *Regelungstechnik im Allgemeinen und für gedeckte Schuldverschreibungen im Speziellen*

Während unter dem ersten Baseler Akkord Forderungen bzw. Kredite mit geringem Ausfallrisiko mit der gleichen Höhe an aufsichtsrechtlichem Eigenkapital zu unterlegen sind wie Kredit mit schlechter Bonität, wird mit Basel II bei der Eigenkapitalgewichtung der Aktiva ein risikosensitiveres und stärker mit qualitativen Elementen ausgestattetes Konzept geschaffen[85]. Ziel ist es insbesondere, eine Verfeinerung des Risikomanagements der Banken zu erreichen[86]. Dies soll durch einen auf drei Säulen aufbauenden Regelungsansatz erreicht werden[87]:

- quantitative Mindesteigenkapitalanforderungen (Säule 1),
- qualitative Bankenaufsicht (Säule 2), und
- Offenlegungspflichten (Säule 3).

Für die angestrebte Messung des Kreditrisikos als einen der zentralen Risikobereiche der Banken[88] stehen wahlweise standardisierte Erfassungskonzepte als auch bankeigene Verfahren und Modelle, die eine differenzierte Risikoerfassung und -quantifizierung ermöglichen, zur Verfügung. Dabei handelt es sich um den modifizierten Standardansatz (*revised standardised approach* bzw. RSA), den einfachen inter-

83 Directive 2006/48/EC of the European Parliament and of the Council of 14.6.2006 relating to the taking up and pursuit of the business of credit institutions (recast), L 177/1; Directive 2006/49/EC of the European Parliament and of the Council of 14.6.2006 on the capital adequacy of investment firms and credit institutions (recast), L 177/201.

84 Vgl. Suyter, Basel II: Internationales Level Playing Field in der Institutsaufsicht?, in: ZfgK, 24/2006, S. 1328; The Banker, Investors shouldn't count on covered bond standardisation, 5.4.2004, p. 37.

85 Vgl. BMF, Umsetzung von Basel II in Deutschland und der Europäischen Union, in: Monatsbericht, Januar 2006, S. 57.

86 Vgl. Baseler Ausschuss für Bankenaufsicht, Internationale Konvergenz der Kapitalmessung und Eigenkapitalanforderungen, Überarbeitete Rahmenvereinbarung, Juni 2004 (Übersetzung der Deutschen Bundesbank), S. 2.

87 Vgl. Baseler Ausschuss für Bankenaufsicht, Internationale Konvergenz der Kapitalmessung und Eigenkapitalanforderungen, Überarbeitete Rahmenvereinbarung, Juni 2004 (Übersetzung der Deutschen Bundesbank), S. 7; Cluse/Dernbach/Engels/Lellmann, Einführung Basel II, in: Deloitte, Basel II, S. 22.

88 Die beiden anderen zentralen Risikobereiche der Banken sind: Das operationelle Risiko und das Marktpreisrisiko.

nen Ratingansatz (*foundation internal rating based* bzw. FIRBA) und den fortgeschrittenen internen Ratingansatz (*advanced internal rating based approach bzw.* AIRBA).

Unter den neuen Eigenkapitalanforderungen des zweiten Baseler Akkords verbleibt der Solvabilitätskoeffizient bei 8 %. Der modifizierte Standardansatz umfasst grundsätzlich fünf unterschiedliche Risikogewichte (20 %, 50 %, 75 %, 100 % und 150 %). Die Risikogewichte werden den Forderungen aufgrund aufsichtsrechtlich anerkannter Bonitätsbeurteilungen von Ratinggesellschaften zugeordnet. Der so ermittelte Risikobetrag ist dann mit 8 % Eigenkapital zu unterlegen. Dagegen hängt im internen Ratingansatz (IRB) die Risikogewichtung von einem bankintern entwickelten und aufsichtsrechtlich genehmigten Ratingverfahren ab, durch das die individuellen Kreditrisiken der einzelnen Schuldner ermittelt werden sollen. Dabei werden die Risikogewichte nach aufsichtlich vorgegebenen Risikogewichtsfunktionen ermittelt. Maßgebliche Risikoparameter sind die Ausfallwahrscheinlichkeit (*probability of default* bzw. PD), der Verlust bei Ausfall (*loss given default* bzw. LGD), die Forderungshöhe bei Ausfall (*exposure at default* bzw. EAD) und die effektive Restlaufzeit des Kredits (*maturity* bzw. M). Im einfachen internen Ratingansatz darf das Kreditinstitut nur die Ausfallwahrscheinlichkeit (PD) in den nächsten zwölf Monaten mit eigenen Berechnungen ermitteln, während die übrigen Risikoparameter aufsichtlich vorgegeben werden. Im fortgeschrittenen internen Ratingansatz, der eine Weiterentwicklung des einfachen internen Ratingansatzes ist, werden die vier Risikoparameter weiter verfeinert, und die Kreditinstitute dürfen alle vier Risikoparameter selbst schätzen. Allgemein wird erwartet, dass die stärkere Risikosensitivität bei der Risikogewichtung der Aktiva zu einer wesentlich geringeren Eigenkapitalbindung bei den Kreditinstituten unter Basel II führen wird als unter Basel I[89]. Dies gilt insbesondere in Bezug auf die Eigenkapitalanforderungen für Hypothekarkredite[90].

---

89 Vgl. Mercer Oliver Wyman/EMF: Study on the Financial Integration of European Mortgage Markets, October 2003, p. 50.

90 Für Hypothekarkredite auf Wohnimmobilien sieht die Solvabilitätsrichtlinie eine Gewichtung von 50 % und für gewerbliche Hypothekarkredite eine Gewichtung von 100 % vor (vgl. Art. 6 Abs. 1c Nr. 1 und 11 der Solvabilitätsrichtlinie). Im neuen modifizierten Standardansatz ist dagegen für den Wohnungshypothekarkredit eine Risikogewichtung von 35 % vorgesehen, wenn der Sicherheitenwert und das Ausfallrisiko bestimmte Voraussetzungen erfüllen sowie die Mindestanforderungen zur Anerkennung von Grundpfandrechten und die Grundsätze zur Bewertung von Grundpfandrechten erfüllt sind (vgl. Annex VI, Teil 1, Ziffer 45 und 48 der neu gefassten Bankenrichtlinie). Für den gewerblichen Hypothekarkredit sieht der neue modifizierte Standardansatz unter den gleichen Voraussetzungen eine Risikogewichtung von 50 % für den privilegierten Kreditanteil vor (vgl. Annex VI, Teil 1, Ziffer 51 und 54 der neu gefassten Bankenrichtlinie). Der privilegierte Kreditanteil beschränkt sich beim gewerblichen Hypothekarkredit auf 50 % des Marktwerts der Sicherheit (vgl. Annex VI, Teil 1, Ziffer 55 der neu gefassten Bankenrichtlinie). Der nicht privilegierte Kreditanteil ist mit 100 % zu gewichten (vgl. Annex VI, Teil 1, Ziffer 55 der neu gefassten Bankenrichtlinie). Im fortgeschrittenen internen Ratingansatz kann sich die Risikogewichtung weiter vermindern. Mit Basel II steigt damit die Attraktivität von gedeckten Schuldverschreibungen gegenüber Verbriefungen aufgrund der reduzierten Risikogewichtung von Hypothekarkrediten.

Abbildung 5: Übersicht zur Basel II Regelungstechnik

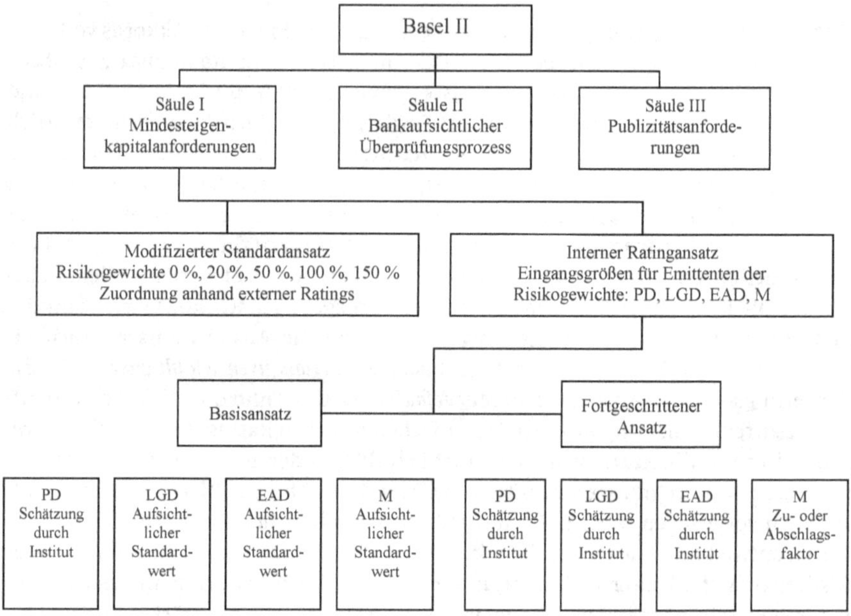

PD = Probability of Default = Ausfallwahrscheinlichkeit
LGD = Loss Given Default = Verlust bei Ausfall
EAD = Exposure at Default = Ausstehender Betrag bei Ausfall
M = Maturity = Restlaufzeit des Kredits

Quelle: Marburger, Die künftige Eigenkapitalgewichtung von Pfandbriefen in Europa, in: VDH, Der Pfandbrief 2004, S. 22; zuletzt: Lorenz, Pfandbriefe versus MBS – Rivalen oder komplementäre Instrumente, in: VdP, Der Pfandbrief 2006, S. 52.

Unter den neuen Eigenkapitalanforderungen werden gedeckte Schuldverschreibungen, welche von Kreditinstituten erworben werden, allgemein wie ein gesicherter Kredit behandelt[91]. Denn die EU-Kommission sieht im Grundsatz der vorrangigen Befriedigung ein gemeinsames Merkmal gesicherter Darlehen, bei denen der Darlehensnehmer (Emittent) dem Darlehensgeber (Schuldverschreibungsgläubiger) eine Sicherheit für den Fall des Zahlungsausfalls zur Verfügung stellt. Daran ändert auch die Tatsache nichts, dass gesicherte Darlehen regelmäßig Gegenstand des Vertragsrechts sind, während die Rechtsgrundlage gedeckter Schuldverschreibungen in der Regel auf einem Gesetz basiert und diese darüber hinaus einer beson-

91 Die diesem Ansatz zu Grunde liegende Analyse wurde trotz konsultativen Dialogs durch eine extreme Knappheit an empirischem Datenmaterial zu gedeckten Schuldverschreibungen erschwert: Vgl. European Commission, Working paper of the commission services on the treatment of covered bonds, 7.4.2003, S. 1. Demgegenüber folgt die Methodik für die Festsetzung der Eigenkapitalgewichtung von RMBS den Regeln für strukturierte Finanzprodukte. Gedeckte Schuldverschreibungen und MBS unterliegen insofern unterschiedlichen methodischen Ansätzen.

deren öffentlichen Aufsicht unterliegen[92]. Gedeckte Schuldverschreibungen sind Verbindlichkeiten des emittierenden Kreditinstituts, die mit einem vorrangigen Befriedigungsrecht an den Mittelzuflüssen aus bestimmten Deckungswerten aus dem Vermögen des Emittenten gesichert sind. Demgegenüber würde die Einstufung gedeckter Schuldverschreibungen als Ansprüche ausschließlich auf die Mittelzuflüsse der Deckungsmasse zu keiner risikoadäquaten Behandlung führen[93]. Dieser methodische Ansatz führt dazu, dass beim Rating zur Festsetzung der Ausfallwahrscheinlichkeit auf das Kreditinstitut selbst anstatt auf die Deckungsmasse abgestellt wird und das Rating damit insbesondere im modifizierten Standardansatz in erheblichem Umfang vom Rating des Emittenten abhängig bleibt. Das Petitum bei der Bestimmung der Qualität der gedeckten Schuldverschreibungen weniger auf die Bonität des Emittenten und mehr auf die Qualität der Deckungswerte zu achten, wird als zumindest nicht kurzfristig durchsetzbar eingestuft[94].

Ausgangspunkt der regulatorischen Beurteilung des Kreditrisikos einer gedeckten Schuldverschreibung ist somit die Kreditwürdigkeit des emittierenden Kreditinstituts (Emittentenrating). Hinzu kommt eine Privilegierung bei Vorliegen bestimmter Sicherheitsmerkmale, so dass sich die Beurteilung des Kreditrisikos aus dem Produkt des Emittentenratings und des typischen Sicherheitsmechanismus der gedeckten Schuldverschreibung ergibt. Die Risikogewichtung gedeckter Schuldverschreibungen unterschiedlicher Emittenten wird sich deswegen künftig in Abhängigkeit von der Kreditwürdigkeit des jeweiligen Emittenten deutlich unterscheiden und auf diese Weise zu einer Heterogenität der Risikogewichtungen gedeckter Schuldverschreibungen führen[95].

b) Modifizierter Standardansatz

Zur Bestimmung der Risikogewichtung einer gedeckten Schuldverschreibung im modifizierten Standardansatz ist zunächst die Risikogewichtung einer sonstigen, d.h. ungedeckten Bankschuldverschreibung des Emittenten zu ermitteln[96]. Hierfür können die nationalen Aufsichtsbehörden gem. Anhang VI Teil 1 Ziffer 23 der neu gefassten Bankenrichtlinie zwischen der sog. central government risk-weight based method (Option 1) und der sog. credit-assessment based method (Option 2) wählen. Dabei ist nach der central government risk-weight based method die Risikogewich-

---

92 Vgl. European Commission, Working paper of the commission services on the treatment of covered bonds, 7.4.2003, S. 4.
93 Unter Verweisung auf die Rating Methodology für European Covered Bonds von Moody's: Moody's Investor Service – Global Credit Research – Rating Methodology: European Covered Bonds: Moody's Rating and Analytical Approach, September 2002, p. 19.
94 So zuletzt: vdp, Jahresbericht, 2006, S. 60. Zur Vorgeschichte: Vgl. Zentraler Kreditausschuss (ZKA), Schreiben an die EU-Kommission, Überarbeitung der EU-Eigenkapitalvorschriften für Kreditinstitute und Wertpapierhäuser, 30.4.2003. Das ECBC wollte hierzu einen methodisch korrekten Ansatz ausarbeiten und den EU-Institutionen unterbreiten (vgl. vdp, Jahresbericht, 2005, S. 68).
95 Vgl. Volk, Covered Bonds und Radwan, in: BörsenZ online, besucht am 17.7.2005.
96 Zum modifizierten Standardansatz allgemein: Vgl. Cluse, Der Standardansatz für die Kreditrisikounterlegung, in: Deloitte, Basel II, S. 143 ff.

tung einer sonstigen Bankschuldverschreibung des Emittenten gem. Anhang VI Teil 1 Ziffer 26 der neu gefassten Bankenrichtlinie in Abhängigkeit vom Emittentenrating des Zentralstaates des Sitzes des Emittenten zu gewichten. Dagegen ist eine sonstige Bankschuldverschreibung nach der credit assessment based method gem. Anhang VI Teil 1 Ziffer 29 und 30 der neu gefassten Bankenrichtlinie eines gerateten Emittenten bei einer Laufzeit von mehr als drei Monaten in Abhängigkeit vom Emittentenrating einer anerkannten Ratingagentur (*eligible credit assessment institution*) zu gewichten.

Aus der auf diese Weise ermittelten Risikogewichtung einer sonstigen Bankschuldverschreibung des Emittenten ist dann gem. Anhang VI Teil 1 Ziffer 71 der neu gefassten Bankenrichtlinie die Risikogewichtung für eine gedeckte Schuldverschreibung desselben Emittenten abzuleiten. Danach ergibt sich eine Risikogewichtung entsprechend der nachfolgenden Tabellen:

Abbildung 6: Risikogewichtung einer gedeckten Schuldverschreibung im modifizierten Standardansatz nach Option 1

Bonitätsstufe des Zentralstaates des Sitzes des Emittenten	1 (AAA bis AA–)	2 (A+ bis A–)	3 (BBB+ bis BBB–)	4 (BB+ bis B–)	5 (unter B–)	Nicht gerated
Risikogewichtung des Zentralstaates	0 %	20 %	50 %	100 %	150 %	100 %
Risikogewichtung der sonstigen Bankschuldverschreibung	20 %	50 %	100 %	100 %	150 %	100 %
Risikogewichtung der gedeckten Schuldverschreibung	10 %	20 %	50 %	50 %	100 %	50 %

Quelle: Anhang VI, Teil 1, Ziffer 3, 26 und 71 der neu gefassten Bankenrichtlinie.

Abbildung 7: Risikogewichtung einer gedeckten Schuldverschreibung im modifizierten Standardansatz nach Option 2

Bonitätsstufe des Zentralstaates des Sitzes des Emittenten	1 (AAA bis AA–)	2 (A+ bis A–)	3 (BBB+ bis BBB–)	4 (BB+ bis B–)	5 (unter B–)	Nicht gerated
Risikogewichtung der sonstigen Bankschuldverschreibung	20 %	50 %	50 %	100 %	150 %	50 %
Risikogewichtung der gedeckten Schuldverschreibung	10 %	20 %	20 %	50 %	100 %	20 %

Quelle: Anhang VI, Teil 1, Ziffer 29 und 71 der neu gefassten Bankenrichtlinie.

Mit leichten Abweichungen werden damit gedeckte Schuldverschreibungen unabhängig von der Entscheidung für die Anwendung der central government riskweight based method oder der credit assessment based method privilegiert, indem diese gegenüber sonstigen Bankschuldverschreibungen nur der hälftigen Risikogewichtung unterworfen werden[97]. Bei der Umsetzung der neu gefassten Bankenrichtlinie hat sich Deutschland im modifizierten Standardansatz für die government based method entschieden. Somit bleibt es in Deutschland unter den neuen Eigenkapitalanforderungen auch zukünftig im modifizierten Standardansatz für gedeckte Schuldverschreibungen bei einer Risikogewichtung von 10 %. Dagegen hat sich Großbritannien bereits im Rahmen der 3. Auswirkungsstudie zu Basel II für die Anwendung der credit based method ausgesprochen[98]. Eine 10 %-Gewichtung wäre unter Anwendung dieser Methode nur für britische Emittenten möglich, deren sonstige Bankschuldverschreibungen mit 20 % zu gewichten sind, d.h. die ein Emittentenrating von mindestens AA– aufweisen.

c) *Einfacher interner Ratingansatz*

Im einfachen internen Ratingansatz hängt die Risikogewichtung der gedeckten Schuldverschreibung von den vier Risikoparametern (Ausfallwahrscheinlichkeit, Verlust bei Ausfall, Forderungshöhe bei Ausfall und effektiver Laufzeit) ab[99]. Aufgrund der von den Kreditinstituten mittels geeigneter Ratingverfahren zu ermittelnden Ausfallwahrscheinlichkeit reduziert sich die Risikogewichtung gedeckter Schuldverschreibungen im einfachen internen Ratingansatz erheblich. Nach anfänglichen Diskussionen, insbesondere aufgrund extrem knapper empirischer Daten, wurde letztlich der Ausfall bei Verlust mit 12,5 % gem. Anhang VII Teil 2 Ziffer 8 Buchst. der neu gefassten Bankenrichtlinie festgesetzt[100]. Ferner kann der Ausfall bei Verlust vorübergehend bis 31.12.2010 gem. Anhang VII Teil 2 Ziffer 8 Spiegelstrich 1 bis 4 der neu gefassten Bankenrichtlinie sogar auf 11,25 % festgesetzt werden, wenn die in der Deckungsmasse befindlichen Forderungen gegenüber staatlichen Stellen und alle Ersatzdeckungswerte ein Rating von mindestens AA– aufweisen, Verbriefungen nur 10 % des Gesamtumlaufs der gedeckten Schuldver-

---

97 So schon European Commission, Working paper of the commission services on the treatment of covered bonds, 7.4.2003, S. 9.

98 Vgl. Sachs, Covered Bonds profitieren von Basel II – Deutlich geringere Risikogewichte beim IRB-Ansatz – Spreadimplikationen sind mit Vorsicht zu genießen, in: BörsenZ vom 16.9. 2006, S. B2; Marburger, Die künftige Eigenkapitalgewichtung von Pfandbriefen in Europa, in: VDH, Der Pfandbrief, 2004, S. 24. Zur Umsetzung vgl. Ziffer 3.4.98 BIPRU in: FSA, Consultation Paper, 06/3, Strengthening Capital Standards 2, February 2006.

99 Zu den internen Ratingansätzen allgemein: Cluse/Stellmacher, Die IRB-Ansätze, in: Deloitte, Basel II, S. 167ff.; Wittig, Bankaufsichtsrechtliche Grundlagen des (internen) Ratings und seiner Transformation in das Darlehensverhältnis mit Unternehmen, in: ZHR Bd. 169, 212.

100 Vgl. European Commission, Working paper of the commission services on the treatment of covered bonds, 7.4.2003, S. 6 (hier noch 20 %); The Banker, Covered bonds wake up to a new world, 4.11.2004, p. 4; Marburger, Die künftige Eigenkapitalgewichtung von Pfandbriefen in Europa, in: VDH, Der Pfandbrief, 2004, S. 24. Im Radwan-Report wird sogar vorgeschlagen den Verlust bei Ausfall auf 10 % zu senken. Vgl. Volk, Covered Bonds und Radwan, in: BörsenZ online, besucht am 17.7.2005. Ebenso: Engelhard, Covered Bonds and the EU Capital Requirements Directive, in: ECBC, European Covered Bond Fact Book, 2006, p. 185.

schreibungen ausmachen und keine Schiffshypotheken in Deckung genommen worden sind, es sei denn, die gedeckten Schuldverschreibungen sind mit AAA geratet. Insgesamt ergibt sich in Abhängigkeit von der jeweils durch die Bank zu ermittelnden Ausfallwahrscheinlichkeit im einfachen internen Ratingansatz eine Risikogewichtung der gedeckten Schuldverschreibung entsprechend der nachfolgenden Tabelle:

Abbildung 8: Risikogewichtung der gedeckten Schuldverschreibung im einfachen internen Ratingansatz

Vom Kreditinstitut ermittelte Ausfallwahrscheinlichkeit	Verlust bei Ausfall[101]	Effektive Laufzeit in Jahren[102]	Risikogewichtung der gedeckten Schuldverschreibung im einfachen internen Ratingansatz
0,03 %[103]	11,25 %	2,5	3,90 %
0,05 % (A+)	11,25 %	2,5	5,32 %
0,1 % (A–)	11,25 %	2,5	8,07 %
0,2 %	11,25 %	2,5	12,02 %

Quelle: Engelhard, Covered Bonds and the EU Capital Requirements Directive, in: ECBC, European Covered Bond Fact Book, 2006, p. 187.

Diese gegenüber dem modifizierten Standardansatz erheblich reduzierte Risikogewichtung soll in angemessener Weise dazu beitragen, dass ein ausreichender Anreiz für Banken und Wertpapierfirmen besteht, um vom modifizierten Standardansatz in den einfachen internen Ratingansatz zu wechseln[104].

d) *Fortgeschrittener interner Ratingansatz*

Im fortgeschrittenen Ratingansatz darf das Kreditinstitut nicht nur die Ausfallwahrscheinlichkeit, sondern auch die übrigen Risikoparameter selbst ermitteln. Ungeklärt ist dabei allerdings, wie die Kreditinstitute den Verlust bei Ausfall (LGD) ermitteln sollen, da ihnen die für diese Schätzung erforderlichen Daten fehlen und sie Daten der Emittenten nicht verwenden dürfen[105]. Während das Bonitätsrating die Frage nach der Ausfallwahrscheinlichkeit (des Eintritts eines Zahlungsausfallereignisses) stellt, ist es das Ziel der LGD-Analyse, den zu erwartenden Verlust aus-

---

101 Vgl. Annex VII, Teil 2, Ziffer 8 a.E. der neu gefassten Bankenrichtlinie.
102 Vgl. Annex VII, Teil 2, Ziffer 12 der neu gefassten Bankenrichtlinie.
103 Dies entspricht einer Kreditqualität in Höhe von AA und stellt die mindestens anzuwendende Ausfallwahrscheinlichkeit dar. Vgl. Annex VII, Teil 2, Ziffer 2 der neu gefassten Bankenrichtlinie.
104 Vgl. European Commission, Working paper of the commission services on the treatment of covered bonds, 7.4.2003, S. 9.
105 Vgl. Engelhard, Covered Bonds and the EU Capital Requirements Directive, in: ECBC, European Covered Bond Fact Book, 2006, p. 185; Marburger, Die künftige Eigenkapitalgewichtung von Pfand-briefen in Europa, in: VDH, Der Pfandbrief, 2004, S. 26.

gefallener Kredite zu ermitteln[106]. Der LGD – ausgedrückt als Prozentsatz der Forderungshöhe bei Ausfall (EAD) – ist abhängig von der Art der Besicherung, der Zeitdauer der Sicherheitenverwertung (Zinskosten) sowie der Kosten der Liquidationsabwicklung (Administrationskosten)[107]. Unter Verwendung der von den Emittenten veröffentlichten Daten könnten Banken zu einem Verlust bei Ausfall von unter 7,0 % gelangen[108]. Die Risikogewichtung für gedeckte Schuldverschreibungen würde in diesem Fall bei einer Ausfallwahrscheinlichkeit von 0,03 % und einer Laufzeit von 2,5 Jahren auf 2,4 % absinken[109]. Alternativ wird vorgeschlagen, den Kreditinstituten, die den fortgeschrittenen internen Ratingansatz nutzen, für die Gewichtung der gedeckten Schuldverschreibung die Anwendung des einfachen internen Ratingansatzes zu gestatten[110].

3. Anwendbarkeit und Übergangsvorschriften

Die neuen Vorschriften zu den Eigenkapitalanforderungen treten zweistufig in Kraft. Institute, die den modifizierten Standardansatz oder den einfachen internen Ratingansatz wählen, haben die neuen Eigenkapitalanforderungen erstmalig seit dem 1.1.2007 anzuwenden. Für Institute, welche den fortgeschrittenen internen Ratingansatz wählen, war der 1.1.2008 maßgeblich für die erstmalige Anwendung.

Für gedeckte Schuldverschreibungen hat die EU-Kommission in Annex VI, Teil 1, Ziffer 70 der neu gefassten Bankenrichtlinie eine Übergangsregelung aufgenommen. Die Definition der gedeckten Schuldverschreibung wird auf europäischer Ebene erstmals vorgegeben und zudem werden aufgrund der Regelung der zulässigen Deckungswerte strengere Kriterien zu Grunde gelegt. Auf gedeckte Schuldverschreibungen im Sinne von Art. 22 Abs. 4 der OGAW-Richtlinie, die vor dem 31.12.2007 emittiert wurden, können bis zu ihrer Fälligkeit hinsichtlich der Risikogewichtung wahlweise die günstigeren (Alt-)Regelungen angewendet werden. Daraus ergibt sich, dass die erweiterten Anforderungen für die Privilegierung der gedeckten Schuldverschreibungen für gedeckte Schuldverschreibungen zwingend gelten, die nach dem 31.12.2007 ausgegeben werden.

---

106 Vgl. Esperstedt, Basel II in Hypothekenbanken, in: Deloitte, Basel II, S. 531.
107 Vgl. Esperstedt, Basel II in Hypothekenbanken, in: Deloitte, Basel II, S. 531.
108 Vgl. Ineke/Barton/Bradley, Basel II and Covered Bonds, in: Golin, Covered Bonds beyond Pfandbriefe, S. 46; Volk, Covered Bonds und Radwan, in: BörsenZ online, besucht am 17.7.2005.
109 Vgl. Volk, Covered Bonds und Radwan, in: BörsenZ online, besucht am 17.7.2005.
110 Vgl. Marburger, Die künftige Eigenkapitalgewichtung von Pfandbriefen in Europa, in: VDH, Der Pfandbrief, 2004, S. 26.

II. Weitere Privilegierungen gedeckter Schuldverschreibungen im europäischen Recht

Neben der privilegierten Behandlung gedeckter Schuldverschreibungen in Art. 22 Abs. 4 der OGAW-Richtlinie und bei den Eigenkapitalanforderungen für Banken sieht das europäische Sekundärrecht in einer Reihe anderer Vorschriften Privilegierungen für gedeckte Schuldverschreibungen vor. Die Privilegierungen knüpfen dabei entweder an der Definition der gedeckten Schuldverschreibung der neu gefassten Bankenrichtlinie oder dem Art. 22 Abs. 4 der OGAW-Richtlinie an.

In Bezug auf Großkredite legt die neu gefasste Bankenrichtlinie in Art. 111 Ziffer 1 eine Obergrenze fest. Danach darf ein Kreditinstitut einem Kunden keinen Kredit einräumen, dessen Gesamtbetrag 25 % der Eigenmittel des Kreditinstituts überschreitet. Gedeckte Schuldverschreibungen können hiervon gem. Art. 113 Ziffer 3 Buchst. l der neu gefassten Bankenrichtlinie ausgenommen werden.

Schuldverschreibungen, die die Voraussetzungen des Art. 22 Abs. 4 der OGAW-Richtlinie erfüllen, werden von Art. 1 Nr. 1 Abs. 3 der Einlagensicherungsrichtlinie insofern privilegiert, als diese vom Einlagenbegriff ausgenommen werden[111]. Die durch ein vorrangiges Befriedigungsrecht zusätzlich abgesicherte Deckung dieser Schuldverschreibungen stellt eine wertpapierspezifische, umfassende Form des Gläubigerschutzes dar, welche eine Einbeziehung in die Einlagensicherung entbehrlich macht[112].

Sowohl die 3. Richtlinie zur Lebensversicherung[113] als auch die 3. Richtlinie zur Schadensversicherung[114] enthält einen Art. 22 Abs. 4, der die Mitgliedstaaten berechtigt, für bestimmte Schuldverschreibungen von Kreditinstituten das maximale Anlagevolumen des Versicherungsunternehmens bei ein und demselben Unternehmen von 5 % der versicherungstechnischen Bruttorückstellungen auf 40 % derselben zu erhöhen. Der Wortlaut des Art. 22 Abs. 4 der 3. Richtlinie zur Lebensversicherung bzw. zur Schadensversicherung nimmt dabei nicht Bezug auf die Vorschrift des Art. 22 Abs. 4 der OGAW-Richtlinie, sondern legt dessen Inhalt identisch fest.

Schließlich hat die EZB in ihrem am 18.9.1998 veröffentlichten Bericht – „Die einheitliche Geldpolitik in Stufe II: Allgemeine Regelungen für die geldpolitischen Ins-

---

111 Vgl. Richtlinie 94/19/EG des Europäischen Parlaments und des Rates vom 30.5.1994 über Einlagensicherungssysteme, ABl. 1994 L 135/5.

112 Vgl. Schubäus, Das Hypothekenbankgeschäft in den Niederlanden und in der Bundesrepublik Deutschland, 1984, S. 190.

113 Vgl. Richtlinie 92/96/EWG des Rates vom 10.11.1992 zur Koordinierung der Rechts- und Verwaltungsvorschriften für die Direktversicherung (Lebensversicherung) sowie zur Änderung der Richtlinien 79/267/EWG und 90/619/EWG (3. Richtlinie Lebensversicherung), ABl. L 360/1 mittlerweile aufgehoben durch Richtlinie 2002/83/EG vom 5.11.2002 über Lebensversicherungen, ABl. L 345/1.

114 Vgl. Richtlinie 92/ 49/EWG des Rates vom 18.6.1992 zur Koordinierung der Rechts- und Verwaltungsvorschriften für die Direktversicherung (mit Ausnahme der Lebensversicherung) sowie zur Änderung der Richtlinien 73/239/EWG und 88/357/EWG, ABl. L 228/1.

trumente und Verfahren des ESZB"- Schuldverschreibungen, die den Anforderungen des Art. 22 Abs. 4 der OGAW-Richtlinie entsprechen, in die Kategorie 1 (Tier 1) der notenbankfähigen Sicherheiten aufgenommen[115].

§ 5 Das deutsche Pfandbriefrecht

Mit dem Hypothekenbankgesetz (HBG) vom 13.7.1899 wurde in Deutschland die erste reichseinheitliche Rechtsgrundlage für das Pfandbrief- bzw. Hypothekenbankwesen geschaffen[116]. Das HBG war das erste Gesetz über das Kreditwesen in Deutschland überhaupt. Ergänzt wurde das HBG durch das Gesetz über die Pfandbriefe und verwandten Schuldverschreibungen öffentlich rechtlicher Kreditanstalten (ÖPG) vom 21.12.1927[117] und das Gesetz über Schiffspfandbriefbanken (SchBkG) vom 14.8.1933[118]. Diese bildeten die Rechtsgrundlage für die Pfandbriefe öffentlich rechtlicher Kreditanstalten und Schiffsbanken. Mittlerweile ist das deutsche Bankaufsichtsrecht primär niedergelegt im Kreditwesengesetz (KWG) vom 10.7.1961.

Eine Zäsur in der Geschichte des Pfandbriefs ist das Pfandbriefgesetz (PfandBG) vom 22.5.2005 mit seinen begleitenden Verordnungen. Mit dem Inkrafttreten des PfandBG am 19.7.2005 wurde für die bis dahin dem HBG, ÖPG und SchBkG unterfallenden Kreditinstitute eine einheitlich geltende gesetzliche Emissionsgrundlage geschaffen[119].

In Ergänzung zu den Privilegierungen gedeckter Schuldverschreibungen des europäischen Sekundärrechts erklärt das deutsche Recht in § 1 der Verordnung über die Mündelsicherheit der Pfandbriefe und verwandten Schuldverschreibungen von jeher Pfandbriefe für mündelsicher[120]. Das Gesetz über Schuldverschreibungen aus Gesamtemissionen bzw. Schuldverschreibungsgesetz (SchVG) gilt ab Inkrafttreten seiner Neufassung gem. § 1 Abs. 2 SchVG entgegen der bisherigen Rechtslage nicht mehr für neu begebene gedeckte Schuldverschreibungen i.S.d. PfandBG[121].

---

115 Vgl. EMF, Die Hypothekenbanken und der Pfandbrief in Europa, 3. Auflage, 2001, S. 72.
116 Vgl. RGBl. I 375–391.
117 Vgl. RGBl. I 492–494.
118 Vgl. RGBl. I 583–590.
119 Vgl. BGBl. 2005 I 1373–1388; Bellinger, Einige Betrachtungen zur Geschichte der deutschen Hypothekenbanken, in: I&F, 2/2005, S. 48; Frank/Glatzl, Das Pfandbriefgesetz – Die Vereinheitlichung und Neuordnung des Pfandbriefrechts, in: WM, 36/2005, S. 1681; BörsenZ, „Eine Zäsur für alle Pfandbriefemittenten" – Einheitliche Rechtsgrundlage in Kraft, 19.7.2005, S. 1; BörsenZ vom 19.7.2005, Das neue Pfandbriefgesetz – eine Zäsur für alle Emittenten (Interview mit Jürgen Grieger und Louis Hagen vom vdp), S. B1.
120 Vgl. BGBl. Teil III, Gliederungsnummer 404-12 zuletzt geändert durch Art. 15 des Gesetzes zur Neuordnung des Pfandbriefrechts (vgl. Gesetzentwurf der Bundesregierung, Drucks. 15/4321, vom 29.11.2004).
121 Nach der Gesetzesbegründung sind gedeckte Schuldverschreibungen vom Anwendungsbereich des neu gefassten SchVG ausgenommen, weil das Pfandbriefgesetz auf einem eigenständigen Regelungskonzept beruht und besondere gesetzliche Abwicklungsmechanismen vorsieht. Vor diesem Hintergrund erkennt der Gesetzgeber kein Bedürfnis, die Anleihebedingungen eines

A. Einordnung in die allgemeinen Gesetze des Finanzsektors – insbesondere das Verhältnis zum Kreditwesengesetz

Pfandbriefbanken sind Kreditinstitute im Sinne des § 1 des Gesetzes über das Kreditwesen (KWG). Dies ist seit der Definition des Pfandbriefgeschäfts als Kreditgeschäft in § 1 Abs. 1 Satz 2 Nr. 1a KWG ausdrücklich klargestellt[122]. Wie für alle deutschen Kreditinstitute gilt das KWG auch für Pfandbriefbanken bzw. vormals Hypothekenbanken, öffentlich-rechtliche Kreditanstalten und Schiffsbanken[123].

Ziel und Aufgabe des KWG ist es, den Bankkunden vor Verlusten seines Vermögens aus leichtfertiger Geschäftsgebarung der Institute zu schützen, die Funktionsfähigkeit des Kreditapparates zu erhalten sowie eine allgemeine Ordnung im deutschen Bankwesen zu gewährleisten[124]. Das Gesetz enthält Bestimmungen über den Begriff des Kreditinstituts, über die Eigenkapital- und Liquiditätsausstattung, über die Risikostreuung, über die Großkredite und Meldepflichten, über den Konzernabschluss und seine Prüfung, über die Eignung der Geschäftsleiter sowie über die Beaufsichtigung der Kreditinstitute. Das KWG regelt insbesondere das Verfahren der Zulassung von Kreditinstituten und die laufende Überwachung durch die BaFin. Schließlich enthält das KWG Sondervorschriften für die Insolvenz eines Kreditinstituts.

Das PfandBG, das HBG, das ÖPG und das SchBkG beinhalten im Verhältnis zum KWG spezielle bankrechtliche Vorschriften[125]. Für Pfandbriefbanken gelten diese ergänzend zum KWG. Das PfandBG räumt der BaFin weitergehende Aufsichtsmaßnahmen ein, wie sie für Kreditinstitute allgemein gelten. Die Pfandbriefbanken unterliegen somit einer strengeren Bankenaufsicht als die sonstigen Kreditinstitute. Umgekehrt enthält das KWG Vorschriften des PfandBG, die dadurch für alle Kreditinstitute als maßgeblich erklärt werden. Darunter fällt insbesondere der Begriff des Hypothekarkredits, der in den §§ 12, 14, 16 und 18 PfandBG ausgefüllt wird durch die Tatbestandsmerkmale der hypothekarischen Sicherheit, der vorsichtigen Wertermittlung und der Beleihungsgrenze von 60 %[126]. Dieser Begriff des Hypothekar-

---

Pfandbriefs während der Laufzeit zu ändern. Vgl. Deutsche Bundesregierung, Entwurf eines Gesetzes zur Neuregelung der Rechtsverhältnisse der Schuldverschreibungen aus Gesamtemissionen und zur verbesserten Durchsetzbarkeit von Ansprüchen von Anlegern aus Falschberatung, BT-Drucks. 16/12814 vom 29.4.2009.

122 Vgl. Art. 2 Nr. 1 Bundesregierung, Gesetzentwurf zur Neuordnung des Pfandbriefrechts, Drucks. 15/4321, S. 21.

123 Vgl. EMF, Die Hypothekenbanken und der Pfandbrief in Europa, 3. Auflage, 2001, S. 130 f.; Goedecke/Kerl/Scholz, die deutschen Hypothekenbanken, 4. Auflage, 1997, S. 237.

124 Vgl. Reischauer/Kleinhans, KWG, Loseblattsammlung, § 6 Rdn. 1 (aus der Begründung zum KWG); Kerl, Die Bankenaufsicht über das Real- und Kommunalkreditgeschäft, in: Rüchardt, Handbuch des Hypothekarkredits, 3. Auflage, 1993, S. 1230.

125 Vgl. Schubäus, Das Hypothekenbankgeschäft in den Niederlanden und der Bundesrepublik Deutschland, 1984, S. 94; Bellinger/Kerl, HBG, 4. Auflage, 1995, § 1 Rdn. 122; Goedecke/Kerl/Scholz, die deutschen Hypothekenbanken, 4. Auflage, 1997, S. 237.

126 Vgl. Bellinger/Kerl, HBG, 4. Auflage, 1995, § 1 Rdn. 30; Goedecke/Kerl/Scholz, die deutschen Hypothekenbanken, 4. Auflage, 1997, S. 98.

kredits wird gem. § 21 Abs. 3 Nr. 1 KWG allen Regelungen im KWG zu Grunde gelegt, in denen er Verwendung findet.

Für öffentlich-rechtliche Kreditanstalten gelten neben dem KWG und dem ÖPG bzw. PfandBG weiterhin die speziellen bundes- oder landesrechtlichen Errichtungsgesetze[127]. Für die nach Landesrecht errichteten öffentlich-rechtlichen Kreditanstalten besteht neben der Aufsicht nach dem KWG und dem ÖPG bzw. PfandBG eine landesrechtliche Bankenaufsicht[128].

Die geltenden Eigenkapitalunterlegungsvorschriften der Kreditinstitute des ersten Baseler Akkords von 1988 sind in Deutschland mit der 6. KWG-Novelle zu Beginn des Jahres 1998 in Kraft getreten[129]. Die neuen Eigenkapitalanforderungen wurden mit dem Gesetz zur Umsetzung der neu gefassten Bankenrichtlinie und der neu gefassten Kapitaladäquanzrichtlinie, mit zwei Rechtsverordnungen, der Solvabilitätsverordnung (SolvV)[130] und Großkredit- und Millionenkreditverordnung (GroMiKV), sowie einer Neufassung des Rundschreibens zu den Mindestanforderungen für das Risikomanagement (MaRisk)[131] in deutsches Recht umgesetzt[132]. Das Gesetz beinhaltete im Wesentlichen Änderungen des KWG, durch die grundsätzliche aufsichtsrechtliche Fragen geregelt und Rechtsgrundlagen für die Rechtsverordnungen geschaffen werden[133]. Herzstück der 7. KWG-Novelle sind die Neuregelungen im Bereich des § 10 KWG[134]. Ergänzend setzt die SolvV die technischen Anhänge der Richtlinien um und verfolgt durch Offenlegungsanforderungen das Ziel, die Mindesteigenkapitalanforderungen und das aufsichtliche Überprüfungsverfahren zu

---

127 Vgl. Lehner, Landesbanken und öffentlich-rechtliche Spezialinstitute, in: Rüchardt, Handbuch des Hypothekarkredits, 3. Auflage, 1993, S. 1068; EMF, Die Hypothekenbanken und der Pfandbrief in Europa, 3. Auflage, 2001, S. 131.

128 Vgl. § 52 KWG.

129 Vgl. Bonfig, Das Passivgeschäft der Realkreditinstitute, in: Handbuch des Hypothekarkredits, 3. Auflage, 1993, S. 535.

130 Die SolvV ersetzt den bisherigen Grundsatz I des KWG und konkretisiert die in § 10 KWG geforderte Angemessenheit der Eigenmittel der Institute. Übergangsweise haben die Institute für den Zeitraum eines Jahres die Möglichkeit, ihre Eigenkapitalanforderungen vollumfänglich weiterhin auf Basis des Grundsatz I zu berechnen (vgl. § 339 Abs. IX SolvV). Die SolvV ist ohne Erläuterungen veröffentlicht worden. Statt Erläuterungen soll eine Fragendatenbank sukzessive aufgebaut werden, die auf den Internetseiten der BaFin und der Bundesbank veröffentlicht werden soll (vgl. vdp, Jahresbericht, 2006, S. 52).

131 Die MaRisk legen auf nationaler Ebene den § 25a Abs. 1 KWG aus, der u.a. verlangt, dass alle Institute angemessene Strategien entwickeln und angemessene interne Kontrollverfahren einrichten. In die MaRisk werden die Mindestanforderungen für das Kreditgeschäft (MaK), die Mindestanforderungen über das Betreiben von Handelsgeschäften (MaH) und die Mindestanforderungen an die Ausgestaltung der Internen Revision (MaIR) überführt. Vgl. BAFIN Jahresbericht, 2005, S. 104.

132 Vgl. VÖB, Jahresbericht, 2006, S. 46; Deutsche Bundesbank, Monatsbericht Dezember 2006, S. 72. Obwohl kein sachlicher Zusammenhang besteht , erfolgt zeitgleich mit der Basel II Umsetzung auch die Überführung des Grundsatzes II KWG in eine Liquiditätsverordnung (LiqV) nach § 11 KWG. Zum Enstehungsprozess: Mielk, Die Neufassung des § 10 KWG durch die 7. KWG-Novelle, in: WM, 2/2007, S. 52.

133 Vgl. Bundesregierung, Entwurf eines Gesetzes zur Umsetzung der neu gefassten Bankenrichtlinie und der neu gefassten Kapitaladäquanzrichtlinie, BT Drucks. 16/1335, vom 26.4.2006.

134 Vgl. Mielk, Die Neufassung des § 10 KWG durch die 7. KWG-Novelle, in: WM, 2/2007, S. 52.

ergänzen[135]. Die GroMiKV ergänzt die SolvV durch besondere Regelungen für die Kreditvergabe im Bereich der Groß- und Millionenkredite. Nach Angaben der deutschen Bundesbank laufen die neuen Vorschriften für deutsche Kreditinstitute im Durchschnitt auf einen um 5 bis 8 % geringeren Bedarf an Eigenkapital hinaus[136]. Gleichwohl werden die meisten deutschen Kreditinstitute aufgrund der Übergangsregelung und erst zur Jahreswende 2007/2008 auf die neuen Vorschriften umstellen[137].

In § 20a Abs. 1 Satz 1 Nr. 1 bis 3 KWG wird erstmalig im deutschen Recht der Begriff der gedeckten Schuldverschreibung regulatorisch definiert[138]. Danach sind gedeckte Schuldverschreibungen gem. § 20a Abs. 1 Satz 1 KWG definiert als Pfandbriefe im Sinne des § 1 Abs. 3 PfandBG (Nr. 1), Schuldverschreibungen gem. Art. 22 Abs. 4 der OGAW- bzw. Investmentrichtlinie, die vor dem 31.12.2007 ausgegeben wurden (Nr. 2) oder Schuldverschreibungen gem. Art. 22 Abs. 4 der OGAW- bzw. Investmentrichtlinie, die ausschließlich durch in § 20a Abs. 1 Satz 1 Nr. 3 Buchst. a bis g KWG aufgezählten Vermögensgegenstände gedeckt sind (Nr. 3). Diese stimmen mit den zulässigen Deckungswerten der neu gefassten Bankenrichtlinie überein, unterscheiden sich aber von den zulässigen Deckungswerten des PfandBG, das teilweise strengere Anforderungen stellt[139]. Die Regelung bezweckt für Pfandbriefe inländischer Emittenten eine Vereinfachung aus Praktikabilitätsgründen, soll aber keine Erleichterung hinsichtlich der für gedeckte Schuldverschreibungen geltenden Mindestanforderungen sein[140]. Der Gesetzgeber geht ausweislich der Gesetzesbegründung davon aus, dass Pfandbriefe den Mindestanforderungen der neu gefassten Bankenrichtlinie genügen[141]. Die privilegierte Risikogewichtung für gedeckte Schuldverschreibungen ist im Standardansatz (KSA) in §§ 25 Abs. 1 Nr. 7, Abs. 8, 32 in Verbindung mit Anhang 1 Tabelle 7 der SolvV und im auf internen Ratings basierenden Ansatz (IRBA) in §§ 55 Abs. 2, 84 bis 104 umgesetzt. Die aufsichtliche Verlustquote bei Ausfall ist in § 93 Abs. 1 Nr. 3 SolvV auf 12,5 % umgesetzt. Bis zum 31.12.2010 darf ein Institut im internen Ratingansatz für gedeckte Schuldverschreibungen gem. § 339 Abs. 15 Satz 1 SolvV eine aufsichtliche Verlustquote bei Ausfall von 11,25 % verwenden, solange die gedeckte Schuldverschreibung gem. § 339 Abs. 15 Satz 2 Nr. 1 SolvV die bestmögliche Bonitätsbeurteilung einer anerkannten Ratingagentur erhalten hat.

---

135 Vgl. App/Rzimski, Neue Offenlegungsanforderungen für Banken nach der Solvabilitätsverordnung, in: ZfgK, 24/2006, S. 1340.

136 Vgl. FAZ vom 23.12.2006, Für das Kreditgewerbe beginnt mit Basel II eine neue Ära.

137 Vgl. FAZ vom 23.12.2006, Für das Kreditgewerbe beginnt mit Basel II eine neue Ära.

138 Vgl. Art. 1 Nr. 28 (zu § 20a KWG neu) Bundesregierung, Entwurf eines Gesetzes zur Umsetzung der neu gefassten Bankenrichtlinie und der neu gefassten Kapitaladäquanzrichtlinie, BT-Drucks. 16/1335, vom 26.4.2006, S. 24.

139 Vgl. § 20a Abs. 1 Satz 1 Nr. 3 Buchst. d KWG neu ggü. §§ 19, 20 Abs. 2 und 26 PfandBG in Bezug auf den Umfang der weiteren Deckungswerte. § 20a Abs. 1 Satz 1 Nr. 3 Buchst. e und f KWG neu ggü. §§ 16, 14 PfandBG in Bezug auf die Bewertung der Immobilien und die Beleihungsgrenze.

140 Vgl. Bundesregierung, Entwurf eines Gesetzes zur Umsetzung der neu gefassten Bankenrichtlinie und der neu gefassten Kapitaladäquanzrichtlinie vom 26.4.2006, S. 59.

141 Vgl. Bundesregierung, Entwurf eines Gesetzes zur Umsetzung der neu gefassten Bankenrichtlinie und der neu gefassten Kapitaladäquanzrichtlinie vom 26.4.2006, S. 59.

B. Die Vorgängergesetze des PfandBG

Vor Inkrafttreten des PfandBG am 19.7.2005 waren in Deutschland zur Ausgabe von Pfandbriefen nur privatrechtlich organisierte Hypothekenbanken, öffentlich-rechtliche Kreditanstalten und Schiffspfandbriefbanken berechtigt (sog. Pfandbriefprivileg)[142]. Bis zur Neuordnung des Pfandbriefrechts durch das PfandBG begaben diese Institute Pfandbriefe aufgrund unterschiedlicher Rechtsgrundlagen (Hypothekenbankgesetz bzw. HBG, Öffentliches Pfandbriefgesetz bzw. ÖPG und Schiffsbankgesetz bzw. SchBkG). Diese hatten ihren Ursprung im Drei-Säulen-Prinzip des deutschen Bankensystems[143].

I. Das Hypothekenbankgesetz

Ende des 19. Jahrhunderts existierten in Deutschland 40 Hypothekenbanken mit einem Darlehensbestand von 5,9 Mrd. Mark und einem Bestand von umlaufenden Schuldverschreibungen in Höhe von 5,6 Mrd. Mark[144]. Von den Hypothekenbanken waren 29 als „reine" Hypothekenbanken und 11 als „gemischte" Hypothekenbanken tätig[145]. Erst mit dem im gesamten deutschen Reich geltenden HBG wurde für diese Institute eine einheitliche Regelung des Hypothekenbankrechts geschaffen, die am 1.1.1900 gleichzeitig mit dem Bürgerlichen Gesetzbuch in Kraft trat[146].

1. Anlass und Ziele

Das HBG diente in der Hauptsache dem Schutz der Pfandbriefgläubiger[147]. Weitere wichtige Bereiche des HBG stellten die eingehende Regelung der staatlichen Aufsicht und der Rechnungslegungsvorschriften dar. Anlass für das HBG war neben der Kreditnot des Grundbesitzes insbesondere die Lösung der Pfandbrieffrage[148]. Mit dieser verbunden war die Unsicherheit der Anleger aufgrund der unterschiedlichen Sicherungsmechanismen der damaligen Pfandbriefe der Landschaften[149]. Zudem

---

142 Instituten des genossenschaftlichen Sektors stand das Recht zur Ausgabe von Pfandbriefen grundsätzlich nicht zu. Einzige Ausnahme ist die Münchner Hypothekenbank e.G.

143 Vgl. Hagen, Der Pfandbrief auf dem Weg in eine neue Ära, in: VDH, Der Pfandbrief, 2004, S. 13.

144 Vgl. Bellinger/Kerl, HBG, 4. Auflage, 1995, S. 27.

145 Vgl. Bellinger/Kerl, HBG, 4. Auflage, 1995, S. 27.

146 Vgl. Goedecke/Kerl/Scholz, die deutschen Hypothekenbanken, 4. Auflage, 1997, S. 72.

147 Vgl. Schmidt, Die Hypothekenbanken, in: Rüchardt, Handbuch des Hypothekarkredits, 3. Auflage, 1993, S. 1044; Marzi, Das Recht der Pfandbriefe und Hypothekenbanken in Vergangenheit und Gegenwart, 2002, S. 93.

148 Vgl. Bellinger/Kerl, HBG, 4. Auflage, 1995, S. 27; Stöcker, Die Hypothekenbanken und der Pfandbrief in den mitteleuropäischen Reformländern, 1998, S. 17.

149 Vgl. Schmidt, Die Hypothekenbanken, in: Rüchardt, Handbuch des Hypothekarkredits, 3. Auflage, 1993, S. 1028; Stöcker, Die Hypothekenbanken und der Pfandbrief in den mitteleuropäischen Reformländern, 1998, S. 17; EMF, Die Hypothekenbanken und der Pfandbrief in Europa, 3. Auflage, 2001, S. 125; Kern, Die Sicherheit gedeckter Wertpapiere, S. 24.

gewann die Pfandbrieffrage weiter an Bedeutung durch die Beseitigung der in einzelnen Satzungen neuerer Landschaften enthaltenen Konkursvorzugsrechte durch die Einführung der Konkursordnung[150]. Hinzu kamen ungleiche Wettbewerbsbedingungen in den einzelnen Ländern, von denen insbesondere süddeutsche Hypothekenbanken profitierten[151]. Vor diesem Hintergrund wurden in der Gesetzesbegründung die folgenden Ziele des Hypothekenbankgesetzes formuliert[152]:

- die Herstellung eines rechtlichen Rahmens für einen funktionsfähigen Kapitalmarkt;
- die Schaffung eines ausreichend zinsgünstigen Angebots an langfristigen Mitteln zur Finanzierung des Wohnungs- und Städtebaus; und
- der Schutz der Pfandbriefsparer und Darlehensnehmer.

2. Anwendungsbereich und Grundzüge

Der Anwendungsbereich des HBG erstreckte sich nicht auf sämtliche Pfandbriefinstitute, sondern nur auf die privaten Hypothekenbanken. Das HBG definierte in § 1 HBG den Begriff der Hypothekenbank als privatrechtliches Kreditinstitut, dessen Geschäftsbetrieb darauf gerichtet ist, inländische Grundstücke zu beleihen und aufgrund der erworbenen Hypotheken Schuldverschreibungen (Hypothekenpfandbriefe) auszugeben[153]. Neben diesen „reinen" Hypothekenbanken kannte das HBG gem. § 46 sog. gemischte Hypothekenbanken. Dabei handelte es sich um im Zeitpunkt des Inkrafttretens des HBG bestehende Institute, die vor diesem Zeitpunkt nach ihren Satzungen Geschäfte in weiterem Umfange betreiben durften, als dies nach dem Spezialbankprinzip des HBG zulässig wäre[154]. Diesen Instituten wurde in § 46 HBG unter Einschränkungen die Befugnis eingeräumt, auch in Zukunft von dem Recht des erweiterten Geschäftsbetriebs Gebrauch zu machen[155].

Zu den Grundzügen des HBG zählten:

- die rechtsformäßigen Anforderungen für die Zulassung einer Hypothekenbank;
- die besondere staatliche Beaufsichtigung der Hypothekenbanken;
- die Beschränkung des Geschäftkreises der Hypothekenbanken;

150 Vgl. § 12, 17 EGKO vom 10.2.1877, § 23 EGZPO vom 30.1.1877; Dannenbaum, Deutsche Hypothekenbanken, S. 5.
151 Vgl. Dannenbaum, Deutsche Hypothekenbanken, S. 3 f.; Nußbaum, Lehrbuch des Deutschen Hypothekenbankwesens nebst einer Einführung in das allgemeine Grundbuchrecht, S. 239.
152 Vgl. RT-Drucksache, 1 Session, 10. Legislaturperiode, Nr. 106, Hypothekenbankgesetz, Begründung, S. 21; Schmidt, Die Hypothekenbanken, in: Rüchardt, Handbuch des Hypothekarkredits, 3. Auflage, 1993, S. 1044; Bellinger/Kerl, HBG. 4. Auflage, 1995, Einleitung, S. 27.
153 Der Begriff des Pfandbriefinstituts reicht damit weiter als jener der Hypothekenbank, denn er umfasst auch die öffentlich-rechtlichen Kreditanstalten, wie z.B. Landschaften, Stadtschaften, Ritterschaften, Landesbanken, Grundkreditanstalten und Sparkassen, die zur Refinanzierung des Hypothekar- und Kommunalkreditgeschäfts Pfandbriefe emittieren. Vgl. Marzi, Das Recht der Pfandbriefe und Hypothekenbanken in Vergangenheit und Gegenwart, 2002, S. 94.
154 Vgl. Bellinger/Kerl, HBG, 4. Auflage, 1995, § 46 Rdn. 2.
155 Vgl. Bellinger/Kerl, HBG, 4. Auflage, 1995, § 46 Rdn. 4.

- das Prinzip der kongruenten Deckung;
- der Darlehensnehmerschutz;
- die Umlaufgrenze und die besonderen Publizitätspflichten;
- die Registrierungspflicht der Deckungswerte;
- die Aufgaben des Treuhänders; und
- das vorrangige Befriedigungsrecht der Pfandbriefgläubiger.

Das HBG enthielt keine Vorschriften über die Zulassung neuer Hypothekenbanken. Als zulässige Rechtsform einer Hypothekenbank legte § 2 HBG zwingend die Aktiengesellschaft und die Kommanditgesellschaft auf Aktien fest[156].

Das HBG war zum Schutz der Pfandbriefsparer als Spezialbankgesetz konzipiert. Das Spezialbankprinzip beschränkte – als Kehrseite des Pfandbriefprivilegs im Interesse einer Risikobegrenzung – den Kreis der von den Hypothekenbanken und Schiffspfandbriefbanken zu betreibenden Geschäfte[157]. Das HBG war aber nicht nur Pfandbriefsparer-, sondern auch Schuldnerschutzgesetz und beinhaltete in den §§ 14 bis 21 HBG Schutzvorschriften zu Gunsten der Hypothekarkreditnehmer[158].

Der § 5 HBG statuierte durch die Beschränkung des Geschäftskreises der Hypothekenbank das Spezialbankprinzip als eine der tragenden Säulen des HBG[159]. Die Vorschrift zählte die neben dem Hauptgeschäft des Hypothekar- und Kommunalkre-

---

156 Diese Beschränkung der Gewerbefreiheit sollte der Langfristigkeit des Pfandbriefgeschäfts Rechnung tragen, für die ein von Anfang an gesichertes und gegen nachträgliche Verminderungen geschütztes Eigenkapital notwendig ist. Auch sollte dadurch für die Genossenschaften, wegen deren gewöhnlich geringen Eigenkapitals und den damit für die Pfandbriefgläubiger verbundenen Gefahren, die Gründung einer Hypothekenbank verhindert werden. Vgl. RT-Drucks. 10. Legislaturperiode I. Session, Nr. 106 S. 20; Bundesregierung, Gesetzentwurf zur Neuordnung des Pfandbriefrechts, Begründung, S. 4; Schmidt, Die Hypothekenbanken, in: Rüchardt, Handbuch des Hypothekarkredits, 3. Auflage, 1993, S. 1044; Bellinger/Kerl, HBG, 4. Auflage, 1995, § 2 Rdn. 4; Marzi, Das Recht der Pfandbriefe und Hypothekenbanken in Vergangenheit und Gegenwart, 2002, S. 96.

157 Vgl. Schmidt, Die Hypothekenbanken, in: Rüchardt, Handbuch des Hypothekarkredits, 3. Auflage, 1993, S. 1046; Bundesregierung, Gesetzentwurf zur Neuordnung des Pfandbriefrechts, Drucks. 15/4321 vom 29.11.2004, S. 1; Beschlussempfehlung und Bericht des Finanzausschusses zu dem Gesetzentwurf zur Neuordnung des Pfandbriefrechts, 16.2.2005, Drucksache 15/4878, S. 1.

158 Verstieß die Hypothekenbank gegen diese Schuldnerschutzvorschriften, so forderte sie hierdurch Maßnahmen der Bankaufsicht heraus. Ein Verstoß gegen die Darlehensnehmerschutzvorschriften bewirkte allerdings gem. § 21a HBG nicht den Mangel der Eignung als Deckungswert, solange diese die in §§ 11 und 12 HBG geforderten Merkmale aufwies. Auf Darlehen an den öffentlichen Sektor fanden die §§ 14 bis 21 HBG keine Anwendung. Bellinger/Kerl, HBG, 4. Auflage, 1995, Vor §§ 10–13 Rdn. 6; § 10 Rdn. 15, Vor §§ 14–21a Rdn. 42.

159 Hintergrund war die Absicht, die Hypothekenbanken gegen allgemeine bankgeschäftliche Risiken abzuschirmen, sie vor Insolvenzrisiken zu schützen und damit die Notwendigkeit eines Rückgriffs auf die Deckung zur Bedienung der Pfandbriefe von vornherein unwahrscheinlich zu machen. Vgl. Schmidt, Die Hypothekenbanken, in: Rüchardt, Handbuch des Hypothekarkredits, 3. Auflage, 1993, S. 1044 f.; Blumer, Internationale Immobilienfinanzierung deutscher Hypothekenbanken, in: Hummel/Breuer, Handbuch des Europäischen Kapitalmarkts, 1. Auflage, 2001, S. 786; Gerke/Steiner, Handwörterbuch des Bank- und Finanzwesens, 3. Auflage, S. 1024.

ditgeschäftes und dessen Refinanzierung durch Hypothekenpfandbriefe bzw. Kommunalschuldverschreibungen zulässigen Neben- und Hilfsgeschäfte auf, die von reinen Hypothekenbanken betrieben werden durften[160]. Eine Ausnahme vom Spezialbankprinzip war aus Besitzstandsgründen für die „gemischten" Hypothekenbanken gem. § 46 HBG vorgesehen.

Eine weitere tragende Säule der besonderen Sicherheit des Pfandbriefs stellte im HBG das Prinzip der kongruenten Deckung dar[161]. Verankert war dies in § 6 Abs. 1 HBG, wonach eine Hypothekenbank für Pfandbriefe eine Deckungsmasse zu bilden hatte[162]. Der Gesamtbetrag der im Umlauf befindlichen Pfandbriefe musste in Höhe des Nennwerts jederzeit durch Deckungswerte von mindestens gleicher Höhe und mindestens gleichem Zinsertrag gedeckt sein (sog. kongruente bzw. ordentliche Deckung)[163]. Die ordentliche Deckung konnte zulässigerweise durch bestimmte besonders liquide, ersatzdeckungsfähige Werte ersetzt werden (sog. Ersatzdeckung), wobei die Ersatzdeckung 10 % des Gesamtbetrags der im Umlauf befindlichen Pfandbriefe nicht übersteigen durfte. Damit eine Hypothekenbank jederzeit in der Lage war, ihren Zahlungsverpflichtungen – das sind insbesondere die laufenden Zinszahlungen an die Schuldverschreibungsgläubiger und die Einlösung fälliger Papiere – nachzukommen, bedurfte es unter dem Aspekt der Zinsstabilität und des Schutzes vor Liquiditätsproblemen einer Laufzeit- und Refinanzierungskongruenz[164]. Die qualitativen Anforderungen an die Deckungswerte legten die §§ 10 bis 13 HBG fest. Sie hatten als einzige bundesrechtliche Regelung des Beleihungswerts und der Beleihungsgrenze für die Bestimmung des Hypothekarkreditbegriffs eine grundsätzliche Bedeutung über das HBG hinaus[165]. Nach der Beleihungsgrenze des § 11 Abs. 2 HBG durfte die Beleihung nicht mehr als 60 % des Werts des Grundstücks betragen. Maßgeblich hierfür war der sog. Beleihungswert, der im HBG nicht definiert, sondern nur inhaltlich in § 12 Abs. 1 Satz 1 HBG umschrieben wurde und sicherstellte, dass die Deckungswerte auch über den notwendigen Substanzwert verfügen[166].

---

160 Vgl. Bellinger/Kerl, HBG, 4. Auflage, 1995, § 3 Rdn. 1.

161 Das Gleichgewicht zwischen Hypotheken bzw. Kommunaldarlehen und Pfandbriefen ist die notwendige Grundlage des Geschäftsbetriebs der Hypothekenbank. Vgl. RT-Drucks. 10. Legislaturperiode I. Session, Nr. 106 S. 27; Bellinger/Kerl, HBG, 4. Auflage, 1995, § 6 Rdn. 2; Marzi, Das Recht der Pfandbriefe und Hypothekenbanken in Vergangenheit und Gegenwart, 2002, S. 102; Schmidt, Die Hypothekenbanken, in: Rüchardt, Handbuch des Hypothekarkredits, 3. Auflage, 1993, S. 1046; Letschert/Steffan, Pfandbrief und Kommunalobligation, 2. Auflage, 1981, S. 76; Goedecke/Kerl/Scholz, die deutschen Hypothekenbanken, 4. Auflage, 1997, S. 212.

162 Vgl. Schmidt, Die Hypothekenbanken, in: Rüchardt, Handbuch des Hypothekarkredits, 3. Auflage, 1993, S. 1047.

163 Dabei besteht allerdings keine Beziehung zwischen den einzelnen Pfandbriefen und bestimmten Hypotheken bzw. Kommunaldarlehen, vielmehr steht dem Gesamtbetrag der Pfandbriefe der in den getrennten Deckungsmassen gebündelte Gesamtbetrag der Hypotheken bzw. Kommunaldarlehen gegenüber. Vgl. Bellinger/Kerl, HBG, 4. Auflage, 1995, § 6 Rdn. 2 f. und § 41 Rdn. 8.

164 Vgl. Schmidt, Die Hypothekenbanken, in: Rüchardt, Handbuch des Hypothekarkredits, 3. Auflage, 1993, S. 1047 f.; Bellinger/Kerl, HBG, 4. Auflage, 1995, § 9 Rdn. 1.

165 Vgl. Goedecke/Kerl/Scholz, die deutschen Hypothekenbanken, 4. Auflage, 1997, S. 98; Bellinger/Kerl, HBG, 4. Auflage, 1995, Vor §§ 10–13 Rdn. 4 und § 11 Rdn. 18, § 12 Rdn. 5.

166 Vgl. Schmidt, Die Hypothekenbanken, in: Rüchardt, Handbuch des Hypothekarkredits, 3. Auflage, 1993, S. 1048; Bellinger/Kerl, HBG, 4. Auflage, 1995, § 12 Rdn. 14.

Dem Pfandbriefsparerschutz diente auch die Pfandbriefumlaufgrenze. Sie betrug zuletzt für „reine" Hypothekenbanken gem. § 7 Abs. 1 HBG den sechzigfachen und für „gemischte" Hypothekenbanken gem. § 46 Abs. 2 HBG den achtundvierzigfachen Betrag des haftenden Eigenkapitals[167].

Die vordringlichste vom Gesetzgeber im HBG zu lösende Aufgabe betraf die sog. Pfandbrieffrage, welche die Problematik der rechtlichen Wirksamkeit des teilweise in den Satzungen der Landschaften und Hypothekenbanken den Pfandbriefgläubigern zugesicherten Rechts auf vorzugsweise Befriedigung bzw. dessen Vereinbarkeit mit den Bestimmungen des bürgerlichen Rechts sowie des Konkursrechts betraf[168]. Dabei entschied sich der historische Gesetzgeber aus zwei Gründen gegen eine Pfandrechtskonstruktion[169]: Erstens scheute er die komplizierte Pfandrechtsbestellung bei Brief- und vor allem Buchgrundpfandrechten. Und zweitens wollte er die Rückzahlbarkeit der hypothekengesicherten Forderungen ohne Mitwirkung von Pfandrechtsgläubigern ermöglichen. Offenbar lag ein gesetzliches Pfandrecht ohne Publizität und Spezialität außerhalb der Vorstellungen des Gesetzgebers, weil es den Grundsätzen des zur selben Zeit neu geschaffenen BGB widersprochen hätte[170]. Bewusst verworfen wurde auch die Ausgestaltung der Deckungsmasse als Sondervermögen, da man eine gesonderte Abwicklung der Deckungsmasse ablehnte, denn dies hätte zur Folge gehabt, dass die ungedeckten Gläubiger der Hypothekenbank auf die Deckungswerte erst zurückgreifen dürfen, wenn die durch sie gedeckten Pfandbriefe getilgt gewesen wären[171]. Stattdessen führte der Gesetzgeber die Darlehensforderung dem Vermögen der Hypothekenbank zu und schloss ursprünglich zweckwidrige Verfügungen der Bank faktisch durch die Einführung einer treuhänderischen Verwahrung der Deckungswerte unter Mitverschluss der Hypothekenbank aus. Zudem führte er zur Ermöglichung einer klaren Zuordnung der Vermögensmassen im Konkurs der Hypothekenbank die Pflicht zur Führung eines Deckungsregisters ein. Damit gekoppelt wurde zu Gunsten der Pfandbriefgläubiger in § 34a HBG ein Vollstreckungsprivileg sowie in § 35 HBG für den Fall der Insolvenz der Hypothekenbank eine Vorzugsstellung mit Ausfallhaftung der Konkursmasse.

Der Gesetzgeber legte sich bewusst gedanklich nicht auf eine Einordnung als Konkursvorrecht oder Absonderungsrecht fest, sondern beschränkte sich auf die Rege-

---

167 Dabei mussten gem. § 7 Abs. 2 HBG auch die sonstigen Refinanzierungsmittel auf die Umlaufgrenze angerechnet werden.

168 Vgl. Schmidt, Die Hypothekenbanken, in: Rüchardt, Handbuch des Hypothekarkredits, 3. Auflage, 1993, S. 1028; Stöcker, Die Hypothekenbanken und der Pfandbrief in den mitteleuropäischen Reformländern, S: 17; EMF, Die Hypothekenbanken und der Pfandbrief in Europa, 3. Auflage, 2001, S. 125.

169 Vgl. Dannenbaum, Deutsche Hypothekenbanken, S. 338 ff.

170 Vgl. Stürner, Die Sicherung der Pfandbriefgläubiger und der Obligationengläubiger vor einer Insolvenz der Hypothekenbank, 1998, S. 48 ff.

171 Vgl. RT-Drucks. 10. Legislaturperiode I. Session, Nr. 106 S. 54 f.; Dannenbaum, Deutsche Hypothekenbanken, S. 341; Goedecke/Kerl/Scholz, die deutschen Hypothekenbanken, 4. Auflage, 1997, S. 109; Stürner, Die Sicherung der Pfandbriefgläubiger und der Obligationengläubiger vor einer Insolvenz der Hypothekenbank, 1998, S. 49.

lung heterogener Rechtsfolgen[172]. Der Gesetzgeber entschied sich damit für die Befriedigung der Pfandbriefgläubiger innerhalb des Konkursverfahrens und sicherte sie in § 35 HBG durch ein Vorzugsrecht. Dies war gerechtfertigt, weil zu diesem Zeitpunkt die Hypothekenbanken als einziges Hauptgeschäft nur das erststellige Hypothekarkreditgeschäft und dessen Refinanzierung durch die Ausgabe gedeckter Pfandbriefe betrieben. Eine Konkursgefahr konnte infolgedessen nur bei „kranker" Deckungsmasse eintreten, so dass es sachgerecht war, bei Eröffnung des Konkursverfahrens alle Schuldverschreibungen fällig zu stellen[173].

3. Reformen und Weiterentwicklung des Hypothekenbankgesetzes

Das HBG wurde wiederholt geändert und kontinuierlich unter Berücksichtigung der Bedürfnisse des Markts weiterentwickelt. Der Sicherheitsmechanismus von 1900 blieb dabei lange unverändert. Erst mit dem Dritten Finanzmarktförderungsgesetz im Jahr 1998 wurde dieser selbst weiterentwickelt. Die Modifikationen des HBG standen zu jeder Zeit unter der Prämisse, dass der hohe Sicherheitsmaßstab für die Emission von Pfandbriefen nicht gefährdet werden durfte[174]. Darüber hinaus entwickelte sich über die Jahrzehnte der Grundsatz: „Je mehr Spezialität abgebaut wird, desto stärker muss der Sicherheitsmechanismus des Pfandbriefs sein"[175].

172 Die Rechtsnatur des Konkursvorzugsrechts war umstritten und wurde erst durch die HBG-Novelle 1998 geklärt. Unter alter Rechtslage wären im Konkurs sämtliche Pfandbriefe gem. § 65 KO sofort fällig geworden. Übereinstimmend wurde das ursprüngliche Konkursvorzugsrecht des § 35 HBG weder als Konkursvorrecht im Sinne des § 61 KO noch als klassisches Absonderungsrecht im Sinne des § 47 KO bzw. später im Sinne des §§ 50, 51, 166 InsO eingestuft. Während eine Ansicht das Konkursvorzugsrecht als bloßes Konkursvorrecht verfahrensrechtlicher Art qualifizierte, sah eine andere Ansicht darin ein atypisches Absonderungsrecht eigener Art, welches auf dem Gedanken einer gesetzlichen Sicherungstreuhand der Hypothekenbank an eigenen Gegenständen beruhen sollte. Vgl. RT-Drucks. 10. Legislaturperiode I. Session, Nr. 106 S. 51 ff.; Dannenbaum, Deutsche Hypothekenbanken, S. 338 ff. und § 35 Bem. 5; Bellinger/Kerl, HBG, 4. Auflage, 1995, § 35 Rdn. 2 und 6; Goedecke/Kerl/Scholz, die deutschen Hypothekenbanken, 4. Auflage, 1997, S. 109; Stürner, Hypothekenpfandbriefe und Beleihungen in Frankreich, 1994, S. 7 ff.; ausführlich: Stürner, Die Sicherung der Pfandbriefgläubiger und der Obligationengläubiger vor einer Insolvenz der Hypothekenbank, 1998, S. 48 ff.; Stürner, Die Rechtsnatur des „Vorzugsrechts" der Pfandbriefgläubiger im Konkurs der Hypothekenbank, in: Schilken/Becker-Eberhard/Gerhardt, Festschrift für Hans Friedhelm Gaul zum 70. Geburtstag am 19.11.1997, 1997, S. 739 ff.

173 Vgl. Bellinger im Geleitwort zu Stürner, Die Sicherung der Pfandbrief- und Obligationengläubiger vor einer Insolvenz der Hypothekenbank, 1998, S. v.

174 Vgl. Stöcker, Die Hypothekenbanken und der Pfandbrief in den mitteleuropäischen Reformländern, 1998, S. 20; Blumer, Internationale Immobilienfinanzierung deutscher Hypothekenbanken, in: Hummel/Breuer, Handbuch des Europäischen Kapitalmarkts, 1. Auflage, 2001, S. 787. Zur Entwicklung des HBG in den Jahren von 1899 bis 1999 ausführlich: VDH, 100 Jahre Hypothekenbankgesetz – Textsammlung und Materialien, Bonn 1999; VDH, Zwischen Kapitalmarkt und Städtebau – Hundert Jahre Verbandsgeschichte deutscher Hypothekenbanken, 2002.

175 Vgl. Bellinger, Einige Betrachtungen zur Geschichte der deutschen Hypothekenbanken, in: I&F, 2/2005, S. 50.

a) Frühe Reformen und Ausweitung des Geschäftskreises

Im Lauf der Zeit haben die Haupt- und Nebengeschäfte der Hypothekenbanken, u.a. bedingt durch kreditwirtschaftliche Strukturveränderungen, Schwerpunktverlagerungen erfahren[176]. Das Spezialbankprinzip ist immer wieder kritischen Beurteilungen ausgesetzt gewesen[177]. Insbesondere die Vereinbarkeit der Geschäftsbeschränkung mit der unternehmerischen Freiheit wurde als unzulässige Behinderung des Marktzugangs in Frage gestellt. Dennoch wurde bei den Novellen des HBG das Spezialbankprinzip bis zur Neuordnung des Pfandbriefrechts unter Berücksichtigung der ursprünglichen grundsätzlichen Kriterien und Rahmenbedingungen dynamisch weiterentwickelt[178].

Bis zum Ende des zweiten Weltkrieges wurden am HBG einzelne Änderungen überwiegend inflationsbedingt vorgenommen[179]. Die Änderungen des HBG von 1950 bis 1963 passten das HBG an die veränderten wirtschaftlichen Verhältnisse an und berücksichtigten die Wiederaufbauphase nach dem Krieg[180]. Nachdem mit dem KWG vom 10.7.1961 die allgemeine Bankenaufsicht auf das Bundesaufsichtsamt für Kreditwesen übertragen worden war, wurde mit der fünften HBG-Novelle 1963 die daneben bestehende Aufsicht nach dem HBG beseitigt und die Hypothekenbanken ausschließlich der allgemeinen Bankenaufsicht unterworfen[181]. Mit dem Änderungsgesetz 1963 wurde das Kommunalgeschäft, d.h. die Vergabe von Darlehen an inländische Körperschaften und Anstalten des öffentlichen Rechts, oder gegen Übernahme der vollen Gewährleistung durch eine solche Körperschaft oder Anstalt (Kommunaldarlehen) zunächst als Nebengeschäft zugelassen. Wenig später wurde das Staatsfinanzierungsgeschäft mit der Realkreditreform im Rahmen der HBG-Novelle im Jahr 1974 zum zweiten Hauptgeschäft der Hypothekenbanken erhoben[182]. Dabei hat sich der Gesetzgeber für das Prinzip getrennter Deckungsmassen entschieden[183]. Daneben wurde das Nebengeschäft auf die Vergabe von Darlehen an die Europäischen Gemeinschaften und Mitgliedstaaten der EG bis zu einer Höhe von 10 % des Kommunaldarlehenbestandes ausgeweitet[184]. Ferner wurde die Ver-

---

176 Vgl. Goedecke/Kerl/Scholz, Die deutschen Hypothekenbanken, 4. Auflage, 1997.

177 Vgl. Kerl, Die Struktur der Hypothekenbanken als Qualitätsmerkmal der Pfandbriefe, in: DLK, 15+16/2000, S. 10.

178 Vgl. Hollender, Vom Nutzen des Spezialbankprinzips, in: DLK 19/2000, S. 689.

179 Vgl. Bellinger/Kerl, HBG, 4. Auflage, 1995, Einleitung S. 34 ff.; VDH, 100 Jahre Hypothekenbankgesetz – Textsammlung und Materialien, Bonn 1999; S. 259 ff.

180 Vgl. Pleyer, Das Recht der Hypothekenbanken in Europa, 1981, S. 27; Bellinger/Kerl, HBG, 4. Auflage, 1995, Einleitung S. 49; EMF, Die Hypothekenbanken und der Pfandbrief in Europa, 3. Auflage, 2001, S. 130; VDH, 100 Jahre Hypothekenbankgesetz – Textsammlung und Materialien, Bonn 1999; S. 286 ff.

181 Vgl. Bellinger/Kerl, HBG, 4. Auflage, 1995, Einleitung, S. 51; VDH, 100 Jahre Hypothekenbankgesetz – Textsammlung und Materialien, Bonn 1999, S. 346.

182 Vgl. Bellinger/Kerl, HBG, 4. Auflage, 1995, Einleitung S. 61, § 5 Rdn. 5; Goedecke/Kerl/Scholz, die deutschen Hypothekenbanken, 4. Auflage, 1997, S. 74; VDH, 100 Jahre Hypothekenbankgesetz – Textsammlung und Materialien, Bonn 1999, S. 479 ff.

183 Vgl. Bellinger/Kerl, HBG, 4. Auflage, 1995, § 41 Rdn. 8.

184 Klargestellt wurde damit jedoch zunächst noch, dass Hypothekenbanken weder durch die Ausgabe von Pfandbriefen noch in sonstiger Weise aufgenommene Finanzierungsmittel zur Gegabe nachrangiger Hypothekarkredite, d.h. von Hypothekarkrediten, welche die Beleihungsgrenze von 60 % überschreiten, aus ungedeckten Mitteln, d.h. sonstigen bzw. nicht deckungspflichtigen Schuldverschreibungen, als zulässiges Neben- bzw. Außerdeckungsgeschäft zugelassen[185].

Bis 1998 wurde das HBG durch weitere 15 Gesetze – allerdings nur unwesentlich – geändert[186]. Das Änderungsgesetz 1988 brachte eine Erweiterung des Außerdeckungsgeschäfts mit nachrangigen Hypotheken[187]. Ferner wurde darin erstmalig die Beleihung von Grundstücken mit erststelligen Hypotheken, d.h. unter Beachtung der Beleihungsgrenze von 60 %, im EG-Raum im Rahmen des Außerdeckungsgeschäfts zugelassen. Mit dem Gesetz über Wertpapier-Verkaufsprospekte und zur Änderung von Vorschriften über Wertpapiere vom 13.12.1990[188] wurde das HBG an den EU-Binnenmarkt angepasst[189]. Dabei wurde den Hypothekenbanken gestattet, Hypothekar- und Kommunalkredite im EG-Raum zu gewähren und diese nun auch durch die Ausgabe von Hypothekenpfandbriefen und Kommunalobligationen zu refinanzieren. Auf diese Weise wurde den Hypothekenbanken die sog. Ausgangsfreiheit gewährt. Durch das EWR-Ausführungsgesetz 1993 wurde das Kommunaldarlehensgeschäft auf die Mitgliedstaaten des Europäischen Wirtschaftsraumes (EWR) ausgeweitet[190].

b) Strukturelle Reformen

Änderungen des HBG, in deren Rahmen dessen strukturelle Grundlagen insbesondere im Hinblick auf den Sicherheitsmechanismus weiterentwickelt wurden, erfolgten ab den 1990er Jahren. Diese waren überwiegend insolvenzrechtlich und ratingmäßig veranlasst.

Eine erste und sehr wesentliche Weiterentwicklung des Sicherheitsmechanismus des Pfandbriefs erfolgte mit der HBG-Reform 1998 im Rahmen des dritten Finanzmarktförderungsgesetzes. Darin wurde für den Fall der Insolvenz der Hypotheken-

---

währung von Darlehen auf ausländischen Grundstücken verwenden dürfen. Ihnen wurde lediglich gestattet, sich an ausländischen Kreditinstituten zu beteiligen (§ 5 Abs. 1 Nr. 7 HBG). Vgl. Bellinger/Kerl, HBG, 4. Auflage, 1995, Einleitung S. 61 f.; Goedecke/Kerl/Scholz, die deutschen Hypothekenbanken, 4. Auflage, 1997, S. 149.

185 Vgl. Bellinger/Kerl, HBG, 4. Auflage, 1995, Einleitung S. 62.

186 Vgl. Bellinger/Kerl, HBG, 4. Auflage, 1995, Einleitung S. 66.

187 Vgl. VDH, 100 Jahre Hypothekenbankgesetz – Textsammlung und Materialien, Bonn 1999, S. 545 ff.; Bellinger/Kerl, HBG, 4. Auflage, 1995, Einleitung S. 68; Pleyer, Neues Recht für die Hypothekenbanken – Die Änderung des Hypothekenbankgesetzes, in: NJW, 2/1989, S. 69 ff.

188 Vgl. BGBl. I 1990 S. 2749.

189 Vgl. Bellinger/Kerl, HBG, 4. Auflage, 1995, Einleitung S. 69; VDH, 100 Jahre Hypothekenbankgesetz – Textsammlung und Materialien, Bonn 1999, S. 575 ff.; Assmann, Neues Recht für den Wertpapierbetrieb, die Förderung der Vermögensbildung durch Wertpapieranlagen und die Geschäftstätigkeit von Hypothekenbanken, in: NJW, 9/1991, S. 528 ff.

190 Vgl. Goedecke/Kerl/Scholz, die deutschen Hypothekenbanken, 4. Auflage, 1997, S. 147 ff.; Bellinger/Kerl, HBG, 4. Auflage, 1995, Einleitung S. 67; VDH, 100 Jahre Hypothekenbankgesetz – Textsammlung und Materialien, Bonn 1999, S. 623.

bank die Deckungsmasse als haftendes Sondervermögen qualifiziert (§ 35 Abs. 1 HBG)[191].

Nachdem über die Jahre der zulässige Geschäftskreis der Hypothekenbanken erheblich erweitert worden war, konnte eine Hypothekenbank theoretisch in Konkurs- bzw. Insolvenzgefahr geraten, obwohl gleichzeitig die Deckungsmassen absolut gesund sein konnten. Es lag deshalb nahe, nur bei insolventen Deckungsmassen die Fälligkeit der Pfandbriefe eintreten zu lassen, gesunde Deckungsmassen aber planmäßig zu bedienen[192]. Zweifel bestanden jedoch am Unterbleiben der Gesamtfälligstellung der Pfandbriefe – im Gegensatz zum allgemeinen insolvenzrechtlichen Prinzip – in der Insolvenz der Hypothekenbank sowie hinsichtlich der Anwendbarkeit eines Moratoriums auf die Deckungsmasse[193]. Unter dem ursprünglichen Konkursvorzugsrecht der Pfandbriefgläubiger war dies nämlich nicht sichergestellt[194]. Aus diesem Grund wurde zur Beseitigung der Unsicherheit mit dem Dritten Finanzmarktförderungsgesetz (3. FinMFöG) vom 1.4.1998 in § 35 Abs. 1 HBG die Deckungsmasse als Sondervermögen ausgestaltet, damit im Fall der Insolvenz einer Hypothekenbank die Pfandbriefe bei gesunder Deckungsmasse nicht fällig werden, sondern entsprechend ihrer Anleihebedingungen bedient werden können[195]. Die beiden Deckungsmassen für Hypothekenpfandbriefe und für Öffentliche Pfandbriefe fallen seitdem in der Insolvenz der Hypothekenbank nicht in die Insolvenzmasse, sondern bilden jeweils ein Sondervermögen. Zusätzlich wurde in § 34a Satz 2 HBG klargestellt, dass das Vollstreckungsprivileg zu Gunsten der Pfandbriefgläubiger auch die Aufrechnung erfasst. Dies war zum Schutz der Deckungsmasse neben den Vollstreckungs- und Arrestbeschränkungen für Dritte erforderlich, da die Aufrechnung als „Selbstvollstreckung" eines aufrechnenden Drittgläubigers ebenfalls die Deckungsmasse gefährden würde.

Durch die strukturellen Veränderungen an den Geld- und Kapitalmärkten bedingt, waren die Hypothekenbanken gezwungen, über die Jahre den Grundsatz der fris-

---

191 Der entscheidende Mangel der ursprünglich geltenden Regelung lag darin, dass es sich bei dem Befriedigungsvorrecht des § 35 HBG a. F. um ein atypisches Aussonderungsrecht handelte, dass auf dem Gedanken einer gesetzlichen Sicherungstreuhand beruhte, mit der Konsequenz, dass die Pfandbriefe trotz „gesunder" Deckungsmassen in der Insolvenz einer Hypothekenbank fällig gestellt werden würden. Dies wurde von den Ratingagenturen kritisiert, worauf Stürner in einem Gutachten die Lösung des Problems über die Qualifizierung der Deckungsmasse als Sondervermögen in der Insolvenz der Hypothekenbank vorschlug, die vom Gesetzgeber umgesetzt wurde. Vgl. Drittes Finanzmarktförderungsgesetz 1998, Drucks. 13/8933, 69, 149; VDH, 100 Jahre Hypothekenbankgesetz – Textsammlung und Materialien, Bonn 1999, S. 629 ff.; Stürner, Die Sicherung der Pfandbrief- und Obligationengläubiger vor einer Insolvenz der Hypothekenbank, 1998, S. 56, 158 und 164; Munsberg, Pfandbrief ist nicht gleich Pfandbrief, in: Die Bank 4/97, S. 207 f.

192 Vgl. Bellinger im Geleitwort zu Stürner, Die Sicherung der Pfandbrief- und Obligationengläubiger vor einer Insolvenz der Hypothekenbank, 1998, S. v.

193 Vgl. Helk, Mortgage banks learn from newcomers, in: Euromoney, November 2000, p. 106; VDH, Jahresbericht 2003, S. 47.

194 Vgl. Stürner, Die Sicherung der Pfandbrief- und Obligationengläubiger vor einer Insolvenz der Hypothekenbank, 1998.

195 Vgl. Drittes Finanzmarktförderungsgesetz, BGBl. I 1998, S. 529; Drittes Finanzmarktförderungsgesetz 1998, Drucks. 13/8933, S. 69, 149.

tenkongruenten Refinanzierung aufzuweichen und Fristentransformation zu betreiben. Dies hatte zur Folge, dass Befürchtungen über zu hohe Zinsänderungsrisiken bei Hypothekenbanken aus der Fristeninkongruenz aufkamen[196]. Um diese Befürchtungen auszuräumen und bestehende Zinsänderungsrisiken gegenüber der Bankaufsicht transparenter zu machen[197], hatten sich die Aufsicht und die Hypothekenbanken im April 2001 auf ein sog. Ampelmodell im Rahmen eines „gentlemen's agreement" verständigt, das der Überwachung der Zinsänderungsrisiken dienen sollte und später in die Hypotheken- bzw. Pfandbriefbarwertverordnung Eingang fand[198].

Mit dem vierten Finanzmarktförderungsgesetz (4. FinMFöG) vom 1.7.2002 wurde der zulässige Geschäftskreis der Hypothekenbanken innerhalb und außerhalb Europas erheblich erweitert. Zugelassen bzw. eingeführt wurden die Indeckungnahme von Derivaten, die barwertige Deckungsrechnung sowie zusätzliche Geschäfte rund um die Immobilien- und Staatsfinanzierung; und dies nicht mehr nur als Hilfsgeschäft, sondern als unabhängige Ertragsquelle. Das Staatsfinanzierungsgeschäft wurde auf Verwaltungseinrichtungen ohne Erwerbszweck in EU- und EWR-Staaten erweitert[199] und die Vergabe von Staatskrediten an bestimmte zentralstaatliche und unterstaatliche Stellen in den außereuropäischen G7-Ländern U.S.A., Kanada und

---

196 Vgl. die Podiumsdiskussion anlässlich des 100-jährigen Bestehens des HBG. Abgedruckt in: Der Wissenschaftliche Beirat des Instituts für bankhistorische Forschung e.V., Bankhistorisches Archiv – Zeitschrift für Bankgeschichte, Beiheft 38, Pfandbrief und Kapitalmarkt, 2000, S. 55 ff.; Arndt/Tolckmitt, Der Pfandbrief – Aktuelle Entwicklungen und Grundlagen, in: VDH, Der Pfandbrief, 2001, S. 25 f.

197 Die AHBR, hinsichtlich der u.a. eben diese Befürchtungen bestanden, soll z.B. Derivate mit starkem Gewinn-, aber auch Verlusthebel angehäuft haben. Im Jahr 2005 soll die Derivate-Position der AHBR ihre Bilanzsumme um das Fünffache überstiegen haben. Schon zuvor soll der Barwert, der auf das Laufzeitende abgezinste Wert des zinstragenden Geschäfts, negativ gewesen sein (vgl. Mußler, Die marode Hypothekenbank und die BaFin, in: FAZ vom 14.7.2006, S. 15). Zum Ausgleich der Ergebnisbelastungen aus dem negativen Zinsbuch und dem Derivate-Altbestand wurden Vorsorgereserven nach § 340f HGB gebildet und ertragswirksame Zuschüsse der Altgesellschafter vereinnahmt und unter „sonstigen betrieblichen Erträgen" verbucht (Vgl. Hagen, Lone Star und die AHBR-Bilanz, kein stiller Genuss, in: I&F, 10/2006, S. 6).

198 Darin wurden die von den Hypothekenbanken eingegangenen Zinsänderungsrisiken in eine Beziehung zum haftenden Eigenkapital gesetzt. Die Hypothekenbanken haben danach täglich den Barwert aus sämtlichen zinstragenden Geschäften sowie des Saldos aus nicht zinstragenden Geschäften einschließlich der Eigenmittel, aufgeteilt in Fristenbänder von einem Monat bis dreißig Jahre unter Anwendung einer geeigneten Zinsstrukturkurve zu ermitteln. Dabei wird eine Verschiebung um einen Basispunkt und 100 Basispunkte nach oben und unten unterstellt. Die Änderung des Barwerts, der sich bei einer Verschiebung der Zinsstrukturkurve um 100 Basispunkte ergibt, wird ins Verhältnis zum haftenden Eigenkapital gesetzt. Übersteigt dieses Verhältnis den Wert von 10 %, so dient dies der Aufsicht als Indikator für eine nähere Überprüfung der Risikotragfähigkeit des jeweiligen Kreditinstituts, nach der die Aufsicht die Relation als unbedenklich ansehen oder das Institut auffordern kann, keine risikoerhöhenden Geschäfte mehr einzugehen bzw. bestehende Risiken abzubauen. Überschreitet die Relation 20 %, so indiziert dies die Notwendigkeit einer intensiveren Überprüfung mit weitreichenderen Konsequenzen, wobei an Stelle von schematischen Reaktionen die individuelle Risikotragfähigkeit des Instituts in Betracht zu ziehen ist. Vgl. Sanio, Zum bankaufsichtlichen Rahmen des Hypothekenbankgeschäfts, in: DLK 10/2001, S. 314; Arndt/Tolckmitt, Der Pfandbrief – Aktuelle Entwicklungen und Grundlagen, in: VDH, Der Pfandbrief, 2001, S. 25 f.

199 Vgl. Hagen, Hypothekenbanken rüsten für die Zukunft, in: Die Bank 12/2001, S. 863.

Japan, der Schweiz sowie an zentralstaatliche Stellen in den damaligen EU-Beitrittskandidaten Polen, Tschechien, Ungarn und der Slowakei sowie deren Refinanzierung durch Öffentliche Pfandbriefe zugelassen. Im Hypothekarkreditgeschäft war der Geschäftskreis bis zur Novelle 2002 als Deckungsgeschäft auf die EU-, EWR-Staaten und die Schweiz und als Geschäft außerhalb der Deckung (sog. Außerdeckungsgeschäft) auf die mitteleuropäischen OECD-Staaten beschränkt[200]. Ferner wurde die Vergabe von Hypothekarkrediten auch in den außereuropäischen G7-Ländern zugelassen, wobei die Höhe der Darlehensvergabe in diesen Ländern insgesamt auf das Fünffache des haftenden Eigenkapitals und für Japan auf das Dreifache begrenzt und ihre Refinanzierung ebenfalls nur im Außerdeckungsgeschäft zugelassen wurde[201].

Nachdem die neuen bzw. modifizierten Gesetze zur Emission gedeckter Schuldverschreibungen einiger europäischer Staaten differenziertere insolvenzrechtliche Regelungen aufwiesen, wurde insbesondere von den Ratingagenturen eine ebenfalls differenziertere Regelung im HBG zur Abschirmung der Deckungsmassen im Insolvenzfall der Hypothekenbank gefordert[202]. Um etwaige Bedenken der Ratingagenturen und internationalen Anleger auszuräumen, wurde mit der HBG-Novelle 2004 eine sichernde Überdeckung und mit dem Sachwalterverfahren (§§ 35 Abs. 2 ff HBG) eine detaillierte Regelung der Verwaltung der Deckungsmasse(n) im Fall der Insolvenz einer Hypothekenbank eingeführt[203]. Gleichzeitig wurden Zweifel der Ratingagenturen an der Insolvenzfestigkeit einer über die gesetzlich vorgeschriebene Deckung hinausgehenden freiwilligen Überdeckung beseitigt[204].

Bereits das HBG hat für den Pfandbrief über die Jahre ein sehr hohes Maß an Sicherheit sicher gestellt[205]. Dies wird auch dadurch deutlich, dass seit Inkrafttreten des HBG lediglich ein einziges Konkursverfahren über eine Hypothekenbank eröffnet worden ist. Dieses betraf die Deutsche Grundschuldbank, über welche kurz nach In-

---

200 Vgl. VDH, Jahresbericht 2001, S. 54; Hagen, Die Novelle des Hypothekenbankgesetzes: Sicherheit des Pfandbriefs weiter gestärkt, in: VDH, Der Pfandbrief, 2002, S. 34.

201 Vgl. VDH, Jahresbericht 2002, S. 50; Tolckmitt/Walburg, Der Pfandbrief im europäischen Kapitalmarkt, in: VDH, Der Pfandbrief, 2002, S. 26; Hagen, Die Novelle des Hypothekenbankgesetzes: Sicherheit des Pfandbriefs weiter gestärkt, in: VDH, Der Pfandbrief, 2002, S. 34; Hagen, Hypothekenbanken rüsten für die Zukunft, in: Die Bank 12/2001, S. 863.

202 Vgl. BAFIN, Jahresbericht, 2003, S. 82; Stöcker, Die HBG Novelle 2004: Neue Benchmark für insolvenzfeste Pfandbriefe, in: Die Bank 5/2004, S. 332.

203 Vgl. Deutscher Bundestag, Entwurf eines Gesetzes zur Umsetzung der Richtlinie 2002/47/EG vom 6.6.2002 über Finanzsicherheiten und zur Änderung des Hypothekenbankgesetztes und anderer Gesetze, BT-Drucks. 15/1853 vom 29.10.2003, S. 1; Reuschle, Novellierung des Hypothekenbankgesetzes, in: BKR, 2003, 17/2003, S. 689 f. Ohne diese weitere Abschottung der Deckungsmasse(n) von der Insolvenz des Emittenten hätten die drei großen Ratingagenturen ihre hohen Bonitätsnoten für Pfandbriefe der Allgemeinen Hypothekenbank Rheinboden AG (AHBR) nicht unverändert gelassen. Vgl. Rasche/Hagen, im Vorwort zum vdp Jahresbericht 2005, S. 3.

204 Vgl. Deutscher Bundestag, Entwurf eines Gesetzes zur Umsetzung der Richtlinie 2002/47/EG vom 6.6.2002 über Finanzsicherheiten und zur Änderung des Hypothekenbankgesetzes und anderer Gesetze, Drucks. 15/1853, S. 20; BAFIN, Jahresbericht, 2003, S. 83.

205 Vgl. Goedecke/Kerl/Scholz, Die deutschen Hypothekenbanken, S. 79.

krafttreten des HBG aber noch bevor sie einen Pfandbrief nach dem HBG ausgeben konnte, ein Konkursverfahren eröffnet wurde[206].

II. Das Öffentliche Pfandbriefgesetz

Aufgrund der Beschränkung des Anwendungsbereichs des HBG auf privatrechtliche Hypothekenbanken musste für die öffentlich-rechtlichen Pfandbriefemittenten eine eigene Rechtsgrundlage für das Pfandbriefgeschäft geschaffen werden[207]. Zu diesem Zweck regelte im Jahr 1927 die Reichsbank das Befriedigungsvorrecht der Pfandbriefgläubiger (sog. Pfandbrieffrage) auch für die öffentlich-rechtlichen Kreditanstalten im „Gesetz über Pfandbriefe und verwandte Schuldverschreibungen öffentlich-rechtlicher Kreditanstalten" (Öffentliches Pfandbriefgesetz, ÖPG) vom 21.12.1927, unter weitgehender Anlehnung an das HBG[208].

Im Gegensatz zum HBG, das als Spezialbankgesetz allumfassend den Geschäftsbetrieb einer bestimmten Gruppe von Kreditinstituten regelte, war das ÖPG als Pfandbriefgesetz konzipiert und regelt als solches lediglich einen Teilbereich der Geschäftstätigkeit der öffentlich-rechtlichen Kreditanstalten, nämlich die Emission von Pfandbriefen und verwandten Schuldverschreibungen[209]. Das ÖPG zeichnete sich infolgedessen nicht durch eine dem HBG vergleichbare Regelungsdichte aus und hinderte öffentlich-rechtliche Kreditanstalten nicht daran, universell tätig zu sein. Aufgrund der Zuordnung der öffentlich-rechtlichen Pfandbriefinstitute zum öffentlichen Bankensektor, des staatlichen Haftungsmechanismus und ihrer besonderen staatlichen Aufsicht hatte der Gesetzgeber darauf verzichtet, diese Institute dem Spezialbankprinzip zu unterwerfen[210]. Dies wurde mit dem staatlichen Haftungsmechanismus aus Gewährträgerhaftung und Anstaltslast gerechtfertigt[211].

---

206 Vgl. Bellinger/Kerl, HBG, 4. Auflage, 1995, Einleitung S. 34, § 11 Rdn. 19; Letschert/Steffan, Pfandbrief und Kommunalobligation, 2. Auflage, 1981, S. 84; Goedecke/Kerl/Scholz, die deutschen Hypothekenbanken, 4. Auflage, 1997, S. 81; Wanner, Hypothekenbankenkrise vor 100 Jahren, in: Die Bank, 2000, Seite 484 f.; Lassen, Lehren aus der Hypothekenbankkrise von 1900, in: I&F, 18/2003, S. 652.

207 Vgl. Marzi, Das Recht der Pfandbriefe und Hypothekenbanken in Vergangenheit und Zukunft, 2002, S. 127; EMF, Die Hypothekenbanken und der Pfandbrief in Europa, 3. Auflage, 2001, S. 126; Gerke/Steiner, Handwörterbuch des Bank- und Finanzwesens, 3. Auflage, S. 1022 f.

208 Vgl. Gesetz über die Pfandbriefe und verwandten Schuldverschreibungen öffentlich-rechtlicher Kreditanstalten, vom 21.12.1927 (RGBl. I 492–494). Bis dahin emittierten öffentlich-rechtliche Pfandbriefinstitute zumeist aufgrund ihrer Satzungen Pfandbriefe. Diese waren nicht durch Sonderrechte gedeckt. Die Pfandbriefgläubiger hatten lediglich am Gesamtvermögen des Instituts ein Befriedigungsvorrecht. Dieser „Pfandbrief ohne Pfand" konnte toleriert werden, solange die Institute sich auf das Hypotheken- und Pfandbriefgeschäft beschränkten. Vgl. Dannenbaum, Öffentlichrechtliche Kreditanstalten, S. 9; Schmidt, Die Hypothekenbanken, in: Rüchardt, Handbuch des Hypothekarkredits, 3. Auflage, 1993, S. 1068.

209 Vgl. Schmidt, Die Hypothekenbanken, in: Rüchardt, Handbuch des Hypothekarkredits, 3. Auflage, 1993, S. 1069.

210 Vgl. Goedecke/Kerl/Scholz, Die deutschen Hypothekenbanken, S. 44; Hagen, in: VDH, Der Pfandbrief, 2004, S. 13.

211 Vgl. Weber, Perspektiven bei der Emission gedeckter Schuldverschreibungen, in: DLK, 17/2004, S. 546; Gesetzentwurf der Bundesregierung zur Neuordnung des Pfandbriefrechts,

Öffentlich-rechtliche Kreditinstitute waren seitdem zur Begebung von Pfandbriefen berechtigt, sofern ihnen die Pfandbriefemission durch das sie betreffende Errichtungsgesetz oder aufgrund der Sparkassengesetze der Länder gestattet war[212].

Der Grundgedanke des ÖPG lag darin, aus den Darlehensforderungen und Grundpfandrechten, die durch die Ausleihung des Schuldverschreibungserlöses entstehen, eine abgesondert zu verwaltende Vermögensmasse zu bilden, die inner- und außerhalb der Insolvenz in erster Linie den Schuldverschreibungsgläubigern haftet (Deckungsmasse)[213]. Auf eine Beschränkung des Schuldverschreibungsumlaufs nach Maßgabe des Eigenkapitals und auf die Bestellung von Treuhändern ist verzichtet worden[214]. Ansonsten waren die bewährten Grundsätze des HBG wie z.B. das Prinzip der kongruenten Deckung (§ 2 ÖPG) und die Errichtung eines Deckungsregisters (§ 3 ÖPG) übernommen worden. Auch durfte die Kreditanstalt über eingetragene Werte gem. § 4 ÖPG nicht verfügen. Das ÖPG hatte allerdings im Gegensatz zum HBG keine besonderen Anforderungen an die Qualität der Deckungswerte (z.B. Beleihungsgrenze, Beleihungswert, etc.) gestellt[215]. Es hatte diese Regelung den Organisationsgesetzen, Satzungen und den mit Genehmigung der BaFin aufzustellenden Beleihungsrichtlinien der einzelnen Institute überlassen. Aufgrund der Bestimmung des Hypothekarkreditbegriffs in § 21 Abs. 3 Nr. 1 KWG durch Verweisung auf die §§ 11, 12 HBG galten die Bestimmungen zur Beleihungsgrenze und zum Beleihungswert des HBG aber auch für die öffentlich-rechtlichen Kreditanstalten[216]. In der Regel waren daher als ordentliche Deckung ebenfalls nur erstrangige Grundpfandrechte innerhalb von 60 % des Beleihungswerts herangezogen worden[217]. Das Insolvenzprivileg war im ÖPG in den §§ 5 und 6 verankert. Weitere Ausführungsvorschriften enthielt das ÖPG nicht. Neben der allgemeinen Bankenaufsicht nach den Vorschriften des KWG durch die BaFin übte diese gem. § 11a ÖPG auch die Aufsicht nach den Vorschriften des ÖPG aus. Die öffentlich-rechtlichen Kreditanstalten unterstehen ferner der Aufsicht durch die jeweils zuständigen Landes- und Bundesbehörden, die auch die Einhaltung der Vorschriften des ÖPG überprüfen[218].

Drucks. 15/4321 vom 29.11.2004, S. 1; Beschlussempfehlung und Bericht des Finanzausschusses zu dem Gesetzentwurf zur Neuordnung des Pfandbriefrechts, 16.2.2005, Drucksache 15/4878, S. 8.

212 Vgl. Bundesministerium für Finanzen, Neuordnung des Pfandbriefrechts – Weiterentwicklung eines deutschen Modellprodukts, in: Monatsbericht, Mai 2005, S. 70.

213 Vgl. Schmidt, Die Hypothekenbanken, in: Rüchardt, Handbuch des Hypothekarkredits, 3. Auflage, 1993, S. 1069.

214 Vgl. Krumnow/Gramlich/Lange/Dewner, Gabler Bank Lexikon, S. 1021.

215 Vgl. Letschert/Steffan, Pfandbrief und Kommunalobligation, 2. Auflage, 1981, S. 94.

216 Diesen Regelungen wurden auch die öffentlich-rechtlichen Kreditanstalten einschließlich der Sparkassen durch das dritte Änderungsgesetz zum KWG vom 20.12.1984 (BGBl. I 1984, S. 1693) unterworfen. Kerl, Die Bankenaufsicht über das Real- und Kommunalkreditgeschäft, in: Rüchardt, Handbuch des Hypothekarkredits, 3. Auflage, 1993, S. 1208.

217 Vgl. Letschert/Steffan, Pfandbrief und Kommunalobligation, 2. Auflage, 1981, S. 94.

218 Vgl. Arndt/Tolckmitt, Der Pfandbrief – Aktuelle Entwicklungen und rechtliche Grundlagen, in: VDH, Der Pfandbrief, 2001, S. 19; Letschert/Steffan, Pfandbrief und Kommunalobligation, 2. Auflage, 1981, S. 94.

Im Ergebnis wurde durch das ÖPG für Inhaber von Pfandbriefen öffentlich-rechtlicher Kreditanstalten die gleiche Sicherheit erreicht, wie für Pfandbriefe von privaten Hypothekenbanken[219]. Die weitere Entwicklung des ÖPG wurde durch die strukturellen Änderungen des HBG bestimmt. Diese sind im ÖPG weitgehend parallel umgesetzt worden[220].

III. Das Schiffsbankgesetz

Vor der Überleitung in das PfandBG refinanzierten Schiffsbanken langfristige Schiffskredite gegen Schiffshypotheken u.a. durch die Begebung von Schiffspfandbriefen auf Grundlage des Gesetzes über Schiffspfandbriefbanken (Schiffsbankgesetz, SchBkG) vom 8.4.1943[221]. Beim SchBkG hatte ebenfalls das HBG Pate gestanden[222]. Die Schiffsbanken durften gem. § 5 SchBkG ähnlich wie Hypothekenbanken außer der Beleihung von Schiffen und Schiffsbauwerken und der Ausgabe von Schiffspfandbriefen nur eine enge begrenzte Zahl von Geschäften betreiben[223]. Die von den Schiffsbanken ausgegebenen Schiffspfandbriefe wurden durch Schiffshypotheken nach dem „Gesetz über Rechte an eingetragenen Schiffen und Schiffsbauwerken“ vom 15.11.1940 gedeckt. Es galt ebenfalls eine Beleihungsgrenze von 60 % des Beleihungswerts, wobei die Vorschriften zur Beleihungswertermittlung denen des HBG entsprachen. Das SchBkG sah ebenso ein Deckungsregister, einen Treuhänder und ein Insolvenzprivileg für Schiffspfandbriefgläubiger vor. Auch erlaubte das SchBkG die Ausgabe von Kommunalschuldverschreibungen.

Wichtige Änderungen des SchBkG erfolgten im Rahmen des Änderungsgesetzes 1973, mit dem den Schiffsbanken die Beleihung ausländischer Schiffe in fremden Währungen und die Refinanzierung dieser Darlehen durch die Ausgabe von Pfandbriefen in fremder Währung gestattet wurde. Vor der Einführung des PfandBG erlaubte das SchBkG lediglich zwei Spezialkreditinstituten die Emission von Schiffspfandbriefen, der Deutschen Schiffsbank AG und der Schiffshypothekenbank.

---

219 Vgl. Schmidt, Die Hypothekenbanken, in: Rüchardt, Handbuch des Hypothekarkredits, 3. Auflage, 1993, S. 1069.

220 Vgl. Drittes Finanzmarktförderungsgesetz 1998, Drucks. 13/8933; Deutscher Bundestag, Entwurf eines Gesetzes zur Umsetzung der Richtlinie 2002/47/EG vom 6.6.2002 über Finanzsicherheiten und zur Änderung des Hypothekenbankgesetztes und anderer Gesetze, BT Drucks. 15/1853 vom 29.10.2003.

221 Vgl. Gesetz über Schiffspfandbriefbanken (Schiffsbankgesetz – SchBkG) vom 14.8.1933, RGBl. I 1943 583–590.

222 Vgl. Gerke/Steiner, Handwörterbuch des Bank- und Finanzwesens, 3. Auflage, S. 1023; Letschert/Steffan, Pfandbrief und Kommunalobligation, 2. Auflage, 1981, S. 116.

223 Vgl. Letschert/Steffan, Pfandbrief und Kommunalobligation, 2. Auflage, 1981, S. 116.

C. Neuordnung des Pfandbriefrechts – PfandBG 2005

Seit dem 19.7.2005 gilt in Deutschland mit dem PfandBG und seinen ergänzenden Rechtsverordnungen ein neues, einheitliches Pfandbriefrecht. Die bis dahin einschlägigen Gesetze für die privaten Hypothekenbanken (HBG), die öffentlich-rechtlichen Kreditanstalten (ÖPG) und die Schiffspfandbriefbanken (Schiffsbankgesetz) wurden mit Wirkung vom selbigen Tag abgelöst. Im Gegensatz zu seinen Vorgängergesetzen ist das PfandBG als organisations- und rechtsformunabhängige Rechtsgrundlage geschaffen worden. Mit dieser Vereinheitlichung des Pfandbriefrechts verbunden war die Abschaffung des Spezialbankprinzips des HBG und SchBkG.

I. Gesetzgeberischer Handlungsbedarf und Handlungsalternativen

Die Zeitgemäßheit des Hypothekenbankgesetzes bzw. die Vor- und Nachteile eines einheitlichen PfandBG waren bereits vor der Neuordnung des Pfandbriefrechts insbesondere im Zusammenhang mit den Modifizierungen des HBG, ÖPG und SchBKG vielfältig diskutiert worden[224]. Ausschlaggebend für eine umfassende Neuordnung des Pfandbriefrechts waren am Ende strukturelle Veränderungen im Hypothekenbanksektor sowie insbesondere im öffentlich-rechtlichen Bankensektor[225].

1. Abhandenkommen der Rechtfertigungsgründe des ursprünglichen Pfandbriefprivilegs

Das Spezialbankprinzip des HBG und SchBKG hatte – wie gesehen – als Kehrseite des Pfandbriefprivilegs den Kreis der von den reinen Hypothekenbanken und Schiffsbanken zu betreibenden Geschäfte beschränkt. Aufgrund einer kontinuierlichen Aushöhlung des Spezialbankprinzips des HBG konnte das Pfandbriefprivileg der Hypothekenbanken jedoch zuletzt nicht mehr überzeugend begründet werden[226].

---

224 Vgl. Rieck, Brauchen Universalbanken noch Spezialinstitute?, in: I&F, 17/2004, S. 14 ff.; Sanio, Zum bankaufsichtlichen Rahmen des Hypothekenbankgeschäfts, in: DLK, 10/2001, S. 313 ff.; Podiumsdiskussion anlässlich des 100-jährigen Bestehens des HBG. Abgedruckt in: Der Wissenschaftliche Beirat des Instituts für bankhistorische Forschung e.V., Bankhistorisches Archiv – Zeitschrift für Bankgeschichte, Beiheft 38, Pfandbrief und Kapitalmarkt, 2000, S. 47 ff.; Hollender, Vom Nutzen des Spezialbankprinzips, in: DLK 19/2000, S. 689; Remaklus, Anmerkungen zum Verhältnis von Universal- und Spezialbank, in: DLK, 19/2000, S. 694; Bellinger, Anpassung des Hypothekenbankgesetzes im Rahmen des Vierten Finanzmarktförderungsgesetzes, in: DLK, 16+17/1999, S. 542; Die Welt, Deutsche Hypothekenbanken ein Relikt?, in: Die Welt, vom 9.9.1997.

225 Vgl. BAFIN, Jahresbericht, 2004, S. 105; Scherer/Benzler, Das neue Pfandbriefgesetz ist revolutionär, in: BörsenZ vom 18.12.2004, S. 2; Selim/Engelhard, Bleibt die Pfandbrieftechnologie in Europa auf der Überholspur?, in: BörsenZ vom 19.7.2005, S. B5.

226 Vgl. Bundesministerium für Finanzen, Neuordnung des Pfandbriefrechts – Weiterentwicklung eines deutschen Modellprodukts, in: Monatsbericht, Mai 2005, S. 70.

Dem Spezialbankprinzip des HBG unterlagen von Anfang an weder die gemischten Hypothekenbanken noch die öffentlich-rechtlichen Pfandbriefemittenten. Im Lauf der Jahre sank die Bedeutung der „reinen" Hypothekenbanken gegenüber diesen Instituten. Ein Grund hierfür ist sicherlich auch darin zu sehen, dass das Spezialbankprinzip private Universalbanken nicht daran hinderte, reine Hypothekenbanken als Tochtergesellschaften zu erwerben[227]. Auf diese Weise konnte das Pfandbriefprivileg als Bestandteil der Gesamtbankrefinanzierung im Universalbankkonzern genutzt werden. Daneben wurde der zulässige Geschäftskreis der reinen Hypothekenbanken fortlaufend erweitert, um ihnen mehr Flexibilität in ihrer Geschäftstätigkeit zu ermöglichen.

Darüber hinaus kam dem Pfandbriefprivileg der öffentlich-rechtlichen Universalkreditinstitute gegenüber anderen Universalkreditinstituten mit dem Wegfall der staatlichen Garantien für öffentlich-rechtliche Kreditinstitute ab dem 18.7.2005 ein wesentlicher Rechtfertigungsgrund abhanden[228]. Den Anstoß für den Wegfall hatte eine Beschwerde des europäischen Bankenverbands bzw. der deutschen Privatbanken bei der EU-Kommission vom 21.12.1999 gegeben[229]. Gegenstand der Beschwerde war die Unvereinbarkeit der Haftungsgrundlagen von Landesbanken und Sparkassen mit den Beihilferegeln des EG-Vertrags. Die möglichen Auswirkungen dieses Beschwerdeverfahrens auf das Pfandbriefprivileg, wie z.B. den Verlust des Spezialbankprinzips, nahmen die deutschen Privatbanken in diesem Zusammenhang sozusagen als geringeres Übel in Kauf[230].

Landesbanken bzw. Girozentralen waren vormals überwiegend vom Bund, den Bundesländern oder regionalen Institutionen im Rahmen ihrer Organisationsgewalt gegründete das Universalbankgeschäft betreibende rechtsfähige Anstalten des öffentlichen Rechts[231]. Träger der Landesbanken waren in den meisten Fällen die regionalen Verbände der Sparkassen, gemeinsam mit dem jeweiligen Bundesland[232]. In Bezug auf die Trägerschaft der Landesbanken und Sparkassen war zwischen der sog. Kapital- und Gewährträgerhaftung zu unterscheiden. Dabei hatte ein Kapi-

---

227 Vgl. I&F Leitartikel, Das Pfandbriefgesetz: Es wurde Zeit, in: I&F 10/2004, S. 1101. Beachte allerdings zur früheren Problematik der Konzernierung von reinen Hypothekenbanken: Preußner/Fett, Hypothekenbanken als abhängige Konzernunternehmen, in: AG, 7/2001, S. 337 ff.

228 Vgl. Bundesministerium für Finanzen, Neuordnung des Pfandbriefrechts – Weiterentwicklung eines deutschen Modellprodukts, in: Monatsbericht, Mai 2005, S. 71.

229 Aus Sicht der Landesbanken stellte das Ergebnis des Beihilfe-Beschwerdeverfahrens für die Privatbanken einen Pyrrhussieg dar (vgl. SZ vom 15.7.2005, Gespräch mit dem Bayern LB-Chef Werner Schmidt, „Die Privatbanken haben einen Pyrrhussieg errungen", S. 23; Packmohr, Renaissance des Hypothekenpfandbriefs auf breiter Front? In Europa ist der Siegeszug hypothekarisch besicherter Covered Bonds bereits seit langem im Gange, in: BörsenZ vom 25.2.2006, S. B7).

230 Diese Auswirkung auf das Pfandbriefprivileg wurde von den privaten Banken sozusagen als geringeres Übel in Kauf genommen. Vgl. von Köller, Für weitere Veränderungen sind Hypothekenbanken gut gerüstet, in: DLK 16+17/1999, S. 532.

231 Vgl. Lehner, Landesbanken und öffentlich-rechtliche Spezialinstitute, in: Rüchardt, Handbuch des Hypothekarkredits, 3. Auflage, 1993, S. 1060.

232 Vgl. Gloyens, The Landesbanks: How Long Can They Retain Competitive Advantage?, JIBL, [2002] Issue 3, p. 53; Arndt/Tolckmitt, Der Pfandbrief – Aktuelle Entwicklungen und rechtliche Grundlagen, in: VDH, Der Pfandbrief, 2001, S. 19; Vgl. EMF, Die Hypothekenbanken und der Pfandbrief in Europa, 3. Auflage, 2001, S. 26.

talträger das zur Errichtung einer Landesbank bzw. Girozentrale erforderliche Kapital bereitzuhalten und das jeweilige Institut lebensfähig zu erhalten, wodurch eine Insolvenz praktisch unmöglich war (sog. Anstaltslast)[233]. Ein Gewährträger hatte dagegen die Haftung für die Verbindlichkeiten des Kreditinstituts zu übernehmen, wobei die Haftung dem Subsidiaritätsprinzip unterlag, d.h. erst nach Erschöpfung des Bankvermögens in Betracht kam (sog. Gewährträgerhaftung)[234]. Zumeist vereinigten sich Kapital- und Gewährträgerstellung in einem Träger. Ursprünglich war die Gewährträgerhaftung im Jahr 1931 eingeführt worden, um die Landesbanken/Girozentralen und Sparkassen im Wettbewerb mit den Privatbanken zu schützen, da deren Rechtsträger die Erbringung ihrer halbstaatlichen Aufgaben durch die privaten Banken bedroht sahen[235]. Ein behördlicher Charakter ließ sich für Landesbanken/Girozentralen und Sparkassen nur mehr schwer behaupten, da diese immer stärker im vollen Wettbewerb mit der übrigen Kreditwirtschaft standen und hierbei im Rahmen ihrer Refinanzierung erheblich von ihrer staatlichen Garantie profitierten[236].

Die EU-Kommission stufte die Gewährträgerhaftung und die Anstaltslast als eine staatliche Beihilfe im Sinne von Art. 87 Abs. 1 EG-Vertrag ein, die nicht mit dem Gemeinschaftsrecht zu vereinbaren war[237]. Gem. Art. 88 Abs. 2 Satz 1 EG-Vertrag sind mit dem Gemeinsamen Markt unvereinbare staatliche Beihilfen aufzuheben oder umzugestalten. Die EU-Kommission erkannte aber an, dass das Prinzip der Anstaltslast und der Gewährträgerhaftung der öffentlichen Hand bereits vor Unterzeichnung der römischen Verträge zur Gründung der Europäischen Gemeinschaft (EG) im Jahr 1957 bestand. Die Aufhebung bzw. Modifizierung wurde deswegen nur für die Zukunft verlangt. Dazu wurde zwischen der EU-Kommission und der Bundesregierung am 17.7.2001 vereinbart, dass die Gewährträgerhaftung für die Landesbanken und Sparkassen ab dem 19.7.2005 abzuschaffen und die Anstaltslast zu modifizieren war[238]. Anstelle der Gewährträgerhaftung sollte künftig grundsätzlich nur noch das Eigenkapital des jeweiligen Instituts zur Verfügung stehen. Die

---

233 Vgl. EU-Kommission, Staatliche Beihilfen Nr. E 10/2000 – Deutschland – Anstaltslast und Gewährträgerhaftung, vom 27.3.2002, C(2002)1286, S. 4; Batchvarov, Merrill Lynch Guide to International Mortgage Markets and Mortgage Backed Securities, 2003, p. 155.

234 Vgl. EU-Kommission, Staatliche Beihilfen Nr. E 10/2000 – Deutschland – Anstaltslast und Gewährträgerhaftung, vom 27.3.2002, C(2002)1286, S. 4; Gloyens, The Landesbanks: How Long Can They Retain Competitive Advantage?, JIBL, [2002] Issue 3, p. 55; Schmidt, Die Hypothekenbanken, in: Rüchardt, Handbuch des Hypothekarkredits, 3. Auflage, 1993, S. 1068.

235 Vgl. Gloyens, The Landesbanks: How Long Can They Retain Competitive Advantage?, JIBL, [2002] Issue 3, p. 55.

236 Vgl. Hagen, Der Pfandbrief auf dem Weg in eine neue Ära, in: VDH, Der Pfandbrief, 2004, S. 13.

237 Vgl. Commission Press Release IP/01/665, 8.5.2001; Gloyens, The Landesbanks: How Long Can They Retain Competitive Advantage?, JIBL, [2002] Issue 3, p. 55. Zur Diskussion im Vorfeld: Vgl. VÖB, Verbandsbericht 2001/2002, S. 49; Süddeutsche Zeitung vom 15.7.2003, Druck durch die EU-Kommission, S. 23. Unberührt blieben gewisse staatlich delegierte Aufgaben (z.B. der Einsatz von Förderinstituten, wie z.B. der Kreditanstalt für Wiederaufbau (KfW) oder nach Landesrecht errichteter Förderinstitute).

238 Vgl. EU-Kommission, Staatliche Beihilfen Nr. E 10/2000 – Deutschland – Anstaltslast und Gewährträgerhaftung, vom 27.3.2002, C(2002)1286, S. 6 f.

Anstaltslast war – unberührt von der öffentlichen Trägerschaft – durch eine normale marktwirtschaftliche Eigentümerbeziehung zu ersetzen[239]. Die Bundesländer hatten infolgedessen die Sparkassen- und Landesbankengesetze bis zum 31.12.2002 fristgerecht an diese Veränderungen der Haftungsstrukturen anzupassen[240].

2. Übergangsregelungen für den Wegfall der staatlichen Garantien

Von Seiten der öffentlich-rechtlichen Kreditinstitute wurde der Wegfall der Anstaltslast und die Modifizierung der Gewährträgerhaftung nicht als „Big Bang“ gesehen[241]. Man sah sich allerdings vor eine Herausforderung gestellt[242]. Schließlich hatte der Wegfall der Staatsgarantien zwingend eine schlechtere Benotung durch die Ratingagenturen und damit eine Verteuerung der Refinanzierung zur Folge[243]. Eine weitere erhebliche Konsequenz war, dass ungedeckte Schuldverschreibungen öffentlich-rechtlicher Kreditinstitute ohne spezielle Staatsgarantie (z.B. Sparkassenbriefe), seitdem nicht mehr im Öffentlichen Pfandbriefgeschäft deckungsfähig sind (sog. Verlust der „In-sich-Finanzierung“)[244].

Um den öffentlich-rechtlichen Kreditanstalten die Anpassung an die Abschaffung der Gewährträgerhaftung und die Modifizierung der Anstaltslast sowie eine diesbezüglich erforderliche Restrukturierung ihrer Geschäftsmodelle und -Organisation zu ermöglichen, wurde ihnen durch die Schaffung der folgenden Übergangsregelung (*grandfathering*) entgegengekommen[245]:

---

239 Vgl. Escher/Walz, Verständigung mit EU-Kommission über die Zukunft der öffentlichen Kreditinstitute, in: BKR, 6/2002, S. 241 ff.

240 Vgl. VÖB, Stellungnahme zu den künftigen Haftungsstrukturen der deutschen Landesbanken, vom 15.1.2003.

241 Vgl. Süddeutsche Zeitung vom 15.7.2005, Gespräch mit dem Bayern LB-Chef Werner Schmidt, „Die Privatbanken haben einen Pyrrhussieg errungen“, S. 23; Einecke, Willkommen im Wettbewerb, in: Süddeutsche Zeitung vom 15.7.2005, S. 23. Der Big Bang steht für die strukturellen Veränderungen des britischen Bank- und Finanzsystems der späten achtziger Jahre, die das Ende des strikten Prinzips der Spezialisierung zur Folge hatten. Vgl. Klein, Die Banksysteme der EU-Länder, 3. Auflage 1998, S. 184; Augar, The Death of Gentlemanly Capitalism, 2000, p. 119.

242 Vgl. Einecke, Willkommen im Wettbewerb, in: Süddeutsche Zeitung, vom 15.7.2005, S. 23.

243 Vgl. Mußler, Herabgestuft, in: FAZ, vom 18.7.2005, S. 16; Ratings werden um bis zu fünf Stufen schlechter, in: FAZ vom 18.7.2005, S. 16; Gries, Konkurrenten in der Klemme – Wegfall der öffentlichen Garantien bringt Privaten keine Besserung, in: Süddeutsche Zeitung vom 15.7.2005, S. 23.

244 Vgl. Schuster/Sester, Zum Entwurf des Pfandbriefgesetzes, in: ZBB 6/2004, S. 481; BörsenZ, „Eine Zäsur für alle Pfandbriefemittenten“ – Einheitliche Rechtsgrundlage in Kraft, vom 19.7. 2005, S. 1; Weber, Perspektiven bei der Emission gedeckter Schuldverschreibungen, in: DLK, 17/2004, S. 546, 548; BörsenZ vom 19.7.2005, Das neue Pfandbriefgesetz – eine Zäsur für alle Emittenten (Interview mit Jürgen Grieger und Louis Hagen vom vdp), S. B1.

245 Vgl. Gloyens, The Landesbanks: How Long Can They Retain Competitive Advantage?, JIBL, [2002] Issue 3, p. 56; VÖB, Stellungnahme zu den künftigen Haftungsstrukturen der deutschen Landesbanken, vom 15.1.2003; Arndt/Tolckmitt, Der Pfandbrief – Aktuelle Entwicklungen und rechtliche Grundlagen, in: VDH, Der Pfandbrief, 2001, S. 19.

- Schuldverschreibungen der öffentlich-rechtlichen Kreditanstalten, die vor dem 18.7.2001 begeben wurden, unterliegen bis zum 18.7.2005 der Anstaltslast, darüber hinaus bis zu ihrer Fälligkeit nur noch der Gewährträgerhaftung;
- Schuldverschreibungen, die während der vierjährigen Übergangsfrist bis zum 18.7.2005 begeben werden, unterliegen alleine der Gewährträgerhaftung, wenn ihre Laufzeit den 31.12.2015 nicht überschreitet; und
- Schuldverschreibungen, die nach dem 18.7.2005 begeben werden, dürfen nicht mehr der Gewährträgerhaftung unterliegen und müssen in ihren Haftungsmechanismen den Schuldverschreibungen privater Banken gleichgestellt sein.

3. Handlungsalternativen

Im Vorfeld der Entstehung des PfandBG standen unterschiedliche Handlungsalternativen zur Disposition. Diese spiegelten mehr oder weniger die unterschiedlichen Interessen des privaten sowie des öffentlich-rechtlichen Bankensektors wieder. Von Anfang an stand auch hier die Frage nach der Zeitgemäßheit des Spezialbankprinzips im Raum[246]. Die Tragfähigkeit der historischen Ratio des Spezialbankprinzips wurde in einem völlig veränderten gesamtwirtschaftlichen Umfeld dahingehend in Frage gestellt, ob die aus der Risiko-Monokultur einzelner Hypothekenbanken resultierenden Risiken höher seien als die Risiken, die mit der Aufgabe des Spezialbankprinzips und damit einer möglichen Risikodiversifizierung eintreten würden[247]. Dagegen wurde auf die Risikominimierung durch Spezialisierung auf bestimmte Geschäfte mit einem überschaubaren Risiko als Argument für die Beibehaltung des Spezialbankprinzips verwiesen[248]. Denn dies stelle zum einen sicher, dass die Mitarbeiter der Bank hoch spezialisiertes Wissen auf dem zugelassenen Tätigkeitsgebiet erwerben und infolgedessen effizienter und kostengünstiger arbeiten. Zum anderen reduziere der Ausschluss riskanter Geschäfte die Gefahr, dass die Bank infolge unerwarteter Entwicklungen Verluste macht, die sie insgesamt in Schwierigkeiten geraten lassen. Dem wurde entgegengehalten, dass gerade die Spezialisierung bei Fehlverhalten aufgrund mangelnder Risikodiversifizierung schnell gravierende Konsequenzen nach sich ziehen kann[249].

Vor diesem Hintergrund wurden drei Handlungsalternativen diskutiert, die den öffentlich-rechtlichen Pfandbriefemittenten weiterhin die Refinanzierung mit dem Pfandbrief ermöglichen sollten[250]:

---

246 Vgl. Sanio, Zum bankaufsichtlichen Rahmen des Hypothekenbankgeschäfts, DLK, 10/2001, S. 316.
247 Vgl. Sanio, Zum bankaufsichtlichen Rahmen des Hypothekenbankgeschäfts, DLK, 10/2001, S. 316.
248 Vgl. Kern, Die Sicherheit gedeckter Wertpapiere, S. 483.
249 Vgl. Kern, Die Sicherheit gedeckter Wertpapiere, S. 507.
250 Vgl. VDH, Jahresbericht, 2003, S. 50.

- Erstens die Fortführung des ÖPG;
- zweitens die Unterwerfung der öffentlich-rechtlichen Kreditanstalten unter das HBG[251]; und
- drittens die rechtsformunabhängige Neuregelung des Pfandbriefemissionsrechts in einem Pfandbriefgesetz, das Spezial- und Universalbanken zur Pfandbriefemission berechtigt und sich ansonsten am HBG orientiert.

In Bezug auf die erste Alternative – Fortführung des ÖPG – wurde befürchtet, dass der auf Basis des ÖPG emittierte Pfandbrief nach Wegfall der Haftungsmechanismen von den Märkten grundsätzlich schlechter beurteilt wird[252]. Dies lag auf der Hand, da die Bestimmungen des ÖPG gegenüber denjenigen des HBG ein Regelungsgefälle aufweisen und somit dies zu einer Teilung des Pfandbriefmarkts geführt hätte, die dem Pfandbrief als Produkt und allen Marktteilnehmern geschadet und zwangsläufig zu einer Verteuerung der Refinanzierung und damit auch der Immobilien- und Staatsfinanzierung geführt hätte[253]. Darüber hinaus wäre diese Alternative sowohl unter Gleichbehandlungsgesichtspunkten verfassungsrechtlich als auch im Hinblick auf die Anforderungen an gedeckte Schuldverschreibungen europarechtlich bedenklich gewesen[254].

Hinsichtlich der zweiten und dritten Alternative stellte das Spezialbankprinzip für die öffentlich-rechtlichen Kreditanstalten eine wesentliche Hemmschwelle dar[255]. Die Anwendung des HBG auch auf die öffentlich-rechtlichen Kreditanstalten wurde damit begründet, dass es sich beim Pfandbriefgeschäft um Wettbewerbsgeschäft und nicht um Fördergeschäft handelt[256]. Die öffentlich-rechtlichen Kreditanstalten verweigerten allerdings eine Unterwerfung unter das HBG. Bestenfalls hätten sie die Anwendung des im HBG aus verfassungsrechtlichen Gründen zugelassenen Status als gemischte Hypothekenbanken geltend gemacht[257]. Dies hätte zu einer Ver-

---

251 So schon im Jahr 2001: von Köller, Zum bankaufsichtlichen Rahmen des Hypothekenbankgeschäfts aus Sicht der Hypothekenbanken, DLK, 10/2001, S. 320.

252 Konkret diskutiert wurden zwei Modelle: Entweder sollte das Pfandbriefgeschäft als Bestandteil des weiterhin öffentlich-rechtlich organisierten Fördergeschäfts betrachtet werden (WestLB-Modell). Oder das Pfandbriefemissionsrecht sollte weiter aus dem ÖPG hergeleitet werden, da die öffentlich-rechtliche Rechtsform auch ohne unbeschränkte Staatshaftung beibehalten werden können soll (BayernLB-Modell). Vgl. Boos, Kein Anlass zur Änderung der Emissionsgrundlage, in: DLK, 17/2004, S. 522; Wüerst, Wird die KSK auch künftig Pfandbriefe emittieren?, in: ZfgK 20/2004, S. 1124; Hagen, Die Ziele des Verbandes deutscher Hypothekenbanken im nationalen und internationalen Umfeld, in: DLK, 10/2001, S. 325.

253 Vgl. VDH, Jahresbericht, 2003, S. 52.

254 Vgl. VDH, Jahresbericht, 2003, S. 50.

255 Vgl. Boos, Kein Anlass zur Änderung der Emissionsgrundlage, in: DLK, 17/2004, S. 523; VDH, Jahresbericht, 2003, S. 50; Hagen, Der Pfandbrief auf dem Weg in eine neue Ära, in: VDH, Der Pfandbrief, 2004, S. 15.

256 Vgl. von Köller, Zum bankaufsichtlichen Rahmen des Hypothekenbankgeschäfts aus Sicht der Hypothekenbanken, in: DLK, 10/2001, S. 320; von Hagen, Die Ziele des Verbandes deutscher Hypothekenbanken im nationalen und internationalen Umfeld, in DLK, 10/2001, S. 325.

257 Vgl. Boos/Görke, Eine erste Bewertung aus Sicht des VÖB, in: ZfgK 20/2004, S. 1126; Boos, Kein Anlass zur Änderung der Emissionsgrundlage, in: I&F 17/2004, S. 522; Hagen, Uns ist das Hypothekenbankgesetz lieber als ein Pfandbriefgesetz, in: I&F, 17/2004, S. 517.

kehrung des Regelungsziels des historischen Gesetzgebers des HBG geführt. Dieser hatte sich grundsätzlich für das Spezialbankprinzip entschieden und in § 46 HBG verfassungsrechtlich bedingt den bei Inkrafttreten des HBG bestehenden gemischten Hypothekenbanken die Befugnis eingeräumt, auch in Zukunft von dem Recht des erweiterten Geschäftsbetriebs Gebrauch zu machen[258]. Darüber hinaus wäre eine Ungleichbehandlung der privaten und der öffentlichen Pfandbriefemittenten wettbewerbs- und verfassungsrechtlich ebenso wenig haltbar gewesen[259].

Am Ende hat man darin übereingestimmt, dass eine Teilung des Pfandbriefmarkts unter allen Umständen zu vermeiden war[260]. Eine Ungleichbehandlung privater und öffentlich-rechtlicher Pfandbriefemittenten war wettbewerbs- und verfassungsrechtlich ausgeschlossen[261]. Darüber hinaus war auch bei den privaten Hypothekenbanken in Folge der Konsolidierung der Kreditwirtschaft eine Zunahme des Marktanteils der Institute, die das Spezialbankprinzip gem. § 46 HBG aus historischen Gründen nicht einhalten müssen, zu konstatieren[262]. In der Folge hat der vdp im April 2004 signalisiert, dass man sich den Verzicht auf das Spezialbankprinzip vorstellen könne, wenn das neue Pfandbriefgesetz den Qualitätsschutz des Pfandbriefs befriedigend regelt[263]. Damit hat man sich dahingehend geeinigt, dass die rechtsformunabhängige Neuregelung des Pfandbriefrechts sich zwingend am hohen Qualitätsstandard des HBG zu orientieren hatte und darüber hinaus der Wegfall des Spezialbankprinzips durch anderweitig geeignete Regelungen zu kompensieren war[264].

Schließlich sprach zuletzt gegen die weitere Privilegierung von – möglicherweise risikoärmeren – Spezialbanken, dass durch die strukturellen Änderungen des HBG und des ÖPG, die Deckungsmasse weitgehend verselbständigt und insoweit vom Schicksal der Pfandbriefinstitute losgelöst wurde.

---

258 Vgl. Bellinger/Kerl, HBG, 4. Auflage, 1995, § 1 Rdn. 12 ff. und § 46 Rdn. 2, 4.

259 Vgl. VDH, Jahresbericht 2003, S. 50.

260 Vgl. VDH, Jahresbericht 2003, S. 50; Hagen, Der Pfandbrief auf dem Weg in eine neue Ära, in: VDH, Der Pfandbrief, 2004, S. 15.

261 Vgl. VDH, Jahresbericht 2003, S. 50.

262 Zuletzt waren die privaten Hypothekenbanken lediglich ihrer Zahl nach überwiegend Spezialinstitute. Der größte Teil ihres Geschäftsvolumens entfiel jedoch auf die gemischten Hypothekenbanken und damit auf Universalbanken. Vgl. I&F, Bekommt der Pfandbrief ein gutes Gesetz?, in: I&F 17/2004, S. 4; VDH, Jahresbericht 2002, S. 53; Hagen, Der Pfandbrief auf dem Weg in eine neue Ära, in: VDH, Der Pfandbrief, 2004, S. 15; Boos/Görke, Neues Pfandbriefgesetz stärkt den Finanzplatz Deutschland, in: BörsenZ vom 27.11.2004, S. B1; Kösters, Pfandbriefgesetz: Bewertung aus der Sicht einer Landesbank, in: ZfgK, 20/2004, S. 1122.

263 Vgl. Hagen, Uns ist das Hypothekenbankgesetz lieber als ein Pfandbriefgesetz, in: I&F 17/2004, S. 517.

264 Vgl. Kösters, Pfandbriefgesetz: Bewertung aus der Sicht einer Landesbank, in: ZfgK, 20/2004, S. 1121; Hagen, Der Pfandbrief auf dem Weg in eine neue Ära, VDH, in: Der Pfandbrief, 2004, S. 15.

II. Ziele, Begriffe, Konzeption, Aufbau und Auswirkungen des PfandBG

Das PfandBG ist am 19.7.2005, am Tag nach dem Wegfall der Staatsgarantien für öffentlich-rechtliche Kreditanstalten, in Kraft getreten. Mit ihm wurden die rechtlichen Vorgaben zur Pfandbriefemission grundlegend modernisiert und den maßgeblich veränderten äußeren Rahmenbedingungen und Marktgegebenheiten angepasst[265]. Vorrangiges Ziel des PfandBG ist die Neuordnung und Schaffung eines einheitlichen Pfandbriefrechts bei Wahrung der hohen Qualität des Pfandbriefs. Erreicht wird dieses Ziel durch die Ausdehnung der Befugnis zur Pfandbriefemission auf alle Kreditinstitute, die bestimmten Anforderungen zum Schutz des Pfandbriefgeschäfts genügen und von der BaFin eine Erlaubnis zur Pfandbriefbegebung erhalten[266]. Gleichzeitig soll das PfandBG die bisherige Qualität des Pfandbriefs und das darauf aufbauende außerordentliche Vertrauen der Pfandbriefinvestoren erhalten und weiter verbessern[267].

Die Vereinheitlichung der Rechtsgrundlagen des Pfandbriefs im Rahmen eines universalen PfandBG ist die Folge eines wesentlichen Strukturwandels des deutschen Drei-Säulen-Banksystems und stellt eine Zäsur für alle Pfandbriefemittenten dar[268]. Damit wandelte sich das Pfandbriefrecht vom Instituts- zum Anlegerschutzrecht[269]. Die Vereinheitlichung vereinfacht dabei insbesondere das Modell des Pfandbriefs[270]. Von ausländischen Marktteilnehmern wurde die Reform des Pfandbriefrechts als konstruktiv konservativ gesehen und die Aufrechterhaltung der hohen Qualität anerkannt[271].

Eine Pfandbriefbank ist gem. § 1 Abs. 1 Satz 1 PfandBG ein Kreditinstitut, dessen Geschäftsbetrieb das Pfandbriefgeschäft umfasst. Das Pfandbriefgeschäft wird gem. § 1 Abs. 1 Satz 2 Nr. 1 bis 4 PfandBG definiert als die Ausgabe gedeckter Schuldverschreibungen:

- aufgrund erworbener Hypotheken unter der Bezeichnung Hypothekenpfandbrief (Nr. 1);

---

265 Vgl. Bundesregierung, Gesetzentwurf zur Neuordnung des Pfandbriefrechts, Drucks. 15/4321 vom 29.11.2004, Begründung, S. 2 ff.

266 Vgl. Bundesregierung, Gesetzentwurf zur Neuordnung des Pfandbriefrechts, Drucks. 15/4321 vom 29.11.2004, S. 1, 26; Bundesministerium für Finanzen, Neuordnung des Pfandbriefrechts – Weiterentwicklung eines deutschen Modellprodukts, in: Monatsbericht, Mai 2005, S. 70; Asmussen, Neues Pfandbriefrecht – Fortsetzung einer Erfolgsgeschichte, in: BörsenZ vom 19.7. 2005, S. B3.

267 Vgl. Bundesregierung, Gesetzentwurf zur Neuordnung des Pfandbriefrechts, Drucks. 15/4321 vom 29.11.2004, S. 2.

268 Vgl. Hagen/Kullig, Pfandbrief bleibt Pfandbrief!?, in: ZfgK, 20/2004, S. 1135; Bellinger, Einige Betrachtungen zur Geschichte der deutschen Hypothekenbanken, in: DLK, 02/2005, S. 48; BörsenZ, „Eine Zäsur für alle Pfandbriefemittenten“ – Einheitliche Rechtsgrundlage in Kraft, vom 19.7.2005, S. 1; BörsenZ vom 19.7.2005, Das neue Pfandbriefgesetz – eine Zäsur für alle Emittenten (Interview mit Jürgen Grieger und Louis Hagen vom vdp), S. B1.

269 Vgl. Bellinger, Einige Betrachtungen zur Geschichte der deutschen Hypothekenbanken, in: DLK, 02/2005, S. 48.

270 So Heberlein, in: Neville, Old product, new law, in: Euromoney, November 2005, p. 102.

271 Vgl. Brown, Constructive Conservatism, in: Euromoney, April 2005, p. 60, 67.

- aufgrund erworbener Forderungen gegen staatliche Stellen unter der Bezeichnung Kommunalschuldverschreibungen, Kommunalobligationen oder Öffentliche Pfandbriefe (Nr. 2);
- aufgrund erworbener Schiffshypotheken unter der Bezeichnung Schiffspfandbriefe (Nr. 3); sowie
- seit der PfandBG-Novelle 2009 aufgrund erworbener Registerpfandrechte nach § 1 des Gesetzes über Rechte an Luftfahrzeugen oder ausländischer Flugzeughypotheken unter der Bezeichnung Flugzeugpfandbriefe (Nr. 4).

Schließlich stellt § 1 Abs. 3 PfandBG klar, dass Pfandbriefe im Sinne des PfandBG ausschließlich Hypothekenpfandbriefe, Öffentliche Pfandbriefe, Schiffspfandbriefe und Flugzeugpfandbriefe sind.

Die Bezugnahmen des KWG auf das HBG wurden durch die neuen Bestimmungen des PfandBG ersetzt. Das gleiche gilt für das Versicherungsaufsichtsgesetz (VAG), die Kreditinstituts-Rechnungslegungsverordnung, die Mündelsicherheitsverordnung und die Erbbaurechtsverordnung. Neuregelungen finden sich auch im Gesetz über die Landwirtschaftliche Rentenbank, zum DG Bank-Umwandlungsgesetz und zum DSL Bank-Umwandlungsgesetz.

1. Konzeption des PfandBG

In seiner Grundkonzeption ist das PfandBG ein einheitliches Pfandbriefemissionsgesetz und anders als das HBG kein Spezialbankgesetz[272]. Das PfandBG entspricht von daher konzeptionell eher dem ÖPG. Am Spezialbankprinzip musste aufgrund der im Rahmen der HBG-Reformen 1998 und 2004 gestärkten Deckungsmassen nicht länger festgehalten werden[273]. Das PfandBG stellt sich insofern als folgerichtiger Abschluss dieser Entwicklung dar[274]. Darüber hinaus wird der Wegfall des Spezialbankprinzips durch operative, aufsichtsrechtliche und transparenzmäßige Anforderungen kompensiert, um die hohe Qualität des Pfandbriefs zu wahren und für die Zukunft zu stärken.

Diejenigen Elemente der Qualitätssicherung, die sich im Laufe der Jahre bewährt haben, aber bislang nicht in allen Pfandbriefgesetzen einheitlich festgeschrieben

---

272 Mit der Abschaffung des Spezialbankgrundsatzes hat sich auch die umstrittene Frage der Zulässigkeit der Konzernierung einer reinen Hypothekenbank erledigt (zur alten Rechtslage: ablehnend aufgrund des Verbots der Neugründung gemischter Hypothekenbanken: Bellinger/Kerl, HBG 4. Auflage, 1995, § 1 Rdn. 28, § 3 Rdn. 111; Goedecke/Kerl/Scholz, Die deutschen Hypothekenbanken, S. 85 f.; zustimmend: Preussner/Fett, Hypothekenbanken als abhängige Konzernunternehmen, in: AG, 7/2001, S. 337 ff.

273 Vgl. Bundesregierung, Gesetzentwurf zur Neuordnung des Pfandbriefrechts, Drucks. 15/4321 vom 29.11.2004, S. 1; Beschlussempfehlung und Bericht des Finanzausschusses zu dem Gesetzentwurf zur Neuordnung des Pfandbriefrechts, 16.2.2005, Drucksache 15/4878, S. 8; BAFIN, Jahresbericht, 2004, S. 106.

274 Vgl. BörsenZ vom 19.7.2005, Das neue Pfandbriefgesetz – eine Zäsur für alle Emittenten (Interview mit Jürgen Grieger und Louis Hagen vom vdp), S. B1.

waren, wurden beibehalten und auf sämtliche Pfandbriefemittenten ausgedehnt[275]. Aus dem HBG und dem ÖPG übernommen wurde deswegen das Prinzip der nennwertigen und barwertigen Deckung der Ansprüche der Pfandbriefgläubiger. Beibehalten wurde auch die 2 %-ige sichernde Überdeckung. Ebenfalls übernommen wurden die Vorschriften über die Insolvenz, insbesondere die Qualifikation der Deckungsmasse als Sondervermögen und das Sachwalterverfahren. Das Vorsichtsprinzip des HBG bei der Ermittlung des Beleihungswerts und die Verwendung von lediglich 60 % dieses Werts als Deckungswert, wurden für sämtliche Pfandbriefbanken verpflichtend geregelt. Ebenfalls auf alle Pfandbriefbanken ausgeweitet wurde die Pflicht, einen Treuhänder zu bestellen, der die vorschriftsmäßige Deckung der Pfandbriefe kontrolliert[276]. Darüber hinaus wurden im PfandBG erstmalig bestimmte Anforderungen an die Qualifikation des Treuhänders gestellt[277]. Auch wurde die besondere staatliche Aufsicht einheitlich auf alle Pfandbriefemittenten ausgedehnt. Die bislang bei privaten Hypothekenbanken regelmäßig durchgeführten Deckungsprüfungen wurden im Gesetz explizit festgeschrieben und auf sämtliche Pfandbriefbanken ausgeweitet[278]. Schließlich wurden die Handlungsmöglichkeiten der Aufsicht erweitert, indem der BaFin das Recht zur Aufhebung und infolgedessen zur Abwicklung der Deckungsmassen sowie deren Übertragung eingeräumt wird[279].

Seit der Einführung der Eigenkapitalvorschriften nach den §§ 10, 10a KWG und dem Grundsatz I des Bundesaufsichtsamts für das Kreditwesen (BaKred)[280] hat die Umlaufbegrenzung, die theoretisch eine außerordentlich niedrige Eigenkapitalquote von 1,7 % zugelassen hatte, kaum noch praktische Bedeutung[281]. Nachdem die Beachtung der strengeren Eigenkapitalvorschriften in der Regel auch die Einhaltung der Umlaufgrenze garantierte, wurde auf die Festsetzung einer Pfandbriefumlaufgrenze im PfandBG verzichtet[282].

---

275 Vgl. Bundesregierung, Gesetzentwurf zur Neuordnung des Pfandbriefrechts, Drucks. 15/4321 vom 29.11.2004, S. 2; Beschlussempfehlung und Bericht des Finanzausschusses zu dem Gesetzentwurf zur Neuordnung des Pfandbriefrechts, 16.2.2005, Drucksache 15/4878, S. 8; Bundesministerium für Finanzen, Neuordnung des Pfandbriefrechts – Weiterentwicklung eines deutschen Modellprodukts, in: Monatsbericht, Mai 2005, S. 74.

276 Vgl. Bundesregierung, Gesetzentwurf zur Neuordnung des Pfandbriefrechts, Drucks. 15/4321 vom 29.11.2004, S. 27.

277 So schon VDH Jahresbericht 2002, S. 52, 55. Vgl. aber auch: Bundesregierung, Gesetzentwurf zur Neuordnung des Pfandbriefrechts, Drucks. 15/4321 vom 29.11.2004, S. 3.

278 Vgl. Bundesregierung, Gesetzentwurf zur Neuordnung des Pfandbriefrechts, Drucks. 15/4321 vom 29.11.2004, S. 27.

279 Vgl. Bundesregierung, Gesetzentwurfs der Bundesregierung zur Neuordnung des Pfandbriefrechts, Drucks. 15/4321 vom 29.11.2004, Begründung, S. 30.

280 Das Bundesaufsichtsamt für das Kreditwesen (BaKred) ist das Vorgängerinstitut der heutigen BaFin.

281 Vgl. Bonfig, Das Passivgeschäft der Realkreditinstitute, in: Handbuch des Hypothekarkredits, 3. Auflage, 1993, S. 536 und 587; Bundesregierung, Gesetzentwurf zur Neuordnung des Pfandbriefsrechts, Drucks. 15/4321 vom 29.11.2004, S. 27.

282 Vgl. Krumnow/Gramlich/Lange/Dewner, Gabler Bank Lexikon, S. 1021; Bonfig, Das Passivgeschäft der Realkreditinstitute, in: Handbuch des Hypothekarkredits, 3. Auflage, 1993, S. 587; Bundesregierung, Gesetzentwurf zur Neuordnung des Pfandbriefsrechts, Drucks. 15/4321 vom 29.11.2004, S. 27.

Im PfandBG konnte auch auf die Schuldnerschutzvorschriften des HBG verzichtet werden[283]. Diese sind im Laufe der Zeit in anderen Gesetzen übernommen und später in das BGB aufgenommen worden[284]. Der Gesetzgeber konnte schließlich keine Gründe finden, Darlehensnehmer von Pfandbriefbanken in Zukunft weitergehender zu schützen, als Darlehensnehmer sonstiger Kreditinstitute[285].

2. Aufbau des PfandBG

Das PfandBG ist in sieben Abschnitte unterteilt. Der erste Abschnitt enthält neben Begriffsbestimmungen die Regelung des Anwendungsbereiches, der Erlaubnis und der Aufsicht des Pfandbriefgeschäftes. Der zweite Abschnitt besteht aus allgemeinen Vorschriften zur Pfandbriefemission. Diese betreffen die Regelung der Deckungskongruenz, des Deckungsregisters, des Inhaltes der Pfandbriefe und der Rechtsstellung des Treuhänders, seiner Aufgaben und Befugnisse. Detaillierte Regelungen zur barwertigen Deckungsrechnung hat die BaFin in der Verordnung über die Sicherstellung der jederzeitigen Deckung von Hypothekenpfandbriefen, Öffentlichen Pfandbriefen und Schiffspfandbriefen nach dem Barwert und dessen Berechnung bei Pfandbriefbanken (Pfandbrief-Barwertverordnung – PfandBarwertV) auf der Ermächtigungsgrundlage des § 4 Abs. 6 PfandBG vom 14.7.2005 erlassen. Zusätzlich hat die BaFin auf der Ermächtigungsgrundlage des § 5 Abs. 3 PfandBG die Verordnung über die Form und den Inhalt der Deckungsregister nach dem PfandBG und die Aufzeichnung der Eintragungen (Deckungsregisterverordnung – DeckRegV) am 25.8.2006 erlassen.

Besondere Vorschriften über die Deckungswerte finden sich im dritten Abschnitt. Dieser ist entsprechend der früheren Rechtslage unterteilt in drei Unterabschnitte, jeweils zum Hypothekenpfandbrief, zum Öffentlichen Pfandbrief und zum Schiffspfandbrief. In den jeweiligen Unterabschnitten werden die spezifischen Anforderungen an die jeweiligen Deckungswerte der einzelnen Pfandbriefgattung festgelegt. Für die Beleihungswertermittlung von Grundstücken hat die BaFin aufgrund der Ermächtigungsgrundlage des § 16 Abs. 4 PfandBG am 12.5.2006 eine Verordnung über die Ermittlung des Beleihungswerts von Grundstücken nach § 16 Abs. 1 und 2 des PfandBG (BelWertV) erlassen[286]. Die Verordnung über die Ermittlung der Beleihungswerte von Schiffen und Schiffsbauwerken (SchiffsbelWertV) ist am 6.5.2008 auf der Grundlage des § 24 Abs. 5 PfandBG erlassen worden. Die Verord-

---

283 So z. B. das AGB-Gesetz und das Verbraucherkreditgesetz (vgl. §§ 305 ff. und §§ 346 ff. BGB). Vgl. Bundesregierung, Gesetzentwurf zur Neuordnung des Pfandbriefrechts, Drucks. 15/4321 vom 29.11.2004, S. 27 f.

284 Insbesondere die Vorschriften zum Schutze der Verbraucher sind infolge der Entwicklung des Verbraucherschutzes durch die EU und dessen Umsetzung durch den deutschen Gesetzgeber und ihre Aufnahme ins BGB entbehrlich.

285 Vgl. Bundesregierung, Gesetz zur Neuordnung des Pfandbriefrechts, Drucks. 15/4321 vom 29.11.2004, S. 27 f.

286 Vgl. BGBl. Jahrgang 2006 Teil I, Nr. 24, S. 1175.

nung über die Ermittlung der Beleihungswerte von Flugzeugen (FlugBelWertV) ist am 20.4.2009 auf der Grundlage des § 26d Abs. 3 PfandBG erlassen worden.

Der vierte Abschnitt formuliert allgemeine Vorschriften für das Pfandbriefgeschäft. Diese betreffen die Regelung der Anforderungen an das Risikomanagement der Pfandbriefbanken sowie im Rahmen der Rechnungslegung zu beachtende Transparenzvorschriften. Der fünfte Abschnitt regelt das Befriedigungsvorrecht der Pfandbriefgläubiger und beinhaltet die Vorschriften über Arreste, Zwangsvollstreckungen und Insolvenz. Im sechsten Abschnitt sind die Rechtsbehelfe gegenüber aufsichtsrechtlichen Maßnahmen sowie Straf- und Bußgeldvorschriften wegen Verstößen gegen das PfandBG niedergelegt. Der siebte Abschnitt enthält Schlussvorschriften, die den Bezeichnungsschutz und Übergangsregelungen betreffen.

3. Auswirkungen des PfandBG

Mit dem PfandBG sind die rechtlichen Vorgaben zur Pfandbriefemission grundlegend modernisiert und den maßgeblichen veränderten äußeren Rahmenbedingungen und Marktgegebenheiten angepasst worden[287]. Durch die Ablösung der Vorgängerreglungen HBG, ÖPG und SchBkG hat das PfandBG einheitliche Wettbewerbsbedingungen für alle Pfandbriefemittenten geschaffen[288]. Des Weiteren hat das PfandBG die Voraussetzungen für die Erhaltung und Weiterentwicklung der herausgehobenen Stellung des deutschen Pfandbriefs auf den nationalen und internationalen Finanzmärkten sicher gestellt, und dadurch einen bedeutsamen Beitrag zur Stärkung des Finanzplatzes und des Wirtschaftsstandorts Deutschland geleistet[289].

In Bezug auf die unmittelbaren Auswirkungen des PfandBG ist zwischen den Emittentengruppen zu unterscheiden: Für die bislang dem HBG unterliegenden Hypothekenbanken und dem SchBkG unterliegenden Schiffsbanken bewirkte die Aufgabe des darin verankerten Spezialbankprinzips eine maßgebliche Erweiterung des bisher erlaubten Geschäftsrahmens[290]. Die Erlaubnis für alle Bankgeschäfte mit Ausnahme des Investment- und des E-Geldgeschäftes galt gesetzlich als erteilt (§ 43 PfandBG). Das Gleiche galt für Schiffspfandbriefbanken (§ 44 PfandBG).

---

287 Vgl. Bundesministerium für Finanzen, Neuordnung des Pfandbriefrechts – Weiterentwicklung eines deutschen Modellprodukts, in: Monatsbericht, Mai 2005, S. 77; Bundesverband Öffentlicher Banken Deutschland (VÖB)/Allen & Overy, Das neue Pfandbriefgesetz – Stärkung des Finanzplatzes Deutschland, 2005, S. 7.

288 Vgl. Schörnig/Bach, Bewährtes Qualitätsprodukt zukunftssicher gemacht, in: BörsenZ vom 19.7.2005, S. B2.

289 Vgl. Asmussen, Neues Pfandbriefrecht – Fortsetzung einer Erfolgsgeschichte, in: BörsenZ vom 19.7.2005, S. B3.

290 Vgl. Bundesregierung Gesetzentwurf zur Neuregelung des Pfandbriefrechts, Drucks. 15/4321 vom 29.11.2004, Begründung, S. 28; Asmussen, Neuen Pfandbriefrecht – Fortsetzung einer Erfolgsgeschichte, in: BörsenZ vom 19.7.2005, S. B3.

Geringfügigere Auswirkungen hatte das PfandBG auf die „gemischten“ Hypothekenbanken, welche, abgesehen von der Geschäftskreisbeschränkung, auch bislang schon den Sicherungselementen des HBG unterlagen[291].

Für die öffentlich-rechtlichen Kreditinstitute, die bislang unter dem ÖPG keiner Geschäftskreisbeschränkung unterlagen, brachte das PfandBG hingegen in den meisten Fällen strengere Anforderungen an das Pfandbriefgeschäft und die Ausgabe von Pfandbriefen selbst. Nach dem Wegfall der Staatsgarantien hat die Pfandbriefemission eine erheblich größere Bedeutung erlangt als in der Vergangenheit[292]. Debütemissionen ohne Gewährträgerhaftung und Anstaltslast fanden im Jahr 2006 statt[293]. Um die 30 Sparkassen besitzen eine Pfandbrieflizenz; weitere 24 Sparkassen nutzen das Pooling von Deckungswerten über das Refinanzierungsregister zur Emission von Pfandbriefen in Zusammenarbeit mit den Landesbanken[294].

Erhebliche Auswirkungen hatte das PfandBG auf das Geschäft der öffentlich-rechtlichen Kreditinstitute und v.a. den Öffentlichen Pfandbrief. Denn seit dem Wegfall der Staatsgarantien können die Schuldtitel anderer Landesbanken und Sparkassen nicht mehr in die Deckung für Öffentliche Pfandbriefe genommen werden[295]. Diese sog. In-sich-Finanzierung ist nach dem PfandBG nicht mehr zulässig. Der Anteil dieses Geschäfts betrug bei den privaten Hypothekenbanken 20 bis 25 %[296]. Bei den Landesbanken lag der Durchschnitt aufgrund ihres besonderen Näheverhältnisses zum Sparkassensektor bei 30 %[297]. Infolge der damit einhergehenden Angebotsverknappung deckungsfähiger Werte für den Öffentlichen Pfandbrief ist mittelfristig mit einer steigenden Bedeutung des Hypothekenpfandbriefs zu rechnen[298]. Dem entgegenwirkt ein stückweit , dass luxemburgische gedeckte Schuldverschreibungen (sog. lettre de gage) weiterhin trotz Wegfall von Anstaltslast und Gewährträgerhaftung die In-sich-Finanzierung von Sparkassen und Landesbanken ermöglichen. Aus diesem Grund gründete die Nord/LB erst kürzlich eine luxemburgischen Pfandbriefbank (Nord/LB Covered Bond Finance Bank)[299]. Konkrete Pläne für einen

---

291 Vgl. Bundesregierung Gesetzentwurf zur Neuregelung des Pfandbriefrechts, Drucks. 15/4321 vom 29.11.2004, Begründung, S. 28; Asmussen, Neuen Pfandbriefrecht – Fortsetzung einer Erfolgsgeschichte, in: BörsenZ vom 19.7.2005, S. B3.

292 Vgl. Asmussen, Neues Pfandbriefrecht – Fortsetzung einer Erfolgsgeschichte, in: BörsenZ vom 19.7.2005, S. B3.

293 Vgl. BayernLB, Covered Bond Report, Nr. 1 vom 5.1.2007, S. 5.

294 Vgl. Fieseler, Der Pfandbrief aus Sicht der Sparkassen-Finanzgruppe, in: I&F, 2009, S. 307.

295 Aufgrund der Übergangsregelungen in Bezug auf den Wegfall der Staatsgarantien bleiben Verbindlichkeiten der Landesbanken und Sparkassen, die vor dem 18.7.2005 emittiert wurden und nicht länger als bis Juli 2015 laufen, weiterhin deckungsfähig und müssen deswegen nicht aus der Deckungsmasse für den Öffentlichen Pfandbrief herausgenommen werden.

296 Vgl. BörsenZ vom 19.7.2005, Das neue Pfandbriefgesetz – eine Zäsur für alle Emittenten (Interview mit Jürgen Grieger und Louis Hagen vom vdp), S. B1.

297 Vgl. HypoVereinsbank (Volk/Hillenbrand), Neuordnung des Pfandbriefrechts, Global Markets Research Covered Bonds, 7.4.2005, S. 27; Fuchs/Althaus, S&P begrüßt verbesserte Transparenzvorschriften, in: BörsenZ vom 19.7.2005, S. B4.

298 Vgl. Strüder, Pfandbriefgesetz schafft vorbildlichen Rechtsrahmen, in: BörsenZ vom 19.7. 2005, S. B2; Grassinger, Öffentliche Jumbos versus Hypotheken-Jumbos, in: I&F 19/2005, S. 354.

299 Zudem ermöglicht das luxemburgische Recht Sparkassen ein Laufzeitspektrum der Refinanzierung von Fälligkeiten über zehn Jahren, da in Luxemburg § 489 BGB nicht gilt. Ein zusätzsolchen Schritt sollen auch bei anderen Instituten existieren[300], soweit diese nicht bereits über entsprechende Tochtergesellschaften ausländische Emissionsgrundlagen nutzen[301].

Dass das PfandBG auf den genossenschaftlichen Bankensektor weniger Auswirkung haben wird, wurde von Anfang an vermutet[302]. Dieser Sektor hat ein bewährtes System der Vermittlung pfandbrieftauglicher Darlehen an die drei zum Genossenschaftssektor gehörenden Hypothekenbanken. Volks- und Raiffeisenbanken sind in der Regel zu klein für ein profitables Pfandbriefgeschäft. Der seit einiger Zeit erwartete, strategische Schritt nach vorne im genossenschaftlichen Finanzverbund ist bisher nicht zustande gekommen[303].

Bedeutende Auswirkungen des PfandBG wurden für diejenige große Mehrheit der privatrechtlich organisierten Kreditinstitute erwartet, die nicht Hypothekenbanken sind[304]. Diese konnten sich in der Vergangenheit allenfalls an Hypothekenbanken beteiligen, um sich so zumindest einen mittelbaren Zugang zum Pfandbriefgeschäft zu eröffnen. Mit der Aufgabe des Spezialbankprinzips steht künftig das Pfandbriefgeschäft jedem Kreditinstitut offen, welches die entsprechenden Erlaubnisvoraussetzungen erfüllt. Man geht davon aus, dass sich der Erwerb einer Pfandbrieflizenz für Kreditinstitute lohnen kann, deren Emittentenrating im Single-A-Bereich liegt[305]. Es wurde erwartet, dass der Wegfall des Spezialbankprinzips den Pfandbriefemittentenkreis insgesamt erweitert[306]. Die Anzahl seit Inkrafttreten des PfandBG neu hinzugekommener Pfandbriefemittenten ist überschaubar[307]. Es

---

licher Benefit soll die Investoren gewährt werden, indem diese von den Absicherungsgeschäften profitieren sollen. Vgl. Johannsen, Nord/LB Covered Bond Finance Bank gibt Debüt in Dollar und Franken, in: BörsenZ vom 23.5.2007, S. 20.

300 Z.B. der DekaBank und der Hypo Real Estate Group. Vgl. Volk, Luxemburger Pfandbrief wird zunehmend populär – Lettre de Gage ist ein hochwertiges Investmentprodukt – Größerer Diversifikationsgrad im Großherzogtum, in: BörsenZ vom 16.2.2006, S. 18.

301 Die Hypo Real Estate Group nutzt über ihre Tochtergesellschaft Hypo Real Estate Bank International die irische Emissionsgrundlage. Andere Emittenten nutzen ergänzend durch ihre luxemburgischen Tochtergesellschaften die dortige Emissionsgrundlage (z.B. Europäische Hypothekenbank S. A. der Eurohypo Gruppe, HVB Luxemburg der HVB Group). Die West LB Covered Bond Bank hat nach Einführung des PfandBG ihre Emissionstätigkeit von der irischen auf die deutsche Emissionsgrundlage zurückverlagert.

302 Vgl. Schwirten, Pfandbriefgesetz schafft neue Möglichkeiten, in: Die Bank 1/2005, S. 37.

303 Vgl. FAZ vom 12.2.2007, DG Hyp macht DZ Bank Sorgen – Abschreibungen auf den Firmenwert der Hypothekenbank nötig, S. 14; FAZ vom 23.5.2007, DG Hyp und MHB planen Fusion – Neue genossenschaftliche Immobilienbank mit Sitz in München, S. 17; BörsenZ vom 23.5.2007, Genossen nehmen neuen Anlauf zur Fusion – DG Hyp und Münchner Hyp bündeln Kräfte – Vorstände unterzeichnen Absichtserklärung über Zusammenschluss der beiden Immobilienfinanzierer, S. 1; FAZ vom 26.9.2007, Fusion von DG Hyp und Münchner Hyp geplatzt.

304 Vgl. Asmussen, Neues Pfandbriefrecht – Fortsetzung einer Erfolgsgeschichte, in: BörsenZ vom 19.7.2005, S. B3.

305 Vgl. Vortmüller, Jumbo-Pfandbriefmarkt – was ändert das neue Gesetz?, in: I&F, 10/2005, S. 363.

306 Als erste deutsche private Geschäftsbank erhielt die SEB AG eine Pfandbrieflizenz. Die ehemalige Tochtergesellschaft SEB Hypothekenbank AG wurde in diesem Zusammenhang mit der Mutter verschmolzen. Vgl. vdp, Der Pfandbrief, 2006, S. 112.

307 Im Jahr 2005 kamen z.B. vier Kreditinstitute hinzu (vgl. Jahresbericht der Bundesanstalt für Finanzdienstleistungsaufsicht, 2005, S. 112); die Westdeutsche ImmobilienBank und die wurde allerdings auch darauf hingewiesen, dass eine Zunahme der Anzahl der Pfandbriefemittenten die Reduzierung der Bereitschaft zu einer systematischen Unterstützung zur Folge haben kann[308].

Was die Auswirkungen des PfandBG auf die deutsche Bankenlandschaft insgesamt anging, so wurde erwartet, dass Hypothekenbanken mit Universalbanken fusionieren und das Pfandbriefgeschäft Teil der Geschäftstätigkeit der Universalbank wird, wodurch Synergieeffekte erreicht werden können. Dieses Modell der integrierten Universalbank wurde in einigen Fällen verwirklicht[309]. Schließlich wurde eine weitere Konsolidierung im Hypothekenbanksektor erwartet[310]. Diese hat sich teilweise realisiert[311]. Auch künftig spricht einiges dafür, dass insgesamt die Anzahl der Spezialkreditinstitute (Hypotheken- und Landesbanken) aufgrund von Fusionen und Reintegrationen in die Mutterkonzerne sinken wird[312]. Dies scheint unabhängig von der Einführung des PfandBG im Landesbankensektor nach den letzten Entwicklungen überwiegend wahrscheinlich[313]. Dies gilt erst Recht nach den Erkenntnissen der aktuellen Finanzkrise.

Sparkasse Hamburg (vgl. vdp, Jahresbericht 2005, S. 12, 64) sowie die Aareal Bank und die DKB Deutsche Kreditbank (vgl. BayernLB, Covered Bond Report, Nr. 22, 17.12.2006, S. 5). Die Deutsche Postbank AG hat über ihre Tochter DSL-Bank schon bisher gedeckte Schuldverschreibungen emittiert. Anfang 2008 folgte der erste Hypothekenpfandbrief (vgl. LBBW, Covered Bonds Weekly, Nr. 43 vom 2.11.2007, S. 4; BörsenZ vom 8.1.2008, Postbank mit erstem Hypothekenpfandbrief). Zuletzt erhielt auch die Deutsche Bank AG eine Pfandbrieflizenz.

308 Vgl. FitchRatings (Heberlein/Royo/Graf-Tiedtke), Analysis of German Pfandbriefe: Preparing for 2005, 27.10.2004, p. 5; Brown, Pfandbriefe cannot count on brand loyalty, in: Euromoney, April 2004.

309 Vgl. Zoller, Die Bedeutung des zukünftigen Pfandbriefrechts für Universalbanken, in: ZfgK, 20/2004, S. 1114; Bettink, Neue Geschäftsmodelle für Hypothekenbanken, in: ZfgK, 20/2004, S. 1118. Z.B. Verschmelzung der Aareal Hyp mit der Aareal Bank (vgl. Schörnig/Bach, Bewährtes Qualitätsprodukt zukunftssicher gemacht, in: BörsenZ vom 19.7.2005 S. B2); Zusammenschluss der Wüstenrot Bank AG und der Wüstenrot Hypothekenbank AG (vgl. vdp, Der Pfandbrief, 2006, S. 122); Verschmelzung der Hypothekenbank in Essen (Essen Hyp) auf die Eurohypo AG zum 1.1.2008. Die Eurohypo AG wird dagegen seit ihrer Übernahme durch die Commerzbank AG als selbständiges Institut fortgeführt; sie ist aufgrund von EU-Auflagen im Zuge der staatlichen Stabilisierungsmaßnahmen in der Finanzkrise in den nächsten fünf Jahren von der Commerzbank AG zu verkaufen.

310 Vgl. Scherer/Benzler, Das neue Pfandbriefgesetz ist revolutionär, in: BörsenZ vom 18.12. 2004, S. 2; Burmeister/Burkert, Die Emittentenlandschaft unter der Ägide des Pfandbriefgesetzes, in: VDH, Der Pfandbrief, 2005, S. 26.

311 Z.B. die Fusion der Hypo Real Estate AG mit der Depfa plc (vgl. FTD vom 24.7.2007, Großfusion Deutscher Spezialbanken, S. 1).

312 Vgl. Vortmüller, Jumbo-Pfandbriefmarkt – was ändert das neue Gesetz?, in: I&F, 10/2005, S. 362.

313 So wurde Ende 2007 die angeschlagene SachsenLB an die Landesbank Baden Württemberg (LBBW) verkauf (vgl. FAZ vom 14.12.2007, Rettung der SachsenLB in letzter Sekunde, S. 12). Dagegen zeigte sich die Landesbank Hessen-Thüringen (Helaba) als ausersehener Fusionspartner der WestLB nach den zuletzt bekannt gewordenen Verlusten der WestLB aus der Finanzkrise abwartend (vgl. FAZ vom 22.1.2008, Sparkassen müssen zur Rettung der WestLB Reserven angreifen, S. 12).

III. PfandBG-Novelle 2009

Bereits Ende 2006 und damit nicht einmal zwei Jahre nach Inkrafttreten des PfandBG wurde mit den Arbeiten an einer PfandBG-Novelle begonnen[314]. Zu diesem Zeitpunkt hatte der Wettbewerb unter den covered bond-Systemen stark zugenommen und zu einem Abschmelzen des Renditeabstands zwischen dem Pfandbrief und seinen Nachahmerprodukten geführt[315]. Außerdem hatte sich der Anteil der Nachahmerprodukte am Gesamtumlauf gedeckter Schuldverschreibungen stark erhöht. Darüber hinaus wurde in der Entwicklung strukturierter covered bonds und der Spreizung der Pfandbriefratings eine Herausforderung gesehen[316].

Bestreben der Pfandbriefemittenten war es vor diesem Hintergrund, die Zukunft des Pfandbriefs unter Berücksichtigung seiner Attraktivität für die Emittenten und Investoren zu sichern, ohne Qualitätsansprüche an den Pfandbrief aufzugeben[317]. Zu diesem Zweck sollte neben Qualitäts- und technischen Verbesserungen insbesondere eine Steigerung der Nutzungseffizienz des PfandBG erreicht werden[318]. Unter dem Eindruck der Finanzkrise und aufgrund der hieraus resultierenden gesteigerten Risikosensibilität der Investoren wurden jedoch sämtliche Überlegungen zur Ausweitung des Deckungsgeschäfts (d.h. die Aufnahme von hypothekarisch besicherten Verbriefungstiteln (MBS) in den Deckungsstock für Hypothekenpfandbriefe, die Erhöhung der Beleihungsgrenze für Wohnungsbaufinanzierungen von 60 auf 80 % und die Ausweitung des Deckungsgeschäfts auf ausgewählte OECD-Länder) nicht weiterverfolgt[319]. Stattdessen konzentrierte sich das Gesetzgebungsverfahren in der Folge auf die Qualität des Pfandbriefs, technische Verbesserungen, Verbesserung der Konsortialfinanzierung sowie die Einführung des Flugzeugpfandbriefs[320].

---

314 Vgl. Rasche, Ein Jahr Pfandbriefgesetz – was hat es gebracht?, in: I&F, 14/2006, S.454 ; BörsenZ vom 12.5.2007, Pfandbriefgesetz auf dem Prüfstand – Verband diskutiert über Novellierung, S. 1; Frühauf, Sinneswandel bei den Pfandbriefbanken, in: BörsenZ vom 12.5.2007, S. 3; Horn/Bertram; Verstärkter Wettbewerb für deutsche Pfandbriefe – Vertragliche Konstruktionen ermöglichen höhere Flexibilität – Auf die wichtigsten Rating-Treiber achten, in: BörsenZ vom 23.6.2007, S. B7; LBBW, Covered Bonds Weekly, Nr. 43 vom 2.11.2007, S. 43 f.

315 Vgl. Bundesregierung, Entwurf eines Gesetzes zur Fortentwicklung des Pfandbriefrechts, Deutscher. Bundestag, Drucks. 16/11130 vom 1.12.2008, S. 1, 26.

316 Vgl. Hagen, Braucht das Pfandbriefgesetz eine Novelle?, in: I&F, 15/2007, S. 509.

317 Vgl. Stöcker, Novelle des Pfandbriefgesetzes, in: vdp, Der Pfandbrief, 2008/2009, S. 28.

318 Vgl. Rasche, Vorwort, in: vdp, Der Pfandbrief 2007, S. 4.

319 Vgl. Frühauf, Deckungsstock nicht verwässert, in: BörsenZ vom 25.8.2007, S. 4

320 Vgl. Bundesregierung, Entwurf eines Gesetzes zur Fortentwicklung des Pfandbriefrechts, Deutscher. Bundestag, Drucks. 16/11130 vom 1.12.2008, S. 1 f., 26; Stöcker, Novelle des Pfandbriefgesetzes, in: vdp, Der Pfandbrief, 2008/2009, S. 28. Zur Diskussion von Flugzeugpfandbriefen: Vgl. VÖB, Das neue PfandBG, S. 23; Kösters, Pfandbriefgesetz – Gewinn für den Finanzplatz Deutschland – Nord/LB erschließt neu eröffnete Möglichkeiten in der Refinanzierung – Regelungen für Luftfahrzeugpfandbriefe notwendig, in: BörsenZ vom 25.2.2006, S. B3; Reuleaux, Der zukünftige Luftfahrzeugpfandbrief: Ein „Internationales Sicherungsrecht" gemäß der Kapstadt-Konvention als vergleichbare Sicherheit i.S.d. § 22 Abs. 5 PfandBG?, in: ZBB, 6/2006, S. 463; Kösters, Pfandbriefrecht für eine zusätzliche Anlageklasse öffnen – Schaffung des Luftfahrzeugpfandbriefs wäre kein revolutionärer, sondern ein folgerichtiger Schritt zur weiteren Modernisierung des Gesetzes, in: BörsenZ, vom 23.6.2007, S. B3.

Die PfandBG-Novelle 2009 ist am 26.3.2009 in Kraft getreten[321]. Mit der PfandBG-Novelle 2009 wurde neben den vorgenannten Änderungen insbesondere ein Liquiditätspuffer zum Schutz vor Zahlungsstockungen nach der Insolvenz der Pfandbriefbank eingeführt[322]. Daneben führen eine Vielzahl technischer Änderungen u.a. zu einer Vereinfachung bei der Steuerung der Liquidität und Zinsdeckung, zur Aufhebung des Treuhändermitverschlusses und zu einer verbesserten Transparenz bei der Darstellung der Deckungswerte. Des Weiteren wird die Möglichkeit der Pfandbriefemission für kleinere Institute durch Erleichterungen bei der Konsortialfinanzierung geschaffen[323]. Hierfür wurden Schwierigkeiten aufgrund von das Deckungsregister betreffenden Regelungen des PfandBG einerseits und des Refinanzierungsregisters andererseits beseitigt. Dadurch wird sichergestellt, dass im Insolvenzfall eines Konsorten die Forderungen der anderen Konsorten angemessen abgesichert und damit deckungsfähig sind. Beim Öffentlichen Pfandbrief werden die Regelungen zur Deckungsfähigkeit an die im Jahr 2006 neu gefasste Bankenrichtlinie angepasst. Schließlich wird beim Schiffspfandbrief die Laufzeit von Schiffshypothekendarlehen von 15 auf 20 Jahre verlängert und die Flottenfinanzierung auch unter teilweiser Einbeziehung älterer Schiffe ermöglicht.

§ 6 Das Recht des UK Covered Bond

UK covered bonds sind ursprünglich als UK structured covered bonds, d.h. als vertragliche bzw. strukturierte gedeckte Schuldverschreibungen, auf der Basis des allgemeinen britischen Bankaufsichts-, Wertpapier-, Gesellschafts-, Insolvenz-, Vertrags- und Sachenrecht entwickelt worden. Maßgeblich für UK covered bonds sind insbesondere das common law sowie die Regulated Covered Bond Regulations 2008 (RCB Regulations 2008), das Regulated Covered Bond Specialist Sourcebook 2008, der Financial Services and Markets Act 2000 (FSMA 2000), der Companies Act 2006, der Companies Act 1989, der Companies Act 1985 (CA 1985), der Limited Liability Partnerships Act 2000 (LLPA 2000), die Limited Liability Partnerships Änderungsverordnung 2005, die Limited Liability Partnerships Verordnung 2001, der Buildings Societies Act 1986 (BSA 1986), der Enterprise Act 2002 (EA 2002), der Banking Act 2009, der Insolvency Act 1986 (IA 1986), die Insolvency Rules 1986 (IR 1986) und der Law of Property Act 1925 (LPA 1925).

Mangels einer gesetzlichen Emissionsgrundlage und einer besonderen öffentlichen Aufsicht, qualifiziert sich der UK covered bond in seiner ursprünglich entwickelten Form als UK structured covered bond nicht für die Privilegierungen des europä-

321 Vgl. BGBl. 2009, Teil I Nr. 16, Gesetz zur Fortentwicklung des Pfandbriefrechts, vom 20.3.2009, ausgegeben am 25.3.2009.

322 Vgl. Clifford Chance, Changes to the German Pfandbrief Act, in: Newsletter, March 2009.

323 Vgl. Mayer Brown, Stärkung der europaweiten Konsortialfinanzierung mit Hilfe der Finanzierungsregister durch das Gesetz zur Fortentwicklung des Pfandbriefrechts, in: Banking & Finance Update, April 22, 2009.

ischen Sekundärrechts. Zur Beseitigung dieses Wettbewerbsnachteils hat der britische Gesetzgeber im März 2008 mit den sog. UK Regulated Covered Bond Regulations 2008 (RCB Regulations 2008) bzw. dem UK Regulated Covered Bond einen entsprechenden gesetzlichen Regelungsrahmen geschaffen[324]. Primäres Ziel der RCB Regulations 2008 ist, die Erfüllung der Anforderungen des europäischen Sekundärrechts für gedeckte Schuldverschreibungen[325].

A. Allgemeine Rahmenbedingungen des englischen Rechts

Das englische Recht beruht in starkem Maße auf Rechtstraditionen, welche über Jahrhunderte hinweg entwickelt wurden[326]. Primäre Rechtsquelle des englischen Rechts ist das common law[327] (Kurzbezeichnung: law, adjektivisch: legal) und die equity der Kanzlergerichte[328] (Kurzbezeichnung: equity, adjektivisch: equitable). Dabei handelt es sich um konkurrierende Rechtssysteme[329].

Beherrschendes Grundprinzip des common law ist das Präzedenzsystem. Danach binden Entscheidungen höherer Gerichte die Untergerichte (binding decisions bzw. stare decisis doctrine), soweit deren Entscheidungen sich auf Sachverhalte beziehen, die denjenigen früherer Entscheidungen eines höheren Gerichts entsprechen. Zum common law ist auch das statutory law zu zählen[330]. Das statutory law ist der Teil des common law, der im Lauf der Zeit durch statutes kodifiziert worden ist. Bei statutes ist zu unterscheiden zwischen parlamentarischen (*acts of parliament* bzw. *primary legislation*) und nicht parlamentarischen statutes (*delegated legislation* in Form von orders and statutory rules, sog. by-laws)[331]. Obwohl die statutes nur als sekundäre Rechtsquelle bzw. Rechtsquelle „zweiten Ranges" gelten, binden sie die Gerichte und dienen insbesondere der Korrektur der Rechtsprechung[332]. Hauptanwendungs-

324 Vgl. Statutory Instruments, 2008, No. 346, Financial Services and Markets, The Regulated Covered Bond Regulations 2008.

325 Vgl. Ziffer 4, Explanatory Memorandum to the Regulated Covered Bond Regulations 2008; HM Treasury/FSA, Proposals for a Regulated Covered Bonds legislative framework, July 2007, p. 3.

326 Vgl. Zweigert/Kötz, Einführung in die Rechtsvergleichung auf dem Gebiet des Privatrechts, 3. Auflage, S. 177; Radbruch, Der Geist des englischen Rechts, S. 5.

327 Zur Bedeutung des common law als Gesamtbezeichnung für den englischen Rechtskreis im Unterschied zu den kontinentaleuropäischen Rechtssystemen (civil law), siehe Zweigert/Kötz, Einführung in die Rechtsvergleichung auf dem Gebiet des Privatrechts, 3. Auflage, S. 185.

328 Sog. Court of Chancery und Court of Appeal of Chancery.

329 Zum Ganzen ausführlich: von Bernstorff, Einführung in das englische Recht, 2. Auflage, 2000, S. 5 ff.

330 Vgl. Ward, Walker & Walker's English Legal System, p. 7.

331 Vgl. von Bernstorff, Einführung in das englische Recht, 2. Auflage, 2000, S. 11; Ward, Walker & Walker's English Legal System, p. 23 et seq.; Lyall, An Introduction to British Law, p. 85 et seq.

332 Vgl. Schmitthoff, Systemdenken und Fallrecht in der Entwicklung des englischen Privatrechts, JZ 1967, S. 1 ff.; Wagner-Döbler, Präjudizien in deutschen, englischen und U.S. amerikanischen Gerichtsentscheidungen, Ein quantitativer Vergleich, RabelsZ 59 (1995) S. 113 ff.; Bernstorff, Einführung in das englische Recht, 2. Auflage, 2000, S. 9.

bereich des statute law ist heute das sich schnell entwickelnde Handels-, Wirtschafts- und Bankrecht.

Das common law ist gekennzeichnet vom Rigorismus des aktionenrechtlichen Denkens und seinen starren Rechtsregeln, deren schematische Ergebnisse der Einzelfallgerechtigkeit entbehren[333]. Dem steht das Recht der equity (aequitas = Billigkeit, Gerechtigkeit) gegenüber, das Ausgleichs- und Ergänzungscharakter hat. Danach konnte sich ursprünglich derjenige, der aufgrund der strengen Formvorschriften, des numerus clausus der Klagemöglichkeiten sowie der Starrheit der materiellen Rechtsregeln des common law nicht zu seinem Recht gekommen waren, an den Monarchen bzw. dessen chancellor im Rahmen einer Gnadeninstanz wenden[334]. Der chancellor konnte die Durchsetzung des gerichtlich erworbenen Titels untersagen, wenn die Entscheidung des Gerichts gegen das allgemeine Gerechtigkeitsempfinden verstieß. Die Entscheidung änderte zwar nicht den Urteilsspruch, da für die equity der Grundsatz gilt „equity follows the law". Sie erklärte jedoch die Vollstreckung des Titels für unzulässig. Entscheidungen der equity hatten deswegen keine absolute Wirkung, sondern nur Wirkung für die betroffenen Parteien (*inter partes*)[335]. Aus der Entscheidungspraxis des chancellor und später der chancery division entwickelte sich die equity.

Das parallele Bestehen von common law und equity wurde durch den Judicature Act 1873/75 im Rahmen einer Reform des Prozess- und Gerichtsverfassungsrechts aufgehoben[336]. Seitdem haben alle englischen Gerichte sämtliche Regeln des englischen Rechts, gleichgültig ob common law oder equity, anzuwenden. Auf diesem Weg wurde eine Übernahme der Rechtsgrundsätze durch das andere Rechtssystem erreicht, wobei einerseits die equity nur die Lücken des common law ausfüllt (*equity follows the law*), andererseits aber dort, wo sich Kollisionen ergeben, den Grundsätzen der equity Vorrang zu geben ist (*equity shall prevail*)[337]. Auf diese Weise wird die materiellrechtliche Verschiedenheit der beiden Rechtsmassen fortgeführt.

B. Das allgemeine Bankaufsichtsrecht in Großbritannien

Eine allgemeine Bankaufsicht wurde in Großbritannien durch den Banking Act 1979 eingeführt. Mit diesem wurden die supranationalen Anforderungen an das Bankaufsichtsrecht des EU-Rechts und der internationalen Eigenkapitalvorschriften (Basel I) in britisches Recht umgesetzt. Die Aufsicht über Finanzdienstleistungsunternehmen ist in Großbritannien mittlerweile im Financial Services and Markets Act 2000 (FSMA 2000)[338] geregelt. Zuständig für die Finanzaufsicht ist die Financial

333 Vgl. Seif, Der Bestandsschutz besitzloser Mobiliarsicherheiten im deutschen und englischen Recht, 1997, S. 12.
334 Vgl. Ward, Walker & Walker's English Legal System, p. 5.
335 Vgl. Halsbury's Laws of England, vol. 16 (2), 4th Edition Reissue, 2003, para. 401, 551.
336 Vgl. Halsbury's Laws of England, vol. 16 (2), 4th Edition Reissue, 2003, para. 401, 496; Ward, Walker & Walker's English Legal System, p. 7.
337 Vgl. Kircher, Grundpfandrechte in Europa, 2004, S. 80.
338 Vormals UK Banking Act 1987.

Services Authority (FSA)[339]. Seit der Einführung des FSMA 2000 umfasst die sachliche Zuständigkeit der FSA das gesamte Bank-, Versicherungs- und Investmentaufsichtsrecht. Der FSMA 2000 regelt die Finanzaufsicht umfassend, insbesondere die Zulassung von und die Aufsicht über Finanzdienstleistungsunternehmen, die Erbringung von Finanzdienstleistungen und das Wertpapierrecht (Börsenzulassung und Wertpapierprospektrecht). Darüber hinaus beinhaltet der FSMA 2000 spezielle Regelungen für die Insolvenz von Finanzdienstleistungsunternehmen.

Die Umsetzung der neuen Eigenkapitalanforderungen für Kreditinstitute des zweiten Baseler Akkords erfolgte in Großbritannien im FSA Handbook[340]. Zu diesem Zweck wurde an Stelle des „interim prudential sourcebooks for banks (IPRU banks)" ein „prudential sourcebook applying generally to banks, building societies, investment firms and insurers (GENPRU)" und ein „prudential sourcebook applying specifically to banks, building societies and investment firms (BIPRU)" eingeführt[341]. Die Regelungen des IPRU banks werden daneben weiter in Bezug auf die Liquiditätsvorschriften Anwendung finden[342]. Die Umsetzung ist für Banken, die den modifizierten Standardansatz wählen, am 1.1.2007 bzw. für Institute, die den internen Ratingansatz wählen, am 1.1.2008 in Kraft getreten[343]. Die Regelungen der neu gefassten Bankenrichtlinie zu gedeckten Schuldverschreibungen wurden in Ziffer 3.4.106 bis 3.4.110 des BIPRU umgesetzt bzw. eingeführt.

Im Rahmen der Umsetzung der neu gefassten Bankenrichtlinie hat die FSA auch ihre Regulierung zum Immobilienkredit neu gefasst und in einem „prudential sourcebook for mortgage and home finance firms and insurance intermediaries (MIPRU)" als Teil des FSA Handbooks kodifiziert. Diese ersetzen den „Mortgage Conduct of Business Code (MCOB)" vom 31.10.2004, der den seit 1997 geltenden selbstregulierenden „Code of Mortgage Lending Practice" des Verbands der Immobiliakreditgeber (*Council of Mortgage Lenders*, CML) ablöste.

Mit dem Banking Act 2009 wurde in Großbritannien ergänzend zum FSMA 2000 ein besonderes Krisenregime zur Stabilisierung systemrelevanter Banken eingeführt.

---

339 Vgl. sec. 1 (1) FSMA 2000. Im Jahr 1998 wurde die Zuständigkeit für das Bankaufsichtsrecht vom Securities and Investments Board (SIB) unter der Bank of England auf die FSA übertragen.
340 Das FSA Handbook setzt sich zusammen aus diversen FSA rules, die die FSA auf der Grundlage der sec. 138 des FSMA 2000 in Bezug auf die Ausübung erlaubnispflichtiger Finanzdienstleistungsgeschäfte erlässt, die für alle Finanzdienstleistungsunternehmen bindend sind. Dem Erlass der FSA rules voraus geht gem. sec. 155 FSMA 2000 ein Konsultationsverfahren mit der Industrie.
341 Vgl. FSA, Consultation Paper, 06/10, Strengthening Capital Standards – Restructuring the Handbook, May 2006, p. 6; Oxford Capital Markets Law Journal, UK and EU, Vol. 1, No. 1, p. 116.
342 Vgl. FSA, Consultation Paper, 06/10, Strengthening Capital Standards – Restructuring the Handbook, May 2006, p. 12; FSA, Policy Statement, 06/8, Strengthening Capital Standards – Restructuring the Handbook – Feedback on CP06/10, p. 7.
343 Vgl. FSA, Consultation Paper 06/3, Strengthening Capital Standards 2, February 2006, p. 4, 10; FSA, Policy Statement, 06/6, Strengthening Capital Standards 2 – Feedback on CP 06/3, July 2006, p. 151 f.

C. Frühere Rechtsgrundlagen zur Ausgabe gedeckter Schuldverschreibungen im englischen Recht

Bereits Mitte des 19. Jahrhunderts wurde in Großbritannien mit dem Mortgage Debenture Act 1865 und dem Mortgage Debenture Amendment Act 1870 eine Rechtsgrundlage zur Ausgabe von gedeckten Schuldverschreibungen für Gesellschaften geschaffen, die Geld gegen Immobiliensicherheiten ausliehen[344]. Der Geschäftskreis dieser Gesellschaften war auf die Vergabe von Hypothekendarlehen und deren Refinanzierung durch Schuldverschreibungen beschränkt. Die registrierten Immobiliarsicherheiten hafteten ausschließlich für die Kapital- und Zinsansprüche der Schuldverschreibungsgläubiger. Soweit ersichtlich, kamen diese Gesetze allerdings nie zur Anwendung und waren im Jahr 1958 aufgehoben worden[345].

Auf dem Gebiet des landwirtschaftlichen Kredits hatte das britische Recht früher gedeckte Schuldverschreibungen vorgesehen. Diese hatten ihre Grundlage im Agricultural Credits Act (ACA) 1928, der zur Refinanzierung landwirtschaftlicher Kredite für die Agricultural Mortgage Corporation (ACM), einem Spezialinstitut in der Rechtsform einer Aktiengesellschaft, die Ausgabe von durch landwirtschaftliche Immobilienkredite gedeckten Schuldverschreibungen regelte[346]. Der ACA 1928 verlangte zwar keine bestimmte Deckung, schrieb aber vor, dass die landwirtschaftlichen Kredite durch erstrangige Hypotheken zu besichern sind, wobei eine Beleihungsgrenze von 66 % bei Tilgungsdarlehen und von 50 % bei endfälligen Darlehen einzuhalten war. Nach dem ACA war die Ausgabe der Schuldverschreibungen (*debentures*) durch ein dingliches Recht (*charge*) an dem gesamten beweglichen und unbeweglichen, gegenwärtigen und zukünftigen Vermögen der ACM zu sichern, wodurch den Inhabern der Schuldverschreibungen ein vorrangiges Befriedigungsrecht am gesamten gegenwärtigen und zukünftigen Vermögen der ACM eingeräumt wurde. Die Bedeutung dieser Refinanzierungsform war allerdings immobilienwirtschaftlich zu vernachlässigen, da sie gesetzlich auf den landwirtschaftlichen Sektor beschränkt war. Im Jahr 1991 hob der Gesetzgeber deswegen den Agricultural Credits Act auf[347].

---

344 Vgl. Pleyer, Das Recht der Hypothekenbanken in Europa, 1981, S. 17, 30, 297 ff. (mit Auszug aus dem Mortgage Debenture Act 1865, 1870).
345 Vgl. Pleyer, Das Recht der Hypothekenbanken in Europa, 1981, S. 23.
346 Vgl. Pleyer, Das Recht der Hypothekenbanken in Europa, 1981, S. 23 ff., 301 ff. (mit Auszug aus dem Agricultural Credits Act 1928 und dem Memorandum of Association der Agricultural Mortgage Corporation Limited).
347 Vgl. Agricultural and Forestry (Financials Provisions) Act 1991 (c. 33) of 25.7.1991; Statutory Instrument 1991 No. 1937 (C. 54) The Agricultural Mortgage Corporation (Specified Say of Repeals) Order 1991 of 20.8.1991; Kern, Die Sicherheit gedeckter Wertpapiere, S. 125.

D. Die Einführung einer gesetzlichen Emissionsgrundlage in Großbritannien

Großbritannien hatte im Jahr 2001 noch davon abgesehen, den Art. 22 Abs. 4 der OGAW-Richtlinie umzusetzen und einen gesetzlichen Regelungsrahmen für gedeckte Schuldverschreibungen einzuführen. Obwohl einige Marktteilnehmer aus Gründen der zukünftigen Flexibilität eine Umsetzung gefordert hatten, wurde aufgrund mangelnder Nachfrage für diese Art von Finanzinstrument im britischen Markt und unter Verweis auf die dänische Herkunft des Art. 22 Abs. 4 der OGAW-Richtlinie verzichtet[348]. Nach der Erstemission des UK structured covered bond im Juni 2003 wurde in Großbritannien erneut und v.a. intensiver über die Einführung einer gesetzlichen Emissionsgrundlage diskutiert[349]. Nachdem die Übergangsfrist zur Einführung einer Regelung für covered bonds des Art. 63 Abs. 2 der konsolidierten Bankenrichtlinie abgelaufen war, eröffnete sich erst im Rahmen der Umsetzung der neu gefassten Bankenrichtlinie eine erneute Möglichkeit, entsprechende Regelungen auch in Großbritannien einzuführen[350].

I. Der Vorschlag des Financial Markets and Law Committee

Die FSA lehnte ursprünglich für UK structured covered bonds eine privilegierte Risikogewichtung von 10 % unter Anwendung der Übergangsvorschrift des Art. 63 Abs. 2 der konsolidierten Bankenrichtlinie ab. Dies war aufgrund der fehlenden gesetzlichen Emissionsgrundlage sowie der besonderen öffentlichen Aufsicht, die Art. 22 Abs. 4 der OGAW-Richtlinie zwingend voraussetzt, konsequent. Allerdings stellte dies einen Wettbewerbsnachteil für UK structured covered bonds dar[351].

Bereits kurze Zeit nach der Debütemission des UK structured covered bond stellte Miles in einer Untersuchung im Auftrag des britischen Finanzministeriums zur Reorganisation des britischen Realkreditmarkts fest, dass der in Großbritannien

348 Vgl. FSA, Consultation Paper, 135, New Collective Investment Scheme products – Proposal to implement the UCITS Amending Directive (2001/108/EEC), April 2002, p. 22; FSA, Policy Statement, New Collective Investment Scheme products – Proposal to implement the UCITS Amending Directive (2001/108/EEC), October 2002, p. 14.

349 Vgl. Nasarre-Aznar, Securitisation & mortgage bond: Legal aspects and harmonisation in Europe, Cambridge, 2004, p. 75 et seq.; Clist/Rhodes (Allen&Overy), Covered bonds in the spotlight, 8.6.2006.

350 Vgl. FSA, Consultation Paper, 06/3, Strengthening Capital Standards 2, February 2006, p. 163.

351 Vgl. EMF, Mortgage Info No. 9, 2003, p. 3; The Banker, Are you in?, 4.11.2004, S. 9. Vorgebracht wurde dagegen, dass die EU-Kommission eine privilegierte Risikogewichtung der nach Ablauf der Übergangsfrist geschaffenen irischen asset covered securities erlaubte und der UK structured covered bond die sonstigen Anforderungen des Art. 22 Abs. 4 der OGAW-Richtlinie aufgrund des besonders kreditgeberfreundlichen insolvenzrechtlichen Umfelds in Großbritannien erfüllt. Vgl. Evans, Regulatory haze obscures UK Pfandbrief issues, in: Euromoney, 8/2003; Evans, Regulatory confusion casts shadow over launch of UK Pfandbriefe, in: IFLR, 8/2003, p. 7; Hardman, Covered bonds face tough questions in the UK, in: IFLR, Supplement, The 2005 Guide to Structured Finance, p. 63.

geringe Marktanteil längerfristiger festverzinslicher Immobilienkredite u.a. auf das Fehlen einer gesetzlichen Emissionsgrundlage für gedeckte Schuldverschreibungen in Großbritannien zurückzuführen ist[352]. Er wies darauf hin, dass das Erfordernis einer gesetzlichen Emissionsgrundlage möglicherweise durch die Einführung entsprechende Vorschriften der FSA (sog. FSA rules) erreicht werden kann. Schließlich soll die FSA bereits zu diesem Zeitpunkt in einer vorläufigen internen Stellungnahme, vorbehaltlich einer abschließenden Prüfung, das allgemeine britische Insolvenzrecht für ausreichend gehalten haben, um ein vorrangiges Befriedigungsrecht zu schaffen, welches den Anforderungen des Art. 22 Abs. 4 der OGAW-Richtlinie entspricht[353].

In der Folge unterbreitete im Januar 2006 das britische Financial Markets Law Committee (FMLC)[354] einen Vorschlag zur Umsetzung des Art. 22 Abs. 4 der OGAW-Richtlinie im britischen Recht[355]. Das FMLC, das sich grundsätzlich Fragen der Rechtsunsicherheit widmet, wies darin ausdrücklich auf den Bedarf und das Verlangen des Markts nach einer gesetzlichen Emissionsgrundlage hin. Das FMLC machte deutlich, dass es im britischen System bislang nicht zur Entwicklung einer gesetzlichen Grundlage gekommen war, da sich in diesem die mit der Pfandbrieffrage verbundenen Probleme aufgrund der besonderen Gläubigerfreundlichkeit des englischen Insolvenzrechts nicht gestellt hatten[356]. In diesem Zusammenhang stellte das FMLC fest, dass im englischen Recht ein vorrangiges Befriedigungsrecht bereits durch die Vollrechtsübertragung des Sicherungsgegenstands auf eine insolvenzfeste Zweckgesellschaft und die Garantie der Verpflichtungen unter den gedeckten Schuldverschreibungen durch diese Zweckgesellschaft erreicht werden kann[357]. Konsequenterweise hielt das FMLC eine gesetzliche Regelung des vorrangigen Befriedigungsrechts für nicht notwendig, sondern nur eine gesetzliche Regelung der zulässigen Deckungswerte, der notwendigen Überdeckung und der Struktur des UK structured covered bond für erforderlich[358].

---

352 Vgl. Miles, The UK Mortgage Market: Taking a Longer-Term View, Final Report and Recommendations, March 2004, p. 76 para. 7.9 et seq.
353 Vgl. Miles, The UK Mortgage Market: Taking a Longer-Term View, Final Report and Recommendations, March 2004, p. 78 para. 7.15 et seq.
354 Aufgabe des FMLC ist die Identifizierung von gegenwärtigen und künftigen Sachverhalten mit Rechtsunsicherheit im Zusammenhang mit dem Finanzmarkt, die wesentliche Risiken mit sich bringen sowie die Erarbeitung von Lösungsvorschlägen für derartige Sachverhalte. Das FMLC ist besetzt mit Hochschullehrern, Mitarbeitern und Anwälten des Finanzministeriums, der Law Commission, der Bank of England, der FSA, sowie Banken und Anwaltskanzleien. Vgl. FMLC, Issue 55 – Asset-Backed Bonds, January 2006, p. 4, 17.
355 Vgl. FMLC, Issue 55 – Asset-Backed Bonds, January 2006, p. 4. Das FMLC hat das Fehlen gesetzlicher Rahmenbedingungen für Verbriefungen und insbesondere die Klärung der Rechte der Hypothekarkreditnehmer und Anleger, der Verbriefungsstruktur, der Übertragung der Hypothekarkredite und die Hindernisse des genossenschaftlichen Charakters der Building Societies bereits früher kritisiert. Vgl. Nasarre-Aznar, Securitisation & mortgage bonds, legal aspects and harmonisation in Europe, p. 25.
356 Vgl. FMLC, Issue 55 – Asset-Backed Bonds, January 2006, p. 7.
357 Vgl. FMLC, Issue 55 – Asset-Backed Bonds, January 2006, p. 7.
358 Vgl. FMLC, Issue 55 – Asset-Backed Bonds, January 2006, p. 9. Insofern übereinstimmend: Vgl. FSA, Consultation Paper, 06/3, Strengthening Capital Standards 2, February 2006, p. 163.

Das FMLC diskutierte sowohl eine Selbstregulierungslösung durch einen Emittentenverband als auch den Erlass von FSA rules gem. § 138 FSMA 2000. Den Erlass von FSA rules sah das FMLC jedoch mit Rechtsunsicherheit verbunden, da diese keine ausreichende Gesetzesgrundlage im Sinne des Art. 22 Abs. 4 der OGAW-Richtlinie bilden und teilte insofern die Bedenken anderer Diskussionsteilnehmer[359]. Eine Selbstregulierungslösung hielt das FMLC für nicht ausreichend und darüber hinaus für kaum umsetzbar und schwierig weiter zu entwickeln. Stattdessen schlug das FMLC dem britischen Finanzministerium eine Legislativlösung des folgenden Inhalts vor[360]:

- Die FSA soll ein Verzeichnis für gedeckte Schuldverschreibungen von britischen Kreditinstituten ein- und fortführen.
- Britischen Kreditinstituten soll das Recht eingeräumt werden, einen Antrag auf Eintragung einer von ihnen begebenen gedeckten Schuldverschreibung stellen zu dürfen. Der Antrag muss den Umfang der Deckung und die Natur und Zusammensetzung der Deckungswerte beschreiben.
- Der Antrag auf Eintragung ist zuzulassen, wenn:
  - Die gedeckte Schuldverschreibung während ihrer gesamten Laufzeit zu 100 % mit zulässigen Deckungswerten, welche entweder durch die FSA oder durch ein Gesetz in Übereinstimmung mit den Anforderungen der neu gefassten Bankenrichtlinie zu definieren sind, gedeckt ist;
  - die FSA durch eine entsprechende Bestätigung vom emittierenden Kreditinstitut in Bezug auf die Anleihebedingungen überzeugt ist, dass die Voraussetzungen des Art. 22 Abs. 4 der OGAW-Richtlinie erfüllt sind; und
  - alle sonstigen aus Sicht der FSA erforderlichen Voraussetzungen erfüllt sind.
- Regelungen sind zu erlassen hinsichtlich der Überwachung und Veröffentlichung, die sicherstellen sollen, dass zu jeder Zeit der Umfang der Deckungsmasse entweder dem erforderlichen Mindestumfang oder dem im Antrag spezifizierten Umfang entspricht.
- Die Konsequenzen einer Verletzung sowie die Streichung der Eintragung aus dem Verzeichnis liegen im Ermessen der FSA.
- Die FSA ist befugt, Maßnahmen im Fall einer Verletzung der Deckungsvorschriften zu ergreifen.
- Die Sonderung der Deckungswerte und der gedeckten Schuldverschreibungen in der Insolvenz des Emittenten ist zu bestätigen (wobei die Bestätigung vorbehaltlich einer Anfechtung aufgrund betrügerischen oder kollusiven Verhaltens abgegeben können werden soll).

Zur Umsetzung dieses Vorschlags sah das FMLC den ministeriellen Erlass einer order auf der Ermächtigungsgrundlage der sec. 426 des FSMA 2000 im Rahmen der sog. delegated legislation als ausreichend an.

---

359 Vgl. FMLC, Issue 55 – Asset-Backed Bonds, January 2006, p. 11.
360 Vgl. FMLC, Issue 55 – Asset-Backed Bonds, January 2006, p. 12 f.

II. Die Regulated Covered Bond Regulations 2008

Zur Einführung einer gesetzlichen Emissionsgrundlage für UK covered bonds hatte die FSA im Februar 2006 mit dem Konsultationspapier 06/3 (CP 06/3) ein Konsultationsverfahren eingeleitet[361]. Dazu veranlasst hatte die FSA und das britische Finanzministerium u.a., dass UK structured covered bonds auf einem akzeptierten Marktstandard basieren und von einem hohen Grad an Rechtssicherheit profitieren[362]. Im Juli 2007 war ein weiteres Konsultationsverfahren im Rahmen eines formellen Gesetzgebungsverfahrens auf der Basis eines veröffentlichten Entwurfs einer gesetzlichen Emissionsgrundlage den sog. Regulated Covered Bonds Regulations (RCB Regulations) durchgeführt worden[363].

Erlassen wurden die Regulated Covered Bond Regulations 2008 (RCB Regulations 2008) vom britischen Finanzministerium auf der Ermächtigungsgrundlage der sec. 2(2) des FSMA 2000[364]. Dem Parlament vorgelegt wurden die RCB Regulations 2008 am 14.2.2008. Inkraftgetreten sind die RCB Regulations 2008 am 6.3.2008. Die RCB Regulations 2008 gelten in England und Wales sowie in Schottland und Nordirland[365]. Die RCB Regulations 2008 finden ergänzend zu den allgemeinen bankaufsichtrechtlichen Regeln des FSMA 2000 Anwendung[366].

Die RCB Regulations 2008 sollten ursprünglich bereits am 1.1.2008 Inkrafttreten. Hintergrund für die Verzögerung waren signifikante Änderungswünsche am Gesetzentwurf aus der Konsultationsphase[367]. Diese zielten angesichts der heraufziehenden Finanzkrise im Wesentlichen auf eine höhere Qualität bei den Deckungswerten und auf einen weniger flexiblen Regelungsansatz ab und betrafen primär ein sog. integrated Modell[368]. Ursprünglich war vorgesehen, neben den in Großbritannien üblichen UK structured covered bonds mit einer Zweckgesellschaft als Rechtsträgerin der Deckungsmasse (sog. SPV-Modell) ein integriertes covered bond-

---

361 Vgl. FSA, Letter of Intent, Covered Bonds, 7.2.2006; HM Treasury/FSA, Proposals for a UK Regulated Covered Bonds legislative framework, July 2007, para. 3.1. Der FSA war u.a. die Beteiligung des European Covered Bond Council am Konsultationsverfahren wichtig (vgl. FSA, UK Covered Bond Update, European Covered Bonds Council Plenary Meeting, Presentation, Zürich, 7.2.2006); Euromoney, UK gains parity, March 2006, p. 23.
362 Vgl. Written ministerial statement, in: Hansard, 29.6.2006.
363 Vgl. HM Treasury/FSA, Proposals for a UK Regulated Covered Bonds legislative framework, July 2007.
364 Vgl. Statutory Instruments 2008, No. 346, Financial Services and Markets, The Regulated Covered Bonds Regulations, 13.2.2008; Linklaters, Regulated Covered Bonds. Covered., March 2008; Cadwalader, Clients&FriendsMemo, Regulated Covered Bonds 2008, 13.2.2008; Mayer& Brown, Finance Legal Bulletin, UK Regulated Covered Bond Regulations 2008, March 2008.
365 Vgl. Ziffer 5.1, Explanatory Memorandum to the Regulated Covered Bond Regulations 2008.
366 Vgl. HM Treasury/FSA, Proposals for a UK Regulated Covered Bonds legislative framework, July 2007, para. 3.11.
367 Vgl. Euromoney, Call for covered bond calm in face of delay, December 2007, p. 29.
368 Vgl. Ziffer 7.5, Explanatory Memorandum to the Regulated Covered Bond Regulations 2008; HM Treasury, Proposals for a UK Recognised Covered Bonds legislative framework: Summary of responses and final Impact Assessment, February 2008, para. 1.7 et seq.; Clist/Rhodes (Allen&Overy), New UK covered bond regime: from good to gold?, 29.4.2008.

Modell zu schaffen, bei dem die Deckungsmasse unmittelbar in der Bilanz der Emittentin bleibt (sog. integrated Modell). Dieses hätte in seinen Grundzügen seinen europäischen Pendants entsprochen. Letztlich wurde auf das integrated Modell in den RCB Regulations 2008 aufgrund der hieran geäußerten Zweifel und den damit verbundenen erforderlichen Anpassungen am britischen Insolvenzrecht verzichtet. Der Gesetzgeber hat angekündigt, das integrated Modell im Rahmen einer künftigen Überarbeitung erneut prüfen[369].

Mit Wirkung ab 22.7.2008 wurden die RCB Regulations 2008 durch die Regulated Covered Bond (Amendement) Regulations 2008 geändert und ergänzt, ohne das wesentliche Konzept zu verändern[370]. In diesem Zusammenhang wurde klargestellt, dass auch Building Societies zur Emissions von UK Regulated Covered Bonds zuzulassen sind, soweit sie die Anforderungen der RCB Regulations 2008 erfüllen[371].

1. Ziel und Regelungsansatz der RCB Regulations 2008

Ziel der RCB Regulations 2008 ist, einen regulatorischen Ordnungsrahmen und ein besonderes Aufsichtsregime einzuführen, der jeweils die Anforderungen des europäischen Sekundärrechts für gedeckte Schuldverschreibungen erfüllt[372]. Es sollen gleiche Wettbewerbsbedingungen für britische Emittenten geschaffen werden und der Zugang zu den privilegierten Eigenkapitalanforderungen für gedeckte Schuldverschreibungen eröffnet werden, um auf diese Weise u.a. die Effizienz auf dem britischen Kapitalmarkt zu verbessern[373].

Von der Einführung eines UK Regulated Covered Bond-Systems erwartet die FSA u.a.[374]: (i) für den institutionellen Kapitalmarkt Erleichterungen für die Entwicklung eines hochliquiden, langfristigen und kostengünstigen Finanzinstruments; (ii) für Emittenten und Anleger gleichermaßen die Verbesserung eines hoch effektiven Instruments für das Management langfristiger Liquiditäts- und Zinsrisiken; (iii) für die Makroökonomie eine größere Vielfalt und Effizienz auf den Anlagemärkten; (iv) für die Konsumenten die Entwicklung eines langfristig festverzins-

369 Vgl. HM Treasury, Proposals for a UK Recognised Covered Bonds legislative framework: Summary of responses and final Impact Assessment, February 2008, para. 1.12.

370 Vgl. Statutory Instruments 2008, No. 1714, Financial Services and Markets, The Regulated Covered Bonds (Amendment) Regulations, 30.6.2008; Linklaters, Covered Bonds Update, July 2008.

371 Vgl. sec. 2(2)(a) RCBR (Amendment) 2008.

372 Vgl. HM Treasury/FSA, Proposals for a UK Regulated Covered Bonds legislative framework, July 2007, p. 3 and para. 1.23 et seq.; Ziffer 2.1, Explanatory Memorandum to the Regulated Covered Bond Regulations 2008.

373 Vgl. Written ministerial statement, in: Hansard, 29.6.2006.

374 Vgl. HM Treasury/FSA, Proposals for a UK Regulated Covered Bonds legislative framework, July 2007, para. 3.1; FSA, Consultation Paper, 06/3, Strengthening Capital Standards 2, February 2006, p. 164; Tiner (Chief Executive, FSA), European Mortgage Federation conference, Brussels, 22.11.2006.

lichen Immobilienfinanzierungsmarkts; (v) für britische Emittenten eine mögliche Verringerung der Zinsspreads für UK covered bonds; und (vi) für Anleger die den Eigenkapitalanforderungen der Kapitaladäquanzrichtlinie unterliegen eine privilegierte aufsichtliche Eigenkapitalgewichtung wie für andere gedeckte Schuldverschreibungen.

Seinem Regelungsansatz nach handelt es sich bei den RCB Regulations 2008 um einen regulatorischen Ordnungsrahmen (*principles-based approach*)[375]. Daneben liegt den RCB Regulations 2008 das Prinzip der senior Management Verantwortung, des risikobasierten Einsatzes der Ressourcen der FSA und der bestehenden Marktstandards zu Grunde[376].

Mit den RCB Regulations 2008 sollten alle bisherigen UK structured covered bonds auf eine einheitliche gesetzliche Grundlage gestellt werden[377]. Ein etwaiger aus der Gesetzgebung resultierender Änderungsbedarf der existierenden UK structured covered bond-Emissionsprogramme sollte möglichst gering gehalten werden. Zu diesem Zweck erkennen die RCB Regulations 2008 das etablierte Modell der UK structured covered bonds an[378]. Dadurch sollen alle vor dem Inkrafttreten der RCB Regulations 2008 platzierten UK structured covered bonds von den RCB Regulations 2008 umfasst werden.

Mit dem ‚principles-based'-Regelungsansatz, der bewusst auf eine hohe Regelungstiefe verzichtet, sollte eine flexible gesetzliche Emissionsgrundlage geschaffen werden, welche von den Emittenten als Ausgangspunkt für die vertragliche Ausgestaltung der UK Regulated Covered Bonds nach den individuellen Bedürfnissen der Emittenten und Anleger genutzt werden kann[379]. Dies wird erreicht, indem die Regelungen der RCB Regulations 2008 quasi über den bestehenden vertraglichen Abreden des UK structured covered bonds „schweben" (*float*)[380]. Dadurch soll die Entwicklung neuer Produkte, Marktinnovationen, Marktwettbewerb und Marktwachstum bei gleichzeitig hohem Schutz der UK Regulated Covered Bond-Gläubiger gefördert werden[381]. Zur Sicherstellung des Vertrauens der Anleger in UK Regulated Covered Bonds und zur Schaffung eines liquiden Markts wurden erhebliche Anpassungen am ursprünglichen Entwurf der RCB Regulations 2008 vorgenommen und sog. „quality marker" v.a. betreffend die Deckungsstockfähigkeit und Be-

---

375 Vgl. HM Treasury/FSA, Proposals for a UK Regulated Covered Bonds legislative framework, July 2007, para. 2.9; Regulatory Impact Assessment, para. 4.9 et. seq.
376 Vgl. HM Treasury/FSA, Proposals for a UK Regulated Covered Bonds legislative framework, July 2007, para. 3.7.
377 Vgl. Written ministerial statement, in: Hansard, 29.6.2006.
378 Vgl. Ziffer 7.3, Explanatory Memorandum to the Regulated Covered Bond Regulations 2008.
379 Vgl. HM Treasury/FSA, Proposals for a UK Regulated Covered Bonds legislative framework, July 2007, para. 2.11.
380 Vgl. HM Treasury/FSA, Proposals for a UK Regulated Covered Bonds legislative framework, July 2007, para. 2.55.
381 Vgl. HM Treasury/FSA, Proposals for a UK Regulated Covered Bonds legislative framework, July 2007, para. 1.24, 1.26.

legenheit von Deckungswerten, die zulässigen Emittenten und den Umfang der besonderen öffentlichen Aufsicht eingefügt.

Die RCB Regulations 2008 verbieten nicht die Emission von UK structured covered bonds außerhalb des gesetzlichen Regelungsrahmens auf rein vertraglicher Basis[382]. Im Ergebnis können in Großbritannien künftig alternativ UK Regulated Covered Bonds oder UK structured covered bonds zur Refinanzierung verwendet werden. Im ersten Fall sind die Emittenten gezwungen die Regelungen der RCB Regulations 2008 einzuhalten bzw. unterwerfen sich die Emittenten der besonderen Aufsicht der FSA. Im Gegenzug erlangen die Emittenten Zugang zu den Privilegierungen des europäischen Sekundärrechts. Bis heute sind insgesamt acht Emittenten in das sog. Regulated Covered Bond Register der FSA aufgenommen worden[383].

2. Aufbau der RCB Regulations 2008

Die RCB Regulations 2008 sind folgendermaßen gegiedert: einen ersten allgemeinen Teil mit Definitionen (Ziffer 1 bis 5); einen zweiten Teil, der die allgemeine Zuständigkeit der FSA regelt (Ziffer 6); einen dritten Teil, der die Zulassung der UK Regulated Covered Bonds regelt (Ziffer 7 bis 14); einen vierten Teil mit Vorschriften für zugelassene UK Regulated Covered Bond-Emittenten, (Ziffer 15 bis 20); einen fünften Teil mit Vorschriften für den Rechtsträger (*owner*) der Deckungsmasse (Ziffer 20 bis 26); einen sechsten Teil mit Regelungen zur Rangfolge der Ansprüche gegen die Deckungsmasse in der Insolvenz (Ziffer 27 bis 29); einen siebten Teil mit Vollzugsregelungen (Ziffer 30 bis 40); sowie einen achten und neunten Teil mit sonstigen Vorschriften. Darüber hinaus modifiziert das Schedule 1 der RCB Regulations 2008 einige Vorschriften des Insolvency Act 1986 zu Gunsten der UK Regulated Covered Bonds.

Aus den RCB Regulations 2008 ausgelagert sind konkretisierende Regelungen für das Aufsichtsregime der UK Regulated Covered Bonds. Diese sind im Regulated Covered Bonds Specialist Sourcebook geregelt, das u.a. die Anmeldung zur Anerkennung der UK Regulated Covered Bonds bei der FSA, Anzeigepflichten gegenüber der FSA, den Vollzug durch die FSA und die Gebühren der FSA regelt.

---

382 Vgl. reg. 15(3) RCB Regulations 2008.

383 Abbey National Treasury Services plc, Alliance & Leicester plc, Barclays Bank plc, Bank of Scotland (HBOS), HSBC Bank plc, Leeds Building Society, Nationwide Building, Yorkshire Building Society. Vgl. http://www.fsa.gov.uk/Pages/Register/rcb_register/index.shtml, Stand 13.6.2009. Die beiden verstaatlichten Institute Northern Rock und Bradford & Bingley stehen nicht auf der Liste.

E. Die vertraglichen Regelungen des UK Covered Bond

UK covered bonds, d.h. sowohl UK Regulated Covered Bonds als auch UK structured covered bonds, liegt ein Vertragswerk – je nach der konkreten Gestaltung im Einzelfall – bestehend aus insgesamt bis zu zwanzig Verträgen zu Grunde[384]. Das Gesamtvertragswerk wird dabei typischerweise in einem sog. programme agreement und einem sog. master definitions and construction agreement vereinbart.

Ausgegeben wird ein UK covered bond von einem Kreditinstitut oder einer Finanzierungstochtergesellschaft eines Kreditinstituts. Letzterenfalls werden die UK covered bonds durch die Muttergesellschaft garantiert (*group guarantee*). Die UK covered bonds werden aufgrund eines Schuldverschreibungstreuhandvertrags (*trust deed*) an einen Schuldverschreibungstreuhänder (*bond trustee*), der diese für die Gläubiger treuhänderisch hält, ausgegeben. Der Schuldverschreibungstreuhandvertrag beinhaltet eine sog. covered bond-Garantie, in der sich die UK covered bond LLP gegenüber dem Schuldverschreibungstreuhänder bzw. den covered bond-Gläubigern für die Erfüllung der Zins- und Rückzahlungsverbindlichkeiten des Emittenten verpflichtet.

Die Verfassung der LLP als insolvenzfeste Deckungsmasse wird von deren Gesellschaftern ihrer Satzung festgelegt. Für den Fall der liquidation der LLP schließen die Gesellschafter zusätzlich mit dem zur liquidation beauftragten Gesellschafter (*liquidation member*) einen Geschäftsbesorgungsvertrag (*corporate services agreement*).

Finanziert wird die LLP in erster Linie durch ein Gesellschafterdarlehen (*intercompany loan*) des Emittenten, unter dem die Emissionserlöse aus den UK covered bonds an die LLP weitergeleitet werden. Daneben finanziert sich die LLP durch Einlagen ihrer Gesellschafter.

Der Erwerb der Immobilienkredite und ihrer Sicherheiten als Deckungswerte ist geregelt im Hypothekenkauf- und Abtretungsvertrag (*mortgage sale agreement*) zwischen dem Emittenten oder einer zur Unternehmensgruppe des Emittenten gehörenden Gesellschaft und der LLP sowie einem Sicherheitentreuhänder (*security trustee*). Zur Besicherung des Anspruchs der Gläubiger aus der covered bond-Garantie und der Ansprüche der anderen Beteiligten des UK covered bond gegenüber der LLP wird in der Schuldverschreibungstreuhandvereinbarung die dingliche Belastung des gesamten gegenwärtigen und zukünftigen Vermögens der LLP vereinbart. Zu diesem Zweck wird in einer Sicherheitenvereinbarung zwischen der LLP und dem

---

384 Zum Vertragswerk des UK covered bond gehören: (1) Schuldverschreibungstreuhandvertrag (*trust deed*), (2) LLP-Satzung (*LLP deed*), (3) Sicherungsvereinbarung (*deed of charge*), (4) Gesellschafterdarlehen (*intercompany loan agreement*), (5) Hypothekenkauf- und Abtretungsvertrag (*mortgage sale agreement*), (6) Servicing-Vereinbarung, (7) Cash Management-Vertrag, (8) asset monitor Vertrag, (9) Interest Swapverträge, (10) covered bond Swapverträge, (11) Kontoführungsverträge, (12) stand-by Kontoführungsverträge, (13) Verträge über garantierte Kapitalanlagen, (14) stand-by Verträge über garantierte Kapitalanlagen, (15) Zahlungsverträge (*agency agreement*) und (16) ein corporate services Vertrag.

Sicherheitentreuhänder, Schuldverschreibungstreuhänder und anderen beteiligten Parteien eine fixed und floating charge ersten Ranges am gesamten Vermögen der LLP bestellt, die von dem Sicherheitentreuhänder gehalten wird.

Zur Verwaltung der Deckungswerte schließen die LLP und der Sicherheitentreuhänder mit dem Emittenten und/oder der Muttergesellschaft eine Servicing-Vereinbarung (*servicing agreement*). Daneben wird mit einer Wirtschaftsprüfungsgesellschaft die jährliche Überwachung der Deckung in einer sog. asset cover monitor-Vereinbarung vereinbart.

Für die Erbringung bestimmter cash management services schließt die LLP mit dem Emittenten und/oder der Muttergesellschaft eine sog. cash management-Vereinbarung. Ferner werden Bankkontoführungsverträge zur allgemeinen Zahlungsabwicklung und ein sog. Vertrag über garantierte Kapitalanlagen (*guaranteed investment contract*) zur Anlage der freien Deckungsmittel, in der Regel mit dem Emittenten und/oder der Muttergesellschaft abgeschlossen. Daneben werden mit einem anderen Dienstleister ein sog. stand-by bank account agreement und ein sog. stand-by guaranteed investment contract vereinbart. Schließlich werden von der LLP zur Absicherung gegen Zinsänderungs-, Währungs- und sonstige Risiken diverse Swapverträge abgeschlossen (sog. *interest rate swap agreements* und *covered bond swap agreements*).

Aufgrund ihres rein vertraglichen Charakters sind die UK covered bond-Programme grundsätzlich jederzeit abänderbar. Allerdings ist eine Abänderung oder Modifizierung der Vereinbarungen jeweils mit Zustimmung des Schuldverschreibungstreuhänders zulässig. Dies setzt voraus, dass die geplanten Abänderungen oder Modifizierungen nach Ansicht des Schuldverschreibungstreuhänders zweckdienlich sind und zu keiner wesentlichen Benachteiligung der Interessen der Gläubiger der UK covered bonds führen. Die Zustimmung der Gläubiger der UK covered bonds ist dagegen nicht erforderlich. Allerdings haben diese das Recht Anweisungen gegenüber dem Schuldverschreibungstreuhänder in der Gläubigerversammlung zu beschließen. Alle untersuchten UK covered bond-Programme sahen zudem Anpassungsklauseln für den Fall der Einführung eines gesetzlichen covered bond-Systems in Großbritannien vor.

Abbildung 9: Übersicht über ausgewählte Emissionsprogramme von UK covered bond-Emittenten

	Abbey National	Bradford & Bingley	HBOS	HSBC	Nationwide BS	Northern Rock	Yorkshire BS
Volumen des Covered-Bond-Programms in EUR	12 Mrd.	10 Mrd.	25 Mrd.	15 Mrd.	14 Mrd.	10 Mrd.	7,5 Mrd.
Maximaler Beleihungswert (= Beleihungsgrenze; LTV) auf indexierter Basis)	75 %	75 %	60 %	75 %	75 %	75 %	75 %
Bewertungsgrundsätze	Halifax House Price Index als Referenzindex; Preisanstiege fließen nur zu 85 %, Preisrückgänge hingegen zu 100 % in die Berechnung des Beleihungswerts ein[385]						
Deckungswerte	erstrangige Hypothekendarlehen an Privatpersonen für wohnwirtschaftliche Zwecke in England, Wales, Schottland und Nordirland	erstrangige Hypothekendarlehen an Privatpersonen für wohnwirtschaftliche Zwecke in England, Wales, und Schottland		erstrangige Hypothekendarlehen an Privatpersonen für wohnwirtschaftliche Zwecke in England, Wales, Schottland und Nordirland			
Behandlung von notleidenden Hypothekendarlehen	Anrechnung nur bis max. 40 %, wenn LTV=75 %; 25 %, wenn LTV>75 % (oder Rückkauf)	Anrechnung nur bis max. 40 % (oder Rückkauf)	Rückkauf; keine Anrechnung als Sicherheit	Anrechnung nur bis max. 40 %, wenn LTV=75 %; 25%, wenn LTV>75 %	Anrechnung nur bis max. 40 %, wenn LTV=75 %; 25 %, wenn LTV>75 % (oder Rückkauf)	Anrechnung nur bis max. 40 % (oder Rückkauf)	Anrechnung nur bis max. 40 %, wenn LTV=75 %; 25%, wenn LTV>75 % (oder Rückkauf)
Vereinbarte Mindestdeckung	9 %	9 %	7,5 %	7,5 %	7 %	10 %	6,5 %
Asset-Coverage-Test	monatlich						
Vorfälligkeitstest	nein	nein	ja	ja	nein	nein	n.a.
Laufzeit	Soft Bullet; Verlängerung der Endfälligkeit um 12 Monate rechtlich möglich		Hard Bullet		Soft Bullet; Verlängerung der Endfälligkeit um 12 Monate rechtlich möglich		

Quelle: U.a. BayernLB, Covered Bond Report, Nr. 4 vom 16.2.2007, S. 7.

385 Für den Yokshire BS covered bond ist bei der Bewertung zusätzlich der Durchschnitt aus dem Halifax und Nationwide Hauspreisindex zu berücksichtigen.

§ 7 Wertpapierrechtliche Grundlagen

Gedeckte Schuldverschreibungen sind verbriefte Forderungsrechte. Der Emittent verpflichtet sich in diesen, einen bestimmten Nominalwert zu einem angegebenen Zinssatz zu verzinsen und zum angegebenen Fälligkeitstermin zurückzuzahlen. Sie sind grundsätzlich nach Börsenzulassung nach ihrer Emission (Primärmarkt) am Sekundärmarkt handelbar. Die gedeckten Schuldverschreibungen werden regelmäßig für die Dauer ihrer Laufzeit in globalverbriefter Form ausgegeben und von einer Verwahrstelle (z.B. Clearstream Banking AG) hinterlegt. Für die Anleger ist der Handel am Sekundärmarkt von wesentlicher Bedeutung, da ihnen dieser die Möglichkeit einräumt, die gedeckten Schuldverschreibungen jederzeit verkaufen zu können.

A. Der Pfandbrief als Wertpapier

In Pfandbriefen müssen gem. § 6 Abs. 1 PfandBG die für das Rechtsverhältnis zwischen der Pfandbriefbank und den Pfandbriefgläubigern maßgebenden Bestimmungen, d.h. deren Rechtsnatur und ihre Ausstattung, ersichtlich gemacht werden. Dies erfolgt in den Anleihebedingungen der einzelnen Pfandbriefserien[386].

I. Status und Rechtsnatur der Pfandbriefe

Pfandbriefe begründen entsprechend ihrer Anleihebedingungen direkte, unbedingte, nicht nachrangige Verbindlichkeiten des Emittenten, die untereinander im gleichen Rang stehen. Pfandbriefe sind nach Maßgabe des PfandBG gedeckt und sind mit allen anderen Verbindlichkeiten des Emittenten aus Pfandbriefen mindestens gleichrangig.

Pfandbriefe werden entweder als Inhaber- oder als Namensschuldverschreibungen ausgegeben[387]. Sie haben mehrheitlich die Rechtsform von Inhaberschuldverschreibungen[388]. Pfandbriefe werden aber häufig auch als Namenspapiere begeben[389]. Namensschuldverschreibungen haben gegenüber Inhaberschuldverschreibungen den Vorteil, dass sie individuell maßgeschneidert den Finanzierungsbedürfnissen eines bestimmten Darlehensgeschäfts und den Anlagewünschen eines Kapital-

---

386 Vgl. Hellner/Steuer, Bankrecht und Bankpraxis, Loseblattsammlung, Emissionsbedingungen für Pfandbriefe, Rdn. 10/242.

387 Vgl. Letschert/Steffan, Pfandbrief und Kommunalobligation, 2. Auflage, 1981, S. 53.

388 Vgl. §§ 793 ff. BGB. Bei Inhaberschuldverschreibungen können die in der Urkunde verbrieften Rechte von dem jeweiligen Inhaber geltend gemacht werden. Bei ihnen folgt das Recht aus dem Wertpapier dem Recht am Wertpapier. Die Übertragung einer Inhaberschuldverschreibung erfolgt durch Übereignung des Wertpapiers.

389 Beim Namenspapier folgt das Recht am Wertpapier dem Recht aus dem Wertpapier. Die Übertragung einer Namensschuldverschreibung erfolgt durch Abtretung der Rechte aus dem Wertpapier.

gebers angepasst werden können. Nachdem sie nicht vergleichbar fungibel sind wie Inhaberpapiere, zählen sie nicht zu den an der Börse gehandelten Effekten. Dafür besteht bei Namensschuldverschreibungen mangels Börsenfähigkeit ebenso wie bei Schuldscheinen kein Abschreibungsrisiko nach dem Niederstwertprinzip[390]. Zuletzt hat die Bedeutung von Namensschuldverschreibungen im deutschen Pfandbriefmarkt zugenommen und es wird erwartet, dass die Bedeutung von Namensschuldverschreibungen auch bei ausländischen covered bond zunehmen wird.

II. Ausstattung der Pfandbriefe

Die Rechtsnatur und Ausstattung der Pfandbriefe ist je nach Festlegung in den Anleihebedingungen vielfältig gestaltbar. Pfandbriefe können auf Euro oder auf Fremdwährungen lauten.

Die traditionelle und heute noch überwiegende Zinsausstattung der Pfandbriefe ist die vom Zeitpunkt der Emission bis zur Fälligkeit eines Titels jährlich gleich bleibende Verzinsung mit einem festen Nominalzinssatz in Prozent des Nominalwerts. Eine variable Verzinsung von Pfandbriefen orientiert sich in der Regel an den gängigen Refinanzierungssätzen (FIBOR, LIBOR) für drei oder sechs Monatsgelder. Pfandbriefe können als Null-Kupon-Anleihen oder Zero-Bonds ausgegeben werden[391]. Nachdem vom Gesetzgeber das Verbot von sog. Zuschlagspfandbriefen gem. § 9 Abs. 2 HBG nicht ins PfandBG übernommen worden ist und gem. § 6 Abs. 3 PfandBG der Einlösungswert nunmehr den Nennwert des Pfandbriefs übersteigen darf, sind auch Null-Kupon-Anleihen mit festem Zinssatz möglich[392]. Pfandbriefe können auch mit einem strukturierten Zinssatz (d.h. in Abhängigkeit z.B. von Aktien oder Aktienkörben, Indizes oder Indexkörben, Währungen oder Währungskörben oder sonstigen Basiswerten) sowie mit Zinsobergrenzen und Zinsuntergrenzen ausgegeben werden. Verschiedene Arten der Verzinsung können für unterschiedliche Zinsperioden kombiniert werden.

Im Gesetzgebungsverfahren zum PfandBG wurde auch die Zulassung von inflationsindexierten Pfandbriefen diskutiert[393]. Dabei handelt es sich um ein Produkt, das andere europäische Marktteilnehmer bereits heute einsetzen. Das Verbot einer Indexierung aus dem Währungsgesetz wurde mit der Einführung des Euro fallen

---

390 Vgl. Böhm, Covered Bonds bieten weiterhin attraktives Anlagespektrum, in: BörsenZ vom 19.7.2005, S. B6.

391 Dabei handelt es sich um Schuldverschreibungen ohne Zinsschein. Während der Laufzeit werden keine Zinsen bezahlt. Stattdessen resultiert die Verzinsung aus einem Abschlag vom Nominalwert (Abzinsungsversion) oder aus Zinsansammlungen bis zur Fälligkeit (Aufzinsungsversion).

392 Vgl. Schuster/Sester, Zum Entwurf des Pfandbriefgesetzes, in: ZBB 6/04, S. 490.

393 Dies erfolgte vor dem Hintergrund, dass das nach der Einführung inflationsindexierter Schuldverschreibungen durch die Bundesregierung diese eine Investitionsmöglichkeit für die Pfandbriefbanken darstellen, die sie dann mit eigenen Öffentlichen Pfandbriefen refinanzieren könnte.

gelassen[394]. Eine Indexierung ist aber mit dem Grundsatz der kongruenten Refinanzierung nur schwer zu vereinbaren[395]. Letztlich wurde das Thema im Gesetzgebungsvorhaben nicht weiter vorangetrieben. Nachdem § 6 Abs. 3 PfandBG vorschreibt, dass der Einlösungswert des Pfandbriefs bekannt sein muss, bleiben inflationsindexierte Pfandbriefe weiterhin unzulässig[396].

Die Laufzeit von Pfandbriefen liegt regelmäßig zwischen einem und dreißig Jahren. Die Standardlaufzeiten deutscher Pfandbriefe betragen zwischen fünf und zehn Jahren[397]. Die im Rahmen der Pfandbriefschelte ins HBG aufgenommene Regelung zur Laufzeitkongruenz des § 9 HBG wurde im PfandBG nicht übernommen, da dessen Bedeutung wegen der Verkürzung der Laufzeiten am Kapitalmarkt sowieso gering war[398].

Früher durften die Hypothekenbanken gem. § 8 Abs. 2 Satz 1 HBG und die öffentlich-rechtlichen Kreditanstalten entsprechend ihren Satzungen längstens für zehn Jahre auf ein Kündigungsrecht verzichten. Diese Regelung wurde im PfandBG ebenfalls vor dem Hintergrund der verkürzten Laufzeiten aufgegeben. Dagegen darf den Pfandbriefgläubigern ein Kündigungsrecht gem. § 6 Abs. 2 PfandBG auch weiterhin nicht eingeräumt werden[399]. Schließlich liegt es auf der Hand, dass ein solches Recht geeignet wäre, den Bestand der Pfandbriefbank jederzeit in Frage stellen zu können, da die Mittel aus den Pfandbriefen in der Regel langfristig in den Deckungswerten gebunden sind[400]. Zweck des § 6 Abs. 2 PfandBG ist es damit sicherzustellen, dass der Pfandbriefbank während der Laufzeit der Deckungswerte dessen Refinanzierung nicht entzogen werden kann[401].

Die Rückzahlung von Pfandbriefen kann in verschiedenen Varianten erfolgen. Dabei überwiegt die Variante der Rückzahlung des Nennbetrags der Pfandbriefe bei Endfälligkeit zu 100 %. Die Rückzahlung von Pfandbriefen nach dem Prinzip der Amortisationshypothek (sog. Annuitätentilgung) kommt selten vor[402]. Bei einer Ratentilgung erfolgt die Rückzahlung in festen Kapitalraten. Diese Variante findet sich häufiger bei Namensschuldverschreibungen und Schuldscheindarlehen, seltener dagegen bei Inhaberschuldverschreibungen. Die Verpflichtung unter § 9 Abs. 1

---

394 Vgl. den Übergang von § 3 Satz 2 Währungsgesetz zu § 2 Preisangaben- und Preisklauselgesetz (PrkG) und die ergänzende Preisklauselverordnungen (PrkV), wobei der Gesetzgeber den gesamten Geld- und Kapitalmarktverkehr vom Indexierungsverbot ausgenommen hat. Vgl. Schuster/Sester, Zum Entwurf des Pfandbriefgesetzes, in: ZBB 6/04, S. 490.

395 Zur Rechtslage unter HBG. Vgl. Schubäus, Das Hypothekenbankgeschäft in den Niederlanden und der Bundesrepublik Deutschland, 1984, S. 161.

396 Vgl. Schuster/Sester, Zum Entwurf des Pfandbriefgesetzes, in: ZBB 6/04, S. 490.

397 Vgl. von Köller, Pfandbriefrefinanzierung in Deutschland – Bedeutung für Europa, in: Hummel/Breuer, Handbuch Europäischer Kapitalmarkt, 1. Auflage 2001, S. 617 f.

398 Vgl. Bellinger/Kerl, HBG, 4. Auflage, 1995, § 9 Rdn. 1 und 6.

399 Früher § 8 Abs. 2 Satz 2 HBG.

400 Vgl. Bellinger/Kerl, HBG, 4. Auflage, 1995, § 8 Rdn. 3.

401 Vgl. zur HBG Rechtslage: Schubäus, Das Hypothekenbankgeschäft in den Niederlanden und in der Bundesrepublik Deutschland, 1984, S. 154.

402 Vgl. Bonfig, Das Passivgeschäft der Realkreditinstitute, in: Handbuch des Hypothekarkredits, 3. Auflage, 1993, S. 562.

Buchst. b HBG und § 7a Buchst. b ÖPG, für einen angemessenen Teil der neu ausgegebenen Pfandbriefe sog. Tilgungspfandbriefe zu verwenden, ist im PfandBG aufgegeben worden, da diese aufgrund der im Markt üblichen kürzeren Laufzeiten bedeutungslos geworden ist.

III. Bezeichnungsschutz der Pfandbriefe

Für die Pfandbriefemission besteht ein Ausgabeprivileg. Dieses Privileg haben kraft dem PfandBG nur Pfandbriefbanken. Korrespondierend zum Pfandbriefprivileg sieht § 41 PfandBG einen gesetzlichen Bezeichnungsschutz vor[403]. Durch den Bezeichnungsschutz soll sichergestellt werden, dass unter der Bezeichnung Pfandbrief, Hypothekenpfandbrief, Kommunalschuldverschreibungen, Kommunalobligationen, Öffentlicher Pfandbrief, Schiffspfandbrief und Flugzeugpfandbrief ausschließlich gedeckte Schuldverschreibungen ausgegeben werden, die nach Maßgabe besonderer gesetzlicher Vorschriften begeben worden sind[404]. Auf diese Weise soll die Öffentlichkeit vor Irreführung über die Güte des Pfandbriefs geschützt werden[405].

Nur Kreditinstitute, denen eine Erlaubnis zum Betreiben des Pfandbriefgeschäfts erteilt worden ist, haben gem. § 41 Nr. 1 PfandBG das Recht, Schuldverschreibungen unter der Bezeichnung Pfandbrief, etc. in den Verkehr zu bringen. Gegenüber ausländischen Kreditinstituten aus Nicht-EU und EWR-Staaten gilt der Bezeichnungsschutz unbeschränkt[406]. Der Bezeichnungsschutz richtet sich grundsätzlich auch gegen Kreditinstitute aus EU- und EWR-Mitgliedstaaten[407]. Allerdings ergeben sich aus der Dienstleistungs- und Niederlassungsfreiheit bedeutsame Einschränkungen, die in § 41 Nr. 2 PfandBG Berücksichtigung finden. Diese Art von Bezeichnungsschutz ist europarechtskonform und verstößt nicht gegen die Niederlassungs- und Dienstleistungsfreiheit, da sie das Äquivalenzprinzip beachtet, indem sie die Bezeichnung „Pfandbrief" Schuldverschreibungen nicht verwehrt, die von Kreditinstituten anderer EU-Mitgliedstaaten ausgegeben werden und in ihrer Qualität den deutschen Pfandbriefen entsprechen[408].

Die Durchsetzung des Bezeichnungsschutzes kann durch bankaufsichtsrechtliche Maßnahmen erreicht werden[409]. Daneben gewährt das Gesetz gegen den unlauteren Wettbewerb (UWG) einen weiteren Bezeichnungsschutz[410].

---

403 Die Vorschrift entspricht den §§ 5a HBG und 10 ÖPG. Zum Bezeichnungsschutz ausführlich: Bellinger, Bezeichnungsschutz und EG-Standard des Pfandbriefes, in DLK, 1992, 553 f.
404 Vgl. Bellinger/Kerl, HBG, 4. Auflage, 1995, § 5a Rdn. 2.
405 Vgl. Bellinger/Kerl, HBG, 4. Auflage, 1995, § 5a Rdn. 3.
406 Allerdings ist in der Schweiz die deutschsprachige Bezeichnung „Pfandbrief" seit langem gesetzlich geregelt und üblich, so dass auf die Durchsetzung des unbeschränkten Bezeichnungsschutzes gegenüber schweizerischen Emittenten bislang verzichtet worden ist.
407 Vgl. Bellinger/Kerl, HBG, 4. Auflage, 1995, § 5a Rdn. 22.
408 Vgl. Bellinger, Anpassung des Hypothekenbankgesetzes im Rahmen des Vierten Finanzmarktförderungsgesetzes, in DLK, 16+17/1999, S. 544.
409 Vgl. Bellinger/Kerl, HBG, 4. Auflage, 1995, § 5a Rdn. 28.
410 Vgl. Bellinger/Kerl, HBG, 4. Auflage, 1995, § 5a Rdn. 29.

IV. Das Schuldverschreibungsgesetz und sein Anwendungsbereich für Pfandbriefgläubiger nach seiner Neufassung

Das „Gesetz betreffend die gemeinsamen Rechte der Besitzer von Schuldverschreibungen vom 4.12.1899“ (SchVG von 1899) beinhaltet ein Organisationsrecht für Anleihegläubiger. Es erlaubt in einer Versammlung der Schuldverschreibungsgläubiger bestimmte Mehrheitsbeschlüsse zur Änderung einzelner Anleihebedingungen, die für alle Schuldverschreibungsgläubiger verbindlich sind. Zudem gestattet es die Bestellung eines Gläubigervertreters und seine Beauftragung mit der Wahrnehmung gemeinsamer Interessen der Anleihegläubiger.

Das SchVG von 1899 schränkt die Befugnisse der Gläubiger für heutige Zwecke zu stark ein um in der Krise des Emittenten eine Einbeziehung der Anleihegläubiger in die Sanierung zu ermöglichen. Es ist darüber hinaus verfahrensrechtlich veraltet. Daher sollen im Rahmen einer Neufassung des Schuldverschreibungsgesetzes die Rechte der Gläubiger gestärkt werden, indem ihre Befugnisse, mit Mehrheit über die Anleihebedingungen zu entscheiden, inhaltlich erweitert werden[411]. Zusätzlich sollen mit dem neu gefassten SchVG die Verfahrensregeln zur Einberufung, Frist und Bekanntmachung von Gläubigerversammlungen modernisiert werden, die Anfechtung von Gläubigerbeschlüssen zugelassen, die Bestellung eines gemeinsamen Vertreters der Gläubiger sowie die Möglichkeit einer virtuellen Gläubigerversammlung eingeführt werden[412]. Dadurch wird die Position der Schuldverschreibungsgläubiger verbessert und den Emittenten ein größeres Maß an Flexibilität gewährt[413].

Pfandbriefe sind vom Anwendungsbereich des neu gefassten SchVG ausgeschlossen. Auf vor Inkrafttreten der Neufassung des SchVG ausgegebene Pfandbriefe findet das SchVG von 1899 grundsätzlich weiter Anwendung.

1. Die Stellung der Pfandbriefgläubiger nach dem SchVG von 1899

Das SchVG von 1899 regelt das Verhältnis zwischen dem Emittenten (Pfandbriefbank) und den Anlegern (Pfandbriefgläubigern) in Bezug auf eine nachträgliche Abänderung der Anleihebedingungen sowie des Verhältnisses untereinander. Dies

---

411 Vgl. Deutsche Bundesregierung, Entwurf eines Gesetzes zur Neuregelung der Rechtsverhältnisse der Schuldverschreibungen aus Gesamtemissionen und zur verbesserten Durchsetzbarkeit von Ansprüchen von Anlegern aus Falschberatung, BT-Drucks. 16/12814 vom 29.4.2009. Zur Neufassung des SchVG: Horn, Die Stellung der Anleihegläubiger nach neuem Schuldverschreibungsgesetz und allgemeinem Privatrecht im Licht aktueller Marktentwicklungen, in: ZHR 173/2009, S. 12 ff.

412 Zur gerichtlichen Kontroll von Beschlüssen der Gläubigerversammlung: Baums, Die gerichtliche Kontrolle von Beschlüssen der Gläubigerversammlung nach dem Referentenentwurf eines neuen Schuldverschreibungengesetzes, in: ZBB, 1/2009, S. 1 ff. Zum gemeinsamen Vertreter: Schmolke, Der gemeinsame Vertreter im Referentenentwurf eines Gesetzes zur Neuregelung des Schuldverschreibungsgesetzes – Bestellung, Befugnisse, Haftung, in: ZBB, 1/2009, S. 8 ff.

413 Vgl. Schlitt/Schäfer, Die Restrukturierung von Anleihen nach dem neuen Schuldverschreibungsgesetz, in: AG, 13–14/2009, S. 477 ff.

geschieht in Form einer Mindestorganisation und einer gemeinsamen Interessenvertretung nach außen[414].

Der sachliche Anwendungsbereich des SchVG von 1899 erstreckt sich gem. § 1 Abs. 1 SchVG von 1899 auf inländische Emittenten von Schuldverschreibungen – und damit auch von Pfandbriefen – mit einem Nennwert von zusammen mindestens DEM 300.000 bei mindestens 300 ausgegebenen Stücken, die gleiche Rechte gewähren.

Beschlüsse, welche von einer Versammlung der Schuldverschreibungsgläubiger zur Wahrung ihrer gemeinsamen Interessen gefasst werden, haben gem. § 1 Abs. 1 SchVG von 1899 verbindliche Kraft für alle Gläubiger (kollektive Bindung). Eine Gläubigerversammlung ist gem. § 3 Abs. 2 SchVG von 1899 einzuberufen, wenn Gläubiger, deren Schuldverschreibungen zusammen den zwanzigsten Teil des Gesamtbetrags der im Umlauf befindlichen Schuldverschreibungen erreichen, die Berufung schriftlich unter Angabe des Zweckes und der Gründe verlangen. Beschlüsse bedürfen gem. § 10 Abs. 1 SchVG von 1899 grundsätzlich der Mehrheit der in der Gläubigerversammlung abgegebenen Stimmen.

Die Beschränkung oder Aufgabe von Rechten der Gläubiger, insbesondere die Ermäßigung der Zinsen oder die Bewilligung einer Stundung, kann von der Gläubigerversammlung gem. § 11 Abs. 1 Satz 1 SchVG von 1899 höchstens für die Dauer von drei Jahren und zur Abwendung einer Zahlungseinstellung oder des Insolvenzverfahrens über das Vermögen des Schuldners beschlossen werden. Auf die den Nennwert der Schuldverschreibungen entsprechenden Kapitalanteile kann durch Beschluss gem. § 12 Abs. 3 SchVG von 1899 weder teilweise noch im Ganzen verzichtet werden. Der Beschluss, durch den Rechte der Gläubiger beschränkt oder aufgegeben werden, bedarf einer Mehrheit von mindestens drei Vierteln der abgegebenen Stimmen. Der Beschluss muss gem. § 12 Abs. 1 Satz 1 SchVG von 1899 für alle Gläubiger die gleichen Bedingungen festsetzen. Die Festsetzung ungleicher Bedingungen ist gem. § 12 Abs. 1 Satz 1 SchVG von 1899 nur mit ausdrücklicher Einwilligung der zurückgesetzten Gläubiger zulässig. Der Beschluss bedarf schließlich gem. § 13 Abs. 1 SchVG von 1899 der Bestätigung durch die staatliche Aufsicht. Wird binnen drei Jahren nach einem solchen Beschluss das Insolvenzverfahren eröffnet, so wird gem. § 11 Abs. 1 Satz 2 SchVG von 1899 die Beschränkung oder Aufgabe der Rechte allen Gläubigern gegenüber hinfällig (sog. Rückschlagsperre).

Ist über das Vermögen des Schuldners, d.h. der Pfandbriefbank oder des Sondervermögens der Deckungsmasse, das Insolvenzverfahren eröffnet, so ist gem. § 18 Abs. 2 und 3 SchVG von 1899 vom Insolvenzgericht unverzüglich eine Gläubigerversammlung zu berufen, um über die Bestellung eines gemeinsamen Vertreters im Insolvenzverfahren zu bestimmen. Das Insolvenzgericht kann gem. § 18 Abs. 4 SchVG von 1899 eine Gläubigerversammlung einberufen, wenn dies von dem Insolvenz-

414 Zum SchVG von 1899: Vogel, Das Schuldverschreibungsgesetz – Entstehung, Inhalt und Bedeutung; Vogel, Das Schuldverschreibungsgesetz – gesetzgeberisches Fossil oder lebendiges Kapitalmarktrecht?, ZBB 1996, S. 321 ff.

verwalter, dem Gläubigerausschuss (§ 67 InsO) oder der Aufsichtsbehörde verlangt wird. Ein gemeinsamer Vertreter ist dann für jede Pfandbriefemission mit einem Nennwert von mindestens DEM 300.000 und mindestens 300 Stücken, die den Gläubigern gleiche Rechte gewähren, zu bestellen. Für die Aufstellung eines Insolvenzplans regelt § 19a Abs. 1 SchVG von 1899, dass allen Gläubigern einer Pfandbriefemission gleiche Rechte anzubieten sind. Die §§ 11 Abs. 1 und 12 Abs. 3 SchVG sind gem. § 19a Abs. 2 SchVG von 1899 in Verbindung mit einem Insolvenzplan nicht anzuwenden, wodurch nach Eröffnung des Insolvenzverfahrens eine zeitlich unbeschränkte Ermäßigung der Zinsen und/oder einer Stundung sowie auch einen (Teil-) Verzicht auf den Nennwert der entsprechenden Kapitalansprüche ermöglicht wird.

2. Ausschluss von Pfandbriefen aus dem Anwendungsbereich des neu gefassten Schuldverschreibungsgesetzes und Übergangsvorschriften

Für Pfandbriefgläubiger galt bisher das SchVG von 1899. Dies stellte § 30 Abs. 7 a.F. PfandBG klar. Entgegen der bisherigen Rechtslage gilt die Neufassung gem. § 1 Abs. 2 SchVG nicht mehr für nach ihrem Inkrafttreten ausgegebene gedeckte Schuldverschreibungen i.S.d. PfandBG. Der Gesetzgeber stellt insoweit Pfandbriefe mit staatlichen Schuldverschreibungen gleich. Nach der Gesetzesbegründung sind gedeckte Schuldverschreibungen vom Anwendungsbereich des neu gefassten SchVG ausgenommen, weil das PfandBG auf einem eigenständigen Regelungskonzept beruht und besondere gesetzliche Abwicklungsmechanismen vorsieht[415]. Vor diesem Hintergrund erkennt der Gesetzgeber kein Bedürfnis, die Anleihebedingungen eines Pfandbriefs während der Laufzeit durch Mehrheitsbeschluss der Gläubiger zu ändern. Für den Zeitraum bis zur Sonderinsolvenz der Deckungsmasse kann man dieser Ansicht zustimmen. In der Sonderinsolvenz bzw. im Vorfeld der Sonderinsolvenz ist ein Bedürfnis die Anleihebedingungen zu ändern dagegen durchaus vorstellbar. Insofern beschränkt der Gesetzgeber mit dem neugefassten SchVG den Handlungsspielraum für Pfandbriefe auf die – in der Praxis schwer umsetzbare – rechtsgeschäftliche Änderung der Anleihebedingungen durch inhaltsgleichen Vertrag mit allen Gläubigern einer Pfandbriefserie oder das Insolvenzplanverfahren.

Auf Pfandbriefe, die vor Inkrafttreten des neugefassten SchVG ausgegeben waren, findet das neu gefasste SchVG nach der Übergangsvorschrift des § 24 Abs. 1 SchVG keine Anwendung. Stattdessen finden für diese die Vorschriften des SchVG 1892 weiterhin Anwendung. Nach § 24 Abs. 2 SchVG haben die Pfandbriefgläubiger die Möglichkeit, durch Mehrheitsbeschluss für die Anwendung des neu gefassten SchVG zu optieren. Dies setzt zusätzlich die Zustimmung des Schuldners, d.h. der Pfandbriefbank bzw. des Sondervermögens je nach Zeitpunkt vor oder nach Eröffnung der Hauptinsolvenz über das allgemeine Vermögen der Pfandbriefbank vor-

---

415 Vgl. Deutsche Bundesregierung, Entwurf eines Gesetzes zur Neuregelung der Rechtsverhältnisse der Schuldverschreibungen aus Gesamtemissionen und zur verbesserten Durchsetzbarkeit von Ansprüchen von Anlegern aus Falschberatung, BT-Drucks. 16/12814 vom 29.4.2009.

aus. Die Pfandbriefgläubiger würden durch die Zustimmung auf ihre Rechte in der Pfandbriefgläubigerversammlung verzichten. Im Gegenzug würden die Pfandbriefgläubiger erreichen, dass im Fall der Krise oder Hauptinsolvenz der Pfandbriefbank zur Restrukturierung der Pfandbriefbank schon gar keine rechtliche Möglichkeit besteht, von ihnen im Wege des Mehrheitsbeschlusses der Pfandbriefgläubigerversammlung einen Sanierungsbeitrag zu verlangen. Dies schafft insofern für Pfandbriefgläubiger Rechtssicherheit. Ob die Pfandbriefbank bereit und in der Lage ist, hierzu und damit auf Kosten ihrer ungedeckten Gläubiger ihre Zustimmung zu erteilen, dürfte von den Umständen des Einzelfalls unter Berücksichtigung u.a. von deren Interessen abhängen.

V. Maßnahmen zur Steigerung der Liquidität im Pfandbriefhandel

1. Die Mindeststandards von Jumbo-Pfandbriefen

Grundlage der hohen Attraktivität von Pfandbriefen für institutionelle Investoren ist u.a. das hochliquide sog. Jumbo-Pfandbrief-Segment. Geschaffen wurde dieses durch die Einführung von Mindeststandards für Jumbo-Pfandbriefe[416]. Darauf aufbauend hat sich in Europa durch entsprechende Anwendung dieser Mindeststandards ein europäisches Segment für Jumbo-covered bonds etabliert.

a) Ursprung des Mindeststandards von Jumbo-Pfandbriefen

Ihren Ursprung hat die Einführung der Mindeststandards von Jumbo-Pfandbriefen in der rückläufigen Wettbewerbsfähigkeit des Pfandbriefs Mitte der 1990er Jahre. Ursächlich hierfür war die Zunahme der institutionellen Investoren gegenüber privaten Anlegern und einem damit einhergehenden veränderten Anlegerverhalten[417]. Um die Stellung und Bedeutung des Pfandbriefs im Wettbewerb zu erhalten, wurden daraufhin zur Schaffung eines liquiden Sekundärmarkts erstmalig bei einer Emission von einem Emittenten fest quotierte Zweiwegepreise garantiert. Um das für einen liquiden Sekundärmarkt erforderliche umlaufende Pfandbriefvolumen zu gewährleisten, wurde nur wenig später von einem anderen Emittenten der erste Pfandbrief mit einem Emissionsvolumen von über DEM 1 Mrd. unter der Bezeichnung „Jumbo-Pfandbrief“ ausgegeben. Dieses Pfandbriefformat wurde in der Folge von anderen Emittenten übernommen und führte schließlich im März 1996 zur Veröffentlichung des Mindeststandards von Jumbo-Pfandbriefen durch den Verband deutscher Hypothekenbanken (heute vdp)[418].

---

416 Vgl. Schörnig, Pfandbriefidee durch Jumbo noch populärer – Erfolgsprodukt fand zahlreiche Nachahmer in der EU, in: BörsenZ vom 25.2.2006, S. B3.

417 Vgl. Deutsch/Kirschner/Petit, Perspektiven des Pfandbriefmarkts, in: Die Bank 1/96, S. 20. Zur Entwicklung des Jumbo-Pfandbriefs anlässlich dessen zehnjährigen Jubiläums: Munsberg, Zehn Jahre Jumbo-Pfandbrief – Wie alles begann, in: Die Bank 6/2005, S. 20 ff; Johannsen, Der Exportschlager des deutschen Kapitalmarkts, in: BörsenZ vom 27.6.2005, S. 19; Osman, Jumbo-Pfandbrief: Ausländer jagen Deutschen Marktanteile ab, in: FTD vom 14.5.2005.

418 Vgl. Immobilien Manager, Vom VDH zum vdp: Gemeinsame Interessenvertretung aller Pfandbriefbanken, Monat/2005, S. 10; Die im Bundesverband öffentlicher Banken (VÖB) organi-

b) *Die Mindeststandards von Jumbo Pfandbriefen im Überblick*

Bei der Emission finden die Mindeststandards von Jumbo-Pfandbriefen ihren Niederschlag in der Ausgestaltung der Anleihebedingungen und den Übernahmeverträgen zwischen der emittierenden Pfandbriefbank und den die Platzierung begleitenden Investmentbanken. Wird eines der nachfolgenden Ausschlusskriterien nicht eingehalten, so verliert die Emission die Eigenschaft als Jumbo-Pfandbrief.

Das Mindestvolumen eines Jumbo-Pfandbriefs muss EUR 1 Mrd. betragen[419]. Bei einer Erstemission muss das Volumen mind. EUR 750 Mio. umfassen, wobei der Emittent verpflichtet ist, das ausstehende Emissionsvolumen innerhalb von 180 Tagen nach der Erstemission auf mindestens EUR 1 Mrd. zu erhöhen.

Jumbo-Pfandbriefe dürfen nur festverzinslich, endfällig mit jährlich nachträglicher Zinszahlung (sog. straight-bond-format) angeboten werden.

Nach ihrer Begebung sind Jumbo-Pfandbriefe unverzüglich, spätestens jedoch 30 Kalendertage nach ihrem Valutierungstag, an einem organisierten Markt in einem Mitgliedstaat der EU oder in einem Vertragsstaat des Abkommens über den Europäischen Wirtschaftsraum einzuführen. Anders als „traditionelle" Pfandbriefe werden Jumbo-Pfandbriefe von den Emittenten in der Regel nicht selbst platziert, sondern statt dessen von einem Emissionskonsortium, bestehend aus einer Gruppe von Investmentbanken (den sog. Bookrunnern), übernommen und vermarktet.

Unverzichtbares Kernelement des Jumbo-Pfandbriefs ist die sog. Marktpflege bzw. das sog. market making, zu der sich mindestens fünf market maker im Übernahmevertrag in Form einer Selbstverpflichtung festlegen[420]. Unter market making versteht man grundsätzlich die Quotierung von Geld-/Briefkursen und die Bereitschaft, auf diesen Kursen zu handeln. Bei Jumbo-Pfandbriefen ist hierunter aber lediglich die Kursstellung gegenüber anderen market makern gemeint, da dies sicherstellt, dass diese eher willens und in der Lage sind, großvolumige Kauf- oder Verkaufsaufträge von institutionellen Anlegern auszuführen[421]. Die market maker verpflichten sich, zu den üblichen Handelszeiten (mindestens zwischen 9 und 17 Uhr MEZ) simultan Geld- und Briefkurse (Zwei-Wege-Kurse) für Abschlüsse bis zu EUR 15 Mio. innerhalb festgelegter Spannen und in Abhängigkeit von der Rest-

---

sierten staatlichen Pfandbriefemittenten haben sich den Mindeststandards von Jumbo-Pfandbriefen ebenfalls angeschlossen.

419 Im Vergleich dazu beträgt das Emissionsvolumen bei „traditionellen" Pfandbriefen zwischen EUR 25 und 125 Mio. Vgl. Hagen, Anmerkungen Regelwerk für Jumbo-Pfandbriefe, in: I&F 10/2005, S. 364.

420 Die Verpflichtung zum market making wird gegenüber dem Emittenten eingegangen, der auf diese Weise seine Refinanzierungskosten senken kann, da Investoren für ein liquides Papier Abschläge in der Rendite in Kauf zu nehmen bereit sind. Deshalb ist der Emittent letztlich auch Kontroll- und Sanktionsinstanz in Bezug auf das market making. Vgl. Strohrmann, Transparenz am Pfandbriefmarkt, in: vdp, Der Pfandbrief, 2006, S. 39.

421 Vgl. zum Ganzen ausführlich: Strohrmann, Transparenz am Pfandbriefmarkt, in: vdp, Der Pfandbrief, 2006, S. 37 f.; Kullig, Neue Regeln in den Mindeststandards stärken den Pfandbrief, in: vdp, Der Pfandbrief, 2006, S. 15.

laufzeit des jeweiligen Jumbo-Pfandbriefs zu quotieren[422]. Die Funktion eines market makers kann auch die emittierende Pfandbriefbank selbst wahrnehmen. Zusätzlich können andere Banken freiwillig Kurse stellen. Die market maker übernehmen die Kursstellung, solange genügend umlaufendes Volumen für einen liquiden Markt in dem Jumbo-Pfandbrief vorhanden ist[423]. Auf diese Weise soll erreicht werden, dass für Jumbo-Pfandbriefe ungefähr dieselben Spannen zwischen Ausgabe- und Rücknahmekurs wie für Bundesanleihen angeboten werden können. Neuerdings ist das Aussetzen des market making in einer Krisensituation in geeigneter Form unverzüglich dem Markt zu kommunizieren.

Aufstockungen sind bei Jumbo-Pfandbriefen nur ab einem Aufstockungsbetrag von EUR 125 Mio. zulässig. Sowohl bei Aufstockungen als auch bei Neuemissionen dürfen zwischen Preisfindung (*pricing*) und Valutatag maximal 5 Bankarbeitstage liegen.

Die nachträgliche Umschreibung auf den Namen eines Anlegers (Vinkulierung) ist bei Jumbo-Pfandbriefen unzulässig. Der Rückkauf von Jumbo-Pfandbriefen zum Zweck der Rückzahlung oder der Treuhänderverwahrung ist zulässig, sofern das ausstehende Emissionsvolumen von EUR 1 Mrd. zu keiner Zeit unterschritten wird. Darüber hinaus ist der Rückkauf auf die Hälfte des ausstehenden Emissionsvolumens einer Jumbo-Pfandbriefemission beschränkt. Der Emittent muss den Rückkauf, dessen Umfang und die für den Rückkauf vorgesehene Emission mindestens drei Bankarbeitstage im Voraus öffentlich ankündigen und sicherstellen, dass eine umfassende Transparenz am Markt gegeben ist. Nach einem Rückkauf ist die Aufstockung einer betroffenen Emission vor Ablauf eines Jahres unzulässig.

c) Die Empfehlungen für Krisensituationen der Mindeststandards von Jumbo-Pfandbriefen vom August 2006

Mit dem primären Ziel, ein Aussetzen des market making zu verhindern oder zumindest eine schnellstmögliche Wiederaufnahme zu erreichen, wurden in die neuen Mindeststandards von Jumbo-Pfandbriefen vom August 2006 neben der verpflichtenden, unverzüglichen Kommunikation des Aussetzens gegenüber allen Marktteilnehmern auch Empfehlungen für Krisensituationen aufgenommen[424]. Dies erfolgte vor dem Hintergrund der Erfahrungen aus der Krise der Allgemeinen

---

422 Restlaufzeit bis einschließlich 4 Jahre 5 Cents, über 4 bis einschließlich 6 Jahre 6 Cents, über 6 bis einschließlich 8 Jahre 8 Cents, über 8 bis einschließlich 15 Jahre 10 Cents, über 15 bis einschließlich 20 Jahre 15 Cents, über 20 bis einschließlich 25 Jahre 25 Cents.

423 Ein quantitatives Kriterium zur Bestimmung, wann in einem Jumbo-Pfandbrief „genügend umlaufendes Volumen für einen liquiden Markt" vorhanden ist, existiert bislang nicht, ist aber Gegenstand der Diskussionen zwischen Emittenten und market makern. Vgl. Kullig, Neue Regeln in den Mindeststandards stärken den Jumbo Pfandbrief, in vdp, Der Pfandbrief, 2006, S. 19.

424 Vgl. zur Diskussion im Vorfeld: Koppmann, Die besondere Sicherheit des Pfandbriefs in der Insolvenz der Pfandbriefbank, in: WM, 7/2006, S. 305. Zur Aussetzung des Aktienhandels: Vgl. § 38 BörsenG; Heidelbach, in: Schwark, Kapitalmarktrechts-Kommentar, 3. Auflage, 2004, § 38 Rdn. 1 ff.; Gebhardt, in: Schäfer/Hamann, Kapitalmarktgesetze, 2. Auflage 2006, § 38 Rdn. 1 ff.

Hypothekenbank Rheinboden AG (AHBR), die Ende Oktober 2005 kulminierte. Damals hat die AHBR in einer ad-hoc Mitteilung erklärt, dass im Falle des Scheiterns des Verkaufs des Instituts eine teilweise oder vollständige Liquidation nicht ausgeschlossen werden kann. Der Grund hierfür lag in einem Liquiditätsproblem, das aus dem Verkauf der BHW Holding AG als Muttergesellschaft der AHBR durch die Beteiligungsgesellschaft der Gewerkschaften AG an die Deutsche Postbank AG resultierte, da diese nicht bereit war, die krisengeschüttelte AHBR mit zu übernehmen. Nach der ad-hoc Mitteilung wurden die ungedeckten AHBR-Schuldverschreibungen erheblich herabgestuft. Die Mitteilung hatte weiter zur Folge, dass es neben deutlichen Ausweitungen der Renditeaufschläge von Jumbo-Pfandbriefen der AHBR auch zu einer Einstellung des market making bei den Jumbo-Pfandbriefen der AHBR sowohl im Interbankenhandel als auch teilweise gegenüber Investoren kam, obwohl die drei Ratingagenturen S&P, Moody's und Fitch die hohen Bonitätsnoten für AHBR-Pfandbriefe bestätigten. Ungedeckte Schuldverschreibungen der AHBR, die nicht der Einlagensicherung unterliegen, sowie Nachrangpapiere waren in der Folge kaum handelbar. Auf die Pfandbriefe anderer Emittenten wirkte sich dieses Ereignis lediglich in Form von Renditeaufschlagausweitungen in Höhe von bis zu drei Basispunkten aus[425]. In den Folgetagen beruhigte sich der Pfandbriefmarkt wieder und selbst als die größte Ungewissheit hinsichtlich der Zukunft der AHBR herrschte, bestand nie die Gefahr, dass ihre Pfandbriefe ausfielen[426]. Das market making für AHBR Pfandbriefe wurde u.a. aufgrund einer strategischen Neuausrichtung der AHBR nach ihrem Verkauf auch nach Abwendung der Liquiditätskrise nicht mehr aufgenommen. Mittlerweile hat die AHBR, die nach ihrer Umstrukturierung als Corealcredit Bank AG firmiert, ihre schwere Krise überwunden[427].

Die in Folge der Erfahrungen aus der Krise um die AHBR überarbeiteten Mindeststandards von Jumbo-Pfandbriefen definieren seitdem eine Krisensituation in ihren Empfehlungen als eine wesentliche Ratingveränderung oder eine erhebliche Verschlechterung der wirtschaftlichen Lage eines Jumbo-Emittenten oder sonstige Umstände, die in vergleichbarer Weise den liquiden Handel mit Jumbo-Pfandbriefen eines Emittenten beeinträchtigen können[428].

Die Mindeststandards empfehlen in erster Linie, den market makern gesonderte Limits für Pfandbriefe eines Emittenten vorzuhalten, da sich herausstellte, dass das Aussetzen des market making auf die Streichung der Kreditlinien für die AHBR der jeweiligen market maker zurückzuführen war[429]. Aufgrund der besonderen Sicherheit der Pfandbriefe ist es durchaus gerechtfertigt, bei der Streichung von Kreditlinien in einer Krisensituation zwischen ungesicherten Krediten bzw. Schuldver-

425 Vgl. BAFIN, Jahresbericht, 2005, S. 113.
426 Vgl. BAFIN, Jahresbericht, 2005, S. 113.
427 Vgl. FAZ vom 3.1.2008, Corealcreditbank erzielt wieder Gewinn, S. 17.
428 Vgl. Kaufmann, Market Making – How to ensure Market Transparency and Liquidity, in: ECBC, European Covered Bonds Fact Book, 2006, p. 176.
429 Die Einführung gesonderter Limite für Pfandbriefe scheint allerdings in den Risikomanagement-Abteilungen einiger Institute auf Vorbehalte zu treffen. Kullig, Neue Regeln in den Mindeststandards stärken den Jumbo Pfandbrief, in: vdp, Der Pfandbrief, 2006, S. 19.

schreibungen und Pfandbriefen des Emittenten zu unterscheiden. Denn der Sondervermögenscharakter der Deckungsmasse ermöglicht die Eröffnung einer separaten Kreditlinie für die Deckungsmasse in der Insolvenz des Emittenten in Abhängigkeit von der Bonität der eigenständigen Deckungsmasse.

Daneben sehen die Empfehlungen zu Krisensituationen einzelner Emittenten vor, dass in einem Krisenfall ein „market maker and issuer committee" (MIC), welchem Vertreter von market makern und Emittenten angehören[430], unverzüglich zu einer Sitzung zusammen kommt[431]. In dem MIC sollen Maßnahmen erörtert sowie ggf. Empfehlungen abgegeben werden, die darauf zielen sollen, ein Aussetzen des market making für die Jumbo-Pfandbriefe des betroffenen Emittenten zu verhindern, oder eine kurzfristige Wiederaufnahme des market making zu ermöglichen. Als eine zu erörternde Maßnahme nennen die Empfehlungen unter Berücksichtigung der Umstände des Einzelfalls eine Ausweitung der Spannen zwischen Geld- und Briefkursen, eine Verringerung des Volumens der Abschlüsse von EUR 15 Mio., für welche Geld- und Briefkurse quotiert werden, oder andere Maßnahmen, die für eine Fortsetzung des market making geeignet und erforderlich sind. Nach Möglichkeit sollen Empfehlungen des MIC befristete Maßnahmen zum Gegenstand haben.

Die aus den Erfahrungen um die AHBR-Krise gewonnene Erkenntnis, dass eine vorübergehende Einstellung des market making in der Krisensituation eines Emittenten aufgrund einer fehlenden Nachfrage nicht ausgeschlossen werden kann, bedeutete eine ernste Einschränkung für den Pfandbriefhandel[432]. Bei der Diskussion wurde jedoch deutlich, dass von den market makern in der Krise eines Emittenten nicht verlangt werden kann, dass diese in allen Situationen Kurse stellen, insbesondere dann nicht, wenn am Markt keine Nachfrage herrscht. Denn dadurch können sich schnell Positionen im Eigenbestand aufbauen, die in der Krise erhebliche Kurs- und ganz allgemein erhebliche Zinsänderungsrisiken mit sich bringen können[433]. Vor diesem Hintergrund einigte man sich, dass insoweit lediglich weitgehend unverbindliche Regeln für derartige Krisensituationen geschaffen werden können, die eine klare und schnelle Information der Marktteilnehmer sicherstellen sollen[434].

---

430 Die Vertreter der market maker werden aus den Reihen der Mitglieder des Fachausschusses Covered Bond Trading der Berufsstandsvereinigung ACI, The Financial Market Association benannt.

431 Darüber hinaus ist anscheinend ein kontinuierlicher und institutionalisierter Dialog zwischen market makern und Emittenten mindestens zweimal im Jahr vorgesehen. Vgl. Kullig, Neue Regeln in den Mindeststandards stärken den Jumbo-Pfandbrief, in: vdp, Der Pfandbrief, 2006, S. 18.

432 Vgl. I&F, Im Blickfeld: Der vdp empfiehlt (nur)…, in I&F, 18/2006, S. 635.

433 Vgl. Strohrmann, German Investor Perspective, in: ECBC, European Covered Bond Fact Book, 2006, p. 168; Kaufmann, Market Making – How to Ensure Market Transparency And Liquidity, in: ECBC, Covered Bond Fact Book, 2006, p. 176. Immerhin werden diese Risiken aus dem Market Making nicht gesondert vergütet. Neben ihren Einnahmen aus den erzielten Handelsmargen im Rahmen des Market Making erhalten diese für den Verkauf einer zehnjährigen Anleihe mit einem Emissionsvolumen von EUR 3 Mrd. ein Honorar zwischen EUR 2 und 3 Mio.

434 Vgl. zur Kritik an der Unverbindlichkeit der Empfehlungen: Im Blickfeld, Der vdp empfiehlt (nur)…, in: I&F, 18/2006, S. 635.

d) *Auswirkungen der Finanzkrise auf das Market Making*

Wegen der Verunsicherung der Anleger kam es infolge der erheblichen weltweiten Turbulenzen auf den Finanzmärkten bereits Ende 2007 auch auf dem Jumbo covered bond-Sekundärmarkt im Rahmen des market making zu Verwerfungen, die trotz Ausweitung der Spannen auf das Dreifache der üblichen Brief- und Geldkurse bei Pflichtvolumen von EUR 5 Mio. am 26.11.2007 vorübergehend zu einer Aussetzung des Interbankenhandels führten[435]. Private und institutionelle Anleger sind aber weiter bedient worden. Das market making wurde unter den Banken nach der Winterpause am 7.1.2008 wie geplant zunächst wieder aufgenommen. Aufgrund erneuten Abgabedrucks auf UK und U.S. covered bonds sowie spanische gedeckte Schuldverschreibungen wurden noch am Ende der ersten Handelswoche die Kriterien für das market making zum achten Mal seit August 2007 geändert. In der Folge fand eine verbindliche Preisstellung unter Banken trotz anders lautender offizieller Vereinbarungen faktisch nicht mehr statt – es galt ein Gentlemen's Agreement, sich gegenseitig keine Anfragen zu schicken[436].

Seit Januar 2008 gilt deswegen, dass für covered bonds mit Bid Asset Swap Spreads von unter 20 Basispunkte weiterhin die Regeln vom 7.1.2008 gelten (d.h. doppelte Geld-Brief-Spanne und Pflichtvolumen von EUR 15 Mio.); für covered bonds mit einem Bid Asset Swap Spread von über 20 Basispunkte gelten wieder die Regeln vom 26.11.2007 (d.h. dreifache Geld-Brief-Spanne und Pflichtvolumen von EUR 5 Mio.)[437]. Damit kam es offiziell zu einer Zweiteilung des covered bond-Markts, allerdings nicht wie im Herbst 2007 angedacht auf der Basis geographischer Kriterien.

Aufgrund der Verwerfungen wurde von den market makern und Covered Bond-Emittenten im European Covered Bond Council (ECBC) ein Ausschuss gebildet, der sich aus jeweils acht Vertretern von Emittenten und market makern zusammensetzt[438]. Die Zusammensetzung des Ausschusses wird jährlich neu bestimmt. Aufgabe des Ausschusses ist, bei Marktstörungen Empfehlungen für das market making abzugeben, so dass die market making Regeln vorübergehend angepasst werden können, um die Rückkehr zu einem geordneten Handel zu beschleunigen.

Es bleibt vorerst abzuwarten, ob die Konsortialbanken das market making bekannter Ausprägung nach Beendigung der Unsicherheit an den Finanzmärkten untereinander wieder schultern werden können[439]. Diskutiert wird im ECBC insbesondere die Einführung einer elektronischen Handelsplattform zur sukzessiven Ersetzung des dominierenden Telefonhandels durch ein sog. „request-for-quote"-System[440].

---

435 Vgl. FAZ vom 24.11.2007, Turbulenzen am Markt für Pfandbriefe, S. 21.
436 Vgl. DG Hyp, Sicher und zuverlässig – der deutsche Pfandbrief in Zeiten der Finanzmarktkrise, September 2008, S. 8.
437 Vgl. BayernLB, Covered Bond Report, Nr. 2 vom 24.1.2008, S. 4 f.
438 Vgl. Euromoney, ECBC puts head on troubled shoulders, October 2007, p. 24 et seq.
439 Vgl. das Vorwort von Rasche/Hagen, in: vdp, Jahresbericht 2008, S. 1.
440 Vgl. DG Hyp, Sicher und zuverlässig – der deutsche Pfandbrief in Zeiten der Finanzmarktkrise, September 2008, S. 9.

2. Weitere Maßnahmen zur Erhöhung der Liquidität

Dem Ziel, mit dem Jumbo-Pfandbrief ein den Bundesanleihen und dem Eurobond-Markt vergleichbar homogenes und liquides Marktsegment zu schaffen, diente auch die Standardisierung der Dokumentation von Jumbo-Pfandbriefen, indem in Zusammenarbeit zwischen market makern und Emittenten die Globalurkunde, die Schuldverschreibungsbedingungen, die Übernahmeverträge und die Anleihebedingungen vereinheitlicht wurden[441].

Ein weiteres Finanzinstrument, welches zur internationalen Verbreitung des Pfandbriefs beigetragen hat, sind sog. Pfandbrief-Globals[442]. Sie zeichnen sich dadurch aus, dass sie weltweit aufgelegt werden. Pfandbrief-Globals werden fast ausschließlich nach der rule 144 des U.S. Securities Act und bevorzugt unter dem sog. Daueremittentenstatus (*frequent issuer status*) begeben, wodurch sie speziell für den Vertrieb im U.S.-Markt einfach handhabbar werden[443]. Durch eine entsprechende Besetzung des Emissionskonsortiums ist für die Pfandbrief-Globals in allen Zeitzonen ein aktiver Handel sowie ein market making möglich.

Für den professionellen Handel wurden neben dem klassischen Telefonhandel internationale elektronische Handelsplattformen wie z.B. bei EuroMTS Limited gegründet[444]. Darüber hinaus wurde im Jahr 2005 eine Indexfamilie von MTS Next, einer Tochter des Bondhandelsplattformbetreibers MTS, mit dem Namen EuroMTS Covered Bond Indizes (EMTXc) gegründet[445]. Der Vorgänger der Euro-MTS wird aber seit dem Beginn der Finanzmarktkrise nicht mehr genutzt. Deswegen wurde zuletzt die Einführung eines neuen elektronischen Systems gefordert, das den derzeit dominierenden Handel per Telefon ersetzt[446]. Dadurch soll die Transparenz erhöht, ein schnellerer Handel ermöglicht und insgesamt die Liquidität erhöht werden.

Schließlich wurden in Deutschland im Mai 1995 ein Preis-Index (PEX) und ein Performance Index (PEX-P) eingeführt, um die Liquidität und die Transparenz der Pfandbriefe weiter zu erhöhen[447]. Während sich die Anleger mit Hilfe des PEX über den Tageskurs der wichtigsten Pfandbriefemissionen informieren können, ist der

---

441 Vgl. zu den Mustertexten: Hellner/Steuer, Bankrecht und Bankpraxis, Loseblattsammlung: Einladungstelex oder -fax für Pfandbriefemissionen und Übernahmevertrag für Pfandbriefemissionen (Rdn. 10/240), Emissionsbedingungen für Pfandbriefe (Rdn. 10/242) sowie Sammelurkunde für Pfandbriefe (Rdn. 10/243); Köller, Pfandbriefrefinanzierung in Deutschland, in: Vgl. Hummel/Breuer, Handbuch des Europäischen Kapitalmarkts, 1. Auflage, 2001, S. 623.

442 Vgl. Hummel/Breuer, Handbuch des Europäischen Kapitalmarkts, 1. Auflage, 2001, S. 605.

443 Vgl. Gerke/Steiner, Handwörterbuch des Bank- und Finanzwesens, 3. Auflage, S. 1030.

444 EuroMTS Limited verwaltet eine gesamteuropäische Handelsplattform für staatliche und quasi-staatliche Eurobenchmark Schuldverschreibungen, d.h. auf EUR lautende Schuldverschreibungen mit einem Umlauf von mindestens EUR 5 Mrd.

445 Vgl. BörsenZ, Neue Indexfamilie für Covered Bonds, vom: 19.7.2005, S. 18.

446 Vgl. FAZ vom 30.1.2008, Reform des Pfandbriefhandels, S. 23.

447 Vgl. Holschuh, Jumbo-Pfandbrief-Indices als Marktindikator und Benchmark, in: I&F 10/2005, S. 367; Deutsch/Kirschner/Petit, Perspektiven des Pfandbriefmarkts, in: Die Bank, 1/96, S. 21; Hies, Die Refinanzierung deutscher Hypothekenbanken, 1996, S. 133 ff.

JEX ein Index mit der gleichen Funktion in Bezug auf Jumbo-Pfandbriefe. Der PEX wird täglich ermittelt und kann jederzeit über ein Bloomberg-Systemterminal abgerufen werden. Mit eigenen Preis- und Performanceindizes sowie mit einem eigenen Future-Markt verfügt der Jumbo-Pfandbrief über wesentliche Eigenschaften eines effizienten modernen Rentenmarkts.

B. Der UK Covered Bond als Wertpapier

Dem UK covered bond liegt ein sog. UK covered bond-Programm zu Grunde. Dieses bildet den Rahmen, unter welchem bis zu einem bestimmten Emissionsvolumen einzelne Serien von UK covered bonds durch den jeweiligen Emittenten ausgegeben werden können. Die einzelne Serie nimmt dabei Bezug auf die Programmbedingungen. Die Festlegung des Volumens, der Denomination, der Verzinsung und der Laufzeit der einzelnen Serie wird in den jeweiligen Anleihebedingungen festgelegt. Zum Schutz bestehender Serien ist vor der Emission jeder weiteren Serie ein asset coverage test zu erfüllen. Zusätzlich ist eine schriftliche Bestätigung von S&P, Moody's und Fitch erforderlich, in der diese erklären, dass die weitere Serie nicht das bis dahin geltende Rating der bereits emittierten Serien beeinträchtigt.

I. Status und Rechtsnatur der UK Covered Bonds

Die Verpflichtungen aus den UK covered bonds stellen unmittelbare, unbedingte und unbesicherte Verpflichtungen des Emittenten dar. Die einzelnen Serien eines Programms stehen sowohl zueinander als auch gegenüber anderen aus dem UK covered bond-Programm berechtigten Gläubigern (z.B. dem servicer, cash manager, Swapvertragsparteien, asset cover monitor, etc.) gleichrangig, d.h. in einem pari-passu Verhältnis. Die Verpflichtungen des Emittenten aus den UK covered bonds ist unbedingt und gesamtschuldnerisch garantiert durch Gesellschaften der Unternehmensgruppe des Emittenten[448]. In jedem Fall sind die Verpflichtungen des Emittenten aus den UK covered bonds unwiderruflich und einzeln garantiert durch die covered bond-Garantie der UK covered bond LLP, vorbehaltlich des Eintritts eines Kreditereignisses bei dem Emittenten (*issuer event of default*), der Gesamtfälligstellung der UK covered bonds gegenüber dem Emittenten (*issuer acceleration notice*) und einer Zahlungsaufforderung gegenüber der LLP (*issuer notice to pay*). Die Verpflichtungen der LLP unter der covered bond-Garantie stellen unmittelbare Verpflichtungen der LLP dar, die durch das gesamte revolvierende Vermögen der LLP besichert sind. Reicht die Verwertung des gesamten Gesellschaftsvermögen der LLP nicht aus, um die Zins- und Rückzahlungsansprüche der UK covered bond-Gläubiger zu befriedigen, sind diese berechtigt, in Höhe der Ausfallsumme des Emittenten im Rahmen des allgemeinen Insolvenzverfahrens deren Vermögen in Anspruch nehmen.

---

448 Vgl. HBOS plc – HBOS Treasury Services plc EUR 14 Billion Covered Bond Programme, 27.6.2003 (offering circular), p. 11.

Die Zins- und Rückzahlungen werden von dem Emittenten bis zum Eintritt eines vordefinierten Kreditereignisses aus den freien Mittelzuflüssen ihres gesamten Gesellschaftsvermögen bedient. Dazu können u.a. auch etwaige Gewinnausschüttungen der LLP zählen. Die Rückzahlung des Gesellschafterdarlehens an die LLP ist allerdings für die gesamte Dauer des Programms ausgeschlossen.

UK covered bonds stellen debentures bzw. einen debenture stock dar[449]. In der Regel wird mit dem Begriff der debenture ein Rechtsgeschäft einer Gesellschaft mit Rechtspersönlichkeit bezeichnet, das entweder eine Schuld vertraglich begründet (Schuldverschreibung) oder anerkennt (Schuldversprechen) und meist – jedoch nicht zwingend – durch Belastung des Gesellschaftsvermögens gesichert ist[450]. Die UK covered bonds sind gem. sec. 190 CA 1985 im Register für Schuldverschreibungen des Emittenten einzutragen.

Debentures können als Schuldverschreibung, Inhaberschuldverschreibung oder Namensschuldverschreibung ausgegeben werden[451]. Eine Inhaberschuldverschreibung ist ein negotiable instrument, dessen jeweiliger Inhaber als Berechtigter gilt. Inhaberpapiere werden gewohnheitsrechtlich wie Sachen behandelt und werden durch einfache Übergabe der Schuldverschreibungsurkunden (*certificates*), frei von gegenüber früheren Inhabern bestehenden Einreden, übertragen[452]. Ein Vorteil der Inhaberschuldverschreibungen liegt darin, dass bei ihnen gem. sec. 397 CA 1985 bei der Registrierung einer fixed und floating charge auf die Angabe des Sicherungsnehmers verzichtet werden kann[453]. Dies mag ein Grund sein, warum die bisherigen UK covered bond-Programme überwiegend die Ausgabe von Inhaberschuldverschreibungen vorsehen[454].

---

449 Der Begriff leitet sich ab vom lateinischen „debentur", das im Allgemeinen zur Einleitung von Schuldurkunden benutzt wurde („debentur mihi"). Vgl. Brink/Habel/Hartwig, Das Recht der Kreditsicherheiten, Teil IV: England, S. 208 f.; ter Meulen, Floating Charge, S. 34; Halsbury's Laws of England, vol. 7 (2), 4th Edition Reissue, 2004, para. 1533.

450 Eine gesetzliche Definition des Begriffs der debenture existiert im englischen Recht nicht. Die Bestimmung des Begriffs, im deutschen Schrifttum für gewöhnlich mit Schuldverschreibung wiedergegeben, bereitet im englischen Recht Schwierigkeiten. In s. 744 Company Act 1985 findet sich lediglich ein Hinweis, der besagt, dass der Begriff debenture als *„debenture stock, bonds, and any other securities of a company whether constituting a charge on the assets of the company or not"* zu verstehen ist, ohne jedoch den Begriff selbst näher zu erläutern. Vgl. Fisher & Lightwood's Law of Mortgage, 11th Edition, 2002, p. 189, para. 8.1; Gower and Davies' Principles of Modern Company Law, 7th Edition, 2003, p. 806.

451 Vgl. Halsbury's Laws of England, vol. 7 (2), 4th Edition Reissue, 2004, para. 1537; Wadlsey/Penn, Domestic Banking, Vol. 1, 2nd Edition, 2000, p. 588, para. 19-063 et seq.

452 Vgl. Bechuanaland Exploration Co. v. London Trading Bank [1898] QB 658; Edelstein v. Schuler & Co. [1902] 2 KB 144; Burgess, Corporate Finance Law, 2nd Edition, 1992, p. 97, para. 2.63.

453 Vgl. Schulz-Trieglaff, Grundschuld und Floating Charge zur Absicherung von Unternehmenskrediten, 1997, S. 77.

454 Anders aber z.B. Northern Rock plc EUR 10 Billion Global Covered Bond Programme, 30.4.2004 (offering circular), p. 36 et seq.

II. Der UK Covered Bond als Debenture Stock

Die wertpapierrechtliche Grundlage der UK covered bonds ist ein Schuldverschreibungstreuhandvertrag (*trust deed*) in dem sich der Emittent zur Ausgabe der Schuldverschreibungen verpflichtet. Die Rechte der UK covered bond-Gläubiger gegen den Emittenten werden dabei von einem Schuldverschreibungstreuhänder zu Gunsten der Schuldverschreibungsgläubiger gehalten[455]. Gleiches gilt für die Rechte aus der covered bond-Garantie der LLP, die auch Bestandteil der Schuldverschreibungstreuhand ist, und der Sicherheitenbestellung gegenüber einem Sicherheitentreuhänder. Ein derartiger sog. debenture stock stellt im englischen Recht die typische Form der Wertpapierausgabe dar[456]. Der Inhaber eines Anteils an einem debenture stock ist nur wirtschaftlich Berechtigter (*beneficial creditor*) aus dem zu Grunde liegenden Treuhandverhältnis[457]. Gegenüber dem Emittenten ist ausschließlich der Schuldverschreibungstreuhänder unmittelbar berechtigt (*legal creditor*)[458]. Die Bestellung der Sicherheitsrechte zu Gunsten des Sicherheitentreuhänders wird auch in der Schuldverschreibungstreuhand vereinbart. Bestellt werden die Sicherheiten in einer Sicherungsvereinbarung (*deed of charge*). Der Sicherheitentreuhänder verwaltet und verwertet ggf. die Sicherheit[459].

Das Konzept des debenture stock und die Ernennung eines bond trustee führt zu einer Bündelung der Interessen der UK covered bond-Gläubiger und insbesondere derjenigen die bei der Verwaltung der Deckungsmasse zu berücksichtigen sind. Diese Methode ist auch bei anderen Unternehmensanleihen anerkannt und ein Schutzmechanismus der von den Gläubigern erwartet und entsprechend von den RCB Regulations 2008 zugelassen wird[460].

Eine debenture lautet immer auf eine feste Summe, die nur in ihrer Gesamtheit übertragen werden kann. Demgegenüber kann ein debenture stock auch in Bruchteilen übertragen werden, und mehrere kleinere Anteile können zu einem größeren Anteil zusammengefasst werden, wobei certificates immer nur über den Gesamtbetrag aller Anteile eines Schuldverschreibungsgläubigers ausgestellt werden[461]. Die Vorteile des debenture stock liegen damit insbesondere in der einfacheren Übertragbarkeit der Anteile[462].

---

455 Die Abwicklung der sich hieraus ergebenden Zahlungen (Zins und Rückzahlung) ist in einem sog. agency agreement mit einem unabhängigen Kreditinstitut (*agent bank*) geregelt.

456 Vgl. Halsbury's Laws of England, vol. 7(2), 4th Edition Reissue, 2004, para. 1536, 1542; Burgess, Corporate Finance Law, 2nd Edition, 1992, p. 97, para. 2.63; Morse, Palmer's Company Law, para. 13.019.

457 Vgl. Wood, International Loans, Bonds and Securities Regulation, 1996, p. 169, 10-11.

458 Vgl. Wood, International Loans, Bonds and Securities Regulation, 1996, p. 169, 10-11.

459 Vgl. Boyle & Bird's Company Law, 3rd Edition, 1995, S. 262, para. 9.11.

460 Vgl. HM Treasury/FSA, Proposals for a UK Regulated Covered Bonds legislative framework, July 2007, para. 2.50, 3.47 et seq.

461 Vgl. Brink/Habel/Hartwig, Das Recht der Kreditsicherheiten, Teil IV: England, S. 210.

462 Vgl. Wood, International Loans, Bonds and Securities Regulation, 1996, p. 164, 10-3; Morse, Palmer's Company Law, para. 13.147.

Die Zwischenschaltung eines Schuldverschreibungs- und/oder Sicherheitentreuhänders hat im englischen Recht kein erhöhtes Risiko zur Folge. Durch die Übertragung der Vermögensrechte auf den Treuhänder erwirbt dieser den legal title und wird damit zum Vollinhaber des Rechts (*legal owner*)[463]. Der Treuhänder ist allerdings in der Ausübung des Rechts zu Gunsten der Treugeber (*beneficiaries*) beschränkt. Während der Treuhänder also nur formeller Inhaber des Rechts (*nominal owner*) ist, steht den Treugebern das Recht in seinem materiellen Gehalt zu (*beneficial owner*). Die Treugeber erwerben den durch die equity Rechtsprechung anerkannten equitable estate, eine Dritten gegenüber geschützte Rechtsposition[464]. Anders als im deutschen Recht, das dem Treugeber nur einen obligatorischen Anspruch gegen seinen Treuhänder gewährt, genießt der aus dem Treuhandverhältnis berechtigte Treugeber im englischen Recht in Bezug auf seine Rechte Schutz gegenüber jedermann, so dass sich seine Rechtsstellung in ihrer Wirkung wie ein dingliches Recht darstellt[465]. Der Treugeber ist befugt Veränderungen an den Transaktionsverträgen mit dem Emittenten zu vereinbaren, welche die Interessen der Schuldverschreibungsgläubiger nicht berühren. Die treugebenden Schuldverschreibungsgläubiger haben gegenüber dem Treuhänder einen Anspruch auf ordnungsgemäße Durchführung des Treuhandverhältnisses. Diese können sie im Rahmen von Gläubigerversammlungen (*bondholder meetings*) gegenüber dem Schuldverschreibungs- bzw. Sicherheitentreuhänder geltend machen[466].

Bei den UK covered bond-Programmen ist das Treuhandverhältnis zwischen den UK covered bond-Gläubigern und dem Schuldverschreibungstreuhänder bzw. Sicherheitentreuhänder in der deed of trust geregelt. Die dingliche Bestellung der Sicherheiten am gesamten revolvierenden Vermögen der LLP zu Gunsten des Sicherheitentreuhänders erfolgt in einer Sicherheitenvereinbarung. Bei der Geltendmachung seiner Rechte und Befugnisse aus den UK covered bonds ist der Schuldverschreibungstreuhänder bzw. der Sicherheitentreuhänder verpflichtet, die Interessen der Gläubiger zu wahren. Ist der Schuldverschreibungstreuhänder bei der Ausübung eines Rechts oder einer Befugnis der Ansicht, dass dieses bzw. diese die Interessen der Gläubiger beeinträchtigt, so hat er dessen bzw. deren Ausübung zu unterlassen, es sei denn er holt zuvor die Zustimmung der Gläubiger auf dem Wege eines außerordentlichen Gläubigerversammlungsbeschlusses (*extraordinary resolution*) oder eines schriftlichen Gläubigerbeschlusses (*written resolution*) der Gläubiger ein[467].

---

463 Vgl. Wood, International Loans, Bonds and Securities Regulation, 1996, p. 169, 10-11.
464 Vgl. Burgess, Corporate Finance Law, 2nd Edition, 1992, p. 272, para. 7.77.
465 Vgl. Re Empress Engineering Co. (1880) 16 Ch. D. 125; Gandy v. Gandy (1885) 30 Ch. D. 57; Brink/Habel/Hartwig, Das Recht der Kreditsicherheiten, Teil IV: England, S. 210.
466 Vgl. Wood, International Loans, Bonds and Securities Regulation, 1996, p. 173, 10-18.
467 Vgl. z. B. HBOS plc – HBOS Treasury Services plc EUR 14 Billion Covered Bond Programme, 27.6.2003 (offering circular), p. 60.

III. Mitwirkungs- und Sanktionierungsrechte der UK Covered Bond-Gläubiger

Die deed of trust der UK covered bonds gibt den Gläubigern das Recht, eine Gläubigerversammlung einzuberufen, um darin alle Sachverhalte zu behandeln, die ihre Interessen betreffen.

Hat nach Ansicht des Schuldverschreibungs- oder Sicherheitentreuhänders die Verletzung von Vorschriften der Vereinbarungen des UK covered bond-Programms keine Interessensbeeinträchtigung der Schuldverschreibungsgläubiger zur Folge, so ist er regelmäßig berechtigt, auf die Geltendmachung dieser Vertragsverletzung zu verzichten. Dies gilt auch im Fall des Eintritts eines Kreditereignisses bzw. bei Eintritt der Verwertungsreife der Sicherheiten. Der Schuldverschreibungs- oder Sicherheitentreuhänder kann auch hier auf die Verwertung der Sicherheiten verzichten, wenn er der Ansicht ist, dass die Interessen der Gläubiger hierdurch nicht beeinträchtigt werden. Hat die Verletzung einer Vereinbarung des UK covered bond-Programms eine Beeinträchtigung der Interessen der Gläubiger zur Folge, so sieht der Schuldverschreibungstreuhandvertrag die Möglichkeit zur Einberufung einer Gläubigerversammlung vor, in der ein außerordentlicher Gläubigerbeschluss gefasst werden kann, durch den der Schuldverschreibungs- oder Sicherheitentreuhänder zu bestimmten Maßnahmen angewiesen werden kann. Die Gläubigerbeschlüsse sind bei Vorliegen der erforderlichen Stimmenmehrheit für die übrigen Gläubiger bindend[468]. Dies gilt auch für nicht anwesende Gläubiger.

Zur Einberufung einer Gläubigerversammlung zum Erlass eines Gläubigerbeschlusses in Bezug auf einzelne oder mehrere Serien sind der Emittent, die LLP oder der Schuldverschreibungstreuhänder befugt. Eine Gläubigerversammlung ist von dem Emittenten einzuberufen, wenn er hierzu von Gläubigern, die mehr als 5 % des Nominalwerts einer betroffenen Serie innehaben, schriftlich aufgefordert wird. Für den Erlass eines Gläubigerbeschlusses ist in der Gläubigerversammlung ein Quorum von 50 % der betroffenen Serien in Bezug auf ihren Nominalwert erforderlich. Im Fall eines Währungswechsels, der Änderung des Quorums sowie Zins- oder Laufzeitänderungen, einer Abänderung der covered bond-Garantie und der Sicherungsvereinbarung (*series reserved matters*), bedarf es in der Gläubigerversammlung regelmäßig eines Stimmrechtsanteils von zwei Drittel der Gläubiger der betroffenen Serie in Bezug auf ihren Nominalwert.

Die Anweisung des Schuldverschreibungs- oder Sicherheitentreuhänders, die UK covered bonds nach einem Kreditereignis des Emittenten oder der LLP fällig zu stellen (*issuer* bzw. *LLP acceleration notice*), eine Zahlungsaufforderung gegenüber der LLP (*LLP notice to pay*) abzugeben oder die dinglichen Sicherheiten zu verwerten (*programme resolutions*), ist nur hinsichtlich der gesamten UK covered bond-Serien zuläs-

---

468 Vgl. Re Dominion of Canada Etc. Co. (1886) 55 LT 347; Follit v. Eddystone Granite Quarries [1892] 3 Ch 75; Boyle & Bird's Company Law, 5th Edition, 2004, p. 656, para. 19.22.

sig. Dazu ist eine Gläubigerversammlung aller ausstehenden Serien erforderlich. Das Quorum zum Erlass einer solchen Anweisung muss 50 % der gesamten ausstehenden Serien in Bezug auf ihren Nominalwert betragen.

IV. Ausstattung der UK Covered Bonds

Die individuellen Ausstattungsmerkmale einer UK covered bonds-Serie werden in den jeweiligen Anleihebedingungen festgelegt. UK covered bonds können ebenfalls festverzinslich, variabel verzinslich oder als Null-Kupon-Anleihe begeben werden. Es können aber auch indexierte bonds ausgegeben werden.

Obwohl sec. 193 CA 1985 Gesellschaften grundsätzlich dazu ermächtigt Schuldverschreibungen ohne Festlegung einer Laufzeit zu begeben, ist es üblich, einen Rückzahlungstermin zu vereinbaren oder der Gesellschaft ein Kündigungsrecht einzuräumen[469]. Dazu ist in den Anleihebedingungen der einzelnen Serien das jeweilige Laufzeitende festzulegen und/oder Regelungen zur Kündigung der Serie zu treffen[470]. UK covered bonds stellen bei Laufzeiten zwischen fünf und zwanzig Jahren ein mittel- bis langfristiges Finanzierungsinstrument dar[471]. Ein Kündigungsrecht der Gläubiger ist auch beim UK covered bond nicht üblich.

Zur planmäßigen Rückzahlung kann entweder die endfällige Rückzahlung des gesamten Kapitals einer Serie (*hard bullet bond*) oder die Rückzahlung in Annuitäten vereinbart werden. In der weit überwiegenden Anzahl der Emissionen ist eine endfällige Rückzahlung vereinbart.

Öffentlich platzierte UK covered bonds sind in britischen Pfund und Euro ausgegeben worden.

Volumenmäßig ist die erste UK covered bond-Emission der HBOS Group mit GBP 3 Mrd. die bislang größte öffentlich platzierte Einzelemission. Im Durchschnitt hatte vor der Finanzkrise ein öffentlich platzierter UK covered bond ein Emissionsvolumen von ca. GBP 1,5 bis 2 Mrd.[472] Daneben sind UK covered bonds auch privat platziert worden[473].

---

469 Vgl. Burgess, Corporate Finance Law, 2nd Edition, 1992, p. 275, para. 7.77.
470 Vgl. HBOS plc – HBOS Treasury Services plc EUR 14 Billion Covered Bond Programme, 27.6.2003 (offering circular), p. 9, 31et seq., 49.
471 Vgl. Balai/Whittacker/Grossman, United Kingdom, in: Golin, Covered Bonds beyond Pfandbriefe, p. 200.
472 Vgl. Balai/Whittacker/Grossman, United Kingdom, in: Golin, Covered Bonds beyond Pfandbriefe, p. 200.
473 Vgl. Balai/Whittacker/Grossman, United Kingdom, in: Golin, Covered Bonds beyond Pfandbriefe, p. 200.

V. Der UK Covered Bond im Sekundärmarkt

In Großbritannien existiert kein spezieller Mindeststandard für Jumbo-UK covered bonds[474]. Die UK covered bond-Emittenten haben sich allerdings freiwillig teilweise den Mindeststandards von Jumbo-Pfandbriefen unterworfen, um einen liquiden Sekundärmarkt in ihren Jumbo-UK covered bond-Emissionsserien sicherzustellen.

Die öffentlich platzierten Serien weisen in der Regel ein Emissionsvolumen von mehr als EUR 1 Mrd. auf. Diese sind zumeist auf der EuroCreditMTS Plattform zum Handel zugelassen. Die Liquidität im Sekundärhandel wird grundsätzlich durch das market making unterstützt. Daneben werden kleinvolumige Emissionen privat platziert.

§ 8 Vergleich der Rechts- und wertpapierrechtlichen Grundlagen

Seit dem 1.1.2008 profitieren gedeckte Schuldverschreibungen, welche die Voraussetzungen der neu gefassten Bankenrichtlinie erfüllen, sowohl in Großbritannien als auch in Deutschland im modifizierten und internen Ratingansatz von einer privilegierten Risikogewichtung.

In Deutschland war das Recht der gedeckten Schuldverschreibung traditionell mit dem HBG, dem ÖPG und SchBkG umfassend gesetzlich geregelt. Anstoß für die Schaffung des deutschen Pfandbriefrechts war die Lösung der mit der Pfandbrieffrage verbundenen Unsicherheit in Bezug auf das vorrangige Befriedigungsrecht der Pfandbriefgläubiger. Zuletzt wurde der Sicherherheitsmechanismus des Pfandbriefs durch die Qualifizierung der Deckungsmasse(n) als Sondervermögen und der Einführung des Sachwalterverfahrens erheblich verbessert. Dadurch waren die Voraussetzungen für die Einführung des PfandBG in der Form eines einheitlichen Pfandbriefemissionsgesetzes für Universalbanken geschaffen worden. Dies war erforderlich geworden, da sowohl für die privaten als auch die öffentlich-rechtlichen Banken die Rechtfertigung des Pfandbriefprivilegs – für letztere insbesondere in Folge der Aufhebung der Gewährträgerhaftung und Modifizierung der Anstaltslast – abhanden gekommen war. Nach der Neuordnung besteht das deutsche Pfandbriefrecht nunmehr aus einer einheitlichen, gesetzlichen Emissionsgrundlage in Form des PfandBG und bis zu vier Verordnungen, von denen der Gesetzgeber die Pfandbriefbarwertverordnung, die Deckungsregisterverordnung und die Beleihungswertermittlungsverordnung bereits erlassen hat. Eine Rechtsverordnung zur Schiffsbeleihungswertermittlung wird folgen.

---

474 Mit dem Ziel einheitliche Standards für den gesamten europäischen Jumbo Covered Bond-Markt zu schaffen, sollen die beschlossenen Neuerungen der Mindeststandards von Jumbo-Pfandbriefen in das ECBC getragen werden. Kullig, Neue Regeln in den Mindeststandards stärken den Jumbo Pfandbrief, in: vdp, Der Pfandbrief, 2006, S. 19.

In Großbritannien hat zum Zeitpunkt der ersten UK structured covered bond-Emissionen keine gesetzliche Emissionsgrundlage existiert. Im Gegensatz zu anderen Mitgliedstaaten kam es in Großbritannien nicht zu einer Wiederbelebung früherer gesetzlicher Emissionsgrundlagen. Stattdessen gingen die britischen Emittenten den Weg der vertraglichen Strukturierung und schufen unter Anwendung von aus der Verbriefung etablierten Sicherheitsstrukturen auf der Grundlage des common law einen UK structured covered bond. Dessen rechtliche Bedingungen sind umfassend in den zu Grunde liegenden Wertpapieremissionsprospekten beschrieben. Abänderungen oder Modifizierungen der vertraglichen Vereinbarungen setzen voraus, dass diese nach Ansicht des Schuldverschreibungstreuhänders zweckdienlich sind und zu keiner wesentlichen Benachteiligung der Interessen der Gläubiger der structured covered bonds führen. Darüber hinausgehende Abänderungen oder Modifizierungen bedürfen der Zustimmung der UK structured covered bond-Gläubiger.

Seit März 2008 existiert mit den UK Regulated Covered Bonds Regulations 2008 (RCB Regulations 2008) auch in Großbritannien eine gesetzliche Emissionsgrundlage. Mit den RCB Regulations 2008 wird ein Regelungsrahmen geschaffen, der die Anforderungen des europäischen Sekundärrechts in Art. 22 Abs. 4 der OGAW-Richtlinie für gedeckte Schuldverschreibungen erfüllt. Dadurch werden gleiche Wettbewerbsbedingungen für britische Emittenten geschaffen. Mit den RCB Regulations 2008 werden alle bisherigen UK structured covered bonds mit lediglich minimalem Anpassungsbedarf auf eine einheitliche gesetzliche Grundlage gestellt[475]. Anders als das Pfandbriefmodell basiert die britische Emissionsgrundlage auf einem strukturierten Modell mit einer Zweckgesellschaft als Deckungsmasse. Die mit dem strukturierten Modell verbundene Flexibilität durchzieht den RCB Regulations 2008 als Grundprinzip. Dies unterscheidet das Modell des RCB Regulations 2008 wesentlich von dem engen Korsett des PfandBG. Auf dieser Grundlage schafft der britische Gesetzgeber eine innovative, moderne an den Bedürfnissen der Kreditinstitute ausgerichtete Emissionsgrundlage, welche geeignet ist Marktinnovation, Marktwettbewerb und Marktwachstum bei gleichzeitig hohem Schutz der UK Regulated Covered Bond-Gläubiger zu fördern.

Die RCB Regulations 2008 wurden in enger Abstimmung mit der Finanzindustrie erarbeitet. Grundsätzliche Zweifel an der Sicherheit der UK Regulated Covered Bonds bestehen nach weit überwiegender Ansicht nicht. Gleichwohl wurde der noch stärker flexible Regelungsansatz des ursprünglichen Entwurfs der RCB Regulations 2008 angesichts der bis dahin vorliegenden Erkenntnisse aus der Finanzkrise kritisiert[476]. Im Rahmen des Gesetzgebungsverfahrens wurde deswegen die Qualität der zulässigen Deckungswerte durch entsprechende Einschränkungen sichergestellt und z.B. die Indeckungnahme von Subprime-Hypotheken ausgeschlossen.

---

475 Vgl. Written ministerial statement, in: Hansard, 29.6.2006.
476 Vgl. Newton/Higgs, Covering all angels, in: The Lawyer Features, 24.9.2007.

Der allgemeine Genehmigungsvorbehalt der RCB Regulations 2008 geht im Gegensatz zum PfandBG nicht mit einer besonders restriktiven Zulassungspolitik einher und schafft dadurch keine zusätzlich hohen Markteintrittshürden für neue Emittenten. Das Zulassungsverfahren und die laufende Aufsicht über UK Regulated Covered Bonds zeichnet sich durch ihren ressourcenschonenden Ansatz aus, der gleichwohl geeignet erscheint, eine umfassende besondere öffentliche Aufsicht unter Einbindung unabhängiger qualifizierter externer Berater zu gewährleisten. Auf diese Weise wird eine jährliche unabhängige Überprüfung der Deckung ermöglicht. Regelmäßige Deckungsprüfungen wie beim Pfandbrief sind dagegen beim UK Regulated Covered Bond nur in besonderen Fällen vorgesehen.

Anders als das PfandBG stellen die RCB Regulations 2008 keine detaillierten qualitativen Anforderungen für die als Deckungswert zulässigen Vermögenswerte auf und begnügen sich mit der Verweisung auf die in Ziffer 68 des Annexes VI der neu gefassten Bankenrichtlinie aufgezählten zulässigen Deckungswerte.

An Stelle detaillierter Vorschriften zur Deckungskongruenz und insbesondere zur Deckungsrechnung legen die RCB Regulations 2008 selbst weder eine Methode zur Bestimmung der Fähigkeit zur jederzeitigen Deckung fest noch konkretisieren sie die erforderliche Überdeckung in quantitativer Hinsicht. Dies überlässt der britische Gesetzgeber – wie der deutsche Gesetzgeber mit der Pfandbriefbarwertverordnung – stattdessen der FSA im Rahmen ihrer besonderen öffentlichen Aufsicht.

In der wertpapiermäßigen Ausstattung (Status, Rechtsnatur, Verzinsung, Laufzeit und Rückzahlung) der beiden Finanzinstrumente sind keine wesentlichen Unterschiede auszumachen. Bei UK covered bonds ist zusätzlich eine indexierte Verzinsung zulässig. In Deutschland ist dagegen eine stärkere Bedeutung kleinformatiger traditioneller Pfandbriefemissionen festzustellen.

Wertpapierrechtlich bietet der UK covered bond im Gegensatz zum Pfandbrief den Schuldverschreibungsgläubigern Mitwirkungs- und Sanktionierungsmöglichkeiten im Fall von Verletzungen der Vertragspflichten, die zu einer Beeinträchtigung der Interessen der Gläubiger führen. Diese können bei Vorliegen der erforderlichen Beschlussmehrheit in der Gläubigerversammlung die Verwertung der Sicherheit und die Gesamtfälligstellung der ausstehenden Schuldverschreibungen umfassen. Sanktionierungsmöglichkeiten sieht das deutsche Recht für die Pfandbriefgläubiger selbst nicht vor, sondern behält diese der BaFin vor. Den Pfandbriefgläubigern bleibt, bei Vorliegen eines funktionierenden Markts, als Sanktionierungsmittel nur die Möglichkeit ihr Wertpapier zu verkaufen.

3. Teil: Das Deckungsprinzip

Das Deckungsprinzip ist wesentliches Kernelement gedeckter Schuldverschreibungen. Europarechtlich verankert ist es in Art. 22 Abs. 4 der OGAW-Richtlinie. Danach sind die Erträge aus der Emission dieser Schuldverschreibungen gemäß den gesetzlichen Vorschriften in Vermögenswerten anzulegen, die während der gesamten Laufzeit der Schuldverschreibungen die sich daraus ergebenden Verbindlichkeiten ausreichend decken. Das europäische Sekundärrecht überlässt die Regelung zur Bildung der Deckungsmasse sowie der Indeckungnahme der Deckungswerte dem nationalen Recht der Mitgliedstaaten. Eine mittelbare Folge des Deckungsprinzips ist, dass es gleichsam als dessen Kehrseite das Prinzip der Verwendungsbeschränkung begründet, da die aus dem Verkauf der gedeckten Schuldverschreibungen erlösten Mittel ausschließlich zum Erwerb von den in der neu gefassten Bankenrichtlinie bestimmten Deckungswerten verwendet werden dürfen. Die zulässigen Deckungswerte regelte der europäische Gesetzgeber als Voraussetzung für die Anwendbarkeit der bankaufsichtsrechtlich privilegierten Risikogewichtung für gedeckte Schuldverschreibungen. Schließlich ist Ausfluss des Deckungsprinzips der Grundsatz der Deckungskongruenz von ausstehenden Schuldverschreibungen und Deckungswerten.

1. Abschnitt: Das Deckungsprinzip des Pfandbriefs

Das Deckungsprinzip des PfandBG baut auf der Regelung der deckungsstockfähigen Vermögenswerte und der Deckungskongruenz auf. Die konzeptionelle Grundentscheidung des Gesetzgebers gegen eine pfandrechtliche Verbindung zwischen Deckungswerten und Schuldverschreibungen schaffte die Grundlage für ein modernes Pfandbriefrecht. Während ursprünglich eine genaue Entsprechung zwischen Pfandbrief und refinanzierter Hypothek gegeben war, trennte sich der Gesetzgeber von diesen Gedanken und stellte dem Umlauf der Pfandbriefe die eingetragenen Deckungswerte gegenüber, ohne eine bestimmte dingliche Zuordnung einzelner Deckungswerte zu bestimmten Schuldverschreibungen vorzunehmen. Dies ermöglicht den revolvierenden bzw. dynamischen Charakter der Pfandbriefdeckungsmasse.

§ 9 Deckungsstockfähigkeit, Indeckungnahme und Deckungsregister des Pfandbriefs

Das Pfandbriefgeschäft besteht gem. § 1 Abs. 1 Nr. 1 bis 4 PfandBG aus dem Hypothekenpfandbriefgeschäft (Nr. 1), dem Öffentlichen Pfandbriefgeschäft (Nr. 2), dem Schiffspfandbriefgeschäft (Nr. 3) und neuerdings dem Flugzeugpfandbriefgeschäft (Nr. 4). Jedes Pfandbriefgeschäft bildet eine selbständige Pfandbriefgattung. Die Festlegung der zulässigen Deckungswerte für die einzelnen Pfandbriefgattungen erfolgt im Abschnitt 3 des PfandBG in je einen Unterabschnitt für Hypothekenpfandbriefe, Öffentliche Pfandbriefe, Schiffspfandbriefe und Flugzeugpfandbriefe. Die Unterteilung in vier Unterabschnitte begründet das Trennungsprinzip der Deckungsmassen der Pfandbriefgattungen[1]. Dieses Trennungsprinzip setzt sich in einer Reihe weiterer Vorschriften durch das gesamte PfandBG hin fort (z.B. §§ 4 Abs. 2 Satz 1, 5 Abs. 1 Satz 1, 8 Abs. 2 Satz 1) und hat zur Folge, dass für jede Pfandbriefgattung jeweils eine Vermögensmasse zu bilden bzw. ein Deckungsregister zu führen ist. Das Gesamtvermögen einer Pfandbriefbank kann somit je nach Geschäftsstrategie bis zu fünf Vermögensmassen aufweisen: das allgemeine Bankvermögen, die Hypothekenpfandbriefdeckungsmasse, die Deckungsmasse des Öffentlichen Pfandbriefgeschäfts, die Schiffspfandbriefdeckungsmasse und die Flugzeugpfandbriefdeckungsmasse.

A. Die Deckungsstockfähigkeit beim Pfandbrief

Deckungsstockfähig sind die für die jeweilige Pfandbriefgattung zugelassenen Deckungswerte. Diese sind für Hypothekenpfandbriefe in §§ 12 bis 19 PfandBG, für Öffentliche Pfandbriefe in § 20 PfandBG für Schiffspfandbriefe in §§ 21 bis 26 PfandBG und für Flugzeugpfandbriefe in §§ 26a bis 26f PfandBG geregelt. Darin wird festgelegt, welche Werte unter welchen Voraussetzungen zur Deckung der jeweiligen Pfandbriefgattung zugelassen sind[2]. In Bezug auf die Art der deckungsstockfähigen Vermögenswerte besteht die Deckungsmasse bei allen vier Pfandbriefgattungen aus ordentlichen und weiteren Deckungswerten.

I. Deckungsstockfähigkeit beim Hypothekenpfandbrief

Der Hypothekenpfandbrief wird gem. § 1 Abs. 1 Nr. 1 PfandBG aufgrund erworbener Hypotheken begeben. Als ordentliche Deckung des Hypothekenpfandbriefs dürfen gem. § 12 Abs. 1 PfandBG nur Hypotheken benutzt werden, die den Erfor-

---

1 Vgl. Bundesregierung, Gesetzentwurf zur Neuordnung des Pfandbriefrechts, Drucks. 15/4321 vom 29.11.2004, S. 30; Bellinger/Kerl, HBG, 4. Auflage, 1995, § 41 Rdn. 8.

2 Vgl. Bundesregierung, Gesetz zur Neuordnung des Pfandbriefrechts, Begründung, Drucks. 15/4321 vom 29.11.2004, S. 15.

dernissen der §§ 13 bis 17 PfandBG entsprechen[3]. Daneben sind die sog. weiteren Deckungswerte gem. § 19 PfandBG zulässig.

1. Die ordentliche Deckung des Hypothekenpfandbriefs

Als ordentliche Deckung des Hypothekenpfandbriefs sind sowohl Brief- als auch Buchhypotheken geeignet[4]. Ungeeignet als Deckungshypotheken sind Sicherungsgrundpfandrechte, da sich der Gläubiger bei ihnen gem. § 1184 BGB zum Beweis der Forderung nicht auf die Eintragung im Grundbuch berufen kann[5]. Hypotheken werden gem. § 18 Abs. 1 PfandBG Grundschulden gleichgestellt[6]. Weil jedoch Grundschulden – im Gegensatz zu Hypotheken – nicht akzessorisch sind und damit nicht das Schicksal der Hauptschuld teilen, stellt § 18 Abs. 2 PfandBG klar, dass Grundschulden, die aufgrund einer Zweckvereinbarung zwischen der Pfandbriefbank und dem jeweiligen Grundstückseigentümer der Sicherung einer Darlehensforderung dienen, immer nur zusammen mit der zu Grunde liegenden Darlehensforderung an die Stelle der Hypothek treten, so dass die Grundschuld und die gesicherte Forderung gemeinsam den Deckungswert darstellen[7]. In der Beleihungspraxis stellen Grundschulden gegenüber Hypotheken aufgrund ihrer mangelnden Akzessorietät zur Darlehensschuld den Regelfall dar[8].

An die Qualität der zur Deckung geeigneten Darlehen werden weiterhin sehr hohe Anforderungen gestellt. So ist gem. § 13 PfandBG die Deckung der Hypothekenpfandbriefe nur mit Hypotheken zulässig, die in bestimmten Ländern belegen sind. Unverändert geblieben ist die Beleihungsgrenze. Neu eingeführt wurden Regelungen zur Beleihungswertermittlung sowie eine Versicherungspflicht für Gebäude auf zu beleihenden Grundstücken.

a) *Originärer und derivativer Erwerb der ordentlichen Deckungswerte des Hypothekenpfandbriefs*

Die Hypotheken bzw. Grundschulden müssen von der Pfandbriefbank gem. § 1 Abs. 1 Nr. 1 PfandBG „erworben“ worden sein. Dem Wortlaut nach kommt sowohl ein originärer Erwerb als auch ein derivativer Erwerb in Betracht[9]. Unter den originären Erwerb fällt die klassische Kreditvergabe durch die Pfandbriefbank. Dage-

---

3 Zum Realkredit allgemein: Vgl. Kerl, Bankaufsichtliche Anforderungen an den Realkredit, 2. Auflage, 2002.
4 Vgl. zur Briefhypothek § 1116 Abs. 1 BGB und zur Huchhypothek § 1116 Abs. 2 BGB.
5 Vgl. Bellinger/Kerl, HBG, 4. Auflage, § 10 Rdn. 11.
6 Vgl. zur Grundschuld § 1191 BGB; Bundesregierung, Gesetzentwurf zur Neuordnung des Pfandbriefrechts, Drucks. 15/4321 vom 29.11.2004, Begründung, S. 32 f.
7 Vgl. Bundesregierung, Gesetzentwurf zur Neuordnung des Pfandbriefrechts, Drucks. 15/4321 vom 29.11.2004, Begründung, S. 33.
8 Vgl. Bundesregierung, Gesetzentwurf zur Neuordnung des Pfandbriefrechts, Drucks. 15/4321 vom 29.11.2004, S. 33; Bellinger/Kerl, HBG, 4. Auflage, 1995, § 40 Rdn. 3 ff.
9 Vgl. Schuster/Sester, Zum Entwurf des Pfandbriefgesetzes, in: ZBB 6/04, S. 482.

gen ist unter einem derivativen Erwerb der Ankauf eines bereits vergebenen Kredits zu verstehen.

Der Gesetzgeber hat der steigenden Bedeutung des An- und Verkaufs von Krediten und Kreditportfolien für Pfandbriefbanken und damit dem derivativen Erwerb der ordentlichen Deckung Rechnung getragen. Dazu hat er in § 1 Abs. 2 Satz 1 PfandBG klargestellt, dass dem Erwerb einer Hypothek der Anspruch gegen ein geeignetes Kreditinstitut auf Abtretung oder Teilabtretung einer Hypothek, die von dem Kreditinstitut treuhänderisch zu Gunsten der Pfandbriefbank verwaltet wird, gleichsteht, sofern im Fall der Insolvenz des Kreditinstituts die Pfandbriefbank die Aussonderung der Hypothek verlangen kann[10]. Zu diesem Zweck hat der Gesetzgeber mit dem Gesetz zur Änderung der Insolvenzordnung, des Kreditwesengesetzes und anderer Gesetze ein sog. Refinanzierungs- bzw. Grundpfandrechts- sowie ein Konsortialregister eingeführt[11], mit deren Hilfe jeweils eine insolvenzfeste Übertragung u.a. von grundpfandrechtlich gesicherten Forderungen ermöglicht wird, ohne dass dazu eine dingliche Übertragung stattfinden muss[12]. Die entsprechenden Regelungen, mit denen auch andere mit der Übertragung von Bankkrediten verbundene rechtliche Probleme (z.B. Bankgeheimnis, Datenschutz, Zustimmungserfordernis zur Abtretung) gelöst wurden, sind in den §§ 22a bis 22o KWG nieder-

---

10 Nach ganz überwiegender Auffassung setzte der Erwerbsbegriff des § 1 Nr. 1 HBG voraus, dass die Pfandbriefbank materiellrechtlicher Inhaber des Grundpfandrechts sein muss. Erforderlich war hierzu für Buchrechte die Einigung und Eintragung zu Gunsten der Hypothekenbank. Bei Briefgrundpfandrechten genügte die Briefübergabe und die Abtretung der Darlehensforderung. Ein schuldrechtlicher Anspruch auf Verschaffung eines Grundpfandrechts, das treuhänderisch von einem Dritten gehalten wird, reichte aufgrund der mangelnden Zuordnung des Grundpfandrechts mit Wirkung für die Zwangsvollstreckung und die Insolvenz unter dem HBG nicht aus. Vgl. Bellinger/Kerl, HBG, 4. Auflage, 1995, § 1 Rdn. 37; Picherer, Sicherungsinstrumente bei Konsortialfinanzierungen von Hypothekenbanken, 2002, S. 81 ff.; Stöcker, Die treuhänderisch gehaltene Sicherungsbuchgrundschuld zur Verbriefung und Syndizierung von Krediten, in: Die Bank 1/2004, S. 55 ff.

11 Vgl. Gesetz zur Neuorganisation der Bundesfinanzverwaltung und zur Schaffung eines Refinanzierungsregisters, vom 22.9.2005, BGBl. Jahrgang 2005 Teil I Nr. 60, S. 2809 ff. sowie Verordnung über die Form des Refinanzierungsregisters nach dem Kreditwesengesetz sowie die Art und Weise der Aufzeichnung (Refinanzierungsregisterverordnung – RefiRegV) vom 18.12.2006, BGBl. 2006 Teil I Nr. 63, S. 3241 ff.

12 Zum Ganzen ausführlich: Tollmann, Die Bedeutung des neuen Refinanzierungsregisters für Asset Backed Securities, in: ZHR 169 (2005), S. 594 ff.; Tollmann, Die Sicherstellung der Insolvenzfestigkeit bei der Asset Backed Securitization nach dem neuen Refinanzierungsregister gem. §§ 22a ff. KWG, in: WM 43/2005, S. 2018; Fleckner, Das Refinanzierungsregister – Tatbestandliche Grenzen und Vorschläge zur Verbesserung, in: WM, 15/2006, S. 697; Fleckner, Die Refinanzierungstreuhand – Erleichterungen für die Begebung von Asset Backed Securities und Pfandbriefen durch das Gesetz zur Schaffung eines Refinanzierungsregisters, in: Der Betrieb, 50/2005, S. 2733; Gault, Refinance register revolutionizes German true sales, in: IFLR, 8/2005, p. 6; Schuster/Sester, Zum Entwurf des Pfandbriefgesetzes, in: ZBB 6/04, S. 483. Interessanterweise bestand für öffentlich-rechtliche Kreditinstitute bereits in der „Zweiten Verordnung zur Durchführung des Gesetzes über die Pfandbriefe und verwandten Schuldverschreibungen öffentlich-rechtlicher Kreditanstalten“ vom 20.12.1938 eine vereinfachte Übertragungsmöglichkeit, die jedoch in Vergessenheit geraten schien, da von ihr in der Praxis kein Gebrauch gemacht worden ist. Diese wurde allerdings im Rahmen der Neuordnung des Pfandbriefrechts zusammen mit dem ÖPG aufgehoben. Vgl. Lassen, Pfandbriefe und fundierte Schuldverschreibungen in Österreich, in: I&F 10/2005, S. 377.

gelegt[13]. Bislang wird das Refinanzierungsregister von den Pfandbriefbanken v.a. aufgrund der damit verbundenen Kosten nur in überschaubarem Maß genutzt[14].

In das Grundpfandrechtsregister können grundpfandrechtlich gesicherte Forderungen eines Kreditinstituts, auf deren Übertragung ein anderes Unternehmen einen Anspruch hat, eingetragen werden, und zwar zusammen mit dem betreffenden Grundpfandrecht (§ 22o Abs. 1 KWG)[15]. Das Grundpfandrechtsregister wird gem. § 22a KWG in der Regel von dem zur Übertragung verpflichteten Kreditinstitut (sog. Refinanzierungsunternehmen, vgl. § 1 Abs. 24 KWG) geführt und dabei von einem gem. § 22e KWG gesondert bestellten Verwalter unter der Obhut der BaFin gem. § 22 g Abs. 1 KWG überwacht.

Die Eintragung in das Grundpfandregister führt nicht zu einem Übergang von Rechten[16]. Das Refinanzierungsunternehmen kann gem. § 22j Abs. 1 Satz 3 KWG weiterhin wirksam über eingetragene Gegenstände verfügen, die es noch nicht wirksam an die Pfandbriefbank übertragen hat[17]. Dritte können die Einzelzwangsvollstreckung in solche Gegenstände gem. § 22j Abs. 1 Satz 3 und 4 KWG betreiben. Allerdings räumt § 22j Abs. 1 Satz 2 KWG der Pfandbriefbank ein Ersatzaussonderungsrecht an Gegenständen ein, die an Stelle der ordnungsgemäß ins Register ein-

---

13 Vgl. zuletzt billigte der BGH die Veräußerung von Krediten an Privatkunden oder Unternehmen und stellte klar, dass dieser Praxis weder das Bankgeheimnis noch der Datenschutz entgegensteht (vgl. BGH vom 27.2.2007, XI ZR 195/05, BB 2007, 793 ff.). Einzelne Gericht hatten dies zuvor als unzulässig eingestuft (vgl. OLG Frankfurt/Main vom 25.5.2004, 8 U 84/04 (WM 2004, S. 1386); OLG Celle, WM, 2004, 1384; LG Mainz, Urt. V. 23.7.2003 – 3 S 42/03 (unveröff.); LG Frankfurt a.M., WM, 2005, 1120, 123). Vgl. zur Diskussion mit weiteren nachweisen: Rögner, Bankgeheimnis im Spannungsverhältnis mit dem Kapitalmarktrecht?, in: NJW, 45/2004, S. 3230; Schad, Die Veräußerung von grundschuldbesicherten Bankdarlehen – Rechtliche Gesichtspunkte, in: VDH, Professionelles Immobilien-Banking, 2004, S. 14; Tollmann, Die Bedeutung des neuen Refinanzierungsregisters für Asset Backed Securities, in: ZHR 169 (2005), S. 618; Möhlenkamp, Besteht ein ersatzfähiger Schaden durch Verletzung des Bankgeheimnisses?, in: BB, 2007/21, S. 1126 ff.

14 Vgl. Hagen, Braucht das Pfandbriefgesetz eine Novelle?, in: I&F, 15/2007, S. 509.

15 Der Anwendungsbereich der §§ 22a ff. KWG erfasst auch im Ausland belegene Grundpfandrechte. Vgl. vdp, Jahresbericht 2005, S. 42.

16 Vgl. Deutscher Bundestag, Beschlussempfehlung und Bericht des Finanzausschusses zu dem Gesetzentwurf der Bundesregierung zur Neuorganisation der Bundesfinanzverwaltung, BT-Drucks. 15/5852, 29.6.2005, S. 23.

17 Vgl. Tollmann, Die Bedeutung des neuen Refinanzierungsregisters für Asset Backed Securities, in ZHR 169 (2005), S. 622. Die Eintragung ins Refinanzierungsregister schützt die Pfandbriefbank folglich nicht vor vertragswidrigen Verfügungen des Refinanzierungsunternehmens. Nach § 137 BGB kann die Pfandbriefbank mit dem Refinanzierungsunternehmen kein dinglich wirksames Verfügungsverbot vereinbaren. Verfügt das Refinanzierungsunternehmen ohne Einwilligung der Pfandbriefbank über einen eingetragenen Gegenstand, verletzt es allerdings seine Vertragspflichten und macht sich schadensersatzpflichtig. Seine Organe machen sich ggf. sogar der Untreue (§ 266 StGB) strafbar. Das verbleibende Restrisiko ist der Preis, den die Pfandbriefbank und mittelbar die Investoren für die eingesparten Kosten einer Grundbuchumschreibung zu zahlen haben, um im Interesse des Rechtsverkehrs die Funktionsfähigkeit des Grundbuchs aufrecht zu erhalten. Die hieraus resultierenden Risiken werden als gering eingeschätzt, da Zwangsvollstreckungsmaßnahmen, die in der kurzen zeitlichen Spanne vor Eröffnung des Insolvenzverfahrens ergriffen werden, durch den Erlass eines Moratoriums gem. § 46a KWG ausgeschlossen werden können.

getragenen Gegenstände getreten sind. Um einen Zugriff von Drittgläubigern durch Zwangsvollstreckungsmaßnahmen zu verhindern, wird man in der Praxis ohne großen Aufwand übertragbare Vermögensgegenstände unmittelbar übertragen. Bei Buchgrundschulden bietet sich eine Abtretung unter der aufschiebenden Bedingung des Herabsinkens des Ratings des Refinanzierungsunternehmens unter ein bestimmtes Mindestrating an, wobei von der Eintragung im Grundbuch regelmäßig wegen des damit verbundenen Aufwands abgesehen werden dürfte. Die Zweckgesellschaft ist nach § 161 Abs. 1 BGB durch die aufschiebend bedingte Abtretung grundsätzlich gegen vertragswidrige Verfügungen und Zwangsvollstreckungsmaßnahmen geschützt. Jedoch ist gem. §§ 161 Abs. 3, 892 BGB ein gutgläubiger Erwerb möglich, solange weder eine aufschiebend bedingte Abtretung noch eine Vormerkung zu Gunsten der Pfandbriefbank im Grundbuch eingetragen ist. Die Pfandbriefbank tut daher gut daran, bei einer sich abzeichnenden Verschlechterung der finanziellen Lage des Refinanzierungsunternehmens die Übertragung sämtlicher Gegenstände zu verlangen[18].

Darüber hinaus schließt § 22j Abs. 3 KWG sowohl die Geltendmachung von Zurückbehaltungsrechten des Refinanzierungsunternehmens gegen Ansprüche der Pfandbriefbank auf Übertragung der ordnungsgemäß eingetragenen Gegenstände als auch grundsätzlich die Möglichkeit der Aufrechnung des neuen Refinanzierungsunternehmens gegenüber der Pfandbriefbank aus. Dagegen schränkt die Eintragung in das Refinanzierungsregister gem. § 22j Abs. 2 S. 1 KWG Einwendungen und Einreden Dritter gegen die eingetragenen Forderungen und Rechte grundsätzlich nicht ein. Dies dient dem Schutz der Schuldner des Refinanzierungsunternehmens[19].

Die Pfandbriefbank kann in der Insolvenz des übertragenden Kreditinstitut gem. § 22j Abs. 1 KWG in Verbindung mit § 47 InsO die Aussonderung der eingetragenen Rechte und Forderungen verlangen. Auf diese Weise wird durch die Eintragung in ein Refinanzierungsregister eine insolvenzfeste Position der schuldrechtlich übertragungsberechtigten Pfandbriefbank begründet.

Um zu verhindern, dass Pfandbriefbanken als reine Refinanzierungsvehikel tätig werden, welche die zur Deckung verwendeten Hypothekarkredite nicht selbst originär vergeben, sondern diese ausschließlich von anderen Hypothekarkreditgebern erwerben, legt § 2 Abs. 1 Satz 3 PfandBG i.V.m. § 2 Abs. 1 Satz 1 Nr. 2 PfandBG fest, dass die Erlaubnis zum Betreiben des Pfandbriefgeschäftes u.a. auch dann zu versagen ist, wenn das Kreditinstitut nicht zugleich auch über eine Erlaubnis zum Betreiben des Kreditgeschäfts im Sinne des § 1 Abs. 1 Satz 2 Nr. 2 KWG verfügt und

---

18 Vgl. Tollmann, Die Sicherstellung der Insolvenzfestigkeit bei der Asset Backed Securitization nach dem neuen Refinanzierungsregister gem. §§ 22a ff. KWG, in: WM, 43/2005, 2021, 2023.

19 Vgl. Deutscher Bundestag, Beschlussempfehlung und Bericht des Finanzausschusses zu dem Gesetzentwurf der Bundesregierung – Drucksache 15/5567 – Entwurf eines Gesetzes zur Neuorganisation der Bundesfinanzverwaltung, S. 23.

dieses Geschäft voraussichtlich betreiben wird[20]. Insoweit sollte der Aufbau eines Deckungsstocks durch den Kauf ganzer Kreditportfolien zulässig sein. Eine gänzliche Trennung zwischen der Vergabe und dem Erwerb von Hypothekarkrediten (d.h. der sog. Origination) auf der Aktivseite und der Emission auf der Passivseite ist jedenfalls nicht zulässig, da die emittierende Pfandbriefbank das Aktivgeschäft auch in Zukunft betreiben, also Immobilienkreditgeschäfte selbst tätigen muss[21].

b) *Zusatzsicherheiten*

Mit der PfandBG-Novelle 2009 wurde in § 12 Abs. 3 PfandBG klargestellt, dass sich die Deckungswerte auch auf zusätzliche Sicherheiten, die vom Grundpfandrecht nicht erfasst werden (z. B. Ausfallversicherungen, Abtretungen oder Verpfändungen von Miet- und Versicherungsforderungen) erstrecken[22]. Dadurch wird gewährleistet, dass die Grundpfandrechte in der Deckungsmasse den Zugriff auf die wirtschaftliche Substanz der Grundstücke sicherstellen[23]. Die zusätzlichen Sicherheiten werden automatisch erfasst und bedürfen zur einfachen Handhabung keiner Eintragung in das Deckungsregister[24].

c) *Belegenheit der Sicherheiten*

Die hypothekarisch belasteten Grundstücke und die Grundstücke, an denen die belasteten Rechte (z. B. Erbbaurechte und Erbpachtrechte, sog. grundstücksgleiche Rechte) bestehen, müssen gem. § 13 Abs. 1 Satz 2 PfandBG in einem Mitgliedstaat der Europäischen Union oder einem anderen Vertragsstaat des Abkommens über den Europäischen Wirtschaftsraum, in der Schweiz, in den Vereinigten Staaten von Amerika, in Kanada oder in Japan belegen sein[25]. Die Einbeziehung von Beleihungsobjekten, die in den U.S.A., Kanada und Japan belegen sind, können u.a. zur weiteren Risikodiversifizierung der Deckungsmasse beitragen[26].

---

20 Vgl. Bundesregierung, Gesetzentwurf zur Neuordnung des Pfandbriefrechts, Drucks. 15/4321 vom 29.11.2004, S. 28 f.; Schuster/Sester, Zum Entwurf des Pfandbriefgesetzes, in: ZBB 6/04, S. 482.

21 Vgl. Zoller, Die Bedeutung des zukünftigen Pfandbriefrechts für Universalbanken, in: ZfgK, 20/2004, S. 1116.

22 Kraft Gesetz vom Grundpfandrecht umfasst ist ohnehin der Anspruch gegen den Versicherer im Fall einer Gebäudeversicherung (vgl. §§ 1120, 1123, 1126, 1127 und 1128 BGB sowie auch § 15 PfandBG). Darüber hinausgehende zusätzliche Sicherheiten werden nicht automatisch vom Grundpfandrecht umfasst.

23 Vgl. Bundesregierung. Entwurf eines Gesetzes zur Fortentwicklung des Pfandbriefrechts, Deutscher Bundestag, Drucks. 16/11130 vom 1.12.2008, S. 33.

24 Die Regelung des § 12 Abs. 3 PfandBG gilt im Übrigen für Schiffs- und Flugzeugpfandbriefe entsprechend (vgl. § 22 Abs. 6, 26b Abs. 5 PfandBG).

25 Dies entspricht inhaltlich den Vorgängervorschriften der §§ 1 Nr. 1, 5 Abs. 1 Nr. 2a HBG. Die Zulässigkeit von Auslandsbeleihungen in der Schweiz, den Vereinigten Staaten von Amerika, in Kanada oder in Japan wurde erst auf Vorschlag des Finanzausschusses in den Gesetzentwurf aufgenommen. Vgl. Beschlussempfehlung und Bericht des Finanzausschusses zu dem Gesetzentwurf zur Neuordnung des Pfandbriefrechts, 16.2.2005, Drucksache 15/4878, S. 3; Grassinger, Öffentliche Jumbos versus Hypotheken-Jumbos, in: I&F 19/2005, S. 356.

26 Im HBG waren in USA, Kanada und Japan belegene Beleihungsobjekte gem. § 5 Abs. 1 Nr. 2b HBG nur im sog. Außerdeckungsgeschäft zulässig.

Deckungsstockfähig sind gem. § 13 Abs. 1 Satz 1 PfandBG aber nur solche Rechte einer ausländischen Rechtsordnung, die den grundstücksgleichen Rechten deutschen Rechts vergleichbar sind[27]. Die durch die Beleihung ausländischer Grundstücke erworbenen Forderungen zählen gemeinsam mit den Inlands-Beleihungen zu einer einheitlichen Deckungsmasse[28]. In Bezug auf ausländische Sicherungsrechte stellt § 18 Abs. 1 PfandBG im Wesentlichen vergleichbare ausländische Sicherungsrechte den Hypotheken und Grundschulden des deutschen Rechts gleich[29]. Diese Klarstellung erfolgt, um die Indeckungnahme der in den ausländischen Rechtsordnungen vorgesehenen und in der Beleihungspraxis tatsächlich verbreiteten Grundstückssicherheiten, welche in der Regel nicht vollständig den deutschen Grundpfandrechten entsprechen, trotzdem zu ermöglichen[30]. Maßgeblich ist, dass die ausländischen Grundstückssicherheiten eine im wesentlichen vergleichbare Sicherheit bieten und den Gläubiger berechtigten, seine Forderung auch durch Verwertung des belasteten Grundstücks oder grundstücksgleichen Rechts zu befriedigen. Die Vergleichbarkeit einzelner Sicherheitsrechte ist in jedem Einzelfall von der Geschäftsleitung der Pfandbriefbank im Zweifel anhand einschlägiger Rechtsgutachten, zu beurteilen[31]. Auf eine Regelung der Kriterien zur Bestimmung der Gleichwertigkeit hat der Gesetzgeber verzichtet, da er grundsätzlich davon ausgeht, dass die in den anderen Mitgliedsstaaten üblichen Grundpfandrechte der deutschen Hypothek bzw. Grundschuld gleichwertig sind[32]. Dass die einzelne Pfandbriefbank auf diesen Märkten über das notwendige Erfahrungswissen im Aktivgeschäft verfügt, wird durch § 27 Abs. 2 PfandBG sichergestellt[33]. Dieser gestattet der Pfandbriefbank die Indeckungnahme der aus den neuen Geschäften erworbenen Werte erst nach Erwerb eines gefestigten Erfahrungswissens der Pfandbriefbank, nicht

---

27 Dies trägt dem Umstand Rechnung, dass in den anderen von § 13 Abs. 1 Satz 2 PfandBG erfassten Staaten teilweise Rechte an Grundstücken anerkannt und üblich sind, die zwar nicht mit dem Eigentumsrecht gleichzusetzen sind, die aber trotzdem gegenüber jedermann wirksam sind und mit Grundpfandrechten belastet werden können (z.B. das sog. leasehold im common law). Vgl. Bundesregierung, Gesetz zur Neuordnung des Pfandbriefrechts, Drucks. 15/4321 vom 29.11. 2004, S. 32.

28 Vgl. Bellinger/Kerl, HBG, 4. Auflage, 1995, § 5 Rdn. 51.

29 Vgl. Bundesregierung, Gesetz zur Neuordnung des Pfandbriefrechts, Drucks. 15/4321 vom 29.11.2004, S. 33.

30 Vgl. Bundesministerium für Finanzen, Neuordnung des Pfandbriefrechts – Weiterentwicklung eines deutschen Modellprodukts, in: Monatsbericht, Mai 2005, S. 76.

31 Vgl. Bundesregierung, Gesetz zur Neuordnung des Pfandbriefrechts, S. 33; Vgl. Stürner, Hypothekenpfandbriefe und Beleihungen in Frankreich, München 1994; Stürner/Stadler; Deutsche Pfandbriefe und Deckungswerte in den Niederlanden, Frankfurt, 2000; Stürner/Schumacher/Bruns, Alexander; Der deutsche Pfandbrief und englische Deckungswerte, Frankfurt 2000; Stürner/Stadler, Pfandbriefe und Beleihungen in Spanien, 2002.

32 Vgl. Bellinger/Kerl, HBG, 4. Auflage, § 5 Rdn. 52. Der vdp hält für seine Mitglieder eine 22 Rechtsordnungen umfassende Checkliste über die Dokumente vor, die dem Treuhänder vorzulegen sind, wenn eine hypothekarische Finanzierung in Deckung genommen werden soll, sowie über die Dokumente, die vom Treuhänder in den Mitverschluss zu nehmen sind. Des Weiteren hat der vdp für seine Mitglieder Länderberichte zur Immobilienfinanzierung und zur Verwertung von Hypothekenforderungen in einer Vielzahl von Ländern erstellt.

33 Der vdp hat für seine Mitglieder eine Liste mit Anhaltspunkten erstellt, die dabei helfen soll das notwendige Erfahrungswissen feststellen zu können und darüber hinaus eine Liste von Kriterien für die Abgrenzung von einzelnen Märkten erstellt.

aber vor Ablauf von zwei Jahren nach Aufnahme der jeweiligen Art von Geschäften[34].

Die in § 13 Abs. 1 Satz 2 Halbs. 2 PfandBG geregelte 10 %-Grenze für Beleihungen, bei denen das vorrangige Befriedigungsrecht der Pfandbriefgläubiger nicht sichergestellt ist, konnte auf die Staaten beschränkt werden, die nicht der Europäischen Union angehören, da bei den in den Mitgliedstaaten der EU belegenen Sicherheiten mittlerweile von der Sicherstellung des Vorrechts ausgegangen werden kann[35]. Denn Art. 9 der Richtlinie 2001/24/EG vom 4.4.2001 über die Sanierung und Liquidation von Kreditinstituten (sog. Bankenliquidationsrichtlinie) stellt klar, dass im Falle der Liquidation eines innerhalb der EU gelegenen Kreditinstituts das sog. lex rei sitae-Prinzip zur Anwendung kommt, d.h. im Fall der Liquidation das Recht des Staates maßgeblich ist, in dem das Kreditinstitut seinen Sitz hat. Somit sind lediglich die Gerichte des Herkunftslandes befugt, über die Eröffnung eines Liquidationsverfahrens über das Vermögen eines Kreditinstituts einschließlich seiner Zweigstellen zu entscheiden. Auf dieses Verfahren findet gem. Art. 10 der Richtlinie das Recht des Herkunftslandes Anwendung. Eine Pfandbriefbank wird damit stets nach deutschem Insolvenzrecht liquidiert, wobei Art. 10 Abs. 2 Buchst. h der Richtlinie ausdrücklich sicherstellt, dass das Vorrecht der Pfandbriefgläubiger gewahrt ist. Da die EU-Mitgliedstaaten europarechtlich verpflichtet waren, die Bankenliquidationsrichtlinie bis zum 5.5.2004 in nationales Recht umzusetzen, unterstellt § 13 Abs. 1 Satz 2 Halbs. 2 PfandBG, dass sie dieser Umsetzungspflicht nachgekommen sind.

Bei der Untersuchung der veröffentlichten Regelberichte gem. § 28 PfandBG fällt hinsichtlich der geografischen Zusammensetzung der Hypothekenpfandbriefdeckungsmasse auf, dass die Pfandbriefbanken zwar über 90 % des in Deckung genommenen Hypothekarkreditgeschäfts auf dem Inlandsmarkt generiert haben[36]. Jedoch hat die grenzüberschreitende Immobilienfinanzierung in den letzten Jahren erheblich an Bedeutung gewonnen. Im Jahr 2006 wurden 47 % aller Zusagen für Immobilienkredite für Objekte im Ausland gegeben[37].

---

34 Vgl. Beschlussempfehlung und Bericht des Finanzausschusses zu dem Gesetzentwurf zur Neuordnung des Pfandbriefrechts, 16.2.2005, Drucksache 15/4878, S. 15.

35 Vgl. Bundesregierung, Gesetz zur Neuordnung des Pfandbriefrechts, Drucks. 15/4321 vom 29.11.2004, S. 32; VDH, Jahresbericht, 2004, S. 50. Zur früheren Rechtslage, vgl. Stöcker, Ausländische Deckungswerte und Insolvenzvorrecht der Pfandbriefe, in: I&F 16/2003, S. 46 ff. Im Auftrag des vdp hat Stürner seit 1993 für einzelne Länder untersucht, ob das Insolvenzvorrecht gegeben ist. Er kam für Frankreich und die Niederlande zu positiven Ergebnissen und hat für England und die Niederlande Wege aufgezeigt, wie das Insolvenzvorrecht rechtsgeschäftlich gesichert werden konnte (vgl. Stürner, Hypothekenpfandbriefe und Beleihungen in Frankreich, München 1994; Stürner/Stadler; Deutsche Pfandbriefe und Deckungswerte in den Niederlanden, Frankfurt, 2000; Stürner/Schumacher, Bernd; Stürner/Schumacher/Bruns; Der deutsche Pfandbrief und englische Deckungswerte, Frankfurt 2000; Stürner/Stadler; Pfandbriefe und Beleihungen in Spanien, 2002). Das Recht der U.S.A. führt zwar nicht von sich aus dazu, dass das Insolvenzvorrecht der Pfandbriefgläubiger gesichert ist. Durch die Begründung eines „security interest" zugunsten eines trustee kann dies aber mit einfachen rechtsgeschäftliche Maßnahmen erreicht werden (vgl. Stürner/ Kern, Deutsche Hypothekenbanken und U.S.-amerikanische Deckungswerte, 2007).

36 Vgl. Winkler, Der Pfandbriefmarkt 2005/2006, in: VdP, Der Pfandbrief, 2006, S. 12.

37 Vgl. Stöcker/Luckow, Geleitwort, in: Stürner/Kern, Deutsche Hypothekenpfandbriefe und U.S.-amerikanische Deckungswerte, 2007, S. 11.

d) *Beleihungsgrenze*

Die Beleihungsgrenze stellt zusammen mit dem Beleihungswert eines der wesentlichen Grundelemente dar, auf denen die Sicherheit des Hypothekenpfandbriefs beruht[38]. Sie trägt dem Risiko Rechnung, dass sich die wirtschaftlichen Verhältnisse auf dem Immobilienmarkt und/oder des Darlehensnehmers während der Laufzeit des Hypothekarkredits ändern können[39]. Die Beleihungsgrenze ist gem. § 14 PfandBG auf 60 % des Beleihungswerts festgeschrieben.

Maßgeblich für die Bemessung der Beleihungsgrenze ist das Wertverhältnis zur Zeit der Hypothekengewährung, wobei eine spätere Wertminderung der belasteten Immobilie die Deckungsfähigkeit nicht aufhebt, solange die Forderung den Restwert nicht übersteigt[40]. Dies wurde aus dem Wortlaut der §§ 11 Abs. 2 und 12 Abs. 1 Satz 1 HBG geschlossen[41]. Diesbezüglich ist der Wortlaut der §§ 14 und 16 PfandBG nicht eindeutig. Jedoch entspricht nach der Begründung des Gesetzentwurfes die Regelung zur Beleihungsgrenze der Vorgängerregelung im HBG. Umgekehrt können Wertsteigerungen an den Immobilien nicht zu einer Erhöhung des Werts der Deckungsmasse führen[42]. Etwas anderes gilt nur für erneute Beleihungen in Verbindung mit einer neuen Beleihungswertermittlung[43].

Bei der Bestimmung der Beleihungsgrenze spielt die Rangstelle des Grundpfandrechts der Pfandbriefbank eine bedeutende Rolle. Das PfandBG fordert zwar nicht ein erstrangiges Grundpfandrecht, jedoch ist eine Absicherung der Bank im erststelligen Beleihungsraum zwingend erforderlich. Deswegen sind bei der Bestimmung der Beleihungsgrenze anderweitige, vorrangige dingliche Rechte, wie z.B. Grundpfandrechte, Erbbaurechte und u.U. auch Dienstbarkeiten, zu berücksichtigen[44].

Die große Sicherheitsspanne hat sich seit Inkrafttreten des HBG als bewährt erwiesen. Die Beleihungsgrenze garantiert auch bei bedeutenden Immobilienpreisrückgängen die Gewähr der Deckung der Forderungen der Pfandbriefbank im Fall einer Sicherheitenverwertung[45]. Zudem bietet sie aufgrund des niedrigen Rangauslaufs die Möglichkeit, eine Erholung der Marktpreise abzuwarten und trotz der bei hohen Zinsen schnell zu bedeutender Höhe anwachsenden Leistungsrückstände Geduld zu zeigen[46].

---

38 Vgl. Bellinger/Kerl, HBG, 4. Auflage, 1995, § 11 Rdn. 18.

39 Vgl. Schmidt, Die Hypothekenbanken, in: Rüchardt, Handbuch des Hypothekarkredits, 3. Auflage, 1993, S. 1049.

40 Vgl. Dannenbaum, Deutsche Hypothekenbanken, § 11 Anm. 12; Bellinger/Kerl, HBG, 4. Auflage, 1995, § 11 Rdn. 23; Marzi, Das Recht der Pfandbriefe und Hypothekenbanken in Vergangenheit und Gegenwart, 2002, S. 106.

41 Vgl. Bellinger/Kerl, HBG, 4. Auflage, 1995, § 11 Rdn. 23.

42 Vgl. Bellinger/Kerl, HBG, 4. Auflage, 1995, § 11 Rdn. 32.

43 Vgl. Bellinger/Kerl, HBG, 4. Auflage, 1995, § 6 Rdn. 28.

44 Vgl. Pleyer, Das Recht der Hypothekenbanken in Europa, 1981, S. 59; Bellinger/Kerl, HBG, 4. Auflage, 1995, § 11 Rdn. 3 ff.

45 Vgl. Schmidt, Die Hypothekenbanken, in: Rüchardt, Handbuch des Hypothekarkredits, 3. Auflage, 1993, S. 1049; Bellinger/Kerl, HBG, 4. Auflage, 1995, § 11 Rdn. 19.

46 Vgl. Schmidt, Die Hypothekenbanken, in: Rüchardt, Handbuch des Hypothekarkredits, 3. Auflage, 1993, S. 1049; Bellinger/Kerl, HBG, 4. Auflage, 1995, § 11 Rdn. 19.

Überschreiten zur Deckung verwendete Hypotheken die Beleihungsgrenze des § 14 PfandBG, so gelten sie gem. § 5 Abs. 1a Satz 2 PfandBG nur bis zur Höhe der Beleihungsgrenze als zur Deckung bestimmt.

e) *Versicherungspflicht*

Mit dem PfandBG wurde eine Versicherungspflicht für deckungsstockfähige Grundstücksbeleihungen eingeführt[47]. Die Versicherungspflicht soll sicherstellen, dass bei einer Zwangsversteigerung des Beleihungsobjekts die zur Pfandbriefdeckung verwendete Grundstücksbeleihung im sicheren Bereich liegt[48]. Bereits in der Vergangenheit wurde von den Hypothekarkreditgebern regelmäßig eine Versicherung des Beleihungsobjekts verlangt.

§ 15 PfandBG stellt die Versicherungspflicht für alle Grundstücksbeleihungen klar und erstreckt die Versicherungspflicht auf die auf den Grundstücken stehenden Gebäude, auf welchen die zur Deckung von Hypothekenpfandbriefen verwendeten Grundpfandrechte lasten[49]. Diese müssen gem. § 15 Abs. 1 PfandBG während der gesamten Dauer der Beleihung zumindest in Höhe des Bauwerts gegen die nach Lage und Art des Objekts erheblichen Risiken versichert sein[50]. Der Bauwert wird im PfandBG nicht definiert und dürfte den gesamten Kosten des Baus der aufstehenden Gebäude entsprechen und damit wertmäßig zwar unterhalb des Beleihungswerts aber wohl oberhalb der Beleihungsgrenze von 60 % liegen[51].

Die Versicherungspflicht ermöglicht der BaFin und dem Treuhänder, die Herausnahme solcher Grundpfandrechte aus der Deckung zu verlangen, die an nicht oder nicht ausreichend versicherten Objekten bestehen[52]. Nach der Übergangsregelung des § 45 Satz 1 PfandBG besteht diese Möglichkeit allerdings nur für Grundpfandrechte, die Pfandbriefbanken nach dem 18.7.2005 erwerben. Nachdem eine gesetz-

47 Eine Versicherungspflicht für Deckungswerte kannte bislang nur das Schiffsbankgesetz. Nicht zu verwechseln ist die Versicherungspflicht des § 15 PfandBG mit einer Hypothekenversicherung, mit der sich die Darlehensgeber vor Ausfällen der Darlehensnehmer schützen können. Vgl. dazu und zu den Anwendungsmöglichkeiten in Deutschland: Dous, Die Hypothekenversicherung bringt frischen Wind, in: FAZ vom 28.7.2006; Dous, Hypothekenversicherung: Kann Deutschland von den USA lernen?, in: I&F, 11/2006, S. 363 ff.; Dous, Hypothekenversicherung: Geschichte und Gegenwart, in: vdp, Professionelles Immobilienbanking, 2006, S. 20 ff.; Kofner, Hypothekenversicherung: Auf der Überholspur ins Wohneigentum?, in: I&F, 11/2006, S. 356 ff.; Schneider, Hypothekenversicherungen und Basel II, in: I&F, 11/2006, S. 360.
48 Vgl. Bonfig, Das Passivgeschäft der Realkreditinstitute, in: Handbuch des Hypothekarkredits, 3. Auflage, 1993, S. 551.
49 Vgl. Bundesregierung, Gesetz zur Neuordnung des Pfandbriefrechts, Drucks. 15/4321 vom 29.11.2004, S. 32.
50 Der vdp hat eine Übersicht zur Gebäudeversicherung im internationalen Vergleich für 15 Rechtsordnungen erarbeitet, die den Mitgliedsinstituten als Arbeitshilfe dienen soll.
51 Aus Vereinfachungs- und Klarstellungsgründen bietet sich an, die Höhe der Versicherungspflicht – entsprechend der Regelung des § 23 PfandBG zur Versicherungspflicht bei Schiffsbeleihungen – auf 110 % der jeweiligen Darlehensforderungen zuzüglich eventueller vor- oder gleichrangiger Grundpfandrechte Dritter zu vereinheitlichen.
52 Vgl. Bundesregierung, Gesetz zur Neuordnung des Pfandbriefrechts, Begründung, Drucks. 15/4321 vom 29.11.2004, S. 32.

liche Pflicht zur Versicherung der auf einem belasteten Grundstück aufstehenden Gebäude zuvor nicht bestand, bleiben Grundpfandrechte, die den Pfandbriefbanken im Zeitpunkt des Inkrafttretens des PfandBG zustehen und nach den bisher für sie geltenden Vorschriften zur Deckung verwendet werden, auch weiterhin ohne Rücksicht auf die Versicherungspflicht zur Deckung verwendbar[53].

f) *Sonstige Anforderungen und Charakteristika der Hypothekarkredite*

Im PfandBG wurde auf die Schuldnerschutzvorschriften des HBG verzichtet[54]. Diese sind mittlerweile teilweise in das BGB aufgenommen worden[55]. Es bestand kein Anlass, Darlehensnehmer von Pfandbriefbanken weitergehender zu schützen als Darlehensnehmer sonstiger Kreditinstitute[56]. Insofern stellt das PfandBG für die Hypothekarkreditverträge nur noch in Bezug auf den Tilgungsbeginn besondere Anforderungen.

In Deutschland ist das Annuitätendarlehen üblich[57]. Dabei wird der Immobilienkredit mit gleichen Monats- oder Vierteljahresraten verzinst und getilgt, wobei in der gleich bleibenden Rate der Zinsanteil zurückgeht und der Tilgungsanteil steigt[58]. Zu unterscheiden ist das Annuitätendarlehen von Kündigungs-, Frist-, Fest- oder Fälligkeitsdarlehen.

Beim Immobilienkredit ist in Deutschland allgemein das festverzinsliche Darlehen vorherrschend, wobei zinsvariable Darlehen ebenfalls gewährt werden. Indexierte-Darlehen werden dagegen kaum ausgereicht. Bis zum Ende der 1960er Jahre hatten Pfandbriefe regelmäßig eine Laufzeit von mehr als 30 Jahren. Hypothekarkredite wurden entsprechend über 30 Jahre mit festen Zinsen angeboten. Erst im Verlauf der 1970er Jahre verkürzten sich die Laufzeiten am Kapitalmarkt. In der Folge gingen die Banken zur Abschnittsfinanzierung auf fünf bis zehn Jahre über, d.h. es wird seither eine Anpassung der Konditionen nach fünf bis zehn Jahren vereinbart. Zu unterscheiden ist dabei zwischen der echten und der unechten Abschnittsfinanzierung. Bei der echten Abschnittsfinanzierung wird der Kredit mit dem Ende der Zinsbindung zur Rückzahlung fällig und für eine anschließende Zinsbindungsfrist ein neuer Kreditvertrag geschlossen. Eine Prolongation des Darlehens kam zunächst dadurch zustande, dass die Bank dem Darlehensnehmer die Prolongation angeboten hat und der Darlehensnehmer diesem Angebot nicht widersprochen hat.

---

53 Vgl. Bundesregierung, Gesetz zur Neuordnung des Pfandbriefrechts, Drucks. 15/4321 vom 29.11.2004, S. 32.

54 So z.B. das AGB-Gesetz und das Verbraucherkreditgesetz (vgl. §§ 305 ff. und §§ 346 ff. BGB). Vgl. Bundesregierung, Gesetzentwurf zur Neuordnung des Pfandbriefrechts, Drucks. 15/4321 vom 29.11.2004, S. 27 f.

55 Insbesondere die Vorschriften zum Schutze der Verbraucher sind infolge der Entwicklung des Verbraucherschutzes durch die EU und dessen Umsetzung durch den deutschen Gesetzgeber und ihre Aufnahme ins BGB entbehrlich.

56 Vgl. Bundesregierung, Gesetz zur Neuordnung des Pfandbriefrechts, Drucks. 15/4321 vom 29.11.2004, Begründung, S. 27 f.

57 Das Annuitätendarlehen wird auch Amortisations- oder Tilgungsdarlehen genannt.

58 Vgl. Pleyer, Das Recht der Hypothekenbanken in Europa, 1981, S. 74; EMF, Die Hypothekenbanken und der Pfandbrief in Europa, 3. Auflage, 2001, S. 143.

Da bei Fälligkeit das Darlehensrestkapital an sich in einem Betrag zurückzuzahlen war, obwohl der Darlehensnehmer aber weiterhin die Tilgung ratenweise erbringen und die Bank außerdem den Darlehensvertrag weiterlaufen lassen wollte, gingen die Hypothekenbanken Anfang der 80er Jahre zur sog. unechten Abschnittsfinanzierung über[59]. Dabei läuft der ursprüngliche Darlehensvertrag weiter und die Bank legt, aufgrund eines einseitigen Anpassungsrechts mit Widerspruchsmöglichkeit (sog. Konditionenanpassungsklausel), nur die Konditionen neu fest[60]. Die Einführung des Widerspruchs zusätzlich zum bestehenden Kündigungsrecht des § 489 BGB wegen Auslaufens der Zinsbindung hat den Vorteil, dass die dadurch „quasikonsensual" werdende Anpassung als neue Vereinbarung über den Zinssatz im Sinne von § 489 Abs. 1 Nr. 1 BGB angesehen werden kann und damit die Kündigung auch während der folgenden Zinsbindungsfrist ausgeschlossen ist[61]. Im Zusammenhang mit der Einführung des Verbraucherkreditgesetzes im Jahr 1991 wurde die unechte Abschnittsfinanzierung nochmals modifiziert[62]. Seitdem ist das Darlehen dann zur Rückzahlung fällig, wenn eine Änderungsvereinbarung über den Zinssatz bis zum Ende der vereinbarten Zinsbindungsfrist nicht zustande gekommen ist. Eine solche Änderungsvereinbarung muss die Bank dem Darlehensnehmer wenigstens vier Wochen vor Ablauf der Zinsbindungsfrist anbieten. Durch die Vertragskonstruktion wird sichergestellt, dass der Darlehensvertrag grundsätzlich bis zur vollständigen Tilgung weiterläuft. Lediglich die Konditionen werden zwischen den Parteien neu geregelt[63].

Der Darlehensnehmer hat unter bestimmten Voraussetzungen und in Abhängigkeit von der Art der Verzinsung gem. § 489 BGB grundsätzlich das Recht, das Darlehen ganz oder teilweise ordentlich zu kündigen und zurückzuzahlen. Dieses Recht kann allerdings gem. § 489 BGB bis zu einem Zeitraum von zehn Jahren ab Auszahlung des Darlehens vertraglich ausgeschlossen werden, wodurch Zinsänderungsrisiken für die Hypothekenbanken ausgeschlossen werden sollen[64]. Der Schuldner kann das Darlehen auch zum Ablauf der Festschreibungsfrist der Abschnittsfinanzierung gem. § 489 Abs. 1 Nr. 3 BGB kündigen. In diesen Fällen bietet die Hypothekenbank – wie gesehen – zu dem Termin, zu dem die Festschreibungsfrist endet, neue Darlehenskonditionen an. Wenn der Darlehensnehmer diesen Darlehensbedingungen nicht widerspricht, verlängert sich das Darlehensverhältnis. Die Pfandbriefbank hat im Gegensatz zum Darlehensnehmer kein ordentliches Kündigungs-

---

59 Vgl. Bellinger/Kerl, HBG, 4. Auflage, 1995, Vor §§ 14–21a Rdn. 21.
60 Vgl. BGH vom 6.4.1989 – III ZR 181/87 = WM 1989, 740 = NJW 1989, 1796; Bellinger/Kerl, HBG, 4. Auflage, 1995, Vor §§ 14–21a Rdn. 21.
61 Vgl. Bellinger/Kerl, HBG, 4. Auflage, 1995, Vor §§ 14–21a Rdn. 21.
62 Vgl. Bellinger/Kerl, HBG, 4. Auflage, 1995, Vor §§ 14–21a Rdn. 23.
63 Bei einer Hypothek müsste der im Grundbuch eingetragene Hypothekenzins nach Ablauf der Zinsbindungsfrist hinsichtlich der Zinsanpassung entsprechend geändert werden. Dies ist bei einer Grundschuld nicht erforderlich, denn ebenso wie die Grundschuld selbst ist auch der Grundschuldzins nicht akzessorisch und kann in seiner Höhe folglich unabhängig von der Höhe der Darlehenszinsen festgelegt werden. Vgl. Bellinger/Kerl, HBG, 4. Auflage, 1995, § 1 Rdn. 32; Picherer, Sicherungsinstrumente bei Konsortialfinanzierungen von Hypothekenbanken, S. 43.
64 Vgl. Blumer, Internationale Immobilienfinanzierung deutscher Hypothekenbanken, in: Hummel/Breuer, Handbuch des Europäischen Kapitalmarkts, 1. Auflage, 2001, S. 787.

recht, sofern der Darlehensnehmer seine Verpflichtungen aus dem Vertrag erfüllt. Auf diese Weise ist die Langfristigkeit der Ausleihung gesichert[65].

Die vorfällige Tilgung von Festzinskrediten war bis 1997 nur durch individuell ausgehandelte Aufhebungsvereinbarungen zwischen Bank und Darlehensnehmer möglich. Der Bundesgerichtshof hat 1997 dem Darlehensnehmer bei Vorliegen eines wichtigen Grundes, d.h. wenn die „berechtigten Interessen" des Darlehensnehmers die vorzeitige Vertragslösung „gebieten", einen Anspruch auf vorzeitige Auflösung des Vertrags gegen Zahlung einer vollkompensatorischen „Entschädigung" eingeräumt[66]. Diese Rechtsprechung ist mit der Schuldrechtsreform in § 490 Abs. 2 BGB Gesetz geworden[67]. Daneben bleibt dem Darlehensnehmer nur die Wahl zwischen einer frei ausgehandelten Aufhebungsvereinbarung und der Veräußerung des Darlehens am Kapitalmarkt.

Anspruchsgrundlage für die Vorfälligkeitsentschädigung ist § 280 Abs. 1 Satz 1 bzw. Abs. 3 BGB. Ihre Berechnung basiert auf reinem Richterrecht[68]. Dabei kann der Kreditgeber zwischen der beispiellos komplizierten Aktiv/Aktiv- und der Aktiv/Passiv-Berechnungsmethode wählen. Während bei der ersten Methode der entgangene Nettozinsgewinn zu Grunde gelegt wird, wird bei der zweiten der Schaden als Differenz zwischen den der Bank entgangenen Vertragszinsen und der Rendite einer (fiktiven) laufzeitkongruenten Alternativanlage in „sicheren Kapitalmarkttiteln" berechnet[69]. Von der Vorfälligkeitsentschädigung als Schadensersatzanspruch der Bank ist das Vorfälligkeitsentgelt zu unterscheiden. Pfandbriefbank und Darlehensnehmer können die vorzeitige Fälligkeit des Restkapitals durch Abschluss eines Aufhebungsvertrags herbeiführen und sich dabei auf die Zahlung eines Vorfälligkeitsentgelts einigen, mit dem die Bank regelmäßig verlangt, jedenfalls so gestellt zu werden, wie sie bei ordnungsgemäßer Vertragserfüllung gestanden hätte (Erfüllungsinteresse).

2. Beleihungswertermittlung

Die Einhaltung der Beleihungsgrenze des § 14 PfandBG setzt die Ermittlung des Beleihungswerts voraus. Der Beleihungswert gem. § 16 Abs. 2 PfandBG ist zusam-

---

65 Vgl. Dübel/Köndgen, Die vorzeitige Rückzahlung von Festzinskrediten in Europa, S. 68.
66 Vgl. BGHZ 136, 161.
67 Dazu ausführlich: Dübel/Köndgen, Die vorzeitige Rückzahlung von Festzinskrediten in Europa, S. 69 f.
68 Vgl. BGH ZIP, 1991, 575; BGHZ 136, 161; BGHZ 146, 5; BGH WM 2005, 322 = BKR 2005, 148 mit Anm. Rösler; Wimmer, Vorfälligkeitsentschädigung bei vorzeitiger Beendigung von Darlehensverträgen, in: WM 2005/40, 1873 ff.
69 Dazu ausführlich: Rösler/Wimmer/Lang, Vorzeitige Beendigung von Darlehensverträgen: Begründung und Berechnung von Vorfälligkeitsentschädigung aus juristischer und finanzmathematischer Sicht, 2002; Meister, Bedeutung des Festzinssystems für die Stabilität von Immobilienmärkten, in: vdp, Professionelles Immobilienbanking, 2006, S. 6 ff.; Deutsche Bank Research (Financial Market Special, EU Monitor, No. 36), Early prepayment of fixed-rate mortgages: There is no free lunch, 7.7.2006.

men mit der Beleihungsgrenze des § 14 PfandBG die tragende Stütze der Sicherheit des Hypothekarkredits[70].

Das HBG enthielt in § 12 nur wesentliche Elemente des Beleihungswertbegriffs[71]. Im PfandBG wurde der Beleihungswert und die Beleihungswertermittlung umfassend gesetzlich geregelt, indem in § 16 PfandBG die wesentlichen Anforderungen an die Ermittlung des Beleihungswerts festgelegt sowie der Beleihungs- und Marktwert definiert wurden[72]. An die Stelle der Vorschrift zum Erlass einer Wertermittlungsanweisung ist gem. § 13 HBG die Ermächtigungsgrundlage des § 16 Abs. 4 PfandBG zum Erlass einer Beleihungswertermittlungsverordnung getreten. Darin sind die Einzelheiten der Methodik und Form der Beleihungswertermittlung sowie Mindestanforderungen an die Qualifikation der Gutachter festgelegt und Erleichterungen für die Bewertung von überwiegend zu Wohnzwecken genutzten Beleihungsobjekten geregelt[73]. Die Ermächtigung zum Erlass der Rechtsverordnung wurde vom Bundesfinanzministerium auf die BaFin übertragen, die am 12.5.2006 die Verordnung über die Ermittlung der Beleihungswerte von Grundsstücken nach § 16 Abs. 1 und 2 des PfandBG (Beleihungswertverordnung – BelWertV) erlassen hat. Die BelWertV schreibt inhaltlich die bewährten und am Vorsichtsprinzip orientierten Grundsätze der Beleihungswertermittlung fort[74]. Die durch den Erlass einer Verordnung sichergestellte Vereinheitlichung gewährleistet eine bei sämtlichen Pfandbriefbanken grundsätzlich übereinstimmende Beleihungspraxis[75]. Die Rechts-

---

70 In der Beleihungswertermittlung geht es nicht um den „wahren" Wert, sondern zum Schutz der Pfandbriefgläubiger gegenüber der Volatilität der Immobilienmärkte um die Sicherheit des Hypothekarkredites. Der Beleihungswert ist daher ein langfristig nachhaltiger Kreditsicherungswert, der stets im Interesse einer vorsichtigen Wertermittlung steht. Vgl. Bellinger/Kerl, HBG, 4. Auflage, 1995, § 12 Rdn. 4; Sanio, Zum bankaufsichtlichen Rahmen des Hypothekenbankgeschäfts, in: DLK 10/2001, S. 314.

71 Hypothekenbanken hatten gem. § 13 HBG eine Anweisung über die Wertermittlung zu erlassen, welche der Genehmigung der Aufsichtsbehörde bedurfte. Vgl. Bellinger/Kerl, HBG, 4. Auflage, 1995, § 13 Rdn. 2 f., 12.

72 Da das ÖPG weder eine Beleihungsgrenze noch eine Verpflichtung zur Ermittlung des Beleihungswerts enthielt, befanden sich in den Deckungsstöcken der öffentlich-rechtlichen Pfandbriefemittenten auch Hypothekarkredite, bei denen der Wert des Beleihungsobjektes nach dem Verkehrswertverfahren ermittelt worden ist, und die infolgedessen unter Anwendung einer Beleihungsgrenze von lediglich 50 % in Deckung genommen worden sind. Die Übergangsvorschrift des § 46 PfandBG sieht deswegen vor, dass die vor dem 13.10.2004 in ein bei einer Pfandbriefbank geführtes Deckungsregister für Hypothekenpfandbriefe eingetragenen Hypotheken, soweit sie nicht den Erfordernissen des § 16 Abs. 1 bis 3 PfandBG entsprechen, abweichend von der Beleihungsgrenze des § 14 Abs. 1 PfandBG a.F. (d.h. § 14 PfandBG n.F.) bis zum 30.6.2006 in Höhe von 50 % des von der Pfandbriefbank aufgrund einer vor dem 13.10.2004 durchgeführten Wertermittlung festgesetzten Werts zur Deckung von Hypothekenpfandbriefen benutzt werden dürfen. Bis zum Ablauf des 30.6.2006 war allerdings eine Neubewertung der Deckungswerte unter Berücksichtigung des § 16 Abs. 1 bis 3 PfandBG vorzunehmen. Vgl. Boos, Kein Anlass zur Änderung der Rechtsgrundlage, in: I&F 17/2004, S. 524.

73 Vgl. Art. 20 Satz 1 des Gesetzes zur Neuordnung des Pfandbriefrechts, 22.5.2005, BGBl. 2005 Teil I, S. 1373–1393.

74 Vgl. Bundesregierung, Gesetzentwurf zur Neuordnung des Pfandbriefrechts, Drucks. 15/4321 vom 29.11.2004, S. 33; vdp, Jahresbericht, 2006, S. 46 ff.

75 Da §§ 18, 21 Abs. 3 KWG nur auf § 16 Abs. 1 und 2 PfandBG, nicht aber auf § 16 Abs. 4 PfandBG verweisen, gilt die BelWertV nur für Pfandbriefbanken. Nach § 20a KWG erfolgt eine priform der öffentlich zugänglichen Verordnung erhöht zudem die Transparenz des Verfahrens der Bewertung.

Gegenstand der Wertermittlung sind gem. § 2 BelWertV das Grundstück, grundstücksgleiche Rechte (z.B. Erbbaurecht) oder ein vergleichbares Recht (z.B. leasehold in Großbritannien), das mit Grundpfandrechten belastet werden soll. Letzteres soll insbesondere der steigenden Bedeutung des Auslandskreditgeschäfts Rechnung tragen[76].

a) *Wertbegriffe der Beleihungswertermittlungsverordnung*

Im Teil 1 der BelWertV werden als Wertbegriffe der Beleihungs- und der Marktwert definiert. Der Beleihungswert darf gem. § 16 Abs. 2 Satz 1 PfandBG den Wert nicht überschreiten, der sich im Rahmen einer vorsichtigen Bewertung der zukünftigen Verkäuflichkeit einer Immobilie und unter Berücksichtigung der langfristigen, nachhaltigen Merkmale des Objektes, der normalen regionalen Marktgegebenheiten sowie der derzeitigen und möglichen anderweitigen Nutzungen ergibt (Verkaufswert)[77]. Spekulative Elemente dürfen dabei gem. § 16 Abs. 2 Satz 2 PfandBG nicht berücksichtigt werden. Der Beleihungswert darf einen auf transparente Weise und nach einem anerkannten Bewertungsverfahren ermittelten Marktwert gem. § 16 Abs. 2 Satz 3 PfandBG nicht übersteigen. Der Marktwert ist dagegen gem. § 16 Abs. 2 Satz 4 PfandBG der geschätzte Betrag, für welchen ein Beleihungsobjekt am Bewertungsstichtag zwischen einem verkaufsbereiten Verkäufer und einem kaufbereiten Erwerber, nach angemessenen Vermarktungszeitraum, in einer Transaktion im gewöhnlichen Geschäftsverkehr verkauft werden könnte, wobei jede Partei mit Sachkenntnis, Umsicht und ohne Zwang handelt[78].

b) *Wertgutachten und Gutachter*

Für die Beleihungswertermittlung werden von den Pfandbriefbanken sowohl freiberufliche als auch fest angestellte Gutachter herangezogen, die über fundierte Kenntnisse und Erfahrungen auf dem Grundstücks- und Baumarkt verfügen müssen[79]. Bislang enthielt das HBG weder Bestimmungen darüber, wer mit der Erstattung von Wertermittlungsgutachten zu beauftragen ist, noch welche Anforderun-

---

vilegierte Eigenkapitalunterlegung von Immobilienfinanzierungen nur, wenn entweder ein Beleihungswert nach § 16 Abs. 2 Satz 1 bis 3 PfandBG i.V.m. der BelWertV oder ein „anderer, nachhaltig erzielbarer Wert“, der den Anforderungen nach § 16 Abs. 2 Satz 1 bis 3 PfandBG genügt, ermittelt wurde. Offen ist derzeit wie dieser nachhaltig erzielbare Wert zu bestimmen ist (vgl. vdp, Jahresbericht, 2006, S. 48).

76 Vgl. Reif, Die Beleihungswertermittlungsverordnung – mehr Sicherheit in der hypothekarischen Wertermittlung, in: vdp, Der Pfandbrief, 2006, S. 42.

77 Vgl. auch § 3 BelWertV.

78 Zum Zeitpunkt der Bewertung liegen die Beleihungswerte in der Regel zwischen 10 % und 20 % unter dem Marktwert, so dass sich der Beleihungsauslauf auf Basis des Marktwerts auf 50 % bis 55 % beläuft. Vgl. Barbour, Damnow, Thym, Verbriefungen von Aktiva im Rahmen des Hypothekenbankgeschäfts, in: VDH, Der Pfandbrief, 2002, S. 83.

79 Vgl. Schmidt, Die Hypothekenbanken, in: Rüchardt, Handbuch des Hypothekarkredits, 3. Auflage, 1993, S. 1049. Zur Auswahl der Beleihungswertermittler ausführlich: Kerl, Bankaufsichtlicher Anforderungen an den Realkredit, 2. Auflage, Berlin 2002, S. 39 ff.

gen an die Qualifikation der Gutachter zu stellen sind[80]. Nunmehr werden in § 16 Abs. 1 PfandBG die Anforderungen an den Gutachter gesetzlich festgelegt. Danach muss es sich um eine von der Kreditentscheidung unabhängige Person handeln, die über die notwendige Berufserfahrung und entsprechende Fachkenntnisse für Beleihungswertermittlungen verfügt. Inhaltlich entspricht die Vorschrift der bisher bereits von der BaFin geübten Verwaltungspraxis und der Mehrzahl der Wertermittlungsanweisungen[81]. Die Anforderungen des PfandBG werden in Teil 2 der BelWertV weiter konkretisiert. Der jeweilige Gutachter ist gem. § 5 Abs. 2 Satz 1 BelWertV von der Pfandbriefbank zu bestimmen. Vom Darlehensnehmer vorgelegte oder in Auftrag gegebene Gutachten sind nicht zulässig[82]. Die Gutachten müssen gem. § 5 Abs. 3 BelWertV Aussagen zur Objekt- und Standortqualität, zum regionalen Immobilienmarkt, zu den rechtlichen und tatsächlichen Objekteigenschaften und zur Beleihungsfähigkeit des Objekts, also seiner Verwert- und Vermietbarkeit, sowie zu seiner Drittverwendungsfähigkeit beinhalten.

Der Gutachter muss gem. § 6 Satz 1 BelWertV nach seiner Ausbildung und beruflichen Tätigkeit über besondere Kenntnisse und Erfahrungen auf dem Gebiet der Bewertung von Immobilien verfügen[83]. Bei der Auswahl des Gutachters hat sich die Pfandbriefbank gem. § 6 Satz 2 BelWertV davon zu überzeugen, dass der Gutachter neben langjähriger Berufserfahrung in der Wertermittlung von Immobilien speziell über die Erstellung von Beleihungswertgutachten notwendigen Kenntnisse, insbesondere bezüglich des jeweiligen Immobilienmarkts und der Objektart, verfügt[84].

Der Gutachter muss gem. § 7 Abs. 1 Satz 1 BelWertV sowohl vom Kreditakquisitions- und Kreditentscheidungsprozess als auch von Objektvermittlung, – verkauf und – vermietung unabhängig sein. Er darf gem. § 7 Abs. 1 Satz 2 BelWertV nicht in einem verwandtschaftlichen Verhältnis, einem sonstigen rechtlichen oder einem wirtschaftlichen Verhältnis zum Darlehensnehmer stehen und darf keine eigenen Interessen am Ergebnis des Gutachtens haben. Der Gutachter darf gem. § 7 Abs. 1 Satz 3 BelWertV auch nicht den Beleihungswert festsetzen oder den Kredit bearbeiten.

Gutachten von bei der Pfandbriefbank angestellten Gutachtern dürfen gem. § 7 Abs. 2 BelWertV nur dann der Beleihungswertermittlung zu Grunde gelegt werden, wenn im Rahmen der Aufbauorganisation der Pfandbriefbank die betreffenden Gutachter nur der Geschäftsleitung verantwortlich oder ausschließlich Teil einer

---

80 Vgl. Bellinger/Kerl, HBG, 4. Auflage, 1995, § 13 Rdn. 14.
81 Vgl. Bundesregierung, Gesetzentwurf zur Neuordnung des Pfandbriefrechts, S. 33.
82 Vgl. Reif, Die Beleihungswertermittlungsverordnung – mehr Sicherheit in der hypothekarischen Wertermittlung, in: vdp, Der Pfandbrief, 2006, S. 43.
83 Eine entsprechende Qualifikation wird gem. § 16 Satz 1 Halbs. 2 bei Personen vermutet, die von einer staatlichen, staatlich anerkannten oder nach DIN EN ISO/IEC 17024 akkreditierten Stelle als Sachverständiger oder Gutachter für die Wertermittlung von Immobilien bestellt oder zertifiziert sind.
84 Dies wird bei Vorlage eines Nachweises der Bestellung oder Zertifizierung durch eine staatliche, staatlich anerkannte oder nach DIN EN ISO/IEC 17024 akkreditierten Stelle zum Sachverständiger oder Gutachter für die Wertermittlung von Immobilien gem. § 6 Satz 1 BelWertV gesetzlich vermutet.

Gutachtereinheit sind. Die Gutachtereinheit muss unmittelbar der Geschäftsleitung unterstellt oder Teil einer alle betreffenden Gutachter zusammenfassenden Einheit sein und darf im Übrigen bis einschließlich der Ebene der Geschäftsleitung nicht einem Bereich der Pfandbriefbank zugeordnet sein, in welchem Immobilienkreditgeschäfte entweder angebahnt oder zum Gegenstand des einzigen Votums gemacht werden.

c) Wertermittlungsverfahren

Die Verfahren zur Ermittelung des Beleihungswerts sind in Teil 3 der BelWertV eingehend beschrieben. Vorrangig vorgeschrieben ist das Ertragswert- und Sachwertverfahren[85]. Sach- und Ertragswert müssen gem. § 4 Abs. 1 Satz 1 BelWertV getrennt voneinander ermittelt werden (sog. Zwei-Säulen-Prinzip)[86].

Die Ertragswertermittlung wird vom nachhaltig erzielbaren jährlichen Reinertrag[87], der Nutzungsdauer[88] und dem Kapitalisierungszins[89] bestimmt. Aus diesen Parametern ergibt sich durch Diskontierung gem. § 12 BelWertV der Ertragswert. Maßgebliches Wertermittlungsverfahren ist gem. § 4 Abs. 3 Satz 1 BelWertV das Ertragswertverfahren. In Fällen, in welchen der Sachwert den Ertragswert um 20 % unterschreitet, bedarf es allerdings gem. § 4 Abs. 3 Satz 2 BelWertV einer besonderen Überprüfung der Nachhaltigkeit der zu Grunde liegenden Erträge und ihrer Kapitalisierung. Dadurch wird der der Sachwert als „Kontrollwert" festgelegt und soll insbesondere Aufschluss über die Nachhaltigkeit der Erträge geben[90].

Für die Bewertung von Wohnungs- und Teileigentum ist gem. § 4 Abs. 2 Satz 1 BelWertV als Kontrollwert der Vergleichswert bei der Ermittlung des Beleihungswerts zu berücksichtigen[91]. Bei Eigentumswohnungen und einzelnen selbständig gewerblich genutzten Einheiten kann in diesen Fällen eine Ermittlung des Sachwerts entfallen[92]. Damit wurde erstmalig ergänzend das Vergleichswertverfahren zugelassen[93]. Dies stellt eine sinnvolle Erleichterung dar.

---

85 Zum Ertragswertverfahren: Vgl. §§ 8 bis 13 BelWertV. Zum Sachwertverfahren: Vgl. §§ 14 bis 18 BelWertV. Zu Besonderheiten der Wertermittlung bei einzelnen Objekten (Bauland, Erbbaurechte und andere grundstücksgleiche Rechte, landwirtschaftlich genutzte Grundtücke sowie Maschinen und Betriebseinrichtungen), vgl. §§ 20 bis 23 BelWertV.

86 Vgl. dazu schon: Bellinger/Kerl, HBG, 4. Auflage, 1995, § 12 Rdn. 33; Rüchardt, Der Beleihungswert, S. 23; Kerl, Bankaufsichtlicher Anforderungen an den Realkredit, 2. Auflage, Berlin 2002, S. 99 ff.

87 Vgl. § 9 Abs. 1 BelWertV. Der Reinertrag ergibt sich aus dem Rohertrag (vgl. § 10 BelWertV) abzüglich der Bewirtschaftungskosten (vgl. § 11 BelWertV).

88 Anlage 2 der BelWertV verweist diesbezüglich auf Erfahrungssätze für die Nutzungsdauer unterschiedlicher Objektarten.

89 Vgl. § 12 Abs. 3 und 4 BelWertV.

90 Vgl. Reif, Die Beleihungswertermittlungsverordnung – mehr Sicherheit in der hypothekarischen Wertermittlung, in: vdp, Der Pfandbrief, 2006, S. 43.

91 Zum Vergleichswertverfahren: § 19 BelWertV.

92 Anders: Reif, Die Beleihungswertermittlungsverordnung – mehr Sicherheit in der hypothekarischen Wertermittlung, in: vdp, Der Pfandbrief, 2006, S. 43.

93 Unter dem HBG war das Vergleichswertverfahren noch nicht zulässig, da eine Ermittlung des Beleihungswerts unmittelbar aus der Preisbildung des Immobilienmarkts nicht der Beschrän-

d) Kleindarlehen, Wertüberprüfung und sonstige Vorschriften

Für überwiegend zu Wohnzwecken genutzte, im Inland belegene Gebäude sind bis zu einer Darlehenshöhe von EUR 400.000 (sog. Kleindarlehensgrenze) gem. § 24 BelWertV Erleichterungen in der Wertermittlung vorgesehen. Insbesondere kann in diesen Fällen des risikoarmen Massengeschäfts gem. § 24 Abs. 3 BelWertV eine Besichtigung des zu bewertenden Objekts unter bestimmten Voraussetzungen unterbleiben. Erleichterungen für die Wertermittlung im Rahmen eines Kreditportfolioerwerbs sieht § 24 Abs. 4 BelWertV vor, wonach die Erwerber die Wertermittlungen der veräußernden Kreditinstitute oder Versicherungsunternehmen vorbehaltlich einer Plausibilitätsprüfung in Form einer ausreichenden Stichprobenprüfung zu Grunde legen können. Schließlich können gem. § 25 Abs. 2 BelWertV für Auslandsbeleihungen landesspezifische Gutachten herangezogen werden, wenn diese nicht älter als zwei Jahre sind.

Neben der Ermittlung und Festsetzung des Beleihungswerts regelt die BelWertV die Überprüfung der Grundlagen der Beleihungswertermittlung. Bestehen Anhaltspunkte, dass sich die Grundlagen der Beleihungswertermittlung nicht nur unerheblich verschlechtert haben, sind diese gem. § 26 Abs. 1 Satz 1 BelWertV zu überprüfen. Dies gilt gem. § 26 Abs. 1 Satz 2 BelWertV insbesondere dann, wenn das allgemeine Preisniveau dem jeweiligen regionalen Immobilienmarkt in einem die Sicherheit der Beleihung gefährdenden Umfang gesunken ist. Sofern es sich nicht um vom Eigentümer genutzte Wohnimmobilien handelt, ist eine Überprüfung gem. § 26 Abs. 1 Satz 2 BelWertV auch dann vorzunehmen, wenn die auf dem Beleihungsobjekt abgesicherte Forderung einen wesentlichen Leistungsrückstand von mindestens 90 Tagen aufweist. Wann ein wesentlicher Leistungsrückstand vorliegt, lässt die BelWertV offen. Als wesentlich wird man wohl einen Leistungsrückstand von 10 % der Darlehenssumme annehmen dürfen.

Die nach Basel II erforderliche, mindestens jährliche Wertüberwachung wurde in § 20a Abs. 6 KWG umgesetzt[94]. Danach muss gem. § 20a Abs. 6 Satz 1 KWG der Wert der belasteten Immobilie in regelmäßigen Abständen überwacht werden. Dieser Abstand darf gem. § 20a Abs. 6 Satz 2 KWG für Gewerbeimmobilien nicht größer als ein Jahr und für Wohnimmobilien nicht größer als drei Jahre sein. Bei der Überwachung kann auch künftig auf statistische Methoden zurückgegriffen werden, um Objektgruppen zu identifizieren, deren Wert signifikant gesunken ist. Die Überwachung muss gem. § 20a Abs. 6 Satz 3 häufiger vorgenommen werden, wenn der

---

kung auf erfahrungsgemäß dauerhafte und voraussichtlich beständige Wertkomponenten genügte. Vgl. Bellinger/Kerl, HBG, 4. Auflage, 1995 § 12 Rdn. 33 f., 44; Lux, Beleihungswert und Zertifizierung, in: DLK 10/2001, S. 345.

94 Ausweislich der Gesetzesbegründung des Gesetzes zur Umsetzung der neu gefassten Bankenrichtlinie und der neu gefassten Kapitaladäquanzrichtlinie sollen die Mindestanforderungen an gedeckte Schuldverschreibungen gem. § 20a Abs. 1 Satz 1 Nr. 3 KWG auch für Pfandbriefe gelten. Vgl. Bundesregierung, Entwurf eines Gesetzes zur Umsetzung der neu gefassten Bankenrichtlinie und der neu gefassten Kapitaladäquanzrichtlinie vom 26.4.2006, Drucks. 16/1335, S. 59.

Markt für die belastete Immobilie starken Wertschwankungen ausgesetzt ist[95]. Die Werte für Gewerbeimmobilien waren gem. dem Grundsatz I des KWG auch bisher bereits jährlich durch die Verbände des Zentralen Kreditausschusses (ZKA) überwacht worden. Nachdem die dreijährige Überwachung für Wohnimmobilien ebenfalls auf Verbandsebene durch ein Marktschwankungskonzept erfüllt werden kann, erarbeitet der ZKA derzeit einen Vorschlag für die Ausweitung des Marktschwankungskonzeptes auf Wohnimmobilien[96].

Die Bewertung einer belasteten Immobilie muss gem. § 20a Abs. 6 Satz 4 KWG durch einen unabhängigen Sachverständigen erfolgen, sobald dem Institut Informationen vorliegen, dass der Wert der belasteten Immobilie gegenüber dem allgemeinen Marktwert für vergleichbare Immobilien wesentlich gesunken sein könnte. Für kleinteilige (Bemessungsgrundlage des Kredits und Wert der belasteten Immobilie kleiner als EUR 3 Mio. oder 5 % des haftenden Eigenkapitals gem. § 10 Abs. 2 Satz 2 KWG des Instituts) grundpfandrechtlich abgesicherte Darlehen ist die Bewertung gem. § 20a Abs. 6 Satz 5 KWG zumindest alle drei Jahre durch einen unabhängigen Sachverständigen zu überprüfen. Ergibt die Überprüfung des Werts der belasteten Immobilie die Notwendigkeit eines Wertabschlags, so ist der Wert gem. § 20a Abs. 6 Satz 7 KWG entsprechend zu verringern.

Einen Sonderfall stellt die Deckungsstockfähigkeit einer Hypothek dar, wenn die Pfandbriefbank zur Verhütung eines Verlustes an der Hypothek das beliehene Grundstück selbst erwirbt. Während gem. § 6 Abs. 3 HBG ein hälftiger Abschlag in der Deckungsrechnung gefordert wurde, sind die Pfandbriefbanken nun, um den tatsächlichen Verhältnissen gerecht zu werden, stattdessen verpflichtet, eine neue Beleihungswertermittlung vorzunehmen[97]. Dies gilt nach dem Wortlaut des § 12 Abs. 2 PfandBG sowohl für Hypotheken, die vor dem Erwerb als Deckung benutzt worden sind, als auch für solche, die, nachdem sie ganz oder teilweise aus der Deckung herausgenommen worden sind, wieder in Deckung genommen werden[98]. Hat die Pfandbriefbank das Grundstück im Rahmen der Zwangsversteigerung erworben und lässt sie an Stelle ihrer gelöschten Hypothek eine Eigentümergrundschuld für sich eintragen, so gilt für diese Grundschuld gem. § 18 Abs. 3 PfandBG das Neubewertungserfordernis des § 12 Abs. 2 PfandBG entsprechend.

Für bestimmte Beleihungsobjekte enthält § 16 Abs. 3 PfandBG Beleihungsverbote bzw. Beleihungsbeschränkungen[99]. Ein Beleihungsverbot gilt gem. § 16 Abs. 3 Satz 3 PfandBG für Grundstücke, die einen dauernden Ertrag nicht gewähren (Grundstücke ohne Dauerertrag). Dies leitet sich aus dem Grundsatz ab, dass nur der nachhaltige Ertrag bei der Beleihungswertermittlung berücksichtigt werden darf. Als

95 Ein derartiger Preisrückgang wird mit Hilfe des Marktschwankungskonzeptes des vdp identifiziert und liegt bei einem Preisrückgang von mehr als 10 % innerhalb der letzten drei Jahre vor.
96 Vgl. VÖB, Newsletter – Aktuelles IV/2006, S. 3.
97 Vgl. Bundesregierung, Gesetz zur Neuordnung des Pfandbriefrechts, Drucks. 15/4321 vom 29.11.2004, S. 32; Bellinger/Kerl, HBG, 4. Auflage, 1995, § 6 Rdn. 22.
98 Vgl. Bellinger/Kerl, HBG, 4. Auflage, 1995, § 6 Rdn. 24.
99 Vorgängervorschrift des § 16 Abs. 3 PfandBG ist der § 12 Abs. 3 HBG.

Grundstücke ohne Dauerertrag werden Gruben und Brüche sowie Bergwerke und Hypotheken auf Berechtigungen, für welche die Bestimmungen für Grundstücke gelten, ausdrücklich aufgezählt, da diese einen nachhaltigen Ertrag nicht gewähren, weil ihre Substanz aufgezehrt wird. Dagegen wird die Beleihung von noch nicht ertragsfähigen Grundstücken, wie z.B. Bauplätzen und noch nicht fertig gestellten Neubauten zweifach beschränkt. Sie dürfen zusammen zum einen nur 10 % des Gesamtbetrags der Deckungshypotheken betragen und zum anderen das Doppelte des haftenden Eigenkapitals nicht überschreiten. Beseitigt wurde darüber hinaus die Unklarheit hinsichtlich der Obergrenze für Bauplatzhypotheken[100]. Insofern bestimmt § 16 Abs. 3 Satz 2 PfandBG, dass Hypotheken an Bauplätzen 1 % des Gesamtbetrags der zur Deckung des Hypothekenpfandbriefs benutzten Deckungswerte nicht überschreiten dürfen.

3. Die weiteren zulässigen Deckungswerte des Hypothekenpfandbriefs

Die weiteren zulässigen Deckungswerte des Hypothekenpfandbriefs sind in § 19 Abs. 1 Nr. 1 bis 4 PfandBG geregelt. Dabei handelt es sich um vier abgestufte Gruppen von Vermögenswerten, die teilweise aufeinander bezogene Begrenzungen vorsehen. Zu unterscheiden sind dabei die sog. technisch bedingten weiteren Deckungswerte des § 19 Abs. 1 Nr. 1 bis 3 PfandBG zur Förderung der Liquidität in den Deckungsmassen sowie Derivategeschäfte gem. § 19 Abs. 1 Nr. 4 PfandBG zur Absicherung von Zins- und Währungskursrisiken.

a) Technisch bedingte, weitere zulässige Deckungswerte

Um den Pfandbriefbanken einen flexiblen Handlungsspielraum bei Ausgabe und Rückzahlung von Pfandbriefen zu ermöglichen, lässt das PfandBG lässt in § 19 Abs. 1 Nr. 1 bis 3 bestimmte hoch liquide Deckungswerte zu. Dadurch sollen insbesondere technisch bedingte Liquiditätsspitzen im Emissionsgeschäft ermöglicht werden[101]. Deckungstechnisch kann eine Liquiditätsspitze bedingt sein, wenn anstehende Rückzahlungen von Pfandbriefen durch Neuemissionen ersetzt werden, da dies in der Regel, entsprechend der Situation am Kapitalmarkt, zeitlich versetzt erfolgt. Erfolgt die Neuemission zeitlich vor der Rückzahlung der Altemission, muss für die Zeit des Liquiditätsvorlaufs, verstärkt auf weitere Deckungswerte zurückgegriffen werden, da erst nach Rückzahlung der Altemission wieder ausreichend ordentliche Deckungswerte zur Unterlegung der Neuemission frei werden[102]. Zu diesem Zweck

100 Die Vorgängerregelung des § 12 Abs. 3 Satz 1 Halbs. 1 HBG ließ offen, auf welche Größe sich die Obergrenze für Bauplatzhypotheken beziehen sollte. Vgl. Bellinger/Kerl, HBG, § 12 Rdn. 118.
101 Vgl. zum § 20a Abs. 2 Satz 2 KWG bzw. Annex VI, Teil 1, Ziffer 68 Buchst. c der neu gefassten Bankenrichtlinie: ZKA, Stellungnahme zum Entwurf eines Gesetzes zur Umsetzung der neu gefasste Bankenrichtlinie und der neu gefassten Kapitaladäquanzrichtlinie, vom 11.5.2006, S. 33.
102 Vgl. zum § 20a Abs. 2 Satz 2 KWG bzw. Annex VI, Teil 1, Ziffer 68 Buchst. c der neu gefassten Bankenrichtlinie: ZKA, Stellungnahme zum Entwurf eines Gesetzes zur Umsetzung der neu gefasste Bankenrichtlinie und der neu gefassten Kapitaladäquanzrichtlinie, vom 11.5.2006, S. 33.

lässt § 19 Abs. 1 Nr. 1 bis 3 PfandBG die folgenden Werte als weitere Deckungswerte zu:

- Durch in Inhaberschuldverschreibungen umgewandelte Ausgleichsforderungen nach § 8 Abs. 2 der Verordnung über die Bestätigung der Umstellungsrechnung und das Verfahren der Zuteilung und des Erwerbs von Ausgleichsforderungen in der Fassung der Bekanntmachung vom 7.12.1994 (BGBl. I S. 3738), die durch die Verordnung vom 26.9.1995 (BGBl. I S. 1195) geändert worden ist (§ 19 Abs. 1 Nr. 1 PfandBG).
- Werte der in § 4 Abs. 2 Satz 2 Nr. 1 und 2 PfandBG bezeichneten Art (sichernde Überdeckung) sowie durch Geldforderungen gegen die EZB, gegen Zentralbanken der Mitgliedstaaten der Europäischen Union oder gegen geeignete Kreditinstitute im Sinne des § 4 Abs. 1 Satz 2 Nr. 3 PfandBG bis zu insgesamt 10 % des Gesamtbetrags der im Umlauf befindlichen Hypothekenpfandbriefe, sofern die Höhe der Forderungen der Pfandbriefbank bereits beim Erwerb bekannt ist, wobei der Anteil an Geldforderungen gegen ein und dasselbe Kreditinstitut nicht höher sein darf als 2 % des Gesamtbetrags der in Halbs. 1 genannten Hypothekenpfandbriefe (§ 19 Abs. 1 Nr. 2 PfandBG).
- Öffentliche Pfandbriefe im Sinne des § 20 Abs. 1 PfandBG bis zu 20 % des Gesamtbetrags der im Umlauf befindlichen Hypothekenpfandbriefe, sofern es sich um Schuldverschreibungen handelt, wobei die in § 19 Abs. 1 Nr. 2 PfandBG genannten Deckungswerte anzurechnen sind (§ 19 Abs. 1 Nr. 3 PfandBG).

In § 19 Abs. 1 Nr. 3 PfandBG wird der Kreis der als Deckung für Hypothekenpfandbriefe verwendbaren Schuldverschreibungen im Vergleich zu den früheren Regelungen im HBG und ÖPG auf sämtliche Adressen, die auch zur Deckung von Öffentlichen Pfandbriefen geeignet sind, erweitert[103]. Die Grenze der hiernach als weitere Deckung zugelassenen Werte wird dabei als Ausgleich für die Beschränkung auf den Gesamtbetrag der im Umlauf befindlichen Hypothekenpfandbriefe auf 20 % erweitert. Allerdings sind diesbezüglich die in § 19 Abs. 1 Nr. 2 Halbsatz 1 PfandBG zugelassenen weiteren Deckungswerte gem. § 19 Abs. 1 Nr. 2 Halbsatz 2 PfandBG anzurechnen, so dass die Deckung insgesamt maximal in Höhe von 20 % der im Umlauf befindlichen Hypothekenpfandbriefe aus Werten der § 19 Abs. 1 Nr. 2 und 3 PfandBG bestehen darf[104].

Im Fall der Abwicklung der Deckungsmasse nach Aufhebung oder Erlöschen der Pfandbrieferlaubnis gem. § 2 Abs. 3 PfandBG kann die BaFin gem. § 19 Abs. 2 PfandBG Ausnahmen von den Begrenzungen des § 19 Abs. 1 Nr. 2 und 3 PfandBG zulassen.

---

103 Vgl. Bundesregierung, Gesetzentwurf zur Neuordnung des Pfandbriefrechts, Drucks. 15/4321 vom 29.11.2004, S. 33 f.

104 Vgl. Bundesregierung, Gesetzentwurf zur Neuordnung des Pfandbriefrechts, Drucks. 15/4321 vom 29.11.2004, Begründung, S. 33 f.; Frank/Glatzl, Das Pfandbriefgesetz – Die Vereinheitlichung und Neuordnung des Pfandbriefrechts, in: WM, 36/2005, S. 1681.

b) Derivategeschäfte als weitere zulässige Deckungswerte

Die Pfandbriefbank kann mit Hilfe von sog. Derivategeschäften[105] Zukunftsrisiken aus Zins- bzw. Laufzeitinkongruenzen oder Währungsimparitäten absichern[106]. Bei der Erweiterung der Geschäftstätigkeiten der Hypothekenbanken auf den europäischen Raum wurde vom Grundsatz der Währungskongruenz ausgegangen[107]. Ursprünglich konnten Währungsrisiken dabei ausnahmsweise durch geeignete Gegengeschäfte, insbesondere Swapgeschäfte, ausgeschlossen werden[108]. Der verstärkte Einsatz von Derivaten wurde aufgrund des veränderten Passivgeschäfts erforderlich[109]. Denn ohne den Einsatz derivativer Finanzinstrumente wäre eine moderne Aktiv-Passivsteuerung nicht mehr möglich gewesen, bzw. ohne die durch diese Instrumente ermöglichte Verringerung der Refinanzierungskosten wäre die Wettbewerbsfähigkeit der Banken bedroht gewesen[110].

Das Derivategeschäft war ursprünglich nur als Hilfsgeschäft der Hypothekenbanken zur Förderung der zulässigen Haupt-, Neben- und Hilfsgeschäfte zulässig. Derivate durften nur dem Zweck dienen, Lücken zu schließen, die trotz einer konservativen, von Anfang an auf die Sicherung der Rentabilitäts-, Liquiditäts- und Währungsrisiken gerichteten Geschäftspolitik entstanden[111]. Nachdem der Einsatz von Derivaten Ende der 1990er Jahre stark angestiegen war, hat der Gesetzgeber in den Vorgängergesetzen zum PfandBG die Zulässigkeit und Indeckungnahme derivativer Geschäfte als Nebengeschäft geregelt (§ 5 Abs. 1 Nr. 4a, 6 Abs. 6 HBG, 2 Abs. 5 ÖPG), nicht ohne dabei jedoch besonders risikobehaftete Geschäfte auszuschließen[112]. Dabei wurden Derivategeschäfte zugelassen, sofern diese mit den Haupt- und Nebengeschäften einer Hypothekenbank in Einklang standen. Unzulässig blieb allerdings das Eingehen von Risiken aus offenen Stillhalterpositionen oder

---

105 Derivate sind Instrumente in Form von Termin- und Optionsgeschäften, beispielsweise Zins-, Währungs- und kombinierte Zins-/Währungs-Tausch- bzw. Swapgeschäfte, ferner Währungs- und Zinsterminkontrakte sowie Zinsoptionsgeschäfte zur Absicherung gegen die Folgen aus offenen bzw. inkongruenten Refinanzierungs-, Zins- und Devisenkurspositionen. Eine ausführliche Darstellung derivativer Finanzinstrumente im Hypothekarkreditgeschäft ist zu finden bei: Bonfig, Das Passivgeschäft der Realkreditinstitute, in: Handbuch des Hypothekarkredits, 3. Auflage, 1993, S. 536 ff.

106 Zu unterscheiden ist dabei zwischen dem sog. Micro- bzw.- Macro-Hedging. Beim Micro-Hedging ist eine Zuordnung der Sicherungsgeschäfte zu einzelnen Grundgeschäften möglich, während beim Macro-Hedging die genannten Risiken global abgedeckt werden. Vgl. Stürner, Die Sicherung der Pfandbrief- und Obligationengläubiger vor einer Insolvenz der Hypothekenbank, 1998, S. 84 f.

107 Vgl. Bellinger/Kerl, HBG, 4. Auflage, 1995, § 6 Rdn. 41.

108 Vgl. Bellinger/Kerl, HBG, 4. Auflage, 1995, § 6 Rdn. 50 ff.

109 Vgl. Bellinger, Anpassung des Hypothekenbankgesetzes im Rahmen des Vierten Finanzmarktförderungsgesetzes, in: DLK 16+17/1999, S. 545.

110 Vgl. von Köller, Die deutschen Hypothekenbanken 1998/99: Der deutsche Pfandbrief – eine Benchmark für Europa, in: DLK 8/1999, S. 11; Goedecke/Kerl/Scholz, Die deutschen Hypothekenbanken, 4. Auflage, 1997, S. 225.

111 Vgl. Bellinger/Kerl, HBG, 4. Auflage, 1995, § 3 Rdn. 88.

112 Vgl. Bundesregierung, Entwurf eines Gesetzes zur weiteren Fortentwicklung des Finanzplatzes Deutschland (Viertes Finanzmarktförderungsgesetz), BT-Drucks. 14/8017, vom 18.1.2002, S. 133.

vergleichbaren Risiken[113]. Allerdings wurde das Volumen der Deckungsderivate aktiv- und passivseitig begrenzt[114]. Für Pfandbriefgläubiger stärkte die Indeckungnahme von Derivaten die Qualität des Pfandbriefs nachhaltig, da sie den Hypothekenbanken u.a. ein weiteres Mittel zur Verbesserung der Zinsrisikosteuerung bot[115].

Gem. § 19 Abs. 1 Nr. 4 Satz 1 PfandBG kann die Deckung auch aus Ansprüchen aus Derivategeschäften im Sinne des § 4 Abs. 3 Satz 2 PfandBG bestehen, sofern sichergestellt ist, dass die Ansprüche der Pfandbriefbank nach Maßgabe des Rahmenvertrags im Fall der Insolvenz der Pfandbriefbank oder einer anderen Deckungsmasse der Pfandbriefbank nicht beeinträchtigt werden können. Die Derivategeschäfte dürfen gem. § 19 Abs. 1 Nr. 4 Satz 2 Halbs. 1 PfandBG nur Risiken beinhalten oder nachbilden, welche die Pfandbriefbank auch mit Geschäften über die übrigen nach dem PfandBG zulässigen Deckungswerte eingehen kann.

Derivategeschäfte im Sinne des PfandBG sind seit der PfandBG-Novelle 2009 gem. § 4 Abs. 3 Satz 2 PfandBG definiert als unter einem standardisierten Rahmenvertrag zusammengefasste Derivate nach § 1 Abs. 11 Satz 4 Nr. 1 bis 4 KWG einschließlich der unter dem Rahmenvertrag abgeschlossenen Besicherungsanhänge und weiteren Vereinbarungen. Damit ist klargestellt, dass der aus dem Rahmenvertrag bestehende Rückgewähranspruch für Sicherheiten des Derivatepartners zu decken und damit den Ansprüchen der Pfandbriefgläubiger in der Insolvenz der Pfandbriefbank gleichgestellt ist[116]. Denn es ist klargestellt, dass Derivate zusammen mit allen Ansprüchen in das Deckungsregister eingetragen werden, die unter dem Rahmenvertrag zu einer einheitlichen Ausgleichsforderung zusammengefasst werden, einschließlich etwaiger Besicherungsanhänge[117]. Im Insolvenzfall der Pfandbriefbank werden somit die gelieferten Sicherheiten bei der Bemessung der Ausgleichszahlung berücksichtigt[118].

Ausgeschlossen sind gem. § 19 Abs. 1 Nr. 4 Satz 2 Halbs. 2 PfandBG weiterhin Optionen und andere Derivate, wenn sie eine offene Stillhalterposition der Pfandbriefbank begründen, sowie Geschäfte, die in vergleichbarer Weise das einer offenen Stillhalterposition entsprechende Risiko begründen. Wegen der Risiken, die mit dem Einsatz von Derivaten verbunden sind, muss bei der Regelung der Zulässigkeit von Derivaten dem besonderen Sicherheitsinteresse der Pfandbriefgläubiger Rechnung getragen werden. Ausgeschlossen ist deshalb gem. § 19 Abs. 1 Nr. 4 Satz 2

113 Vgl. VDH, Jahresbericht 2002, S. 51; Hagen, Die Novelle des Hypothekenbankgesetzes: Sicherheit des Pfandbriefs weiter gestärkt, in: VDH, Der Pfandbrief, 2002, S. 36.
114 Vgl. VDH, Jahresbericht 2001, S. 57.
115 Vgl. Kerl, Die Struktur der Hypothekenbanken als Qualitätsmerkmal der Pfandbriefe, in: DLK, 15+16/2001, S. 514; Goedecke/Kerl/Scholz, Die deutschen Hypothekenbanken, 4. Auflage, 1997, S. 225.
116 Vgl. Bundesregierung, Entwurf eines Gesetzes zur Fortentwicklung des Pfandbriefrechts, Deutscher Bundestag, Drucks. 16/11130 vom 1.12.2008, S. 30, 34.
117 Vgl. Bundesregierung, Entwurf eines Gesetzes zur Fortentwicklung des Pfandbriefrechts, Deutscher Bundestag, Drucks. 16/11130 vom 1.12.2008, S. 34.
118 Vgl. Bundesregierung, Entwurf eines Gesetzes zur Fortentwicklung des Pfandbriefrechts, Deutscher Bundestag, Drucks. 16/11130 vom 1.12.2008, S. 34.

Halbs. 2 PfandBG das Eingehen derivativer Geschäfte, die wie Optionen asymmetrische Risikoprofile aufweisen, sofern die Pfandbriefbank hierbei eine offene Stillhalterposition einnimmt, sowie andere offene derivative Geschäfte mit komplexer Struktur. Diese Beschränkung gilt nicht nur für derivative Geschäfte, sondern auch für nicht-derivative Geschäfte, soweit sie in vergleichbarer Weise mit entsprechenden Risiken verbunden sind[119]. Im Interesse der Begrenzung der Marktpreisrisiken innerhalb einer Deckungsmasse ist diese Beschränkung unabdingbar[120].

Im Ergebnis sind insbesondere Standard-Zinsswaps, Standard-Währungsswaps und Zinsterminkontrakte wie z.B. Forward-Rate-Agreements und Zinsfutures zugelassen. Dies ermöglicht den Pfandbriefbanken Zinsswaps einzusetzen, um Zinsinkongruenzen aus dem Aktiv- und Passivgeschäft und das hiermit einhergehende Zinsänderungsrisiko zu reduzieren, sowie Währungsswaps einzusetzen, um Währungsinkongruenzen zwischen Kreditgeschäft und Refinanzierung auszugleichen. Darüber hinaus nutzen Pfandbriefbanken derivative Geschäfte, um ihren Ertrag unter Eingehung von Risiken zu optimieren.

Im Interesse der Pfandbriefgläubiger gehören die Rechte der Pfandbriefbank aus den zuvor genannten Derivategeschäften in die Pfandbriefdeckung, um sie gegen eine Pfändung durch Drittgläubiger zu sichern und ggf. mit der Deckungsmasse aus der Insolvenz der Bank herauszuhalten[121]. Voraussetzung der Indeckungnahme ist daher gem. § 19 Abs. 1 Nummer 4 Satz 1 a.E. PfandBG, dass der Bestand eines Derivategeschäfts als Teil der „gesunden“ Deckungsmasse über die mögliche Insolvenz der Pfandbriefbank oder der anderen Deckungsmasse(n) hinaus gesichert ist.

Um dies zu erreichen, muss eine Pfandbriefbank bis zu fünf Rahmenverträge abschließen, je nach dem, ob und ggf. wo ein Derivategeschäft in Deckung genommen wird[122]: einen für die Gesamtbank, einen für die Deckungsmasse der Hypothekenpfandbriefe, einen für die Deckungsmasse der Öffentlichen Pfandbriefe, einen für die Deckungsmasse der Schiffpfandbriefe und einen für die Deckungsmasse der Flugzeugpfandbriefe. Darüber hinaus ist eine entsprechende Ausgestaltung der Rahmenverträge erforderlich[123]. Diese muss sicherstellen, dass die Insolvenz der

---

119 Nicht vergleichbar begründet in diesem Sinne sind Risiken aus Geschäften, bei denen offene Positionen nicht auf einer Vereinbarung beruhen, sondern gesetzlich begründet sind. Dies gilt insbesondere für die Regelung des § 609a BGB über die Kündigung von Darlehen. Vgl. Bundesregierung, Entwurf eines Gesetzes zur weiteren Fortentwicklung des Finanzplatzes Deutschland (Viertes Finanzmarktförderungsgesetz), BT-Drucks. 14/8017, vom 18.1.2002, S. 133.

120 Vgl. Bundesregierung, Gesetzentwurf zur Neuordnung des Pfandbriefrechts, BT-Drucks. 15/4321, vom 29.11.2004, S. 34.

121 Vgl. Bundesregierung, Entwurf eines Gesetzes zur weiteren Fortentwicklung des Finanzplatzes Deutschland (Viertes Finanzmarktförderungsgesetz), BT-Drucks. 14/8017, vom 18.1.2002, S. 135; Kerl, Die Struktur der Hypothekenbanken als Qualitätsmerkmal der Pfandbriefe, in: DLK, 15+16/2001, S. 514.

122 Vgl. von Köller, Die deutschen Hypothekenbanken 1998/99: Der deutsche Pfandbrief – eine Benchmark für Europa, in: DLK 8/1999, S. 12; Hagen, Die Novelle des Hypothekenbankgesetzes: Sicherheit des Pfandbriefs weiter gestärkt, in: VDH, Der Pfandbrief, 2002, S. 37.

123 Vgl. Standard & Poor's, Commentary Report, Extended Criteria on Collateral Agreements for Swaps in the Cover Register of Covered Bonds, 5.1.2005; Standard & Poor's, Commentary Report, Standard & poor's Global Interest Rate and Currency Swap Counterparty Rating Criteria Ex-

Pfandbriefbank nicht automatisch zur Beendigung der in Deckung befindlichen Derivategeschäfte führt. Ferner muss die Möglichkeit ausgeschlossen sein, im Rahmen des sog. netting, d.h. der Aufrechnung im Insolvenzfall (vgl. § 104 Abs. 2 InsO) oder außerhalb der Insolvenz, Ansprüche aus Deckungsderivaten mit nichtdeckungsrelevanten Gegenansprüchen zu verrechnen. Auf diese Weise wird ein Fortlauf der Derivategeschäfte auch in der Insolvenz der Pfandbriefbank gewährleistet, da ein netting dann nur für die Derivategeschäfte möglich ist, die auf der Grundlage desselben Rahmenvertrags abgeschlossen wurden, folglich nur im allgemeinen Vermögen der Pfandbriefbank oder innerhalb der jeweiligen Deckungsmassen[124]. Deswegen bedarf die wirksame Eintragung eines Derivategeschäfts in das Deckungsregister gem. § 5 Abs. 1 Satz 2 PfandBG der Zustimmung des Treuhänders der Deckungsmasse und des Vertragspartners der Pfandbriefbank[125]. Fehlt diese, so gilt die Indeckungnahme als nicht erfolgt[126]. Auf diese Weise wird die Sicherheit des Pfandbriefs nachhaltig gestärkt, da die Derivategeschäfte die Deckungsmassen über die Insolvenz der Pfandbriefbank hinaus weiter wirksam gegenüber Zins- und Währungsrisiken absichern[127]. Darüber hinaus stellt § 4 Abs. 3 PfandBG klar, dass sich auch die Gegenansprüche der Derivategeschäftsvertragspartner auf die Deckungsmasse beziehen[128]. Durch diese Gleichstellung der Derivategeschäftspartner hinsichtlich etwaiger Ansprüche aus dem Swapvertrag[129] mit den Pfandbriefgläubigern werden auch diese durch die Indeckungnahme geschützt, da ihre Interessen ebenso durch den Treuhänder bzw. Sachwalter geschützt sind[130]. Dies ist durch die eingeschränkten netting-Möglichkeiten der Derivategläubiger gerechtfertigt.

Das Volumen der Deckungsderivate bleibt gem. § 19 Abs. 1 Nr. 4 Satz 3 PfandBG, wie in der Vorgängerregelung aktiv- und passivseitig beschränkt. Der Anteil der Ansprüche der Pfandbriefbank aus den in Deckung genommenen Derivategeschäften am Gesamtbetrag der Deckungswerte sowie der Anteil der Verbindlichkeiten der Pfandbriefbank aus diesen Derivategeschäften am Gesamtbetrag der im Umlauf be-

---

panded, 17.12.2003; S&P's, Commentary Report, Criteria for Swaps Included in the Cover Register of German Pfandbriefe, 3.12.2003.

124 Vgl. Bellinger, Anpassung des Hypothekenbankgesetzes im Rahmen des Vierten Finanzmarktförderungsgesetzes, in: DLK 16+17/1999, S. 545.

125 Diese Regelung entspricht ihrer Vorgängervorschrift § 22 Abs. 2 Satz 2 HBG. Vgl. Obermüller, Insolvenzrecht in der Bankpraxis, 7. Auflage, 2007, para. 8.335.

126 Dies gilt analog für die Herausnahme eines Derivats aus der Deckungsmasse.

127 Vgl. Hagen, Die Novelle des Hypothekenbankgesetzes: Sicherheit des Pfandbriefs weiter gestärkt, in: VDH, Der Pfandbrief, 2002, S. 37.

128 Vgl. zur Vorgängervorschrift des § 6 Abs. 6 Satz 2 HBG: Bundesregierung, Entwurf eines Gesetzes zur weiteren Fortentwicklung des Finanzplatzes Deutschland (Viertes Finanzmarktförderungsgesetz), BT-Drucks. 14/8017, vom 18.1.2002, S. 135.

129 Je nach Verlauf der Zins- und Währungsentwicklung kann ein Swapvertrag einen positiven oder einen negativen Barwert für die Pfandbriefbank haben. Nach Indeckungnahme beziehen sich Ansprüche und Gegenansprüche auf die jeweilige Deckungsmasse. Hat ein Swapvertrag einen negativen Barwert, so vermindert dieser die Deckungsmasse. Die Pfandbriefbank muss zur Erhaltung der Deckungskongruenz die Deckungsmasse ggf. entsprechend aufstocken.

130 Vgl. Hagen, Die Novelle des Hypothekenbankgesetzes: Sicherheit des Pfandbriefs weiter gestärkt, in: VDH, Der Pfandbrief, 2002, S. 37.

findlichen Pfandbriefe einer jeden Gattung zuzüglich der Verbindlichkeiten aus Derivategeschäften, darf jeweils 12 % nicht überschreiten, wobei die Berechnung auf der Grundlage der Barwerte zu erfolgen hat[131]. Durch die aktivseitige Begrenzung soll die Möglichkeit beschränkt werden, durch Indeckungnahme von Derivategeschäften eine erhebliche Überdeckung zu schaffen[132]. Zum anderen soll durch die passivseitige Begrenzung im Interesse der Pfandbriefgläubiger der Anteil der Verbindlichkeiten aus Derivategeschäften begrenzt werden. Die 12 %-Grenze ist eine absolute Obergrenze. Das bedeutet, dass die Pfandbriefbanken grundsätzlich gehalten sind, diese Grenze nur so weit auszuschöpfen, dass sie auch im Falle größerer Schwankungen des Barwerts der Derivategeschäften eingehalten werden kann, d.h. nicht überschritten wird[133].

Durch die mit der PfandBG-Novelle 2009 eingeführte Bezugnahme auf Derivategeschäfte, wurde klargestellt, dass es für die Berechnung der 12 %-Grenze auf den Gesamtanspruch aus der Saldierung aller vom Rahmenvertrag mit dem Derivatepartner erfassten Geschäfte ankommt[134].

Mit der PfandBG-Novelle 2009 ist des Weiteren die Begrenzung der Währungsderivate sowohl für Hypothekenpfandbriefe als auch für Öffentliche Pfandbriefe aufgehoben worden; für Schiffspfandbriefe galt sie gem. § 26 Abs. 1 Nr. 5 Satz 2 PfandBG ohnehin nicht. Aufgrund der Zunahmen des Anteils der Auslandsfinanzierungen bei der Immobilien- und Staatsfinanzierung der Pfandbriefbanken war es erforderlich, Hypothekenpfandbriefe und Öffentliche Pfandbriefe den Schiffs- und Flugzeugpfandbriefe gleichzustellen[135]. Dies war geboten, um zu verhindern, dass die 12 %-Grenze die Pfandbriefbanken mit einem hohen Anteil an Auslandsfinanzierungen bei der Absicherung dieser Geschäfte mit Wirkung für die Deckungsmasse nicht behindert[136]. Währungsderivate, die rein spekulativen Charakter haben, bleiben weiterhin ausgeschlossen[137].

---

131 Auf diese Weise wird zum einen die Möglichkeit beschränkt, durch die Indeckungnahme von Derivaten eine erhebliche Überdeckung zu schaffen, zum anderen wird dadurch der Anteil der Verbindlichkeiten aus Derivaten zu Gunsten der Pfandbriefgläubiger begrenzt. Ferner wird erreicht, dass die Risikostruktur des Hypothekenbankgeschäfts nicht derart verändert wird, dass die ratio des HBG in Frage gestellt werden würde. Vgl. VDH, Jahresbericht 2001, S. 57; Hagen, Die Novelle des Hypothekenbankgesetzes: Sicherheit des Pfandbriefs weiter gestärkt, in: VDH, Der Pfandbrief, 2002, S. 37.

132 Vgl. Bundesregierung, Entwurf eines Gesetzes zur weiteren Fortentwicklung des Finanzplatzes Deutschland (Viertes Finanzmarktförderungsgesetz), BT-Drucks. 14/8017, vom 18.1.2002, S. 135.

133 Vgl. Bundesregierung, Entwurf eines Gesetzes zur weiteren Fortentwicklung des Finanzplatzes Deutschland (Viertes Finanzmarktförderungsgesetz), BT-Drucks. 14/8017, vom 18.1.2002, S. 135.

134 Vgl. Bundesregierung, Entwurf eines Gesetzes zur Fortentwicklung des Pfandbriefrechts, Deutscher Bundestag, Drucks. 16/11130 vom 1.12.2008, S. 34.

135 Vgl. Bundesregierung, Entwurf eines Gesetzes zur Fortentwicklung des Pfandbriefrechts, Deutscher Bundestag, Drucks. 16/11130 vom 1.12.2008, S. 34.

136 Vgl. Bundesregierung, Entwurf eines Gesetzes zur Fortentwicklung des Pfandbriefrechts, Deutscher Bundestag, Drucks. 16/11130 vom 1.12.2008, S. 34.

137 Vgl. Bundesregierung, Entwurf eines Gesetzes zur Fortentwicklung des Pfandbriefrechts, Deutscher Bundestag, Drucks. 16/11130 vom 1.12.2008, S. 34.

II. Deckungsstockfähigkeit beim Öffentlichen Pfandbrief

Der Öffentliche Pfandbrief wird gem. § 1 Abs. 1 Nr. 2 PfandBG aufgrund erworbener Forderungen gegen staatliche Stellen begeben. Das dem Öffentlichen Pfandbrief zu Grunde liegende Staats- und Kommunalkreditgeschäft besteht in der Gewährung von Darlehen an in- und ausländische Staaten, Körperschaften und Anstalten des öffentlichen Rechts oder gegen Übernahme der vollen Gewährleistung durch einen Staat, eine solche Körperschaft oder Anstalt. Charakteristisch für Darlehen an den öffentlichen Sektor ist, dass der Kreis der potentiellen Kreditnehmer verbindlich festgelegt ist[138].

1. Die ordentlichen Deckungswerte des Öffentlichen Pfandbriefs

Zur Deckung Öffentlicher Pfandbriefe nach § 20 Abs. 1 Satz 1 PfandBG[139] dürfen nur Geldforderungen aus der Vergabe von Darlehen, aus Schuldverschreibungen oder aus einem vergleichbaren Rechtsgeschäft oder andere, von den in § 20 Abs. 1 Satz 1 Buchstabe a bis f PfandBG genannten Stellen, schriftlich als einredefrei anerkannte Forderungen benutzt werden,

- die sich unmittelbar richten gegen (Nr. 1)
  - inländische Gebietskörperschaften und solche Körperschaften und Anstalten des öffentlichen Rechts, für die eine Anstaltslast, oder eine auf Gesetz beruhende Gewährträgerhaftung oder eine staatliche Refinanzierungsgarantie gilt, oder die das gesetzliche Recht zur Erhebung von Gebühren, Umlagen und anderen Abgaben inne haben (Nr. 1a),
  - andere Mitgliedstaaten der EU oder Vertragsstaaten des Abkommens über den Europäischen Wirtschaftsraum (EWR) sowie deren Zentralnotenbanken (Nr. 1b),
  - Regionalverwaltungen sowie Gebietskörperschaften der in Nr. 1b genannten Staaten (Nr. 1c),
  - die Vereinigten Staaten von Amerika, Japan, die Schweiz und Kanada sowie deren Zentralnotenbanken, sofern das Risikogewicht nach Tabelle 1 des Anhangs VI der neu gefassten Bankenrichtlinie entsprechend der von den zuständigen Behörden vorgenommenen Zuordnung des Ratings anerkannter internationaler Ratingagenturen der Bonitätsstufe 1 zugeordnet worden sind (Nr. 1d),
  - Regionalverwaltungen sowie Gebietskörperschaften der in Nr. 1d genannten Staaten, sofern sie von der jeweiligen nationalen Behörde dem Zentralstaat gleichgestellt worden sind oder sofern ihnen ein der Bonitätsstufe 1 entsprechendes Risikogewicht nach Tabelle 3 des Anhangs VI der neu gefassten Bankenrichtlinie nach den nationalen Regelungen zugeordnet worden ist, die zur

138 Vgl. Pleyer, Das Recht der Hypothekenbanken in Europa, 1981, S. 93.
139 Sowohl der vdp als auch der VÖB haben für ihre Mitglieder umfangreiche Checklisten mit Unterlagen für die Indeckungnahme im Staatsfinanzierungsgeschäft erstellt.

Umsetzung von Basel II gleichwertig zur neu gefassten Bankenrichtlinie erlassen worden sind; für die Zuordnung der Bonitätsstufe 1 sind die Ratings anerkannter internationaler Ratingagenturen maßgeblich (Nr. 1e),
  - die EZB sowie multilaterale Entwicklungsbanken und internationale Organisationen im Sinne des Anhangs VI Nr. 1, 4 und 5 der neu gefassten Bankenrichtlinie (Nr. 1f),
  - öffentliche Stellen eines Mitgliedstaats der Europäischen Union oder eines anderen Vertragsstaats des Abkommens über den Europäischen Wirtschaftsraum (EWR) (Nr. 1g),
  - öffentliche Stellen im Sinne des Art. 4 Nr. 18 der neu gefassten Bankenrichtlinie der unter Nr. 1d genannten Staaten, sofern sie die nach Nr. 1e aufgeführten Anforderungen erfüllen (Nr. 1h), oder

- für die eine der in Nr. 1a bis 1f genannten Stellen oder ein Exportkreditversicherer nach Art. 2 der Richtlinie 98/29/EG des Rates vom 7.5.1998 zur Harmonisierung der wichtigsten Bestimmungen über die Exportkreditversicherung zur Deckung mittel- und langfristiger Geschäfte (ABl. EG Nr. L 148, S. 22), der die Anforderungen an eine öffentliche Stelle nach Nr. 1g erfüllt, die Gewährleistung übernommen hat. Eine Gewährleistung liegt insoweit vor, als auf Grund eines Gesetzes, einer Verordnung, einer Satzung oder eines Rechtsgeschäfts der Forderungsinhaber einen Anspruch gegen den Gewährleistenden hat, dass dieser im Fall der Nichtzahlung des Schuldners die für die Erfüllung der Verpflichtung erforderlichen Mittel zur Verfügung stellt. Der Gewährleistende darf gegenüber der Pfandbriefbank nicht das Recht haben, Einwendungen aus dem Rechtsverhältnis mit Dritten geltend zu machen oder sich einseitig von seinen Verpflichtungen zu lösen (Nr. 2),
- oder die von einer (Nr. 3)
  - Zentralregierung, Zentralnotenbank, Regionalverwaltung oder örtlichen Gebietskörperschaft eines in Nr. 1d aufgeführten Staates (Nr. 3a),
  - von einer öffentlichen Stelle eines in Nr. 1d aufgeführten Staates (Nr. 3b),
  - von einer multilateralen Entwicklungsbank (Nr. 3c) oder
  - von einer internationalen Organisation (Nr. 3d)

geschuldet oder von den in Nr. 3a, 3c oder 3d genannten Einrichtungen gewährleistet werden, sofern der Schuldner oder Gewährleistungsgeber der Bonitätsstufe 2 zugeordnet ist und zum Zeitpunkt der Eintragung der konkreten Forderung in das Deckungsregister der Bonitätsstufe 1 zugeordnet war und diese Forderungen insgesamt 20 % des Gesamtbetrags der ausstehenden Öffentlichten Pfandbriefe der Pfandbriefbank nicht übersteigen.

Mit der PfandBG-Novelle 2009 wurden die Vorschriften zur Deckungsstockfähigkeit beim Öffentlichen Pfandbrief an Änderungen im EU-Recht durch die neu gefasste Bankenrichtlinie angepasst[140]. Dadurch wurde der Gleichlauf und damit die

---

140 Vgl. Bundesregierung, Entwurf eines Gesetzes zur Fortentwicklung des Pfandbriefrechts, Deutscher Bundestag, Drucks. 16/11130 vom 1.12.2008, S. 34.

sog. CRD-Konformität von § 20 Abs. 1 Satz 1 PfandBG sichergestellt[141]. Für Forderungen gegen Drittstaaten, d.h. außerhalb des EU/EWR-Raumes, wurde die CRD-Konformität durch die Anknüpfung an die Bonitätsstufe 1 sichergestellt. Anders als in der neu gefassten Bankenrichtlinie sind nicht alle Drittstaaten der Bonitätsstufe 1 für deckungsfähig erklärt worden, sondern lediglich die bislang deckungsfähigen Drittländer – U.S.A., Kanada, Schweiz und Japan[142]. Schließlich ist mit dem neuen § 20 Abs. 1 Satz 1 Nr. 3 PfandBG eine Auffangregelung für den Fall einer etwaigen Herabstufung der Bonität des Schuldners geschaffen worden. Um die hohe Qualität der Deckungsmasse sicherzustellen, sind indes keine Forderungen gegen Staaten umfasst, die bereits zum Zeitpunkt der Indeckungnahme der Forderung durch die jeweilige Bank lediglich der Bonitätsstufe 2 zugeordnet sind[143].

Die Deckungsfähigkeit beim Öffentlichen Pfandbrief soll auch einredefreie Forderungen aus darlehensähnlichen Swapgeschäften mit den vorgenannten Stellen umfassen (sog. Public Finance durch darlehensähnliche Swapgeschäfte), sofern die Pfandbriefbank uneingeschränkter Forderungsinhaber wird[144].

Bei der Neuordnung des Pfandbriefrechts ist seinerzeit bereits die Deckungsfähigkeit von Public Private Partnership (PPP)-Finanzierungen klargestellt worden, indem nicht mehr nur wie in der bisherigen gesetzlichen Regelung „Darlehen" und „Kommunaldarlehen", sondern gem. § 20 Abs. 1 Satz 1 PfandBG jede „schriftlich als einredefrei anerkannte Forderung" als deckungsstockfähiger Wert zugelassen ist. Dadurch wurden den Staats- und Kommunaldarlehen anderweitig begründete Forderungen gegen den öffentlichen Sektor gleichgestellt. Dies war v.a. im Bereich der PPP-Finanzierungen relevant, wo Forderungen privater Investoren oder Betreiber gegen die öffentliche Hand an die Pfandbriefinstitute abgetreten werden[145].

Der Gesamtbetrag der Forderungen gegen Schuldner in Staaten, die nicht der EU angehören und bei denen nicht sichergestellt ist, dass sich das Vorrecht der Gläubiger der Öffentlichen Pfandbriefe nach § 30 Abs. 1 PfandBG auf die Forderungen der Pfandbriefbank aus diesen Forderungen erstreckt, darf gem. § 20 Abs. 1 Satz 2 PfandBG 10 % des Gesamtbetrags der Forderungen, bei denen das Vorrecht sichergestellt ist, nicht überschreiten. EU-Mitgliedstaaten sind von dieser Beschränkung ausgenommen, da aufgrund der Richtlinie 2001/24/EG vom 4.4.2001 über die Sanierung und Liquidation von Kreditinstituten (sog. Bankenliquidationsrichtlinie) klargestellt ist, dass im Falle der Liquidation eines innerhalb der EU gelegenen Kreditinstituts das Recht des Staates maßgeblich ist, in dem das Kreditinstitut seinen Sitz hat und somit sichergestellt ist, dass das Vorrecht der Pfandbriefgläubi-

---

141 Vgl. Stöcker, Novelle des Pfandbriefgesetzes, in: vdp. Der Pfandbrief 2008/2009, S. 29 f.; Stöcker, Pfandbriefgesetz, in: vdp, Jahresbericht 2008, S. 41.

142 Vgl. Bundesregierung, Entwurf eines Gesetzes zur Fortentwicklung des Pfandbriefrechts, Deutscher Bundestag, Drucks. 16/11130 vom 1.12.2008, S. 35.

143 Vgl. Bundesregierung, Entwurf eines Gesetzes zur Fortentwicklung des Pfandbriefrechts, Deutscher Bundestag, Drucks. 16/11130 vom 1.12.2008, S. 36.

144 Vgl. Fragos/Lindemann, Public Finance durch darlehensähnliche Swapgeschäfte, in: RIW. 2006, S. 593 ff.

145 Vgl. vdp, Jahresbericht 2005, S. 30.

ger gewahrt ist[146]. Für die Indeckungnahme von Staats- und Kommunaldarlehen aus einem Nicht-EU Vertragsstaat des Abkommens über den Europäischen Wirtschaftsraum, die Schweiz, die Vereinigten Staaten von Amerika, Kanada oder Japan ist die Erstreckung des vorrangigen Befriedigungsrechts jeweils zu prüfen[147].

Die Sicherheit der Staats- und Kommunaldarlehen hat ihren Grund in der Stellung der öffentlichen Kreditnehmer und deren Beaufsichtigung durch den Staat[148]. Weder der Bund noch die Länder können ihnen unmittelbar unterstellte oder von ihnen beaufsichtigte öffentlich-rechtliche Körperschaften und Anstalten einfach ihrem Schicksal überlassen[149]. Darin liegt die Gewähr, dass der Staat im Notfall einschreiten und eine ordnungsgemäße Bedienung des Kredits sicherstellen wird[150]. Trotzdem werden Staats- und Kommunalkredite nicht wahllos vergeben, sondern Kreditzweck, Haushaltslage, Schuldenstand und Leistungsfähigkeit des Antragstellers geprüft[151].

Die Vereinbarung der Bundesregierung mit der EU-Kommission über die Abschaffung der Gewährträgerhaftung und der Modifizierung der Anstaltslast konnte nicht ohne Folgen für die Deckungsfähigkeit von Forderungen gegen öffentlich-rechtliche Kreditanstalten bleiben[152]. In erster Linie ist dies für Forderungen gegen Landesbanken und Sparkassen von Bedeutung, die bis dahin einen nicht unbeachtlichen Teil der Deckungsmassen des öffentlichen Pfandbriefs ausmachten. Die Qualität des öffentlichen Pfandbriefs besteht darin, dass es sich bei dessen Deckungswerten um Forderungen handelt, die einen Anspruch gegen den Staat und seine Institutionen begründen[153]. Nicht ausreichend kann allein die Rechtsform als Anstalt des öffentlichen Rechts sein, da sie keine Haftung des Eigentümers begründet. Im Ergebnis weisen in Zukunft Forderungen gegen Landesbanken und Sparkassen, soweit sie nicht unter die Übergangsvorschriften der Vereinbarung der Bundesregierung mit der EU-Kommission fallen, keinen Unterschied zu Forderungen

---

146 Vgl. Stürner, Die europäische Sanierungs- und Liquidationsrichtlinie für Banken und die deutschen Hypothekenbanken. Insolvenzrecht im Wandel der Zeit, in: Festschrift für Hans-Peter Kirchhof, 2003, S. 467–478. Zur alten Rechtslage vor Klarstellung der Sicherstellung der vorrangigen Befriedigung in Bezug auf Deckungswerten innerhalb der Mitgliedstaaten der EU durch die Bankenliquidationsrichtlinie: Stürner/Stadler, Deutsche Pfandbriefe und Deckungswerte in den Niederlanden, Frankfurt, 2000; Stürner/Schumacher/Bruns, Der deutsche Pfandbrief und englische Deckungswerte, Frankfurt 2000.
147 Für Japan und die U.S.A. wurde die Notwendigkeit rechtsgeschäftlicher Gestaltungen unter Beachtung des U.S.-amerikanischen und japanischen Rechts erst kürzlich festgestellt, wonach von einer zweifelsfreien Erstreckung des vorrangigen Befriedigungsrechts nicht ausgegangen werden kann (vgl. Stürner/Kern, Deutsche öffentliche Pfandbriefe und japanische Deckungswerte, 2006, S. 70; Stürner, Deutsche öffentliche Pfandbriefe und Deckungswerte aus Darlehen an U.S.-amerikanische öffentliche Körperschaften, 2006, S. 80).
148 Vgl. Pleyer, Das Recht der Hypothekenbanken in Europa, 1981, S. 97.
149 Vgl. Letschert/Steffan, Pfandbrief und Kommunalobligation, 2. Auflage, 1981, S. 102.
150 Vgl. Pleyer, Das Recht der Hypothekenbanken in Europa, 1981, S. 97; Letschert/Steffan, Pfandbrief und Kommunalobligation, 2. Auflage, 1981, S. 102.
151 Vgl. Letschert/Steffan, Pfandbrief und Kommunalobligation, 2. Auflage, 1981, S. 103.
152 Vgl. Jahresbericht 2003, S. 52.
153 Vgl. VDH, Jahresbericht 2003, S. 52.

gegen privatrechtliche Kreditinstitute auf, welche nur als weitere Deckungswerte zugelassen sind[154].

Bei der Untersuchung der ersten gesetzlich veröffentlichten Regelberichte gem. § 28 PfandBG fiel auf, dass die Pfandbriefbanken über 85 % des in Deckung genommenen Staatsfinanzierungsgeschäfts auf dem Inlandsmarkt generiert hatten[155].

2. Die weiteren zulässigen Deckungswerte des Öffentlichen Pfandbriefs

Das PfandBG lässt in § 20 Abs. 2 auch für den Öffentlichen Pfandbrief weitere Deckungswerte zu. Die weitere Deckung des Öffentlichen Pfandbriefs kann gem. § 20 Abs. 2 Nr. 1 PfandBG durch die in § 19 Abs. 1 Nr. 1 PfandBG genannten in Inhaberschuldverschreibungen umgewandelten Ausgleichsforderungen nach § 8 Abs. 2 der Verordnung über die Bestätigung der Umstellungsrechnung und das Verfahren der Zuteilung und des Erwerbs von Ausgleichsforderungen in der Fassung der Bekanntmachung vom 7.12.1994 (BGBl. I S. 3738), die durch die Verordnung vom 26.9.1995 (BGBl. I S. 1195) geändert worden ist, erfolgen.

Gem. § 20 Abs. 2 Nr. 2 Halbs. 1 PfandBG dürfen bis zu 10 % des Gesamtbetrags der im Umlauf befindlichen Öffentlichen Pfandbriefe durch Geldforderungen gegen geeignete Kreditinstitute im Sinne des § 4 Abs. 1 Satz 2 Nr. 3 PfandBG in Deckung genommen werden, sofern die Höhe der Forderungen der Pfandbriefbank bereits beim Erwerb bekannt ist. Der Anteil der Geldforderungen gegen ein und dasselbe geeignete Kreditinstitut darf gem. § 20 Abs. 2 Nr. 2 Halbs. 1 PfandBG nicht höher als 2 % des Gesamtbetrags der im Umlauf befindlichen Öffentlichen Pfandbriefe sein.

Schließlich sind gem. § 20 Abs. 2 Nr. 3 PfandBG beim Öffentlichen Pfandbrief Derivategeschäfte zur Absicherung von Zins- und Währungskursrisiken unter den in § 19 Abs. 1 Nr. 4 PfandBG genannten Voraussetzungen und Begrenzungen mit der Maßgabe zulässig, dass an die Stelle des Gesamtbetrags der im Umlauf befindlichen Hypothekenpfandbriefe der Gesamtbetrag der im Umlauf befindlichen Öffentlichen Pfandbriefe tritt.

Im Fall der Abwicklung der Deckungsmassen nach Aufhebung oder Erlöschen der Pfandbrieferlaubnis gem. § 2 Abs. 3 PfandBG kann die BaFin gem. § 20 Abs. 3 PfandBG ebenfalls Ausnahmen von den Begrenzungen des § 20 Abs. 2 PfandBG zulassen.

III. Deckungsstockfähigkeit beim Schiffspfandbrief

Der Schiffspfandbrief wird gem. § 1 Abs. 1 Nr. 3 PfandBG aufgrund erworbener Schiffshypotheken begeben. Bei der Überleitung des Schiffsbankgesetzes (SchBkG) in das PfandBG wurden bewährte Regelungen übernommen und an die aus dem

154 Vgl. VDH, Jahresbericht 2003, S. 52.
155 Vgl. Winkler, Der Pfandbriefmarkt 2005/2006, in: vdp, Der Pfandbrief, 2006, S. 12.

HBG übernommenen Regelungen angepasst. Insgesamt wurde dabei eine weitgehende Konformität mit der Schiffsfinanzierungspraxis der Banken erreicht[156].

1. Die ordentlichen Deckungswerte des Schiffspfandbriefs

Als ordentliche Deckung der Schiffspfandbriefe dürfen gem. § 21 PfandBG nur durch Schiffshypotheken gesicherte Darlehen benutzt werden, die den Erfordernissen der §§ 22 bis 24 PfandBG entsprechen. Diese besonderen Vorschriften für die ordentlichen Deckungswerte der Schiffspfandbriefe tragen den Besonderheiten der Schiffsfinanzierung Rechnung[157]. Demnach dürfen nur durch Schiffshypotheken gesicherte Darlehensforderungen verwendet werden, welche besonderen Anforderungen bezüglich ihrer Beleihungsgrenze (§ 22 PfandBG), Versicherung (§ 23 PfandBG) und Beleihungswertermittlung (§ 24 PfandBG) unterliegen.

a) Beleihungsgrenze

Die deckungsstockfähige Beleihung ist gem. § 22 Abs. 1 PfandBG auf Schiffe und Schiffsbauwerke[158] beschränkt, die in einem öffentlichen Register eingetragen sind. Zulässig sind gem. § 22 Abs. 5 Satz 1 PfandBG auch in einem ausländischen Register eingetragene Schiffshypotheken, wenn das ausländische dingliche Recht eine der Schiffshypothek vergleichbare Sicherheit gewährt und die Rechtsverfolgung nicht wesentlich erschwert ist. Allerdings sind Schiffshypotheken, welche in Ländern außerhalb der EU in einem Register eingetragen sind und bei denen nicht sichergestellt ist, dass sich das Vorrecht der Schiffspfandbriefgläubiger nach § 30 Abs. 1 PfandBG auf die Forderungen der Pfandbriefbank aus diesen Beleihungen erstreckt, gem. § 22 Abs. 5 Satz 2 PfandBG nur bis zu 20 % der Schiffspfandbriefdeckungsmasse deckungsstockfähig.

Die Beleihung ist gem. § 22 Abs. 2 Satz 1 PfandBG auf die ersten 60 % des Schiffsbeleihungswerts begrenzt und darf gem. § 22 Abs. 2 Satz 2 PfandBG grundsätzlich nur durch Gewährung von Abzahlungsdarlehen erfolgen[159]. Überschreiten zur Deckung verwendete Schiffshypotheken die Beleihungsgrenze des § 22 Abs. 2 PfandBG, so gelten sie gem. § 5 Abs. 1a Satz 2 PfandBG nur bis zur Höhe der Beleihungsgrenze als zur Deckung bestimmt. Die Pfandbriefbank hat gem. § 21 S. 2 PfandBG im Fall einer teilweisen Verwendung einer Darlehensforderung zur Deckung den Vorgang nachvollziehbar zu dokumentieren.

---

156 Vgl. Schulze/Adams, Der Schiffspfandbrief als neue Asset-Klasse, in: vdp, Der Pfandbrief, 2006, S. 43.

157 Vgl. Sommer, Schiffspfandbrief als neue Anlagemöglichkeit, in: VÖB, Deutscher Pfandbrief 2006 – Aktuelle Entwicklungen und internationaler Vergleich, 2006, S. 41.

158 Allerdings dürfen gem. § 24 Abs. 4 PfandBG durch Schiffshypotheken an Schiffsbauwerken gesicherte Forderungen zusammen 20 % des Gesamtbetrags der zur Deckung der Schiffspfandbriefe verwendeten Schiffshypotheken nicht übersteigen.

159 Der Beginn der Abzahlung darf gem. § 25 PfandBG grundsätzlich für einen Zeitraum, der die Dauer von zwei Jahren nicht übersteigt, hinausgeschoben werden.

Die Beleihung darf gem. § 22 Abs. 4 Satz 1 PfandBG höchstens bis zum Ende des 20. Lebensjahres des Schiffes reichen, es sei denn, dass eine geringere Lebensdauer zu erwarten ist. Werden mehrere Schiffe oder Schiffbauwerke durch eine durch Schiffshypotheken besicherte Darlehensforderung beliehen, ist die Darlehensforderung gem. § 22 Abs. 4 Satz 4 PfandBG nur dann zur Deckung geeignet, wenn bei deren Aufteilung auf die einzelnen Schiffe und Schiffsbauwerke die einzelnen Darlehensforderungen zur Deckung geeignet wären. Dadurch wird die Flottenfinanzierung zugelassen, auch wenn ein Schiff die zugelassene Beleihungsdauer überschritten hat[160].

Von den vorgenannten Beschränkungen bei der Beleihung kann die BaFin gem. §§ 22 Abs. 2 Satz 4, Abs. 4 Satz 2 , Abs. 5 Satz 4 Halbs. 2 PfandBG in Einzelfällen eine Ausnahme zulassen, wenn die Eigenart des zu beleihenden Schiffes oder Schiffsbauwerks, die wirtschaftlichen Verhältnisse des Darlehensschuldners oder zusätzliche Sicherheiten dies gerechtfertigt erscheinen lassen.

b) *Versicherungspflicht*

Das PfandBG hatte die Versicherungspflicht für Schiffe aus dem SchBkG noch unverändert in § 23 PfandBG übernommen. Seit der PfandBG-Novelle 2009 muss das Schiff oder das Schiffsbauwerk während der gesamten Dauer der Beleihung mindestens in Höhe von 110 % der jeweiligen ausstehenden Darlehensforderungen zuzüglich eventueller vor- oder gleichrangiger Schiffshypotheken Dritter versichert sein.

c) *Beleihungswertermittlung*

Die Beleihungsgrenze wird beim Schiffspfandbrief aufgrund des sog. Schiffsbeleihungswerts nach § 24 PfandBG bestimmt. Das Verfahren zur Ermittlung des Schiffsbeleihungswerts ist in der Schiffsbeleihungswert-Verordnung vom 6.5.2008 geregelt (SchiffsBelWertV).

Die Ermittlung des Schiffsbeleihungwerts ist gem. § 24 Abs. 1 PfandBG ebenfalls von einem von der Kreditentscheidung unabhängigen Gutachter vorzunehmen, der über die hierzu notwendige Berufserfahrung sowie über die notwendigen Fachkenntnisse für Schiffbeleihungswertermittlungen verfügen muss.

Der Schiffsbeleihungswert darf gem. § 24 Abs. 2 Satz 1 PfandBG den Wert nicht überschreiten, der sich im Rahmen einer vorsichtigen Bewertung der zukünftigen Verkäuflichkeit des Schiffes oder Schiffsbauwerks und unter Berücksichtigung der langfristigen, nachhaltigen Merkmale des Objekts, der Marktgegebenheiten sowie der derzeitigen und möglichen anderweitigen Nutzungen ergibt. Spekulative Elemente dürfen bei der Wertermittlung gem. § 24 Abs. 2 Satz 2 PfandBG nicht berücksichtigt werden. Ebenso darf der Schiffsbeleihungswert gem. § 24 Abs. 2 Satz 3 PfandBG den Marktwert nicht übersteigen[161].

---

160 Vgl. Bundesregierung, Entwurf eines Gesetzes zur Fortentwicklung des Pfandbriefrechts, Deutscher Bundestag, Drucks. 16/11130 vom 1.12.2008, S. 37.
161 Vgl. § 16 Abs. 2 Satz 4 PfandBG zum Begriff des Marktwerts.

Die zur Deckung von Schiffspfandbriefen in Ansatz gebrachten, durch Schiffshypotheken an Schiffsbauwerken gesicherten Forderungen dürfen gem. § 24 Abs. 4 PfandBG zusammen 20 % des Gesamtbetrags der zur Deckung der Schiffspfandbriefe verwendeten Schiffshypotheken nicht übersteigen.

2. Die weiteren zulässigen Deckungswerte des Schiffspfandbriefs

Die weiteren zulässigen Deckungswerte des Schiffspfandbriefs sind in § 26 PfandBG aufgezählt. Sie umfassen gem. § 26 Abs. 1 Nr. 1 PfandBG Schuldversprechen und Schuldanerkenntnisse im Sinne des §§ 780, 781 BGB, die durch Schiffshypotheken gesichert sind, sofern ihnen Darlehensforderungen zu Grunde liegen, die den §§ 22 bis 24 PfandBG bezeichneten Erfordernissen entsprechen. Soweit die Darlehensforderungen den vorgenannten Erfordernissen nur teilweise entsprechen, können sie gem. § 26 Abs. 1 Nr. 1 Halbs. 2 PfandBG nur in diesem Umfang zur Deckung verwendet werden. Dies ist gem. § 26 Abs. 1 Nr. 1 Halbs. 3 PfandBG ebenfalls nachvollziehbar zu dokumentieren.

Ferner umfasst die weitere Deckung des Schiffspfandbriefs gem. § 26 Abs. 1 Nr. 2 PfandBG die in § 19 Abs. 1 Nr. 1 PfandBG genannten in Inhaberschuldverschreibungen umgewandelten Ausgleichsforderungen nach § 8 Abs. 2 der Verordnung über die Bestätigung der Umstellungsrechnung und das Verfahren der Zuteilung und des Erwerbs von Ausgleichsforderungen in der Fassung der Bekanntmachung vom 7.12.1994 (BGBl. I S. 3738), die durch die Verordnung vom 26.9.1995 (BGBl. I S. 1195) geändert worden ist.

Bis zu 10 % des Gesamtbetrags der im Umlauf befindlichen Schiffspfandbriefe können gem. § 26 Abs. 1 Nr. 3 Satz 1 Halbs. 1 PfandBG durch Werte der in § 4 Abs. 2 Nr. 1 und 2 PfandBG bezeichneten Art sowie durch Geldforderungen gegen die EZB, gegen Zentralbanken der Mitgliedstaaten der Europäischen Union oder gegen geeignete Kreditinstitute im Sinne des § 4 Abs. 1 Satz 2 Nr. 3 PfandBG gedeckt sein, sofern die Höhe der Forderungen der Pfandbriefbank bereits beim Erwerb bekannt ist. Der Anteil der Geldforderungen gegen ein und dasselbe geeignete Kreditinstitut darf gem. § 26 Abs. 1 Nr. 3 Satz 1 Halbs. 2 PfandBG nicht höher als 2 % des Gesamtbetrags der in Halbs. 1 genannten Schiffspfandbriefe sein.

Bis zu insgesamt 20 % des Gesamtbetrags der im Umlauf befindlichen Schiffspfandbriefe können gem. § 26 Abs. 1 Nr. 4 Halbsatz 1 PfandBG durch Werte der in § 20 Abs. 1 PfandBG, d.h. ordentliche Deckungswerte des Öffentlichen Pfandbriefs, gedeckt werden, sofern es sich um Schuldverschreibungen handelt; die in § 26 Abs. 1 Nr. 3 PfandBG genannten Werte sind gem. § 26 Abs. 1 Nr. 4 Halbsatz 2 PfandBG anzurechnen.

Schließlich sind gem. § 26 Abs. 1 Nr. 5 PfandBG beim Schiffspfandbrief Derivategeschäfte zur Absicherung von Zins- und Währungskursrisiken unter den in § 19 Abs. 1 Nr. 4 PfandBG genannten Voraussetzungen und Begrenzungen mit der Maßgabe zulässig, dass an die Stelle des Gesamtbetrags der im Umlauf befindlichen

Hypothekenpfandbriefe der Gesamtbetrag der im Umlauf befindlichen Schiffspfandbriefe tritt.

IV. Deckungsstockfähigkeit beim Flugzeugpfandbrief

Die Einführung von Flugzeugpfandbriefen wurde bereits bei der Neuordnung des Pfandbriefrechts 2005 diskutiert[162]. Nach Prüfung der Umsetzbarkeit dieses Produkts wurden Flugzeugpfandbriefe mit der PfandBG-Novelle 2009 zusätzlich eingeführt[163]. Der Flugzeugpfandbrief wird gem. § 1 Abs. 1 Nr. 4 PfandBG aufgrund erworbener Flugzeughypotheken begeben. Die Regelungen des Flugzeugpfandbriefs sind im Wesentlichen den Regelungen zu Schiffspfandbriefen nachgebildet[164].

1. Die ordentlichen Deckungswerte des Flugzeugpfandbriefs

Als ordentliche Deckung der Flugzeugpfandbriefe dürfen gem. § 26a PfandBG nur durch Registerpfandrechte nach § 1 des Gesetzes über Rechte an Luftfahrzeugen (LuftfzRG) oder durch ausländische Flugzeughypotheken gesicherte Darlehensforderungen verwendet werden, soweit sie den Erfordernissen der §§ 26b bis 26f PfandBG entsprechen. Demnach dürfen nur durch Registerpfandrechte und Flugzeughypotheken gesicherte Darlehensforderungen verwendet werden, welche besonderen Anforderungen bezüglich ihrer Beleihungsgrenze (§ 26b PfandBG), Versicherung (§ 26c PfandBG) und Beleihungswertermittlung (§ 26d PfandBG) unterliegen.

a) *Beleihungsgrenze*

Die deckungsstockfähige Beleihung ist gem. § 26b Abs. 1 PfandBG auf Flugzeuge im Sinne des § 1 Abs. 2 Satz 1 Nr. 1 des Luftverkehrsgesetzes beschränkt, die in einem öffentlichen Register eingetragen sind. Dadurch wird klargestellt, dass ausschließlich Flugzeuge und nicht beispielsweise Luftschiffe oder Segelflugzeuge in Frage kommen[165].

---

162 Vgl. VÖB, Das neue PfandBG, S. 23; Kösters, Pfandbriefgesetz – Gewinn für den Finanzplatz Deutschland – Nord/LB erschließt neu eröffnete Möglichkeiten in der Refinanzierung – Regelungen für Luftfahrzeugpfandbriefe notwendig, in: BörsenZ vom 25.2.2006, S. B3; Reuleaux, Der zukünftige Luftfahrzeugpfandbrief: Ein „Internationales Sicherungsrecht" gemäß der Kapstadt-Konvention als vergleichbare Sicherheit i.S.d. § 22 Abs. 5 PfandBG?, in: ZBB, 6/2006, S. 463; Kösters, Pfandbriefrecht für eine zusätzliche Anlageklasse öffnen – Schaffung des Luftfahrzeugpfandbriefs wäre kein revolutionärer, sondern ein folgerichtiger Schritt zur weiteren Modernisierung des Gesetzes, in: BörsenZ, vom 23.6.2007, S. B3.

163 Vgl. Schmalenbach, Zur Einführung des Flugzeugpfandbriefes, in: WM, 16/2009, S. 725 ff.

164 Vgl. Bundesregierung, Entwurf eines Gesetzes zur Fortentwicklung des Pfandbriefrechts, Deutscher Bundestag, Drucks. 16/11130 vom 1.12.2008, S. 37 f.

165 Vgl. Bundesregierung, Entwurf eines Gesetzes zur Fortentwicklung des Pfandbriefrechts, Deutscher Bundestag, Drucks. 16/11130 vom 1.12.2008, S. 40.

Die Beleihung ist gem. § 26b Abs. 2 Satz 1 PfandBG auf die ersten 60 % des Flugzeugbeleihungswerts begrenzt. Überschreiten zur Deckung verwendete Registerpfandrechte oder Flugzeughypotheken die Beleihungsgrenze des § 26b Abs. 2 PfandBG, so gelten sie gem. § 5 Abs. 1a Satz 2 PfandBG nur bis zur Höhe der Beleihungsgrenze als zur Deckung bestimmt. Mit § 26b Abs. 2 Satz 2 PfandBG wird den Besonderheiten im Hinblick auf Flugzeugtriebwerke Rechnung getragen. Im Übrigen sind die Regelungen von § 26b Abs. 2 bis 4 PfandBG in Bezug auf die Grenzen des Flugzeugbeleihungswerts bis auf den Terminus Flugzeug identisch mit den Regelungen des § 22 PfandBG zu Schiffspfandbriefen[166]. Die Beleihung darf gem. § 26b Abs. 3 Satz 1 PfandBG grundsätzlich höchstens bis zum Ende des 20. Lebensjahres des Flugzeugs reichen, es sei denn, dass eine geringere Lebensdauer zu erwarten ist.

b) Versicherungspflicht

Das Flugzeug muss während der gesamten Dauer der Beleihung gem. § 26c PfandBG zumindest in Höhe von 110 % der jeweiligen ausstehenden Darlehensforderungen zuzüglich eventueller vor- oder gleichrangiger Registerpfandrechte Dritter versichert sein.

c) Beleihungswertermittlung

Die Beleihungsgrenze wird beim Flugzeugpfandbrief aufgrund des sog. Flugzeugbeleihungswerts nach § 26d PfandBG bestimmt. Das Verfahren zur Ermittlung des Schiffsbeleihungswerts ist in der Flugzeugbeleihungswert-Verordnung vom 20.4. 2009 geregelt (FlugBelWertV).

Die Ermittlung des Flugzeugbeleihungswerts ist gem. § 26d Abs. 1 PfandBG ebenfalls von einem von der Kreditentscheidung unabhängigen Gutachter vorzunehmen, der über die hierzu notwendige Berufserfahrung sowie über die notwendigen Fachkenntnisse für Flugzeugbeleihungswertermittlungen verfügen muss.

Der Flugzeugbeleihungswert darf gem. § 26d Abs. 2 Satz 1 PfandBG den Wert nicht überschreiten, der sich im Rahmen einer vorsichtigen Bewertung der zukünftigen Verkäuflichkeit des Flugzeugs und unter Berücksichtigung der langfristigen, nachhaltigen Merkmale des Objekts, der Marktgegebenheiten sowie der derzeitigen und möglichen anderweitigen Nutzungen ergibt. Spekulative Elemente dürfen bei der Wertermittlung gem. § 26d Abs. 2 Satz 2 PfandBG nicht berücksichtigt werden. Ebenso darf der Flugzeugbeleihungswert gem. § 26d Abs. 2 Satz 3 PfandBG den Marktwert nicht übersteigen.

---

166 Vgl. Bundesregierung, Entwurf eines Gesetzes zur Fortentwicklung des Pfandbriefrechts, Deutscher Bundestag, Drucks. 16/11130 vom 1.12.2008, S. 40.

2. Die weiteren zulässigen Deckungswerte des Flugzeugpfandbriefs

Die weiteren zulässigen Deckungswerte des Flugzeugpfandbriefs sind in § 26f PfandBG aufgezählt. Sie umfassen gem. § 26f Abs. 1 Nr. 1 PfandBG Schuldversprechen und Schuldanerkenntnisse im Sinne des §§ 780, 781 BGB, die durch Schiffshypotheken gesichert sind, sofern ihnen Darlehensforderungen zu Grunde liegen, die den §§ 26d bis 26d PfandBG bezeichneten Erfordernissen entsprechen.

Ferner umfassen die weiteren Deckungswerte des Flugzeugpfandbriefs gem. § 26f Abs. 1 Nr. 2 PfandBG die in § 19 Abs. 1 Nr. 1 PfandBG genannten in Inhaberschuldverschreibungen umgewandelten Ausgleichsforderungen nach § 8 Abs. 2 der Verordnung über die Bestätigung der Umstellungsrechnung und das Verfahren der Zuteilung und des Erwerbs von Ausgleichsforderungen in der Fassung der Bekanntmachung vom 7.12.1994 (BGBl. I S. 3738), die durch die Verordnung vom 26.9.1995 (BGBl. I S. 1195) geändert worden ist.

Bis zu 10 % des Gesamtbetrags der im Umlauf befindlichen Flugzeugpfandbriefe können gem. § 26f Abs. 1 Nr. 3 Satz 1 Halbs. 1 PfandBG durch Werte der in § 4 Abs. 1 Satz 2 Nr. 1 und 2 PfandBG bezeichneten Art sowie durch Geldforderungen gegen die EZB, gegen Zentralbanken der Mitgliedstaaten der Europäischen Union oder gegen geeignete Kreditinstitute im Sinne des § 4 Abs. 1 Satz 2 Nr. 3 PfandBG gedeckt sein, sofern die Höhe der Forderungen der Pfandbriefbank bereits beim Erwerb bekannt ist. Der Anteil der Geldforderungen gegen ein und dasselbe geeignete Kreditinstitut darf gem. § 26f Abs. 1 Nr. 3 Satz 1 Halbs. 1 PfandBG nicht höher als 2 % des Gesamtbetrags der in Halbs. 1 genannten Flugzeugpfandbriefe sein.

Bis zu insgesamt 20 % des Gesamtbetrags der im Umlauf befindlichen Flugzeugpfandbriefe können gem. § 26f Abs. 1 Nr. 4 Halbsatz 1 PfandBG durch die in § 20 Abs. 1 PfandBG genannten Werte, d.h. ordentliche Deckungswerte des Öffentlichen Pfandbriefs, gedeckt werden, sofern es sich um Schuldverschreibungen handelt; die in § 26f Abs. 1 Nr. 3 PfandBG genannten Werte sind gem. § 26f Abs. 1 Nr. 4 Halbsatz 2 PfandBG anzurechnen.

Schließlich sind gem. § 26f Abs. 1 Nr. 5 PfandBG beim Flugzeugpfandbrief Derivategeschäfte zur Absicherung von Zins- und Währungskursrisiken unter den in § 19 Abs. 1 Nr. 4 PfandBG genannten Voraussetzungen und Begrenzungen mit der Maßgabe zulässig, dass an die Stelle des Gesamtbetrags der im Umlauf befindlichen Hypothekenpfandbriefe der Gesamtbetrag der im Umlauf befindlichen Flugzeugpfandbriefe tritt.

B. Indeckungnahme und Deckungsregister des Pfandbriefs

In Deckung genommen werden die zulässigen Vermögenswerte durch Eintragung in das Deckungsregister der jeweiligen Pfandbriefgattung. Die vorschriftsmäßige Deckung und die Eintragung in das jeweilige Deckungsregister werden durch einen Treuhänder überwacht, der die Interessen der Pfandbriefgläubiger zu wahren hat.

Darüber hinaus unterliegen Pfandbriefbanken besonderen Anforderungen hinsichtlich ihres Risikomanagements sowie besonderen Transparenzvorschriften.

I. Indeckungnahme der Deckungswerte

Die Bildung der Deckungsmasse erfolgt im deutschen Pfandbriefrecht durch die Indeckungnahme der zulässigen Vermögenswerte. Eingeführt wurde der Begriff der Indeckungnahme mit dem PfandBG. Das PfandBG definiert den Begriff der Indeckungnahme allerdings nicht und nutzt ihn nur beiläufig in den §§ 19 Abs. 1 Nr. 4 Satz 3, 26 Abs. 1 Nr. 5 Satz 2, 27 Abs. 2 Satz 2, 30 Abs. 3 Satz 4 Halbs. 2 a.F. PfandBG[167]. In der Gesetzesbegründung des PfandBG verwendet der Gesetzgeber den Begriff der Indeckungnahme zweimal ebenfalls lediglich „en passant“[168]. In der Beschlussempfehlung des Finanzausschusses zur Neuordnung des Pfandbriefrechts wird der Begriff ebenfalls mehrfach verwendet[169]. In die Deckungsregisterverordnung hat der Begriff der Indeckungnahme in § 8 Abs. 1 DeckRegV Eingang gefunden.

1. Form der Indeckungnahme

Die Indeckungnahme ist in § 5 Abs. 1 Satz 1 PfandBG nur in formeller Hinsicht geregelt. Die Pfandbriefbank hat danach die zur Deckung der Pfandbriefe sowie der Ansprüche aus den Derivategeschäften gem. § 4 Abs. 3 PfandBG verwendeten Deckungswerte in das für die jeweilige Pfandbriefgattung geführte Register (sog. Deckungsregister) einzeln einzutragen[170].

Die Wortwahl („jeweilige Pfandbriefgattung“) stellt klar, dass jede Pfandbriefgattung ein eigenes Deckungsregister erfordert[171]. Für einzelne Pfandbriefemissionen oder -serien dürfen keine verschiedenen Deckungsregister angelegt werden[172].

---

167 „Maßgeblich ist die Grenze des § 14 Abs. 1 unter Zugrundelegung des bei *Indeckungnahme* angenommenen Werts des Beleihungsobjekts“. Die Vorgängervorschrift des § 35 Abs. 3 Satz 4 Halbs. 2 HBG lautete noch: „maßgeblich ist die Grenze des § 11 Abs. 2 unter Zugrundelegung des zuletzt vor Insolvenzeröffnung angenommenen Beleihungswerts.“

168 „Die Nummer 4 des § 19 Abs. 1 regelt die Zulässigkeit der *Indeckungnahme* von Derivaten“ (vgl. Bundesregierung, Gesetzentwurf zur Neuordnung des Pfandbriefrechts, Begründung, Drucks. 15/4321 vom 29.11.2004, S. 33 f.). „Sollten die *Indeckungnahmen* nicht auf der Grundlage des Beleihungswerts, sondern auf der Grundlage einer weniger konservativen Wertermittlung erfolgt sein ...“ (vgl. Bundesregierung, Gesetzentwurf zur Neuordnung des Pfandbriefrechts, Drucks. 15/4321 vom 29.11.2004, Begründung, S. 30).

169 Vgl. Deutscher Bundestag, Beschlussempfehlung und Bericht des Finanzausschusses zu dem Gesetzentwurf der Bundesregierung – Drucksache 15/4321, 15/4487 – Entwurf eines Gesetzes zur Neuordnung des Pfandbriefrechts, vom 16.2.2005, S. 5, 10, 13, 15 und 18.

170 Die Vorschrift entspricht im Wesentlichen § 22 Abs. 1 Sätze 1, 2 und 4 HBG, § 3 Sätze 1, 2 und 4 ÖPG sowie § 20 Abs. 1 und 2 SchBkG.

171 Vgl. Bundesregierung Gesetzentwurf zur Neuordnung des Pfandbriefrechts, Drucks. 15/4321 vom 29.11.2004, S. 31.

172 Vgl. Bellinger/Kerl, HBG, 4. Auflage, 1995, § 22 Rdn. 8.

Die Eintragung der Deckungswerte ist gem. § 5 Abs. 1 Satz 1 PfandBG Aufgabe der Pfandbriefbank. Gegenstand der Eintragung sind die zur Deckung der Pfandbriefe sowie ggf. der Ansprüche aus Derivategeschäften nach § 4 Abs. 3 PfandBG verwendeten Deckungswerte. Wie gesehen dürfen für die Deckung nur gem. §§ 12 bis 26f PfandBG deckungsstockfähige Vermögenswerte benutzt werden.

Die Deckungswerte sind einzeln in das Deckungsregister einzutragen, und zwar in voller Höhe, auch wenn sie nur mit einem Teilbetrag zur Pfandbriefdeckung geeignet sind[173]. Der Zweck des Deckungsregisters ist, die Werte vollständig anzugeben, die zur Deckung der Pfandbriefe dienen. Dagegen ist es nicht Zweck des Deckungsregisters, Auskunft darüber zu geben, wie groß der jeweilige Bestand der einzelnen eingetragenen Hypotheken oder Grundschulden ist[174]. Die Aufnahme derartiger Angaben erfolgt durch die Pfandbriefinstitute für den Treuhänder in einem sog. Abrechnungsregister bzw. Deckungskontrollbuch im Rahmen der elektronischen Buchhaltung, welche bei den verschiedenen Deckungswerten die Zugänge und Abgänge und den jeweiligen Bestand ersehen lässt[175]. Das Deckungskontrollbuch ist aber nur ein Hilfsbuch zum Deckungsregister.

2. Wirkung und Umfang der Indeckungnahme

Die Deckungswerte werden durch die Indeckungnahme der jeweiligen Deckungsmasse einer Pfandbriefbank zugeordnet. Die Indeckungnahme in Form der Eintragung ins Deckungsregister ist die Voraussetzung und der Nachweis dafür, dass die Deckungswerte der Pfandbriefbank von dem vorrangigen Befriedigungsrecht der §§ 29, 30 PfandBG, d.h. Sondervermögen im Hauptinsolvenzfall, Vollstreckungsprivileg sowie Aufrechnungsschutz erfasst bzw. „beschlagnahmt“ werden[176]. Die Indeckungnahme stellt somit in materiellrechtlicher Hinsicht die Begründung des vorrangigen Befriedigungsrechts und die Zuordnung der Deckungswerte zur jeweiligen Deckungsmasse dar. Die Eintragung im Deckungsregister erfasst den jeweiligen Deckungswert als rechtliche Einheit in seinem jeweiligen Zustand insgesamt, soweit er zur Deckung bestimmt ist[177]. Überschreiten zur Deckung verwendete Hypotheken, Schiffshypotheken und Registerpfandrechte die Beleihungsgrenzen der §§ 14, 22 Abs. 2 und 26b Abs. 2 PfandBG, so gelten sie gem. § 5 Abs. 1a Satz 2 PfandBG nur bis zur Höhe der Beleihungsgrenze als zur Deckung bestimmt.

---

173 Vgl. Bellinger/Kerl, HBG, 4. Auflage, 1995, § 22 Rdn. 15.
174 Vgl. Bellinger/Kerl, HBG, 4. Auflage, 1995, § 22 Rdn. 20.
175 Vgl. Bellinger/Kerl, HBG, 4. Auflage, 1995, § 22 Rdn. 20.
176 Vgl. Goedecke/Kerl/Scholz, Die deutschen Hypothekenbanken, 4. Auflage, 1997, S. 110.
177 Vgl. Bellinger/Kerl, HBG, 4. Auflage, 1995, § 22 Rdn. 16.

3. Rechtsnatur der Indeckungnahme

Der Gesetzgeber hat sich auf die Regelung der Form der Indeckungnahme beschränkt. Ob die Indeckungnahme eine einseitige Verfügung der Pfandbriefbank darstellt, ist fraglich. Eine Verfügung setzt die unmittelbare Einwirkung auf den Bestand eines Rechts durch Übertragung, Aufhebung, Belastung oder inhaltliche Änderung voraus[178]. Nachdem die Indeckungnahme die Begründung des vorrangigen Befriedigungsrechts der §§ 29, 30 PfandBG der Pfandbriefgläubiger bewirkt, könnte sie nicht nur eine formelle Widmung[179], sondern eine belastende Verfügung darstellen. Allerdings bewirkt das vorrangige Befriedigungsrecht – wie zu sehen sein wird – keine unmittelbar dingliche Wirkung[180]. Außerhalb der Hauptinsolvenz der Pfandbriefbank beschränkt sich das vorrangige Befriedungsvorrecht auf ein vollstreckungsrechtliches Verfahrenshindernis und einen Aufrechnungsschutz gegenüber Drittgläubigern. Die Pfandbriefbank bleibt außerhalb der Hauptinsolvenz zur Verfügung über die Deckungswerte befugt. Die Deckungsmassen werden erst mit der Eröffnung der Hauptinsolvenz und damit nicht unmittelbar durch die Indeckungnahme zu einem Sondervermögen. Das vorrangige Befriedigungsrecht stellt deswegen kein Anwartschaftsrecht dar. Denn ein solches entsteht erst dann, wenn von einem mehraktigen Entstehungstatbestand eines Rechts schon so viele Erfordernisse erfüllt sind, dass von einer gesicherten Rechtsposition des Erwerbers gesprochen werden kann, die der andere nicht mehr einseitig zu zerstören vermag[181]. In Bezug auf die Entstehung des Sondervermögens könnte man durchaus an einen mehraktigen Entstehungsakt denken. Ob allerdings die Pfandbriefgläubiger bis zur Hauptinsolvenz eine gesicherte Rechtsposition innehaben, die die Pfandbriefbank nicht mehr einseitig zu zerstören vermag, ist wiederum fraglich, da die Pfandbriefbank grundsätzlich über die in Deckung genommenen Deckungswerte verfügen und diese sogar löschen kann. Dabei ist zwar in beiden Fällen die Mitwirkung des Treuhänders erforderlich, da dieser der Löschung gem. § 8 Abs. 4 PfandBG zustimmen muss. Dazu ist der Treuhänder aber gem. § 8 Abs. 2 Satz 1 PfandBG verpflichtet, soweit die übrigen im Deckungsregister eingetragenen Werte zur Deckung der Pfandbriefe und der Ansprüche aus Derivategeschäften gem. § 4 Abs. 3 PfandBG zuzüglich der sichernden Überdeckung genügen oder die Pfandbriefbank eine andere vorschriftsmäßige Deckung beschafft. Insofern hat es die Pfandbriefbank in der Hand, durch Beschaffung einer anderen vorschriftsmäßigen Deckung einzelne Deckungswerte dem vorrangigen Befriedigungsrecht der Pfandbriefgläubiger außerhalb der Hauptinsolvenz zu entziehen.

---

178 Vgl. Schramm, in: MüKo, BGB, § 185 Rdn. 6; Palandt, BGB, 68. Auflage, 2009, Vor 104 Rdn. 16.

179 Vgl. Stürner, Die Sicherung der Pfandbrief- und Obligationengläubiger vor einer Insolvenz der Hypothekenbank, 1998, S. 80 (jedoch insoweit nur in Bezug auf den Grundsatz der formellen Registrierung).

180 Siehe unten 4. Teil, 1. Abschnitt, § 14.

181 Vgl. Westermann, in: MüKo, BGB, § 158, Rdn. 39; Palandt, BGB, 68. Auflage, 2009, Vor 158 Rdn. 9.

Das deutsche Sachenrecht ist maßgeblich vom Bestimmtheitsgrundsatz geprägt. Aufgrund der mangelnden unmittelbaren Verhaftung in Bezug auf einzelne Deckungswerte ist unter Berücksichtigung des Bestimmtheitsgrundsatzes eine dingliche Wirkung des vorrangigen Befriedigungsvorrechts außerhalb der Hauptinsolvenz der Pfandbriefbank abzulehnen. Das vorrangige Befriedigungsrecht begründet für die Deckungsmasse als revolvierende Sachgesamtheit vor der Hauptinsolvenz lediglich ein auf die Hauptinsolvenz der Pfandbriefbank aufschiebend bedingtes Sondervermögen. Die Rechtsnatur der Indeckungnahme lässt sich damit nicht in die gängigen Kategorien des deutschen Rechts einordnen und stellt ein einseitiges Rechtsgeschäft eigener Art (sui generis) dar.

4. Indeckungnahme von Ersatzwerten, Entnahmen und Indeckungnahme von Derivaten

a) *Indeckungnahme von Ersatzwerten*

Nach Rückzahlung eines zur Deckung benutzen Hypothekar-, Staats-, Schiffs- oder Flugzeugkredits oder anderer zinstragender Deckungswerte ist die Pfandbriefbank gem. § 5 Abs. 1 Satz 3 PfandBG unverzüglich verpflichtet, entsprechende Ersatzwerte in das betreffende Deckungsregister einzutragen, falls der ursprüngliche Deckungswert zur Deckung benötigt wurde[182]. Ob diese Voraussetzungen gegeben sind, ergibt sich aus der jeweiligen barwertigen und nennwertigen Deckungsrechnung gem. § 4 PfandBG[183]. Zwar begründet schon § 4 PfandBG die grundsätzliche Verpflichtung der Pfandbriefbank, die Deckung dauerhaft sicherzustellen und aus der Deckung fallende Werte entsprechend zu ersetzen. Demgegenüber enthält § 5 Abs. 1 Satz 3 PfandBG eine konkretisierende Verhaltenspflicht[184]. Zuwiderhandlungen gegen diese sind gem. § 38 Abs. 2 Nr. 2 PfandBG strafbar.

Mit der Festlegung des § 5 Abs. 1 Satz 3 PfandBG stellt der Gesetzgeber klar, dass Tilgungen, Zins- und sonstige Zahlungen auf die zur Deckungsmasse gehörenden Deckungswerte vor Eröffnung des Hauptinsolvenzverfahrens grundsätzlich nicht zur Deckungsmasse gehören[185]. Dagegen fallen die nach Hauptinsolvenzeröffnung bewirkten Tilgungs-, Zins- und sonstigen Zahlungen aufgrund der zur Deckungsmasse gehörenden Deckungswerte in Folge des Sondervermögenscharakters der Deckungsmasse ausschließlich in die Deckungsmasse[186].

---

182 Vergleiche die Vorgängervorschrift des § 31 Abs. 2 Satz 2 HBG.

183 Vgl. Bundesregierung, Gesetzentwurf zur Neuordnung des Pfandbriefrechts, Drucks. 15/4321 vom 29.11.2004, S. 30 f.

184 Vgl. Bundesregierung, Gesetzentwurf zur Neuordnung des Pfandbriefrechts, Drucks. 15/4321 vom 29.11.2004, S. 30 f.

185 Vgl. zur Vorgängervorschrift § 31 Abs. 2 Satz 2 HBG: Bellinger/Kerl, HBG, § 35 Rdn. 10.

186 Vgl. Stürner/Schumacher/Bruns, Der deutsche Pfandbrief und englische Deckungswerte, S. 91.

b) Entnahmen aus der Deckungsmasse

Der actus contrarius zur Indeckungnahme eines Deckungswerts ist dessen Entnahme aus der Deckungsmasse durch Eintragung eines Löschungsvermerks[187]. Diese fällt ebenfalls in den Zuständigkeitsbereich der Pfandbriefbank. Allerdings setzt eine wirksame Löschung gem. § 8 Abs. 4 Satz 1 PfandBG die schriftliche Zustimmung des Treuhänders voraus[188]. Für die Löschung eines Derivats, das noch nicht vollständig abgewickelt ist, ist ferner gem. § 8 Abs. 4 Satz 2 Halbs. 1 PfandBG ebenso wie bei der Indeckungnahme die Zustimmung des Vertragspartners der Pfandbriefbank erforderlich. Andernfalls gilt die Löschung gem. § 8 Abs. 4 Satz 2 Halbs. 2 PfandBG als nicht erfolgt.

Während das vorrangige Befriedigungsrecht der Pfandbriefgläubiger mit der Eintragung des Deckungswerts entsteht, ohne dass der Treuhänder davon Kenntnis zu haben oder seine Unterschrift hinzu zu setzen braucht, wirkt die Löschung, durch die ein in das Deckungsregister eingetragener Wert aus der Deckungsmasse ausscheidet, gem. § 8 Abs. 4 PfandBG erst, wenn der Treuhänder schriftlich zustimmt[189]. Bis dahin bleibt der eingetragene Wert dem vorrangigen Befriedigungsrecht der Pfandbriefgläubiger verhaftet[190].

c) Indeckungnahme von Derivaten

Für die Indeckungnahme von Derivaten setzt § 5 Abs. 1 Satz 2 Halbs. 1 PfandBG die Zustimmung des Treuhänders und des Vertragspartners der Pfandbriefbank voraus. Andernfalls gilt die Eintragung gem. § 5 Abs. 1 Satz 2 Halbs. 2 PfandBG als nicht erfolgt. Die Begründung des vorrangigen Befriedigungsrechts bzw. „Beschlagnahmewirkung" tritt dann aufgrund der gesetzlichen Fiktion nicht ein.

Dadurch soll sichergestellt werden, dass die Zuordnung eines Derivategeschäfts zur Deckungsmasse nur aufgrund eines entsprechend für die jeweilige Deckungsmasse vereinbarten Rahmenvertrags entspricht[191]. Denn die Eintragung eines Derivats in das Deckungsregister führt für den Vertragspartner zu einer Änderung der haftenden Vermögensmasse und damit zum faktischen Schuldnerwechsel, für den nach den §§ 414, 415 BGB die Zustimmung des Gläubigers erforderlich ist[192]. Die konstitutive Wirkung des Zustimmungserfordernisses des Vertragspartners ist notwendig, um zu verhindern, dass dessen berechtigte Interessen durch eine dem Rahmenvertrag widersprechende Zuordnung des Derivategeschäfts beeinträchtigt werden

---

187 Vgl. § 1 Abs. 2 DeckRegV.
188 Zur Herausgabe- bzw. Löschungspflicht des Treuhänders siehe unten 3. Teil, 1. Abschnitt, § 10, B., II., 4.
189 Zur Vorgängervorschrift, vgl. § 30 Abs. 4 HBG.
190 Vgl. Bellinger/Kerl, HBG, 4. Auflage, 1995, § 22 Rdn. 6.
191 Vgl. Bundesregierung, Entwurf eines Gesetzes zur weiteren Fortentwicklung des Finanzplatzes Deutschland (Viertes Finanzmarktförderungsgesetz), BT-Drucks. 14/8017, vom 18.1.2002, S. 136.
192 Vgl. Obermüller, Insolvenzrecht in der Bankpraxis, 7. Auflage, 2007, para. 8.336.

könnte[193]. Auch ist es im Hinblick auf das netting entscheidend, dass sämtliche Einzelgeschäfte eines Rahmenvertrags einheitlich zugeordnet, d.h. entweder im jeweiligen Deckungsregister eingetragen oder nicht eingetragen werden. Vor Erteilung seiner Zustimmung wird sich der Treuhänder anhand des jeweiligen Rahmenvertrags vergewissern, ob der Vertragspartner der Pfandbriefbank einer Indeckungnahme des Derivategeschäfts zugestimmt hat. Eine darüber hinausgehende Prüfungspflicht des Treuhänders besteht nicht.

II. Das Deckungsregister

Bereits in den Vorgängergesetzen des PfandBG war die Pfandbriefbank verpflichtet, ein Deckungsregister für jede Pfandbriefgattung zu führen[194]. Diese Pflicht wurde weitgehend identisch in § 5 PfandBG übernommen. Die Eintragung der Deckungswerte in das Deckungsregister soll deren organisatorische Trennung von den sonstigen Aktiva der Pfandbriefbank sicherstellen, um dadurch zum Zeitpunkt der Hauptinsolvenz eine eindeutige vermögensrechtliche Zuordnung einzelner Vermögenswerte zur allgemeinen Insolvenzmasse der Pfandbriefbank oder zum Sondervermögen der Deckungsmasse(n) sicherzustellen[195]. Das Deckungsregister ist somit die Grundlage für die rechtliche Sicherstellung der Pfandbriefgläubiger[196].

Mit der PfandBG-Novelle 2009 wurde die Möglichkeit geschaffen, eine Vielzahl von Deckungswerten gesammelt in einem oder mehreren gesonderten Unterregistern einzutragen[197]. Dadurch soll die Eintragung größerer Darlehen an Wohnungsbaugesellschaften, die mit einer Vielzahl von Gebäuden und Grundstücken abgesichert werden, ebenso vereinfacht werden wie Portfolio-Transaktionen[198]. Um die Übersichtlichkeit des Deckungsregisters sicherzustellen, kann die BaFin gem. § 5 Abs. 1 Satz 5 PfandBG anordnen, dass die Eintragungen aus einem oder mehreren Unterregistern innerhalb einer angemessenen Frist in das Hauptregister zu übertragen sind.

Des Weiteren wurde mit dem neuen § 5 Abs. 1a PfandBG im Rahmen der PfandBG-Novelle 2009 die Konsortialfinanzierung erleichtert. Die neue Regelung soll der Pfandbriefbank und ihren Konsortialpartnern Aufwand und Kosten des Vollzugs einer Teilung der Forderung und Hypothek ersparen, solange der Vollzug nicht not-

---

193 Vgl. Bundesregierung, Entwurf eines Gesetzes zur weiteren Fortentwicklung des Finanzplatzes Deutschland (Viertes Finanzmarktförderungsgesetz), BT-Drucks. 14/8017, vom 18.1.2002, S. 136.

194 Vgl. § 22 HBG, § 3 ÖPG und § 20 SchBkG.

195 Vgl. Bundesregierung, Gesetzentwurf zur Neuordnung des Pfandbriefrechts, Drucks. 15/4321 vom 29.11.2004, Begründung, S. 12; EMF, Die Hypothekenbanken und der Pfandbrief in Europa, 3. Auflage, 2001, S. 134; Pleyer, Das Recht der Hypothekenbanken in Europa, 1981, S. 152.

196 Vgl. Begründung zum HBG, S. 41; Bellinger/Kerl, HBG, 4. Auflage, 1995, § 22 Rdn. 3.

197 Vgl. § 5 Abs. 1 Satz 4 PfandBG.

198 Vgl. Bundesregierung, Entwurf eines Gesetzes zur Fortentwicklung des Pfandbriefrechts, Deutscher Bundestag, Drucks. 16/11130 vom 1.12.2008, S. 30.

wendig erscheint[199]. Zur Klarheit und Sicherheit ist es allerdings gem. § 5 Abs. 1a Satz 1 PfandBG erforderlich, den genauen Umfang und Rang der einzelnen Forderungs- und Hypothekenteile festzulegen. Dadurch ist sichergestellt, dass in der Insolvenz der Pfandbriefbank die Konkurrenzlage zwischen den verschiedenen Teilgläubigern aufgeklärt werden kann. Dazu dient auch die Festlegung der Rangfolge der eingetragenen Werte gem. § 5 Abs. 1a Satz 3 bis 5 PfandBG, die u.a. den Konflikt zwischen dem Deckungsregister der konsortialführenden Pfandbriefbank und dem Refinanzierungsregister der Konsortialbank löst[200].

Insbesondere in der Praxis der Immobilienfinanzierung ist aufgrund der Vereinfachung der Geschäftsabwicklung die einheitliche Beleihung über die Beleihungsgrenze des § 14 PfandBG hinaus an Stelle von getrennten Darlehensverträgen und entsprechenden Einzelhypotheken weit verbreitet. Überschreiten zur Deckung verwendete Hypotheken die Beleihungsgrenze der §§ 14, 22 Abs. 2 und 26b Abs. 2 PfandBG, so gelten sie gem. § 5 Abs. 1a Satz 2 PfandBG nur bis zur Höhe der Beleihungsgrenze als zur Deckung bestimmt[201].

In dem neuen § 5 Abs. 1b PfandBG ist nunmehr die Weitergabe von Daten geregelt. Bei der Verwendung von (Alt-)Krediten zur Pfandbriefrefinanzierung, bei denen die Zustimmung des Darlehensnehmers zur Weiterleitung von Daten bei Darlehensabschluss nicht eingeholt wurde, bedurfte es bisher stets einer nachträglichen Erteilung der Zustimmung. Bei der Verbriefung ist dies aufgrund der Einschaltung eines Datentreuhänders nicht notwendig. Durch den neuen § 5 Abs. 1b PfandBG wird damit die Benachteiligung des Pfandbriefs gegenüber der Verbriefung aufgehoben.

Seit der Neuordnung des Pfandrechts sieht § 5 Abs. 3 Satz 1 PfandBG vor, dass Einzelheiten über die Form und den notwendigen Inhalt der Deckungsregister sowie der vorzunehmenden Eintragungen im Rahmen einer Verordnung zu bestimmen sind[202]. Bislang konnte die BaFin lediglich bilateral, insbesondere im Rahmen von Deckungsprüfungen, die Einhaltung der unabdingbar einzutragenden Inhalte festlegen[203]. Nachdem diese Form der Durchsetzung im Rahmen einer fortlaufenden aufsichtsrechtlichen Praxis nicht mehr gewährleistet werden konnte, war eine einheitliche Vorgabe im Rahmen einer Rechtsverordnung nicht zuletzt im Interesse der Sicherheit der Pfandbriefgläubiger unabdingbar[204]. Von der Ermächtigungs-

---

199 Vgl. Bundesregierung, Entwurf eines Gesetzes zur Fortentwicklung des Pfandbriefrechts, Deutscher Bundestag, Drucks. 16/11130 vom 1.12.2008, S. 31.

200 Es wurde die Auffassung vertreten, dass sich bei Hypothekarkrediten stets 60 % des Beleihungswerts in Deckung befinden, selbst wenn die syndizierende Pfandbriefbank als Konsortialführerin einen niedrigeren Wert in ihr Deckungsregister eingetragen hat. Vgl. Stöcker, Novelle des Pfandbriefgesetzes, in: vdp. Der Pfandbrief 2008/2009, S. 32.

201 Vergleiche zu den Vorgängervorschriften §§ 14 Abs. 2 und 22 Abs. 3 PfandBG a.F.

202 Vgl. Bundesregierung, Gesetzentwurf zur Neuordnung des Pfandbriefrechts, Drucks. 15/ 4321 vom 29.11.2004, Begründung, S. 14.

203 Vgl. Bundesregierung, Gesetzentwurf zur Neuordnung des Pfandbriefrechts, Drucks. 15/ 4321 vom 29.11.2004, Begründung, S. 14.

204 Vgl. Bundesregierung, Gesetzentwurf zur Neuordnung des Pfandbriefrechts, Drucks. 15/ 4321 vom 29.11.2004, Begründung, S. 14.

grundlage hat die BaFin Gebrauch gemacht und die Deckungsregisterverordnung (DeckRegV)[205] am 25.8.2006 erlassen.

1. Anwendungsbereich, Begriffsbestimmungen, allgemeine Vorschriften

Die DeckRegV regelt gem. § 1 Abs. 1 die Anforderungen an die Form und den Inhalt der Deckungsregister nach § 5 Abs. 1 Satz 1 PfandBG, die Form der Aufzeichnungen und Bestätigungen nach § 5 Abs. 2 PfandBG, die Art und Weise der Übermittlung der Aufzeichnungen sowie die Aufbewahrung der Aufzeichnungen durch die BaFin. Dabei sind Eintragungen gem. § 1 Abs. 2 DeckRegV auch Löschungsvermerke.

Das PfandBG schreibt keine bestimmte Form für die Eintragung vor. Nach § 2 Abs. 1 DeckRegV kann das Deckungsregister in Papierform, d.h. schriftlich, jedoch ohne das Erfordernis einer Unterschrift, oder als elektronisches Register geführt werden[206]. Mit der Papierform schafft die DeckRegV neben der Schriftform (§ 126 BGB), elektronischen Form (§ 126a BGB), Textform (§ 126b BGB), notariellen Beurkundung (§ 128 BGB) und öffentlichen Beglaubigung (§ 129 BGB) eine neue Form außerhalb der allgemeinen Regeln des BGB. Die §§ 6 und 7 DeckRegV regeln zusätzliche Anforderungen an das elektronische Deckungsregister.

Das Deckungsregister und jede einzelne Eintragung ist eine Urkunde, die Beweiszwecken dient. Mit der Eintragung in das Deckungsregister durch die Pfandbriefbank tritt die Indeckungnahme bzw. „Beschlagnahme" des Deckungswerts ein. Das Deckungsregister liefert den Nachweis der Indeckungnahme bzw. „Beschlagnahme" einzelner Deckungswerte zu Gunsten der Pfandbriefgläubiger[207]. Bei der Diskussion um die Form der Eintragungen ins Deckungsregister hielt die BaFin letztlich die durch die Papier- und elektronische Form zu erzielende Beweiskraft des Deckungsregisters im Hinblick auf die Identitäts-, Echtheits- und Verifikationsfunktion für Zwecke der freien Beweiswürdigung nach § 286 ZPO für ausreichend und verzichtete deswegen auf das Schriftformerfordernis[208].

---

205 Verordnung über die Form und den Inhalt der Deckungsregister nach dem Pfandbriefgesetz und die Aufzeichnung der Eintragungen.

206 Von der im ursprünglichen Entwurf der DeckRegV vorgesehenen Schriftform, die gem. § 126 BGB eine Unterschrift des eintragenden Mitarbeiters der Bank erfordert hätte, rückte die BaFin aus Gründen der Erleichterung der Organisation und des Aufwands bei der Führung des Deckungsregisters ab. Vgl. ZKA, Stellungnahme zum Entwurf einer Deckungsregister-Verordnung, vom 9.9.2005.

207 Vgl. Goedecke/Kerl/Scholz, Die deutschen Hypothekenbanken, 4. Auflage, 1997, S. 110.

208 Vgl. ZKA, Stellungnahme zum Entwurf einer Deckungsregister-Verordnung, vom 14.11. 2005. Die formelle Beweiskraft des § 416 ZPO ist aufgrund der fehlenden Unterschrift oder notariell beglaubigten Handzeichens nicht gegeben. Auch die Beweiserleichterung des § 292a ZPO (Anschein der Echtheit der Urkunde) ist nicht gegeben, da das Formerfordernis des § 2 Abs. 1 DeckRegV die Anforderungen des § 126a BGB (qualifizierte elektronische Signatur nach dem Signaturgesetz) nicht erfüllt.

Schon vor Inkrafttreten der DeckRegV war die Eintragung Aufgabe der Pfandbriefbank[209]. Besondere Anforderungen an die Zuständikeit für die Eintragungen regelte das Gesetz selbst nicht. Gem. § 2 Abs. 2 Halbs. 1 DeckRegV dürfen die Eintragungen aber nur durch von der Pfandbriefbank besonders ermächtigte Personen vorgenommen werden. Infolgedessen könnte daher im Falle der Hauptinsolvenz und eines Streits darüber, ob Werte zur Deckung gehören, nunmehr gegen eine Eintragung in das Deckungsregister eingewandt werden, dass sie von einem nicht zuständigen Mitarbeiter vorgenommen worden sei. Nachdem die Ermächtigung gem. § 2 Abs. 2 Satz 1 Halbs. 2 DeckRegV zu dokumentieren und gem. § 2 Abs. 2 Satz 2 DeckRegV für jede Person mindestens fünf Jahre nach Widerruf der Ermächtigung aufzubewahren ist, hat ein derartiger Einwand bei ordnungsgemäßer Deckungsregisterführung und Dokumentation der Eintragungsermächtigung wenig Aussicht auf Erfolg. Dies setzt allerdings voraus, dass trotz Formerleichterung durch Einführung der Papierform die Identität des Urhebers der Eintragung zwingend jederzeit erkennbar sein muss.

Das Deckungsregister ist gem. § 3 DeckRegV vor unberechtigtem Zugriff sowie vor Beschädigung oder Zerstörung durch äußere Einwirkung zu schützen.

Für jede Pfandbriefgattung ist gem. § 4 Abs. 1 Satz 1 DeckRegV ein gesondertes Deckungsregister zu führen. Neben dem jeweiligen Hauptregister ist für Derivate im Sinne des § 19 Abs. 1 Nr. 4 PfandBG gem. § 4 Abs. 2 DeckRegV ein Unterregister nach § 13 DeckRegV zu führen. Die Eintragung von Derivaten ist in § 13 DeckRegV geregelt. Für ausländische Sicherungsrechte im Sinne der §§ 18 Abs. 1 Alt. 2, 19 Abs. 1 Nr. 1 bis 3 und 20 Abs. 2 Nr. 1 sowie 2 PfandBG können weitere Unterregister geführt werden. Dies erlaubt unter Beachtung des § 10 DeckRegV die Berücksichtigung ausländischer Besonderheiten. Die Zugehörigkeit der Unterregister zum jeweiligen Deckungsregister ist gem. § 4 Abs. 2 Satz 3 DeckRegV kenntlich zu machen. Im Hauptregister ist gem. § 4 Abs. 2 Satz 3 DeckRegV anzugeben, welche Unterregister als Bestandteil des Deckungsregisters geführt werden.

Für das Deckungsregister gilt gem. § 5 DeckRegV der Grundsatz der Vollständigkeit. Eintragungen dürfen gem. § 5 Abs. 1 DeckRegV, sofern es sich nicht um Schreibfehler, Rechnungsfehler oder ähnliche offenbare Unrichtigkeiten handelt, nicht nachträglich verändert werden. Eintragungen sind darüber hinaus gem. § 5 Abs. 2 Satz 1 DeckRegV in der Weise vorzunehmen, dass etwaige vorgenommene spätere Änderungen jederzeit erkennbar sind. Durch technische und organisatorische Maßnahmen ist gem. § 5 Abs. 2 Satz 2 DeckRegV sicherzustellen, dass der ursprüngliche Inhalt weiterhin feststellbar bleibt.

---

209 Auf dieser Grundlage wurde vertreten, dass Eintragungen auch dann wirksam sind, wenn Deckungswerte durch einen Mitarbeiter der Bank eingetragen werden, selbst wenn diesem Mitarbeiter diese Kompetenz nicht übertragen sein sollte. Dies würde die Wirksamkeit der Eintragung nicht berühren. Das gleiche gilt für die Löschung. Im Falle der Insolvenz und eines Streits, ob Werte zur Deckung gehören, könnte daher gegen eine Eintragung in das Deckungsregister nicht eingewandt werden, dass sie von einem nicht zuständigen Mitarbeiter vorgenommen worden sei. Vgl. ZKA, Stellungnahme zum Entwurf einer Deckungsregister-Verordnung, vom 14.11.2005.

2. Inhalt der Eintragungen

Deckungswerte dürfen gem. § 8 Abs. 1 Satz 1 DeckRegV erst eingetragen werden, wenn sämtliche Voraussetzungen für deren Indeckungnahme vorliegen. Rückdatierungen sind gem. § 8 Abs. 1 Satz 2 DeckRegV nicht zulässig. Jeder Deckungswert ist gem. § 8 Abs. 2 Satz 1 DeckRegV mit einer innerhalb des Deckungsregisters fortlaufenden Nummerierung einzutragen.

Die DeckRegV legt für das Hauptregister und die Unterregister in den §§ 9 bis 14 spezifische Anforderungen an den Inhalt der Eintragungen fest. Dabei wird grundsätzlich unterschieden zwischen ordentlichen Deckungswerten (§§ 9, 11 und 12 DeckRegV), ausländischen Sicherungsrechten (§ 10 DeckRegV) und Derivaten (§ 13 DeckRegV).

3. Deckungsregisterabschrift, Treuhänderbestätigung und Deckungsregisteraufbewahrung

Die Pfandbriefbank hat gem. § 5 Abs. 2 PfandBG auch weiterhin innerhalb des ersten Monats eines jeden Kalenderhalbjahres eine von dem Treuhänder bestätigte Aufzeichnung der Eintragungen, welche während des letzten Kalenderhalbjahres in den Deckungsregistern vorgenommen worden sind, der BaFin zu übermitteln (sog. Deckungsregisterabschrift)[210]. Die Deckungsregisterabschrift hat gem. § 15 Abs. 1 Satz 1 DeckRegV sämtliche Eintragungen während des letzten Kalenderjahres vollständig wiederzugeben. Die einzelnen Seiten der Deckungsregisterabschrift sind fortlaufend zu nummerieren und in geeigneter Weise fest miteinander zu verbinden[211]. Führt die Pfandbriefbank ein elektronisches Deckungsregister, so kann sie dieses gem. § 15 Abs. 2 und 3 DeckRegV entweder in Druckform oder auf einem Datenträger übermitteln.

Die Deckungsregisterabschrift hat der Treuhänder gem. § 5 Abs. 2 PfandBG zu bestätigen. Die Bestätigung muss gem. § 16 Abs. 1 DeckRegV zum Ausdruck bringen, dass die Deckungsregisterabschrift die Eintragungen des letzten Kalenderjahres vollständig wiedergibt und mit ihnen inhaltlich übereinstimmt. Der Treuhänder kann sich gem. § 16 Abs. 2 Satz 1 DeckRegV von der Vollständigkeit und inhaltlichen Übereinstimmung auch mittels einer angemessenen Stichprobe überzeugen. Sofern er von dieser Möglichkeit Gebrauch macht, hat er dies gem. § 16 Abs. 2 Satz 1 DeckRegV im Rahmen seiner Bestätigung kenntlich zu machen. Die Stichprobe ist gem. § 16 Abs. 2 Satz 3 DeckRegV nachvollziehbar zu dokumentieren, die Angemessenheit zu begründen[212]. Schreibfehler, Rechnungsfehler und ähnliche offenbare

---

210 Die Vorschrift entspricht § 22 Abs. 3 HBG.

211 § 22 Abs. 3 Satz 1 HBG verlangte eine Abschrift und setzte damit die Schriftform gem. § 126 BGB voraus.

212 Die Angemessenheit der Stichprobe ist damit einzelfallabhängig und ins Ermessen des Treuhänders gestellt.

Unrichtigkeiten dürfen gem. § 16 Abs. 3 DeckRegV nur durch die Pfandbriefbank korrigiert werden.

Die Treuhänderbestätigung hat gem. § 16 Abs. 4 Satz 1 DeckRegV schriftlich zu erfolgen[213]. Im Fall der Übermittlung eines Datenträgers nach § 15 Abs. 3 DeckRegV hat der Treuhänder gem. § 16 Abs. 4 Satz 2 DeckRegV auf einem auf dem Datenträger anzubringenden Aufkleber, der so mit dem Datenträger dauerhaft verbunden sein muss, dass er sich nicht ohne erkennbare Beschädigungen wieder entfernen lässt, seine Namensunterschrift beizufügen.

Die BaFin hat die bestätigten Deckungsregisterabschriften gem. § 17 Satz 1 DeckRegV 50 Jahre aufzubewahren. Sie sind gem. § 17 Satz 2 DeckRegV vor unberechtigtem Zugriff sowie vor Beschädigung oder Zerstörung durch äußere Einwirkungen besonders zu schützen. Die Befugnisse zum Zugriff sind gem. § 17 Satz 3 DeckRegV auf die bestätigten Deckungsregisterabschriften auf bestimmte Mitarbeiter der BaFin zu beschränken.

§ 10 Die Deckungskongruenz, Treuhänderüberwachung und allgemeine Vorschriften des Pfandbriefgeschäfts

Das Trennungsprinzip spiegelt sich auch im Grundsatz der Deckungskongruenz wider. Denn die einzelnen Deckungsmassen für Hypothekenpfandbriefe, Öffentliche Pfandbriefe, Schiffspfandbriefe und Flugzeugpfandbriefe müssen für Kapitalforderung und Zinsen die Haftung für die zugeordneten Pfandbriefe selbständig gewährleisten[214]. Die Struktur der Deckung besteht – anders als zu Zeiten der Anfänge des Pfandbriefwesens – nicht in einer unmittelbaren Beziehung zwischen einzelnen Pfandbriefen und bestimmten Deckungswerten. Vielmehr steht der Gesamtheit der Pfandbriefe einer Gattung die Gesamtheit aller Deckungswerte der entsprechenden Deckungsmasse gegenüber[215]. Es steht somit in der Pfandbriefbankbilanz dem Block der Pfandbriefe auf der Passivseite eine mindestens gleich große umfassende Deckungsmasse auf der Aktivseite gegenüber[216].

213 Die §§ 126 und 126a BGB finden gem. § 16 Abs. 4 Satz 2 DeckRegV entsprechende Anwendung.

214 Von den öffentlich-rechtlichen Kreditinstituten nutzen einige die Möglichkeit, ihre Deckungsmassen nach altem Recht (d.h., ÖPG) und neue Deckungsmassen nach den Vorschriften des PfandBG zu führen (§ 51 PfandBG). Diese Ausnahme vom Grundsatz der einheitlichen Deckungsmasse ist hinnehmbar, weil die Interessen der Pfandbriefgläubiger dadurch nicht beeinträchtigt werden. Vgl. BAFIN, Jahresbericht 2005, S. 113; Bundesministerium für Finanzen, Neuordnung des Pfandbriefrechts – Weiterentwicklung eines deutschen Modellprodukts, in: Monatsbericht, Mai 2005, S. 78.

215 Vgl. Bellinger/Kerl, HBG, 4. Auflage, 1995, § 6 Rdn. 2.

216 Vgl. Pleyer, Das Recht der Hypothekenbanken in Europa, 1981, S. 139.

A. Deckungsgrundsatz

Ursprünglich sah das deutsche Pfandbriefrecht lediglich eine nennwertige Deckung vor. Nach dem alten Nominalwertprinzip konnte aber eine jederzeitige Deckung bei Schwankungen von Währungen und Zinsen nur durch vollständige Währungs- und Zinsbindungskongruenz erreicht werden. Mit Zulassung der Indeckungnahme von Derivaten mit der HBG-Novelle 2002 wurde die barwertige Deckung eingeführt. Dies war schon deswegen erforderlich, weil Derivate in der Regel über keinen aussagekräftigen Nominalwert verfügen[217]. Mit der PfandBG-Novelle 2009 wurde schließlich die nominale Zinsdeckung und Zinsdeckungsrechnung aufgrund der vorgenannten mit dem Nominalwertprinzip verbundenen Schwierigkeiten abgeschafft. Die barwertige Deckungsrechnung ist ein vollständiger Ersatz, weil sich die jederzeitige Deckung auf Tilgungs- und Zinsverpflichtungen bezieht[218].

Die jederzeitige Deckung der umlaufenden Pfandbriefe nach dem Barwert, der die Zins- und Tilgungsverpflichtungen einbezieht, muss nunmehr gem. § 4 Abs. 1 Satz 1 Halbs. 1 PfandBG sichergestellt sein, wobei der Barwert der eingetragenen Deckungswerte den Gesamtbetrag der zu deckenden Verbindlichkeiten um 2 % übersteigen muss (sog. sichernde Überdeckung). Zusätzlich muss gem. § 4 Abs. 2 Satz 1 PfandBG der jeweilige Gesamtbetrag der im Umlauf befindlichen Pfandbriefe einer Gattung auch in Höhe des Nennwerts jederzeit durch Werte von mindestens gleicher Höhe gedeckt sein.

Aus dem Erfordernis der Kapital- und Zinskongruenz folgerte Bellinger auf der Grundlage des früheren Pfandbriefrechts, dass der Ausgleich einer negativen Kapitaldeckung durch einen entsprechend höheren Zinsertrag der Deckungswerte ebenso wenig zulässig ist, wie der Ausgleich einer negativen Zinsdeckung durch eine entsprechend höhere Kapitaldeckung[219]. Dagegen scheint Stürner – ebenfalls auf der Grundlage des früheren Pfandbriefrechts – davon auszugehen, dass eine Zinsinkongruenz durch weitere Deckungswerte hergestellt werden kann, aber nicht umgekehrt[220]. Will man die Qualität des Pfandbriefs nicht beeinträchtigen, wird man nach Abschaffung der nominalen Zinsdeckung durch die PfandBG-Novelle 2009 im Rahmen der barwertigen Deckungsrechnung den Ausgleich einer negativen Kapitaldeckung und Zinsinkongruenz durch einen entsprechenden höheren Zinsertrag der Deckungswerte bzw. weitere Deckungswerte weiterhin für unzulässig erachten müssen.

---

217 Vgl. Bundesregierung, Entwurf eines Gesetzes zur weiteren Fortentwicklung des Finanzplatzes Deutschland (Viertes Finanzmarktförderungsgesetz), BT-Drucks. 14/8017 vom 18.1.2002, S. 134; Wilken, Größeres Strategiespektrum mit dem neuen Pfandbriefgesetz, in: DLK, 08/2005, S. 19; Bellinger, Anpassung des Hypothekenbankgesetzes im Rahmen des Vierten Finanzmarktförderungsgesetzes, in: DLK 16+17/1999, S. 545; Hagen, Die Novelle des Hypothekenbankgesetzes: Sicherheit des Pfandbriefs weiter gestärkt, in: VDH, Der Pfandbrief, 2002, S. 36 f.

218 Vgl. Bundesregierung, Entwurf eines Gesetzes zur Fortentwicklung des Pfandbriefrechts, Deutscher Bundestag, Drucks. 16/11130 vom 1.12.2008, S. 29.

219 Vgl. Bellinger/Kerl, HBG, 4. Auflage, 1995, § 6 Rdn. 12.

220 Vgl. Stürner, Die Sicherung der Obligationengläubiger vor einer Insolvenz der Hypothekenbank, 1998, S. 84.

1. Jederzeitige Deckung

Die Mindestdeckung muss gem. § 4 Abs. 1 Satz 1 PfandBG jederzeit vorliegen[221]. Das bedeutet, dass die Mindestdeckung jeweils vorhanden sein und darüber hinaus zu jedem Zeitpunkt feststehen muss, so dass die Pfandbriefbank in der Lage sein wird, die Mindestdeckung jederzeit bereit zu stellen, auch wenn diese gegenwärtig in ihrem genauen Verlauf in der Zukunft noch nicht bekannt ist[222]. Im Übrigen bedeutet das Erfordernis der jederzeitigen Deckung, dass diese ständig vorliegen sowie eine Minderung unverzüglich ausgeglichen werden muss[223].

2. Pfandbriefumlauf

Maßgeblich zur Bestimmung der Deckung sind gem. § 4 Abs. 1 und 2 PfandBG die umlaufenden Pfandbriefe. Der Begriff des Pfandbriefumlaufs wird durch § 4 Abs. 5 Halbs. 1 PfandBG bestimmt. Danach befindet sich ein Pfandbrief im Umlauf, wenn der Treuhänder ihn gem. § 8 Abs. 3 PfandBG ausgefertigt und der Pfandbriefbank übergeben hat. Der historische Gesetzgeber hat die Vorgängervorschrift des § 4 Abs. 5 Halbs. 1 PfandBG ausgehend von einer Begebung der Pfandbriefe in effektiven Stücken formuliert. Die Vorschrift gilt für die Sonder- und Sammelverwahrung von Pfandbriefen entsprechend.

Ausgefertigt ist ein Pfandbrief gem. § 8 Abs. 3 PfandBG, wenn der Treuhänder ihn mit einer Bescheinigung über das Vorhandensein der vorschriftsmäßigen Deckung und über die Eintragung in das entsprechende Deckungsregister versehen hat. Damit gehören die vor ihrer ersten Ausgabe in den Besitz der Pfandbriefbank gelangten Pfandbriefe, wenn sie vom Treuhänder als gedeckte bescheinigt sind, zum Umlauf im Sinne des § 4 Abs. 5 Halbs. 1 PfandBG[224].

Aus dem Umlauf scheiden Pfandbriefe gem. § 4 Abs. 5 Halbs. 2 PfandBG aus, soweit sichergestellt wird, dass eine Verfügung über einen von der Pfandbriefbank gehaltenen Pfandbrief ohne Zustimmung des Treuhänders nicht ausgeführt wird. Die Vorgängervorschrift (§ 4 Abs. 5 Halbs. 2 PfandBG a. F.) verlangte noch eine Rückgabe des Pfandbriefs an den Treuhänder für das Ausscheiden aus dem Pfandbriefumlauf. Da Pfandbriefe nicht mehr körperlich weitergegeben werden, erfolgt eine vorübergehende Rücknahme heute nicht mehr durch Übergabe an den Treuhänder, sondern durch die Erklärung der Wertpapiersammelbank, nicht ohne Zustimmung des Treuhänders über die betroffenen Pfandbriefe zu verfügen[225]. Dies ist immer dann sichergestellt, wenn die Verfügung gesetzlich oder rechtsgeschäftlich nicht ohne

---

221 Vgl. Bellinger/Kerl, HBG, 4. Auflage, 1995, § 6 Rdn. 13.
222 Vgl. Dannenbaum, Deutsche Hypothekenbanken, § 6 Anm. 19; Bellinger/Kerl, HBG, 4. Auflage, 1995, § 6 Rdn. 13.
223 Vgl. Bellinger/Kerl, HBG, 4. Auflage, 1995, § 6 Rdn. 13.
224 Vgl. Bellinger/Kerl, HBG, 4. Auflage, 1995, § 6 Rdn. 5.
225 Vgl. Bundesregierung, Entwurf eines Gesetzes zur Fortentwicklung des Pfandbriefrechts, Deutscher Bundestag, Drucks. 16/11130 vom 1.12.2008, S. 30.

Zustimmung des Treuhänders ausgeführt werden kann[226]. Auf diese Weise wird den Pfandbriefbanken zur Steuerung der Deckungsmassen und zur Marktpflege die Möglichkeit erhalten, Pfandbriefe vorübergehend aus dem Umlauf zu nehmen[227].

3. Barwertige Deckung – Pfandbrief-Barwertverordung

Das komplexe Berechnungsverfahren zur Ermittlung der barwertigen Deckung wurde bereits weder im HBG noch im ÖPG im Detail geregelt, sondern gem. § 6 Abs. 7 HBG bzw. § 2 Abs. 6 ÖPG nach Übertragung der Ermächtigung durch die Bundesministerien für Finanzen und Justiz von der BaFin im Verordnungswege geregelt. Denselben Weg geht § 4 Abs. 6 PfandBG. Danach sind in der Verordnung Einzelheiten und Methoden für die Barwertrechnung sowie das Maß der Zins- und Währungskursveränderungen zu bestimmen, dem die barwertige Deckung mindestens standhalten muss. Auf der Grundlage der Vorgängervorschrift wurde am 24.12.2003 zunächst eine entsprechende Hypothekenpfandbriefbarwertverordnung (HypBarwertV) erlassen. Diese wurde auf der neuen Ermächtigungsgrundlage des PfandBG durch die Verordnung über die Sicherstellung der jederzeitigen Deckung von Hypothekenpfandbriefen, Öffentlichen Pfandbriefen und Schiffspfandbriefen nach dem Barwert und dessen Berechnung bei Pfandbriefbanken (Pfandbrief-Barwertverordnung – PfandBarwertV) vom 14.7.2005 ersetzt. Inhaltlich ist die PfandBarwertV weitgehend identisch mit der unter dem HBG erlassenen Hypothekenpfandbriefbarwertverordnung[228]. Die barwertige Deckungsrechnung unter Beachtung von Stress-Szenarien erhöhte die Transparenz innerhalb der Deckungsmassen für die Bankaufsicht und die Pfandbriefgläubiger wesentlich und führte darüber hinaus zu einer barwertigen Überdeckung und damit zu einer nachhaltigen Steigerung der Kreditqualität des Pfandbriefs[229].

Wie die HypBarwertV regelt die PfandBarwertV detailliert die aufsichtsrechtlichen Anforderungen an die barwertige Deckungsrechnung im Einklang mit den Grundlagen des ursprünglich im April 2001 – zwischen der Finanzaufsicht und den Hypothekenbanken zur Überwachung der Zinsänderungsrisiken – vereinbarten gentlemen's agreement[230], wobei im Kern Stress-Szenarien formuliert werden, denen die Deckungsmassen der Pfandbriefbanken standhalten müssen[231].

---

226 Vgl. Bundesregierung, Entwurf eines Gesetzes zur Fortentwicklung des Pfandbriefrechts, Deutscher Bundestag, Drucks. 16/11130 vom 1.12.2008, S. 30.

227 Vgl. Bundesregierung, Entwurf eines Gesetzes zur Fortentwicklung des Pfandbriefrechts, Deutscher Bundestag, Drucks. 16/11130 vom 1.12.2008, S. 30.

228 Vgl. Bundesregierung, Gesetzentwurf zur Neuordnung des Pfandbriefrechts, Drucks. 15/4321 vom 29.11.2004, Begründung, S. 13; vdp, Jahresbericht, 2005, S. 35.

229 Vgl. Bellinger, Anpassungen des Hypothekenbankgesetzes im Rahmen des Vierten Finanzmarktförderungsgesetzes, in: DLK 16+17/1999, S. 545; Hagen, Die Novelle des Hypothekenbankgesetzes: Sicherheit des Pfandbriefs weiter gestärkt, in: VDH, Der Pfandbrief, 2002, S. 36 f.; Timmermann, Hypothekenpfandbrief-Barwertverordnung, in: VDH, Der Pfandbrief, 2004, S. 64.

230 Dies beinhaltete das sog. Ampelmodell (siehe oben 2. Teil, § 5, B., I., 3., b)). Das Ampelmodell des gentlemen's agreement wurde aufgrund der Regelungen der Barwertverordnung obsolet und wird nicht mehr angewandt. Vgl. Golin, Covered Bonds beyond Pfandbriefe, p. 142.

231 Vgl. Kullig, Der Pfandbrief am europäischen Kapitalmarkt, in: VDH, Der Pfandbrief, 2004, S. 10.

a) Ermittlung der Barwerte

Der Barwert ist gem. § 1 Nr. 1 PfandBarwertV definiert als die Summe aller mittels jeweils marktüblicher Zinskurven auf den aktuellen Tag abgezinsten Zahlungsströmen. Als marktübliche Zinskurven sind gem. § 3 Abs. 1 Satz 1 PfandBarwertV allein die Verwendung der währungsspezifischen Zinskurve für Swapgeschäfte zulässig. In Deckung genommene Derivate sind gem. § 3 Abs. 1 Satz 2 PfandBarwertV abweichend mit ihrem aktuellen Marktpreis zu berücksichtigen. Bei nicht an einer Börse gehandelten Derivaten lässt sich der Marktwert unter Anwendung der vorgenannten Barwertdefinition berechnen[232]. Die Barwerte von Fremdwährungspositionen sind gem. § 3 Abs. 2 PfandBarwertV zum jeweils aktuellen Wechselkurs in Euro umzurechnen, wobei der Wechselkurs gem. § 1 Nr. 2 PfandBarwertV mit Hilfe des täglich veröffentlichten Euro-Referenzkurses der Europäischen Zentralbank zu bestimmen ist.

b) Bankarbeitstägliche Feststellung der barwertigen Deckung

In der barwertigen Deckungsrechnung sind gem. § 2 Satz 1 PfandBarwertV die Barwerte der im Umlauf befindlichen Pfandbriefe und der zu ihrer Deckung verwendeten Werte für jede Pfandbriefgattung bankarbeitstäglich zu ermitteln und abzugleichen. Der Abgleich ist gem. § 2 Satz 2 PfandBarwertV durch Abzug des Barwerts der im Umlauf befindlichen Pfandbriefe einer Gattung vom Barwert der zu ihrer Deckung verwendeten Wert vorzunehmen[233]. Eine Unterdeckung des Barwerts der im Umlauf befindlichen Pfandbriefe gegenüber dem Barwert der zu ihrer Deckung verwendeten Werte ist gem. § 2 Satz 3 PfandBarwertV unverzüglich in Form zusätzlicher Deckungswerte barwertig auszugleichen.

c) Stresstests

Kern der PfandBarwertV sind die in § 4 Satz 1 bis 4 vorgeschriebenen Stresstests[234]. Danach hat die Pfandbriefbank sicherzustellen, dass die barwertige Deckung auch im Fall von Zins- und Währungskursveränderungen gegeben ist. Hierzu hat sie die Deckungsmasse mindestens wöchentlich einem Stresstest nach Maßgabe der §§ 5 und 6 PfandBarwertV zu unterziehen. Ergibt sich bei dem betragsmäßigen Abgleich des Werts der im Umlauf befindlichen Pfandbriefe und der zu ihrer Deckung verwendeten Werte auf der Grundlage der in dem jeweiligen Stresstest ermittelten Barwerte eine barwertige Unterdeckung, so ist der höchste aus der Gesamtheit der Simulationen resultierende barwertige Fehlbetrag unverzüglich in die Deckungs-

---

232 Vgl. Timmermann, Hypothekenpfandbrief-Barwertverordnung, in: VDH, Der Pfandbrief, 2004, S. 54.

233 Zum Begriff des Pfandbriefumlaufs siehe oben 2. Teil, § 5, B., I., 2.

234 Stresstests werden in der MaRisk als Oberbegriff für die unterschiedlichen Methoden gebraucht, mit denen die Institute ihre Verlustanfälligkeit bezüglich möglicher außergewöhnlicher Ereignisse überprüfen. Dies beinhaltet z.B. auch Sensitivitätsanalysen (bei denen nur ein Einflussfaktor variiert wird) oder Szenarioanalysen (bei denen mehrere oder alle Einflussfaktoren, deren Änderung sich aus einem vordefinierten Ereignis ergeben, simultan verändert werden). Vgl. BaFin, Konsultation 3/2009: Entwurf der MaRisk in der Fassung vom 16.2.2009, S. 12.

masse einzustellen. Dies kann in Anlehnung an den aus der Nominalwert-Deckungsrechnung geläufigen Begriff der „faktischen Überdeckung" als erweiterte, faktische Überdeckung bezeichnet werden[235]. Eine Verminderung der Deckungsmasse darf nur vorgenommen werden, falls das Ergebnis der Stresstests auch danach keine barwertige Unterdeckung aufweist[236]. Im Ergebnis wurde damit der Forderung der Ratingagenturen nach einer Einbeziehung der Marktrisiken in die Deckung Rechnung getragen und eine gewisse Robustheit der barwertigen Deckung gegenüber Marktrisiken erreicht.

Die PfandBarwertV unterscheidet zwischen der Simulation der Auswirkung von Zinsveränderungen auf die Barwerte in § 5 und der Simulation der Auswirkungen von Währungsveränderungen auf die Barwerte in § 6. Wechselwirkungen von starken Zins- oder Währungskursänderungen auf die jeweiligen impliziten Volatilitäten und damit die Barwerte der optionenbehafteten Positionen werden nicht berücksichtigt[237]. Zur Simulation der Auswirkung von Zinsveränderungen sind gem. § 5 Abs. 1 PfandBarwertV die zur Barwertberechnung verwendeten Zinskurven nach Maßgabe eines statischen oder eines dynamischen Ansatzes um jeweils eine bestimmte Anzahl von Basispunkten nach oben und unten zu verschieben, wobei sich ergebende negative Zinssätze auf null zu setzen sind[238]. Im Anschluss daran sind mittels der sich ergebenden neuen Zinskurven neue Barwertdeckungsrechnungen durchzuführen. Beim statistischen Ansatz werden gem. § 5 Abs. 1 Nr. 1 PfandBarwertV die Zinskurven um 100 Basispunkte nach unten und oben ausgelenkt[239]. Der dynamische Ansatz gem. § 5 Abs. 1 Nr. 2 PfandBarwertV bedient sich mathematisch-statistischer Verfahren, die historische Marktveränderungen auswerten und daraus Schätzwerte für künftige Marktveränderungen auf Basis eines vorgegebenen Konfidenzniveaus ableiten[240]. Alternativ zum statischen und dynamischen Ansatz kann das Institut gem. § 5 Abs. 2 PfandBarwertV ein durch die BaFin abgenommenes und risikoadjustiertes, institutinternes Risikomodell verwenden.

---

235 Vgl. Timmermann, Hypothekenpfandbrief-Barwertverordnung, in: VDH, Der Pfandbrief, 2004, S. 55.

236 Da eine Überdeckung relativ teuer ist und ihre Höhe über eine gezielte Steuerung mit gewissen Einschränkungen durch das Institut beeinflussbar ist, ergeben sich monetäre Anreize für das Management der aus Laufzeit- und Währungsinkongruenzen resultierenden Marktrisiken. Vgl. Timmermann, Hypothekenpfandbrief-Barwertverordnung, in: VDH, Der Pfandbrief, 2004, S. 64.

237 Vgl. Timmermann, Hypothekenpfandbrief-Barwertverordnung, in: VDH, Der Pfandbrief, 2004, S. 56.

238 Vgl. Müller/Klanke, Deckungsstock-Controlling – mehr Sicherheit für den Pfandbrief, in: I&F 14/2005, S. 508.

239 Die frühere HypBarwertV verlangte eine Auslenkung um 250 Basispunkte (vgl. § 5 Abs. 1 Nr. 2 HypBarwertV). Die Absenkung stellt aufgrund des Zinsumfeldes zum Zeitpunkt des Erlasses der PfandBarwertV (steigende Zinsen) eine Erhöhung der Anforderungen dar, die die Vorteile des dynamischen Ansatzes mindert. Vgl. vdp, Jahresbericht 2005, S. 35.

240 Zum dynamischen Ansatz sehr ausführlich: Timmermann, Hypothekenpfandbrief-Barwertverordnung, in: VDH, Der Pfandbrief, 2004, S. 57 f.

Die Ergebnisse der Zinssimulation dienen gem. § 5 Abs. 1 Satz 3 PfandBarwertV als Rechenbasis für die Simulation der Währungskursveränderungen. Auch bei der Simulation der Auswirkungen von Währungskursveränderungen auf die Barwerte unterscheidet die PfandBarwertV gem. § 6 Abs. 2 zwischen einem statischen und dynamischen Ansatz sowie dem Risikowert eines internen Modells. Ausgangsbasis der Währungskursveränderungssimulation ist gem. § 6 Abs. 1 Satz 1 PfandBarwertV der zuvor bestimmte Nettobarwert je Fremdwährung nach Zinsveränderungssimulation. Gem. § 6 Abs. 1 Satz 2 PfandBarwertV sind im Falle eines positiven Nettobarwerts Abschläge, im Falle eines negativen Nettobarwerts Aufschläge vorzunehmen. Dafür sind im statistischen Ansatz gem. § 6 Abs. 2 Nr. 1 PfandBarwertV Auf- und Abschläge in Höhe von 10 %, 15 %, 20 % bzw. 25 % für bestimmte Fremdwährungseinheiten vorgegeben. Die Ermittlung der Auf- bzw. Abschläge im dynamischen Ansatz erfolgt analog zu den Auslenkungsbeiträgen der dynamischen Zinssimulation. Unter Beachtung der Anforderungen der PfandBarwertV ist auch die Anwendung eines internen Risikomodells zur Simulation der Währungskursveränderungen grundsätzlich zulässig.

Ein einmal gewähltes Simulationsverfahren ist gem. § 5 Abs. 3 PfandBarwertV durchgängig für alle Berechnungen einer Risikokategorie anzuwenden und darf gem. § 8 PfandBarwertV nur mit Zustimmung der BaFin gewechselt werden. Die PfandBarwertV verpflichtet gem. § 7 Abs. 1 und 2 jede Pfandbriefbank, die Bewertungsverfahren für Derivate, bei Verwendung des dynamischen Ansatzes das Verfahren zur Bestimmung der Standardabweichung und bei Anwendung interner Risikomodelle die Methode zur Erfassung der Währungsrisiken zu dokumentieren und dauerhaft aufzubewahren. Eine Meldung der Ergebnisse an die BaFin oder eine Aufbewahrungspflicht ist in der PfandBarwertV nicht geregelt. Es gehört jedoch zu den Aufgaben des Treuhänders, die Einhaltung der vorschriftsmäßigen Deckung zu überwachen.

4. Nennwertige Deckung

Der jeweilige Gesamtbetrag der im Umlauf befindlichen Pfandbriefe einer Gattung muss gem. § 4 Abs. 2 Satz 1 PfandBG auch ihn Höhe des Nennwerts jederzeit durch Werte von gleicher Höhe gedeckt sein. Der Nennbetrag der Pfandbriefe ergibt sich aus dem Nennwert der Schuldverschreibungen[241]. Wenn der zum Zeitpunkt der Pfandbriefausgabe bekannte Einlösungswert höher ist als der Nennwert, so tritt dieser gem. § 4 Abs. 2 Satz 2 PfandBG an die Stelle des Nennwerts. Die Vorschrift steht im Zusammenhang mit § 6 Abs. 3 PfandBG[242]. Danach ist die Ausgabe von Pfandbriefen auch dann zulässig, wenn deren Einlösungswert den Nennwert zwar übersteigt, der maximale Einlösungswert der Pfandbriefbank jedoch bei Ausgabe

241 Vgl. Bellinger/Kerl, HBG, 4. Auflage, 1995, § 6 Rdn. 9.
242 Bundesregierung, Gesetzentwurf zur Neuregelung des Pfandbriefrechts, Drucks. 15/4321 vom 29.11.2004, Begründung, S. 12.

des Pfandbriefs schon bekannt ist[243]. In diesem Fall ist der maximale Einlösungswert zu decken[244]. Bei Null-Kupon-Anleihen, deren Anleihebedingungen keine Angabe eines Nennwerts enthalten, tritt an dessen Stelle der Ausgabebetrag[245].

Auch die Deckungswerte werden mit ihrem Nennwert angesetzt[246]. Der Nennwert der Hypotheken und Kommunaldarlehen ist allerdings mit der fortschreitenden Tilgung der Kredite zu mindern. Gem. § 5 Abs. 1 Satz 3 PfandBG hat derjenige, der für die Eintragung der Deckungswerte verantwortlich ist, wenn ein zur Deckung benötigter Wert zurückgezahlt wird, unverzüglich entsprechende Ersatzwerte, entweder in Form von ordentlichen Deckungswerten oder von Ersatzdeckungswerten, in das Deckungsregister einzutragen. Durch das Bestehen von Leistungsrückständen bei einem Deckungswert wird dessen Deckungsfähigkeit nicht beeinträchtigt. Auch Deckungswerte, bei denen Leistungsrückstände eingetreten sind, sind bei der Feststellung des Gesamtbetrags zu berücksichtigen, es sei denn, diese Rückstände machen eine Wertberichtigung der als Deckung dienenden Kapitalforderung erforderlich[247]. Ein Deckungswert, der ausgefallen ist oder auszufallen droht, ist außerhalb der Insolvenz der Pfandbriefbank sofort aus der Deckungsmasse zu entnehmen und durch andere ordentliche oder weitere Deckungswerte zu ersetzen[248]. In diesem Fall ist der Pfandbriefgläubiger keinem Ausfallrisiko ausgesetzt, da einen etwaigen Verlust die Pfandbriefbank aus ihren Gewinnen, Rückstellungen bzw. aus dem Eigenkapital abdecken muss. Die Pflicht der Pfandbriefbank, außerhalb ihrer Insolvenz sowohl ausgefallene als auch vorfällig sowie ordnungsgemäß getilgte Deckungswerte durch neue Deckungswerte zu ersetzen, begründet den dynamischen Charakter der Deckungsmasse des Pfandbriefs.

II. Sichernde Überdeckung

Im Zusammenhang mit der Einführung des Sachwalterverfahrens im Rahmen der HBG-Novelle 2004 wurde in § 6 Abs. 1 Satz 2 HBG die sichernde Überdeckung eingeführt. Sie beträgt gem. § 4 Abs. 1 Satz 1 Halbs. 2 PfandBG 2 % des Gesamtbetrags

---

243 Nach § 9 Abs. 2 HBG als Vorgängernorm des § 6 Abs. 3 PfandBG war die Ausgabe von Pfandbriefen, deren Einlösungswert den Nennwert übersteigt (sog. Zuschlagspfandbriefe) genauso untersagt wie die Ausgabe von sog. Prämienpfandbriefen, bei denen bei Einlösung des Wertpapiers eine Prämie zu zahlen ist. Begründet wurde dieses Verbot damit, dass der Zuschlag bzw. die Prämie die vorzeitige Rückzahlung der Pfandbriefe ausschließt und damit nicht anders wirkt als ein dauernder Verzicht auf die Kündigung außerhalb der planmäßigen Tilgung. Vgl. Bellinger/Kerl, HBG, 4. Auflage, 1995, § 9 Rdn. 10 f.

244 Vgl. Bundesregierung, Entwurf eines Gesetzes zur Fortentwicklung des Pfandbriefrechts, Deutscher Bundestag, Drucks. 16/11130 vom 1.12.2008, S. 32.

245 Vgl. Bellinger/Kerl, HBG, 4. Auflage, 1995, § 6 Rdn. 9 und § 9 Rdn. 10.

246 Vgl. Bellinger/Kerl, HBG, 4. Auflage, 1995, § 6 Rdn. 10.

247 Zur Überprüfungspflicht leistungsgestörter Deckungshypotheken, vgl. § 26 Abs. 1 Satz 2 BelWertV. Zu alternativen Maßnahmen bei kritischen und notleidenden Kreditengagements: Vgl. Wittig, Kritische und notleidende Kreditengagements – Änderungen auf Grund der Schuldrechtsreform, in: NZI, 12/2002, S. 633 ff.

248 Vgl. Anhamm, Die Ratingansätze für deutsche Pfandbriefe, in: VDH, Der Pfandbrief, 2001, S. 48.

der zu deckenden Pfandbriefverbindlichkeiten. Zu berechnen ist die sichernde Überdeckung nach dem Barwert inklusive der in der PfandBarwertV geregelten Stress-Szenarien[249].

Die sichernde Überdeckung dient dazu, Liquiditätsschwankungen, Ausfälle und die Sach- und Personalkosten der Verwaltung der Deckungsmasse in der Insolvenz der Pfandbriefbank abzudecken und die Bonität der Deckungsmassen vor Kredit- und Liquiditätsrisiken auch über den Zeitpunkt der Insolvenz der Pfandbriefbank hinaus zu schützen[250], wobei die Kosten der Verwaltung der Deckungsstöcke bereits aus den Margen der Deckungswerte möglich sein sollte[251]. In der Insolvenz ist der Sachwalter allerdings nicht mehr gehalten, die sichernde Überdeckung ständig vorzuhalten[252]. Sie steht ihm vielmehr zur Überbrückung von Liquiditätsengpässen zur Verfügung.

Die für die sichernde Überdeckung zulässigen Deckungswerte werden in § 4 Abs. 1 Satz 2 PfandBG abschließend aufgezählt[253]. Dabei handelt es sich um besonders liquide Deckungswerte[254]. Diese sollen schnell veräußerbar sein, damit sie im Fall der Insolvenz der Pfandbriefbank für die Kosten der Verwaltung und Übertragung der Deckungsmassen sowie zum Ausgleich möglicher Ausfälle verwendet werden können[255]. Die Vorschrift entspricht inhaltlich § 6 Abs. 1 Sätze 2 und 3 und Abs. 4 Satz 1 HBG bzw. § 2 Abs. 1 Sätze 2 und 3 ÖPG. Gesetzessystematisch unterscheidet sich die Regelung im PfandBG von den Vorgängervorschriften jedoch dadurch, dass die bisherige Regelung der als sichernden Überdeckung zulässigen Deckungswerte aus der Regelung der Ersatzdeckungswerte abgeleitet wurde. Dagegen werden im PfandBG die als sichernde Überdeckung zulässigen Deckungswerte ausdrücklich geregelt und bei der Bestimmung der weiteren zulässigen Deckungswerte auf diese mit einigen Modifikationen verwiesen.

Mit der PfandBG-Novelle 2009 wurde der Gleichlauf zur im Jahr 2006 neu gefassten Bankenrichtlinie[256] vollzogen und die Deckungskongruenz von Forderungen gegen

---

249 Vgl. VDH, Jahresbericht 2003, S. 46 f.; Wilken, Größeres Strategiespektrum mit dem neuen Pfandbriefgesetz, in: DLK, 08/2005, S. 19.

250 Vgl. Bundesregierung, Entwurf eines Gesetzes zur Umsetzung der Richtlinie 2002/47/EG vom 6.6.2002 über Finanzsicherheiten und zur Änderung des Hypothekenbankgesetztes und anderer Gesetze, in: Deutscher Bundestag, Drucks. 15/1853 vom 29.10.2003, S. 18; Stöcker, Die HBG-Novelle 2004: Neue Benchmark für insolvenzfeste Pfandbriefe, in: Die Bank 6/2004, S. 333; Kullig, Der Pfandbrief am europäischen Kapitalmarkt, in: VDH, Der Pfandbrief, 2004, S. 9.

251 Vgl. Hagen, Zur Novellierung des Hypothekenbankgesetzes, in: I&F 16/2003, S. 52.

252 Vgl. Bundesregierung, Entwurf eines Gesetzes zur Umsetzung der Richtlinie 2002/47/EG vom 6.6.2002 über Finanzsicherheiten und zur Änderung des Hypothekenbankgesetztes und anderer Gesetze, in: Deutscher Bundestag, Drucks. 15/1853 vom 29.10.2003, S. 19.

253 Vgl. Bundesregierung, Gesetzentwurf zur Neuordnung des Pfandbriefrechts, Drucks. 15/4321 vom 29.11.2004, Begründung, S. 12.

254 Vgl. Hagen, Zur Novellierung des Hypothekenbankgesetzes, in: I&F 16/2003, S. 52.

255 Vgl. Bundesregierung, Gesetzentwurf zur Neuordnung des Pfandbriefrechts, Drucks. 15/4321 vom 29.11.2004, Begründung, S. 12.

256 Vgl. Richtlinie 2006/48/EG des europäischen Parlaments und des Rates vom 14.6.2006.

Drittstaaten außerhalb des EU-/EWR-Raumes gesichert[257]. Für diese wird die Richtlinien-Konformität durch Anknüpfung an die Bonitätsstufe 1 sichergestellt. Anders als in der neu gefassten Bankenrichtlinie werden nicht sämtliche Drittstaaten der Bonitätsstufe 1 erfasst, sondern nur die bislang erfassten Länder (d.h. U.S.A., Kanada, Schweiz sowie Japan). Dadurch wird die Qualität des Pfandbriefs erhalten und erhöht[258].

Die sichernde Überdeckung muss gem. § 4 Abs. 1 Satz 2 Nr. 1 bis 3 PfandBG bestehen in:

- Schuldverschreibungen, Schuldbuchforderungen, Schatzwechseln und Schatzanweisungen, deren Schuldner der Bund, ein Sondervermögen des Bundes, ein Land, die Europäischen Gemeinschaften, ein anderer Mitgliedstaat der Europäischen Union, ein anderer Vertragsstaat des Abkommens über den Europäischen Wirtschaftsraum, die Europäische Investitionsbank, die Internationale Bank für Wiederaufbau und Entwicklung, die Entwicklungsbank des Europarates oder die Europäische Bank für Wiederaufbau und Entwicklung ist; Schuldverschreibungen, Schuldbuchforderungen, Schatzwechseln und Schatzanweisungen, deren Schuldner die Schweiz, die Vereinigten Staaten von Amerika, Kanada oder Japan ist sofern deren Risikogewicht entsprechend dem Rating einer anerkannten internationalen Ratingagentur der Bonitätsstufe 1 nach Tabelle 1 des Anhangs VI der neu gefassten Bankenrichtlinie zugeordnet worden ist (Nr. 1),
- Schuldverschreibungen, für deren Verzinsung und Rückzahlung eine der unter Nr. 1 bezeichneten Stellen die Gewährleistung übernommen hat (Nr. 2), und
- Guthaben bei der Europäischen Zentralbank, bei Zentralbanken der Mitgliedstaaten der Europäischen Union oder bei geeigneten Kreditinstituten mit Sitz in einem der in Nr. 1 genannten Staaten, denen ein der Bonitätsstufe 1 entsprechendes Risikogewicht nach Tabelle 3 des Anhangs VI der neu gefassten Bankenrichtlinie nach den nationalen Regelungen zugeordnet worden ist, die zur Umsetzung von Basel II gleichwertig erlassen worden sind[259], deren Erfüllung nicht bedingt, befristet, anderen Forderungen rechtsgeschäftlich nachgeordnet oder in sonstiger Weise eingeschränkt ist[260], jedoch nur, sofern die Höhe der Forderungen der Pfandbriefbank bereits beim Erwerb bekannt ist; für die Zuordnung der Bonitätsstufe 1 sind die Ratings anerkannter internationaler Ratingagenturen maßgeblich.

---

257 Vgl. Bundesregierung, Entwurf eines Gesetzes zur Fortentwicklung des Pfandbriefrechts, Deutscher Bundestag, Drucks. 16/11130 vom 1.12.2008, S. 29.

258 Vgl. Bundesregierung, Entwurf eines Gesetzes zur Fortentwicklung des Pfandbriefrechts, Deutscher Bundestag, Drucks. 16/11130 vom 1.12.2008, S. 29.

259 Für die Prüfung der Gleichwertigkeit des Aufsichtssystems eines Drittstaates kann auf das Ergebnis der Prüfung durch die BaFin zurückgegriffen werden. Vgl. Bundesregierung, Entwurf eines Gesetzes zur Fortentwicklung des Pfandbriefrechts, Deutscher Bundestag, Drucks. 16/ 11130 vom 1.12.2008, S. 29.

260 Mit der Novelle des Pfandbriefgesetzes ist klargestellt worden, dass Hybridkapitalforderungen und Forderungen mit Nachrangvereinbarungen gegenüber anderen Gläubigern einer Pfandbriefbank zur Deckung nicht geeignet sind. Dies wurde schon zuvor aus den Bestimmungen des PfandBG abgeleitet.

Gem. § 4 Abs. 1 Satz 3 PfandBG ist die sichernde Überdeckung nicht auf die 10 %-Grenzen in § 19 Abs. 1 Nr. 2 und 3, des § 20 Abs. 2 Nr. 2 und § 26 Abs. 1 Nr. 3 PfandBG sowie auf die 20 %-Grenzen in § 19 Abs. 1 Nr. 3 und § 26f Abs. 1 Nr. 4 PfandBG anzurechnen. Damit ist die sichernde Überdeckung nunmehr für alle Pfandbriefgattungen einheitlich geregelt, indem die sichernde Überdeckung von der 10 %- und 20 %-Grenze ausgenommen wird[261].

Keine Berücksichtigung bei der sichernden Überdeckung soll künftig der Börsenpreis finden[262]. Er ist systemfremd, da er nicht in die Barwertermittlung eingeht. Die Regelung des § 4 Abs. 2 Satz 2 Satz 4 PfandBG konnte deswegen ersatzlos gestrichen werden.

III. Begrenzung des kurzfristigen Liquiditätsrisikos

Mit dem durch die PfandBG-Novelle 2009 eingeführten § 4 Abs. 1a PfandBG wurde eine Vorschrift zur Steuerung des Liquiditätsrisikos der Deckungsmassen durch Bildung eines sog. Liquiditätspuffers und damit zur Stärkung des Pfandbriefs eingeführt[263]. Die aktuelle Finanzkrise und insbesondere die Krise der irischen Depfa Bank haben in drastischer Weise die Bedeutung einer ausreichenden Liquiditätssicherung verdeutlicht.

Als Liquiditätsrisiko wird im Rahmen von § 4 Abs. 1a PfandBG das Risiko definiert, dass im Fall der Insolvenz der Pfandbriefbank die Deckungsmasse nicht in der Lage ist, ausreichend Liquidität zur Verfügung zu stellen, um die in den nächsten Monaten fällig werdenden Pfandbriefe zeitgerecht zu bedienen[264]. Ratingagenturen und Investoren sahen in der auf diese Weise fehlenden Adressierung des kurzfristigen Liquiditätsrisikos eine Schwäche des Pfandbriefs[265]. Zur Abdeckung dieses kurzfristigen Liquiditätsrisikos fordern die Ratingagenturen daher eine zusätzliche (freiwillige) Überdeckung[266].

Nach § 4 Abs. 1a Satz 1 PfandBG ist der kumulierte Liquiditätsbedarf der Deckungsmasse der nächsten 180 Tage zu sichern[267]. Der Liquiditätsbedarf ist gem. § 4 Abs. 1a Satz 1 PfandBG durch einen taggenauen Abgleich der in diesem Zeitraum fällig

---

261 Vgl. Bundesregierung, Entwurf eines Gesetzes zur Fortentwicklung des Pfandbriefrechts, Deutscher Bundestag, Drucks. 16/11130 vom 1.12.2008, S. 29. Nach dem bisherigen Recht war vor der PfandBG-Novelle 2009 die Nichtanrechnung der sichernden Überdeckung nur für den Hypothekenpfandbrief geregelt (vgl. § 4 Abs. 2 Satz 3 PfandBG a. F.).

262 Vgl. Bundesregierung, Entwurf eines Gesetzes zur Fortentwicklung des Pfandbriefrechts, Deutscher Bundestag, Drucks. 16/11130 vom 1.12.2008, S. 29.

263 Der neue § 4 Abs. 1a PfandBG ist gem. § 53 PfandBG ab dem 1.11.2009 anzuwenden.

264 Vgl. Bundesregierung, Entwurf eines Gesetzes zur Fortentwicklung des Pfandbriefrechts, Deutscher Bundestag, Drucks. 16/11130 vom 1.12.2008, S. 30.

265 Vgl. Stöcker, Novelle des Pfandbriefgesetzes, in: vdp, Der Pfandbrief 2008/2009, S. 29.

266 Vgl. Stöcker, Pfandbriefgesetz, in: vdp, Jahresbericht 2008, S. 40.

267 Der nach dem Regierungsentwurf auf 90 Tage ausgelegte Liquiditätspuffer wurde auf Initiative des vdp auf 180 Tage erhöht, um den berechtigten Investoreninteressen zu entsprechen. Vgl. Stöcker, Pfandbriefgesetz, in: vdp, Jahresbericht 2008, S. 40.

werdenden Forderungen aus eingetragenen Deckungswerten und fällig werdenden Verbindlichkeiten aus ausstehenden Pfandbriefen zu ermitteln und gem. § 4 Abs. 1a Satz 2 PfandBG für jeden Tag die Summe der bis zu diesem Tag anfallenden Tagesdifferenzen zu bilden. Die größte sich ergebende negative Summe innerhalb des 180-tägigen Zeitraums muss jederzeit durch liquide Deckungswerte gedeckt werden. Als liquide gelten alle Deckungswerte nach § 4 Abs. 1 Satz 2 PfandBG sowie alle im Deckungsregister eingetragenen Finanzinstrumente die vom Europäischen System der Zentralbanken (ESZB) als notenbankfähig eingestuft werden. Mit dem Zeithorizont von 180 Tagen soll dem Sachwalter ein zusätzlicher Zeitpuffer verschafft werden, um ihm genügend Zeit bis zur Aufnahme seiner vollen Handlungsfähigkeit zu verschaffen[268]. Eine Benachteiligung unbesicherter Gläubiger ist mit § 4 Abs. 1a PfandBG nicht verbunden. Denn die zur kurzfristigen Liquiditätssicherung dienenden Deckungswerte werden ausschließlich zur Schließung einer kurzfristigen Liquiditätslücke benötigt[269].

Für Werte, die ausschließlich zur Sicherung der Liquidität ins Deckungsregister eingetragen werden, sind gem. § 4 Abs. 1a Satz 4 PfandBG die Begrenzungen der §§ 19, 20, 26 und 26f PfandBG nicht anzuwenden. Dadurch wird sichergestellt, dass eine Doppelanrechnung ausgeschlossen ist[270].

IV. Freiwillige Überdeckung

Die Pfandbriefemittenten streben in der Regel ein AAA Rating an. Um dies zu erreichen, ist die freiwillige Überdeckung der Deckungsmasse ein maßgeblicher Faktor[271]. Es ist zu beobachten, dass die Emittenten dem Markt und den Ratingagenturen ihre Bereitschaft, freiwillige Überdeckung vorzuhalten, zunehmend offen legen[272].

Eine freiwillige Überdeckung kann aus ordentlichen oder weiteren Deckungswerten bestehen. Sie ist nicht gleichzusetzen mit einer „faktischen Überdeckung". Letztere resultiert aus der nennwertigen und seit Einführung der barwertigen Deckungsrechnung im Jahr 2002 v.a. aus den darin vorgesehenen Stresstests. Die Insolvenzfestigkeit der Überdeckung und insbesondere die der freiwilligen Überdeckung wurde vor der HBG-Reform 2004 von einigen Marktteilnehmern nicht anerkannt, da der zu diesem Zeitpunkt geltende Wortlaut des HBG die Überdeckung

268 Vgl. Bundesregierung, Entwurf eines Gesetzes zur Fortentwicklung des Pfandbriefrechts, Deutscher Bundestag, Drucks. 16/11130 vom 1.12.2008, S. 30.
269 Vgl. Bundesregierung, Entwurf eines Gesetzes zur Fortentwicklung des Pfandbriefrechts, Deutscher Bundestag, Drucks. 16/11130 vom 1.12.2008, S. 30.
270 Vgl. Bundesregierung, Entwurf eines Gesetzes zur Fortentwicklung des Pfandbriefrechts, Deutscher Bundestag, Drucks. 16/11130 vom 1.12.2008, S. 30.
271 Vgl. Standard & Poor's, Structured Finance Ratings – Covered Bonds – Covered Bond Monitor – Technical Note, 14.2.2006, p. 11 and Appendix A, p. 15.
272 Standard & Poor's, Structured Finance Ratings – Covered Bonds – Covered Bond Monitor – Technical Note, 14.2.2006, p. 11.

insgesamt nicht ausdrücklich geregelt hatte[273]. Daher hat der Gesetzgeber mit der Einführung der sichernden Überdeckung im Rahmen der HBG-Novelle 2004 die Zugehörigkeit der „faktischen“ und auch der sichernden Überdeckung zur gesetzlichen Deckung und deren absolute Insolvenzfestigkeit abschließend klargestellt[274]. Ebenfalls insolvenzfest hat der Gesetzgeber den Liquiditätspuffer gem. § 4 Abs. 1a PfandBG im Rahmen der PfandBG-Novelle 2009 ausgestaltet[275].

In Bezug auf die freiwillige Überdeckung hat der Gesetzgeber zum Schutz der sonstigen Gläubiger, insbesondere der Gläubiger ungedeckter Schuldverschreibungen, den Anspruch des Insolvenzverwalters gegenüber dem Sachwalter in § 35 Abs. 4 Satz 1 HBG (mittlerweile § 30 Abs. 4 Satz 1 PfandBG) geregelt, Überdeckungen freizugeben, welche über die kongruente Deckung und die sichernde Überdeckung hinausgehen[276]. Dieser Anspruch ist dann gegeben, wenn in der Insolvenz der Pfandbriefbank eine offensichtliche bzw. exzessive Überdeckung vorliegt[277]. In der Gesetzesbegründung wurde, um weitere Zweifel auszuräumen, ausgeführt, dass die Beurteilung dessen, was zur Deckung der Ansprüche der Pfandbriefgläubiger erforderlich ist, erst im Laufe der Abwicklung der Deckungsmasse abschließend möglich ist und der Insolvenzverwalter der Insolvenzmasse die entsprechende Darlegungs- und Beweislast für den Anspruch trägt[278].

Der Grundsatz der Deckungskongruenz verlangt gem. § 4 Abs. 1 Satz 1 PfandBG eine jederzeitige und somit auch eine künftige Deckungskongruenz. Anders als die Bestimmung der gegenwärtigen Deckungskongruenz ist die Sicherstellung der künftigen Deckungskongruenz mit Unsicherheit verbunden, da hierzu die künftigen Ausfallraten der Deckungswerte zu prognostizieren sind. Zur Prognose der künftigen Ausfallraten der Deckungswerte dürfen allerdings nur derartige Bonitäts-, Markt- und Liquiditätsrisiken der Deckungswerte bzw. Deckungsmasse berücksichtigt werden, die im Rahmen der barwertigen Deckungsrechnung noch keine Berücksichtigung finden (d.h. alle Risiken der Deckungsmasse außer Zins-

---

273 Hinzu kommt, dass der Gesetzgeber in der Gesetzesbegründung zur HBG-Reform 1998 bei Einführung der Sondervermögenslösung noch klargestellt hat, dass die Eröffnung des gesonderten Verwaltungsverfahrens zur Abwicklung der Deckungsmasse nur insoweit gerechtfertigt ist, als keine Überdeckung vorliegt. Vgl. Drittes Finanzmarktförderungsgesetz, BT-Drucks. 13/8933, 149/150; abgedruckt bei: Stürner, Die Sicherung der Pfandbrief- und Obligationengläubiger vor einer Insolvenz der Hypothekenbank, 1998, S. 165.

274 Vgl. Stöcker, Die HBG Novelle 2004: Neue Benchmark für insolvenzfeste Pfandbriefe, in: Die Bank 5/2004, S. 332 f.

275 Vgl. Bundesregierung, Entwurf eines Gesetzes zur Fortentwicklung des Pfandbriefrechts, Deutscher Bundestag, Drucks. 16/11130 vom 1.12.2008, S. 29 f.

276 Vgl. Deutscher Bundestag, Entwurf eines Gesetzes zur Umsetzung der Richtlinie 2002/47/EG vom 6.6.2002 über Finanzsicherheiten und zur Änderung des Hypothekenbankgesetztes und anderer Gesetze, BT Drucks. 15/1853 vom 29.10.2003, S. 20.

277 Vgl. Deutscher Bundestag, Entwurf eines Gesetzes zur Umsetzung der Richtlinie 2002/47/EG vom 6.6.2002 über Finanzsicherheiten und zur. Änderung des Hypothekenbankgesetztes und anderer Gesetze, BT Drucks. 15/1853 vom 29.10.2003, S. 20

278 Vgl. Deutscher Bundestag, Entwurf eines Gesetzes zur Umsetzung der Richtlinie 2002/47/EG vom 6.6.2002 über Finanzsicherheiten und zur Änderung des Hypothekenbankgesetztes und anderer Gesetze, BT Drucks. 15/1853 vom 29.10.2003, S. 20.

und Währungskursrisiken im Sinne von § 4 Satz 1 PfandBarwertV). Die Unsicherheit aus der Prognose der künftigen Ausfallraten der Deckungswerte rechtfertigt zum Schutz der Pfandbriefgläubiger die Indeckungnahme einer freiwilligen Überdeckung als Sicherheitspuffer für die kongruente Deckung. Dies kann allerdings nur solange gelten, als es sich bei dem Sicherheitspuffer um keine offensichtliche bzw. exzessive freiwillige Überdeckung handelt. Die Beweislastverteilung bürdet dem Insolvenzverwalter die der Prognoseentscheidung über die künftigen Ausfallraten zu Grunde liegende Unsicherheit auf. Gelingt es dem Insolvenzverwalter dennoch nachzuweisen, dass die freiwillige Überdeckung einen Umfang aufweist, der als Sicherheitspuffer für die Unsicherheit aus der Bewertung künftiger Ausfallraten der Deckungswerte offensichtlich nicht mehr gerechtfertigt erscheint, so ist diese herauszugeben.

Abbildung 10: Insolvenzfestigkeit der Deckung

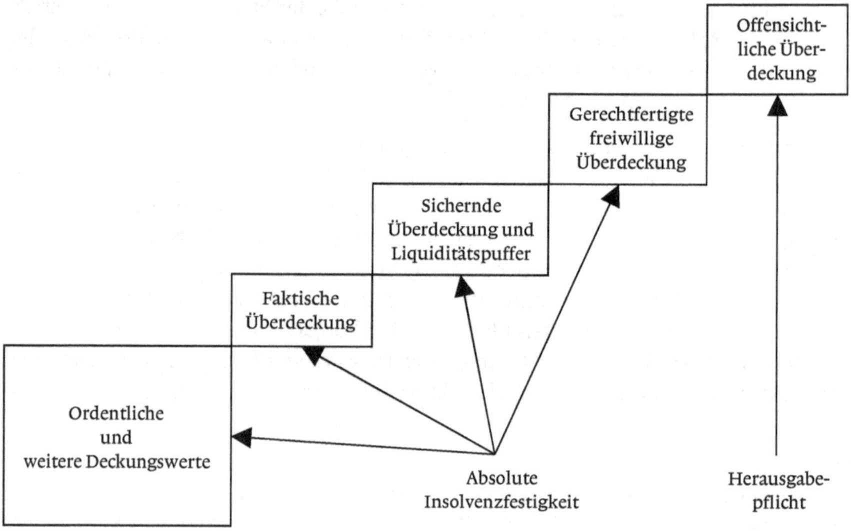

Bedeutung erlangt die Frage der Insolvenzfestigkeit einer freiwilligen Überdeckung in der Hauptinsolvenz ohnehin nur dann, wenn die Pfandbriefbank zuvor ihre freiwillige Überdeckung nicht abgebaut hat. Um ihre Geschäftspolitik im Hinblick die auf Aufrechterhaltung des Umfangs der freiwilligen Überdeckung im Vorfeld der Hauptinsolvenz für die Investoren transparent zu machen, kann die Pfandbriefbank eine Selbstverpflichtung abgeben[279]. Mitunter wird dies von einigen

279 Eine derartige Selbstverpflichtung hatte z.B. die AHBR öffentlich abgegeben, nachdem die Nachhaltigkeit ihrer freiwilligen Überdeckung aufgrund der Neuausrichtung des Geschäftsmodells von einer Ratingagentur bezweifelt worden war. Die Selbstverpflichtung – die eine intern seit längerem von der AHBR praktizierte Politik für die Investoren transparent machte – besagte im Einzelnen, dass die Überdeckung der öffentlichen Pfandbriefe nominal nicht unter 6 % und die Überdeckung der Hypothekenpfandbriefe nicht unter nominal 13 % fallen durfte. Zusätzlich ver-

Ratingagenturen verlangt. Derartige freiwillige Selbstverpflichtungen werden jedoch für rechtlich unverbindlich gehalten und stehen zudem unter dem Vorbehalt der jederzeitigen Abänderbarkeit[280]. Eine „harte", d.h. absolut bindende, Selbstverpflichtung zu Lasten Dritter, d.h. der ungedeckten Gläubiger, wird durch den Schutz der Pfandbriefgläubiger nicht zu rechtfertigen sein. Schließlich betont der Gesetzgeber selbst, dass der Herausgabeanspruch des § 30 Abs. 4 Satz 1 PfandBG dem Schutz der ungedeckten Gläubiger dient. Darüber hinaus können die Geschäftsleiter zur Abwendung der Insolvenzgefahr der Pfandbriefbank mitunter verpflichtet sein, eine freiwillige Überdeckung zur Abwendung der Hauptinsolvenz zumindest vorübergehend abzubauen und dadurch sowohl die ungedeckten als auch die Pfandbriefgläubiger zu schützen. Dies begründet insoweit ein Risiko für die Nachhaltigkeit der freiwilligen Überdeckung im Vorfeld der Hauptinsolvenz.

Eine Untersuchung der ersten veröffentlichten quartalsmäßigen Regelberichte gem. § 28 PfandBG ergab, dass sowohl die Hypotheken- als auch die öffentlichen Deckungsmassen eine Überdeckung von durchschnittlich ca. 15 % ausweisen[281]. Nach Abzug der gesetzlich vorgeschriebenen sichernden Überdeckung und der faktischen Überdeckung aufgrund der Stress-Tests im Rahmen der barwertigen Deckungsrechnung fällt damit auf, dass die Deckungsmassen eine beachtliche freiwillige Überdeckung aufweisen. Dies dürfte auf die diesbezüglichen Anforderungen der Ratinggesellschaften zur Erreichung eines AAA Ratings zurückzuführen sein. Kurz- bis mittelfristig kann die Überdeckung bisweilen deutlichen Schwankungen unterliegen, was durch die Fälligkeit oder die Neuemission eines Pfandbriefs begründet sein kann. Insbesondere im Vorfeld einer größeren Pfandbriefemission wird regelmäßig eine überdurchschnittlich hohe Überdeckung festzustellen sein[282].

B. Treuhänderische Überwachung der vorschriftsmäßigen Deckung und Eintragung

Das Pfandbriefrecht überträgt die Wahrung der Interessen der Pfandbriefgläubiger einem Treuhänder. Die diesbezüglichen Vorschriften der §§ 7 bis 11 PfandBG übernahmen noch weitgehend unverändert die zuvor geltenden §§ 29 bis 34 HBG bzw. §§ 28 bis 33 SchBkG[283]. An den Verwahrungspflichten des Treuhänders nach früher geltendem Recht wurde bei der Neuordnung des Pfandbriefrechts noch grundsätz-

---

pflichtete sich die AHBR, den sich in den nächsten 180 Tagen maximal ergebenden Liquiditätsbedarf innerhalb der jeweiligen Deckungsmassen in Form liquider Mittel vorzuhalten. Änderungen an den Inhalten dieser Selbstverpflichtung waren jeweils mindestens vier Wochen vor Inkrafttreten bekannt zu geben. Vgl. BayernLB, Covered Bond Report, Nr. 1, vom 5.1.2007, S. 13; Bayern LB, Covered Bond Report, Nr. 2, vom 18.1.2007, S. 3; BayernLB, Covered Bond Report, Nr. 3 vom 1.2.2007.

280 Vgl. Leitartikel, Pfandbriefe und Rating – ein gestörtes Verhältnis?, in: I&F, 03/2007, S. 76.
281 Vgl. Winkler, Der Pfandbriefmarkt 2005/2006, in: vdp, Der Pfandbrief, 2006, S. 12.
282 Vgl. BayernLB, Covered Bond Report, Nr. 21 vom 23.11.2006, S. 1 f.
283 Das ÖPG verzichtete auf einen Treuhänder.

lich festgehalten[284]. Der Treuhänder oder ein von ihm beauftragter geeigneter Dritter hatte gem. § 9 Abs. 1 Halbs. 1 PfandBG a. F. die in den Deckungsregistern eingetragenen Werte sowie Urkunden über solche Werte unter dem Mitverschluss der Pfandbriefbank zu verwahren[285]. Der Treuhänder durfte diese Gegenstände gem. § 9 Abs. 1 Halbs. 2 PfandBG a. F. nur nach den Vorschriften des PfandBG herausgeben. Sinn und Zweck des Mitverschlusses des Treuhänders war, zu verhindern, dass die Pfandbriefbank eigenmächtig ohne den Treuhänder über Deckungswerte verfügt[286]. Der Treuhändermitverschluss hatte bei Briefhypotheken Bedeutung. Nachdem im Immobilienkreditgeschäft kaum noch Briefhypotheken verwendet werden – Buchhypotheken sind üblich – konnte der Treuhändermitverschluss aufgehoben werden[287].

I. Bestellung und Qualifikation des Treuhänders

Bei jeder Pfandbriefbank sind gem. § 7 Abs. 1 PfandBG ein Treuhänder sowie mindestens ein Stellvertreter zu bestellen. Das Gesetz schreibt allerdings nicht vor, dass für jede Pfandbriefgattung jeweils ein anderer Treuhänder bzw. Stellvertreter zu bestellen ist, weshalb eine Person gleichzeitig als Treuhänder oder Stellvertreter für verschiedene Pfandbriefgattungen (d.h. Hypothekenpfandbrief, Öffentlicher Pfandbrief, Schiffspfandbrief oder Flugzeugpfandbrief) bestellt werden kann.

Die Bestellung des Treuhänders und seines Stellvertreters erfolgt gem. § 7 Abs. 3 Satz 1 Halbs. 1 PfandBG durch die BaFin nach Anhörung der Pfandbriefbank[288]. Vor der erstmaligen Ausgabe von Pfandbriefen findet eine Bestellung gem. § 7 Abs. 3 Satz 1 Halbs. 2 PfandBG nur auf Antrag der Pfandbriefbank statt. Die Bestellung kann gem. § 7 Abs. 3 Satz 2 PfandBG befristet werden[289]. Die Bestellung erfolgt aus Sicht des Treuhänders durch formlosen, mitwirkungsbedürftigen, begünstigenden Verwaltungsakt mit Drittwirkung gegenüber der Pfandbriefbank[290]. Zur Wirksam-

---

284 Vgl. Bundesregierung, Gesetzentwurf zur Neuordnung des Pfandbriefrechts, Drucks. 15/4321 vom 29.11.2004, Begründung, S. 14.

285 Schon im Rahmen des Gesetzgebungsverfahrens wurde aber insbesondere von den öffentlich-rechtlichen Kreditinstituten vorgeschlagen, den Mitverschluss des Treuhänders zu modifizieren, da dieser an den heutigen tatsächlichen Gegebenheiten vorbeigehen würde. Vgl. Wüerst, Wird die KSK auch künftig Pfandbriefe emittieren?, in: ZfgK 20/2004, S. 1125; Boos/Görke, Eine erste Bewertung aus Sicht des VÖB, in: ZfgK 20/2004, S. 1128 f.

286 Vgl. Beschlussempfehlung und Bericht des Finanzausschusses zu dem Gesetzentwurf zur Neuordnung des Pfandbriefrechts, 16.2.2005, Drucksache 15/4878, S. 13; Bundesverband Öffentlicher Banken Deutschland (VÖB)/Allen & Overy, Das neue Pfandbriefgesetz – Stärkung des Finanzplatzes Deutschland, 2005, S. 18.

287 Vgl. Bundesregierung, Entwurf eines Gesetzes zur Fortentwicklung des Pfandbriefrechts, Deutscher Bundestag, Drucks. 16/11130 vom 1.12.2008, S. 33.

288 Vgl. Kristen/Springer, Der Treuhänder einer Pfandbriefbank und das neue Pfandbriefgesetz, in: BKR, 2006, S. 366.

289 Nach der bisherigen Verwaltungspraxis der BaFin erfolgen Treuhänderbestellungen in der Regel auf drei Jahre befristet. Vgl. Bundesregierung, Entwurf eines Gesetzes zur Fortentwicklung des Pfandbriefrechts, Deutscher Bundestag, Drucks. 16/11130 vom 1.12.2008, S. 32.

290 Vgl. Kristen/Springer, Der Treuhänder einer Pfandbriefbank und das neue Pfandbriefgesetz, in: BKR, 2006, S. 367. Als Rechtsmittel gegen die Bestellung kommt das Widerspruchsverkeit der Bestellung bedarf es der Zustimmung des Treuhänders, da dem Treuhänder nicht nur Rechte, sondern auch Pflichten auferlegt werden[291]. Diese kann konkludent in der Aufnahme der Tätigkeit gesehen werden.

Der Treuhänder ist weder bei der BaFin beschäftigt noch von ihr beauftragte Person gem. § 8 Abs. 1 KWG oder Beliehener der öffentlichen Gewalt. Der Treuhänder hat der BaFin gem. § 7 Abs. 4 Satz 1 PfandBG Auskunft über die von ihm im Rahmen seiner Tätigkeit getroffenen Feststellungen und Beobachtungen zu erteilen. An Weisungen der BaFin ist der Treuhänder gem. § 7 Abs. 4 Satz 2 PfandBG nicht gebunden und insofern unabhängig[292]. Unbeachtet der Bestellung durch die BaFin übt diese keine laufende Aufsicht über ihn aus[293].

In § 7 Abs. 3 Satz 2 PfandBG wurde klargestellt, dass die Bestellung jederzeit aus sachlichem Grund (z.B. mangelnder Zuverlässigkeit) durch die BaFin widerrufen werden kann[294]. Das Treuhänderamt kann von der Pfandbriefbank mangels vertraglicher Beziehungen nicht beendet werden. Der Treuhänder kann das Treuhänderamt dagegen durch Verzicht bzw. Niederlegung einseitig beenden, auf die ein Widerruf seiner Bestellung erfolgen wird[295].

Die Anforderungen an die Qualifikation als Treuhänder und Stellvertreter bzw. die zur Erfüllung ihrer Aufgaben erforderlichen Kenntnisse und Erfahrungen sind in § 7 Abs. 2 PfandBG niedergelegt. Durch die gesetzliche Vermutung, dass bei Wirtschaftsprüfern oder bei vereidigten Buchprüfern die für das Treuhänderamt notwendigen Kenntnisse gegeben sind, wird ein hoher Maßstab für die Qualifikation eines Treuhänders eingefügt[296]. Das PfandBG regelt allerdings nicht, welche konkreten Kenntnisse und Erfahrungen erforderlich sind, um die Aufgaben des Treuhänders zu erfüllen. Für diese sind in erster Linie Kenntnisse auf dem Gebiet des Zivilrechts, des Sachenrechts, des Verwaltungsrechts sowie ein grundlegendes Grundverständnis für wirtschaftliche Zusammenhänge erforderlich[297].

Als negatives Auswahlkriterium nennt § 7 Abs. 2 Satz 3 PfandBG die Besorgnis der Befangenheit. Beschäftigungs- und Mandatsverhältnisse werden als Beispiel ge-

---

fahren (§ 68 Abs. 1 VwGO) und die Anfechtungsklage (§ 42 Abs. 1 Alt. 1 VwGO) in Betracht. Die Klagebefugnis nach § 42 Abs. 2 VwGO der Pfandbriefbank ergibt sich aus der belastenden Drittwirkung des Bestellungsbescheids.

291 Vgl. Bellinger/Kerl, HBG, 4. Auflage, 1995, § 29 Rdn. 24; Kristen/Springer, Der Treuhänder einer Pfandbriefbank und das neue Pfandbriefgesetz, in: BKR, 2006, S. 366.

292 Die Vorschrift entspricht § 29 Abs. 3 Satz 2 HBG.

293 Eine Staatshaftung im Sinne einer Regresspflicht der Aufsichtsbehörde scheidet deswegen aus. Vgl. Bellinger/Kerl, HBG, 4. Auflage, 1995, § 29 Rdn. 35 ff.

294 Vgl. Bundesregierung, Gesetzentwurf zur Neuordnung des Pfandbriefrechts, Drucks. 15/4321 vom 29.11.2004, Begründung, S. 14.

295 Vgl. Kristen/Springer, Der Treuhänder einer Pfandbriefbank und das neue Pfandbriefgesetz, in: BKR, 2006, S. 368.

296 Vgl. Bundesregierung, Gesetzentwurf zur Neuordnung des Pfandbriefrechts, Drucks. 15/4321 vom 29.11.2004, Begründung, S. 14.

297 Vgl. Rundschreiben der BaFin vom 23.5.2005, Geschäftszeichen BA 25 (100426) 490, Leitfaden der BaFin für die Bestellung des Treuhänders und Stellvertreters nach dem Pfandbriefgesetz (PfandBG) nach dessen Verkündung.

nannt in § 7 Abs. 2 Satz 4 PfandBG genannt. Nach dem Sinn und Zweck der Regelung darf zum Zeitpunkt der Bestellung keine wirtschaftliche Abhängigkeit zwischen Treuhänder und Pfandbriefbank bestehen[298]. Für abgeschlossene in der Vergangenheit liegende Mandats- und Beschäftigungsverhältnisse nimmt die BaFin an, dass ein Interessenskonflikt nicht mehr zwingend anzunehmen ist, wenn diese länger als drei Jahre zurückliegen[299]. Ansprüche aus einer betrieblichen Altersversorgung sollten ebenfalls keinen Anlass zur Besorgnis der Befangenheit geben, da diese vor der Bestellung begründet sind und einseitig von der Pfandbriefbank regelmäßig nicht entzogen werden können[300]. Die Begründung neuer wirtschaftlicher Abhängigkeit nach Bestellung des Treuhänders kann hingegen wiederum sachliche Gründe für den Widerruf seiner Bestellung liefern[301].

Die Bestellung des Treuhänders endet spätestens zum Ende des Monats, in dem der Treuhänder das 75. Lebensjahr vollendet. Nach der bisherigen Verwaltungspraxis der BaFin erfolgen Treuhänderbestellungen nicht über das Ende des 70. Lebensjahres hinaus[302].

II. Aufgaben und Befugnisse des Treuhänders

Die Aufgaben des Treuhänders werden in § 8 PfandBG festgeschrieben. Dagegen regelt § 10 PfandBG die Befugnisse des Treuhänders[303]. Die Aufgabe des Treuhänders besteht im Wesentlichen darin, die Belange der Pfandbriefgläubiger im Hinblick auf eine ausreichende Deckung und die Erhaltung ihres vorrangigen Befriedigungsrechts nach §§ 29, 30 PfandBG zu wahren[304]. Der Treuhänder ist aber nicht zivilrechtlicher Vertreter der Schuldverschreibungsgläubiger.

Zur Erfüllung seiner Aufgaben ist der Treuhänder gem. § 10 Abs. 1 PfandBG befugt, jederzeit die Unterlagen der Pfandbriefbank einzusehen und Auskünfte zu verlangen, soweit sie sich auf die Pfandbriefe und auf die in die Deckungsregister eingetragenen Werte beziehen. Von Kapitalrückzahlungen auf die in die Deckungsregister eingetragenen Werte sowie von sonstigen für die Pfandbriefgläubiger und die Gläu-

298 Vgl. Kristen/Springer, Der Treuhänder einer Pfandbriefbank und das neue Pfandbriefgesetz, in: BKR, 2006, S. 366.

299 Vgl. Beschlussempfehlung und Bericht des Finanzausschusses zu dem Gesetzentwurf zur Neuordnung des Pfandbriefrechts, 16.2.2005, Drucksache 15/4878, S. 15; Rundschreiben der BaFin vom 23.5.2005, Geschäftszeichen BA 25 (100426) 490, Leitfaden der BaFin für die Bestellung des Treuhänders und Stellvertreters nach dem Pfandbriefgesetz (PfandBG) nach dessen Verkündung.

300 Vgl. Kristen/Springer, Der Treuhänder einer Pfandbriefbank und das neue Pfandbriefgesetz, in: BKR, 2006, S. 366.

301 Vgl. Kristen/Springer, Der Treuhänder einer Pfandbriefbank und das neue Pfandbriefgesetz, in: BKR, 2006, S. 366.

302 Vgl. Bundesregierung, Entwurf eines Gesetzes zur Fortentwicklung des Pfandbriefrechts, Deutscher Bundestag, Drucks. 16/11130 vom 1.12.2008, S. 32.

303 Vgl. Bellinger/Kerl, HBG, 4. Auflage, 1995, § 30 Rdn. 2.

304 Vgl. Bellinger/Kerl, HBG, 4. Auflage, 1995, § 29 Rdn. 8.

biger von Ansprüchen aus Derivategeschäften nach § 4 Abs. 3 PfandBG erheblichen Änderungen, welche diese Werte betreffen, hat die Pfandbriefbank dem Treuhänder gem. § 10 Abs. 2 PfandBG fortlaufende Mitteilungen zu machen.

1. Überwachung der vorschriftsmäßigen Deckung

Der Treuhänder hat gem. § 8 Abs. 1 Satz 1 Halbsatz 1 PfandBG darauf zu achten, dass die vorschriftsmäßige Deckung für die Pfandbriefe und Ansprüche aus Derivategeschäften nach § 4 Abs. 3 PfandBG jederzeit vorhanden ist. Er hat nicht nur dafür zu sorgen, dass die Pfandbriefbank keine Pfandbriefe ausgibt, die ohne Deckung sind, sondern die Deckung laufend auf ihre materielle und formelle Vorschriftsmäßigkeit zu kontrollieren und ggf. die Ergänzung der Deckungsmasse zu verlangen[305]. Verweigert die Pfandbriefbank eine erforderliche Ergänzung, hat er die Hilfe der BaFin anzufordern[306].

Ob für die Prüfung der Vorschriftsmäßigkeit der Deckung eine stichprobenartige Kontrolle der einzelnen Deckungswerte ausreicht, ist umstritten. Nach einer früheren Ansicht sollen Stichproben im Verhältnis von bis zu 3 von 5 ausreichen[307]. Zuletzt wurde vertreten, dass der Treuhänder die gesamte Deckungsmasse auf ihre Vorschriftsmäßigkeit zu überprüfen hat[308]. Schließlich würde die Deckung der Pfandbriefe die gesamte Deckungsmasse und nicht nur Teile hiervon umfassen. Zudem wird gesetzessystematisch darauf verwiesen, dass der Gesetzgeber dort, wo er eine Entlastung der Treuhändertätigkeit für erforderlich gehalten hat, diese ausdrücklich geregelt hat (vgl. §§ 8 Abs. 1 Satz 2 PfandBG und § 16 Abs. 2 DeckRegV). Dem Wortlaut und der Gesetzesbegründung zum § 8 Abs. 1 Satz 1 Halbsatz 1 PfandBG ist die Beantwortung dieser Frage nicht zu entnehmen. Zu berücksichtigen ist allerdings, dass der Treuhänder gem. § 8 Abs. 3 PfandBG vor der Ausgabe der Pfandbriefe das Vorhandensein der vorschriftsmäßigen Deckung zu bescheinigen hat. Darüber hinaus dürfte es aufgrund des Umfangs der Deckungsmasse praktisch schwierig sein im Rahmen der laufenden Prüfung der Vorschriftsmäßigkeit jeden einzelnen Deckungswert zu überwachen. Insofern wird man von dem Treuhänder im Rahmen der laufenden Prüfung der Vorschriftsmäßigkeit der Deckung die laufende Prüfung der Deckungskongruenz mittels der Deckungsrechnung verlangen müssen, während hinsichtlich einzelner Deckungswerte eine stichprobenmäßige Prüfung ausreichend erscheint.

Im Rahmen der Überwachung der vorschriftsmäßigen Deckung hat der Treuhänder in jedem Fall gem. § 8 Abs. 1 Satz 1 Halbs. 2 PfandBG festzustellen, ob eine verfahrenstechnisch ordnungsgemäße Beleihungswertermittlung vorliegt, d.h. ob der

---

305 Vgl. Bellinger/Kerl, HBG, 4. Auflage, 1995, § 30 Rdn. 7; Goedecke/Kerl/Scholz, Die deutschen Hypothekenbanken, 4. Auflage, 1997, S. 110.
306 Vgl. Bellinger/Kerl, HBG, 4. Auflage, 1995, § 30 Rdn. 7.
307 Vgl. Bellinger/Kerl, HBG, 4. Auflage, 1995, § 30 Rdn. 19.
308 Vgl. Kristen/Springer, Der Treuhänder einer Pfandbriefbank und das neue Pfandbriefgesetz, in: BKR, 2006, S. 369.

Beleihungswert entsprechend den Vorschriften der BelWertV bzw. der gem. §§ 16 Abs. 4, 24 Abs. 5 und 26d Abs. 3 PfandBG erlassenen Beleihungswertermittlungsverordnungen ermittelt worden ist. Trifft das zu, so ist er gem. § 8 Abs. 1 Satz 2 PfandBG nicht verpflichtet zu untersuchen, ob der festgesetzte Wert dem wirklichen Wert entspricht[309]. Der Treuhänder ist also einerseits berechtigt, einen von der Pfandbriefbank angenommenen Beleihungswert zu überprüfen, andererseits ist er dazu allerdings nicht generell verpflichtet. Es handelt sich somit um eine formale Ordnungsmäßigkeitsprüfung, da der Treuhänder unter den heutigen Verhältnissen mit einer vertieften materiellen Prüfung der Deckungswerte hinsichtlich des damit verbundenen Arbeitsaufwands vollkommen überlastet wäre[310].

2. Überwachung der Deckungsregistereintragungen

Die Kontrolle der Eintragungen im Deckungsregister ist nach § 8 Abs. 2 PfandBG ebenfalls Aufgabe des Treuhänders[311]. Dabei ist der Treuhänder gem. § 8 Abs. 2 Satz 1 PfandBG verpflichtet, darauf zu achten, dass die Deckungswerte und die Ansprüche aus Derivategeschäften gem. § 4 Abs. 3 PfandBG ordnungsgemäß gem. § 5 Abs. 1 PfandBG in das Deckungsregister eingetragen werden. Denn die Deckung gewinnt ihren Wert für die Pfandbriefgläubiger erst mit der Eintragung. Die Eintragung der Deckungswerte hat nämlich für die Entstehung des vorrangigen Befriedigungsrechts der Pfandbriefgläubiger konstitutive Wirkung. Der Treuhänder hat gem. § 8 Abs. 2 Satz 2 PfandBG auch darauf zu achten, dass die Pfandbriefbank die Eintragung eines Derivategeschäfts unter Angabe des entsprechenden Deckungsregisters unverzüglich dem Vertragspartner des Derivategeschäfts mitgeteilt wird. Dadurch wird das Zustimmungserfordernis des Vertragspartners des § 5 Abs. 1 Satz 2 PfandBG sichergestellt und den Interessen der Vertragspartner an einer dem Rahmenvertrag entsprechenden Zuordnung der einzelnen Derivategeschäfte entsprochen[312]. Dem Vertragspartner wird auf diese Weise ermöglicht festzustellen, ob

309 So bereits auch gem. § 30 Abs. 1 Halbs. 2 HBG; Bellinger/Kerl, HBG, 4. Auflage, 1995, § 30 Rdn. 10.

310 Dagegen obliegt der staatlichen Bankaufsicht die materielle Kontrolle, da diese die Aufsicht über den gesamten Geschäftsbetrieb der Pfandbriefbank ausübt und dabei als eines der wichtigsten Dinge überprüft, ob die Deckungshypotheken nicht nur formell innerhalb der Beleihungsgrenze liegen, sondern auch, ob die zu Grunde liegenden Beleihungswerte materiell gerechtfertigt sind. Vgl. Bellinger/Kerl, HBG, 4. Auflage, 1995, § 30 Rdn. 11 ff.

311 Unter der Vorgängerregelung war bis zur Novelle des Pfandbriefgesetzes der Treuhänder selbst zur Mitteilung an den Derivategeschäftsvertragspartner verpflichtet (vgl. §§ 8 Abs. 2 Satz 2 PfandG a.F, 30 Abs. 2 HBG). Es handelte sich um den einzigen Fall, in dem der Treuhänder gegenüber Geschäftspartnern der Bank formelle Mitteilungen erteilen musste. Die Mitteilung durch den Treuhänder hat sich in der Praxis als bürokratisch und schwer handhabbar erwiesen. Für den Derivategeschäftsvertragspartner reicht es aus, wenn die Mitteilung von anderer Stelle der Bank erfolgt und der Treuhänder sich unverzüglich davon überzeugen muss, dass die Mitteilung erfolgt ist. Vgl. Bundesregierung, Entwurf eines Gesetzes zur Fortentwicklung des Pfandbriefrechts, Deutscher Bundestag, Drucks. 16/11130 vom 1.12.2008, S. 32.

312 Vgl. Bundesregierung, Entwurf eines Gesetzes zur weiteren Fortentwicklung des Finanzplatzes Deutschland (Viertes Finanzmarktförderungsgesetz), BT-Drucks. 14/8017, vom 18.1.2002, S. 136.

die vertraglich festgelegte Eintragung des Derivatgeschäfts erfolgt ist, um andernfalls das hierfür Erforderliche kurzfristig zu veranlassen.

3. Pfandbriefemissionsbescheinigung

Für noch nicht in Umlauf gebrachte, d.h. verkaufte, Pfandbriefe muss keine Deckung bestehen (sog. nasse Stücke)[313]. Allerdings hat der Treuhänder nasse Stücke in seine Verwahrung zu nehmen und darauf zu achten, dass diese ordnungsgemäß gedeckt sind, wenn er sie aus der Verwahrung entlässt. Zu diesem Zweck muss der Treuhänder gem. § 8 Abs. 3 Satz 1 PfandBG vor der Ausgabe von Pfandbriefen die auszugebenden Pfandbriefe mit einer Bescheinigung über das Vorhandensein der vorschriftsmäßigen Deckung und über die Eintragung in das entsprechende Deckungsregister versehen. Dazu genügt gem. § 8 Abs. 3 Satz 1 PfandBG die Nachbildung der eigenhändigen Unterschrift.

Das Fehlen der Pfandbriefemissionsbescheinigung macht den Pfandbrief nicht ungültig[314]. Fehlt nicht nur die Bescheinigung, sondern ist der Pfandbrief auch tatsächlich ohne die vorgeschriebene Deckung, so wird bei Vorliegen der erforderlichen subjektiven Tatbestandsmerkmale regelmäßig ein gem. § 38 Nr. 1 PfandBG mit Strafe bedrohtes Verhalten in Betracht kommen, bei dessen Begehung der Treuhänder unter Umständen Teilnehmer sein kann[315].

4. Zustimmung zur Löschung von eingetragenen Deckungswerten sowie Herausgabepflicht

Im Deckungsregister eingetragene Werte können gem. § 8 Abs. 4 Satz 1 PfandBG nur mit Zustimmung des Treuhänders gelöscht werden. Mit der PfandBG-Novelle 2009 hat der Gesetzgeber im Zusammenhang mit der Aufhebung der Verwahrungspflichten des Treuhänders auch die Pflicht des Treuhänders nach § 9 Abs. 2 Satz 1 PfandBG a.F. zur Herausgabe der in den Deckungsregistern eingetragenen Werte, soweit die übrigen im Deckungsregister eingetragenen Werte zur Deckung der Pfandbriefe und der Ansprüche aus Derivategeschäften zuzüglich der sichernden Überdeckung genügen oder durch eine andere vorschriftsmäßige Deckung ersetzt werden, gestrichen. Nach § 8 Abs. 1 Satz 1 PfandBG hat der Treuhänder darauf zu achten, dass die vorschriftsmäßige Deckung nach § 4 PfandBG (d.h. inklusive sichernder Überdeckung und Liquiditätspuffer) jederzeit vorhanden ist. Darüber hinaus ist der Treuhänder nicht befugt, die Herausgabe bzw. Löschung eingetragener Deckungswerte zu verweigern, soweit die übrigen im Deckungsregister eingetragenen Werte zur Deckung der Pfandbriefe und der Ansprüche aus Derivate-

---

313 Diese Bezeichnung stammt ursprünglich von der noch nassen Tinte auf frisch unterzeichneten Pfandbriefen. Vgl. Kristen/Springer, Der Treuhänder einer Pfandbriefbank und das neue Pfandbriefgesetz, BKR, 2006, S. 368.

314 Vgl. Bellinger/Kerl, HBG, 4. Auflage, 1995, § 30 Rdn. 23.

315 Vgl. Bellinger/Kerl, HBG, 4. Auflage, 1995, § 30 Rdn. 24.

geschäften zuzüglich der sichernden Überdeckung genügen oder durch eine andere vorschriftsmäßige Deckung ersetzt werden. Der Rechtsgedanke des § 9 Abs. 2 Satz 1 PfandBG a.F. gilt insofern weiter fort[316]. Streitigkeiten zwischen der Pfandbriefbank und dem Treuhänder über eine etwaige Herausgabepflicht des Treuhänders hat die BaFin gem. § 11 Abs. 2 PfandBG zu entscheiden.

Die Zustimmung des Treuhänders zur Löschung von im Deckungsregister eingetragener Werte bedarf gem. § 8 Abs. 4 Satz 2 Halbs. 1 PfandBG der Schriftform; sie kann gem. § 8 Abs. 4 Satz 2 Halbs. 2 PfandBG dadurch erfolgen, dass der Treuhänder seine Namensunterschrift dem Löschungvermerk im Deckungsregister beifügt. Für die Löschung eines eingetragenen Derivategeschäfts, das noch nicht vollständig abgewickelt ist, ist ferner gem. § 8 Abs. 4 Satz 3 Halbs. 1 PfandBG die Zustimmung des Vertragspartners erforderlich. Eine Löschung des noch nicht vollständig abgewickelten Derivategeschäfts ohne die erforderliche Zustimmung des Vertragspartners gilt gem. § 8 Abs. 4 Satz 3 Halbs. 2 PfandBG als nicht erfolgt. Wie im Falle der Eintragung des Derivategeschäfts hat der Treuhänder darauf zu achten, dass die Löschung des Derivategeschäfts unter Angabe des entsprechenden Deckungsregisters unverzüglich dem Vertragspartner gem. § 8 Abs. 4 Satz 4 PfandBG mitgeteilt wird.

Die vorgenannten Regelungen bewirken, dass ein zum Vermögen der Pfandbriefbank gehörender Wert dem vorrangigen Befriedigungsrecht der §§ 29, 30 PfandBG auch dann noch unterliegt, wenn die Eintragung ins Deckungsregister ohne Zustimmung des Treuhänders bzw. Derivategeschäftspartners gelöscht wurde. Weder die Eintragung in das Deckungsregister gem. § 5 Abs. 1 PfandBG, noch das Zustimmungserfordernis des Treuhänders zur Löschung der eingetragenen Deckungswerte des § 8 Abs. 4 Satz 1 PfandBG bewirkt eine Verfügungsbeschränkung gegenüber Dritten[317]. Dem entspricht es, dass die Strafvorschrift des § 38 Nr. 2 PfandBG Verfügungen über Deckungswerte nur in dem Fall zum Gegenstand hat, dass durch sie die vorschriftsmäßige Deckung beeinträchtigt wird[318].

Die Eintragung eines Derivategeschäfts in das Deckungsregister gem. § 5 Abs. 1 PfandBG hat zur Folge, dass dieser Wert vollstreckungs- und insolvenzrechtlich vom sonstigen Vermögen der Pfandbriefbank getrennt wird. Die Vertragspartner der Pfandbriefbank stehen daher mit ihren Ansprüchen aus den eingetragenen Derivategeschäften den Pfandbriefgläubigern gleich. Es besteht deshalb für die Vertragspartner ein wesentliches Interesse, dass ihre Position nicht gegen ihren Willen durch eine Löschung des Derivats beeinträchtigt wird, was durch das Erfordernis der Zustimmung des Vertragspartners zur Löschung eines eingetragenen noch nicht vollständig abgewickelten Derivategeschäfts sichergestellt wird[319]. Einer Zu-

---

316 Sollte dies in Frage gestellt werden, würde sich die Wiederaufnahme einer § 9 Abs. 2 Satz 1 PfandBG a.F. entsprechenden Klarstellung durch den Gesetzgeber z.B. in § 8 Abs. 1 oder 4 PfandBG anbieten.

317 Vgl. Bellinger/Kerl, HBG, 4. Auflage, 1995, § 30 Rdn. 29 und § 34a Rdn. 13.

318 Vgl. Bellinger/Kerl, HBG, 4. Auflage, 1995, § 30 Rdn. 29.

319 Vgl. Bundesregierung, Entwurf eines Gesetzes zur weiteren Fortentwicklung des Finanzplatzes Deutschland (Viertes Finanzmarktförderungsgesetz), BT-Drucks. 14/8017, vom 18.1.2002, S. 136.

stimmung bedarf es nicht, wenn das Derivat infolge des Ablaufs der vertraglichen Laufzeit vollständig abgewickelt ist.

III. Rechtsstreitigkeiten, Haftung und Vergütung

Das Verhältnis Pfandbriefbank und Treuhänder wird durch die Aufgabe des Treuhänders, die Interessen der Pfandbriefgläubiger wahrzunehmen, geprägt. Daraus können im Einzelfall divergierende Interessenlagen resultieren. Streitigkeiten zwischen dem Treuhänder und der Pfandbriefbank entscheidet gem. § 11 Abs. 2 PfandBG die BaFin. Da es hierfür einer schleunigen Entscheidung bedarf, können die Beteiligten nicht auf den Rechtsweg verwiesen werden[320]. Die Regelung des § 11 Abs. 2 PfandBG hat gegenüber der Pfandbriefbank und dem Treuhänder unterschiedliche Wirkungen. Als Folge der Befugnis nach § 3 Satz 2 PfandBG, wonach die BaFin Anordnungen treffen kann, um den Geschäftsbetrieb mit dem geltenden Recht in Einklang zu halten, ist die Pfandbriefbank den Weisungen der BaFin unterworfen[321]. Im Verhältnis zum Treuhänder wird jedoch § 11 Abs. 2 PfandBG dahingehend auszulegen sein, dass die BaFin zwar eine verbindliche Entscheidung in der Streitfrage trifft, dass diese dem Treuhänder gegenüber jedoch keine unmittelbar verpflichtende Wirkung hat. Nur diese Auslegung ist mit § 7 Abs. 4 Satz 2 PfandBG vereinbar, wonach der Treuhänder an Weisungen der BaFin nicht gebunden ist. Andernfalls könnte die Pfandbriefbank, durch ständiges Anrufen der BaFin die Selbständigkeit des Treuhänders aushöhlen[322]. Gegen die Entscheidung nach § 11 Abs. 2 PfandBG, die in einem formlosen Verfahren ergeht und trotz ihres gleichsam richterlichen Charakters ein Verwaltungsakt bleibt, steht der Verwaltungsrechtsweg offen. Die Pfandbriefbank kann nach Durchführung des Vorverfahrens gem. §§ 68 ff. VwGO Anfechtungsklage erheben. Auch dem Treuhänder steht der Verwaltungsrechtsweg offen, obwohl er durch die Entscheidung gem. § 11 Abs. 2 PfandBG nicht unmittelbar belastet wird. Zwar stellt die Entscheidung keinen ihn bindenden Verwaltungsakt dar, immerhin kann für ihn aber ein Interesse an der Möglichkeit verwaltungsgerichtlicher Nachprüfung und damit ein zur Erhebung einer Feststellungsklage erforderliches Feststellungsinteresse aus den mittelbaren Wirkungen der Entscheidung herzuleiten sein, die in der Gefahr der Abberufung wegen vermeintlich unsachgerechter Amtsführung liegen können.

Für einen den Pfandbriefgläubigern vom Treuhänder schuldhaft zugefügten Schaden besteht ggf. eine Ersatzpflicht nach den §§ 823 ff. BGB[323]. Die §§ 8 bis 10 PfandBG stellen dabei ein Schutzgesetz im Sinne des § 823 Abs. 2 BGB zu Gunsten der Pfandbriefgläubiger dar[324]. Ebenso haftet der Treuhänder ggf. persönlich nach

---

320 Vgl. Begründung zum HBG, S. 50; Bellinger/Kerl, HBG, 4. Auflage, 1995, § 33 Rdn. 2.
321 Vgl. Bellinger/Kerl, HBG, 4. Auflage, 1995, § 33 Rdn. 3.
322 Vgl. Bellinger/Kerl, HBG, 4. Auflage, 1995, § 33 Rdn. 4.
323 Vgl. Bellinger/Kerl, HBG, 4. Auflage, 1995, § 29 Rdn. 10.
324 Vgl. Bellinger/Kerl, HBG, 4. Auflage, 1995, § 29 Rdn. 10; Kristen/Springer, Der Treuhänder einer Pfandbriefbank und das neue Pfandbriefgesetz, in: BKR, 2006, S. 366.

den §§ 823 ff. BGB gegenüber der Pfandbriefbank für schuldhaft verursachte Schäden. Die Haftung des Treuhänders und seiner Stellvertreter gegenüber der Pfandbriefbank sowie den Pfandbriefgläubigern und den Gläubigern von Ansprüchen aus Derivategeschäften nach § 4 Abs. 3 PfandBG aus ihrer Tätigkeit ist gem. § 7 Abs. 5 PfandBG seit der PfandBG-Novelle 2009 auf Vorsatz und grobe Fahrlässigkeit beschränkt. Dies ist angesichts der gesamten Ausgestaltung des Treuhänderamtes als einer nebenberuflichen und – auch nach der Höhe der Vergütung – eher ehrenamtlichen Tätigkeit geboten[325].

Der Treuhänder und seine Stellvertreter erhalten von der BaFin gem. § 11 Abs. 1 Halbs. 1 PfandBG eine angemessene Vergütung. Diese ist gem. § 11 Abs. 2 Halbs. 2 PfandBG von der Pfandbriefbank gesondert zu erstatten und auf Verlangen der BaFin vorzuschießen.

IV. Rechtsstellung des Treuhänders

Die Stellung des Treuhänders ist von besonderer Art[326]. Der Treuhänder kann nach den rechtlichen Beziehungen weder der BaFin, noch der Pfandbriefbank, noch den Pfandbriefgläubigern zugeordnet werden, da zu keinem von ihnen ein öffentlich- oder privatrechtliches Verhältnis besteht. Seine ausschließlich durch das Gesetz bestimmten Funktionen bringen ihn zwar in Beziehung zu allen drei Beteiligten, machen ihn aber von keinem abhängig. Der Treuhänder wird deswegen als öffentlich bestellter, gesetzlicher Treuhänder bezeichnet, der ein mehrseitig fremdbestimmtes privatrechtliches Amt ausübt und insoweit weder eine staatliche Funktion noch Aufgaben eines Vertreters der Schuldverschreibungsgläubiger oder der Pfandbriefbank wahrnimmt[327].

Der Treuhänder ist Amtsträger aus eigenem Recht. Es herrscht weitgehend Übereinstimmung, dass er jedenfalls nicht Beamter im haftungsrechtlichen Sinne ist[328]. Er ist Partei kraft Amtes und kann als solche bei Pfändungen von Deckungswerten die Rechte der Pfandbriefgläubiger aus § 29 PfandBG neben der Pfandbriefbank selbständig durch Erinnerung gem. § 766 ZPO und Drittwiderspruchsklage gem. § 771 ZPO geltend machen. Ebenso stehen ihm die Ansprüche zu, die sich aus der Verletzung von vertraglichen Verfügungssperren oder Verwahrungspflichten Dritter zu Gunsten der Deckung ergeben. Sonstige Rechte zur Vereitelung von Eingriffen in die Deckungsmasse gegen dritte Personen hat er jedoch nicht.

Der Treuhänder steht zur Pfandbriefbank in keinem Vertragsverhältnis. Er kann die Pfandbriefbank weder auf Einhaltung der ihm und den Pfandbriefgläubigern ge-

---

325 Vgl. Bundesregierung, Entwurf eines Gesetzes zur Fortentwicklung des Pfandbriefrechts, Deutscher Bundestag, Drucks. 16/11130 vom 1.12.2008, S. 32.
326 Vgl. Bellinger/Kerl, HBG, 4. Auflage, 1995, § 29 Rdn. 3.
327 Vgl. Praxl, Der Treuhänder nach dem Hypothekenbankgesetz und die Aufsichtsbehörde, Freiburg, 1965; Bellinger/Kerl, HBG, 4. Auflage, 1995, § 29 Rdn. 4; Stürner, Die Sicherung der Pfandbrief- und Obligationengläubiger vor einer Insolvenz der Hypothekenbank, 1998, S. 55.
328 Vgl. Bellinger/Kerl, HBG, 4. Auflage, 1995, § 29 Rdn. 5.

genüber bestehenden Verpflichtungen verklagen, noch kann die Pfandbriefbank ihn zivilrechtlich – etwa auf Ausstellung der Bescheinigung über das Vorhandensein der vorschriftsmäßigen Deckung (§ 8 Abs. 3 PfandBG) – selbst bzw. unmittelbar in Anspruch nehmen. Stattdessen sind gem. § 11 Abs. 2 PfandBG alle Streitigkeiten zwischen dem Treuhänder und der Pfandbriefbank durch die BaFin zu entscheiden.

Treuhandspezifisch handelt es sich wohl um eine gesetzliche Sicherungs- bzw. Überwachungstreuhand der Pfandbriefbank an eigenen Gegenständen[329]. Die Treuhand ermöglicht gewöhnlicherweise eine neue wirtschaftliche Vermögenszuordnung ohne Änderung der rechtlichen Zuordnung[330]. Soweit geht das PfandBG aber gerade nicht, da die Deckungswerte dinglich und wirtschaftlich weiter der Pfandbriefbank zugeordnet bleiben. Darüber hinaus hält und verwaltet im Regelfall der Sicherungstreuhand entweder der Sicherungsnehmer (eigennützige Treuhand) oder ein Dritter (fremdnützige Treuhand) als Treuhänder den Sicherungsgegenstand. Der Ausnahmefall der Treuhand des Sicherungsgebers kommt rechtsgeschäftlich bei der Sicherungsabtretung bzw. Sicherungsübereignung wenn, dann nur in der Form vor, dass der dinglich berechtigte Sicherungsnehmer den Sicherungsgeber gem. §§ 362 Abs. 2, 185 BGB zur Einziehung oder sonstigen Verfügung über den Sicherungsgegenstand ermächtigt. Der Fall der Treuhand des Sicherungsgebers ist eher der Ausnahmefall, da diese Art der Treuhand die dingliche Schutzposition des Sicherungsnehmers zum erlöschen bringt und beim Sicherungsgeber lediglich zu einer Aufspaltung seines Vermögens führt. Genau dies entspricht jedoch der Rechtslage der Pfandbriefgläubiger vor der Insolvenz der Pfandbriefbank. Denn die Deckungswerte bilden eine Deckungsmasse, die der Pfandbriefbank unter Überwachung durch den Treuhänder überlassen bleibt. Die Aufspaltung des Vermögens wird durch die Eintragung in das Deckungsregister offenkundig gemacht[331].

C. Rechnungslegung, Risikomanagement und Transparenzvorschriften

I. Bilanzierung der Deckungsmasse(n)

Die Pfandbriefbank ist sowohl vor als auch nach Eröffnung der Insolvenz über das Vermögen der Pfandbriefbank Rechtsträger der Deckungsmasse(n). Deswegen sind die Deckungswerte als Aktiva und die Pfandbriefe als Verbindlichkeiten der Pfandbriefbank sowohl nach den deutschen Rechnungslegungsvorschriften als auch nach den internationalen Rechnungslegungsvorschriften (IAS, US GAAP) zu bilanzieren.

---

329 So bereits: Stürner, Hypothekenpfandbriefe und Beleihungen in Frankreich, 1994, S. 7 ff.; Stürner, Die Sicherung der Pfandbriefgläubiger und der Obligationengläubiger vor einer Insolvenz der Hypothekenbank, 1998, S. 48 ff. und 54 ff.

330 Insoweit vergleichbar einem trust, bei dem nach den Grundsätzen der equity eine Neuzuordnung stattfindet. Vgl. Fleckner, Die Refinanzierungstreuhand – Erleichterungen für die Begebung von Asset Backed Securities und Pfandbriefen durch das Gesetz zur Schaffung eines Refinanzierungsregisters, in: DB, 16/2005, S. 2735.

331 Insoweit vergleichbar die Refinanzierungstreuhand der §§ 20a ff. KWG.

Insofern sind in der Pfandbriefbankbilanz die Deckungswerte auf der grundsätzlich nach Liquiditätsgesichtspunkten gegliederten Aktivseite und korrespondierend die Pfandbriefe auf der Passivseite unter der Bilanzposition „verbriefte Schuldverschreibungen" jeweils getrennt nach Pfandbriefgattungen auszuweisen. Steuerrechtlich ist die Deckungsmasse wie Sicherungsgut eines Sicherungsgebers gem. § 39 Abs. 2 Nr. 1 Satz 2 der Abgabenordnung (AO) als Wirtschaftsgut der Pfandbriefbank zu qualifizieren.

II. Das besondere Risikomanagement des Pfandbriefgeschäfts

Das Pfandbriefrecht sieht in den §§ 2 Abs. 1 Satz 2 Nr. 3 und 27 PfandBG ein besonderes Risikomanagement für das Pfandbriefgeschäft vor[332]. Vor Einführung dieser Regelungen ergaben sich die Anforderungen an die internen Kontrollverfahren für die Pfandbriefinstitute allein aus § 25a Abs. 1 KWG. Ein Institut muss gem. § 25a Abs. 1 KWG über geeignete Regelungen zur Steuerung, Überwachung und Kontrolle der Risiken und der Einhaltung der gesetzlichen Bestimmungen sowie über angemessene Regelungen verfügen, anhand derer sich die finanzielle Lage des Instituts oder der Gruppe jederzeit mit hinreichender Genauigkeit bestimmen lässt[333]. Nachdem der Geschäftskreis der Hypothekenbanken – mit Ausnahme der „gemischten" Hypothekenbanken – im Wesentlichen auf die Ausgabe von Pfandbriefen und die entsprechenden Kreditvergaben beschränkt war, hatte § 25a Abs. 1 KWG für reine Hypothekenbanken im Wesentlichen die gleiche Bedeutung, wie sie nun den §§ 2 Abs. 1 Satz 2 Nr. 3, 27 PfandBG für alle Pfandbriefbanken zukommt[334]. Mit dem Wegfall der Geschäftskreisbeschränkung und der damit verbundenen möglichen Ausweitung der geschäftlichen Tätigkeiten wird sich die Bedeutung des § 25a Abs. 1 KWG für reine Hypothekenbanken bei Ausweitung ihrer Geschäftstätigkeit ggf. ausweiten[335]. Für die „gemischten" Hypothekenbanken wie auch die öffentlich-rechtlichen Kreditanstalten hatte § 25a Abs. 1 KWG auch bislang schon eine allgemeine, weil auf sämtliche geschäftliche Tätigkeiten und nicht spezifisch auf das Pfandbriefgeschäft bezogene, Bedeutung[336].

Die §§ 2 Abs. 1 Satz 2 Nr. 3 und 27 PfandBG wurden ergänzend zu § 25a KWG als spezifische Regelungen zum Risikomanagement des Pfandbriefgeschäfts aufge-

---

332 Zu den Anforderungen des allgemeinen Risikomanagements: Vgl. BaFin, Rundschreiben 5/2007 vom 30.10.2007, Mindestanforderungen an das Risikomanagement – MaRisk.

333 Zu den Änderungen im Zusammenhang mit der Umsetzung der Art. 22 und 123 der neu gefassten Bankenrichtlinie, vgl. Bundesregierung, Entwurf eines Gesetzes zur Umsetzung der neu gefassten Bankenrichtlinie und der neu gefassten Kapitaladäquanzrichtlinie, vom 6.2.2006, S. 60 ff.

334 Vgl. Bundesregierung, Gesetzentwurf zur Neuordnung des Pfandbriefrechts, Drucks. 15/4321 vom 29.11.2004, Begründung, S. 9.

335 Vgl. Bundesregierung, Gesetzentwurf zur Neuordnung des Pfandbriefrechts, Drucks. 15/4321 vom 29.11.2004, Begründung, S. 9.

336 Vgl. Bundesregierung, Gesetzentwurf zur Neuordnung des Pfandbriefrechts, Drucks. 15/4321 vom 29.11.2004, Begründung, S. 9.

nommen. Dadurch sollte die Erforderlichkeit eines spezifischen Risikomanagementsystems für das Pfandbriefgeschäft ausdrücklich klargestellt und zusätzlich die spezifischen Anforderungen im Interesse der Sicherheit der Anleger konkretisiert werden[337]. Auf diese Weise soll ein besonderer Schutz der Pfandbriefgläubiger gewährleistet werden, indem der Gefahr der Klumpenbildung vorgebeugt, ein Limitsystem für die Deckungsmassen sowie ein Eskalationsverfahren eingerichtet wird[338]. Der § 27 PfandBG weitet damit den Ansatz der PfandBarwertV aus[339].

1. Die Generalklausel für das Risikomanagementsystem des Pfandbriefgeschäfts

Das Betreiben des Pfandbriefgeschäfts setzt gem. § 27 Abs. 1 Satz 1 PfandBG ein geeignetes Risikosystem voraus. Ein gesondertes Risikomanagementsystem ist dafür nicht erforderlich. Stattdessen kann das spezifische Risikomanagementsystem des Pfandbriefgeschäfts Bestandteil eines ganzheitlichen Risikomanagementsystems für das gesamte Bankgeschäft eines Kreditinstituts sein[340].

Die Generalklausel des § 27 Abs. 1 Satz 2 PfandBG verlangt, dass das Risikosystem in der Lage sein muss, alle relevanten Risiken des Pfandbriefgeschäfts zu identifizieren, zu beurteilen, zu steuern und zu überwachen. Als relevante Risiken des Pfandbriefgeschäfts werden Adressausfall-, Zinsänderungs-, Währungs- sowie sonstige Marktpreisrisiken, operationelle Risiken und Liquiditätsrisiken aufgezählt[341]. Wesentliche Voraussetzung für ein effektives Risikomanagementsystem ist die gesonderte Abbildung der spezifischen Risiken des Pfandbriefgeschäfts[342].

Präzisiert wird die Generalklausel durch § 27 Abs. 1 Satz 3 Nr. 1 bis 4 PfandBG[343]. Danach dient § 27 Abs. 1 Satz 3 Nr. 1 PfandBG der Vorbeugung vor der Gefahr von

---

337 Vgl. Bundesregierung, Gesetzentwurf zur Neuordnung des Pfandbriefsrechts, Drucks. 15/4321 vom 29.11.2004, Begründung, S. 25.
338 Vgl. Bundesregierung, Gesetzentwurf zur Neuordnung des Pfandbriefsrechts, Drucks. 15/4321 vom 29.11.2004, Begründung, S. 25; Beschlussempfehlung und Bericht des Finanzausschusses zu dem Gesetzentwurf zur Neuordnung des Pfandbriefrechts, 16.2.2005, Drucksache 15/4878, S. 9.
339 Vgl. Müller/Klanke, Deckungsstock-Controlling – mehr Sicherheit für den Pfandbrief, in: I&F 14/2005, S. 508.
340 Vgl. Bundesregierung, Gesetzentwurf zur Neuordnung des Pfandbriefsrechts, Drucks. 15/4321 vom 29.11.2004, Begründung, S. 25.
341 Die Anforderung an das Risikomanagement, die gegenseitige Abhängigkeit zwischen einzelnen Kreditrisiken zu berücksichtigen, ist aus dem Gesetzentwurf zum PfandBG gestrichen worden. Eine Einbeziehung der Korrelationsrisiken wäre grundsätzlich zu begrüßen gewesen, jedoch dürfte eine solche Anforderung kaum umsetzbar gewesen sein, da nahezu alle Kreditrisiken in irgendeiner Weise miteinander verbunden sind. Vgl. Fuchs/Althaus, S&P begrüßt verbesserte Transparenzvorschriften, in: Börsen-Zeitung vom 19.7.2005, S. B4; DZ Bank, Covered Bonds Weekly, vom 19.10.2004, S. 2.
342 Vgl. Bundesregierung, Gesetzentwurf zur Neuordnung des Pfandbriefsrechts, Drucks. 15/4321 vom 29.11.2004, Begründung, S. 25.
343 Ausführlich zum Deckungstock-Controlling: vgl. Müller/Klanke, Deckungsstock-Controlling – mehr Sicherheit für den Pfandbrief, in: I&F 14/2005, S. 508.

Klumpenrisiken. Hierzu hat jede Pfandbriefbank für die Deckungsmassen ein Limitsystem einzurichten, das die Konzentration auf bestimmte Einzelrisiken begrenzt[344]. Die Einrichtung eines sog. Eskalationsverfahrens verlangt § 27 Abs. 1 Satz 3 Nr. 2 PfandBG. Das Eskalationsverfahren muss bei Überschreiten vorab festgelegter Risikogrenzwerte konkrete Gegenmaßnahmen zwingend vorsehen, die eine Rückführung des Risikos unverzüglich bewirken und darüber hinaus die frühzeitige Information der Entscheidungsträger, insbesondere des Vorstandes, sicherstellen. Die kurzfristige Anpassungsfähigkeit des Risikomanagementsystems an sich ändernde Bedingungen sowie eine mindestens jährliche Überprüfung schreibt § 27 Abs. 1 Satz 3 Nr. 3 PfandBG vor. Schließlich verlangt § 27 Abs. 1 Satz 3 Nr. 4 PfandBG die vierteljährliche Vorlage eines alle relevanten Informationen umfassenden Risikoreports beim Vorstand[345]. Der Fokus eines solchen Risikomanagementsystems ist damit klar auf die Deckungswerte und Verbindlichkeiten des Pfandbriefgeschäfts gerichtet[346].

Überdies ist das Risikomanagementsystem gem. § 27 Abs. 1 Satz 4 PfandBG ausführlich und nachvollziehbar zu dokumentieren.

2. Risikomanagement bei neuen Produkten, Geschäftsarten oder Märkten im Pfandbriefgeschäft

Zum Schutz vor den Risiken aus neuen Produkten, Geschäftsarten oder auf neuen Märkten wurden in § 27 Abs. 2 PfandBG zusätzliche Anforderungen an das Risikomanagement niedergelegt. Neue Geschäfte können für eine Pfandbriefbank besonders risikobehaftet sein, weil diese insoweit möglicherweise noch nicht über eine ausreichende Expertise verfügt[347]. Insbesondere das Geschäft in neuen Immobilienmärkten ist mit erheblichen rechtlichen und vor allem wirtschaftlichen Risiken verbunden. Dazu zählen[348]: Erstens die Unkenntnis der örtlichen Märkte. Zweitens die Schwierigkeiten, sich in Verhaltensweisen und Wertvorstellungen hineinzufinden, die sich in den abgeschotteten nationalen Immobilienmärkten zu eigenen Kulturen entwickelt haben. Und drittens die daraus folgende Unfähigkeit, Risiken als Folge künftiger Wertveränderungen zutreffend einzuschätzen.

---

344 Vgl. Bundesregierung, Gesetzentwurf zur Neuordnung des Pfandbriefsrechts, Drucks. 15/4321 vom 29.11.2004, Begründung, S. 25.

345 Ursprünglich sah der Gesetzesentwurf des PfandBG eine monatliche Reporting-Verpflichtung vor. Mit der vierteljährlichen Pflicht hat man sich den Reporting-Standards angepasst, die auch für das Kreditgeschäft gelten. Vgl. Boos/Görke, Eine erste Bewertung aus Sicht des VÖB, in: ZfgK 20/2004, S. 1128; DZ Bank, Covered Bonds Weekly, vom 19.10.2004, S. 2.

346 Wilken, Größeres Strategiespektrum mit dem neuen Pfandbriefgesetz, in: DLK, 08/2005, S. 299.

347 Vgl. Bundesregierung, Gesetzentwurf zur Neuordnung des Pfandbriefsrechts, Drucks. 15/4321 vom 29.11.2004, Begründung, S. 25; Bundesministerium für Finanzen, Neuordnung des Pfandbriefrechts – Weiterentwicklung eines deutschen Modellprodukts, in: Monatsbericht, Mai 2005, S. 73.

348 Vgl. Kerl, Die Struktur der Hypothekenbanken als Qualitätsmerkmal der Pfandbriefe, in: DLK, 15+16/2000, S. 514.

Als neue Geschäfte im Sinne dieser Vorschrift gelten sämtliche Geschäfte, die Risiken beinhalten, welche für das Institut neu sind[349]. Dies können Adressen-, Marktpreis- oder sonstige Risiken sein[350]. Als besonderes Risiko hat der Gesetzgeber dabei in der Gesetzesbegründung das Rechtsrisikos hervorgehoben, welches mit der Darlehenssicherung in ausländischen Märkten mittels der dort vorherrschenden, den Hypotheken und Grundschulden im Sinne von § 18 Abs. 1 PfandBG vergleichbaren Sicherungsrechten verbunden ist[351].

Konkret verlangt § 27 Abs. 2 PfandBG die Vornahme und Dokumentation einer umfassenden Risikoanalyse der mit den neuen Geschäften einhergehenden Risiken und der daraus resultierenden Erfordernisse an das Risikomanagementsystem[352]. Dies setzt auch die Analyse der Auswirkungen der Einbindung der neuen Geschäfte in das bisherige Risikomanagementsystem voraus[353]. Kommt die Analyse zu dem Ergebnis, dass die neuen Geschäfte durchgeführt werden können, dürfen hieraus hervorgehende Deckungswerte gem. § 27 Abs. 2 Satz 2 PfandBG erst nach dem Erwerb eines gefestigten Erfahrungswissens hinsichtlich dieser neuen Geschäfte in Deckung genommen werden[354]. Bei Geschäften auf neuen Märkten im Bereich des Hypothekarkredits ist dies gem. § 27 Abs. 2 Satz 2 a. E. PfandBG allerdings nicht vor Ablauf von zwei Jahren nach deren Aufnahme zulässig[355].

III. Veröffentlichungsvorschriften

Spezielle Veröffentlichungspflichten galten vor der Neuordnung des Pfandbriefrechts nur für die dem HBG (dort § 28) und die dem SchBkG (dort § 26) unterliegenden Institute. Um die Transparenz und Vergleichbarkeit zu verbessern und den Investoren hierdurch eine bestmögliche Einschätzung der Risiken zu ermöglichen,

---

349 Vgl. Bundesregierung, Gesetzentwurf zur Neuordnung des Pfandbriefsrechts, Drucks. 15/4321 vom 29.11.2004, Begründung, S. 25.

350 Vgl. Bundesregierung, Gesetzentwurf zur Neuordnung des Pfandbriefsrechts, Drucks. 15/4321 vom 29.11.2004, Begründung, S. 25.

351 Vgl. Bundesregierung, Gesetzentwurf zur Neuordnung des Pfandbriefsrechts, Drucks. 15/4321 vom 29.11.2004, Begründung, S. 26. Vor diesem Hintergrund ist davon auszugehen, dass aus Sicht des Gesetzgebers ein neuer Markt u.a. sich dadurch auszeichnet, dass dort der Immobilienkredit mit anderen aber zumindest der Hypothek und der Grundschuld vergleichbaren Sicherheitsrechten besichert ist. Dementsprechend wären England, Wales, Schottland und Nordirland jeweils ein neuer Markt im Sinne dieser Vorschrift. Hingegen hat der Gesetzgeber die Abgrenzung regionaler Märkte der Praxis überlassen. Vgl. zur Diskussion: VdP, Pfandbriefgesetz, in: VdP, Der Pfandbrief, 2006, S 37.

352 Vgl. Beschlussempfehlung und Bericht des Finanzausschusses zu dem Gesetzentwurf zur Neuordnung des Pfandbriefrechts, 16.2.2005, Drucksache 15/4878, S. 17.

353 Vgl. Bundesregierung, Gesetzentwurf zur Neuordnung des Pfandbriefsrechts, Drucks. 15/4321 vom 29.11.2004, Begründung, S. 26.

354 Der ursprüngliche Gesetzentwurf sah hingegen noch vor, dass bis zum Erwerb einer gefestigten Expertise diese Geschäfte nur in angemessenen Rahmen in Deckung genommen werden dürfen. Vgl. Bundesregierung, Gesetzentwurf zur Neuordnung des Pfandbriefsrechts, Drucks. 15/4321 vom 29.11.2004, Begründung, S. 26.

355 Vgl. Beschlussempfehlung und Bericht des Finanzausschusses zu dem Gesetzentwurf zur Neuordnung des Pfandbriefrechts, 16.2.2005, Drucksache 15/4878, S. 17.

wurden die Anforderungen an die Transparenz der Deckungsmassen einheitlich auf sämtliche Pfandbriefbanken angewendet und inhaltlich ausgeweitet[356]. Statt bisher nur jährlich müssen seither gem. § 28 PfandBG quartalsweise ausgesuchte Informationen hinsichtlich der Gesamtheit der Deckungsmassen sowie hinsichtlich der Deckungsmassen im Einzelnen veröffentlicht werden. Daneben wurde die bisherige Vorschrift des § 28 HBG und des § 26 SchBkG im Wesentlichen beibehalten. Ergänzend zu den gesetzlichen Offenlegungspflichten verlangen Ratingagenturen regelmäßig die Veröffentlichung zusätzlicher Angaben[357].

Nach § 28 Abs. 1 Nr. 1 PfandBG müssen für alle Pfandbriefgattungen Informationen über die bar- und nennwertige Deckung inklusive der Barwerte nach dem Stresstest veröffentlicht werden. Dadurch werden die Pfandbriefgläubiger über das aktuelle Maß der Deckung sowie über das Ausmaß in Kenntnis gesetzt, in dem die Deckungsmasse dem Risiko etwaiger Zins- und Währungsschwankungen ausgesetzt ist[358]. Aus dem gleichen Grund sind nach § 28 Abs. 1 Nr. 2 PfandBG die Laufzeitstrukturen der im Umlauf befindlichen Pfandbriefe sowie die Zinsbindungsfristen der entsprechenden Deckungsmassen zu veröffentlichen. Seit der PfandBG-Novelle 2009 sind die Laufzeitstrukturen und Zinsbindungsfristen der Deckungswerte in sechs Laufzeitbändern, d.h. jeweils in Stufen von bis zu einem Jahr, von mehr als einem Jahr bis zu zwei Jahren, von mehr als zwei Jahren bis zu drei Jahren, von mehr als drei Jahren bis zu vier Jahren, von mehr als vier Jahren bis zu fünf Jahren, von mehr als fünf Jahren bis zu zehn Jahren und über zehn Jahren, zu veröffentlichen[359]. Auf diese Weise soll der durch die Finanzkrise erhöhten Verunsicherung der Investoren in Bezug auf etwaige Risiken aus der Fristentransformation entgegengewirkt werden. Weiter ergänzt werden die Angaben gem. § 28 Abs. 1 Nr. 3 PfandBG durch umfassende Angaben über Derivatgeschäfte in den Deckungsmassen. Hierfür war es erforderlich im Rahmen der PfandBG-Novelle 2009 neben dem schon zuvor zu veröffentlichenden positiven Gesamtbetrag der Derivategeschäfte auf der Aktivseite (Deckungsmassen) auch den Ausweis des negativen Gesamtbetrags auf der Passivseite (Pfandbriefumlauf) zu regeln. Schließlich verlangen die gesetzlichen Offenlegungsvorschriften nunmehr auch gem. § 28 Abs. 1 Nr. 4 PfandBG die Gesamthöhe der Werte gem. §§ 19 Abs. 1 Nr. 2 und 3, 20 Abs. 2 Nr. 2, 26 Abs. 1 Nr. 3 und 4 sowie 26f Abs. 1 Nr. 3 und 4 PfandBG zu veröffentlichen.

Die Absätze 2 bis 4 des § 28 PfandBG regeln spezifische Veröffentlichungspflichten für die einzelnen Pfandbriefgattungen. Diese sind beim Hypotheken-, Schiffs- und Flugzeugpfandbrief teilweise ausschließlich im Anhang des Jahresabschlusses anzugeben. Um eine Vergleichbarkeit der Ergebnisse zu gewährleisten, sind gem. § 28 Abs. 5 PfandBG für sämtliche Angaben auch Vorjahreswerte mitzuteilen.

---

356 Vgl. Bundesregierung, Gesetzentwurf zur Neuordnung des Pfandbriefsrechts, Drucks. 15/4321 vom 29.11.2004, Begründung, S. 26.

357 Vgl. FitchRatings (Heberlein/Royo/Graf-Tiedtke), Analysis of German Pfandbriefe: Preparing for 2005, 27.10.2004, p. 4, 11.

358 Vgl. Bundesregierung, Gesetzentwurf zur Neuordnung des Pfandbriefsrechts, Drucks. 15/4321 vom 29.11.2004, Begründung, S. 26.

359 Vgl. Beschlussempfehlung des Finanzauschusses zu dem Gesetzentwurf der Bundesregierung – Drucksachen 16/11130, 16/11195, S. 2.

2. Abschnitt. Das Deckungsprinzip des UK Covered Bond

Grundlage des Deckungsprinzips des UK covered bond ist die anfängliche Isolierung der zur Bedienung der Schuldverschreibung dienenden Vermögenswerte im Wege der Vollrechtsübertragung auf eine Zweckgesellschaft in der Form eines selbständigen Rechtsträgers. Ergänzt wird diese durch eine Spezialisierung der Zweckgesellschaft, welche auf dem Gedanken beruht, den Kreis der zulässigen Geschäfte des selbständigen Rechtsträgers zu beschränken, und zwar zum einen auf den Erwerb und die Verwaltung der Deckung dienenden Vermögenswerte, zum anderen auf die Garantie und der Besicherung der UK covered bonds[360]. Sichergestellt und überwacht wird die Deckung durch eine im Gesellschaftsvertrag der Zweckgesellschaft vereinbarte Deckungsrechnung, die durch weitere Maßnahmen der Aktiv-Passiv-Steuerung ergänzt wird. Die Gestaltung der Zweckgesellschaft als rechtlich selbständiger Rechtsträger, der Vollrechtsübertragung und der Deckungsrechnung ermöglicht ein Rating der UK covered bonds weitgehend unabhängig von der Bonität der Emittentin.

§ 11 Die Bildung der Deckungsmasse beim UK Covered Bond

Das englische Recht kennt verschiedene Methoden zur Bildung einer Haftungsmasse für Finanzierungstransaktionen. Bei rein sachenrechtlicher Bildung einer Haftungsmasse stellt sich auch im englischen Recht das Problem, dass den Sicherungsnehmern zwar dinglich eine privilegierte Stellung eingeräumt werden kann, die sicherstellt, dass diese bei Einzelzwangsvollstreckungsmaßnahmen Dritter grundsätzlich aus dem Erlös vorab zu befriedigen sind und in der Insolvenz des Sicherungsgebers ein Ab- oder Aussonderungsrecht innehaben. Die Sicherungsnehmer wären aber in der Insolvenz des Sicherungsgebers gezwungen, ihr dingliches Recht zu verwerten. Sie wären dann jedenfalls in das Insolvenzverfahren eingebunden. Um die Haftungsmasse von der Insolvenz des Sicherungsgebers abzuschirmen, ist es deswegen erforderlich, dass die Sicherungsgegenstände auf einen rechtlich selbständigen Rechtsträger übertragen werden.

Aus diesem Grund verlangen die RCB Regulations 2008, dass der Emittent und/oder die Mutter- sowie Schwestergesellschaften beim UK Regulated Covered Bond die Deckungswerte auf eine Zweckgesellschaft übertragen, welche die UK Regulated Covered Bonds garantiert und zur Besicherung der Gläubiger der UK Regulated Covered Bonds ihr gesamtes Vermögen verpfändet[361]. Die Anteile an dieser Zweckgesellschaft werden mehrheitlich von dem Emittenten und/oder der Muttergesellschaft gehalten. Minderheitsgesellschafter der Zweckgesellschaft ist zwingend ein

---

360 Zum Grundmechanismus der Spezialisierung bei gedeckten Wertpapieren, vgl.: Kern, Die Sicherheit gedeckter Wertpapiere, S. 136 ff.

361 Zur Garantie der UK covered bonds und den dinglichen Sicherheiten am Vermögen der UK covered bond LLP: Siehe unten 4. Teil, 2. Abschnitt, § 16.

sog. Liquidationsgesellschafter dessen Anteil nicht mehrheitlich von dem Emittenten und/oder dessen Muttergesellschaft gehalten wird[362].

Die zulässigen Deckungswerte sind in den RCB Regulations 2008 niedergelegt. Die Beschränkung auf die Indeckungnahme ausschließlich zulässiger Deckungswerte ist in den UK covered bond-Programmen durch entsprechende vertragliche Bestimmungen sicherzustellen.

A. Die Anforderungen der RCB Regulations 2008 an die Deckungsmasse, die zulässigen Deckungswerte und die Pflicht ein Deckungsregister zu führen

Die Anforderungen an die Deckungsmasse und die zulässigen Deckungswerte des UK Regulated Covered Bonds sind in reg. 2 (*eligible property*), reg. 3 (*asset pool*), reg. 4 (*owner*), reg. 21 (*prohibition*) und reg. 22 (*sums derived from the issue of regulated covered bonds*) RCB Regulations 2008 geregelt.

Rechtsträger der Deckungsmasse eines UK Regulated Covered Bond kann gem. reg. 21(1)(a) RCB Regulations 2008 ausschließlich eine rechtlich selbstständige Zweckgesellschaft in der Rechtsform einer company im Sinne des Companies Act 2006 oder eine limited liability partnership (LLP) im Sinne des Limited Liability Partnership Act 2000 sein. Die Zweckgesellschaft muss gem. reg. 21(1)(b) RCB Regulations 2008 ihren Sitz und den Schwerpunkt ihrer Geschäftstätigkeit (*center of main interest*) in Großbritannien haben.

Die Zweckgesellschaft hat gem. reg. 4(1) RCB Regulations 2008 Inhaber der Deckungsmasse des UK Regulated Covered Bond zu sein. Sie hat ferner gem. reg. 4(2) RCB Regulations 2008 die Tilgungs- und Zinszahlungsverpflichtungen unter den UK Regulated Covered Bonds für den Fall des Zahlungsausfalls des Emittenten zu garantieren und ggf. aus den Deckungswerten zu erfüllen. Entsprechend sind die Deckungswerte von dem Emittenten auf die Zweckgesellschaft rechtsgeschäftlich zu übertragen.

Als zulässige Deckungswerte bestimmt reg. 2(1)(a) RCB Regulations 2008 die folgenden Werte:

- Sämtliche Vermögenswerte der Ziffer 68 des Annexes VI der neu gefassten Bankenrichtlinie, die mindestens Bonitätsstufe 1 der neu gefassten Bankenrichtlinie (d.h. AA- oder besser) erfüllen (reg. 2(1)(a)(i) RCB Regulations 2008)[363];
- Verbriefungen von Wohn- und Gewerbeimmobilienkrediten britischer Emittenten sowie Emittenten eines Vertragsstaats über den europäischen Wirtschaftsraum (EWR), vorausgesetzt, dass die Wohn- und Gewerbeimmobilienkredite von

362 Üblicherweise hält der Emittent und/oder die Muttergesellschaft 20 % der Anteile des Liquidationsgesellschafters.
363 Siehe 2. Teil, § 4, B., II.

dem Emittenten oder einem verbundenen Unternehmen vergeben (*originated*) oder erworben (*acquired*) worden sind und es sich bei der Verbriefung um eine mit mindestens Triple-A Rating handelt (reg. 2(1)(a)(ii) RCB Regulations 2008);

- Kredite für den sozialen Wohnungsbau (reg. 2(1)(b) RCB Regulations 2008); und
- Kredite für Public Private Partnership-Projekte, die von öffentlich-rechtlichen Körperschaften mit Eintrittsrechten gesichert sind (reg. 2(1)(c) RCB Regulations 2008).

Die Beleihungsgrenze bei Immobilienkrediten beträgt, entsprechend der neu gefassten Bankenrichtlinie, 80 % für Wohnimmobilienkredite und 60 % für gewerbliche Immobilienkredite. Die Ersatzdeckungsgrenze ist, entsprechend der neu gefassten Bankenrichtlinie, auf 15 % festgesetzt.

Die zulässigen Deckungswerte müssen gem. reg. 2(2) RCB Regulations 2008 in einem Vertragsstaat über den europäischen Wirtschaftsraums (EWR), der Schweiz, den U.S.A., Japan, Kanada, Australien, Neuseeland, den Kanalinseln oder der Isle of Man belegen sein. Hinsichtlich der Anerkennung der ausländischen Sicherheiten auch in einem britischen Insolvenzverfahren verlangt die FSA dies bestätigende rechtliche Gutachten[364].

Nach reg. 3(1) RCB Regulations 2008 setzt sich die Deckungsmasse des UK Regulated Covered Bond damit aus den folgenden Vermögenswerten zusammen:

- Dem Emissionserlös eines UK Regulated Covered Bond, der von dem Emittenten gem. reg. 16 RCB Regulations 2008 an die Zweckgesellschaft im Wege eines Darlehens weiterzureichen ist (**a**);
- Zulässigen Deckungswerten (*eligible property*), die von der Zweckgesellschaft aus dem geliehenen Emissionserlös in Übereinstimmung mit reg. 22 RCB Regulations 2008 erworben werden (**b**);
- Zulässigen Deckungswerten, die von dem Emittenten oder einem verbundenen Unternehmen an die Deckungsmasse übertragen werden, um
  - die Anforderungen an die Deckungskongruenz gem. reg. 17.2 RCB Regulations 2008,
  - eine Weisung der FSA gem. reg. 30 RCB Regulations 2008, oder
  - eine Verfügung des Gerichts gem. reg. 33 RCB Regulations 2008

  zu erfüllen (**c**);
- Zulässigen Deckungswerten, die von dem Emittenten oder einem verbundenen Unternehmen an die Deckungsmasse für Zwecke der Überdeckung übertragen werden (**d**);
- Verträgen im Zusammenhang mit der Deckungsmasse oder dem UK Regulated Covered Bond (**e**);

---

364 Vgl. Ziffer 1.23, Proposals for a UK Recognised Covered Bond legislative framework – summary of responses and final Impact Assessment, February 2008.

- Zulässigen Deckungswerten, die aus Mitteln der vorgenannten Buchstaben (b) bis (e) Vermögenswerte, angeschafft werden (**f**);
- Mitteln aus den vorgenannten Buchstaben (b) bis (f) (**g**); und
- Mitteln, die von dritten Personen (d.h. anderen Personen als dem Emittenten) der Zweckgesellschaft im Rahmen eines Darlehens geliehen werden, um die Anforderungen an die Deckungskongruenz nach einer Insolvenz des Emittenten gem. reg. 24(1)(a) RCB Regulations 2008 zu erfüllen (**h**).

Die Deckungsmasse des UK Regulated Covered Bond ist demnach dynamischer Natur[365].

Der Emittent muss mit der Zweckgesellschaft gem. reg. 17(1) und 23(1) RCB Regulations 2008 Regelungen für die Verwaltung der Deckungsmasse vereinbaren. Diese werden in einem sog. servicing agreement getroffen.

Sämtliche in Buchst. (a) bis (f) und (h) vorgenannten Vermögenswerte sind gem. reg. 3(2) RCB Regulations 2008 in einem Deckungsregister einzutragen. Der Emittent und die Zweckgesellschaft haben hierfür gem. reg. 17(2)(a), 23(2) und 24(1)(a)(i) RCB Regulations 2008 entsprechende Vorkehrungen im Zusammenhang mit der Verwaltung der Deckungsmasse zu treffen bzw. diese im servicing agreement zu vereinbaren.

Der Emissionserlös des UK Regulated Covered Bond ist gem. reg. 22 RCB Regulations 2008 und reg. 2(4) RCB Amendment Regulations 2008, soweit für die Deckung erforderlich, von der Zweckgesellschaft ausschließlich zum Erwerb von zulässigen Deckungswerten zu verwenden und ausschließlich innerhalb der Deckungsmasse zu halten. Für andere Zwecke darf der Emissionserlös von der Zweckgesellschaft nicht verwendet werden.

B. Die Deckungsmasse in der Rechtsform der Limited Liability Partnership

Als Deckungsmasse des UK covered bond wurden bisher ausschließlich Gesellschaften in der Rechtsform einer limited liability partnership (LLP) gewählt, weil diese Vorzüge des Prinzips der beschränkten Haftung juristischer Personen mit den Vorteilen der flexiblen Verfassung einer Personengesellschaft verbindet und darüber hinaus ertragssteuerlich transparent ist. Anders als die deutsche Partnerschaftsgesellschaft ist die LLP keine auf eine bestimmte Berufsgruppe ausgerichtete und nur für diese zugängliche Gesellschaftsform[366].

---

365 Vgl. HM Treasury/FSA, Proposals for a UK Regulated Covered Bonds legislative framework, July 2007, para. 2.34.
366 Vgl. Kilian, Die limited liability partnership – Eine neue Gesellschaftsform im britischen Recht, in: NZG, 2000, S. 1009.

I. Allgemeines zur Limited Liability Partnership

Die LLP ist eine vergleichsweise neue Gesellschaftsform. Die Rechtsform der LLP ist mit dem am 6.4.2001 in Kraft getretenen Limited Liability Partnership Act 2000 und den begleitenden Limited Liability Partnership Änderungsverordnung 2005 sowie Limited Liability Partnership Verordnung 2001 geschaffen worden[367]. Die LLP ist keine partnership im engeren Sinn. Das Recht der partnership ist gem. sec. 1(5) LLPA 2000 auf die LLP nicht anwendbar. Die LLP ist vielmehr gem. sec. 1, 2(1) (a) LLPA 2000 eine juristische Person (*body corporate*) und damit Trägerin von eigenen Rechten und Pflichten[368]. Das Recht der LLP besteht in weiten Teilen aus Verweisungen und der Adaption von Bestimmungen des Companies Act 1985 bzw. des Partnership Act 1890[369]. So wird gem. sec. 15 LLPA 2000 i.V.m. sec. 4 und Anhang 2, Teil I Limited Liability Partnerships Verordnung 2001 zur Regelung des Rechts der LLP auf wesentliche Teile des Companies Act 1985 verwiesen. Die Gesellschafter der LLP sind keine Partner, sondern werden in sec. 4(1) LLPA 2000 als members bezeichnet[370].

1. Einordnung der Limited Liability Partnership in das englische Gesellschaftsrecht

Im englischen Gesellschaftsrecht existieren als gesellschaftsrechtliche Grundformen die partnership und die company. Partnerships besitzen keine eigene Rechtspersönlichkeit und ihre Gesellschafter (*partner*) – außer dem limited partner der limited partnership – haften unmittelbar, persönlich und gesamtschuldnerisch[371]. Die partnership ist teilweise mit den deutschen Personengesellschaften vergleichbar. Die company (Kapitalgesellschaft) hat eine eigene Rechtspersönlichkeit und ermöglicht eine Beschränkung der Haftung (*limited by shares* oder *limited by guarantee*)[372]. Die Geschäftsführung und Vertretung obliegt den Geschäftsführern (*directors*) der company. Die company entspricht weitgehend den deutschen Kapitalgesellschaften.

---

367 Vgl. Armour, Tolley'sLimited Liability partnerships – the new legislation, p. 1; Morse, Partnership Law, p. 245; Schnittker/Bank, Die LLP in der Praxis, S. 1 Rn. 2.

368 Vgl. Henssler, Die Limited Liability Partnership als Organisationsform anwaltlicher Berufsausübung, in: NJW, 2007, S. 1395.

369 Da die LLP-Regulations auf den Companies Act 2006 verweisen, sind nach dem vollständigen Inkrafttreten des Companies Act 2008 im Oktober 2008 neue LLP-Regulations erforderlich. Diese stehen aus. Der Companies Act 2006 wird das Recht der LLP aber nicht grundlegend ändern, weil die entsprechenden Normen keine wesentlichen Rechtsänderungen erfahren haben. Vgl. Schnittker/Bank, Die LLP in der Praxis, S. 11 Rn. 37.

370 Vgl. Rouch/Smethurst, Limited Liability Partnerships: Flexing the Body Corporate, BJIBFL, [2004], p. 46.

371 Vgl. Partnership Act 1890, Limited Partnership Act 1907.

372 Vgl. Linsell, in: Paterson/Britton, Limited Liabilities Partnerships – A guide for professionals, 2001, p. 9.

Die LLP wurde in England, Wales und Schottland eingeführt, um die organisatorische Flexibilität und die Steuervorteile der partnership mit der beschränkten Haftung der limited company zu verbinden[373]. Die LLP stellt somit – vereinfacht gesagt – eine Mischform bzw. hybride Gesellschaftsform aus partnership und limited company dar[374]. Sie besitzt im Gegensatz zum partnership bzw. limited partnership eine eigene Rechtspersönlichkeit und ermöglicht eine Haftungsbeschränkung für alle Gesellschafter[375]. Die steuerliche Behandlung einer LLP entspricht der einer partnership. Bei der Ertragsbesteuerung werden LLPs steuerlich transparent behandelt, d.h. die LLP selbst unterliegt keiner Ertragssteuerpflicht, vielmehr findet eine Besteuerung ausschließlich auf der Ebene der Gesellschafter der LLP entsprechend ihrer Anteile statt[376]. Insgesamt wird die LLP eher als company und weniger als partnership eingeordnet[377].

2. Gründung einer Limited Liability Partnership

Die Gründung einer LLP ist dem Verfahren zur Gründung einer private company ähnlich[378]. Zur Gründung sind die gesellschaftsvertraglichen Regelungen des Außenverhältnisses (*incorporation documents*) im Original oder als beglaubigte Abschrift beim Company House in Cardiff[379] zusammen mit den übrigen Gründungsunterlagen einzureichen[380]. Die Gründungsunterlagen müssen den Namen der LLP,

---

373 Vgl. Mabey, in: Paterson/Britton, Limited Liability Partnership – A guide for professionals, p. 29; Armour, Limited Liabilities Partnerships – the new legislation, p. 37. Grund für die Einführung der LLP war, dass Wirtschaftsprüfer und Rechtsanwälte, denen in der Vergangenheit nur die Rechtsform der partnership zur Verfügung stand, aufgrund gestiegener Haftungsrisiken die Möglichkeit einer Haftungsbeschränkung forderten. Um zu verhindern, dass diese partnerships ihren Sitz – insbesondere nach Jersey – verlegten, wo seit 1997 die Möglichkeit der Gründung einer LLP bestand, sah sich der Gesetzgeber gezwungen, die gesetzlichen Voraussetzungen für eine Haftungsbeschränkung zu schaffen. Vgl. Rouch/Smethurst, Limited Liability Partnerships: Flexing the Body Corporate, BJIBFL, [2004], p. 46; Kilian, Die limited liability partnership – Eine neue Gesellschaftsform im britischen Recht, in: NZG, 2000, S. 1009 f.

374 Vgl. Schnittker/Bank, Die LLP in der Praxis, S. 8 Rn. 27.

375 Vgl. Morse, Palmer's Limited Liability Partnerships Law, p. 52 para. A2-02 and p. 54 para. A2-05.

376 Vgl. sec. 118ZA Income and Corporation Taxes Act 1988, sec. 59A Taxation of Chargeable Gains Act 1992, sec. 167A Inheritance Tax Act 1984; Rouch/Smethurst, Limited Liability Partnerships: Flexing the Body Corporate, BJIBFL, [2004], p. 47; Kilian, Die limited liability partnership – Eine neue Gesellschaftsform im britischen Recht, NZG, 2000, S. 1014.

377 Vgl. Linsell, in: Paterson/Britton, Limited Liability Partnerships – A guide for professionals, p. 7; Schnittker/Bank, Die LLP in der Praxis, S. 8 Rn. 27.

378 Vgl. Morse, Partnership Law, p. 251; Morsen Palmer's Limited Liability Partnerships Law, p. 56 para. A2-08.

379 Dies gilt zur Gründung einer LLP in England und Wales.

380 Das Innenverhältnis der Gesellschafter der LLP wird dagegen im Gesellschaftsvertrag (*members' agreement* bzw. *by-laws*) geregelt (vgl. Morse, Palmer's Limited Liability Partnerships Law, p. 18 para. A1-28 und p. 142 para. A5-03). Liegt ein members' agreement nicht vor, so gelten die allgemeinen Regelungen des para. 7 Limited Liability Partnership Verordnung 2001 (vgl. Armour, Tolley's Limited Liability Partnerships – the new legislation, p. 5; Morse, Partnership Law, p. 252). Das incorporation document entspricht insofern den sog. articles's of association (vgl. Morse, Partnership Law, p. 252).

ihren gesellschaftsvertraglichen Sitz mit vollständiger Adresse, Namen und Adressen jedes Gründungspartners und die Mitteilung, welche Gesellschafter sog. designated members sein sollen, enthalten[381]. Ferner ist die Erklärung eines Rechtsanwalts oder eines Dritten erforderlich, dass die Gründungsvorschriften eingehalten wurden[382]. Liegen sämtliche Voraussetzungen vor, wird die Gesellschaft ins öffentliche Register für Kapitalgesellschaften eingetragen und erhält von diesem eine entsprechende Gründungsurkunde[383].

Die Gründung einer LLP setzt gem. sec. 2 LLPA 2000 das Vorhandensein von mindestens zwei Gesellschaftern (*members*) voraus, die beabsichtigen zu allgemein mit Recht und Gesetz vereinbaren Zwecken einen Geschäftsbetrieb mit Gewinnerzielungsabsicht zu gründen. Die Gesellschafter können natürliche oder juristische Personen sein[384].

Neben den „gewöhnlichen" Gesellschaftern hat die LLP mindestens zwei designierte Gesellschafter (*designated members*). Diese nehmen – ähnlich dem Geschäftsführer oder dem company secretary einer limited company – besondere Aufgaben wahr, wie z.B. die Einreichung der Jahresabschlüsse und Mitteilungen über Änderungen (z.B. Gesellschafterwechsel, Änderungen der Firma oder des Sitzes, Gesellschaftsauflösung, etc.) an das öffentliche Register für Kapitalgesellschaften[385].

3. Die allgemeine Verfassung einer Limited Liability Partnership

Die Festlegung der Rechte und Pflichten der Gesellschafter der LLP erfolgt im Gesellschaftsvertrag der LLP. Darin werden die Gewinnverteilung, die ggf. zu leistenden Einlagen und die Beschlussfähigkeit geregelt. Soweit kein Gesellschaftsvertrag geschlossen wird, bzw. dieser bestimmte Bereiche nicht selbst regelt, gelten die para. 7 und 8 der Limited Liability Partnership Änderungsverordnung 2005 (sog. default provisions).

Grundsätzlich ist jeder Gesellschafter der LLP geschäftsführungsberechtigt[386]. Ein jeder Gesellschafter ist im Außenverhältnis gem. sec. 6 para. 1 LLPA 2000 Vertreter (*agent*) der LLP, sofern seine Vertretungsmacht nicht durch den Gesellschaftsvertrag beschränkt ist und der Dritte von der Beschränkung keine Kenntnis hat[387].

---

381 Vgl. sec. 2(2) LLPA 2000. Designated members haben im Rahmen der Gründung und Verwaltung einer LLP besondere Aufgaben wahrzunehmen. Vgl. Armour, Tolley's Limited Liability partnerships – the new legislation, p. 13; Morse, Palmer's Limited Liability Partnerships Law, p. 10 para. A1-15 und p. 68 para. A2-33.
382 Vgl. sec. 2(1)(c) LLPA 2000.
383 Vgl. sec. 3 LLPA 2000; vgl. Linsell, in: Paterson/Britton, Limited Liability Partnerships – A guide for professionals, p. 17.
384 Vgl. Güthoff, Gesellschaftsrecht in Großbritannien, S. 56.
385 Vgl. Schnittker/Bank, Die LLP in der Praxis, S. 33 Rn. 99.
386 Vgl. sec. 6 LLPA 2000.
387 Vgl. Güthoff, Gesellschaftsrecht in Großbritannien, S. 57.

Die LLP hat kein gesetzlich vorgeschriebenes Mindestkapital. Alle oder einzelne Gesellschafter der LLP können, müssen sich aber nicht verpflichten, eine Kapitaleinlage zu leisten. Die Gesellschafter haften gem. sec. 1(4) LLPA 2000 nur beschränkt in Höhe ihrer Kapitaleinlage. Anders als bei der company gibt es für die LLP keine Kapitalerhaltungsvorschriften[388]. Die LLP haftet als juristische Person für ihre Verbindlichkeiten bis zur Höhe ihres Gesellschaftsvermögens[389]. Die Gesellschafter können aber unter bestimmten Umständen nach den allgemeinen Regeln persönlich haften, z. B. bei betrügerischem Verhalten insbesondere im Vorfeld der Insolvenz.

Die Gesellschaft endet nach Ablauf der Zeit, für die sie eingegangen ist oder durch entsprechenden Beschluss der Gesellschafter. Die Auflösung einer LLP kann nicht wie bei einer partnership durch einfachen Beschluss der Gesellschafter und anschließender liquidation durch die Gesellschafter selbst betrieben werden[390]. Vielmehr kann die Auflösung einer LLP außerhalb der Insolvenz allein nach den Vorschriften der sog. members voluntary liquidation in einem förmlichen Verfahren erfolgen[391]. Auch die Insolvenz eines Gesellschafters führt nicht zur Auflösung der LLP[392]. Im Insolvenzfall einer LLP sind gem. Teil IV Limited Liability Partnership Verordnung 2001 die Vorschriften zur Insolvenz der company anwendbar[393].

II. Die Ausgestaltung der UK Covered Bond LLP als Deckungsmasse

Die Deckungsmasse des UK covered bond in der Rechtsform einer LLP firmiert regelmäßig mit dem Zusatz UK covered bond LLP und soll im folgenden allgemein als LLP bezeichnet werden. Die LLP wird regelmäßig bei Auflage eines UK covered bond-Programms von dem Emittenten und ggf. von mit dem Emittenten verbundenen Unternehmen (zusammen die „ordentlichen Gesellschafter“) sowie einem sog. Liquidationsgesellschafter (*liquidation member*) als Zweckgesellschaft gegründet, um in der Folge Immobilienkredite aus dem Vermögen der ordentlichen Gesellschafter auf die LLP zu übertragen[394].

---

388 Vgl. Morse, Palmer's Limited Liability Partnerships Law, p. 55 para. A2-07.
389 Vgl. Rouch/Smethurst, Limited Liability Partnerships: Flexing the Body Corporate, BJIBFL, [2004], p. 48.
390 Vgl. Brown, in: Paterson/Britton, Limitted Liability Partnership – A guide for professionals, p. 53.
391 Vgl. Brown, in: Paterson/Britton, Limitted Liability Partnership – A guide for professionals, p. 52.
392 Vgl. Güthoff, Gesellschaftsrecht in Großbritannien, S. 58.
393 Vgl. Rouch/Smethurst, Limited Liability Partnerships: Flexing the Body Corporate, BJIBFL, [2004], p. 47.
394 In der Regel wird dabei in der Praxis eine Vorratsgesellschaft erworben.

1. Die besondere Verfassung der UK Covered Bond LLP

Der Gesellschaftszweck der UK covered bond LLP wird in ihrem Gesellschaftsvertrag auf den Erwerb der von Immobilienkrediten und deren Sicherheiten (*loans and their related security*) unter dem Hypothekenkauf- und Abtretungsvertrag mit dem Emittenten und/oder der Muttergesellschaft, deren Verwaltung mit Aussicht auf Gewinn, erforderlichenfalls die Aufnahme von Fremdkapital und die Sicherung der von dem Emittenten ausgegebenen Schuldverschreibungen durch Abgabe einer Garantie sowie die Bestellung von Sicherheiten beschränkt.

In Abweichung von den allgemeinen Geschäftsführungs- und Vertretungsregeln der LLP werden die Geschäfte der UK covered bond LLP durch einen Verwaltungsrat (*management board*) geführt und die LLP durch die Mitglieder des Verwaltungsrats vertreten. Die Gesellschafter übertragen zu diesem Zweck auf den Verwaltungsrat regelmäßig sämtliche Aufgaben der Geschäftsführung, bis auf die Feststellung des Jahresabschlusses und den Beschluss zur freiwilligen Auflösung der Gesellschaft, die im Übrigen einen einstimmigen Beschluss in der Gesellschafterversammlung erfordern. Der Verwaltungsrat setzt sich in der Regel zusammen aus Organmitgliedern und leitenden Angestellten des Emittenten und/oder der Muttergesellschaft.

Der Gesellschaftsvertrag der UK covered bond LLP sieht regelmäßig vor, dass Entscheidungen des Verwaltungsrats über die Aufnahme eines neuen Gesellschafters, eine Änderung des Gesellschaftszwecks, der Firma sowie der Satzung der Gesellschaft, solange UK covered bonds im Umlauf sind, der Zustimmung des Sicherheitentreuhänders bedürfen.

Der Gesellschaftsvertrag der UK covered bond LLP setzt für den Beschluss zur freiwilligen Auflösung der Gesellschaft Einstimmigkeit in der Gesellschafterversammlung voraus. Der Gesellschaftsvertrag der LLP sieht regelmäßig vor, dass nach Bestellung eines Insolvenzverwalters (*liquidators*) über das Vermögen eines ordentlichen Gesellschafters der LLP alle in dem Gesellschaftsvertrag den Gesellschaftern der LLP vorbehaltenen Geschäfte (d.h., Feststellung des Jahresabschlusses und Beschluss zur freiwilligen Auflösung der Gesellschaft) nur noch von einem Liquidationsgesellschafter beschlossen werden dürfen. Dies ist angezeigt, um sicher zu stellen, dass nach der Insolvenz eines Gesellschafters der LLP kein paralleles Insolvenzverfahren über das Vermögen der LLP eröffnet werden kann. Teilweise ist vorgesehen, dass der Liquidationsgesellschafter nach Bestellung eines Insolvenzverwalters über das Vermögen eines Gesellschafters der LLP berechtigt ist, einen neuen Gesellschafter durch Vereinbarung mit sich selbst und im Namen der übrigen Gesellschafter aufzunehmen.

2. Sonstige gesellschaftsrechtliche Verpflichtungen

a) *Verpflichtungen der Gesellschafter der UK Covered Bond LLP*

Nach den Wertpapierprospekten der untersuchten UK covered bonds sind die Gesellschafter der UK covered bond LLP verpflichtet, ihre Anteile an der LLP weder zu veräußern, noch zu übertragen bzw. anderweitig darüber zu verfügen. Zum Teil umfasst diese Verpflichtung auch die Bestellung dinglicher Sicherheiten oder sonstiger Rechte am Vermögen der LLP. Letzteres gilt allerdings solange UK covered bonds im Umlauf sind nur vorbehaltlich der Zustimmung des Sicherheitentreuhänders. Darüber hinaus verpflichten sich die Gesellschafter einheitlich, solange UK covered bonds im Umlauf sind, die LLP nicht aufzulösen und kein Insolvenzverfahren bzw. kein vergleichbares Verfahren in Bezug auf das Vermögen der LLP einzuleiten.

b) Verpflichtungen der UK Covered Bond LLP

Die UK covered bond LLP verpflichtet sich, vorbehaltlich der Zustimmung ihrer Gesellschafter sowie, solange UK covered bonds im Umlauf sind, der Zustimmung des Sicherheitentreuhänders die nachfolgenden Handlungen zu unterlassen, sofern sie nicht Gegenstand des UK covered bond-Programms sind:

- die Bestellung von dinglichen Sicherheiten an Teilen oder dem gesamten Vermögen der LLP;
- die Veräußerung, Verfügung über oder Einräumung eines Optionsrechts oder sonstigen gegenwärtigen oder künftigen Rechts zum Kauf eines Vermögensgegenstands, des gesamten Unternehmens oder eines sonstigen Interesses an der LLP;
- die Eröffnung oder sonstige Unterhaltung eines Bankkontos, das im UK covered bond-Programm nicht vorgesehenen ist;
- die Begründung von Verbindlichkeiten, Einräumung von Garantien oder Freistellungen in Bezug auf solche Verbindlichkeiten;
- die Konsolidierung, Verschmelzung oder sonstige Übertragung ihres Vermögens oder einzelner Vermögensgegenstände auf andere Personen;
- die Anstellung von Mitarbeitern, das Vorhalten von Geschäftsräumen und die Gründung bzw. das Erwerben von Tochtergesellschaften;
- den Erwerb von anderen als im Hypothekenkauf- und Abtretungsvertrag und der Cash Management-Vereinbarung sowie der LLP-Satzung vorgesehenen Vermögensgegenständen; sowie
- jedwede Geschäftstätigkeit in den Vereinigten Staaten von Amerika.

Zusätzlich ist in einigen UK covered bond-Programmen vorgesehen, dass die LLP ebenfalls der Zustimmung des Sicherheitentreuhänders zu den nachfolgenden Rechtsgeschäften bedarf, sofern diese nicht selbst Gegenstand des vereinbarten UK covered bond-Programms sind:

- den Abschluss von Verträgen und sonstigen Vereinbarungen;
- den Verzicht auf oder Vergleich hinsichtlich fälliger Forderungen; und
- die Erhebung, Verteidigung, Beilegung von Gerichtsverfahren oder anderen Rechtsstreitigkeiten mit Bezug auf ihr Vermögen oder einzelner ihrer Vermögensgegenstände.

III. Die gesellschaftsvertragliche Mittelzuflussverwendung

Die Aktiva der UK covered bond LLP bestehen ausschließlich aus Deckungswerten. Für die Bewertung der Sicherheit der Deckungsmasse des UK covered bond ist nicht nur die Qualität bestimmter Deckungswerte der Deckungsmasse maßgeblich, sondern auch die Beurteilung der Mittelzuflussverwendung der LLP aus den Deckungswerten (*cash flow management*). Cash flows werden von allen Deckungswerten der LLP – insbesondere den übertragenen Immobilienkrediten, den Ersatzdeckungswerten und genehmigten Kapitalanlagen sowie ggf. aus den Swapverträgen – generiert. Diesen cash flows stehen garantierte Verbindlichkeiten aus den UK covered bonds gegenüber. Hinzu kommen Verbindlichkeiten der LLP gegenüber den übrigen an der UK covered bond-Transaktion beteiligten Parteien (d.h. dem servicer, dem asset cover monitor, dem cash manager, den Swapvertragsparteien, den Gesellschaftern der LLP aus dem Gesellschafterdarlehen, etc.). Diese Verbindlichkeiten sind mit den Einnahmen der LLP aus den Deckungswerten zu erfüllen.

Die verschiedenen Phasen der UK covered bond-Transaktion bedingen eine unterschiedliche Verwendung des Mittelzuflusses der UK covered bond LLP. Dabei ist zu unterscheiden zwischen: (i) dem Zeitraum vor der Insolvenz des Emittenten, (ii) dem Zeitraum ab der Verwertung der covered bond-Garantie[395] und (iii) der Verteilung des Erlöses aus der Verwertung der fixed und floating charge[396]. Der UK covered bond setzt die unterschiedlichen Anforderungen an die Mittelverwendung durch die Festlegung von verbindlichen Mittelzuflussverwendungsregeln für die jeweilige Phase der Transaktion in der Satzung der LLP bzw. durch entsprechende Abreden in der Sicherungsvereinbarung der fixed und floating charge um.

Ab Beginn des UK covered bond-Programms und bis zum Eintritt eines Kreditereignisses beim Emittenten unter der covered bond-Garantie in dessen Folge der Schuldverschreibungsgläubiger die UK covered bonds gegenüber dem Emittenten – nicht allerdings gegenüber der UK covered bond LLP – gesamtfällig stellt, hat die LLP bzw. der cash manager die Regeln der Mittelzuflussverwendung vor Verwertung der covered bond-Garantie einzuhalten. Diese berücksichtigt, dass vor Durchsetzung der covered bond-Garantie Zahlungsverpflichtungen aus den UK covered bonds ausschließlich gegenüber dem Emittenten bestehen. Aus diesem Grund stellt die Mittelzuflussverwendung vor Verwertung der covered bond-Garantie sicher, dass in diesem Zeitraum nach Erfüllung der laufenden Verpflichtungen gegenüber den übrigen Beteiligten der UK covered bond-Transaktion die cash flows der LLP an den Emittenten durch entsprechende Ausschüttungen weitergeleitet werden, damit dieser entsprechend die UK covered bond-Gläubiger bedienen kann. Dazu ist zwischen der Verwendung der Mittelzuflüsse aus Rückzahlungen unter den übertragenen Immobilienkrediten (*pre-acceleration principal priority of payments*) und aus sonstigen Einnahmen (*pre-acceleration revenue priority*) zu unterscheiden.

---

395 Siehe unten 4. Teil, 2. Abschnitt, § 16, A., III.
396 Siehe unten 4. Teil, 2. Abschnitt, § 17, D., III.

1. Mittelzuflussverwendung aus sonstigen Einnahmen vor Verwertung der Covered Bond-Garantie

Vor Gesamtfälligstellung der UK covered bonds gegenüber dem Emittenten fließen der UK covered bond LLP außer den Einnahmen aus Rückzahlungen unter den übertragenen Immobilienkrediten grundsätzlich die folgenden Einnahmen zu (*available revenue receipts*):

- alle Umsätze (*revenue receipts*) der LLP des Umsatzerlösunterkontos (*revenue ledger*) des GIC Kontos in Form von (i) Zinsen, Gebühren und sonstigen Einnahmen außer Rückzahlungen aus nicht leistungsgestörten Immobilienkrediten, (ii) Zinsen, Gebühren und Rückzahlungen aus der etwaigen Verwertung leistungsgestörter Immobilienkredite sowie (iii) etwaige im Kaufpreis des Rückerwerbs durch einen Veräußerer von Immobilienkrediten enthaltene angefallene Zinsen (*accrued interest*);
- einen etwaigen Überschuss der Barreserve;
- sonstige Umsätze der LLP inklusive aller sonstigen Zinseinnahmen aus den Ersatzdeckungswerten und den genehmigten Investments sowie Einnahmen der LLP unter den Swapverträgen;
- alle sonstigen Umsätze der LLP auf dem Umsatzerlösunterkonto des GIC Kontos; und
- abzüglich der Beträge, die eine Bank aufgrund eines Einziehungsauftrags an die LLP gezahlt hat, falls die Vorleistung der Bank durch das jeweilige Kundenkonto nicht ausgeglichen werden konnte, sowie Zahlungen der Immobilienkreditnehmer in Bezug auf Gebühren und sonstige Verpflichtungen (wie z.B. Vorfälligkeitsentschädigungen), die für den Veräußerer fällig sind; Ansprüche dieser Art sollen im übrigen mit Einlagen aus dem GIC-Konto erfüllt werden.

Die UK covered bond LLP oder der cash manager sind verpflichtet, monatlich die Höhe der verfügbaren Einnahmen und den Betrag, der zur Einzahlung in die Barreserve erforderlich ist, zu ermitteln, sowie ggf. nach der Verletzung des pre-maturity test festzustellen, ob der Bestand im pre-maturity Liquiditätsunterkonto geringer ist als die Rückzahlungsverpflichtung der nächst fälligen Schuldverschreibungsserie. Der so ermittelte Betrag ist daraufhin am nächsten LLP Zahlungstag (*LLP payment date*) von der LLP bzw. dem cash manager vom GIC-Konto auf das sog. Transaktionskonto zu überweisen und in der folgenden Reihenfolge zu verwenden:

- Erstens, für Zahlungsverpflichtungen gegenüber Dritten, die unter Einhaltung des UK covered bond-Programms eingegangen worden sind (z.B. gegenüber dem servicer, dem cash manager, dem asset cover monitor, der account bank und dem corporate service provider) und im nächsten Monat fällig werden, sowie für Steuern und Abgaben;
- Zweitens, gleichrangig für Vergütung, Kosten, Ausgaben und Auslagen inkl. Mehrwertsteuer des servicer und cash manager sowie für Verbindlichkeiten gegenüber der account bank und dem corporate service provider;

- Drittens, gleichrangig für fällige Zahlungsverpflichtungen gegenüber interest rate-Swapvertragsparteien, außer Abschlusszahlungen nach Kündigung eines interest rate-Swapvertrags;
- Viertens, zur Einzahlung in das Barreserveunterkonto (*reserve ledger*) des GIC-Kontos in Höhe der erforderlichen Barreserve;
- Fünftens, zur Einzahlung in das pre-maturity Liquiditätsunterkonto des GIC-Kontos bis zur erforderlichen Rückzahlungssumme der endfälligen Schuldverschreibungen bezüglich derer der pre-maturity test verletzt ist[397];
- Sechstens, nach einem Kreditereignis bei dem servicer zur Einzahlung aller übrigen verfügbaren Einnahmen der LLP auf das GIC-Konto bis das Kreditereignis bei dem servicer entweder geheilt oder vom Sicherheitentreuhänder gebilligt ist oder ein neuer servicer ernannt ist;
- Siebtens, zur Leistung einer Abschlusszahlung unter einem interest rate-Swapvertrag;
- Achtens, für Zins- und sonstige Verpflichtungen, außer Tilgungsverpflichtungen, unter den Gesellschafterdarlehen;
- Neuntens, zur Erfüllung der gestundeten Gegenleistung für den Erwerb der Immobilienkredite (*deferred consideration*); und
- Zehntens, für Kapitalausschüttungen an die Gesellschafter der LLP.

2. Mittelzuflussverwendung aus Immobilienkreditrückzahlungen vor Verwertung der Covered Bond-Garantie

Vor Gesamtfälligstellung der UK covered bonds gegenüber dem Emittenten fließen der UK covered bond LLP in Verbindung mit der Rückzahlung aus übertragenen Immobilienkrediten die folgenden Einnahmen zu (*available principal receipts*):

- Einnahmen aus (i) Rückzahlungen der Immobilienkreditnehmer in das sog. Rückzahlungsunterkonto (*principal ledger*) des GIC-Kontos aus dem vorangegangenen Monat in Bezug auf nicht leistungsgestörte Kredite, (ii) aus der etwaigen Verwertung leistungsgestörter Kredite, (iii) aus einer Versicherung für die aufstehenden Gebäude einer beliehenen Immobilie sowie (iv) alle Einnahmen aus dem Rückkauf eines Immobilienkredits abzüglich der darin enthaltenen angefallenen Zinsen;
- der übrige Bestand des Rückzahlungsunterkontos, inklusive aller Auszahlungen im Rahmen der Gesellschafterdarlehen und Barkapitaleinlagen der Gesellschafter der LLP, die bis zu diesem Zeitpunkt noch nicht zum Erwerb von Immobilienkrediten verwendet wurden;

---

397 Zum pre-maturity test, siehe unten 3. Teil, 2. Abschnitt, § 12, B., II., 1.

- der Bestand des pre-maturity Liquiditätsunterkontos, nach der Rückzahlung einer endfälligen Schuldverschreibungsserie, es sei denn die LLP hat beschlossen oder ist verpflichtet, diesen Bestand weiter im pre-maturity Liquiditätsunterkonto vorzuhalten; und
- alle Einnahmen der LLP in Bezug auf Rückzahlungsleistungen unter dem covered bond-Swapvertrag.

Die UK covered bond LLP und der cash manager sind verpflichtet, monatlich – am sog. calculation date – die vorgenannten verfügbaren Einnahmen aus Rückzahlungsleistungen der Immobilienkreditnehmer oder sonstigen damit verbundenen Einnahmen, die zur Verwendung am darauf folgenden LLP-Zahltag zur Verfügung stehen, zu ermitteln. Der dabei ermittelte Betrag ist dann von der LLP bzw. dem cash manager vom GIC-Konto auf das Transaktionskonto zu überweisen und in der folgenden Reihenfolge zu verwenden:

- Erstens, falls der pre-maturity test verletzt ist, zur Einzahlung in das pre-maturity Liquiditätsunterkonto in der für die Rückzahlung der betroffenen endfälligen Schuldverschreibungsserie erforderlichen Höhe unter Berücksichtigung des darauf vorhandenen Bestands;
- Zweitens, zum Erwerb neuer Immobilienkredite oder neuer Ersatzdeckungswerte, in einer Höhe, welche die Einhaltung des asset coverage test unter Berücksichtigung des sonstigen Vermögens der LLP sicherstellt;
- Drittens, zur Einlage in das GIC-Konto in einer Höhe, die die Einhaltung des asset coverage test unter Berücksichtigung des sonstigen Vermögens der LLP sicherstellt;
- Fünftens, nach Rückzahlung aller fälligen UK covered bonds zur Tilgung der Gesellschafterdarlehen; und
- Sechstens, vorbehaltlich der Einhaltung des asset coverage tests für Kapitalausschüttungen[398].

IV. Die Finanzierung der UK Covered Bond LLP

Die UK covered bond LLP wird ausschließlich durch ihre ordentlichen Gesellschafter entweder durch Bar- bzw. Sachkapitaleinlagen oder durch Gesellschafterdarlehen finanziert. Die Begründung anderweitiger Verbindlichkeiten ist der LLP untersagt.

1. Kapitaleinlagen

Die Kapitaleinlage der Gesellschafter der UK covered bond LLP wird in den untersuchten UK covered bond-Programmen unterschiedlich bestimmt. Sie ist grund-

398 Zum asset coverage test, siehe unten 3. Teil, 2. Abschnitt, § 12, B., I., 1.

sätzlich relativ volatil und hängt im Wesentlichen von der monatlich zu bestimmenden gesellschaftsvertraglichen Deckung und den hieraus resultierenden erforderlichen zusätzlichen Kapitaleinlagen oder anderenfalls zulässigen Kapitalentnahmen ab. Zum Teil finden bei der Bestimmung der Kapitaleinlage (i) von den Gesellschaftern zurück zu erwerbende leistungsgestörte Kredite, (ii) rückständige Zinsen und (iii) etwaige Erhöhungen der ursprünglichen Darlehenssumme eines Kredits durch entsprechende Reduzierung der Kapitaleinlage beim jeweiligen Gesellschafter Berücksichtigung.

Die Gesellschafter der LLP sind berechtigt, jederzeit das Kapital der Gesellschaft gegen Bar- oder Sacheinlage zu erhöhen. Teilweise sehen die Wertpapierprospekte der UK covered bonds vor, dass der Verkauf und die Übertragung von Immobilienkrediten und der dazugehörigen Sicherheiten aus dem Vermögen der ordentlichen Gesellschafter gegen Ausgabe neuer Anteile an der LLP im Wege einer Sachkapitalerhöhung erfolgen kann. In der Regel ist die Höhe der Sachkapitalerhöhung danach auf den Nominalwert der eingelegten Immobilienkredite zuzüglich bis zu diesem Zeitpunkt fällig gewordener und ggf. rückständiger Zinsen abzüglich einer eventuellen Gegenleistung durch die LLP in bar festgelegt. Auf diese Weise kann erforderlichenfalls die Deckungsmasse ohne Liquiditätsbelastung aufgestockt werden.

2. Gesellschafterfremdfinanzierung

Zum Erwerb der Immobilienkredite und der mit diesen verbundenen Sicherheiten von dem Emittenten zur Deckung der UK covered bonds muss sich die UK covered bond LLP selbst entsprechend finanzieren. Dies erfolgt durch ein Gesellschafterdarlehen zwischen dem Emittenten oder einem mit ihr verbundenen Unternehmen und der LLP. Danach ist der Emittent verpflichtet, der LLP einen Geldbetrag in Höhe der Erlöse der jeweiligen Serie der ausgegebenen UK covered bonds zur Verfügung zu stellen.

Nach der Verwendungszweckabrede des Gesellschafterdarlehens ist die LLP verpflichtet, die aus der jeweiligen UK covered bond-Serie weitergeleiteten Mittel ausschließlich zum Erwerb von Immobilienkrediten und den mit diesen verbundenen Sicherheiten zu den im mortgage sale agreement vereinbarten Bedingungen zu verwenden. Daneben ist die LLP in der Regel bis zu einer Höhe von 10 % ihres gesamten Vermögens zum Erwerb von sog. Ersatzdeckungswerten (*substitution assets*) berechtigt[399]. Auf diese Weise wird das Prinzip der Verwendungsbeschränkung als Kehrseite des Deckungsprinzips umgesetzt. Darüber hinaus zur Verfügung stehende Mittel hat die LLP in bestimmten besonders sicheren und liquiden Werten in dem GIC-Konto anzulegen.

Die Verzinsung des Gesellschafterdarlehens ist in den jeweiligen UK covered bond-Programmen beispielsweise in Höhe des LIBOR für Einlagen in GBP mit einer Lauf-

399 Zu den Ersatzdeckungswerte, siehe oben 3. Teil, 2. Abschnitt, § 11, C., II.

zeit von einem Monat oder auch in Höhe der Verzinsung der entsprechenden Serie der UK covered bonds festgesetzt.

Die Laufzeit des Gesellschafterdarlehens ist an die Laufzeit der jeweiligen UK covered bond-Serie geknüpft. Die Rückzahlung des Gesellschafterdarlehens erfolgt erst, nachdem alle Tilgungsverpflichtungen des Emittenten gegenüber den UK structured bond-Gläubigern aus der zu Grunde liegenden Serie erfüllt sind. Insoweit sind die Gesellschafterdarlehen nachrangig. Im Fall der Refinanzierung einer UK covered bond Serie hat die LLP die entsprechende Darlehenssumme zurückzuzahlen.

Der Emittent ist zu keinem Zeitpunkt auf die Verzinsung bzw. Rückzahlung des Gesellschafterdarlehens angewiesen, um ihre Zins- und Rückzahlungsverpflichtungen unter den UK covered bonds zu erfüllen, sondern wird diese mit anderen Mitteln aus ihrem sonstigen Gesellschaftsvermögen erfüllen.

V. Die bilanzielle Behandlung der UK Covered Bond LLP

Rechnungslegung und Prüfung des Jahresabschlusses der UK covered bond LLP sind gesetzlich nicht im LLPA geregelt, sondern Gegenstand des Verordnungsrechts der LLP, zu deren Erlass der zuständige *Secretary of State* gem. sec. 15 LLPA ermächtigt wird. Aufgrund eines Verweises in sec. 3 para. 1 der LLP Regulations 2001 auf die Vorschriften des 7. Abschnitts des CA 1985 ist die LLP wie eine company verpflichtet, Bücher zu führen, Jahresabschlüsse zu erstellen und zu veröffentlichen[400].

Die LLP ist gem. sec. 221, 222 CA 1985 verpflichtet, am Sitz der Gesellschaft tagesaktuell gehaltene Unterlagen über den Finanzstatut zur jederzeitigen Einsicht führen. Gem. sec. 226 CA 1985 muss die LLP jährlich einen Abschluss erstellen, dessen inhaltliche Anforderungen von der Größe der Gesellschaft abhängen. Neben einer Bilanz, einer Gewinn- und Verlustrechnung können ggf. ein Lagebericht sowie Fußnoten (*notes to the accounts*) erforderlich sein. Übersteigt der Umsatz der LLP GBP 350.000, so verlangt sec. 249 CA 1985 eine Testierung des Jahresabschlusses durch einen Wirtschaftsprüfer[401]. Eine Kopie der Bilanz sowie der Prüfbericht sind gem. sec. 238, 242 CA 1985 binnen Monatsfrist nach Testierung zum Register einzureichen und an alle Gesellschafter zu versenden. Darüber hinaus muss die LLP jährlich einen Jahresbericht (*annual return*) einreichen. Dieser muss die aktuellen Daten der LLP enthalten (z.B. Firma, Sitz, Gesellschafterliste, designierte Gesellschafter, etc.).

---

400 Vgl. Morse, Palmer's Limited Liability Partnerships Law, p. 90 para. A4-01; Boadle, in: Paterson/Britton, Limited Liability Partnership – A guide for professionals, p. 61 et seq.; Morse, Palmer's Limited Liability Partnerships Law, p. 13. para. A1-20. Einer beschränkten Rechnungslegungspflicht unterliegen kleine und mittelgroße LLPs. Das sind solche mit einem Umsatz von weniger als GBP 2,8 bzw. 11,2 Mio., einer Bilanzsumme von weniger als GBP 1,4 bzw. 6,5 Mio. und mit weniger als 50 bzw. 250 Beschäftigten. Vgl. Armour, Limited Liability Partnership – the new legislation, p. 25.

401 Vgl. Morse, Palmer's Limited Liability Partnerships Law, p. 131 para. A4-106.

Die Wahrung der vorgenannten Rechnungslegungspflichten trifft die designated members der LLP.

Die Gründung der LLP und die Vollrechtsübertragung der Kredite und der dazugehörigen Sicherheiten erfolgt beim UK covered bond – im Gegensatz zur Securitisation – nicht zum Zweck der off-balance-sheet Behandlung, um durch den Risikotransfer regulatorisches Eigenkapital freizusetzen[402]. Sie dient vielmehr ausschließlich dem Zweck der Separierung des Vermögens des Emittenten und der Deckungsmasse, um dadurch deren Insolvenzfestigkeit sicherzustellen.

Die bilanzielle Behandlung der Mehrheitsbeteiligung des Emittenten an der LLP wird durch die Zugehörigkeit der LLP zum Konzern des Emittenten bestimmt (*group of companies* bzw. *related parties*)[403]. Ein Konzernverhältnis besteht im englischen Recht gem. sec. 258(2), (4), 736, 736A CA 1985, wenn eine Gesellschaft von einer anderen Gesellschaft beherrscht wird. Ein Beherrschungsverhältnis liegt vor, wenn das herrschende Unternehmen eine Mehrheit der Stimmrechte innehat, eine Mehrheit der Geschäftführer ernennen bzw. abberufen darf, oder aufgrund vertraglicher Abreden mit anderen Gesellschaftern eine Mehrheit der Stimmrechte innehat[404]. Dies gilt für eine LLP entsprechend[405].

Auch im englischen Konzernrecht gibt es weder ein gemeinsames Konzernvermögen noch gemeinsame Konzernverbindlichkeiten. Mutter- und Tochtergesellschaften stellen rechtlich selbständige Gesellschaften dar[406]. Die einzelnen Gesellschaften können nur im Rahmen ihres Gesellschaftszweckes handeln und sind zur selbständigen Führung ihrer Geschäfte befugt[407]. Die Konzernmuttergesellschaft ist gem. sec. 227(1) CA 1985 verpflichtet, eine Konzernbilanz aufzustellen[408]. Darin sind gem. sec. 227(2) CA 1985 in konsolidierter Form die Geschäftstätigkeit sowohl der Konzernmutter als auch der Konzerntochter darzustellen. Im Ergebnis hat damit im Rahmen der Bilanzierung des UK covered bond der Emittent und/oder die

---

402 Die Einhaltung der Richtlinien der Bank of England zur Übertragung von Krediten im Rahmen einer Securitisation ist deswegen beim structured covered bond nicht erforderlich. Vgl. dazu: Bank of England, Notice by its Banking Supervision Division: Loan Transfer and Securitisation (BSD/1989/1); Robinson/Ferran, Legal Issues, in: Shaw, International Securitisation, 1991, p. 43, 239.

403 Zum Begriff der „related parties" siehe FRS 8 (ASB) und para. 86 Accounting by Limited Liability Partnerships – Statement of Recommended Practice (SORP): „An LLP which is under the common control of another LLP, partnership, company or other entity will be a related party to that other entity." Das beherrschende Unternehmen ist gem. FRS 8 (ASB) und para. 88 SORP im Jahresabschluss einer LLP zu veröffentlichen.

404 Vgl. Morse, Palmer's Limited Liability Partnerships Law, p. 39 para. A1-79, p. 41 para. 1-82 und p. 126 para. A4-92ff.

405 Vgl. sec. 736, 736A CA 1985 in Verbindung mit. Anhang 2 Teil 1 Limited Liability Partnership Verordnung 2001.

406 Vgl. Prentice, Group Indebtedness, in: Schmitthoff/Wooldridge, Group of Companies, 1991, London, p. 56.

407 Vgl. Ford & Carter Ltd. V. Midland Bank Ltd. (1979) 129 New LJ 543, 544.

408 Vgl. Anhang 4A (Form and Content of Group Accounts) CA 1985; Morse, Palmer's Limited Liability Partnerships Law, p. 128 para. A4-95 und p. 129 para. A4-100; Lowry/ Dignam, Company Law, 2nd Edition, 2003, p. 32 para. 3.3.

Muttergesellschaft die LLP in ihrer Bilanz zu konsolidieren. Die Immobilienkredite verbleiben damit auch nach der Vollrechtsübertragung von dem Emittenten und/ oder der Muttergesellschaft auf die LLP in der konsolidierten Bilanz des Emittenten und/oder der Muttergesellschaft.

C. Vollrechtsübertragung der ordentlichen Deckungswerte sowie sonstige Deckungswerte des UK Covered Bond

Die als ordentliche Deckung zugelassenen Vermögenswerte werden beim UK covered bond vertraglich im Gesellschaftsvertrag der UK covered bond LLP und einem entsprechenden Hypothekenkauf- und Abtretungsvertrag (*mortgage sale agreement*) festgelegt. Die bisherigen UK covered bond-Programme bestimmen als zulässige Deckungswerte ausschließlich Immobilienkredite und die mit diesen verbundenen Sicherheiten, welche die UK covered bond LLP von dem Emittenten und/oder der Muttergesellschaft im Wege der Vollrechtsübertragung erwirbt. Der Mechanismus der Vollrechtsübertragung entspricht den marktüblichen Standards strukturierter Finanzierungen in Großbritannien und berücksichtigt für Building Societies deren genossenschaftliche Struktur. Die UK covered bond LLP ist berechtigt, sog. Ersatzdeckungswerte (*substitution assets*) zu erwerben sowie freie Mittel in bestimmte genehmigte Kapitalanlagen (*authorised investments*) zu investieren sowie zur Absicherung von Zinsänderungsrisiken Swapverträge abzuschließen.

I. Die Übertragung der Immobilienkredite auf die UK Covered Bond LLP

Das typische Sicherungsrecht zur Immobilienfinanzierung in England ist die sog. mortgage[409]. Der Begriff mortgage wird vielfach mit Hypothek oder auch Pfandrecht übersetzt, auch wenn in rechtlicher Hinsicht die Unterschiede erheblich sind[410]. Dies zeigt sich schon dadurch, dass die mortgage nicht auf unbewegliche Sachen beschränkt ist und strukturelle Verwandtschaft mit der Sicherungsübereignung aufweist[411]. Am ehesten lässt sich die mortgage als nicht-akzessorische Rechtsübertragung zu Sicherungszwecken (Sicherungstreuhand) beschreiben[412]. Die mortgage an Immobilien hat im englischen Recht verschiedene Erscheinungsformen. Diese werden beeinflusst von den grundlegenden Unterschieden der Herr-

---

409 Ausführlich zum Immobiliarsachenrecht in England: Gray, Elements of Land Law, 4th Edition, 2005.

410 Die mortgage wird klassischerweise definiert als: „A conveyance of land or an assignment of chattels as a security for the payment of a debt or the discharge of some other obligation for which it is given." Vgl. Santley v. Wilde [1899] 2 Ch. 474 (CA); Hofmann, Mortgage und Charge – Gestaltungsmöglichkeiten im englischen Kreditsicherungsrecht, 2001, S. 35.

411 Vgl. Rottnauer, Die Mobiliarkreditsicherheiten unter besonderer Berücksichtigung der besitzlosen Pfandrechte im deutschen und englischen Recht, S. 162.

412 Vgl. Dübel/Köndgen, Die vorzeitige Rückzahlung von Festzinskrediten in Europa, S. 85.

schaftsrechte (*freehold* bzw. *leasehold*[413]) an Immobilien, der unterschiedlichen Bedeutung von legal- und equitable rights bzw. interests sowie von der Registrierung der Immobilien[414]. Regelungen zur mortgage finden sich im Law of Property Act 1925 und im Land Registration Act 2002. Das Recht der mortgage ist stark durch die Rechtsprechung, insbesondere dem Zusammenspiel von common law, equity und statutory law geprägt[415].

Eine mortgage kann grundsätzlich durch Abtretung (*assignment*) oder durch Bestellung einer sog. Unterhypothek (*sub-mortgage*) übertragen werden[416]. Die Abtretung der mortgage erfolgt durch Abtretung der gesicherten Forderung und Übertragung der dinglichen Sicherheit[417]. Die Vereinbarung der Übertragung der mortgage muss gem. sec. 52(1), 87(1) LPA 1925 in Form einer unterschriebenen, versiegelten und gegengezeichneten (*signed sealed and delivered*) Vertragsurkunde (*deed*) erfolgen. Gem. sec. 114(1) LPA 1925 hat das legal assignment einer mortgage in Form einer deed den Übergang der gesicherten Forderung und der dinglichen Sicherheit zur Folge, wodurch der Zessionar in die Rechtsstellung des Zedenten eintritt und das Recht zur Durchsetzung der mortgage im eigenen Namen at law erwirbt[418]. Erfolgt die Übertragung einer mortgage durch ein equitable assignment, wozu gem. sec. 2(1) LPA 1989 einfache Schriftform ausreichend ist, so müssen die gesicherte Forderung und die forderungsbezogene Sicherheit selbständig übertragen werden, da in diesem Fall die Vermutung der sec. 114(1) LPA 1925 nicht gilt[419]. Handelt es sich um eine mortgage an registered land, so muss die Übertragung gem. sec. 27(1), (3)(a) LRA 2002 zusätzlich im Land Register eingetragen werden, um at law wirksam zu sein. Erst mit der Eintragung erwirbt der Zessionar das Recht at law, bis zu diesem Zeitpunkt wirkt die Übertragung nur in equity. Mit der wirksamen Übertragung der mortgage tritt der Zessionar vollständig in die Stellung des Zedenten ein.

1. Allgemeines zur Abtretung im englischen Recht

Auch im englischen Recht wird unter der Abtretung die Übertragung der Gläubigerposition eines Schuldverhältnisses und damit die Rechtsnachfolge in diese

---

413 Vgl. sec. 1(1) LPA 1925; Stevens/Pearce, Land Law, 2003, p. 40 para. 3-047; Riddall, Land Law, p. 107; Sparkes, A New Land Law, p. 33 para. 3.06. Die Begriffe „freehold" und „leasehold" stammen von dem archaisch, aber theoretisch noch geltendem Konzept (Lehensystem), dass das Land immer noch im Besitz der königlichen Familie ist (vgl. Gray, Elements of Land Law, 4th edition, 2005, p. 67).

414 Vgl. Dixon, The Principles of Land Law, p. 9; Stevens/Pearce, Land Law, 2003, p. 27 para. 3-014; Jungmann, Grundpfandgläubiger und Unternehmensinsolvenz, Deutschland – England – Schottland, 2004, S. 143, Rdn. 379.

415 Vgl. Burn, Cheshire and Burn's Modern Law of Real Property, p. 719; Gray, Elements of Land Law, 4th edition, 2005, p. 1619.

416 Vgl. Fisher & Lightwood's Law of Mortgage, 11th Edition, p. 375 para. 14.1.

417 Das englische Recht kennt keine Akzessorietät der Nebenrechte bzw. forderungsbezogenen Sicherheiten im Sinne des § 401 BGB.

418 Vgl. Fisher & Lightwood's Law of Mortgage, 11th Edition, p. 383 para. 14.21; Cousins, The Law of Mortgage, 2nd Edition, p. 443 para. 21-06.

419 Vgl. Fisher & Lightwood's Law of Mortgage, 11th Edition, p. 377 para. 14.4.

Position verstanden[420]. Hierunter fällt die Abtretung von gegenwärtigen und zukünftigen Forderungen und sonstigen Rechten durch einen Zedenten auf einen Zessionar[421].

Gegenstand einer Abtretung kann grundsätzlich jede Forderung bzw. sonstiges Recht (*chose in action*)[422] sein, sowohl gegenwärtige als zukünftige[423]. Künftige Forderungen bzw. sonstige Rechte können allerdings nicht Gegenstand einer Abtretung at law sein[424]. Dagegen ist in equity ein Vertrag, in dem sich der Zedent zur Abtretung einer künftigen Forderung bzw. eines sonstigen Rechts verpflichtet, wirksam[425]. Eine Forderung kann nicht abgetreten werden, wenn die Abtretung durch Vereinbarung mit dem Schuldner ausgeschlossen ist[426]. Eine dennoch erklärte Abtretung ist gegenüber dem Schuldner unwirksam[427].

Im englischen Recht wird grundlegend unterschieden zwischen einer strengrechtlichen Abtretung (*legal assignment*) und einer billigkeitsrechtlichen Abtretung (*equitable assignment*)[428]. Dies hat rechtshistorische Gründe, die darauf beruhen, dass es bis 1875 die parallelen Gerichtsbarkeiten der Common Law Courts und des Court of Chancery gab[429]. Das common law lehnte die Abtretung von Forderungen und sonstigen Rechten ursprünglich ab, um prozessuale Schwierigkeiten aus dem drei-Personen-Verhältnis bei der Erlangung eines Titels gegen den Drittschuldner zu vermeiden[430]. Der sich an Billigkeitsmaßstäben orientierende Court of Chancery teilte

---

420 Vgl. Carl, Die Forderungsabtretung, insbesondere zur Kreditsicherung, in England, in: Hadding/Schneider, Forderungsabtretung, S. 198; Treitel, The Law of Contract, 11th Edition, 2003, p. 672; Beatson, Anson's Law of Contract, 28th Edition, 2002, p. 470.

421 Vgl. Treitel, The Law of Contract, 11th Edition, 2003, p. 672.

422 Choses in action werden im Law of Property Act 1925 in sec. 136(1) auch als „things in action“ bezeichnet. Die herrschende Definition der choses in action ist: „A legal expression used to describe all personal rights of property, which can only be claimed or inforced by action, not by taking physical possession.“ Vgl. Torkington v. Magee (1902) 2 K.B. 427, 430.

423 Vgl. Shepherd v. Federal Commissioners of Taxation (1965) 113 C.L.R. 385 (für bestehende aber künftig fällig werdende Forderungen); Meek v. Kettlewell (1843) 1 Ph. 342; Re Tilt (1896) 74 L.T. 163; Re Ellenborough [1903] 1 Ch. 697; cf. Kekewich v. Manning (1851) 1 De G.M. & G. 176 (für künftig entstehende Forderungen); Treitel, The Law of Contract, 11th Edition, 2003, p. 683; Cousins, The Law of Mortgage, 2nd Edition, 2001, p. 177 para. 13-10.

424 Vgl. Tailby v. Official Receiver (1888) 13 App. Cas. 523; Cousins, The Law of Mortgage, 2nd Edition, 2001 p. 177 para. 13-10 und p. 193 para. 13-24.

425 Vgl. Tailby v. Official Receiver (1888) 13 App. Cas. 523; Glegg v. Bromley [1912] 3 K.B. 474; Cotton v. Heyl [1930] 1 Ch. 510; cf. Meek v. Kettlewell (1843) 1 Ph. 342; The Annangel Glory [1988] 1 Lloyd's Rep. 45; The Attika Hope [1988] 1 Lloyd's Rep. 439, 442; Wu Koon Tai v. Wy Yau Loi [1997] A. C. 179, 189; The Cebu (no. 2) [1993] Q.B. 1; Treitel, The Law of Contract, 11th Edition, 2003, p. 683; Cousins, The Law of Mortgages, 2nd Edition, 2001, p. 177 para. 13-10.

426 Vgl. Helstan Securities Ltd. v. Hertfordshire C.C. [1978] 3 All E.R. 262; Linden Gardens Trust Ltd. v. Lenesta Sludge Disposals Ltd [1994] 1 A.C. 85; Treitel, The Law of Contract, 11th Edition, 2003, p. 693.

427 Vgl. Pane & Frank Ltd. v. Discount Bank Overseas Ltd. [1967] Ch 341; Carl, Die Forderungsabtretung insbesondere zur Kreditsicherung, in England, in: Hadding/Schneider, Forderungsabtretung, S. 204.

428 Vgl. Beatson, Anson's Law of Contract, 28th Edition, 2002, p. 470.

429 Vgl. Cranston, Principles of Banking Law, p. 358.

430 Vgl. Johnson v. Collins (1880) 1 East 98; Wilson v. Coupland (1821) 5 B. & Ald. 228, 232; Liversidge v. Broadbent (1859) 4 H. & N. 603; Fitzroy v. Cave [1905] 2 K.B. 364, 372; Halsbury's Laws in equity die Vorbehalte des common law nicht und erkannte das Bedürfnis des Geschäftsverkehrs nach einer Möglichkeit zur Übertragung von Forderungen und sonstigen Rechten an[431]. Mit der Anerkennung der equity im common law durch den Judicature Act 1873/75 hat der Gesetzgeber in sec. 136 LPA 1925[432] auch das „assignment at law" bzw. „legal assignment" unter bestimmten Voraussetzungen als rechtlich wirksam und durchsetzbar anerkannt. Infolgedessen können seitdem Forderungen und sonstige Rechte entweder at law durch legal assignment oder in equity durch equitable assignment abgetreten werden[433]. Legal und equitable assignment unterscheiden sich jedoch in ihren Voraussetzungen und Rechtswirkungen.

a) Das Legal Assignment

Das legal assignment ist geregelt in sec. 136 LPA 1925. Gegenstand eines legal assignment können ausschließlich abtretbare Zahlungsforderungen und „other legal things in action" sein. Die Abtretungserklärung eines legal assignment muss schriftlich erfolgen[434]. Eine schriftliche Annahmerklärung ist nicht erforderlich[435]. Das legal assignment erfordert des Weiteren die schriftliche Anzeige (*notice*) der Abtretung gegenüber dem Schuldner der zu übertragenden Forderung. Die Abtretungsanzeige wirkt konstitutiv und ist Voraussetzung der Drittwirksamkeit des legal assignment[436].

Durch das legal assignment wird die Forderung in vollem Umfang auf den Zessionar übertragen. Dieser erwirbt das Vollrecht (*legal right*) an der Forderung und wird dadurch zum Inhaber des Vollrechts der Forderung (*legal owner*)[437]. Der Zessionar kann zur Durchsetzung der abgetretenen Forderung nur dann im eigenen Namen und ohne Beteiligung des Zedenten gegen den Schuldner der abgetretenen Forderung gerichtlich vorgehen, wenn das legal assignment „absolute" ist[438]. Ein absolute assignment zeichnet sich dadurch aus, dass der Zedent keinerlei Rechte an der abgetretenen Forderung behält, so dass seine Beteiligung am Rechtsstreit des Zessionars nicht erforderlich ist[439].

---

of England, vol. 16 (2), 4th Edition Reissue, 2003, para. 642; Cousins, The Law of Mortgage, 2nd Edition, 2001, p. 166 para. 13-01.

431 Vgl. Crouch v. Martin (1707) 2 Vern. 595; Row v. Dawson (1749) 1 Ves. Sen. 331; Ryall v. Rowes (1750) 1 Ves. Sen. 348; Ex p. South (1818) 3 Swanst. 392; Halsbury's Laws of England, vol. 16 (2), 4th Edition Reissue, 2003, para. 406.

432 Vormals sec. 25(6) Judicature Act 1873.

433 Vgl. Cranston, Principles of Banking Law, p. 402.

434 Vgl. Beatson, Anson's Law of Contract, 28th Edition, 2002, p. 474.

435 Zwar liegt auch nach englischem Recht der Abtretung ein Abtretungsvertrag zu Grunde, für dessen Bestehen gilt jedoch die schriftliche einseitige Abtretungserklärung als Anscheinsbeweis. Vgl. Carl, Die Forderungsabtretung, insbesondere zur Kreditsicherung, in England, in: Hadding/ Schneider, Forderungsabtretung, S. 201.

436 Vgl. Cousins, The Law of Mortgage, 2nd Edition, 2001, p. 173 para. 13-08.

437 Vgl. Hughes, Assignments of Choses in Action, BJIBFL, [2001], 105.

438 Vgl. Halsbury's Laws of England, vol. 6, 4th Edition Reissue, 2003, para. 22.

439 Vgl. Forster v. Baker [1910] 2 K.B. 636; Re Steel Wing Co. Ltd. [1921] 1 Ch. 349; Williams v. Atlantic Assurance Co. Ltd. [1933] 1 K.B. 81, 100; Deposit Protection Board v. Dalia [1994] 2 A.C. 367, 392; Goode, Legal Problems of Credit and Security, 2003, p. 95 para. 3-14.

Der Schuldner der abgetretenen Forderung bzw. Drittschuldner wird durch die konstitutive schriftliche Abtretungsanzeige geschützt[440]. Nach ihrem Zugang kann er nur noch an den Zessionar mit schuldbefreiender Wirkung leisten[441]. Der Zessionar erwirbt die Forderung vorbehaltlich aller bestehenden Einwendungen und Einreden des Drittschuldners gegenüber dem Zedenten, unabhängig von seiner Kenntnis im Zeitpunkt der Abtretung[442]. Aufrechnen kann der Drittschuldner die Forderung mit eigenen Ansprüchen gegen den Zedenten aus dem der Forderung zu Grunde liegenden Schuldverhältnis[443]. Mit anderen Ansprüchen gegen den Zedenten kann der Drittschuldner nur dann aufrechnen, wenn diese vor Zugang der Abtretungsanzeige entstanden und fällig geworden sind[444]. Die Rangfolge mehrerer legal assignments bestimmt sich nach dem Prioritätsgrundsatz [445]. Danach erwirbt unter mehreren möglichen Zessionaren derjenige den Vorrang, der als erster gegenüber dem Drittschuldner der abgetretenen Forderung die Abtretung angezeigt hat[446].

b) Das Equitable Assignment

Die gesetzliche Regelung des legal assignment in sec. 136 LPA 1925 hat die in equity entwickelte Möglichkeit des equitable assignment unberührt gelassen, so dass legal assignment und equitable assignment als alternative Abtretungsmöglichkeiten nebeneinander bestehen[447]. Eine Abtretung, welche die strengen Voraussetzungen des legal assignment nicht erfüllt, kann deswegen als equitable assignment wirksam sein[448].

Das equitable assignment einer Forderung hat keine formellen Wirksamkeitsvoraussetzungen[449]. Es erfordert lediglich die Manifestation der Abtretungsabsicht des

---

440 Vgl. Grill, Die Sicherung von Bankkrediten durch Rechte und Forderungen in England, 1971, S. 60, 93.

441 Vgl. Stocks v. Dobson (1853) 4 De G.M. & G. 11; Bence v. Shearman [1898] 2 Ch. 582; Cootage Club Estates Ltd v. Woodside Estates (Amersham) Ltd [1928] 2 Q.B. 463, 467; The Halycorn The Great [1984] 1 Lloyd's Rep. 283, 289; Treitel, The Law of Contract, 11th Edition, p. 628; Cousins, The Law of Mortgage, 2nd Edition, 2001, p. 174 para. 13-08.

442 Vgl. Roxburghe v. Cox (1881) 17 Ch.D. 520; Athenaeum Soc. V. Pooley (1853) 3 D. & J. 294.

443 Vgl. Dawson v. Great Northern and City Rly. Co. [1905] 1 KB 260 CA.

444 Vgl. Stephens v. Venables (1862) 30 Beav. 625; cf. Watson v. Mid. Wales Ry. (1867) L.R. 2 C.P. 593; Business Computers Ltd. v. Anglo-African Leasing Ltd. [1977] 2 All E.R. 741, 1 W.L.R. 578; Treitel, The Law of Contract, 11th Edition, 2003, p. 689 et seq.

445 Vgl. Marchant v. Morton, Don & Co [1901] 2 K.B. 829; Goode, Legal Problems of Credit and Security, 2003, p. 95 para. 3-13; Oditah, Receivables Financing, 1991, p. 129 para. 6.2 und p. 139 para. 6.5.

446 Vgl. Dearle v. Hall [1928] 3 Russ 1; The Attika Hope [1988] 1 Lloyd's Rep. 439, 441; Pfeiffer Weinkellerei-Weineinkauf GmbH & Co. v. Arbuthnot Factors [1988] 1 W.L.R. 150; Treitel, The Law of Contract, 11th Edition, 2003, p. 682.

447 Vgl. Beatson, Anson's Law of Contract, 28th Edition, 2002, p. 476.

448 Vgl. Cranston, Principles of Banking Law, p. 358.

449 Beim equitable assignment ist grundsätzlich zu unterscheiden zwischen legal und equitable choses in action. Vorliegend ist allerdings nur das equitable assignment von legal choses in action von Interesse, weshalb im Folgenden auf die wesentlichen Abweichungen des equitable assignment von equitable choses in action nur am Rande verwiesen wird.

Zedenten und des Zessionars in einer Abtretungsvereinbarung[450]. Erforderlich ist, dass der Zedent sich verpflichtet, Verfügungen über die Forderung ohne Zustimmung des Zessionars zu unterlassen. Der Zedent darf keinesfalls befugt sein, über den Einziehungserlös der Forderung frei zu verfügen.

Ein equitable assignment ist ohne Anzeige der Abtretung gegenüber dem Drittschuldner im Rechtsverhältnis zwischen Zedent und Zessionar wirksam[451]. Gegenüber dem Drittschuldner ist die Anzeige der Abtretung als Drittwirksamkeitsvoraussetzung allerdings erforderlich[452]. Eine besondere Form ist für die Abtretungsanzeige beim equitable assignment nicht erforderlich[453]. Sie kann sowohl vom Zedenten als auch vom Zessionar abgegeben werden. Im Rechtsverhältnis zwischen Zedent und Zessionar wirkt die Abtretungsanzeige rein deklaratorisch[454].

Das equitable assignment führt ebenfalls zum Übergang des Vollrechts auf den Zessionar. Im Gegensatz zum legal assigment erfolgt der Übergang des Vollrechts aber nicht durch eine Verfügung über die Forderung. Vielmehr hat das equitable assignment nur schuldvertragliche Wirkung (*equity acts in personam*)[455]. Danach verpflichtet sich der Zedent gegenüber dem Zessionar, diesen aus der jeweiligen Forderung zu befriedigen[456]. Der Zedent bleibt legal owner der Forderung. Der Zessionar wird durch die Verpflichtung zur Befriedigung aus der Forderung zum equitable bzw. beneficial owner, wodurch er das Vollrecht an der Forderung in equity in Form eines selbständigen dinglichen Rechts erwirbt[457].

Der Zedent kann zwar zur Durchsetzung der Ansprüche aus der abgetretenen Forderung im eigenen Namen klagen, er hat aber den Zedenten als Nebenkläger (*co-clai-*

---

450 Vgl. Tailby v. Official Receivers (1888) 13 App. C. 533, 543; German v. Yates (1915) T. L. R. 52; Goode, Legal Problems of Credit and Security, 2003, p. 96 para. 3-15. Das equitable assignment von equitable choses in action setzt gem. sec. 53(1)(c) LPA 1925 eine schriftliche Abtretungserklärung des Zedenten als konstitutive Wirksamkeitsvoraussetzung voraus (vgl. Oughtred v. I. R. C. [1960] A.C. 206; cf. Grey v. I. R. C. [1960] A.C. 1; Beatson, Anson's Law of Contract, 28th Edition, 2002, p. 476.

451 Vgl. Ex p. Agra Bank (1868) L.R. 3 Ch.App. 555; Ward v. Duncombe [1893] A.C. 369; Gorringe v. Irwell India Rubber, etc. Works (1886) 34 Ch.D. 128; Re Trytel [1952] 2 T.L.R. 32; Cousins, The Law of Mortgage, 2nd Edition, 2001, p. 173 para. 13-08.

452 Vgl. Warner Bros. Records Inc. v. Rollgreen Ltd [1976] Q.B. 430; Herkules Piling v. Tilbury Construction (1992) 61 Build.L.R. 107, 119; Beatson, Anson's Law of Contract, 28th Edition, 2002, p. 477. Dies ist für das equitable assignment of equitable choses in action ausdrücklich in sec. 137(3) LPA 1925 geregelt.

453 Vgl. Ex p. Agra Bank (1868) L.R.3 Ch.App. 555; Treitel, The Law of Contract, 11th Edition, 2003, p. 680 f.

454 Die Abtretungsanzeige kann, wenn die übrigen Voraussetzungen der sec. 136(1) LPA 1925 vorliegen, das equitable assignment zum legal assignment machen. Vgl. Treitel, The Law of Contract, 11th Edition, 2003, p. 681.

455 Vgl. Fisher & Lightwood's Law of Mortgage, 11th Edition, 2002, p. 172 para. 7.7.

456 Vgl. Rice v. Bannister (1878) 3 Q.B.D. 569 C.A.; Watson v. Duke of Wellington (1830) 1 Russ & M 602, 605; Perciwal v. Dunn (1885) 29 ChD 128; Re Gunsbourg, ex p. Trustee (1919) 88 LJKB 479; Fisher & Lightwood's Law of Mortgage, 11th Edition, 2002, p. 172 para. 7.7.

457 Vgl. Re Rose [1949] Ch. 78; Re Rose [1952] Ch. 499; Cresswell, in: Cresswell/Blair/Hill/Hooley/Phillips/Wood, Encyclopedia of Banking Law, part 2, F (5006–50012).

mant) oder als Beklagten (*co-defendant*) zum Schutz des Drittschuldners zu beteiligen[458].

Der Drittschuldner kann bis zum Zugang der Abtretungsanzeige schuldbefreiend an den Zedenten leisten[459]. Den Einziehungserlös hat der Zedent in diesem Fall als sog. constructive trustee des Zessionars zu halten. Nach Zugang der Abtretungsanzeige ist der Drittschuldner allein dem Zessionar gegenüber zur Leistung verpflichtet[460]. Er kann jedoch dem Zessionar gegenüber alle Einwendungen und Einreden aus dem der abgetretenen Forderung zu Grunde liegenden Schuldverhältnis geltend machen sowie gegenüber dem Zedenten mit Ansprüchen aufrechnen, die bis zum Zeitpunkt der Abtretungsanzeige entstanden sind[461].

Die Rangfolge mehrerer equitable assignments bestimmt sich nach der sog. rule aus der Entscheidung Dearle v. Hall und damit nach dem Datum des Zugangs der Abtretungsanzeige beim Drittschuldner[462]. Im Verhältnis zum legal assignment ist das equitable assignment, im Fall des gutgläubigen entgeltlichen Erwerbs des legal title an der Forderung, infolge der fehlenden Abtretungsanzeige regelmäßig nachrangig[463]. Aufgrund ihrer Rechtsnatur als equitable interest ist das equitable assignment gegenüber einem legal assignment wegen der persönlichen Bindung der Gefahr des Verlusts des Vorrangs durch entgeltlichen gutgläubigen Erwerb des legal title ausgesetzt[464]. Schutz vor dem Verlust des Vorrangs durch einen gutgläubigen Erwerb des legal title im Wege eines nachfolgenden legal assignments kann der Zessionar nur durch die Anzeige des equitable assignment gegenüber dem Drittschuldner erreichen[465]. Dagegen besteht die Drittwirksamkeit des equitable assignment

---

458 Vgl. Bowden's Patents Syndicate v. Smith [1904] 2 Ch. 86; Williams Brandt's Sons v. Dunlop Rubber Co. [1905] A.C. 454; Performing Rights Society Ltd. v. London Theatre of Varieties Ltd. [1924] A.C. 1; Williams v. Atlantic Assurance Co. Ltd. [1933] 1 K.B. 81, 100; Holt v. Heatherfield Trust Ltd [1942] 2 K.B. 1; Weddell v. J. A. Pearce & Major [1988] Ch 26, 40; Treitel, The Law of Contract, 11th Edition, 2003, p. 675. Nach einer Ansicht ist eine Beteiligung des Zedenten dann nicht erforderlich, wenn das equitable assignment of legal choses in action in der Form eines absolute assignment erfolgt und der Zedent die Wirksamkeit der Abtretung nicht bestreitet (vgl. Cousins, The Law of Mortgage, 2nd Edition, 2001, p. 170 para. 13-04A). Jedenfalls ist bei Abtretung einer equitable chose in action die Beteiligung des Zedenten bei der gerichtlichen Durchsetzung der abgetretenen Forderung durch den Zessionar nicht erforderlich (vgl. Row v. Dawson (1749) 1 Ves.Sen. 331; Walker v. Bradford Old Bank (1884) 12 Q.B.D. 511.

459 Vgl. Stocks v. Dobson (1853) 4 De G.M. & G., 11; Gorringe v. Irwell India Rubber Works (1886) 34 Ch.D. 128; Cousins, The Law of Mortgage, 2nd Edition, 2001, p. 169 para. 13-04; Treitel, The Law of Contract, 11th Edition, 2003, p. 681.

460 Vgl. Roxburghe v. Cox (1881) 17 Ch.D. 520; Magee v. UDC Finance Ltd [1983] NZLR 438, CA; Fisher & Lightwood's Law of Mortgage, 11th Edition, 2002, p. 174 para. 7.9.

461 Vgl. Fisher & Lightwood's Law of Mortgage, 11th Edition, 2002, p. 175 para. 7.11; Beatson, Anson's Law of Contract, 28th Edition, 2002, p. 479.

462 Vgl. sog. rule in Dearle v. Hall [1928] 3 Russ 1; Goode, Legal Problems of Credit and Security, 2003, p. 95 para. 3-13; Cranston, Principles of Banking Law, p. 358.

463 Vgl. Fisher & Lightwood's Law of Mortgage, 11th Edition, 2002, p. 177 para. 7.17.

464 Str. vgl. Ward v. Duncombe [1893] A.C. 369; Performing Rights Society Ltd. v. London Theatre of Varieties Ltd. [1924] A.C. 1; Goode, Legal Problems of Credit and Security, 2003, p. 160 para. 5-09; Oditah, Receivables Financing, 1991, p. 160 para. 6.18.

465 Vgl. Rule aus Dearle v. Hall [1928] 3 Russ. 1; Grill, Die Sicherung von Bankkrediten durch Rechte und Forderungen in England, 1971, S. 82 f.

gegenüber einem Vollstreckungsgläubiger im Rahmen der Zwangsvollstreckung unabhängig von dessen Kenntnis, da nur der entgeltliche Erwerb des legal title einem equitable interest im Rang vorgeht[466].

2. Kauf und Abtretung der Immobilienkredite und Sicherheiten

Die Übertragung der Immobilienkredite und der dazugehörigen Sicherheiten von dem Emittenten und/oder der Muttergesellschaft (alleine „ein Veräußerer" zusammen „die Veräußerer") auf die UK covered bond LLP ist in einem Hypothekenkauf- und Abtretungsvertrag (*mortgage sale agreement*) geregelt. Gegenstand der Abtretung sind im Aktivgeschäft der Emittentin und/oder Muttergesellschaft generierte Immobilienkredite.

a) Das Immobilienkreditgeschäft in England

In Bezug auf die Produktvielfalt gilt der englische Immobilienkreditmarkt als der am weitesten entwickelte Wohnungshypothekenmarkt in Europa[467]. Das Immobilienkreditgeschäft in Großbritannien unterscheidet sich insbesondere im Bezug auf die Verzinsung und die vorfällige Rückzahlung des Darlehens vom deutschen Immobilienkreditgeschäft[468].

In Großbritannien hat der langfristige Festzinskredit keine Tradition[469]. Entsprechend wird das Aktivgeschäft dominiert von der Vergabe variabel verzinslicher Immobilienkredite, deren Anteil nahezu 75 % am gesamten Immobilienkreditgeschäft in Großbritannien beträgt[470]. Bei den festverzinslichen Immobilienkrediten endet die feste Zinsbindung häufig schon nach einem Jahr, üblicherweise aber nach drei bis fünf Jahren und wird danach ebenfalls variabel[471]. Variabel verzinsliche Immobilienkredite werden überwiegend in Form von sog. standard variable rate mortgages mit laufender Zinsanpassung angeboten. Als Mischform haben sich sog. tracker mortgages und sog. capped mortgages mit einer Obergrenze für zulässige Zinsanpassungen etabliert[472].

---

466 Vgl. Goode, Legal Problems of Credit and Security, 2003, p. 160 para. 5-09.
467 Vgl. von Köller, Hypothekarkreditsysteme in Europa, in: Handbuch des Hypothekarkredits, 3. Auflage, 1993, S. 785.
468 Vgl. zu den wesentlichen Bestandteilen eines Darlehens im englischen Immobilienkreditgeschäft: Stöcker/Luckow, Rechtsfragen der Immobilienfinanzierung in England und Wales, 2006, S. 67 ff.
469 Vgl. Dübel/Köndgen, Die vorzeitige Rückzahlung von Festzinskrediten in Europa, S. 83.
470 Vgl. Miles, The UK Mortgage Market: Taking a Longer-Term View, Final Report and Recommendations, March 2004, p. 6.
471 Vgl. Miles, The UK Mortgage Market: Taking a Longer-Term View, Final Report and Recommendations, March 2004, p. 6, 8.
472 Vgl. Batchvarov, Merrill Lynch Guide to International Mortgage Markets and Mortgage Backed Securities, 2003, p. 414; Dübel/Köndgen, Die vorzeitige Rückzahlung von Festzinskrediten in Europa, S. 84.

Die Modalitäten der Rückzahlung befristeter Darlehen unterliegen der vertraglichen Gestaltungsfreiheit der Parteien. In der Regel wird vereinbart, dass die Rückzahlung des Darlehens entweder in einer einmaligen Zahlung endfällig (*bullet payment* bzw. *lump sum payment*) oder in Raten zu erfolgen hat[473]. Anhand der Rückzahlungsform werden in England Amortisationshypotheken (*flat rate mortgages, prepayment* oder *annuity mortgages*), Abzahlungshypotheken (*fixed instalment mortgages*) und sog. standing mortgages, bei denen während der Laufzeit nur Zinsen und das Kapital in einer einzigen Rate am Schluss getilgt wird (*interest only mortgages*), unterschieden[474].

Im englischen Recht darf ein Kreditgeber eine vorzeitige Rückzahlung des Darlehens (*prepayment*) grundsätzlich nicht ablehnen[475]. Deswegen beinhalten die Darlehensverträge regelmäßig Vereinbarungen zur Regelung der vorzeitigen Rückzahlung. Diese können eine Vorfälligkeitsgebühr beinhalten. Die Vorfälligkeitsgebühr ist allerdings in ihrer Höhe dadurch beschränkt, dass diese das Recht des Darlehensnehmers zur vorfälligen Rückzahlung nicht faktisch ausschließen darf[476]. Tilgungssperren bis zu vierzig Jahren werden nicht beanstandet, solange sie weder „oppressive or unconscionable" sind und dem sog. Auslösungsrecht (*equity of redemption*) der mortgage seine Substanz nehmen[477].

Insbesondere in Zeiten fallender Zinsen schulden britische Immobilienkreditnehmer um, indem sie hochverzinsliche Kredite zurückzahlen und neue Kredite zu einem niedrigeren Zins aufnehmen. Dies hat für die UK covered bond LLP zur Folge, dass sie nach der Rückzahlung gekündigter Immobilienkredite zur Deckung der UK covered bonds von dem Emittenten und/oder der Muttergesellschaft neue Immobilienkredite erwerben muss. Aus diesen wird die UK covered bond LLP aber aufgrund des dann allgemein niedrigeren Zinsniveaus auch niedrigere Zinserträge erwirtschaften, was sich negativ auf die Zinsdeckung der UK covered bonds auswirken kann.

Der Kreditgeber kann ein befristetes Darlehen nur kündigen, wenn der Kreditnehmer sich vertragswidrig verhält[478]. Dies ist dann der Fall, wenn die vereinbarten Raten nicht bezahlt oder das Grundstück nicht ordnungsgemäß bewirtschaftet wird.

---

473 Vgl. Batchvarov, Merril Lynch Guide to International Mortgage Markets and Mortgage Backed Securities, 2003, p. 413.
474 Vgl. Batchvarov, Merril Lynch Guide to International Mortgage Markets and Mortgage Backed Securities, 2003, p. 413.
475 Vgl. Pleyer, Das Recht der Hypothekenbanken in Europa, 1981, S. 82, 151. Das sich daraus ableitende Vorfälligkeitsrisiko (*prepayment risk*) trägt in erster Linie der Emittent und nicht die covered bond LLP, da die Verbindlichkeiten aus den covered bonds bis zum Eintritt der Verwertungsreife des covered bond ausschließlich solche des Emittenten sind.
476 Vgl. Kircher, Grundpfandrechte in Europa, S. 276 f.; Köndgen, Die vorzeitige Rückzahlung von Festzinskrediten, S. 49 ff., 71.
477 Vgl. Knightsbridge Estates Trust Ltd. v. Byrne (1939) Ch. 441, 456 (C.A.); Kreglinger v. New Patagonia Meat and Cold Storage Co. Ltd. [1914] A.C. 25 at 37.
478 Vgl. Pleyer, Das Recht der Hypothekenbanken in Europa, 1981, S. 84.

Ist ein Fälligkeitszeitpunkt vereinbart, dann ist der Kreditnehmer grundsätzlich nicht berechtigt, den Kredit vor diesem Termin zu tilgen[479].

b) Anwendungsbereich und „Eligibility Criteria"

Der Anwendungsbereich des Hypothekenkauf- und Abtretungsvertrags ist beschränkt auf die drei nachfolgend beschriebenen Fälle des Erwerbs von Immobilienkrediten der UK covered bond LLP vom Emittenten und/oder der Muttergesellschaft. Der Hypothekenkauf und ihre Abtretung setzen in jedem Fall voraus, dass kein Zahlungsausfall oder sonstiges Kreditereignis[480] beim Emittenten und/oder der Muttergesellschaft eingetreten ist.

- Erstens, zum Erwerb von Immobilienkrediten und den mit diesen verbundenen Sicherheiten durch die UK covered bond LLP aus dem Emissionserlös einer Serie von UK covered bonds, welcher von dem Emittenten an die LLP durch ein Gesellschafterdarlehen weitergeleitet worden ist, wofür der Emittent und/oder die Muttergesellschaft einen Kaufpreis in Höhe des Nominalwerts der Immobilienkredite entweder
  - in Form einer Barzahlung aus den Mitteln des Gesellschafterdarlehens, oder
  - durch Ausgabe neuer Anteile an der UK covered bond LLP im Wege einer Sacheinlage in Höhe der Differenz zwischen dem Nominalwert der zu erwerbenden Immobilienkredite und einer ggf. geleisteten Barzahlung der LLP, oder
  - durch eine gestundete Gegenleistung erhält.
- Zweitens, zum Erwerb neuer Immobilienkredite und den mit diesen verbundenen Sicherheiten durch die UK covered bond LLP aus ihren Einnahmen aus der Rückzahlung von Immobilienkrediten bzw. der Verwertung der entsprechenden Sicherheiten, vorbehaltlich vorrangiger Zahlungsverpflichtungen.
- Drittens, sind die UK covered bond LLP und der Emittent und/oder die Muttergesellschaft verpflichtet, sicher zu stellen, dass die LLP jederzeit den asset coverage test erfüllt. Für den Fall, dass die Deckungsmasse den asset coverage test nicht erfüllt, wird der Emittent und/oder die Muttergesellschaft im Rahmen ihrer Leistungsfähigkeit ausreichend Immobilienkredite zur Übertragung im Rahmen einer Sacheinlage anbieten, um die Verletzung des asset coverage test zu heilen.

Der Verkauf und die Übertragung der Immobilienkredite und der mit diesen verbundenen Sicherheiten setzen des Weiteren das Vorliegen bestimmter Bedingungen (sog. eligibility criteria) voraus, die in den untersuchten UK covered bond-Programmen nicht einheitlich geregelt sind. In der Regel handelt es sich dabei um die nachfolgenden Bedingungen:

- Erstens darf kein Zahlungsausfall oder sonstiges Kreditereignis beim Emittenten und/oder der Muttergesellschaft sowie der UK covered bond LLP vorliegen;

---

479 Vgl. Hyde Management Services Pty. Ltd. v. F. A. I. Insurances Ltd. (1979) 144 CLR 541, 543; Gray, Elements of Land Law, 4th edition, 2005, p. 954.
480 Zum Begriff des Kreditereignisses, siehe unten 4. Teil, 2. Abschnitt, § 16, A., I.

- Zweitens darf der Erwerb der Immobilienkredite und der dazugehörigen Sicherheiten zu keiner Verschlechterung des Ratings des UK covered bond führen;
- Drittens, muss die durchschnittliche Gesamtverzinsung der zu übertragenden Immobilienkredite auf Portfoliobasis unter Berücksichtigung der Zinsswapverträge und der Ersatzdeckungswerte der UK covered bond LLP den LIBOR für Einlagen in GBP mit einer Laufzeit von einem Monat um mindestens 0,15 % übersteigen;
- Viertens dürfen die ausstehende Darlehensvaluta der einzelnen zu erwerbenden Immobilienkredite in keinem Fall GBP 1,0 Mio. übersteigen;
- Fünftens muss es sich bei den zu erwerbenden Immobilienkrediten ausschließlich um Kredite zur Finanzierung von Wohnungsimmobilien handeln; und
- Sechstens darf kein Kredit eine neue Kreditart darstellen, auf deren Übertragung sich die UK covered bond LLP und der Emittent und/oder Muttergesellschaft in Übereinstimmung mit dem Hypothekenkauf- und Abtretungsvertrag geeinigt haben.

Das Erfordernis einer durchschnittlichen Gesamtverzinsung der zu übertragenden Immobilienkredite auf Portfoliobasis unter Berücksichtigung der Swapverträge der UK covered bond LLP von 0,15 % des LIBOR für Einlagen in GBP mit einer Laufzeit von einem Monat soll die Zinsdeckung des UK covered bond sicher stellen.

c) *Übertragungsmechanismus*

Der Hypothekenkauf- und Abtretungsvertrag regelt die Übertragung der Immobilienkredite und der mit diesen verbundenen Sicherheiten auf die UK covered bond LLP in der Form eines sog. true sale[481]. Der Übertragungsmechanismus des UK covered bond entspricht der gängigen Marktpraxis britischer true sale MBS[482]. Die Ratingagenturen erkennen die Vollrechtsübertragung an und gewähren – in Kenntnis des equitable assignments – das gewünschte Rating[483].

Die UK covered bond LLP erwirbt an den Immobilienkrediten und den mit diesen verbundenen Sicherheiten im Wege des equitable assignment zunächst ein equitable interest, das unter bestimmten Voraussetzungen zu einem legal interest vervollständigt werden kann. Diese Art der Abtretung ist erheblich kostengünstiger und mit deutlich geringerem Verwaltungsaufwand – insbesondere ohne schriftliche

---

481 Der Vollständigkeit halber sei darauf hingewiesen, dass die Übertragung der schottischen Immobilienkredite durch eine sog. Declaration of Trust nach schottischen Recht erfolgt.

482 Vgl. Batchvarov, Merril Lynch Guide to International Mortgage Markets and Mortgage Backed Securities, 2003, p. 448; Robinson/Ferran, Legal Issues, in: Shaw, International Securitisation, 1991, p. 243 et. seq.

483 Vgl. Hayre/Thompson, The Mortgage Market in the United Kingdom, in: Hayre (ed.), Salomon Smith Barney Guide, p. 735–756, 744; Dawson, 8 Duke J. Comp. & Int'l L., p. 381, 401–402 (1998); Kern, Die Sicherheit gedeckter Wertpapiere, S. 127. Um das gewünschte Rating auch tatsächlich vergeben zu können, verlangen die Ratingagenturen allerdings legal opinions zur Insolvenzfestigkeit des Übertragungsmechanismus.

Erklärung einer Abtretungsanzeige – verbunden als ein legal assignment[484]. Die Übertragung der Immobilienkredite erfolgt zunächst durch eine sog. stille Abtretung, d.h. ohne schriftliche Abtretungsanzeige. Ein weiterer Vorteil des equitable assignment ergibt sich daraus, dass sie anders als das legal assignment einer mortgage an registered land[485] keiner Registrierung des neuen Inhabers der mortgage im HM Land Registry bzw. im Central Land Charges Registry bedarf. Dies hat aber andererseits auch zur Folge, dass die durch ein equitable assignment übertragenen Sicherheiten grundbuchmäßig weiter dem Veräußerer, d.h. dem Emittenten und/ oder der Muttergesellschaft, zustehen.

Die UK covered bond LLP erwirbt durch das equitable assignment – aufgrund der unterlassenen Abtretungsanzeige – keinen legal title, sondern lediglich ein equitable interest an den übertragenen Immobilienkrediten und den dazugehörigen Sicherheiten. Die Veräußerer bleiben zunächst Inhaber des legal title an den Immobilienkrediten und den dazugehörigen Sicherheiten. Die Immobilienkreditnehmer sind weiter zur Aufrechnung mit Forderungen gegenüber dem Emittenten und/ oder der Muttergesellschaft auch mit Wirkung gegenüber der UK covered bond LLP berechtigt, solange ihnen gegenüber die Anzeige der Abtretung unterbleibt[486]. Erst die Anzeige der Abtretung bzw. die Vervollständigung des equitable zum legal assignment schließt eine Aufrechnung von ungedeckten Schuldnern der Emittentin gegenüber dem SPV aus. Da es hierzu keine Rechtsprechung gibt, besteht ein gewisses Restrisiko, dass eine Aufrechnung auch nach Anzeige der Abtretung geltend gemacht wird. Das hiermit verbundene Risiko wird bei UK covered bonds im Rahmen der Überdeckung berücksichtigt. In den RCB Regulations 2008 wurde bewusst darauf verzichtet, die hiermit verbundene Rechtsunsicherheit zu beseitigen[487]. Damit ist auch künftig das hieraus resultierende Aufrechnungsrisiko im Rahmen der Deckungsrechnung beim asset coverage test entsprechend zu berücksichtigen[488].

Durch das equitable assignment wird die UK covered bond LLP nur equitable owner der Immobilienkredite. Sie erwirbt ein equitable interest in Form eines Befriedigungsrechts. Dies hat zur Folge, dass die LLP die Durchsetzung der Immobilienkredite und der dazugehörigen Sicherheiten zwar im eigenen Namen, aber nur mit Beteiligung des Veräußerers betreiben kann.

---

484 Vgl. Robinson/Ferran, Legal Issues, in: Shaw, International Securitisation, 1991, p. 242; Henderson/Scott, Securitization, p. 52.
485 Vgl. sec. 26 Land Registration Act 1925.
486 Vgl. Fisher & Lightwood's Law of Mortgage, 11th Edition, 2002, p. 175 para. 7.11; Beatson, Anson's Law of Contract, 28th Edition, 2002, p. 479. Aufrechnungsmöglichkeiten bestehen insbesondere dann, wenn der Immobilienkreditnehmer zugleich Einlagen beim Emittenten hat, sowie im Fall von sog. flexible loans, delayed cashback loans und home cash reserve loans, bei denen das Immobilienkreditverhältnis weitere Zahlungsverpflichtungen des Emittenten gegenüber dem Kreditnehmer begründet.
487 Vgl. HM Treasury, Proposals for a UK Recognised Covered Bonds legislative framework: Summary of responses and final Impact Assessment, February 2008, para. 1.31; HM Treasury/FSA, Proposals for a UK Regulated Covered Bonds legislative framework, July 2007, para. 2.62.
488 Siehe unten 3. Teil, 2. Abschnitt, § 12, B., I., 1.

Dritte können von den Veräußerern durch entgeltlichen, gutgläubigen Erwerb den legal title an den Immobilienkrediten lastenfrei erwerben[489]. Die Grundstücks- bzw. Hypothekenurkunden (*title deeds, mortgage* bzw. *land certificates*)[490] und alle sonstigen Unterlagen der übertragenen Immobilienkredite (*customer files*) inklusive der Bewertungsgutachten werden von den Veräußerern oder auf deren Anweisung von Dritten gehalten. Obwohl der Sicherheitentreuhänder sich vor einem lastenfreien Erwerb der mortgage durch einen gutgläubigen Dritten durch Inbesitznahme der Grundstücks- bzw. Hypothekenurkunden schützen könnte[491], verpflichten sich die Veräußerer nur, alle Grundstücks- und Hypothekenurkunden und sonstigen Unterlagen der übertragenen Immobilienkredite zu Gunsten des Sicherheitentreuhänders und entsprechend dessen Anweisungen zu halten. Eine unzulässige Verfügung des Veräußerers hat somit lediglich Schadensersatzansprüche zur Folge.

Die Übertragung des equitable interest gewährt der UK covered bond LLP einen ersten Schutz vor der Einzelzwangsvollstreckung in die Immobilienkredite durch Gläubiger der Veräußerer[492]. Da die Immobilienkredite nach dem equitable assignment grundbuchmäßig noch dem Veräußerer zustehen, kann die überraschende Insolvenz des Veräußerers den Erwerb der Immobilienkredite durch die LLP stören. Die UK covered bond-Programme sehen, sofern es sich bei den Emittenten um Kreditinstitute und nicht um Building Societies handelt, das Recht der LLP zur Vervollständigung des equitable assignment zu einem legal assignment durch Erklärung der schriftlichen Abtretungsanzeige und ggf. entsprechende Registrierung der Übertragung der mortgage vor. Die UK covered bond LLP erwirbt in diesem Fall den legal title an den Immobilienkrediten und den dazugehörigen Sicherheiten[493]. Das Recht zur Vervollständigung zum legal assignment ist sowohl für den Fall von wirtschaftlichen Schwierigkeiten beim Emittenten und/oder der Muttergesellschaft als auch zur Übertragung der Immobilienkredite auf Dritte (z. B. zur Veräußerung zur Erzielung kurzfristig erforderlicher Liquidität) geregelt. Für UK Regulated Covered Bonds schreibt reg. 26 RCB Regulations 2008 im Übrigen die Pflicht des Insolvenzverwalters des Emittenten zur Herbeiführung der Vervollständigung des Vollrechtserwerbs vor[494].

Im Einzelnen ist die Vervollständigung des equitable assignment zum legal assignment vorgesehen für den Fall, dass

- ein Zahlungsausfall oder ein sonstiges Kreditereignis beim Emittenten und/oder der Muttergesellschaft eingetreten ist und die UK covered bond LLP zur Zahlung

489 Vgl. Goode, Legal Problems of Credit and Security, p. 160 para. 5-09.
490 Title deeds bei mortgages an nicht registriertem Land. Soweit mortgages im HM Land Registry eingetragen worden sind, wird das land certificate beim HM Land Registry hinterlegt und ein mortgage certificate (vergleichbar dem Hypothekenbrief) ausgestellt (vgl. sec. 64, 65 LRA 1925). Bei Nichteintragung der mortgage gibt es kein mortgage certificate.
491 Vgl. Stürner/Schumacher/Bruns, Der deutsche Pfandbrief und englische Deckungswerte, S. 77.
492 Vgl. Fletcher, The Law of Insolvency, 2nd edition, 1996, p. para. 8-029 et seq.
493 Zur Vervollständigung des equitable assignment allgemein: Robinson/Ferran, Legal Issues, in: Shaw, International Securitisation, 1991, p. 242; Cranston, Principles of Banking Law, p. 372.
494 Siehe auch 4. Teil, 2. Abschnitt, § 17, B.

der Zins- und Rückzahlungsverbindlichkeiten aus den gedeckten Schuldverschreibungen aufgefordert worden ist, es sei denn der/die Veräußerer haben der LLP gegenüber angezeigt, dass sie ein Angebot der LLP zum Verkauf von Immobilienkrediten innerhalb der Angebotsfrist annehmen werden;

- Immobilienkredite, auf Anfrage der UK covered bond LLP und nach Annahme des Angebots zur Veräußerung von Immobilienkrediten und den mit diesen verbundenen Sicherheiten durch einen Dritten, von der LLP veräußert werden[495];
- ein Veräußerer oder die UK covered bond LLP aufgrund einer gerichtlichen oder aufsichtsrechtlichen Entscheidung oder der Entscheidung einer Vereinigung von Immobilienkreditgebern, zur Vervollständigung verpflichtet ist;
- die Vervollständigung von Gesetzes wegen erforderlich ist;
- die am gesamten Vermögen der UK covered bond LLP zu Gunsten des Sicherheitentreuhänders bestellten Sicherheiten[496] oder ein wesentlicher Teil davon gefährdet sind und der Sicherheitentreuhänder die Vervollständigung beschließt, oder dies von dem Schuldverschreibungstreuhänder (im Namen der Schuldverschreibungsgläubiger) oder den übrigen Sicherheitennehmern verlangt wird, um diese Gefährdung zu beseitigen;
- die Verwaltung der Immobilienkredite durch den servicer unter der entsprechenden Servicing-Vereinbarung endet, außer im Fall einer anderweitigen Vereinbarung mit den Ratingagenturen und dem Sicherheitentreuhänder;
- ein Veräußerer die Vervollständigung von der UK covered bond LLP und dem Sicherheitentreuhänder verlangt;
- das Rating eines Veräußerers unter ein bestimmtes Ratingurteil einer Ratingagentur absinkt (z. B. Baa3 von Moody's);
- ein außergerichtlicher oder gerichtlicher Beschluss zur liquidation, winding up oder einem ähnlichen Verfahren über das Vermögen eines Veräußerers, servicers oder cash managers gefasst oder erlassen wird;
- ein Veräußerer, servicer oder cash manager seinen Geschäftsbetrieb im Wesentlichen einstellt;
- Maßnahmen zur Eröffnung einer liquidation, winding up, Insolvenz, Sanierung oder vergleichbarer Verfahren über das Vermögen eines Veräußerers, servicers oder cash managers getroffen werden; ein receiver, administrator, Treuhänder oder ähnlicher Amtsträger in Bezug auf das Vermögen eines Veräußerers, servicers oder cash managers, mindestens aber in Höhe von GBP 50 Mio. bestellt wird; ein Arrest oder Zwangsverfahren in Bezug auf das Vermögen eines Veräußerers, servicers oder cash managers, mindestens aber in Höhe von GBP 50 Mio. beantragt wird, es sei denn die dem Verfahren zu Grunde liegende Verbindlichkeit

495 Zur Veräußerung von Immobilienkrediten durch die LLP, siehe unten 3. Teil, 2. Abschnitt, § 12, B., III.
496 Zu den Sicherheiten am Vermögen der LLP, siehe unten 4. Teil, 2. Abschnitt, § 16, B.

wird innerhalb von 30 Tagen erfüllt; die Einleitung oder Zustimmung eines Veräußerers, servicers oder cash managers zu einem gerichtlichen Verfahren im Rahmen einer liquidation, winding up, Insolvenz, Sanierung oder einem ähnlichen Verfahren oder die Übertragung bzw. Abtretung von Vermögensgegenständen an die jeweiligen Gläubiger bzw. eine entsprechende Sanierungsvereinbarung mit diesen; und

- ein Veräußerer, servicer, oder cash manager gem. sec. 123(1)(b) bis (e), (2) Insolvency Act 1986 zahlungsunfähig ist bzw. sich für zahlungsunfähig erklärt.

Die Verpflichtung des externen Sanierers (*administrators*) oder Insolvenzverwalters einer insolventen Emittentin zur Vervollständigung des equitable zu legal assignment ist in den RCB Regulations 2008 für UK Regulated Covered Bonds ausdrücklich klargestellt[497]. Die Vervollständigung ist aufgrund des erforderlichen Zugangs der schriftlichen Abtretungsanzeige und der Eintragung der Übertragung der Sicherheit im Grundbuch mit einem zeitlichen Aufschub verbunden. Dem steht aber das Bedürfnis der UK covered bond LLP entgegen, in der finanziellen Krise des Veräußerers oder bei Gefährdung der dinglichen Sicherheit der UK covered bonds sofort, wie der Inhaber des legal title über die übertragenen Immobilienkredite verfügen zu können. Aus diesem Grund wird in dem Kauf- und Abtretungsvertrag gleichzeitig für den Fall, dass die Voraussetzungen zur Vervollständigung vorliegen, der UK covered bond LLP unwiderruflich die Vollmacht erteilt, die Rechte des Inhabers des legal title ausüben zu können[498].

Die bisher von Building Societies aufgelegten UK covered bond-Programme unterscheiden sich insofern, als dass diese keine Vervollständigung des equitable assignment zum legal assignment vorsehen[499]. Dies hängt mit ihrem Status als Building Society als eine Art genossenschaftliches Institut (*mutual organisation*) zusammen. Die Immobilienkreditnehmer stehen danach ebenso wie die Einlagengläubiger zu der Building Society in einem besonderen Mitgliedschaftsverhältnis, das die Building Society verpflichtet, ihr Geschäft zum Wohl ihrer Mitglieder in Form von günstigen Zinsen für Darlehen und hohen Zinsen für Einlagen zu betreiben. Dieser besondere Status untersagt es Building Societies, außerhalb der eigenen Insolvenz Immobilienkredite und die dazugehörigen Sicherheiten auf einen Dritten zu übertragen, da andernfalls das besondere Mitgliedschaftsverhältnis zwischen Building Society und Darlehensnehmer aufgehoben wird[500]. Die Gläubiger von UK covered bonds einer Building Society werden aus diesem Grund ausschließlich durch die vorgenannte unwiderrufliche Vollmacht geschützt, die es ihnen ermöglicht, im In-

---

497 Vgl. reg. 26 RCB Regulations 2008.

498 Vgl. sec. 4 Powers of Attorney Act 1971. Vgl. Robinson/Ferran, Legal Issues, in: Shaw, International Securitisation, 1991, p. 243.

499 Vgl. Moody's Investor Service, Nationwide Building Society Covered Bond Programme, Pre-Sale Report, 23.11.2005, p. 3; Moody's Investor Service, Yorkshire Building Society Covered Bond Programme, Pre-Sale Report, 11.10.2006, p. 2, 4; Balai/Whittacker/Grossman, United Kingdom, in: Golin; Covered Bonds beyond Pfandbriefe, p. 197.

500 Vgl. Standard & Poor's, Nationwide Building Society Global Covered Bond Programme, Pre-Sale Report, 22.11.2005, p. 3.

solvenzfall des Emittenten die Vervollständigung der Übertragung der Deckungswerte herbeizuführen[501].

d) *Vertragliche Zusicherungen und Garantien*

Im Rahmen der Übertragung der Immobilienkredite und der mit diesen verbundenen Sicherheiten auf die UK covered bond LLP wird – u.a. zur Vermeidung des damit verbundenen Verwaltungsaufwands – darauf verzichtet, die zu übertragenden Immobilienkredite im Einzelfall zu untersuchen. Stattdessen gibt der Veräußerer im Hypothekenkauf- und Abtretungsvertrag bestimmte Gewährleistungen und Garantien (*representations and warranties*) in Bezug auf die Eigenschaften der zu übertragenden Immobiliarkedite und den mit diesen verbundenen Sicherheiten ab. Diese gelten allerdings nur gegenüber der UK covered bond LLP und haben grundsätzlich keine Drittwirkung im Fall eines Verkaufs der Kredite an einen Dritten nach einer Zahlungsaufforderung gegenüber der LLP. Die Gewährleistungen und Garantien weisen bei den untersuchten UK covered bonds im Wesentlichen den folgenden Inhalt auf:

- Jeder zu übertragende Immobilienkredit wurde im Rahmen der gewöhnlichen Geschäftstätigkeit des Veräußerers ausgereicht oder erworben (und mindestens für drei Monate vor der Übertragung auf die UK covered bond LLP von dem Veräußerer in dessen Geschäftsbüchern gehalten);
- Alle Kredite wurden in GBP oder EUR ausgereicht und sind in diesen Währungen zurückzuzahlen;
- Kein Immobilienkredit hat ein ausstehendes Kreditvolumen von über GBP 1,00 Mio.;
- Alle Kredite haben zum Zeitpunkt der Übertragung jeweils eine Laufzeit von weniger als 50 Jahren;
- Bei der Valutierung der Immobilienkredite waren die Voraussetzungen zur Vergabe von Immobilienkrediten des Veräußeres (*seller's lending criteria*)[502] und alle sonstigen Voraussetzungen zur Kreditvergabe im Wesentlichen erfüllt. In Abweichung hiervon wurden Kredite nur in einer Art und Weise vergeben, wie dies von einem gewissenhaften und sorgfältigen Immobilienkreditgeber akzeptiert werden würden;
- Alle Kreditnehmer sind natürliche Personen[503];

---

501 Vgl. Moody's Investor Service, Nationwide Building Society Covered Bond Programme, Pre-Sale Report, 23.11.2005, p. 4.

502 Die Kreditvergabekriterien müssen denen eines gewissenhaften und sorgfältigen Kreditgebers entsprechen. Dies gilt insbesondere in Bezug auf das Alter des Kreditnehmers, die Kreditwürdigkeit und Kredithistorie des Kreditnehmers, die Art der Immobilie (Eigenheim oder Vermietungsobjekt), die Laufzeit des Kredits, den Beleihungswert, das Verhältnis zwischen Kreditvolumen und Beleihungswert (*loan to value ratio* bzw. LTV) sowie etwaige Immobilienkreditversicherungen als Kriterien der Kreditvergabeentscheidung.

503 Im Fall eines bisher im Markt emittierten UK covered bonds handelt es sich um an sog. Housing Associations ausgereichte Immobiliendarlehen zum Zweck des sozialen Wohnungsbaus.

- Von dem jeweiligen Kreditnehmer sind mindestens zwei Zins- und/oder Rückzahlungsverpflichtungen erfüllt worden;
- Die gesamten ausstehenden Rückzahlungs- und Zinsverpflichtungen eines jeden Kredits sind durch eine Hypothek an einer Wohnimmobilie gesichert;
- Eine jede Hypothek, abgesehen von bestimmten Fällen, in denen die Eintragung ins Grundbuch nach Antragstellung noch nicht erfolgt ist, stellt eine wirksam bestellte sog. charge by way of legal mortgage ersten Ranges an einer Wohnimmobilie dar[504];
- Alle beliehenen Wohnimmobilien sind in England und Schottland belegen[505];
- Der Emittent und/oder die Muttergesellschaft hat ein Bewertungsgutachten für die jeweilige Wohnimmobilie erhalten, das nicht länger als zwölf Monate vor der Bestellung der Hypothek angefertigt worden ist und dessen Ergebnis für einen gewissenhaften und sorgfältigen Kreditgeber akzeptabel war;
- Vor der Bestellung der Hypothek hat der jeweilige Veräußerer seine Anwälte angewiesen, Untersuchungen im Hinblick auf das Eigentum des Immobilienkreditnehmers an der Wohnimmobilie zu unternehmen, die den jeweils gültigen Anforderungen des Handbuchs des Council of Mortgage Lenders, entsprechen;
- Die auf dem belasteten Grundstück aufstehenden Gebäude sind versichert;
- Der jeweilige Veräußere ist, wirksamer Vollrechtsinhaber (*absolute unencumbered legal and beneficial owner*) der zu veräußernden Rechte und Interessen;
- Der Veräußerer hat seit der Valutierung des Immobilienkredits die Kreditakte ordnungsgemäß und vollständig geführt und diese spiegelt alle Geschäftsvorfälle, Zahlungen, Belege, Verfahren und Anzeigen wieder; und
- Zum wirksamen und durchsetzbaren Abschluss und zur Erfüllung der Verpflichtungen des Hypothekenkauf- und Abtretungsvertrags sind keine behördlichen Genehmigungen, Erlaubnisse, Lizenzen oder Zustimmungen erforderlich.

Diese Schuldverschreibung wurde von HBOS in Ergänzung zu dessen allgemeinem UK covered bond-Programm ausgegeben.

504 Die *charge by way of legal mortgage* ist ein durch den LPA 1925 eingeführtes sog. *legal interest*. Dem Sicherungsnehmer (*mortgagee*) wird dabei kein sog. *legal estate* eingeräumt, sondern nur ein Verwertungsrecht in Form eines *legal interest* – eben die sog. *legal charge*. Streng genommen handelt es sich bei einer *charge by way of legal mortgage* um keine *mortgage*, sondern um eine *charge*, die aber wie eine *mortgage* behandelt wird. Die *charge by way of legal mortgage* berechtigt den Sicherungsnehmer zur Verwertung (i) das Grundstück in Besitz zu nehmen, (ii) einen Verwalter (*receiver*) zu bestellen, (iii) das Grundstück zu verkaufen und (iv) das Grundstück im Rahmen des sog. *foreclosure*-Verfahrens für sich selbst zu erwerben. Vgl. Kircher, Grundpfandrechte in Europa, S. 121 f., 321 ff.; Hofmann, Mortgage und Charge – Gestaltungsmöglichkeiten im englischen Kreditsicherungsrecht, 2001, S. 39 ff.; Brink/Habel/Hartwig, Das Recht der Kreditsicherheiten, Teil IV: England, S. 105 ff.; Stöcker/Luckow, Rechtsfragen der Immobilienfinanzierung in England und Wales, 2006, S. 31 ff.

505 Teilweise (z.B. Northern Rock) sehen bisherige UK covered bond-Programme darüber hinaus auch die Übertragung von nordirischen Immobilienkrediten vor.

Die Veräußerer verpflichten sich, regelmäßig nur bestimmte Arten von Immobilienkrediten auf die UK covered bond LLP zu übertragen. Sie behalten sich allerdings in der Regel vor, neue Kreditarten auf die LLP zu übertragen und insofern die Gewährleistungen und Garantien erforderlichenfalls entsprechend zu ergänzen, ohne dass hierfür die Zustimmung der Schuldverschreibungsgläubiger erforderlich ist.

Für die Erfüllung zusätzlicher Valutierungsansprüche hinsichtlich der auf die UK covered bond LLP übertragenen Immobilienkredite bleiben ausschließlich die Veräußerer verantwortlich. Die zusätzliche Valutierung eines bereits auf die LLP übertragenen Kredits wird teilweise in den untersuchten UK covered bond-Programmen als Einlage des Veräußerers in die LLP behandelt.

Die Garantien und Gewährleistungen umfassen keine Regelungen in Bezug auf die zulässige Beleihungshöhe. Stattdessen werden die übertragenen Immobilienkredite beim asset coverage test nur bis zu einer bestimmten Beleihungshöhe berücksichtigt (d.h. mit einem sog. LTV von 60 bis 75 %)[506]. Insofern können Immobilienkredite unabhängig von ihrer Beleihungshöhe auf die UK covered bond LLP als Deckungswert übertragen werden. Bei der Berechnung des asset coverage tests werden die Kredite dann allerdings nur bis zum vereinbarten LTV berücksichtigt.

Insgesamt sind die Garantien und Gewährleistungen in den einzelnen UK covered bond-Programmen nicht vollständig einheitlich. Vorbehaltlich der Zustimmung des Sicherheitentreuhänders und der Ratingagenturen sind die Emittenten teilweise berechtigt, neben erstklassigen Wohnungsimmobilienkrediten auch andere Immobilienkreditarten (z.B. Immobilienkredite für Mietwohnungen, etc.) auf die UK covered bond LLP als Deckungsmasse zu übertragen.

e) *Bewertung der beliehenen Immobilien*

Die Gewährleistung, dass der Veräußerer Bewertungsgutachten für die Beleihungsobjekte erhalten hat, die nicht länger als zwölf Monate vor der Bestellung der Hypothek angefertigt worden sind, wird in den Wertpapierprospekten der untersuchten UK covered bonds dahingehend konkretisiert, dass hierfür ein pro-forma Bewertungsgutachten für Immobilienkredite verlangt wird, das Bestandteil der Standarddokumentation des UK covered bond ist. Als Wertgutachter werden ausschließlich Verbandsmitglieder des Royal Institute of Chartered Surveyors (RICS), The Institute of Revenues, Rating and Valuation (IRRV) oder der Incorporated Society of Valuers and Auctioneers (ISVA) zugelassen[507]. Bewertungsgutachten können grundsätzlich von einem Angestellten des Veräußerers oder auch von selbständigen Wertgutachtern erstellt werden. Maßgeblich ist allein, dass die technischen Richtlinien des RICS, der IRRV oder ISVA eingehalten werden.

Der maßgebliche Rahmen für die Erstellung der Bewertungsgutachten wird durch die technischen Richtlinien der bedeutenden Berufsverbände RICS, IRRV und ISVA

---

506 Siehe unten 3. Teil, 2. Abschnitt, § 12, B., I., 1., a).
507 Das ISVA wurde im Jahr 2000 mit dem RICS verschmolzen.

festgelegt. Bei diesen Verbänden handelt es sich um sich selbst regulierende Berufsverbände[508]. Die größte Bedeutung kommt RICS zu. Die Mitglieder des RICS verpflichten sich dem Ehrenkodex von RICS zu entsprechen, der für alle Mitglieder eine verbindliche Leitlinie (*Code of Conduct*) darstellt. Das sog. Red Book, das von RICS erstmalig im Jahr 1980 und in seiner aktuellen 5. Auflage im Jahr 2003 erschienen ist und fortlaufend aktualisiert wird, ist für die Immobilienbewertung verpflichtend.

Britische Banken und Building Societies verfügen teilweise über eigene Wertgutachterabteilungen. Aus Haftungsgründen sind externe Wertgutachten bei Banken die Regel. Voraussetzung für die Mitgliedschaft im RICS ist ein immobilienbezogenes Hochschulstudium sowie ein anschließendes zweijähriges, betreutes Praktikum in der Immobilienwirtschaft. Nach Erfüllung dieser Zulassungsvoraussetzungen besteht die Möglichkeit, die Prüfung des RICS (das sog. assessment of professional competence) zur Aufnahme als Mitglied des RICS abzulegen.

Das Red Book von RICS beinhaltet vier Wertbegriffe bzw. -definitionen: den sog. existing use value, den Marktwert (*market value*), den Sachwert (*depreciated replacement costs*) und die Marktmiete (*market rent*). Der Marktwert und die Marktmiete entsprechen den diesbezüglich von dem internationalen Dachverband der Gutachter (International Valuation Standards Committee) definierten Begriffen. Zudem wurde zuletzt auch der Beleihungswert (*mortgage lending value*) in das Red Book aufgenommen[509]. Immobilienkredite werden in Großbritannien regelmäßig nicht in absoluter Höhe zugesagt, sondern im Verhältnis zum Marktwert. Insoweit ist der Marktwertbegriff im Immobilienkreditgeschäft vorherrschend.

In Großbritannien kommen hauptsächlich fünf Verfahren bei der Wertermittlung von Immobilien zur Anwendung. Diese sind nicht vom Gesetzgeber vorgeschrieben und auch das Red Book äußert sich nicht zur Bewertungsmethodik. Es handelt sich um das Vergleichswertverfahren (*comparison method*), das Ertragswertverfahren (*investment method*), das Sachwertverfahren (*cost method, contractors method, depreciated replacement method*), das Profitverfahren (*profit method*) und das Residualverfahren (*residual method*). Während bei gewerblichen Anlageimmobilien das Ertragswertverfahren herangezogen wird, ist im Wohnimmobilienmarkt das Vergleichswertverfahren regelmäßig ausschlaggebend.

Aus den Wertpapierprospekten kann nicht beurteilt werden, welcher Wertbegriff und welches Wertermittlungsverfahren der Immobilienbewertung bei der Beurteilung der Beleihungsfähigkeit beim UK covered bond zu Grunde gelegt wird. Regel-

---

508 Zur Immobilienbewertung in Großbritannien ausführlich: siehe vdp, Europäische Immobilienmärkte und ihre Bewertungsverfahrens, Dezember 2004.

509 Die genaue Definition des mortgage lending value ist im Wortlaut: *Mortgage lending value shall mean the value of the property as determined by a valuer making a prudent assessment of the future marketability of the property by taking into account long term sustainable aspects of the property, the normal and local market conditions, the current use and alternative appropriate uses of the property. Speculative elements may not be taken into account in the assessment of the mortgage lending value. The mortgage lending value shall be documented in a transparent and clear manner.*

mäßig liegen Ertragswert- und Vergleichswertaspekte zu Grunde, und Wertgutachten geben in der Regel nur den jeweiligen Marktwert an[510]. Es kann festgehalten werden, dass es sich dabei um eine Bewertung handeln muss, die für einen gewissenhaften und sorgfältigen Kreditgeber akzeptabel ist. Eine laufende Überwachung (*monitoring*) der Sicherheiten und Immobilienwerte findet durch Anpassung der Immobilienwerte an die Entwicklung anerkannter Preisindices für Immobilienwerte statt.

Bei einem UK covered bond-Programme sind in den Deckungswerten u.a. Immobilienkredite und Sicherheiten enthalten, bei denen unterschiedliche Bewertungsmethoden angewendet wurden. Teilweise sind diese intern nicht überprüft worden. Deswegen hat sich dieser Emittent verpflichtet, im Fall des Verlusts seines kurzfristigen Finanzstärkeratings von 1 der Ratingagentur Moody's monatlich für eine exemplarische Anzahl von Immobilienkrediten die Bewertung zu bestätigen sowie für eine exemplarische Anzahl von Immobilienkrediten mit einer Beleihungsgrenze von über 60 % eine vollumfängliche Bewertung (*full-scale mortgage valuation report*) mit einer internen Untersuchung durchzuführen[511].

f) Rückkaufverpflichtung

Erfüllt ein Immobilienkredit bereits im Zeitpunkt der Übertragung oder zu einem späteren Zeitpunkt nicht mehr die Zusicherungen und Gewährleistungen des Hypothekenkauf- und Abtretungsvertrags, so ist die UK covered bond LLP berechtigt, eine Heilung dieser Vertragsverletzung von dem jeweiligen Veräußerer innerhalb von 20 Geschäftstagen zu verlangen. Unterbleibt diese oder schlägt diese fehl, so ist der Veräußerer verpflichtet, den fehlerhaften Immobilienkredit zurück zu erwerben. Zusätzlich kann die UK covered bond LLP den Rückkauf eines Kredits vom Veräußerer verlangen, wenn eine zusätzlich Valutierung unter dem Kredit die Verletzung der vorgenannten eligibility criteria zur Folge hat oder ein Gericht, eine Aufsichtsbehörde oder ein Ombudsmann entscheidet, dass bestimmte Zinsvereinbarungen (*any term which relates to the recovery of interest*) nicht bindend gegenüber dem jeweiligen Kreditnehmer sind. Zum Teil sehen die UK covered bond-Programme vor, dass der jeweilige Veräußerer verpflichtet ist, einen übertragenen Immobilienkredit zurück zu erwerben, der mehr als drei Monate leistungsgestört ist.

Der Kaufpreis für den Rückerwerb entspricht dem Nominalwert des Kredits zuzüglich etwaiger angefallener Ausgaben zum Zeitpunkt des Rückkaufs. Der Kaufpreis wird von der UK covered bond LLP entsprechend der sog. pre-acceleration principal priority of payments verwendet[512]. Erfüllt der Veräußerer eine etwaig bestehende Rückkaufpflicht nicht, so darf der entsprechende Kredit beim nächsten asset cover-

---

510 Vgl. Schub, Allgemeine rechtliche Voraussetzungen des Hypothekarkredits in EU und EFTA, in: Rüchardt, Handbuch des Hypothekarkredits, 3. Auflage, 1993, S. 728.

511 Vgl. Moody's Investor Service, Nationwide Building Society Covered Bond Programme, Pre-Sale Report, 23.11.2005, p. 3, 6.

512 Siehe unten 3. Teil, 2. Abschnitt, § 11, B., III.

age test keine Berücksichtigung mehr finden[513]. Weiteren Rückgriffsmöglichkeiten der UK covered bond LLP gegenüber den Veräußerern in Bezug auf Kredite, die nicht den Gewährleistungen und Garantien unter dem Kauf- und Abtretungsvertrag entsprechen, bestehen nicht.

II. Die weiteren vertraglich zulässigen Deckungswerte

1. Ersatzdeckungswerte und genehmigte Kapitalanlagen

Neben Immobilienkrediten und den mit diesen verbundenen Sicherheiten ist die UK covered bond LLP regelmäßig berechtigt, zusätzliche Vermögenswerte ersatzweise als Deckung (*substitution assets*) zu erwerben. Als derartige Ersatzdeckungswerte sind ausschließlich besonders sichere und liquide Vermögenswerte vereinbart. Die Höhe des Umfangs der Ersatzdeckungswerte ist bei den untersuchten UK covered bonds beschränkt auf 10 % des gesamten Vermögens der UK covered bond LLP. Als Ersatzdeckungswerte sind in der Regel in GBP denominierte staatliche Anleihen, Einlagen bei Kreditinstituten, Unternehmensanleihen sowie RMBS mit hoher Bonität und einer Restlaufzeit von maximal einem Jahr anerkannt. Diese Laufzeitbeschränkung gilt regelmäßig nicht für staatliche Anleihen.

Die UK covered bond LLP schließt des Weiteren mit einem Kreditinstitut – in der Regel dem Emittenten oder einem mit diesem verbundenen Unternehmen – einen sog. garantierten Investment-Vertrag (*guaranteed investment contract*, GIC) ab, der die Anlage frei zur Verfügung stehender Mittelzuflüsse der UK covered bond LLP bei diesem Kreditinstitut regelt. Zugelassen sind hierunter regelmäßig in GBP denominierte staatliche Anleihen sowie kurzfristige Schuldtitel mit einer Laufzeit von max. 30 Tagen und einem sehr guten Finanzstärkerating einer anerkannten Ratinggesellschaft (sog. authorised investments).

2. Zins- und Währungskurssicherungsgeschäfte

Die Zinseinnahmen der UK covered bond LLP aus den übertragenen Immobilienkrediten setzen sich sowohl aus fest- als auch aus variabel verzinsbaren Einnahmen zusammen. Dem stehen Zinsverpflichtungen der UK covered bond LLP unter dem Gesellschafterdarlehen des Emittenten in Höhe des ein-Monats LIBOR sowie im Fall der Verwertung der covered bond-Garantie unter den UK covered bonds in Form einer fixen und einer variablen Verzinsung gegenüber[514]. Darüber hinaus können UK covered bonds grundsätzlich auch in einer anderen Währung ausgegeben werden als GBP, während die Einnahmen der UK covered bond LLP aus den Immobilienkrediten nur auf GBP lauten können. Zur Absicherung etwaiger Zins- und

---

513 Vgl. zum asset coverage test, siehe unten 3. Teil, 2. Abschnitt, § 12, B., I., 1.
514 Zur covered bond-Garantie, siehe unten 4. Teil, 2. Abschnitt, § 16, A.

Währungskursänderungsrisiken schließt die LLP mit Dritten unter Anwendung von ISDA-Musterverträgen[515] sog. interest rate swap agreements und covered bond swap agreements ab. Vertragspartner der LLP können dabei verbundene Unternehmen des Emittenten sein.

Die interest rate-Swaps dienen zur Absicherung von Einnahme- und Ausgabendifferenzen aus Zinsänderungsrisiken der UK covered bond LLP aufgrund ihrer Einnahmen aus Zinszahlungen unter den übertragenen Immobilienkrediten und den Ausgaben aufgrund der Zinszahlungen unter dem Gesellschafterdarlehen. Die covered bond-Swaps dienen dagegen der Absicherung von Zins-, Währungs- und sonstigen Risiken, denen die LLP in Bezug auf ihre Einnahmen aus Zins- und Tilgungszahlungen aus den Immobilienkrediten und aus den interest rate-Swaps, sowie aus diesen ggf. gegenüberstehenden Ausgaben in Form von Zins- und Tilgungszahlungen unter der covered bond-Garantie ausgesetzt ist. Die Absicherung der Einnahmen- und Ausgabendifferenz durch Abschluss des covered bond-Swaps erfolgt im Hinblick auf jede einzelne UK covered bond-Serie nur für die Zeit nach Eintritt eines Kreditereignisses beim Emittenten und/oder der Muttergesellschaft und einer Zahlungsaufforderung hinsichtlich der Verpflichtungen aus den UK covered bonds gegenüber der LLP. Unter einem covered bond-Swap ist dann der Swapvertragspartner zur Erfüllung der Zins- und Tilgungszahlungen aus der zu Grunde liegenden UK covered bond-Serie verpflichtet, wofür die LLP als Gegenleistung eine Gebühr in Abhängigkeit vom ein-Monats-LIBOR zu leisten hat.

Die Swapverträge beinhalten sog. Ratingtrigger, die sicherstellen, dass für den Fall, dass das Absinken der Ratingbeurteilung einer Swapvertragspartei, die Gefahr der Verschlechterung des Ratings des UK covered bond zur Folge hat, bestimmte Maßnahmen zu ergreifen sind. Fällt das Rating einer der Swapvertragsparteien unter ein bestimmtes Rating, so ist die Swapvertragspartei verpflichtet, entsprechende Sicherheiten zu leisten. Unterlässt sie dies, so ist die UK covered bond LLP berechtigt, den betroffenen Swapvertrag zu kündigen. Daneben hat die LLP ein Kündigungsrecht im Fall der Insolvenz einer der Swapvertragsparteien. Ein beiderseitiges Kündigungsrecht besteht außerdem, wenn eine der Swapvertragsparteien ihre Zahlungsverpflichtungen verletzt.

D. Verwaltung der Deckungswerte

Die Verwaltung der Deckungswerte und alle damit zusammenhängenden Tätigkeiten überträgt die UK covered bond LLP auf einen servicer und einen cash manager. Die LLP bedarf deswegen keines sonstigen Betriebsvermögens und bei ihr selbst entsteht darüber hinaus quasi kein sonstiger Betriebsaufwand. Die UK covered bond LLP fungiert somit ausschließlich als Rechtsträger der Deckungswerte. Die Aufgaben des servicers und cash managers werden in der Regel von dem Emittenten und/oder der Muttergesellschaft und somit regelmäßig von der ursprünglich kre-

---

515 ISDA = Interest Swap Dealers Association.

ditgebenden Bank (sog. Originator) übernommen. Die für ihren Geschäftszweck erforderlichen Dienstleistungen erwirbt die UK covered bond LLP im Ergebnis auf vertraglicher Basis gegen ein entsprechendes Entgelt, ohne weitere Risiken, z. B. aus der Beschäftigung von Mitarbeitern, einzugehen.

I. Die Servicing-Vereinbarung

In der Servicing-Vereinbarung wird die Verwaltung der erworbenen Immobilienkredite gegen eine Verwaltungsgebühr auf einen servicer übertragen. Die Übertragung der Verwaltung der übertragenen Immobilienkredite wird zumeist auf den Emittenten und/oder die Muttergesellschaft, welche die Deckungswerte auf die UK covered bond LLP übertragen haben, übertragen. Dies hat den Vorteil, dass die Verwaltung des einzelnen Kreditverhältnisses weiter in den Händen des ursprünglichen Kreditgebers bleibt. Der servicer übernimmt neben der reinen Verwaltung die Einziehung und ggf. Verwertung der übertragenen Immobilienkredite der UK covered bond LLP und leitet eingehende Zahlungen an diese weiter. Die Servicinggebühr kann im Jahr 0,05 % der Summe der ausstehenden Immobilienkredite der LLP betragen.

1. Pflichten des Servicer

Der servicer ist unter der Servicing-Vereinbarung verpflichtet, die übertragenen Kredite so zu verwalten und einzuziehen, als ob eine Übertragung nie stattgefunden hätte, insbesondere ist er verpflichtet, die Grundsätze und Richtlinien seines Immobilienkreditgeschäfts hinsichtlich der Verwaltung und Verwertung der Immobilienkredite und der mit diesen verbundenen Sicherheiten unverändert weiter zu verfolgen. Der servicer ist befugt, sämtliche Rechte in Bezug auf die übertragenen Kredite und den dazugehörigen Sicherheiten auszuüben, sie insbesondere einzuziehen und durchzusetzen. Entscheidungen und Maßnahmen des servicers zur Verwaltung der Immobilienkredite und der dazugehörigen Sicherheiten sind für die UK covered bond LLP bindend.

Der servicer übernimmt in der Servicing-Vereinbarung in Bezug auf die Verwaltung der übertragenen Kredite und der mit diesen verbundenen Sicherheiten u.a. die folgenden Pflichten:

- Die Kreditakten und -konten in Deckung genommener Kredite für die UK covered bond LLP zu führen;
- Die Unterlagen der Immobilienkredite sowie die Eigentums- und Hypothekenurkunden in seinem Besitz sicher zu verwahren und so zu führen, dass die Verwertung der Kreditsicherheiten jederzeit sichergestellt ist sowie dem Sicherheitentreuhänder Zugang zu den Eigentums- und Hypothekenurkunden und anderen zur Verwaltung der Kredite und der dazugehörigen Sicherheiten erforderlichen Unterlagen zu gewähren;

- Ein Deckungsregister für die Deckungsmasse zu führen;
- Monatlich den Gläubigern des UK covered bond einen Bericht über den asset coverage test zur Verfügung zu stellen;
- Jederzeit alle erforderlichen und üblichen Maßnahmen zur Einziehung und Durchsetzung fälliger Ansprüche sowie zur Verwertung der Immobilienkredite und der dazugehörigen Sicherheiten wie ein gewissenhafter und sorgfältiger Immobilienkreditgeber zu ergreifen; und
- Alle leistungsgestörten Immobilienkredite bzw. die mit diesen verbundenen Sicherheiten unter Einhaltung der Grundsätze und Richtlinien zur Verwertung leistungsgestörter Kredite des jeweiligen Veräußerers zu verwerten.

Die Servicing-Vereinbarung regelt auch die Bestimmung des variablen Zinssatzes der übertragenen Immobilienkredite. Dabei ist der servicer vor Eintritt einer Zahlungsaufforderung gegenüber der LLP unter der covered bond-Garantie und der Übertragung des legal title der übertragenen Kredite ohne Zustimmung der LLP nicht berechtigt, den variablen Zinssatz höher festzusetzen oder in einer Höhe festgesetzt zu belassen, die den entsprechenden, dann geltenden variablen Zinssatz des Veräußerers übersteigt. Ansonsten ist eine Anpassung der Höhe des variablen Zinssatzes der übertragenen Kredite davon abhängig, ob die Zinserträge der UK covered bond LLP ihre Zinsaufwendungen decken (sog. interest shortfall test) bzw. ob nach einem Kreditereignis beim Emittenten und/oder der Muttergesellschaft mit den Zinsertrag aus den variabel verzinsbaren Krediten eine Zinsmarge von 0,5 % erzielt wird (sog. yield shortfall test).

2. Beendigung der Servicer-Vereinbarung

Nach Eröffnung der Insolvenz über das Vermögen des servicers ist dieser nicht mehr in der Lage, seine vertraglichen Verpflichtungen aus der Servicing-Vereinbarung zu erfüllen. Um in diesem Fall nicht selbst aufgrund Ausbleiben der Zahlungseingänge vom servicer insolvent zu werden, ist die UK covered bond LLP auf eine schnelle und tragfähige Auffanglösung angewiesen. Zu diesem Zweck sieht die Servicing-Vereinbarung vor, dass der servicer sich ernsthaft bemüht, innerhalb von 60 Tagen mit einem Ersatz-servicer eine entsprechende sog. Ersatz-Servicing-Vereinbarung abzuschließen, wenn sein langfristiges Rating unter ein bestimmtes Ratingurteil einer anerkannten Ratingagentur absinkt (z.B. Baa3 von Moody's). Der Ersatz-servicer übernimmt dann die Verwaltung der Deckungswerte. Die Aufgaben zur Bestimmung der variablen Zinssätze der übertragenen Immobilienkredite übernehmen allerdings in diesem Fall die LLP und der Sicherheitentreuhänder selbst.

Die Servicing-Vereinbarung kann ansonsten sowohl von der UK covered bond LLP als auch dem Sicherheitentreuhänder ohne Frist gekündigt werden[516]. Dies gilt insbesondere für den Fall, dass

---

516 Das Kündigungsrecht des Emittenten steht allerdings unter dem Vorbehalt, dass die LLP einen Ersatz für den ursprünglichen servicer findet.

- der servicer gegenüber der LLP in Verzug ist mit der Erfüllung einer Zahlungspflicht aus der Servicing-Vereinbarung und die entsprechende Zahlungsverpflichtung nicht innerhalb von drei Geschäftstagen nach Kenntnisnahme von dem Verzug erfüllen kann;
- der servicer eine sonstige Vertragspflicht der Servicing-Vereinbarung verletzt, die nach Ansicht des Sicherheitentreuhänders die Interessen der UK covered bond-Gläubiger wesentlich beeinträchtigt und die entsprechende Vertragspflichtverletzung nicht innerhalb von 20 Geschäftstagen nach Kenntnisnahme hiervon heilen kann;
- eine gerichtliche Entscheidung oder ein Beschluss zur liquidation, administration oder zur Eröffnung eines sonstigen Insolvenz- oder Zwangsverwaltungsverfahrens über das Vermögen des servicers gefasst ist;
- der servicer seinen Geschäftsbetrieb im Wesentlichen einstellt;
- ein Verfahren in Bezug auf das Vermögen des servicers zur liquidation, administration oder sonstigen Insolvenz- oder Zwangsverwaltung, Restrukturierung oder einem ähnlichen Zweck eröffnet ist;
- ein Insolvenz-, Zwangs-, Arrestverwalter, Treuhänder oder ein sonstiger vergleichbarer Amtsträger in Bezug auf das Vermögen des servicers mindestens aber in Höhe von GBP 50 Mio. bestellt wird oder ein diesbezügliches Verfahren eingeleitet wird, es sei denn die zu Grunde liegende Verbindlichkeit wird innerhalb von 30 Tagen erfüllt;
- der servicer gem. sec. 123(1)(b) bis (e), (2) Insolvency Act 1986 zahlungsunfähig ist bzw. sich für zahlungsunfähig erklärt; oder
- die LLP beschließt, dass die Bestellung des servicer aufgehoben wird.

Der servicer kann die Servicing-Vereinbarung mit einer Frist von zwölf Monaten nur dann kündigen, wenn ein Ersatz-servicer bestellt worden ist, der die erforderlichen Genehmigungen und Erlaubnisse zur Verwaltung der übertragenen Immobilienkredite innehat und ein Managementteam besitzt, das die erforderliche Erfahrung zur Verwaltung von Immobilienkrediten in Großbritannien aufweist, sowie eine entsprechende Servicing-Vereinbarung abgeschlossen worden ist. Zudem ist die Kündigung des servicers dahingehend aufschiebend bedingt, dass diese keine Verschlechterung des Ratings der UK covered bonds zur Folge hat, es sei denn die Gläubiger der UK covered bonds stimmen hierzu in einer außerordentlichen Gläubigerversammlung zu.

- Nach Kündigung der Servicer-Vereinbarung ist der servicer verpflichtet, sämtliche Eigentums- und Hypothekenurkunden und sonstigen Unterlagen der übertragenen Immobilienkredite an die UK covered bond LLP herauszugeben. Die Servicing-Vereinbarung endet erst, nachdem die LLP keine Immobilienkredite und keine der dazugehörigen Sicherheiten mehr hält bzw. diesbezüglich keine weiteren Interessen hat.

II. Die Cash Management-Vereinbarung

Die UK covered bond LLP lagert auch die Erbringung von bestimmten Cash Management-Services aus. Dazu vereinbart sie eine sog. Cash Management-Vereinbarung. Die Cash Management-Services werden regelmäßig von dem Emittenten und/oder der Muttergesellschaft erbracht. Sie umfassen insbesondere:

- die Führung bestimmter Buchungskonten der LLP;
- die Verwendung der Umsatzerlöse und der Einnahmen aus der Rückzahlung der übertragenen Immobilienkredite in Übereinstimmung mit den Mittelverwendungsregeln der Satzung der LLP[517];
- die monatliche Durchführung des asset coverage test[518];
- die monatliche Durchführung des amortisation test[519]; sowie
- ggf. die tägliche Durchführung des pre-maturity tests[520].

§ 12 Die Deckungskongruenz und Überwachung des UK Covered Bond

Das Prinzip der Deckungskongruenz ist beim UK covered bond in den RCB Regulations 2008 mit grundsätzlichen Regelungen verankert. Diese werden im RCB Sourcebook 2008 spezifiziert. In den UK covered bond-Programmen ist die Deckungskongruenz durch bis zu drei Deckungskongruenztests im Gesellschaftsvertrag der UK covered bond LLP umgesetzt. Zusätzlich sehen UK covered bonds Aktiv-Passiv-Steuerungsmaßnahmen zur Sicherstellung der Deckungskongruenz und der termingerechten Erfüllung der Zins- und Rückzahlungsansprüche vor. Überwacht wird die Einhaltung der Deckungskongruenz primär von einem sog. asset cover monitor.

Die jederzeitige Deckung des UK covered bond ist von der Werthaltigkeit des Vermögens der UK covered bond LLP abhängig. Sie wird aufgrund der Ausgestaltung der UK covered bond LLP als Zweckgesellschaft ausschließlich von den mit den zulässigen Deckungswerten verbundenen Risiken bestimmt. Diese umfassen insbesondere Kredit-, Liquiditäts- und Zinsänderungsrisiken.

---

517 Siehe unten 3. Teil, 2. Abschnitt, § 11, B., III.
518 Siehe unten 3. Teil, 2. Abschnitt, § 12, B., I., 1.
519 Siehe unten 3. Teil, 2. Abschnitt, § 12, B., I., 3.
520 Siehe unten 3. Teil, 2. Abschnitt, § 12, B., II., 1.

A. Die Anforderungen der RCB Regulations 2008 an die Deckungskongruenz

Ziel des Deckungsprinzips der RCB Regulations 2008 ist die jederzeitige Deckung der Rückzahlungs- und Zinszahlungsansprüche der UK Regulated Covered Bonds bis zum Ende ihrer Laufzeit[521].

Die Anforderungen an die Deckungskongruenz sind allgemein in reg. 17(2) RCB Regulations 2008 für den Emittenten und in reg. 24(1)a RCB Regulations 2008 für den Rechtsträger der Deckungsmasse bzw. die UK covered bond LLP geregelt. Danach muss die Deckungsmasse während der gesamten Laufzeit des UK Regulated Covered Bond „... *capable of covering claims attaching to the bond and sums required for the maintenance, administration and winding up of the asset pools* ...“ sein. Darüber hinaus muss die Deckungsmasse jederzeit in der Lage sein, die Rückzahlungs- und Zinszahlungsverpflichtungen unter den UK Regulated Covered Bonds fristgerecht erfüllen zu können. Schließlich verlangen reg. 17(2)(d) und 23(2) der RCB Regulations 2008, dass die Deckungsmasse von ausreichender Qualität ist „... *to give investors confidence that in the event of the failure of the issuer there will be a low risk of default in the timely payment by the owner of the claims attaching to the bond* ...“.

Um diese Anforderungen an die Deckung zu erfüllen, ist eine Überdeckung erforderlich. Diese umfasst nicht nur zusätzliche Deckungswerte, um auch im Fall des Zahlungsausfalls des Emittenten, die jederzeitige Zahlungsfähigkeit der Deckungsmasse zu gewährleisten. Sie umfasst darüber hinaus sämtliche Verpflichtungen im Zusammenhang mit der Verwaltung der Deckungsmasse. Dies betrifft insbesondere Verpflichtungen aus Zins- und Währungskurssicherungsgeschäften, die Kosten der Verwaltung (servicing) der Deckungsmasse und eventuelle Kosten eines Insolvenzverfahrens über das Vermögen der Deckungsmassen[522].

Vor der Insolvenz des Emittenten hat der Emittent sicherzustellen, dass die für die jederzeitige Deckung erforderlichen Vereinbarungen und Vorkehrungen (*arrangements*) getroffen sind. Diese Vorkehrungen umfassen nach dem Marktstandard des UK covered bond insbesondere einen asset coverage- sowie einen amortisation test. Nach der Insolvenz des Emittenten geht die Pflicht zur Aufrechterhaltung der Deckung auf die Zweckgesellschaft bzw. UK covered bond LLP über. Dies geht damit einher, dass die Deckungsmasse mit der Insolvenz ihre dynamische Rechtsnatur verliert, da die UK covered bond LLP selbst nicht zur Vergabe von neuen Kredite befugt ist.

Die RCB Regulations 2008 legen weder eine bestimmte Methode zur Feststellung der Fähigkeit zur jederzeitigen Deckung fest noch konkretisieren sie die erforder-

---

521 Vgl. HM Treasury/FSA, Proposals for a UK Regulated Covered Bonds legislative framework, July 2007, para. 2.47.

522 Vgl. reg. 13.(2)(a)(b) RCB Regulations 2008; HM Treasury/FSA, Proposals for a UK Regulated Covered Bonds legislative framework, July 2007, para. 2.46.

liche Überdeckung in quantitativer Hinsicht[523]. Stattdessen überlassen die RCB Regulations 2008, die Festlegung entsprechender Methoden und Standards der FSA in Ziffer 2.3.4 bis 2.3.13 RCB Sourcebook 2008. Danach setzt die FSA voraus, dass der Emittent angemessene Systeme, Kontrollen, Verfahren und Richtlinien eingerichtet bzw. erlassen hat v.a. für das Risikomanagement, die Kreditvergabe, Wertberichtigung und Wertermittlung. Der Emittent muss der FSA nachweisen, dass der Mittelzufluss aus den Deckungswerten ausreichend ist, um die fälligen Zahlungsverpflichtungen auch unter Stressszenarien und nach Ausfall des Emittenten jederzeit fristgerecht erfüllen zu können. Die FSA berücksichtigt in diesem Zusammenhang insbesondere die Überdeckung für mögliche Kreditausfälle und Risiken aus der Fristentransformation. Die FSA setzt voraus, dass sämtliche Risikofaktoren, wie z.B. Kreditrisiken, Klumpenrisiken bzw. Granularität, Marktrisiken und sog. Counterparty Risiken angemessen adressiert sind. Insoweit bewertet die FSA alle Risikofaktoren sowohl unabhängig voneinander als auch unter Berücksichtigung von Interdependenzen.

B. Die vertragliche Umsetzung der Deckungskongruenz

Um die jederzeitige Deckung und die fristgemäße Rück- und Zinszahlung der UK covered bonds sicherzustellen, wurden Deckungskongruenztests entwickelt und diese durch zusätzliche Maßnahmen im Rahmen der Aktiv-Passiv-Steuerung ergänzt. Diese adressieren sowohl die allgemeintypischen Risiken einer gedeckten Schuldverschreibung als auch die spezifischen Risken aus der Struktur des UK covered bond durch entsprechende Sicherheitsvorkehrungen. Dabei wird teilweise auf Maßnahmen zurückgegriffen, die ursprünglich zur sog. Kreditverbesserung (*credit enhancement*) von Mortgage Backed Securities (MBS) entwickelt wurden (z.B. die Überdeckung). Zusätzlich sind spezifische Kreditverbesserungsmechanismen entwickelt worden, die den besonderen Charakter des UK covered bond als gedeckte Schuldverschreibung sicherstellen sollen (z.B. Deckungskongruenztests). Von der konkreten Ausgestaltung dieser Kreditverbesserung hängt im Wesentlichen ab, welche Risikoklasse bzw. welches Rating der UK covered bond insgesamt erreichen kann. Einen Schwerpunkt bildet dabei der Umfang der Überdeckung.

I. Die gesellschaftsvertraglichen Deckungskongruenztests

Für die UK covered bond-Programme wurden drei Deckungskongruenztests entwickelt. Es handelt sich dabei um (i) den sog. asset coverage test, (ii) den sog. amortisation test und (iv) den sog. substitution test. Allen drei Deckungskongruenztests gemein ist, dass diese in der Satzung der UK covered bond LLP vereinbart sind. Für den asset coverage test und den amortisation test gelten jeweils unterschiedliche

---

523 Vgl. HM Treasury/FSA, Proposals for a UK Regulated Covered Bonds legislative framework, July 2007, para. 2.46, 2.48.

zeitliche Anwendungsbereiche, wobei der amortisation test erst im Rahmen der Abwicklung bzw. Verwertung des Vermögens der LLP zur Anwendung kommt. Der asset coverage test und der amortisation test sind Bestandteil aller bekannten UK covered bond-Programme. Dagegen ist der substitution test, der dem Schutz der Kreditqualität der Deckungsmasse bzw. LLP dient, nur vereinzelt zu finden[524].

1. Asset Coverage Test

Die UK covered bond-Programme sehen zur Sicherstellung der Deckungskongruenz primär einen asset coverage test vor. Dieser stellt die Grundlage der Kreditbonität des UK covered bond dar[525]. Der asset coverage test ist monatlich zur Überprüfung der Mindestüberdeckung durchzuführen. In den untersuchten UK covered bond-Programmen wird der asset coverage test im Wesentlichen auf die nachfolgend dargestellte Art und Weise berechnet. Die Berechnungsmethoden der verschiedenen Programme unterscheiden sich teilweise in ihren Details. In ihrer Grundsystematik stimmen sie allesamt überein und sehen eine bestimmte Beleihungshöhe, eine Indexierung der Immobilienwerte, eine bestimmte Überdeckung sowie Abzugsposten für Aufrechnungsrisiken, zusätzliche Valutierungspflichten unter bestimmten Immobilienkrediten und eventuell reduzierte Zinsseinnahmen der UK covered bond LLP vor.

a) *Berechnungsmethodik des Asset Coverage Test*

Der asset coverage test verpflichtet die UK covered bond LLP während der Laufzeit der UK covered bonds und vor dem Ausfall des Emittenten und/oder der Muttergesellschaft sowie vor Eintritt eines Kreditereignisses sicher zu stellen, dass die Summe der sich im Umlauf befindlichen UK covered bonds der sog. angepassten Gesamtsumme der Immobilienkredite (*adjusted aggregate loan amount*) entspricht bzw. diese überschreitet. Die angepasste Gesamtsumme der Immobilienkredite wird dabei nach der anschließenden Formel berechnet wobei die Variablen A, B, C, D, E, X, Y und Z im nachfolgenden Text definiert sind:

$$\text{Angepasste Gesamtsumme der Immobilienkredite} = A + B + C + D + E - (X + Y + Z)$$

Die Variable (**A**) entspricht beim asset coverage test dem mit einem bestimmten Prozentsatz (der sog. asset percentage) multiplizierten angepassten Nominalwert (*adjusted current balance*) der Gesamtsumme sämtlicher ausstehender Immobilienkredite der LLP.

---

524 Beim pre-maturity test wird dies darauf zurückgeführt, dass dieser einen erheblichen Umfang an zusätzlichen Deckungswerten voraussetzt und sich deswegen nur für Institute mit einem umfangreichen Immobilienkreditbuch eignet. Alternativ zum pre-maturity test wurde stattdessen von anderen Emittenten das Konzept des sog. extendable maturity tests entwickelt (siehe unten 3. Teil, 2. Abschnitt, § 12, B., II., 2).

525 Vgl. Hays, Merger Synergies, in: Sructured Finance International, Issue 27, 2003.

Der angepasste Nominalwert der einzelnen ausstehenden Immobilienkredite besteht in Höhe des jeweils ausstehenden Nominalwerts des Immobilienkredits, jedoch begrenzt auf 60 bzw. 75 % des indexierten Werts der für diesen Kredit beliehenen Immobilie auf Basis eines Wertgutachtens. Durch diese Anpassung erreichen die UK covered bonds eine Beleihungshöhe von 60 bzw. 75 % und stellen sicher, dass die übertragenen Immobilienkredite der UK covered bond LLP lediglich bis zu dieser Beleihungshöhe im Rahmen der Deckungsrechnung Berücksichtigung finden, wodurch im Ergebnis ein etwaiges Bonitätsrisiko der Kreditnehmer kompensiert wird[526]. Die Beleihungshöhe ist allerdings in den untersuchten UK covered bond-Programmen nicht einheitlich festgelegt und beträgt nur in Einzelfällen 60 % bzw. in der überwiegenden Mehrheit 75 %[527]. Teilweise sehen diese UK covered bonds als Ausgleich für die höhere Beleihungshöhe zusätzlich eine niedrigere Gewichtung für Immobilienkredite vor, die länger als drei Monate leistungsgestört sind[528]. Zu diesem Zweck wird die ursprünglich zulässige Beleihungshöhe von 75 % für Kredite mit einem Beleihungsauslauf von unter 75 % auf 40 % sowie für Kredite mit einem Beleihungsauslauf von über 75 % auf 25 % reduziert[529]. Der Immobilienwert wird dabei zunächst in Höhe des Werts des für den Kreditgeber erstellten Wertgutachtens bestimmt. Durch Heranziehung anerkannter Preisindices für Wohnraumimmobilien als Referenzmaßstab wird der Immobilienwert während seiner Laufzeit an die Entwicklung der Preise des Wohnimmobilienmarkts angepasst (*indexed valuation*)[530]. Auf diese Weise werden automatisch Rückgänge im Preisniveau am britischen Immobilienmarkt in transparenter Art und Weise bei der Berechnung des asset coverage test berücksichtigt. Immobilienpreissteigerungen werden in der Regel begrenzt bis zu einer Höhe von 15 % bei der Deckungsrechnung berücksichtigt, wodurch es bei erheblichen Preissteigerungen zur Bildung von stillen Reserven kommen kann. Insgesamt hat die Indexierung der Immobilienwerte den Zweck die UK covered bond LLP und somit auch die Schuldverschreibungsgläubiger bis zur Insolvenz des Emittenten vor einem Preisrückgang auf den Immobilienmärkten zu schützen[531].

Von der auf diese Weise ermittelten Zwischensumme der Immobilienkredite der UK covered bond LLP sind diejenigen Immobilienkredite, für die eine noch nicht erfüllte Rückkaufpflicht des Veräußerers aufgrund einer Verletzung der Zusicherungen (*representation and warranties*) im Hypothekenkauf- und Abtretungsvertrag oder

526 Eine Beleihungshöhe von 60 % sieht das HBOS Covered Bond Programm vor.
527 Der HBOS Covered Bond sieht sogar eine Beleihungshöhe von 60 % vor.
528 Diese Regelung ist insbesondere in den UK covered bond Programmen vorgesehen, die den Rückerwerb leistungsgestörter Immobilienkredite nicht zwingend vorsehen. Insofern handelt es sich hierbei um eine alternative Gestaltungsmöglichkeit.
529 Zusätzlich hat der jeweilige Veräußerer in der Regel das Recht einen derart leistungsgestörten Kredit zum ausstehenden Nominalwert zurück zu erwerben.
530 In der Regel handelt es sich dabei um den Halifax-Index der HBOS plc oder den Abbey-Index der Abbey National plc für Wohnimmobilienpreise.
531 Vgl. Moody's Investor Service, Abbey National Treasury Services plc. Covered Bond Programme, Pre-Sale Report, 27.3.2006, p. 5.

ggf. aufgrund einer Leistungsstörung eines Immobilienkredits[532] besteht, in entsprechender Höhe abzuziehen. Zusätzlich ist ein etwaiger Verlust der UK covered bond LLP aufgrund einer anderweitigen Verletzung des Hypothekenkauf- und Abtretungsvertrags oder der Servicing-Vereinbarung durch einen Veräußerer bzw. den servicer in Abzug zu bringen.

Die verbleibende Summe entspricht dem Gesamtvolumen der grundsätzlich zur Deckung der UK covered bonds zur Verfügung stehenden Immobilienkredite der UK covered bond LLP. Hiervon darf für den asset coverage test allerdings nur ein bestimmter Prozentsatz (die sog. asset percentage) berücksichtigt werden, wodurch im Vermögen der LLP eine Überdeckung geschaffen wird. Dieser Prozentsatz ist bei den untersuchten UK covered bonds in unterschiedlicher Höhe festgelegt und beträgt zwischen 92,5 und 90,0 %. Teilweise sehen die Programme vor, dass durch eine Herabsetzung der asset percentage eine erwartete negative Wertentwicklung der Immobilienkredite zusätzlich berücksichtigt werden kann[533]. Auf dies Weise wird eine Überdeckung zwischen 7,5 und 10 % der zur Deckung bei der UK covered bond LLP jeweils zur Verfügung stehenden Immobilienkredite erreicht[534]. Diese soll Wertminderungen im Vermögen der LLP nach einem Ausfall des Emittenten und/ oder der Muttergesellschaft bzw. sonstige Kreditereignisse kompensieren[535].

Zu dieser um die Beleihungshöhe angepassten und um etwaige Rückkaufverpflichtungen sowie die Überdeckung reduzierten Gesamtsumme der Immobilienkredite der UK covered bond LLP (**A**) sind hinzuzurechnen

- die Einnahmen der LLP aus Tilgungszahlungen von Kreditnehmern, welche bislang noch nicht zum Erwerb von Ersatz-Immobilienkrediten verwendet worden ist (**B**);
- der Anteil der Bar-Kapitaleinlagen und der Gesellschafterdarlehen, welche von der LLP bislang noch nicht zum Erwerb von Ersatz-Immobilienkrediten verwendet worden sind (**C**);
- der Nominalwert der ausstehenden Ersatzdeckungswerte (**D**); und

---

532 Die Rückkaufpflicht für leistungsgestörte Immobilienkredite besteht bei den untersuchten UK covered bonds nur beim HBOS covered bond, weshalb ein entsprechender Abzug nur hier vorzunehmen ist.

533 Z.B. Northern Rock-, Bradford & Bingley-, Nationwide Building Society- und Yorkshire Building Society Covered Bond. Eine zu erwartende negative Wertentwicklung der Immobilienkredite wird dabei anhand der gewichteten durchschnittlichen Vorfälligkeitsrückzahlungen (*weighted average foreclosure frequency*, WAFF) und der gewichteten durchschnittlichen Ausfallschäden (*weighted average loss severity*, WALS) in Abstimmung mit anerkannten Ratingagenturen durch Anwendung unterschiedlicher cash flow Szenarien bestimmt. Dadurch kann durch die Herabsetzung der vorbeschriebenen asset percentage aufgrund einer gestiegenen WAFF eine Erhöhung des prepayment risk ausgeglichen werden. Vgl. hierzu auch Moody's Investor Service, Nationwide Building Society Covered Bond Programme, Pre-Sale Report, 23.11.2005, p. 6; Moody's Investor Service, Yorkshire Building Society Covered Bond Programme, Pre-Sale Report, 11.10.2006, p. 5.

534 Die Überdeckung kann hier auch aus einem die Beleihungshöhe von 60 bis 75 % des Nominalwerts der Immobilienkredite der LLP überschreitenden Immobilienkreditanteil bestehen. Vgl. Hays, Merger Synergies , in: Structured Finance International, Issue 27, 2003.

535 Vgl. Hays, Merger Synergies, in: Structured Finance International, Issue 27, 2003.

- ggf. etwaige Einnahmen aus der Veräußerung von Immobilienkrediten durch die LLP, die im sog. pre-maturity Unterkonto (*pre-maturity ledger*) verbucht sind (**E**)[536].

Davon abzuziehen sind zur Berücksichtigung von bekannten spezifischen Risiken aus der Struktur des UK covered bond die folgenden Beträge[537]:

- ein Abschlag von der Summe des Nominalwerts der ausstehenden Immobilienkredite der UK covered bond LLP (**X**), der je nach Einschätzung des konkreten Aufrechnungsrisikos in den untersuchten UK covered bond-Programmen in unterschiedlicher Höhe zwischen 2 % und 5 % festgesetzt wird;
- 8 % des dreifachen Überschusses aus den gesamten Valutierungs- bzw. Auszahlungsansprüchen unter sog. flexiblen Immobilienkrediten (*flexible loans*) über die Summe der bereits ausgezahlten flexiblen Immobilienkredite der LLP (sog. flexible redraw capacity) (**Y**)[538], sowie
- ein Abschlag jeweils in einer Spanne zwischen 0,50 % und 0,65 % in den untersuchten UK covered bond-Programmen – je nach Einschätzung des konkreten Risikos – vom Produkt der durchschnittlichen Laufzeit der jeweils im Umlauf befindlichen UK covered bonds und der Summe der jeweils im Umlauf befindlichen UK covered bonds (**Z**).

Der erste Abzugsposten (**X**) dient zur Absicherung von Aufrechnungsrisiken, die für die UK covered bond LLP nach Eintritt eines Kreditereignisses beim Emittenten aufgrund der Systematik der Übertragung der Immobilienkredite im Raum stehen. Der Abschlag berücksichtigt allerdings ausschließlich Aufrechnungsrisiken aus Einlagen der Immobilienkreditnehmer bei einem Veräußerer der Immobilienkredite. Die Aufrechnung durch Immobilienkreditnehmer mit eigenen Einlageansprüchen ist insofern problematisch, weil die Einlagenansprüche in Bezug auf die Deckungsmasse nicht mit den Ansprüchen der Schuldverschreibungsgläubiger konkurrieren, d.h. durch Aufrechnung kein Anspruch gegen die Deckungsmasse zu Gunsten der Schuldverschreibungsgläubiger, sondern lediglich ein Deckungswert zu Lasten der Deckungsmasse entfällt.

Ein Teil der Immobilienkredite der UK covered bond LLP besteht aus flexiblen Immobilienkrediten, die den jeweiligen Kreditnehmern das Recht einräumen, während ihrer Laufzeit den Kreditgeber bis zu einem bestimmten Kreditvolumen in Anspruch zu nehmen. Dieses Recht bleibt nach dem Ausfall oder einem sonstigen Kreditereignis beim Emittenten und/oder der Muttergesellschaft gegenüber der LLP

---

536 Gilt wiederum nur, falls das UK covered bond-Programm einen pre-maturity test vorsieht.

537 In einem der bisherigen UK covered bond Programm ist darüber hinaus ein Abschlag (V) zur Berücksichtigung eines besonderen Mortgage Loan Products vorgesehen, bei dem ein flexibler Immobilienkredit mit bestimmten Einlagen (*deposits*) beim Immobilienkreditgeber verbunden ist (*together connection mortgage loans*).

538 Vor Ausfall oder einem sonstigen Kreditereignis beim Emittenten und/oder der Muttergesellschaft bleibt dieser trotz Übertragung der Immobilienkredite auf die LLP verpflichtet, etwaige zusätzlichen Auszahlungsansprüche der Immobilienkreditnehmer zu erfüllen. Das Risiko aus Auszahlungsverpflichtungen von flexible loans geht deswegen erst mit Ausfall oder Eintritt eines Kreditereignisses auf die LLP über.

aufgrund der Übertragung der Immobilienkredite bestehen. Um nach einem Ausfall bzw. sonstigen Kreditereignis zusätzliche Auszahlungsverpflichtungen unter den flexiblen Immobilienkrediten erfüllen zu können, sieht der asset coverage test den vorgenannten Abschlag (**Y**) vor[539].

Schließlich dient der dritte Abzugsposten (**Z**) der Kompensierung eventuell reduzierter Zinseinnahmen der UK covered bond LLP nach einem Ausfall oder einem sonstigen Kreditereignis beim Emittenten und/oder der Muttergesellschaft (sog. negative carry)[540]. Denn nach einem Ausfalls bzw. sonstigen Kreditereignis ist die LLP gezwungen, die Erlöse aus der Tilgung ihrer Kredite anderweitig als durch den Erwerb neuer Immobilienkredite von dem Emittenten und/oder der Muttergesellschaft anzulegen. Durch den Abschlag wird der LLP ermöglicht, eine alternative Anlage mit einer Verzinsung von bis zu 65 Basispunkten unter der Verzinsung der ausgegebenen UK covered bonds einzugehen, ohne hierdurch eine Zinsunterdeckung zu verursachen.

b) Konsequenzen aus der Verletzung des Asset Coverage Test

Die Einhaltung des asset coverage test wird monatlich von dem cash manager überprüft. Im Fall einer Verletzung des asset coverage test hat die UK covered bond LLP den Emittenten und/oder die Muttergesellschaft hiervon in Kenntnis zu setzen. Der Emittent und/oder die Muttergesellschaft ist infolge der Verletzung des asset coverage test verpflichtet, innerhalb eines Monats zusätzliche Immobilienkredite oder andere zulässige Deckungswerte auf die LLP in Übereinstimmung mit dem Hypothekenkauf- und Abtretungsvertrag zu übertragen, um so die Deckung des UK covered bond wiederherzustellenden. Alternativ kann der Emittent und/oder die Muttergesellschaft als Gesellschafter der LLP entsprechend der Satzung der LLP eine Bar-Kapitaleinlage zur Wiederherstellung der Deckung leisten.

Kann die LLP die Deckung innerhalb eines Monats nach einer Verletzung des asset coverage test nicht wiederherstellen, so hat dies den Eintritt eines Kreditereignisses unter der covered bond-Garantie zur Folge[541]. Die Erfüllung der Verpflichtung, die Deckung wiederherzustellen, kann von der FSA im Rahmen der allgemeinen Bankaufsicht, im Falle der Auferlegung eines sog. asset requirements gem. sec. 48(1)(a), (3) FSMA 2000, zeitweilig ausgesetzt bzw. unterbunden werden (sog. FSA substitution suspension notice). In diesem Fall wird der asset coverage test zwar weiter durchgeführt, die alleinige Verletzung des asset coverage test löst aber in diesem Fall während der zeitweiligen Aussetzung durch die FSA kein Kreditereignis aus, sondern erfordert zusätzlich die Erfüllung der Voraussetzungen eines weiteren Kreditereignisses (z. B. Zahlungsausfall, etc.)[542].

---

539 Vgl. Structured Finance International, Issue 27, 2003, Hays, Merger Synergies.
540 Vgl. Structured Finance International, Issue 27, 2003, Hays, Merger Synergies.
541 Zur covered bond-Garantie, siehe unten 4. Teil, 2. Abschnitt, § 16, A.
542 Vgl. Moody's Investor Service, Bradford & Bingley Covered Bond Programme, Pre-Sale Report, 30.3.2004, p. 7.

Darüber hinaus bestehen keine Rückgriffansprüche gegenüber dem Emittenten und/oder der Muttergesellschaft, falls diese ihrer Verpflichtung zur Übertragung weiterer Immobilienkredite oder zur Leistung einer entsprechenden Barkapitaleinlage nicht nachkommen. Die Mittelzuflüsse der UK covered bond LLP sind in diesem Fall entsprechend der sog. Mittelzuflussverwendung aus Immobilienkreditrückzahlungen vor Verwertung der covered bond-Garantie (*guarantee priority of payments*) zu verwenden; u.a. dürfen dann Tilgungszahlungen der Kreditschuldner der LLP nicht mehr an den Emittenten und/oder die Muttergesellschaft ausgeschüttet werden und es dürfen keine zusätzlichen UK covered bonds ausgegeben werden[543]. Der Schuldverschreibungstreuhänder ist nach einem solchen Kreditereignis ggf. auch berechtigt, Berater zu ernennen, damit diese das Verfahren zur Veräußerung von Immobilienkrediten der LLP einleiten und organisieren[544].

2. Substitution Test

Der sog. substitution test wurde im Rahmen des Nationwide Building Society Covered Bond-Programm entwickelt und eingeführt[545]. Er ist auch in das Abbey National Covered Bond-Programme aufgenommen worden[546]. Der substitution test zielt darauf ab, die UK covered bond LLP und somit die Schuldverschreibungsgläubiger vor einer Verschlechterung der Kreditqualität der Immobilienkredite der LLP zu schützen. Die Verschlechterung der Kreditqualität wird dabei in Abstimmung mit einer anerkannten Ratingagentur anhand von bestimmten Einflussfaktoren der Kreditbonität der Immobilienkreditnehmer bestimmt (u.a. WAFF und WALS)[547]. Sinkt die Kreditqualität der Immobilienkredite unter ein bestimmtes Niveau ab, so verlangt der substitution test die Indeckungnahme zusätzlicher Deckungswerte, wodurch im Ergebnis die Überdeckung verbessert wird. Verletzt der Emittent und/oder die Muttergesellschaft den substitution test, indem sie ihre Verpflichtung zur Indeckungnahme zusätzlicher Deckungswerte nicht nachkommt, so darf die LLP keine Tilgungszahlungen unter den Immobilienkrediten der LLP an den Emittenten ausschütten.

---

543 Vgl. Moody's Investor Service, Nationwide Building Society Covered Bond Programme, Pre-Sale Report, 23.11.2005, p. 2

544 Zur Veräußerung von Immobilienkrediten der LLP siehe unten 3. Teil, 2. Abschnitt, § 12, B., II., 1.

545 Vgl. Moody's Investor Service, Nationwide Building Society Covered Bond Programme, Pre-Sale Report, 23.11.2005, p. 2, 6.

546 Vgl. Moody's Investor Service, Abbey National Treasury Services plc. Covered Bond Programme, Pre-Sale Report, 27.3.2006, p. 5.

547 Siehe oben 3. Teil, 2. Abschnitt, § 12, B., I., 1., a).

3. Amortisation Test

Ergänzend zum asset coverage test sieht der UK covered bond einen sog. amortisation test vor. Der Anwendungsbereich des amortisation test ist auf den Zeitraum nach Zahlungsausfall bzw. eines sonstigen Kreditereignisses und einer Zahlungsaufforderung gegenüber der UK covered bond LLP unter der covered bond-Garantie bestimmt. Der amortisation test ersetzt ab diesem Zeitpunkt den asset coverage test und dient der Feststellung einer Unterdeckung des Vermögens der LLP nach einem Kreditereignis. Er unterscheidet sich insofern von dem asset coverage test, als er zwar auf die Berücksichtigung der Beleihungshöhe verzichtet, jedoch leistungsgestörte Kredite durch eine entsprechend reduzierte Gewichtung in der Deckungsrechnung berücksichtigt.

Der amortisation test ist ggf. monatlich vom cash manager durchzuführen. Im Grundprinzip stimmen die amortisation tests der untersuchten UK covered bonds ebenfalls überein, wobei auch hier Abweichungen in den Details bestehen.

Der amortisation test stellt fest, ob die Summe der Immobilienkredite der UK covered bond LLP (*amortisation test aggregate loan amount*) mindestens der Summe der sich im Umlauf befindlichen UK covered bonds (*principal amount outstanding of the structured covered bonds*) entspricht. Die Summe der Immobilienkredite der LLP ist dabei nach der folgenden Formel zu bestimmen, wobei die Variablen A, B, C, D und Z nachfolgend im Text definiert sind:

$$\text{Summe der Immobilienkredite der LLP} = A + B + C - Z$$

Zur Bestimmung der Summe der Immobilienkredite der LLP werden die ausstehenden Nominalwerte der Immobilienkredite der LLP addiert und wie folgt angepasst (*amortisation test current balance*) (**A**). Bei der Addition ist für jeden einzelnen Immobilienkredit der LLP der jeweils niedrigere Wert des ausstehenden Nominalwerts der einzelnen Immobilienkredite, oder 90 % bzw. 100 % des dem einzelnen Immobilienkredits zu Grunde liegenden indexierten Immobilienwerts heranzuziehen. Zusätzlich ist dieser Wert eines jeden einzelnen Immobilienkredits mit einem Faktor M zu multiplizieren, wobei M = 1 für Immobilienkredite, die nicht oder weniger als drei Monate leistungsgestört sind, sowie M = 0,75 für Immobilienkredite, die mehr als drei Monate leistungsgestört sind, festgesetzt ist. Dies ist erforderlich, da ab dem Zeitpunkt des Zahlungsausfalls bzw. eines Kreditereignisses beim Emittenten und/oder der Muttergesellschaft das Kreditrisiko aus den Immobilienkrediten auf die LLP übergeht.

Zur Summe der angepassten Nominalwerte der Immobilienkredite der LLP werden die Barmittel und die genehmigten Kapitalanlagen (*authorised investments*) des sog. GIC accounts (**B**) und die Ersatzdeckungswerte (*substitution assets*) (**C**) der LLP hinzugerechnet. Schließlich wird zur Kompensierung eventuell reduzierter Zinseinnahmen (*negative carry*) ein Abschlag in Höhe von zwischen 0,50 % und 0,65 % des Produkts der durchschnittlichen Laufzeit der ausstehenden UK covered bonds und der Summe der ausstehenden UK covered bonds vorgenommen (**Z**). Letzteres ist erforderlich, da nach einem Zahlungsausfall bzw. sonstigen Kreditereignis die LLP die

Erlöse aus der Tilgung von Immobilienkrediten anderweitig als durch den Erwerb neuer Immobilienkredite von dem Emittenten und/oder der Muttergesellschaft anzulegen hat.

Reicht nach dem amortisation test das Vermögen der UK covered bond LLP nicht aus, um die Zins- und Rückzahlungsansprüche aus den UK covered bonds erfüllen zu können, so hat dies den Eintritt eines sonstigen Kreditereignisses bei der LLP zur Folge. Dies berechtigt den Schuldverschreibungstreuhänder, alle im Umlauf befindlichen UK covered bonds gegenüber der LLP sofort gesamtfällig zu stellen, und den Sicherheitentreuhänder, die dinglichen Sicherheiten (d.h. die fixed und floating charge) am Vermögen der LLP zu Gunsten der UK covered bond-Gläubiger zu verwerten[548]. Von der Nichteinhaltung des amortisation test hat die LLP und der cash manager die Gesellschafter der LLP, den Sicherheitentreuhänder und den Schuldverschreibungstreuhänder sofort (*immediately*) zu benachrichtigen.

Beim HSBC covered bond wurde erstmalig ein Schutzmechanismus gegen die Verletzung eines bestimmten Überdeckungsniveaus eingefügt. UK covered bonds mit längerer Laufzeit sind gegenüber UK covered bonds mit kürzerer Laufzeit zeitlich quasi in einen Nachrang gestellt. Dies hat zur Folge, dass früher fällige UK covered bonds grundsätzlich stärker von der Überdeckung profitieren können als später fällig werdende UK covered bonds. Als Schutz gegen diesen zeitlichen Nachrang schreibt der amortisation test des HSBC covered bond die Einhaltung einer bestimmte Mindest-Überdeckung vor und stellt somit sicher, dass die Überdeckung über die gesamte Laufzeit aller UK covered bonds gleichmäßig verteilt wird[549]. Dadurch wird die Gleichbehandlung der UK covered bond-Gläubiger auch nach Zahlungsausfall des Emittenten und/oder der Muttergesellschaft sichergestellt.

II. Die sonstige Aktiv-Passiv-Steuerung

Mittelbar verlangt die Deckungskongruenz auch beim UK covered bond eine Laufzeit- bzw. Fristenkongruenz. Denn die Einhaltung der Deckungskongruenz zwingt den Emittenten, einen Gleichlauf in der Fristenstruktur des Immobilienkreditbestands und der im Umlauf befindlichen UK covered bonds sicherzustellen. Der UK covered bond sieht zu diesem Zweck, im Rahmen der Aktiv-Passiv-Steuerung einen sog. pre-maturity test sowie alternativ zur Abstimmung der unterschiedlichen Laufzeiten die Möglichkeit zur Stundung einer fälligen Schuldverschreibungsserie (*extended due for payment date*) vor. Überwiegend wird davon das Konzept der vorübergehenden Stundung in den UK covered bonds angewendet, das spezifisch für Emittenten mit einem „kleineren" Immobilienkreditbuch entwickelt worden ist. Darüber hinaus sehen alle UK covered bonds sog. Barreserven vor.

---

548 Zu den dinglichen Sicherheiten am Vermögen der LLP, siehe unten 4. Teil, 2. Abschnitt, § 16, B.
549 Vgl. Moody's Investor Service, HSBC Covered Bond Programme, Pre-Sale Report, 24.10. 2006, p. 3.

1. Pre-Maturity Test

Nach einem Zahlungsausfall oder einem sonstigen Kreditereignis beim Emittenten und/oder der Muttergesellschaft ist die UK covered bond LLP unter der covered bond-Garantie zur Tilgung der sich im Umlauf befindlichen UK covered bond-Serien in Übereinstimmung mit den vereinbarten Anleihebedingungen verpflichtet[550]. Die hierzu erforderliche Liquidität muss die LLP aus ihren Deckungswerten generieren. Die LLP kann möglicherweise aufgrund der unterschiedlichen Laufzeiten der jeweiligen UK covered bond-Serien – insbesondere aus den endfällig zu tilgenden sog. hard bullet-Schuldverschreibungen – und ihren Deckungswerten erheblichen Liquiditätsrisiken ausgesetzt sein. Zur Absicherung des Liquiditätsrisikos, das sich aus der Tilgungsverpflichtung der endfälligen Schuldverschreibungen ergibt, sehen zwei der untersuchten UK covered bond-Programme einen sog. pre-maturity test vor. Dieser hat den Zweck, Liquiditätsengpässe rechtzeitig zu erkennen, um erforderlichenfalls gegensteuern zu können. Auf diese Weise wird die Ausfallwahrscheinlichkeit des UK covered bond von der Zahlungsunfähigkeit des Emittenten und/oder der Muttergesellschaft faktisch weiter abgesondert[551].

Der pre-maturity test ist verletzt, wenn das kurzfristige Finanzstärkerating des Emittenten auf ein bestimmtes Niveau (z. B. von P-1 bei Moody's) herabgestuft wird und eine endfällige UK covered bond-Serie innerhalb von sechs Monaten zur Rückzahlung fällig wird. Der pre-maturity test ist von der UK covered bond LLP oder dem cash manager an jedem Geschäftstag durchzuführen. Von einer Verletzung des pre-maturity test sind die Gesellschafter der LLP und der Sicherheitentreuhänder sofort zu benachrichtigen.

Im Fall der Verletzung des pre-maturity test kann die LLP die erforderlichen liquiden Zahlungsmittel entweder durch eine Bar-Kapitaleinlage oder den Rück- bzw. Verkauf von Immobilienkrediten und den mit diesen verbundenen Sicherheiten generieren. Die Veräußerung der Immobilienkredite hat die LLP vorbehaltlich etwaiger Bar-Kapitaleinlagen der Gesellschafter sowie unter Berücksichtigung der Vorkaufsrechte der Veräußerer der Immobilienkredite durchzuführen. Tritt die Verletzung des pre-maturity test in Bezug auf eine endfällige UK covered bond-serie ein, die in weniger als sechs Monaten zur Rückzahlung fällig ist und haben die LLP und der Emittent die erforderliche Liquidität nicht innerhalb von zehn Tagen, nach der Benachrichtigung von der pre-maturity test-Verletzung bzw. bis zum früheren Fälligkeitstermin der betroffenen endfälligen Serie, durch die Veräußerung von Immobilienkrediten bzw. Bar-Kapitaleinlagen der Gesellschafter bereitgestellt, so hat dies den Eintritt eines Kreditereignisses beim Emittenten zur Folge.

Die Erlöse aus einer entsprechenden Bar-Kapitaleinlage der Gesellschafter oder einer Veräußerung von Immobilienkrediten sind auf dem sog. pre-maturity Liquiditätsunterkonto (*pre-maturity liquidity ledger*) zu verbuchen. Kommt der Emittent

---

550 Zur structured coverd bond-Garantie, siehe unten 4. Teil, 2. Abschnitt, § 16, A.
551 Vgl. Moody's Investor Service, HSBC Covered Bond Programme, Pre-Sale Report, 24.10. 2006, p. 2

seiner Tilgungsverpflichtungen aus der betroffenen endfälligen UK covered bond-Serie nach deren Fälligkeit nicht nach, so tritt infolgedessen ein Kreditereignisses beim Emittenten ein. Erfolgt eine Zahlungsaufforderung gegenüber der LLP, so ist der Bestand des pre-maturity Liquiditätskontos zur Tilgung der betroffenen endfälligen Serie zu verwenden. Erfüllt der Emittent hingegen seine Verpflichtung zur Tilgung der betroffenen endfälligen Serie, so ist der Bestand des pre-maturity Liquiditätskontos entsprechend der sog. Mittelzuflussverwendung vor Verwertung der covered bond-Garantie zu verwenden[552], es sei denn der Emittent verletzt den pre-maturity test erneut in Bezug auf eine andere endfällige UK covered bond-Serie, oder die LLP beschließt, die Mittel zur Beschaffung von Liquidität zur Erfüllung einer anderen endfälligen Serie weiter vorzuhalten. Darüber hinaus bestehende Mittel des pre-maturity Liquiditätskontos stehen schließlich zur Rückzahlung der Gesellschafterdarlehen oder für Ausschüttungen an die Gesellschafter der LLP zur Verfügung.

2. Vorübergehende Stundung fälliger UK Covered Bonds

Im überwiegenden Teil der untersuchten UK covered bond-Programme wurde statt der Sicherstellung der erforderlichen Liquidität zur Tilgung von fälligen Schuldverschreibungsserien mit Hilfe des pre-maturity test ein Mechanismus zur vorübergehenden Stundung fälliger Schuldverschreibungsserien (*extendable obligations* bzw. *extendable legal maturities*) angewendet (*soft bullet bond feature*)[553]. Der Anwendungsbereich dieser vorübergehenden Stundungsvereinbarung ist erst nach dem Zahlungsausfall oder einem sonstigen Kreditereignis beim Emittenten und/oder der Muttergesellschaft eröffnet, wenn die UK covered bond LLP aus der covered bond-Garantie zur Erfüllung der Verpflichtungen unter den UK covered bonds in Anspruch genommen wird.

Stellen die LLP oder der cash manager fest, dass die LLP nicht über ausreichend liquide Mittel im Rahmen der sog. Mittelzuflussverwendung zur Verwertung der covered bond-Garantie verfügt, um eine fällige UK covered bond-Serie zum ursprünglichen Fälligkeitstermin vollständig zurückzahlen zu können, so ist diese in Höhe der verfügbaren liquiden Mittel der LLP entsprechend der sog. Mittelzuflussverwendung zur Verwertung der covered bond-Garantie anteilig zu tilgen. Darüber hinaus wird diese automatisch für ein Jahr ab dem ursprünglichen Fälligkeitstermin, unter fortlaufender Verzinsung gestundet. Von der Feststellung, dass die vorhandenen liquiden Mittel der LLP nicht zur Tilgung einer endfälligen Serie ausreichen, hat die LLP die betroffenen UK covered bond-Gläubiger, die zuständigen Ratingagenturen, die betroffenen covered bond-Swapvertragsparteien und den

---

552 Zur Mittelzuflussverwendung vor Verwertung der covered bond-Garantie, siehe oben 4. Teil, 2. Abschnitt, § 16, A., III.

553 Vgl. Balai/Whittacker/Grossman, United Kingdom, in: Golin, Covered Bonds beyond Pfandbriefe, p. 208. Einzig beim HSBC covered bond findet sich bisher eine Kombination aus pre-maturity test und soft-bullet Variante. Vgl. Moody's Investor Service, HSBC Covered Bond Programme, Pre-Sale Report, 24.10.2006, p. 2.

Schuldverschreibungstreuhänder frühestmöglich (*as soon as reasonably practicable*), spätestens einen Tag vor Fälligkeit zu benachrichtigen. Eine Stundung ist nur zulässig solange kein Zahlungsausfall oder sonstiges Kreditereignis bei der LLP eingetreten ist bzw. eintritt.

3. Barreserve

In allen untersuchten UK covered bonds ist zur zusätzlichen Absicherung der Liquiditätsrisiken aus der Fristeninkongruenz der UK covered bond-Serien und der Deckungswerte die UK covered bond LLP nach einer Herabstufung ihres kurzfristigen Finanzstärkeratings unter ein bestimmtes Niveau (z.B. P-1 bei Moody's) verpflichtet, ein Barreserve-Unterkonto (*reserve ledger*) im GIC Konto einzurichten, solange kein Zahlungsausfall oder sonstiges Kreditereignis beim Emittenten und/oder der Muttergesellschaft eingetreten ist. Die Barreserve hat den Zweck liquide Mittel für den Fall der Insolvenz des Emittenten und/oder der Muttergesellschaft zu schaffen.

Hinsichtlich des Umfangs, in welchem die Barreserve vorzuhalten ist, unterscheiden sich UK covered bonds. Die vorzuhaltende Barreserve soll sicherstellen, dass sämtliche am nächsten Zahlungstermin fälligen Zinsverpflichtungen unter den Schuldverschreibungen sowie Verbindlichkeiten gegenüber Dritten, aus Steuern, Vergütungsansprüche des servicer und des cash manager, Zahlungsansprüche der account bank, des corporate service provider, des asset cover monitor und der Swapvertragsparteien erfüllt werden können bzw. genügend liquide Mittel zur Verfügung stehen, um am nächsten Zahlungstermin sämtliche Zahlungsverpflichtungen erfüllen zu können.

Die Bildung der Barreserve wird von dem cash manager überwacht, der hierzu ein gesondertes Konto einzurichten hat. Nach einem Zahlungsausfall oder einem sonstigen Kreditereignis beim Emittenten und/oder der Muttergesellschaft und einer Zahlungsaufforderung gegenüber der LLP unter der covered bond-Garantie wird der Bestand der Barreserve zur Bestimmung der verfügbaren Umsatzerlöse miteinbezogen.

III. Die Veräußerung von Deckungswerten

Die Gesellschaftsverträge der LLPs der untersuchten UK covered bonds sehen einheitlich vor, dass die LLP nur dann berechtigt ist, Immobilienkredite zu veräußern, wenn dies nötig ist, um die erforderliche Liquidität zur Erfüllung ihrer Verpflichtungen unter der covered bond-Garantie zu generieren. Der Hypothekenkauf- und Abtretungsvertrag zur Veräußerung der Immobilienkredite und der mit diesen verbundenen Sicherheiten beinhaltet für diesen Fall ein Vorkaufsrecht (*right of pre-emption*) zu Gunsten der Veräußerer. Macht der Veräußerer von seinem Vorkaufsrecht keinen Gebrauch, so ist die LLP berechtigt, die Immobilienkredite an Dritte zu veräußern. Die Erlöse aus der Veräußerung sind auf ein sog. GIC Konto zu buchen und entsprechend den Regeln zur Verwendung der LLP cash flows zu verwenden.

Um sicherzustellen, dass die Werthaltigkeit des Vermögens der LLP durch die Veräußerung von Immobilienkrediten nicht beeinträchtigt wird, sehen die Satzungen der LLPs Regelungen zur Bestimmung des Umfangs der veräußerbaren Kredite und zur Bestimmung des Veräußerungspreises vor. Die zu veräußernden Kredite sind danach willkürlich (*on a random basis*) der Deckungsmasse zu entnehmen, ohne die Auswahl nach bestimmten Kriterien – insbesondere ist eine Auswahl nach Bonitätsgesichtspunkten (*cherry picking*) nicht zulässig – zu treffen. Die Summe der veräußerbaren Immobiliienkredite, die erforderlich ist zur Tilgung einer betroffenen endfälligen Schuldverschreibungsserie, ist durch folgende Formel zu bestimmen:

$$N \times \frac{\text{Summe des Nominalwerts aller ausstehenden Immobilienkredite der LLP}}{\text{Nominalwert aller in Umlauf befindlichen endfälligen Schuldverschreibungsserien}}$$

Der Faktor N entspricht nach einer Verletzung des pre-maturity test der Summe der Tilgungsverbindlichkeiten aus der betroffenen endfälligen UK covered bond-Serie abzüglich des Bestands des pre-maturity Liquiditätskontos bzw. nach einem Zahlungsausfall oder einem sonstigen Kreditereignis beim Emittenten und/oder der Muttergesellschaft der Summe der Tilgungsverbindlichkeiten der nächsten fälligen UK covered bond-Serie abzüglich des Bestands des GIC Kontos und der genehmigten Kapitalanlagen.

Zur Bestimmung des Veräußerungspreises ist die LLP verpflichtet, unter Berücksichtigung etwaiger Ansprüche aus den Swapverträgen, die Immobilienkredite nicht zu einem Betrag unter der Höhe der Tilgungsverpflichtungen aus der betroffenen endfälligen UK covered bond-Serie, abzüglich des Bestands des pre-maturity Liquiditätskontos, des GIC Kontos und der genehmigten Kapitalanlagen, der nicht zur Tilgung früher oder gleichzeitig fällig werdender UK covered bond-Serien erforderlich ist, zu veräußern. Dies gilt nur, wenn die Veräußerung der Immobilienkredite spätestens sechs Monate vor Fälligkeit der betroffenen endfälligen Serie erfolgt. Zu einem späteren Zeitpunkt ist die LLP verpflichtet, die Immobilienkredite zum höchsten am Markt erzielbaren Preis zu verkaufen. Für die Veräußerung von Immobilienkrediten nach dem Zahlungsausfall oder einem sonstigen Kreditereignis beim Emittenten und/oder der Muttergesellschaft gelten die vorgenannten Bedingungen in entsprechender Weise.

Die untersuchten Gesellschaftsverträge der UK covered bond LLP sehen bestimmte Anforderungen an den Verkaufsprozess vor. Danach können die zu veräußernden Kredite entweder als Gesamtportfolio oder aufgeteilt in mehrere Einzelportfolien veräußert werden. Macht der Veräußerer von seinem Vorkaufsrecht keinen Gebrauch, so hat die LLP im Rahmen eines Ausschreibungsverfahren einen Portfolio-Manager auszuwählen, den sie, vorbehaltlich der Zustimmung des Sicherheitentreuhänders, mit der Beratung zur Erzielung des bestmöglichen Veräußerungspreises zu beauftragen hat. Nach einer Zahlungsaufforderung unter der covered bond-Garantie hat die LLP den Portfolio-Manager anzuweisen, die Veräußerung so zügig, wie unter den dann herrschenden Marktbedingungen möglich, herbeizuführen. Für den Abschluss des der Veräußerung zu Grunde liegenden Kaufvertrags ist die Zustimmung des Sicherheitentreuhänders erforderlich. Dieser hat auch der Aufhebung der dinglichen Belastungen der Immobilienkredite zustimmen, wenn die zuvor genannten Voraussetzungen erfüllt sind[554]. Schließlich ist die LLP im Rahmen der Veräußerung nicht berechtigt, ohne Zustimmung des Sicherheitentreuhänders hinsichtlich der zu veräußernden Kredite Zusicherungen und Garantien (*representations and warranties*) oder eine Freistellungserklärung (*indemnitiy*) abzugeben[555].

C. Überwachung und Veröffentlichungspflichten

Zur Überwachung der Deckung wurde beim UK covered bond die sog. asset cover monitor-Lösung entwickelt. Diese ist Bestandteil aller bekannten UK covered bonds. Zusätzlich sehen die UK covered bond-Programme eine Überwachung des Emittenten und der UK covered bond LLP durch anerkannte Ratinggesellschaften während ihrer Laufzeit vor. Darüber hinaus sehen die UK covered bond-Programme unterschiedliche Veröffentlichungspflichten vor.

I. Der Asset Cover Monitor

Die Überwachung der Deckung des UK covered bond ist in der sog. asset cover monitor-Vereinbarung geregelt. Diese sieht die Überprüfung der Durchführung des asset coverage- und ggf. des amortisation tests durch eine unabhängige Wirtschaftsprüfungsgesellschaft (*asset cover monitor*) vor. Darin verpflichtet sich der asset cover monitor, eine jährliche Sonderprüfung durchzuführen und einen sog. asset cover monitor report zu erstellen, welcher dem Emittenten und/oder der Muttergesellschaft, dem Schuldverschreibungstreuhänder, dem Sicherheitentreuhänder und den zuständigen Ratingagenturen zur Verfügung zu stellen ist. Der Prüfungsumfang erstreckt sich auf die Überprüfung der Durchführung und Einhaltung des asset coverage test oder ggf. amortisation test. Der Prüfungsumfang umfasst allerdings nicht eine Kontrolle der Qualität der Deckungswerte, der Bewertung der beliehenen Immobilien sowie der Einhaltung der sonstigen Vereinbarungen des UK covered bond-Programms.

Im Fall einer Verschlechterung des Ratings des cash managers unter ein bestimmtes Niveau (z.B. Baa3 bei Moody's), nach der Feststellung einer fehlerhaften Durchführung des asset coverage- oder amortisation test sowie im Fall einer Verletzung des asset coverage bzw. amortisation test sieht die asset cover monitor-Vereinbarung

---

554 Die Aufhebung der Belastung der Immobilienkredite durch den Sicherheitentreuhänder setzt voraus, dass der Sicherheitentreuhänder seine Zustimmung zum jeweiligen Kaufvertrag erteilt hat und die LLP ihm gegenüber bestätigt, dass die zu veräußernden Kredite willkürlich (*on a random basis*) ausgewählt wurden.

555 Dies kann dazu führen, dass bei der Veräußerung der Kredite nur ein entsprechend niedriger Veräußerungserlös erzielt werden kann.

für die darauf folgenden sechs Monate die monatliche Durchführung einer entsprechenden Sonderprüfung vor.

Die Kündigung der asset cover monitor-Vereinbarung ist sowohl für die LLP als auch für den asset cover monitor nur zulässig, wenn ein entsprechender Ersatz-asset cover monitor zur Verfügung steht.

II. Überwachung durch Ratingagenturen

Die Ratinggesellschaften spielen nicht nur bei der Strukturierung eines UK covered bond-Programms eine entscheidende Rolle. Die Ratingagenturen überwachen die UK covered bond-Transaktionen vielmehr während der gesamten Laufzeit, um sicherzustellen, dass die Transaktion in Übereinstimmung mit den Bedingungen des UK covered bond-Programms durchgeführt wird[556]. Die Überwachung umfasst neben der kontinuierlichen Überprüfung der Deckungswerte, die Überwachung der Ratings der übrigen Transaktionsparteien und der Überdeckung. Jede Veränderung des Ratings eines UK covered bond wird durch die Ratingagenturen veröffentlicht. Eine weitere Ausgabe von UK covered bonds ist nur nach Bestätigung der erstklassigen Ratingbeurteilungen durch die Ratingagenturen unter Berücksichtigung der zusätzlich zu emittierenden UK covered bond-Serie zulässig.

Eine wesentliche Aufgabe der Ratingagenturen ist die Überwachung der Veräußerer der Immobilienkredite, d.h. des Emittenten und/oder der Muttergesellschaft. Schließlich löst das Herabsinken des Ratings der Veräußerer die Verpflichtung der UK covered bond LLP zur Vervollständigung der Vollrechtsübertragung der Immobilienkredite sowie die Auswechslung des servicer aus. Des Weiteren sind in den UK covered bond-Programmen diverse Ratingtrigger zum Schutz der Gläubiger vereinbart. Dies betrifft insbesondere die Auswechslung des servicer nach einer Ratingherabstufung sowie die erweiterte Sonderprüfungspflicht unter der asset cover monitor-Vereinbarung nach einer Ratingherabstufung des cash managers. Schließlich sind Ratingtrigger maßgeblich für die Einhaltung des pre-maturity test und die Pflicht zur Schaffung einer Barreserve.

III. Veröffentlichungspflichten

Zusätzlich zu den allgemeinen Rechnungslegungsvorschriften denen der Emittent und/oder die Muttergesellschaft sowie die UK covered bond LLP unterliegt, sehen die UK covered bond-Programme weitere Veröffentlichungspflichten auf vertraglicher Basis vor. Die Veröffentlichungspflichten sind bei den untersuchten UK covered bonds in unterschiedlicher Art und Weise geregelt und weisen jeweils einen unterschiedlichen Umfang auf. Vertraglich niedergelegt werden die Veröffent-

556 Vgl. Moody's Investor Service, Abbey National Treasury Services plc. Covered Bond Programme, Pre-Sale Report, 27.3.2006, p. 7.

lichungspflichten regelmäßig entweder in der Servicer-Vereinbarung oder in der Cash Management-Vereinbarung. Teilweise wird darin eine monatliche oder vierteljährliche Berichterstattung über die Einhaltung des asset coverage test gegenüber den Gläubigern der UK covered bonds und Ratingagenturen bzw. sog. Investoren Reports vorgesehen. Des Weiteren ist die Pflicht zur monatlichen Erstellung eines Berichts über die Immobilienkredite und die dazugehörigen Sicherheiten der Deckungsmasse üblich. Dieser Bericht wird aber lediglich dem Sicherheitentreuhänder zur Verfügung gestellt und ist in der Regel nicht öffentlich zugänglich. Darüber hinaus veröffentlichen die Emittenten teilweise auf den Internetseiten ihres Unternehmens zusätzlich Informationen über ihre UK covered bond-Programme. Diese umfassen in einigen Fällen Angaben zur Deckungsmasse und zur Einhaltung der Deckungsrechnungen. Darüber hinaus sehen die UK covered bond-Programme bestimmte Mitteilungspflichten insbesondere gegenüber dem Schuldverschreibungstreuhänder und dem Sicherheitentreuhänder vor, die sicherstellen sollen, dass diese ihre Rechte entsprechend ausüben können. Dies betrifft insbesondere die Mitteilung einer etwaige Nichteinhaltung des amortisation test und des pre-maturity test.

§ 13 Rechtsvergleich zum Deckungsprinzip

Das Deckungsprinzip ist sowohl beim Pfandbrief als auch beim UK covered bond umfassend gesetzlich bzw. vertraglich geregelt. Die Deckungskongruenz wird durch Beschränkung der zulässigen Deckungswerte, Festlegung einer Deckungsrechnung sowie die Verwaltung und Überwachung der Deckungswerte erreicht.

A. Bildung der Deckungsmasse

Das PfandBG sieht für jede Gattung des Pfandbriefs eine gesonderte Deckungsmasse in Form eines aufschiebend bedingten Sondervermögens vor. Die Deckungsmasse ist der Pfandbriefbank zugeordnet und bei dieser zu bilanzieren. Demgegenüber wird für jedes UK covered bond-Programm eine Deckungsmasse als selbständiger Rechtsträger mit einem beschränkten Geschäftszweck in der Rechtsform einer Kapitalgesellschaft gegründet. Diese ist als Tochtergesellschaft des Emittenten und/oder der Muttergesellschaft in dessen bzw. deren Bilanz zu konsolidieren. Das PfandBG beinhaltet – die Vorschriften zum Risikomanagement des allgemeinen Bankrechts konkretisierende – spezifische Regelungen für das Risikomanagement der Pfandbriefbank. Beim UK covered bond gelten neben den Regelungen des Risikomanagements des allgemeinen Bankrechts ebenfalls ergänzende Regeln des RCB Sourcebook 2008 zur Adressierung spezifischer Risiken des UK Regulated Covered Bond.

Beim Pfandbrief werden die Deckungswerte durch Indeckungnahme der Deckungsmasse zugeordnet. Dabei handelt es sich um ein einseitiges Rechtsgeschäft eigener

Art. Die Pfandbriefbank bleibt nach der Indeckungnahme der Deckungswerte bis zum Eintritt der Insolvenz der Pfandbriefbank weiter voll und unbeschränkt zu Verfügungen über die in Deckung genommen Vermögenswerte befugt.

Währenddessen bedient sich der UK covered bond mit der entgeltlichen Vollrechtsübertragung einer rechtsgeschäftlichen Lösung zur Übertragung der Immobilienkredite von dem Emittenten und/oder der Muttergesellschaft auf die LLP. Gleichwohl bleiben die Veräußerer zur Verwaltung und Einziehung der Deckungswerte weiter vertraglich ermächtigt. Der Mechanismus der Vollrechtsübertragung schützt die Gläubiger des UK covered bond vor einer Zwangsvollstreckung in die Deckungswerte. Die Risiken aus dem unter Kostengesichtspunkten gewählten Übertragungsmechanismus werden hinsichtlich des Risikos aus gegenüber der UK covered bond LLP aufrechenbaren Ansprüchen der Immobilienkreditnehmer im Rahmen der Deckungsrechnung berücksichtigt. Das aufgrund des Übertragungsmechanismus verbleibende Risiko eines gutgläubigen Erwerbs der Immobilienkredite und der mit diesen verbundenen Sicherheiten ist durch vertragliche Verfügungsbeschränkungen und somit im Fall einer unzulässigen Verfügung der Veräußerer zu Lasten der Deckungsmasse durch Schadensersatzansprüche abgesichert. Auf die Inbesitznahme der Eigentums- bzw. Hypothekenurkunden durch die UK covered bond LLP selbst zum Schutz der Schuldverschreibungsgläubiger wird gänzlich verzichtet.

B. Zulässige Deckungswerte

Sowohl Pfandbrief als auch UK covered bond unterscheiden grundsätzlich zwischen ordentlicher Deckung und weiterer Deckung. Das Pfandbriefrecht ist nicht ausschließlich auf die Gattung des Hypothekenpfandbriefs beschränkt, sondern kennt daneben Öffentliche Pfandbriefe, Schiffs- und Flugzeugpfandbriefe. Die deckungsstockfähigen Vermögenswerte sind für jede Pfandbriefgattung gesetzlich vorgeschrieben. Dies gilt auch für UK Regulated Covered Bonds. Für diese regeln die RCB Regulations 2008 die zulässigen Deckungswerte entsprechend der neu gefassten Bankenrichtlinie mit einigen Beschränkungen. Darüber hinaus lassen die RCB Regulations 2008 Kredite für den sozialen Wohnungsbau und für Public Private Partnership-Projekte mit Eintrittsrechten von öffentlich-rechtlichen Körperschaften zu.

UK covered bonds liegt hinsichtlich der zulässigen Deckungswerte eine vertragliche Beschränkung der als Deckung zulässigen Vermögenswerte zu Grunde. Die UK covered bond-Gläubiger sind insofern auf die Gewährleistungen und Garantien der Veräußerer der Deckungswerte angewiesen. Insoweit sind bei jeder Transaktion der Umfang der Garantien und Gewährleistungen und die aus einer Verletzung resultierenden Rechtsfolgen neben einem Schadensersatzanspruch (z.B. Rückkauf, Nicht-Einbeziehung in Kalkulation des asset coverage test, etc.) zu untersuchen[557].

557 Vgl. Buerger, The Risks of Asset-Backed Securities: Lessons from History, in: Shaw, International Securitisation, 1991, p. 23.

Entscheidend ist insbesondere, ob die Gewährleistungen und Garantien objektiv oder mit einer Wissensqualifikation abgegeben werden (z. B. positives Wissen, nach bestem Wissen, Wissen können bei Anwendung der pflichtgemäßen oder im Verkehr erforderlichen Sorgfalt, etc.). In den Wertpapierprospekten ist dies nicht offen gelegt. Man wird nicht zwangsläufig davon ausgehen dürfen, dass die Gewährleistungen und Garantien objektiv abgegeben werden.

Die in den untersuchten UK covered bond-Programmen zugelassenen ordentlichen Deckungswerte sind ausschließlich durch in England, Schottland und teilweise in Nordirland belegene Wohnungsimmobilien besichert. Insoweit erwirbt ein UK covered bond-Gläubiger ein geographisch abgegrenztes Immobilienexposure. U.S.-amerikanische Subprime-Hypotheken sind als Deckungswerte damit in den untersuchten UK covered bond-Programmen nicht zulässig. Dagegen nutzt der Pfandbrief die Möglichkeit, eine geographisch diversifizierte Deckungsmasse zu bilden. Auf die Deckungsmassen deutscher Pfandbriefemittenten entfielen aber bei einer Gesamtsumme von EUR 230 Mrd. gerade einmal U.S.-Immobilienkredite in Höhe von EUR 840 Mio. (Stand: November 2007)[558]. Insgesamt beinhalten die Pfandbriefdeckungsmassen in geographischer Hinsicht überwiegend deutsches Deckungsmaterial.

Die Beleihungsgrenze ist mit 60 % beim Pfandbrief gegenüber einer Beleihungshöhe von in der Regel 75 % bei den untersuchten UK covered bonds konservativer festgelegt. Im Unterschied zum Pfandbrief steht der Deckungsmasse des UK covered bond der die Beleihungshöhe übersteigende Darlehensteil endgültig zu, soweit er entgeltlich übertragen wird. In diesem Fall ist er regelmäßig Bestandteil der Überdeckung. Währendessen steht ein die Beleihungsgrenze übersteigender Beleihungsauslauf beim Pfandbrief formell der Deckungsmasse zu; wie zu sehen sein wird, ist dieser jedoch an die ungedeckten Gläubiger der Pfandbriefbank herauszugeben und steht damit für die Befriedigung der Pfandbriefgläubiger nicht zur Verfügung[559].

Für die Immobilienbewertung gilt im Pfandbriefrecht traditionell das Beleihungswertprinzip. Die Beleihungswertermittlung ist in der vom Vorsichtsprinzip geprägten Beleihungswertermittlungsverordnung (BelWertV) umfassend gesetzlich geregelt. Dagegen ist bei den untersuchten UK covered bonds der Marktwert bei der Immobilienwertermittlung maßgeblich. Zudem liegt dem UK covered bond – anders als dem Pfandbrief mit der BelWertV – weder in gesetzlicher Form noch durch Vertrag eine detaillierte Regelung der Immobilienbewertung zu Grunde. Stattdessen verweist der UK covered bond auf im britischen Markt bewährte berufsständische Regelungen zur Immobilienbewertung.

Als weitere Deckungswerte lassen sowohl der Pfandbrief als auch der UK covered bond besonders liquide Vermögenswerte, beschränkt auf 10 % des Vermögens der UK covered bond LLP bzw. 10 % des Pfandbriefumlaufs der jeweiligen Gattung so-

---

558 Vgl. Rasche in FAZ vom 15.11.2007, „Misstrauen gegenüber allen komplizierten Strukturen", S. 29.
559 Siehe unten 4. Teil, 1. Abschnitt, § 15, B., I., 2., b).

wie Derivategeschäfte zur Absicherung von Zins- Währungskurs- und sonstigen Risiken, zu. Als weitere Deckungswerte sind beim UK covered bond sowohl in den RCB Regulations 2008 als auch in den untersuchten UK covered bond-Programmen senior Mortgage Backed Securities zugelassen. Beim Pfandbrief ist das zulässige Volumen von Derivategeschäften sowohl aktiv- als auch passivseitig beschränkt.

C. Verwaltung und Deckungsregister

Die Verwaltung der Deckungswerte obliegt beim Pfandbrief der Pfandbriefbank. Die Pfandbriefbank kann grundsätzlich jederzeit unbeschränkt über die Deckungswerte verfügen. Die Pfandbriefbank führt für jede Pfandbriefgattung ein Deckungsregister, das der Trennung der Deckungswerte von den sonstigen Aktiva der Pfandbriefbank dient und im Insolvenzfall den Nachweis der Indeckungnahme dienen soll. Einzelheiten über die Form und den notwendigen Inhalt der Deckungsregister sowie der vorzunehmenden Eintragungen sind im Rahmen der Deckungsregisterverordung (DeckRegV) bestimmt. Abschriften des Deckungsregisters sind der BaFin halbjährlich zu übermitteln.

Beim UK covered bond überträgt die UK covered bond LLP die Verwaltung der Deckungswerte auf einen servicer und cash manager. Dabei handelt es sich in der Regel um den Emittenten und/oder die Muttergesellschaft als Veräußerer der Immobilienkredite, der diese auf die LLP übertragen hat. Der servicer ist nicht nur verpflichtet über die übertragenen Immobilienkredite der LLP Buch zu führen, sondern hat ein Register zu führen, wodurch unter Berücksichtigung der allgemeinen Rechnungslegungspflichten der LLP eine ausreichende rechtliche und organisatorische Trennung der Deckungswerte der LLP vom übrigen Gesellschaftsvermögen des Emittenten und/oder der Muttergesellschaft sichergestellt ist. Die Unterlagen der Immobilienkredite sowie die Eigentums- und Hypothekenurkunden werden durch den servicer verwahrt. Dem Sicherheitentreuhänder ist Zugang zu den Eigentums- und Hypothekenurkunden und anderen zur Verwaltung der Deckungswerte erforderlichen Unterlagen zu gewähren.

D. Deckungskongruenz

Die Struktur der Deckung besteht sowohl beim Pfandbrief als auch beim UK covered bond nicht aus einer unmittelbaren Beziehung zwischen einzelnen Schuldverschreibungen und bestimmten Deckungswerten. Vielmehr steht der Gesamtheit der im Umlauf befindlichen gedeckten Schuldverschreibungen eine entsprechende Deckungsmasse gegenüber.

Die Deckungskongruenz hat beim Pfandbrief sowohl bar- als auch nennwertig vorzuliegen. Die nennwertige Zinsdeckung ist mit der PfandBG-Novelle 2009 abgeschafft worden. Etwaige Ansprüche aus in Deckung genommenen Derivategeschäften müssen nur in der Deckungsrechnung des Pfandbriefs gedeckt sein. Die barwertige Deckungsrechnung stellt die Berücksichtigung von Derivategeschäften als weiteren Deckungswerten sicher. Einzelheiten und Methoden für die Barwertrechnung sind in der Verordnung über die Sicherstellung der jederzeitigen Deckung von Hypothekenpfandbriefen, Öffentlichen Pfandbriefen und Schiffspfandbriefen nach dem Barwert und dessen Berechnung bei Pfandbriefbanken (PfandBarwertV) geregelt. Die barwertige Deckung ist bankarbeitstäglich festzustellen. Durch wöchentliche Stresstests hat die Pfandbriefbank sicherzustellen, dass die barwertige Deckung auch im Fall von Zins- und Währungskursveränderungen jederzeit gegeben ist. Dadurch kann in der Deckungsmasse eine faktische Überdeckung entstehen. Darüber hinaus schreibt das PfandBG eine sichernde Überdeckung ihn Höhe von 2 % des Gesamtbetrags der zu deckenden Pfandbriefverbindlichkeiten vor, die Liquiditätsschwankungen, Ausfälle und die Sach- und Personalkosten der Verwaltung der Deckungsmasse in der Insolvenz der Pfandbriefbank abdecken soll. Zusätzlich beinhalten die Deckungsmassen der Pfandbriefemittenten eine relativ insolvenzfeste freiwillige Überdeckung.

Beim UK covered bond ist die Deckungsrechnung im Gesellschaftsvertrag der UK covered bond LLP geregelt. Die Idee einer gesellschaftsvertraglichen Deckung war auch in Deutschland bei privaten Pfandbriefemittenten vor Inkrafttreten des HBG üblich. Der UK covered bond sieht mit dem asset coverage test und dem amortisation test zwei unterschiedliche Deckungsrechnungsarten vor. Der asset coverage test basiert ausschließlich auf einer nennwertigen Deckungsrechnung. Der asset coverage test erfasst eventuell reduzierte Zinsseinnahmen nach einem Kreditereignis beim Emittenten (*negative carry*). Ansonsten stellt das Erfordernis einer durchschnittlichen Gesamtverzinsung der zu übertragenden Immobilienkredite der Deckungsmasse auf Portfoliobasis unter Berücksichtigung der Zinsswapverträge und der Ersatzdeckungswerte der LLP von 0,15 % des LIBOR für Einlagen in GBP mit einer Laufzeit von einem Monat die Zinsdeckung des UK covered bond sicher. Swapverträge der Deckungsmasse fließen in die Deckungsrechnung nicht ein. Der asset coverage test stellt ferner eine ausreichende Überdeckung sicher. Die Überdeckung des UK covered bond ist aufgrund der entgeltlichen Übertragung der Deckungswerte regelmäßig insolvenzfest. In die Überdeckung des UK covered bond fließen teilweise die Darlehen mit einem Beleihungsauslauf oberhalb der zulässigen Beleihungshöhe ein, weshalb es sich insoweit möglicherweise um eine Überdeckung mit erheblichem Ausfallrisiko handeln kann. Der Anwendungsbereich des amortisation test ist auf die Abwicklung der Deckungsmasse nach einem Zahlungsausfall oder sonstigem Kreditereignis beim Emittenten und/oder der Muttergesellschaft beschränkt und berücksichtigt leistungsgestörte Immobilienkredite durch Anwendung eines Abschlags.

Eine etwaige Unterdeckung ist sowohl beim Pfandbrief als auch beim UK covered bond umgehend zu beseitigen. Die Deckungsmassen sind in beiden Fällen revolvierend bzw. dynamisch, d.h. während der Laufzeit der Schuldverschreibungen ändern sich die zu Grunde liegenden Deckungswerte fortlaufend.

In Ergänzung zur Deckungsrechnung sieht der UK covered bond mit dem pre-maturity test die Möglichkeit der vorübergehenden Stundung fälliger Schuldverschreibungen und eine Barreserve als besondere Maßnahmen zur Aktiv-Passiv-Steuerung vor. Der Verkauf von Deckungswerten durch die UK covered bond LLP im Fall eines Liquiditätsbedarfs ist beim UK covered bond ausführlich geregelt. Demgegenüber sind Pfandbriefgläubiger beim eventuell erforderlichen Verkauf von Deckungswerten nur mittelbar durch die allgemeinen Vorschriften zur Insolvenzanfechtung sowie zum Vermögensschutz von Gesellschaften geschützt. Schließlich sieht die Satzung der UK covered bond LLP eine abschließende Regelung für die Verwendung der Mittelzuflüsse der Deckungsmasse vor.

E. Überwachung und Transparenz

Die Überwachung der Deckung ist beim Pfandbrief traditionell Aufgabe eines Treuhänders. Dagegen ist beim UK covered bond die sog. asset cover monitor-Lösung entwickelt worden. Der Treuhänder des deutschen Rechts ist aufgrund seiner öffentlichen Bestellung durch die BaFin nicht mit dem Schuldverschreibungs- oder Sicherheitentreuhänder des UK covered bond vergleichbar. Während das Pfandbriefrecht einheitliche gesetzliche Veröffentlichungspflichten festlegt, die darüber hinaus teilweise durch freiwillige Veröffentlichungen ergänzt werden, sehen die untersuchten UK covered bond-Programme keine einheitlichen Veröffentlichungspflichten vor.

Aufgabe des Treuhänders ist die Wahrung der Interessen der Pfandbriefgläubiger. Dies umfasst primär die Überwachung der vorschriftsmäßigen Deckung der Pfandbriefe. Des Weiteren hat der Treuhänder die Eintragungen im Deckungsregister zu prüfen und die halbjährlich an die BaFin zu übermittelnden Deckungsregisterabschriften zu bestätigen. Deckungswerte können nur mit Zustimmung des Treuhänders im Deckungsregister gelöscht werden. Schließlich hat der Treuhänder die Pfandbriefe vor ihrer Ausgabe mit einer Bescheinigung über das Vorhandensein der vorschriftsmäßigen Deckung und über die Eintragung in das entsprechende Deckungsregister zu versehen. Bei Verletzung seiner Pflichten ist der Treuhänder ggf. zu Schadensersatz verpflichtet.

Der asset cover monitor – eine unabhängige Wirtschaftsprüfungsgesellschaft – prüft jährlich bzw. ggf. halbjährlich die Einhaltung der Deckungsrechnung. Der Prüfungsauftrag und die Haftung ist insoweit beschränkt. Daneben sind anerkannte Ratinggesellschaften in die Überwachung eines UK covered bond-Programms eingebunden. Die Emission weiterer UK covered bond-Serien ist nur nach Vorliegen einer Ratingbestätigung zulässig. Schließlich überwachen die Ratingagenturen das Rating der beteiligten Parteien fortlaufend.

4. Teil: Der Grundsatz der vorrangigen Befriedigung

Der Grundsatz der vorrangigen Befriedigung des Art. 22 Abs. 4 der OGAW-Richtlinie verlangt, dass die Erträge aus der Emission gedeckter Schuldverschreibungen vorrangig für die beim Ausfall des Emittenten fällig werdende Rückzahlung des Kapitals und der Zinsen bestimmt sind. Die Bedienung einer gedeckten Schuldverschreibung muss selbst bei Zahlungsausfall des Emittenten gewährleistet sein. Des Weiteren muss sichergestellt sein, dass Drittgläubiger in der Insolvenz des Emittenten nicht zur Vollstreckung in die Deckungsmasse berechtigt sind und ausschließlich die Schuldverschreibungsgläubiger aus der Deckungsmasse befriedigt werden. Besondere Anforderungen an das Verhältnis zwischen den gedeckten Schuldverschreibungen und den Deckungswerten werden nicht gestellt. Die Bindung der gedeckten Schuldverschreibungen an die Deckungswerte kann durch ein unmittelbares Verhältnis zwischen einem bestimmten Deckungswert und einer bestimmten Schuldverschreibung bestehen, oder auch derart gestaltet sein, dass der Gesamtbetrag der gedeckten Schuldverschreibungen durch den Gesamtbetrag der zulässigen Deckungswerte gedeckt ist.

Gedeckte Wertpapiere – d.h. gedeckte Schuldverschreibungen und ABS bzw. MBS – nutzen allgemein eine Spezialisierung, Privilegierung und Isolierung der Deckungs- bzw. Haftungsmasse als Grundmechanismus der Sicherung vor außer in ihrem eigenen Wesen selbst begründeten Risiken sowie vor dem Zugriff durch Drittgläubiger[1]. Die Spezialisierung beruht dabei auf dem Gedanken, den Kreis der zulässigen Geschäfte eines Rechtsträgers zum einen auf den Erwerb und die Verwaltung der zur Deckung bzw. Haftung dienenden Vermögenswerte und zum anderen auf die Emission bzw. Bedienung der zur Refinanzierung ausgegebenen Wertpapiere zu beschränken. Bei der Privilegierung wird den Inhabern der gedeckten Wertpapiere eine Rechtsstellung in Bezug auf die Deckungswerte eingeräumt, die darauf gerichtet ist, den Wert der Deckungsmasse für diese zu reservieren und sie dadurch wertmäßig vor dem Zugriff sonstiger Gläubiger zu schützen. Schließlich wird bei der Isolierung die Deckungsmasse in ihrer Gesamtheit auf die Inhaber der gedeckten Wertpapiere übertragen bzw. diesen unmittelbar zugeordnet.

Der gesetzliche Mindeststandard für gedeckte Schuldverschreibungen des Art. 22 Abs. 4 der OGAW-Richtlinie schreibt keinen bestimmten Grundmechanismus für die Ausgestaltung des vorrangigen Befriedigungsrechts vor. Die Gesamtfälligstellung der gedeckten Schuldverschreibungen in Folge einer Insolvenz des Emittenten

---

1 Vgl. zu den Grundmechanismen gedeckter Wertpapiere: Kern, Die Sicherheit gedeckter Wertpapiere, S. 135 ff.

schadet nach dem Wortlaut der Vorschrift nicht. In Ergänzung zu den Anforderungen des Art. 22 Abs. 4 der OGAW-Richtlinie, fordern die Ratingagenturen für die Gewährung eines vom Emittentenrating unabhängigen sehr hohen Emissionsratings für eine gedeckte Schuldverschreibung, dass diese von der Eröffnung der Insolvenz über das Vermögen des Emittenten nicht berührt werden darf und auch hiernach weiter entsprechend ihrer Anleihebedingungen zeitgerecht und vollumfänglich erfüllt werden können[2].

1. Abschnitt: Das vorrangige Befriedigungsrecht des Pfandbriefs

Der Sicherheitsmechanismus der vorrangigen Befriedigung des Pfandbriefs bewirkt, dass in der Insolvenz der Pfandbriefbank die Deckungsmassen alleine den Pfandbriefgläubigern sowie unter bestimmten Umständen den Derivategeschäftspartnern zur Befriedigung ihrer Forderungen zur Verfügung stehen. Die Pfandbrief- und Derivategeschäftspartner werden dadurch von der Insolvenz der Pfandbriefbank nicht betroffen. Um dies sicherzustellen hat der Gesetzgeber in den §§ 30 bis 36 PfandBG einen sog. „Notfallplan" geregelt.

Das vorrangige Befriedigungsrecht des Pfandbriefs wurde mit Einführung des Hypothekenbankgesetzes für die privaten Hypothekenbanken festgeschrieben und im Jahr 1998 grundlegend weiterentwickelt. Ursprünglich bestand bei den frühen landschaftlichen Pfandbriefen durch das Pfandrecht am Vermögen der Landschaften eine unmittelbare dingliche Verbindung der Deckungswerte mit den gedeckten Schuldverschreibungen[3]. Mit Einführung des Hypothekenbankgesetzes lockerte der historische Gesetzgeber die Verbindung zwischen Deckungswerten und Schuldverschreibungen. Das vorrangige Befriedigungsrecht basierte in der Folge lange Zeit gem. § 34a HGB auf einem Vollstreckungsprivileg und gem. § 35 HGB einer Vorzugsstellung jeweils zu Gunsten der Pfandbriefgläubiger für den Fall des Konkurses der Hypothekenbank[4]. Mit dem Dritten Finanzmarktförderungsgesetz vom 24.3.1998 wurde die Rechtsnatur der Deckungsmasse im Insolvenzfall der eines Sondervermögens angenähert[5]. Dadurch ging der Gesetzgeber von der Privilegierung zur Isolierung der Deckungsmasse über. Seitdem bildet in der Insolvenz der Pfandbriefbank jede der bis zu vier Deckungsmassen ein selbständiges Sondervermögen, welches darüber hinaus seit der HBG-Reform 2004 im Rahmen eines sog. Sachwalterverfahrens gesondert abgewickelt wird. Damit begründet das vorrangige

---

2 Vgl. Standard & Poor's, Expanding European Covered Bond Universe Puts Spotlight on Key Analytics, 16.7.2004.

3 Vgl. Pleyer, Das Recht der Hypothekenbanken in Europa, 1981, S. 104.

4 Siehe oben 2. Teil, § 5, B., I., 2.

5 Vgl. Drittes Finanzmarktförderungsgesetz, BGBl. I 1998, S. 529; Drittes Finanzmarktförderungsgesetz 1998, Drucks. 13/8933, 69, 149; Stürner, Die Sicherung der Pfandbrief- und Obligationengläubiger vor einer Insolvenz der Hypothekenbank, 1998.

Befriedigungsvorrecht der Pfandbriefgläubiger eine Ausnahme zum Grundsatz der „par conditio creditorum“, d.h. der Gläubigergleichbehandlung, als dem Fundamentalprinzip des deutschen Insolvenzrechts[6].

Trotz diverser Krisen einzelner Banken in der Vergangenheit und der aktuellen Finanzkrise wird lediglich ein einziger Konkurs einer deutschen Hypothekenbank berichtet. Dieser betraf die Deutsche Grundschuldbank, über die kurz nach Inkrafttreten des HBG, aber noch bevor sie einen Pfandbrief nach dem HBG ausgeben konnte, ein Konkursverfahren eröffnet wurde[7]. Ein Pfandbrief ist in Deutschland noch nicht ausgefallen.

§ 14 Die Sondervermögenslösung des PfandBG

Im Lauf der Zeit war der Umfang der zulässigen Geschäftstätigkeit von Hypothekenbanken erheblich ausgeweitet worden, so dass eine Hypothekenbank trotz gleichzeitig absolut gesunder Deckungsmasse durchaus aufgrund ihres allgemeinen Bankgeschäfts sowie des sog. Außerdeckungsgeschäfts in eine Krise geraten konnte. Das ursprüngliche „Konkursvorzugsrecht“ des historischen Gesetzgebers war in der Folge nicht mehr zu rechtfertigen. Abhilfe konnte nur dadurch geschaffen werden, das Konkursvorzugsrecht mit Absonderungscharakter legislatorisch stärker dem Sondervermögen anzunähern[8]. Zu diesem Zweck wurde mit der HBG-Reform 1998 die Deckungsmasse aus dem Insolvenzverfahren über das allgemeine Bankvermögen der Pfandbriefbank herausgenommen und mit der HBG-Reform 2004 ein Sonderinsolvenzverfahren zur Abwicklung einer insolventen Deckungsmasse eingeführt.

A. Rechtsnatur des Sondervermögens

Der Gesetzgeber hat aufgrund des besonderen Sicherungsbedürfnisses für Pfandbriefgläubiger mit den HBG-Reformen 1998 und 2004 die Möglichkeit einer gesonderten Abwicklung der Deckungswerte geschaffen und dabei ein außerhalb der Bankinsolvenz stehendes Sondervermögen der Pfandbriefbank geschaffen[9]. Diese sog. Sondervermögenslösung wurde in den §§ 30 ff. PfandBG übernommen. Erreicht wird sie dadurch, dass gem. § 30 Abs. 1 Satz 1 PfandBG die Deckungswerte in der Insolvenz der Pfandbriefbank nicht in die Insolvenzmasse fallen. Stattdessen

6 Vgl. Stürner, Der Abschied von der „klassenlosen“ Insolvenz, in: NZI, 2005, S. 597.
7 Vgl. Bellinger/Kerl, HBG, 4. Auflage, 1995, Einleitung S. 34, § 11 Rdn. 19; Wanner, Hypothekenbankenkrise vor 100 Jahren, in: Die Bank, 2000, Seite 484 f.; Lassen, Lehren aus der Hypothekenbankkrise von 1900, in: I&F, 18/2003, S. 652.
8 Vgl. Stürner, Die Sicherung der Pfandbrief- und Obligationengläubiger vor einer Insolvenz der Hypothekenbank, 1998, S. 133.
9 Vgl. Stürner, Der Abschied von der „klassenlosen“ Insolvenz, in: NZI, 2005, S. 598.

fällt in der Insolvenz der Pfandbriefbank nur das allgemeine Bankvermögen in die Insolvenzmasse, die in einem sog. Hauptinsolvenzverfahren verwaltet bzw. abgewickelt wird. Die Deckungswerte bilden neben der Insolvenzmasse ein Sondervermögen, das gem. § 30 Abs. 2 und 3 PfandBG in Rahmen eines sog. Sachwalterverfahrens unabhängig von der Hauptinsolvenz gesondert zu verwalten bzw. abzuwickeln ist. Wird die Deckungsmasse einer Pfandbriefgattung selbst insolvent, so findet gem. § 30 Abs. 6 Satz 2 Halbs. 1 PfandBG über das entsprechende Sondervermögen ein sog. Sonderinsolvenzverfahren statt. Damit ist das für ein Sondervermögen erforderliche Charakteristikum der Sonderinsolvenz sichergestellt. Die Deckungsmasse einer jeden Pfandbriefgattung und die Pfandbriefgläubiger bleiben infolgedessen in der Hauptinsolvenz der Pfandbriefbank vom Schicksal des allgemeinen Bankvermögens und den ungesicherten Gläubigern der Pfandbriefbank unberührt sowie von den Kosten der Hauptinsolvenz unbelastet[10]. Auf diese Weise hat der Gesetzgeber mit der Sondervermögenslösung die Grundlage für das Weiterlaufen des Pfandbriefgeschäfts nach der Hauptinsolvenz der Pfandbriefbank und zur gesonderten Abwicklung der Deckungsmasse geschaffen.

Das Sondervermögen über die jeweilige Deckungsmasse einer Pfandbriefgattung gelangt erst mit der Eröffnung der Hauptinsolvenz der Pfandbriefbank zur Entstehung. Bis dahin ist die Deckungsmasse, bzw. sind die im Deckungsregister eingetragenen Deckungswerte dinglich unmittelbar der Pfandbriefbank zugeordnet. Sie unterliegen allerdings hinsichtlich der Deckungskongruenz der Überwachung durch den Pfandbrieftreuhänder. Mit Eröffnung der Hauptinsolvenz führt die Sondervermögenslösung zur Isolierung der Deckungsmasse von der Insolvenzmasse, wobei die Pfandbriefbank weiterhin Rechtsträger der solventen Sondervermögen in Gestalt der Deckungsmassen und dadurch Schuldner der Pfandbriefverbindlichkeiten bleibt[11]. Für die Pfandbriefbank gelten insoweit die allgemeinen Rechtsregeln, wie sie für rechtsfähige Personen gelten. Es besteht nur die Besonderheit dass die Verfügungs- und Verwaltungsbefugnis über das Vermögen der jeweiligen Deckungsmassen vom Vorstand der Pfandbriefbank auf einen Sachwalter übergeht, der diese im Interesse der Befriedigung der Pfandbriefgläubiger abzuwickeln hat. Insoweit bleibt die Pfandbriefbank mit ihrem Sondervermögen und den zugehörigen Schuldverschreibungen dem Pfandbriefrecht sowie dem allgemeinen Zivilrecht unterworfen; sie steht insoweit nicht unter dem rechtlichen Regime des Insolvenzrechts[12].

Das Sachwalterverfahren ist in das Hauptinsolvenzverfahren bzw. ein Hauptinsolvenzplanverfahren der Pfandbriefbank nicht eingebunden. Dadurch ist sicherge-

---

10 Vgl. Stürner, Die Sicherung der Pfandbrief- und Obligationengläubiger vor einer Insolvenz der Hypothekenbank, 1998, S. 56, 59.

11 Das Sondervermögen bleibt insoweit Vermögen der Pfandbriefbank außerhalb der Insolvenzmasse. Vgl. Bundesregierung, Entwurf eines Gesetzes zur Umsetzung der Richtlinie 2002/47/EG vom 6.6.2002 über Finanzsicherheiten und zur Änderung des Hypothekenbankgesetztes und anderer Gesetze, in: BT-Drucks. 15/1853 vom 29.10.2003, S. 19.

12 Vgl. Bundesregierung, Entwurf eines Gesetzes zur Fortentwicklung des Pfandbriefrechts, Deutscher Bundestag, Drucks. 16/11130 vom 1.12.2008, S. 42.

stellt, dass das Hauptinsolvenzverfahren rasche Entscheidungen in Bezug auf die Deckungsmasse nicht behindert und das Schicksal von Pfandbriefen und Deckungsmasse unabhängig vom Ausgang insolvenzrechtlicher Rechtsstreitigkeiten ist[13].

Das Vermögen einer Pfandbriefbank besteht nach der Erhebung der Deckungsmasse zum Sondervermögen vor Eröffnung der Hauptinsolvenz aus dem allgemeinen bzw. sonstigen Bankvermögen und dem auf die Eröffnung der Hauptinsolvenz aufschiebend bedingten Sondervermögen der Deckungsmassen. Da aufgrund des Trennungsprinzips die Deckungsmassen der bis zu vier Pfandbriefgattungen einer Pfandbriefbank getrennt zu behandeln sind, besteht das Vermögen der Pfandbriefbank somit aus bis zu fünf Vermögensmassen: (i) dem allgemeinen Bankvermögen; (ii) der Hypothekenpfandbriefdeckungsmasse; (iii) der Deckungsmasse des Öffentlichen Pfandbriefs; (iv) der Deckungsmasse des Schiffspfandbriefs; und (v) neuerdings der Deckungsmasse des Flugzeugpfandbriefs. Nach Eröffnung des Hauptinsolvenzverfahrens spiegelt sich dies in der Entstehung einer Insolvenzmasse aus dem allgemeinen Bankvermögen und je nach Anzahl der Pfandbriefgattungen der Pfandbriefbank von bis zu vier Sondervermögensmassen wider.

Das Trennungsprinzip der Deckungsmassen setzt sich in der Hauptinsolvenz der Pfandbriefbank fort, so dass die bis zu vier Deckungsmassen die Haftung für das jeweilige Pfandbriefgeschäft selbständig gewährleisten müssen. Die Deckungsmassen unterliegen insofern einem selbstständigen Schicksal[14]. Eine „gemischte" Haftung, z.B. durch Nutzung einer Überdeckung aus dem Öffentlichen Pfandbriefgeschäft zum Ausgleich der Unterdeckung im Hypothekenpfandbriefgeschäft, ist nicht zulässig. Etwaige Überschüsse in den Deckungsmassen sind vielmehr nach Befriedigung der Pfandbriefgläubiger und Deckung der Verwaltungskosten gem. § 30 Abs. 4 Satz 2 PfandBG an die Insolvenzmasse der Pfandbriefbank herauszugeben und dienen der Befriedigung der ungedeckten Gläubiger. Ist eine Deckungsmasse unterdeckt, so bleibt den Pfandbriefgläubigern gem. § 30 Abs. 6 Satz 4 PfandBG unbenommen, einen etwaigen Ausfall im Hauptinsolvenzverfahren über das allgemeine Bankvermögen der Pfandbriefbank geltend zu machen. Denn die Rechtsträgerschaft der Pfandbriefbank des Sondervermögens hat zur Folge, dass der Pfandbriefbank einerseits etwaige Überschüsse der Deckungsmasse nach Befriedigung der Pfandbriefgläubiger und Derivategeschäftspartner zustehen, sie aber andererseits auch mit ihrem Restvermögen für einen etwaigen Ausfall der Pfandbriefgläubiger haftet (sog. Ausfallhaftung)[15].

---

13 Vgl. Stürner, Die Sicherung der Pfandbrief- und Obligationengläubiger vor einer Insolvenz der Hypothekenbank, 1998, S. 56, 134.

14 Vgl. Stürner, Die Sicherung der Pfandbrief- und Obligationengläubiger vor einer Insolvenz der Hypothekenbank, 1998, S. 84.

15 Vgl. § 30 Abs. 6 Satz 4 Halbs. 2 PfandBG bzw. §§ 52 Satz 1, 190 Abs. 1 und 2 sowie 192 der InsO entsprechend. Siehe unten 4. Teil, 1. Abschnitt, § 15, C., IV.

B. Gegenstand des Sondervermögens

Nach § 30 Abs. 1 Satz 1 PfandBG erstreckt sich das Sondervermögen auf alle in den Deckungsregistern eingetragenen Werte einschließlich der Werte im Sinne des § 30 Abs. 3 PfandBG. Bereits aus dem Wortlaut der Vorgängervorschrift des § 35 Abs. 1 Satz 1 HBG folgerte die ganz herrschende Meinung, dass nicht die materielle Deckungsstockzulässigkeit der Werte, sondern ausschließlich ihre Eintragung im Deckungsregister für ihre Haftung maßgeblich ist[16]. Der Streit um die Lehre von der „formellen" Registrierung, nach der alle registrierten Werte unabhängig von ihrer materiellen Deckungsstockzulässigkeit in die Deckungsmasse fallen, wurde vom Gesetzgeber bereits durch die §§ 14 Abs. 2 a.F. und 22 Abs. 3 Satz 1 a.F. PfandBG im Sinne der herrschenden Meinung entschieden[17]. Nachdem §§ 14 Abs. 2 und 22 Abs. 3 PfandBG im Rahmen der PfandBG-Novelle 2009 gestrichen wurden, stellte der Gesetzgeber nunmehr in §§ 29 Abs. 1, 30 Abs. 1 S. 1 und Abs. 3 PfandBG klar, dass die Trennung zwischen den Vermögensmassen sich ausschließlich nach dem formellen Kriterium der Eintragung im Deckungsregister und nicht nach den materiellen Kriterien der tatsächlichen Deckungsbestimmung und der Deckungsstockzulässigkeit bestimmt[18].

Bestandteil der Deckungsmasse einer Pfandbriefgattung sind somit:

- beim Hypothekenpfandbrief: ins Deckungsregister eingetragene Kapitalforderungen und Zinsansprüche aus grundpfandrechtlich gesicherten Darlehen (§§ 12 bis 18 PfandBG) und weitere Deckungswerte (§ 19 PfandBG) sowie die dazugehörige sichernde Überdeckung und der dazugehörige Liquiditätspuffer (§ 4 Abs. 1 und 1a PfandBG) inklusive Zinsansprüchen;
- beim Öffentlichen Pfandbrief: ins Deckungsregister eingetragene Kapitalforderungen und Zinsansprüche aus Kommunaldarlehen (§ 20 Abs. 1 PfandBG) und weitere Deckungswerte (§ 20 Abs. 2 PfandBG) sowie die dazugehörige sichernde Überdeckung und der dazugehörige Liquiditätspuffer (§ 4 Abs. 1 und 1a PfandBG) inklusive Zinsansprüchen;
- beim Schiffspfandbrief: ins Deckungsregister eingetragene Kapitalforderungen und Zinsansprüche aus schiffspfandrechtlich gesicherten Darlehen (§§ 21 bis 25 PfandBG) und weitere Deckungswerte (§ 26 PfandBG) sowie die dazugehörige sichernde Überdeckung und der dazugehörige Liquiditätspuffer (§ 4 Abs. 1 und 1a PfandBG) inklusive Zinsansprüchen; und

---

16 Vgl. Bellinger/Kerl, HBG, 4. Auflage, 1995, § 10 Rdn. 9, § 22 Rdn. 16 und 18 sowie § 35 Rdn. 8; Dannenbaum, Deutsche Hypothekenbanken, §§ 22 Anm. 6, 35 Anm. 16; Stürner, Die Sicherung der Pfandbrief- und Obligationengläubiger vor einer Insolvenz der Hypothekenbank, 1998, S. 80; Brocker, Nutzen des Refinanzierungsregisters für ausländische Kreditinstitute in ABS-Transaktionen, in: BKR, 2007, S. 64.

17 Vgl. noch zu § 22 Abs. 2 HBG: Bundesregierung, Entwurf eines Gesetzes zur Umsetzung der Richtlinie 2002/47/EG vom 6.6.2002 über Finanzsicherheiten und zur Änderung des Hypothekenbankgesetztes und anderer Gesetze, in: BT-Drucks. 15/1853 vom 29.10.2003, S. 19.

18 Vgl. Bundesregierung, Entwurf eines Gesetzes zur Fortentwicklung des Pfandbriefrechts, Deutscher Bundestag, Drucks. 16/11130 vom 1.12.2008, S. 41.

- beim Flugzeugpfandbrief: ins Deckungsregister eingetragene Kapitalforderungen und Zinsansprüche aus mit Registerpfandrechten und Flugzeughypotheken gesicherten Darlehen (§§ 26a bis 26e PfandBG) und weitere Deckungswerte (§ 26f PfandBG) sowie die dazugehörige sichernde Überdeckung und der dazugehörige Liquiditätspuffer (§ 4 Abs. 1 und 1a PfandBG) inklusive Zinsansprüchen.

Ein Deckungswert, welcher im Deckungsregister eingetragen war und dessen Eintragung ohne Zustimmung des Treuhänders gelöscht worden ist, bleibt gem. § 8 Abs. 4 PfandBG weiter Gegenstand der Deckungsmasse bzw. des Sondervermögens[19].

Der Grundsatz der formellen Registrierung hat eine differenzierte Behandlung materiell nicht-deckungsstockzulässiger Vermögenswerte zur Folge, bei welcher zwischen dem Zeitraum vor bzw. nach Eröffnung der Hauptinsolvenz unterschieden werden muss. Denn vor Eröffnung der Hauptinsolvenz dürfen materiell nicht-deckungsstockzulässige Vermögenswerte bei der Deckungsrechnung nach § 4 Abs. 1 und 2 PfandBG keine Berücksichtigung finden. Der Treuhänder und die BaFin sind verpflichtet, zur Rechtsklarheit auf die Löschung nicht-deckungsstockzulässiger Vermögenswerte gem. §§ 8 Abs. 1, 2 und 4, 11 Abs. 2 PfandBG hinzuwirken[20]. Dadurch kann eventuell eine Unterdeckung sichtbar werden, welche in der Folge durch Indeckungnahme materiell deckungsstockzulässiger Werte auszugleichen ist. Dagegen sind nach Eröffnung der Hauptinsolvenz auch Vermögenswerte, welche die materiellen Voraussetzungen weder für ordentliche noch für weitere Deckungswerte oder die sichernde Überdeckung erfüllen, grundsätzlich Bestandteil des Sondervermögens[21]. Der Insolvenzverwalter des Hauptinsolvenzverfahrens kann die Herausgabe eines eingetragenen, materiell nicht-deckungsstockzulässigen Vermögenswerts dann nur aufgrund der Anspruchsgrundlage des § 30 Abs. 4 Satz 1 PfandBG vom zuständigen Sachwalter der Deckungsmasse herausverlangen. Dies setzt jedoch voraus, dass ein derartiger Vermögenswert zur Deckung der jeweiligen Pfandbriefgattung einschließlich der sichernden Überdeckung offensichtlich nicht notwendig sein darf. Darüber hinaus gelten die allgemeinen Gläubigerschutztatbestände, d.h., dass für den Fall, dass im Vorfeld der Hauptinsolvenz Werte in Deckung genommen werden, die Regeln der Insolvenzanfechtung der §§ 129 bis 133 InsO greifen[22]. Wohl nur theoretisch vorstellbar ist, insoweit eine sittenwidrige Gläubigerschädigung (§§ 138 Abs. 1, 826 BGB)[23].

---

19 Vgl. 3. Teil, 1. Abschnitt, § 10, B., II., 4.
20 Vgl. Bundesregierung, Entwurf eines Gesetzes zur Umsetzung der Richtlinie 2002/47/EG vom 6.6.2002 über Finanzsicherheiten und zur Änderung des Hypothekenbankgesetztes und anderer Gesetze, in: BT-Drucks. 15/1853 vom 29.10.2003, S. 19.
21 Vgl. Stürner, Die Sicherung der Pfandbrief- und Obligationengläubiger vor einer Insolvenz der Hypothekenbank, 1998, S. 80.
22 Vgl. Stürner, Die Sicherung der Pfandbrief- und Obligationengläubiger vor einer Insolvenz der Hypothekenbank, 1998, S. 82.
23 Vgl. Stürner, Die Sicherung der Pfandbrief- und Obligationengläubiger vor einer Insolvenz der Hypothekenbank, 1998, S. 82.

Mittelzuflüsse nach Eröffnung der Hauptinsolvenz bzw. der Sachwaltung aus den dem Sondervermögen zugehörigen Deckungswerten sind ebenfalls Bestandteil des Sondervermögens. Dies stellt § 30 Abs. 1 Satz 2 und Abs. 3 Satz 2 PfandBG klar, wonach der Sachwalter die Forderungen des Sondervermögens einzieht und die Pfandbriefgläubiger hieraus voll zu befriedigen sind.

C. Ergänzender Schutz des Sondervermögens

Nachdem sich der Gesetzgeber für eine Isolierung der Deckungsmasse erst mit Eröffnung der Hauptinsolvenz über das Vermögen der Pfandbriefbank entschieden hat und die Deckungswerte bis zu diesem Zeitpunkt der Pfandbriefbank unmittelbar zugeordnet bleiben, könnten vor Eröffnung der Hauptinsolvenz Drittgläubiger der Pfandbriefbank zu Lasten der Pfandbriefgläubiger Zugriff auf die Deckungswerte nehmen (z.B. auf dem Wege der Einzelzwangsvollstreckung oder ggf. der Selbstvollstreckung durch Aufrechnung gegen Deckungsforderungen). Um die Deckungsmasse bereits außerhalb und insbesondere im Vorfeld einer eventuellen Hauptinsolvenz der Pfandbriefbank dem Zugriff sonstiger Gläubiger der Pfandbriefbank zu entziehen und ausschließlich für die Pfandbriefgläubiger zu „reservieren", wird die Sondervermögenslösung der Pfandbriefgläubiger in § 29 Satz 1 und 2 PfandBG ergänzend flankiert durch ein Vollstreckungs- und Arrestverbot sowie ein Aufrechnungsverbot zu Lasten sonstiger Gläubiger der Pfandbriefbank. Die Beschränkung dieser Verbote auf Drittgläubiger ist insoweit unbedenklich, als die Zwangsvollstreckung bzw. Aufrechnung gegenüber der Deckungsmasse durch einen Pfandbrief- oder Derivategeschäftspartner neben dem Wegfall eines Deckungswerts auch zum Wegfall einer konkurrierenden Forderung gegen die Deckungsmasse führt.

I. Vollstreckungs- und Arrestschutz

Der Vollstreckungs- und Arrestschutz der Pfandbriefgläubiger ist geregelt in § 29 Satz 1 PfandBG[24]. Unterschieden wird zwischen den Vollstreckungshandlungen der Pfandbriefgläubiger und denen sonstiger Gläubiger der Pfandbriefbank. Während die Pfandbriefgläubiger außerhalb der Hauptinsolvenz in alle in ein Deckungsregister eingetragenen Werte einschließlich der Werte i.S.d. § 30 Abs. 3 PfandBG vollstrecken können, ist dies sonstigen Gläubigern untersagt (sog. Vollstreckungsprivileg)[25]. Gleiches gilt für ein Arrestverfahren[26]. Die Deckungsmasse kann somit nicht durch einen einzelzwangsvollstreckungsrechtlichen Zugriff oder durch einen Arrest sonstiger Gläubiger reduziert werden[27].

---

24 Die Regelung entspricht den Vorgängervorschriften der §§ 34a Satz 1 HBG, 5 Satz 1 ÖPG und 35 Satz 1 SchBkG.
25 Vgl. §§ 704 ff. Zivilprozessordnung (ZPO).
26 Vgl. §§ 916 ff. ZPO.
27 Vgl. Bonfig, Das Passivgeschäft der Realkreditinstitute, in: Rüchardt, Handbuch des Hypothekarkredits, 3. Auflage, 1993, S. 553.

Die Rechtsnatur des in § 29 Satz 1 PfandBG geregelten Vollstreckungsprivilegs ist vom Gesetzgeber nicht ausdrücklich klargestellt. Der historische Gesetzgeber hatte ursprünglich im HBG davon abgesehen, ein Pfändungsverbot vor dem Konkurs der Hypothekenbank einzuführen, um dieser die Verfügungsmöglichkeit über die Deckungswerte zu erhalten. Bereits im Jahr 1927 wurde ein Vollstreckungsverbot in § 34a Satz 1 HBG – einer Vorgängervorschrift des § 29 Satz 1 PfandBG – eingefügt[28]. Es handelt sich um ein dogmatisch nur schwer einzuordnendes vollstreckungsrechtliches „Verfahrenshindernis" und nicht um ein teilweises Pfändungsverbot, das gem. §§ 394, 400, 1274 BGB zu einem Aufrechnungs-, Abtretungs- und Verpfändungsverbot in Bezug auf in Deckung genommene Werte führen würde[29]. Denn die Vorschrift schließt die Pfändung nicht i.S.e. Pfändungsverbots aus, sondern beschränkt lediglich die Pfändbarkeit durch sonstige Gläubiger zu Gunsten der Pfandbriefgläubiger[30]. Auch weicht der Wortlaut der Vorschrift vom Wortlaut der §§ 394, 400 und 1274 BGB und §§ 811, 850 ff. ZPO entscheidend ab[31].

Dieser rein verfahrensrechtlichen Konstruktion des Vollstreckungsprivilegs, entspricht als statthafter Rechtsbehelf zur Abwehr einer unzulässigen Einzelzwangsvollstreckungsmaßnahme, die Erinnerung gem. § 766 ZPO. Ein Rechtsschutzbedürfnis liegt diesbezüglich sowohl für die Pfandbriefbank als unmittelbar Betroffene als auch für den Treuhänder zur Wahrung der Interessen der Pfandbriefgläubiger vor[32]. Darüber hinaus liegt ein Rechtsschutzbedürfnis auch für jeden einzelnen Pfandbriefgläubiger vor, da deren vorrangiges Befriedigungsrecht sich nicht auf individuell bestimmte Deckungswerte, sondern auf die gesamte Deckungsmasse erstreckt[33]. Eine Drittwiderspruchsklage gem. § 771 ZPO steht der Pfandbriefbank nicht zu, da sie Schuldner und nicht Dritter ist. Auch die Pfandbriefgläubiger können keine Drittwiderspruchsklage gem. § 771 ZPO erheben, da sie kein die Veräußerung hinderndes Recht innehaben. Auch dem Treuhänder steht kein die Veräußerung hinderndes Recht zu. Nach Aufhebung der Mitverwahrung durch die PfandBG-Novelle 2009 kann der Treuhänder nunmehr aufgrund fehlender Verletzung seines Mitbesitzes keine Drittwiderspruchsklage mehr erheben[34].

---

28 Vgl. Kommissionsbericht des Reichstages, S. 31 ff., insbes. 34 f., abgedruckt bei Dannenbaum, Deutsche Hypothekenbanken, S. 372 ff.; Bellinger/Kerl, HBG, 4. Auflage, 1995, § 34a Rdn. 1 ff.; Stürner, Die Sicherung der Pfandbrief- und Obligationengläubiger vor einer Insolvenz der Hypothekenbank, 1998, S. 49.

29 Vgl. Bellinger/Kerl, HBG, 4. Auflage, 1995, § 34a Rdn. 12; Stürner, Die Sicherung der Pfandbrief- und Obligationengläubiger vor einer Insolvenz der Hypothekenbank, 1998, S. 49; Stürner/Schumacher/Bruns, Der deutsche Pfandbrief und englische Deckungswerte, 2000, S. 11.

30 Vgl. Dannenbaum, Öffentlichrechtliche Kreditanstalten, § 5 Anm. 8; Bellinger/Kerl, HBG, 4. Auflage, 1995, § 34a Rdn. 12.

31 Vgl. Bellinger/Kerl, HBG, 4. Auflage, 1995, § 34a Rdn. 12.

32 Vgl. Stürner/Schumacher/Bruns, Der deutsche Pfandbrief und englische Deckungswerte, 2000, S. 11.

33 Vgl. Bellinger/Kerl, HBG, 4. Auflage, 1995, § 34a Rdn. 9.

34 Vgl. zur alten Rechtslage unter Geltung des Mitgewahrsams des Treuhänders an Deckungswerten: Dannenbaum, Deutsche Hypothekenbanken, § 29 Anm. 13; Bellinger/Kerl, HBG, 4. Auflage, 1995, § 34a Rdn. 10; Stürner, Die Sicherung der Pfandbrief- und Obligationengläubiger vor einer Insolvenz der Hypothekenbank, 1998, S. 49.

II. Aufrechnungsschutz

Neben dem Vollstreckungs- und Arrestschutz sind die Pfandbriefgläubiger gem. § 29 Satz 2 PfandBG auch vor der Aufrechnung durch sonstige Gläubiger der Pfandbriefbank gegenüber Forderungen aus in ein Deckungsregister eingetragenen Werten einschließlich der Werte i.S.d. § 30 Abs. 3 PfandBG geschützt. Zweck des § 29 Satz 1 und 2 PfandBG ist es, die Deckungsmasse vor Aushöhlung durch den Fremdzugriff sonstiger Gläubiger zu schützen[35]. Nachdem die Aufrechnung, als „Selbstvollstreckung" durch den aufrechnenden Gläubiger zu einer Minderung der Deckungsmasse führt, hat der Gesetzgeber zur Klarstellung den Aufrechnungsschutz des § 394 BGB zum Schutz der Pfandbriefgläubiger für entsprechend anwendbar erklärt[36]. Dies erscheint auf den ersten Blick unter Berücksichtigung der §§ 394, 400 und 1274 Abs. 2 BGB widersprüchlich, da die Pfandbriefbank zur Verfügung über die Deckungswerte ja gerade berechtigt bleibt. Begründet wird die Anwendung des § 394 BGB jedoch zu Recht mit dem Sinn und Zweck der §§ 29 Satz 1 und 30 PfandBG, da diese die Deckungsmasse vor dem Fremdzugriff Dritter schützen sollen[37].

Das Vorliegen der Voraussetzungen einer Aufrechnungslage war unter dem überkommenen Spezialbankprinzip eher selten der Fall, weil das Einlagengeschäft für reine Hypothekenbanken nur eingeschränkt zulässig war[38]. Denkbar war jedoch schon seinerzeit, dass der Hypothekarkreditschuldner selbst Inhaber von nicht gedeckten Schuldverschreibungen der Hypothekenbank ist. Daneben konnte bei gemischten Hypothekenbanken der Hypothekarkreditschuldner aber durchaus gleichzeitig Inhaber von Einlagenansprüchen sein. Durch die Abschaffung des Spezialbankprinzips mit dem PfandBG 2005 hat die Aufrechnung gegenüber Deckungswerten der Pfandbriefbank durch ungedeckte Gläubiger bzw. Einlagengläubiger weiter an Bedeutung gewonnen.

§ 15 Der Pfandbrief in der Insolvenz

Die Gefahr einer Insolvenz der Pfandbriefbank kann grundsätzlich entweder im allgemeinen Bankgeschäft oder im Pfandbriefgeschäft begründet sein. In verfahrensrechtlicher Hinsicht ist zu unterscheiden zwischen dem Hauptinsolvenzverfahren zur Abwicklung des allgemeinen Bankvermögens und dem Sachwalterverfahren

---

35 Vgl. Stürner, Die Sicherung der Pfandbrief- und Obligationengläubiger vor einer Insolvenz der Hypothekenbank, 1998, S. 88.

36 Vgl. Gesetzesbegründung zum 3. Finanzmarktförderungsgesetz 1998, BT-Drucks. 13/8933, 69, 149 f. abgedruckt bei Stürner, Die Sicherung der Pfandbrief- und Obligationengläubiger vor einer Insolvenz der Hypothekenbank, 1998, S. 164 f.; Stürner/Schumacher/Bruns, Der deutsche Pfandbrief und englische Deckungswerte, 2000, S. 13 f.

37 Vgl. zu den Vorgängervorschriften §§ 34a Satz 1 und 35 HBG: Stürner, Die Sicherung der Pfandbrief- und Obligationengläubiger vor einer Insolvenz der Hypothekenbank, 1998, S. 88.

38 Vgl. § 5 Abs. 1 Nr. 4 Buchst. a HBG.

zur Abwicklung der Deckungsmassen im Interesse der vollständigen Befriedigung der Pfandbriefgläubiger[39]. Nur im Fall der Insolvenz einer Deckungsmasse findet über deren Vermögen ein Sonderinsolvenzverfahren statt.

Die konkreten Ursachen einer Krise im allgemeinen Bankgeschäft sind – wie u.a. die aktuelle Finanzkrise zeigt, je nach Geschäftsmodell und Refinanzierung der Bank – weit weniger vorhersehbar als im Pfandbriefgeschäft. Deshalb wird im Regelfall das risikoträchtigere allgemeine Bankgeschäft die Hauptinsolvenz der Pfandbriefbank verursachen. Die Sonderinsolvenz einer Deckungsmasse hat ohne die Hauptinsolvenz der Pfandbriefbank ohnehin keine selbständige Bedeutung[40]. Denn die Pfandbriefbank ist gem. § 4 Abs. 1 Satz 1 PfandBG jederzeit zur Aufrechterhaltung der Deckung verpflichtet. Damit kann eine unterdeckte Deckungsmasse grundsätzlich die Pfandbriefbank in die Hauptinsolvenz „ziehen". Reduziert ist dieses Risiko jedoch durch die Vorschriften des PfandBG zur Deckungskongruenz, die eine hohe Qualität der Deckungsmasse gewährleisten und seit der Einführung des Liquiditätspuffers in § 4 Abs. 1a PfandBG zusätzlichen Schutz vor einem kurzfristigen Liquiditätsbedarf der Deckungsmasse bieten. Nur im Fall einer erheblich unterdeckten Deckungsmasse, welche die Pfandbriefbank in die Hauptinsolvenz zieht, bleibt damit eine gleichzeitige Sonderinsolvenz der Deckungsmasse denkbar.

A. Die Hauptinsolvenz der Pfandbriefbank

In der Insolvenz einer Gesellschaft geht das Recht, das zur Insolvenzmasse gehörende Vermögen der Gesellschaft zu verwalten und über dieses zu verfügen gem. § 80 Abs. 1 InsO auf den Insolvenzverwalter über. Das Insolvenzverfahren erfasst gem. § 35 InsO grundsätzlich das gesamte Vermögen, das dem Unternehmen zur Zeit der Eröffnung des Verfahrens gehört und das es während des Verfahrens erlangt (Insolvenzmasse). Als Ausnahme von diesem allgemeinen Prinzip hat die Sondervermögenslösung des § 30 Abs. 1 Satz 1 PfandBG zur Folge, dass trotz der Hauptinsolvenz der Pfandbriefbank, die in ihren Deckungsregistern eingetragenen Werte einschließlich der Werte i.S.d. § 30 Abs. 3 PfandBG nicht in die Insolvenzmasse fallen. Stattdessen bilden diese für jede Pfandbriefgattung ein Sondervermögen, welches im Rahmen eines speziell für das Pfandbriefgeschäft geschaffenen Sachwalterverfahrens im Interesse der vollständigen Befriedigung der Pfandbriefgläubiger abzuwickeln ist[41]. Damit ist sichergestellt, dass die Deckungsmassen von der Insolvenz der Pfandbriefbank nicht berührt werden und die Pfandbriefgläubiger im

---

39 Der Begriff des Hauptinsolvenzverfahrens wurde vom Gesetzgeber in der Begründung der HBG-Novelle 2004 zur Einführung des Sachwalterverfahrens verwendet. Vgl. Bundesregierung, Entwurf eines Gesetzes zur Umsetzung der Richtlinie 2002/47/EG vom 6.6.2002 über Finanzsicherheiten und zur Änderung des Hypothekenbankgesetztes und anderer Gesetze, in: BT-Drucks. 15/1853 vom 29.10.2003, S. 20.

40 Vgl. Stürner, Deutsche öffentliche Pfandbriefe- und Deckungswerte aus Darlehen an U.S.-amerikanische öffentliche Körperschaften, 2006, S. 7 f.

41 Vgl. Koppmann, Die besondere Sicherheit des Pfandbriefs in der Insolvenz der Pfandbriefbank, WM, 7/2006, S. 305 ff.

Rahmen des Sachwalterverfahrens voll und fortlaufend befriedigt werden können. Die Deckungsmasse hat nicht für die Verwaltungskosten der Hauptinsolvenz aufzukommen.

I. Eröffnungsgründe für die Hauptinsolvenz der Pfandbriefbank

Das allgemeine Bankaufsichtsrecht definiert in § 46b Abs. 1 Satz 1 KWG als Grund für die Eröffnung des Insolvenzverfahrens über das Vermögen eines Kreditinstituts die Zahlungsunfähigkeit, die Überschuldung und die drohende Zahlungsunfähigkeit[42]. Übertragen auf die Hauptinsolvenz der Pfandbriefbank ist demnach die Zahlungsunfähigkeit, die Überschuldung und die drohende Zahlungsunfähigkeit hinsichtlich des dem allgemeinen Bankgeschäfts der Pfandbriefbank zuzurechnenden Vermögens erforderlich.

Bei den Begriffen der Zahlungsunfähigkeit und der Überschuldung greift das KWG auf das allgemeine Insolvenzrecht zurück[43]. Danach ist eine Pfandbriefbank gem. § 17 Abs. 2 Satz 1 InsO zahlungsunfähig, wenn sie nicht in der Lage ist, ihre fälligen Zahlungsverpflichtungen zu erfüllen[44]. Die Zahlungsunfähigkeit im allgemeinen Bankgeschäft der Pfandbriefbank wird festgestellt durch eine Liquiditätsbilanz, welche die fälligen oder kurzfristig fälligen Verbindlichkeiten den liquiden bzw. kurzfristig liquidierbaren Mitteln des allgemeinen Bankvermögens der Pfandbriefbank gegenüber stellt.

Drohend zahlungsunfähig ist eine Pfandbriefbank dagegen gem. § 18 Abs. 2 InsO und § 46b Abs. 1 Satz 1 Halbs. 2 KWG, wenn die Pfandbriefbank voraussichtlich nicht in der Lage sein wird, die bestehenden Zahlungsverpflichtungen im Zeitpunkt ihrer Fälligkeit zu erfüllen[45]. Im Falle einer drohenden Zahlungsunfähigkeit darf die BaFin den Antrag auf Eröffnung des Insolvenzverfahrens gem. § 46b Abs. 1 Satz 5 KWG jedoch nur mit Zustimmung der Pfandbriefbank und nur dann stellen, wenn Maßnahmen der Gefahrenabwehr nach §§ 46, und 46a KWG nicht Erfolg versprechend erscheinen[46].

Eine Überschuldung des allgemeinen Bankgeschäfts einer Pfandbriefbank liegt gem. § 19 Abs. 2 InsO vor, wenn in Bezug auf das allgemeine Bankvermögen der Pfandbriefbank das Vermögen die bestehenden Verbindlichkeiten nicht mehr deckt[47]. Bei der Bewertung des allgemeinen Bankvermögens der Pfandbriefbank darf

---

42 Vgl. Stürner, Die Sicherung der Pfandbrief- und Obligationengläubiger vor einer Insolvenz der Hypothekenbank, 1998, S. 3 ff.
43 Vgl. Boos/Fischer/Schulte-Mattler, KWG, 3. Auflage, 2008, § 46b Rdn. 8.
44 Vgl. Mohrbutter/Ringsmeier, Handbuch der Insolvenzverwaltung, 8. Auflage, § 2 Rdn. 5 ff.; Uhlenbruck, InsO, 12. Auflage, 2003, § 17 Rdn. 3 ff.
45 Vgl. Mohrbutter/Ringsmeier, Handbuch der Insolvenzverwaltung, 8. Auflage, § 2 Rdn. 14; Uhlenbruck, InsO, 12. Auflage, 2003, § 18 Rdn. 3 ff.
46 Zu den Maßnahmen nach §§ 46 und 46a KWG, siehe unten 5. Teil, § 19, C.
47 Vgl. Mohrbutter/Ringsmeier, Handbuch der Insolvenzverwaltung, 8. Auflage, § 2 Rdn. 18 ff.; Uhlenbruck, InsO, 12. Auflage, 2003, § 19 Rdn. 2 ff.

außerhalb der Finanzkrise für die Überschuldungsbilanz die Fortführung des Unternehmens zugrunde gelegt werden, wenn diese nach den Umständen überwiegend wahrscheinlich ist. In der Finanzkrise ist der Gesetzgeber im Finanzmarktstabilisierungsgesetz (FMStG) vorübergehend zum sog. zweistufigen modifizierten Überschuldungstatbestand zurückgekehrt[48]. Danach liegt eine Überschuldung im Sinne des § 19 Abs. 2 InsO vor, wenn das Vermögen des Schuldners die bestehenden Verbindlichkeiten nicht mehr deckt, es sei denn, die Fortführung des Unternehmens ist nach den Umständen überwiegend wahrscheinlich. Der zweistufig modifizierte Überschuldungstatbestand gilt jedoch gem. Art. 7 Abs. 2 FMStG nur vorübergehend bis zum 31.12.2010. Danach sollte ursprünglich wieder zu dem strengeren Überschuldungstatbestand der InsO von 1994 zurückgekehrt werden. Im August 2009 hat der Gesetzgeber die Ausnahmeregel um weitere drei Jahre bis zum 31.12.2013 verlängert.

Nachdem die in die Deckungsregister eingetragenen Werte vor Eröffnung der Hauptinsolvenz der Pfandbriefbank unmittelbar zugeordnet sind, ist bei der Aufstellung der Liquiditäts- bzw. Überschuldungsbilanz der Pfandbriefbank eine Überdeckung der Deckungsmasse insoweit zu berücksichtigen, wenn der Treuhänder verpflichtet ist, die in den Deckungsregistern eingetragenen Werte zu löschen[49]. Dies ist auch der Fall für materiell nicht-deckungszulässige Vermögenswerte. Darüber hinaus hat der Treuhänder gem. § 8 Abs. 1 Satz 1 PfandBG die Aufgabe, darauf zu achten, dass die vorschriftsmäßige Deckung (d.h. inklusive sichernder Überdeckung und Liquiditätspuffer) jederzeit vorhanden ist. Diese umfasst jedenfalls nicht eine offensichtlich freiwillige Überdeckung, die ggf. vom Treuhänder herauszugeben wäre. Streitigkeiten zwischen der Pfandbriefbank und dem Treuhänder über eine etwaige Herausgabepflicht des Treuhänders hat die BaFin gem. § 11 Abs. 2 PfandBG zu entscheiden.

Fraglich ist in diesem Zusammenhang, ob der Treuhänder der Deckungsmasse im Vorfeld der Hauptinsolvenz in einer Streitigkeit mit der Pfandbriefbank über die Herausgabe einer offensichtlich freiwilligen Überdeckung die Beweislastregel des § 30 Abs. 4 Satz 1 PfandBG analog gegenüber der BaFin bei der Entscheidung eines eventuellen Streits mit der Pfandbriefbank geltend machen kann[50]? Bei analoger Anwendung der Beweislastregel zu Gunsten des Treuhänders im Vorfeld der Hauptinsolvenz der Pfandbriefbank würde die Pfandbriefbank die Darlegungs- und Beweislast zum Nachweis einer offensichtlichen bzw. exzessiven freiwilligen Überdeckung tragen. Für eine analoge Anwendung spricht der Zweck der Beweislastregel, der dem Schutz der Pfandbriefgläubiger dient und im Ergebnis bereits im Vorfeld der Hauptinsolvenz gelten muss. Es ist jedoch vorstellbar, dass im Vorfeld der Krise ein vorübergehende Zugriff der Pfandbriefbank auf eine freiwillige Überdeckung bzw. deren Abbau zu Gunsten des allgemeinen Bankvermögens auch zum

---

48 Vgl. Art. 5 Finanzmarktstabilisierungsgesetz (FMStG); Henle/Koppmann, in: Jaletzke/Veranneman, FMStG, Art. 5, m.w.N.

49 Vgl. § 8 Abs. 4 Satz 1 PfandBG sowie § 9 Abs. 2 Satz 1 PfandBG a.F.; siehe oben 3. Teil, 1. Abschnitt, § 10, B., II., 4.

50 Siehe unten 4. Teil, 1. Abschnitt, § 15, A., III., 2.

Schutz der Pfandbriefgläubiger gerechtfertigt sein kann. Dies wäre nämlich dann der Fall, wenn dadurch eine vorübergehende Krise der Pfandbriefbank im allgemeinen Bankgeschäft abgewendet und auf diese Weise die Eröffnung eines Hauptinsolvenz- und Sachwalterverfahrens vermieden werden kann. Dies wäre auch im Interesse der Pfandbriefgläubiger, insbesondere weil dadurch die mit der Eröffnung des Sachwalterverfahrens verbundenen Risiken (z.B. der Verlust des dynamischen Charakters der Deckungsmasse und eines vorübergehenden Liquiditätsengpass in der Eröffnungsphase) vermieden werden könnten. Die Herausgabe einer freiwilligen Überdeckung zur Überwindung einer vorübergehenden Krise der Pfandbriefbank im Vorfeld der Hauptinsolvenz einer Pfandbriefbank dürfte allerdings nur dann zulässig sein, wenn dabei zu keinem Zeitpunkt die ordnungsgemäße Bedienung der Pfandbriefe gefährdet wird und der Sanierungsplan der Pfandbriefbank die Wiederherstellung der erforderlichen freiwilligen Überdeckung nach Überwindung der Krise vorsieht und dies unter zu Grunde Legung des Sanierungsplans auch mit hoher Wahrscheinlichkeit plausibel erscheint. Insgesamt sind damit von den Beteiligten (d.h. Pfandbriefbank, Treuhänder und BaFin) an den Abbau einer freiwilligen Überdeckung zur Überwindung der Krise der Pfandbriefbank im allgemeinen Bankvermögen hohe Anforderungen zu stellen.

II. Verfahren zur Eröffnung des Hauptinsolvenzverfahrens

Wird eine Pfandbriefbank in Bezug auf ihr allgemeines Bankvermögen zahlungsunfähig oder tritt diesbezüglich Überschuldung ein, so sind die Geschäftsleiter gem. § 46b Abs. 1 Satz 1 KWG verpflichtet, dies der BaFin unverzüglich anzuzeigen[51]. Dadurch soll sichergestellt werden, dass die BaFin rechtzeitig von der sich erhärtenden Krise in Kenntnis gesetzt wird[52]. Der Antrag auf Eröffnung des Hauptinsolvenzverfahrens kann gem. § 46b Abs. 1 Satz 4 KWG nur von der BaFin gestellt werden (sog. Antragsmonopol). Anträge der Geschäftsführungsorgane oder von Gläubigern der Pfandbriefbank sind als unzulässig zurückzuweisen[53]. Die BaFin hat nach pflichtgemäßem Ermessen zu entscheiden, ob sie den Antrag zur Eröffnung des Hauptinsolvenzverfahrens stellt. Das Insolvenzgericht kann und muss die Eröffnungsgründe prüfen. Die Eröffnung der Hauptinsolvenz kann von der Pfandbriefbank gem. § 34 Abs. 2 InsO mit sofortiger Beschwerde angefochten werden[54]. Die Ablehnung der Eröffnung des Hauptinsolvenzverfahrens kann die BaFin gem. §§ 6 Abs. 1, 34 Abs. 1 InsO mit sofortiger Beschwerde anfechten. Gegen die Entscheidung über die sofortige Beschwerde ist gem. § 7 InsO die Rechtsbeschwerde statthaft.

---

51 Die Nichtanzeige kann gem. § 55 KWG als Vorsatztat mit Freiheitsstrafe bis zu drei Jahren, als fahrlässige Tat mit Freiheitsstrafe bis zu einem Jahr bestraft werden.

52 Vgl. Boos/Fischer/Schulte-Mattler, KWG, 3. Auflage, 2008, § 46b Rdn. 7.

53 Vgl. Boos/Fischer/Schulte-Mattler, KWG, 3. Auflage, 2008, § 46b Rdn. 11.

54 Der behördliche Eröffnungsantrag ohne Bindungswirkung ist seit Einführung der InsO nicht mehr als Verwaltungsakt anzusehen. Vgl. die Begründung zu Art. 83 EG InsO Regierungsentwurf, BT-Drucks. 12/1803, S. 105/106.

In der Eröffnungsphase der Hauptinsolvenz der Pfandbriefbank wirken etwaige Maßnahmen der BaFin zur Gefahrenabwehr auf der Grundlage der §§ 46, 46a KWG fort[55]. Das Insolvenzgericht ist gem. § 21 Abs. 1 Satz 1 InsO in der Eröffnungsphase der Hauptinsolvenz berechtigt, ein beschränktes Zahlungsverbot in Bezug auf das allgemeine Bankvermögen – nicht hingegen in Bezug auf die Deckungsmasse(n) – zu erlassen, sowie gem. § 22 Abs. 1 Satz 1 InsO einen vorläufigen Insolvenzverwalter zu bestellen[56].

III. Auswirkungen der Hauptinsolvenz

Mit der Eröffnung des Hauptinsolvenzverfahrens über das allgemeine Bankvermögen der Pfandbriefbank geht die Verfügungs- und Verwaltungsbefugnis über die Insolvenzmasse auf den Insolvenzverwalter über. Dies führt dazu, dass der Insolvenzverwalter fällige Forderungen der Insolvenzmasse einzuziehen und die rechtsgeschäftlichen Verpflichtungen der Pfandbriefbank gem. §§ 103 ff. InsO zu erfüllen hat. Künftige Verbindlichkeiten der Bank gelten gem. § 41 Abs. 1 InsO – ohne Rücksicht auf die vereinbarte Laufzeit – gegenüber der Insolvenzmasse als fällig. Die Insolvenzgläubiger haben ihre Forderungen gem. § 174 Abs. 1 Satz 1 InsO schriftlich beim Insolvenzverwalter anzumelden und werden durch Verteilung der Insolvenzmasse gem. §§ 187 ff. InsO quotal befriedigt, wobei ab Eröffnung des Insolvenzverfahrens laufende Zinsen gem. § 39 Abs. 1 Nr. 1 InsO als nachrangige Forderungen zu berichtigen sind.

1. Schutz der Pfandbriefverbindlichkeiten und eingetragenen Werte der Deckungsmasse

Entgegen dem allgemeinen insolvenzrechtlichen Prinzip der Gesamtfälligstellung künftiger Verbindlichkeiten der insolventen Gesellschaft gem. § 41 Abs. 1 InsO werden die Pfandbriefverbindlichkeiten gem. § 30 Abs. 1 Satz 2 Halbs. 2 PfandBG von der Eröffnung des Hauptinsolvenzverfahrens nicht berührt und sind gem. § 30 Abs. 1 Satz 2 Halbs. 1 PfandBG voll, d.h. sowohl in Höhe der Rückzahlungs- als auch der Zinsansprüche, aus der gesonderten Deckungsmasse zu befriedigen. Damit stellt der Gesetzgeber klar, dass die Fälligkeit der Forderungen der Pfandbriefgläubiger von der Eröffnung des Hauptinsolvenzverfahrens nicht berührt wird[57]. Die zukünftigen Kapital- und Zinsansprüche der Pfandbriefgläubiger brauchen, obwohl diese gegen die insolvente Pfandbriefbank gerichtet bleiben, bei Eröffnung des Hauptinsolvenzverfahrens nicht fällig gestellt werden, da den Pfandbriefgläu-

---

55 Zu den Gefahrenabwehrmaßnahmen im Einzelnen siehe unten 5. Teil, § 19, C.

56 Vgl. Gottwald, Insolvenzrechts Handbuch, § 14 Rdn. 25 ff.

57 Vgl. zur Vorgängervorschrift: Bundesregierung, Entwurf eines Gesetzes zur Umsetzung der Richtlinie 2002/47/EG vom 6.6.2002 über Finanzsicherheiten und zur Änderung des Hypothekenbankgesetztes und anderer Gesetze, in: BT-Drucks. 15/1853 vom 29.10.2003, S. 19.

bigern die Deckungswerte im Rahmen des Sachwalterverfahrens weiter zur Verfügung stehen, so dass sie wegen ihrer Ansprüche nicht auf die Teilnahme am Hauptinsolvenzverfahren angewiesen sind[58]. Konsequenterweise werden alle in den Deckungsregistern eingetragenen ordentlichen und weiteren Deckungswerte einschließlich der Werte i.S.d. § 30 Abs. 3 PfandBG ebenfalls durch die Eröffnung der Hauptinsolvenz nicht fällig gestellt, da sie ebenso nicht in die Insolvenzmasse fallen und von der Hauptinsolvenz nicht berührt werden[59]. Die Hypothekar-, Staats-, Schiffs- und Flugzeugkredite sowie die weiteren Deckungswerte laufen dementsprechend vertragsgemäß weiter und sind vom Sachwalter erst bei ihrer vertragsgemäßen Fälligkeit einzuziehen[60].

In Ergänzung zu § 4 Abs. 3 PfandBG, der klarstellt, dass, soweit aus eingetragenen Derivategeschäften Verbindlichkeiten der Pfandbriefbank begründet werden, diese gedeckt sein müssen, stellt § 30 Abs. 8 PfandBG[61] weiter klar, dass die Gläubiger dieser Ansprüche aus Derivategeschäften den Pfandbriefgläubigern gleichstehen. Die in die Deckungsregister eingetragenen Derivategeschäfte fallen somit ebenso nicht in die Insolvenzmasse und werden von der Hauptinsolvenz der Pfandbriefbank nicht berührt, sondern im Rahmen des Sachwalterverfahrens vertragsgemäß abgewickelt. Diese Gleichstellung ist die Voraussetzung dafür, dass die Pfandbriefbanken, für eine Deckungsmasse bestimmte Derivategeschäfte abschließen können, die nach der Hauptinsolvenz der Pfandbriefbank im Sachwalterverfahren weiterlaufen[62]. Darüber hinaus ist der besondere Schutz der Gläubiger von in die Deckungsregister eingetragenen Derivategeschäften durch die mit diesen vereinbarten eingeschränkten Aufrechnungsmöglichkeiten gerechtfertigt[63].

Das Vollstreckungs-, Arrest- und Aufrechnungsverbot des § 29 Satz 1 und 2 PfandBG entfaltet auch in der Hauptinsolvenz seine schützende Wirkung zu Gunsten der Deckungsmasse. Darüber hinaus gilt das allgemeine insolvenzrechtliche Einzelzwangsvollstreckungsverbot für Insolvenzgläubiger nach § 89 Abs. 1 InsO auch für

---

58 Vgl. Kern, Die Sicherheit gedeckter Wertpapiere, 2004, S. 156.

59 Die Hypothekar,- Staats-, Schiffs- und Fluzgzeugkredite der Deckungsmasse unterliegen aufgrund ihrer Zugehörigkeit zum Sondervermögen insbesondere nicht den Regelungen der §§ 103 bzw. 108 InsO. Die umstrittene Frage, ob die Insolvenz ein der Insolvenzmasse zugehöriges Darlehen fällig stellt, stellt sich damit im Sachwalterverfahren nicht. Siehe aber diesbezüglich im Rahmen der Sonderinsolvenz unten 4. Teil, 1. Abschnitt, § 15, C., II.

60 Vgl. Gesetzesbegründung zum Dritten Finanzmarktförderungsgesetz 1998, S. 164, abgedruckt bei Stürner, Die Sicherung der Pfandbrief- und Obligationengläubiger vor einer Insolvenz der Hypothekenbank, 1998, S. 164 und zur Thematik auch S. 91; Bellinger/Kerl, HBG, 4. Auflage, 1995, § 35 Rdn. 28.

61 Künftig, d.h. nach Inkrafttreten des neu gefassten SchVG, § 30 Abs. 7 PfandBG. Vgl. Art. 6, Deutsche Bundesregierung, Entwurf eines Gesetzes zur Neuregelung der Rechtsverhältnisse der Schuldverschreibungen aus Gesamtemissionen und zur verbesserten Durchsetzbarkeit von Ansprüchen von Anlegern aus Falschberatung, BT-Drucks. 16/12814 vom 29.4.2009.

62 Vgl. Regierungsentwurf eines Gesetzes zur weiteren Fortentwicklung des Finanzplatzes Deutschland (Viertes Finanzmarkförderungsgesetz), BT-Drucks. 14/8017, vom 18.1.2002, S. 137.

63 Vgl. Hagen, Die Novelle des Hypothekenbankgesetzes: Sicherheit des Pfandbriefs weiter gestärkt, in: VDH, Der Pfandbrief, 2002, S. 37.

die Deckungsmasse[64]. Denn § 89 Abs. 1 InsO verbietet Zwangsvollstreckungen nicht nur bezüglich des zur Insolvenzmasse gehörenden, sondern auch hinsichtlich des „sonstigen", also des insolvenzfreien Vermögens des Schuldners[65]. Die Deckungsmassen sind somit insbesondere auch in der Hauptinsolvenz vor dem Zugriff anderer Gläubiger der Pfandbriefbank im Wege einer parallelen Einzelzwangsvollstreckung sowie einer Hauptinsolvenzaufrechnung geschützt.

Im Ergebnis ist umfassend sichergestellt, dass die Pfandbriefgläubiger hinsichtlich ihrer Kapital- und Zinszahlungen auch nach Eröffnung der Hauptinsolvenz bei gesunder Deckungsmasse zu den in den Anleihebedingungen vereinbarten Zeitpunkten bedient werden können[66]. Die Pfandbriefgläubiger sind damit nicht nur bis zur Hauptinsolvenz in ihren Vermögensinteressen geschützt, sondern erfahren auch darüber hinaus einen Schutz ihrer mit der Pfandbriefanlage verbundenen längerfristigen Dispositionen[67].

2. Insolvenzanfechtung

In der Insolvenz ist grundsätzlich der Anwendungsbereich der Insolvenzanfechtungstatbestände der §§ 129 ff. InsO eröffnet. Diese können insofern eine Gefahr für die Pfandbriefgläubiger darstellen, als sie sonstigen Gläubigern die Möglichkeit bieten, die Indeckungnahme von Vermögenswerten anzugreifen[68]. Allen Insolvenzanfechtungstatbeständen gemeinsam ist gem. § 129 Abs. 1 InsO das Erfordernis der Gläubigerbenachteiligung durch eine Rechtshandlung vor Eröffnung des Insolvenzverfahrens. Eine solche liegt vor, wenn die Befriedigung der Insolvenzgläubiger verkürzt, vereitelt, erschwert oder verzögert wird[69].

Fraglich ist, ob die Indeckungnahme eine Rechtshandlung im Sinne der §§ 129 ff. InsO ist. Der Begriff der Rechtshandlung ist für Zwecke der Insolvenzanfechtung weit auszulegen und beschränkt die anfechtbaren Handlungen nicht etwa auf Rechtsgeschäfte. Unter den insolvenzanfechtungsrechtlichen Begriff der Rechtshandlung fällt vielmehr jedes wissentliche und willentliche Handeln (oder Unterlassen) vor Insolvenzeröffnung, welches eine rechtliche Wirkung auslöst[70]. Hierzu

---

64 Vgl. Stürner, Deutsche öffentliche Pfandbriefe und Deckungswerte aus Darlehen an U.S.-amerikanische öffentliche Körperschaften, 2006, S. 8; Stürner, Die Sicherung der Pfandbrief- und Obligationengläubiger vor einer Insolvenz der Hypothekenbank, 1998, S. 86.
65 Vgl. Gottwald, Insolvenzrechts Handbuch, § 33 Rdn. 12.
66 Vgl. Stöcker, Die HBG-Novelle 2004: Neue Benchmark für insolvenzfeste Pfandbriefe, in: Die Bank, 5/2004, S. 334.
67 Vgl. Kern, Die Sicherheit gedeckter Wertpapiere, 2004, S. 156.
68 Ob die Indeckungnahme eine Rechtshandlung im Sinne der §§ 129 ff. InsO ist, ist fraglich. Die Frage kann jedoch dahinstehen, da eine gesetzliche Überdeckung anfechtungsfest ist und § 30 Abs. 4 Satz 1 PfandBG in Bezug auf eine freiwillige Überdeckung einen speziellen Herausgabeanspruch regelt.
69 Vgl. Begründung zum Regierungsentwurf, BR-Drucks. 1/92, S. 157; Stürner, Die Sicherung der Pfandbrief- und Obligationengläubiger vor einer Insolvenz der Hypothekenbank, 1998, S. 33.
70 Vgl. Mohrbutter/Ringsmeier, Handbuch der Insolvenzverwaltung, 8. Auflage, § 9 Rdn. 22.

gehören Willenserklärungen und Verfügungen ebenso wie geschäftsähnliche Handlungen und Realakte[71]. Nachdem die Indeckungnahme Beschlagnahmewirkung in Bezug auf die eingetragenen Deckungswerte hat, wird man sie trotz ihrer weitgehend ungeklärten Rechtsnatur unzweifelhaft als Rechtshandlung i.S.d. §§ 129 ff. InsO einordnen müssen.

Aufgrund der Rechtspflicht zur Deckung der Pfandbriefe und etwaiger Ansprüch gegen die Deckungsmasse aus Derivategeschäften gem. § 4 Abs. 1 bis 3 PfandBG ist die Indeckungnahme von Vermögenswerten aber jedenfalls hinsichtlich der kongruenten Deckung, der sichernden Überdeckung und des Liquiditätspuffers quasi „gerechtfertigt". Eine Gläubigerbenachteiligung kann insoweit nicht vorliegen, als eine Deckung in dieser Höhe lediglich die Pfandbriefverbindlichkeiten in der gesetzlich vorgeschriebenen Höhe sichert. Zudem ist eine Gläubigerbenachteiligung schon nicht gegeben, wenn den Insolvenzgläubigern der Zugriff auf den Gegenstand der Verfügung ohnehin verwehrt war, z.B. weil ein Absonderungsrecht oder vorrangiges Befriedigungsrecht bestanden hat[72].

Dagegen kann die Indeckungnahme einer freiwilligen Überdeckung eine „ungerechtfertigte" Gläubigerbenachteiligung darstellen, die der Insolvenzverwalter zu Gunsten der Insolvenzmasse nach allgemeinen Grundsätzen jederzeit vom Sachwalter heraus verlangen kann. Heraus verlangen kann der Insolvenzverwalter gem. § 30 Abs. 4 Satz 1 PfandBG aber nur eingetragene Werte, die nicht der treuhänderischen Verwaltung unterliegen (d.h. materiell nicht-deckungszulässige Werte) und zur Deckung der jeweiligen Pfandbriefgattung einschließlich der sichernden Überdeckung offensichtlich nicht notwendig sein werden (d.h. eine exzessive freiwillige Überdeckung). In diesem Zusammenhang sind nunmehr auch Werte zu berücksichtigen, die den Liquiditätspuffer gem. § 4 Abs. 1a PfandBG bilden. Diese sind nach § 4 Abs. 1a Satz 4 PfandBG im Deckungsregister einzutragen und damit Bestandteil der Deckungsmasse bzw. Deckung. Der Insolvenzverwalter hat damit auch in Bezug auf diese Werte nur dann einen Herausgabeanspruch, soweit die eingetragenen Werte für den Liquiditätspuffer offensichtlich nicht notwendig sein werden[73].

Bei dem Herausgabeanspruch des § 30 Abs. 4 Satz 1 PfandBG handelt es sich nach der Gesetzesbegründung um einen Anspruch zum Schutz der sonstigen Gläubiger der Pfandbriefbank[74]. Nach der Gesetzesbegründung ist die Beurteilung dessen, was zur Deckung der Ansprüche der Pfandbriefgläubiger erforderlich ist, erst in

---

71 Vgl. Uhlenbruck, InsO, 12. Auflage, 2003, § 129 Rdn. 62.

72 Vgl. BGH WM 1985, 733, 734 f.; Stürner, Die Sicherung der Pfandbrief- und Obligationengläubiger vor einer Insolvenz der Hypothekenbank, 1998, S. 31.

73 Sollte dies in Frage gestellt werden, würde sich eine entsprechende Klarstellung durch den Gesetzgeber in § 30 Abs. 4 S. 1 PfandBG im Anschluss an die Erwähnung der sichernden Überdeckung anbieten.

74 Vgl. Bundesregierung, Entwurf eines Gesetzes zur Umsetzung der Richtlinie 2002/47/EG vom 6.6.2002 über Finanzsicherheiten und zur Änderung des Hypothekenbankgesetztes und anderer Gesetze, in: BT-Drucks. 15/1853 vom 29.10.2003, S. 20.

der Abwicklung der Deckungsmasse abschließend möglich[75]. Die diesbezügliche Beweis- und Darlegungslast zur Geltendmachung des Herausgabeanspruchs gegenüber dem Sachwalter trägt nach dem Willen des Gesetzgebers der Insolvenzverwalter der Insolvenzmasse[76]. Insofern ist eine freiwillige Überdeckung der Deckungsmasse formell in vollem Umfang, materiell jedoch nur soweit zugeordnet, als es sich bei ihr nicht um eine offensichtliche Überdeckung handelt. Das Tatbestandsmerkmal der Offensichtlichkeit der Überdeckung ist dahingehend auszulegen, dass unter Anwendung einer zukunftsgerichteten Perspektive unter Berücksichtung von historischen Ausfallraten der Deckungswerte aufgrund Bonitäts-, Markt- und Liquiditätsrisiken die freiwillige Überdeckung die künftigen Ausfallraten nicht unangemessen übersteigen darf. Dadurch werden die ungedeckten Gläubiger der Pfandbriefbank nach dem Willen des Gesetzgebers nachhaltig am Kredit-, Zins- und Währungsrisiko der Deckungswerte beteiligt. Dies ist mit den sich aus der Bewertung der künftigen Ausfallraten resultierenden Unsicherheiten und daraus möglicherweise resultierenden Rechtsstreitigkeiten verbunden. Insofern wird u. U. das Ziel die Deckungsmasse von Rechtsstreitigkeiten im Zusammenhang mit der Hauptinsolvenz fernzuhalten, möglicherweise nicht vollständig erreicht werden können.

Ob es sich bei dem Herausgabeanspruch des § 30 Abs. 4 Satz 1 PfandBG um einen speziellen Insolvenzanfechtungstatbestand handelt oder ob daneben die Indeckungnahme einer freiwilligen Überdeckung aufgrund der allgemeinen Insolvenzanfechtungstatbestände gem. §§ 129 ff. InsO angefochten werden kann, hat der Gesetzgeber nicht ausdrücklich klargestellt. Entscheidend ist diese Frage sowieso nur hinsichtlich der Indeckungnahme einer freiwilligen Überdeckung innerhalb der Anfechtungsfristen der §§ 130 ff. InsO, da nur insoweit eine Anspruchskonkurrenz gegeben sein kann, wobei § 30 Abs. 4 Satz 1 PfandBG anders als die allgemeinen Insolvenzanfechtungstatbestände zeitlich nicht durch eine Anfechtungsfrist beschränkt ist. Während der kurzen Anfechtungsfristen der §§ 130, 131, und 132 InsO wird sich die Pfandbriefbank regelmäßig bereits im Vorfeld der Krise befinden und deswegen wohl weder die wirtschaftlichen Möglichkeiten noch ein Interesse daran haben, eine freiwillige Überdeckung zu schaffen oder zu erhöhen. Eher wird die Pfandbriefbank in diesem Zeitraum versuchen, eine etwaig vorhandene freiwillige Überdeckung abzubauen, um dadurch die Krise im allgemeinen Bankvermögen abzuwenden, soweit sie dies gegenüber dem Treuhänder und der BaFin durchsetzen kann. Insofern erscheint die Frage der Anwendbarkeit der §§ 130, 131 und 132 InsO auf die Indeckungnahme einer freiwilligen Überdeckung eher theoretischer Natur.

---

75 Vgl. Bundesregierung, Entwurf eines Gesetzes zur Umsetzung der Richtlinie 2002/47/EG vom 6.6.2002 über Finanzsicherheiten und zur Änderung des Hypothekenbankgesetztes und anderer Gesetze, in: BT-Drucks. 15/1853 vom 29.10.2003, S. 20.

76 Vgl. Bundesregierung, Entwurf eines Gesetzes zur Umsetzung der Richtlinie 2002/47/EG vom 6.6.2002 über Finanzsicherheiten und zur Änderung des Hypothekenbankgesetztes und anderer Gesetze, in: BT-Drucks. 15/1853 vom 29.10.2003, S. 20; Hagen, Zur Novellierung des Hypothekenbankgesetzes, in: I&F 16/2003, S. 52; Stöcker, Die HBG-Novelle 2004: Neue Benchmark für insolvenzfeste Pfandbriefe, in: Die Bank 5/2004, S. 333.

Dagegen liegt zwischen dem Herausgabeanspruch des § 30 Abs. 4 Satz 1 PfandBG und der Insolvenzanfechtung einer vorsätzlichen Benachteiligung gem. § 133 InsO sowie einer unentgeltlichen Leistung gem. § 134 InsO, die bis zu zehn bzw. vier Jahre vor Eröffnung der Hauptinsolvenz vorgenommen worden ist, eine echte Anspruchskonkurrenz vor. Allerdings verlangt § 133 Abs. 1 Satz 1 InsO die Kenntnis der Pfandbriefgläubiger vom Vorsatz des Schuldners, welcher gem. § 133 Abs. 1 Satz 2 InsO vermutet wird, wenn die Pfandbriefgläubiger wussten, dass die Zahlungsunfähigkeit drohte und die Handlung die Gläubiger benachteiligt, was in Bezug auf die Indeckungnahme einer freiwilligen Überdeckung eher weniger der Fall bzw. nur schwer nachweisbar sein dürfte.

Somit bleibt als Anfechtungstatbestand der § 134 InsO aufgrund unentgeltlicher Leistung übrig. Dieser räumt dem Insolvenzverwalter eine zusätzliche Anfechtungsmöglichkeit aus Billigkeitsgründen ein, da freigebige Zuwendungen weniger schutzwürdig sind als ein Erwerb, für den der Empfänger ein ausgleichendes Vermögensopfer zu erbringen hat. Worin das ausgleichende Vermögensopfer allgemein zu sehen ist, das den Zuwendungsempfänger von der erweiterten Anfechtungsmöglichkeit nach § 134 InsO freistellt, ist unklar[77]. Nach gefestigter Rechtsprechung ist eine Zuwendung dann unentgeltlich, wenn ihr nach dem Inhalt des Rechtsgeschäfts keine Leistung gegenüber steht, dem Leistenden also keine entsprechende Gegenleistung zufließen soll[78]. Der Indeckungnahme steht als Vermögensopfer der Pfandbriefgläubiger deren Leistung im Rahmen des Erwerbs der Pfandbriefe gegenüber. Anfechtbar ist insofern gem. § 134 InsO nur die Indeckungnahme von Deckungswerten soweit diese für die Befriedigung der Pfandbriefgläubiger nicht erforderlich sind. Um die Erforderlichkeit zu bestimmen, sind wiederum die Unsicherheiten bei der Bestimmung künftiger Ausfallraten der Deckungswerte zu berücksichtigen, weshalb erhellt, dass es sich bei § 30 Abs. 4 Satz 1 PfandBG um ein lex specialis zu dem allgemeinen Insolvenzanfechtungsanspruch des § 134 InsO handelt. Andernfalls würde der Schutzzweck des § 30 Abs. 4 Satz 1 PfandBG ausgehöhlt.

Auch hinsichtlich der Anfechtbarkeit der Übertragung von Deckungswerten auf einen Dritten, z.B. im Rahmen des Sachwalterverfahrens oder der Übertragung der Deckungsmasse bzw. Teilen hiervon gem. §§ 32 bis 36 PfandBG, ist eine Gläubigerbenachteiligung zu Lasten der Hauptinsolvenzgläubiger nicht gegeben, soweit an den Deckungswerten ein vorrangiges Befriedigungsrecht bestanden hat[79]. Infolgedessen ist die Verfügung über Deckungswerte insolvenzanfechtungsrechtlich unbedenklich, solange sie nur die gesetzliche Deckung, d.h. die bar- und nennwertige Deckung der jeweiligen Pfandbriefgattung einschließlich der sichernden Über-

---

77 Vgl. Kayser, Die Insolvenzanfechtung nach § 134 InsO – Ausweitung der Anfechtbarkeit auf Drittleistungen?, in: WM, 1/2007, S. 1.

78 Vgl. BGHZ 113, 98, 101 = WM 1991, 112; BGHZ 141, 96, 99 f. = WM 1999, 820; BGHZ 162, 276, 279 = WM 2005, 853; BGH WM 2006, 1156, 1157; BGH WM 2006, 1731, 1732; Kayser, Die Insolvenzanfechtung nach § 134 InsO – Ausweitung der Anfechtbarkeit auf Drittleistungen?, in: WM, 1/2007, S. 1, 4.

79 Vgl. BGH WM 1985, 733, 734 f.; Stürner, Die Sicherung der Pfandbrief- und Obligationengläubiger vor einer Insolvenz der Hypothekenbank, 1998, S. 31.

deckung und den Liquiditätspuffer betrifft[80]. Die Verfügung über eine freiwillige Überdeckung unterliegt hingegen grundsätzlich zum Schutz der Pfandbrief- und sonstiger Gläubiger der Pfandbriefbank der Insolvenzanfechtung und ist nur bei einer entgeltlichen Übertragung insolvenzanfechtungsfest, d.h. wenn als Gegenleistung ein angemessenes Entgelt für die freiwillige Überdeckung geleistet wird[81].

3. Verlust des revolvierenden Charakters der Deckungsmasse

Die Hauptinsolvenz der Pfandbriefbank bleibt nicht ohne jede unmittelbare Auswirkung auf die Deckungsmasse der jeweiligen Pfandbriefgattung. Aufgrund ihrer Isolierung vom allgemeinen Bankvermögen mit der Eröffnung der Hauptinsolvenz verliert diese konsequenterweise ihren revolvierenden bzw. dynamischen Charakter. Denn die Hauptinsolvenz der Pfandbriefbank verhindert, dass diese weiter für eine vorschriftsmäßige Deckung sorgen kann. Das Schicksal der Deckungsmasse trennt sich somit mit der Hauptinsolvenz der Pfandbriefbank von dieser. Insofern sind Ausfälle in einer Deckungsmasse und das Kreditrisiko der Deckungswerte während des Sachwalterverfahrens ebenso wie Zins- und Währungsdifferenzen sowie Verbindlichkeiten aus Derivategeschäften ausschließlich von der Deckungsmasse zu tragen. Gegen eine Minderung der Deckungsmasse aufgrund von Ausfällen in den ordentlichen Deckungswerten sind die Pfandbriefgläubiger allerdings weiterhin v.a. durch die Beleihungsgrenze geschützt. Jedoch geht ein etwaiges Zins- und Liquiditätsrisiko aus der Fristentransformation im Pfandbriefgeschäft voll auf die Deckungsmassen über[82]. Allerdings dient die sichernde Überdeckung gem. § 4 Abs. 1 Satz 1 und 2 PfandBG zum einen dazu, die Verwaltungskosten, Vergütung und Auslagen des Sachwalterverfahrens zu decken, und zum anderen soll sie auch Ausfälle und sonstige Belastungen der Deckungsmassen in einem gewissen Umfang kompensieren. Darüber hinaus wird nunmehr ein etwaiges kurzfristiges Liquiditätsrisiko durch die Einführung des Liquiditätspuffers gem. § 4 Abs. 1a PfandBG mit der PfandBG-Novelle 2009 addressiert. Schließlich findet der Verlust des revolvierenden Charakters der Deckungsmasse auch dadurch Berücksichtigung, dass gem. § 30 Abs. 2 Satz 8 PfandBG die Begrenzungen der weiteren Deckungswerte des § 19 Abs. 1 Nr. 2 und 3, des § 20 Abs. 2 Nr. 2 und des § 26 Abs. 1 Nr. 3 und 4 sowie des § 26f Abs. 1 Nr. 3 und 4 PfandBG keine Anwendung finden. Dadurch wird der Tatsache Rechnung getragen, dass es nach der Hauptinsolvenz für den Sachwalter mitunter nur schwer möglich sein wird, freie Mittel der Deckungsmasse in ordent-

---

80 Vgl. Stürner, Die Sicherung der Pfandbrief- und Obligationengläubiger vor einer Insolvenz der Hypothekenbank, 1998, S. 31.

81 Vgl. Stürner, Die Sicherung der Pfandbrief- und Obligationengläubiger vor einer Insolvenz der Hypothekenbank, 1998, S. 32 f.

82 Ein solches Zinsrisiko kann sich daraus ergeben, dass die Einnahmen aus der Rückzahlung von Hypothekar-, Staats-, Schiffs- oder Flugzeugkrediten und weiteren Deckungswerten zur Deckung des Zinsdienstes unter den Pfandbriefen wiederangelegt werden müssen. Im Falle allgemein sinkender Zinsen kann dies zu einer Zinsdifferenz aus den Deckungswerten gegenüber den Zinsansprüchen der Pfandbriefgläubiger führen.

lichen Deckungswerten anzulegen und zum anderen der Sachwalter auf liquide Mittel zur Verwaltung der Deckungsmasse angewiesen ist. Vor diesem Hintergrund erhellt, dass im Sachwalterverfahren das Risiko der Insolvenz der Deckungsmasse zunimmt, weil diese ab diesem Zeitpunkt ohne die Unterstützung des allgemeinen Bankgeschäfts weiterlebt.

B. Das Sachwalterverfahren

Mit dem Dritten Finanzmarktförderungsgesetz 1998 ist die rechtliche Grundlage für das Sondervermögen der Deckungsmasse geschaffen worden. Offen geblieben sind jedoch damals wichtige Fragen zum Verfahren der Abwicklung des Sondervermögens[83]. Zudem wiesen zum damaligen Zeitpunkt die insolvenzrechtlichen Regelungen neuer bzw. reformierter Hypothekenbank- und Pfandbriefgesetze in anderen europäischen Staaten diesbezüglich im Vergleich zum HBG, ÖPG und SchBkG einen höheren Detaillierungsgrad auf[84]. Im Mittelpunkt des Interesses von Pfandbriefgläubigern und Ratingagenturen stand seinerzeit v.a. die Frage nach einer zeitgerechten und vollumfänglichen Tilgungs- und Zinszahlung entsprechend der Anleihebedingungen der Pfandbriefe nach Eröffnung der Hauptinsolvenz[85]. Vor diesem Hintergrund ist im Rahmen der HBG-, ÖPG- und SchBkG-Novelle 2004 das Sachwalterverfahren als Parallelverfahren zur Hauptinsolvenz eingeführt worden[86]. Sinn und Zweck des Sachwalterverfahrens ist die Sicherstellung der geordneten bzw. vollständigen Befriedigung der Pfandbriefgläubiger aus den in die Deckungsregister eingetragenen Werte im Rahmen der gesonderten Abwicklung der Deckungsmassen[87]. Bei der Neuordnung des Pfandbriefrechts sind die entsprechenden Vorschriften inhaltlich identisch in den §§ 30 bis 36 PfandBG übernommen worden[88]. Im Rahmen der PfandBG-Novelle 2009 sind die §§ 30 bis 36 PfandBG teilweise ergänzt worden.

Dem Sachwalter stehen für die gesonderte Abwicklung zwei Möglichkeiten zur Verfügung. Er kann entweder die Deckungsmasse(n) für die fortlaufende Pfandbrief-

---

83 Die offenen Fragen betrafen seinerzeit: (i) die Zuständigkeit für die Verwaltung des Sondervermögens; (ii) die Kostentragung des Sondervermögens; (iii) den Ablauf der Abwicklung des Sondervermögens; und (iv) die Übertragung der Deckungswerte und Pfandbriefverbindlichkeiten auf Dritte. Vgl. Bundesregierung, Entwurf eines Gesetzes zur Umsetzung der Richtlinie 2002/47/EG vom 6.6.2002 über Finanzsicherheiten und zur Änderung des Hypothekenbankgesetzes und anderer Gesetze, in: Deutscher Bundestag, Drucksache 15/1853, vom 29.10.2003, S. 13.

84 Vgl. Stöcker, Die HBG-Novelle 2004: Neue Benchmark für insolvenzfeste Pfandbriefe, in: Die Bank, 5/2004, S. 332.

85 Vgl. Hagen, Zur Novellierung des Hypothekenbankgesetzes, in: I&F 16/2003, S. 52.

86 Vgl. Bundesregierung, Entwurf eines Gesetzes zur Umsetzung der Richtlinie 2002/47/EG vom 6.6.2002 über Finanzsicherheiten und zur Änderung des Hypothekenbankgesetztes und anderer Gesetze, in: BT-Drucks. 15/1853 vom 29.10.2003.

87 Vgl. Bundesregierung, Entwurf eines Gesetzes zur Umsetzung der Richtlinie 2002/47/EG vom 6.6.2002 über Finanzsicherheiten und zur Änderung des Hypothekenbankgesetztes und anderer Gesetze, in: BT-Drucks. 15/1853 vom 29.10.2003, S. 19.

88 Vgl. zu den Vorgängervorschriften: §§ 35 bis 35g HBG, §§ 6 bis 6g ÖPG und §§ 36 bis 36g SchBkG.

gläubigerbefriedigung verwerten (sog. gestreckte Abwicklung), oder die Deckungsmasse(n) ganz oder teilweise auf eine oder mehrere Pfandbriefbanken übertragen. Zusätzlich ist vorgesehen, dass die Deckungsmasse(n) durch den Sachwalter der insolventen Pfandbriefbank treuhänderisch für eine übernahmebereite und entsprechend die Haftung übernehmende Bank gehalten und abgewickelt werden können (sog. erleichternde Treuhänderschaft)[89]. Dabei sollen die Kosten des Sachwalterverfahrens durch die sichernde Überdeckung finanziert werden.

I. Grundlagen des Sachwalterverfahrens

Für die Zuständigkeit zur Verwaltung der Deckungsmasse der jeweiligen Pfandbriefgattung nach Eröffnung der Hauptinsolvenz der Pfandbriefbank erschien es dem Gesetzgeber weder sinnvoll, die Verfügungs- und Vertretungsbefugnis bei den Organen bzw. gesetzlichen Vertretern der Pfandbriefbank zu belassen, noch diese auf den Insolvenzverwalter der Pfandbriefbank übergehen zu lassen. Deswegen hat der Gesetzgeber, um etwaige Interessenkonflikte aus der Hauptinsolvenz und der geordneten Abwicklung der Deckungsmasse beim Insolvenzverwalter von vornherein zu vermeiden, die Rechtsfigur des Sachwalters geschaffen.

1. Bestellung und Person des Sachwalters

Der Sachwalter wird gem. § 30 Abs. 2 Satz 1 PfandBG auf Antrag vom Gericht des Sitzes der Pfandbriefbank ernannt, wenn über das Vermögen einer Pfandbriefbank das Hauptinsolvenzverfahren eröffnet ist. Aufgrund des Trennungsprinzips der Deckungsmassen ist für jede der bis zu vier Deckungsmassen jeweils ein Sachwalter zu bestellen. Das Antragsmonopol liegt gem. § 30 Abs. 2 Satz 1 PfandBG – wie beim Insolvenzverfahren für Kreditinstitute[90] – bei der BaFin.

Die BaFin kann gem. § 30 Abs. 5 S. 1 PfandBG den Antrag auf Ernennung des Sachwalters bereits bei Vorliegen der Voraussetzungen des § 46a KWG, d.h. einer Gefahr für die Erfüllung der Verpflichtungen der Pfandbriefbank gegenüber den Pfandbriefgläubigern, bei Gericht stellen[91]. Für den vorzeitig ernannten Sachwalter gelten die Vorschriften für den nach § 30 Abs. 2 Satz 1 PfandBG ernannten Sachwalter gem. § 30 Abs. 5 Satz 2 PfandBG entsprechend. Auf diese Weise werden die Pfandbriefgläubiger vor einem allgemeinen Veräußerungs- und Zahlungsverbot über das Vermögen der Pfandbriefbank unter § 46a Abs. 1 Satz 1 Nr. 1 KWG geschützt. Des Weiteren soll ermöglicht werden, dass eine Übertragung der Deckungsmasse auf eine andere Pfandbriefbank schon im Vorfeld der Hauptinsolvenz eingeleitet und

89 Vgl. Stürner/Kern, Deutsche öffentliche Pfandbriefe und japanische Deckungswerte, 2006, S. 13.
90 Vgl. § 46b Abs. 1 Satz 4 KWG.
91 Zu den Voraussetzungen der Gefahr im Sinne des §§ 30 Abs. 5 Satz 1 PfandBG in Verbindung mit §§ 46, 46a KWG siehe unten 5. Teil, § 19, C.

dadurch eine Verantwortungslücke zwischen Hauptinsolvenzeröffnung und Sachwalterbestellung vermieden werden kann[92]. Nebeneffekt der Sachwalterbestellung im Vorfeld der Hauptinsolvenz der Pfandbriefbank ist zudem, dass der Sachwalter den Abbau einer freiwilligen Überdeckung aus der Deckungsmasse verhindern kann[93]. Dies allein rechtfertigt allerdings die Bestellung des Sachwalters nicht.

Das Gesetz schreibt gem. § 30 Abs. 2 Satz 1 PfandBG die Ernennung einer oder zweier geeigneter natürlichen Personen als Sachwalter für jede der bis zu vier Deckungsmassen vor. Nach der Gesetzesbegründung soll das sog. Vier-Augen-Prinzip, wonach ein Kreditinstitut mindestens zwei Geschäftsleiter haben muss (§ 33 Abs. 1 Nr. 5 KWG), für die bloße Verwaltung und Abwicklung der Deckungsmasse durch den Sachwalter nicht gelten; gleichwohl kann es im Einzelfall sinnvoll sein, zwei Sachwalter zu bestellen, um so z. B. die jederzeitige Vertretung der Deckungsmasse sicherzustellen[94]. Denkbar ist nach der Gesetzesbegründung die Bestellung jeweils gesonderter Sachwalter für die Deckungsmasse des Hypotheken-, des Öffentlichen-, des Schiffs- und des Flugzeugpfandbriefs[95]. Zur erforderlichen Qualifikation der Person des Sachwalters trifft das Gesetz keine näheren Aussagen. Die zu ernennende Person sollte zur Verwaltung, Abwicklung und Übertragung der Deckungsmasse geeignet sein bzw. die entsprechenden juristischen, betriebswirtschaftlichen und organisatorischen Kenntnisse besitzen. Erforderlich ist hierzu eine individuelle Prüfung im Einzelfall, wobei der fachlichen Qualifikation, der Berufserfahrung und etwaigen Interessenkonflikten wesentliche Bedeutung beizumessen sind.

Der Sachwalter steht gem. § 31 Abs. 1 Satz 1 PfandBG unter der Aufsicht des Gerichts. Das Gericht kann von dem Sachwalter gem. § 31 Abs. 1 Satz 2 PfandBG jederzeit Auskünfte oder einen Bericht über den Sachstand verlangen und ihn gem. § 31 Abs. 1 Satz 3 PfandBG auf Antrag der BaFin abberufen. Die BaFin und der Treuhänder begleiten den gesamten Prozess des Sachwalterverfahrens[96]. Der Sachwalter tritt sowohl gegenüber der BaFin als auch gegenüber dem Treuhänder gem. § 31 Abs. 1 Satz 4 PfandBG in die Pflichten ein, die von der Pfandbriefbank nach dem PfandBG und dem KWG im Zusammenhang mit der Verwaltung der Deckungswerte zu erfül-

---

92 Vgl. Bundesregierung, Entwurf eines Gesetzes zur Umsetzung der Richtlinie 2002/47/EG vom 6.6.2002 über Finanzsicherheiten und zur Änderung des Hypothekenbankgesetztes und anderer Gesetze, in: BT-Drucks. 15/1853 vom 29.10.2003, S. 13 und 20.

93 Vgl. Hagen, Zur Novellierung des Hypothekenbankgesetzes, in: I&F, 16/2003, S. 52. Zum Abbau der freiwilligen Überdeckung: 4. Teil, 1. Abschnitt, § 15, A., I.

94 Vgl. Bundesregierung, Entwurf eines Gesetzes zur Umsetzung der Richtlinie 2002/47/EG vom 6.6.2002 über Finanzsicherheiten und zur Änderung des Hypothekenbankgesetztes und anderer Gesetze, in: BT-Drucks. 15/1853 vom 29.10.2003, S. 19.

95 Vgl. Bundesregierung, Entwurf eines Gesetzes zur Umsetzung der Richtlinie 2002/47/EG vom 6.6.2002 über Finanzsicherheiten und zur Änderung des Hypothekenbankgesetztes und anderer Gesetze, in: BT-Drucks. 15/1853 vom 29.10.2003, S. 19.

96 Vgl. Bundesregierung, Entwurf eines Gesetzes zur Umsetzung der Richtlinie 2002/47/EG vom 6.6.2002 über Finanzsicherheiten und zur Änderung des Hypothekenbankgesetztes und anderer Gesetze, in: BT-Drucks. 15/1853 vom 29.10.2003, S. 13.

len sind[97]. Damit ist auch klargestellt, dass der Treuhänder seine Befugnisse bezüglich der Deckungsmasse im Sachwalterverfahren weiter ausübt[98].

Der Sachwalter erhält gem. § 31 Abs. 2 Satz 1 PfandBG vom Gericht eine Urkunde über seine Ernennung, mit der er sich im Rechtsverkehr ausweisen kann. Diese hat er bei Beendigung seines Amtes zurückzugeben. Das Gericht hat gem. § 31 Abs. 2 Satz 2 PfandBG die Ernennung und Abberufung des Sachwalters unverzüglich im Bundesanzeiger bekannt zu machen, um eine zügige Information des Rechtsverkehrs sicherzustellen[99]. Daneben hat das Gericht dem zuständigen Registergericht die Ernennung und Abberufung mitzuteilen, welches darüber gem. § 31 Abs. 2 Satz 3 PfandBG von Amts wegen eine Eintragung in das Handelsregister vornimmt. Eine Bekanntmachung der Handelsregistereintragung ist gem. § 31 Abs. 2 Satz 3 PfandBG infolge der Bekanntmachung durch das Gericht im Bundesanzeiger nicht mehr erforderlich. Für die Anwendung des § 15 HGB besteht deswegen kein Raum, was in § 31 Abs. 2 Satz 4 PfandBG klargestellt wird.

Sachwalter und Insolvenzverwalter haben einander gem. § 31 Abs. 7 PfandBG alle Informationen mitzuteilen, die für die Ausübung ihres Amts von Bedeutung sein können.

Der Sachwalter ist insgesamt eine Rechtsfigur sui generis, die noch am ehesten vergleichbar ist mit dem Liquidator einer Gesellschaft, wobei er, aufgrund seiner vollen Verfügungs- und Verwaltungsbefugnis über die Deckungsmasse, eine ähnlich starke Stellung wie ein Insolvenzverwalter innehat[100].

2. Aufgaben, Befugnisse und Pflichten des Sachwalters

Das Sachwalterverfahren ist ein speziell zur Abwicklung der Deckungsmasse im Interesse der vollständigen Befriedigung der Pfandbriefgläubiger geschaffenes Parallelverfahren zum Hauptinsolvenzverfahren. Der Sachwalter vertritt die Interessen der Pfandbriefgläubiger gegenüber dem Insolvenzverwalter der Pfandbriefbank[101]. Die Aufgaben, Befugnisse und Pflichten des Sachwalters sind insoweit

---

97 Diese ausdrückliche Regelung ist erforderlich, weil der Sachwalter nicht Geschäftsleiter der Pfandbriefbank, sondern nur Verwalter der Deckungsmasse ist. Vgl. Bundesregierung, Entwurf eines Gesetzes zur Umsetzung der Richtlinie 2002/47/EG vom 6.6.2002 über Finanzsicherheiten und zur Änderung des Hypothekenbankgesetztes und anderer Gesetze, in: BT-Drucks. 15/1853 vom 29.10.2003, S. 21.

98 Vgl. Bundesregierung, Entwurf eines Gesetzes zur Umsetzung der Richtlinie 2002/47/EG vom 6.6.2002 über Finanzsicherheiten und zur Änderung des Hypothekenbankgesetztes und anderer Gesetze, in: BT-Drucks. 15/1853 vom 29.10.2003, S. 13.

99 Vgl. Bundesregierung, Entwurf eines Gesetzes zur Umsetzung der Richtlinie 2002/47/EG vom 6.6.2002 über Finanzsicherheiten und zur Änderung des Hypothekenbankgesetztes und anderer Gesetze, in: BT-Drucks. 15/1853 vom 29.10.2003, S. 21.

100 Vgl. Bundesregierung, Entwurf eines Gesetzes zur Umsetzung der Richtlinie 2002/47/EG vom 6.6.2002 über Finanzsicherheiten und zur Änderung des Hypothekenbankgesetztes und anderer Gesetze, in: BT-Drucks. 15/1853 vom 29.10.2003, S. 19.

101 Vgl. Bundesregierung, Entwurf eines Gesetzes zur Umsetzung der Richtlinie 2002/47/EG vom 6.6.2002 über Finanzsicherheiten und zur Änderung des Hypothekenbankgesetztes und anderer Gesetze, in: BT-Drucks. 15/1853 vom 29.10.2003, S. 13.

durch den Zweck des Verfahrens – der ordnungsgemäßen Bedienung der Pfandbriefverbindlichkeiten – und die Interessen der Insolvenzgläubiger der Pfandbriefbank bestimmt.

a) *Allgemeine Aufgaben und Befugnisse des Sachwalters*

Aufgabe des Sachwalters ist es, die Deckungsmasse abzuwickeln und die vollständige Befriedigung der Pfandbriefgläubiger sicherzustellen[102]. Dazu darf er gem. § 30 Abs. 2 Satz 5 PfandBG mit Wirkung für die Deckungsmasse Rechtsgeschäfte tätigen, soweit dies für die geordnete Abwicklung der Deckungsmasse im Interesse der vollständigen Befriedigung der Pfandbriefgläubiger erforderlich ist. Insoweit vertritt der Sachwalter die Pfandbriefbank gem. § 30 Abs. 2 Satz 6 PfandBG gerichtlich und außergerichtlich[103]. Als Beispiele zulässiger Rechtsgeschäfte nennt die Gesetzesbegründung[104]: Rechtsgeschäfte, die dazu dienen, bei Fälligkeit eines Pfandbriefs die erforderlichen liquiden Mittel zu beschaffen; die Anpassung der Konditionen von Krediten; sowie im Einzelfall zur Absicherung der Deckungsmasse erforderliche derivative Geschäfte. Nicht gestattet ist dem Sachwalter allerdings die Ausgabe neuer Pfandbriefe oder die Gewährung neuer Hypothekar-, Staats-, Schiffs- bzw. Flugzeugkredite[105]. Durch die PfandBG-Novelle 2009 ist die Befugnis des Sachwalters zur Beschaffung liquider Mittel zur zeitgerechten Bedienung der ausstehenden Pfandbriefe nunmehr ausdrücklich in § 30 Abs. 2 Satz 5 Halbs. 2 PfandBG aufgenommen worden. Die entsprechende Befugnis umfasst insbesondere auch eine Refinanzierung des Sondervermögens bei der Bundesbank[106].

Da im Fall einer Insolvenz der Pfandbriefbank der Liquiditätsbedarf u.a. durch den Verkauf von einzelnen Deckungswerten aus der Deckungsmasse gedeckt werden kann, ist dem Sachwalter ferner durch die PfandBG-Novelle 2009 in § 30 Abs. 2 Satz 7 PfandBG die Möglichkeit eingeräumt worden, ein neues Refinanzierungsregister im Sinne der §§ 22a bis 22o KWG einzurichten und ein bereits bestehendes

---

102 Vgl. Bundesregierung, Entwurf eines Gesetzes zur Umsetzung der Richtlinie 2002/47/EG vom 6.6.2002 über Finanzsicherheiten und zur Änderung des Hypothekenbankgesetztes und anderer Gesetze, in: BT-Drucks. 15/1853 vom 29.10.2003, S. 13, 19.

103 Der Sachwalter kann somit nur die Deckungsmasse verpflichten, wobei innerhalb einer Deckungsmasse alle – d.h. auch durch den Sachwalter begründete – Verbindlichkeiten gleichrangig sind.

104 Vgl. Bundesregierung, Entwurf eines Gesetzes zur Umsetzung der Richtlinie 2002/47/EG vom 6.6.2002 über Finanzsicherheiten und zur Änderung des Hypothekenbankgesetztes und anderer Gesetze, in: BT-Drucks. 15/1853 vom 29.10.2003, S. 19.

105 Vgl. Hagen, Zur Novellierung des Hypothekenbankgesetzes, in: I&F, 16/2003, S. 52. Unklar ist insoweit auch die Zulässigkeit der Prolongation eines fälligen Hypothekar-, Staats oder Schiffskredits durch den Sachwalter. In der Praxis dürfte sich diese Frage allerdings nicht stellen, da der Sachwalter eine Prolongation nur zu Bedingungen anbieten können wird, die schlechter sein müssten als die anderer Hypothekarkreditgeber, da er wohl eher nicht auf eine günstige Refinanzierung zurückgreifen können wird.

106 Da in den Regularien für die Zentralbankfinanzierung der Sachwalter nicht ausdrücklich für Refinanzierungsgeschäfte mit der Bundesbank genannt ist, war die Klarstellung insbesondere für die Zentralbankrefinanzierung an dieser Stelle erforderlich.

Refinanzierungsregister der Pfandbriefbank für das Sondervermögen zu führen[107]. Dadurch wird der Verkauf einzelner Deckungswerte erleichtert. Es darf allerdings keinesfalls zu einer Duplizierung eines schon vorhandenen Refinanzierungsregisters kommen[108].

Gehen aus laufenden Darlehensverträgen höhere Zahlungen ein, als der Sachwalter zur Befriedigung der Pfandbriefgläubiger benötigt und muss er diese nicht gem. § 30 Abs. 3 Satz 3 PfandBG an den Insolvenzverwalter abführen, so hat er die Möglichkeit, diese in weiteren Deckungswerten anzulegen, um im Interesse der Pfandbriefgläubiger Zinsen zu erwirtschaften[109]. Dafür stellt § 30 Abs. 2 Satz 8 klar, dass die Grenzen der §§ 19 Abs. 1 Nr. 2 und 3, 20 Abs. 2 Nr. 2 und 26 Abs. 1 Nr. 3 und 4 sowie 26f Abs. 1 Nr. 3 und 4 PfandBG nicht zur Anwendung kommen.

Der Sachwalter ist gem. § 31 Abs. 8 Satz 1 PfandBG berechtigt, zur Erfüllung seiner Aufgaben auf die personellen und sachlichen Mittel der Pfandbriefbank zurückzugreifen. Die dabei tatsächlich anfallenden Kosten hat er der Insolvenzmasse gem. § 31 Abs. 8 Satz 2 PfandBG zu erstatten.

Schließlich darf der Sachwalter personenbezogene Daten gem. § 31 Abs. 9 Satz 1 PfandBG erheben und verwenden, soweit dies zur Erfüllung seiner Aufgaben erforderlich ist. Nach § 31 Absatz 9 Satz 2 PfandBG steht § 203 StGB einer Übertragung von Informationen, die zur Erfüllung seiner Aufgaben erforderlich ist, nicht entgegen.

b) Übergang der Verwaltungs- und Verfügungsbefugnis sowie Verteilung eingehender Zahlungen

Mit der Ernennung zum Sachwalter geht gem. § 30 Abs. 2 Satz 2 PfandBG das Recht, die eingetragenen Werte der Deckungsmasse einschließlich der Werte i.S.d. § 30 Abs. 3 PfandBG zu verwalten und über sie zu verfügen, auf den Sachwalter über. Als notwendige Folge hieraus regelt § 30 Abs. 2 Satz 3 PfandBG in Anlehnung an § 81 Abs. 1 Satz 1 und 2 InsO die absolute Unwirksamkeit von Verfügungen der Pfandbriefbank nach Ernennung des Sachwalters. Dieses Verfügungsverbot gilt absolut, d.h. gegenüber jedermann[110]. Hat die Pfandbriefbank am Tag der Ernennung des Sachwalters über einen Deckungswert verfügt, so wird gem. § 30 Abs. 2 Satz 4 PfandBG vermutet, dass die Verfügung nach der Ernennung erfolgt ist. Ausgenommen sind allerdings Verfügungen über unbewegliches Vermögen, die zu einem gut-

---

107 Hierfür hat bisher die rechtliche Grundlage gefehlt. Vgl. Bundesregierung, Entwurf eines Gesetzes zur Fortentwicklung des Pfandbriefrechts, Deutscher Bundestag, Drucks. 16/11130 vom 1.12.2008, S. 41.

108 Vgl. Bundesregierung, Entwurf eines Gesetzes zur Fortentwicklung des Pfandbriefrechts, Deutscher Bundestag, Drucks. 16/11130 vom 1.12.2008, S. 42.

109 Vgl. Bundesregierung, Gesetzentwurf zur Neuordnung des Pfandbriefrechts, Drucks. 15/4321 vom 29.11.2004, Begründung, S. 19.

110 Vgl. Bundesregierung, Gesetzentwurf zur Neuordnung des Pfandbriefrechts, Drucks. 15/4321 vom 29.11.2004, Begründung, S. 20.

gläubigen Erwerb nach den §§ 892, 893 BGB bzw. §§ 16 und 17 des Gesetzes über Rechte an Luftfahrzeugen führen können, allerdings relativiert durch die Regelung des § 31 Abs. 3 PfandBG, so dass ein gutgläubiger Erwerb nach Eintragung des Sachwaltervermerks im Grundbuch ausgeschlossen ist.

Die im Deckungsregister eingetragenen Werte unterliegen gem. § 30 Abs. 3 Satz 1 PfandBG auch insoweit der Verwaltungs- und Verfügungsbefugnis des Sachwalters, als sie nicht zur Deckung der Pfandbriefe der Pfandbriefbank bestimmt sind. Nicht zur Deckung bestimmt sind gem. § 5 Abs. 1a Satz 1 Halbs. 1, Satz 2, 4 und 5 PfandBG diejenigen Forderungs- und Hypothekenteile, die über die Beleihungsgrenzen hinaus gehen bzw. eingetragene Werte, die ganz oder teilweise von der Pfandbriefbank als Treuhänder verwaltet werden (z.B. im Rahmen von Konsortialfinanzierungen)[111]. Übertragungsansprüche können insoweit Treugeber haben, deren Werte zwar mit eingetragen, aber im Deckungsregister als Treuhandwerte bezeichnet sind; dabei kann es sich um Treuhandwerte des Refinanzierungsregisters nach §§ 22a ff. KWG oder um klassische Treuhandwerte handeln, die unmittelbar dem Vermögen des Treugebers entstammen[112]. Die Übertragungsansprüche treffen die insoweit solvente Pfandbriefbank, vertreten durch den Sachwalter als Schuldnerin. Übertragungsansprüche hat aber auch die durch den Insolvenzverwalter der Pfandbriefbank repräsentierte Insolvenzmasse; diese Ansprüche betreffen z.B. die nicht deckungsfähigen, d.h. die Beleihungsgrenzen übersteigende, Hypothekendarlehen und andere nicht zur Deckung bestimmte Werte[113].

Der Sachwalter zieht gem. § 30 Abs. 3 Satz 2 PfandBG die Forderungen der Deckungsmasse entsprechend ihrer Fälligkeit ein und verwertet die Hypotheken bei Verwertungsreife. Nach Abzug angemessener Verwaltungskosten führt er an die Gläubiger treuhänderisch gehaltener Werte im Sinne des § 5 Abs. 1a Satz 4 und 5 PfandBG und im Übrigen (z.B. im Fall einer einheitlichen Beleihung über die Beleihungsgrenze hinaus, vgl. § 5 Abs. 1a Satz 2 PfandBG) an die Insolvenzmasse gem. § 30 Abs. 3 Satz 3 PfandBG den Anteil ab, der bei getrennten Darlehensverträgen und geteilter Hypothek auf die Anteile unter Berücksichtigung ihres Ranges entfallen würde. Die vormals vorrangige Befriedigung der Pfandbriefgläubiger im Falle einer einheitlichen Beleihung über die Beleihungsgrenze hinaus wurde im Rahmen der PfandBG-Novelle 2009 zu Recht aufgegeben[114]. Die Treugeber und der Insolvenzverwalter können gem. § 30 Abs. 3 Satz 4 Halbs. 1 PfandBG jeweils rangwahrende Teilung von Forderungen oder Hypotheken verlangen. Die Kosten tragen insoweit die Treugeber oder soweit der Insolvenzverwalter Teilung verlangt gem. § 30 Abs. 3 Satz 4 Halbs. 2 PfandBG die Insolvenzmasse.

---

111 Die Verweisung des § 30 Abs. 3 Satz 1 PfandBG auf § 5 Abs. 2 PfandBG ist ein Redaktionsversehen. Vielmehr sind die nicht zur Deckung bestimmten Werte in § 5 Abs. 1a PfandBG geregelt.

112 Vgl. Bundesregierung, Entwurf eines Gesetzes zur Fortentwicklung des Pfandbriefrechts, Deutscher Bundestag, Drucks. 16/11130 vom 1.12.2008, S. 30.

113 Vgl. Bundesregierung, Entwurf eines Gesetzes zur Fortentwicklung des Pfandbriefrechts, Deutscher Bundestag, Drucks. 16/11130 vom 1.12.2008, S. 30.

114 Vgl. zur Vorgängerregelung § 30 Abs. 3 Satz 4 Halbs. 1 PfandBG a.F., wonach die Forderungen der Deckungsmasse noch vorrangig zu tilgen waren, als sie durch deckungsfähige Hypotheken gesichert sind, soweit die tatsächlich geleistete Zahlung nicht ausreicht.

Um einen gutgläubigen Erwerb von Grundstücken zu Lasten der Insolvenzmasse zu verhindern, ist gem. § 32 InsO die Eröffnung des Insolvenzverfahrens im Grundbuch bei Grundstücken, als deren Eigentümer der Schuldner eingetragen ist, sowie bei den für den Schuldner eingetragenen Rechten an Grundstücken und an eingetragenen Rechten, einzutragen (sog. Insolvenzvermerk). Nachdem die im Deckungsregister eingetragenen Werte gem. § 30 Abs. 1 Satz 1 PfandBG nicht in die Insolvenzmasse fallen, findet § 32 InsO hier keine Anwendung. Um in Anlehnung an die Regelung des § 32 InsO einen gutgläubigen Erwerb an Grundstücken gem. § 30 Abs. 2 Satz 3 Halbs. 2 PfandBG zu Lasten der Deckungsmasse zu verhindern, ist gem. § 31 Abs. 3 Satz 1 PfandBG die Bestellung des Sachwalters bei den im Deckungsregister eingetragenen Hypotheken in das Grundbuch einzutragen, wenn nach Art des Rechts und nach den Umständen zu befürchten ist, dass ohne die Eintragung die Pfandbriefgläubiger benachteiligt würden (sog. Sachwaltervermerk)[115]. Dies ist – wie im Insolvenzverfahren – regelmäßig zu befürchten, wenn ein gutgläubiger Erwerb gem. §§ 892, 893 BGB allgemein möglich ist[116]. Nach der Gesetzesbegründung zur HBG-Novelle 2004 ist wegen des Normzwecks jede der Deckungsmasse ungünstige Auslegung zu vermeiden[117]. Die Eintragung hat der Sachwalter gem. § 31 Abs. 3 Satz 2 PfandBG beim zuständigen Grundbuchamt nach seiner Bestellung zu beantragen[118]. Werden Grundstücke oder Rechte, bei denen die Bestellung des Sachwalters eingetragen worden ist, im Hypothekenregister gelöscht, so hat der Sachwalter gem. § 31 Abs. 3 Satz 3 PfandBG beim Grundbuchamt die Löschung der Eintragung zu beantragen. Seine Verfügungsberechtigung weist er gegenüber dem Grundbuchamt durch Vorlage seiner Ernennungsurkunde nach.

c) *Buchführungspflichten*

Die Buchführungspflichten des Sachwalters gem. § 31 Abs. 5 PfandBG sind denen des Abwicklers einer Aktiengesellschaft nach § 270 AktG nachgebildet[119]. Der Sachwalter hat gem. § 31 Abs. 5 Satz 1 PfandBG zu Beginn seiner Tätigkeit für jede Deckungsmasse eine Eröffnungsbilanz und einen erläuternden Bericht sowie für den Schluss eines jeden Jahres einen Jahresabschluss und einen Lagebericht zu erstellen. Der Jahresabschluss ist gem. § 31 Abs. 5 Satz 2 PfandBG von einem

---

115 Vgl. Bundesregierung, Entwurf eines Gesetzes zur Umsetzung der Richtlinie 2002/47/EG vom 6.6.2002 über Finanzsicherheiten und zur Änderung des Hypothekenbankgesetztes und anderer Gesetze, in: BT-Drucks. 15/1853 vom 29.10.2003, S. 21.

116 Vgl. Bundesregierung, Entwurf eines Gesetzes zur Umsetzung der Richtlinie 2002/47/EG vom 6.6.2002 über Finanzsicherheiten und zur Änderung des Hypothekenbankgesetztes und anderer Gesetze, in: BT-Drucks. 15/1853 vom 29.10.2003, S. 21.

117 Vgl. Bundesregierung, Entwurf eines Gesetzes zur Umsetzung der Richtlinie 2002/47/EG vom 6.6.2002 über Finanzsicherheiten und zur Änderung des Hypothekenbankgesetztes und anderer Gesetze, in: BT-Drucks. 15/1853 vom 29.10.2003, S. 21.

118 Werden Rechte, bei denen die Bestellung des Sachwalters eingetragen worden ist, im Deckungsregister gelöscht, so hat der Sachwalter gem. § 31 Abs. 3 Satz 3 PfandBG beim Grundbuchamt die Löschung der Eintragung seiner Ernennung zu beantragen.

119 Vgl. Bundesregierung, Entwurf eines Gesetzes zur Umsetzung der Richtlinie 2002/47/EG vom 6.6.2002 über Finanzsicherheiten und zur Änderung des Hypothekenbankgesetztes und anderer Gesetze, in: BT-Drucks. 15/1853 vom 29.10.2003, S. 21.

Abschlussprüfer zu prüfen, der von der BaFin zu bestellen ist. Die BaFin kann gem. § 31 Abs. 5 Satz 3 PfandBG auch Sonderprüfungen anordnen. Die der BaFin dadurch entstehenden Kosten sind gem. § 31 Abs. 5 Satz 4 PfandBG anteilig aus den in den Deckungsregistern eingetragenen Werten zu tragen.

3. Haftung des Sachwalters und Kosten des Sachwalterverfahrens

Die Sorgfaltspflichten des Sachwalters orientieren sich am üblichen Maßstab eines ordentlichen Geschäftsleiters[120]. Zur Erfüllung seiner Aufgabe hat der Sachwalter gem. § 31 Abs. 6 Satz 1 PfandBG bei seiner Geschäftsführung die Sorgfalt eines ordentlichen und gewissenhaften Geschäftsleiters anzuwenden.

Für die Haftung des Sachwalters ist zu unterscheiden zwischen seiner Haftung gegenüber der Pfandbriefbank und der Haftung gegenüber den Pfandbriefgläubigern. Der Sachwalter ist bei Pflichtverletzungen gegenüber der Pfandbriefbank gem. § 31 Abs. 6 Satz 2 PfandBG zum Schadensersatz verpflichtet[121]. Der Schadensersatz fließt – je nachdem, wo die Schädigung eingetreten ist – in das Sondervermögen der Deckungsmasse oder die Insolvenzmasse. Bei fahrlässigem Handeln ist die Ersatzpflicht des Sachwalters neuerdings gem. §§ 31 Abs. 6 Satz 3 PfandBG i.V.m. § 36 Abs. 1a Satz 6 KWG auf EUR 1 Mio. beschränkt. Wird der Sachwalter für eine Pfandbriefbank in der Rechtsform einer Aktiengesellschaft tätig, deren Aktien zum Handel im regulierten Markt zugelassen sind, ist die Ersatzpflicht gem. §§ 31 Abs. 6 Satz 3 PfandBG i.V.m. § 36 Abs. 1a Satz 7 KWG auf EUR 4 Mio. beschränkt.

Da die Pfandbriefgläubiger auch außerhalb der Insolvenz der Pfandbriefbank keinen Schadensersatzanspruch bei etwaiger Verletzung der aufsichtsrechtlichen Deckungsvorschriften haben, hat der Gesetzgeber die Einräumung eines direkten Schadensersatzanspruches der Pfandbriefgläubiger gegenüber dem Sachwalter nicht für erforderlich gehalten[122].

Der Sachwalter hat gem. § 31 Abs. 4 Satz 1 PfandBG Anspruch auf Vergütung seiner Tätigkeit und auf Ersatz angemessener Auslagen. Die Kosten der Verwaltung durch den Sachwalter einschließlich seiner Vergütung und der Erstattung seiner Auslagen sind gem. § 31 Abs. 4 Satz 2 anteilig aus den im Deckungsregister eingetragenen Werten zu tragen, wobei das Verhältnis des Nennwerts einer Deckungsmasse zum

120 Angelehnt an § 268 Abs. 2 Satz 1 i.V.m. § 93 Abs. 1 Satz 1 AktG. Vgl. Bundesregierung, Entwurf eines Gesetzes zur Umsetzung der Richtlinie 2002/47/EG vom 6.6.2002 über Finanzsicherheiten und zur Änderung des Hypothekenbankgesetztes und anderer Gesetze, in: BT-Drucks. 15/1853 vom 29.10.2003, S. 21.

121 Angelehnt an § 268 Abs. 2 Satz 1 i.V.m. § 93 Abs. 2 Satz 1 AktG. Vgl. Bundesregierung, Entwurf eines Gesetzes zur Umsetzung der Richtlinie 2002/47/EG vom 6.6.2002 über Finanzsicherheiten und zur Änderung des Hypothekenbankgesetztes und anderer Gesetze, in: BT-Drucks. 15/1853 vom 29.10.2003, S. 21.

122 Vgl. Bundesregierung, Entwurf eines Gesetzes zur Umsetzung der Richtlinie 2002/47/EG vom 6.6.2002 über Finanzsicherheiten und zur Änderung des Hypothekenbankgesetztes und anderer Gesetze, in: BT-Drucks. 15/1853 vom 29.10.2003, S. 21.

Nennwert der Summe aller Deckungsmassen der Pfandbriefbank maßgeblich ist[123]. Die Tragung der Kosten der Verwaltung der Deckungsmasse sollte bereits aus den Margen der Deckungswerte möglich sein[124]. Ferner dient die sichernde Überdeckung gem. § 4 Abs. 1 Satz 1 und 2 PfandBG u.a. dazu, die Kosten der Verwaltung der Deckungsmasse im Falle der Insolvenz einer Pfandbriefbank abzudecken. Dies gilt in erster Linie für die Vergütung des Sachwalters. Die Vergütung und die Auslagen des Sachwalters werden gem. § 31 Abs. 4 Satz 3 PfandBG auf Antrag des Sachwalters vom Gericht des Sitzes der Pfandbriefbank festgesetzt.

II. Die Verwertung der Deckungsmasse im Sachwalterverfahren

Das Gesetz stellt dem Sachwalter grundsätzlich zwei Möglichkeiten zur Verwaltung bzw. Abwicklung des gesunden Sondervermögens einer Deckungsmasse zur Verfügung: Erstens, die gestreckte Abwicklung, d.h. die Verwaltung durch Einziehung der Deckungswerte zur fortlaufenden Befriedigung der Pfandbriefgläubiger durch den Sachwalter. Zweitens, die vollständige oder teilweise Übertragung der Deckungsmasse auf eine andere Pfandbriefbank (sog. Übertragungslösung) entweder durch (Teil)Vermögensübertragung oder durch treuhänderische Verwaltung für eine andere Pfandbriefbank.

In vielen Fällen kann es wirtschaftlich sinnvoll sein, die Deckungsmasse nicht vom Sachwalter auf dem Wege der gestreckten Verwertung abwickeln zu lassen, sondern die Werte auf eine andere Pfandbriefbank zu übertragen[125]. Dies hat für die Pfandbriefgläubiger den Vorteil, dass die Deckungsmasse durch die Übertragung wieder ihren revolvierenden bzw. dynamischen Charakter erlangt, da die übernehmende bzw. die treugebende Pfandbriefbank gem. § 4 Abs. 1 bis 3 PfandBG zur Deckung der Pfandbriefe und etwaiger Ansprüche gegen die Deckungsmasse aus Derivategeschäften verpflichtet ist[126]. Zu diesem Zweck wurde mit den §§ 32 bis 34 PfandBG die Möglichkeit geschaffen, die im Deckungsregister eingetragenen Werte einschließlich der Werte i.S.d. § 30 Abs. 3 PfandBG zusammen mit den zu deckenden Pfandbriefverbindlichkeiten als Gesamtheit im Wege einer Teilvermögensübertragung auf eine oder mehrere andere Pfandbriefbanken zu übertragen. Um eine rasche Absicherung der Interessen der Pfandbriefgläubiger durch eine andere Pfandbriefbank zu realisieren, können ferner die eingetragenen Deckungswerte gem. § 35 PfandBG durch den Sachwalter treuhänderisch für eine übernahmebereite Pfandbriefbank verwaltet werden.

---

123 Hierzu dient u.a. die sichernde Überdeckung gem. § 4 Abs. 1 Satz 1 und 2 PfandBG.

124 Vgl. Hagen, Zur Novellierung des Hypothekenbankgesetzes, in: I&F, 16/2003, S. 52.

125 Vgl. Bundesregierung, Entwurf eines Gesetzes zur Umsetzung der Richtlinie 2002/47/EG vom 6.6.2002 über Finanzsicherheiten und zur Änderung des Hypothekenbankgesetztes und anderer Gesetze, in: BT-Drucks. 15/1853 vom 29.10.2003, S. 13.

126 Vgl. Seitz/Maier/Burmeister, Fallstudie: Sicherungsmechanismus für Pfandbriefgläubiger und Möglichkeiten des Einschreitens der Aufsichtsbehörde im Fall einer (drohenden) Insolvenz der Pfandbriefbank, in: VÖB, Deutscher Pfandbrief 2006 – Aktuelle Entwicklungen und internationaler Vergleich, 2006, S. 72.

Das Gesetz sieht keine bestimmte Art oder Reihenfolge für die Anwendung der Verwertungsalternativen vor, sondern stellt die Auswahl in das Ermessen des Sachwalters. Die Verwertungsalternativen können jeweils einzeln, in Kombination, oder auch zeitlich nacheinander angewendet werden, um die jeweils herrschenden Marktbedingungen voll auszuschöpfen. Dies wir durch § 36 PfandBG ausdrücklich klargestellt, der die teilweise Übertragung bzw. treuhänderische Verwaltung lediglich davon abhängig macht, dass der bei der insolventen Pfandbriefbank verbleibende Teil der jeweiligen Deckungsmasse den Vorschriften über die Pfandbriefdeckung genügen muss. In der Regel wird der Sachwalter zunächst die Deckungswerte verwalten, bevor er die Deckungswerte vorübergehend treuhänderisch für ein anderes Institut hält, bis die endgültige Übertragung auf eine andere Pfandbriefbank erfolgt.

1. Die gestreckte Abwicklung der Deckungsmasse

Bei der zeitlich gestreckten Abwicklung handelt es sich um den gesetzlichen Regelfall der Abwicklung der Deckungsmasse[127]. Dabei zieht der Sachwalter gem. § 30 Abs. 3 Satz 2 PfandBG die Kapital- und Zinsforderungen der Deckungswerte entsprechend ihrer vertragsmäßigen Fälligkeit unter Beachtung der allgemeinen Vorschriften des Sachwalterverfahrens ein. Die Pfandbriefgläubiger werden bei der gestreckten Abwicklung aus den Einziehungserlösen durch den Sachwalter entsprechend der Anleihebedingungen der Pfandbriefe befriedigt. Gehen aus der Einziehung der Deckungswerte höhere Zahlungen ein, als der Sachwalter zur Befriedigung der Pfandbriefe benötigt, hat der Sachwalter diese Mittel in weiteren Deckungswerten anzulegen und im Interesse der Pfandbriefgläubiger Zinsen zu erwirtschaften[128]. Nur eingetragene Werte, die nicht der treuhänderischen Verwaltung unterliegen (d.h. nicht deckungsstockzulässige Werte) sowie eine offensichtliche Überdeckung (jedoch nicht die sichernde Überdeckung und den Liquiditätspuffer) muss der Sachwalter gem. § 30 Abs. 4 Satz 1 PfandBG an den Insolvenzverwalter auf dessen Verlangen hin an die Insolvenzmasse der Pfandbriefbank herausgeben[129]. Die Verwaltung der Deckungswerte läuft solange, bis sämtliche Ansprüche der Pfandbriefgläubiger und Derivategeschäftspartner der Deckungsmasse entsprechend ihrer in den Anleihebedingungen vereinbarten Laufzeit befriedigt sind. Einen etwaigen Überschuss aus den Einziehungserlösen hat der Sachwalter nach Befriedigung aller Pfandbriefgläubiger gem. § 30 Abs. 4 Satz 2 PfandBG an die Insolvenzmasse abzuführen. Genügen die Deckungswerte nicht zur Befriedigung

---

127 Vgl. Stöcker, Die HBG-Novelle 2004: Neue Benchmark für insolvenzfeste Pfandbriefe, in: Die Bank, 5/2004, S. 335.

128 Vgl. Seitz/Maier/Burmeister, Fallstudie: Sicherungsmechanismus für Pfandbriefgläubiger und Möglichkeiten des Einschreitens der Aufsichtsbehörde im Fall einer (drohenden) Insolvenz der Pfandbriefbank, in: VÖB, Deutscher Pfandbrief 2006 – Aktuelle Entwicklungen und internationaler Vergleich, 2006, S. 73.

129 Siehe oben 4. Teil, 1. Abschnitt, § 15, A., III., 2.

aller Pfandbriefe, so ist gem. § 30 Abs. 6 Satz 2 Halbs. 1 PfandBG über das jeweilige Sondervermögen ein Sonderinsolvenzverfahren zu eröffnen.

Ob die für Kreditinstitute einschlägigen Eigenkapitalvorschriften bei der gestreckten Abwicklung der Deckungsmasse im Stadium des Sachwalterverfahrens anzuwenden sind, nachdem die Deckungswerte auch während der Sachwaltung der Pfandbriefbank zugeordnet sind, wird davon abhängen, ob die Pfandbriefbank in diesem Stadium das Kreditgeschäft noch betreibt. Die Eigenkapitalvorschriften der Solvabilitätsverordnung (SolvV) gelten gem. § 1 Abs. 1 Nr. 1 SolvV für Kreditinstitute, die Bankgeschäfte im Sinne von § 1 Abs. 1 Satz 2 Nr. 1 bis 5 oder Nr. 7 bis 12 des Kreditwesengesetzes (KWG) betreiben. Die Gewährung von Darlehen gem. § 1 Abs. 1 Satz 2 Nr. 5 KWG ist nur die erstmalige Hingabe von Geld, nicht die Übernahme schon bestehender Darlehen[130]. Stellt die Pfandbriefbank das Kreditgeschäft insgesamt ein und wickelt dasselbe ab, so liegt ein Betreiben des Kreditgeschäfts nicht mehr vor, weshalb die Abwicklung der Deckungswerte im Sachwalterverfahren, das per se dem Sachwalter die Vergabe neuer Kredite nicht gestattet, nicht die Voraussetzung der Anwendbarkeit der Eigenkapitalvorschriften erfüllen dürfte.

Der Vorteil der gestreckten Abwicklung liegt in einer schonenden Realisierung der Werte der Deckungsmasse, die Wertverluste durch Abschläge bei Übertragungen ebenso wie ein aufwendiges oftmals mit hohen Kosten verbundenes Verkaufsverfahren vermeidet. Nachteilig wirkt sich jedoch die zeitliche Erstreckung auf möglicherweise mehrere Jahre aus. Da eine Bank in Liquidation eher weniger vertrauensbildend wirkt, präferieren sowohl die Bankaufsicht als auch die Bankenverbände grundsätzlich eine Übertragung der Deckungsmasse soweit unter den dann gegebenen Marktverhältnissen möglich auf eine andere Pfandbriefbank[131].

2. Die Übertragung der Deckungsmasse

Eine Übertragung der Deckungswerte auf eine andere Pfandbriefbank ist im Sachwalterverfahren im Interesse der Pfandbriefgläubiger auf dem Wege der Einzelübertragung, ebenso wie die Schuldübernahme Dritter für Pfandbriefverbindlichkeiten möglich[132]. Bei der Einzelübertragung sind die allgemeinen sachen- und grundbuchrechtlichen Grundsätze zu beachten[133]. Aufgrund der Aufwendigkeit, Zeitintensität und der damit verbundenen Kosten ist die Einzelübertragung von Deckungswerten in größerem Umfang für eine rasche teilweise oder vollständige

---

130 Vgl. Boos/Fischer/Schulte-Mattler, KWG, 3. Auflage, 2008, § 1 Rdn. 46.

131 Vgl. Stürner, Die Sicherung der Pfandbrief- und Obligationengläubiger in der Insolvenz einer Hypothekenbank, 1998, S. 101.

132 Anders als die Übertragung nach den §§ 32 bis 36 PfandBG ist die Einzelübertragung der Deckungswerte auch auf Nicht-Pfandbriefbanken zulässig.

133 Folglich ist neben der Abtretung der Forderung die Übertragung der entsprechenden Grundschuld erforderlich. Dazu ist neben der dinglichen Einigung über die Übertragung bei Briefgrundschulden die Übergabe des Grundschuldbriefs erforderlich bzw. bei Buchgrundschulden die Eintragung der Übertragung im jeweiligen Grundbuch.

Übertragung der Deckungsmasse ungeeignet. Im Fall der Hauptinsolvenz einer Pfandbriefbank kann aber gerade im Interesse der geordneten Befriedigung der Pfandbriefgläubiger die Erforderlichkeit bestehen, Deckungswerte und Pfandbriefverbindlichkeiten möglichst zügig auf eine oder mehrere übernahmebereite Pfandbriefbanken übertragen zu können[134]. Dem trägt die Regelung der §§ 32 bis 34 PfandBG zur Übertragung der Deckungsmasse Rechnung, die den Vorschriften des Umwandlungsgesetzes über die Teilvermögensübertragung nachgebildet ist[135]. Diese bieten dem Sachwalter als Alternative zur gestreckten Verwertung die Möglichkeit einer teilweisen oder vollständigen Übertragung der im Deckungsregister eingetragenen Werte einschließlich der Werte i.S.d. § 30 Abs. 3 PfandBG und Pfandbriefverbindlichkeiten als Gesamtheit auf eine oder mehrere andere Pfandbriefbanken[136]. Mit der PfandBG-Novelle 2009 ist klargestellt worden, dass auch bei der Übertragung der Deckungsmassen unabhängig von der Übertragungsart sich der Umfang des übertragenen Sondervermögens genau gleich bestimmt wie bei der Verfügungsbefugnis des Sachwalters, nämlich nach dem formalen Kriterium der Eintragung ins Deckungsregister.[137]

Die §§ 32 bis 34 PfandBG regeln nur die Übertragung als solche ohne Bestimmungen über die Art und Weise des Veräußerungsprozesses zu treffen. Dies dürfte dem Ziel einer möglichst raschen Übertragung geschuldet sein, das flexible Lösungen voraussetzt. Ob die Veräußerung der Deckungsmasse ein Auktionsverfahren zur Erzielung des bestmöglichen Veräußerungspreises zulässt, wird deshalb von den konkreten Umständen des Einzelfalls abhängen. Zu berücksichtigen ist davon unabhängig, dass die Prüfung der Werthaltigkeit der Deckungsmasse durch die übernehmende Pfandbriefbank aufgrund der Komplexität der Bewertung eine gewisse Zeit in Anspruch nehmen wird.

a) Mindestinhalt, Form und Zustimmungserfordernis des Übertragungsvertrags

Der Vertrag zur Übertragung der Deckungsmasse bzw. eines Teils der Deckungsmasse ist zwischen der übertragenden Pfandbriefbank und einer übernehmenden

---

134 Vgl. Bundesregierung, Entwurf eines Gesetzes zur Umsetzung der Richtlinie 2002/47/EG vom 6.6.2002 über Finanzsicherheiten und zur Änderung des Hypothekenbankgesetztes und anderer Gesetze, in: BT-Drucks. 15/1853 vom 29.10.2003, S. 22.

135 Eine Übertragung der Deckungsmassen als Gesamtheit auf eine andere Pfandbriefbank war bis zur Einführung dieser Regelung durch die HBG-Novelle 2004 schwierig und am ehesten nur durch eine Fusion der von der Insolvenz bedrohten Pfandbriefbank mit einer anderen Pfandbriefbank zu erreichen. Vgl. Hagen, Zur Novellierung des Hypothekenbankgesetzes, in: I&F, 16/2003, S. 53.

136 Die §§ 32 bis 34 PfandBG entsprechen inhaltlich den Vorgängerregelungen der §§ 35b bis 35d HBG, §§ 6b bis 6d ÖPG und §§ 36b bis 36d SchBkG, die im Rahmen der HBG-Novelle 2004 eingeführt wurden und die Rechtsunsicherheit in Bezug auf die Übertragung von Deckungsmasse mit den zugehörigen Pfandbriefen auf andere Unternehmensträger (sog. Totenhaussanierung) beseitigten. Im Rahmen der PfandBG-Novelle 2009 wurden die §§ 32 Abs. 1, 3 und 33 Abs. 5 PfandBG technisch leicht überarbeitet. Vgl. zur Totenhaussanierung: Stürner, Die Sicherung der Pfandbrief- und Obligationengläubiger vor einer Insolvenz der Hypothekenbank, 1998, S. 26 ff.

137 Vgl. Bundesregierung, Entwurf eines Gesetzes zur Fortentwicklung des Pfandbriefrechts, Deutscher Bundestag, Drucks. 16/11130 vom 1.12.2008, S. 42.

Pfandbriefbank abzuschließen. Er bedarf gem. § 32 Abs. 1 PfandBG der schriftlichen Zustimmung der BaFin.

Der Mindestinhalt des Übertragungsvertrags ist in § 32 Abs. 2 PfandBG geregelt. Im Übertragungsvertrag muss gem. § 32 Abs. 2 Nummer 1 PfandBG die übertragende und die übernehmende Pfandbriefbank mit ihrer Firma bezeichnet und ihr Sitz angegeben werden. Des Weiteren muss gem. § 32 Abs. 2 Nummer 2 PfandBG der Übertragungsvertrag die Hauptpflichten der Parteien in Form der Übertragung der im Deckungsregister eingetragenen Werte und der Verbindlichkeiten aus Pfandbriefen als Gesamtheit, d.h. auf dem Wege einer Sonderrechtsnachfolge und nicht einer Einzelrechtsnachfolge regeln und ggf. eine Gegenleistung festhalten. Schließlich müssen die zu übertragenden Deckungswerte und Pfandbriefverbindlichkeiten gem. § 32 Abs. 2 Nummer 3 PfandBG in identifizierbarer Art und Weise bezeichnet sein.

Da gem. § 34 Abs. 1 PfandBG mit der Eintragung der Übertragung in das Handelsregister des Sitzes der übertragenden Pfandbriefbank die im Übertragungsvertrag bezeichneten Deckungswerte als Gesamtheit auf die übernehmende Pfandbriefbank übergehen, handelt es sich bei der Übertragung der Deckungswerte gem. §§ 32 ff. PfandBG hinsichtlich der Hypothekar-, Schiffs- und Flugzeugkredite um einen Rechtsübergang außerhalb des Grundbuchs bzw. Schiffs- und entsprechenden Flugzeugregisters. Aus diesem Grund schreibt § 32 Abs. 3 PfandBG im Zusammenhang mit Rechten an Grundstücken, Schiffen und Flugzeugen eine Bezeichnung im Einklang mit § 28 GBO, § 36 der Schiffsregisterordnung sowie § 87 des Gesetzes über Rechte an Luftfahrzeugen vor, um eine Rechtsunsicherheit aufgrund der dadurch entstehenden Unrichtigkeit des Grundbuchs bzw. Schiffs- und entsprechenden Flugzeugregisters zu vermeiden[138]. Dabei kann gem. § 32 Abs. 3 Satz 3 Halbs. 1 PfandBG im Übrigen auf Urkunden Bezug genommen werden, sofern diese eine hinreichende Kennzeichnung gestatten und die Bestimmbarkeit des Gegenstands ermöglichen. Die Urkunden sind gem. § 32 Abs. 3 Satz 3 Halbs. 2 PfandBG dem Übertragungsvertrag als Anlagen beizufügen, wobei die Bezugnahme auf das Deckungsregister gestattet ist.

Der Übertragungsvertrag ist gem. § 32 Abs. 4 PfandBG notariell zu beurkunden. Auf diese Weise wird nach der Gesetzesbegründung dem Rechtsgedanken des § 311 BGB und der Bedeutung, die dem Inhalt des Übertragungsvertrags für die Zuweisung der Vermögensbestandteile zukommt, Rechnung getragen[139]. Der Mangel der notariellen Beurkundung wird nach § 34 Abs. 1 Satz 2 PfandBG durch Eintragung der Übertragung im Handelsregister der übertragenden Pfandbriefbank geheilt.

---

138 Vgl. Bundesregierung, Entwurf eines Gesetzes zur Umsetzung der Richtlinie 2002/47/EG vom 6.6.2002 über Finanzsicherheiten und zur Änderung des Hypothekenbankgesetztes und anderer Gesetze, in: BT-Drucks. 15/1853 vom 29.10.2003, S. 22.
139 Vgl. Bundesregierung, Entwurf eines Gesetzes zur Umsetzung der Richtlinie 2002/47/EG vom 6.6.2002 über Finanzsicherheiten und zur Änderung des Hypothekenbankgesetztes und anderer Gesetze, in: BT-Drucks. 15/1853 vom 29.10.2003, S. 22.

b) *Anmeldung und Eintragung der Übertragung ins Handelsregister*

In Anlehnung an die entsprechenden umwandlungsrechtlichen Vorschriften regelt § 33 PfandBG die Anmeldung und Eintragung einer Teilvermögensübertragung der Deckungsmasse im Handelsregister[140]. Danach hat der Sachwalter und das Vertretungsorgan der übernehmenden Pfandbriefbank die Übertragung gem. § 33 Abs. 1 Satz 1 PfandBG zur Eintragung in das Handelsregister der Pfandbriefbank, unter Beifügung des Übertragungsvertrags in Ausfertigung oder öffentlich beglaubigter Abschrift sowie der Zustimmungsurkunde der BaFin gem. § 33 Abs. 1 Satz 2 PfandBG, anzumelden.

Das Registergericht hat die Einhaltung des Mindestinhalts des Übertragungsvertrags und die wirksame Bezeichnung der zu übertragenden Deckungswerte und Pfandbriefverbindlichkeiten zu prüfen. Die Übertragung darf in das Handelsregister der übertragenden Pfandbriefbank gem. § 33 Abs. 2 Satz 1 PfandBG erst eingetragen werden, nachdem sie im Handelsregister der übernehmenden Pfandbriefbank eingetragen worden ist. Die Eintragung im Handelsregister der übernehmenden Pfandbriefbank ist gem. § 33 Abs. 2 Satz 2 PfandBG mit dem Vermerk zu versehen, dass die Übertragung erst mit der Eintragung im Handelsregister der übertragenden Pfandbriefbank wirksam wird.

Das Gericht des Sitzes der übertragenden Pfandbriefbank hat gem. § 33 Abs. 3 Satz 1 PfandBG von Amts wegen dem Gericht des Sitzes der übernehmenden Pfandbriefbank den Tag der Eintragung der Übertragung mitzuteilen und einen Auszug aus dem Handelsregister zu übersenden. Den Tag der Eintragung hat das Gericht des Sitzes der übernehmenden Pfandbriefbank nach Eingang der Mitteilung gem. § 33 Abs. 3 Satz 2 PfandBG von Amts wegen im Handelsregister zu vermerken. Schließlich hat das Registergericht jeder der an der Übertragung beteiligten Pfandbriefbanken gem. § 33 Abs. 4 PfandBG jeweils die von ihr vorgenommene Eintragung der Übertragung von Amts wegen im Bundesanzeiger ihrem ganzen Inhalt nach bekannt zu machen[141].

c) *Übertragungsform und Gläubigerschutz*

Die im Übertragungsvertrag bezeichneten Werte und Pfandbriefverbindlichkeiten gehen auf dem Wege einer Teilvermögensübertragung als Gesamtheit gem. § 34 Abs. 1 Satz 1 PfandBG mit der Eintragung der Übertragung in das Handelsregister des Registergerichtes der übertragenden Pfandbriefbank auf die übernehmende Pfandbriefbank über. In Anlehnung an die Vorschriften zur Vermögensübertragung nach dem Umwandlungsgesetz handelt es sich um einen Übergang auf dem Wege

140 Sofern die Pfandbriefbank eine eingetragene Genossenschaft im Sinne des § 1 Abs. 1 des Genossenschaftsgesetzes ist, tritt bei Anwendung des § 33 Abs. 1 bis 4 PfandBG gem. § 33 Abs. 5 PfandBG an die Stelle des Handelsregisters das Genossenschaftsregister. Dies gilt gem. § 34 Abs. 1 Satz 3 PfandBG ebenso für die Übertragungswirkung der Eintragung.

141 Abweichend von den entsprechenden Regelungen im Umwandlungsgesetz sieht § 33 Abs. 4 PfandBG die Bekanntmachung der Eintragung der Übertragung nur im Bundesanzeiger vor.

der Sonderrechts- bzw. partiellen Gesamtrechtsnachfolge und nicht um eine Einzelrechtsnachfolge[142].

Aus Gründen des Gläubigerschutzes haften für die übertragenen Pfandbriefverbindlichkeiten die übertragende Pfandbriefbank und die übernehmende Pfandbriefbank gem. § 34 Abs. 1 Satz 4 PfandBG als Gesamtschuldner. Damit schulden die übernehmende und die übertragende Pfandbriefbank die Verpflichtungen aus den Pfandbriefen und den übertagenen Vermögenswerten gem. § 421 Satz 1 BGB in der Weise, dass beide die ganze Leistung zu bewirken verpflichtet sind und die übertragenen Pfandbrief- und sonstigen Gläubiger die Leistung aber nur einmal zu fordern berechtigt sind. Nach der Übertragung der Deckungsmasse haftet den Gläubigern der übertragenen Pfandbriefverbindlichkeiten die übernehmende Pfandbriefbank mit ihrem gesamten Vermögen. Die übernehmende Pfandbriefbank übernimmt die Deckungsmasse, um diese auf eigene Rechnung zu verwalten und die Pfandbriefverbindlichkeiten zu bedienen. Da die übernehmende Pfandbriefbank das Kreditgeschäft aktiv betreibt, hat diese nach der Übertragung die Deckungswerte mit den erforderlichen Eigenmitteln zu unterlegen, wodurch bei der übernehmenden Pfandbriefbank zusätzliche Kosten entstehen können.

Nachdem es sich bei der Übertragung nicht um eine befreiende Schuldübernahme im Sinne von § 415 BGB durch die übernehmende Pfandbriefbank handelt, ist eine Zustimmung der jeweiligen Pfandbriefgläubiger zu der Übertragung nicht erforderlich[143]. Fraglich ist, wie erforderlichenfalls die etwaige gesamtschuldnerische Haftung der übertragenden Pfandbriefbank aussieht. Der entsprechende Haftungsanspruch kann sich wohl nur gegen die Insolvenzmasse und nicht gegen das verbleibende Sondervermögen der übertragenden Pfandbriefbank richten, da dieses für die übrigen Pfandbriefgläubiger aufgrund deren vorrangigen Befriedigungsrechts reserviert ist. Im Ergebnis ist der Anspruch gegenüber der übertragenden Pfandbriefbank gem. § 30 Abs. 6 Satz 4 PfandBG auf den Ausfall der Pfandbriefgläubiger aus der Deckungsmasse der übernehmenden Pfandbriefbank beschränkt.

Es soll möglich sein, dass die übertragende Deckungsmasse nicht mit der bei der übernehmenden Pfandbriefbank bestehenden Deckungsmasse „verschmolzen" wird, sondern getrennt weiter geführt werden kann[144]. Dem entgegen steht der Grundsatz der Einheitlichkeit der Deckungsmasse einer Pfandbriefbank in Bezug auf ihre einzelnen Pfandbriefgattungen[145]. Weder der Gesetzeswortlaut noch die Gesetzesbegründung äußern sich zu der Frage, ob die Teilvermögensübertragung den Grundsatz der Einheitlichkeit der Deckungsmasse außer Kraft setzt. Für eine getrennte Fortführung der übertragenen Deckungsmasse könnte sprechen, dass

---

142 Vgl. Bundesregierung, Entwurf eines Gesetzes zur Umsetzung der Richtlinie 2002/47/EG vom 6.6.2002 über Finanzsicherheiten und zur Änderung des Hypothekenbankgesetztes und anderer Gesetze, in: BT-Drucks. 15/1853 vom 29.10.2003, S. 13, 22.

143 Vgl. Bundesregierung, Entwurf eines Gesetzes zur Umsetzung der Richtlinie 2002/47/EG vom 6.6.2002 über Finanzsicherheiten und zur Änderung des Hypothekenbankgesetztes und anderer Gesetze, in: BT-Drucks. 15/1853 vom 29.10.2003, S. 21.

144 Vgl. Hagen, Zur Novellierung des Hypothekenbankgesetzes, in: I&F, 16/2003, S. 53.

145 Vgl. Bellinger/Kerl, HBG, 4. Auflage, 1995, § 22 Rdn. 8.

§ 32 PfandBG der umwandlungsrechtlichen Teilvermögensübertragung nachgebildet ist und nach seinem Wortlaut gerade eine Übertragung und keine Verschmelzung der Deckungsmasse regelt. Weiter könnte dafür sprechen, dass die Regelung der Übertragung der Deckungsmasse, wohl um eine rasche Übertragung nicht zu gefährden weder einen Verschmelzungsbeschluss in Anlehnung an § 13 Abs. 1 UmwG noch eine Mitwirkung der Pfandbriefgläubiger der übernehmenden Pfandbriefbank vorsieht, obwohl bei einer Verschmelzung der Deckungsmassen ggf. das Risiko einer qualitativ schlechteren Deckungsmasse (z.B. aufgrund einer niedrigeren Zinsmarge oder einer niedrigeren freiwilligen Überdeckung) am Ende auf die Anteilsinhaber und Pfandbriefgläubiger der übernehmenden Pfandbriefbank übertragen wird. Allerdings dürfte eine derartige Ausnahme vom ansonsten zwingenden Grundsatz der Einheitlichkeit der Deckungsmasse vorab mit der BaFin abzustimmen sein.

Im Fall einer teilweisen Übertragung der Deckungsmasse darf die Sicherheit derjenigen Pfandbriefgläubiger, die weiterhin aus der Deckungsmasse der insolventen bzw. übertragenden Pfandbriefbank zu befriedigen sind, nicht beeinträchtigt werden. Deshalb stellt § 36 Satz 1 PfandBG klar, dass im Fall einer teilweisen Übertragung der bei der insolventen Pfandbriefbank verbleibende Teil der Deckungsmasse weiterhin den Vorschriften über die Pfandbriefdeckung, d.h. der kongruenten Deckung und sichernden Überdeckung, genügen muss.

d) *Herausgabe einer etwaigen Gegenleistung sowie der Außerdeckungswerte gem. § 30 Abs. 3 PfandBG*

Die Problematik der Zuordnung einer freiwilligen Überdeckung setzt sich bei der Übertragung der Deckungsmasse fort. Denn der Insolvenzverwalter der übertragenden Pfandbriefbank kann gem. § 34 Abs. 2 Satz 1 Satz PfandBG vom Sachwalter in entsprechender Anwendung des § 30 Abs. 4 Satz 1PfandBG jederzeit die Herausgabe einer etwaigen Gegenleistung oder von Teilen davon für die Insolvenzmasse verlangen, soweit diese auf eine etwaige anteilige offensichtliche freiwillige Überdeckung der zu übertragenden Deckungsmasse entfällt[146]. Das Risiko aus dem möglichen Herausgabeanspruch hinsichtlich einer offensichtlich freiwilligen Überdeckung verbleibt somit bei der übernehmenden Pfandbriefbank und geht nicht auf die übertragende Pfandbriefbank über. Verbleibt eine etwaige Gegenleistung zunächst bei der Deckungsmasse, so ist diese nach Abwicklung der Deckungsmasse

146 Zudem stellt sich die Frage, ob die entgeltliche Übertragung der Deckungsmasse umsatzsteuerbar ist bzw. ob die Steuerbefreiung für ABS bzw. MBS auch für die Übertragung gem. §§ 32 ff. PfandBG gilt? Voraussetzung der Steuerbefreiung ist bei der Verbriefung, dass diese der bilanzbefreienden Finanzierung von Aktiva dient (BMF-Schreiben vom 3.6.2004, IV B 7 – S 7104 – 18/04; BMF-Schreiben vom 24.5.2004, IV B 7 – 7279a – 17/04 und IV B 7 – S 7279b – 2/04). Eine bilanzbefreiende Wirkung wird durch die Übertragung nur insoweit erreicht, wie die übernehmende Pfandbriefbank als Gesamtschuldner die Verbindlichkeiten übernimmt. Zudem erfolgt dies nicht zur Finanzierung, sondern zur Abwicklung der Deckungsmasse. Die Anwendbarkeit der Umsatzsteuerbefreiung für Verbriefungen auf die Übertragung der Deckungsmasse ist somit fraglich. Eine Umsatzsteuerbefreiung könnte sich ferner aus § 4 Nr. 8 Buchst. f UStG aufgrund der Rechtsnatur als Teilvermögensübertragung ergeben.

und damit nach Befriedigung der Pfandbriefgläubiger und Deckung der Verwaltungskosten wie überschüssige Deckungswerte gem. § 30 Abs. 4 Satz 2 PfandBG an die Insolvenzmasse herauszugeben.

Die Übertragung der Deckungsmasse einschließlich der Werte i.S.d. § 30 Abs. 3 PfandBG darf sich nicht zum Nachteil sonstiger Gläubiger der Pfandbriefbank auswirken[147]. Sofern Treugeber oder Insolvenzverwalter vor der Übertragung der Deckungsmasse nicht nach § 30 Abs. 3 Satz 4 PfandBG die Teilung in entsprechend getrennte Darlehensverträge und Einzelhypotheken verlangt haben, kann der Sachwalter die Deckungswerte insgesamt auf die übernehmende Pfandbriefbank übertragen. Allerdings hat dann die übernehmende Pfandbriefbank bei Einzug der Forderungen gem. §§ 34 Abs. 2 Satz 2, 30 Abs. 3 Satz 3 PfandBG den Anteil an die Treugeber bzw. die Insolvenzmasse der übertragenden Pfandbriefbank abzuführen, der bei getrennten Darlehensverträgen und entsprechenden Einzelhypotheken nach Abzug angemessener Verwaltungskosten auf die Insolvenzmasse entfallen würde. In entsprechender Anwendung von § 30 Abs. 3 Satz 4 PfandBG sind die Treugeber und der Insolvenzverwalter wiederum berechtigt, von der übernehmenden Pfandbriefbank eine rangwahrende Teilung von Darlehensrückzahlungsforderungen und Hypotheken zu verlangen. Die §§ 32 bis 34 PfandBG schließen allerdings die Möglichkeit nicht aus, unter Einbindung des Insolvenzverwalters vertraglich zu vereinbaren, dass die übernehmende Pfandbriefbank auch einen sog. Außerdeckungsteil gem. § 30 Abs. 3 PfandBG gegen Gewährung einer Gegenleistung an die Insolvenzmasse erwirbt[148].

Der wirtschaftliche Anreiz, eine gesunde Deckungsmasse mitsamt der Pfandbriefverbindlichkeiten einer insolventen Pfandbriefbank oder von Teilen hiervon als Gesamtheit zu erwerben, kann für die übernehmende Pfandbriefbank somit z. B. darin liegen, aus der Zinsdifferenz zwischen den Pfandbriefen und den Deckungswerten zusätzliche Erträge zu erzielen.

e) *Betriebsübergang gem. § 613a BGB*

Die vollständige oder teilweise Übertragung der Deckungsmasse in ihre Gesamtheit stellt die Übernahme eines Betriebs oder Betriebsteils im Sinne des § 613a BGB dar, da hierdurch eine wirtschaftliche Einheit zur Ausübung einer wirtschaftlichen Tätigkeit mit eigener Zielsetzung den Inhaber wechselt und dabei die Identität des Betriebs oder Betriebsteils gewahrt wird. Bei der Übertragung einer einzelnen Pfandbriefserie mit entsprechendem Anteil an der Deckungsmasse mag dies unter Umständen zwar noch nicht der Fall sein, wohl aber bei einem ganzen Paket aus mehreren Pfandbriefserien oder einer größeren z. B. Jumbo-Pfandbriefemission. Bei

147 Vgl. Bundesregierung, Entwurf eines Gesetzes zur Umsetzung der Richtlinie 2002/47/EG vom 6.6.2002 über Finanzsicherheiten und zur Änderung des Hypothekenbankgesetztes und anderer Gesetze, in: BT-Drucks. 15/1853 vom 29.10.2003, S. 22.
148 Vgl. Bundesregierung, Entwurf eines Gesetzes zur Umsetzung der Richtlinie 2002/47/EG vom 6.6.2002 über Finanzsicherheiten und zur Änderung des Hypothekenbankgesetztes und anderer Gesetze, in: BT-Drucks. 15/1853 vom 29.10.2003, S. 22.

Übertragung eines wesentlichen Teils der Deckungsmasse und der entsprechenden Deckungsverbindlichkeiten ist somit der Übergang der entsprechenden Arbeitsverhältnisse auf die übernehmende Pfandbriefbank zu berücksichtigen[149].

3. Die treuhänderische Verwaltung der Deckungsmasse

Als alternative Möglichkeit der Verwaltung der gesunden Deckungsmasse einer insolventen Pfandbriefbank im Rahmen des Sachwalterverfahrens sieht § 35 PfandBG die teilweise oder vollständige treuhänderische Verwaltung der Deckungsmasse durch den Sachwalter für eine oder mehrere übernahmebereite Pfandbriefbanken vor[150]. In erster Linie soll die treuhänderische Verwaltung dazu dienen, eine rasche Absicherung der Risiken der Pfandbriefgläubiger durch eine andere Pfandbriefbank zu ermöglichen[151]. Gleichwohl kann die Deckungsmasse sowohl vorübergehend treuhänderisch gehalten als auch langfristig treuhänderisch abgewickelt werden. Der Gesetzgeber sieht beides als gleichermaßen geeignete Methoden zur Verwaltung bzw. Abwicklung einer gesunden Deckungsmasse einer insolventen Pfandbriefbank im Sachwalterverfahren an[152]. Die vorübergehende treuhänderische Verwaltung der Deckungsmasse bietet insofern eine Möglichkeit zur Absicherung der Interessen der Pfandbriefgläubiger im Vorfeld einer dinglichen Übertragung der Deckungsmasse gem. §§ 32 bis 34 PfandBG (z.B. während der Zeit einer ausführlichen Buchprüfung der zu übertragenden Deckungsmasse).

a) *Inhalt, Form und Zustimmungserfordernis der Treuhandvereinbarung*

Der Sachwalter einer insolventen Pfandbriefbank und eine übernahmebereite Pfandbriefbank müssen zum Zwecke der treuhänderischen Verwaltung der Deckungsmasse gem. § 35 Abs. 1 Satz 1 PfandBG eine Vereinbarung schließen, wonach der Sachwalter der insolventen (Treuhänder-)Pfandbriefbank die im Deckungsregister eingetragenen Werte einschließlich der Werte im Sinne des § 30 Abs. 3 PfandBG ganz oder teilweise als uneigennütziger Treuhänder für die übernahmebereite (Treugeber-)Pfandbriefbank hält, soweit diese die Haftung für die gedeckten Verbindlichkeiten der insolventen Pfandbriefbank übernimmt. Die Vereinbarung der

149 Vgl. Stürner, Die Sicherung der Pfandbrief- und Obligationengläubiger in der Insolvenz einer Hypothekenbank, 1998, S. 26 ff., 94; EuGH, NJW 99, 1697; BAG, NJW 00, 3226; Palandt, BGB, 68. Auflage, 2009, § 613a Rdn. 10 f.

150 Vgl. aber auch Bundesregierung, Entwurf eines Gesetzes zur Umsetzung der Richtlinie 2002/47/EG vom 6.6.2002 über Finanzsicherheiten und zur Änderung des Hypothekenbankgesetztes und anderer Gesetze, in: BT-Drucks. 15/1853 vom 29.10.2003, S. 23. Zum Rechtsinstitut der Treuhand allgemein: Vgl. Grundmann, Der Treuhandvertrag – insbesondere die werbende Treuhand, 1997.

151 Vgl. Bundesregierung, Entwurf eines Gesetzes zur Umsetzung der Richtlinie 2002/47/EG vom 6.6.2002 über Finanzsicherheiten und zur Änderung des Hypothekenbankgesetztes und anderer Gesetze, in: BT-Drucks. 15/1853 vom 29.10.2003, S. 13, 23.

152 Vgl. Bundesregierung, Entwurf eines Gesetzes zur Umsetzung der Richtlinie 2002/47/EG vom 6.6.2002 über Finanzsicherheiten und zur Änderung des Hypothekenbankgesetztes und anderer Gesetze, in: BT-Drucks. 15/1853 vom 29.10.2003, S. 13.

treuhänderischen Verwaltung von Deckungswerten bedarf gem. § 35 Abs. 1 Satz 1 PfandBG der schriftlichen Zustimmung der BaFin. Die Vereinbarung ist gem. § 35 Abs. 1 Satz 2 PfandBG aus Klarstellungs- und Beweisgründen schriftlich zu schließen. Grundbucheintragungen sind nicht erforderlich. Die treuhänderisch zu verwaltenden Werte und Pfandbriefverbindlichkeiten sind gem. § 35 Abs. 1 Satz 3 PfandBG genau zu bezeichnen, d.h. sie müssen identifizierbar sein, damit keine Rechtsunsicherheit eintritt. Eine Eintragung im Handelsregister der insolventen Treuhänder-Pfandbriefbank oder der Treugeber-Pfandbriefbank ist hier genauso wenig erforderlich wie eine Veröffentlichung im Bundesanzeiger, wodurch eine beschleunigte „Übertragung“ ermöglicht wird.

b) *Rechtswirkung der Treuhandvereinbarung und Pfandbriefdeckung*

Die von dem Sachwalter der insolventen Pfandbriefbank treuhänderisch für eine andere Pfandbriefbank (Treugeber) verwalteten Deckungswerte, welche die Haftung für die gedeckten Verbindlichkeiten der insolventen Pfandbriefbank übernimmt, gelten gem. § 35 Abs. 2 PfandBG im Verhältnis zwischen der Treugeber-Pfandbriefbank und der insolventen Treuhänder-Pfandbriefbank oder deren Gläubigern als Werte der Treugeber-Pfandbriefbank, obwohl eine dingliche Übertragung der Deckungswerte auf die Treugeber-Pfandbriefbank nicht erfolgt. Die insolvente Treuhänder-Pfandbriefbank bleibt damit Rechtsträger und zivilrechtlicher Eigentümer der entsprechenden Deckungswerte. Die Fiktion des § 35 Abs. 2 PfandBG stellt allerdings sicher, dass die Treugeber-Pfandbriefbank, im Fall der Sonderinsolvenz der Deckungsmasse der insolventen Treuhänder-Pfandbriefbank hinsichtlich der treuhänderisch gehaltenen Deckungswerte Aussonderung nach § 47 InsO verlangen kann und im Fall der Vollstreckung von Gläubigern der insolventen Treuhänder-Pfandbriefbank in die treuhänderisch gehaltenen Deckungswerte Drittwiderspruchsklage nach § 771 ZPO erheben kann. Dadurch wird wirtschaftlich das gleiche Ergebnis erzielt wie durch eine dingliche Übertragung der Deckungswerte. Nachdem die Treugeber-Pfandbriefbank wirtschaftlicher Eigentümer der treuhänderisch gehaltenen Deckungswerte wird und das Kreditgeschäft betreibt, wird diese jedenfalls die Deckungswerte mit den entsprechenden Eigenmitteln unterlegen müssen.

c) *Eintragung des schuldrechtlichen Übertragungsanspruchs in das Deckungsregister der Treugeber-Pfandbriefbank*

Der aus dem Treuhandverhältnis folgende schuldrechtliche Übertragungsanspruch ist gem. § 35 Abs. 3 Satz 1 PfandBG in das entsprechende Deckungsregister der Treugeber-Pfandbriefbank einzutragen. Dies ist ausreichend, weil die einzelnen Deckungswerte im Treuhandvertrag gem. § 35 Abs. 1 Satz 3 PfandBG genau zu bezeichnen sind. Die in der Vereinbarung zur treuhänderischen Verwaltung bezeichneten und im Deckungsregister der insolventen Treuhänder-Pfandbriefbank eingetragenen Deckungswerte gelten gem. § 35 Abs. 3 Satz 2 PfandBG als im Register der Treugeber-Pfandbriefbank eingetragen. Die Aufgaben und Befugnisse des Treuhänders der Treugeber-Pfandbriefbank aus §§ 8 und 10 PfandBG erstrecken sich aufgrund der Fiktion des § 35 Abs. 3 Satz 3 PfandBG auch auf die treuhänderisch gehaltenen Deckungswerte. Eine teilweise treuhänderische Verwaltung ist im jeweiligen Deckungsregister der insolventen Treuhänder-Pfandbriefbank bei den einzelnen Deckungswerten gem. § 35 Abs. 3 Satz 4 PfandBG zu vermerken.

Die treuhänderische Verwaltung der Deckungswerte darf sich ebenfalls nicht zum Nachteil der sonstigen Gläubiger der Treuhänder-Pfandbriefbank auswirken. Aus diesem Grund erklärt § 35 Abs. 4 PfandBG die Regelung des § 30 Abs. 3 PfandBG für entsprechend anwendbar.

Im Fall einer teilweisen treuhänderischen Verwaltung der Deckungsmasse darf die Sicherheit derjenigen Pfandbriefgläubiger, die weiterhin aus der Deckungsmasse der insolventen Treuhänder-Pfandbriefbank zu befriedigen sind, ebenfalls nicht beeinträchtigt werden. Deshalb stellt § 36 Satz 2 PfandBG klar, dass im Fall einer teilweisen treuhänderischen Verwaltung der bei der insolventen Treuhänder-Pfandbriefbank verbleibende Teil der Deckungsmasse, der wirtschaftlich nicht der Treugeber-Pfandbriefbank zugerechnet wird, weiterhin den Vorschriften über die Pfandbriefdeckung genügen muss.

C. Die Insolvenz der Deckungsmasse – das Sonderinsolvenzverfahren

Die Ausgestaltung der Deckungsmasse zum Sondervermögen mit der HBG-Reform 1998 erforderte aufgrund des Wesens des Sondervermögens die Einführung eines gesonderten bzw. Sonderinsolvenzverfahrens im Fall ihrer Insolvenz. Schließlich stellt die Sonderinsolvenz allgemein das entscheidende Charakteristikum des Wesens des Sondervermögens dar[153]. Geregelt ist das Sonderinsolvenzverfahren über das Vermögen einer insolventen Deckungsmasse einer Pfandbriefbank in § 30 Abs. 6 Satz 2 bis 5 PfandBG sowie im Übrigen in der Insolvenzordnung. Die Pfandbriefbank bleibt auch während des Sonderinsolvenzverfahrens Rechtsträger der Deckungsmasse. Mit Eröffnung des Sonderinsolvenzverfahrens geht die Verwaltungs- und Verfügungsbefugnis über das Vermögen der insolventen Deckungsmasse indessen vom Sachwalter auf einen Sonderinsolvenzverwalter über, und die Pfandbriefgläubiger der betroffenen Pfandbriefgattung werden zu Sonderinsolvenzgläubigern.

I. Die Eröffnung des Sonderinsolvenzverfahrens

Eine selbständige Bedeutung kommt der Sonderinsolvenz neben der Hauptinsolvenz der Pfandbriefbank nicht zu[154]. Denn die Pfandbriefbank haftet insgesamt, d.h. sowohl mit ihrem allgemeinen Bankvermögen als auch mit der Deckungsmasse

153 Vgl. Stürner, Die Sicherung der Pfandbrief- und Obligationengläubiger vor einer Insolvenz der Hypothekenbank, 1998, S. 59.
154 Vgl. Stürner/Kern, Deutsche öffentliche Pfandbriefe und japanische Deckungswerte, 2006, S. 14.

für die Forderungen der Pfandbriefgläubiger. Die Zahlungsunfähigkeit einer Deckungsmasse stellt deswegen immer zwingend gleichzeitig einen Insolvenzgrund für die Hauptinsolvenz der Pfandbriefbank dar. Zudem ist die Pfandbriefbank gem. § 4 Abs. 1 bis 3 PfandBG zur Aufrechterhaltung der Deckungskongruenz gesetzlich verpflichtet. Die Insolvenz einer Deckungsmasse ist somit praktisch stets Folge der Unfähigkeit der Pfandbriefbank die Deckungskongruenz zu erhalten oder wiederherzustellen[155]. Im Ergebnis ist zwar der Eintritt der Sonderinsolvenz einer Deckungsmasse gleichzeitig mit der Hauptinsolvenz der Pfandbriefbank denkbar. Jedoch sollen die Vorschriften zur Deckung eine besondere Qualität der Deckungsmasse gewährleisten, die dafür sorgt, dass im Regelfall die Deckungsmasse nach der Hauptinsolvenz weiterleben kann, um die Pfandbriefgläubiger entsprechend der Anleihebedingungen ordentlich zu befriedigen. Das Sonderinsolvenzverfahren wird deswegen im Fall der Hauptinsolvenz einer Pfandbriefbank in der Regel ein Folgeverfahren des Sachwalterverfahrens bilden.

1. Eröffnungsgründe für das Sonderinsolvenzverfahren

Die Sonderinsolvenz der Deckungsmasse setzt ebenfalls das Vorliegen eines Eröffnungsgrundes voraus. Eröffnungsgrund für ein Sonderinsolvenzverfahren über das Vermögen einer Deckungsmasse ist gem. § 30 Abs. 6 Satz 2 Halbs. 1 PfandBG in Verbindung mit § 46b Abs. 1 Satz 1 KWG die Zahlungsunfähigkeit oder die Überschuldung der Deckungsmasse.

Die Zahlungsunfähigkeit einer Deckungsmasse tritt ein, wenn die Deckungswerte den Zinsdienst und die Rückzahlung der Pfandbriefe sowie ihrer sonstigen Verbindlichkeiten (z. B. aus Derivategeschäften) nicht mehr gewährleisten und die Ausfüllung der Finanzlücke mit anderen Mitteln nicht mehr möglich ist[156]. Die Ursache einer solchen Zahlungsunfähigkeit kann z. B. auf den folgenden Gründen beruhen[157]: (i) einer massenhaft falschen Grundstücksbewertung bei der Beleihungswertermittlung; (ii) einem Verfall der Leistungsfähigkeit vieler Hypothekarkreditnehmer bei gleichzeitigem Wertverfall ihrer Immobilien; (iii) einem Verfall der öffentlichen Finanzen; (iv) in einer fehlenden Refinanzierungskongruenz; (v) einer gestörten Währungsparität bei grenzüberschreitenden Geschäften; (vi) der Fristentransformation im Pfandbriefgeschäft; (vii) einer fehlerhaften Absicherung von Zins- und Währungsrisiken. Diese Ursachen sind im PfandBG weitgehend durch die Deckungsvorschriften abgesichert. So sind die Beleihungswertermittlung in § 16 PfandBG und die Beleihungswertermittlungsverordnung (BelWertV) streng am Vorsichtsprinzip orientiert. Darüber hinaus verpflichtet § 20a Abs. 3 KWG die Pfandbriefbank zur laufenden Wertüberwachung der beliehenen Immobilien. Vor

155 Vgl. Stürner/Kern, Deutsche öffentliche Pfandbriefe und japanische Deckungswerte, 2006, S. 14.
156 Vgl. Stürner, Die Sicherung der Pfandbrief- und Obligationengläubiger vor einer Insolvenz der Hypothekenbank, 1998, S. 5.
157 Vgl. Stürner, Die Sicherung der Pfandbrief- und Obligationengläubiger vor einer Insolvenz der Hypothekenbank, 1998, S. 5.

einem Verfall der Leistungsfähigkeit der Hypothekarkreditnehmer wird die Deckungsmasse durch die Beleihungsgrenze geschützt. Vor dem Verfall der öffentlichen Finanzen ist die Deckungsmasse dadurch geschützt, dass öffentliche Deckungswerte nur aus Ländern mit hoher Bonität (Mitgliedsstaaten der EU, Vertragsstaaten des Europäischen Wirtschaftsraums, Schweiz, U.S.A., Kanada und Japan) zugelassen werden. Schließlich wird die Deckungsmasse vor Zinsänderungs- und Währungskursänderungsrisiken sowie Risiken aus einer fehlenden Fristenkongruenz durch die bar- und nennwertige Deckungskongruenz, die Regeln zur Indeckungnahme von Derivaten und das spezifische Pfandbriefgeschäft-Risikomanagement geschützt.

Neben diesen allgemeinen Ursachen einer Zahlungsunfähigkeit liegt im Wesen der Pfandbriefe ein spezifisches Insolvenzrisiko begründet, das durch die Sonderung bzw. Isolierung der Deckungsmasse in der Hauptinsolvenz virulent wird. Denn die Umstellung der Bedienung der Pfandbriefe durch das Sachwalterverfahren an Stelle der Bedienung durch die Pfandbriefbank kann möglicherweise zu Zahlungsstockungen führen. Diese können aus der Fristentransformation resultieren, welche eine unterschiedliche Fälligkeit von Deckungswerten und Pfandbriefen begründen kann und dadurch Zahlungsinkongruenzen zur Folge haben können, die ggf. durch zusätzliche Liquidität geschlossen werden müssen. Außerhalb der Hauptinsolvenz stellt dies aufgrund der Überdeckung der Deckungsmasse des Liquiditätspuffers und v.a. des allgemeinen Bankvermögens in der Regel kein Problem dar. Nach Eröffnung der Hauptinsolvenz kann sich dieses Risiko erhöhen, da ab diesem Zeitpunkt die Deckungsmasse und der Pfandbriefumlauf von der Insolvenzmasse gesondert sind und die Bedienung der Pfandbriefe unmittelbar aus der Deckungsmasse durch den Sachwalter und nicht mehr über die Bilanz der Gesamtbank zu erfolgen hat. Die Zahlungsfähigkeit der Deckungsmasse ist ab diesem Zeitpunkt ausschließlich von der Bonität und Liquidität der Deckungsmasse, insbesondere der Fähigkeit des Sachwalters, für die Deckungsmasse erforderlichenfalls kurzfristig Liquidität zu beschaffen, abhängig. Besonders erhöhen hätte sich dieses Risiko in der Vergangenheit v.a. dann können, wenn zeitnah zur Hauptinsolvenz eine Pfandbriefserie zur Rückzahlung fällig geworden wäre. Gerade dieses Risiko wird allerdings seit der Einführung des Liquiditätspuffers in § 4 Abs. 1a PfandBG im Rahmen der Novellierung des PfandBG ausreichend addressiert.

Die Gesetzesbegründung räumt dem Sachwalter die Möglichkeit der Kreditaufnahme und des Verkaufs von Wertpapieren ein, um eventuelle kurzfristige Liquiditätsengpässe zu beheben[158]. Dazu soll insbesondere auch die in besonders liquiden Werten angelegte sichernde Überdeckung dienen[159]. Untersagt ist dem Sachwalter,

---

159 Vgl. Bundesregierung, Entwurf eines Gesetzes zur Umsetzung der Richtlinie 2002/47/EG vom 6.6.2002 über Finanzsicherheiten und zur Änderung des Hypothekenbankgesetztes und anderer Gesetze, in: BT-Drucks. 15/1853 vom 29.10.2003, S. 19; Müller/Klanke, Deckungsstock-Controlling – mehr Sicherheit für den Pfandbrief, in: I&F 14/2005, S. 510.
159 Vgl. Bundesregierung, Entwurf eines Gesetzes zur Umsetzung der Richtlinie 2002/47/EG vom 6.6.2002 über Finanzsicherheiten und zur Änderung des Hypothekenbankgesetztes und anderer Gesetze, in: BT-Drucks. 15/1853 vom 29.10.2003, S. 18.

zu diesem Zweck neue Pfandbriefe auszugeben[160]. Erleichtert wird die Kreditaufnahme für den Sachwalter dadurch, dass die Kreditgeber der Deckungsmasse den Pfandbriefgläubigern gleichgestellt sind, da innerhalb der Deckungsmasse alle Verbindlichkeiten gleichrangig sind[161]. Insofern sollten Kapitalgeber im Sachwalterverfahren prinzipiell bereit sein, gegen eine marktübliche Verzinsung die nötigen Mittel für die Behebung von Liquiditätsengpässen zur Verfügung zu stellen, solange der Barwert der Deckungsmasse positiv ist[162]. Allgemein könnten aber die Eröffnung der Hauptinsolvenz und die damit verbundene Unsicherheit der beteiligten Marktteilnehmer geeignet sein, insbesondere zu Beginn des Sachwalterverfahrens die Aufnahme finanzieller Mittel zur Behebung eines kurzfristigen Liquiditätsengpasses erschweren. Hiervor sollte die Deckungsmasse wiederum durch den neuen Liquiditätspuffer des § 4 Abs. 1a PfandBG ausreichend geschützt sein.

Der Eintritt der Überschuldung einer Deckungsmasse ist nach Eröffnung der Hauptinsolvenz der weniger wahrscheinliche Fall[163]. Dazu müsste im Öffentlichen Pfandbriefgeschäft bei den Forderungen der Deckungsmasse gegen die öffentliche Hand ein Wertberichtigungsbedarf wegen teilweiser oder ganzer Uneinbringlichkeit entstehen, der durch andere Deckungswerte nicht ausgeglichen werden kann. Im Hypotheken-, Schiffs- und Flugzeugpfandbriefgeschäft müssten die Forderungen der hypothekarischen Deckungswerte wegen des Schutzes durch die Beleihungsgrenze ihren Wert in erheblicher Höhe verlieren oder es müsste in erheblichem Umfang falsch bewertet worden sein, ohne dass dies durch andere Deckungswerte ausgeglichen werden kann. Daneben kann eine Überschuldung in der Deckungsmasse einer jeden Pfandbriefgattung durch eine verfehlte Refinanzierungskongruenz aus Zins- und Währungskursänderungen verursacht werden, deren Ausmaß nicht durch geeignete Sicherungsgeschäfte ausgeschlossen werden konnte und nicht durch andere Deckungswerte ausgeglichen werden kann. Überdies kann eine Überschuldung erst nach Aufzehrung der Überdeckung der Deckungsmasse eintreten.

2. Eröffnungsantrag für das Sonderinsolvenzverfahren

Grundsätzlich haben die Geschäftsleiter eines Kreditinstituts dessen Zahlungsunfähigkeit oder Überschuldung gem. § 46b Abs. 1 Satz 1 KWG unverzüglich bei der BaFin anzuzeigen. Nachdem mit der Bestellung des Sachwalters infolge der Eröffnung der Hauptinsolvenz gem. § 30 Abs. 2 Satz 2 PfandBG das Recht, die Deckungs-

160 Vgl. Bundesregierung, Entwurf eines Gesetzes zur Umsetzung der Richtlinie 2002/47/EG vom 6.6.2002 über Finanzsicherheiten und zur Änderung des Hypothekenbankgesetztes und anderer Gesetze, in: BT-Drucks. 15/1853 vom 29.10.2003, S. 19.
161 Vgl. Müller/Klanke, Deckungsstock-Controlling – mehr Sicherheit für den Pfandbrief, in: I&F 14/2005, S. 510.
162 Vgl. Müller/Klanke, Deckungsstock-Controlling – mehr Sicherheit für den Pfandbrief, in: I&F 14/2005, S. 510.
163 Vgl. Stürner, Die Sicherung der Pfandbrief- und Obligationengläubiger vor einer Insolvenz der Hypothekenbank, 1998, S. 9.

masse zu verwalten auf den Sachwalter übergeht, geht in diesem Fall auch die Anzeigepflicht des § 46b Abs. 1 Satz 1 KWG auf den Sachwalter über.

Der Antrag auf Eröffnung des Sonderinsolvenzverfahrens über eine Deckungsmasse kann gem. § 30 Abs. 6 Satz 2 Halbs. 2 PfandBG wiederum nur von der BaFin gestellt werden (sog. Antragsmonopol). Anträge anderer Gläubiger der Deckungsmasse sind als unzulässig zurückzuweisen[164]. Die BaFin hat nach pflichtgemäßem Ermessen zu entscheiden, ob sie den Sonderinsolvenzantrag stellt. Das Insolvenzgericht kann und muss das Vorliegen der Sonderinsolvenz-Eröffnungsgründe nachprüfen. Die Sonderinsolvenzeröffnung kann von der Pfandbriefbank gem. § 34 Abs. 2 InsO mit sofortiger Beschwerde angefochten werden. Die Ablehnung der Eröffnung des Sonderinsolvenzverfahrens kann die BaFin gem. §§ 6 Abs. 1, 34 Abs. 1 InsO mit sofortiger Beschwerde anfechten. Gegen die Entscheidung über die sofortige Beschwerde findet gem. § 7 InsO die Rechtsbeschwerde statt.

Auch in der Eröffnungsphase der Sonderinsolvenz wirken die Maßnahmen der BaFin, welche diese in Bezug auf eine Deckungsmasse gem. § 30 Abs. 6 Satz 1 PfandBG getroffen hat, fort[165]. Das Insolvenzgericht kann gem. § 21 Abs. 1 Satz 1 InsO ein beschränktes Zahlungsverbot in Bezug auf die Deckungsmasse erlassen, und gem. § 22 Abs. 1 Satz 1 InsO einen vorläufigen Insolvenzverwalter bestellen.

II. Folgen der Sonderinsolvenzeröffnung für Pfandbriefverbindlichkeiten und eingetragene Deckungswerte

Nach Eröffnung der Sonderinsolvenz haben die Pfandbriefgläubiger ihre Forderungen gegenüber der insolventen Deckungsmasse, die eine Sonderinsolvenzmasse bildet, als Sonderinsolvenzgläubiger gem. § 174 InsO anzumelden[166]. Dabei unterliegen die Kapital- und Zinsforderungen der Pfandbriefgläubiger, die Hypothekar-, Staats-, Schiffs- und Flugzeugkredite und weiteren Deckungswerte der Deckungsmasse der jeweils betroffenen Pfandbriefgattung demselben Schicksal.

Mit Eröffnung des Sonderinsolvenzverfahrens über das Vermögen einer Deckungsmasse werden alle durch diese gedeckten Pfandbriefe gem. § 41 Abs. 1 InsO fällig gestellt[167]. In der Folge kann von den Pfandbriefgläubigern ohne Rücksicht auf die Laufzeit die Rückzahlung des Nennwert der Pfandbriefe verlangt werden[168]. Die Gesamtfälligstellung ist in der Folge für den jeweiligen Pfandbriefgläubiger positiv,

---

164 Vgl. Boos/Fischer/Schulte-Mattler, KWG, 3. Auflage, 2008, § 46b Rdn. 11.
165 Siehe unten 5. Teil, § 19, C.
166 Vgl. Stürner, Die Sicherung der Pfandbrief- und Obligationengläubiger vor einer Insolvenz der Hypothekenbank, 1998, S. 60.
167 Vgl. Uhlenbruck, InsO, 12. Auflage, 2003, § 41 Rdn. 3.
168 Vgl. Seitz/Maier/Burmeister, Fallstudie: Sicherungsmechanismus für Pfandbriefgläubiger und Möglichkeiten des Einschreitens der Aufsichtsbehörde im Fall einer (drohenden) Insolvenz der Pfandbriefbank, in: in: VÖB, Deutscher Pfandbrief 2006 – Aktuelle Entwicklungen und internationaler Vergleich, 2006, S. 68.

der den Pfandbrief unter pari erworben hat bzw. für denjenigen Pfandbriefgläubiger negativ, der den Pfandbrief über pari erworben hat.

Die bis zur Eröffnung des Sonderinsolvenzverfahrens bzw. bis zur Gesamtfälligstellung gem. § 41 Abs. 1 InsO entstandenen Zinsansprüche der Pfandbriefgläubiger sind Sonderinsolvenzforderungen. Zinsen nach Eröffnung des Sonderinsolvenzverfahrens werden gem. § 39 Abs. 1 Nr. 1 InsO als nachrangige Forderungen berichtigt[169]. Diese dürfen insofern erst nach der Erfüllung der Rückzahlungsansprüche und den Zinsansprüchen, die bis zur Eröffnung des Sonderinsolvenzverfahrens entstanden sind, sowie den Ansprüchen von gem. § 4 Abs. 3 PfandBG aus als Deckung verwendeten Derivategeschäften erfüllt werden. Anzumelden sind die nachrangigen Zinsansprüche gem. § 174 Abs. 3 Satz 1 InsO nur, soweit das Insolvenzgericht besonders zur Anmeldung dieser Forderungen auffordert.

Unklar war nach alter Rechtslage, ob ein Insolvenzverwalter bzw. der Sonderinsolvenzverwalter die Rückzahlung der Hypothekar-, Staats-, Schiffs- und neuerdings Flugzeugkredite der Deckungsmasse verlangen kann. Ihm steht grundsätzlich das Wahlrecht des § 103 InsO zu[170]. Fraglich war allerdings, ob er durch Ablehnung der Erfüllung bzw. der weiteren Überlassung der Kredite den Rückzahlungsanspruch auslösen kann[171]. Seit der Aufgabe der Erlöschenstheorie beschränkt sich die Wirkung des § 103 InsO allgemein auf die Ausschließung der Durchsetzbarkeit eines nicht vollständig erfüllten gegenseitigen Anspruchs gegenüber der Insolvenzmasse[172]. Vor diesem Hintergrund sollte die Insolvenz des Kreditgebers den Kreditvertrag nach einer Ansicht unberührt lassen, da mit der Auszahlung der Kreditvaluta die Hauptleistungspflicht des Kreditgebers erfüllt ist[173]. Dagegen sollte nach einer anderen Auffassung das Wahlrecht des § 103 InsO auch nach Valutierung des Kredits zur Verfügung stehen, da neben der Auszahlungsverpflichtung von einer Belassenspflicht des Kreditgebers ausgegangen wird, die im Zeitpunkt der Insolvenzeröffnung noch nicht vollständig erfüllt ist[174]. Diese Ansicht wollte den Rechtsgedanken, dass nach Gebrauchsüberlassung vor Insolvenzeröffnung der Insolvenzverwalter das gem. § 108 Abs. 1 Satz 1 InsO fortbestehende Mietverhältnis nach den allgemeinen Vorschriften kündigen kann, auf den Kreditvertrag übertragen[175]. Höchstrichterliche Rechtsprechung existiert zu dieser Frage nicht. Mit Inkrafttre-

---

169 Vgl. Uhlenbruck, InsO, 12. Auflage, 2003, § 39 Rdn. 5.
170 Vgl. Uhlenbruck, InsO, 12. Auflage, 2003, § 103 Rdn. 21; a.A. K. Schmidt, Darlehen, Darlehensversprechen und Darlehenskrediteröffnung im Konkurs, in: JZ, 1976, S. 756 ff.; Huber, in: MüKo, InsO, 2. Auflage, 2008, § 103 InsO Rdn. 69.
171 Vgl. Pannen/Wolff, ABS-Transaktionen in der Insolvenz des Originators, in: ZIP 2/2006, S. 55.
172 Vgl. BGHZ 150, 353 = WM 2002, 1199.
173 Vgl. Huber, in: MüKo, InsO, 2. Auflage, 2008, § 103 Rdn. 69; Wimmer/Wegener, InsO, 3. Auflage, 2002, § 103 Rdn. 6; ähnlich: K. Schmidt, Darlehen, Darlehensversprechen und Darlehenskrediteröffnung im Konkurs, JZ 1976, S. 756 ff.
174 Vgl. noch zur alten Rechtslage: Palandt, BGB, 66. Auflage, 2007, § 488 Rdn. 7, 10; Berger, in: MüKo, BGB, Bd. 3, 4. Auflage, 2004, § 488 Rdn. 31.
175 Vgl. BT-Drucks. 12/2443, S. 146; Engert/Schmidl, Verkaufte Darlehen in der Insolvenz des Darlehensgebers, WM 2/2005, S. 65 f.; Uhlenbruck, InsO, 12. Auflage, 2003, § 108 Rdn. 26.

ten des Gesetzes zur Vereinfachung des Insolvenzverfahrens am 1.7.2007 ist durch Einführung des § 108 Abs. 2 BGB die diesbezügliche Rechtsunsicherheit beseitigt worden, die insbesondere am Kapitalmarkt zu Risikoaufschlägen führte und damit die Refinanzierungskosten erhöhte[176]. Seither ist klargestellt, dass ein vom Schuldner als Darlehensgeber eingegangenes Darlehensverhältnis mit Wirkung für die Insolvenzmasse fortbesteht, soweit dem Darlehensnehmer der geschuldete Gegenstand zur Verfügung gestellt wurde[177]. Im Fall der Insolvenz eines Kreditinstituts bzw. einer Sondervermögensmasse hat die Regelung den Vorteil, dass durch den Insolvenzverwalter bzw. Sonderinsolvenzverwalter nicht zahlreiche Darlehensverträge außerhalb der darlehensrechtlichen Kündigungsmöglichkeiten beendet werden können[178]. Andernfalls wäre zu befürchten, dass einige Darlehensnehmer selbst in Zahlungsschwierigkeiten geraten, wenn sie nach Beendigung des Darlehens nicht kurzfristig eine Umschuldung erreichen können.

Derivate sind nach § 104 Abs. 2 InsO dem Wahlrecht des Sonderinsolvenzverwalters nach § 103 InsO entzogen. Mit Eröffnung des Sonderinsolvenzverfahrens werden schwebende Derivategeschäfte der Deckungsmasse beendet und durch einen Ausgleichsanspruch ersetzt. Die Berechnung des Ausgleichsanspruchs ist in § 104 Abs. 3 InsO geregelt[179]. In einem Rahmenvertrag zusammengefasste Derivate sind gem. § 104 Abs. 2 Satz 3 InsO als gegenseitiger Vertrag zu behandeln, weshalb alle noch nicht erfüllten Ansprüche aus in einem Rahmenvertrag zusammengefassten Derivaten saldiert werden[180].

III. Die Stellung der Pfandbriefgläubiger im Sonderinsolvenzverfahren

Im Fall der Eröffnung des Sonderinsolvenzverfahrens über das Vermögen einer Deckungsmasse hat das Insolvenzgericht einen Sonderinsolvenzverwalter zu bestellen[181]. Alternativ kann das Insolvenzgericht auf Antrag des Sachwalters im Rahmen der Sonderinsolvenzverwaltung eine Eigenverwaltung der Deckungsmasse anordnen[182].

---

176 Vgl. Gesetz zur Vereinfachung des Insolvenzverfahrens, BGBl. I 2007, 509; Gesetzentwurf der Bundesregierung, Entwurf eines Gesetzes zur Vereinfachung des Insolvenzverfahrens, BGBl. I 2007/Nr. 13 vom 17.4.2007.

177 Vgl. Gesetzentwurf der Bundesregierung, Entwurf eines Gesetzes zur Vereinfachung des Insolvenzverfahrens, BGBl. I 2007/Nr. 13 vom 17.4.2007, S. 36; Sterndal, Das Gesetz zur Vereinfachung des Insolvenzverfahrens, in: NJW, 2007, S. 1913.

178 Vgl. Gesetzentwurf der Bundesregierung, Entwurf eines Gesetzes zur Vereinfachung des Insolvenzverfahrens, BGBl. I 2007/Nr. 13 vom 17.4.2007, S. 36.

179 Vgl. Obermüller, Insolvenzrecht in der Bankpraxis, 7. Auflage, 2007, para. 8.280.

180 Vgl. Uhlenbruck, InsO, 12. Auflage, 2003, § 104 Rdn. 25 ff.; Braun, InsO, 3. Auflage, 2007, § 104 Rdn. 10. Die wichtigsten Rahmenverträge sind der deutsche „Rahmenvertrag für Finanztermingeschäfte 1993" und der Standardvertrag der „International Swaps and Derivatives Association", sog. ISDA master agreement 1992.

181 Vgl. Bundesregierung, Entwurf eines Gesetzes zur Umsetzung der Richtlinie 2002/47/EG vom 6.6.2002 über Finanzsicherheiten und zur Änderung des Hypothekenbankgesetztes und anderer Gesetze, in: BT-Drucks. 15/1853 vom 29.10.2003, S. 20.

182 Vgl. Bundesregierung, Entwurf eines Gesetzes zur Umsetzung der Richtlinie 2002/47/EG vom 6.6.2002 über Finanzsicherheiten und zur Änderung des Hypothekenbankgesetztes und an-

1. Bestellung eines Sonderinsolvenzverwalters

Mit der Ernennung des Sonderinsolvenzverwalters geht die Verwaltungs- und Verfügungsbefugnis über die Sonderinsolvenzmasse gem. § 90 Abs. 1 InsO auf den Sonderinsolvenzverwalter über. Dem Gericht ist freigestellt, ggf. den Sachwalter der Deckungsmasse zum Sonderinsolvenzverwalter zu ernennen[183].

Mit der Eröffnung des Sonderinsolvenzverfahrens endet die Tätigkeit des Sachwalters als Verwalter der Deckungsmasse im Sachwaltungsverfahren[184]. Ebenso endet mit der Eröffnung des Sonderinsolvenzverfahrens das Amt des Treuhänders der Deckungsmasse. Der Treuhänder hat die Deckungsmasse dem Sonderinsolvenzverwalter auszuhändigen. Mit der Sonderinsolvenzeröffnung dürfte auch die Kompetenz der BaFin zum Erlass von Verfügungen entfallen[185]. Zwar wirken Maßnahmen der BaFin im Eröffnungsverfahren der Sonderinsolvenz zunächst fort, jedoch verdrängen insolvenzgerichtliche Anordnungen etwaige administrative Akte der BaFin. Die BaFin bleibt gegenüber dem Sonderinsolvenzverwalter und dem Insolvenzgericht zur Auskunft und Unterrichtung berechtigt.

Aufgabe des Sonderinsolvenzverwalters ist, das Vermögen der insolventen Deckungsmasse zu realisieren und den erzielten Liquidationserlös an die Pfandbriefgläubiger sowie die sonstigen Gläubiger der Deckungsmasse (Derivategeschäftspartner, etwaige Kreditgeber eines Überbrückungskredits, etc.) zu verteilen[186]. Der Sonderinsolvenzverwalter hat bei der Verwaltung der Sonderinsolvenzmasse als „mehrseitig fremdbestimmter" Treuhänder auch die Interessen der Pfandbriefgläubiger zu wahren[187]. Das Sonderinsolvenzverfahren erfasst gem. § 35 Abs. 1 InsO das gesamte Vermögen der Deckungsmasse, das dieser zum Zeitpunkt der Eröffnung des Sonderinsolvenzverfahrens gehört, und das sie während diesem erlangt. Die Sonderinsolvenzmasse ist gem. § 29 Satz 1 und 2 PfandBG weiter vor der Einzelzwangsvollstreckung, dem Arrest und der Aufrechnung durch sonstige Gläubiger geschützt. Darüber hinaus ist die Deckungsmasse ohnehin gem. § 89 InsO vor der Einzelzwangsvollstreckung geschützt. Für die Aufteilung von in das Deckungs-

---

derer Gesetze, in: BT-Drucks. 15/1853 vom 29.10.2003, S. 20; Koppmann, Die besondere Sicherheit des Pfandbriefs in der Insolvenz der Pfandbriefbank, WM, 7/2006, S. 310.

183 Vgl. Seitz/Maier/Burmeister, Fallstudie: Sicherungsmechanismus für Pfandbriefgläubiger und Möglichkeiten des Einschreitens der Aufsichtsbehörde im Fall einer (drohenden) Insolvenz der Pfandbriefbank, in: VÖB, Deutscher Pfandbrief 2006 – Aktuelle Entwicklungen und internationaler Vergleich, 2006, S. 68.

184 Vgl. Bundesregierung, Entwurf eines Gesetzes zur Umsetzung der Richtlinie 2002/47/EG vom 6.6.2002 über Finanzsicherheiten und zur Änderung des Hypothekenbankgesetztes und anderer Gesetze, in: BT-Drucks. 15/1853 vom 29.10.2003, S. 20.

185 Vgl. Stürner, Die Sicherung der Pfandbrief- und Obligationengläubiger vor einer Insolvenz der Hypothekenbank, 1998, S. 93.

186 Vgl. Seitz/Maier/Burmeister, Fallstudie: Sicherungsmechanismus für Pfandbriefgläubiger und Möglichkeiten des Einschreitens der Aufsichtsbehörde im Fall einer (drohenden) Insolvenz der Pfandbriefbank, in: VÖB, Deutscher Pfandbrief 2006 – Aktuelle Entwicklungen und internationaler Vergleich, 2006, S. 68.

187 Vgl. Stürner, Die Sicherung der Pfandbrief- und Obligationengläubiger vor einer Insolvenz der Hypothekenbank, 1998, S. 93.

register eingetragenen Werten zwischen der Insolvenzmasse und dem Sonderinsolvenzvermögen ist gem. § 30 Abs. 6 Satz 3 PfandBG die Beweislastregelung zur Herausgabe einer offensichtlichen Überdeckung gem. § 30 Abs. 4 PfandBG entsprechend anzuwenden.

Die Realisierung der Deckungsmasse sowie die anschließende Erlösverteilung erfolgt durch den Sonderinsolvenzverwalter. Dabei berechtigen Werte i.S.d. § 30 Abs. 3 PfandBG, die zur Insolvenzmasse gehören gem. § 30 Abs. 6 Satz 5 PfandBG den Sonderinsolvenzverwalter zur Aussonderung nach § 47 InsO.

Die Gläubigerversammlung kann den Sonderinsolvenzverwalter gem. § 157 Satz 2 InsO beauftragen einen Insolvenzplan auszuarbeiten. Im Rahmen eines Insolvenzplanverfahrens (§§ 217 ff. InsO) ist ein Rechtsverzicht der Pfandbriefgläubiger hinsichtlich ihrer Rückzahlungs- und Zinsforderungen grundsätzlich zulässig[188].

Die einfachste Form der Realisierung des Vermögens einer insolventen Deckungsmasse stellt der Verkauf der Aktiva ohne Übertragung der Passiva an einen Dritten dar. Aus dem Veräußerungserlös sind die Gläubiger der Deckungsmasse sowie aus einem etwaigen „Übererlös" die übrigen bzw. ungedeckten Gläubiger der Pfandbriefbank zu befriedigen[189]. Je nach Bedeutung der Verwertungshandlung ist ggf. gem. § 160 InsO die Zustimmung des Gläubigerausschusses oder der Gläubigerversammlung erforderlich. Das Insolvenzgericht kann auf Antrag der Pfandbriefbank oder von Gläubigern der Deckungsmasse die Veräußerung von Deckungswerten gem. § 161 InsO vorläufig untersagen und einen Beschluss der Gläubigerversammlung herbeiführen.

Die Übertragung der Deckungsmasse in ihrer Gesamtheit auf eine nahe stehende Person i.S.d. § 162 Abs. 1 Nr. 1 InsO setzt in der Sonderinsolvenz die Zustimmung der Gläubigerversammlung voraus[190]. Bei glaubhaft gemachter unterwertiger Veräußerung auch an eine Dritten kann das Insolvenzgericht gem. § 163 InsO anordnen, dass die Übertragung der gesamten insolventen Deckungsmasse nur mit Zustimmung der Gläubigerversammlung zulässig ist. Ein Verstoß gegen die §§ 160 bis 163 InsO hat allerdings gem. § 164 InsO keine Außenwirkung, d.h. die Wirksamkeit der Handlung des Sonderinsolvenzverwalters wird nicht berührt.

Nach „Vorweg"-Befriedigung der Masseverbindlichkeiten (§ 53 InsO), Kosten des Sonderinsolvenzverfahrens (§ 54 InsO) und sonstigen Masseverbindlichkeiten (§ 55 InsO) ist der Verwertungserlöse an die Pfandbriefgläubiger, Derivategeschäftspartner und sonstigen Gläubiger zu verteilen[191]. Die gleichzeitige Fälligkeit der An-

---

188 Vgl. Stürner, Die Sicherung der Pfandbrief- und Obligationengläubiger vor einer Insolvenz der Hypothekenbank, 1998, S. 116.

189 Vgl. Stürner, Die Sicherung der Pfandbrief- und Obligationengläubiger vor einer Insolvenz der Hypothekenbank, 1998, S. 100.

190 Nachdem mit der isolierten Veräußerung der Aktivmasse durch den Sonderinsolvenzverwalter das Pfandbriefgeschäft insoweit endet, dürfte die Problematik des § 613a BGB entfallen. Ganz sicher ist aber selbst in diesem Fall nicht. Vgl. Stürner, Die Sicherung der Pfandbrief- und Obligationengläubiger vor einer Insolvenz der Hypothekenbank, 1998, S. 100.

191 Vgl. Gottwald, Insolvenzrecht Handbuch, § 54 Rdn. 1.

sprüche der Gläubiger der Deckungsmasse wird in der Regel eine quotale Befriedigung ihrer Forderungen in Rahmen der Abschlagszahlungen und der Schlussverteilung bedingen[192].

2. Anordnung der Eigenverwaltung

Alternativ zur Ernennung eines Sonderinsolvenzverwalters kann das Insolvenzgericht die Eigenverwaltung der insolventen Deckungsmasse (§§ 270 ff. InsO) anordnen[193]. Wie das Insolvenzplanverfahren stellt auch die Eigenverwaltung ein Verfahren dar, welches Alternativen zur Regelabwicklung durch Realisierung der Vermögensgegenstände des Schuldners aufzeigt. Die Eigenverwaltung empfiehlt sich grundsätzlich bei besonderer Sachkunde und Zuverlässigkeit der bisherigen Geschäftsleitung des Gemeinschuldners. Gerade in der Insolvenz der Deckungsmasse liegt die Anordnung der Eigenverwaltung besonders nahe, da das Insolvenzgericht schon im Vorfeld einen Sachwalter gem. § 30 Abs. 2 Satz 1 PfandBG ernannt hat, der die Deckungsmasse nach Eröffnung der Hauptinsolvenz und bis zur Eröffnung der Sonderinsolvenz verwaltet.

Die Eigenverwaltung sieht ein verwalterloses Verfahren vor, in welchem der Gemeinschuldner, d.h. die Deckungsmasse, die Verwaltungs- und Verfügungsbefugnis behält (§§ 274 ff. InsO). Der Gemeinschuldner bleibt mit seinen Organen grundsätzlich verfügungs- und vertretungsbefugt und erfüllt die gesetzlichen Verwalterpflichten. Auf die Sonderinsolvenz übertragen bedeutet dies, dass der Sachwalter der Deckungsmasse in der Eigenverwaltung hinsichtlich des Vermögens der Deckungsmasse verfügungs- und verwaltungsbefugt bleibt.

Zum Schutz der Gläubiger ist in der Eigenverwaltung ein Sachwalter bzw. Sonderinsolvenzsachwalter zu bestellen. Diesem obliegt insbesondere die Überwachung der Geschäftsführung des Gemeinschuldners, d.h. in der Sonderinsolvenz die Überwachung des Sachwalters der Deckungsmasse. Die Entscheidungen über die Verwertung der Sonderinsolvenzmasse trifft dann der Sachwalter der Deckungsmasse unter der Aufsicht des Sonderinsolvenzsachwalters. Der Sonderinsolvenzsachwalter unterscheidet sich vom Sachwalter der Deckungsmasse gem. § 30 Abs. 2 Satz 1 PfandBG dadurch, dass er nur die Aufsichtsbefugnisse der §§ 274 ff. InsO inne hat. Das Eigenverwaltungsverfahren kann mit einem Insolvenzplanverfahren verknüpft werden. Dazu stellt § 284 Abs. 1 Satz 1 InsO klar, dass der Auftrag der Gläubigerversammlung zur Ausarbeitung eines Insolvenzplans an den Sonderinsolvenzsachwalter oder an den Gemeinschuldner, d.h. die Deckungsmasse, gerichtet werden kann[194].

---

192 Vgl. Stürner, Die Sicherung der Pfandbrief- und Obligationengläubiger vor einer Insolvenz der Hypothekenbank, 1998, S. 102.
193 Vgl. Bundesregierung, Entwurf eines Gesetzes zur Umsetzung der Richtlinie 2002/47/EG vom 6.6.2002 über Finanzsicherheiten und zur Änderung des Hypothekenbankgesetztes und anderer Gesetze, in: BT-Drucks. 15/1853 vom 29.10.2003, S. 20. Zur Eigenverwaltung ausführlich: Gottwald, Insolvenzrechts Handbuch, § 72 ff.
194 Vgl. Gottwald, Insolvenzrechts Handbuch, § 72 Rdn. 3.

IV. Teilnahme am Hauptinsolvenzverfahren – Ausfallhaftung

Die Pfandbriefbank bleibt auch nach der Sonderung der Deckungsmasse vom sonstigen Vermögen der Pfandbriefbank während des Sachwalter- und Sonderinsolvenzverfahrens Rechtsträgerin der Deckungsmasse und damit weiterhin zur Erfüllung der Pfandbriefverbindlichkeiten verpflichtet. Dies ist die Grundlage dafür, dass die Pfandbriefgläubiger ihren Ausfall in der Sonderinsolvenz gem. § 30 Abs. 6 Satz 4 Halbs. 1 PfandBG im Hauptinsolvenzverfahren geltend machen können[195]. Die Insolvenzquote der übrigen Insolvenzgläubiger der Pfandbriefbank kann demnach um eine etwaige Ausfallhaftung zu Gunsten der Pfandbriefgläubiger reduziert werden. Für die Ausfallhaftung der Insolvenzmasse gelten gem. § 30 Abs. 6 Satz 4 Halbs. 2 PfandBG die Vorschriften für Absonderungsberechtigte entsprechend, so dass die Pfandbriefgläubiger am Hauptinsolvenzverfahren wie ausgefallene absonderungsberechtigte Gläubiger teilnehmen[196].

Nach den Vorschriften für Absonderungsberechtigte haben die Pfandbriefgläubiger gem. § 190 Abs. 1 Satz 1 InsO spätestens innerhalb der Ausschlussfrist von zwei Wochen nach der öffentlichen Bekanntmachung des Verteilungsverzeichnisses des §§ 189 Abs. 1, 188 Satz 3 InsO dem Insolvenzverwalter nachzuweisen, in welcher Höhe sie ausgefallen sind. Dabei genügt es zur Berücksichtigung bei einer Abschlagsverteilung gem. § 190 Abs. 2 InsO, wenn die Pfandbriefgläubiger dem Verwalter nachweisen, dass die Realisierung der Deckungsmasse betrieben wird und der Betrag des mutmaßlichen Ausfalls gem. § 294 ZPO glaubhaft gemacht wird[197]. Der auf die ausgefallene Forderung der Pfandbriefgläubiger entfallende Anteil wird dann gem. § 190 Abs. 2 Satz 2 InsO zurückbehalten. Können die Pfandbriefgläubiger bei der Schlussverteilung nicht nachweisen, in welcher Höhe sie ausgefallen sind bzw. ausfallen werden, so wird der zurückbehaltene Anteil gem. § 190 Abs. 2 Satz 3 PfandBG für die Schlussverteilung frei[198]. Nach Vollzug der Schlussverteilung beschließt das Insolvenzgericht gem. § 200 Abs. 1 InsO die Aufhebung des Insolvenzverfahrens. Danach können die Pfandbriefgläubiger etwaige verbleibende Forderungen gem. § 201 Abs. 1 InsO gegenüber der Pfandbriefbank geltend machen.

---

195 Vgl. Bundesregierung, Entwurf eines Gesetzes zur Umsetzung der Richtlinie 2002/47/EG vom 6.6.2002 über Finanzsicherheiten und zur Änderung des Hypothekenbankgesetztes und anderer Gesetze, in: BT-Drucks. 15/1853 vom 29.10.2003, S. 19.

196 Vgl. Stürner/Kern, Deutsche öffentliche Pfandbriefe und japanische Deckungswerte, 2006, S. 13.

197 Vgl. Uhlenbruck, InsO, 12. Auflage, 2003, § 191 Rdn. 9.

198 Vgl. Uhlenbruck, InsO, 12. Auflage, 2003, § 191 Rdn. 9.

2. Abschnitt: Das vorrangige Befriedigungsrecht des UK Covered Bond

Die strukturelle Grundlage des vorrangigen Befriedigungsrechts wird beim UK covered bond durch die Vollrechtsübertragung der Deckungswerte auf einen selbständigen Rechtsträger geschaffen. Erforderlich ist darüber hinaus die Herstellung einer besonderen dinglichen Verbindung zwischen den UK covered bonds und der Deckungsmasse bzw. den Deckungswerten, um auf diese Weise die besondere Sicherheit der Deckungswerte an die Schuldverschreibungsgläubiger weiter zu leiten.

§ 16 Die Bindung der Sicherheit des UK Covered Bond an die Deckungsmasse bzw. Deckungswerte

Die Verbindung der UK covered bonds mit der Deckungsmasse bzw. den Deckungswerten wird schuldrechtlich durch eine sog. covered bond-Garantie der UK covered bond LLP für die Verbindlichkeiten des Emittenten aus den UK covered bonds, d.h. die Rückzahlungs- und Zinsverbindlichkeiten sowie dinglich durch die Verpfändung der einzelnen Deckungswerte sowie des gesamten Vermögens der LLP zur Sicherung der garantierten Verbindlichkeiten sowie aller übrigen Verbindlichkeiten der LLP erreicht[199]. Für die Verpfändung ist ein flexibler Sicherheitsmechanismus erforderlich, der einerseits die sachenrechtlichen Wirksamkeitserfordernisse (z.B. Bestellung, Publizität, Anzeigepflichten, etc.) gewährleistet und andererseits den revolvierenden bzw. dynamischen Charakter der Deckungsmasse berücksichtigt bzw. der LLP ermöglicht, über die Deckungswerte zu verfügen. Um dies zu erreichen, wird mit einer sog. fixed und floating charge eine Sicherheitenstruktur aus der Kreditsicherungspraxis bei Kapitalgesellschaften zur Beleihung von Buchforderungen (*book debts*) nutzbar gemacht.

A. Die Covered Bond-Garantie

Die covered bond-Garantie begründet eine schuldrechtliche Verbindung zwischen den Schuldverschreibungsgläubigern und der UK covered bond LLP als Inhaberin der Deckungswerte. Im Rahmen der covered bond-Garantie verpflichtet sich die LLP gegenüber dem Schuldverschreibungstreuhänder, zu Gunsten der covered bond-Gläubiger für die Verbindlichkeiten des Emittenten und/oder der Muttergesellschaft als Hauptschuldner der UK covered bonds einzustehen. Die covered bond-Garantie ist Bestandteil des Schuldverschreibungstreuhandvertrags (*trust deed*). Die

199 Sog. two stage default scenario. Vgl. Balai/Witthacker/Grossman, United Kingdom, in: Golin, Covered Bonds beyond Pfandbriefe, p. 195.

Einstandspflicht der LLP unter der covered bond-Garantie setzt als Garantiefall den Eintritt eines Zahlungsausfalls oder eines sonstigen Kreditereignisses beim Emittenten (*issuer event of default*) voraus. Zur Durchsetzung der covered bond-Garantie sind die Gesamtfälligstellung der UK covered bonds durch den Schuldverschreibungstreuhänder gegenüber dem Emittenten (*issuer acceleration notice*) und eine Zahlungsaufforderung gegenüber der LLP (*LLP notice to pay*) erforderlich. Die UK covered bonds begründen somit bis zur Durchsetzung der covered bond-Garantie ausschließlich Zins- und Rückzahlungsansprüche des Emittenten, die, für den Fall, dass der Emittent eine Finanzierungstochtergesellschaft ist, von der Muttergesellschaft des Emittenten zusätzlich gesamtschuldnerisch garantiert werden (sog. group guarantee). Erst nach einer Zahlungsaufforderung ist die LLP neben dem Emittenten und/oder der Muttergesellschaft zur Erfüllung der Zins- und Rückzahlungsansprüche aus den UK covered bonds verpflichtet. Der Emittent und/oder die Muttergesellschaft bleibt neben der LLP weiter verpflichtet die ihm gegenüber gesamtfällig gestellten Zins- und Rückzahlungsansprüche unter den UK covered bonds zu erfüllen.

Der Zahlungsanspruch gegenüber der UK covered bond LLP stellt eine unmittelbare, bedingungslose und selbstschuldnerische Verbindlichkeit der LLP gegenüber dem Schuldverschreibungstreuhänder zu Gunsten der UK covered bond-Gläubiger dar. Gerichtliche Maßnahmen gegenüber dem Emittenten und/oder der Muttergesellschaft zur Durchsetzung der Ansprüche aus den UK covered bonds sind vor der Inanspruchnahme der LLP nicht erforderlich[200]. Der LLP stehen nur etwaige Einreden und Einwendungen des Emittenten aus den zu Grunde liegenden gedeckten Schuldverschreibungen zu[201]. Zahlungsverpflichtungen unter der covered bond-Garantie hat die LLP spätestens zwei Geschäftstage nach Zugang der entsprechenden Zahlungsaufforderung zu erfüllen.

I. Der Garantiefall der Covered Bond-Garantie

Der Garantiefall der covered bond-Garantie tritt mit Zahlungsausfall des Emittenten oder mit dem Eintritt eines sonstigen Kreditereignisses beim Emittenten und/oder der Muttergesellschaft ein (sog. event of default). Als Kreditereignis sieht die covered bond-Garantie in den untersuchten UK covered bond-Programmen überwiegend übereinstimmend den Eintritt und das Fortbestehen der folgenden Kreditereignisse vor:

- den Zahlungsausfall des Emittenten und/oder der Muttergesellschaft in Bezug auf Zins- und Rückzahlungsverpflichtungen unter den UK covered bonds, es sei denn es steht zur Überzeugung des Schuldverschreibungstreuhänders fest, dass

200 Die Einrede der Vorausklage steht der LLP aufgrund des selbstschuldnerischen Charakters der covered bond-Garantie nicht zu.

201 Vgl. Moschi v. Lep Air Services Ltd. [1973] AC 331, 347; Hapgood, Paget's Law of Banking, 2003, p. 701 para. 33.2.

(i) der Zahlungsausfall auf einem technischen Defekt oder Fehler beruht, (ii) dem Emittenten und/oder der Muttergesellschaft die erforderlichen Zahlungsmittel zur Verfügung stehen und (iii) die Zahlung innerhalb von drei Geschäftstagen nach Eintritt der Fälligkeit erfolgt[202];

- eine sonstige Vertragspflichtverletzung des Emittenten und/oder der Muttergesellschaft unter den UK covered bonds, dem Schuldverschreibungstreuhandvertrag oder einem anderen Vertrag des UK covered bond-Programms, die nach einer schriftlichen Anzeige mit der Aufforderung die Vertragsverletzung zu beheben, weitere 30 Tage fortbesteht oder nicht behoben wird;
- den gerichtlichen Beschluss bzw. den Beschluss der Gesellschaft zur Liquidation (*liquidation order*), Insolvenzeröffnung (*winding up order*), oder vorläufigen Insolvenzeröffnung (*sequestration*) über das Vermögen des Emittenten und/oder der Muttergesellschaft, außer dieser erfolgt im Rahmen einer Sanierung (*reconstruction or amalgamation*), zu der die UK covered bond-Gläubiger mit einem außerordentlichen Beschluss der Gläubigerversammlung (*extraordinary resolution*) ihre Zustimmung erteilt haben[203];
- die Einstellung der Geschäftstätigkeit (*cessation of trading*) des Emittenten und/ oder der Muttergesellschaft, außer diese erfolgt im Rahmen einer Sanierung, zu der die UK covered bond-Gläubiger mit einem außerordentlichen Beschluss der Gläubigerversammlung ihre Zustimmung erteilt haben;
- die Einleitung eines Verfahrens über das Vermögen des Emittenten und/oder der Muttergesellschaft zur Liquidation, Insolvenz, vorläufigen Insolvenz, Sanierung (*reorganisation, composition, reconstruction or amalgamation*) oder einem ähnlichen Zweck (*administration*) durch Dritte, außer im Rahmen einer Sanierung, zu der die UK covered bond-Gläubiger mit einem außerordentlichen Beschluss der Gläubigerversammlung ihre Zustimmung erteilt haben;
- die Bestellung eines Zwangsverwalters (*receiver or administrator*), Treuhänders oder eines vergleichbaren Amtsträgers über das gesamte Vermögen oder einzelne Teile des Vermögens des Emittenten und/oder der Muttergesellschaft mit einem Wert von über GBP 15 Mio., oder die Einleitung eines Zwangsvollstreckungs- oder Arrestverfahrens (*distress, diligence, execution*) in Bezug auf das gesamte Vermögen oder einzelne Teile des Vermögens des Emittenten und/oder der Muttergesellschaft mit einem Wert von über GBP 15 Mio., wenn die entsprechenden Verbindlichkeiten des Emittenten und/oder der Muttergesellschaft nicht innerhalb von 30 Tagen nach Einleitung des Verfahrens erfüllt sind[204];

---

202 Alternativ ist zum Teil vorgesehen, dass ein Kreditereignis eintritt, wenn der Emittent und/oder die Muttergesellschaft mit ihrer Rückzahlungspflicht sieben Tage in Verzug bzw. mit ihrer Zinszahlungspflicht 14 Tage in Verzug ist (sog. grace period).

203 Zum Begriff der liquidation, winding up, administration, sequestration, reconstruction, amalgamation, receiver und administrator siehe unten 4. Teil, 2. Abschnitt, § 17, A.

204 In Abhängigkeit von der Größe des Emittenten tritt dieses Kreditereignis zum Teil erst ein, wenn das Vermögen des Emittenten in einer Höhe von GBP 50 Mio. betroffen ist.

- die Einleitung eines Verfahrens über das Vermögen des Emittenten und/oder der Muttergesellschaft zur Liquidation, Insolvenz, vorläufigen Insolvenz, Sanierung oder einem ähnlichen Zweck durch den Emittenten und/oder die Muttergesellschaft oder die Übertragung bzw. Abtretung (*conveyance, assigment or assignation*) von Vermögensgegenständen an die jeweiligen Gläubiger bzw. eine entsprechende Sanierungsvereinbarung (*composition*) mit diesen;
- die Zahlungsunfähigkeit des Emittenten und/oder der Muttergesellschaft gem. sec. 123(1)(b) bis (e) und 123(2) IA 1986, bzw. die Erklärung der Zahlungsunfähigkeit, oder der Emittent und/oder die Muttergesellschaft für zahlungsunfähig befunden wird;
- die Unwirksamkeit der covered bond-Garantie;
- die Verletzung des asset coverage test; oder
- ggf. die Verletzung des pre-maturity test weniger als sechs Monate vor Laufzeitende einer UK covered bond-Serie, die endfällig insgesamt zu tilgen ist, wenn die UK covered bond LLP die Verletzung nicht innerhalb von zehn Geschäftstagen oder dem jeweiligen Fälligkeitstag der betroffenen Serie geheilt hat[205].

II. Durchsetzung und Einstandspflicht der Covered Bond-Garantie

Der Zahlungsausfall bzw. Eintritt eines sonstigen Kreditereignisses beim Emittenten und/oder der Muttergesellschaft berechtigt den Schuldverschreibungstreuhänder gegenüber dem Emittenten die UK covered bonds gesamtfällig zu stellen. Eine Verpflichtung des Schuldverschreibungstreuhänders zur Gesamtfälligstellung gegenüber dem Emittenten besteht in einzelnen Programmen nur im Fall des Verzugs mit Zins- und Rückzahlungsverpflichtungen und bei Zahlungsunfähigkeit. Ansonsten steht nach einem Zahlungsausfall bzw. sonstigen Kreditereignis die Gesamtfälligstellung der UK covered bonds gegenüber dem Emittenten grundsätzlich im Ermessen des Schuldverschreibungstreuhänders. Dabei ist teilweise bei weniger kritischen Kreditereignissen (z.B. einer sonstigen Pflichtverletzungen in Bezug auf die Schuldverschreibungen oder einen anderen Vertrag des UK covered bond-Programms) vereinbart, dass der Schuldverschreibungstreuhänder verpflichtet ist, dem Emittenten eine wesentliche Beeinträchtigung der Interessen der Schuldverschreibungsgläubiger anzuzeigen. Der Schuldverschreibungstreuhänder kann von den UK covered bond-Gläubigern zur Gesamtfälligstellung gegenüber dem Emittenten bindend aufgefordert bzw. angewiesen werden. Dazu ist entweder eine schriftliche Anweisung durch UK covered bond-Gläubiger mit einem Stimmanteil von 25 % des Nominalbetrags aller im Umlauf befindlichen UK covered bonds, oder ein außerordentlicher Gläubigerversammlungsbeschluss mit einem entsprechenden Stimmanteil von 50 % des Nominalbetrags aller im Umlauf befindlichen UK covered bonds erforderlich (sog. programme resolution). Ist allerdings der Schuldverschreibungs-

205 Der pre-maturity test ist z.B. im HBOS Covered Bond Programme vorgesehen.

treuhänder der Ansicht, dass die Gesamtfälligstellung gegenüber dem Emittenten die Interessen der UK covered bond-Gläubiger wesentlich beeinträchtigt, so ist er berechtigt, eine Freistellung von etwaigen Schadensersatzansprüchen hieraus durch einen außerordentlichen Gläubigversammlungsbeschluss mit einem Stimmanteil von 50 % des Nominalbetrags aller im Umlauf befindlichen UK covered bonds zu verlangen.

Die Gesamtfälligstellung der UK covered bonds gegenüber dem Emittenten gilt ausschließlich gegenüber diesem und/oder der Muttergesellschaft. Sie ist Voraussetzung für die Geltendmachung der Einstandspflicht der UK covered bond LLP aus der covered bond-Garantie. Die LLP garantiert die Erfüllung der UK covered bonds gemäß den Anleihebedingungen. Konsequenterweise läuft die Laufzeit der UK covered bonds gegenüber der LLP ungeachtet der Gesamtfälligstellung derselben gegenüber dem Emittenten und/oder der Muttergesellschaft entsprechend den Anleihebedingungen ordnungsgemäß weiter.

III. Mittelzuflussverwendungsregeln zur Verwertung der Covered Bond-Garantie

Die Verpflichtungen aus der covered bond-Garantie erfüllt die UK covered bond LLP unmittelbar mit dem Mittelzufluss aus den Deckungswerten und leitet diesen nicht mehr an den Emittenten und/oder die Muttergesellschaft weiter[206]. Dies ist in der Satzung der LLP in einer gesonderten Mittelzuflussverwendungsregelung für den Zeitraum ab der Durchsetzung der covered bond-Garantie vereinbart (*guarantee priority of payments*). Danach hat die LLP ihre garantierten Verpflichtungen nach Erfüllung ihrer laufenden Verpflichtungen gegenüber den anderen Beteiligten der UK covered bond-Transaktion (d.h. servicer, cash manager, asset cover monitor, Swapvertragspartner) zu erfüllen. Zu diesem Zweck überweist die LLP bzw. der cash manager monatlich jeweils vor einem Zahltag die erforderlichen Mittel vom GIC-Konto der LLP auf ein Transaktionskonto. Sind die Einnahmen der LLP aus den Deckungswerten nicht ausreichend zur Erfüllung ihrer Verpflichtungen aus der covered bond-Garantie, so ist die LLP zur Beschaffung der erforderlichen Liquidität durch Veräußerung von Deckungswerten verpflichtet. Ist die LLP nicht in der Lage, ausreichend Liquidität zu beschaffen, um fällige Schuldverschreibungen zu erfüllen, kann dies den Eintritt eines Kreditereignisses bei der LLP und die Verwertungsreife der Pfandrechte am Vermögen der LLP (d.h. den Deckungswerten) zur Folge haben.

Nach einer Zahlungsaufforderung gegenüber der LLP unter der covered bond-Garantie ist die LLP verpflichtet, in gebotener Zeit die Ersatzdeckungswerte zu veräußern und im GIC-Konto in Form von genehmigten Kapitalanlagen anzulegen. Wird während der Verwertung der covered bond-Garantie eine Zahlungsaufforderung gegenüber der LLP im Zusammenhang mit dem pre-maturity test erklärt, so

206 Siehe oben 4. Teil, 2. Abschnitt, § 16, A., III.

sind mit Eintritt der Fälligkeit der betroffenen endfälligen UK covered bond-Serie alle Mittel des pre-maturity Liquiditätsunterkontos zur Rückzahlung derselben zu verwenden. Darüber hinaus verfügbare Mittelzuflüsse der LLP sind in der folgenden Reihenfolge zu verwenden:

- Erstens, pro rata (i) zur Erfüllung fälliger Zahlungen an den Schuldverschreibungstreuhänder inklusive Zinsen und Mehrwertsteuer, (ii) zur Erfüllung fälliger Zahlungen an den Sicherheitentreuhänder inklusive Zinsen und Mehrwertsteuer, (iii) zur Leistung der Vergütung der agent bank inklusive Mehrwertsteuer, (iv) zur Erfüllung von sonstigen fälligen Zahlungen gegenüber Dritten, die mit dem UK covered bond-Programm im Einklang stehen sowie (v) für fällige Steuern und Abgaben;
- Zweitens, pro rata für fällige Vergütung, Kosten, Ausgaben und Auslagen inklusive Mehrwertsteuer (i) des servicer, (ii) des asset cover monitor und (iii) des cash manager sowie (iv) die Erfüllung von fälligen Zahlungen gegenüber der account bank und (iv) dem corporate service provider;
- Drittens, pro rata für die Erfüllung fälliger Zahlungen aus den interest rate-Swaps, außer für Abschlusszahlungen nach Kündigung eines interest rate-Swaps;
- Viertens, pro rata und gleichrangig (*pari passu*) für die Erfüllung (i) fälliger Zahlungen aus den covered bond-Swaps, außer solchen in Bezug auf die Rückzahlung der UK covered bonds und Abschlusszahlungen nach Kündigung eines covered bond-Swaps sowie (ii) fälliger Zinsverbindlichkeiten gegenüber dem Schuldverschreibungstreuhänder unter den UK covered bonds bzw. der covered bond-Garantie; reichen die verfügbaren Mittelzuflüsse der LLP – ohne Berücksichtigung der Einnahmen aus den covered bond-Swaps – hierfür nicht aus, so ist der Zahlungsausfall anteilig auf die sich im Umlauf befindlichen UK covered bond-Serien zu verteilen und die Ansprüche der covered bond-Swapvertragspartei sind ebenfalls nur anteilig zu erfüllen;
- Fünftens, pro rata und gleichrangig (*pari passu*) für die Erfüllung (i) fälliger Zahlungsverpflichtungen aus den covered bond-Swaps in Bezug auf die Rückzahlung der UK covered bonds (außer für Abschlusszahlungen nach Kündigung eines covered bond-Swaps) und (ii) fälliger Rückzahlungsverbindlichkeiten gegenüber dem Schuldverschreibungstreuhänder unter den UK covered bonds bzw. der covered bond-Garantie; reichen die verfügbaren Mittelzuflüsse der LLP – ohne Berücksichtigung der Einnahmen aus den covered bond-Swapverträgen – hierfür nicht aus, so ist der Zahlungsausfall anteilig auf die sich im Umlauf befindlichen UK covered bond-Serien zu verteilen und die Ansprüche der covered bond-Swapvertragspartei sind ebenfalls nur anteilig zu erfüllen;
- Sechstens, zur Einzahlung auf das GIC-Konto und zur entsprechenden Anwendung am nächsten LLP Zahltag, solange bis sämtliche im Umlauf befindliche UK covered bond-Serien vollständig zurückgezahlt oder ausreichend Mittelzuflüsse für die vollständige Rückzahlung vorhanden sind;
- Siebtens, zur Erfüllung von Abschlusszahlungen unter den interest rate-Swaps und den covered bond-Swaps;

- Achtens, nachdem alle im Umlauf befindlichen UK covered bonds vollständig zurückgezahlt sind oder ausreichend Mittelzuflüsse für die vollständige Tilgung vorhanden sind (i) zur Erfüllung gestundeter Zahlungsverpflichtungen im Rahmen des Erwerbs der Immobilienkredite (*deferred consideration*) sowie (ii) zur Rückzahlung der Gesellschafterdarlehen.

B. Die Verpfändung der Deckungsmasse

Zur Privilegierung der UK covered bond-Gläubiger bzw. dinglichen Sicherung ihrer garantierten Ansprüche bestellt die LLP an den erworbenen Deckungswerten erstrangige Pfandrechte (*charges*). Sicherungsnehmer sind nicht unmittelbar die Schuldverschreibungsgläubiger, sondern ein Sicherheitentreuhänder (*security trustee*), der die Sicherheiten treuhänderisch verwaltet und ggf. verwertet. Nachdem das Weiterlaufen der UK covered bond-Transaktion nach der Insolvenz des Emittenten und/oder der Muttergesellschaft wesentlich davon abhängt, dass die übrigen beteiligten Parteien (z. B. Ersatz-servicer, Ersatz-cash manager, account bank, asset cover monitor, etc.) weiterhin ihre Verpflichtungen gegenüber der UK covered LLP erfüllen, werden die Pfandrechte auch zu Gunsten der Ansprüche der übrigen Gläubiger der LLP bestellt. Die Deckungswerte haften damit gleichrangig für alle Gläubiger der LLP.

Die Pfandrechte werden in einer beurkundeten Sicherungsvereinbarung (*deed of charge*) – in Form einer erstrangigen fixed und floating charge – bestellt[207]. Sicherungsgegenstand der fixed charge sind (i) sämtliche vorhandene und künftig zu erwerbende equitable interests an den Immobilienkrediten und den mit diesen verbundenen Sicherheiten, (ii) sämtliche weitere Deckungswerte sowie (iii) sämtliche Ansprüche der LLP gegen ihre kontoführenden Banken in Bezug auf diejenigen Bankkonten auf denen Zahlungen aus den Deckungswerten eingehen. Der Sicherungsgegenstand der fixed charge umfasst damit sämtliche Rechte und Forderungen der LLP. Zusätzlich wird eine floating charge am gesamten Vermögen der LLP bestellt.

I. Grundlagen dinglicher Sicherheitsrechte an Forderungen im englischen Recht

Das englische Recht der dinglichen Sicherheiten ist vom Standpunkt der deutschen Rechtsordnung schwer verständlich[208]. Grundlage des englischen Rechts dinglicher Sicherheiten ist der Grundsatz der Vertragsfreiheit, der zusammen mit dem Recht der equity für die Sicherungsparteien große Felixibilität bei der Ausgestaltung der

207 Zusätzlich wird in der Sicherungsvereinbarung eine Sicherheitsabtretung (*assignment by way of first fixed security*) aller Rechte der LLP aus dem UK covered bond Programme vereinbart.

208 Vgl. Seif, Der Bestandsschutz besitzloser Mobiliarsicherheiten im deutschen und englischen Recht, 1997, S. 11.

Sicherheitsrechte schafft[209]. Ihren Ursprung haben dingliche Sicherheitsrechte im englischen Recht in den Wurzeln des in der equity entwickelten Rechtsinstituts des sog. trusts, dem eine, im deutschen Recht weitgehend unbekannte, Aufspaltung des Eigentums in das sog. legal ownership und das sog. equitable ownership zugrunde liegt, welche beide ein dingliches Recht (*right in rem*) begründen[210]. Die dinglichen Rechte des common law und der equity werden bestimmt durch die Berechtigungsstärke gegenüber Dritten (*legal* bzw. *equitable title*) und den Berechtigungsumfang (*interest*)[211]. In diesem Koordinatensystem aus Berechtigungsstärke und Berechtigungsumfang ist das Vollrecht (*ownership*) das uneingeschränkte, umfassende, absolut wirkende Herrschaftsrecht, das sich aus beschränkt dinglichen Rechten zusammensetzt[212].

Dingliche Rechte können im englischen Recht „at law" nur durch eine Verfügung (*by transfer*) bestellt werden. Zusätzlich können „in equity" dingliche Rechte durch eine schuldvertragliche Sicherungsvereinbarung begründet werden. Die Wirksamkeit eines dinglichen Sicherheitsrechts setzt dessen Parteiwirksamkeit (*attachment*) und Drittwirksamkeit (*perfection*) bzw. Einhaltung der Publizitätserfordernisse voraus[213]. Neben den grundbuchrechtlichen Eintragungspflichten verlangt das englische Recht die Eintragung von dinglichen Sicherheiten an Gesellschaftsvermögen im öffentlichen Handelsregister gem. sec. 395, 396 CA 1985 sowie im eigenen Register der Gesellschaft gem. sec. 411 CA 1985.

1. Einordnung und Überblick

Das englische Recht kennt als dingliche Sicherheiten an Forderungen die mortgage und die charge[214]. Obwohl mortgage und charge sich in ihrem Wesen grundsätzlich unterscheiden, wird zwischen ihnen begrifflich nicht immer streng unterschieden[215]. Insbesondere bei Sicherheiten am Vermögen einer Kapitalgesellschaft werden die Begriffe meist gleichbedeutend nebeneinander verwendet. Bei der mort-

---

209 Maßgeblich ist insoweit der equity-Grundsatz „equity looks on that as done which ought to be done" (vgl. Bridge, Fixed Charges and Freedom of Contract, 1994, 110 LQR, p. 340, 341; Bridge, The English Law of Securities, in: Kieninger, Security Rights in Movables Property in European Private Law, 2004, Cambridge, p. 85; McGhee, Snell's Equity, 31st Edition, 2005, p. 107 para. 5-25).

210 Vgl. Saunders v. Vautier (1841) 4 Beav. 115; Tinsley v Milligan [1993] 3 All E.R. 65, 86; Stevens/Pearce, Land Law, 2003, p. 29 para. 3-019 and p. 31 para. 3-023; Grill, Die Sicherung von Bankkrediten durch Rechte und Forderungen in England, 1971, S. 19.

211 Vgl. Battersby/Preston, The Concepts of „Property", „Title" and „Owner" Used in the Sale of Goods Act 1893, [1972], 32 MLR, p. 268; Pau, The Law of Secured Finance on Personal Property, 2002, p. 27 para. 2.34; Goode, Commercial Law, 3rd Edition, 2003, p. 31.

212 Vgl. Goode, Commercial Law, 3rd Edition, 2004, p. 31, 38; Lawson/Rudden, The Law of Property, 3rd Edition, 2001, p. 90.

213 Vgl. Goode, Legal Problems of Credit and Security, 2003, p. 73 para. 2-16 and p. 98 para. 3-22.

214 Vgl. Hapgood, Paget's Law of Banking, 2003, p. 625 para. 30.3.

215 Vgl. Fisher & Lightwood's Law of Mortgage, 11th Edition, 2002, p. 5 para. 1.5; Gower and Davies' Principles of Modern Company Law, 7th Edition, 2003, p. 814; Pennington, Bank Finance for Companies, 1987, p. 61.

gage erwirbt der Sicherungsnehmer das Vollrecht an der Forderung vorbehaltlich der sog. equity of redemption[216]. Demgegenüber stellt die charge eine in equity wirkende Belastung einer Forderung zur Sicherheit dar, die dem Sicherungsnehmer das Recht einräumt sich aus der Forderung zu befriedigen[217]. Eine fixed charge an einer Forderung kann nur eine equitable charge sein[218].

Die fixed charge ist ein Sicherungsrecht, das im deutschen Recht keine unmittelbare Entsprechung findet; ihrem Wesen nach kommt sie einem besitzlosen Pfandrecht nahe[219]. Sie begründet eine Haftung der belasteten Forderung oder des sonstigen Rechts zur Bedienung einer Verbindlichkeit[220]. Mit einer fixed charge kann ein Gläubiger einer englischen Gesellschaft Forderungen aus dem Geschäftsbetrieb, Bankguthaben, Wertpapiere und Warenbestände als Sicherheit nutzen. Die belasteten Gegenstände müssen erkennbar der unbeschränkten Verfügungsgewalt des Sicherungsgebers entzogen werden[221].

Die floating charge ist ebenfalls ein dem numerus clausus des deutschen Sachenrechts fremdes besitzloses Verwertungsrecht, das an unbeweglichen und beweglichen Sachen sowie an Forderungen und Rechten bestellt werden kann. Die floating charge lässt sich am ehesten als „schwebend unwirksame Generalhypothek über das Gesellschaftsvermögen" beschreiben[222]. Die floating charge wird nicht an bestimmten Sachen oder Rechten, sondern an einem generisch beschriebenen Bestand an Sachen oder Rechten (*fund of assets*) – z.B. dem gesamten Gesellschaftsvermögen oder Teilen hiervon – bestellt[223]. Die floating charge „schwebt" über ihrem Sicherungsgut bzw. ist bis zum Eintritt ihrer Verwertungsreife quasi schwebend unwirksam[224]. Mit Eintritt der Verwertungsreife der floating charge verhaftet das Sicherungsgut bzw. werden dessen einzelne Vermögensgegenstände und die floating

---

216 Vgl. Tancred v. Delagoa Bay & East Africa Rty. Co. (1893) 23 Q.B.D 239; Oditah, Receivables Financing, 1991, p. 35 para. 2.12.

217 Vgl. ReBond Worth Ltd [1980] Ch 226; Swiss Bank Corp v. Lloyds Bank Ltd, [1982] AC 584; Hapgood, Paget's Law of Banking, 2003, p. 625 para. 30.3; Ferran, Floating Charges – The Natur of Security, [1988], CLJ, p. 213, 214.

218 Eine legal charge kennt das englische Recht nur in Bezug auf Immobilien in Form einer charge by way of legal mortgage (vgl. sec. 87(1) LPA 1925; Oditah, Receivables Financing, 1991, p. 95 para. 5.6).

219 Vgl. Klüwer/Marshall, Whole Business Securitisation, in: ZBB 4/2005, S. 256.

220 Vgl. Roddick v. Gandell (1852) 1 De G.M. & G. 763 at 777; Palmer v. Carey [1926] A.C. 703 at 706-707; Swiss Bank Corp. v. Lloyds Bank Ltd. [1982] A.C. 584 at 595; Oditah, Legal Aspects of Receivables Financing, 1991, p. 95 para. 5.6.

221 Vgl. Oditah, Receiveables Financing, 1991, p. 98 para. 5.8.

222 Vgl. Bernstorff, Einführung in das englische Recht, 2. Auflage, 2000, S. 136; Brink/Habel/Hartwig, Das Recht der Kreditsicherheiten, Teil IV: England, S. 214; Carl, Die Forderungsabtretung, insbesondere zur Kreditsicherung, in England, in: Hadding/Schneider, Forderungsabtretung, S. 209; Hofmann, Mortgage und Charge – Gestaltungsmöglichkeiten im englischen Kreditsicherungsrecht, 2001, S. 58, 163; Jungmann, Grundpfandgläubiger und Unternehmensinsolvenz, 2004, S. 175, Rn. 481; Hengst, Whole Business Securitisation, S. 37 ff.; Brocker, Nutzen des Refinanzierungsregisters für ausländische Kreditinstitute in ABS-Transaktionen, in: BKR, 2007, S. 62.

223 Vgl. Goode, Legal Problems of Credit and Security, 2003, p. 114 para. 4-03.

224 Vgl. Goode, Legal Problems of Credit and Security, 2003, p. 112 para. 4-02.

charge zu einer specific charge (sog. crystallisation)[225]. Bis dahin begründet die floating charge weder eine unmittelbare Verhaftung des Sicherungsguts noch unterliegt die Geschäftsführung des Sicherungsgebers wesentlichen Verfügungsbeschränkungen[226]. Nach der crystallisation verliert der Sicherungsgeber die Berechtigung über das Sicherungsgut ohne Zustimmung des Sicherungsnehmers zu verfügen. Zur Verwertung kann der Sicherungsnehmer grundsätzlich einen Zwangsverwalter (*receiver* bzw. *administrativ receiver*) oder einen administrator einsetzen, der das Sicherungsgut verwaltet und verwertet, bis die besicherten Forderungen des Sicherungsnehmers erfüllt sind.

2. Die Fixed und Floating Charge

Der dingliche Sicherheitsmechanismus des UK covered bond basiert auf der allgemeinen Kreditsicherungspraxis in England zur Beleihung von Forderungen aus Lieferungen und Leistungen (*book debts*). Für gewöhnlich lassen sich die Sicherungsnehmer an einem Pool von Forderungen eine fixed und floating charge mit zusätzlichen Verfügungsbeschränkungen (*flawed asset*) bestellen, da sich auf diese Weise ein umfassendes Sicherheitspaket schnüren lässt, das die Vorteile der fixed und floating charge miteinander verbindet[227]. Dadurch wird die freie Verfügungsbefugnis des Sicherungsgebers über das Sicherungsgut mit dem Erhaltungsinteresse des Sicherungsunternehmers in Einklang gebracht, was der Interessenlage beim UK covered bond entspricht.

Fixed und floating charge unterscheiden sich – wie ihre Bezeichnung bereits impliziert – hinsichtlich der Unmittelbarkeit der Verhaftung des Sicherungsguts und der Verfügungsbeschränkung bzw. -befugnis des Sicherungsgebers. Der Nachteil einer floating charge besteht darin, dass sie gegenüber einer fixed charge grundsätzlich nachrangig ist und dass Erlöse aus der Verwertung der floating charge zunächst bevorrechtigten Gläubigern (*preferential creditors*) zustehen[228]. Wesentlicher Vorteil der floating charge ist, dass sie die Verwertung der Deckungswerte durch ein administrative receivership ermöglicht. Dies verhindert die Einbindung in ein Insolvenzverfahren über das Vermögen der UK covered bond LLP und ermöglicht insbesondere die Blockierung einer administration mit Moratoriumswirkung[229].

---

225 Vgl. Gough, Company Charges, 2nd Edition, 1996, p. 135 et seq.
226 Vgl. Oditah, Receivables Financing, 1991, p. 111 para. 5.12.
227 Vgl. McCormack, Fixed Charges over Future Book Debts, The Company Lawyer, Vol. 8, No. 1, p. 3; Goode, Legal Problems of Credit and Security, 2003, p. 122 para. 4-13; Jungmann, Grundpfandgläubiger und Unternehmensinsolvenz, 2004, S. 312, Rdn. 868. Carl, Die Forderungsabtretung, insbesondere zur Kreditsicherung, in England, in: Hadding/Schneider, Forderungsabtretung, S. 199.
228 Vgl. sec. 40 (1), (2), 175 ff., 328, 386, Anhang 6 IA 1986; Gough, Company Charges, 2nd Edition, 1996, p. 983 et. seq.
229 Vgl. sec. 9(3), 10(2)(b) IA 1986. Vgl. Newton/Trott/Jones, United Kingdom English Law Developments, in: A special IFLR supplement, 2003.

Die fixed und floating charge wird in einem einheitlichen Verfahren verwertet. Nachdem die floating charge den Sicherheitennehmer zur Bestellung eines administrative receiver berechtigt, ist das Verwertungsrecht der fixed charge bei der fixed und floating charge von untergeordneter Bedeutung. Die Funktion der fixed charge beschränkt sich darauf, für die Sicherheitennehmer den Rang vor den bevorrechtigten Gläubigern der floating charge zu sichern. Zusätzlich stärkt die fixed charge die dingliche Rechtsposition der Sicherheitennehmer vor der crystallisation der floating charge. Insgesamt führt dies zu einer Kumulation der kreditrechtlichen Vorteile der fixed charge mit den verwertungs- und v.a. insolvenzrechtlichen Vorteilen der floating charge. Von den Gerichten ist die Bestellung einer fixed und floating charge an denselben Sicherungsgegenständen grundsätzlich anerkannt, da es für die Bestellung einer floating charge nicht erforderlich ist, dass diese – neben einer fixed charge – selbst werthaltig ist[230]. Im Übrigen entspricht die Verpfändung des gesamten Vermögens einer Zweckgesellschaft mit einer fixed und floating charge auch bei ABS- und MBS-Transaktionen in Großbritannien der gewöhnlichen Besicherungspraxis[231].

II. Die Floating Charge am Vermögen der UK Covered Bond LLP

Zur Besicherung der garantierten Zins- und Rückzahlungsverbindlichkeiten aus den UK covered bonds sowie der Verbindlichkeiten der übrigen an der Transaktion beteiligten Parteien bestellt die UK covered bond LLP an ihrem gesamten Vermögen, d.h. an den erworbenen equitable interests der Immobilienkredite und den mit diesen verbundenen Sicherheiten sowie an sämtlichen weiteren Deckungswerten bzw. deren strengrechtlichem Vollrecht (*legal title*) eine erstrangige floating charge, um dadurch den Zugang zum administrative receivership in der Krise der LLP zu ermöglichen.

1. Allgemeines zur Floating Charge

Die floating charge ist ein Sicherungsrecht, das hauptsächlich in den Rechtssystemen Großbritanniens und einer Reihe von Staaten des Commonwealth bekannt ist[232]. Der Anwendungsbereich der floating charge ist auf Kapitalgesellschaften beschränkt[233]. In England ist die floating charge erstmals im Jahr 1870 in der Ent-

---

230 Vgl. Re Croftbell Ltd. (1990) BCL 844; Boyle & Bird's Company Law, 5th Edition, 2004, p. 272 para. 10.7.

231 Vgl. Oditah, Receivables Financing , 1991, p. 96 para. 5.7; Nasarre-Aznar, Securitisation & mortgage bond: Legal aspects and harmonisation in Europe, Cambridge, 2004, p. 37.

232 Vgl. Davis, The Rescue Culture in the United Kingdom, InsLit&Prac 1997, p. 3, 4; Wenckstern, Die englische Floating Charge im deutschen Internationalen Privatrecht, RabelsZ 56 (1992), S. 624, 627.

233 Im englischen Recht ist die Eigentumsübertragung ohne gleichzeitige Übertragung des Besitzes sowie die Bestellung besitzloser dinglicher Sicherheitsrechte an beweglichen Sachen (*choses* scheidung Re Panama, New Zealand and Australian Royal Mail Company gerichtlich anerkannt worden[234] Darin vertrat das Gericht die Auffassung, dass eine derartige Belastung das gesamte gegenwärtige und künftige Vermögen einer Kapitalgesellschaft erfasst, wobei die Gesellschaft bis zur Durchsetzung der Belastung in der Fortführung ihrer Geschäfte und Verfügung über die belasteten Gegenstände nicht gehindert ist[235].

Die floating charge ist ein equitable interest in der Form eines beschränkt dinglichen Verwertungsrechts ohne unmittelbare Verhaftung des Sicherungsguts (*floating security*)[236]. Kennzeichen der floating charge sind die Bestellung eines unmittelbaren Sicherheitsrechts (*present security*) an einer bestimmbaren Sachgesamtheit, ohne dass vor Eintritt der Verwertungsreife und der damit verbundenen Umwandlung bzw. crystallisation der floating charge in eine sog. specific charge ein Einzelgegenstand des Sicherungsguts einer unmittelbaren dinglichen Belastung unterliegt oder die Befugnis der sicherungsgebenden Gesellschaft, im Rahmen ihres Gesellschaftszwecks (*in the ordinary course of business*) über das Sicherungsgut zu verfügen, beschränkt[237]. Das Sicherungsgut einer floating charge ist vor ihrer crystallisation kein bestimmter Einzelgegenstand bzw. kein bestimmtes Recht (*specific asset*), sondern eine sich ständig verändernde Sachgesamtheit (*constantly changing fund of assets*)[238]. Veräußert die sicherungsgebende Gesellschaft einzelne Bestandteile des Sicherungsguts, so werden diese aus dem Haftungsverband der floating charge entlassen und können lastenfrei erworben werden[239]. Neuerworbene Gegenstände und Rechte, die der belasteten Sachgesamtheit zugehören, werden vom „schwebenden" Haftungsverband der floating charge erfasst. Vor crystallisation der floating charge erwirbt ein nachträglicher Sicherungsnehmer den Vorrang an einzelnen Gegenständen und Rechten des Sicherungsguts, da die floating charge vor ihrer crystallisation die Belastung des Sicherungsguts zu Gunsten Dritter im Rahmen der ordnungsgemäßen Geschäftsführung nicht ausschließt. Mit crystallisation der floating charge zu einer specific charge werden die Einzelgegenstände und Rechte der Sach-

---

in possession bzw. *chattels*) durch die bill of sale-Gesetze beschränkt. Ausgenommen ist hiervon gem. sec. 17 Bills of Sale Acts (1878) Amendment Act 1882 die Sicherung von Schuldverschreibungen rechtsfähiger Kapitalgesellschaften.

234 Vgl. Re Panama, New Zealand and Australian Royal Mail Company (1870), L.R. 5 Ch. App. 318.

235 Vgl. Re Panama, New Zealand and Australian Royal Mail Company (1870), L.R. 5 Ch. App. 318.

236 Vgl. Calnan, The Reform of the Law of Security, BJIBFL, [2004], p. 88; Calnan, Floating Charges: A Proposal for Reform, BJIBFL, [2004], p. 343; Calnan The Reform of Company Security Interests, BJIBFL, [2005], p. 25.

237 Vgl. Arthur D Little v Ableco Finance LLC [2002] EWHC 701, [2003] Ch 217; Ashborder BV v Green Gas Power Ltd [2004] EWHC 1517 (Ch); Evans v. Rival Granite Quarries Ltd. [1910] 2 KB 979, 999; Wallace v Evershed [1899] 1 Ch. 891, 894; Henry, Defining the „Ordinary Course of Business", JIBLR, [2004], p. 513; Ferran, Floating Charges – The Nature of the Security, C. L. J. 1988, p. 213, 214; Lingard, Bank Security Documents, 3rd Edition, 1993, p. 156 para. 9.3; Worthington, Proprietary Interests in Commercial Transactions, 1996, p. 72 et seq.

238 Vgl. Calnan, Floating Charges: A Proposal for Reform, BJIBFL, [2004], p. 343.

239 Vgl. Goode, Legal Problems of Credit and Security, 1988, p. 112 para. 4-02.

gesamtheit unmittelbar dinglich verhaftet, und die sicherungsgebende Gesellschaft verliert ihre Befugnis, über diese lastenfrei verfügen zu dürfen[240].

Eine exakte Beschreibung des Wesens der floating charge ist bislang nicht gelungen. Ihre charakteristischen Elemente sind in vielfältiger Art und Weise beschrieben worden. So ist sie als Wolke, die über den jeweiligen Vermögenswerten schwebt[241] oder als schlafendes Sicherungsrecht (*ius dormiens*) bezeichnet worden[242]. Eine anschauliche Umschreibung stammt von Lord Macnaghten[243]:

> "A floating charge [...] is ambulatory and shifting in its nature, hovering over and so to speak floating with the property which it is intended to affect until some event occurs or some act is done which causes it to settle and fasten on the subject of the charge within its reach and grasp."

2. Bestellung der Floating Charge

Die floating charge wird als equitable interest parteiwirksam durch eine Sicherungsvereinbarung bestellt. Sicherungsgut der floating charge ist beim UK covered bond das gesamte Vermögen der UK covered bond LLP (*all the assets and the undertaking*). Nachdem die zu belastenden Deckungswerte zum Teil aus Rechten an Immobilien bestehen, ist gem. sec. 40 LPA 1925 Schriftform erforderlich. Das belastete Vermögen muss anhand der Sicherungsvereinbarung bestimmbar sein, wobei die Bestimmbarkeit des Sicherungsguts ausreichend ist[244] Die floating charge kann an gegenwärtigen und künftigen unbeweglichen und beweglichen Sachen sowie Forderungen und sonstigen Rechten bestellt werden. Sicherungsgut einer floating charge kann auch das gesamte Vermögen einer Gesellschaft einschließlich des Geschäftswerts (*goodwill*) sein[245].

a) *Publizitätserfordernisse*

Für die Drittwirksamkeit der floating charge ist ihre Eintragung im öffentlichen Register für Kapitalgesellschaften erforderlich. Die Vorschriften zur Eintragung bestimmter charges sind im CA 1985 niedergelegt und sind auf die LLP gem. sec. 15 LLP Act 2000 und Anhang 2 Teil I der LLP Verordnung 2001 entsprechend anwendbar[246]. Die Eintragungspflicht bestimmter charges ist im enumerativen Katalog der

---

240 Vgl. Calnan, Floating Charges: A Proposal for Reform, BJIBFL, [2004], p. 343.
241 Vgl. Gower and Davies' Principles of Modern Company Law, 7th Edition, 2003, p. 819 et seq.
242 Vgl. Government Stock Co. v. Manila Ry. [1897] A.C. 81.
243 Vgl. Illingworth v. Houldsworth [1904] A.C. 355.
244 Vgl. Goode, Proprietary Interests and Insolvency in Sales Transactions, 2nd Edition, 1989, p. 17; Wood, Comparative Law of Security and Guarantees, 1995 para. 1-6 and 4-14.
245 Vgl. Re Yorkshire Woolcombers Association Ltd. (1903) 2 Ch. 284, 295; Gough, Company Charges, 2nd Edition, 1996, p. 120.
246 Künftig: sec. 860 et seq. Companies Act 2006. Zur Reformierung der Eintragung von registrierungspflichtigen Sicherheitsrechten: Vgl. Law Commission, Consulting Paper No 164: Registration of Security Interests, 2002, p. 60 para. 4.1; Law Commission, Consultative Report No 176: Company Security Interests, August 2004, p. 18 para. 2.24; Calnan, The Reform of the Law of Security, BJIBFL, [2004], p. 88; Calnan The Reform of Company Security Interests, BJIBFL, [2005], p. 25.

sec. 396 CA 1985 geregelt. Eine floating charge am gesamten gegenwärtigen und künftigen Vermögen einer Gesellschaft ist gem. sec. 396(1)(e) CA 1985 im öffentlichen Register der Gesellschaft einzutragen. Die fehlende Eintragung der floating charge hat im Außenverhältnis gem. sec. 399(1)(a), (b) CA 1989 die Nichtigkeit der Sicherheit gegenüber einem liquidator oder einem administrator zur Folge[247]. Die Nicht-Eintragung ist gem. sec. 398(3) CA 1985 Bußgeld bewährt.

Daneben verlangt sec. 411(1), (2) CA 1989 die Eintragung der floating charge in das eigene Register für charges der Gesellschaft (*company's charges registry*). Unterlässt die LLP die Eintragung im gesellschaftseigenen Register, so berührt dies nicht die Drittwirksamkeit und den Rang der floating charge[248]. Die vorsätzliche Unterlassung der Eintragung im eigenen Register ist gem. Anhang 24 des CA 1985 Bußgeld bewährt. Grundbuchrechtliche Eintragungspflichten bestehen für die Bestellung einer floating charge nicht.

b) Besondere Wirksamkeitsvoraussetzungen

Die Bestellung einer floating charge am gesamten Vermögen einer Gesellschaft ist gem. sec. 245(1) IA 1986 nichtig, wenn innerhalb von zwölf Monaten nach Bestellung der floating charge über das Vermögen der Gesellschaft ein liquidation- oder ein administration-Verfahren eröffnet wird und der Sicherungsnehmer nicht den Beweis erbringen kann, dass die Gesellschaft zum Zeitpunkt der Bestellung der floating charge nicht zahlungsunfähig war oder es auf Grund der Bestellung der floating charge wurde[249]. Dieser besondere Nichtigkeitsgrund soll die ungesicherten Gläubiger vor der Entziehung des gesamten verwertbaren Vermögens der Gesellschaft schützen[250]. Die Nichtigkeit der floating charge tritt ohne weiteres ein. Eine Anfechtung ist nicht erforderlich. Die Nichtigkeit der floating charge aufgrund der sec. 245 IA 1986 lässt die zu Grunde liegende gesicherte Forderung unberührt[251]. Sie bleibt als unbesicherte Forderung bestehen[252]. Für die Wirksamkeit der Verpfändung des gesamten Vermögens der UK covered bond LLP stellt der besondere Nichtigkeitsgrund der sec. 245 IA 1986 nur eine theoretische Gefahr dar, da innerhalb der ersten zwölf Monate nach Beginn der Transaktion in der Regel keine Schuldverschreibungsserie fällig werden wird und darüber hinaus bei der LLP nur die laufenden Verbindlichkeiten zu erfüllen sind, was aus den Ersatzdeckungswerten möglich sein sollte.

---

247 Vgl. Goode, Legal Problems of Credit and Security, 2003, p. 168 para. 5-23.
248 Vgl. Joseph Wright and Grace Elizabeth Wright v. Horton and others (1887) 12 A. C. 371 (HL); Re General South America Co. [1876] 2 Ch.D. 337 (C. A.); Boyle & Bird's Company Law, 5th Edition, 2004, p. 303.
249 Auf die LLP finden die Vorschriften des IA 1986 gem. sec. 14 LLP Act 2000 in Verbindung mit sec. 5 Limited Liability Partnerships Regulations 2001 Anwendung.
250 Vgl. Armour/Bennett, Vulnerable Transactions in Corporate Insolvency, p. 183 para. 5.1.
251 Vgl. ter Meulen, Floating Charge, S. 51.
252 Vgl. Re Parkes Garage (Swadlincote) Ltd. [1929] 1 Ch. 139; Brink/Habel/Hartwig, Das Recht der Kreditsicherheiten, Teil IV: England, S. 223.

3. Rechtswirkungen der Floating Charge

Allgemein erfasst die floating charge vor ihrer crystallisation die einzelnen Bestandteile ihres Haftungsverbands nur in ihrer Gesamtheit (*fund of assets*), ohne die einzelnen Rechte und Forderungen unmittelbar dinglich zu belasten. Die UK covered bond LLP bleibt infolgedessen als sicherungsgebende Gesellschaft im Rahmen ihres Gesellschaftszwecks und vorbehaltlich ihrer gesellschaftsvertraglichen Vorschriften berechtigt, frei über die einzelnen Bestandteile des Haftungsverbands der floating charge zu verfügen. Dennoch erwirbt der Sicherheitentreuhänder durch die floating charge eine dinglich geschützte Rechtsposition an den Forderungen der LLP. Zur dogmatischen Begründung dieser Rechtsposition werden drei Theorien vertreten[253].

Nach einer älteren Auffassung hat der Sicherungsnehmer bereits vor der crystallisation der floating charge ein unmittelbares, gegenwärtiges, dingliches Recht an den belasteten Rechten und Forderungen[254]. Die Enthaftung der einzelnen Rechte und Forderungen durch lastenfreie Verfügung der sicherungsgebenden Gesellschaft beruht auf einer stillschweigenden Zustimmung des Sicherungsnehmers zu gesellschaftszweckmäßigen Verfügungen, welche mit Eintritt der crystallisation erlischt (sog. licence-theory)[255]. Eine neuere Auffassung sieht in der floating charge ein gegenwärtiges Sicherungsrecht, das keine unmittelbare, dingliche Rechtsposition des Sicherungsnehmers begründet (sog. mortgage of future assets theory)[256]. Die Belastung ist „unvollständig“ bis zum Zeitpunkt des Eintritts der crystallisation, in dem ohne eine weitere Verfügung, sondern durch Entziehung der Verfügungsbefugnis, eine unmittelbar dingliche Verhaftung der belasteten Rechte und Forderungen eintritt[257]. Nach einer vermittelnden Ansicht besteht vor crystallisation der floating charge ein dingliches Recht an belasteten Rechten und Forderungen. Der Sicherungsnehmer lässt aber gesellschaftszweckmäßige und gesellschaftsvertraglich zulässige Verfügungen hinsichtlich der belasteten Rechte und Forderungen gegen sich gelten (sog. defeasible-right-theory)[258].

---

253 Vgl. Ferran, Floating Charges – The Nature of the Security, C.L.J. 1988, p. 213, 214–217, 237; Goode, Commercial Law, 3rd Edition, 2004, p. 677 et seq.; Gough, Company Charges, 2nd Edition, 1996, p. 97; Pau, The Law of Secured Finance on Personal Property, 2002, p. 122 para. 4.122 and p. 123 para. 4.128.

254 Vgl. Pennington's Company Law, 8th Edition, 2001, p. 538; Ferran, Floating Charges – The Nature of the Security, C.L J. 1988, p. 213, 214–217, 237.

255 Vgl. Re Florence Land and Pubic Works Co (1878) 10 Ch. D. 530; ex parte Moor (1878) 10 Ch.D. 530; Davey & Co. v. Williamson & Sons, Ltd. [1898] 2 Q.B. 194; Re Crompton & Co. Ltd., (1914) 1 Ch. 954, 964; Pennington, The Genesis of the Floating Charge (1960) 23 M.L.R., p. 630, 644; Pennington's Company Law, 8th Edition, 2001, p. 539.

256 Vgl. Illingworth v. Houldsworth [1904] A. C., 355, 357; Evans v. Rival Granite Quarries [1910] 2 KB 979, 999; Biggerstaff v. Rowatt's Wharf Ltd. [1896] 2 Ch 93, 105; Wallace v. Evershed [1899] 1 Ch. 891, (C.A.); Westminster Bank, Ltd. v. Residential Properties Improvement Co., Ltd. [1938] 2 All E.R. 374; Gough, Company Charges, 2nd Edition, 1996, p. 357.

257 Vgl. Gough, Company Charges, 2nd Edition, 1996, p. 357 et seq.; Farrar, World Economic Stagnation puts the Floating Charge on Trial, Co. Law. 1 (1980), p. 83; Farrar's Company Law, 4th Edition, 1998, p. 262; Ellinger/Lomnicka/Hooley, Modern Banking Law, 2002, p. 759.

258 Vgl. Re Goldcorp Exchange Ltd. (1994) 3 W.L.R. 199, 212 f.; Worthington, Floating Char-

Eine insgesamt schlüssige Einordnung des Wesens der floating charge ist bisher nicht gelungen. Richtig ist jedenfalls die Einordnung der floating charge als latente Globalsicherheit an einer Sachgesamtheit bzw. einem Unternehmensvermögen mit geringen dinglichen Wirkungen, die mit Verwertungsreife bzw. crystallisation zu einer specific charge erwächst[259].

a) *Allgemeine Rechtswirkungen der Floating Charge*

Wesentliches Charakteristikum der floating charge ist die Befugnis der sicherungsgebenden Gesellschaft, im Rahmen ihres Geschäftszwecks lastenfrei über die belasteten Gegenstände bzw. Forderungen verfügen zu dürfen (*management autonomy*)[260]. Die floating charge selbst hindert die UK covered bond LLP nicht, im Rahmen ihres Geschäftszwecks belastete Deckungswerte lastenfrei zu veräußern oder anderweitig über diese zu verfügen[261]. Die LLP ist durch die floating charge ebenso wenig gehindert, solange sie ihre fälligen Zahlungsverpflichtungen gegenüber den UK covered bond-Gläubigern erfüllt, darüber hinaus vorhandenes Vermögen an ihre Gesellschafter auszuschütten[262]. Selbst an einer Übertragung von Teilen oder des gesamten Unternehmens der UK covered bond LLP ist diese durch die floating charge nicht gehindert, solange sie einen angemessenen Gegenwert erhält, der es ihr ermöglicht, auch weiterhin ihre gesellschaftszweckmäßige Geschäftstätigkeit auszuüben[263]. Die floating charge schließt lediglich die Bestellung einer vorrangigen floating charge am gesamten Gesellschaftsvermögen der LLP aus[264].

Die Rechtsstellung der Drittschuldner, d.h. der Kreditnehmer der Immobilienkredite bzw. die Schuldner der weiteren Deckungswerte wird durch die Bestellung der floating charge vor deren crystallisation nicht berührt. Die Drittschuldner bleiben Schuldner der UK covered bond LLP und können nur an diese schuldbefreiend leis-

---

ges – Alternative Theory, (1994) 53 Cambridge L.J., p. 81, 83 et seq.; Worthington, Proprietary Interests in Commercial Transactions, 1996, p. 78 et seq.

259 Vgl. Goode, Commercial Law, 3rd Edition, 2004, p. 679; Seif, Der Bestandsschutz besitzloser Mobiliarsicherheiten im deutschen und englischen Recht, 1997, S. 117.

260 Vgl. Re Old Bushmills Distillery Co.; Ex parte Brett, 1897, 1 I. R. 488, 505; Re Yorkshire Woolcombers Association Ltd. [1903] 2 Ch. 284, 295; Arthur D Little v Ableco Finance LLC [2002] EWHC 701, [2003] Ch 217; Ashborder BV v. Green Gas Power Ltd [2004] EWHC 1517 (Ch); Evans v. Rival Granite Quarries Ltd. [1910] 2 KB 979, 999; Wallace v Evershed [1899] 1 Ch. 891, 894; Henry, Defining the „Ordinary Course of Business", JIBLR, [2004], p. 513. Mit Jungmann ist die Bezeichnung „Gesellschaftszweck" zutreffend, da die Einschränkung nichts mit einer Beschränkung auf die gewöhnliche Geschäftstätigkeit zu tun hat (vgl. Jungmann, Grundpfandgläubiger und Unternehmensinsolvenz, 2004, S. 180, Rdn. 494). Überlagert wird die Verfügungsbefugnis aus der Rechtsnatur der floating charge durch die gesellschaftsvertraglichen Verfügungsbeschränkungen der LLP (siehe oben 3. Teil, 2. Abschnitt, § 11, B., II).

261 Vgl. Brink/Habel/Hartwig, Das Recht der Kreditsicherheiten, Teil IV: England, S. 224.

262 Vgl. Bosanquet v. St. John D'El Rey Mining Co., Ltd., 1897, 77 L.T.R. 206.

263 Vgl. Re Borax Co; Foster v, Borax Co. [1901] 1 Ch. 326 (C. A.); Hubbuck v. Helms (1887) 56 L. J. Ch. 536.

264 Vgl. Re Automatic Bottle Makers. Ltd., 1926, Ch. 412 (C. A.); Re Benjamin Cope & Sons, Ltd., 1914, 1 Ch. 800 ; Smith v. English and Scottish Mercantile Investment Trust, 1896, W. N. 86; Pen-nington's Company Law, 8th Edition, 2001, p. 548; Gough, Company Charges, 2nd Edition, 1996, p. 272.

ten. Einwendungen und Einreden, die vor crystallisation gegenüber der LLP entstehen, können auch mit Wirkung gegenüber dem Sicherheitentreuhänder geltend gemacht werden[265]. Dies gilt unabhängig von der Kenntnis des Drittschuldners von der floating charge[266]. Die floating charge hindert somit eine Aufrechnung des Drittschuldners gegenüber der LLP vor crystallisation der floating charge nicht[267]. Nachdem die LLP bis zur crystallisation zur Fortführung ihrer Geschäftstätigkeit befugt bleibt, wäre es unbillig, wenn ein Drittschuldner hieraus entstehende Gegenforderungen nicht wirksam aufrechnen könnte[268]. Im Ergebnis bedeutet dies, dass die Immobilienkreditnehmer durch die Bestellung der floating charge auch nach der Vervollständigung des equitable assignment zum legal assignment durch Anzeige der Übertragung der Immobilienkredite und der mit diesen verbundenen Sicherheiten nicht gehindert sind, mit Wirkung gegenüber der LLP aufzurechnen[269].

b) Die Floating Charge in der Einzelzwangsvollstreckung

Hinsichtlich der Wirkung der floating charge in der Einzelzwangsvollstreckung ist zwischen den Immobilienkrediten und den mit diesen verbundenen Sicherheiten sowie den belasteten weiteren Deckungswerten zu unterscheiden. Nach englischem Recht erfolgt die Einzelzwangsvollstreckung in eine „legal charge by way of mortgage" an einer Immobilie durch eine „charging order"[270]. Geregelt ist das diesbezügliche Verfahren im Charging Orders Act 1979, Teil 50 der Civil Procedures Rules 1998 und Anhang 1 der rules of the Supreme Court (RSC) sowie Anhang 2 der County Court Rules (CCR)[271]. Die charging order ist eine gerichtlich angeordnete Belastung, die bei Vorliegen bestimmter Voraussetzungen in das land charges registry eingetragen werden kann[272]. Die charging order schließt grundsätzlich auch die gesicherte Immobilienkreditforderung ein[273]. Durch eine charging order erwirbt ein Vollstreckungsgläubiger dasselbe Befriedigungsrecht wie im Falle eines vertraglichen Pfandrechts (*charge*)[274]. Dazu erlässt das Vollstreckungsgericht zunächst einen vorläufigen Pfändungsbeschluss (*charging order nisi*), in welchem ein mündlicher Termin festgesetzt wird, in dem der Vollstreckungsschuldner Einspruch erheben

265 Vgl. Edwards Nelson & Co. Ltd. v. Faber [1903] 2 K.B. 367.
266 Vgl. Biggerstaff v. Rowatt's Wharf Ltd. [1896] 2 Ch. 93; George Barker (Transport) Ltd. v. Eynon [1974] 1 W.L.R. 462, 467.
267 Vgl. Oditah, Receivables Financing, 1991, p. 245 para. 8.5.
268 Vgl. Oditah, Receivables Financing, 1991, p. 245 para. 8.5.
269 Dies betrifft insbesondere Auszahlungsansprüche der Kreditnehmer aus den Immobilienkrediten, was allerdings im Rahmen des asset coverage test durch entsprechende Abschläge berücksichtigt wird (siehe oben 3. Teil, 2. Abschnitt, § 12, B., I., 1., a)).
270 Vgl. Bunge, Zivilprozess und Zwangsvollstreckung in England, S. 201 f.
271 Einschlägig sind insbesondere die Verfahrensvorschriften in RSC Order 50 bzw. CCR Order 31.
272 Vgl. Bei mortgages an registriertem Land ins land registry, bei unregistriertem Land ins land charges register (vgl. sec. 1, 6 (1) Land Charges Act 1925).
273 Vgl. Stürner/Schumacher/Bruns, Der deutsche Pfandbrief und englische Deckungswerte, 2002, S. 15.
274 Vgl. sec. 3 (4) Charging Orders Act 1979.

kann[275]. Sodann ergeht ggf. ein endgültiger Pfändungsbeschluss (*charging order absolute*), durch den der Vollstreckungsgläubiger ein Pfandrecht an der legal charge by way of mortgage erwirbt[276]. Zur Verwertung des Pfandrechts kann der Vollstreckungsgläubiger einen Antrag auf Ernennung eines Zwangsverwalters (*receivers*) stellen, oder die legal mortgage by way of charge nach einem weiteren gerichtlichen Verkaufsbeschluss (*order for sale*) veräußern[277].

Ein Dritter, der einen weiteren Deckungswert der UK covered bond LLP pfänden will, muss den Erlass einer garnishee order erwirken[278]. Auf Antrag des Vollstreckungsgläubigers wird auch hier zuerst ein vorläufiger Pfändungsbeschluss (*garnishee order nisi*) erlassen[279]. Dieser beinhaltet ein gegen den Drittschuldner des Deckungswerts gerichtetes Zahlungsverbot[280]. Erst danach wird wiederum ein endgültiger Beschluss (*garnishee order absolute*) erlassen, wodurch der Vollstreckungsgläubiger einen vollstreckungsfähigen Zahlungstitel gegen den Drittschuldner erwirbt[281]. Der Vollstreckungsgläubiger erwirbt die garnishee order absolute aber nur vorbehaltlich der vor der garnishee order bestehenden Einwendungen und Einreden des Drittschuldners[282].

Vor crystallisation der floating charge können Drittgläubiger jederzeit auf die belasteten Deckungswerte im Wege der Einzelzwangsvollstreckung Zugriff nehmen[283]. Nachdem die UK covered bond LLP durch die Bestellung der floating charge nicht in der Fortführung ihrer Geschäftstätigkeit beschränkt ist, ist sie infolgedessen prinzipiell nicht gehindert, neue Verbindlichkeiten zu begründen. Insofern wäre die Erfüllung dieser neuen Verbindlichkeiten praktisch in das Belieben der Gesellschaft gestellt, wenn die Zwangsvollstreckung zur Befriedigung dieser Forderungen durch die floating charge ausgeschlossen wäre[284].

Ist ein Zwangsvollstreckungsverfahren bereits abgeschlossen und hat zur Befriedigung des jeweiligen ungesicherten Gläubigers geführt, so werden diese durch die crystallisation nicht mehr berührt[285]. Anders jedoch, wenn die Einzelzwangsvoll-

---

275 Vgl. rule 1 (2) R.S.C. Ord. 50.
276 Vgl. rule 3 (1) R.S.C. Ord. 50.
277 Vgl. rule 9 A R.S.C. Ord. 50; Ord. 88.
278 Vgl. Oditah, Receivables Financing, 1991, p. 143 para. 6.7.
279 Vgl. O'Hare/Browne, Civil Litigation, 11th Edition, 2003, p. 710 para. 40.011.
280 Vgl. ter Meulen, Floating Charge, S. 86. Das garnishee order nisi ist mit dem arrestatorium des Pfändungsbeschlusses bei der Forderungspfändung gem. § 829 Abs. I Satz 1 ZPO vergleichbar.
281 Vgl. Wenckstern, Die englische Floating Charge im deutschen Internationalen Privatrecht, RabelsZ 56 (1992), 625, 629.
282 Vgl. Scott v. Lord Hasting (1859) 4 K. & J. 633; Arden v. Arden (1885) 29 Ch.D. 702, 709; Oditah, Receivables Financing, 1991, p. 144 para. 6.8.
283 Vgl. Evans v. Rival Granite Quarries [1910] 2 KB 979, 995; Pennington's Company Law, 8th Edition, 2001, p. 552.
284 Vgl. Evans v. Rival Granite Quarries [1910] 2 KB 979, 995; Pennington's Company Law, 8th Edition, 2001, p. 55; Gough, Company Charges, 2nd Edition, p. 321; Seif, Der Bestandsschutz besitzloser Mobiliarsicherheitsrechte im deutschen und englischen Recht, 1997, S. 137.
285 Vgl. Evans v. Rival Granite Quarries [1910] 2 KB 979, 1002; Pennington's Company Law, 8th Edition, 2001, p. 552; Gough, Company Charges, 2nd Edition, 1996, p. 322; Wenckstern, Die englische Floating Charge im deutschen Internationalen Privatrecht, RabelsZ 56 (1992), 624, 646 f.;

streckung zum Zeitpunkt der crystallisation noch nicht abgeschlossen ist[286]. Entscheidend ist dann, ob der Vollstreckungsgläubiger durch die bis zur crystallisation vorgenommenen Vollstreckungsmaßnahmen bereits ein derartiges Recht erlangt haben, um gegenüber den Sicherungsnehmern eine gesicherte Rechtsposition inne zu haben, die ihm die Fortsetzung der Zwangsvollstreckung ermöglicht[287]. Dies ist jedoch erst mit Befriedigung des Vollstreckungsgläubigers, d.h. durch Zahlung des Drittschuldners, der Fall[288]. Tritt die crystallisation zu einem früheren Zeitpunkt ein, so verliert der Vollstreckungsgläubiger seine Rechte aus der Zwangsvollstreckung[289].

4. Crystallisation der Floating Charge

Die dinglichen Wirkungen der floating charge sind – wie gesehen – relativ beschränkt. Die floating charge schwebt lediglich wie eine Wolke über dem Vermögen der LLP. Sie steht lastenfreien Verfügungen über Deckungswerte der UK covered bond LLP im Rahmen des Gesellschaftszwecks der LLP nicht entgegen und schließt die Zwangsvollstreckung durch Drittgläubiger nicht aus. Charakteristisches Wesensmerkmal der floating charge ist allerdings die crystallisation, mit der sich die floating charge in der Krise der sicherungsgebenden Gesellschaft in eine specific charge umwandelt. Aus der schwebenden Sicherheit wird dann eine Sicherheit mit unmittelbarer Verhaftung, die dem Wesen einer fixed charge ähnlich ist[290].

Die Ereignisse, welche die Umwandlung der floating charge auslösen, werden allgemein in drei Kategorien eingeteilt[291]: Erstens, solche, welche die Einstellung des Geschäftsbetriebs zur Folge haben und damit die Verfügungsbefugnis der Gesellschaft über ihr Vermögen beenden (d.h. liquidation, winding up, etc.)[292]. Zweitens, gerichtliche und außergerichtliche Maßnahmen der Sicherungsnehmer zur Verwer-

---

Gower and Davies' Principles of Modern Company Law, 7th Edition, 2003, p. 827; Schulz-Trieglaff, Grundschuld und Floating Charge zur Absicherung von Unternehmenskrediten, 1997, S. 117.

286 Vgl. Calnan, Priorities between Execution Creditors and Floating Charges, NZULR 1982, p. 111; Jungmann, Grundpfandgläubgier und Unternehmensinsolvenz, 2004, S. 275, Rdn. 764.

287 Vgl. Gough, Company Charges, 2nd Edition, 1996, p. 325, 328.

288 Vgl. Robson v. Smith [1895] 2 Ch. 118; Evans Rival Granite Quarries Ltd. [1910] 2 K.B. 979.

289 Vgl. Norton v. Yates, [1906] 1 K.B. 112; Cairney v. Back, [1906] 2 K.B. 746; Geisse v. Taylor, 1905, 2 K.B. 658; ter Meulen, Floating Charge, S. 87; Gough, Company Charges, 2nd Edition, 1996, p. 327.

290 Vgl. Ferrier v. Bottomer (1972) 126 C.L.R. 597; Fire Nymph Products Ltd. v. Heating Center Pty. Ltd. (in liquidation) 1992 7 ACSR 365, 373; Goode, Legal Problems of Credit and Security, 2003, p. 134 para. 4-29; Gough, Company Charges, 2nd Edition, 1996, p. 135. Zum Wesen der fixed charge, siehe unten 4. Teil, 2. Abschnitt, § 16, B., III.

291 Vgl. Goode, Legal Problems of Credit and Security, 2003, p. 135 para. 4-30.

292 Vgl. Re Florence Land and Pubic Works Co (1878) 10 Ch. D. 530 und Evans v Rival Granite Querries Ltd. [1910], 2 K.B. 979 (zur Liquidation); Re Panama, New Zealand and Australian Royal Mail Company (1870), L.R. 5 Ch. App. 318 und Re Crompton & Co. Ltd. [1914] 1 Ch 954 (zur faktischen Geschäftseinstellung). Vgl. Gough, Company Charges, 2nd Edition, 1996, p. 129, 135 et seq., 143 et seq.; Milman/Durrant, Corporate Insolvency, para. 7-16; Picarda, Receivers, Managers and Administrators, 3rd Edition, 2000, p. 33.

tung ihrer Sicherheit, welche der Gesellschaft die rechtliche Kontrolle über das belastete Vermögen – und somit die Berechtigung, lastenfrei über das belastete Vermögen zu verfügen – entziehen (z.B. Inbesitznahme, Bestellung eines Zwangsverwalters)[293]. Drittens, andere Ereignisse oder Maßnahmen, die von den Sicherungsparteien ausdrücklich als Verwertungs- bzw. crystallisation-Ereignis vereinbart werden[294].

Daneben besteht die Möglichkeit, gerichtlich den Eintritt der crystallisation herbeizuführen. Dies setzt im Rahmen der sog. debenture holders' action eine Gefährdung (*jeopardy*) der Sicherheit voraus[295]. Von den Gerichten wurde eine Gefährdung der Sicherheit u.a. in den folgenden Fällen angenommen: (i) bei Insolvenz der Gesellschaft und Einstellung des Geschäftsbetriebs[296]; (ii) nach Pfändung im Rahmen der Einzelzwangsvollstreckung[297]; sowie (iii) bei drohender Zwangsvollstreckung nach Erlass eines Vollstreckungstitels[298].

Um Rechtssicherheit zu schaffen, die Position der UK covered bond-Gläubiger umfassend und unabhängig von der Durchführung eines Gerichtsverfahrens zu sichern und dabei schon frühzeitig eine Gefährdung der Sicherheit zu vermeiden, regelt die Sicherungsvereinbarung der floating charge des UK covered bond, dass unter bestimmten, im einzelnen aufgeführten Bedingungen vorzeitig ein Kreditereignis bei der UK covered bond LLP eintritt (*LLP event of default*). Nach dem Eintritt eines solchen Kreditereignisses bei der LLP ist der Schuldverschreibungstreuhänder zur Gesamtfälligstellung der UK covered bonds auch gegenüber der LLP (*issuer acceleration notice*) sowie der Sicherheitentreuhänder zur Bestellung eines Zwangsverwalters oder zu einer anderweitigen Verwertung der Sicherheit berechtigt (z.B. Inbesitznahme der LLP, Verkauf der LLP, Verkauf des Immobilienkreditpools etc.).

---

293 Vgl. Evans v. Rival Granite Quarries Ltd. [1910] 2 K.B. 979; Mercantile Bank of India v. Chartered Bank of India, Australia and China [1937] 1 All E.R., 231; Gough, Company Charges, 2nd Edition, 1996, p. 159 et seq.; Goode, Legal Problems of Credit and Security, 2003, p. 140 para. 4-40 et seq.

294 Vgl. Re Woodroffes (Musical Instruments) Ltd. [1985] 2 All E.R. 908; Goode, Legal Problems of Credit and Security, 2003, p. 145 para. 4-50. Die „automatische crystallisation", d.h. ohne jegliche zusätzliche Maßnahme des Sicherungsnehmers war anfänglich umstritten. Später wurden sie auf Grund der Vertragsfreiheit der Sicherungsparteien gerichtlich anerkannt. Ihre Vorteilhaftigkeit wird in Frage gestellt. Denn oftmals ist der weitreichende Schutz der automatischen crystallisation bei weniger schwerwiegenden Kreditereignissen nicht im Interesse des Sicherungsnehmers. In der Praxis wird von der automatischen crystallisation immer seltener Gebrauch gemacht. Vgl. Re Brightlife Ltd. [1986] 3 All E.R. 673, Ch 200; Re Permanent Houses (Holdings) Ltd [1988] BCLC 563; Gough, Company Charges, 2nd Edition, 1996, p. 238 et seq.; Boyle, Validity of Automatic Crystallisation Clauses [1979] JBL, p. 231; Goode, Legal Problems of Credit and Security, p. 146 para. 4-53 et seq.

295 Vgl. Gough, Company Charges, 2nd Edition, 1996, p. 133.

296 Vgl. Re Tilt Cove Copper Co. LTd. [1913] 2 Ch 588.

297 Vgl. Edwards v. Standard Rolling Stock Syndicate [1893] 1 Ch. 574 (Ch.D.); Norton v. Yates [1906] 1 K.B. 112.

298 Vgl. MacMahon v. North Kent Ironworks Co. [1891] 2 Ch. 574; Re London Pressed Hinge Co. Ltd., Campell v. London Pressed Hinge Co. Ltd. [1905] 1 Ch. 576.

a) Kreditereignis und Gesamtfälligstellung

Der Sicherheitsmechanismus der floating charge des UK covered bond setzt zur Herbeiführung der crystallisation durch den Sicherheitentreuhänder einen Zahlungsausfall oder das Eintreten eines sonstigen Kreditereignisses bei der UK covered bond LLP sowie die Gesamtfälligstellung der UK covered bonds gegenüber der LLP voraus. Die untersuchten UK covered bond-Programme sehen überwiegend übereinstimmend als Kreditereignis bei der UK covered bond LLP die nachfolgenden Ereignisse vor:

- den Zahlungsausfall der LLP hinsichtlich fälliger garantierter Zins- und Rückzahlungsverpflichtungen aus den UK covered bonds, es sei denn, der Zahlungsausfall beruht auf einem technischen Defekt oder Fehler und der LLP stehen ausreichende Mittel zur Erfüllung der Zins- und Rückzahlungsansprüche zur Verfügung und diese werden innerhalb von drei Geschäftstagen nach ihrer Fälligkeit erfüllt[299];
- eine sonstige Vertragsverletzung der LLP hinsichtlich ihrer vertraglichen Pflichten aus der Schuldverschreibungstreuhandvereinbarung, der Sicherungsvereinbarung oder einem anderen Vertrag des UK covered bond-Programms, die nach einer schriftlichen Anzeige mit der Aufforderung die Pflichtverletzung zu beheben weitere 30 Tage fortbesteht oder nicht behoben wird[300];
- einen gerichtlichen Beschluss bzw. einen Beschluss der Gesellschafter der LLP zur Liquidation bzw. Insolvenzeröffnung über das Vermögen der LLP;
- die Einstellung der Geschäftstätigkeit der LLP oder ihrer Geschäftstätigkeit im Wesentlichen;
- die Einleitung der Liquidation, Insolvenzeröffnung, der Sanierung oder eines vergleichbaren Verfahrens über das Vermögen der LLP durch einen Dritten;
- die Bestellung eines Zwangsverwalters, Treuhänders oder eines sonstigen vergleichbaren Amtsträgers in Bezug auf das gesamte Vermögen der LLP oder Teile hiervon, bzw. die Einleitung eines Einzelzwangsvollstreckungs- oder Arrestverfahrens in Bezug auf das gesamte Vermögen der LLP oder Teile hiervon;
- die Einleitung durch oder Zustimmung der LLP zur Liquidation, Insolvenzeröffnung, Sanierung, einem ähnlichen Verfahren oder die Übertragung bzw. Abtretung von Vermögensgegenständen an andere Gläubiger bzw. der Abschluss einer entsprechenden Sanierungsvereinbarung mit diesen;

---

299 Teilweise finden dabei sog. grace periods mit einer Dauer bis zu sieben Tagen Anwendung. Darüber hinaus wird die Verpflichtung durch die jeweiligen maximal zwölf monatigen Stundungsvereinbarungen im Fall von endfälligen Schuldverschreibungsserien (siehe oben 3. Teil, 2. Abschnitt, § 12, B., II., 2) dahingehend modifiziert, dass ein Kreditereignis bei der LLP erst im Fall der Verletzung einer Zahlungspflicht hinsichtlich einer entsprechend gestundeten Schuldverschreibungsserie verletzt wird.

300 Im Fall einer sonstigen Vertragsverletzung ist zusätzlich erforderlich, dass diese die Interessen der UK covered bond-Gläubiger wesentlich beeinträchtigt *(materially prejudicial)*.

- die Einstellung der Erfüllung der Zahlungsverpflichtungen oder der Anzeige der Zahlungsunfähigkeit durch die LLP oder der Feststellung der Zahlungsunfähigkeit der LLP;
- die Unwirksamkeit der covered bond-Garantie;
- die Verletzung des amortisation test; oder
- die Bestellung eines Sicherheitsrechts am gesamten oder an Teilen des Gesellschaftsvermögens der LLP sowie die Eingehung von anderen als den im UK covered bond-Programm vorgesehenen Verpflichtungen.

Nach Eintritt eines Kreditereignisses bei der UK covered bond LLP ist der Schuldverschreibungstreuhänder grundsätzlich nach seinem Ermessen berechtigt, alle im Umlauf befindlichen UK covered bonds gegenüber der LLP gesamtfällig zu stellen[301]. Allerdings ist teilweise bei weniger kritischen Kreditereignissen (z. B. sonstigen Pflichtverletzungen der Treuhandvereinbarung, der Sicherungsvereinbarung oder einem anderen Vertrag des UK covered bond-Programms) vereinbart, dass der Sicherheitentreuhänder verpflichtet ist, dem Emittenten eine wesentliche Beeinträchtigung der Interessen der Schuldverschreibungsgläubiger vorerst anzuzeigen.

Der Schuldverschreibungstreuhänder kann zur Gesamtfälligstellung der Schuldverschreibungen gegenüber der UK covered bond LLP bindend aufgefordert bzw. angewiesen werden. Dies setzt entweder eine schriftliche Anweisung durch Schuldverschreibungsgläubiger mit einem Stimmanteil von 25 % des Nominalbetrags aller im Umlauf befindlichen UK covered bonds, oder einen außerordentlichen Gläubigerversammlungsbeschluss mit einem entsprechenden Stimmanteil von 50 % des Nominalbetrags aller im Umlauf befindlichen UK covered bonds voraus (sog. programme resolution). Ist der Schuldverschreibungstreuhänder der Ansicht, dass die Gesamtfälligstellung bzw. die Durchsetzung der Sicherheit die Interessen der UK covered bond-Gläubiger wesentlich beeinträchtigt, so ist er berechtigt, eine Freistellung von etwaigen Schadensersatzansprüchen hieraus durch einen außerordentlichen Gläubigerversammlungsbeschluss mit einem Stimmanteil von 50 % des Nominalbetrags aller im Umlauf befindlichen UK covered bonds zu verlangen.

b) *Crystallisation durch Bestellung eines Receivers*

Um die crystallisation einer floating charge herbeizuführen, muss die Verfügungsbefugnis des Sicherungsgebers über das belastete Vermögen beendet werden und der Sicherungsnehmer die tatsächliche Kontrolle über das belastete Vermögen ergreifen[302]. Dies kann grundsätzlich je nach Abrede in der Sicherungsvereinbarung gerichtlich oder außergerichtlich durch Inbesitznahme, Verkauf, Bestellung eines administrative receiver oder Bestellung eines administrator erreicht werden. Die Verwertung außerhalb des Gerichts ist naturgemäß der einfachere, schnellere und

301 Die Gesamtfälligstellung einzelner UK covered bond-Serien ist nicht zulässig.
302 Vgl. Gough, Company Charges, 2nd Edition, 1996, p. 160.

kostengünstigere Weg[303]. Bis zum Inkrafttreten des Enterprise Act 2002 war die außergerichtliche Bestellung eines administrative receiver das klassische Mittel zur Verwertung einer crystallisierten floating charge am gesamten Vermögen einer Kapitalgesellschaft. Mit dem Enterprise Act 2002 ist allerdings die administration zum Regelverfahren der Verwertung einer crystallisierten floating charge geworden[304]. Dadurch sollte die Position der gesicherten Gläubiger gestärkt und die Reorganisation des Unternehmens in der administration erleichtert werden, ohne das dies durch Bestellung eines administrative receivers unterbunden werden kann[305]. Für Kapitalmarkttransaktionen und Spezialfinanzierungen bleibt daneben das Recht zur Bestellung eines administrative receiver erhalten[306].

Beim UK covered bond ist der Sicherheitentreuhänder nach einem Kreditereignis bei der LLP und der Gesamtfälligstellung der UK covered bonds durch den Schuldverschreibungstreuhänder zur Bestellung eines Zwangsverwalters (*receiver*) und/ oder zur anderweitigen Verwertung der Sicherheit berechtigt. Bei dem zu bestellenden Zwangsverwalter handelt es sich um einen administrative receiver im Sinne der sec. 251, 29(2) IA 1986, da die floating charge das gesamte Vermögen der LLP umfasst[307]. Die Bestellung des administrative receiver ist trotz der – seit Inkrafttreten des Enterprise Act 2002 – eingeschränkten Anwendbarkeit des administrative receivership aufgrund der Einbindung in eine Kapitalmarktransaktion zulässig[308].

Der Haftungsumfang der fixed und floating charge ändert sich mit der crystallisation nicht[309]. Allerdings wird bei Betrachtung des Haftungsumfangs der fixed charge und der floating charge jeweils für sich ein Unterschied zwischen beiden Sicherheitsrechten deutlich, weshalb es nicht absolut richtig ist, der floating charge nach ihrer crystallisation dieselben Rechtswirkungen wie einer fixed charge zuzu-

---

303 Vgl. Picarda, Receivers, Managers and Administrators, 3rd Edition, 2000, p. 4; Boyle & Bird's Company Law, 5th Edition, 2004, p. 309.

304 Vgl. Anhang B1 para. 14(1), (2) IA 1986. Anlass hierfür waren v.a. die Schwierigkeiten kleiner und mittlerer Unternehmen (KMU), die ihr Betriebsgrundstück über eine mortgage finanzierten und zusätzlich dem Kreditnehmer eine lightweight floating charge einräumen mussten. Die Grundpfandrechtsgläubiger waren in der Regel wenig an der Reorganisation der Gesellschaft interessiert. Zudem war zur Rettung der Gesellschaft selten ein Geldgeber bereit, eine zweitrangige floating charge als Kreditsi-cherheit zu akzeptieren. Vgl. Dennis/Fox, The New Law of Insolvency, Insolvency Act 1986 to Enter-prise Act 2002, para. 7.6.12; West/Miller, Enterprise Act 2002: Issues for Secured Lenders, JIBLR, [2004], p. 88.

305 Vgl. White Book „Productivity and Enterprise, Insolvency – A Second Chance" 2001, Cm. 5234 (2001); Yeowart, Administrative Receivership: Abolition or Reform?, BJIBFL 2002, 6; Jungmann, Grundpfandgläubiger und Unternehmensinsolvenz, 2004, S. 209, Rdn. 575 ff.

306 Die Beschränkung des Anwendungsbereichs der floating charge auf Kapitalmarkttransaktionen und Spezialfinanzierungen wurde damit gerechtfertigt, dass Großgläubiger in der Regel ein größeres Interesse an der Reorganisation aufweisen als klassische Grundpfandgläubiger. Vgl. Dennis/Fox, The New Law of Insolvency, Insolvency Act 1986 to Enterprise Act 2002, para. 7.6.12; West/Miller, Enterprise Act 2002: Issues for Secured Lenders, JIBLR, [2004], p. 88.

307 Siehe unten 4. Teil, 2. Abschnitt, § 17, D., I.

308 Gem. sec. 72B IA 1986. Siehe unten 4. Teil, 2. Abschnitt, § 17, D., I., 1.

309 Vgl. NW Robbie & Co. Ltd. v. Witney Warehouse Co. Ltd. [1963] 3 All E.R. 613, 621 (C.A.); Gough, Company Charges, 2nd Edition, 1996, p. 120; Lingard, Bank Security Documents, 3rd Edition, 1993, para. 9.23; Jungmann, Grundpfandgläubiger und Unternehmensinsolvenz, 2004, S. 184 para. 503.

schreiben. Vielmehr gehen die Rechtswirkungen der floating charge in Bezug auf den Haftungsgegenstand über diejenigen der fixed charge hinaus. Denn mit Eintritt der Verwertungsreife berechtigt die fixed charge zur Verwertung aller zu diesem Zeitpunkt im Vermögen der UK covered bond LLP vorhandenen Deckungswerte. Dagegen umfasst der Haftungsgegenstand der crystallisierten floating charge zum einen alle Deckungswerte, auf die sich die floating charge zum Zeitpunkt der crystallisation bezog und zum anderen auch auf alle Deckungswerte, welche die LLP nach der crystallisation erwirbt[310].

III. Die Fixed Charge an den Deckungswerten

In Ergänzung zur floating charge bestellt die UK covered bond LLP in der einheitlichen Sicherungsvereinbarung zur Sicherung der garantierten Zins- und Rückzahlungsansprüche unter den UK covered bonds sowie der übrigen Ansprüche der beteiligten Parteien der Transaktion (d.h. servicer, cash manager, asset cover monitor, Swapvertragsparteien, etc.) gegenüber der LLP an den Deckungswerten eine zusätzlich erstrangige fixed charge am gesamten Vermögen der LLP. Haftungsgegenstand der fixed charge sind im Einzelnen (i) die equitable interests der LLP an den übertragenen Immobilienkrediten und den dazugehörigen Sicherheiten, (ii) sämtliche Bankkonten der LLP, (iii) sämtliche genehmigten Kapitalanlagen der LLP, und (iv) sämtliche Ersatzdeckungswerten der LLP. Dadurch soll den UK covered bond-Gläubigern im Fall der Verwertung der Deckungswerte bzw. Deckungsmasse auf dem Wege des administrative receivership der Rang vor den bevorrechtigten Gläubigern (*preferential creditors*) gesichert werden, die ihnen andernfalls bei bloßer Besicherung durch eine floating charge im Rang vorgehen würden. Darüber hinaus sichert die fixed charge den Sicherungsnehmern bereits vor der crystallisation der floating charge eine stärkere dingliche Rechtsposition und einen weitergehenden Schutz vor Maßnahmen der Einzelzwangsvollstreckung.

Gegenstand einer fixed charge können sowohl gegenwärtige als auch zukünftige Forderungen sowie insbesondere auch ein Pool von Forderungen sein[311]. Die Bestellung einer fixed charge an einer zukünftigen Forderung kann aber kein unmittelbares dingliches Recht begründen, da die Parteiwirksamkeit einer fixed charge voraussetzt, dass der Sicherungsgeber Inhaber des Sicherungsguts ist[312]. Die Bestellung einer fixed charge an zukünftigen Forderungen stellt insoweit „nur“ ein

---

310 Vgl. NW Robbie & Co. Ltd. v. Witney Warehouse Co. Ltd. [1963] 3 All E.R. 613, 621; Gough, Company Charges, 2nd Edition, 1996, p. 123; Goode, Legal Problems of Credit and Security, 2003, p. 134 para. 4-29; Lingard, Bank Security Documents, 3rd Edition, 1993, para. 9.23; Jungmann, Grundpfandgläubiger und Unternehmensinsolvenz, 2004, S. 184, Rdn. 504.

311 Vgl. Holroyd v. Marshall [1861–1873] All E. R. 414, 418; Tailby v. Official Receiver [1888] 13 A.C. 523; Siebe Gorman & C. Ltd. v. Barclays Bank Ltd. [1979] 2 Lloyd's Rep. 142, 164; Re GE Tunbridge Ltd. [1995] 1 B.C.L.C. 34; Re ASRS Establishment Ltd. [2000] 2 B. C. L. C. 631; Wood, Comparative Law of Security and Guarantees, 1995, London, p. 41 para. 4-14.

312 Vgl. Ferran, Company Law and Corporate Finance, 1999, p. 469; Pau, The Law of Secured Finance on Personal Porperty, 2002, p. 25 para. 2.26 and p. 79 para. 3.97.

unvollständiges dingliches Recht (*inchoate interest*) dar, das zum Zeitpunkt der Entstehung der belasteten künftigen Forderung beim Sicherungsgeber ohne einen weiteren Verfügungsakt unmittelbar dingliche Wirkung begründet[313]. Insofern fallen Deckungswerte, welche die LLP aufgrund ihres revolvierenden bzw. dynamischen Charakters nach Bestellung der fixed charge erwirbt, ohne weiteres in den Haftungsbestand der Sicherheit.

1. Abgrenzung von Fixed und Floating Charge

Die Abgrenzung von fixed und floating charge bzw. die Anerkennung einer fixed charge neben einer floating charge ist im englischen Recht nicht abschließend geklärt[314]. Die daraus resultierende Rechtsunsicherheit stellt insofern ein Risiko für UK covered bonds dar, als bei Nicht-Anerkennung der fixed charge neben der floating charge den UK covered-Gläubigern bei der Verwertung der Sicherheit die sog. bevorzugten Gläubiger (*preferential creditor*) vorgehen. Dieses Risiko ist im für den UK Regulated Covered Bond in den RCB Regulations 2008 adressiert[315]. Danach wird die Wirksamkeit Bestellung einer fixed und floating charge am Vermögen der Deckungsmasse anerkannt und der Anwendungsbereich der bevorzugten Gläubiger eingeschränkt.

Maßgebliche Bedeutung hat für die Abgrenzung der fixed und floating charge der in der Sicherungsvereinbarung zum Ausdruck kommende Wille der beteiligten Parteien[316]. Auf die Bezeichnung der Sicherheit als solches kommt es nicht an[317]. Entscheidend ist die Verfügungsbefugnis der sicherungsgebenden Gesellschaft (*management autonomy*) oder anders betrachtet, das Maß der vereinbarten Kontrolle des Sicherungsnehmers über die belasteten Rechte und Forderungen[318]. Allerdings ist weder der notwendige Umfang der Verfügungsbefugnis noch das notwendige Maß der Kontrolle abschließend geklärt. Klar ist insoweit nur, dass wesentliches Charakteristikum der floating charge die Berechtigung der sicherungsgebenden Gesell-

---

313 Vgl. Holroyd v. Marshall [1861–1873] All E. R. 414, 418; Tailby v. Official Receiver [1888] 13 A.C. 523; Pau, The Law of Secured Finance on Personal Property, 2002, p. 25 para. 2.27 and p. 80 para. 3.98.

314 Vgl. Goode, Legal Problems of Credit and Security, 2003, p. 118 para. 4-08; Oditah, Receivables Financing, 1991, p. 98 para. 5.8; Picarda, Labels: A Voyage Round Fixed and Floating Charges, BJIBFL 2001, p. 114.

315 Vgl. reg. 46 – Schedule Modificcations to Primary and Secondary Legislation – Part 1 – Ziffer 2(1) und (4).

316 Vgl. Illingworth v. Houldsworth [1904] AC 355; Re GE Tunbridge Ltd. [1995] 1 BCLC 34; Gough, Company Charges, 2nd Edition, 1996, p. 109.

317 Vgl. Grigson v. George Taplin and Co., Ltd., 1915, 112, L.T.R. 985; Re Armagh Shoes Ltd. [1982] N.I. 59; [1984] BCLC 405; Re Brightlife Ltd. [1986] 3 All E.R. 673, Ch 200.

318 Vgl. Re Yorkshire Woolcomber's Association [1903] 2 Ch 284, (CA); Agnew v. Commissioner of Inland Revenue [2000] 1 N. Z. L. R. 223, [2001] 2 A.C. 710; McKnight, Brumark: The Difference between Fixed and Floating Charges, JIBL, [2001] 157; Yeowart, Why Spectrum Plus is bad news for banks, in: IFLR, August 2005, p. 21; Goode, Legal Problems of Credit and Security, 2003, p. 114 para. 4-03; Oditah, Receivables Financing, 1991, p. 98 para. 5.8; Lingard, Bank Security Documents, 3rd Edition, 1993, p.135 para. 8.2.

schaft zur Verfügung über die belasteten Gegenstände bzw. Forderungen ist, während das maßgebliche Merkmal der fixed charge ist, dass die sicherungsgebende Gesellschaft gerade nicht berechtigt sein darf, die belasteten Gegenstände bzw. Forderungen durch eine freihändige Verfügung ihrer Belastung zu entziehen[319].

Besonders umstritten ist die Abgrenzung von fixed und floating charge an Forderungen aus Lieferungen und Leistungen[320]. Die grundsätzliche Zulässigkeit einer fixed charge an Forderungen wurde Ende der 1970er Jahre gerichtlich festgestellt[321]. In dem zu Grunde liegenden Sicherheitsrecht verpflichtete sich der Sicherungsgeber, die belasteten Forderungen ohne schriftliche Zustimmung des sicherungsnehmenden Kreditinstituts weder zu übertragen noch zu belasten und bei ihrer Einziehung die Erlöse auf sein laufendes Konto einzuzahlen, das er beim Sicherungsnehmer unterhielt und über das er sowohl auf Grund entsprechender Abreden in der Sicherungsvereinbarung als auch auf Grund des Zurückbehaltungsrechts des Sicherungsnehmers aus dem Bankkontovertrag (*bankers lien*) nicht ohne dessen Zustimmung verfügen konnte[322]. Ebenfalls als fixed charge anerkannt wurde dieselbe Vereinbarung mit der Abweichung, dass die Erlöse in ein separates Konto eingezahlt wurden, über das der Sicherungsgeber kein Verfügungsrecht hatte (*special blocked account*)[323].

Zahlreiche Urteile ergingen, die sich im Wesentlichen mit der Frage der hinreichenden Kontrolle des Sicherungsnehmers zur Anerkennung einer fixed charge auseinandersetzten. In diesen wurde bereits anfänglich eine Sicherheit mit der unbeschränkten Berechtigung die belasteten Forderungen selbständig auf ein Bankkonto, das nicht beim Sicherungsnehmer unterhalten wird, aufgrund fehlender Kontrolle über die Erlöse der Forderung, nur als floating charge eingestuft[324]. Da die Kreditinstitute grundsätzlich eine Kontrolle der Mittelzuflüsse ihrer Kreditnehmer ablehnen, u.a. um sich nicht der Gefahr einer Haftung als faktischer Geschäftsführer (*de facto director*) in der Insolvenz gem. sec. 214(2) IA 1986 auszusetzen, versuchten sie, die Kontrolle der Erlöse auf andere Weise zu erlangen[325]. Dazu wurde in der Sicherungsvereinbarung eine fixed charge an den Forderungen als solchen sowie eine floating charge an den Erlösen der mit der fixed charge belasteten Forderungen bestellt. Obwohl anfänglich bejaht[326], wurde diese Gestaltung aufgrund ei-

319 Vgl. Agnew v. Commissioner of Inland Revenue [2000] 1 N. Z. L. R. 223, [2001] 2 A.C. 710; Hapgood, Paget's Law of Banking, 2003, p. 628 para. 30.5; Re Yorkshire Woolcomber's Assocaition [1903] 2 Ch 284, CA; Lingard, Bank Security Documents, 3rd Editon, 1993, p. 153 para. 8.42; Worthington, Proprietary Interests in Commercial Transactions, 1996, p. 74.
320 Vgl. Ferran, Fixed Charges on Book Debts – The Story Continues, [2000] CLJ, p. 456; Doyle, Fixed or Floating Charge, S. J. 1998, p. 1052, 1088, 1110; Picarda, Labels: A Voyage Round Fixed and Floating Charges, BJIBFL 2001, p. 114 et seq.
321 Vgl. Siebe Gorman & Co. Ltd. v. Barclay's Bank Ltd. [1979] 2 Lloyd's Rep. 142.
322 Vgl. Siebe Gorman & Co. Ltd. v. Barclay's Bank Ltd. [1979] 2 Lloyd's Rep. 142.
323 Vgl. Re Keenan Bros. Ltd. [1985] I.R. 401; [1986] BCLC 242.
324 Vgl. Re Brightlife Ltd. [1986] 3 All E.R. 673, Ch 200.
325 Vgl. Ellinger/Lomnicka/Hooley, Modern Banking Law, 2002, p. 789.
326 Vgl. Re New Bullas Trading [1991] 1 BCLC 485.

ner Gesamtbetrachtung letztlich nicht als fixed charge anerkannt[327]. Im Jahr 2005 wurde die ursprünglich wesentliche Entscheidung Siebe Gorman Limited v. Barclays Bank Limited aus dem Jahr 1979 in der Entscheidung National Westminster Bank v. Spectrum Plus Ltd. dahingehend konkretisiert, dass zur Anerkennung einer fixed charge die Einziehung der belasteten Forderungen auf einen gesonderten „blocked account" beim sicherungsgebenden Kreditinstitut erforderlich ist[328]. Die Berechtigung der sicherungsgebenden Gesellschaft zur freien Verwendung ist danach nicht mit der tatsächlichen Kontrolle des Sicherungsnehmers als wesentlichem Abgrenzungsmerkmal der fixed charge vereinbar[329]. Die Rechtsunsicherheit hinsichtlich der erforderlichen Kontrolle bleibt dennoch weiterhin bestehen, da das Gericht wiederum keine klare Richtlinie zur Bestimmung des Tatbestandsmerkmals der tatsächlichen Kontrolle vorgab. Dies gilt insbesondere für die bei Kapitalmarkttransaktionen übliche Gestaltung, dass die Einziehungserlöse der belasteten Forderungen in einer vorbestimmten Reihenfolge für bestimmte Zwecke von der sicherungsgebenden Gesellschaft verwendet werden dürfen[330]. Erforderlich für die Anerkennung der fixed charge ist dann jedenfalls, dass die Einziehung auf ein ebenfalls zu Gunsten der Sicherungsnehmer belastetes Bankkonto erfolgt, das von den Sicherungsnehmern kontrolliert wird[331].

Im Ergebnis bleibt aufgrund der Rechtsprechung zur Abgrenzung der fixed und floating charge eine gewisse Rechtsunsicherheit hinsichtlich der Anerkennung der fixed charge neben der floating charge an den Deckungswerten bestehen. Für die Anerkennung der fixed charge an den Deckungswerten spricht allerdings, dass deren Einziehung ausschließlich auf ein Bankkonto der UK covered bond LLP zulässig ist, das wiederum zu Gunsten des Sicherheitentreuhänders verpfändet ist und von diesen kontrolliert bzw. überwacht wird. Dabei handelt es sich um einen blocked account, der die gegenwärtig geltenden Anforderungen der Rechtsprechung an die Anerkennung einer fixed charge erfüllt.

2. Bestellung der Fixed Charge

Die Bestellung der erstrangigen fixed charge setzt ebenfalls nur eine Sicherungsvereinbarung voraus. Die Vereinbarung muss unter common law wirksam (*valid*) und ihre vertraglichen Verpflichtungen müssen einklagbar (*enforceable*) sein.

---

327 Vgl. Agnew v. Commissioner of Inland Revenue [2000] 1 N. Z. L. R. 223, [2001] 2 A.C. 710; Ellinger/Lomnicka/Hooley, Modern Banking Law, 2002, p. 790; Goode, Legal Problems of Credit and Security, 2003, p. 126 para. 4-16; McKnight, Brumark: The Difference Between Fixed and Floating Charges, JIBL, [2001] 157, 159.
328 Vgl. National Westminster Bank v. Spectrum Plus [2005] UKHL 41; Calnan, Floating Charges: A Proposal for Reform, BJIFBL, [2004], p. 344; Yeowart, Spectrum Plus, BJIFBL, [2004], 297; Yeowart, Why Spectrum Plus is bad news for banks, in: IFLR, August 2005, p. 19; in Bezug auf die Belastung von Immobilien mit einer fixed und floating charge: Stöcker/Luckow, Rechtsfragen der Immobilienfinanzierung in England und Wales, S. 49 ff.
329 Vgl. Yeowart, Why Spectrum Plus is bad news for banks, in: IFLR, August 2005, p. 21.
330 Vgl. Yeowart, Why Spectrum Plus is bad news for banks, in: IFLR, August 2005, p. 21.
331 Vgl. Yeowart, Why Spectrum Plus is bad news for banks, in: IFLR, August 2005, p. 21.

a) *Bestellungstatbestand*

Die Parteiwirksamkeit der fixed charge wird bereits durch eine wirksame Sicherungsvereinbarung erreicht[332]. In formeller Hinsicht ist für die Bestellung der fixed charge gem. sec. 73(1) LPA 1925 die Beurkundung der Sicherungsvereinbarung erforderlich. Dazu muss die Vereinbarung unterzeichnet (*signed*), mit dem Firmensiegel gesiegelt (*sealed*) und den Sicherungsnehmern übergeben (*delivered*) werden. Bei der Bestellung der fixed charge muss das Sicherungsgut wiederum bestimmbar – aber nicht bestimmt – sein[333].

Als sonstige Wirksamkeitshindernisse sind im Recht der Kreditsicherheiten allgemein sittenwidrige (*oppressive or unconscionable, unfair and unconscionable*) Vereinbarungen und sonstige Verstöße gegen den ordre public (*public policy*), und hier insbesondere die unzulässige Einschränkung der wirtschaftlichen Handlungsfreiheit (*restraint of trade*) zu beachten[334]. Schließlich hat sich trotz Kritik an der Praxis der Übersicherung (*extensive security*) innerhalb der public policy keine Fallgruppe gebildet, wonach Vereinbarungen unwirksam seien, weil die Übersicherung zu einer Gläubigergefährdung (*potential prejudice to the general body of creditors*) führt[335].

b) *Gesellschaftsrechtliche Publizitätserfordernisse*

Die fixed charge an den equitable interests der Immobilienkredite und der mit diesen verbundenen Sicherheiten ist gem. sec. 396(1)(a)(i) CA 1985 im öffentlichen Register der Gesellschaft eintragungspflichtig. Des Weiteren verlangt sec. 396(1)(c)(iii) CA 1985 die Eintragung einer Sicherheit an Forderungen aus Lieferungen und Leistungen (*book debts*). Forderungen im Sinne dieser Vorschrift sind Forderungen aus unternehmerischer Geschäftstätigkeit, die gewöhnlicherweise in den Handelsbüchern festgehalten werden[336]. Nicht darunter fallen jedoch in der Regel Guthaben bei Kreditinstituten, da diese Forderungen in der Regel nicht aus der Handelstätigkeit der Gesellschaft hervorgehen[337]. Insofern sollte nur die Belastung der Immobilienkredite und der mit diesen verbundenen Sicherheiten nicht aber die Belastung der sonstigen Deckungswerte eintragungspflichtig sein. Die fehlende Eintragung der fixed charge an den Sicherheiten der Immobilienkredite hat im Außenverhältnis gem. sec. 399(1)(a), (b) CA 1989 die Nichtigkeit der Sicherheit gegenüber

---

332 Vgl. Re Earl of Lucan, Hardinge v Cobden (1890) 45 ChD 470; Durham Brothers v. Robertson (1898) 1 Q.B. C. A. 765, 769; Re Welsh Irish Ferries Ltd. [1986] Ch 471, [1985] 3 WLR 610; Annangel Glory Cia Naveria SA v. M Golodetz Ltd., The Annangel Glory [1988] 1 Lloyd's Rep 45; Halsbury's Laws of England, vol. 6, 4th Edition, Reissue, 2003 para. 28.

333 Vgl. Mogg v. Baker (1838) 3 M&W 195; Tailby v. Official Receiver [1886–1890] All E.R. 486, 496; Goode, Commercial Law, p. 627, 630.

334 Vgl. Beatson, Anson's Law of Contract, 28th Edition, 2002, p. 284 et seq., 348 et seq.; Gray, Elements of Land Law, 1993, 2nd Edition, p. 947 et seq.

335 Vgl. Re Brightlife Ltd. [1986] 3 All E.R. 673, Ch 200; Fire Nymph Products Ltd. v. Heating Centre Pty. Ltd. (in liquidation) (1992) 7 ACSR 365, 376.

336 Vgl. Contemporary Cottages (NZ) Ltd. v. Margin Traders Ltd. [1981] 2 N.Z.L.R. 114; Ellinger/Lomnicka/Hooley, Modern Banking Law, 2002, p. 786; Oditah, Receivables Financing, 1991, p. 20 para. 2.2.

337 Vgl. Re Brightlife Ltd. [1986] 3 All E.R. 673, Ch 200; Waters v. Widdows [1984] V. R. 503; Goode, Legal Problems of Credit and Security, 2003, p. 99 para. 3-27.

einem liquidator oder einem administrator und gegenüber anderen wirksam gesicherten Gläubigern und Vollstreckungsgläubigern zur Folge[338]. Die Nicht-Eintragung ist wiederum gem. sec. 398(3) CA 1985 Bußgeld bewährt.

Die fixed charge an den Deckungswerten ist gem. sec. 411(1), (2) CA 1989 in das eigene Register der Gesellschaft einzutragen. Unterlässt die Gesellschaft diese Eintragung, so berührt dies nicht die Drittwirksamkeit und den Rang der fixed charge[339]. Die vorsätzliche Unterlassung der Eintragungspflicht ist gem. Anhang 24 des CA 1985 Bußgeld bewährt.

c) Grundbuchrechtliche Publizitätserfordernisse

Das englische Grundbuchrecht – niedergelegt im Land Registration Act 1925 – ist gekennzeichnet durch das Nebeneinander von eingetragenem und nicht eingetragenem Land, wobei mittlerweile ganz überwiegend Eintragungen erfolgt sind. Im Gegensatz zum deutschen Recht ist der Eintragungsgrundsatz im englischen Recht nicht streng durchgehalten[340]. Konstitutiv für die Entstehung ist die Eintragung u.a. beim Eigentumserwerb. Equitable interests bedürfen zu ihrer Entstehung dagegen nicht der Eintragung im Grundbuch. Die Bestellung der fixed charge setzt somit hinsichtlich der equitable interests an den Sicherheiten der Immobilienkredite keine Eintragung im Grundbuch voraus. Ein equitable interest kann in der Form einer notice gem. sec. 52(1) LRA 1925, einer caution gem. sec. 55(1) LRA 1925 oder einer restriction gem. sec. 58(1) LRA 1925 eingetragen werden, um sich vor einer lastenfreien Veräußerung des Sicherungsguts zu schützen. Hierzu wäre die Eintragung der Übertragung der Immobilienkredite und den mit diesen verbundenen Sicherheiten auf die LLP erforderlich, auf die aber aus Kostengründen beim equitable assignment verzichtet wird[341]. Von daher ist die fixed charge vor Vollendung des Vollrechtserwerbs nicht eintragungsfähig.

3. Rechtswirkungen der Fixed Charge

Die fixed charge begründet zu Gunsten des Sicherheitentreuhänders eine unmittelbare Haftung der Deckungswerte der UK covered bond LLP zur Bedienung der Ansprüche aus den UK covered bonds sowie der sonstigen Ansprüche der an der Transaktion beteiligten Parteien in Form eines beschränkt dinglichen Verwertungsrechts[342]. Dadurch erwirbt der Sicherheitentreuhänder sowohl an den equitable

---

338 Vgl. Goode, Legal Problems of Credit and Security, 2003, p. 168 para. 5-23.
339 Vgl. Joseph Wright and Grace Elizabeth Wright v. Horton and others (1887) 12 A.C. 371 (HL); Re General South America Co. [1876] 2 Ch.D. 337 (C. A.); Boyle & Bird's Company Law, 5th Edition, 2004, p. 303.
340 Vgl. Hofmann, Mortgage und Charge – Gestaltungsmöglichkeiten im englischen Kreditsicherungsrecht, 2001, S. 33.
341 Siehe oben 3. Teil, 2. Abschnitt, § 11, C., I., 2., c).
342 Vgl. Roddick v. Gandell (1852) 1 De G.M. & G. 763 at 777; Palmer v. Carey [1926] A.C. 703 at 706–707; Swiss Bank Corp. v. Lloyds Bank Ltd. [1982] A.C. 584 at 595; Oditah, Receivables Financing, 1991, p. 95 para. 5.6.

interests an den übertragenen Immobilienkrediten und den dazugehörigen Sicherheiten als auch an den strengrechtlichen Vollrechten (*legal title*) der weiteren Deckungswerten ein beschränkt dingliches Verwertungsrecht in Form eines equitable interests[343].

a) Allgemeine Rechtswirkungen der Fixed Charge

Wesentliches Charakteristikum der fixed charge ist, dass die UK covered bond LLP nach ihrer Bestellung nicht mehr berechtigt ist, über die Deckungswerte ohne Zustimmung des Sicherheitentreuhänders zu verfügen[344]. Allerdings erwirbt der Sicherheitentreuhänder mit der fixed charge selbst keine Verfügungsbefugnis an den Deckungswerten, sondern kann über die Deckungswerte nur zusammen mit der LLP verfügen bzw. diese nur zusammen mit der LLP einziehen[345]. Somit hat weder die LLP, noch der Sicherheitentreuhänder ein selbständiges Recht zur Verfügung über die Deckungswerte, wodurch das Zugriffsrecht auf die Deckungswerte im Grunde genommen paralysiert ist. Deswegen wird klassischerweise vereinbart, dass die LLP zur selbständigen Einziehung der Deckungswerte auf ein bestimmtes Bankkonto der LLP, das ebenfalls zu Gunsten des Sicherheitentreuhänders verpfändet ist, berechtigt bleibt[346]. Die LLP darf die Einziehung dann treuhänderisch für den Sicherheitentreuhänder betreiben[347]. Zu anderweitigen Verfügungen über den Einziehungserlös darf die LLP ohne Zustimmung des Sicherheitentreuhänders keinesfalls berechtigt sein, da dies mit der für eine fixed charge erforderlichen beschränkten Verfügungsbefugnis des Sicherungsgebers unvereinbar wäre[348]. Die Einhaltung der Verfügungsbeschränkung kann erforderlichenfalls mit Hilfe eines Gerichts durch Geltendmachung der Unterlassung von unzulässigen Verfügungen sichergestellt werden[349].

Den Drittschuldnern der Deckungswerte bleibt unbenommen, schuldbefreiend an die LLP zu leisten, solange ihnen die fixed charge nicht angezeigt wird[350]. Dem Ver-

---

343 Teilweise wird diese Rechtsstellung als „equitable sub-mortgage“ bezeichnet (vgl. Stürner/Schumacher/Bruns, Der deutsche Pfandbrief und englische Deckungswerte, 2002, S. 77).

344 Vgl. Oditah, Receivables Financing, 1991, p. 99 para. 5.8.

345 Vgl. National Provincial & Union Bank of England v. Charnley [1924] 1 K.B. 431 at 449; Durham Brothers v. Robertson (1898) 1 Q.B. C. A. 765, 769; Performing Rights Society v. London Theatre of Varieties (1924) A.C. 1; Williams v. Atlantic Insurance Co. Ltd. [1933] 1 K.B. 81; Goode, Legal Problems of Credit and Security, 2003, p. 98 para. 3-21; Cranston, Principles of Banking Law, p. 402; Oditah, Receivables Financing, 1991, p. 95 para. 5.6.

346 Dessen ungeachtet ist die LLP sowieso an ihre gesellschaftsvertraglichen Verfügungsbeschränkungen gebunden (siehe oben 3. Teil, 2. Abschnitt, § 11, B., II).

347 Vgl. International Factors Limited v. Rodriguez [1979] Q.B. 351; Barclay's Bank plc. v. Willowbrook International Ltd. [1987] 1 F.T.L.R. 386; Cranston, Principles of Banking Law, p. 358.

348 Siehe oben 4. Teil, 2. Abschnitt, § 16, B., III.

349 Vgl. Re Hamilton Young & Co, ex parte Carter [1905] 2 K.B. 772; Brown v. Bateman (1867) LR 2 CP 272; National Provincial & Union Bank of England v. Charnley [1924] 1 K.B. 431, 449; Gough, Company Charges, 2nd Edition, 1996, p. 33, 38.

350 Vgl. Stocks v. Dobson (1853) 4 De G M & G 11; Bence v. Shearmann [1898] 2 Ch. 582; Warner Bros. Records Inc. v. Rollgrenn Ltd. [1976] Q.B. 430, 442; Business Computers Ltd. v. Anglo-African Leasing Ltd. [1977] 2 All E.R. 741, 1 W.L.R. 578; Fisher & Lightwood's Law of Mortgage, 11th Edition, 2002, p. 174 para. 7.9; Ellinger/Lomnicka/Hooley, Modern Banking Law, 2002, p. 784.

wertungsrecht aus der fixed charge gehen sämtliche Einwendungen und Einreden aus den Deckungswerten vor[351]. Nachdem die LLP trotz Bestellung der fixed charge bezüglich der Immobilienkredite und der mit diesen verbundenen Sicherheiten Inhaber des Vollrechts in equity sowie bezüglich der übrigen Deckungswerte Inhaber des strengrechtlichen Vollrechts bleibt, stellt sich die Frage, ob die fixed charge dieses Aufrechnungsrecht ausschließt. Eine abschließende gerichtliche Klärung dieser Frage steht aus[352]. Nach einer Ansicht steht die fixed charge der Aufrechnung des Drittschuldners mit einer Forderung gegenüber dem Sicherungsgeber auch mit Wirkung gegenüber dem Sicherungsnehmer nicht entgegen, da die fixed charge keine Änderungen am Vollrecht begründet[353]. Nach anderer Auffassung ist zu differenzieren[354]: Erstens kann der Drittschuldner mit Gegenforderungen, die aus dem der belasteten Forderung zu Grunde liegenden Rechtsverhältnis entstehen, jederzeit mit Wirkung gegenüber dem Sicherungsnehmer aufrechnen[355]. Zweitens kann der Drittschuldner auch eine Forderung aus einem anderen Schuldverhältnis mit dem Sicherungsgeber, die vor Anzeige der fixed charge entstanden ist, gegenüber dem Sicherungsnehmer wirksam aufrechnen[356]. Schließlich wird drittens die Aufrechnung mit einer Forderung, die nach Zugang der Anzeige der fixed charge beim Drittschuldner entsteht, abgelehnt. Denn die Anzeige der fixed charge stellt eine Zäsur im Hinblick auf das Verhältnis zwischen Drittschuldner und Sicherungsgeber dar[357]. Nach der Anzeige der fixed charge kann der Sicherungsnehmer nur noch schuldbefreiend an den Sicherungsnehmers leisten, weshalb ab diesem Zeitpunkt ein zur Aufrechnung zwischen Drittschuldner und Sicherungsgeber erforderliches Gegenseitigkeitsverhältnis (*mutuality*) nicht mehr vorliegt[358]. Der erste Fall der zweiten Auffassung betrifft beim UK covered bond die Ansprüche der Immobilienkreditnehmer gegenüber dem Veräußerer der Immobilienkredits (z.B. aus sog. flexible loans), die nach Vervollständigung des equitable zum legal assignment auf die UK covered bond LLP übergehen. Dieses Risiko ist im asset coverage test durch einen rechnerischen Abschlag berücksichtigt[359]. Der zweite und der dritte Fall können für Zwecke des UK covered bond aufgrund der gesellschaftsvertraglichen Beschränkung des Geschäftszwecks der LLP dahinstehen. Die Aufrechnung durch den Drittschuldner eines Deckungswerts führt ggf. immer zum Wegfall eines Anspruchs gegen die Deckungsmasse und darüber hinaus sind gegenüber der LLP keine aufre-

---

351 Vgl. Phipps v. Lovegrove, Prosser v. Phipps (1873) L.R. 16 Eq. 80; Burr v. Wimbledon Local Board (1887) 56 L.T. 329; Cousins, The Law of Mortgage, 1st Edition, 1989, p. 81.

352 Vgl. Oditah, Receivables Financing, 1991, p. 246 para. 8.5.

353 Vgl. Oditah, Receivables Financing, 1991, p. 95 para. 5.6.

354 Vgl. Oditah, Receivables Financing, 1991, p. 95 para. 5.6 and p. 245 para. 8.5.

355 Vgl. Wood, English and International Set-Off, 1989, p. 921 para. 16-214.

356 Vgl. Wood, English and International Set-Off, 1989, p. 921 para. 16-214. Dies betrifft insbesondere Einlageansprüche der Immobilienkreditnehmer gegenüber dem Veräußerer der Immobilienkredite.

357 Vgl. Rice v. Bannister (1887) 3 Q.B.D. 569, 578 C.A.; Stoddart v. Union Trust Ltd. (1912) 1 K.B. 181; Roxburghe v. Cox (1881) 17 Ch.D. 520, 526; Webb v. Smith (1885) 30 Ch.D. 192; Oditah, Receivables Financing, 1991, p. 245 para. 8.5.

358 Vgl. Wood, English and International Set-Off, 1989, p. 921 para. 16-214; Oditah, Receivables Financing, 1991, p. 245 para. 8.5.

359 Siehe oben 3. Teil, 2. Abschnitt, § 12, B., I., 1., a).

chenbaren Ansprüche denkbar, die zu einer Verkürzung der Deckungsmasse führen können.

b) Die Fixed Charge in der Einzelzwangsvollstreckung

Die zu Gunsten des Sicherheitentreuhänders bestellte und eingetragene fixed charge beansprucht in der Einzelzwangsvollstreckung gegenüber der UK covered bond LLP in Bezug auf die belasteten Deckungswerte Drittwirksamkeit gegenüber einem Vollstreckungsgläubiger, unabhängig davon, ob der Vollstreckungsgläubiger von ihrer Existenz Kenntnis hat oder nicht. Denn der Vollstreckungsgläubiger erwirbt weder mit dem vorläufigen Pfändungsbeschluss (*charging* bzw. *garnishee order nisi*)[360] noch mit dem endgültigen Pfändungsbeschluss (*charging* bzw. *garnishee order absolute*)[361] ein gegenüber einem bestehenden dinglichen Sicherheitsrecht vorrangiges Recht an einer gepfändeten Forderung[362]. Dies gilt auch dann, wenn der Vollstreckungsgläubiger von der Belastung der Forderung keine Kenntnis hat[363], oder die Anzeige gegenüber dem Drittschuldner der Forderung erst nach der charging bzw. garnishee order nisi abgegeben worden ist[364]. Denn nur der rechtsgeschäftliche gutgläubige Erwerb gegen Entgelt des strengrechtlichen Vollrechts (*legal title*) geht dem equitable interest aus der fixed charge im Rang vor[365]. Somit kompensiert die fixed charge den fehlenden Schutz der floating charge vor einer Einzelzwangsvollstreckung durch etwaige Drittgläubiger der LLP im Zeitraum vor der crystallisation. Allerdings sind die UK covered bond-Gläubiger nur rangmäßig bzw. wertmäßig geschützt. Ihnen steht insbesondere kein die Vollstreckung hinderndes Recht zu. Ein solches erwerben sie erst mit Vervollständigung des equitable assignment zum legal assignment[366].

§ 17 Der UK Covered Bond in der Insolvenz

Grundlage des vorrangigen Befriedigungsrechts ist beim UK covered bond die Vollrechtsübertragung der Deckungswerte auf eine rechtlich selbstständige Zweckgesellschaft bzw. die UK covered bond LLP, welche die Schuldverschreibungen des

360 Vgl. Evans v. Rival Granite Quarries, Ltd., [1910], 2 K.B., 979, 996; Wenckstern, Die englische Floating Charge im deutschen Internationalen Privatrecht, RabelsZ 56 (1992), 625, 629.
361 Vgl. Cairney v. Back [1906] 2 K.B., 746; Halsbury's Laws of England, vol. 29 (3), 4th Edition Reissue, 2003 para. 1102; Wenckstern, Die englische Floating Charge im deutschen Internationalen Privatrecht, RabelsZ 56 (1992), 625, 629.
362 Vgl. Badeley v. Consolidated Bank (1888) 38 Ch.D. 238; Levene v. Maton (1907) 51 Sol Jo 532; Hirsch v. Coats (1856) 18 CB 757; Re General Horticultural Co (1886) 32 Ch D 512; Gough, Company Charges, 2nd Edition, 1996, p. 13.
363 Vgl. Witworth v. Gaugain (1844) 3 Hare 416; Badeley v. Consolidated Bank (1888) 38 Ch.D. 238; Gough, Company Charges, 2nd Edition, 1996, p. 13.
364 Vgl. Whitworth v. Gaugain (1844) 3 Hare 416; Holt v. Heatherfield Trust Ltd (1942) 2 K.B. 1; Gorringe v. Irwell India Ruber and Gutta Percha Works (1886) 34 Ch.D. 128; Gough, Company Charges, 2nd Edition, p. 13.
365 Vgl. Goode, Legal Problems of Credit and Security, 2003, p. 160 para. 5-09.
366 Siehe oben 3. Teil, 2. Abschnitt, § 11, C., I., 2., c).

Emittenten garantiert und ihr gesamtes Vermögen zu Gunsten der Schuldverschreibungsgläubiger verpfändet. Längstens bis zum Eintritt der Insolvenz des Emittenten und/oder der Muttergesellschaft, die in der Regel Schöpfer (*originator*) und Veräußerer der Deckungswerte sowie servicer und cash manager sind, begründen die UK covered bonds ausschließlich Zins- und Rückzahlungsverpflichtungen des Emittenten, die dieser mittelbar – durch Ausschüttungen der UK covered bond LLP – aus den Mittelzuflüssen der Deckungsmasse bzw. Deckungswerte befriedigt. Mit Eintritt des Zahlungsausfalls oder eines sonstigen Kreditereignisses beim Emittenten und/oder der Muttergesellschaft wird die covered bond-Garantie durchsetzbar. Die Ansprüche der UK covered bond-Gläubiger werden ab diesem Zeitpunkt unmittelbar aus den Mittelzuflüssen der Deckungsmasse bzw. Deckungswerte der LLP unmittelbar bedient, die weitgehend unberührt von dem Zahlungsausfall oder sonstigen Kreditereignis ihr Geschäft fortführt. Die Übertragung der Deckungswerte wird in diesem Fall zum legal assignment vervollständigt, die Deckungswerte von einem Ersatz-servicer verwaltet und die Deckung von einem Ersatz-cash manager im Rahmen des amortisation tests überwacht. Erst nach Zahlungsausfall oder mit Eintritt eines sonstigen Kreditereignisse bei der LLP selbst sind die UK covered bond-Gläubiger berechtigt, das verpfändete Vermögen der LLP durch Bestellung eines administrative receiver zu verwerten ohne dabei in ein Insolvenzverfahren über das Vermögen der LLP eingebunden zu sein. Insofern ist auch beim UK covered bond die Insolvenz des Emittenten und/oder der Muttergesellschaft sowie die Insolvenz der Deckungsmasse bzw. LLP und deren Auswirkungen auf die Verwaltung der LLP zu untersuchen und dabei zwischen den unterschiedlichen Insolvenzverfahren des englischen Rechts zu unterscheiden.

A. Grundlagen des englischen Insolvenzrechts

Das englische Insolvenzrecht ist im Wesentlichen geregelt im Insolvency Act 1986 (IA 1986)[367], dem Insolvency Act 1994, 1996 und 2000 (IA 1994, 1999 und 2000) und den Insolvency Rules 1986 (IR). Der IA 1986 wurde durch den Enterprise Act 2002 grundlegend reformiert[368]. Darüber hinaus enthalten die sec. 355 et seq. Financial Services and Markets Act 2000 (FSMA 2000) und die sec. 90 et seq. des Banking Act 2009 insolvenzrechtliche Sonderregelungen für die Insolvenz von Finanzdienstleistungsunternehmen und Kreditinstituten.

Der Banking Act 2009 hat neben Stabilisierungsmaßnahmen zur Krisenbewältigungen auch ein gesondertes Bankinsolvenzrecht für Kreditinstitute eingeführt[369].

---

367 Der IA 1986 war das Ergebnis einer Neuordnung des englischen Insolvenzrechts in den 70er und 80er Jahren. Deren maßgebliches Ziel war es, bessere Rahmenbedingungen für die Reorganisation von Unternehmen zu schaffen. Vgl. McBryde/Flessner/Kortmann, Principles of European Insolvency Law – England, 2003, p. 199; vgl. ausführlich zum Reformprozess: Jungmann, Grundpfandgläubiger und Unternehmensinsolvenz, 2004, S. 205 ff.

368 Vgl. White Book „Productivity and Enterprise, Insolvency – A Second Chance“ 2001, Cm. 5234 (2001).

369 Vgl. zu den förmlichen Insolvenzverfahren in England vor Einführung des Banking Act

Ziel des Banking Act 2009 ist im Krisenfall das britische Finanzsystem zu stabilisieren, das öffentliche Vertrauen in das britische Finanzsystem im Krisenfall zu stärken und insbesondere die Einlagengläubiger zu schützen[370]. Die Stabilisierungsmaßnahmen sind auf Initiative der FSA, der Bank of England oder des britischen Finanzministeriums einzuleiten. Zur Stabilisierung eines in die Krise geratenen Kreditinstituts sieht der Banking Act 2009 die Anordnung der teilweisen oder vollständigen Übertragung auf einen privaten Erwerber (*private sector purchaser*) oder auf eine von der Bank of England zu gründende Zweckgesellschaft (*bridge bank*) sowie die vorübergehende Verstaatlichung (*temporary public ownership*) gegen Entschädigung der bisherigen Eigentümer sowie ggf. der Gläubiger des Kreditinstituts vor[371]. Als Sicherheiten zur Verfügung gestellte Vermögensgegenstände des in die Krise geratenen Kreditinstituts können nur zusammen mit den entsprechenden gesicherten Verbindlichkeiten des Kreditinstituts übertragen werden[372]. Ebensowenig ist die teilweise Übertragung von Vermögen zulässig, das Gegenstand eines sog. capital market arrangements ist[373]. Solche können nur in ihrer Gesamtheit übertragen werden[374].

Kann ein Kreditinstitut nicht stabilisiert werden oder schlägt die Stabilisierung fehl, so sieht der Banking Act 2009 die Eröffnung eines Liquidationsverfahrens (*bank insolvency order*) oder eines Sanierungsverfahrens (*bank administration order*) vor[375]. Das neue Bankinsolvenzrecht ist dem Verfahren der liquidation bzw. administration des Insolvency Act 1986 teilweise nachgebildet, teilweise übernimmt es die entsprechenden Verfahrensbestimmungen. Der Banking Act 2009 beinhaltet ferner Regelungen zum Eingreifen der Einlagensicherung und Anlegerentschädigung sowie zu den Auswirkungen der Bankinsolvenz auf Zahlungssysteme[376].

Nachdem die UK covered bond LLP selbst kein Kreditinstut ist, gilt für diese das allgemeine englische Insolvenzrecht. Im englischen Recht folgt das Insolvenzrecht für Gesellschaften (*insolvency law*) anderen Regeln als das für natürliche Personen (*bankruptcy law*)[377]. Auf Gesellschaften in der Rechtsform der limited liability partnership (LLP) sind die Vorschriften des IA 1986 und der IR 1986 die Unternehmensinsolvenz betreffend, sowie die allgemeinen Vorschriften in leicht modifizierter Form gem.

2009: Binder, Bankinsolvenzen im Spannungsfeld zwischen Bankaufsichts- und Insolvenzrecht, 2005, S. 161.

370 Vgl. sec. 4(4), (5) und (6) Banking Act 2009.

371 Vgl. sec. 11, 12, 13 und 49 et seq. Banking Act 2009.

372 Vgl. sec. 5 Banks and Banking 2009 No. 322 (statutory instrument) – The Banking Act 2009 (Restriction of Partial Property Transfers) Order 2009.

373 Vgl. sec. 6 Banks and Banking 2009 No. 322 (statutory instrument) – The Banking Act 2009 (Restriction of Partial Property Transfers) Order 2009. Zum Begriff des capital market arrangement, siehe: 4. Teil, 2. Abschnitt, § 17, A., II., 2., b).

374 Vgl. sec. 6(4) Banks and Banking 2009 No. 322 (statutory instrument) – The Banking Act 2009 (Restriction of Partial Property Transfers) Order 2009.

375 Vgl. sec. 94 et seq. bzw. sec. 136 et seq. Banking Act 2009.

376 Vgl. sec. 169 et seq. und 181 et seq. Banking Act 2009.

377 Vgl. McBryde/Flessner/Kortmann, Principles of European Insolvency Law – England, 2003, p. 200. Für Schottland existieren eigene Rechtsvorschriften (z.B. Bankruptcy (Scotland) Act 1985 in der Fassung des Bankruptcy Scotland Act 1993).

sec. 14 LLPA 2000 in Verbindung mit sec. 5 und Anhang 3 der Limited Liability Partnership Verordnung 2001 und Anhang 3 der Limited Liability Partnership Änderungsverordnung 2005 anwendbar[378].

Eine insolvente oder kurz vor der Insolvenz stehende englische Gesellschaft kann je nach den Umständen zwischen vier Verfahrensarten zur Überwindung der Krise bzw. zur Abwicklung der Gesellschaft wählen. Das Wahlrecht unter den verschiedenen Verfahrensarten besteht häufig kumulativ und die Verfahren stehen untereinander in Wechselwirkung. So kann die Einleitung des einen Verfahrens der Vorbereitung eines anderen dienen oder während dem Lauf des einen Verfahrens in ein anderes gewechselt werden[379]. Das klassische Verfahren zur Abwicklung einer Gesellschaft ist die sog. liquidation – oft auch als sog. winding up bezeichnet. In der liquidation werden alle Vermögenswerte einer Gesellschaft realisiert und die Gläubiger entsprechend ihrer Rangfolge befriedigt. Die übrigen Verfahren dienen der Reorganisation in die Krise geratener Unternehmen. Interne Reorganisationsverfahren, bei denen die Gesellschaft selbständig – d.h. ohne Mitwirkung des Gerichts – versucht, durch Vereinbarungen mit den Gläubigern die finanzielle Krise zu überwinden[380], sind das sog. company voluntary arrangement (CVA) und das sog. scheme of arrangement gem. sec. 425 CA 1985. Die sog. administration ist ein externes Reorganisationsverfahren[381]. Ziel der administration ist, das Überleben des Unternehmens durch ein Moratorium zu ermöglichen. Dieses Moratorium schützt die Gesellschaft für eine gewisse Zeit vor dem Zugriff ihrer Gläubiger, um in dieser Zeit ein Sanierungskonzept für die Gesellschaft auszuarbeiten. Allerdings können die Inhaber einer sog. qualifizierten floating charge die Eröffnung einer administration verhindern.

Bedingt durch die verschiedenen Verfahrensarten kennt das englische Insolvenzrecht keinen einheitlichen Insolvenzverwalter[382]. Vielmehr unterscheidet es zwischen dem sog. liquidator, nominee- bzw. supervisor of a voluntary arrangement und administrator. Als Insolvenzverwalter kann nur eine Person ernannt werden, die als sog. insolvency practitioner anerkannt ist[383]. Insolvency practitioner kann gem. sec. 390(1)(2) nur eine natürliche Person sein, die Mitglied eines anerkannten Berufsverbandes[384], oder gem. sec. 392 IA 1986 als insolvency practitioner zugelassen ist[385]. Die Society for Practitioner of Insolvency (SPI) legt gewisse Standesregeln

378 Vgl. Brown, in: Paterson/Britton, Limited Liabilities Partnership – A guide for professionals, p 49 et seq., Limited Liability Partnership – the new legislation, p. 51 para. 7.1.

379 Vgl. Jungmann, Grundpfandgläubiger und Unternehmensinsolvenz, 2004, S. 215, Rdn. 590.

380 Vgl. Armour, Tolley's Limited Liability Partnerships – the new legislation, p. 64 para. 7.20.

381 Vgl. Armour, Tolley's Limited Liability Partnerships – the new legislation, p. 66 para. 7.23.

382 Vgl. Klüwer/Marschall, Whole Business Securitsation, in: ZBB 4/2005, S. 257.

383 Siehe oben 4. Teil, 2. Abschnitt, § 17, A.

384 Als solche Berufsverbände anerkannt sind: The Institute of Chartered Accountants, The Insolvency Practitioners Association, The Law Society, und The Association of Chartered Certified Accountants.

385 Eine solche Zulassung erhält nur, wer eine entsprechende Prüfung beim Joint Insolvency Examination Board (JIEB) erfolgreich ablegt und dem Nachweis ausreichender Berufserfahrung erbringt. Vgl. McBryde/Flessner/Kortmann, European Insolvency Law – England, 2003, p. 210.

für den gesamten Berufsstand fest. Für alle Verwalter gelten die allgemeinen Vorschriften der sec. 230 et seq. IA 1986. Danach ist der Verwalter u.a. berechtigt, alle der Gesellschaft gehörenden Gegenstände von den jeweiligen Besitzern herauszuverlangen, ohne dass diese Gegenrechte geltend machen können und gegenüber Organen und leitenden Angestellten Auskunftsansprüche erheben können[386]. Wer als liquidator, administrator oder auch als administrative receiver tätig ist, ohne insolvency practitioner zu sein, begeht eine Straftat.

I. Die Liquidation

Trotz Einführung interner und externer Reorganisationsverfahren ist die liquidation noch immer das am häufigsten angewandte Insolvenzverfahren in Großbritannien[387]. Ziel der liquidation ist die Auflösung der Gesellschaft, die gem. sec. 205 IA 1986 automatisch mit Beendigung der liquidation eintritt. Zu unterscheiden ist zwischen der sog. creditors'- bzw. members' voluntary liquidation und der compulsory liquidation[388]. In beiden Verfahrensvarianten wird ein liquidator eingesetzt, der das Vermögen der insolventen Gesellschaft realisieren und verteilen soll[389]. Der liquidator hat grundsätzlich nicht die Befugnis, das Unternehmen fortzuführen, denn die Reorganisation ist nicht Verfahrensziel der liquidation[390].

1. Die Voluntary Liquidation

Wie der Begriff der voluntary liquidation bereits impliziert, handelt es sich um ein außergerichtliches Verfahren[391]. Die voluntary liquidation wird entweder gem. sec. 84(1)(b) IA 1986 durch den besonderen Beschluss zur freiwilligen Auflösung der Gesellschaft oder gem. sec. 84(1)(c) IA 1986 durch den außerordentlichen Beschluss, dass die Gesellschaft aufgrund ihrer Schuldensituation die Geschäfte nicht fortführen kann und es angeraten ist die Gesellschaft aufzulösen, eingeleitet. Beide Beschlüsse erfordern eine Stimmenmehrheit, die 75 % der Kapitalanteile der Gesellschaft entspricht[392]. Für Kreditinstitute bedarf eine voluntary liquidation darüber hinaus gem. sec. 118 Banking Act 2009 der Zustimmung des Gerichts. Der Abwick-

---

386 Vgl. Jungmann, Grundpfandgläubiger und Unternehmensinsolvenz, 2004, S. 217, Rdn. 593.
387 Vgl. Goode, Corporate Insolvency Law, 1997, p. 267.
388 Vgl. ausführlich zum Ganzen: Keay, McPherson's Law of Company Liquidation.
389 Vgl. McBryde/Flessner/Kortmann, Principles of European Insolvency Law – England, 2003, p. 202.
390 Ausnahmsweise gibt Anhang 4, para. 5 Insolvency Act 1986 dem liquidator vorübergehend die Befugnis zur Fortführung der Unternehmung, wenn die liquidation nur so sinnvoll möglich ist.
391 Vgl. Goode, Corporate Insolvency Law, 1997, p. 19.
392 Vgl. Palmer's Corporate Insolvency, 2002, para. 1.011. Dies gilt bei der LLP gem. Anhang 3 LLP Verordnung 2001 und Anhang 2 para. 5 LLP Änderungsverordnung entsprechend (vgl. Armour, Tolley's Limited Liability Partnerships – the new legislation, p. 52 para. 7.3; Morse, Palmer's Limited Liability Partnerships Law, p. 219 para. A9-36).

lungsbeschluss ist gem. sec. 85(1) IA 1986 in der London Gazette zu veröffentlichen und dem Inhaber einer qualifizierten floating charge gem. sec. 82(2) IA 1986 anzuzeigen.

a) *Die Members' Voluntary Liquidation*

Die voluntary liquidation ist ein Verfahren zur Abwicklung einer solventen Gesellschaft. Sie stellt demnach kein Insolvenzverfahren im engeren Sinne dar[393]. Um die Solvenz der Gesellschaft sicherzustellen, haben die Geschäftsführer gem. sec. 89 IA 1986 innerhalb einer Frist von fünf Wochen nach dem Auflösungsbeschluss eine Erklärung abzugeben, dass die Gesellschaft in der Lage sein wird ihre gesamten Verbindlichkeiten innerhalb von zwölf Monaten zu erfüllen. Die Solvenzerklärung muss eine Aufstellung des Vermögens und der Verbindlichkeiten der Gesellschaft beinhalten und den Nachweis erbringen, dass das Vermögen der Gesellschaft die Verbindlichkeiten übersteigt und alle Gläubiger in voller Höhe und mit den gesetzlichen Zinsen innerhalb von zwölf Monaten nach Inkrafttreten des Abwicklungsbeschlusses befriedigt werden können. Die Solvenzerklärung muss gem. sec. 89(2)(a) IA 1986 spätestens fünf Wochen vor dem Abwicklungsbeschluss abgegeben werden. Die Gesellschaft kann dann gem. sec. 91(1) IA 1986 einen liquidator wählen. Mit der Bestellung des liquidators sind die Rechte und Pflichten der Geschäftsführung gem. sec. 91(2) IA 1986 suspendiert. Da die Schulden der Gesellschaft vollständig beglichen werden, können die Geschäftsführer gem. sec. 91(2) IA 1986 ihr Amt aber insoweit ausüben, wie dies durch die Gesellschaft und den liquidator gestattet ist.

b) *Die Creditors' Voluntary Liquidation*

Unterbleibt die Solvenzerklärung der Gesellschaft so wird gem. sec. 90 IA 1986 die Insolvenz vermutet. In diesem Fall ist gem. sec. 98 IA 1986 14 Tage nach dem Auflösungsbeschluss eine Gläubigerversammlung einzuberufen. Das gleiche gilt mit einer 28-tägigen Einberufungsfrist, wenn der liquidator zu der Auffassung kommt, dass eine vollständige Befriedigung der Gläubiger nicht erreicht wird. In beiden Fällen wird aus der members' voluntary liquidation gem. sec. 96, 102 IA 1986 eine creditors' voluntary liquidation[394]. Der Gläubigerversammlung ist gem. sec. 99 IA 1999 von der Geschäftsführung ein eidesstattlich versichertes statement of affairs vorzulegen. Die Gläubigerversammlung kann gem. sec. 100 IA 1986 entweder die Wahl des liquidators durch die Gesellschaft bestätigen oder ablehnen und ihren eigenen nominee benennen und gem. sec. 101 IA 1986 einen Gläubigerausschuss einsetzen. In der creditors' voluntary liquidation liegt die Kontrolle des Verfahrens stärker bei den Gläubigern der Gesellschaft. Mit der Bestellung des liquidators sind die Rechte und Pflichten der Geschäftsführung gem. sec. 103 IA 1986 suspendiert, soweit

---

393 Vgl. Armour, Tolley's Limited Liability Partnership – the new legislation, p. 52 para. 7.3; Palmer's Corporate Insolvency, 2002, para. 1.014; Brown, in: Paterson/Britton, Limited Liability Partnerships – A guide for professionals, p. 50.

394 Vgl. Armour, Tolley's Limited Liability Partnerships – the new legislation, p. 52 para. 7.4; Morse, Palmer's Limited Liability Partnerships Law, p. 220 para. A9-37.

ihnen der Gläubigerausschuss die Ausübung ihres Amtes nicht gestattet. Die Gläubiger können allerdings jederzeit einen Antrag auf Durchführung der compulsory liquidation stellen, wenn bei ihnen der Eindruck entsteht, dass ihre Ansprüche im Rahmen der voluntary liquidation nicht erfüllt werden[395].

c) *Aufgabe und Rechtstellung des Liquidators*

Aufgabe des liquidators ist gem. sec. 107 IA 1986, das Vermögen der Gesellschaft zu realisieren und die Gläubiger entsprechend ihrer Rangfolge zu bedienen. Der liquidator ist kein officer of the court, sondern – unabhängig von wem er bestellt wurde – Vertreter der Gesellschaft[396]. Er hat die Forderungen der Gläubiger zu prüfen und dementsprechend anzuerkennen oder zu bestreiten. Er kann an Gläubigerversammlungen teilnehmen und hat über den Stand der liquidation Bericht zu erstatten[397]. Abgesehen von den preferential payments und den Kosten der liquidation sind bei der creditors' voluntary liquidation gem. sec. 107 IA 1986 grundsätzlich, bis auf einige Ausnahmen, alle Verbindlichkeiten der Gesellschaft gleichrangig. Drei Monate nach Eingang einer Mitteilung des liquidator über die Beendigung der liquidation beim öffentlichen Register für Kapitalgesellschaften wird die Gesellschaft gem. sec. 205(2) IA 1986 aufgelöst und aus den Registern gelöscht.

Der wichtigste Unterschied zur compulsory liquidation besteht darin, dass in der voluntary liquidation die Abwicklung der Gesellschaft durch die Gesellschafter und Gläubiger beschlossen wird. Durch die voluntary liquidation kann die strengere und mit weiteren Auflagen verbundene compulsory liquidation vermieden werden. Auch sind die Kosten der voluntary liquidation geringer[398].

d) *Die Reconstruction by Voluntary Liquidation*

Die voluntary liquidation ermöglicht im Rahmen der sec. 110, 111 IA 1986 als besondere Form der Restrukturierung der Gesellschaft eine sog. Sanierungsverschmelzung[399]. Eine Sanierungsverschmelzung ist die Übernahme einer Gesellschaft in der Krise durch ein anderes, gesundes Unternehmen[400]. Dazu können die Vermögensteile der Gesellschaft gem. sec. 110(1) IA 1986 ganz oder teilweise auf eine andere Gesellschaft übertragen werden. Als Gegenleistung erhalten die Gesellschafter der zu übertragenden Gesellschaft gem. sec. 110(2) IA 1986 Anteile an der übernehmenden Gesellschaft oder gem. sec. 110(4) eine andere Gegenleistung (z.B. eine Barleistung). Für die Gläubiger der zu übertragenden Gesellschaft ist dies insbesondere dann vorteilhaft, wenn der Übernahmevertrag eine Schuldübernahme der aufnehmenden Gesellschaft vorsieht, wodurch die Gläubiger einen weiteren und insbesondere liquiden Schuldner erhalten.

---

395 Vgl. Fletcher, The Law of Insolvency, 2nd edition, 1996, p. 497.
396 Vgl. Morse, Palmer's Limited Liability Partnerships Law, p. 22 para. 9-38.
397 Vgl. Jungmann, Grundpfandgläubiger und Unternehmensinsolvenz, 2004, S. 219, Rdn. 602.
398 Vgl. Godfrey/Loebel, Englische Gesellschaften in der Insolvenz, S. 13.
399 Eine Sanierungsverschmelzung ist daneben auch im Rahmen eines sog. scheme of arrangement gem. sec. 425 CA 1985 möglich. Siehe unten, 4. Teil, 2. Abschnitt, § 17, A., II., 1.
400 Vgl. Vach, Aspekte der Insolvenzrechtsreform von 1986 in England, S. 120.

Die Sanierungsverschmelzung ist in einem sog. agreement for transfer zu vereinbaren. Hierzu bedarf der liquidator der Zustimmung durch einen außerordentlichen Beschluss der Gesellschafter der zu übertragenden Gesellschaft. Die Sanierungsverschmelzung ist gem. sec. 110(5) IA 1986 für die Gesellschafter der zu übertragenden Gesellschaft verbindlich. Widerspricht ein Gesellschafter der Sanierungsverschmelzung, so kann er gem. sec. 111(2) IA 1986 verlangen, dass der liquidator von der Durchführung der Sanierungsverschmelzung Abstand nimmt oder seinen Anteil an der zu übertragenden Gesellschaft abkauft. Der Kaufpreis kann hierfür gem. sec. 111(2), (4) IA 1989 vertraglich vereinbart oder durch ein Schiedsgericht bestimmt werden.

2. Die Compulsory Liquidation

Die compulsory liquidation bzw. das sog. winding up by the court ist das Zwangsverfahren zur Liquidation der Gesellschaft auf Anordnung und unter Kontrolle des Gerichts[401]. Die compulsory liquidation weicht hinsichtlich des Verfahrensziels, des grundsätzlichen Ablaufs und der Aufgaben des liquidators nicht wesentlich von der creditors' voluntary liquidation ab. Das Verfahren wird durch Antrag eingeleitet und durch Beschluss des zuständigen Gerichts eröffnet. Zuständig für das Insolvenzverfahren ist gem. sec. 117(1) IA 1986 der High Court of London, wenn die Gesellschaft ihren Sitz in England oder Wales hat und das eingezahlte Gesellschaftskapital GBP 120.000 übersteigt.

a) *Antrag, Antragsberechtigung und Eröffnungsgründe*

Die Voraussetzungen an einen ordnungsgemäßen Antrag zur Einleitung der compulsory liquidation (*winding up petition*) ergeben sich aus den rules 4.7 bis 4.11 IR 1986. Antragsberechtigt sind die Gesellschaft, ihre Geschäftsführer und die Gläubiger der Gesellschaft[402]. Der Antrag ist bei Gericht einzureichen, anschließend der Gesellschaft zuzustellen und frühestens sieben Werktage nach der Zustellung bei der Gesellschaft zu veröffentlichen. Nach Antragstellung legt das Gericht gem. rule 4.7 IR 1986 einen Termin zur öffentlichen Anhörung des Insolvenzantrags fest.

Zur Eröffnung der compulsory liquidation muss einer der in sec. 122(1) IA 1986 genannten Eröffnungsgründe vorliegen[403]. Praktische Bedeutung haben von den ins-

---

401 Vgl. Halsbury's Laws of England, vol. 7 (3), 4th Edition Reissue, 2004, para. 438; Armour, Tolley's Limited Liability Partnership – the new legislation, p. 52 para. 7.5; Palmer's Corporate Insolvency, 2002, para. 1.074.

402 Die Gläubiger zeichnen verantwortlich für 95 % der Anträge zur liquidation einer Gesellschaft. Daneben sind noch der Supervisor eines Company Voluntary Arrangement gem. sec. 7(4) Insolvency Act 1986 und der administrative receiver gem. ss. 42, 43 Insolvency Act 1986 antragsberechtigt. Vgl. Halsbury's Laws of England, vol. 7(3), 4th Edition Reissue, 2004, para. 451.

403 Für eine ausführliche Darstellung und Diskussion der Eröffnungsgründe der compulsory liquidation kann an dieser Stelle nur auf die umfangreiche insolvenzrechtliche Literatur verwiesen werden. Vgl. Rajani, Tolley's Corporate Insolvency, 1994, p. 161 para. C5.21; Palmer's Corporate Insolvency, 2002, para. 1078; Pennington, Corporate Insolvency Law, 2nd Edition, 1997, p. 38.

gesamt sieben Eröffnungsgründen nur die Zahlungsunfähigkeit der Gesellschaft gem. sec. 122(1)(f) IA 1986, die Überschuldung der Gesellschaft gem. sec. 123(2) IA 1986 sowie der Auffangtatbestand der sec. 122(1)(g) IA 1986, nach dem das Gericht die liquidation eröffnen kann, wenn es der Auffassung ist, dass es billig (*just and equitable*) ist, die Gesellschaft zu liquidieren[404].

Zahlungsunfähigkeit (*cash flow insolvency* bzw. *inability to pay debts*[405]) liegt nach der gesetzlichen Definition in sec. 123(1)(a) bis (c) IA 1986 in den folgenden drei Fällen vor, wenn[406]:

- der Inhaber einer gegen die Gesellschaft gerichteten Forderung, die den Betrag von GBP 750,0 übersteigt, eine formelle Zahlungsaufforderung (*statutory demand*)[407] bei der Gesellschaft einreicht und die Gesellschaft die Schuld nicht innerhalb von 21 Tagen nach Zustellung befriedigt, ohne die Forderung zu bestreiten oder einen anderen nachvollziehbaren Grund zu nennen[408];
- die Einzelzwangsvollstreckung in das Vermögen der Gesellschaft ganz oder teilweise erfolglos war; oder
- in sonstiger Weise zur Überzeugung des Gerichts feststeht, dass die Gesellschaft ihre Verbindlichkeiten zum Zeitpunkt ihrer Fälligkeit nicht begleichen kann.

Darüber hinaus gilt ein erlaubnispflichtiges Finanzdienstleistungsunternehmen gem. sec. 367(3)(a), (4), (5) FSMA 2000 als zahlungsunfähig, wenn es in Bezug auf eine erlaubnispflichtige Finanzdienstleistung in Zahlungsverzug ist.

Der Zahlungsunfähigkeit gleichgestellt ist gem. sec. 123(2) IA die Überschuldung der Gesellschaft (*balance sheet insolvency*)[409]. Diese ist gem. sec. 123(2) IA 1986 definiert als nach Überzeugung des Gerichts feststehender Status des Gesellschaftsvermögens bei dem das Vermögen kleiner ist als die Verbindlichkeiten.

Neben der Zahlungsunfähigkeit und der Überschuldung kennt das englische Recht einen Auffangtatbestand in sec. 122(1)(g) IA 1986. Dieser steht gleichberechtigt neben den sonstigen Insolvenzeröffnungsgründen[410]. Danach kann das Gericht dem Antrag auf Einleitung der liquidation stattgeben, wenn es billig und gerecht erscheint, dass die Gesellschaft aufgelöst werden soll. Angenommen wurde dies von der Rechtsprechung u.a., wenn der (Haupt-)Gesellschaftszweck erreicht ist, wenn die Erreichung des Gesellschaftszwecks illegal geworden ist oder wenn die Mehr-

---

404 Vgl. Rajani, Tolley's Corporate Insolvency, 1994, p. 161 para. C5.21. Für erlaubnispflichtige Finanzdienstleistungsunternehmen vgl. sec. 367(3)(a) FSMA 2000.

405 Vgl. McBryde/Flessner/Kortmann, Principles of European Insolvency Law – England, 2003, p. 207; Halsbury's Laws of England, vol. 7(3), 4th Edition Reissue, 2004, para. 446.

406 Vgl. Armour, Tolley's Limited Liability Partnerships – the new legislation, p. 53 para. 7.5; Morse, Palmer's Limited Liability Partnerships Law, p. 223 para. A9-42.

407 Form 4.1 Anhang 4 IR 1986.

408 Vgl. Cornhill Insurances plc v. Improvement Services Ltd. [1986] 1 WLR 114.

409 Vgl. McBryde/Flessner/Kortmann, Principles of European Insolvency Law – England, 2003, p. 207.

410 Vgl. Taylors Industrial Flooring Ltd. v. M & H Plant Hire (Manchester) Ltd. [1990] BCLC 216; Pennington, Corporate Insolvency Law, 2nd Edition, 1997, p. 46.

heitsgesellschafter nachhaltig die Interessen der Minderheitsgesellschafter schädigen[411]. Diese Fallgruppen machen deutlich, dass es sich regelmäßig nicht um Situationen handelt, die etwas mit der Finanzlage der Gesellschaft zu tun haben.

b) *Eröffnung der Liquidation durch das Gericht*

Das Gericht prüft die formellen Voraussetzungen der winding up petition. Liegen diese vor, so bestimmt es einen Anhörungstermin. Die Einreichung der winding up petition und der Anhörungstermin sind gem. rule 4.11 IR 1986 sieben Werktage vor dem Anhörungstermin in der London Gazette zu veröffentlichen.

Bis zum Abschluss des Anhörungstermins kann das Gericht gem. sec. 135 IA 1986 einen vorläufigen liquidator (*provisional liquidator*) einsetzen. Die Rechte des vorläufigen liquidator sind regelmäßig durch das Gericht gem. sec. 135(5) IA 1986 beschränkt. Der vorläufige liquidator hat gem. sec. 144(1) IA 1986 das Vermögen der Gesellschaft zu sichern und zu verwalten. Sofern das Gericht nicht gem. sec. 130(2) IA 1986 etwas anderes anordnet, können ab dem Zeitpunkt der Bestellung des vorläufigen liquidators keine gerichtlichen Verfahren mehr gegen die Gesellschaft eingeleitet werden, und bereits anhängige Verfahren werden unterbrochen.

Nach Abschluss des Anhörungstermins hat das Gericht gem. sec.125 IA 1986 bei Vorliegen eines Eröffnungsgrunds einen Eröffnungsbeschluss zu erlassen (*winding up order*), es sei denn die Einleitung der compulsory liquidation erscheint nach der Gesamtbetrachtung der Umstände ausnahmsweise unbillig, was z.B. der Fall ist, wenn der Antrag eines Gläubigers rechtsmissbräuchlich wäre, ausschließlich der Antrag stellende Gläubiger von dem liquidation-Verfahren profitieren würde oder die große Mehrzahl der anderen Gesellschaftsgläubiger dem Antrag widerspräche, sofern sie nicht gleichzeitig Gesellschafter sind und die Höhe ihrer Forderungen auch die Mehrheit darstellen[412].

c) *Auswirkungen der Eröffnung der Liquidation*

Wird der winding up petition durch eine winding up order stattgegeben, so reicht deren Wirkung gem. sec. 129 IA 1986 auf den Zeitpunkt der Antragstellung zurück. Der Erlass der winding up order ist gem. sec. 130 IA 1986 in das öffentliche Register einzutragen. Verfügungen über das Gesellschaftsvermögen, die nach der winding up order vorgenommen werden und denen das Gericht nicht zugestimmt hat, sind gem. sec. 127 IA 1986 unwirksam[413]. Dies bewirkt einen „Schwebezustand“ zwi-

---

411 Vgl. zum Ganzen: Bell Group Finance (Pty) Ltd. (in liquidation) v. Bell Group (UK) Holdings Ltd. [1996] 1 BCLC 304; Jungmann, Grundpfandgläubiger und Unternehmensinsolvenz, 2004, S. 224, Rdn. 612.

412 Vgl. Re A Company (no. 001573 of 1983) [1983] 1 BCC 98-937, 98.939; Re Lowersoft Traffic Services Ltd. [1986] BCLC 81; Goode, Corporate Insolvency Law, 1997, p 115. Rechtsmissbräuchlichkeit wurde z.B. angenommen, wenn der Antragsteller nicht wirklich die liquidation einleiten, sondern nur Druck auf die lediglich zahlungsunwillige, aber nicht zahlungsunfähige Gesellschaft ausüben wollte, damit sie an ihn zahlt.

413 Vgl. Halsbury's Laws of England, vol. 7(3), 4th Edition Reissue, 2004, para. 490; Armour/Bennett, Vulnerable Transactions in Corporate Insolvency, p. 332 para. 8.3.

schen der Beantragung der compulsory liquidation und dem Erlass der winding up order. Das Gericht kann allerdings einzelne Rechtsgeschäfte nachträglich für wirksam erklären oder auch vorsorglich für bestimmte Geschäfte seine Zustimmung erteilen. Dies ist in der Regel bei gewöhnlichen Geschäften der Fall, wenn nicht im Einzelfall wichtige Gründe dagegen sprechen[414].

Nach Erlass der winding up order wird ein Beamter des Wirtschaftsministeriums (*Department of Trade and Industry* bzw. *DTI*) als sog. official receiver ernannt. Dieser hat gem. sec. 132, 136 IA 1986 die Aufgabe, die Ursachen für das Scheitern der Gesellschaft festzustellen. Dazu kann der official receiver von den Gesellschaftsorganen gem. sec. 131(1), (3) IA 1986 innerhalb von 21 Tagen ein eidesstattlich versichertes statement of affairs verlangen, diese gem. sec. 235, 131 IA 1986 vorladen und anhören oder gem. sec. 236 IA 1986 vom Gericht eine entsprechende Vernehmung durchführen lassen. Der official receiver hat die winding up order gem. rules 4.21(1) bis (4) IR 1986 öffentlich bekannt zu machen, indem er eine Kopie der Gesellschaft zustellt, eine weitere beim öffentlichen Register einreicht und zusätzlich die winding up order in der London Gazette sowie einer geeigneten Tageszeitung veröffentlicht.

Der official receiver hat nicht die Aufgabe, das Vermögen der Gesellschaft zu verwerten und zu verteilen. Vielmehr kann er gem. sec. 136(4) IA 1986 einen liquidator bestellen. Er kann eine Gläubiger- sowie Gesellschafterversammlung einberufen[415]. Eine Einladung zur Gläubigerversammlung hat der official receiver gem. rule 4.54(3) IR 1986 21 Tage vor der Gläubigerversammlung an alle Gläubiger zu verschicken. Zusammen mit dieser wird in der Regel ein sog. proof of debt verschickt, mit dem die Gläubiger beim official receiver ihre Insolvenzansprüche anzumelden haben (vgl. rule 4.67(1)(a) IR 1986). Die Gläubiger sind gem. rule 4.70 IR 1986 zur Abstimmung in der Gläubigerversammlung berechtigt, wenn ihre Forderungen zugelassen wurden. In der Gläubigerversammlung kann gem. sec. 139 IA 1986 ein liquidator bestellt und gem. sec. 141 IA 1986 ein Gläubigerausschuss eingesetzt werden.

Der liquidator ist officer of the court und Vertreter der Gesellschaft[416]. Aufgabe des liquidator ist gem. sec. 143(1) Insolvency Act 1986, vom Vermögen der Gesellschaft Besitz zu ergreifen, es zu realisieren und an die Gläubiger entsprechend ihrer Rangfolge zu verteilen und, soweit ein Überschuss erwirtschaftet wird, diesen an die Gesellschafter auszukehren[417]. Hierzu werden dem liquidator gem. sec. 167 IA 1986 in Verbindung mit Anhang 4 des IA 1986 umfangreiche Befugnisse eingeräumt[418]. Der

414 Grundsätzlich können alle Rechtsgeschäfte, die in dieser Zeitspanne im gewöhnlichen Geschäftsgang erfolgen – darunter fällt auch die Bestellung von Sicherheiten – durchaus wirksam bleiben. Vgl. Jungmann, Grundpfandgläubiger und Unternehmensinsolvenz, 2004, S. 229, Rdn. 625 f.

415 Vgl. sec. 136(5) IA 1986.

416 Vgl. Re Opera Ltd. [1891] 2 Ch 154; Halsbury's Laws of England, vol. 7 (3), 4th Edition Reissue, 2004, para. 566; Palmer's Corporate Insolvency, 2002, para. 1.133.

417 Vgl. Palmer's Corporate Insolvency, 2002, para. 1.133; Armour, Tolley's Limited Liability Partnerships – the new legislation, p. 57 para. 7.11.

418 Vgl. Palmer's Corporate Insolvency, 2002, para. 1.134.

liquidator kann gem. sec. 178 bis 182 IA 1986 auf sog. onerous payments verzichten[419]. Der Begriff der onerous payments wird dabei weit gefasst und umfasst u.a. wirtschaftlich nachteilige Verträge[420]. Etwaige Schadensersatzansprüche kann der Vertragspartner gem. sec. 178(5) IA 1986 nur als ungesicherter Gläubiger anmelden.

Die Rangfolge, in der die Realisierungserlöse zu verteilen sind, ist gesetzlich festgelegt. Die höchste Priorität haben innerhalb der vorrangigen Forderungen gem. sec. 175(2)(a) IA 1986 und rule 4.218(1) IR 1986 die Kosten der liquidation. Danach folgen die preferential debts bei Vorliegen einer floating charge am gesamten Vermögen der Gesellschaft. Diese rangieren untereinander gleichrangig und werden gem. sec. 175(2) IA 1986 anteilsmäßig bedient, sollte das Vermögen der Gesellschaft nicht zur vollen Befriedigung ausreichen. Nach den Sicherungsnehmern der floating charge werden dann die ungesicherten Gläubiger befriedigt. Nach der Verteilung des gesamten Vermögens hat der liquidator die Beendigung der liquidation dem öffentlichen Register anzuzeigen, wodurch gem. sec. 205 Insolvency Act 1986 drei Monate später die Auflösung der Gesellschaft eintritt.

3. Bank Insolvency bzw. Bank Liquidation

Das Verfahren der bank insolvency bzw. der bank liquidation ist geregelt im zweiten Teil des Banking Act 2009. Das Verfahren ist der liquidation nachgebildet und übernimmt teilweise die entsprechenden Verfahrensbestimmungen des Insolvency Act 1986[421].

a) Antragsberechtigung, Antrags- und Eröffnungsgründe der Bank Insolvency

Die Eröffnung der bank insolvency und die Bestellung eines bank liquidator ist gem. sec. 94(1) Banking Act 2009 gerichtlich anzuordnen (sog. *bank insolvency order*). Antragsberechtigt ist gem. sec. 95 Banking Act 2009 die Bank of England, die FSA oder der Secretary of State unter den folgenden Voraussetzungen:

- Die Bank of England ist nach sec. 96(2) Banking Act 2009 antragsberechtigt, wenn (i) die FSA der Bank of England mitgeteilt hat, dass das Kreditinstitut die Anforderungen an die erforderlichen Eigenmittel nicht erfüllt und nicht zu erwarten ist, dass es die Anforderungen zeitnah erfüllen wird, (ii) das Kreditinstitut das Einlagengeschäft betreibt und (iii) das Kreditinstitut zahlungsunfähig oder drohend zahlungsunfähig sowie die Liquidation angemessen ist.
- Die FSA ist nach sec. 96(3) Banking Act 2009 antragsberechtigt, wenn (i) die Bank of England dem Antrag zugestimmt hat, (ii) das Kreditinstitut die Anforderungen

---

419 Das Recht auf Schadensersatz wegen Nichterfüllung des Vertragspartners bleibt hiervon unberührt.
420 Vgl. Godfrey/Loebel, Englische Gesellschaften in der Insolvenz, S. 24.
421 Vgl. Ziffer 9 Banking Act 2009 – Explanatory Notes.

an die erforderlichen Eigenmittel nicht erfüllt und nicht zu erwarten ist, dass es die Anforderungen zeitnah erfüllen wird, (iii) das Kreditinstitut das Einlagengeschäft betreibt und (iv) das Kreditinstitut zahlungsunfähig oder drohend zahlungsunfähig sowie die Liquidation angemessen ist.

- Das secretary of state ist nach sec. 96(4) Banking Act 2009 antragsberechtigt, wenn (i) das Kreditinstitut das Einlagengeschäft betreibt und (ii) die Liquidation im öffentlichen Interesse ist.

Mit dem Eröffnungsantrag ist gem. sec. 95(2) Banking Act 2009 eine Person als bank liquidator vorzuschlagen. Dem Kreditinstitut ist die Antragsstellung gem. sec. 94(2) Banking Act 2009 mitzuteilen.

Das Insolvenzgericht (d.h. in England und Wales der High Court[422]) prüft die Voraussetzungen der Eröffnung der bank insolvency. Ist der Antrag von der Bank of England oder der FSA gestellt, so kann das Gericht den Eröffnungsbeschluss gem. sec. 97(1) Banking Act 2009 erlassen, wenn das Kreditinstitut das Einlagengeschäft betreibt und das Kreditinstitut zahlungsunfähig, drohend zahlungsunfähig oder die Liquidation angemessen ist. Ist der Antrag vom State Secretary gestellt, so kann das Gericht einen Eröffnungsbeschluss gem. sec. 97(2) Banking Act 2009 erlassen, wenn das Kreditinstitut das Einlagengeschäft betreibt und das Verfahren im öffentlichen Interesse und angemessen ist.

Stellt das Kreditinstitut oder ein Gläubiger einen Antrag auf Eröffnung eines allgemeinen Insolvenzverfahrens nach dem IA 1986 (z.B. auf Erlass einer winding-up order oder administration order), so kann das Gericht nach sec. 117 Banking Act 2009 eine bank insolvency order erlassen[423]. Diese setzt allerdings einen entsprechenden Antrag der Bank of England oder der FSA mit Zustimmung der Bank of England voraus. Wird ein solcher Antrag weder von der Bank of England noch von der FSA gestellt, so beschließt das Gericht über die winding-up order bzw. die administration order.

b) Die besonderen Verfahrensziele und das Verfahren der Bank Liquidation

Die bank liquidation hat nach sec. 99 Banking Act 2009 die folgenden beiden besonderen Verfahrensziele:

- Erstens, die Zusammenarbeit mit der Einlagensicherung (*financial services compensation scheme, FSCS*) zur Sicherstellung, dass baldmöglichst entweder die Konten der Einlagengläubiger auf ein anderes Kreditinstitut übertragen werden oder die Einlagengläubiger von der Einlagensicherung entschädigt werden.
- Zweitens, die Liquidierung des Kreditinstituts mit dem bestmöglichen Ergebnis für sämtliche Gläubiger des Kreditinstituts.

Der Schutz der Einlagengläubiger ist vorrangiges Verfahrensziel gem. sec. 99(4) Banking Act 2009.

---

422 Vgl. sec. 92(a) Banking Act 2009.
423 Vgl. Ziffer 293 bis 296 Banking Act 2009 – Explanatory Notes.

Nach Eröffnung der bank liquidation ist gem. sec. 100 Banking Act 2009 ein liquidation committee einzusetzen. Dieses soll sich anfänglich aus drei Mitgliedern zusammensetzen, die von der Bank of England, der FSA und der Einlagensicherung zu benennen sind. Der bank liquidator hat dem liquidation committee regelmäßig Bericht zu erstatten.

Das liquidation committee hat gegenüber dem bank liquidator nach sec. 102(1) Banking Act 2009 eine Empfehlung zur Übertragung der Einlagenkonten auf ein anderes Kreditinstitut oder für die Entschädigung der Einlagengläubiger durch die Einlagensicherung abzugeben. Für den Fall, das der bank liquidator der Empfehlung des liquidation committee nicht folgt, entscheidet gem. sec. 102(3) Banking Act 2009 das Gericht. Für den Fall, dass das liquidation committee keine Empfehlung abgibt, entscheidet nach sec. 102(4) Banking Act 2009 auf Antrag des bank liquidators das Gericht. Nach Übertragung der Einlagenkonten oder Entschädigung der Einlagengläubiger ist gem. sec. 100(6)(a) Banking Act 2009 eine Gläubigerversammlung einzuberufen. In dieser ist das liquidation committee gem. sec. 100(6)(b) bis (e) Banking Act 2009 von den Gläubigern des Kreditinstituts neu zu besetzen oder aufzulösen.

Der Banking Act 2009 erweitert die Befugnisse des bank liquidators gegenüber den allgemeinen Befugnissen des liquidators[424]. Der bank liquidator kann gem. sec. 113 Banking Act 2009 mit Zustimmung des liquidation committee ein company voluntary arrangement (CVA) vorschlagen. Der bank liquidator kann darüber hinaus nach sec. 114 Banking Act 2009 auch die Eröffnung einer administration beantragen. Die Beantragung einer administration setzt voraus, dass sämtliche Einlagenkonten auf ein anderes Kreditinstitut übertragen sind bzw. werden oder sämtliche Einlagengläubiger entschädigt sind oder werden.

Nach Verwertung und Verteilung des Vermögens des Kreditinstituts hat der bank liquidator nach sec. 115 Banking Act 2009 eine Schlussversammlung des liquidation committee einzuberufen. In dieser hat der bank liquidator einen abschließenden Bericht abzugeben. Das liquidation committee beschließt in der Schlussversammlung über die Entlastung des bank liquidators. Der bank liquidator hat den Abschluss des Verfahrens dem Gericht und dem Handelsregister anzuzeigen. Nach Ablauf von drei Monaten nach Eintragung der Anzeige der Beendigung der bank liquidation gilt das Kreditinstitut gem. sec. 115(8) Banking Act 2009 grundsätzlich als aufgelöst.

II. Die internen Reorganisations- bzw. Sanierungsverfahren

Das englische Recht kennt zwei interne Verfahren zur Reorganisation von Gesellschaften: die company voluntary arrangements (CVA) und das Verfahren nach sec. 425 CA 1985. Ziel der Sanierungsverfahren ist, die Schuldenlast der in der Krise

424 Vgl. sec. 103, 104 Banking Act 2009.

befindlichen Gesellschaft durch Vereinbarungen zwischen der Gesellschaft und den Gläubigern zu verringern, um eine liquidation zu verhindern und die Unternehmensfortführung zu sichern. Es handelt sich um interne Reorganisationsverfahren, da die Geschäftsführungsorgane im Amt bleiben und nicht durch einen Verwalter ersetzt werden[425]. Sowohl CVA als auch das Verfahren nach sec. 425 CA 1985 sind nicht insolventen Gesellschaften vorbehalten[426]. Beide Verfahren erfordern ein hohes Maß an Gläubigerpartizipation[427]. Die Rechte gesicherter Gläubiger sind in den internen Reorganisationsverfahren nahezu unangetastet. Beide Verfahren sind auf die Kooperationsbereitschaft von gesicherten Gläubigern angewiesen.

1. Das Scheme of Arrangement nach Sec. 425 Companies Act 1985

Mit dem sog. scheme of arrangement hat der Gesetzgeber in sec. 425 bis 427A CA 1985 ein gesellschaftsrechtliches Restrukturierungs- bzw. Sanierungsverfahren geschaffen. In einem scheme of arrangement können Kapitalmaßnahmen oder umwandlungsrechtliche Maßnahmen (*amalgamation*) vorgeschlagen werden. Zur Kapitalrestrukturierung kann in dem Sanierungsplan entweder die Aufnahme von neuem Fremd- oder Eigenkapital, eine Umschuldung (z.B. eine Umwandlung von Fremd- in Eigenkapital), Stundung oder der Erlass von Schulden, etc. vorgeschlagen werden[428]. In umwandlungsrechtlicher Hinsicht kann die Gesellschaft auf eine Auffanggesellschaft übertragen (*reconstruction*), mit einer anderen Gesellschaft fusioniert (*merger*) oder Betriebsteile der Gesellschaft abgespalten werden (*division*). Bei der reconstruction wird die krisenbehaftete Gesellschaft aufgelöst und ihr gesamtes Kapital auf eine neu zu gründende Auffanggesellschaft auf dem Wege eines sog. asset deals übertragen[429]. Die Geschäftsanteile der Auffanggesellschaft werden an die Gesellschafter der krisenbehafteten Gesellschaft ausgegeben. Verbindlichkeiten der krisenbehafteten Gesellschaft werden aus deren Restvermögen bedient. Darüber hinaus bestehende Verbindlichkeiten werden in Geschäftsanteile der Auffanggesellschaft „getauscht".

---

425 Vgl. McBryde/Flessner/Kortmann, Principles of European Insolvency Law – England, 2003, p. 203. Abzugrenzen sind interne Reorganisationsverfahren mit gesetzlicher Grundlage von nonstatutory Restrukturierungen, den sog. workouts, die allein auf vertraglicher Grundlage getroffen werden.

426 Vgl. Goode, Corporate Insolvency Law, 1997, p. 272; McBryde/Flessner/Kortmann, Principles of European Insolvency Law – England, 2003, p. 203.

427 Vgl. Jungmann, Grundpfandgläubiger und Unternehmensinsolvenz, 2004, S. 231, Rdn. 631.

428 Vgl. sec. 425(6) CA 1985; Re Empire Mining Co. (1890) 44 Ch. D. 402; Re Dorman, Long & Co. (1934) Ch. 635; Re White Star Line Ltd. (1938) Ch. 458; Re Dominion of Canada Freehold Estate and Timber Co. Ltd. (1886) 55 L.T. 347; Carruth v. Imperial Chemical Industries Ltd. (1937) A. C. 707; Re Guardian Assurance Co. (1917) 1 Ch. 431.

429 Vgl. Re General Motors Cab Co. (1913) 1 Ch. 377; Re Sandwell Park Colliery Co. (1914) 1 Ch. 589; Re Anglo-Continental Supply Co. (1922) 2 Ch. 723.

Einen Restrukturierungs- oder Sanierungsplan kann die Gesellschaft und, sofern sich die Gesellschaft bereits in einer liquidation oder administration befindet, der jeweilige liquidator bzw. administrator der Gesellschaft vorschlagen[430].

Nach einem Sanierungsvorschlag sind gem. sec. 425(2) IA 1986 gerichtlich getrennte Versammlungen für die jeweiligen Gesellschafter- (z.B. ordentliche und bevorrechtigte Gesellschafter) und Gläubigergruppen (z.B. für ungesicherte und gesicherte Gläubiger) einzuberufen. In jeder Versammlung ist über den Sanierungsplan abzustimmen. Der Sanierungsplan gilt gem. sec. 425(2) CA 1985 mit einer Zustimmung von 75 % der anwesenden bzw. ordnungsgemäß vertretenen Stimmanteile bzw. der im Umlauf befindlichen Verbindlichkeiten als angenommen[431].

Wird der Sanierungsplan angenommen, so bedarf er der Zustimmung des Gerichts. Das Gericht darf den beschlossenen Sanierungsplan nicht ändern, sondern nur unter Anwendung eines weiten Ermessensspielraums entweder zustimmen oder ablehnen. Bis zur Verkündung der gerichtlichen Entscheidung über den Sanierungsplan kann jeder Gläubiger weiterhin Einzelzwangsvollstreckungs-, liquidations- oder andere gerichtliche Maßnahmen einleiten oder fortsetzen. Mit Zustimmung des Gerichts und Eintragung des Sanierungsplans ins öffentliche Register wird der Sanierungsplan gem. sec. 425(2) CA 1985 für die Gesellschaft, ihre Gesellschafter und alle Gläubiger verbindlich.

2. Das Company Voluntary Arrangement

Das company voluntary arrangement (CVA) ist in Teil 1 des IA 1986 und im Teil 1 der IR 1986 geregelt[432]. Das CVA soll die schnelle, einfache und effektive Sanierung von Gesellschaften ermöglichen[433]. Das CVA ist von der Gesellschaft und ihren Gesellschaftern und Gläubigern zu vereinbaren. Ein Gericht oder das Wirtschaftsministerium (DTI) kann gegen den Willen der Gesellschaft oder der Gläubiger keine CVA erlassen. Das CVA ist in leicht modifizierter Form auf limited liability partnerships anwendbar[434]. Ziel des CVA ist die Vermeidung einer formellen liquidation oder administration. Es ermöglicht Gesellschaften, in flexibler Weise verbindlich einen Sanierungsplan aufzustellen[435].

---

430 In der Praxis gehen in der Regel Vorverhandlungen mit den Gläubigern und eine Art (Gesamt-) Gläubigerversammlung der Antragstellung voran, um einen dem Antrag beizufügenden Sanierungsplan zu erarbeiten. Vgl. Goode, Corporate Insolvency Law, 1997, p. 327; Finn, Corporate Insolvency Law: Perspectives and Principles, para. 1.39, 1.41.

431 Nicht zuletzt dieses hohe Quorum erklärt die geringe Bedeutung des Verfahrens im Hinblick auf insolvente Gesellschaften.

432 Siehe sec. 1 bis 7 IA 1986; vgl. zum Ganzen ausführlich: Bailey, Voluntary Arrangements, 2003.

433 Vgl. Vach, Aspekte der Insolvenzrechtsreform von 1986 in England, S. 86.

434 Vgl. Bailey, Voluntary Arrangements, 2003, p. 76 para. 13.3.

435 Vgl. Morse, Palmer's Limited Liability Partnerships Law, p. 202 para. A9-03.

a) *Vorschlag und Annahme eines Sanierungsplans*

Einen Sanierungsplan können im Rahmen eines CVA gem. sec. 1(1) IA 1986 die Geschäftsführer der Gesellschaft aufgrund eines entsprechenden Beschlusses in der Geschäftsführerversammlung vorschlagen. Befindet sich die Gesellschaft bereits in der liquidation oder administration, so kann gem. sec. 1(3) IA 1986 nur der liquidator bzw. administrator einen Sanierungsplan vorschlagen[436].

Der Vorschlag muss gem. rule 1.3 IR 1986 umfassend über den Inhalt des Entwurfs des Sanierungsplans oder Vergleichs und die Gesamtsituation der Gesellschaft informieren[437]. Den möglichen Gegenstand eines Sanierungsplans lässt sec. 1 IA 1986 weitgehend offen. Gegenstand eines CVA können dieselben Maßnahmen sein, wie im Rahmen eines scheme of arrangement gem. sec. 425 CA 1986 (d.h. Kapitalmaßnahmen, reconstruction, Fusion und Spaltung); die beiden Verfahren finden nebeneinander Anwendung[438]. Zusätzlich kann der Sanierungsplan den Verkauf der Gesellschaft als going concern ebenso vorsehen wie die Vorbereitung einer administration oder die Verwertung seines Vermögens durch Zerschlagung mit anschließender Verteilung des Gesellschaftsvermögens ähnlich wie in einer liquidation[439]. Darüber hinaus muss in dem Sanierungsplan gem. sec. 1(2) IA 1986, rule 1.4 IR 1986 eine natürliche Person, die insolvency practitioner sein muss, als sog. nominee zur Beaufsichtigung des CVA benannt werden. Weitere Anforderungen stellt das Gesetz an den Vorschlag eines Sanierungsplans nicht. Das Gesetz lässt bewusst einen weiten Freiraum hinsichtlich der Frage, wie die wirtschaftlich und finanziell angespannte Situation der Gesellschaft verbessert werden soll[440]. Gesicherte Gläubiger verlieren das Recht zur Durchsetzung ihrer Sicherheit nur, wenn sie diesem Verlust in einer Gläubigerversammlung zustimmen; hierzu können sie im Rahmen eines CVA nicht gezwungen werden[441].

Dem nominee ist der Sanierungsplan gem. sec. 2(3) IA 1986 und rule 1.4, 1.5 IR 1986 zusammen mit einem statement of affairs der Gesellschaft und einem Bericht der Geschäftsführer zu übermitteln. Der nominee unterrichtet das Gericht gem. sec. 2(2) IA 1986, rule 1.7 IR 1986 innerhalb von 28 Tagen nach seiner Ernennung über den Sanierungsplan[442]. Dabei hat der nominee Stellung zu nehmen und in begründeter Weise zu erklären, ob der Sanierungsplan Aussicht auf Erfolg hat und ob eine Gesellschafter- und Gläubigerversammlung zur Beratung und Abstimmung über den Sanierungsplan einberufen werden sollte[443].

---

436 Vgl. rule 1.10 IR 1986; Halsbury's Laws of England, vol. 7 (3), 4th Edition Reissue, para. 72.
437 Die in rule 1.3 IR 1986 genannten Mindestanforderungen machen deutlich, dass der Einleitung zwangsläufig umfangreiche Verhandlungen des Sanierungsplans vorangegangen sein müssen. Vgl. Armour, Tolley's Limited Liability Partnerships – the new legislation, p. 64 para. 7.21.
438 Vgl. Vach, Aspekte der Insolvenzrechtsreform von 1986 in England, S. 104.
439 Vgl. para. 49 (3)(a) Schedule B1 Insolvency Act 1986. Goode, Corporate Insolvency Law, 1997, p. 333.
440 Vgl. Vach, Aspekte der Insolvenzrechtsreform von 1986 in England, S. 88.
441 Vgl. Godfrey/Loebel, Englische Gesellschaften in der Insolvenz, S. 43.
442 Dies gilt nur, wenn kein Moratorium gem. sec. 1A IA 1986 beantragt wird. Zum Inhalt der Stellungnahme des nominee, vgl. rule 1.7 IR 1986.
443 Vgl. sec. 2 (2) Insolvency Act 1986, rule 1.13 IR 1986. In der Praxis ist dies keine tatsächliche

Im Anschluss ist innerhalb eines Monats in einer Gesellschafter- und Gläubigerversammlung über den Sanierungsplan abzustimmen[444]. Der Sanierungsplan kann von den Versammlungen modifiziert werden. Die Abstimmung über den Sanierungsplan in der Gesellschafterversammlung bestimmt sich gem. rule 1.18(1) IR 1986 nach den Regelungen in der Satzung der Gesellschaft. Der Sanierungsplan setzt zur Modifizierung bzw. Annahme in der Gläubigerversammlung gem. rule 1.19(1) IR 1986 eine Stimmenmehrheit von 75 % der anwesenden bzw. ordnungsgemäß vertretenen Gläubiger voraus[445]. Die Abstimmungsergebnisse der Versammlungen werden gem. sec. 4(6) IA 1986 dem Gericht mitgeteilt[446]. Stimmen die beschlossenen Vergleichsregelungen auf Grund etwaiger Modifizierungen nicht überein, so geht gem. sec. 4A(2)(b) IA 1986 die von der Gläubigerversammlung beschlossene Fassung vor. Jedoch kann ein Gesellschafter in diesem Fall gem. sec. 4A(3) IA 1986 innerhalb von 28 Tagen eine gerichtliche Überprüfung beantragen. Stimmt das Gericht der Modifikation zu, so hat dies gem. sec. 5 IA 1986 bindende Wirkung gegenüber den Gesellschaftern.

b) Auswirkungen und Implementierung des CVA

Mit dem IA 2000 wurde gem. sec. 1A Insolvency Act 1986 und dem Anhang A1 des IA 1986 die Möglichkeit der Beantragung eines Moratoriums im Zusammenhang mit dem Vorschlag eines Sanierungsplans eingeführt[447]. Die Beantragung eines Moratoriums durch die Geschäftsführer ist jedoch nur für bestimmte in Anhang A1 sec. 1A para. 2 Insolvency Act definierte Gesellschaften (*eligible companies*) zulässig. Dabei handelt es sich im Wesentlichen um sog. small companies gem. sec. 247 CA 1985. Eine „small company“ ist eine Gesellschaft, die maximal zwei der nachfolgenden Voraussetzungen erfüllt: (i) weniger als GBP 5,6 Mio. Umsatzerlöse, (ii) weniger als GBP 2,8 Mio. Bilanzsumme, (iii) weniger als 50 Arbeitnehmer[448]. Unzulässig ist die Beantragung eines Moratoriums jedenfalls u.a. gem. Anhang A1 sec. 1A para. 4A Insolvency Act 1986 für Gesellschaften, welche Partei einer Kapitalmarkttransaktion (*capital market arrangements*) mit Verbindlichkeit von über GBP 10 Mio. sind und in deren Rahmen ein Kapitalmarktinvestment emittiert wird. Eine Kapitalmarkt-

Hürde, da die Geschäftsführer vor Antragstellung beim Gericht sich von dem nominee seine Zustimmung signalisieren lassen. Vgl. Jungmann, Grundpfandgläubiger und Unternehmensinsolvenz, 2004, S. 236, Rdn. 646.

444 Vgl. Anhang A1 sec. 1A para. 31 IA 1986. Zu Einberufung, Vorsitz, Zulassung der Gläubigerversammlung vgl. rule 1.13 bis 1.17A IR 1986; Palmer'sLimited Liability Partnerhips Law, p. 206 para. A9-10.

445 Im Gegensatz zum Verfahren nach s. 425 CA 1985 bestimmt sich das Quorum bei CVAs allein in Bezug auf die anwesenden bzw. vertretenen Gläubiger. Darin liegt ein wesentlicher Vorteil des CVA. Vgl. Finn, Corporate Insolvency Law: Perspective and Principles, para. 1.60; Armour, Tolley's Limited Liability Partnerships – the new legislation, p. 65 para. 7.21.

446 Vgl. Armour, Tolley's Limited Liability Partnerships – the new legislation, p. 65 para. 7.21.

447 Vgl. auch rule 1.35 IR 1986 et seq. Ausführlich zum Moratorium im CVA-Verfahren: Vgl. Bailey, Voluntary Arrangements, 2003, p. 4 para. 1.4; Dennis/Fox, The New Law of Insolvency, Insolvency Act 1986 to Enterprise Act 2002, para. 3.2.4 et seq.; Morse, Palmer's Limited Liability Partnerships Law, p. 202 para. A9-04.

448 Vgl. Archer, Insolvency Act 2000, SJ, [2001], p. 108; Bailey, Voluntary Arrangements, 2003, p. 33 para. 3.1; Halsbury's Laws of England, vol. 7 (3), 4th Edition Reissue, 2004, para. 73.

transaktion in diesem Sinne ist definiert in Anhang A1 se. 1A para. 4D(1)(a) IA 1986 und liegt vor, wenn ein Sicherheitsrecht zu Gunsten eines Sicherheitentreuhänders eines Kapitalmarktinvestments bestellt wird. Ein Kapitalmarktinvestment ist u.a. gem. Anhang 1A sec. 1A para. 4E(1)(a) IA 1986 ein debenture stock im Sinne von Art. 77(1)(b) FSMA (Regulated Activities) Order 2001. Allgemein wird erwartet, dass die UK covered bond LLP die Voraussetzungen der Ausnahmevorschrift erfüllt und damit die Bedienung der UK covered bonds durch ein CVA-Moratorium nicht berührt wird, allerdings bleibt in Bezug auf die künftige Auslegung der Ausnahmevorschrift eine gewisse Rechtsunsicherheit bestehen[449].

Das Moratorium wäre gem. Anhang A1 sec. 1A para. 6(1), 7(1) IA 1986 von den Geschäftsführern bzw. im Fall einer LLP den designierten Gesellschaftern der Gesellschaft bei Gericht zu beantragen[450]. Das Moratorium würde gem. Anhang A1 sec. 1A para. 8(1) IA 1986 beginnen. Während des moratoriums wären gem. Anhang A1 sec. 1A para. 12 IA 1986 u.a. Strukturveränderungen in Bezug auf die Gesellschaft, Maßnahmen zur Einzelzwangsvollstreckung und v.a. die Einleitung anderer Insolvenzverfahren einschließlich des administrative receivership-Verfahrens ausgeschlossen[451]. Die Geschäftsführungs- und Vertretungsorgane der Gesellschaft blieben im Amt und könnten gewöhnliche Geschäfte – inklusive der Bestellung von Sicherheiten – unter Beachtung bestimmter Voraussetzungen tätigen[452]. Gegenstände, Rechte und Forderungen, die in den Haftungsverband einer fixed charge fallen, könnten gem. Anhang A1 sec. 1A para. 20 IA 1986 nur mit Zustimmung des Sicherungsnehmers oder des Gerichts veräußert werden. Das Moratorium würde gem. Anhang A1 sec. 1 A para. 8(2), (3) IA 1986 mit der Abstimmung über den Restrukturierungsplan oder -vergleich in der Gesellschafter- und Gläubigerversammlung, längstens 28 Tage, es sei denn das Moratorium wird gem. Anhang A1 sec. 1A para. 32 IA 1986 verlängert, enden.

Das CVA bindet gem. sec. 5(2) Insolvency Act 1986 mit Wirkung des Tages der Abstimmung in der Gesellschafter- und Gläubigerversammlung die Gesellschaft und alle stimmberechtigten Gesellschafter und Gläubiger[453]. Das CVA kann von einem stimmberechtigten Gläubiger, dem nominee des CVA und in der Insolvenz von einem liquidator bzw. administrator gem. sec. 6(1), (2) IA 1986 auf Grund einer Gläubigerbenachteiligung oder bei Verletzung der Vorschriften der Gläubigerversammlung angefochten werden[454]. In diesem Fall kann das Gericht gem. sec. 6(4) IA 1986 das CVA widerrufen, aussetzen oder eine Anweisung zur Einberufung einer weiteren Gläubigversammlung erlassen, um über einen überarbeiteten Sanierungs-

---

449 Vgl. Balai/Whittacker/Grossman, United Kingdom, in: Golin, Covered Bonds beyond Pfandbriefe, p. 205.

450 Vgl. Anhang para. 14 der LLP Änderungsverordnung 2005.

451 Befindet sich die Gesellschaft bereits in der liquidation oder administration, so kann die Moratorium-Wirkung unabhängig von der Größe der Gesellschaft nicht mehr eintreten.

452 Vgl. Anhang A1 sec. 1A para. 16 et seq. IA 1986.

453 Die Bindungswirkung auch gegenüber nicht zur Gläubigerversammlung geladenen Gläubigern ist erst durch den IA 2000 eingeführt worden.

454 Vgl. zum gerichtlichen Widerruf des Plans oder Vergleichs, rule 1.25 Insolvency Act 1986.

plan abzustimmen. Darüber hinaus unterliegt das CVA – im Unterschied zum scheme of arrangement nach sec. 425 CA 1985 – nicht der Überprüfung des Gerichts[455].

Die Umsetzung des CVA obliegt dem nominee, der dieses gem. sec. 7(2) IA 1986, rule 1.22 IR 1986 als supervisor des CVA implementiert[456]. Der supervisor tritt zur Durchführung des Sanierungsplans zwar nicht in die Position eines Geschäftsführers ein, hat aber weitreichende Befugnisse. Die Ausübung der Befugnisse des supervisor des CVA kann von den Gesellschaftsgläubigern gem. sec. 7(3) IA 1986 gerichtlich überprüft werden. Der supervisor kann gem. sec. 7(3)(a) IA 1986 bei Gericht eine Anweisung in Bezug auf die Durchführung bestimmter Sanierungsmassnahmen beantragen und gem. sec. 7(3)(b) IA 1986 ggf. die liquidation oder die administration der Gesellschaft beantragen. Die Kosten des CVA sind gem. rule 1.28 IR 1986 von der Gesellschaft zu tragen. Spätestens 28 Tage nach Abschluss der Durchführung des CVA hat der supervisor gem. rule 1.29 IR 1986 den Gesellschaftern und Gläubigern der Gesellschaft und dem öffentlichen Register eine entsprechende Anzeige zu schicken.

III. Die Administration

Die administration ist ein externes Reorganisationsverfahren[457]. Es ist auf Empfehlung des sog. Cork Committee geschaffen und durch den Enterprise Act 2002 weitgehend neu gestaltet worden[458]. Die administration in ihrer heutigen Form ist geregelt in sec. 8 IA 1986 und dem Anhang B1 des IA 1986. Die administration eröffnet die Möglichkeit, ein Insolvenzverfahren ohne gerichtliche Beteiligung durchzuführen[459]. Es unterscheidet sich wesentlich von den internen Reorganisationsverfahren, da hier ein administrator eingesetzt wird, der die Geschäfte der Gesellschaft führt und ihr Vermögen verwaltet[460]. Die Eröffnung der administration bewirkt ein sofortiges Moratorium gem. Anhang B1 para. 43(2) IA 1986. Ohne Zustimmung des administrator oder des Gerichts können während des Moratoriums Maßnahmen zur Durchsetzung von Sicherheitsrechten und sonstige Maßnahmen der Einzelzwangsvollstreckung nicht betrieben werden. Die Fortführung der Geschäfte und Verwaltung des Vermögens erfolgt zunächst nach den Anweisungen des Gerichts und dann gem. sec. 17, 23 IA 1986 nach einem von den Gläubigern zu genehmigenden Plan.

---

455 Vgl. Vach, Aspekte der Insolvenzrechtsreform von 1986 in England, S. 104.
456 Vgl. Anhang A1 sec. 1A para. 24, 39(2)(a) IA 1986; Morse, Palmer's Limited Liability Partnerships Law, p. 207 para. A9-12.
457 Vgl. zum Ganzen ausführlich: Fletcher/Highham/Trower, Corporate Administrations, 2004.
458 Vgl. McBryde/Flessner/Kortmann, Principles of European Insolvency Law – England, 2003, p. 205; Gower and Davies' Principles of Modern Company Law, 7th Edition, 2003, p. 840.
459 Vgl. McBryde/Flessner/Kortmann, Principles of European Insolvency Law – England, 2003, p. 206.
460 Vgl. Armour, Tolley's Limited Liability Partnerships – the new legislation, p. 67 para. 7.23.

1. Ziele der Administration

Der administrator muss die administration immer mit einer klar definierten Zielsetzung durchführen[461]. Die Ziele der administration sind in Anhang B1 para. 3(1) IA 1986 geregelt und umfassen: Erstens die Fortführung der Gesellschaft oder von Teilen der Gesellschaft als bestehender Geschäftsbetrieb bei Befriedigung der Gläubiger. Zweitens die Erzielung eines besseren Ergebnisses für die Gesellschaftsgläubiger, als durch eine liquidation (z.B. durch ein scheme of arrangement nach sec. 425 CA 1985 oder ein CVA). Und drittens, die vorteilhaftere Realisierung der Vermögensgegenstände zum Zweck der Erlösauskehr an einen oder mehrere gesicherte oder bevorrechtigte Gläubiger als in der liquidation, wenn hierdurch die Interessen der Gläubiger in ihrer Gesamtheit nicht unnötig beeinträchtigt werden. Die Reihenfolge der aufgezählten Ziele ist gem. Anhang B1 para. 3(3), (4) IA 1986 zwingend, d.h. dass nach geordnete Ziele erst dann angestrebt werden dürfen, wenn die vorrangigen Ziele nicht zu erreichen sind. Die Interessen der gesicherten Gläubiger werden somit in der administration erst an letzter Stelle berücksichtigt und sind dem Interesse an der Rettung der Gesellschaft als Ganzes und den Interessen der Gläubigermehrheit nachgeordnet[462].

2. Eröffnung der Administration

Mit dem Enterprise Act 2002 wurde der traditionelle Weg zur Eröffnung der administration durch einen Gerichtsbeschluss (*administration order*) um die Möglichkeit ergänzt, dass die Gesellschaft, die Geschäftsführer und die Inhaber einer sog. qualifizierten floating charge, die administration außergerichtlich eröffnen können[463].

a) *Gerichtliche Eröffnung der Administration*

Die administration kann traditionell auf Antrag durch den Beschluss eines Gerichts eingeleitet werden (*administration order*)[464]. Antragsberechtigt sind gem. Anhang B1 para. 12(1) IA 1986 die Gesellschaft, ihre Geschäftsführer und jeder Gläubiger. Der Antrag muss die Gründe für die Eröffnung der administration darlegen, welche gem. rule 2.1, 2.3 IR 1986 eidesstattlich versichert werden müssen. Der Antrag beinhaltet einen Report gem. rule 2.2 IR 1986, in dem die finanzielle Lage der Gesellschaft zusammen zu fassen und darzulegen ist, wie das angestrebte Ziel der administration erreicht werden soll. Der Antrag wird überwiegend von den Geschäfts-

---

461 Vgl. Halsbury's Laws of England, vol. 7 (3), 4th Edition Reissue, 2004, para. 214.

462 Vgl. Alexander, The Enterprise Act 2002, IL&P 2003, p. 3; Jungmann, Grundpfandgläubiger und Unternehmensinsolvenz, 2004, S. 243, Rdn. 668.

463 Zurückzuführen ist dies auf die weitgehende Abschaffung des administrative receivership durch den Enterprise Act 2002, der als Ausgleich den Inhabern einer qualifizierten floating charge den Zugang zur administration eröffnet. Vgl. McBryde/Flessner/Kortmann, Principles of European Insolvency Law – England, 2003, p. 208.

464 Vgl. Halsbury's Laws of England, vol. 7 (3), 4th Edition Reissue, 2004, para. 215; Dennis/Fox, The New Law of Insolvency, Insolvency Act 1986 to Enterprise Act 2002, para. 7.3.

führern gestellt, da die Gläubiger der Gesellschaft regelmäßig nicht über die erforderlichen Informationen für die Antragstellung verfügen[465].

Das Gericht kann die Eröffnung der administration gem. Anhang B1 para. 11(1)(a) IA 1986 nur verfügen, wenn nach seiner Überzeugung feststeht, dass die Gesellschaft nicht in der Lage ist, ihre Verbindlichkeiten zu erfüllen oder dies unmittelbar bevor steht. Zusätzlich muss das Gericht die Erreichung eines der Ziele der administration gem. Anhang B1 para. 11(1)(b) IA 1986 für wahrscheinlich halten. Die Eröffnung der administration durch das Gericht erfolgt gem. Anhang B1 para. 13(1)(a) IA 1986 in einem Anhörungstermin (vgl. rule 2.9 IR 1986) durch eine administration order. Das Gericht hat die administration order gem. rule 2.10(1) IR 1986 der zum administrator bestellten Person anzuzeigen. Der administrator hat gem. rule 2.10(2) IR 1986 anschließend die administration order in der London Gazette zu veröffentlichen.

b) Eröffnung der Administration durch den Inhaber einer Floating Charge

Mit dem Enterprise Act 2002 wurde gem. Anhang B1 para. 14(2) IA 1986 für Inhaber einer qualifizierten floating charge die Möglichkeit geschaffen, außergerichtlich durch Bestellung eines administrators die administration zu eröffnen[466]. Dazu ist der Inhaber einer qualifizierten floating charge gem. Anhang B1 para. 15(1) IA 1986 berechtigt, wenn alle Inhaber einer vorrangigen qualifizierenden floating charge schriftlich zugestimmt oder trotz Benachrichtigung innerhalb von zwei Geschäftstagen nicht widersprochen haben[467].

Der Inhaber der qualifizierten floating charge hat gem. Anhang B1 para. 18(1) IA 1986 das Gericht von der Bestellung des administrators zu unterrichten. Zusätzlich hat er gem. Anhang B1 para. 18(2) IA 1986 zu bestätigen, dass er Inhaber einer qualifizierten floating charge ist, dass die floating charge verwertungsreif ist und dass die Vorschriften des Anhang B1 IA 1986 eingehalten werden[468]. Weiter hat der Inhaber der floating charge in der Unterrichtung gem. Anhang B1 para. 18(3) IA 1986 den bestellten administrator zu benennen und die Erklärung des administrators zu beinhalten, mit der dieser die Bestellung annimmt und bestätigt, dass nach seiner Auffassung das jeweilige Verfahrensziel mit überwiegender Wahrscheinlichkeit erreicht werden kann. Mit Eingang dieser Bestätigung bei Gericht gilt gem. Anhang B1 para. 19 IA 1986 die administration als eröffnet[469].

---

465 Vgl. Godfrey/Loebel, Englische Gesellschaften in der Insolvenz, S. 37.
466 Vgl. Yeowart, Enterprise Bill – Impact on Financing Transactions, BJIBFL, 2002, 189, 193; Hals-bury's Laws of England, vol. 7 (3), 4th Edition Reissue, 2004, para. 228.
467 Zum Begriff der qualifizierten floating charge siehe unten 4. Teil, 2. Abschnitt, § 17, D., I., 1.
468 Vgl. Anhang B1 para. 16 IA 1986.
469 Die unberechtigte Einleitung der administration kann zur Entstehung von Schadensersatzansprüchen zu Gunsten der Gesellschaft führen und kann gem. Anhang B1 para. 29(b) und 21 IA 1986 gleichzeitig einen Straftatbestand erfüllen.

c) *Außergerichtliche Eröffnung der Administration*

Außergerichtlich kann ein administrator gem. Anhang B1 para. 22(1), (2) IA 1986 auch durch die Gesellschaft oder ihre Geschäftsführer eröffnet werden[470]. Die Eröffnung der administration durch die Gesellschaft bzw. die Geschäftsführer ist gem. Anhang B1 para. 23(2), 24, 25 IA 1986 allerdings nur zulässig, wenn (i) innerhalb der letzten 12 Monate keine außergerichtliche administration eröffnet worden ist, (ii) kein CVA, bei dem ein Moratorium beantragt war, geendet hat, (iii) kein Antrag zur Eröffnung der liquidation gestellt ist, (iv) kein Antrag bei Gericht zur Eröffnung der administration gestellt ist und (v) kein administrative receiver im Amt ist.

Die Gesellschaft bzw. die Geschäftsführer haben gem. Anhang B1 para. 6(1) IA 1986 fünf Tage vor der Bestellung des administrators dem Inhaber einer qualifizierten floating charge die beabsichtigte Bestellung eines administrators anzuzeigen. In der Anzeige ist gem. Anhang B1 para. 26(3) IA 1986 der vorgesehene administrator zu benennen. Die Anzeige ist gem. Anhang B1 para. 27(1) IA 1986 zusammen mit einer Erklärung, (i) dass die Gesellschaft wahrscheinlich zahlungsunfähig werden wird, (ii) dass die Gesellschaft sich nicht in der liquidation befindet, und (iii) dass die Bestellung des administrator zulässig ist, beim Gericht einzureichen.

Die Bestellung des administrators durch die Gesellschaft bzw. die Geschäftsführer ist gem. Anhang B1 para. 29(1), (2) IA 1986 zusammen mit der Erklärung, dass (i) die Gesellschaft bzw. der Geschäftsführer zur Bestellung des administrator berechtigt ist, (ii) die Bestellung mit den Vorschriften des Anhang B1 IA 1986 übereinstimmt, und (iii) die Angaben in der Anzeige der beabsichtigten Bestellung eines administrator weiter zutreffend sind, auch dem Gericht anzuzeigen. Die Anzeige muss den administrator benennen und eine Erklärung des administrator beinhalten, dass er die Bestellung annimmt, dass nach seiner Auffassung das Ziel des Verfahrens mit überwiegender Wahrscheinlichkeit erreicht werden kann.

3. Rechtswirkungen der Administration

Die Eröffnung der administration bewirkt gem. Anhang B1 para. 42, 43 IA 1986 einen umfassenden Schutz des Vermögens der Gesellschaft durch ein Moratorium[471]. Dieser Schutz wird gem. Anhang B1 para. 44 IA 1986 auf bereits davor liegende Verfahrensschritte ausgedehnt.

a) *Rechtswirkungen der Einleitung der Administration*

Der umfassende Schutz der administration wird gem. Anhang B1 para. 44 IA 1986 durch ein vorübergehendes Moratorium im Eröffnungsverfahren vorverlagert. Die-

---

470 Vgl. Halsbury's Laws of England, vol. 7(3), 4th Edition Reissue, 2004, para. 236.
471 Vgl. Morse, Palmer's Company Law, para. 14.025; Morse, Palmer's Limited Liability Partnerships Law, p. 210 para. A9-19.

ses beginnt bereits mit dem Antrag auf Eröffnung der administration im Fall der gerichtlichen Bestellung des administrators bzw. mit der Absichtserklärung, einen administrator außergerichtlich bestellen zu wollen. Bei der außergerichtlichen Bestellung eines administrators durch die Gesellschaft oder einen Gesellschafter beginnt die Wirkung des vorübergehenden Moratoriums allerdings erst mit der Benachrichtigung des Inhabers der qualifizierten floating charge. Das vorübergehende Moratorium bleibt in Kraft bis zur Bestellung des administrators.

Das vorübergehende Moratorium bewirkt, dass eine liquidation, ein CVA und ein scheme of arrangement nach sec. 425 CA 1985 nicht mehr eröffnet bzw. vorgeschlagen werden kann[472]. Jedoch kann das angerufene Gericht im Fall der gerichtlichen Bestellung eines administrators gem. Anhang B1 para. 13(1)(e) IA 1986 anstelle der administration order eine winding up order erlassen, wenn es der Auffassung ist, dass die liquidation der Gesellschaft der sinnvollere Weg ist. Darüber hinaus können ohne Zustimmung des Gerichts Sicherheiten nicht länger verwertet und weder Erkenntnis- noch Zwangsvollstreckungsverfahren eingeleitet oder vorangetrieben werden[473]. Nur der Inhaber einer qualifizierten floating charge kann gem. Anhang B1 para. 44(6), (7) IA 1986 während des vorübergehenden Moratoriums in der Eröffnungsphase der administration seine Sicherheit durch Bestellung eines administrative receiver verwerten.

b) *Rechtswirkungen der Eröffnung der Administration*

Die Eröffnung der administration erfolgt im Fall der gerichtlichen Bestellung des administrators mit Erlass der administration order gem. Anhang B1 para. 10 IA 1986 und im Fall der außergerichtlichen Bestellung gem. Anhang B1 para. 19 IA 1986 mit der Benachrichtigung des Gerichts von der Einsetzung des administrator[474]. Die Eröffnung der administration bewirkt gem. Anhang B1 para. 42, 43 IA 1986 selbst ein Moratorium. Auf Grund des vorübergehenden Moratoriums ist im Gegensatz zur liquidation eine Rückwirkung der Eröffnung nicht erforderlich. Das Moratorium hat gem. Anhang B1 para. 42 IA 1986 zur Folge, dass ein Antrag zur Eröffnung der liquidation zwingend zurückzuweisen ist und eine bereits eröffnete liquidation nicht länger verfolgt werden darf[475]. Weiter können während des Moratoriums ohne Zustimmung des administrators Sicherheiten nicht länger verwertet und weder Erkenntnis- noch Einzelzwangsvollstreckungsverfahren eingeleitet oder vorangetrieben werden[476]. Die Zustimmung des administrators kann allerdings gem. Anhang B1 para. 43(2) IA 1986 durch die Entscheidung eines Gerichts ersetzt

---

472 Vgl. Re Paramount Airways Ltd. [1990] BCC 130, 137; Jungmann, Grundpfandgläubiger und Unternehmensinsolvenz, 2004, S. 249, Rdn. 683.
473 Vgl. McBryde/Flessner/Kortmann, European Insolvency Law – England, 2003, p. 215.
474 Die Einsetzung des administrator in der „out of court route" wird wirksam mit der Benachrichtigung des Gericht von der Einsetzung durch den Inhaber der qualifizierenden floating charge gem. para. 18 Schedule B1 Insolvency Act 1986.
475 Vgl. Halsbury's Laws of England vol. 7 (3), 4th Edition Reissue, 2004, para. 261.
476 Vgl. Halsbury's Laws of England vol. 7 (3), 4th Edition Reissue, 2004, para. 263.

werden. Anders als während dem vorübergehenden Moratorium können in der administration die Inhaber einer qualifizierten floating charge einen administrative receiver nicht mehr bestellen, denn die Bestellung eines administrative receiver ist von Anhang B1 para. 43(2) IA 1986 nicht umfasst[477]. Ein über das Vermögen der Gesellschaft bestellter receiver – gleichgültig, in welcher Funktion er im Amt war – hat gem. Anhang B1 para. 41(1), (2) IA 1986 von seinem Amt zurückzutreten[478].

4. Aufgaben, Rechtstellung und Pflichten des Administrator

Primäre Aufgabe des administrators ist, die Verfahrensziele der administration herbeizuführen. Dabei hat der administrator das Fortführungsinteresse der Gesellschaft und die Interessen aller Gläubiger zu berücksichtigen[479]. Zu diesem Zweck übernimmt der administrator das Vermögen der Gesellschaft und führt die Geschäfte der Gesellschaft weiter. Der administrator ist gem. Anhang B1 para. 69 IA 1986 Vertreter der Gesellschaft.

Der administrator hat gem. Anhang B1 para. 46(1), (3) IA 1986 seine Bestellung der Gesellschaft und nachdem er eine Liste aller Gläubiger erhalten hat, allen Gläubigern der Gesellschaft, soweit mit Adresse bekannt anzuzeigen. Zusätzlich hat der administrator gem. Anhang B1 para. 46(4), (6) IA 1986 innerhalb von sieben Tagen nach seiner Bestellung dem öffentlichen Register seine Bestellung anzuzeigen und gem. rule 2.27(1) IR 1986 in einer geeigneten Tageszeitung zu veröffentlichen. Der administrator kann gem. sec. 22 IA 1986, Anhang B1 para. 47(1) IA 1986 u.a. von den Geschäftsführern ein statement of affairs verlangen. Der administrator hat gem. sec. 23 IA 1986, Anhang B1 para. 49(1) innerhalb von drei Monaten nach seiner Bestellung Vorschläge zur Erreichung der Verfahrensziele zu unterbreiten[480]. Diese können gem. Anhang B1 para. 49(3)(a), (b) IA 1986 ein CVA oder ein scheme of arrangement nach sec. 425 CA 1985 beinhalten. Der Vorschlag ist gem. sec. 23(2) IA 1986, Anhang B1 para. 49(4) IA 1986 an das öffentliche Register, alle Gesellschafter und alle mit Adresse bekannten Gläubiger zu schicken. Der Vorschlag ist öffentlich auszulegen und die Auslegung ist in einer geeigneten Tageszeitung bekannt zu geben. Zusammen mit dem Vorschlag ist gem. sec. 24 IA 1986, Anhang B1 para. 50(1), (2), 51(1) IA 1986 mit einer Frist von zwei Wochen eine Gläubigerversammlung einzuberufen, in der über den Vorschlag des administrators abzustimmen ist und gem. sec 26 IA 1986, Anhang B1 para. 57 IA 1986 ein Gläubigerausschuss eingesetzt werden kann[481]. Der Vorschlag kann gem. sec. 25(4) IA 1986, Anhang B1 para. 54(5) IA

---

477 Vgl. Goode, Corporate Insolvency Law, 1997, p. 296.
478 Dies gilt für einen administrative receiver aber nur, wenn der Inhaber der qualifizierten floating charge, der den administrative receiver bestellt hat, der Eröffnung der administration zugestimmt hat.
479 Vgl. Anderson, Administration: Rights of Secured Creditors, IL&P 1991, p. 130; McBryde/Flessner/Kortmann, Principless of European Insolvency Law – England, 2003, p. 211.
480 Zum zwingenden Inhalt des Vorschlag des administrators, vgl. rule 2.33 IR 1986.
481 Der Gläubigerausschuss berät und überwacht den administrator, hat jedoch kein Weisungsrecht gegenüber dem administrator.

1986 von der Gläubigerversammlung modifiziert werden. Die Stimmberechtigung der Gläubiger in der Gläubigerversammlung bestimmt sich gem. rule 2.38 IR 1986. Der Vorschlag gilt gem. rule 2.43 IR 1986 mit einfacher Stimmenmehrheit der anwesenden oder ordnungsgemäß vertretenen Gläubiger als angenommen.

5. Befugnisse des Administrator und Beendigung der Administration

Nach der Generalklausel der sec. 14(1)(a) IA 1986, Anhang B1 para. 59(1) IA 1986 hat der administrator die Befugnis alles zu unternehmen, was für die Verwaltung der Angelegenheiten, des Geschäftsbetriebs und des Eigentums der Gesellschaft notwendig ist[482]. Darüber hinaus hat der administrator gem. sec. 14(1)(b) IA 1986, Anhang B1 para. 60 IA 1986 die speziellen Befugnisse des Anhang 1 des IA 1986[483]. Der administrator kann gem. sec. 14(2) IA 1986, Anhang B1 para. 61 IA 1986 Geschäftsführer der Gesellschaft abberufen und neue Geschäftsführer bestellen. Die Geschäftsführer sind zur Zusammenarbeit mit dem administrator verpflichtet. Maßnahmen, die über den gewöhnlichen Geschäftsverlauf hinaus gehen oder die administration beeinträchtigen, dürfen von den Geschäftsführern gem. sec. 14(4) IA 1986 nur mit Zustimmung des administrators durchgeführt werden, wodurch die führende Rolle des administrator innerhalb der Geschäftsführung gesichert werden soll[484].

Der administrator ist – anders als der liquidator – nicht berechtigt, nachteilige Verträge der Gesellschaft zu widerrufen. Der administrator ist gem. sec. 15 IA 1986, Anhang B1 para 70, 71 IA 1986 befugt, über dinglich belastetes Vermögen der Gesellschaft zu verfügen[485]. Während er über mit einer floating charge belastete Gegenstände frei verfügen kann, benötigt er zur Verfügung hinsichtlich mit einer fixed charge belasteter Gegenstände gem. sec. 15(2), (3) IA 1986 die Zustimmung des Gerichts[486]. Ihm soll dadurch ermöglicht werden, auf das gesamte Vermögen der insolventen Gesellschaft zugreifen zu können, wobei sich die dingliche Belastung an den Surrogaten etwaiger Verfügungen des administrators fortsetzt[487].

Die Handlungen eines administrators können gem. Anhang B1 para. 74(1) IA 1986 von jedem Gesellschaftsgläubiger in Bezug auf eine etwaige gläubigerbenachteiligende Wirkung einer gerichtlichen Überprüfung unterworfen werden. Die Gesellschaftsgläubiger können gem. sec. 27(4)(d) IA 1986 die Aufhebung der administration order und damit im Ergebnis den administrator abberufen. Zum eigenen

---

482 Vgl. Morse, Palmer's Company Law, para. 14.034; Morse, Palmer's Limited Liability Partnerships Law, p. 213 para. A9-24.
483 Siehe unten 4. Teil, 2. Abschnitt, § 17, D., I., 3., a).
484 Vgl. Vach, Aspekte der Insolvenzrechtsreform von 1986 in England, S. 166.
485 Vgl. Bailey/Groves/Smith, Corporate Insolvency, 2nd Edition, 2001, p. 166 para. 4.105.
486 Vgl. Bristol Airport plc v Powdrill [1990] Ch 744; Gough, Company Charges, 2nd Edition, 1996, p. 965; Pau, The Law of Secured Finance on Personal Property, 2002, p. 116 para. 4.104.
487 Vgl. Morse, Palmer's Company Law, para. 14.036.

Schutz kann der administrator gem. Anhang B1 para. 63 IA 1986 beim Gericht eine Anweisung hinsichtlich bestimmter Maßnahmen beantragen.

Der administrator ist gem. rule 2.68 et seq. IR 1986 berechtigt, den Erlös aus der Realisierung des Vermögens der Gesellschaft an die Gläubiger zu verteilen. Dabei sind alle Verbindlichkeiten der Gesellschaft außer den bevorzugten Forderungen gem. rule 2.69 IR 1986 gleichrangig. Die Gläubiger haben ihre Forderungen gem. rule 2.72 IR 1986 anzumelden. Künftig fällige Zinsen sind dabei gem. rule 2.105 IR 1986 abzuzinsen. Die Kosten der administration und die Vergütung des administrator hat das Vermögen der Gesellschaft zu tragen.

Die administration kann auf verschiedene Arten enden. Im Idealfall endet es gem. Anhang B1 para. 80 IA 1986 mit der Erreichung des angestrebten Verfahrensziels. Der administrator muss dann gem. Anhang B1 para. 80(2) IA 1986 um seine Entlassung ersuchen. Nach Anhang B1 para. 76(1) IA 1986 endet die Bestellung eines administrators grundsätzlich nach einem Jahr. Sie kann gem. Anhang B1 para. 76(2)(a) IA 1986 auf Antrag des administrators durch das Gericht verlängert werden. Darüber hinaus ist eine Verlängerung um sechs Monate gem. Anhang B1 para. 76(2)(b), 78 IA 1986 durch Zustimmung der gesicherten sowie ungesicherten Gläubiger möglich. Reicht das Gesellschaftsvermögen nicht aus, um die Gläubiger zu befriedigen, so kann die administration gem. Anhang B1 para. 83 IA 1986 auf Antrag des administrator als voluntary liquidation fortgesetzt werden.

6. Die Bank Administration

Das Verfahren der bank administration ist im dritten Teil des Banking Act 2009 geregelt. Mit dem Banking Act 2009 ist alternativ zur bank insolvency eine besondere bank administration eingeführt worden. Das Verfahren der bank administration baut auf dem Verfahren der allgemeinen administration auf und übernimmt teilweise dessen Vorschriften[488].

a) *Antragsberechtigung, Antrags- und Eröffnunggründe*

Die Eröffnung der bank administration und die Bestellung eines bank administrator ist gem. sec. 141(1) Banking Act 2009 gerichtlich anzuordnen (sog. *bank administration order*). Antragsberechtigt ist gem. sec. 142(1) Banking Act 2009 ausschließlich die Bank of England. Mit dem Antrag hat die Bank of England gem. sec. 142(2) Banking Act 2009 eine Person als bank administrator vorzuschlagen. Dem Kreditinstitut ist die Antragsstellung gem. sec. 142(3) Banking Act 2009 mitzuteilen.

Antragsberechtigt ist die Bank of England nach sec. 143(1) Banking Act 2009, wenn (i) sie Teile des Vermögens des in die Krise geratenen Kreditinstituts nach sec. 11 oder 12 Banking Act 2009 zur Stabilisierung des Finanzsystems auf einen privaten Erwerber oder eine Zweckgesellschaft der Bank of England (*bridge bank*) übertragen

---

488 Vgl. Ziffer 317 Banking Act 2009 – Explanatory Notes.

hat oder eine solche Übertragung beabsichtigt und (ii) das in die Krise geratene Kreditinstitut zahlungsunfähig oder infolge der Vermögensübertragung drohend zahlungsunfähig ist. Das Insolvenzgericht (d.h. in England und Wales der High Court[489]) prüft die Voraussetzungen der Eröffnung der bank administration und eröffnet ggf. das Verfahren durch Bestellung des bank administrator.

b) Die besonderen Verfahrensziele und das Verfahren der Bank Administration

Besonderes Verfahrensziel der bank administration ist gem. sec. 137(1)(a) Banking Act 2009 vorrangig die Unterstützung der Übertragung von Vermögensteilen des in die Krise geratenen Kreditinstituts auf eine privaten Erwerber oder eine bridge bank. Nachrangiges Ziel der bank administration ist gem. sec. 137(1)b), 140 Banking Act 2009 die Sanierung des verbleibenden Kreditinstituts im Wege des going concern oder die Erzielung eines für die Gläubiger des Kreditinstituts vorteilhafteren Ergebnisses als durch im Wege der bank liquidation.

Die bank administration soll gem. sec. 138 Banking Act 2009 primär sicherstellen, dass das verbleibende Kreditinstitut dem privaten Erwerber bzw. der bridge bank gegenüber diejenigen Dienstleistungen erbringt bzw. Einrichtungen (wie z.B. IT) zur Verfügung stellt, die nicht unmittelbar mit übertragen werden können, aber nach Einschätzung der Bank of England erforderlich sind, um die übertragenen Geschäfte effektiv weiter zu betreiben[490]. Der bank administrator hat insoweit auf Anfrage der Bank of England beim Abschluss der entsprechenden Verträge zu kooperieren.

Der Banking Act 2009 erweitert die Befugnisse des bank administrators zur Erreichung der besonderen Verfahrensziele[491]. Er ist allerdings gem. sec. 140(3) Banking Act 2009 bis zum Abschluss der Vermögensübertragung auf den privaten Erwerber bzw. die bridge bank nur befugt Vermögensgegenstände nach Abstimmung mit der Bank of England zu verwerten. Bis zu diesem Zeitpunkt wird der bank administrator von der Bank of England an Stelle des Gläubigerausschusses überwacht. Erst danach ist die Gläubigerversammlung einzuberufen und ein Gläubigerausschuss einzusetzen[492]. Ab diesem Zeitpunkt folgt die bank administration weitgehend dem allgemeinen administration-Verfahren[493]. Die Moratoriumswirkung der administration gilt für die bank administration entsprechend[494].

Nach Erreichen der primären Verfahrensziele, d.h. Abschluss der Vermögensübertragung auf einen privaten Erwerber bzw. eine bridge bank und erfolgreiche Sanierung der Bank im Wege des going concern hat der bank administrator gem. sec.

---

489 Vgl. sec. 92(a) Banking Act 2009.
490 Vgl. Ziffer 318 Banking Act 2009 – Explanatory Notes.
491 Vgl. Ziffer 339 Banking Act 2009 – Explanatory Notes.
492 Vgl. sec. 145 Banking Act 2009 – Table 1 of Applied Provisions – Schedule B1 to the Insolvency Act 1986; Ziffer 340 Banking Act 2009 – Explanatory Notes.
493 Vgl. Ziffer 340 Banking Act 2009 – Explanatory Notes.
494 Vgl. sec. 145 Banking Act 2009 – Table 1 of Applied Provisions – Schedule B1 to the Insolvency Act 1986.

153(2) Banking Act 2009 die Beendigung der bank administration anzuzeigen. Kann das verbleibende Kreditinstitut nicht im Wege des going concern saniert werden, so kann der bank administrator gem. sec. 154(2) Banking Act 2009 das Vermögen des verbleibenden Kreditinstituts verwerten und an die Gläubiger verteilen oder ein company voluntary arrangement (CVA) vorschlagen. Nach erfolgreicher Beendigung des CVA kann der bank administrator bei Gericht gem. sec. 154(6) Banking Act 2009 die Aufhebung der bank administration order beantragen. Andernfalls hat der bank administrator die Liquidation (*winding-up*) des verbleibenden Kreditinstituts zu beantragen.

B. Die ergänzenden Regelungen der RCB Regulations 2008 für das besondere Befriedigungsvorrecht des UK Regulated Covered Bond

Aufgrund der vertraglich strukturierten Separierung der Deckungsmasse mit Hilfe des SPV-Modells und der Vollrechtsübertragung der Deckungswerte auf eine Zweckgesellschaft, sind keine weitgreifenden Änderungen am britischen Insolvenzrecht durch die Regulated Covered Bond Regulations 2008 erforderlich. Anders hätte sich dies nur verhalten, wenn auf das integrierte Modell des Gesetzentwurfs der RCB Regulations 2008 nicht verzichtet worden wäre. Stattdessen wird das besondere Befriedigungsvorrecht für die UK Regulated Covered Bond-Gläubiger in der Insolvenz des Emittenten durch die RCB Regulations 2008 partiell verstärkt.

So stellt reg. 26 der RCB Regulations 2008 klar, dass der Insolvenzverwalter (d.h. ein liquidator oder administrator) des Emittenten verpflichtet ist, die Vervollständigung der Vollrechtsübertragung der Deckungswerte herbeizuführen bzw. diese zu unterstützen. Darüber hinaus sehen reg. 27 bis 29 der RCB Regulations 2008 eine bestimmte Rangfolge zur Befriedigung der Ansprüche der Gläubiger der UK covered bond LLP sowohl für den Fall der Verwertung der fixed und floating charge außerhalb der Insolvenz der UK covered bond LLP als auch für den Fall der Insolvenz der UK covered bond LLP vor.

Für den UK Regulated Covered Bond ist danach erforderlich, dass im Fall der liquidation (*winding-up*) des Rechtsträgers der Deckungsmasse, d.h. der UK covered bond LLP, die Ansprüche

- der Gläubiger des UK Regulated Covered Bond,
- derjenigen Personen, welche zu Gunsten der UK Regulated Covered Bond-Gläubiger Dienstleistungen erbracht haben (z.B. Schuldverschreibungs- und Sicherheitentreuhänder, agent banks, paying agents, servicer, cash manager, account bank, corporate service provider),
- der Derivategeschäftspartner, sowie
- derjenigen Personen, die dem Rechtsträger der Deckungsmasse einen Kredit zur Befriedigung der UK Regulated Covered Bond-Gläubiger gegeben haben

gleichrangig befriedigt werden[495]. Eine vorrangige Befriedigung der vorgenannten Ansprüche vor den Gläubigern des UK Regulated Covered Bond ist im Rahmen der liquidation des Rechtsträgers der Deckungsmasse nicht zulässig. Nachdem dies in den UK covered bond-Programmen vor Einführung der RCB Regulations 2008 anders vereinbart war, mussten die entsprechenden Regelungen vor der Registrierung als UK Regulated Covered Bonds für den Fall der Liquidation der UK covered bond LLP teilweise angepasst werden[496]. Auch außerhalb der liquidation des Rechtsträgers der Deckungsmasse verlangt reg. 2(5) RCB Amendment Regulations 2008 i.V.m. reg. 28(3) RCB Regulations 2008, dass UK Regulated Covered Bond-Gläubiger zusammen mit den vorgenannten Ansprüchen zu befriedigen sind.

Für den Fall, dass ein Dritter ein gegenüber der fixed und floating charge der UK Regulated Covered Bond-Gläubiger vorrangiges Sicherheitsrecht hat, stellt reg. 28(1) RCB Regulations 2008 klar, dass bei der Erlösverteilung der Verwertung der entsprechenden Deckungswerte die Ansprüche der UK Regulated Covered Bond-Gläubiger gleichwohl vorrangig zu befriedigen sind. Dies gilt allerdings nicht in der Insolvenz des Rechtsträgers der Deckungsmasse.

Aufwendung und Kosten des Verwalters bzw. Insolvenzverwalters zur Verwaltung der Deckungsmasse gegenüber dem servicer und den Derivategeschäftspartnern sowie im Zusammenhang mit Krediten sind gem. reg. 29(1) und (2) RCB Regulations 2008 in der durch reg. 2(6) Amendment RCB Regulations 2008 geänderten Fassung sind vorrangige Kosten des Verwaltungs- bzw. Insolvenzverfahrens. Die sonstigen Kosten etwaiger Verwaltungs- und Insolvenzverfahren sind nach den allgemeinen Regeln vor allen anderen Ansprüchen und damit vor den UK Regulated Covered Bond-Gläubigern zu zahlen. Schließlich wird mit den RCB Regulations 2008 und den RCB Amendment 2008 der Anwendungsbereich von einer Reihe von Vorschriften des allgemeinen Insolvenzrechts für UK Regulated Covered Bonds ausgeschlossen bzw. eingeschränkt, um die vorgenannte Rangfolge bei der Verteilung der Verwertungserlöse in der Insolvenz des Rechtsträgers der Deckungsmasse sicherzustellen[497]. Hierunter fallen insbesondere die Regelungen zu den bevorrechtigten Gläubigern der sec. 40, 175 und 176A des IA 1986. Deswegen sind die Vorschriften über bevorrechtigte Gläubiger nur für UK structured covered bonds, dagegen nicht für UK Regulated Covered Bonds zu beachten.

C. Der UK Covered Bond in der Insolvenz des Emittenten

Auch beim UK covered bond-Emittenten und/oder der Muttergesellschaft können mögliche Insolvenzursachen primär durch das allgemeine Bankgeschäft begründet werden. Die Verpflichtung des Emittenten die jederzeitige Deckung der Schulver-

495 Vgl. reg. 27(1), (2) und (3) RCB Regulations 2008.
496 Siehe 4. Teil, 2. Abschnitt, § 17, D., III.
497 Vgl. reg. 46 – Schedule – Modifications to Primary and Secondary Legislation der RCB Regulations 2008.

schreibungen inklusive der Überdeckung im Rahmen des asset coverage im Vermögen der UK covered bond LLP aufrechtzuerhalten, kann aber auch beim UK covered bond die Insolvenz des Emittenten und/oder der Muttergesellschaft durch die Deckungsmasse bzw. entsprechende Verpflichtungen aus dem asset coverage test zur Aufrechterhaltung der Deckung verursacht werden.

Ziel des vorrangigen Befriedigungsrechts des UK covered bond ist, die Schuldverschreibungsgläubiger vor den Unwägbarkeiten der liquidation, administration oder einer Sanierung des Emittenten zu schützen. Dies wird dadurch erreicht, dass die UK covered bond-Gläubiger in der Krise des Emittenten und/oder der Muttergesellschaft und spätestens mit Einleitung einer liquidation oder administration berechtigt sind, sich aus der covered bond-Garantie der LLP zu befriedigen. Auf diese Weise bleiben sie von der Insolvenz des Emittenten unberührt. Wesentliche Voraussetzung dafür, dass die UK covered bond LLP ihre Ansprüche unter der covered bond-Garantie aus den Deckungswerten jederzeit erfüllen und damit die UK covered bond-Transaktion zur Bedienung der Schuldverschreibungsgläubiger entsprechend der Anleihebedingungen fortgeführt werden kann, ist die absolute Unabhängigkeit der UK covered bond LLP von der Insolvenz des Emittenten und/oder der Muttergesellschaft[498]. Dies setzt voraus, dass sowohl die Selbständigkeit bzw. Insolvenzferne der LLP als auch die Wirksamkeit bzw. Insolvenzfestigkeit der Vollrechtsübertragung der Deckungswerte anerkannt wird.

I. Auswirkungen der Insolvenz des Emittenten auf die UK Covered Bonds – Geltendmachung der Covered Bond-Garantie

Das Eintreten der Insolvenz bzw. die Eröffnung der unterschiedlichen Insolvenzverfahren berechtigt als Kreditereignis der covered bond-Garantie den Schuldverschreibungstreuhänder bzw. die UK covered bond-Gläubiger zur Gesamtfälligstellung der UK covered bonds gegenüber dem Emittenten und zur Zahlungsaufforderung gegenüber der UK covered bond LLP. Dies hat zur Folge, dass ab diesem Zeitpunkt der Emittent und/oder die Muttergesellschaft zur Erfüllung der gesamtfälligen UK covered bonds sowie die UK covered bond LLP zur Erfüllung der UK covered bonds verpflichtet sind. Allerdings ist die Gesamtfälligstellung der UK covered bonds auf den Emittenten und/oder die Muttergesellschaft beschränkt und die UK covered bond LLP verpflichtet, die UK covered bonds entsprechend der Anleihebedingungen zu bedienen, wodurch die Transaktion ordnungsgemäß weiterlaufen kann. Aufgrund der rechtlichen Selbständigkeit der LLP berührt die Insolvenz des Emittenten und/oder der Muttergesellschaft weder die Laufzeit noch den Zinslauf der garantierten UK covered bonds gegenüber der LLP.

Um die UK covered bond-Gläubiger sowohl vor dem Risiko der überraschenden Insolvenz des Emittenten und/oder der Muttergesellschaft als auch schon im Vorfeld der Insolvenz zu schützen, beinhaltet die covered bond-Garantie neben dem Zah-

498 Vgl. Kern, Die Sicherheit gedeckter Wertpapiere, 2004, S. 212.

lungsausfall des Emittenten und/oder der Muttergesellschaft eine Vielzahl sonstiger Kreditereignisse. Diese umfassen neben der Zahlungsunfähigkeit, Überschuldung, gerichtlichen und außergerichtlichen Eröffnung der liquidation, Einstellung der Geschäftstätigkeit, Durchführung eines Sanierungsverfahrens, Bestellung eines receiver oder administrator auch das Eintreten klassischer Insolvenzindikatoren (z.B. Zahlungsverzug, Einleitung von Maßnahmen der Zwangsvollstreckung, etc.) sowie spezifische Insolvenzrisikoindikatoren für gedeckte Schuldverschreibungen (z.B. eine Pflichtverletzung des Emittenten unter einem Vertrag der UK covered bond-Transaktion, Verletzung des asset coverage test, Verletzung des pre-maturity test, etc.)[499]. Der Eintritt eines sonstigen Kreditereignisses ist im Fall eines Sanierungsverfahrens nur dann ausgeschlossen, wenn die UK covered bond-Gläubiger einem solchen Verfahren zum Zweck der Sanierung des Emittenten und/oder der Muttergesellschaft im Wege der reconstruction oder der amalgamation zugestimmt haben[500]. Dies ermöglicht zur Sanierung des Emittenten und/oder der Muttergesellschaft u.a. die Verschmelzung mit einem anderen Institut im Rahmen eines scheme of arrangement gem. sec. 425 CA 1985 oder eines CVA[501]. Theoretisch können die UK covered bond-Gläubiger vor Geltendmachung der covered bond-Garantie auch selbst einen Beitrag (z.B. Stundung, etc.) zur Sanierung des Emittenten und/oder der Muttergesellschaft leisten. Nachdem ihre Ansprüche durch die covered bond-Garantie der LLP und deren Vermögen gedeckt sind, besteht hierzu aber grundsätzlich keine Veranlassung.

Die Geltendmachung der covered bond-Garantie (d.h. Gesamtfälligstellung gegenüber dem Emittenten und Zahlungsaufforderung gegenüber der UK covered bond LLP) nach Zahlungsausfall des Emittenten oder Eintritt eines sonstigen Kreditereignisses beim Emittenten und/oder der Muttergesellschaft steht grundsätzlich im Ermessen des Schuldverschreibungstreuhänders. Der Schuldverschreibungstreuhänder kann hierzu durch eine Gläubigerversammlung der UK covered bond-Gläubiger angewiesen werden. Somit kann bereits die Verletzung der Pflicht zum Ausgleich einer Unterdeckung im Rahmen des asset coverage test die UK covered bond-Gläubiger bzw. den Schuldverschreibungstreuhänder berechtigen, die covered bond-Garantie geltend zu machen, wodurch der Schutz der UK covered bond-Gläubiger in das Vorfeld der Insolvenz des Emittenten vorverlagert wird.

1. Insolvenzferne der LLP

Damit die UK covered bond LLP die garantierten UK covered bonds in der Insolvenz des Emittenten und/oder der Muttergesellschaft entsprechend den Anleihebedingungen bedienen kann, ist die Anerkennung der Selbständigkeit der LLP bzw. der

499 Siehe oben 4. Teil, 2. Abschnitt, § 16, A., I.

500 Zum Begriff der reconstruction bzw. amalgamation: Siehe oben 4. Teil, 2. Abschnitt, § 17, A., I., 1., d).

501 Außerhalb der Insolvenz ist der Emittent durch das UK covered bond Programme in keiner Weise an einer Verschmelzung mit einem anderen Institut gehindert und bedarf hierzu auch nicht der Zustimmung der UK covered bond-Gläubiger.

Unabhängigkeit der LLP von dem Emittenten und/oder der Muttergesellschaft zwingende Voraussetzung. Die LLP ist als juristische Person ein selbständiger Rechtsträger, die als solche von der Insolvenz des Emittenten und/oder ihrer Muttergesellschaft, als ihrer Mehrheitsgesellschafterin, nicht berührt und insbesondere nicht ohne weiteres in ein Insolvenzverfahren einbezogen werden kann. Dennoch ist in der Insolvenz des Emittenten und/oder der Muttergesellschaft die Unabhängigkeit der LLP unter zwei Aspekten bedroht: Zum einen besteht das Risiko der Eröffnung eines freiwilligen, parallelen Insolvenzverfahrens über das Vermögen der LLP durch den Emittenten und/oder die Muttergesellschaft oder ggf. den Insolvenzverwalter. Dies ist deswegen für den Emittenten und/oder die Muttergesellschaft bzw. deren sonstige Gläubiger interessant, weil auf diesem Weg eine Einbeziehung des Vermögens der LLP in die Insolvenzmasse des Emittenten und/oder der Muttergesellschaft erreicht werden kann. Zum zweiten besteht das Risiko, dass die Selbständigkeit der LLP als solche nicht anerkannt wird kann, was zur Folge hätte, dass die Deckungswerte beim Emittenten und/oder der Muttergesellschaft faktisch konsolidiert werden würden (sog. substantive consolidation). Beide Risikofaktoren werden in der anglo-amerikanischen Literatur unter dem Stichwort der sog. bankruptcy remoteness bzw. der Insolvenzferne diskutiert[502].

a) *Ausschluss paralleler Insolvenzverfahren über das Vermögen der LLP*

Wie gesehen können Gesellschaften unter dem IA 1986 ohne weiteres durch einen entsprechenden Beschluss eine voluntary liquidation eröffnen und in der Folge die Gesellschaft abwickeln. Dieses Risiko droht beim UK covered bond in der Insolvenz des Emittenten und/oder der Muttergesellschaft insbesondere deswegen, weil diese Mehrheitsgesellschafter der UK covered bond LLP sind und die LLP entsprechend beherrschen. Die Eröffnung eines parallelen Insolvenzverfahrens hätte aus Sicht des Insolvenzverwalters des Emittenten zwei Vorteile. Zum einen wären die Forderungen des Emittenten aus den Gesellschafterdarlehen an die LLP innerhalb von zwölf Monaten zurückzuzahlen. Zum anderen würde an den Emittenten als Gesellschafter der LLP der Überschuss des im Rahmen der Abwicklung der LLP verwerteten Vermögens nach Befriedigung der Gläubiger der LLP ausgeschüttet werden, wodurch die Insolvenzmasse des Emittenten erweitert werden würde.

Um zu verhindern, dass in der Insolvenz des Emittenten und/oder der Muttergesellschaft eine parallele voluntary liquidation oder ein anderes Insolvenzverfahren eröffnet wird, werden in dem Gesellschaftsvertrag der LLP vorbeugende Regelun-

---

502 Vgl. FMLC, Issue 55 – Asset-Backed Bonds, p. 16; Shaw, International Securitization, p. 18; Nasarre-Aznar, Securitisation & mortgage bond: Legal aspects and harmonisation in Europe, Cambridge, 2004, p. 36. Hinsichtlich U.S.-amerikanischen Rechts: Vgl. Schwarcz, Structured Finance: The New Way to Securitize Assets, in: 11 Cardozo L. Rev. 607, 1990, p. 613–618; Frost, Asset Securitization and Corporate Risk Allocation, in: 72 Tul. L. Rev., 1997, 101, 122; Lupica, Asset Securitization: The Unsecured Creditor's Perspective, in: 76 Tex. L. Rev., 1989, p. 595, 614; Lahny, Asset Securitization: A Discussion of the Traditional Bankruptcy Attacks and an Analysis of the Next Potential Attack, Substantive Consolidation, in: 9 Am. Bank. I. L. Rev., 2001, 815, 850 et. seq.; Kern, Die Sicherheit gedeckter Wertpapiere, 2004, S. 212.

gen vereinbart. In diesen verpflichten sich die Gesellschafter der LLP, keine Maßnahmen zur Aufhebung der Satzung der LLP sowie zur Eröffnung einer liquidation, winding up, administration, Insolvenz oder einem ähnlichen Verfahren zu ergreifen[503]. Zusätzlich wird vereinbart, dass nach der Bestellung eines liquidator über das Vermögen eines Gesellschafters der LLP, die Gesellschafterrechte dieses Gesellschafters von einem unabhängigen sog. liquidation member der LLP ausgeübt werden[504]. Dies ist erforderlich, da ein vollständiger Ausschluss des Rechts zur Auflösung der Gesellschaft wegen Verletzung der public policy unwirksam wäre[505]. Zusätzlich kann für den Fall der liquidation des Emittenten und/oder der Muttergesellschaft das liquidation member neue Gesellschafter der LLP aufnehmen, um sicherzustellen, dass die LLP das Erfordernis von mindestens zwei Gesellschaftern erfüllt[506].

Kein besonders großes Risiko stellt demgegenüber faktisch die Möglichkeit der Eröffnung einer unfreiwilligen Insolvenz bzw. compulsory liquidation oder administration über das Vermögen der LLP durch deren Gläubiger dar, da diese das Vorliegen eines Insolvenzeröffnungsgrundes voraussetzt und regelmäßig aufgrund der liquiden weiteren Deckungswerte, der Überdeckung und der sonstigen Aktiv-Passiv-Steuerungsmöglichkeiten weder Zahlungsunfähigkeit noch Überschuldung der LLP vorliegen wird. Zusätzlich ist der Kreis der Gläubiger der LLP aufgrund ihrer Zweckbeschränkung gering gehalten. Überdies ist es bei derartigen Transaktionen üblich, dass sich die Gläubiger der Zweckgesellschaft vertraglich verpflichten, auf die Eröffnung eines Insolvenzverfahrens und auf Maßnahmen zur Zwangsvollstreckung zu verzichten. Die Verfassung der LLP und die Vereinbarungen der beteiligten Parteien stellt somit die Insolvenzferne der LLP von der Insolvenz des Emittenten und/oder der Muttergesellschaft sicher[507].

b) Ausschluss der Konsolidierung der Vermögensmassen

Die Gefahr, dass ein liquidator oder administrator des Vermögens des Emittenten und/oder der Muttergesellschaft die Selbständigkeit der LLP in Frage stellt und ein Gericht in der Folge die Anerkennung der Selbständigkeit der LLP verweigert, kann insbesondere auf der Zweckbeschränkung der LLP beruhen. Der Emittent und/oder die Muttergesellschaft stellen als herrschendes Unternehmen durch die Zweckbeschränkung sicher, dass die LLP nicht als „zweckmäßig unbeschränkte" Gesellschaft ihre Geschäfte führt. Dadurch erscheint die LLP allerdings schnell als Instrument in den Händen des Emittenten und/oder der Muttergesellschaft. Verstärkt wird dieser Eindruck durch die vielfältigen Aufgaben des Emittenten und/oder der Muttergesellschaft als Veräußerer der Deckungswerte, servicer und cash manager. Zusätzlich

503 Siehe oben 3. Teil, 2. Abschnitt, § 11, B., II., 2., a).
504 Siehe oben 3. Teil, 2. Abschnitt, § 11, B., II., 2., a).
505 Vgl. Kern, Die Sicherheit gedeckter Wertpapiere, 2004, S. 213.
506 Vgl. Balai/Whittaker/Grossman, United Kingdom, in: Golin, Covered Bonds beyond Pfandbriefe, p. 203.
507 Vgl. Balai/Whittacker/Grossman, United Kingdom, in: Golin, Covered Bonds beyond Pfandbriefe, p. 203.

besteht die Geschäftsführung der LLP aus Geschäftsführern und leitenden Angestellten des Emittenten und/oder der Muttergesellschaft. Insoweit liegt sowohl eine faktische Beherrschung der LLP sowie eine personelle und technische Verflechtung vor, die Ansatzpunkte dafür liefern kann, die Vermögensmassen zweier an sich selbständiger Gesellschaften als einheitliches Vermögen zu betrachten.

Anders als das U.S.-amerikanische Recht[508], kennt das englische Recht jedoch keine substantive consolidation[509]. Stattdessen schützt das englische Recht die Gläubiger einer insolventen Kapitalgesellschaft durch eine Durchgriffshaftung der Gesellschafter, wenn besondere Umstände vorliegen, die darauf hinweisen, dass die Selbständigkeit einer Gesellschaft nur zum Schein besteht (sog. piercing the corporate veil)[510]. Diese Durchgriffshaftung ist auf die LLP aufgrund ihrer Struktur als Kapitalgesellschaft übertragbar[511]. Nach der ersten hierzu entwickelten Gruppe liegt eine Durchgriffshaftung vor, wenn der zu Grunde liegende Gesellschaftsvertrag eine gerichtliche Auslegung zulässt, welche die Annahme eines einheitlichen Unternehmens rechtfertigen[512]. Die zweite Fallgruppe stellt zur Feststellung der „Scheinselbständigkeit" auf die tatsächlichen Umstände ab[513]. Schließlich betrifft die dritte Fallgruppe den Fall der Durchgriffshaftung gegenüber der herrschenden Muttergesellschaft in der Insolvenz einer Tochtergesellschaft. Sie leitet sich aus dem Recht der agency ab[514]. Diese Fallgruppen der von der Rechtsprechung entwickelten Durchgriffshaftung infolge mangelhafter Selbständigkeit einer Kapitalgesellschaft sind im Zusammenhang mit der UK covered bond LLP nicht einschlägig. Die Selbständigkeit der UK covered bond LLP steht vor dem Hintergrund dieser Rechtsprechung nicht in Frage.

---

508 Vgl. Kern, Die Sicherheiten gedeckter Wertpapiere, 2004, S. 215 (m. w. N.).

509 Vgl. FMLC, Issue 55 – Asset Backed Bonds, p. 16. Die Ratingagenturen verlangen hierzu entsprechende sog. substantive non-consolidation opinions.

510 Begründet wurde dieses Fallrecht durch die Entscheidung Salmon v. Salmon & Co. [1897] A.C. 22. Eine ausführliche Darstellung der Entwicklung des Fallrechts zu diesem Rechtsinstitut beinhaltet Adams v. Cape Industries Plc (1990) C.A. [1991] Ch 433, [1991] 1 All E.R. 929, [1990] 2 WLR 657, CA; Lowry/Dignam, Company Law, 2nd Edition, 2003, p. 37 para. 3.16; Boyle & Bird's Company Law, 5th Edition 2004, p. 49 para. 3.5 and p. 62 para. 3.9.1; Schmitthoff/Woolridge, Groups of Companies, 1991, London, p. 77; Wood, Principles of International Insolvency, 1995, London, p. 160 para. 9-1; Hannigen, 2003, Company Law, p. 63 et seq.; Thole, Gesellschafterhaftung in England, in: Der Konzern, 8/2008, S. 403.

511 Vgl. Triebel/Otte/Kimpel, Die englische Limited Liability Partnership in Deutschland: Eine attraktive Rechtsform für deutsche Beratungsgesellschaften?, in: BB, 2005, S. 1236.

512 Vgl. D.H.N. Food Distributors Ltd. v. London Borough of Tower Hamlets [1976] 1 W.L.R. 852; Lowry/Dignam, Company Law, 2nd Edition, 2003, p. 40 para. 3.22; Hannigan, 2003, Company Law, 2003, p. 74.

513 „... spezial circumstances indicating that it is a mere facade concealing the true facts ...". Vgl. Adams v. Cape Industries Plc (1990) C.A. [1991] Ch 433, [1991] 1 All E.R. 929, [1990] 2 WLR 657, CA; Boyle & Bird's Company Law, 5th Edition, 2004, p. 62 para. 3.9.1.; Hannigan, 2003, Company Law, 2003, p. 69.

514 Vgl. Re F.G. (Films) Ltd [1953] 1 W.L.R. 483; Lowry/Dignam, Company Law, 2nd Edition, 2003, p. 39 para. 3.21 and p. 40 para. 3.24; Hannigan, 2003, Company Law, 2003, p. 67.

2. Insolvenzfestigkeit der Vollrechtsübertragung der Deckungswerte

Der Sicherheitsmechanismus der Vollrechtsübertragung der Deckungswerte auf eine selbständige Zweckgesellschaft, welche die Schuldverschreibungen garantiert und ihr gesamtes Vermögen zu Gunsten der Schuldverschreibungsgläubiger verpfändet, begründet insbesondere in Bezug auf die Übertragung der Deckungswerte weitere Risikofaktoren, die allgemein in der Insolvenz des Emittenten und/oder der Muttergesellschaft virulent werden können. Dies gilt beim UK covered bond insbesondere unter Berücksichtigung des Übertragungsmechanismus der Deckungswerte auf dem Wege des equitable assignment bzw. dessen Vervollständigung und betrifft zum einen die Insolvenzaufrechnung (*set-off*) und zum anderen die Insolvenzanfechtung (*set-aside*).

a) *Insolvenzaufrechnung*

Der Insolvency Act selbst enthält nur Vorschriften zur Insolvenzanfechtung in Bezug auf die Insolvenz von Privatpersonen[515]. Zusätzlich regelt die rule 4.90 IR 1986 die Insolvenzaufrechnung bei Kapitalgesellschaften. Ihr Anwendungsbereich ist allerdings auf die liquidation beschränkt. Sie dient dazu Unbilligkeiten zu vermeiden, wenn über das Vermögen einer der Parteien die liquidation eröffnet wird[516]. Denn stehen sich Geldforderungen zweier Parteien gegenüber, und wird über das Vermögen von einer der beiden die liquidation eröffnet, so müsste die andere Partei ihre Zahlungsverpflichtung erfüllen, obwohl sie selbst nur quotal aus der Insolvenzmasse der insolventen Partei befriedigt werden würde. Vor diesem Hintergrund verfolgt die Insolvenzaufrechnung den Zweck, einen gerechten Ausgleich zwischen den Gläubigern zu schaffen[517] Erforderlich für die wirksame Insolvenzaufrechnung sind aufrechenbare, gegenseitige, gleichartige Ansprüche (*mutual debts, credits, dealings*). Gegenseitigkeit bedeutet, dass der Gläubiger gleichzeitig Schuldner der insolventen Gesellschaft sein muss. Die Ansprüche müssen auch gem. rule 4.90(4) IR 1986 in der liquidation angemeldet werden. Aus dem Erfordernis der Gleichartigkeit folgt, dass nur Geldforderungen der Insolvenzaufrechnung unterliegen. Liegen die Voraussetzungen der Insolvenzaufrechnung vor, so erlöschen die gegenseitigen Geldforderungen gem. rule 4.90(2) IR 1986 automatisch. Die Insolvenzaufrechnung ist gem. rule 4.90(3) IR 1986 nur verboten, wenn der Gläubiger der insolventen Gesellschaft bei fällig werden der Forderung Kenntnis von der Einberufung einer Gläubigerversammlung nach sec. 98 IA 1986 oder von dem Antrag zur Eröffnung der liquidation hatte oder der liquidation eine administration vorausging.

---

515 Vgl. sec. 323 IA 1986.

516 Vgl. Goode, Legal Problems of Credit and Security, 2003, para. 7-01, 7-75; Wood, English and International Set-Off, 1989, para. 7-4, 24-50; Vach, Aspekte der Insolvenzrechtsreform von 1986 in England, S. 54.

517 Vgl. Forster v. Wilson (1843) 12 M&W 191, 203; Lister v. Hooson (1908) 1 K.B. 174; Re Unit 2 Windows Ltd. (1985) 1 W.L.R. 1383, 1388; Farley v. Housing and Commercial Developments (1984) BCLC 442, 450.

Grundsätzlich ist die Insolvenzanfechtung in der Insolvenz des Emittenten und/oder der Muttergesellschaft nicht geeignet, unmittelbar ein Risiko für die UK covered bond LLP bzw. die Deckungswerte zu begründen, da es für sonstige Gläubiger des Emittenten und/oder der Muttergesellschaft zur Aufrechnung gegenüber der LLP grundsätzlich am Erfordernis der Gegenseitigkeit fehlt.

Allerdings schließt der Übertragungsmechanismus vor Vervollständigung des equitable- zum legal assignment die Aufrechnung der Immobilienkreditschuldner mit Ansprüchen gegen über dem Emittenten und/oder der Muttergesellschaft nicht aus. Denn die UK covered bond LLP ist erst ab Vervollständigung der Übertragung durch Anzeige gegenüber dem Immobilienkreditnehmer vor einer Aufrechnung durch diesen mit eigenen Ansprüchen gegenüber dem Veräußerer geschützt. Ansprüche die vor Anzeige der Übertragung der Immobilienkredite entstanden sind, sind dagegen jederzeit aufrechenbar. Das Risiko hieraus berücksichtigt der UK covered bond durch einen entsprechenden Abschlag im asset coverage test[518].

b) *Anfechtung der Vollrechtsübertragung der Deckungswerte*

Der Insolvenzverwalter des Emittenten und/oder der Muttergesellschaft kann die Übertragung der Deckungswerte auf die UK covered bond LLP bei Vorliegen eines Insolvenzanfechtungsgrundes grundsätzlich jederzeit anfechten[519]. Ein konkretes Anfechtungsrisiko besteht insbesondere dann, wenn der Emittent und/oder die Muttergesellschaft als Veräußerer der Deckungswerte – zur Erhöhung der Bonität der LLP – eine Gegenleistung verlangen würde, die unter dem Marktpreis der Deckungswerte liegt, oder die LLP Deckungswerte zu einem Zeitpunkt erwerben würde zu dem sich der Veräußerer bereits in der Krise befand. Deswegen ist vor dem Hintergrund des dynamischen bzw. revolvierenden Charakters der Deckungsmasse und des kontinuierlichen Erwerbs von Deckungswerten infolge des asset coverage bzw. substitution tests eine dauerhaft hohe Bonität des Veräußerers zwingend erforderlich[520].

Das englische Recht kennt zwei klassische Insolvenzanfechtungsgründe. Diese betreffen Rechtsgeschäfte ohne angemessene Gegenleistung (*transactions at undervalue*) gem. sec. 238 IA 1986 und die Gläubigerbegünstigung (*preferences*) gem. sec. 239 IA 1986[521]. Ihr Anwendungsbereich ist zusammen mit einer liquidation oder administration eröffnet[522]. Beide setzen ihre Geltendmachung durch einen Antrag des liqui-

---

518 Siehe oben 3. Teil, 2. Abschnitt, § 12, B., I., 1., a).

519 Dagegen besteht beim UK covered bond kein Risiko dahingehend, dass die Vollrechtsübertragung auf die LLP nicht als solche anerkannt wird, sondern als bloße Kreditsicherheit qualifiziert wird (sog. recharacterization). Denn – anders als bei MBS Transaktionen – liegt der Vollrechtsübertragung der Deckungswerte kein Kreditverhältnis mit der Zweckgesellschaft als Kreditgeber des Originators, sondern vielmehr ein Gesellschafterdarlehen des Emittenten an die LLP zu Grunde.

520 Die Ratingagenturen verlangen in diesen Zusammenhang auch entsprechende legal opinions in Bezug auf die Insolvenzfestigkeit der Übertragung der Deckungswerte.

521 Vgl. Halsbury's Laws of England, vol. 7 (4), 4th Edition Reissue, 2004, para. 843 et seq.; Wood, Principles of International Insolvency, 1995, London, p. 85 para. 5-1.

522 Vgl. Armour/Bennett, Vulnerable Transcations in Corporate Insolvency, p. 37 para. 2.1.

dator oder administrator voraus, über den das Gericht durch Beschluss zu entscheiden hat. Hat der Antrag Erfolg, so ist gem. sec. 238(3), 239(3), 241(1) IA 1986 die Rechtslage herzustellen, die ohne das angefochtene Rechtsgeschäft bzw. die angefochtene Rechtshandlung bestehen würde. Rechtsgeschäfte ohne angemessene Gegenleistung sind solche, die unentgeltlich erfolgen oder bei welchen Leistung und Gegenleistung ein auffälliges Missverhältnis aufweisen[523]. Gläubigerbegünstigend ist ein Rechtsgeschäft, das einen Gläubiger für den Fall der Insolvenz besser stellt, als er ohne diese Handlung stehen würde, wie z.B. die nachträgliche Gewährung von Sicherheiten, die der Gläubiger nicht oder nicht in dieser Form hätte beanspruchen können[524]. Rechtsgeschäfte mit an dem Unternehmen verbundenen Personen sind von der Nichtigkeitsfolge gem. sec. 240(1)(a) Insolvency Act 1986 bis zu zwei Jahre vor der Insolvenz bedroht.

Neben der Insolvenzanfechtung kennt das englische Recht weitere Anfechtungs- und Haftungstatbestände zum Schutz der Gläubiger einer Gesellschaft. Dabei kann jeder Gläubiger – aber ggf. auch ein liquidator oder administrator – gläubigerbenachteiligende Rechtshandlungen gem. sec. 423 et seq. IA 1986 jederzeit unabhängig von der Insolvenz der Gesellschaft anfechten[525]. Anfechtbar sind insoweit u.a. Schenkungen und Rechtsgeschäfte mit einem erheblichen Wertemissverhältnis. Das Gericht muss gem. sec. 423(3) IA 1986 davon überzeugt sein, dass die Rechtshandlung vorgenommen wurde, um für einen gegenwärtigen oder künftigen Gläubiger den Zugriff auf bestimmte Vermögensgegenstände bewusst unmöglich zu machen oder um dessen Anspruch in sonstiger Weise zu vereiteln. Im Fall einer erfolgreichen gläubigerbenachteiligenden Absichtsanfechtung kann das Gericht gem. sec. 423(2), 425 IA 1986 die in anfechtbarer Weise vorgenommene Rechtshandlung rückgängig machen.

Das Risiko der Anfechtung der Vollrechtsübertragung ist überschaubar. Denn dem Veräußerer der Deckungswerte fließt ein Kaufpreis in Höhe des Nominalwerts des jeweiligen Immobilienkredits und somit eine gleichwertige Gegenleistung zu[526]. Dies gilt insbesondere auch für die Überdeckung des UK covered bond, welche die UK covered bond LLP ebenfalls entgeltlich erwirbt. Insoweit handelt es sich bei der Vollrechtsübertragung um ein insolvenzfestes Rechtsgeschäft. Zudem wird man bei der Prüfung von Anfechtungsansprüchen nach englischem Fallrecht eine rechtsgeschäftliche Übertragung in ihrer Gesamtheit betrachten müssen und dabei die Vorteile des gesamten Rechtsgeschäfts für alle Beteiligten und damit auch diejenigen des Veräußerers berücksichtigen müssen[527]. Die Übertragung eines Deckungswerts,

---

523 Vgl. Armour/Bennett, Vulnerable Transactions in Corporate Insolvency, p. 37 para. 2.4; McBryde/Flessner/Kortmann, Principles of European Insolvency Law – England, 2003, p. 221.

524 Vgl. Pennington, Corporate Insolvency Law, 2nd Edition, 1997, p. 226; Armour/Bennett, Vulnerable Transactions in Corporate Insolvency, p. 126 para. 4.4 et seq.

525 Vgl. McBryde/Flessner/Kortmann, Principles of European Insolvency Law – England, 2003, p. 222.

526 Siehe oben 3. Teil, 2. Abschnitt, § 11, C., I., 2.

527 Vgl. Moody's Investor Service, Abbey National Treasury Services plc. Covered Bond Programme, Pre-Sale Report, 27.3.2006, p. 3.

die einem Drittvergleich standhält (*at arm's length*) kann nur erfolgreich angefochten werden, wenn ihr ein vorsätzlicher Gläubigerbetrug zu Grunde liegt oder diese ein offensichtliches Scheingeschäft (*sham*) darstellt[528]. Ratio der diesbezüglichen Rechtsprechung ist, dass ein Rechtsgeschäft in der von den Parteien vereinbarten Form bzw. dem Umfang anerkannt wird, solange die Parteien gutgläubig handeln und das Rechtsgeschäft den ihm zu Grunde liegenden gesetzgeberischen Wertungen nicht widerspricht[529].

Nachdem ungeachtet dieser Rechtsprechung die Anfechtung der Vollrechtsübertragung entweder die anfängliche Nichtigkeit der Übertragung, die Rückgängigmachung der Übertragung oder eine Haftung der UK covered bond LLP zur Folge hätte, sind die Risiken aus der Anfechtung der Vollrechtsübertragung ein weiterer wesentlicher Grund für die fortlaufende Überwachung der Bonität der Veräußerer und das Erfordernis einer erstklassigen Ratingbeurteilung sowohl des Emittenten und/oder der Muttergesellschaft als auch der LLP vor Ausgabe einer UK covered bond-Serie.

II. Verwaltung der Deckungswerte nach der Insolvenz des Emittenten

Auf die Geschäftsführung der UK covered bond LLP hat die Insolvenz des Emittenten und/oder der Muttergesellschaft keine unmittelbare Auswirkung. Die Geschäfte der LLP werden von ihren Geschäftsführern weitergeführt. Dies kann grundsätzlich Interessenkonflikte begründen, da die Geschäftsführer in die Insolvenz des Emittenten und/oder der Muttergesellschaft eingebunden sind und dies jedenfalls während des Insolvenzverfahrens entsprechende Ressourcen bindet. Interessenkonflikten ist teilweise dadurch vorgebeugt, dass für wesentliche Rechtsgeschäfte der LLP die Zustimmung des Sicherheitentreuhänders erforderlich ist und dadurch die Geschäftsführung der LLP im Interesse der UK covered bond-Gläubiger überwacht bzw. kontrolliert wird. Ein Weisungsrecht hat der Sicherheitentreuhänder gegenüber den Geschäftsführern der LLP allerdings nicht. Vorteilhaft ist dagegen die Existenz der Geschäftsführung im Vorfeld der Insolvenz des Emittenten und/oder der Muttergesellschaft, da dies die frühzeitige Einleitung der erforderlichen Maßnahmen ermöglicht (z.B. ggf. Verhandlung mit Kreditgebern zur Finanzierung kurzfristiger Liquiditätsengpässe, Suche nach Ersatz-servicer bzw. Ersatz-cash manager, etc.), wenn sich ernste Anzeichen für die Erhärtung einer Krise abzeichnen.

In Bezug auf die Deckungsmasse bzw. LLP sowie die einzelnen Deckungswerte selbst hat die Insolvenz des Emittenten und/oder der Muttergesellschaft in dreifacher Hinsicht Auswirkungen: Erstens löst spätestens die Insolvenz des Veräußerers die Berechtigung zur Vervollständigung der Vollrechtsübertragung vom equitable-

528 Vgl. Welsh Development Agency v. Export Finance Co. [1990] BCC 393; MacNiven v. Westmoreland Investments Ltd. [2001] STC 237; FMLC, Issue 55 – Asset Backed Bonds, p. 15.
529 Vgl. FMLC, Issue 55 – Asset Backed Bonds, p. 15; Moody's Investor Service, Abbey National Treasury Services plc. Covered Bond Programme, Pre-Sale Report, 27.3.2006, p. 3.

zum legal assignment durch die LLP und den Sicherheitentreuhänder aus[530]. In der Folge sind die Übertragung der Immobilienkredite und der mit diesen verbundenen Sicherheiten vom Veräußerer auf die LLP den Kreditnehmern anzuzeigen und im Grundbuch einzutragen. Vor Einzelzwangsvollstreckungen in einzelne Immobilienkredite und die mit diesen verbundenen Sicherheiten durch sonstige Gläubiger des Emittenten und/oder der Muttergesellschaft ist die LLP bereits durch das equitable assignment geschützt[531]. Zweitens berechtigt die Insolvenz des servicer und cash manager zur Kündigung der Servicing- bzw. Cash Management-Vereinbarung[532]. Eine Auswechslung des servicers und cash managers ist dabei frühzeitig angezeigt, um auszuschließen, dass die Eröffnung der Insolvenz die Verwaltung der Deckungswerte nicht stört. Insofern wird die LLP zusammen mit dem Sicherheitentreuhänder gehalten sein, bereits im Vorfeld der Insolvenz sich um die Beschaffung eines Ersatz-servicer und Ersatz cash-manager zu kümmern. Dies kann sich bei großen Deckungsmassen durchaus als schwierig erweisen. Drittens verliert das Vermögen der LLP seinen revolvierenden bzw. dynamischen Charakter, da die Insolvenz des Emittenten und/oder der Muttergesellschaft die Übertragung neuer Deckungswerte unter dem Hypothekenkauf- und Abtretungsvertrag ausschließt. Dies kann schon im Vorfeld der Insolvenz drohen, wenn die FSA im Rahmen der allgemeinen Bankaufsicht dem Emittenten und/oder der Muttergesellschaft ein sog. asset requirement gem. sec. 48(1)(a), (3) FSMA 2000 auferlegt und dadurch Verfügungen über sein bzw. ihr Vermögen beschränkt.

Der Emittent und/oder die Muttergesellschaft sind während der Insolvenz über ihr Vermögen weiter an die gesellschaftsrechtlichen Beschränkungen des LLP Gesellschaftsvertrags gebunden; d.h., das sie insbesondere nicht berechtigt sind, ihre Anteile an der LLP zu veräußern, zu übertragen oder anderweitig darüber zu verfügen[533]. Die gesellschaftsvertraglichen Beschränkungen der LLP gelten auch für die Geschäftsführung der LLP in der Insolvenz des Emittenten und/oder der Muttergesellschaft in Bezug auf die Verwaltung der Deckungswerte weiter. Dies hat zur Folge, dass die Geschäftsführung für wesentliche Rechtsgeschäfte der Zustimmung des Sicherheitentreuhänders bedarf. Diese umfassen u.a. die Verschmelzung der LLP mit einem anderen Unternehmen, die Veräußerung von Deckungswerten, die Aufnahme von Fremdkapital, die Bestellung von Sicherheiten und den Erwerb von Vermögensgegenständen außerhalb des Hypothekenkauf- und Abtretungsvertrags und der Cash Management-Vereinbarung. Die Geschäftsführung der LLP ist gesellschaftsvertraglich verpflichtet, die Deckung mit Hilfe des amortisation tests zu überwachen und Mittelzuflüsse aus den Deckungswerten entsprechend den Verwendungsregeln zur Verwertung der covered bond-Garantie einzusetzen. Zinseinnahmen und Rückzahlungen der LLP aus den Deckungswerten hat die LLP gem. den gesellschaftsvertraglichen Mittelzuflussverwendungsregeln auf dem GIC-Konto anzulegen. Nachdem ab Beginn der Verwertung der covered bond-Garantie

---

530 Siehe oben 3. Teil, 2. Abschnitt, § 11, C., I., 2., c).
531 Siehe oben 3. Teil, 2. Abschnitt, § 11, C., I., 1., b).
532 Siehe oben 3. Teil, 2. Abschnitt, § 11, D., I., 2 sowie 3. Teil, 2. Abschnitt, § 11, D., II.
533 Siehe oben 3. Teil, 2. Abschnitt, § 11, B., II., 2., a).

der Anwendungsbereich des amortisation test eröffnet ist und dieser den asset coverage test ersetzt, kann die Geschäftsführung ab diesem Zeitpunkt die Überdeckung zur Bedienung der UK covered bonds einsetzen und mit Zustimmung des Sicherheitentreuhänders über diese verfügen. Kreditgeber sollten angesichts der Überdeckung, die bei der LLP aufgrund ihres entgeltlichen Erwerbs insolvenzfest ist, bereit sein, Liquiditätsengpässe durch zur Verfügung Stellung von Überbrückungsdarlehen auszugleichen. Eine Besicherung des Kreditgebers durch die Überdeckung bedarf dabei ebenso wie das Überbrückungsdarlehen selbst der Zustimmung des Sicherheitentreuhänders.

Schließlich hat die Geschäftsführung der LLP bei der Verwaltung der Deckungswerte die Einhaltung der Kreditereignisse unter der fixed und floating charge zu beachten, will sie deren Verwertung verhindern. Insofern hat die Geschäftsführung darauf zu achten, dass die LLP ihren Zahlungsverpflichtungen gegenüber den UK covered bond-Gläubigern und den sonstigen Sicherungsnehmern der fixed und floating charge nachkommt.

Die Geschäftsführung kann nach der Insolvenz des Emittenten und/oder der Muttergesellschaft die Deckungswerte mit einem Ersatz-servicer und Ersatz-cash manager unter Einhaltung des amortisation test gestreckt verwerten. Die Swapverträge der LLP laufen dazu von der Insolvenz unberührt weiter. Alternativ kann die Geschäftsführung die Deckungswerte einzeln oder in ihrer Gesamtheit mit Zustimmung des Sicherheitentreuhänders veräußern. Die Veräußerung kann auch im Wege eines Sanierungsplans für die LLP erfolgen. Die Sanierung der LLP ist nach der Insolvenz des Emittenten und/oder der Muttergesellschaft außerhalb einer voluntary liquidation bzw. administration jederzeit zulässig. Einen Sanierungsplan kann die Geschäftsführung der LLP im Rahmen eines scheme of arrangement gem. sec. 425 CA 1986 oder eines CVA jederzeit vorschlagen. In diesem Zusammenhang ist eine Veränderung der Kapitalstruktur (d.h. auch Stundung und auch Erlass von Schuldverschreibungen bzw. Zinsen), reconstruction, Verschmelzung, Spaltung, etc. zulässig. Zur wirksamen Vereinbarung eines Sanierungsplans für die LLP ist im Wege eines scheme of arrangement gem. sec. 425(2) CA 1985 in einer Gläubigerversammlung eine Zustimmung von 75 % der anwesenden bzw. ordnungsgemäß vertretenen Stimmanteile bzw. im Umlauf befindlichen Verbindlichkeiten der LLP (d.h. neben den UK covered bonds ggf. auch aus den Swapverträgen der LLP) sowie zusätzlich eine gerichtliche Zustimmung erforderlich. Die Hürden für die Annahme eines Sanierungsplans im Rahmen eines CVA sind insoweit niedriger, als dessen Annahme in der Gläubigerversammlung gem. rule 1.19(1) IR 1986 eine Stimmenmehrheit von 75 % der anwesenden bzw. ordnungsgemäß vertretenen Gläubiger voraussetzt[534]. Zudem bedarf ein Sanierungsplan im Rahmen eines CVA keiner gerichtlichen Zustimmung. Für die Verschmelzung der LLP auf ein anderes Unternehmen setzt die Satzung der LLP sowohl im Rahmen des scheme of arrangement als auch des CVA die Zustimmung des Sicherheitentreuhänders voraus. Ein Morato-

534 Vgl. Finch, Corporate Insolvency Law, 2002, para. 1.60; Armour, Tolley's Limited Liability Partnerships – the new legislation, p. 65 para. 7.21.

rium kann in Verbindung mit einem CVA bei der LLP aufgrund deren Einbindung in eine Kapitalmarkttransaktion mit Verbindlichkeiten über GBP 10 Mio. nicht beantragt werden.

Der Geschäftsführung der UK covered bond LLP steht somit unter Einhaltung der gesellschaftsvertraglichen Beschränkungen und der Beschränkungen aus der Sicherungsvereinbarung der fixed und floating charge zusammen mit dem Sicherheitentreuhänder und den UK covered bond-Gläubigern im Fall der Insolvenz des Emittenten und/oder der Muttergesellschaft erforderlichenfalls ein breites Spektrum an Maßnahmen zur Verwaltung der LLP unter Anwendung herkömmlicher gesellschaftsrechtlicher Strukturmaßnahmen bzw. insolvenzrechtlicher Sanierungsmaßnahmen zur Verfügung.

D. Der UK Covered Bond in der Insolvenz der LLP

Während die Insolvenz der UK covered bond LLP vor der Insolvenz des Emittenten und/oder der Muttergesellschaft aufgrund deren Verpflichtung zur Aufrechterhaltung der Deckung bei der LLP ausgeschlossen ist, wird nach Wegfall dieser Unterstützung die eigene Insolvenz der Deckungsmasse bzw. LLP zu einem möglichen Risiko. Insolvenzgründe zur Eröffnung einer liquidation oder administration sind die Zahlungsunfähigkeit und die Überschuldung des Vermögens der LLP. Daneben besteht – wie gesehen – jederzeit die Möglichkeit zur Sanierung der LLP im Rahmen eines scheme of arrangement gem. sec. 425 CA 1985 oder eines CVA. Bei sich abzeichnenden Insolvenzrisiken bieten Sanierungsverfahren flexible Möglichkeiten die Kapitalstruktur der LLP zu reorganisieren. Hierzu sind mit Zustimmung der UK covered bond-Gläubiger auch eine vorübergehende Stundung der Zins- und/oder Rückzahlungsverpflichtungen sowie erforderlichenfalls ein Teilverzicht bereits im Vorfeld der Insolvenz der LLP möglich. Die LLP erbringt keine erlaubnispflichtigen Finanzdienstleistungen im Sinne von para. 22(1), (2) in Verbindung mit Schedule 2 FSMA 2000. Die FSA ist daher an der Insolvenz der UK covered bond LLP nicht beteiligt[535]. Die Sonderregeln des Banking Act 2009 und der sec. 355 et seq. FSMA 2000 finden auf die LLP deswegen keine Anwendung.

Bei der Frage, wie wahrscheinlich die Insolvenz der UK covered bond LLP ist, kann bezüglich der allgemeinen Insolvenzrisiken von Deckungsmassen grundsätzlich auf die Ausführungen zum Pfandbrief bzw. zur Insolvenz der Pfandbriefdeckungsmasse verwiesen werden[536]. Der UK covered bond weist darüber hinaus keine zusätzlichen spezifischen Insolvenzrisiken auf. Der Übergang der Bedienung der UK covered bonds aus dem Vermögen des Emittenten und/oder der Muttergesellschaft zur unmittelbaren Bedienung aus dem Vermögen der LLP begründet auch beim UK covered bond die Gefahr von Zahlungsstockungen, aus der bei Fälligwerden einer

---

535 Siehe unten 5. Teil, § 20, A.
536 Siehe oben 4. Teil, 1. Abschnitt, § 15, C., I., 1.

UK covered bond-Serie zeitnah zur Insolvenz des Emittenten und/oder der Muttergesellschaft möglicherweise Insolvenzrisiken resultieren können. Zur Reduzierung dieses Risikos hat die Geschäftsführung der LLP entsprechende Maßnahmen (wie z. B. vorzeitige Vorbereitung der Aufnahme eines Überbrückungsdarlehens) zu treffen. Bei UK covered bond-Programmen, welche zu einer einjährigen Stundung der Rückzahlung der Schuldverschreibungen berechtigen, wird die Geschäftsführung das Recht zur Stundung erforderlichenfalls wahrnehmen. Im Regelfall wird die Insolvenz des Emittenten und/oder der Muttergesellschaft nicht die Insolvenz der LLP nach sich ziehen, sondern die LLP die Insolvenz des Emittenten und/oder der Muttergesellschaft „überleben“ und dadurch das Weiterlaufen der UK covered bonds ermöglichen. Ein Insolvenzrisiko der LLP selbst kann dann möglicherweise im Rahmen der gestreckten Abwicklung nach Aufzehrung der Überdeckung entstehen.

In der Insolvenz der LLP konkurrieren die UK covered bond-Gläubiger – wie schon ab der Insolvenz des Emittenten und/oder der Muttergesellschaft – weiter mit den übrigen Gläubigern der LLP (d.h. den Swapvertragsparteien, dem servicer, dem cash manager und dem asset cover monitor), etwaigen gesetzlichen Gläubigern (z. B. aus Steuerforderungen) und dem Emittenten und/oder der Muttergesellschaft (aus dem nachrangigen Gesellschafterdarlehen) um das Vermögen der LLP. Die Zahl der konkurrierenden Gläubiger ist aufgrund der Zweckbeschränkung der LLP überschaubar. Bei den Swapvertragsparteien kann es sich durchaus um bedeutsame sonstige Gläubiger handeln. Um die UK covered bond-Gläubiger in der Insolvenz der LLP nicht schutzlos gegenüber einem liquidator oder administrator zu stellen, wird eine fixed und floating charge am gesamten Vermögen der LLP bestellt. Dadurch wird sichergestellt, dass die Deckungswerte nicht in eine liquidation oder administration der LLP einbezogen werden, sondern abgesondert im Interesse der UK covered bond-Gläubiger verwertet werden können.

I. Auswirkungen der Insolvenz der LLP – Verwertung der Fixed und Floating Charge im Administrative Receivership

Falls nicht bereits im Vorfeld der Insolvenz der UK covered bond LLP der Sicherheitentreuhänder zur Verwertung der fixed und floating charge einen administrative receiver bestellt hat, so hat er dies spätestens mit Eintritt der Insolvenz der LLP zu tun. Denn mit Zahlungsausfall der LLP oder dem Eintritt eines sonstigen Kreditereignisses bei der LLP unter der fixed und floating charge (z. B. durch Verletzung des amortisation test, etc.) ist der Sicherheitentreuhänder berechtigt, die UK covered bonds auch gegenüber der LLP fällig zu stellen und die crystallisation der floating charge durch Bestellung eines receiver herbeizuführen[537].

---

537 Vgl. Hodson v. Tea Co (1880) Ch.D. 859; Re Crompton & Co. Ltd. [1914] 1 Ch 954; Wallace v. Universal Automatic Machines Co [1894] 2 Ch 547; Gough, Company Charges, 2nd Edition, 1996, p. 129.

Das administrative receivership ist für Gesellschaften mit Sitz in England im Wesentlichen in sec. 42–49 (Allgemeine Vorschriften zum administrative receivership) und sec. 72–72H IA 1986 (Allgemeines Verbot der Bestellung eines administrative receivers), Anhang 1 (Befugnisse des administrative receivers) und Anhang 2 IA 1986 (Ergänzende Vorschriften zu den Ausnahmen des Verbots der Bestellung eines administrative receiver) des IA 1986 sowie para. 3.1–3.40 der IR 1986 geregelt[538]. Daneben gelten für administrative receiver die allgemeinen Regeln für receiver der sec. 29–31 und 39–41 IA 1986 sowie die sonstigen Vorschriften der sec. 230–237 IA 1986.

Der Begriff des administrative receivers ist in sec. 251, 29(2)(b) IA 1986 definiert. Danach ist ein administrative receiver ein Verwalter (*receiver and manager*) des gesamten Vermögens einer Gesellschaft, der von den Schuldverschreibungsgläubigern (*holders of any debenture*) der Gesellschaft aufgrund eines Pfandrechts, das ursprünglich als floating charge bestellt worden war, bestellt wurde. Das administrative receivership weist eine Vielzahl von Elementen auf, die für ein Verfahren der Einzelzwangsvollstreckung typisch sind, weshalb es nicht zu den klassischen englischen Insolvenzverfahren gezählt wird, obwohl es bei der Definition des Insolvenzbegriffs in sec. 247(1) IA 1986 mit aufgezählt ist[539].

1. Zulässigkeit des Administrative Receivership

Mit Einführung des Enterprise Act 2002 wurde gem. sec. 72A(1) IA 1986 die Bestellung eines administrative receiver durch den Inhaber einer sog. qualifizierten floating charge grundsätzlich verboten. Der Inhaber einer qualifizierten floating charge ist zu diesem Zweck gem. sec. 72A(3) IA 1986, Anhang B1 para. 14 des IA 1986 definiert als Inhaber einer floating charge am gesamten Vermögen einer Gesellschaft.

Das Recht zur Einsetzung eines administrative receiver ist nicht vollständig ausgeschlossen. Ausnahmen vom allgemeinen Bestellungsverbot gelten insbesondere gem. sec. 72B IA 1986 für Kapitalmarkttransaktionen. Die Voraussetzungen dieser Ausnahme werden vom UK covered bond erfüllt, wenn die Bestellung des administrative receiver auf einer Sicherungsvereinbarung beruht, welche Bestandteil einer Kapitalmarkttransaktion mit Verbindlichkeiten in einem Umfang von über GBP 50 Mio. in der Form eines sog. Kapitalmarktinvestments im Sinne von sec. 72B(1) IA 1986 ist. Der UK covered bond stellt eine Kapitalmarkttransaktion gem. sec. 72B(2), Anhang 2A para. 1(1)(a), (b), (c) des IA 1986 dar, nachdem die floating charge einem Sicherheitentreuhänder gewährt wird, der die Sicherheit treuhänderisch zu Gunsten der UK covered bond-Gläubiger zur Bedienung der garantierten Ansprüche der

538 Auf die LLP finden die Vorschriften des IA 1986 gem. sec. 14 LLP Act 2000 in Verbindung mit sec. 5 Limited Liability Partnerships Regulations 2001 Anwendung.

539 Vgl. Oditah, Lightweight Floating Charges, JBL, [1991], p. 49, 51; Goode, Corporate Insolvency Law, 1997, p. 205; Jungmann, Gundpfandgläubiger und Unternehmensinsolvenz, 2004, S. 282, Rdn. 782.

LLP hält. Schließlich erfüllen auch die UK covered bonds als debenture stock die Voraussetzungen eines Kapitalmarktinvestments gem. sec. 72B(2), Anhang 2A para. 2(1)(a) des IA 1986 i.V.m. Art. 77(1)(b) FSMA 2000 (Regulated Activities) Order 2001. Für die Anwendbarkeit der Ausnahmeregelung ist somit die Einhaltung eines Emissionsvolumens von über GBP 50 Mio. erforderlich.

Den Inhabern einer floating charge am gesamten Vermögen einer Kapitalgesellschaft, welche vor Inkrafttreten des Enterprise Act 2002 am 15.9.2003 bestellt wurde, bleibt unter Fortgeltung der alten Rechtslage unbenommen, einen administrative receiver zu bestellen[540]. Die Fortgeltung der alten Rechtslage zur Bestellung eines administrative receiver betrifft entsprechend nur UK covered bond-Emissionen vor dem 15.9.2003[541].

2. Die Bestellung des Administrative Receivers

Die Verwertung der floating charge durch Bestellung eines administrative receiver steht grundsätzlich im Ermessen des Sicherheitentreuhänders. Daneben steht dem Sicherheitentreuhänder grundsätzlich offen, zur Verwertung der floating charge gem. Anhang B1 para. 14(1) des IA 1986 einen administrator zu bestellen[542]. Da die Interessen der UK covered bond-Gläubiger sowie der übrigen gesicherten Beteiligten der UK covered bond-Transaktion im administrative receivership stärker geschützt sind als in der administration, ist das Ermessen des Sicherheitentreuhänders bei der Wahl des Verfahrens zur Verwertung der floating charge auf die Bestellung eines administrative receiver reduziert. Denn Hauptziel der administration ist gem. Anhang B1 para. 3(1)(a) des IA 1986 die Reorganisation der Gesellschaft zur Fortführung im Sinne des going concern. Die Interessen der gesicherten Gläubiger werden in der administration nur nachrangig berücksichtigt und sind dem Interesse an der Fortführung der Gesellschaft als Ganzes und den Interessen der ungesicherten Gläubiger untergeordnet[543]. Demgegenüber ist das primäre Ziel des administrative receivership die Befriedigung der durch die floating charge gesicherten Verbindlichkeiten durch Verwertung des gesamten Gesellschaftsvermögens[544].

540 Vgl. sec. 72A(4)(a) IA 1986 in Verbindung mit Enterprise Act 2002 (Commencements No. 4 and Transitional Provisions and Savings) Order 2003 (SI 2003/2093); West/Miller, Enterprise Act 2002: Issues for Secured Lenders, JIBLR, [2004], p. 88; McBryde/Flessner/Kortmann, Principless of European Insolvency Law – England, 2003, p. 205.

541 Und damit nur das HBOS Covered Bond Programm vom Juli 2003. Dies rechtfertigt im weiteren Gang der Untersuchung die Konzentration auf die Rechtslage seit Inkrafttreten des Enterprise Act 2002.

542 Alternativ kann der Sicherheitentreuhänder das Sicherungsgut grundsätzlich selbst in Besitz nehmen oder verkaufen (vgl. Goode, Legal Problems of Credit and Security, 2003, p. 151 para. 4-60). Aufgrund seiner beschränkten Ressourcen wird jedoch die in Besitznahme oder der Verkauf durch den Sicherheitentreuhänder regelmäßig nicht in Frage kommen.

543 Vgl. Alexander, The Enterprise Act 2002, IL&P 2003, p. 3; Jungmann, Grundpfandgläubiger und Unternehmensinsolvenz, 2004, S. 243, Rdn. 668.

544 Vgl. Re B. Johnson & Co. (Builders) Ltd. [1955] Ch. 634, 644 = 2 All E.R. 775, 779; Gomba Holdings U. K. Ltd. v. Homan [1986] 3 All E.R. 94 = [1986] BCLC 331; Astor Chemicals Ltd. v. Syn-

Der administrative receiver hat in erster Linie die Interessen der durch die floating charge gesicherten Gläubiger zur Befriedigung ihrer Ansprüche zu wahren und ist nur beschränkt, verpflichtet, die Interessen der sicherungsgebenden Gesellschaft[545] und der ungesicherten Gläubiger zu schützen[546].

Erforderlichenfalls kann der Sicherheitentreuhänder zur Bestellung des administrative receiver bindend angewiesen werden. Dies setzt entweder eine schriftliche Anweisung durch Schuldverschreibungsgläubiger mit einem Stimmanteil von 25 % des Nominalbetrags aller im Umlauf befindlicher UK covered bonds voraus, oder einen außerordentlichen Gläubigerversammlungsbeschluss mit einem entsprechenden Stimmanteil von 50 % des Nominalbetrags aller im Umlauf befindlichen UK covered bonds voraus (sog. programme resolution). Ist der Sicherheitentreuhänder der Ansicht, dass die Gesamtfälligstellung bzw. die Durchsetzung der Sicherheit die Interessen der UK covered bond-Gläubiger wesentlich beeinträchtigt, so ist er ebenfalls berechtigt, eine Freistellung von etwaigen Schadensersatzansprüchen hieraus durch einen außerordentlichen Gläubigversammlungsbeschluss mit einem Stimmanteil von 50 % des Nominalbetrags aller im Umlauf befindlichen UK covered bonds zu verlangen.

Als administrative receiver kann gem. sec. 230(2) IA 1986 nur ein insolvency practitioner bestellt werden. Die außergerichtliche Bestellung des administrative receiver gilt entsprechend gem. sec. 33(1)(b) IA 1986 mit Zugang bei der zu bestellenden Person als wirksam. Dies setzt allerdings gem. sec. 33(1)(a) IA 1986 voraus, dass die als administrative receiver zu bestellende Person die Bestellung vor Ende des auf den Tag des Zugangs der Bestellung bei der zu bestellenden Person folgenden Geschäftstags annimmt. Zum Nachweis der wirksamen Annahme der Bestellung hat der administrative receiver gem. rule 3.1(5) IR 1986 die Annahme unter Angabe des Zugangszeitpunkts und des Annahmezeitpunkts mit Datum und Uhrzeit zu bestätigen.

Nach Bestellung eines administrative receiver ist die UK covered bond LLP gem. sec. 39(1) IA 1986 verpflichtet, auf allen Rechnungen, Bestellungen und Geschäftsbriefen der Gesellschaft anzugeben, dass zur Verwaltung des Vermögens der Gesellschaft ein administrative receiver bestellt ist. Der Sicherheitentreuhänder hat gem. sec. 409(1) CA 1985 dem register of charges der LLP die Bestellung des administrative receivers zur Eintragung anzuzeigen.

Vor Inkrafttreten des IA 1986 war der Inhaber der floating charge noch berechtigt einen administrative receiver abzuberufen, sofern die Sicherungsabrede ein entsprechendes Recht beinhaltete. Gem. sec. 45 IA 1986 kann der administrative receiv-

---

thetic Technology Ltd. [1990] BCLC 1, 12; Downsview Nominees Ltd. v. First City Corporation [1993] AC 295; Adkins, Company Receivers – A New Status? JIBL, [1988], p. 202, 205; Lightman, The Challenges Ahead: Address to the Insolvency Lawyer's Association, J.B.L. 1996, p. 113, 120; Finch, Corporate Insolvency Law, 2002, p. 245.

545 Vgl. Re B. Johnson & Co. (Builders) Ltd. [1955] Ch. 634, 644 = 2 All E.R. 775, 779.

546 Vgl. Astor Chemicals Ltd. v. Synthetic Technology Ltd. [1990] BCLC 1, 12; Lightman, The Challenges Ahead: Address to the Insolvency Lawyer's Association, in: J.B.L., 1996, p. 113, 120.

er seither nur auf Grund gerichtlicher Entscheidung abberufen werden. Das Gesetz enthält keine Angaben darüber wer hierfür antragsbefugt ist und unter welchen Voraussetzungen ein solcher Antrag Aussicht auf Erfolg hat. Auch in der Literatur finden sich hierzu keine Hinweise[547]. Immerhin ist der Entstehungsgeschichte der sec. 45 IA 1986 zu entnehmen, dass durch das Erfordernis einer gerichtlichen Entscheidung die Unabhängigkeit des administrative receiver gestärkt werden sollte[548]. Bei der Entscheidung über die Abberufung dürften zum Schutz der Unabhängigkeit des administrative receivers enge Grenzen gesetzt sein. Dies gilt umso mehr, als der administrative receiver ausschließlich dem Interesse der Befriedigung der Inhaber der floating charge gerecht werden muss. Im Ergebnis wird die Abberufung des administrative receiver nur im Fall schwerer Pflichtverletzungen statthaft sein[549]. Das Recht zur Abberufung durch den Sicherheitentreuhänder ist durch die Neuregelung in sec. 45 IA 1986 abgeschafft.

Der administrative receiver selbst kann gem. sec. 45(1) IA 1986 jederzeit von seinem Amt zurücktreten. Seinen Rücktritt hat der administrative receiver mit einer Frist von sieben Tagen gem. rule 3.33 IR 1986 dem Sicherheitentreuhänder, der UK covered bond LLP und den Mitgliedern des Gläubigerausschusses anzuzeigen. Sein Amt verliert der administrative receiver schließlich gem. sec. 45(2) IA 1986 mit Verlust seiner Qualifikation als insolvency practitioner und wenn er verstirbt. Dies ist gem. rule 3.35 IR 1986 der LLP und dem Gläubigerausschuss, bzw. der Sicherheitentreuhänder gem. rule 3.34 IR 1986 dem öffentlichen Register, der LLP und den Mitgliedern des Gläubigerausschusses anzuzeigen.

3. Aufgabe und Rechtstellung des Administrative Receivers

Aufgabe eines administrative receiver ist, die durch die floating charge gesicherten Verbindlichkeiten der Gesellschaft durch Verwertung des gesamten Gesellschaftsvermögens zu befriedigen[550]. Bei der Verwertung des gesamten Gesellschaftsvermögens ist der administrative receiver primär verpflichtet, die Interessen der gesicherten Gläubiger zur Befriedigung ihrer Ansprüche zu verfolgen[551]. Daneben ist ein administrative receiver nur in beschränktem Maß verpflichtet, die Interessen der sicherungsgebenden Gesellschaft, der bevorzugten Gläubiger oder der ungesicher-

547 Vgl. Jungmann, Grundpfandgläubiger und Unternehmensinsolvenz, 2004, S. 266, Rdn. 736.

548 Vgl. Boyle & Bird's Company Law, 5th Edition, 2004, p. 311 para. 10.43.

549 Vgl. Jungmann, Grundpfandgläubiger und Unternehmensinsolvenz, 2004, S. 266, Rdn. 736.

550 Vgl. Re B. Johnson & Co. (Builders) Ltd. [1955] Ch. 634, 644 = 2 All E.R. 775, 779; Gomba Holdings U. K. Ltd. v. Homan [1986] 3 All E.R. 94 = [1986] BCLC 331; Astor Chemicals Ltd. v. Synthetic Technology Ltd. [1990] BCLC 1, 12; Downsview Nominees Ltd. v. First City Corporation [1993] A.C. 295; Adkins, Company Receivers – A New Status? JIBL, [1988], p. 202, 205; Lightman, The Challenges Ahead: Address to the Insolvency Lawyer's Association, J. B. L. 1996, p. 113, 120; Finch, Corporate Insolvency Law, 2002, p. 245.

551 Vgl. Re B. Johnson & Co. (Builders) Ltd. [1955] Ch. 634, 644 = 2 All E.R. 775, 779.

ten Gläubiger zu schützen[552]. Im Ergebnis hat der administrative receiver der UK covered bond LLP primär die Interessen des Sicherheitentreuhänders bzw. der UK covered bond-Gläubiger und der sonstigen gesicherten beteiligten Parteien zu wahren.

Der administrative receiver ist gem. sec. 44(1)(a) IA 1986 Vertreter der LLP, solange über das Vermögen der Gesellschaft keine liquidation (compulsory liquidation oder voluntary liquidation) eröffnet wird[553]. Dies wird häufig in der Sicherungsvereinbarung zusätzlich vereinbart. Der administrative receiver ist nicht Vertreter des Sicherheitentreuhänders bzw. der UK covered bond-Gläubiger; der Sicherheitentreuhänder bzw. die UK covered bond-Gläubiger haften nicht für Handlungen des administrative receiver[554]. Der Sicherheitentreuhänder hat keine Weisungsbefugnis gegenüber dem administrative receiver[555]. Obwohl es Aufgabe des administrative receiver ist, die Inhaber einer floating charge durch Verwertung des Vermögens der Gesellschaft zu befriedigen, ist er Vertreter der sicherungsgebenden Gesellschaft. Er dient damit auf den ersten Blick zwei Herren, unterliegt aber weder der Kontrolle des einen noch des anderen[556].

Die Befugnis des administrative receiver zur Vertretung der LLP ist umfassend und erfordert keine zusätzliche Handlungsvollmacht in der Sicherungsvereinbarung der floating charge[557]. Die Geschäftsführer der LLP bleiben im Amt. Allerdings bleibt für ihre Tätigkeit kaum Raum, da der administrative receiver die meisten ihrer Aufgaben übernimmt[558]. Die faktische Kontrolle über die LLP geht somit auf den administrative receiver über. Die Geschäftsführer der LLP bleiben befugt, die Rechte der LLP gegen den Sicherheitentreuhänder als Inhaber der floating charge geltend zu machen[559]. Insoweit unterliegt der administrative receiver einer gerichtlichen Kontrolle. Die Organe bleiben zudem berechtigt sich im Namen der LLP gegen die Anordnung einer winding up order zu wehren[560].

---

552 Vgl. Astor Chemicals Ltd. v. Synthetic Technology Ltd. [1990] BCLC 1, 12; Lightman, The Challenges Ahead: Address to the Insolvency Lawyer's Association, in: J. B. L., 1996, p. 113, 120.
553 Zur Auswirkung der liquidation auf das administrative receivership: Siehe unten 4. Teil, 2. Abschnitt, § 17, D., II., 1.
554 Eine Haftung der Sicherungsnehmer einer floating charge galt noch bis zum Inkrafttreten des IA 1986. Vgl. Halsbury's Laws of England, vol. 7 (3), 4th Edition Reissue, para. 402; Armour, Tolley's Limited Liability Partnerships – the new legislation, p. 74 para. 7.34.
555 Vgl. Finch, Corporate Insolvency Law, 2002, p. 261.
556 Vgl. zur Beschreibung der Rechtsstellung des administrative receiver: he can best be described as an independent contractor whose primary responsibility is to protect the interest of his appointor, but who also owes a duty to his deemed principal, the company, to refrain from conduct which needlessly damages its business or goodwill, and a separate duty, by statute, to observe the priority given to preferential creditors over claims secured by a floating charge (vgl. Goode, Corporate Insolvency Law, 1997, p. 217).
557 Vgl. Pennington, Corporate Insolvency Law, 2nd Edition, 1997, p. 494; Milman/Durrant, Corporate Insolvency, para. 4-45; Jungmann, Grundpfandgläubiger und Unternehmensinsolvenz, 2004, S. 272, Rdn. 754.
558 Vgl. Goode, Corporate Insolvency Law, 1997, p. 230 et seq.; Godfrey/Loebel, Englische Gesellschaften in der Insolvenz, S. 37.
559 Vgl. Newhart Developments Ltd. v. Cooperative Commercial Bank Ltd. [1978] Q.B. 814; Tudor Grange Holdings Ltd. v. Citibank NA [1992] Ch. 53 = [1991] 4 All E.R. 1 (CA).
560 Vgl. Re Reprographic Exports (Euromart) Ltd. (1978) 122 S.J. 400.

Auf den Geschäftsbetrieb der LLP hat die Bestellung des administrative receiver keinen Einfluss. Die Gesellschaft bleibt Inhaber ihres Gesellschaftsvermögens und die Geschäfte werden fortgeführt [561]. Ansprüche gegenüber der LLP können während des administrative receivership jederzeit gerichtlich geltend gemacht und durch Einzelzwangsvollstreckungsmaßnahmen – vorbehaltlich der unmittelbaren dinglichen Belastung der Deckungswerte – durchgesetzt werden[562].

a) *Befugnisse des Administrative Receivers*

Die Befugnisse eines administrative receivers bestimmen sich nach den Vereinbarungen in der Sicherungsvereinbarung der floating charge. Soweit die Sicherungsvereinbarung nichts anderes vorschreibt, gelten daneben die in Anhang 1 des IA 1986 niedergelegten Befugnisse gem. sec. 42(1) IA 1986[563]. Dieser regelt die gesetzlichen Befugnisse des administrator und überträgt diese auf einen administrative receiver. Sie enthalten einen umfassenden Befugniskatalog, wonach der administrative receiver der UK covered bond LLP die folgenden Befugnisse hat[564]:

- das Vermögen der LLP in Besitz zu nehmen, es einzuziehen oder der Gesellschaft zu zuführen und zu diesem Zweck solche Maßnahmen zu ergreifen, die ihm angemessen erscheinen;
- das Vermögen oder Gegenstände des Vermögens der LLP im Wege einer öffentlichen Versteigerung oder freihändig zu veräußern oder anderweitig über diese zu verfügen;
- Darlehen aufzunehmen und für diese Sicherheiten am Vermögen der LLP zu bestellen;
- Rechtsanwälte, Wirtschaftsprüfer und vergleichbar qualifizierte Personen zur Unterstützung der Erfüllung seiner Aufgabe zu beauftragen;
- im Namen der LLP aktiv und passiv Rechtsstreitigkeiten vor ordentlichen Gerichten und Schiedsgerichten zu führen;
- Versicherungen in Bezug auf die Geschäftstätigkeit und das Vermögen der LLP abzuschließen und fortzuführen;
- das Firmensiegel der LLP zu verwenden;
- im Namen und für Rechnung der LLP förmliche Dokumente (*any deed*), Rechnungen oder sonstige Dokumente zu unterzeichnen und alle damit verbundenen Handlungen durchzuführen;

561 Vgl. Finch, Corporate Insolvency Law, 2002, p. 242.
562 Vgl. Finch, Corporate Insolvency Law, 2002, p. 242.
563 Die Befugnis zur Verfügung des administrative receivers über vorrangige Sicherheitsrechte Dritter nach Zustimmung des Gerichts gem. sec. 43 IA 1986 hat beim UK covered bond keine Bedeutung, da die Deckungswerte ausschließlich mit einer erstrangigen fixed und floating charge belastet sind.
564 Vgl. Ausführlich zu den einzelnen Befugnissen: Morse, Palmer's Company Law, para. 14.214; Rajani, Tolley's Corporate Insolvency, 1994, p. 423 para. D 5.3.

- im Namen und für Rechnung der LLP Wechsel, Schecks oder Schuldscheine zu ziehen, anzunehmen, auszustellen oder zu indossieren;
- Aufträge für Tätigkeiten im Rahmen des Geschäftszwecks der LLP zu vergeben, die er selbst nicht ausführen kann oder die von einem Auftragnehmer zweckmäßiger bzw. günstiger erbracht werden sowie Arbeitnehmer ein- und auszustellen;
- alle Handlungen vorzunehmen, die zur Verwertung des Vermögens der LLP erforderlich sind;
- Zahlungen zu leisten, die für die Erfüllung seiner Aufgaben notwendig sind oder in deren Zusammenhang fällig werden;
- die Geschäfte der LLP fortzuführen;
- Tochtergesellschaften der LLP zu gründen und das Vermögen der LLP oder Teile hiervon auf diese zu übertragen;
- Miet- und Leasingverträge zu verlängern und neu abzuschließen, wenn dies für das Geschäft der LLP notwendig oder zweckmäßig ist;
- mit den Gesellschaftern und Gläubigern der LLP einen Sanierungsplan zu vereinbaren (*compromise or arrangement*)[565];
- von den Gesellschaftern der LLP die Erfüllung einer ausstehenden Kapitaleinlage (*uncalled capital*) zu verlangen;
- Ansprüche der LLP in einem Insolvenzverfahren über das Vermögen eines Dritten geltend zu machen und durchzusetzen;
- einen Antrag zur Eröffnung der liquidation über das Vermögen der LLP (*winding up*) zu stellen bzw. den Antrag eines Dritten zur Eröffnung des liquidation anzufechten;
- den Geschäftsitz der LLP zu ändern; und
- sämtliche sonstigen Handlungen im Zusammenhang mit der Ausübung der vorgenannten Befugnisse zur Erfüllung seiner Aufgaben vorzunehmen.

Als Vertreter der LLP ist der administrative receiver jederzeit berechtigt einen Sanierungsplan in Form eines scheme of arrangement nach sec. 425 CA 1985 oder eines CVA vorzuschlagen. Ohne ihre Zustimmung müssen die UK covered bond-Gläubiger aus einer Sanierung der LLP keinen Rechtsverlust erwarten.

Neben den gesetzlichen Befugnissen ist eine zusätzliche Vereinbarung der Befugnisse in der Sicherungsvereinbarung der floating charge nicht zwingend erforderlich. In der allgemeinen Kreditsicherungspraxis ist sie dennoch die Regel, um die Befugnisse spezifisch auf etwaige Besonderheiten der Verwaltung der Sicherheit abzustimmen und um Rechtsunsicherheiten bei der Auslegung und Anwendung der gesetzlichen Befugnisse zu beseitigen[566]. In den untersuchten Wertpapierprospek-

565 Vgl. sec. 425 CA 1985 und sec. 1 IA 1986 et seq.
566 Vgl. Rajani, Tolley's Corporate Insolvency, 1994, p. 426 para. D 5.4; Finch, Corporate Insolvency Law, 2002, p. 242.

ten sind diesbezüglich keine Informationen offen gelegt. Wertpapierprospektrechtlich wäre jedenfalls die Offenlegung von vertraglich vereinbarten Befugnissen erforderlich, die von den gesetzlichen Befugnissen in ungewöhnlicher Weise abweichen oder diese einschränken würden.

Die allgemeinen Befugnisse für receiver gem. sec. 233 und 234 IA 1986 stehen dem administrative receiver der UK covered bond LLP ebenfalls zu. Dabei begründet sec. 234(2) IA 1986 den Anspruch des administrative receiver zur Herausgabe von Gegenständen, Rechten, Geschäftsbüchern und sonstigen Dokumente der LLP gegenüber Dritten.

Verträge der LLP werden durch die Bestellung eines administrative receiver nicht automatisch gekündigt, es sei denn dies ist ausdrücklich in den entsprechenden Verträgen vorgesehen[567]. Der administrative receiver hat anders als der liquidator nicht das Recht, wirtschaftlich nachteilige Verträge zu widerrufen. Damit bleiben sowohl die Verträge gegenüber der LLP bestehen, als auch die Verpflichtungen der LLP hieraus.

Insgesamt hat der administrative receiver die vollständige Kontrolle über die Geschäftsführung der LLP und über die Verwaltung der Deckungswerte. Der administrative receiver ist aufgrund seiner umfassenden Befugnisse berechtigt, zur Verwertung des Vermögens der LLP über die Deckungswerte im Einzelnen, in Teilen oder in ihrer Gesamtheit zu verfügen. Dies umfasst insbesondere die Befugnis, Teile oder die Gesamtheit der Deckungsmasse auf eine von ihm gegründete Tochtergesellschaft zu übertragen und diese anschließend zu verkaufen. Insofern kann der administrative receiver über das Schicksal der LLP im Ganzen oder in Teilen bestimmen.

b) Pflichten des Administrative Receivers

Der administrative receiver ist zu Beginn des Verfahrens gem. sec. 46(1)(a), (b) IA 1986 verpflichtet, der UK covered bond LLP umgehend und allen mit ihrer Anschrift bekannten Gläubigern innerhalb von 28 Tagen seine Bestellung anzeigen. In der Anzeige sind gem. rule 3.2(2) IR 1986 die Firma der LLP, der Name und die Anschrift des administrative receiver, das Datum seiner Bestellung, der Name der Person, die den administrative receiver bestellt hat, das Datum der Bestellung sowie eine kurze Beschreibung des Inhalts der fixed und floating charge und eine kurze Beschreibung des (beim UK covered bond nicht vorhandenen) unbelasteten Vermögens der LLP anzugeben. Die Anzeige ist gem. rule 3.2(3) IR 1986 in der London Gazette und einer geeigneten Tageszeitung zu veröffentlichen.

Der administrative receiver ist verpflichtet, von den Geschäftsführern gem. sec. 47(1) IA 1986 ein sog. statement of affairs verlangen. Das statement of affairs hat gem. sec. 47(2) IA 1986 Angaben zu enthalten über (i) die Vermögensgegenstände und Verbindlichkeiten der LLP, (ii) die Namen und Adressen der Gläubiger der LLP und (iii) die Sicherheiten der Gläubiger mit dem Datum der Bestellung. Personen,

---

567 Vgl. Parsons v. Sovereign Bank of Canada [1913] 106 L.T. 674.

die von dem administrative receiver zur Abgabe eines statement of affairs gem. rule 3.3(1), (3) IR 1986 aufgefordert werden, haben dieses grundsätzlich innerhalb von 21 Tagen gegenüber dem administrative receiver abzugeben. Die Angaben des statement of affairs sind gem. rule 3.4(1) IR 1986 eidesstattlich zu versichern. Die Kosten zur Erstellung eines statement of affairs hat der administrative receiver aus seinen Einnahmen aus der Verwertung des Vermögens der LLP gem. rule 3.7(1) IR 1986 zu erstatten.

Darüber hinaus verpflichtet sec. 235 IA 1986 die Geschäftsführer der LLP zur Kooperation mit dem administrative receiver. Die Kooperation umfasst insbesondere Informationspflichten zur Gründung, zur Geschäftstätigkeit und zum Vermögen der LLP gegenüber dem administrative receiver. Erforderlichenfalls ist der administrative receiver berechtigt, die entsprechenden Auskünfte gerichtlich gem. sec. 236, 237 IA 1986 einzuklagen.

Der administrative receiver selbst hat gem. sec. 48 IA 1986 grundsätzlich innerhalb von drei Monaten nach seiner Bestellung einen Bericht (*report*) zu erstellen. Dieser Bericht hat gem. sec. 48(1) IA 1986 und rule 3.8(5) IR 1986 Angaben zu enthalten über[568]:

- die Gründe seiner Bestellung;
- Veräußerungen und geplante Veräußerungen von Vermögen der LLP;
- den Geschäftsverlauf und die geplante Geschäftsfortführung;
- die Höhe der Verbindlichkeiten gegenüber den UK covered bond-Gläubigern und sonstigen besicherten Beteiligten der UK covered bond-Transaktion deren Ansprüche durch die floating charge gesichert sind;
- die Höhe der Verbindlichkeiten gegenüber bevorzugten Gläubigern im Sinne von sec. 40(2) IA 1986;
- die geschätzte Höhe des Nettovermögens der LLP (*value of the net property*) und des sog. prescribed part im Sinne von sec. 176A IA 1986, der grundsätzlich vorrangig an ungesicherte Gläubiger, soweit vorhanden, auszukehren ist[569];
- den Umfang des Vermögens der ggf. für Zahlungen an ungesicherte Gläubiger, soweit vorhanden, zur Verfügung steht.

In den Bericht ist zusätzlich gem. sec. 48(5) IA 1986 eine Zusammenfassung der erhaltenen statements of affairs aufzunehmen. Der administrative receiver ist gem. sec. 48(6) IA 1986 berechtigt, Informationen, die geeignet sind das Ziel der Befriedigung der gesicherten Gläubiger zu ernsthaft zu behindern, in dem Bericht nicht offen zu legen. Den Bericht hat der administrative receiver gem. sec. 48(1) IA 1986 an das öffentliche Register, den Sicherheitentreuhänder sowie an alle mit Anschrift be-

568 Vgl. Finch, Corporate Insolvency Law, 2002, p. 261.
569 Vgl. rule 3.8(5), 3.39 IR 1986. Nachdem die Satzung der LLP und die sonstigen Abreden des UK covered bond Programms die Begründung von Verpflichtungen gegenüber Dritten ausschließen, sollten keine ungesicherten Gläubiger der LLP existieren.

kannten gesicherten Gläubiger zu versenden. Der Bericht ist gem. sec. 48(2) IA 1986 ebenso innerhalb von drei Monaten nach Bestellung des administrative receiver an sämtliche ungesicherten Gläubiger der LLP, soweit vorhanden und mit Anschrift bekannt, zu senden. Alternativ ist in einer geeigneten Tageszeitung die Adresse zu veröffentlichen, unter der die ungesicherten Gläubiger den Report bestellen können.

Schließlich ist der administrative receiver gem. sec. 48(2) IA 1986 verpflichtet, innerhalb von drei Monaten nach seiner Bestellung eine Versammlung der ungesicherten Gläubiger (*creditors' meeting*), soweit vorhanden, mit einer Frist von 14 Tagen einzuberufen, der er seinen Bericht vorzulegen hat. Die Einberufung, der Vorsitz und die Abstimmung in einer Versammlung der ungesicherten Gläubiger ist in rules 3.9 bis 3.15 IA 1986 geregelt. Die ungesicherten Gläubiger der LLP sind gem. sec. 49(1) IA 1986 berechtigt, einen Gläubigerausschuss (*creditors' committee*) zu bestellen, vor dem der administrative gem. sec. 49(2) IA 1986 verpflichtet ist, auf Aufforderung mit einer Frist von sieben Tagen zu erscheinen und Auskunft über seine Tätigkeit zu geben. Die Verfassung, Einberufung, der Vorsitz und die Abstimmung im Gläubigerausschuss der ungesicherten Gläubiger ist in rules 3.16 bis 3.3.30A IA 1986 geregelt.

Zur Erfüllung seiner Aufgabe ist der administrative receiver verpflichtet, für das belastete Sicherungsgut einen angemessenen Verwertungserlös zu erzielen[570]. Darüber hinaus ist der administrative receiver als Vertreter der LLP an deren gesellschaftsvertragliche Beschränkungen gebunden.

c) Haftung des Administrative Receivers

Der administrative receiver haftet neben der UK covered bond LLP gem. sec. 44(2) IA 1986 persönlich für vertragliche Verbindlichkeiten, die er in Ausführung seiner Tätigkeit als Vertreter der LLP begründet. Die persönliche Haftung des administrative receiver kann gem. sec. 44(1)(b) IA 1986 vertraglich ausgeschlossen werden. Der administrative receiver hat gegenüber der LLP gem. sec. 44(2)(c) IA 1986 einen Anspruch auf Freistellung von seiner persönlichen Haftung. Schließlich haftet der administrative receiver persönlich für die Zahlung des bevorrechtigten Anteils (sec. 176A IA 1986) der ungesicherten Gläubiger, soweit vorhanden, sowie für die Zahlung der bevorrechtigten Forderungen (sec. 40(2) IA 1986)[571].

Eine Haftung des administrative receiver gegenüber der LLP und/oder anderen Gläubigern der LLP kann im Falle fahrlässigen Handelns, aus welchem der LLP ein Nachteil erwächst, begründet sein[572]. Der Haftungsmaßstab ist insoweit ungeklärt. Während früher fahrlässiges Handeln als ausreichend für eine Haftungsbegrün-

---

570 Vgl. Chuckmere Brick Company Ltd. v. Mutual Finance Ltd. [1971] Ch 949.

571 Zum bevorrechtigten Anteil und den bevorrechtigten Forderungen: Siehe unten 4. Teil, 2. Abschnitt, § 17, D., III.

572 Vgl. Berg, Duties of a Mortgagee and a Receiver, J.B.L., 1993, p. 213; Armour/Frisby, Rethinking Receivership, OJLS [2001], p. 73, 77; Finch, Corporate Insolvency, 2002, p. 245 et seq.; Doyle, The Receiver's Duties on a Sale of Charged Assets, InsInt, 1997, p. 9; Pennington, Corporate Insolvency Law, 2nd Edition, 1997, p. 503.

dung angesehen wurde, wurde später Bösgläubigkeit des administrative receivers verlangt[573]. Eine Haftung wäre dann ausgeschlossen, wenn der administrative receiver gutgläubig gehandelt hat. Solange dies der Fall ist, soll ein Handeln zum objektiven Nachteil der Gesellschaft oder anderer Gläubiger nicht schaden, solange der administrative receiver die im Geschäftsverkehr allgemeinübliche Sorgfalt beachtet hat. Ihre Grenzen finden die Befugnisse des administrative receiver somit dort, wo er nicht gutgläubig handelt und der LLP oder anderen Gläubigern vorsätzlich oder sehenden Auges Schaden zufügt[574].

II. Auswirkungen der Insolvenz der LLP auf das Administrative Receivership

Tritt vor oder nach Bestellung des administrative receivers die Insolvenz der UK covered bond LLP ein, so ist für den Schutz der UK covered bond-Gläubiger entscheidend, in welchem Maß das administrative receivership in das Insolvenzverfahren, d.h. eine liquidation oder administration, einbezogen wird. Nachdem die UK covered bond-Gläubiger aufgrund der fixed und floating charge nur Inhaber eines beschränkt dinglichen Verwertungsrechts und nicht Vollrechtsinhaber der Deckungswerte sind, sind sie in der liquidation zwar nicht aussonderungs-, aber immerhin absonderungsberechtigt[575]. Vor der administration und der mit dieser verbundenen Moratoriumswirkung sind die UK covered bond-Gläubiger insofern umfassend geschützt, als sie die Bestellung eines administrator jederzeit verhindern bzw. blockieren können.

1. Liquidation

Eine liquidation kann in der Insolvenz der UK covered bond LLP grundsätzlich nur auf dem Wege einer compulsory liquidation eröffnet werden, da die Gesellschafter der LLP sich in der Satzung der LLP verpflichtet haben, eine liquidation nicht einzuleiten. Eine compulsory liquidation kann von jedem Gläubiger der LLP eingeleitet werden. Auch wenn sich die anderen Beteiligten der UK covered bond-Transaktion

---

573 Nachdem die Rechtsprechung vormals Haftungsansprüche der Gesellschaft gegenüber dem administrative receiver aus dem Deliktsrecht abgeleitete hat (so noch: Downsview Nominees Ltd. v. First City Corporation [1993] AC 295), tat sie dies zuletzt unter Heranziehung billigkeitsrechtlicher Pflichten des administrative receivers (*equitable duties of receivers*). Vgl. Medforth v. Blake [1999] 3 All E.R. 97; Rottenberg & Ors v. Monjack [1992] BCC 688 = [1993] BCLC 374; Wickins/Ong, Duties of Mortgagees and Receivers: Common Law or Equity, HKLJ 1994, 89 ff.; Berg, Duties of a Mortgagee and a Receiver, J. B. L., 1993, p. 213; Fealy, Receivers Duties: A Return to Orthodoxy, NILQ 1994, p. 61, 63; Finch, Corporate Insolvency Law, 2002, p. 245 et seq.

574 Vgl. Downsview Nominees Ltd. v. First City Corporation [1993] A.C. 295; Medforth v. Blake [1999] 3 All E.R. 97, 103; C. I. R. v. Goldblatt [1972] Ch 498; Re Pearl Maintenance Services Ltd. [1995] BCC 657; Boyle & Bird's Company Law, 5th Edition, 2004, p. 308; Finch, Corporate Insolvency Law, 2002, p. 245 et seq.

575 Vgl. McBryde/Flessner/Kortmann, Principles of European Insolvency Law – England, 2003, p. 217; Goode, Corporate Insolvency Law, 1997, p. 74 et seq.

verpflichtet haben, keine liquidation über das Vermögen der LLP einzuleiten, bleibt zumindest das Risiko, das ein gesetzlicher Gläubiger (z. B. wegen Steuerforderungen) die Eröffnung der compulsory liquidation beantragt.

Dessen ungeachtet schließt die Einleitung bzw. Eröffnung einer liquidation die Bestellung eines administrative receiver weder aus, noch beendet sie das administrative receivership[576]. Die Rechtsposition dinglich gesicherter Gläubiger wird durch die liquidation nicht beeinträchtigt[577]. Der administrative receiver bleibt bei Eröffnung einer liquidation im Amt, kann aber die LLP selbst ab diesem Zeitpunkt nicht mehr vertreten[578]. Der administrative receiver behält allerdings seine Befugnisse in Bezug auf die mit der floating charge belasteten Deckungswerte[579]. Insoweit handelt der administrative receiver ab Eröffnung der liquidation aber nur noch als Vertreter des Sicherheitentreuhänders bzw. der Sicherungsnehmer[580]. Der administrative receiver hat dann weiterhin für die bestmögliche Verwertung des Gesellschaftsvermögens im Interesse der UK covered bond-Gläubiger zu sorgen[581]. Dabei kann er weiterhin das belastete Gesellschaftsvermögen der LLP verwalten und darüber verfügen. Er bleibt berechtigt, Deckungswerte im Namen der Gesellschaft zu veräußern. In der Regel wird er hierzu die Zustimmung des liquidator einholen[582].

Das mit der floating charge verbundene administrative receivership schützt die UK covered bond-Gläubiger somit auch in der liquidation der LLP. Der administrative receiver kann trotz der Bestellung eines liquidators die Deckungswerte verwerten. Nachdem das gesamte Vermögen der LLP in den Haftungsverband der fixed und floating charge fällt, beschränken sich die Möglichkeiten des liquidator auf die Überwachung des administrative receiver. Dazu stehen dem liquidator gem. sec. 41(1), 212(1)(b) IA 1986 Auskunftsansprüche gegenüber dem administrative receiver zu. Nur wenn aus der Verwertung des Vermögens der UK covered bond LLP dem administrative receiver nach Befriedigung der UK covered bond-Gläubiger und den beteiligten Parteien der UK covered bond-Transaktion ein Überschuss bleibt, steht dieser dem liquidator für die Befriedigung ungesicherter Gläubiger der UK covered bond LLP, soweit vorhanden, zu.

---

576 Vgl. Re Potters Oils Ltd. (No. 2) [1986] 1 W.L.R. 2001; Sowman v. Daniel Samuel Trust Ltd. [1978] 1 All E.R. 616; Goode, Corporate Insolvency Law, 1997, p. 261 et seq.; Walton/Muir, Kerr on Receivers and Administrators, 1989, p. 428 et seq.; Jungmann, Grundpfandgläubiger und Unternehmensinsolvenz, 2004, S. 311, Rdn. 863.

577 Vgl. Halsbury's Laws of England, vol. 7(4), 4th Edition Reissue, 2004, para. 672 und 797.

578 Vgl. Keay, McPherson's Law of Company Liquidation, para. 7.87.

579 Vgl. Re Henry Pound, Son, & Hutchins (1889) 42 Ch.D. 402, 418; Picarda, Receivers, Managers and Administrators, p. 428 et seq.; Jungmann, Grundpfandgläubiger und Unternehmensinsolvenz, 2004, S. 311, Rdn. 864.

580 Vgl. Halsbury's Laws of England, vol. 7(3), 4th Edition Reissue, para. 402; Armour, Tolley's Limited Liability Partnerships – the new legislation, p. 74 para. 7.34.

581 Vgl. Walton/Muir, Kerr on Receivers and Administrators, 1989, p. 430 et seq.

582 Vgl. Bailey/Groves/Smith, Corporate Insolvency, 2nd Edition, 2001, para. 5.75.

2. Administration

Die beabsichtigte gerichtliche Bestellung eines administrators durch Gläubiger der Gesellschaft ist gem. Anhang B1 para. 12(2) IA 1986, rule 2.6(2)(a) IR 1986 (i) anderen Gläubigern, die einen Antrag auf Durchführung der liquidation gestellt haben, (ii) einem vorgeschlagenen administrator sowie (iii) den Inhabern einer qualifizierten floating charge bzw. einem bereits bestellten administrative receiver vor dem gerichtlichen Anhörungstermin zur Bestellung des administrators anzuzeigen. Ebenso ist dem Inhaber einer qualifizierten floating charge gem. Anhang B1 para. 26(1) IA 1986 mit fünftägiger Frist die beabsichtigte außergerichtliche Bestellung eines administrators durch die Gesellschaft oder einen Geschäftsführer anzuzeigen.

Durch die Anzeigepflicht soll den Inhabern einer qualifizierten floating charge ermöglicht werden, ihr Recht zur Bestellung eines administrative receiver auszuüben, um die Eröffnung einer administration durch gerichtlichen Beschluss oder durch außergerichtliche Bestellung durch die Gesellschaft bzw. einen Geschäftsführer verhindern bzw. blockieren zu können. Denn ist über das gesamte Vermögen einer Gesellschaft ein administrative receiver bestellt, so hat das Gericht gem. sec. 9(3) IA 1986, Anhang B1 para. 39(1) IA 1986 den Antrag auf Eröffnung der administration abzulehnen, es sei denn der Inhaber der qualifizierten floating charge stimmt der Eröffnung der administration zu. Etwas anderes gilt nur, wenn das Gericht die floating charge (i) für unwirksam aufgrund fehlender Eintragung, (ii) für nichtig gem. sec. 245 CA 1985 oder (iii) für anfechtbar gem. sec. 238 bis 240, 242, 243 IA 1986 hält[583]. Im Fall der außergerichtlichen Bestellung eines administrators kann der Inhaber einer qualifizierten floating charge dann innerhalb der gem. Anhang B1 para. 26(1) IA 1986 fünftägigen Frist entweder der beabsichtigten Bestellung des administrator zustimmen, einen eigenen administrator bestellen oder einen administrative receiver bestellen. Die UK covered bond-Gläubiger haben somit aufgrund der qualifizierten floating charge eine starke Position inne und sind umfassend vor der Bestellung eines administrators und der damit verbundenen Moratoriumswirkung geschützt[584].

III. Verfahrenskosten, bevorrechtigte Gläubiger, Erlösverteilung und Beendigung des Administrative Receivership

Die Kosten des administrative receiverships sind aus den Verwertungserlösen vorab zu bezahlen[585]. Ansonsten hat der administrative receiver bei der Verteilung des Verwertungserlöses insbesondere gem. sec. 196 CA 1985[586] und sec. 40(2), IA 1986 die Ansprüche der sog. bevorrechtigten Gläubiger (*preferential debt*) vorab zu befriedi-

583 Siehe oben 4. Teil, 2. Abschnitt, § 16, B., II., 2., b).
584 Vgl. Godfrey/Loebel, Englische Gesellschaften in der Insolvenz, S. 37.
585 Vgl. Re Barleycorn Enterprise, Ltd. [1970] 2 All E.R. 155; ter Meulen, Floating Charge, S. 103 ff.; Armour, Tolley's Limited Liability Partnerships – the new legislation, p. 74 para. 7.35.
586 Künftig: sec. 754 Companies Act 2006.

gen; dies gilt nicht für UK Regulated Covered Bonds, für die diese Regelungen nicht anwendbar sind[587].

Die bevorrechtigten Forderungen sind in sec. 386 IA 1986 in Verbindung mit Anhang 6 des IA 1986 aufgezählt. Die wichtigsten bevorrechtigten Forderungen sind[588]: vom Arbeitgeber abzuführende (i) Lohnsteuer, (ii) Sozialversicherungsbeiträge, (iii) Umsatzsteuer, (iv) Arbeitnehmerforderungen und (v) Forderungen von Pensionskassen.

Zwar wurden mit dem Enterprise Act 2002 die bevorrechtigten Forderungen der Krone (*crown preferences*) abgeschafft. An deren Stelle trat aber gem. sec. 176A IA 1986 ein sog. bevorrechtigter Anteil (*prescribed part*) für ungesicherte Gläubiger, soweit vorhanden, die aus dem Verwertungserlös der floating charge vorrangig vor den Inhabern der floating charge zu befriedigen sind[589]. Der bevorrechtigte Anteil berechnet sich gem. sec. 176A IA 1986 in Verbindung mit der IA 1986 (prescribed part) Order 2003. Danach beträgt der bevorrechtigte Anteil 50 % des Nettovermögens der LLP, jedoch maximal GBP 10.000 sowie 20 % des darüber liegenden Anteils, wiederum begrenzt auf GBP 600.000. Die bevorrechtigten Forderungen und der bevorrechtigte Anteil beziehen sich allerdings nur auf den Haftungsverband der floating charge. Bei der Verwertung einer fixed charge müssen die bevorrechtigten Forderungen und der bevorrechtigte Anteil nicht berücksichtigt werden[590]. Dies gilt auch dann, wenn neben der fixed charge zusätzlich eine floating charge zu Gunsten des Sicherungsnehmers bestellt worden ist und auf Grund dieser das administrative receivership eingeleitet worden ist[591].

Insgesamt stehen aufgrund der fixed und floating charge die Verwertungserlöse aus den Deckungswerten den UK covered bond-Gläubigern nach Abzug der Kosten des administrative receivership in voller Höhe zu. Sollte ein Gericht die fixed charge aufgrund einer unzureichenden Kontrolle des Sicherheitentreuhänders über die Mittelzuflüsse aus den verpfändeten Deckungswerten nicht anerkennen, sind grundsätzlich die bevorrechtigten Gläubiger sowie ungesicherte Gläubiger, soweit vorhanden, in Höhe des bevorrechtigten Anteils vorab zu befriedigen. Nachdem UK covered bond-Programme die Beschäftigung von Mitarbeitern bei der UK covered bond LLP ausschließen und die Begründung von ungesicherten Verbindlichkeiten

---

587 Siehe 4. Teil, 2. Abschnitt, § 17, B.

588 Vgl. Keay, Walton, The Preferential Debts Regime in Liquidation Law: In the Public Interest?, CfiLR 1999, 84 et seq.

589 Dies gilt nur für past-act floating charges, also solche, die nach Inkrafttreten des Enterprise Act 2002 am 15.9.2003 bestellt wurden (d.h. alle UK covered bonds, außer dem HBOS Covered Bond vom Juni 2003). Der Inhaber der floating charge hat hinsichtlich eines etwaigen Ausfalls im Rahmen der Verwertung der floating charge keine Berechtigung am bevorrechtigten Anteil (vgl. Re Permacell, High Court Birmingham, November 2007).

590 Vgl. Re Lewis Merthyr Consolidated Collieries Ltd. [1929] 1 Ch. 498, 512; West/Miller, Enterprise Act 2002: Issues for Secured Lenders, JIBLR, [2004], p. 89; Jungmann, Grundpfandgläubiger und Unternehmensinsolvenz, 2004, S. 274, Rdn. 762.

591 Vgl. Re Lewis Merthyr Consolidated Collieries Ltd. [1929] 1 Ch. 498, 512; Re G L Saunders Ltd. [1986] BCLC 40, 43 = [1986] 1 W.L.R. 215, 219; Goode, Legal Problems of Credit and Security, 2003, p. 194 para. 5-65.

gegenüber Dritten der Zustimmung des Sicherheitentreuhänders unterstellt, sollte hieraus keine wesentliche Belastung der Deckungsmasse von UK structured covered bonds resultieren.

Nach den untersuchten UK covered bond Programmen ist der Verwertungserlös in der folgenden Reihenfolge zu verteilen:

- Erstens, pro rata zur Erfüllung von fälligen Zahlungen an (i) den Schuldverschreibungstreuhänder, (ii) den Sicherheitentreuhänder sowie (iii) der Vergütung der agent bank jeweils inklusive Zinsen und Mehrwertsteuer;
- Zweitens, pro rata (i) zur Erfüllung von Vergütung, Kosten, Ausgaben und Auslagen des servicers und cash managers jeweils inklusive Mehrwertsteuer sowie ggf. (ii) fälliger Zahlungen an die account bank und den corporate service provider;
- Drittens, pro rata und gleichrangig (*pari passu*) zur Erfüllung fälliger Zahlungen aus den interest rate-Swapverträgen (außer Abschlusszahlungen nach Kündigung eines interest rate-Swapvertrags);
- Viertens, pro rata und gleichrangig (*pari passu*) (i) zur Erfüllung fälliger Zahlungen aus den covered bond-Swaps (außer Abschlusszahlungen nach Kündigung eines covered bond swaps) und (ii) zur Erfüllung fälliger Zins- und Tilgungsverbindlichkeiten gegenüber dem Schuldverschreibungstreuhänder aus den UK covered bonds; reichen die verfügbaren Mittelzuflüsse der LLP – ohne Berücksichtigung der Einnahmen aus den covered bond-Swaps – hierfür nicht aus, so ist der Zahlungsausfall anteilig auf die sich im Umlauf befindlichen UK covered bond-Serien zu verteilen und die Ansprüche der covered bond-Swaps sind ebenfalls nur anteilig zu erfüllen;
- Fünftens, zur Erfüllung von Abschlusszahlungen unter den interest rate-Swaps und den covered bond-Swaps;
- Sechstens, zur Rückzahlung der Gesellschafterdarlehen;
- Siebtens, zur Erfüllung gestundeter Zahlungsverpflichtungen im Rahmen des Erwerbs der Immobilienkredite (*deferred consideration*); und
- Achtens, für Zahlungen an die Gesellschafter der LLP, wie z.B. Kapitalausschüttungen, in Übereinstimmung mit der Satzung der LLP.

Für UK Regulated Covered Bonds ist dagegen ausschließlich eine gleichrangige Befriedigung der Ansprüche der Gläubiger des UK Regulated Covered Bond mit denjenigen Personen, welche zu Gunsten der UK Regulated Covered Bond-Gläubiger Dienstleistungen erbracht haben (z.B. Schuldverschreibungs- und Sicherheitentreuhänder, agent banks, paying agents, servicer, cash manager, account bank, corporate service provider) und den Derivategeschäftspartnern der UK covered bond LLP zulässig[592].

---

592 Siehe 4. Teil, 2. Abschnitt, § 17, B.

Im Anschluss an die Verteilung des Verwertungserlöses ist die Beendigung des administrative receivership der Gläubigerversammlung und der UK covered bond LLP gegenüber anzuzeigen. Reichen die Verwertungserlöse zur Erfüllung der Verbindlichkeiten nicht aus, so hat der administrative receiver die liquidation der UK covered bond LLP einzuleiten. Das administrative receivership endet mit der Erfüllung der Aufgaben des administrative receiver[593].

IV. Ausfallhaftung des UK Covered Bond-Emittenten

Neben der covered bond-Garantie steht den UK covered bond-Gläubigern weiterhin aus der Schuldverschreibungstreuhand der Anspruch auf Erfüllung der Zins- und Rückzahlung unter den Schuldverschreibungen gegen den Emittenten und/oder der Muttergesellschaft aus der group guarantee weiter zu. Die UK covered bond-Gläubiger sind in der Folge berechtigt, einen etwaigen Ausfall ihrer Ansprüche im Rahmen der Garantie bzw. Verwertung des Vermögens der LLP gegenüber dem Emittenten und/oder der Muttergesellschaft bzw. ggf. in einem Insolvenzverfahrens über deren Vermögen anzumelden. Aufgrund der Gesamtfälligstellung der UK covered bonds gegenüber dem Emittenten im Rahmen der Durchsetzung der covered bond-Garantie ist der Ausfallanspruch in Höhe der zu diesem Zeitpunkt im Umlauf befindlichen UK covered bonds zuzüglich zu diesem Zeitpunkt ausstehender Zinsansprüche beschränkt.

V. Haftung der LLP Gesellschafter nach den Vorschriften des Insolvency Act 1986

Als Kompensation für das fehlende Kapitalerhaltungsschutzrecht bei LLPs, für welche die Regeln zur Kapitalaufbringung und -erhaltung von companies nach dem Companies Act 1985 nicht gelten, sind zum Schutz der Gläubiger gem. sec. 5 Limited Liability Partnership Verordnung 2001 die Haftungsvorschriften für directors einer company nach dem Insolvency Act 1986 auf die Gesellschafter einer LLP entsprechend anwendbar. Diese sind damit auch für die UK covered bond LLP zu beachten.

Eine Haftung nach dem IA 1986 kann jeden Gesellschafter einer LLP treffen. Dies gilt unabhängig davon ob der Gesellschafter aktiv in die Geschäftsführung der LLP einbezogen ist oder an dieser aufgrund Vereinbarung im Gesellschaftsvertrag gar nicht beteiligt ist. Denn grundsätzlich ist jeder Gesellschafter geschäftsführungsbefugt, weshalb auch von jedem die Einhaltung der Pflichten verlangt wird, um ein opportunistisches Verhalten zu Lasten der Gläubiger zu verhindern[594].

---

593 Vgl. Finch, Corporate Insolvency Law, 2002, p. 248.
594 Triebel/Otte/Kimpel, Die englische Limited Liability Partnership in Deutschland: Eine attraktive Rechtsform für deutsche Beratungsgesellschaften?, in: BB, 2005, S. 1237.

1. Haftung wegen Fraudulent Trading

Wer die LLP in der Krise mit der Absicht Gläubiger zu benachteiligen fortführt, haftet wegen betrügerischen Handelns (*fraudulent trading*) nach sec. 213 IA 1986. Dieser Schadensersatz- und auch Straftatbestand ist mit der deliktischen Haftung gem. § 823 Abs. 2 BGB i.V.m. § 263 StGB bzw. nach § 826 BGB im deutschen Recht vergleichbar[595]. Aufgrund des Erfordernisses, dem Handelnden eine Betrugsabsicht nachzuweisen, spielt dieser Tatbestand in der Praxis keine bedeutende Rolle.

2. Haftung wegen Wrongful Trading

Praktisch bedeutsamer ist die Haftung wegen unrechtmäßigen Handelns (*wrongful trading*) gem. sec. 214 IA 1986. Danach haften die Gesellschafter der LLP gegenüber der Insolvenzmasse auf Schadensersatz, wenn sie erkannt haben oder erkennen hätten können, dass keine vernünftigen Aussichten bestanden, eine insolvenzbedingte Liquidation (*insolvent liquidation*) der LLP zu vermeiden, es sei denn der Gesellschafter hat jede Maßnahme ergriffen, um den Schaden der Gläubiger der LLP zu minimieren. Im Ergebnis ist der Gesellschafter einer LLP deren Gläubigern haftbar, wenn er im Zeitpunkt der Offensichtlichkeit sich abzeichnender Zahlungsunfähigkeit nicht alles unterlässt, was den Schaden der Gläubiger vergrößert[596].

Ein Anspruch aufgrund wrongful trading kann nur vom liquidator der LLP geltend gemacht werden. In Bezug auf etwaige Verfahrenskosten zur Geltendmachung dieses Anspruchs hat der liquidator einen vorrangigen Anspruch gegen die Insolvenzmasse[597]. Die Festlegung der Höhe des Schadensersatzes steht im Ermessen des Gerichts. In der Praxis wird häufig der sog. Quotenschaden der Gläubiger i.S.d. deutschen Insolvenzrechts ersetzt; ein darüber hinausgehender Anspruch auf Ersatz des vollen Vertrauensschadens wird jedoch abgelehnt[598].

3. Haftung für Entnahmen (Claw Back)

Die Haftung der Gesellschafter einer LLP geht weiter als die der director einer limited company. Denn gem. Anhang 3 der Limited Liability Partnership Verordnung 2001 wurde eine neue sec. 214A IA 1986 (sog. claw back provision) eingefügt, nach welcher der liquidator bestimmte Entnahmen (*withdrawals*) der Gesellschafter der LLP zurückverlangen kann.

---

595 Triebel/Otte/Kimpel, Die englische Limited Liability Partnership in Deutschland: Eine attraktive Rechtsform für deutsche Beratungsgesellschaften?, in: BB, 2005, S. 1237.
596 Vgl. Kilian, Die limited liability partnership – Eine neue Gesellschaftsform im britischen Recht, in NZG, 2000, S. 1014.
597 Vgl. rule 4.128(1)(a)(i) IR 1986.
598 Vgl. Re Purpoint Ltd [1991] B.C.L.C. 491, 499; Triebel/Otte/Kimpel, Die englische Limited Liability Partnership in Deutschland: Eine attraktive Rechtsform für deutsche Beratungsgesellschaften?, in: BB, 2005, S. 1238.

Eine Haftung auf Schadensersatz begründet diese Vorschrift, wenn die Gesellschafter der LLP bis zu zwei Jahre vor Beginn der liquidation der LLP Entnahmen jeglicher Art getätigt haben und wussten oder hätten wissen können, dass die LLP zu diesem Zeitpunkt zahlungsunfähig war oder infolge der Entnahme zahlungsunfähig sein würde und dass keine vernünftigen Aussichten bestanden, eine insolvenzbedingte Liquidation (*insolvent liquidation*) zu vermeiden. Soweit ersichtlich existiert zu dieser Vorschrift noch keine Rechtsprechung[599]. Es wird davon ausgegangen, dass die Rechtsprechung hinsichtlich des Sorgfaltsmaßstabs und des Umfangs der Haftung auf die Voraussetzungen der sec. 214 IA 1986 zurückgreifen wird[600]. Im Ergebnis begründet sec. 214A IA 1986 für die Entnahmen der Gesellschafter der UK covered bond LLP im Rahmen der Verwendung des Mittelzuflusses der Deckungsmasse eine erhebliche Rechtsunsicherheit. Diese erfordert zusätzlich vor Durchführung der entsprechenden Entnahmen bei der UK covered bond LLP eine entsprechende Überwachung und Kontrolle der Liquiditätssituation der Deckungsmasse.

§ 18 Rechtsvergleich zum Befriedigungsvorrecht

Sowohl der Pfandbrief als auch der UK covered bond gewährt seinen Gläubigern ein vorrangiges Befriedigungsrecht, welches das Weiterlaufen der gedeckten Schuldverschreibungen in der Insolvenz des Emittenten und die Abwicklung der Deckungsmassen im Interesse der Gläubiger und deren Befriedigung entsprechend der Anleihebedingungen ermöglicht. Beide Modelle rechtfertigen vor diesem Hintergrund die Vergabe eines gesonderten Emissionsratings. Sowohl beim Pfandbrief als auch beim UK covered bond sind die Gläubiger der gedeckten Schuldverschreibung berechtigt, einen etwaigen Ausfall bei der Verwertung der Deckungsmassen gegenüber dem Emittenten im Rahmen des Insolvenzverfahrens über dessen Vermögen geltend zu machen.

A. Rechtsgrundlage des vorrangigen Befriedigungsrechts

Im deutschen Recht wird die vorrangige Befriedigung durch ein gesetzliches Sonderinsolvenzrecht erreicht, das die Deckungsmasse als Sondervermögen qualifiziert. Die Hauptinsolvenz der Pfandbriefbank hat kraft Gesetzes durch die Entstehung des Sondervermögens die Sonderung der Deckungsmassen der jeweiligen Pfandbriefgattung von der Insolvenzmasse der Pfandbriefbank zur Folge. Die Abwicklung der Deckungsmasse einer jeden Pfandbriefgattung erfolgt parallel zum

---

599 Vgl. Triebel/Otte/Kimpel, Die englische Limited Liability Partnership in Deutschland: Eine attraktive Rechtsform für deutsche Beratungsgesellschaften?, in: BB, 2005, S. 1238.
600 Vgl. Triebel/Otte/Kimpel, Die englische Limited Liability Partnership in Deutschland: Eine attraktive Rechtsform für deutsche Beratungsgesellschaften?, in: BB, 2005, S. 1238.

Hauptinsolvenzverfahren in einem gesetzlich geregelten Sachwalterverfahren. Darin hat der Sachwalter für eine geordnete Abwicklung der Deckungsmasse im Interesse der vollständigen Befriedigung der Pfandbriefgläubiger entsprechend der Anleihebedingungen zu sorgen. Zu diesem Zweck ist der Sachwalter berechtigt, (i) die Deckungsmasse entweder gestreckt abzuwickeln, (ii) auf Dritte zu übertragen oder (iii) für Dritte treuhänderisch zu verwalten. Die Pfandbriefe werden erst im Fall der Insolvenz einer Deckungsmasse infolge der Eröffnung eines Sonderinsolvenzverfahrens fällig gestellt und quotal befriedigt.

Das vorrangige Befriedigungsrecht des UK covered bond wird auf der Grundlage des allgemeingültigen englischen Vertrags-, Kreditsicherungs- und Insolvenzrechts geschaffen, indem die Deckungswerte auf dem Wege der Vollrechtsübertragung auf eine rechtlich selbständige LLP übertragen werden, welche die UK covered bonds garantiert und ihr gesamtes Vermögen zu Gunsten der UK covered bond-Gläubiger verpfändet. Die LLP ist als eine insolvenzferne Zweckgesellschaft ausgestaltet, deren Vermögen als Haftungsmasse für die UK covered bond-Gläubiger dient. Die LLP ist von der Insolvenz des Emittenten und/oder der Muttergesellschaft der UK covered bonds unabhängig und wird von dieser nicht berührt. Die Eröffnung eines parallelen Insolvenzverfahrens über das Vermögen der LLP durch den insolventen Emittenten und/oder die Muttergesellschaft ist durch entsprechende Vereinbarungen in der Satzung der LLP ausgeschlossen. Die UK covered bond-Transaktion kann im Fall der Insolvenz des Emittenten und/oder der Muttergesellschaft durch Durchsetzung der covered bond-Garantie ohne den Emittenten und/oder die Muttergesellschaft weiterlaufen. Die Bedienung der UK covered bonds erfolgt dann direkt aus dem Vermögen der LLP, das bis zur Insolvenz der LLP selbst durch die Geschäftsorgane der LLP verwaltet wird.

B. Grundmechanismus des vorrangigen Befriedigungsrechts

Das vorrangige Befriedigungsrecht des Pfandbriefs und des UK covered bond beruhen auf unterschiedlichen Grundmechanismen. Grundlage des vorrangigen Befriedigungsrechts ist beim Pfandbrief die Isolierung der Deckungsmassen. Demgegenüber beruht das vorrangige Befriedigungsrecht beim UK covered bond auf einer Spezialisierung der rechtlich selbständigen Deckungsmasse mit zusätzlicher Privilegierung der Schuldverschreibungsgläubiger. Das Pfandbriefmodell sieht, anders als der UK covered bond, nicht die Nutzung einer Zweckgesellschaft als Rechtsträger der Deckungswerte vor. Stattdessen stellt das PfandBG sicher, dass die in das Deckungsregister eingetragenen Deckungswerte in der Hauptinsolvenz der Pfandbriefbank nicht in die Insolvenzmasse fallen, sondern in diesem Fall ein Sondervermögen zu Gunsten der Pfandbriefgläubiger bilden[601]. Rechtsträger des isolierten Sondervermögens bleibt auch dann die insolvente Pfandbriefbank selbst.

601 Vgl. Tollmann, Die Bedeutung des neuen Refinanzierungsregisters für Asset Backed Securities, in ZHR 169 (2005), S. 600.

Die dingliche Bindung der Gläubiger der gedeckten Schuldverschreibung an die Deckungswerte unterscheidet sich bei Pfandbrief und UK covered bond. Vor der Hauptinsolvenz der Pfandbriefbank stellt das vorrangige Befriedigungsrecht dinglich ein aufschiebend bedingtes Sondervermögen in der Form einer gesetzlichen Sicherungstreuhand dar, das durch ergänzende gesetzliche Regelungen vor dem Zugriff Dritter auf dem Wege der Einzelzwangsvollstreckung und Aufrechnung geschützt ist. Mit der Hauptinsolvenz ändert sich die Rechtsstellung der Pfandbriefgläubiger durch Umwandlung der Deckungsmasse kraft Gesetzes in ein Sondervermögen, das vergleichbar ist mit einer insolvenzfesten Treuhand, bei der die Pfandbriefbank die Deckungsmasse als Treugeber ohne jegliche eigene Berechtigung für die Pfandbriefgläubiger hält, die auf das Treuhandvermögen im Rahmen der Sachwaltung in seiner Gesamtheit Zugriff haben[602].

Beim UK covered bond wird bereits anfänglich durch die Vollrechtsübertragung der Deckungswerte auf die LLP als zweckmäßig beschränkten, selbständigen Rechtsträger das Vermögen der Deckungsmasse vom Vermögen des Emittenten gesondert und durch die Garantie der UK covered bonds und die Verpfändung des gesamten Vermögens der LLP eine Haftungsmasse zu Gunsten der UK covered bond-Gläubiger begründet. Nach Zahlungsausfall oder eines sonstigen Kreditereignisses beim Emittenten und/oder der Muttergesellschaft wird die LLP bzw. werden die Deckungswerte weiter durch die Geschäftsführung der LLP verwaltet bzw. verwertet. In diesem Fall erfolgt die Vervollständigung der Übertragung der Deckungswerte durch Anzeige gegenüber den Immobilienkreditnehmern und Eintragung im land register. Erst nach Zahlungsausfall oder des Eintritts eines sonstigen Kreditereignisses bei der LLP selbst haben die UK covered bond-Gläubiger in ihrer Gesamtheit aufgrund der Verpfändung des gesamten Vermögens der LLP durch Bestellung eines administrative receiver unmittelbar Zugriff auf die Haftungsmasse[603]. Bis dahin sind die UK covered bond-Gläubiger in erster Linie durch die gesellschaftsvertraglichen Beschränkungen der LLP geschützt.

Das Wesen des vorrangigen Befriedigungsrechts des Pfandbriefs weist aufgrund der Umwandlung der Deckungsmasse in ein Sondervermögen in der Hauptinsolvenz der Pfandbriefbank gewisse Parallelen mit dem Wesen der floating charge auf, die vor der crystallisation über der LLP als Deckungsmasse quasi schwebt. Darüber hinaus ist sowohl das Sachwalterverfahren als auch das administrative receivership ein Verfahren zur Verwertung von Sachgesamtheiten. Sie finden jedoch in unterschiedlichen Phasen der gedeckten Schuldverschreibung Anwendung, d.h. beim Pfandbrief bereits nach der Hauptinsolvenz der Pfandbriefbank und beim UK covered bond erst nach der Insolvenz der LLP.

---

602 Das Sondervermögen des PfandBG geht damit in seiner Rechtswirkung über diejenige des englischen trust hinaus (vgl. Kern, Die Sicherheit gedeckter Wertpapiere, 2004, S. 156).

603 Ermöglicht wird dies dadurch, dass im englischen Recht der Bestimmtheitsgrundsatz in Verbindung mit der fixed und floating charge als equitable interests im Sinne einer schuldrechtlichen Bestimmbarkeit aufgeweicht ist und mit der floating charge am gesamten Vermögen eines Unternehmens ein dingliches Sicherheitsrecht bestellt werden kann.

Da sich beim Pfandbrief die Deckungsmasse erst in der Hauptinsolvenz in ein Sondervermögen umwandelt, ist ein gesetzliches Zwangsvollstreckungs-, Arrest und Aufrechnungsverbot zum Schutz der Pfandbriefgläubiger für die sonstigen Gläubiger der Pfandbriefbank erforderlich. Beim UK covered bond ist die Zwangsvollstreckung gegenüber dem Vermögen der LLP auf die Gläubiger der LLP beschränkt und zusätzlich das Vermögen bzw. die Deckungswerte der LLP durch die unmittelbare Verpfändung vor Maßnahmen der Einzelzwangsvollstreckung geschützt. Aufrechnungsrisiken bestehen beim UK covered bond aufgrund des Übertragungsmechanismus der Immobilienkredite fort, werden aber im Rahmen des asset coverage test entsprechend berücksichtigt.

C. Eröffnung der Insolvenz des Emittenten und Auswirkung auf die gedeckten Schuldverschreibungen

Die möglichen Quellen und Ursachen der Insolvenz einer Pfandbriefbank und eines Emittenten und/oder einer Muttergesellschaft des UK covered bond unterscheiden sich abstrakt betrachtet nicht. Beim Pfandbrief ist die Eröffnung der Hauptinsolvenz der Pfandbriefbank von der BaFin nach Vorliegen eines Insolvenzeröffnungsgrundes und damit im Fall der Zahlungsunfähigkeit, drohenden Zahlungsunfähigkeit oder Überschuldung in Bezug auf das allgemeine Bankvermögen der Pfandbriefbank zu beantragen. Die Isolierung der Deckungsmassen und das Entstehen des Sondervermögens bedürfen des Einschreitens der BaFin und sind ausschließlich bei Vorliegen einer Insolvenzgefahr beim Emittenten oder eines Insolvenzgrundes zulässig. Eine Durchsetzung des vorrangigen Befriedigungsrechts durch die Pfandbriefgläubiger ist nicht vorgesehen.

Beim UK covered bond berechtigt der Zahlungsausfall des Emittenten und/oder der Muttergesellschaft sowie in der covered bond-Garantie vereinbarte sonstige Kreditereignisse den Schuldverschreibungstreuhänder bzw. die UK covered bond-Gläubiger zur Verwertung der covered bond-Garantie. Der Garantiefall tritt nicht erst mit der Insolvenz des Emittenten und/oder der Muttergesellschaft ein, sondern wird bereits durch sonstige Kreditereignisse bzw. Insolvenzrisikoindikatoren, zu denen u.a. die Verletzung der Deckungskongruenz zählt, ausgelöst. Eine Mitwirkung der FSA zur Durchsetzung des vorrangigen Befriedigungsrechts der UK covered bonds ist nicht erforderlich, sondern obliegt dem Schuldverschreibungs- und Sicherheitentreuhänder sowie ggf. der Gläubigerversammlung.

Die gedeckten Schuldverschreibungen werden sowohl beim Pfandbrief als auch beim UK covered bond durch die Insolvenz des Emittenten nicht berührt und können deswegen weiter entsprechend der Anleihebedingungen bedient werden. Das Weiterlaufen der Pfandbriefe und der Deckungswerte nach der Hauptinsolvenz der Pfandbriefbank ist gesetzlich geregelt. Dadurch ist sichergestellt, dass weder Pfandbriefe noch andere Verbindlichkeiten des Sondervermögens (z.B. aus Derivategeschäften) gesamtfällig gestellt werden oder die Deckungswerte von der Hauptinsolvenz der Pfandbriefbank berührt werden.

Mit Durchsetzung der covered bond-Garantie wird die Bedienung der UK covered bonds dahingehend umgestellt, dass sie ab diesem Zeitpunkt unmittelbar durch die LLP und nicht mehr durch den Emittenten erfolgt. Zwar setzt die Durchsetzung der covered bond-Garantie die Gesamtfälligstellung der UK covered bonds gegenüber dem Emittenten voraus. Die Gesamtfälligstellung gegenüber dem Emittenten hat aber auf den Umfang der Einstandspflicht der LLP aus der covered bond-Garantie keine Auswirkung, so dass die gedeckten Schuldverschreibungen entsprechend der Anleihebedingungen gegenüber der LLP weiterlaufen.

Übereinstimmend werden auch die Derivategeschäfte der Deckungsmasse weder beim Pfandbrief noch beim UK covered bond aufgrund entsprechender vertraglicher Regelungen von der Insolvenz des Emittenten berührt, und laufen zur ordnungsgemäßen Abwicklung der Deckungsmassen weiter.

D. Verwaltung der Deckungsmasse nach der Insolvenz des Emittenten

Zur Verwaltung der Deckungsmasse parallel zur Hauptinsolvenz der Pfandbriefbank sieht das PfandBG ein spezielles Sachwalterverfahren zur Abwicklung der einzelnen Deckungsmasse der jeweiligen Pfandbriefgattung vor. Der Sachwalter wird auf Antrag der BaFin gerichtlich bestellt. Die BaFin kann den Sachwalter im Vorfeld der Insolvenz der Pfandbriefbank bei Vorliegen einer Gefahr für die Erfüllung der Pfandbriefverbindlichkeiten bestellen. Der Sachwalter vertritt die Interessen der Pfandbriefgläubiger und hat für die ordnungsgemäße Bedienung der Pfandbriefverbindlichkeiten zu sorgen. Er kann die Deckungsmasse gestreckt abwickeln oder alternativ auf einen Dritten ganz oder teilweise übertragen bzw. für einen Dritten ganz oder teilweise treuhänderisch verwalten. Der Sachwalter kann Rechtsgeschäfte mit Wirkung für die Deckungsmasse tätigen, soweit dies im Interesse der Pfandbriefgläubiger ist. Insoweit vertritt er die Pfandbriefbank. Zahlungseingänge aus Darlehen mit einem Beleihungsauslauf über der Beleihungsgrenze hat der Sachwalter in Höhe des Teils der gem. § 5 Abs. 1a PfandBG nicht als Deckungswert bestimmt ist, an die Insolvenzmasse abzuführen, soweit der Insolvenzverwalter keine Aufteilung der Grundpfandrechte einheitlich beliehener Immobilien verlangt. Für die Übertragung und treuhänderische Verwaltung ist die Zustimmung der BaFin erforderlich. Der Sachwalter ist befugt, zur Überbrückung von Liquiditätsengpässen Fremdkapital im Namen und für Rechnung des Sondervermögens aufzunehmen.

Beim UK covered bond wird nach der Insolvenz des Emittenten und/oder der Muttergesellschaft die Deckungsmasse durch die Geschäftsführung der UK covered bond LLP verwaltet. Die LLP führt ihre Geschäfte in diesem Fall entsprechend ihrem Gesellschaftszweck und der gesellschaftsvertraglichen Beschränkungen fort. Diese sehen für die Überwachung der Deckung nach der Insolvenz des Emittenten und/oder der Muttergesellschaft einen amortisation test sowie Vereinbarungen zur Durchführung der Veräußerung von Deckungswerten, insbesondere zur Bestimmung des Verkaufspreises vor. Die Geschäftsführung bedarf für Rechtsgeschäfte, die die Interessen der UK covered bond-Gläubiger berühren, der Zustimmung des Sicherheitentreuhänders und teilweise der Zustimmung der Gläubigerversammlung. Dies gilt insbesondere für die Sanierung der LLP und Rechtsgeschäfte zur Übertragung des Vermögens der LLP im Ganzen oder in Teilen (z.B. durch Verschmelzung oder Spaltung).

Zur Verwaltung der Deckungsmasse ist sowohl der Sachwalter als auch die Geschäftsführung der LLP auf Dritte angewiesen. Während der Sachwalter zumindest vorübergehend in der Hauptinsolvenz auf die Mitarbeiter der Pfandbriefbank zugreifen kann, muss die Geschäftsführung der LLP einen Ersatz-servicer und Ersatzcash manager für die Verwaltung ihres Vermögens suchen[604].

Übereinstimmend hat die Hauptinsolvenz der Pfandbriefbank ebenso wie die Insolvenz des UK covered bond-Emittenten den Verlust des revolvierenden bzw. dynamischen Charakters der Deckungsmasse zur Folge. Die Deckungsmasse übernimmt bei beiden Modellen ab der Insolvenz des Emittenten das Kreditrisiko ebenso wie Zins- und Währungskursänderungsrisiken aus den Deckungswerten. Während bei der Pfandbriefbank durch eine Übertragung der Deckungsmasse oder eines Teils der Deckungsmasse auf eine andere Pfandbriefbank der dynamische Charakter wieder aufleben kann, ist dies beim UK covered bond im Fall einer Übertragung der Deckungsmasse nicht zwingend der Fall. Insofern ist eher weniger davon auszugehen, dass ein Übernehmer der Deckungsmasse auch die Verpflichtungen des Emittenten des UK covered bond mit übernimmt. Dies kann aber andererseits u. U. auch die Übertragung der Deckungsmasse auf einen Dritten erleichtern.

Die Überdeckung kann beim UK covered bond im Vorfeld der Insolvenz des Emittenten nur soweit abgebaut werden, bis eine Verletzung des asset coverage test eintritt, welcher zur Durchsetzung der covered bond-Garantie berechtigt. Beim Pfandbrief kann im Vorfeld der Insolvenz eine freiwillige Überdeckung grundsätzlich vollständig abgebaut werden, soweit der Treuhänder entsprechend mitwirkt.

Die Überdeckung ist des Weiteren beim UK covered bond in voller Höhe insolvenzfest, da sie von der LLP entgeltlich erworben wird. Eine Insolvenzanfechtung der Übertragung der Deckungswerte auf die LLP hat deswegen wenig Aussicht auf Erfolg. Dagegen kann der Insolvenzverwalter vom Sachwalter eine freiwillige Überdeckung herausverlangen, die zur Deckung offensichtlich nicht notwendig ist. Die freiwillige Überdeckung ist beim Pfandbrief durch eine entsprechende Beweislastregelung zu Gunsten des Sachwalters geschützt. Die Beweislastregelung ist jedoch in Bezug auf ihre Auslegung und zeitliche Anwendbarkeit mit Rechtsunsicherheit verbunden. Während eine Beleihung der Überdeckung zur Überbrückung kurzfristiger Liquiditätslücken beim UK covered bond für den Sicherungsnehmer keine

604 Das Risiko, einen Ersatz-Servicer zu finden ist durchaus beachtlich. Erschwerend wäre jedenfalls, wenn als Ersatz-Servicer nur Dienstleister mit eigener Banklizenz zulässig wären. Dies ist beim Pfandbrief anzunehmen. Sowohl in Großbritannien als auch in Deutschland existieren mittlerweile spezialisierte Servicing-Gesellschaften, aber jeweils ohne Banklizenz (z. B. Homeloan Mortgages Ltd. (HML), Scarborough Mortgage Services, Vertex, Crown Northcorp, Stater Deutschland GmbH & Co. KG, Crown Mortgage Management GmbH).

Risiken mit sich bringt, geht das Risiko aus der Rechtsunsicherheit hinsichtlich der Insolvenzfestigkeit der freiwilligen Überdeckung auf den Kreditgeber bzw. Sicherungsnehmer über. Angriffe auf die Deckungsmasse durch den Insolvenzverwalter sind beim Pfandbrief ansonsten beschränkt auf die Geltendmachung der Herausgabe materiell nicht-deckungsfähiger Werte.

Die Kosten der Hauptinsolvenz der Pfandbriefbank bzw. des Emittenten des UK covered bond müssen die Deckungsmasse(n) bei beiden Modellen nicht tragen. Für die Kosten der Sachwaltung sieht der Pfandbrief eine gesetzlich übersichernde Deckung vor. Beim UK covered bond sind die Kosten der Verwertung der Deckungsmasse nach der Insolvenz des Emittenten und/oder der Muttergesellschaft ebenfalls von der Deckungsmasse zu tragen.

E. Insolvenz der Deckungsmasse

Für die Insolvenz der Deckungsmasse gilt ebenfalls, dass deren mögliche Quellen und Ursachen sich beim Pfandbrief und beim UK covered bond abstrakt betrachtet nicht unterscheiden. Das Risiko von Zahlungsstockungen in zeitlicher Nähe zur Hauptinsolvenz der Pfandbriefbank bzw. der Insolvenz des UK covered bond-Emittenten ist beiden Systemen immanent, da dies die Umstellung der Bedienung der gedeckten Schuldverschreibungen von der Bank auf die Deckungsmasse verursacht. Zudem kommt es beim Pfandbrief zur Sonderung der Deckungsmasse und dem Beginn des Sachwalterverfahrens, d.h. der Verwaltung der Deckungswerte durch einen neuen Verwalter. Vor Zahlungsstockungen ist die Deckungsmasse des Pfandbriefs durch den neu eingeführten Liquiditätspuffer geschützt. Demgegenüber sind beim UK covered bond aufgrund der bereits anfänglich erfolgten Trennung der Vermögensmassen lediglich die Zahlungsströme entsprechend der vereinbarten Mittelverwendungsregeln umzustellen und die Deckungswerte der LLP weiter durch deren Geschäftsführung zu verwalten.

Die Zahlungsunfähigkeit oder Überschuldung der Deckungsmasse hat sowohl beim Pfandbrief als auch beim UK covered bond die Eröffnung eines gesonderten Insolvenzverfahrens über das Vermögen der Deckungsmasse zur Folge. In diesem Fall werden die Pfandbriefe gesetzlich und beim UK covered bond vertraglich gesamtfällig gestellt und sind in der Folge quotal zu befriedigen. Mit Eröffnung der Sonderinsolvenz auf Antrag der BaFin geht die Verfügungs- und Verwaltungsbefugnis auf einen vom Insolvenzgericht zu ernennenden Sonderinsolvenzverwalter über, der die Interessen aller Gläubiger der insolventen Deckungsmasse zu wahren hat. Alternativ kann das Insolvenzgericht die Eigenverwaltung der insolventen Deckungsmasse anordnen.

Die Insolvenz der LLP berechtigt beim UK covered bond die Schuldverschreibungsgläubiger, ihr Pfandrecht am gesamten Vermögen der LLP unter eigener Kontrolle durch Bestellung eines administrative receivers zu verwerten. Denn durch die Verpfändung der Deckungswerte wird sichergestellt, dass im Fall der Insolvenz der LLP die UK covered bond-Gläubiger weiter durch Bestellung eines administrative receivers die Kontrolle über die Abwicklung der LLP behalten und nicht in ein Insolvenzverfahren über das Vermögen der LLP eingebunden werden. Die Bestellung des administrative receivers setzt dazu einen Zahlungsausfall oder den Eintritt eines sonstigen Kreditereignisses bei der LLP und die Gesamtfälligstellung der UK covered bonds gegenüber der LLP voraus. Ein derartiges Kreditereignis ist z. B. für den Fall der Verletzung des amortisation test vereinbart.

5. Teil: Die besondere öffentliche Aufsicht

Der Mindeststandard des Art. 22 Abs. 4 der OGAW-Richtlinie für gedeckte Schuldverschreibungen verlangt, dass die Emittenten gedeckter Schuldverschreibungen aufgrund gesetzlicher Vorschriften zum Schutz der Inhaber dieser Schuldverschreibungen einer besonderen öffentlichen Aufsicht unterliegen. Die öffentliche Aufsicht muss von staatlichen Stellen wahrgenommen werden und dem Schutz der Inhaber der gedeckten Schuldverschreibungen dienen. Die besondere öffentliche Aufsicht muss sich von der allgemeinen Bankaufsicht unterscheiden[1]. Gegenstand der besonderen öffentlichen Aufsicht muss insbesondere die Überwachung der Anlage der Erträge aus der Emission der gedeckten Schuldverschreibungen gemäß den gesetzlichen Vorschriften und der jederzeit ausreichenden Deckung sein.

§ 19 Die besondere öffentliche Aufsicht des Pfandbriefs

Seit der Neuordnung des Pfandbriefrechts im PfandBG ist das Pfandbriefprivileg nicht mehr an eine Geschäftsbeschränkung des Emittenten (wie noch im HBG und SchBkG) oder an die öffentlich-rechtliche Rechtsform (wie noch im ÖPG), sondern ausschließlich an eine hiervon unabhängige Erlaubnis zum Betreiben des Pfandbriefgeschäfts geknüpft. In diesem Zusammenhang wurde das Pfandbriefgeschäft im Sinne des § 1 Abs. 1 Satz 2 PfandBG als Bankgeschäft in § 1 Abs. 1 Satz 2 Nr. 1a KWG definiert und dadurch in den Katalog der erlaubnispflichtigen Bankgeschäfte des KWG aufgenommen. Auf diese Weise wurde es der Bundesanstalt für Finanzdienstleistungsaufsicht (BaFin) ermöglicht, sämtliche das Pfandbriefgeschäft betreibenden Institute in besonderer Weise zu beaufsichtigen[2].

A. Die besondere Erlaubnis zum Betreiben des Pfandbriefgeschäfts

Das Betreiben des Pfandbriefgeschäfts setzt – wie § 2 Abs. 1 Satz 1 und Satz 2 Nr. 2 PfandBG klarstellt – eine allgemeine Erlaubnis zum Geschäftsbetrieb für das Betreiben von Bankgeschäften in der Form des Kreditgeschäfts im Sinne von § 1 Abs. 1 Satz 2 Nr. 2 KWG der BaFin gem. § 32 KWG voraus[3]. Zusätzlich ist für das Betreiben

---

1 Vgl. FMLC, Issue 55 – Asset-Backed Bonds, January 2006, p. 9.
2 Vgl. Bundesregierung, Gesetzentwurf zur Neuordnung des Pfandbriefrechts, Drucks. 15/4321 vom 29.11.2004, S. 2 und Begründung S. 3.
3 Vgl. Bundesregierung, Gesetzentwurf zur Neuordnung des Pfandbriefrechts, Drucks. 15/4321 vom 29.11.2004, Begründung, S. 9; BaFin, Merkblatt, Voraussetzungen für die Erteilung einer

des Pfandbriefgeschäfts gem. § 32 KWG in Verbindung mit § 2 PfandBG eine besondere Erlaubnis erforderlich. Diese hat für Universalbanken keine Geschäftbeschränkung zur Folge[4], sondern soll lediglich sicherstellen, dass die Institute im Rahmen eines besonderen Erlaubnisverfahrens einen Nachweis darüber erbringen, dass sie bestimmte, für das Pfandbriefgeschäft unabdingbare Mindestvoraussetzungen erfüllen[5]. Zu diesem Zweck wurden aufgrund der spezifischen Anforderungen des Pfandbriefgeschäfts die allgemeinen Erlaubnisvoraussetzungen des § 32 KWG durch § 2 Abs. 1 Satz 2 PfandBG teilweise strenger gefasst (z. B. zum Kernkapital), teilweise aber auch vertieft geregelt (z. B. zum Geschäftsplan)[6].

Einer besonderen Erlaubnis zum Betreiben des Pfandbriefgeschäfts bedürfen[7]: Erstens konzessionierte Kreditinstitute, die in das Pfandbriefgeschäft neu einsteigen wollen. Zweitens bestehende Pfandbriefbanken, die in das Pfandbriefgeschäft einer anderen Pfandbriefgattung einsteigen wollen. Und drittens neu gegründete Kreditinstitute, die auch das Pfandbriefgeschäft betreiben wollen. Der Erlaubnisantrag zum Betreiben des Pfandbriefgeschäfts ist von dem Kreditinstitut gem. § 23 Abs. 1 nach der Verordnung über die Anzeigen und die Vorlagen von Unterlagen nach dem Gesetz über das Kreditwesen (Anzeigenverordnung – AnzV) in Schriftform an die BaFin zu richten und mit allen erforderlichen Unterlagen in dreifacher Ausfertigung einzureichen[8].

Im August 2009 besaßen in Deutschland über 75 Institute die Erlaubnis zum Betreiben des Pfandbriefgeschäfts[9]. Vier Pfandbriefbanken haben im Jahr 2005 ihre eingeschränkte Erlaubnis für das Pfandbriefgeschäft auf die Emission von Schiffspfandbriefen erweitert[10].

Erlaubnis zum Betreiben des Pfandbriefgeschäftes (§ 1 Abs. 1 Satz 2 Nr. 1a KWG) – Anforderungen an die Anzeige nach § 42 Abs. 1 Satz 2 PfandBG, April 2005.

4 Vgl. ECBC, European Covered Bond Fact Book, 2006, p. 21.

5 Vgl. Bundesregierung, Gesetzentwurf zur Neuordnung des Pfandbriefrechts, Drucks. 15/4321 vom 29.11.2004, S. 2 und Begründung S. 3.

6 Vgl. Bundesministerium für Finanzen, Neuordnung des Pfandbriefrechts – Weiterentwicklung eines deutschen Modellprodukts, in: Monatsbericht, Mai 2005, S. 72.

7 Soweit ein Kreditinstitut vor dem 19.7.2005 zulässigerweise Pfandbriefe ausgegeben hatte und auch noch zu Beginn des 19.7.2005 in Besitz der Erlaubnis zur Ausgabe von Pfandbriefen gewesen war, galt die für das Betreiben des Pfandbriefgeschäfts nach § 2 Abs. 1 Satz 1 PfandBG erforderliche Erlaubnis, beschränkt auf die jeweilige Pfandbriefgattung, als erteilt. Das Kreditinstitut hatte lediglich gem. § 42 Abs. 1 Satz 2 PfandBG vor Ablauf des 18.10.2005 eine Anzeige einzureichen, die inhaltlich den Anforderungen eines Erlaubnisantrags entsprach.

8 Vgl. BaFin, Merkblatt, Voraussetzungen für die Erteilung einer Erlaubnis zum Betreiben des Pfandbriefgeschäftes (§ 1 Abs. 1 Satz 2 Nr. 1a KWG – Anforderungen an die Anzeige nach § 42 Abs. 1 Satz 2 PfandBG, April 2005.

9 Vgl. Deutsche Bundesbank, Vorläufiges Verzeichnis der privilegierten Schuldverschreibungen deutscher Kredtinstitute nach Artikel 22 Absatz 4 der Richtlinie 85/611 EG, Stand August 2009 (siehe: http://www.bundesbank.de/download/bankenaufsicht/pdf/verzschuld.pdf).

10 Vgl. BaFin, Jahresbericht 2005, S. 112.

I. Pfandbriefgeschäftserlaubnis bei einem zugelassenen Kreditinstitut

Die Erlaubnis zum Betreiben des Pfandbriefgeschäftes stellt bei einem zugelassenen inländischen Kreditinstitut lediglich eine Erweiterung der bereits bestehenden Erlaubnis nach § 32 KWG dar[11]. Dem zugelassenen inländischen Kreditinstitut ist – abweichend von § 33 Abs. 4 KWG – die zusätzliche Erlaubnis zum Betreiben des Pfandbriefgeschäfts gem. § 2 Abs. 1 Satz 3 PfandBG zu versagen, wenn die besonderen Voraussetzungen des § 2 Abs. 1 Satz 2 Nr. 1 bis 5 PfandBG nicht vorliegen. Das Kreditinstitut hat deswegen in dem besonderen Erlaubnisantrag allein diejenigen Voraussetzungen nachzuweisen, die das KWG und das PfandBG speziell an das Betreiben des Pfandbriefgeschäfts knüpfen. Die Erlaubnis zum Betreiben des Pfandbriefgeschäfts kann gem. § 2 Abs. 1 Satz 4 PfandBG auf die Ausgabe von Hypothekenpfandbriefen, Öffentlichen Pfandbriefen, Schiffs- oder Flugzeugpfandbriefen beschränkt werden. Im Erlaubnisantrag ist deshalb anzugeben, für welche Pfandbriefgattung(en) die Pfandbrieferlaubnis beantragt wird und ab wann das jeweilige Pfandbriefgeschäft aufgenommen werden soll.

1. Kernkapital

Das PfandBG schreibt als besondere Erlaubnisvoraussetzung des Pfandbriefgeschäfts gem. § 2 Abs. 1 Satz 2 Nr. 1 PfandBG ein Kernkapital des Kreditinstituts im Sinne des § 10 Abs. 2a KWG von mindestens EUR 25 Mio. vor. Diese Anforderung entspricht der früheren Praxis der BaFin zur Erteilung einer Erlaubnis für Hypothekenbanken, für die stets eine erheblich über den nach dem KWG üblichen Mindesteigenkapitalanforderungen liegende Kapitalausstattung vorausgesetzt wurde[12].

Begründet wird das Erfordernis eines Kernkapitals in der angegebenen Höhe durch die Langfristigkeit der Darlehensgewährung und der Laufzeiten der Schuldverschreibungen im Pfandbriefgeschäft. Das Eigenkapital, welches die Funktion hat, möglicherweise entstehende Verluste des Kreditinstituts auszugleichen, muss aufgrund dieser Langfristigkeit angemessen und entsprechend dimensioniert sein. Im Übrigen muss eine Pfandbriefbank jederzeit in der Lage sein, sich bei Fälligwerden großvolumiger Pfandbriefserien kurzfristig die notwendige Liquidität beschaffen zu können[13]. Zum Nachweis des Kernkapitals genügt der Hinweis im Erlaubnisantrag auf die Bestätigung der Höhe des Kernkapitals im letzten, der BaFin vorliegenden Prüfbericht des Abschlussprüfers zusammen mit der Versicherung des Kreditinstituts, dass das Kernkapital auch zum Zeitpunkt der Antragstellung mindestens

---

11 Vgl. BaFin, Merkblatt, Voraussetzungen für die Erteilung einer Erlaubnis zum Betreiben des Pfandbriefgeschäftes (§ 1 Abs. 1 Satz 2 Nr. 1a KWG – Anforderungen an die Anzeige nach § 42 Abs. 1 Satz 2 PfandBG, April 2005.

12 Vgl. Bundesregierung, Gesetzentwurf zur Neuordnung des Pfandbriefrechts, Drucks. 15/4321 vom 29.11.2004, Begründung, S. 9.

13 Vgl. Bundesregierung, Gesetzentwurf zur Neuordnung des Pfandbriefrechts, Drucks. 15/4321 vom 29.11.2004, Begründung, S. 9.

EUR 25 Mio. beträgt. Liegt ein Prüfbericht noch nicht vor, so ist gem. § 23 Abs. 3 AnzV die Bestätigung eines Einlagenkreditinstituts mit Sitz in einem Staat des Europäischen Wirtschaftsraums darüber vorzulegen, dass ein Kernkapital von mindestens EUR 25 Mio. eingezahlt sowie frei von Rechten Dritter ist und zur freien Verfügung der Geschäftsleiter steht. Letzteres legt nahe, dass das Kernkapital unbelegt vorgehalten werden muss und damit von der BaFin die Funktion eines Risikopuffers zugewiesen bekam, wofür aber weder im Gesetz noch in der Begründung Anhaltspunkte zu finden sind[14].

Weder das KWG noch das PfandBG schreiben für das Betreiben des Pfandbriefgeschäfts eine bestimmte Rechtsform des Kreditinstituts vor[15]. Hypothekenbanken durften unter dem HBG vormals das Pfandbriefgeschäft nur in der Rechtsform der Aktiengesellschaft und der Kommanditgesellschaft auf Aktien betreiben[16]. Das ÖPG beschränkte die Zulässigkeit der Pfandbriefemission auf öffentlich-rechtliche Grundkreditanstalten (d.h. v.a. Landesbanken, Sparkassen als Anstalten des öffentlichen Rechts und staatliche Banken mit Sonderaufgaben)[17]. Eine genossenschaftliche Rechtsform hat bislang nur die vor dem Inkrafttreten des HBG im Jahr 1900 gegründete Münchner Hypothekenbank e.G.[18]. Die 1921 gegründete DG Hyp ist ein Spezialkreditinstitut im genossenschaftlichen Finanzverbund in der Rechtsform einer Aktiengesellschaft[19].

Begründet wurde der Verzicht auf rechtsformmäßige Erlaubnisvoraussetzungen vom Gesetzgeber damit, dass es für die Sicherheit des Pfandbriefs weiterhin unabdingbar ist, dass das Eigenkapital der Emittenten gegen nachträgliche Verminderungen geschützt wird. Jedoch dienen diesem Ziel mittlerweile die international etablierten und angepassten Vorschriften über das Mindesteigenkapital der Kreditinstitute, die der deutsche Gesetzgeber in § 10 KWG und in der Solvabilitätsverord-

---

14 Vgl. BaFin, Merkblatt, Voraussetzungen für die Erteilung einer Erlaubnis zum Betreiben des Pfandbriefgeschäftes (§ 1 Abs. 1 Satz 2 Nr. 1a KWG – Anforderungen an die Anzeige nach § 42 Abs. 1 Satz 2 PfandBG, April 2005; Schuster/Sester, Zum Entwurf des Pfandbriefgesetzes, in: ZBB 6/04, S. 485.

15 Vgl. Bundesregierung, Gesetzentwurf zur Neuordnung des Pfandbriefsrechts, Drucks. 15/4321 vom 29.11.2004, Begründung, S. 4. Für Kreditinstitute ist lediglich gem. § 2a Abs. 1 KWG die Rechtsform des Einzelkaufmanns ausgeschlossen.

16 Vgl. § 2 HBG. Die Bestimmung der Aktiengesellschaft bzw. der Kommanditgesellschaft auf Aktien als zulässige Rechtsform einer Hypothekenbank stellte insoweit eine Sonderregelung gewerberechtlicher Art dar. Ursprünglich waren Pfandbriefinstitute als Vereine nach dem Vorbild der Landschaften oder als Aktiengesellschaft nach dem Vorbild des Crédit Foncier de France organisiert. Erstere spielen in Deutschland nur noch eine untergeordnete Rolle. Wie in anderen europäischen Mitgliedsstaaten überwiegt in Deutschland die Rechtsform der Aktiengesellschaft. Vgl. Bellinger/Kerl, HBG, 4. Auflage, 1995, § 2 Rdn. 4, 7; Pleyer, Das Recht der Hypothekenbanken in Europa, 1981, S. 47.

17 Vgl. EMF, Die Hypothekenbanken und der Pfandbrief in Europa, 3. Auflage, 2001, S. 146; Pleyer, Das Recht der Hypothekenbanken in Europa, 1981, S. 49.

18 Vgl. Bellinger/Kerl, HBG, 4. Auflage, 1995, § 2, Rdn. 8; Arndt/Tolckmitt, Der Pfandbrief – Aktuelle Entwicklungen und rechtliche Grundlagen, in: VDH, Der Pfandbrief, 2001, S. 18.

19 Vgl. VDH, Der Pfandbrief, 2004, S. 74; EMF, Die Hypothekenbanken und der Pfandbrief in Europa, 3. Auflage, 2001, S. 146.

nung (SolvV) über die Eigenmittel in nationales Recht umgesetzt hat[20]. Die Einhaltung dieser Vorgaben wird laufend durch die BaFin überwacht. Bei Unterschreiten der Mindesteigenkapitalanforderungen kann die BaFin gem. § 35 Abs. 2 Nr. 3 in Verbindung mit § 33 Abs. 1 Satz 1 Nr. 1 KWG die Erlaubnis zum Betreiben der Bankgeschäfte aufheben. Eine zusätzliche Absicherung des Eigenkapitals mittels einer den Zugang zum Pfandbriefgeschäft zusätzlich einschränkenden Vorgabe der zulässigen Rechtsform ist daher nicht erforderlich[21].

2. Erlaubnis für das Kreditgeschäft

Das Kreditinstitut muss gem. § 2 Abs. 1 Satz 2 Nr. 2 PfandBG eine Erlaubnis zum Betreiben des Kreditgeschäfts nach § 1 Abs. 1 Satz 2 Nr. 2 KWG besitzen und das Kreditgeschäft voraussichtlich auch tatsächlich betreiben. Eine im Zeitpunkt der Beantragung zur Erlaubnis des Pfandbriefgeschäfts bereits bestehende Erlaubnis zum Betreiben des Kreditgeschäfts ist lediglich zu benennen[22]. Sofern das Kreditinstitut das Kreditgeschäft bisher bereits betrieben hat, reicht dies zum Nachweis dafür aus, dass das Institut das Kreditgeschäft voraussichtlich auch in Zukunft betreiben wird[23]. Ausreichend ist insoweit ein Hinweis auf die Darstellung des Kreditgeschäfts im letzten, der BaFin vorliegenden Prüfungsbericht des Abschlussprüfers. Soll das Kreditgeschäft hingegen erst zusammen mit dem Pfandbriefgeschäft neu aufgenommen werden, so muss das Kreditinstitut eine Erlaubnis zum Betreiben des Kreditgeschäfts spätestens zeitgleich mit der Erlaubnis zum Betreiben des Pfandbriefgeschäftes beantragen. Dabei muss das Kreditinstitut gem. § 2 Abs. 1 Satz 2 Nr. 2 PfandBG plausibel darlegen, dass es aufgrund seiner internen Organisation, seiner personellen und sachlichen Mittel sowie seiner Vertriebsstärke in der Lage sein wird, das Kreditgeschäft aufzunehmen. Das Erfordernis der Erlaubnis zum Betreiben des Kreditgeschäfts soll sicherstellen, dass Pfandbriefbanken nicht als reine Refinanzierungsvehikel betrieben werden können, sondern in gewissen Umfang das originäre Kreditgeschäft betreiben[24].

---

20 Vgl. Bundesregierung, Gesetzentwurf zur Neuordnung des Pfandbriefrechts, Drucks. 15/4321 vom 29.11.2004, Begründung, S. 4.

21 Vgl. Bundesregierung, Gesetzentwurf zur Neuordnung des Pfandbriefrechts, Drucks. 15/4321 vom 29.11.2004, Begründung, S. 4.

22 Vgl. BaFin, Merkblatt, Voraussetzungen für die Erteilung einer Erlaubnis zum Betreiben des Pfandbriefgeschäftes (§ 1 Abs. 1 Satz 2 Nr. 1a KWG – Anforderungen an die Anzeige nach § 42 Abs. 1 Satz 2 PfandBG, April 2005.

23 Vgl. BaFin, Merkblatt, Voraussetzungen für die Erteilung einer Erlaubnis zum Betreiben des Pfandbriefgeschäftes (§ 1 Abs. 1 Satz 2 Nr. 1a KWG – Anforderungen an die Anzeige nach § 42 Abs. 1 Satz 2 PfandBG, April 2005.

24 Vgl. Escher/Frey, Der Regierungsentwurf zum neuen Pfandbriefgesetz, in: BKR 10/2004, S. 381; Schuster/Sester, Zum Entwurf des Pfandbriefgesetzes, in: ZBB 6/04, S. 486.

3. Risikomanagement

Als weitere besondere Erlaubnisvoraussetzung verlangt § 2 Abs. 1 Satz 2 Nr. 3 PfandBG, dass das Kreditinstitut über geeignete Regelungen und Instrumente für das Risikomanagement im Sinne des § 27 PfandBG zur Steuerung, Überwachung und Kontrolle der Risiken für die Deckungsmassen und das darauf gründende Emissionsgeschäft verfügen muss. Damit soll dem besonderen Vertrauen der Anleger in den Pfandbrief Rechnung getragen werden[25]. Um dieses Vertrauen zu rechtfertigen, bedarf das Pfandbriefgeschäft besonderer Regelungen und Instrumente zur Steuerung und Kontrolle der damit verbundenen Zinsänderungs-, Währungs- sowie sonstigen Marktpreisrisiken. Erforderlich ist eine besonders genaue Steuerung und Kontrolle der entsprechenden Aktiv- und Passivgeschäfte.

Die gesetzliche Klarstellung und Ausformulierung als eigenständige, besondere Erlaubnisvoraussetzung in § 2 Abs. 1 Satz 1 Nr. 3 PfandBG soll der herausgehobenen Bedeutung der Anforderungen an die Steuerung, Überwachung und Kontrolle der Risiken für die Deckungsmassen und dem darauf basierenden Emissionsgeschäft Rechnung tragen. Das Risikomanagementsystem im Sinne des § 27 PfandBG kann Bestandteil des allgemeinen, auf die Gesamtbank bezogenen Risikomanagementsystems im Sinne des § 25a Abs. 1 Nr. 1 KWG sein[26]. Der § 27 PfandBG fordert kein hiervon abgetrenntes Risikomanagementsystem für die Deckungsmassen. Das Gesamtrisikomanagementsystem muss nach § 25a Abs. 1 Nr. 1 KWG die Einzelrisiken des Instituts insoweit abbilden, als sie für dessen dauerhafte Existenz bedeutsam sind. Zusätzlich verlangt § 27 Abs. 1 PfandBG, dass das Risikosystem darüber hinaus in der Lage sein muss, spezifische Risiken aus dem mit dem Pfandbriefgeschäft verbundenen Aktiv- und Passivgeschäft (Hypothekar-, Staats-, Schiffs- und Flugzeugkredite, Pfandbriefausgabe und Derivate) abzubilden[27]. Dazu muss das Risikomanagementsystem alle relevanten Risiken erkennen und steuern[28]. Es muss gem. § 27 Abs. 1 PfandBG insbesondere Verlustrisiken für die Deckungsmassen abbilden. Zu diesem Zweck müssen die internen Regelungen ein Limitsystem, ein Eskalationsverfahren einschließlich konkreter Handlungsanweisungen zur Risikorückführung sowie Vorgaben für Inhalt und Aufbau des dem Vorstand vorzulegenden Risikoreports enthalten. Das Limitsystem muss zur Vorbeugung von Klumpenrisiken die Konzentration auf bestimmte Einzelrisiken begrenzen. Das Eskalationsverfahren muss beim Überschreiten von zuvor intern festgelegten Risikogrenzwerten konkrete Gegenmaßnahmen zwingend vorsehen, welche die Rückführung des Risikos

---

25 Vgl. Bundesregierung, Gesetzentwurf zur Neuordnung des Pfandbriefrechts, Drucks. 15/4321 vom 29.11.2004, Begründung, S. 9.
26 Vgl. BaFin, Merkblatt, Voraussetzungen für die Erteilung einer Erlaubnis zum Betreiben des Pfandbriefgeschäftes (§ 1 Abs. 1 Satz 2 Nr. 1a KWG – Anforderungen an die Anzeige nach § 42 Abs. 1 Satz 2 PfandBG, April 2005.
27 Vgl. BaFin, Merkblatt, Voraussetzungen für die Erteilung einer Erlaubnis zum Betreiben des Pfandbriefgeschäftes (§ 1 Abs. 1 Satz 2 Nr. 1a KWG – Anforderungen an die Anzeige nach § 42 Abs. 1 Satz 2 PfandBG, April 2005.
28 Vgl. Bundesministerium für Finanzen, Neuordnung des Pfandbriefrechts – Weiterentwicklung eines deutschen Modellprodukts, in: Monatsbericht, Mai 2005, S. 73.

unverzüglich bewirken. Der Risikoreport muss alle risikorelevanten Informationen umfassen und ist dem Vorstand in angemessenen Zeitabständen, mindestens alle drei Monate, vorzulegen.

Zum Nachweis für das Vorliegen eines geeigneten Risikomanagements muss der Erlaubnisantrag gem. § 32 Abs. 1 Nr. 5 KWG einen tragfähigen Geschäftsplan beinhalten, aus dem neben den geplanten Geschäften, der organisatorische Aufbau und die erforderlichen internen Kontrollverfahren des Instituts hervorgehen. Diesem sind die Regelungen des Eskalationsverfahrens sowie ein Muster des Risikoreports beizufügen.

4. Geschäftsplan

Der besondere Erlaubnisantrag muss gem. § 32 Abs. 1 Satz 2 Nr. 5 KWG einen tragfähigen Geschäftsplan enthalten. Aus dem Geschäftsplan muss gem. § 2 Abs. 1 Satz 2 Nr. 4 PfandBG hervorgehen, dass das Kreditinstitut das Pfandbriefgeschäft regelmäßig und nachhaltig betreiben wird und dass der dafür erforderliche organisatorische Aufbau vorhanden ist. Des Weiteren muss der organisatorische Aufbau gem. § 2 Abs. 1 Satz 2 Nr. 5 PfandBG zusammen mit der personellen und sachlichen Ausstattung des Kreditinstituts, abhängig vom Umfang der Erlaubnis, dem künftigen Pfandbriefemissionsgeschäft sowie dem Hypothekar-, Staats- Schiffs- oder Flugzeugkreditgeschäft angemessen Rechnung tragen.

Die Anforderungen an den Geschäftsplan sollen sicherstellen, dass nur solche Kreditinstitute eine Erlaubnis zur Ausgabe von Pfandbriefen erhalten, die aufgrund ihrer internen Planungen sowie der sachlichen und personellen Mittel erwarten lassen, dass sie das Pfandbriefgeschäft als ein für ihr Unternehmen bedeutsames Refinanzierungsgeschäft betreiben werden[29]. Nachhaltigkeit im Sinne des § 2 Abs. 1 Satz 1 Nr. 4 PfandBG ist gegeben, wenn sich das Pfandbriefgeschäft selbst dauerhaft trägt[30]. Die geplanten geschäftlichen Ergebnisse aus dem Pfandbriefgeschäft müssen für sich genommen ausreichen, um die hohen Anforderungen des PfandBG an die Qualität der Deckungsmassen – z.B. durch den Erwerb zusätzlicher Deckungswerte – und die damit verbundenen Kosten dauerhaft sicherstellen zu können. Dies muss aus dem Geschäftsplan hervorgehen. Regelmäßiges Betreiben des Pfandbriefgeschäfts setzt ein langfristiges Engagement voraus, das sich ebenfalls im Geschäftsplan widerspiegeln muss. Ein regelmäßiges Pfandbriefmindestemissionsvolumen innerhalb festgelegter Zeiträume ist nicht erforderlich[31]. Die Entscheidung für eine Pfandbriefemission soll an der jeweiligen Marktsituation ausgerichtet bleiben.

---

29 Vgl. Bundesregierung, Gesetzentwurf zur Neuordnung des Pfandbriefrechts, Drucks. 15/4321 vom 29.11.2004, Begründung, S. 10.

30 Vgl. Bundesregierung, Gesetzentwurf zur Neuordnung des Pfandbriefrechts, Drucks. 15/4321 vom 29.11.2004, Begründung, S. 10.

31 Vgl. Bundesregierung, Gesetzentwurf zur Neuordnung des Pfandbriefrechts, Drucks. 15/4321 vom 29.11.2004, Begründung , S. 10; Schuster/Sester, Zum Entwurf des Pfandbriefgesetzes, in: ZBB 6/04, S. 486.

Die in § 23 Abs. 7 AnzV genannten Anforderungen an den Geschäftsplan sind entsprechend der erforderlichen Darstellungen für die besondere Erlaubnis anzupassen[32]. Dabei ist die Art der geplanten Geschäfte unter begründeter Angabe ihrer künftigen Entwicklung zu nennen. Die Angaben sind auf das geplante Aktivgeschäft zu Gunsten der Deckungsmassen und auf die geplante Pfandbriefausgabe zu beziehen. Umfang und Häufigkeit der in den verschiedenen Pfandbriefgattungen geplanten Emissionen sind zu nennen. Das Aktivgeschäft ist in der geplanten volumenmäßigen Entwicklung abzubilden. Die Annahmen sind unter Hinweis auf bisherige Vertriebskapazitäten, Kooperationen usw. zu plausibilisieren. Die voraussichtlichen Kosten für das Eigenkapital, die Risikovorsorge, die Verwaltung und den Vertrieb sowie die hieraus für die Deckungs-Aktiva der verschiedenen Risiko-Gewichtsklassen abgeleiteten Bedarfsmargen sind auszuweisen. Anzugeben ist in jedem Fall auch die Höhe des Fristentransformationsbeitrags. Plan-Bilanzen und Plan-Gewinn- und Verlustrechnungen sollen gesonderte Angaben zum Deckungs- und Refinanzierungsgeschäft enthalten. Um die voraussichtliche Nachhaltigkeit des Geschäfts darzulegen, sollen die Angaben die ersten fünf vollen Geschäftsjahre nach Aufnahme des Pfandbriefgeschäftes umfassen.

5. Organisatorischer Aufbau

Der organisatorische Aufbau und die Ausstattung des Kreditinstituts müssen gem. § 2 Abs. 1 Satz 2 Nr. 5 PfandBG dem geplanten Pfandbriefgeschäft angemessen Rechnung tragen. Zum Nachweis hierüber ist der organisatorische Aufbau des Pfandbriefgeschäfts gem. § 23 Abs. 7 Nr. 2 AnzV unter Beifügung eines Organigramms darzustellen. Das Organigramm muss insbesondere Aussagen zu den Zuständigkeiten der Geschäftsleiter sowie Angaben darüber enthalten, welche Personalstärke für die einzelnen Aufgabenbereiche des Pfandbriefgeschäfts vorgesehen ist. Auch ist gem. § 25a Abs. 2 KWG anzugeben, ob und inwieweit beabsichtigt ist, bestimmte Bereiche des Pfandbriefgeschäfts auf ein anderes Kreditinstitut auszulagern bzw. auf bestehende Auslagerungs-Lösungen zurückzugreifen. Die Anforderungen an den organisatorischen Aufbau sollen sicherstellen, dass nur solche Kreditinstitute eine Erlaubnis zur Ausgabe von Pfandbriefen erhalten, die aufgrund ihrer internen Planungen sowie der personellen und sachlichen Mittel erwarten lassen, dass sie das Pfandbriefgeschäft als ein für ihr Unternehmen bedeutendes Refinanzierungsgeschäft betreiben werden[33].

---

32 Vgl. BaFin, Merkblatt, Voraussetzungen für die Erteilung einer Erlaubnis zum Betreiben des Pfandbriefgeschäftes (§ 1 Abs. 1 Satz 2 Nr. 1a KWG – Anforderungen an die Anzeige nach § 42 Abs. 1 Satz 2 PfandBG, April 2005.

33 Vgl. Bundesregierung, Gesetzentwurf zur Neuordnung des Pfandbriefrechts, Drucks. 15/4321 vom 29.11.2004, Begründung, S. 10; Schuster/Sester, Zum Entwurf des Pfandbriefgesetzes, in: ZBB 6/04, S. 486 f.

6. Geschäftsleiter

Das Kreditinstitut muss gem. § 33 Abs. 1 Nr. 2 und Nr. 4, Abs. 2 KWG über zuverlässige Geschäftsleiter mit ausreichend fachlicher Eignung für das geplante Pfandbriefgeschäft verfügen. Handelt es sich um Personen, die bereits als Geschäftsleiter dieses oder eines anderen Kreditinstituts tätig sind und deren Bestellung zum Geschäftsleiter der BaFin ordnungsgemäß nach § 24 Abs. 1 Nr. 1 KWG angezeigt worden ist, sind Nachweise zur Beurteilung der Zuverlässigkeit entbehrlich, da die BaFin gem. § 60a KWG von den Gerichten, Strafverfolgungs- und Strafvollzugsbehörden über die Erhebung der öffentlichen Klage gegen Geschäftsleiter informiert werden muss. Personen, die noch nicht als Geschäftsleiter tätig sind, haben die in § 23 Abs. 4 i.V.m. § 8 Satz 2 Nr. 2 AnzV vorgesehene „Straffreiheitserklärung" abzugeben.

Die nach § 33 Abs. 2 Satz 1 KWG erforderlichen theoretischen und praktischen Kenntnisse der Geschäftsleiter müssen in den konkret in Aussicht genommenen Geschäften bestehen. Diesbezüglich stellt § 2 Abs. 1 Satz 5 PfandBG klar, dass diese regelmäßig anzunehmen sind, wenn die Geschäftsleiter über entsprechende Kenntnisse im Aktivgeschäft (Hypothekar-, Staats-, Schiffs- und Flugzeugkreditgeschäft) und dessen jeweiliger Refinanzierung verfügen. Spezielle Kenntnisse in der Refinanzierung über die Ausgabe von Pfandbriefen sind nicht erforderlich[34]. Nach der Regelvermutung des § 33 Abs. 2 Satz 2 KWG ist insoweit regelmäßig eine dreijährige leitende Tätigkeit bei einem Institut von vergleichbarer Größe und Geschäftsart nachzuweisen. Hierzu ist ein Lebenslauf vorzulegen, welcher den Voraussetzungen der §§ 23 Abs. 6 i.V.m. 8 Satz 2 Nr. 1 AnzV entspricht.

II. Erlaubnis zum Betreiben einer weiteren Gattung des Pfandbriefgeschäfts

Für die Ausweitung des Pfandbriefgeschäfts auf eine weitere Pfandbriefgattung bedarf die Pfandbriefbank einer entsprechenden Erlaubnis für das Betreiben des weiteren Pfandbriefgeschäfts der zusätzlichen Pfandbriefgattung[35]. Für die Anforderungen an die Erlaubnis zum Betreiben einer zusätzlichen Gattung des Pfandbriefgeschäfts einer bestehenden Pfandbriefbank ergeben sich keine Abweichungen gegenüber den Anforderungen der Erlaubnis zum erstmaligen Betreiben des Pfandbriefgeschäfts bei einem konzessionierten Kreditinstitut. Die ausreichenden theoretischen Kenntnisse der Geschäftsleiter müssen sich auch auf das Aktivgeschäft der neu aufzunehmenden Pfandbriefgattung beziehen. Das gleiche gilt für das Risikomanagementsystem im Sinne des § 27 PfandBG und für den Geschäftsplan.

---

34 Dies stellt eine Erleichterung gegenüber der Regelung des § 33 Abs. 2 KWG dar, nach der die Geschäftsleiter über theoretische und praktische Kenntnisse im Pfandbriefgeschäft, d.h. auch in der Ausgabe von Pfandbriefen, aufweisen müssten.

35 Beispielsweise hat die NordLB im Jahr 2005 ihr Pfandbriefgeschäft um das Schiffspfandbriefgeschäfts erweitert (vgl. Kösters, Neue Wege im Pfandbriefrecht, in: VÖB, Deutscher Pfandbrief 2006 – Aktuelle Entwicklungen und internationaler Vergleich, 2006, S. 9).

III. Erlaubnis zur Neugründung eines Kreditinstituts als Pfandbriefbank

Für die Erlaubnis zur Neugründung eines Kreditinstituts, das auch das Pfandbriefgeschäft betreiben will, gelten die allgemeinen und besonderen Erlaubnisvoraussetzungen des KWG bzw. PfandBG. Die schriftliche Erlaubnis gem. § 32 Abs. 1 KWG zum Betreiben des Pfandbriefgeschäfts ist von der BaFin bei Vorliegen eines der Versagungsgründe des § 33 Abs. 1 KWG und bei Nicht-Vorliegen der besonderen Erlaubnisvoraussetzungen des § 2 Abs. 1 Satz 2 Nr. 1 bis 5 PfandBG abzulehnen. Inhaltlich ergeben sich in Bezug auf die besonderen Erlaubnisvoraussetzungen des § 2 PfandBG auch bei der Neugründung eines Kreditinstituts als Pfandbriefbank keine Abweichungen gegenüber den Anforderungen der Erlaubnis zum Betreiben des Pfandbriefgeschäfts bei einem konzessionierten Kreditinstitut.

IV. Das einmalige Anzeigeverfahren für bestehende Pfandbriefbanken

Kreditinstitute, die vor dem Inkrafttreten des PfandBG am 19.7.2005 in zulässiger Weise Pfandbriefe nach den Vorschriften des HBG, des ÖPG und des SchBkG ausgegeben hatten, durften gem. § 42 Abs. 1 Satz 1 PfandBG das Pfandbriefgeschäft der jeweiligen Gattung weiter betreiben und mussten hierfür keine gesonderte Erlaubnis beantragen[36]. Für diese Institute gilt die für das Betreiben des Pfandbriefgeschäfts nach § 2 Abs. 1 Satz 1 PfandBG erforderliche Erlaubnis als erteilt. Der durch den § 42 Abs. 1 Satz 1 PfandBG vermittelte Bestandsschutz gilt jedoch lediglich hinsichtlich der von den Kreditinstituten vor dem 19.7.2005 ausgegebenen Pfandbriefgattungen, da nur insoweit von den erforderlichen Kenntnissen, einer angemessenen internen Organisation sowie der Absicht des Instituts ausgegangen werden kann, das Pfandbriefgeschäft regelmäßig und nachhaltig zu betreiben. Für die bestehenden Pfandbriefbanken findet gem. § 42 Abs. 3 Satz 1 PfandBG das Erfordernis des § 2 Abs. 1 Satz 2 Nr. 1 PfandBG über ein Kernkapital von EUR 25 Mio. zu verfügen bis zum 31.12.2008 keine Anwendung, um diesen Instituten ausreichend Zeit zur Erhöhung ihres Kernkapitals einzuräumen[37].

---

36 Vgl. Bundesregierung, Gesetzentwurf zur Neuordnung des Pfandbriefrechts, Drucks. 15/4321 vom 29.11.2004, Begründung, S. 28; BaFin, Merkblatt, Voraussetzungen für die Erteilung einer Erlaubnis zum Betreiben des Pfandbriefgeschäftes (§ 1 Abs. 1 Satz 2 Nr. 1a KWG – Anforderungen an die Anzeige nach § 42 Abs. 1 Satz 2 PfandBG, April 2005. Von dieser Möglichkeit haben fast alle in Frage kommenden Insitute Gebrauch gemacht (vgl. BaFin, Jahresbericht 2005, S. 112).

37 Die Befristung des § 42 Abs. 3 Satz 1 PfandBG ist gem. § 42 Abs. 3 Satz 2 PfandBG nicht anzuwenden auf das Ritterschaftliche Kreditinstitut Stade und den Calenberg-Göttingen-Grubenhagen-Hildesheim'schen ritterschaftliche Kreditverein, da diese nicht in der Lage sein werden, ab dem 1.1.2009 das vorgeschriebene Kernkapital vorzuhalten. Es handelt sich bei beiden Instituten um öffentlich-rechtliche Kreditanstalten für langfristigen Kredit mit einem geringen Marktanteil, die seit 175 Jahren bewiesen haben, dass sie in der Lage sind, das Pfandbriefgeschäft erfolgreich und mit der vom PfandBG geforderten Nachhaltigkeit zu betreiben. Vgl. Bundesregierung, Gesetzentwurf zur Neuordnung des Pfandbriefrechts, Drucks. 15/4321 vom 29.11.2004, Begründung, S. 29; Beschlussempfehlung und Bericht des Finanzausschusses zu dem Gesetzentwurf zur Neuordnung des Pfandbriefrechts, 16.2.2005, Drucksache 15/4878, S. 17 f.

Schließlich gilt für die bei Inkrafttreten des PfandBG bestehenden Hypothekenbanken gem. § 43 Satz 1 PfandBG eine umfassende Erlaubnis zum Betreiben von Bankgeschäften nach § 32 Abs. 1 KWG, um die Erlaubnisvoraussetzung einer Erlaubnis zum Betreiben des Kreditgeschäfts gem. § 2 Abs. 1 Satz 1 Nr. 2 PfandBG zu erfüllen. Ausgeschlossen von der umfassenden Erlaubnis blieb lediglich das spezialgesetzlich geregelte Investmentgeschäft (§ 1 Abs. 1 Satz 2 Nr. 7 KWG) sowie das E-Geld-Geschäft (§ 1 Abs. 1 Satz 2 Nr. 11 KWG). Diese Erlaubniserweiterung wurde gewährt, da für die den Hypothekenbanken zusätzlich erlaubten Geschäfte keine Erlaubnisvoraussetzungen gelten, die über diejenigen zum Betreiben der Geschäfte einer Hypothekenbank hinausgehen[38]. Seit Inkrafttreten des PfandBG dürfen inländische Kreditinstitute, die eine Erlaubnis der BaFin gem. § 32 Abs. 1 KWG erhalten, oder für die gem. § 42 Abs. 1 Satz 1 PfandBG die Erlaubnis für das Betreiben des Pfandbriefgeschäfts nach § 2 Abs. 1 PfandBG als erteilt gilt, sämtliche Bankgeschäfte des § 1 Abs. 1 KWG außer dem Investmentgeschäft und dem E-Geld-Geschäft betreiben. Dies bewirkt für die bislang dem HBG unterfallenden Hypothekenbanken eine maßgebliche Erweiterung des unter dem HBG erlaubten Geschäftskreises.

V. Ausländische Kreditinstitute

Ausländische Kreditinstitute, die das Pfandbriefgeschäft in Deutschland betreiben wollen, benötigen ebenso wie inländische Institute sowohl eine Erlaubnis der BaFin zum Betreiben des Bankgeschäfts als auch eine besondere Erlaubnis zum Betreiben des Pfandbriefgeschäfts, da weder das neue PfandBG noch das KWG einen Europäischen Pass für das Pfandbriefgeschäft vorsehen[39]. Die Erlaubnis zum Betreiben des Pfandbriefgeschäfts können gem. § 2 Abs. 1 Satz 1 PfandBG nur Institute mit einem Sitz im Inland erhalten.

Nach der Regelung des Bezeichnungsschutzes des Pfandbriefs dürfen ausländische Kreditinstitute Schuldverschreibungen unter einer der in § 1 Abs. 1 Satz 2 Nr. 1 bis 4 PfandBG genannten Bezeichnungen (Pfandbrief, Hypothekenpfandbrief, Öffentlicher Pfandbrief, Schiffspfandbrief und Flugzeugpfandbrief) ohne Erlaubnis der BaFin nur unter den Voraussetzungen des § 41 Nr. 2 PfandBG in den Verkehr bringen. Dieser setzt voraus, dass[40]

- der Emittent ein Einlagenkreditinstitut mit Sitz in einem anderen Mitgliedsstaat der Europäischen Union oder einem Vertragsstaat des Abkommens über den Europäischen Wirtschaftsraum ist;

---

38 Vgl. Bundesregierung, Gesetzentwurf zur Neuordnung des Pfandbriefrechts, Drucks. 15/4321 vom 29.11.2004, Begründung, S. 29.

39 Vgl. Zahn/Lemke/Kaune, Änderungen des neuen Pfandbriefrechts sind zu begrüßen, in BörsenZ vom 27.11.2004, S. 3. Ausführlicher zu dieser Frage: Schuster/Sester, Zum Entwurf eines Pfandbriefgesetzes, in: ZBB 6/04, S. 487.

40 Vgl. BaFin, Merkblatt, Voraussetzungen für die Erteilung einer Erlaubnis zum Betreiben des Pfandbriefgeschäftes (§ 1 Abs. 1 Satz 2 Nr. 1a KWG – Anforderungen an die Anzeige nach § 42 Abs. 1 Satz 2 PfandBG, April 2005.

- die Ausgabe von Schuldverschreibungen unter einer der oben genannten Bezeichnungen auch im Herkunftsstaat zulässigerweise betrieben wird;
- es sich um Schuldverschreibungen im Sinne des Artikel 22 Abs. 4 Unterabsatz 1 der Richtlinie 85/611/EG des Rates vom 20.12.1985 zur Koordinierung der Rechts- und Verwaltungsvorschriften betreffend bestimmte Organismen für gemeinsame Anlagen in Wertpapieren (OGAW) handelt, und die Schuldverschreibungen in einer gem. Art 22 Abs. 4 Unterabsatz 3 dieser Richtlinie vom Herkunftsstaat des Kreditinstituts an die Kommission übersandten Liste enthalten ist;
- bei den zur Deckung verwendeten Hypotheken, Schiffs- und Flugzeughypotheken eine Grenze von 50 % des Marktwerts oder 60 % des Beleihungswerts im Sinne der Richtlinie 2000/12/EG nicht überschritten wird; und
- bei der Bezeichnung der Schuldverschreibung in allen Prospekten, Berichten und Werbeschriften eine etwaige fremdsprachige Originalbezeichnung des Pfandbriefs angegeben und darauf hingewiesen wird, dass die Schuldverschreibungen auf der Grundlage des jeweiligen ausländischen Rechts ausgegeben werden.

VI. Aufhebung und Erlöschen der Erlaubnis

Die Erlaubnis nach § 32 KWG erlischt gem. § 35 Abs. 1 Satz 1 KWG automatisch, wenn von ihr nicht innerhalb eines Jahres seit ihrer Erteilung Gebrauch gemacht wird. Das Recht zur Aufhebung der Erlaubnis hat die BaFin gem. § 35 Abs. 2 KWG darüber hinaus, wenn

- der Geschäftsbetrieb, auf den sich die Erlaubnis bezieht, seit mehr als sechs Monaten nicht mehr ausgeübt worden ist (Nr. 1);
- ihr Tatsachen bekannt werden, welche die Versagung der Erlaubnis nach § 33 Abs. 1 Satz 1 Nr. 1 bis 8 oder Abs. 3 Nr. 1 bis 3 KWG rechtfertigen würden (Nr. 3);
- über das Vermögen des Instituts ein Insolvenzverfahren eröffnet worden ist oder sonst Gefahr für die Erfüllung der Verpflichtungen des Instituts gegenüber seinen Gläubigern, insbesondere für die Sicherheit der dem Institut anvertrauten Vermögenswerte, besteht und die Gefahr nicht durch andere Maßnahmen nach dem KWG abgewendet werden kann (Nr. 4); oder
- das Institut nachhaltig gegen Bestimmungen des KWG, des Wertpapierhandelsgesetzes oder die zur Durchführung dieser Gesetze erlassenen Verordnungen oder Anordnungen verstoßen hat.

Zusätzlich kann die BaFin die Erlaubnis zum Betreiben des Pfandbriefgeschäfts auch nach § 2 Abs. 1 PfandBG gem. § 2 Abs. 2 PfandBG aufheben, wenn

- die besonderen Erlaubnisvoraussetzungen zum Betreiben des Pfandbriefgeschäfts gem. § 2 Abs. 1 Satz 1 Nr. 1 bis 5 PfandBG nicht mehr vorliegen (Nr. 1); oder
- die Pfandbriefbank seit mehr als zwei Jahren keine Pfandbriefe ausgegeben hat und nicht zu erwarten ist, dass das Pfandbriefgeschäft innerhalb der nächsten

sechs Monate als regelmäßig und nachhaltig betriebenes Bankgeschäft wieder aufgenommen wird (Nr. 2).

Letzteres gilt gem. § 42 Abs. 2 PfandBG auch für Kreditinstitute mit einer nach § 42 Abs. 1 Satz 1 PfandBG als erteilt geltenden Erlaubnis. Befristet bis zum 31.12.2008 werden Pfandbriefbanken, die vor dem 19.7.2005 bestanden, lediglich von dem Erfordernis, ein Kernkapital von mindestens EUR 25 Mio. vorzuhalten, freigestellt.

Hebt die BaFin die Erlaubnis für das Pfandbriefgeschäft auf oder erlischt diese, so sind die Deckungsmassen der Pfandbriefbank gem. § 2 Abs. 3 PfandBG abzuwickeln. Dies soll regelmäßig dadurch geschehen, dass die Pfandbriefbank die Deckungsmasse bis zur Fälligkeit der Pfandbriefe fortführt und die Pfandbriefe vertragsgemäß bedient[41]. Die BaFin kann gem. §§ 19 Abs. 2, 20 Abs. 3, 26 Abs. 3 und 16f Abs. 2 PfandBG Ausnahmen von den Obergrenzen für die weiteren Deckungswerte zulassen, um die geordnete Abwicklung zu erleichtern. Nur soweit es ausnahmsweise für eine sachgerechte Abwicklung erforderlich ist, kann auf Antrag der BaFin das Gericht des Sitzes der Pfandbriefbank gem. § 2 Abs. 4 Satz 1 PfandBG eine oder zwei geeignete natürliche Personen als Sachwalter bestellen. Für die Rechtsstellung dieses Sachwalters gelten gem. § 2 Abs. 4 Satz 2 PfandBG die Vorschriften der §§ 30 bis 36 PfandBG entsprechend.

B. Die laufende Aufsicht über die Pfandbriefbanken

Das PfandBG ermöglicht der BaFin, sämtliche das Pfandbriefgeschäft betreibenden Institute in besonderer Weise zu beaufsichtigen[42]. Die Aufsicht über die Hypothekenbanken durch die Bankaufsicht auf der einen Seite und die Aufsicht über die öffentlich-rechtlichen Banken durch die Länderministerien auf der anderen Seite hatten eine einheitliche Handhabung des Pfandbriefrechts in Deutschland – trotz gelegentlicher Koordinierungen – nicht sichergestellt[43]. Insofern trägt das PfandBG unter dem Aspekt der Aufsicht einer Vereinheitlichung bei. Allerdings wird es auch unter dem PfandBG dabei bleiben, dass sich die laufende Aufsicht aufgrund der unterschiedlichen Rechtsform und der besonderen Geschäftsart insbesondere zwischen den privaten und den öffentlichen Banken nicht unerheblich voneinander unterscheiden wird[44]. Die öffentlich-rechtlichen Banken unterliegen nämlich weiter einer sich aus allgemeinen verwaltungsrechtlichen Grundsätzen ergebenden Staatsaufsicht (Anstalts- und Sparkassenaufsicht), die ggf. durch Erlass der erforderlichen Anordnungen darüber wachen soll, dass der Geschäftsbetrieb der Bank im

41 Vgl. Bundesministerium für Finanzen, Neuordnung des Pfandbriefrechts – Weiterentwicklung eines deutschen Modellprodukts, in: Monatsbericht, Mai 2005, S. 74.

42 Vgl. Bundesregierung, Gesetzentwurf zur Neuordnung des Pfandbriefrechts, Drucks. 15/4321 vom 29.11.2004, S. 2 und Begründung S. 3.

43 Vgl. Bellinger, Einige Betrachtungen zur Geschichte der deutschen Hypothekenbanken, in: DLK, 02/2005, S. 50.

44 Vgl. Bellinger/Kerl, HBG, 4. Auflage, 1995, § 3 Rdn. 43.

Einklang mit dem Gesetz, ihrer Satzung und sonstigen Vorschriften steht[45]. Nach § 52 Abs. 1 KWG besteht diese Sonderstaatsaufsicht neben der Aufsicht der BaFin und bleibt gem. § 3 Satz 5 PfandBG unberührt[46]. Für Zwecke dieser Untersuchung soll es genügen die laufende Aufsicht über die Pfandbriefbanken auf die besondere Aufsicht zum Schutz der Pfandbriefgläubiger durch die BaFin zu beschränken.

I. Zuständigkeit und Gegenstand der Aufsicht

Die Aufsicht über die Pfandbriefbanken übt gem. § 3 Satz 1 PfandBG die BaFin nach den Vorschriften KWG und des PfandBG aus. Die BaFin hat in Anbetracht der im Zusammenhang mit dem PfandBG gestiegenen Anforderungen an die laufende Aufsicht über Pfandbriefbanken ihre Organisationsstruktur umgestaltet und ein Pfandbriefkompetenzcenter I und II eingerichtet. Nachdem mit dem Wegfall der gesetzlichen Beschränkungen des Spezialbankprinzips die Emission von Pfandbriefen nicht mehr zwangsläufig einen wesentlichen Schwerpunkt des Geschäftsbetriebs darstellen wird, orientiert sich die Organisation an der Zuordnung der Pfandbriefbanken zu Risikoverbünden und an ihrer Rechtsform[47].

Durch das sog. „Pfandbriefkompetenzcenter I – Grundsatzfragen und Aufsicht über Pfandbriefbanken ohne Konzerneinbindung" werden diejenigen Pfandbriefbanken beaufsichtigt, die keinem übergeordneten Konzern oder sonstigen Risikoverbund angehören. Das Pfandbriefkompetenzcenter I ist in sämtliche Grundsatzentscheidungen der BaFin mit Bezug zum PfandBG eingebunden und ist auch zuständig für die laufende Bankenaufsicht über die vorgenannten Pfandbriefbanken. Schwerpunkt der Grundsatzarbeit des Pfandbriefkompetenzcenters I liegt in der einheitlichen Auslegung und Fortentwicklung des Pfandbriefrechts inklusive des Erlasses und der Pflege der im PfandBG vorgesehenen Verordnungen (Pfandbriefbarwertverordnung, Beleihungswertermittlungsverordnungen und Deckungsregisterverordnung). Darüber hinaus fällt die Refinanzierungsregisterverordnung und die Bestellung der Verwalter für die Refinanzierungsregister gem. § 22e Abs. 2 KWG in den Zuständigkeitsbereich des Pfandbriefkompetenzcenter I. Schließlich ist das Pfandbriefkompetenzcenter I auch für die Überarbeitung des KWG in Bezug auf pfandbrief-spezifische Regelungen zuständig.

Durch den Bedeutungszuwachs der Deckungsprüfungen veranlasst, hat die BaFin das sog. Prüfungsreferat „Pfandbriefkompetenzcenter II – Deckungsprüfungen bei Pfandbriefbanken" neu geschaffen. Das Pfandbriefkompetenzcenter II koordiniert in Absprache mit den jeweils verantwortlichen Institutsaufsehern das gesamte

---

45 Vgl. Schmidt, Die Hypothekenbanken, in: Rüchardt, Handbuch des Hypothekarkredits, 3. Auflage, 1993, S. 1068; Kerl, Die Bankenaufsicht über das Real- und Kommunalkreditgeschäft, in: Rüchardt, Handbuch des Hypothekarkredits, 3. Auflage, 1993, S. 1205.

46 Vgl. Reischauer/Kleinhans, KWG, Loseblattsammlung, § 6, Rdn. 8; Schmidt, Die Hypothekenbanken, in: Rüchardt, Handbuch des Hypothekarkredits, 3. Auflage, 1993, S. 1068.

47 Vgl. zum Ganzen ausführlich: Bläser/Ullrich, Die neu gestaltete einheitliche Aufsicht über die Pfandbriefbanken, in: VdP, Der Pfandbrief, 2006, S. 30.

Deckungsprüfungswesen innerhalb der BaFin. Die Deckungsprüfungen können sowohl durch Mitarbeiter des Pfandbriefkompetenzcenters II als auch zur Unterstützung durch externe Wirtschaftprüfungsgesellschaften, die über Erfahrung in der Prüfung von Jahresabschlüssen von Kreditinstituten oder in der Deckungsprüfung bzw. Kreditprüfung verfügen, durchgeführt werden.

Allgemeine Aufgabe der Bankenaufsicht ist es gem. § 6 Abs. 2 KWG, Gefahren für die Sicherheit der den Kreditinstituten anvertrauten Geldern und für die Funktionsfähigkeit des Kreditgewerbes entgegenzuwirken[48]. Dies geschieht durch Festlegung von Anforderungen insbesondere an die Mindesteigenkapitalausstattung, die Liquidität, die Risikostreuung und die Eignung der Geschäftsleiter sowie durch die laufende Überwachung. Letztere besteht darin, die von den Kreditinstituten regelmäßig (Jahresabschlüsse, Monatsausweise, etc.) oder aus besonderem Anlass (z.B. Anzeige von Großkrediten, Veränderungen bei den Geschäftsleitern, Beteiligungserwerb, etc.) vorgelegten Informationen gemeinsam mit der Deutschen Bundesbank auszuwerten und sich anhand der Prüfungsberichte der Abschlussprüfer oder durch Anordnung von Sonderprüfungen insbesondere ein Bild von der Risikolage und Rentabilität der Institute zu machen[49].

Der Gegenstand der besonderen Aufsicht über die Pfandbriefbanken richtet sich nach der Generalklausel des § 3 Satz 1 PfandBG auf die Einhaltung der Vorschriften des PfandBG und des KWG. Ziel dieses über den des KWG hinausgehenden Umfang der Aufsicht ist, dass die BaFin die dauernde Einhaltung der Schutzvorschriften des PfandBG für die Pfandbriefgläubiger überwachen kann[50]. Neben der Einhaltung der Vorschriften des Kreditgeschäfts konzentriert sich die Aufsicht über die Pfandbriefbanken auf die Einhaltung der Vorschriften des PfandBG. Sachliche Schwerpunkte der Aufsicht über die Pfandbriefbanken sind die Überprüfung der Deckungswerte, der kongruenten Refinanzierung, und der Einhaltung der Pfandbriefdeckung[51].

Die besondere Aufsicht in Bezug auf das Pfandbriefgeschäft überschneidet sich im Zusammenhang mit der Überwachung und Prüfung der Deckung mit der für alle Kreditinstitute geltenden Aufgabe der Bankaufsicht insofern, als in beiden Fällen auf eine zutreffende Bewertung der Aktiva und eine ausreichende Risikovorsorge einschließlich der Sicherung gegen Zins- und Währungskursänderungen zu achten

48 Vgl. Boos/Fischer/Schult-Mattler, KWG, 3. Auflage, 2008, § 6 Rdn. 34 ff.

49 Vgl. Kerl, Die Bankenaufsicht im Hypothekar- und Kommunalgeschäft, in: Rüchardt, Handbuch des Hypothekarkredits, 3. Auflage, 1993, S. 1202 f. Beispielsweise hat die BaFin Ende Juli 2007 vor dem Hintergrund der Krise auf dem U.S.-amerikanischen Subprime Hypothekenmarkt Kreditinstitute zu ihrem Engagement in Verbriefungen bonitätsschwacher amerikanischer Immobilienkredite befragt (vgl. FAZ vom 30.7.2007, Bafin befragt Banken zu Immobilienrisiken, S. 13). Derartige Befragungen können ggf. zur Einleitung von Sonderprüfungen führen.

50 So bereits: Schubäus, Das Hypothekenbankgeschäft in den Niederlanden und der Bundesrepublik Deutschland, 1984, S. 96.

51 Vgl. Kerl, Die Bankaufsicht über das Hypothekar- und Kommunalgeschäft, in: Rüchardt, Handbuch des Hypothekarkredits, 3. Auflage, 1993, S. 1218; Schubäus, Das Hypothekenbankgeschäft in den Niederlanden und der Bundesrepublik Deutschland, 1984, S. 97.

ist[52]. Die Überprüfung der Deckungswerte ist seit jeher eine spezifische Aufgabe der Aufsicht über die Pfandbriefemittenten. Zu ihr gehört die Beurteilung der rechtlichen Anforderungen an den Rang und die Vollstreckbarkeit der Grundpfandrechte ebenso wie die Überprüfung der Beleihungswertermittlung und die Beobachtung der wirtschaftlichen Qualität der Deckungswerte[53].

II. Allgemeine Befugnisse der Aufsicht

Die Befugnisse der BaFin im Rahmen ihrer besonderen Aufsicht über die Pfandbriefbanken ergeben sich aus dem Zusammenhang des § 3 Satz 2 PfandBG und § 6 KWG sowie den Sonderermächtigungen der §§ 35, 36, 37, 45 ff. KWG[54]. Das der allgemeinen Bankenaufsicht aus dem KWG zur Verfügung stehende Instrumentarium besteht aus Kontrollbefugnissen (Auskunfts- und Prüfungsrechte, Anzeigepflichten der Banken) und besonderen im KWG aufgezählten Maßnahmen. Die allgemeinen Eingriffstatbestände und Aufsichtsmittel des KWG spiegeln eine liberale, die unternehmerische Handlungsfreiheit respektierende Grundkonzeption wider[55]. Umfassende Informations- und Prüfungsrechte räumt § 44 Abs. 1 Satz 1 KWG, der über § 3 Satz 1 PfandBG auf Pfandbriefbanken anwendbar ist, der BaFin gegenüber Kreditinstituten ein[56]. Die BaFin und die Deutsche Bundesbank können von den Kreditinstituten und ihren Leitungsorganen Auskünfte über alle Geschäftsangelegenheiten sowie die Vorlegung der Bücher und Schriften verlangen. Nach § 44 Abs. 1 Satz 2 KWG kann die BaFin ohne besonderen Anlass Prüfungen bei Kreditinstituten vornehmen (sog. Routineprüfungen)[57]. Ferner kann die BaFin gem. §§ 45 bis 48 KWG Maßnahmen bei unzureichendem Eigenkapital, bei unzureichender Liquidität, bei Zahlungsunfähigkeit, bei Überschuldung und bei fehlender Eignung bzw. Unzuverlässigkeit der Geschäftsleiter ergreifen. Mit Hilfe weniger im KWG aufgezählter Aufsichtsmittel soll bei Erhaltung der vollen unternehmerischen Freiheit sichergestellt werden, dass möglichen Gefahren für die einer Bank anvertrauten Gelder rechtzeitig – etwa durch genügende Risikostreuung und Bildung von Wertberichtigungen oder Rückstellungen – vorgebeugt wird[58].

Die besondere Aufsicht über die Pfandbriefbanken geht über die allgemeine Aufsicht nach den Bestimmungen des KWG hinaus. Die BaFin kann nach § 3 Satz 2 PfandBG Anordnungen treffen, die geeignet und erforderlich sind, um das Geschäft

---

52 Vgl. Bellinger/Kerl, HBG, 4. Auflage, 1995, § 3 Rdn. 55.
53 Vgl. Bellinger/Kerl, HBG, 4. Auflage, 1995, § 3 Rdn. 52.
54 Vgl. Schubäus, Das Hypothekenbankgeschäft in den Niederlanden und der Bundesrepublik Deutschland, 1984, S. 97.
55 Vgl. Kerl, Die Bankaufsicht über das Hypothekar- und Kommunalgeschäft, in: Rüchardt, Handbuch des Hypothekarkredits, 3. Auflage, 1993, S. 1212.
56 Vgl. Schubäus, Das Hypothekenbankgeschäft in den Niederlanden und der Bundesrepublik Deutschland, 1984, S. 95.
57 Vgl. Bellinger/Kerl, HBG, 4. Auflage, 1995, § 3 Rdn. 58; Boos/Fischer/Schulte-Mattler, KWG, 3. Auflage, 2008, § 44, Rdn. 20 ff.
58 Vgl. Goedecke/Kerl/Scholz, Die deutschen Hypothekenbanken, 4. Auflage, 1997, S. 238, 240.

der Pfandbriefbanken mit dem PfandBG und den dazu erlassenen Rechtsverordnungen im Einklang zu erhalten. Die Vorschrift des § 3 Satz 2 PfandBG hat Generalklauselcharakter. Über den Umfang der Ermächtigungsgrundlage der inhaltlich identischen Vorgängernorm des § 3 Satz 2 PfandBG gingen die Ansichten im Schrifttum auseinander[59]. In der älteren Kommentarliteratur wurde vertreten, dass Anordnungen bereits dann getroffen werden können, wenn das Geschäftsgebaren des Instituts unangemessen oder nicht sachgerecht erscheint, ohne dass dazu ein Gesetzesverstoß vorliegen muss[60]. In etwas neueren Schriften wird dem entgegengehalten, dass der Wortlaut der Vorgängervorschrift des § 3 Satz 2 PfandBG keine Angemessenheitskontrolle umfasste[61]. Nach mittlerweile herrschender Meinung muss, ohne dass sich eine genaue Abgrenzung festlegen ließe, nach dem Sinn und Zweck der Rechtsgrundlage angenommen werden, dass bankaufsichtliche Maßnahmen bereits dann gerechtfertigt sind, wenn eine nach den Maßstäben des PfandBG zu meidende Risikomehrung zu befürchten ist bzw. wenn geschäftliche Maßnahmen der Pfandbriefbank unvertretbare Risiken beinhalten[62]. Jedenfalls schließt die Aufsicht für den Bereich der Deckungswerte die Beurteilung und Kontrolle der Kreditpolitik und darüber hinaus sogar die Befugnis zur Überwachung einzelner Kreditentscheidungen ein, da sie darüber zu wachen hat, dass die Deckungswerte bestimmten grundsätzlichen Bonitätsanforderungen genügen, die Sicherheiten den gesetzlichen Vorschriften entsprechen und v.a. die Kriterien, welche die Pfandbriefbank bei der Entscheidung über einen Darlehensantrag zugrunde legt, formal unbedenklich und wirtschaftlich vernünftig sind[63].

Zentrale Bedeutung kommt bei der Aufsicht über das Pfandbriefgeschäft neben der Bonität des Darlehensbestands der Frage der sachgerechten Refinanzierung zu[64]. Das Aktivgeschäft besteht in der Gewährung langfristiger Kredite aus in der Regel festen Zinssätzen. Typischerweise sind die Kredite nicht für die gesamte Laufzeit, aber jedoch für lange Teile derselben mit einem festen Zinssatz ausgestattet (sog. Abschnittsfinanzierung). Die Refinanzierung muss hierauf hinsichtlich der Laufzeit und Verzinsung abgestimmt werden. Ansonsten können sich schwerwiegende Liquiditäts- und Zinsänderungsrisiken ergeben, die dazu führen können, dass die Bank Mittel für Anschlussfinanzierungen gar nicht oder nur zu einem höheren Zins als dem der zu Grunde liegenden Deckungswerte bekommen kann[65]. Die Aktiv- und Passivseite des Pfandbriefgeschäfts müssen deswegen stets so aufeinander abgestimmt sein, dass die Laufzeit der Refinanzierungsmittel fristenkongruent ist und die Zinsspanne stets mindestens eine dauernde Kostendeckung erwarten lässt (Prin-

---

59 Vgl. Bellinger/Kerl, HBG, 4. Auflage, 1995, § 4 Rdn. 21; Schubäus, Das Hypothekenbankgeschäft in den Niederlanden und der Bundesrepublik Deutschland, 1984, S. 99.

60 Vgl. Dannenbaum, Deutsche Hypothekenbanken, § 4 Anm. 8.

61 Vgl. Schubäus, Das Hypothekenbankgeschäft in den Niederlanden und in der Bundesrepublik Deutschland, 1984, S. 99 f.

62 Vgl. Bellinger/Kerl, HBG, 4. Auflage, 1995, § 4 Rdn. 21.

63 Vgl. Goedecke/Kerl/Scholz, Die deutschen Hypothekenbanken, 4. Auflage, 1997, S. 238 f.

64 Vgl. Bellinger/Kerl, HBG, 4. Auflage, 1995, § 3 Rdn. 64.

65 Vgl. Vgl. Schubäus, Das Hypothekenbankgeschäft in den Niederlanden und der Bundesrepublik Deutschland, 1984, S. 97.

zip der Laufzeit- und Zinskongruenz)[66]. Die Refinanzierungs- oder Zinskongruenz hat im Pfandbriefgeschäft sowohl geschäftspolitisch als auch aufsichtsrechtlich Vorrang vor den bei den Banken üblicherweise dominierenden Liquiditätsfragen[67]. Das Prinzip der Refinanzierungs- und Fristenkongruenz bedeutet aber nicht, dass im Pfandbriefgeschäft jede Fristentransformation oder jede Finanzierungslücke ausgeschlossen ist[68]. Jedoch muss stets durch geeignete Maßnahmen dafür gesorgt sein, dass aus der Zins-, Fristen- und Währungstransformation keine zusätzlichen Risiken entstehen. Bestehende offene Positionen müssen unverzüglich durch geeignete Geschäfte, beispielsweise durch Swaps, Swaptions oder Futures, geschlossen werden[69]. Im Lagebericht zum Jahresabschluss sind gem. § 26 Abs. 1 KWG Angaben zur Finanzlage im Rahmen einer Finanzflussrechnung zu machen[70]. Diese liefert der BaFin u.a. das Zahlenmaterial, aufgrund dessen es die zukünftige Fristenstruktur im Pfandbriefgeschäft und die voraussichtliche Entwicklung der Rentabilität analysieren kann[71].

Insgesamt eröffnen das PfandBG und das KWG der BaFin im Allgemeinen einen abgestuften Katalog von Handlungsformen zur besonderen Aufsicht über Pfandbriefbanken. Bei der Ausübung des zur Auswahl einer geeigneten Maßnahme eingeräumten Ermessens ist die BaFin an die allgemeinen Grundsätze des Verwaltungsrechts gebunden, d.h. die Maßnahme hat in jedem Einzelfall geeignet, erforderlich und verhältnismäßig zu sein.

III. Deckungsprüfungen

Deckungsprüfungen gehören in Deutschland zu den ältesten systematischen bankaufsichtlichen Handlungen[72]. Vor Inkrafttreten des PfandBG wurde die Ermächtigung zur Durchführung von Deckungsprüfungen allein aus der allgemeinen Vorschrift des § 4 HBG bzw. SchBkG in Verbindung mit § 44 Abs. 1 Satz 2 KWG abgeleitet. Im PfandBG werden Deckungsprüfungen als Gegenstand der besonderen Aufsicht über die Pfandbriefbanken in § 3 Satz 3 PfandBG erstmals ausdrücklich niedergelegt, wobei die allgemeine Vorschrift des § 44 Abs. 1 Satz 2 KWG weiterhin die Rechtsgrundlage für die Anordnung der Deckungsprüfung durch die BaFin bleibt[73].

---

66 Vgl. Bellinger/Kerl, HBG, 4. Auflage, 1995, § 3 Rdn. 66.
67 Vgl. Bellinger/Kerl, HBG, 4. Auflage, 1995, § 3 Rdn. 66 f.
68 Vgl. Bellinger/Kerl, HBG, 4. Auflage, 1995, § 3 Rdn. 74; Kerl, Die Struktur der Hypothekenbanken als Qualitätsmerkmal der Pfandbriefe, in: DLK, 15+16/2001, S. 513.
69 Vgl. Kerl, Die Struktur der Hypothekenbanken als Qualitätsmerkmal der Pfandbriefe, in: DLK, 15+16/2001, S. 514.
70 Vgl. Bellinger/Kerl, HBG, 4. Auflage, 1995, § 3 Rdn. 81; Schubäus, Das Hypothekenbankgeschäft in den Niederlanden und der Bundesrepublik Deutschland, 1984, S. 97.
71 Vgl. Bellinger/Kerl, HBG, 4. Auflage, 1995, § 3 Rdn. 70; Schubäus, Das Hypothekenbankgeschäft in den Niederlanden und der Bundesrepublik Deutschland, 1984, S. 97.
72 Vgl. Hagemeister, Deckungsprüfungen, in: VÖB, Deutscher Pfandbrief 2006 – Aktuelle Entwicklungen und internationaler Vergleich, 2006, S. 31.
73 Vgl. Bundesregierung, Gesetzentwurf zur Neuordnung des Pfandbriefrechts, Drucks. 15/4321 vom 29.11.2004, Begründung, S. 11.

Zweck der Deckungsprüfung ist es, der BaFin ein Bild der Kreditpolitik der einzelnen Pfandbriefbank im Bereich des Deckungsgeschäfts zu verschaffen und ein Urteil darüber zu ermöglichen, ob die Handhabung des Kreditgeschäfts ordnungsgemäß erfolgt und ob die formellen Deckungsbestimmungen eingehalten werden[74]. Jede Deckungsprüfung muss auf geeigneten Stichproben beruhen, deren Auswahl die Struktur des Geschäfts der Pfandbriefbank ausreichend berücksichtigen muss[75].

Die Stärkung der Vorschriften der Deckungsprüfung ist eine Folge des Wegfalls der gesetzlichen Beschränkungen des Spezialbankprinzips. Wegen des Wegfalls der Geschäftskreisbeschränkung bedarf die tatsächliche Einhaltung der hohen Qualitätsanforderungen an die Deckungsmassen der regelmäßigen Überprüfung durch die Bankenaufsicht. Außerdem ist mit der Aufnahme der Deckungsprüfungen in das PfandBG der Kreis der zu prüfenden Institute erheblich erweitert worden[76]. Neben den ehemaligen Hypotheken- und Schiffsbanken unterliegen nun auch die öffentlich-rechtlichen Banken der regelmäßigen Deckungsprüfung. Schließlich kommt der Qualität der Deckungsmassen dieser Institute aufgrund des Wegfalls der Gewährträgerhaftung und der Modifizierung der Anstaltslast seit 19.7.2005 eine vollkommen neue Bedeutung zu. In der Vergangenheit wurden Deckungsprüfungen bei öffentlich-rechtlichen Banken aufgrund der staatlichen Garantien durch die Anstalts- bzw. Sparkassenaufsicht nur vereinzelt durchgeführt.

Die Deckungsprüfungen sollen gem. § 3 Satz 4 PfandBG in der Regel alle zwei Jahre erfolgen[77]. Das Deckungsprüfungsreferat der BaFin im Pfandbriefkompetenzcenter II wird selbst aufgrund der begrenzten personellen Ressourcen auch künftig nicht die über 75 Pfandbriefbanken in zweijährigem Turnus prüfen können[78]. Vor diesem Hintergrund sieht § 3 Satz 3 Halbs. 2 PfandBG vor, dass sich die BaFin – wie bereits in der Vergangenheit – anderer Personen und Einrichtungen zur Unterstützung bedienen kann[79]. Anders als Prüfungen nach § 44 Abs. 1 Satz 2 KWG muss die Vergabe von Deckungsprüfungsaufträgen öffentlich ausgeschrieben werden. Denn Deckungsprüfungen sind wegen des gesetzlich vorgeschriebenen zweijährigen Turnus' nicht geheimhaltungsbedürftig, da insofern nicht zu erwarten ist, dass der Kapitalmarkt durch das Bekannt werden einer allgemeinen Deckungsprüfung negative Schlüsse über die zu prüfende Pfandbriefbank zieht[80]. Zugelassen zur

---

74 Vgl. Kerl, Die Bankaufsicht über das Hypothekar- und Kommunalgeschäft, in: Rüchardt, Handbuch des Hypothekarkredits, 3. Auflage, 1993, S. 1220; Bellinger/Kerl, HBG, 4. Auflage, 1995, § 3 Rdn. 57.

75 Vgl. Bläser/Ullrich, Die neu gestaltete einheitliche Aufsicht über die Pfandbriefbanken, in: VdP, Der Pfandbrief, 2006, S. 31.

76 Vgl. Bläser/Ullrich, Die neu gestaltete einheitliche Aufsicht über die Pfandbriefbanken, in: VdP, Der Pfandbrief, 2006, S. 30.

77 Im Jahr 2004 ordnete die BaFin sieben Deckungsprüfungen an (vgl. BaFin, Jahresbericht, 2004, S. 120).

78 Vgl. Hagemeister, Deckungsprüfungen, in: VÖB, Deutscher Pfandbrief 2006 – Aktuelle Entwicklungen und internationaler Vergleich, 2006, S. 32.

79 Von den sieben angeordneten Deckungsprüfungen im Jahr 2004 führte die BaFin drei selbst durch (vgl. BaFin, Jahresbericht 2004, S. 120.)

80 Vgl. Hagemeister, Deckungsprüfungen, in: VÖB, Deutscher Pfandbrief 2006 – Aktuelle Entwicklungen und internationaler Vergleich, 2006, S. 33.

Deckungsprüfung sind nur Wirtschaftsprüfer und Wirtschaftsprüfungsgesellschaften mit Erfahrungen in der Prüfung von Abschlüssen bei Pfandbriefbanken oder der Durchführung von Deckungs- oder Kreditprüfungen. Der vor Ort anwesende Prüfungsleiter muss Erfahrungen bei der Prüfung von Realkrediten besitzen. Ausgeschlossen sind der Abschlussprüfer der zu prüfenden Pfandbriefbank sowie Prüfer bzw. Prüfungsgesellschaften, bei denen Ausschlussgründe nach §§ 319, 319a HGB vorliegen.

Die Deckungsprüfung findet gem. § 3 Satz 3 Halbs. 1 PfandBG auf Basis von Stichproben statt. Die Auswahl der Stichproben ist Sache des Deckungsprüfers. Die BaFin gibt allerdings die Anzahl der zu prüfenden Darlehen getrennt nach Pfandbriefgattung je nach Größe und Struktur der Pfandbriefbank vor[81]. Weitere Vorgaben werden entsprechend der Struktur und des Risikogehalts des jeweiligen Pfandbriefgeschäfts gemacht (z.B. Anzahl der zu prüfenden Wohn- und Gewerbeimmobilienbeleihungen, Auslandsgeschäft, in Deckung genommene Derivate, etc.). Gegenstand der Deckungsprüfungen ist regelmäßig das Neugeschäft der letzten beiden Jahre.

Die Prüfung ist im Wesentlichen eine Einzelkreditprüfung anhand eines von der BaFin zur Verfügung gestellten sog. Engagementbogens, einer Kopie des Beleihungswertgutachtens, der Dokumentation der ordnungsgemäßen Bestellung des zur Besicherung dienenden Grundpfandrechts unter Berücksichtigung von Vorlasten in Abteilung II des Grundbuchs und vor- oder gleichrangigen Grundpfandrechten[82]. Hauptprüfungsgegenstand ist dabei die ordnungsgemäße, unabhängige Ermittlung und Festsetzung des Beleihungswerts unter Einhaltung der Methodik der Beleihungswertermittlung gem. § 16 PfandBG und der Beleihungswertermittlungsverordnung (BelWertV) bzw. §§ 24 und 26d PfandBG und der jeweiligen Wertermittlungsanweisungen[83]. Im Auslandsgeschäft ist zu prüfen, ob die ausländischen Sicherungsrechte eine der Hypothek bzw. Grundschuld vergleichbare Sicherheit bieten und ob die Wertansätze der landesspezifischen Bewertungsgutachten den materiellen Anforderungen des § 25 BelWertV entsprechen. Hierzu muss der Prüfer über Kenntnisse des jeweiligen ausländischen Hypotheken- und Grundbuchrechts verfügen oder entsprechende Gutachten einholen.

Bei der Prüfung des Staatskreditgeschäfts sind insbesondere die Staatskreditfähigkeit der Darlehensnehmer sowie die Einhaltung der Förmlichkeiten der Kreditaufnahme (z.B. aufsichtliche Genehmigungen, etc.) zu prüfen. Dies gilt für das staatsverbürgte Geschäft und die Indeckungnahme von staatlichen Wertpapieren in gleicher Weise.

---

81 In der Regel umfasst eine Deckungsprüfung die Überprüfung von 80 bis 150 Hypothekarkrediten. Vgl. Hagemeister, Deckungsprüfungen, in: VÖB, Deutscher Pfandbrief 2006 – Aktuelle Entwicklungen und internationaler Vergleich, 2006, S. 34.

82 Vgl. Hagemeister, Deckungsprüfungen, in: VÖB, Deutscher Pfandbrief 2006 – Aktuelle Entwicklungen und internationaler Vergleich, 2006, S. 34.

83 Vgl. Hagemeister, Deckungsprüfungen, in: VÖB, Deutscher Pfandbrief 2006 – Aktuelle Entwicklungen und internationaler Vergleich, 2006, S. 35.

Der Deckungsprüfer hat die ordnungsgemäße Eintragung der Deckungswerte in das Deckungsregister ebenso zu prüfen wie auch die ordnungsgemäße Erfüllung der Überwachungspflicht des Treuhänders. Dazu ist in der Regel ein Besuch im Treuhänderbüro der Pfandbriefbank erforderlich, um in einem ausführlichen Gespräch die Sachkunde und das Engagement des Treuhänders zu prüfen[84].

In Bezug auf die Deckungskongruenz hat der Deckungsprüfer zu untersuchen, ob die Pfandbriefe gem. § 4 Abs. 1 Satz 1 PfandBG barwertig inklusive der sichernden Überdeckung und des Liquiditätspuffers gem. § 4 Abs. 1a PfandBG und zusätzlich gem. § 4 Abs. 2 PfandBG nennwertig gedeckt sind. Dazu hat der Prüfer u.a. die Einhaltung der Pfandbriefbarwertverordnung (PfandBarwertV) zu prüfen. Dies umfasst eine Prüfung der Durchführung der Stresstests und Simulationsrechnungen sowie der angewandten Methoden.

Nach Abschluss der Prüfungshandlungen findet regelmäßig eine Schlussbesprechung – soweit möglich innerhalb von drei Wochen – statt[85]. An dieser nimmt ein Mitarbeiter der BaFin teil. Im Anschluss an die Schlussbesprechung hat der Deckungsprüfer seinen schriftlichen Prüfungsbericht – in der Regel innerhalb von zwei Monaten nach der Schlussbesprechung – zu erstatten. Darin ist zum Umfang und zur Struktur des Pfandbriefgeschäfts der geprüften Bank Stellung zu nehmen. Beanstandungen und Anmerkungen des Deckungsprüfers sind eingehend darzustellen[86]. Abweichende Ansichten der Pfandbriefbank sollten, soweit sie von der BaFin berücksichtigt werden, dargestellt werden. In den Schlussbemerkungen sollten die erforderlichen Deckungskorrekturen betragsmäßig benannt werden. Dabei sollte angegeben werden, in welchem Umfang die Pfandbriefbank die Deckungskorrekturen freiwillig vornimmt, bzw. in welchen Fällen sie die Vornahme einer Deckungskorrektur von einer Neubewertung des Beleihungsobjekts abhängig macht. Die notwendigen Deckungskorrekturen sind in einer Anlage zum Prüfungsbericht einzeln aufzuführen. Der Vorstand, der Aufsichtsratsvorsitzende und der Treuhänder der Pfandbriefbank erhalten je ein Exemplar des Deckungsprüfungsberichts. Die BaFin wertet den Deckungsprüfungsbericht eingehend aus und entscheidet danach, ob ggf. Anordnungen nach § 3 Satz 2 PfandBG oder darüber hinausgehende Maßnahmen, wie Verwarnungen, Einleitung eines Bußgeldverfahrens nach § 39 PfandBG oder gar Strafanzeigeverfahren nach § 38 PfandBG, zu ergreifen sind.

Die Kosten, die der BaFin durch die Durchführung einer Deckungsprüfung entstehen, sind nach § 15 Abs. 1 Nr. 1 des Gesetzes über die Bundesanstalt für Finanzdienstleistungsaufsicht von der Pfandbriefbank gesondert zu erstatten.

---

84 Vgl. Hagemeister, Deckungsprüfungen, in: VÖB, Deutscher Pfandbrief 2006 – Aktuelle Entwicklungen und internationaler Vergleich, 2006, S. 36.

85 Vgl. Hagemeister, Deckungsprüfungen, in: VÖB, Deutscher Pfandbrief 2006 – Aktuelle Entwicklungen und internationaler Vergleich, 2006, S. 37.

86 In sieben Deckungsprüfungen im Jahr 2004 ergaben sich keine gravierenden Beanstandungen, welche die Sicherheit der Deckungsmassen gefährdet hätten. Verstöße gegen Deckungsvorschriften wurden festgestellt und zogen in wenigen Fällen auch die Korrektur einzelner Deckungswerte nach sich, hatten jedoch keine Auswirkungen auf die Werthaltigkeit der Deckungsmassen. Vgl. BaFin, Jahresbericht 2004, S. 120.

C. Aufsichtsmaßnahmen bei Gefahr und im Vorfeld der Insolvenz

Das allgemeine Bankaufsichtsrecht erklärt bei Gefahr und im Vorfeld der Insolvenz eines Kreditinstituts gem. §§ 46, 46a KWG bestimmte Maßnahmen für zulässig, die von der BaFin zum Schutz der Gläubiger des Instituts getroffen werden können. Die BaFin kann die Maßnahmen der §§ 46, 46a KWG gem. § 30 Abs. 6 Satz 1 PfandBG entsprechend auf einzelne Deckungsmassen anwenden und eigene Maßnahmen in Bezug auf einzelne Deckungsmassen treffen. Die Gefahrenabwehrmaßnahmen des allgemeinen Bankaufsichtsrechts lassen sich in allgemeine Gefahrenabwehrmaßnahmen gem. § 46 Abs. 1 KWG und besondere Maßnahmen zur Abwehr einer Insolvenzgefahr gem. § 46a KWG unterteilen. Das Pfandbriefrecht ergänzt diese in § 30 Abs. 5 PfandBG. Danach kann das Gericht des Sitzes der Pfandbriefbank auf Antrag der BaFin schon vor Eröffnung eines Insolvenzverfahrens über das Vermögen der Pfandbriefbank bei Vorliegen der Voraussetzungen des § 46a KWG einen Sachwalter ernennen.

I. Allgemeine bankaufsichtliche Gefahrenabwehrmaßnahmen

Die BaFin kann gem. § 46 Abs. 1 KWG einstweilige Maßnahmen zur Abwendung von Gefahren ergreifen. Ziel dieser Maßnahmen ist der Schutz vor der konkreten Gefährdung von Gläubigerinteressen und die Effektivität der Bankaufsicht selbst[87]. Gegenüber den Gründen zur Aufhebung der Erlaubnis gem. § 35 Abs. 2 Satz 1 Nr. 3, 4 und 5 KWG ist § 46 Abs. 1 KWG als Vorstufe, d.h. schnelle, vorübergehende und weniger einschneidende Maßnahme zu sehen[88].

Voraussetzung für eine allgemeine Gefahrenabwehrmaßnahme gem. § 46 Abs. 1 KWG ist, dass eine Gefahr für die Erfüllung der Verpflichtungen eines Instituts gegenüber seinen Gläubigern, insbesondere für die Sicherheit der ihm anvertrauten Vermögenswerte, oder ein begründeter Verdacht, dass eine wirksame Aufsicht über das Institut nicht möglich ist, besteht[89]. Anvertraute Vermögenswerte können u.a. Einlagen, andere rückzahlbare Gelder, zur Verwahrung oder Verwaltung anvertraute Wertpapiere des allgemeinen Vermögens der Pfandbriefbank sein. Andere Verpflichtungen können sich u.a. aus dem Emissionsgeschäft ergeben (z.B. aus der Emission von Pfandbriefen). Der Anwendungsbereich des § 46 Abs. 1 KWG ist somit für Maßnahmen in Bezug auf das allgemeine Bankvermögen genauso eröffnet wie für Maßnahmen in Bezug auf die Deckungsmassen.

Für das Vorliegen einer Gefahr ist nicht erforderlich, dass das Institut mit der Erfüllung seiner Verpflichtungen in Verzug gerät, sondern es genügen Tatsachen, welche die Besorgnis begründen, dass das Institut in erheblichen wirtschaftlichen Schwie-

---

87 Vgl. Boos/Fischer/Schulte-Mattler, KWG, 2. Auflage, 2004, § 46 Rdn. 1.
88 Vgl. Boos/Fischer/Schulte-Mattler, KWG, 2. Auflage, 2004, § 46 Rdn. 4.
89 Vgl. Boos/Fischer/Schulte-Mattler, KWG, 2. Auflage, 2004, § 46a Rdn. 5; Reischauer/Kleinhans, KWG, Loseblattsammlung, § 46a, Rdn. 3.

rigkeiten ist[90]. Dies kann der Fall sein, wenn die liquiden Mittel nicht ausreichen, um die fälligen oder alsbald fälligen Verbindlichkeiten zu erfüllen. Die Sicherheit der anvertrauten Vermögenswerte kann – auch ohne Liquiditätsschwierigkeiten – gefährdet sein, wenn sich die Eigenmittel so verringert haben, das eine Überschuldung zu befürchten ist. Die Beurteilung, ob eine derartige Gefahr vorliegt, obliegt der BaFin[91].

Der zweite Fall des § 46 Abs. 1 KWG verlangt den begründeten Verdacht, dass eine wirksame Aufsicht über das Institut nicht möglich ist. Dies ist zum einen der Fall, wenn der begründete Verdacht besteht, dass das Institut mit anderen Personen oder Unternehmen in einem Unternehmensverbund eingebunden ist, der eine wirksame Aufsicht über das Institut beeinträchtigt[92]. Zum anderen ist dies der Fall, wenn der begründete Verdacht besteht, das das Institut Tochterunternehmen eines Instituts mit Sitz im Ausland ist, das im Staat seines Sitzes oder seiner Hauptverwaltung nicht wirksam beaufsichtigt wird oder dessen zuständige Aufsichtsstelle zu einer befriedigenden Zusammenarbeit mit der BaFin nicht bereit ist[93]. Eine konkrete Gefahr ist hier nicht erforderlich, so dass die BaFin bereits im Vorfeld einer Gefahr eingreifen kann, sofern der Eintritt der Beeinträchtigung hinreichend wahrscheinlich ist[94].

Liegen die Voraussetzungen des § 46 Abs. 1 KWG vor, so kann die BaFin einstweilige Maßnahmen treffen. Einstweilig ist eine Maßnahme, wenn sie sichernd für einen überschaubaren Zeitraum gedacht ist, innerhalb dessen die BaFin prüft, welche endgültigen Maßnahmen sie ergreifen will (z.B. Verlangen der Abberufung eines Geschäftsleiters, Aufhebung der Erlaubnis, etc.). In einer ersten Phase wird die BaFin zunächst ihre Aufsichtsmaßnahmen intensivieren und z.B. einen monatlichen Rechenschaftsbericht, Liquiditätsbericht, etc. verlangen, sowie in kürzeren Abständen als gesetzlich vorgeschriebene Deckungsprüfungen durchführen (z.B. jährlich). Als verschärfte Maßnahmen sieht § 46 Abs. 1 Satz 2 Nr. 1 bis 4 KWG u.a. die Anweisung der Geschäftsführung des Instituts bis hin zur Bestellung einer Aufsichtsperson vor.

---

90 Vgl. Boos/Fischer/Schulte-Mattler, 8. Auflage, 2008, § 46 Rdn. 8.

91 Vgl. Seitz/Maier/Burmeister, Fallstudie: Sicherungsmechanismen für Pfandbriefgläubiger und Möglichkeiten des Einschreitens der Aufsichtsbehörde im Fall einer (drohenden) Insolvenz einer Pfandbriefbank, in: VÖB, Deutscher Pfandbrief 2006 – Aktuelle Entwicklungen und internationaler Vergleich, 2006, S. 64.

92 Vgl. Boos/Fischer/Schulte-Mattler, KWG, 3. Auflage, 2008, § 46 Rdn. 14.

93 Vgl. Boos/Fischer/Schulte-Mattler, KWG, 3.Auflage, 2008, § 46 Rdn. 14.

94 Vgl. Seitz/Maier/Burmeister, Fallstudie: Sicherungsmechanismen für Pfandbriefgläubiger und Möglichkeiten des Einschreitens der Aufsichtsbehörde im Fall einer (drohenden) Insolvenz einer Pfandbriefbank, in: VÖB, Deutscher Pfandbrief 2006 – Aktuelle Entwicklungen und internationaler Vergleich, 2006, S. 64.

II. Besondere bankaufsichtliche Gefahrenabwehrmaßnahmen zur Vermeidung der Hauptinsolvenz

Reichen die verschärften Aufsichtsmaßnahmen des § 46 Abs. 1 KWG in einer sich erhärtenden Krise der Pfandbriefbank nicht mehr aus, so kann die BaFin besondere Maßnahmen zur Vermeidung eines Hauptinsolvenzverfahrens gem. § 46a Abs. 1 Nr. 1 bis 3 KWG ergreifen[95]. Für die Voraussetzungen der besonderen einzelnen Maßnahmen verweist § 46 a KWG auf § 46 Abs. 1 Satz 1 KWG. Die BaFin muss allerdings zur Vermeidung des Hauptinsolvenzverfahrens handeln. Die besonderen bankaufsichtsrechtlichen Maßnahmen zur Vermeidung der Insolvenz eines Kreditinstituts bzw. der Hauptinsolvenz einer Pfandbriefbank umfassen:

- den Erlass eines Veräußerungs- und Zahlungsverbots (Nr. 1)[96];
- die Anordnung der Schließung des Instituts für den Verkehr mit der Kundschaft (Nr. 2); und
- das Verbot der Entgegennahme von Zahlungen, die nicht zur Tilgung von Schulden gegenüber dem Institut bestimmt sind, es sei denn, die zuständige Einlagensicherungseinrichtung oder Anlegerentschädigungseinrichtung stellt die Befriedigung der Berechtigten in vollem Umfang sicher (Nr. 3).

Die Maßnahmen des § 46a Abs. 1 Nr. 1 bis 3 KWG bewirken zusammen ein Moratorium zu Gunsten der Pfandbriefbank[97]. Das Moratorium hat den Zweck, die Gleichheit der Gläubigerbefriedigung zu gewährleisten und dem Institut eine Verschnaufpause zu verschaffen, um über Sanierungsmaßnahmen oder weitere Schritte im Falle einer unvermeidbaren Insolvenz bzw. Hauptinsolvenz zu entscheiden[98]. Nach Erlass des Veräußerungs- und Zahlungsverbots dürfen gem. § 46a Abs. 1 Satz 3 KWG laufende Geschäfte abgewickelt und neue Geschäfte eingegangen werden, soweit diese zur Abwicklung erforderlich sind, wenn und soweit die zuständige Sicherungseinrichtung die erforderlichen Mittel zur Verfügung stellt oder für daraus entstehende Vermögensminderungen einsteht[99].

Die besonderen Maßnahmen des § 46a Abs. 1 Satz 1 KWG dürfen ebenfalls nur vorübergehenden Charakter haben. Zwar besteht keine gesetzliche Befristung, jedoch gehen die Gesetzesmotive von einer Dauer von maximal sechs Monaten aus[100]. Für den Übergang von einer Maßnahme nach § 46a KWG zu einem Hauptinsol-

---

95 Vgl. Boos/Fischer/Schulte-Mattler, KWG, 2. Auflage, 2004, § 46 Rdn. 3.

96 Mit dem Veräußerungs- und Zahlungsverbot ist gem. § 46a Abs. 1 Satz 5 KWG ein Vollstreckungsverbot verbunden.

97 Wenn hier von Moratorium gesprochen wird, so ist damit nicht der ausdrücklich als Moratorium bezeichnete, durch Rechtsverordnung der Bundesregierung gewährte Aufschub für die Erfüllung von Verbindlichkeiten gem. § 47 Abs. 1 Nr. 1 und 2 KWG gemeint, sondern die kombinierten Maßnahmen der BaFin gem. § 46 a Abs. 1 Nr. 1 bis 3 KWG.

98 Vgl. noch zur Rechtslage vor der HBG-Reform 1998: Vgl. Stürner, Die Sicherung der Pfandbriefgläubiger und Obligationengläubiger vor einer Insolvenz der Hypothekenbank, 1998, S. 14.

99 Vgl. Boos/Fischer/Schulte-Mattler, KWG, 3. Auflage, 2008, § 46a Rdn. 3.

100 Vgl. Stürner, Die Sicherung der Pfandbriefgläubiger und Obligationengläubiger vor einer Insolvenz der Hypothekenbank, 1998, S. 19.

venzeröffnungsantrag nach § 46b KWG ist allein maßgeblich, dass die zuvor ergriffene Maßnahme erkennbar keinen Erfolg mehr haben wird, sei es, dass ernsthafte Sanierungsverhandlungen nicht stattfinden oder dass von diesen nichts zu erwarten ist oder sie gescheitert sind[101].

III. Besondere pfandbriefrechtliche Gefahrenabwehrmaßnahmen zum Schutz der Deckungsmasse

Nachdem das Sondervermögen der Deckungsmassen gem. § 30 Abs. 1 Satz PfandBG erst mit der Eröffnung der Hauptinsolvenz über das allgemeine Vermögen der Pfandbriefbank entsteht und es mithin erst zu diesem Zeitpunkt zur Isolierung der Deckungsmassen kommt, würden die Pfandbriefe in der Krise der Pfandbriefbank grundsätzlich von einem allgemeinen Veräußerungs- und Zahlungsverbot gem. § 46a Abs. 1 Nr. 1 KWG erfasst werden, das die Bedienung der Pfandbriefe ausschließen würde. Damit die Pfandbriefe nicht dem allgemeinen Veräußerungs- und Zahlungsverbot des § 46a Abs. 1 Nr. 1 KWG unter fallen, kann das Gericht des Sitzes der Pfandbriefbank auf Antrag der BaFin schon vor Eröffnung eines Hauptinsolvenzverfahrens bei Vorliegen der Voraussetzungen des § 46a KWG gem. § 30 Abs. 5 Satz 1 PfandBG einen Sachwalter ernennen[102].

Voraussetzung für die Ernennung eines Sachwalters vor der Eröffnung der Hauptinsolvenz ist gem. § 30 Abs. 6 Satz 1 PfandBG in Verbindung mit §§ 46 Abs. 1 Satz 1, 46a KWG das Vorliegen einer Gefahr für die Erfüllung der Verpflichtungen der Pfandbriefbank gegenüber den Pfandbriefgläubigern. Dazu ist nicht erforderlich, dass die Pfandbriefbank mit der Erfüllung ihrer Verpflichtungen gegenüber den Pfandbriefgläubigern in Verzug gerät, sondern es genügen Tatsachen, welche die Besorgnis begründen, dass die Pfandbriefbank in erheblichen wirtschaftlichen Schwierigkeiten ist[103]. Dies kann der Fall sein, wenn die liquiden Mittel des allgemeinen Bankvermögens und der Deckungsmassen zusammen nicht ausreichen, um die fälligen oder alsbald fälligen Pfandbrief- bzw. sonstigen Verbindlichkeiten der Bank zu erfüllen. Jedenfalls spätestens mit Erlass des Veräußerungs- und Zahlungsverbots tritt eine hinreichend konkrete Gefahr für die Erfüllung der Verpflichtungen der Pfandbriefbank gegenüber den Pfandbriefgläubigern ein. Für die Rechtsstellung dieses Sachwalters gelten die Vorschriften über den nach § 30 Abs. 2 Satz 1 PfandBG ernannten Sachwalter entsprechend.

Ebenso wie die BaFin allgemeine Gefahrenabwehrmaßnahmen gem. § 30 Abs. 6 Satz 1 PfandBG in Verbindung mit § 46 Abs. 1 KWG in Bezug auf einzelne

101 Vgl. Boos/Fischer/Schulte-Mattler, KWG, 3. Auflage, 2008, § 46b Rdn. 13.
102 Die Frage der Zulässigkeit eines teilweisen Veräußerungs- und Zahlungsverbots im Vorfeld der Insolvenz des Pfandbriefemittenten bei gesunder Deckungsmasse, hat sich damit erledigt. Bejahend: Vgl. Stürner, Die Sicherung der Pfandbrief- und Obligationengläubiger vor einer Insolvenz der Hypothekenbank, 1998, S. 24.
103 Vgl. Boos/Fischer/Schulte-Mattler, KWG, 3. Auflage, 2008, § 46 Rdn. 8.

Deckungsmassen treffen kann, kann die BaFin auch besondere Gefahrenabwehrmaßnahmen im Fall der drohenden Insolvenz einer Deckungsmasse gem. § 30 Abs. 6 Satz 1 PfandBG in Verbindung mit § 46a Abs. 1 KWG treffen. Denkbar ist insoweit der Erlass eines vorübergehenden Veräußerungsverbots zur Vorbereitung der Übertragung der Deckungsmasse auf eine andere Pfandbriefbank. Davon unbetroffen bleiben in jedem Fall der Zinsdienst und die Kapitalrückzahlung der Hypothekar-, Staats-, Schiffs- und Flugzeugkredite, da die BaFin die Schuldtilgung gegenüber der Deckungsmasse gem. § 30 Abs. 6 Satz 1 PfandBG in Verbindung mit § 46a Abs. 1 Nr. 3 KWG nicht verbieten kann.

D. Rechtsbehelfe, Straf- und Bußgeldvorschriften

Gegen die bankaufsichtsrechlichen Anordnungen der BaFin stehen der betroffenen Pfandbriefbank die in der Verwaltungsgerichtsordnung (VwGO) vorgesehenen Rechtsbehelfe, d.h. im Fall von Verwaltungsakten ggf. das Widerspruchsverfahren und die Anfechtungsklage als statthafter Rechtsbehelf, zur Verfügung[104]. Die Anordnungen bzw. Verwaltungsakte der BaFin sind in der Regel sofort vollziehbar und können mit Zwangsmitteln durchgesetzt werden[105]. Als Eilmaßnahmen gegen eine aufsichtsrechtliche Maßnahme wäre dann ein Antrag nach § 80 VwGO zu stellen.

Das PfandBG bestimmt ebenfalls, wie seine Vorgängergesetze, Handlungsverbote im Zusammenhang mit dem Deckungsprinzip. Danach ist gem. § 4 Abs. 7 Satz 1 PfandBG einer Pfandbriefbank verboten, Pfandbriefe in den Verkehr zu bringen, wenn deren Betrag nicht durch die im jeweiligen Deckungsregister eingetragenen Werte vorschriftsmäßig gedeckt ist. Des Weiteren ist einer Pfandbriefbank gem. § 4 Abs. 7 Satz 2 PfandBG verboten, über einen im Deckungsregister eingetragenen Wert durch Veräußerung oder Belastung zum Nachteil der Pfandbriefgläubiger oder der Gläubiger von Ansprüchen von Derivategeschäften nach § 4 Abs. 3 PfandBG zu verfügen, obwohl die übrigen im jeweiligen Register eingetragenen Werte zur vorschriftsmäßigen Deckung der entsprechenden Pfandbriefgattung und der Ansprüche aus den Derivategeschäften nach § 4 Abs. 3 PfandBG nicht genügen. Ferner dürfen Pfandbriefe nicht ohne die nach § 8 Abs. 3 Satz 1 PfandBG erforderliche Pfandbriefemissionsbescheinigung des Treuhänders in den Verkehr gebracht werden. Schließlich hat derjenige, der für die Eintragung der Deckungswerte verantwortlich ist, wenn ein zur Deckung benötigter Wert zurückgezahlt wird, unverzüglich entsprechende Ersatzdeckungswerte in das Deckungsregister einzutragen. Zwar begründet schon § 4 PfandBG die grundsätzliche Verpflichtung der Pfandbriefbank, die Deckung dauerhaft sicherzustellen und aus der Deckung fallende Werte entsprechend zu ersetzen. In Ergänzung hierzu enthält § 5 Abs. 1 Satz 3 PfandBG eine konkretisierende Verhaltenspflicht.

---

104 Vgl. §§ 42 Abs. 1, 68 VwGO.
105 Vgl. § 37 PfandBG und §§ 49, 50 KWG.

Diese in den §§ 4 Abs. 7, 5 Abs. 1 Satz 3 PfandBG enthaltenen Verbotsnormen bzw. Verhaltenspflichten entsprechen dem Sinngehalt der Vorgängervorschriften der §§ 37, 38 HBG und sind gem. §§ 38 Nr. 1 bis 3 und 39 Abs. 1 PfandBG wie schon die Vorgängervorschriften straf- bzw. bußgeldbewehrt.

§ 20 Die besondere öffentliche Aufsicht des UK Covered Bond

Die allgemeine Bankaufsicht wurde in England im Banking Act 1979 erstmalig kodifiziert[106]. Durch diesen erfolgte die Umsetzung der supranationalen Anforderungen an das Bankaufsichtsrecht des EU-Rechts und der internationalen Eigenkapitalvorschriften (Basel I). Im Jahr 1998 wurde die Zuständigkeit für das Bankaufsichtsrecht vom Securities and Investments Board (SIB) unter der Bank of England auf die Financial Services Authority (FSA) übertragen. Der Banking Act 1979 wurde im Rahmen der Reform der Finanzdienstleistungsaufsicht durch den Financial Services and Markets Act 2000 (FSMA 2000) ersetzt. Die Einführung des FSMA 2000 erfolgte stufenweise ab dem 1.12.2001. Die britische Finanzaufsicht umfasst seitdem unter der Zuständigkeit der FSA das gesamte britische Bank-, Versicherungs- und Investmentaufsichtsrecht[107]. Ergänzt wird das allgemeine Bankaufsichtsrecht des FSMA 2000 neuerdings durch das Stabilisierungssystem und das Banksonderinsolvenzrecht des Banking Act 2009.

Ein besonderes öffentliches Aufsichtsregime wurde mit den RCB Regulations 2008, allerdings für UK Regulated Covered Bonds eingeführt. Darüber hinaus beschränkt die FSA den Umlauf sowohl von UK Regulated Covered Bonds als auch von UK structured covered bonds eines Emittenten zum Schutz der ungesicherten Gläubiger vor einem strukturellen Nachrang.

A. Allgemeine Erlaubnispflicht für die Erbringung von Finanzdienstleistungen

Die Erbringung erlaubnispflichtiger Finanzdienstleistungen (*regulated activities*) unterliegt in England einem Erlaubnisvorbehalt. Die erlaubnispflichtigen Finanzdienstleistungen sind als Gegenstand der Finanzaufsicht in sec. 22(1), (2) FSMA 2000 in Verbindung mit Anhang 2 zum FSMA 2000 definiert. Erlaubnispflichtige Finanzdienstleistungen, welche ohne die erforderliche Erlaubnis erbracht werden, sind gem. sec. 26 bis 30 FSMA 2000 von Gesetzes wegen unwirksam. Nur zugelassenen Finanzdienstleistungsunternehmen (*authorised persons*) bzw. gem. sec. 38 FSMA 2000 i.V.m. der FSMA 2000 (*exemption*) Order 2001 von der Zulassungspflicht be-

---

106 Zur Entwicklung des englischen Bankaufsichtsrechts ausführlich: Ellinger/Lomnicka/Hooley, Modern Banking Law, 2002, p. 27 et seq.
107 Vgl. sec. 1 (1) FSMA 2000.

freiten Finanzdienstleistungsunternehmen (*exempt persons*)[108] ist die Erbringung erlaubnispflichtiger Finanzdienstleistungen erlaubt. Die Erlaubnis ist gem. sec. 40, 42 FSMA 2000 zu beantragen. Erlaubnisvoraussetzung ist u.a. die Einhaltung der sog. threshold conditions gem. sec. 41 in Verbindung mit Anhang 6 FSMA 2000, welche u.a. die Einhaltung der Solvabilitäts- und Liquiditätskoeffizienten vorschreiben[109].

Die Erlaubnis zur Erbringung von Finanzdienstleistungen hat die aufsichtsrechtliche Kontrolle bzw. Überwachung des Finanzdienstleistungsunternehmens durch die FSA zur Folge. Ziel der britischen Finanzaufsicht ist es gem. sec. 2 Abs. 2 Buchst. a bis d FSMA 2000, das Vertrauen in das Finanzsystem zu schützen, das öffentliche Verständnis für das Finanzsystem zu fördern, die Verbraucher zu schützen und die Straftaten im Zusammenhang mit dem Finanzmarkt zu reduzieren. Der FSMA 2000 regelt eine Reihe von Eingriffsbefugnissen zu Gunsten der FSA die u.a. Tätigkeitsverbote für Mitarbeiter (sec. 56 FMSA 2000), allgemeine Disziplinarmaßnahmen (sec. 66 FSMA) umfassen und als ultima ratio den Widerruf der Erlaubnis zum Betreiben des Finanzgeschäfts vorsehen (sec. 63 FSMA 2000)[110]. Die Aufgabe der FSA umfasst gem. sec. 2 Abs. 4 Buchstabe a bis c FSMA 2000 den Erlass von Regelungen und Verhaltensregeln. Danach kann die FSA gem. sec. 64 FSMA 2000 verbindliche Verhaltensregeln (*statements and codes of conduct*) erlassen und Verstöße hiergegen gem. sec. 66 FSMA 2000 mit Disziplinarmaßnahmen ahnden. Darüber hinaus ermächtigt sec. 138 et seq. FSMA 2000 die FSA zum Erlass von verbindlichen allgemeinen Regeln (*general rules*) für das Betreiben von aufsichtspflichtigen Geschäften.

Zur Durchsetzung der Einhaltung dieser Verhaltensregeln und um diese Regeln durchsetzen zu können, hat die FSA das Recht gem. sec. 165 FSMA 2000, Untersuchungen einzuleiten und die erforderlichen disziplinarischen Maßnahmen zu ergreifen[111]. Zusätzlich berechtigt die Verletzung einer Verhaltensregel oder einer allgemeinen Regel einen Kunden, dem hierdurch ein Schaden entstanden ist, zur Erhebung einer Schadensersatzklage gem. sec. 71 bzw. 150 FSMA 2000.

Die Emittenten des UK covered bond bzw. die die UK covered bonds ausgebende Finanzierungstochtergesellschaft unterliegen als Kreditinstitute, Building Society oder Finanzdienstleistungsunternehmen dem Erlaubnisvorbehalt des FSMA 2000[112]. Die Rechtsträgerin der Deckungsmasse des UK covered bond – üblicherweise in der Rechtsform einer LLP – erbringt hingegen keine erlaubnispflichtigen Finanzdienstleistungen im Sinne des FSMA 2000 und unterliegt damit selbst kei-

---

108 Darunter fallen z.B. municipal banks, school banks, local authorities und bestimmte charities.

109 Vgl. Cranston, Principles of Banking Law, p. 85.

110 Vgl. Binder, Bankinsolvenzen im Spannungsfeld zwischen Bankaufsichts- und Insolvenzrecht, 2005, S. 261 ff.

111 Vgl. sec. 66, 205 et seq. FSMA 2000.

112 Vgl. Balai/Whittacker/Grossman, United Kingdom, in: Golin, Covered Bonds beyond Pfandbriefe, p. 201.

nem Erlaubnisvorbehalt. Dies hat das H.M. Treasury im August 2002 in seinem dritten Konsultationspapier zur Regelung des Immobilienkreditgeschäfts bestätigt, in dem es ausführt, dass eine Zweckgesellschaft keine erlaubnispflichtige Finanzdienstleistung erbringt, wenn die Immobilienkreditverträge von einem servicer als selbständigen Rechtsträger, der selbst Inhaber einer entsprechenden Erlaubnis der FSA zum Betreiben des Immobilienkreditgeschäfts ist, aufgrund vertraglicher Abrede verwaltet werden[113]. Endet die Verwaltung der Immobilienkreditverträge durch den servicer, so hat die Zweckgesellschaft innerhalb eines Monats den bisherigen servicer durch einen neuen servicer zu ersetzen. Anderenfalls ist die Zweckgesellschaft verpflichtet, selbst eine Erlaubnis bei der FSA zum Betreiben des Immobilienkreditgeschäfts zu beantragen.

B. Die besondere öffentliche Aufsicht des UK Regulated Covered Bond

1. Registrierung und zulässige Emittenten des UK Regulated Covered Bond

Um UK Regulated Covered Bonds zu emittieren, muss sowohl der Emittent als auch die einzelne Emission oder das Emissionsprogramm bzw. die einzelne Emissionsserie im Register der UK Regulated Covered Bonds eingetragen sein[114]. Zu diesem Zweck ist die FSA gem. reg. 7(1)(a) und (b) RCB Regulations 2008 verpflichtet, sowohl ein Register der Emittenten für UK Regulated Covered Bonds als auch für einzelne Emissionen, Emissionsprogramme bzw. Emissionsserien zu führen und zu veröffentlichen[115]. Nur im Register eingetragene Emittenten, Emissionen, Emissionsprogramme und Emissionsserien qualifizieren als UK Regulated Covered Bonds[116]. Die FSA hat diese der EU-Kommission gem. reg. 41 RCB Regulations 2008 mitzuteilen[117].

Jeder Emittent, der die Emission eines UK Regulated Covered Bond oder die Auflegung eines UK Regulated Programms beabsichtigt, kann gem. reg. 8(a), (b) RCB Regulations 2008 einen Antrag zur Aufnahme als Emittent und zur Aufnahme der Emission bzw. des Emissionsprogramms in das UK Regulated Covered Bond Register stellen. Einzelne Emissionsserien unter einem registrierten Emissionsprogramm sind der FSA anzuzeigen.

---

113 Vgl. HBOS plc – HBOS Treasury Services plc EUR 14 Billion Covered Bond Programme, 27.6.2003 (offering circular), p. 25.
114 Für bestehende UK covered bond-Programme konnte nachträglich eine Zulassung beantragt werden. Vgl. HM Treasury/FSA, Proposals for a UK Regulated Covered Bonds legislative framework, July 2007, p. 65.
115 Vgl. http://www.fsa.gov.uk/Pages/Register/rcb_register/index.shtml.
116 Vgl. HM Treasury/FSA, Proposals for a UK Regulated Covered Bonds legislative framework, July 2007, para. 2.17.
117 Vgl. reg. 5 RCB Regulations 2008; HM Treasury/FSA, Proposals for a UK Regulated Covered Bonds legislative framework, July 2007, para. 2.18.

Der Emittent ist gem. reg. 9(a) bis (d) RCB Regulations 2008 von der FSA in das Register aufzunehmen, wenn er seinen Sitz in Großbritannien hat[118], befugt ist, das Einlagengeschäft nach Teil 4 des FSMA 2000(7) bzw. Art. 5 der Financial Services and Markets Act 2000 (Regulated Activities) Order 2001 zu betreiben, die Anforderungen und Voraussetzungen der RCB Regulations 2008 sowie sämtliche Anforderungen der FSA im Zusammenhang mit der Registrierung erfüllt. Die RCB Regulations 2008 sehen keine Beschränkung der Geschäftstätigkeit und damit kein Spezialbankprinzip vor. Die RCB Regulations 2008 ermöglichen sowohl spezialisierten Immobilienfinanzierer als auch Universalbanken die Emission von UK Regulated Covered Bonds[119]. Bei dem Registrierungsverfahren handelt es sich um ein sog. Anerkennungs- (*recognition*) und nicht ein Genehmigungsverfahren[120].

Für die Registrierung einer Emissionsserie unter einem registrierten Emissionsprogramm sind der FSA gem. reg. 10(1)(a) bis (c) RCB Regulations 2008 die Identität des Rechtsträgers der Deckungsmasse, die beabsichtigten Deckungswerte und die Vorkehrungen zur Verwaltung der Deckungsmasse nach reg. 17 RCB Regulations 2008 mitzuteilen. Eine Emission bzw. Emissionsserie kann von der FSA gem. reg. 10(2)(a) bis (c) RCB Regulations 2008 registriert werden, wenn die FSA zufrieden gestellt ist, dass der Antragsteller ein registrierter UK Regulated Covered Bond-Emittent ist, und der Emittent und der Rechtsträger der Deckungsmasse, die Anforderungen und Voraussetzungen der RCB Regulations 2008 sowie sämtliche Anforderungen der FSA im Zusammenhang mit der Registrierung der Emission bzw. Emissionsserie erfüllen.

Für die Beantragung der Registrierung sieht das RCB Sourcebook 2008 detaillierte Antragsformulare für Emittenten, Emissionen bzw. Emissionsprogramme sowie Emissionsserien vor[121]. Darin sind die Bedingungen und Vereinbarungen und die Übereinstimmung mit den Anforderungen der RCB Regulations 2008 des entsprechenden UK covered bond detailliert zu erläutern (z.B. zur Deckung die Art, Belegenheit und Wertermittlung der Deckungswerte, den asset coverage- und amortisation test, die Überdeckung, das Monitoring, zum vorrangigen Befriedigungsrecht die Sicherheitenstruktur, Kreditereignisse, Rang, Verwertung, etc.).

Für die Registrierung ist die FSA davon zu überzeugen, dass vertragliche Vorkehrungen (*contractual arrangements*) existieren, welche die Einhaltung der RCB Regulations 2008 und insbesondere der jederzeitigen Deckung sowie der zeitgerechten Be-

---

118 Die FSA und das HM Treasury lehnen es vorerst ab, Emittenten ohne Sitz in Großbritannien, wie z.B. britische Niederlassungen nicht-britischer Kreditinstitute zuzulassen. Eine Zulassung solcher Emittenten soll im Rahmen einer künftigen Überarbeitung der RCB Regulations 2008 geprüft werden. Vgl. HM Treasury, Proposals for a UK Recognised Covered Bonds legislative framework: Summary of responses and final Impact Assessment, February 2008, para. 1.29.

119 Vgl. HM Treasury/FSA, Proposals for a UK Regulated Covered Bonds legislative framework, July 2007, para. 2.4.

120 Vgl. HM Treasury/FSA, Proposals for a UK Regulated Covered Bonds legislative framework, July 2007, para. 2.19.

121 Vgl. Application for the admission to the register of issuers and register of regulated covered bonds, RCB 2 Annex 1D des RCB REGULATIONS 2008 Sourcebook; Covered bond issuance notice, RCB 3 Annex 3D des RCB Sourcebook 2008.

friedigung der Ansprüche unter dem UK Regulated Covered Bond sicherstellen[122]. Hierfür erwartet die FSA gem. Ziffer 2.3.6 des RCB Sourcebook 2008 insbesondere Angaben für die Beurteilung der hinreichenden Qualität der Deckungsmasse (z. B. Beschreibung der Systeme, Kontrollen, Verfahren und Richtlinien des Risikomanagements, der Kreditvergabe, der Kreditausfälle und der Wertermittlung). Des Weiteren hat der Emittent nachzuweisen, dass die von den Deckungswerten generierten cash flows ausreichend sind, die Zahlungsverpflichtungen unter den UK covered bonds zeitgerecht auch unter Anwendung von Stressszenarien und bei Ausfall des Emittenten zu erfüllen. Bei ihrer Beurteilung berücksichtigt die FSA auch eine etwaige Überdeckung, welche dazu dient z. B. Zahlungsausfälle bzw. Kreditrisiken der Deckungswerte, Konzentrationsrisiken, Marktrisiken wie z. B. aus der Fristentransformation, Counterparty-Risiken und aus etwaigen Aufrechnungen abzudecken[123]. Der Emittent muss ferner gem. Ziffer 2.3.14 RCB Sourcebook 2008 nachweisen, dass der UK covered bond Vereinbarungen beinhaltet für die Identifizierung, Adressierung und ggf. Kündigung im Fall einer etwaigen Unterdeckung des UK covered bond, die Ersetzung von z. B. servicer, cash manager oder paying agents. Der Emittent muss auch gem. Ziffer 2.3.15 RCB Sourcebook 2008 nachweisen, dass die Interessen der UK covered bond-Gläubiger hinreichend z. B. durch einen Schuldverschreibungstreuhänder (*bond trustee*) repräsentiert sind. Schließlich muss sich der Emittent gem. Ziffer 2.3.16 ff. RCB Sourcebook 2008 umfassend von Rechtsanwälten und Wirtschaftsprüfern hinsichtlich der Einhaltung der Anforderungen und Voraussetzungen der RCB Regulations 2008 beraten lassen. Zu diesem Zweck schreibt die FSA in Ziffer 2.3.17 und 2.3.18 RCB Sourcebook 2008 den folgenden umfassenden Katalog wesentlicher rechtlicher Themen vor, der von der Beratung zur Aufsetzung des UK covered bond zu umfassen ist und durch entsprechende anwaltliche Gutachten (*legal opinions*) zu verifizieren ist:

- Die Insolvenzfestigkeit der Übertragung der Deckungswerte (*bankruptcy remoteness* bzw. *true sale*);
- Die sog. re-characterisation der Übertragung der Deckungswerte als bloßes Sicherheitsrecht;
- Risiken aus einer etwaigen Insolvenzanfechtung (*claw back*) der Übertragung der Deckungswerte;
- Die Beschränkung des UK covered bond auf die gem. reg. 2 RCB Regulations 2008 zulässigen Deckungswerte[124];
- Die Beschränkung des UK covered bond auf die gem. reg. 3 RCB Regulations 2008 zulässigen Bestandteile der Deckungsmasse;

---

122 Vgl. Ziffer 2.3.3 und 2.3.4 RCB Sourcebook 2008; HM Treasury/FSA, Proposals for a UK Regulated Covered Bonds legislative framework, July 2007, para. 3.13, 3.27, 3.33.

123 Vgl. Ziffer 2.3.7 bis 2.3.12 RCB Sourcebook 2008.

124 Soweit im Ausland belegene Deckungswerte in die Deckungsmasse aufgenommen werden, hat die rechtliche Beratung auch die Insolvenzfestigkeit, die Bestellung, den Rang und die Verwertung der Sicherheiten gem. Ziffer 2.3.17 para (2) RCB Sourcebook 2008 zu umfassen.

- Die Durchsetzbarkeit der Sicherheiten (d.h. fixed und floating charge) an der Deckungsmasse;
- Die Erfüllung der Anforderungen zur Rechtsform (d.h. company oder limited liability partnership, LLP), dem Sitz und des Schwerpunkts der Geschäftstätigkeit (*center of main interest*) in Großbritannien durch den Rechtsträger der Deckungsmasse gem. reg. 4 und 21 RCB Regulations 2008;
- Die Bestellung eines Schuldverschreibungstreuhänders (*bond trustee*);
- Die Einhaltung der gem. reg. 27 RCB Regulations 2008 vorgeschriebenen Rangfolge zur Befriedigung der UK covered bond-Gläubiger sowie der anderen Gläubiger der Deckungsmasse;
- Die Regelungen zur Identifizierung und Adressierung bzw. Kündigung von Vertragsverletzungen gem. reg. 17 RCB Regulations 2008; und
- Die Durchsetzbarkeit des Vertragswerks des UK covered bond.

Seitens der Wirtschaftsprüfer ist ein Bericht gem. Ziffer 2.3.18 RCB Regulations 2008 einzuholen und der FSA zur Verfügung zu stellen. Dieser hat zu bestätigen, dass der Umfang der Überdeckung der vereinbarten Deckungsrechnung des asset coverage test entspricht, die Deckungsrechnung darauf ausgerichtet ist, die erforderliche Deckung gem. reg. 17 RCB Regulations 2008 sicherzustellen und eine angemessene sog. due diligence-Prüfung der Zusammensetzung der Deckung und des Deckungsregisters durchgeführt worden ist.

Jeder Antrag an die FSA zur Registrierung im UK Regulated Covered Bond Register ist gem. Ziffer 2.2.6 des RCB Regulations 2008 Sourcebook von einem senior manager des Emittenten zu verifizieren. Der senior manager hat zu diesem Zweck zu bestätigen, dass der Emittent die erforderliche Beratung von Rechtsanwälten und Wirtschaftsprüfern eingeholt hat, der Antrag vollständig und richtig ist und die Vereinbarungen und Bedingungen des UK covered bond die Anforderungen der RCB Regulations 2008 erfüllen. Die sog. senior manager verification wird auf der website der FSA veröffentlicht.

Der Antragsteller hat die FSA gem. Ziffer 2.3.3 des RCB Regulations 2008 Sourcebook davon zu überzeugen, dass der Emittent die Anforderungen und Voraussetzungen der RCB Regulations 2008 und des RCB Sourcebook 2008 erfüllt und keine wesentlichen Bedenken bestehen, dass der Emittent UK Regulated Covered Bonds in Übereinstimmung mit den RCB Regulations 2008 emittieren wird. Ein Antrag zur Registrierung als UK Regulated Covered Bond-Emittent oder einer Emission bzw. Emissionsserie kann gem. reg. 11 RCB Regulations 2008 von der FSA abgelehnt werden, wenn die Registrierung nachteilig für die Interessen der Anleger von UK covered bonds oder den Ruf des UK Regulated Covered Bond Segments ist. Die FSA ist gem. reg. 13(1)(a) RCB Regulations 2008 verpflichtet, ihre Entscheidung hinsichtlich der Registrierung innerhalb von 6 Monaten mitzuteilen. Eine ablehnende Registrierungsentscheidung kann gem. Reg. 13(6) RCB Regulations 2008 dem Financial Services and Markets Tribunal zur Überprüfung vorgelegt werden. Alternativ kann der Emittent seinen Antrag gem. reg. 13(2) RCB Regulations 2008 jederzeit widerrufen.

Stimmt die FSA der Registrierung einem Emittenten bzw. einer Emission oder Emissionsserie zu, so hat sie diese gem. reg. 14(1) innerhalb von 7 Tagen nach Mitteilung ihrer Entscheidung im UK Regulated Covered Bond Register aufzunehmen.

Die FSA kann gem. reg. 14(2) grundsätzlich einen UK Regulated Covered Bond erst nach Ablauf der gesamten Laufzeit des UK covered bond oder gem. reg. 31(1)(b) RCB Regulations 2008 auf Antrag des Emittenten vom Register entfernen.

2. Fortlaufende regulatorische Anzeigepflichten

Die laufende besondere öffentliche Aufsicht über UK Regulated Covered Bonds ist in den RCB Regulations 2008 in Form einer ‚high-level' Überwachung auf der Grundlage fortlaufender regulatorischer Anzeigepflichten organisiert[125]. Daneben kann die FSA jederzeit umfassend Auskunft vom Emittenten und dem Rechtsträger der Deckungsmasse des UK Regulated Covered Bond Auskunft verlangen[126].

a) Jährliche Compliance Bestätigung

Um die fortlaufende Einhaltung der Anforderungen und Voraussetzungen der RCB Regulations 2008 und des RCB Sourcebook 2008 und insbesondere der Deckungskongruenz zu beobachten, hat der Emittent der FSA gem. Ziffer 3.2.1 RCB Regulations 2008 Sourcebook eine schriftliche sog. jährliche Compliance-Bestätigung (*annual confirmation of compliance*) zu übermitteln[127]. Diese ist gem. Ziffer 3.2.2 und 3.2.9 des RCB Sourcebook 2008 sowohl von den rechtlichen Beratern und Wirtschaftsprüfern des Emittenten als auch einem senior manager des Emittenten zu verifizieren. Nach der Insolvenz des Emittenten ist eine Compliance-Bestätigung vom Rechtsträger der Deckungsmasse innerhalb eines Monats nach Eröffnung der Insolvenz des Emittenten und danach ebenfalls jährlich zu übermitteln. Die jährliche Compliance-Bestätigung wird auf der website der FSA veröffentlicht.

b) Vierteljährliche Deckungsstockanzeige und sonstige Anzeigepflichten

Der Emittent bzw. der Rechtsträger der Deckungsmasse (nach der Insolvenz des Emittenten) hat gem. Ziffer 3.3.1 bzw. 3.3.3 RCB Sourcebook 2008 vierteljährlich Angaben zur Deckung (d.h. Umfang der Überdeckung, Deckungswerte und Verbindlichkeiten des Rechtsträgers der Deckungsmasse) und zur Zusammensetzung der Deckungsmasse (d.h. Anzahl der Immobiliendarlehen, durchschnittliche Darlehenshöhe, gewichtetes, durchschnittliches Alter (*seasoning*) der Darlehen, gewichteter, durchschnittlicher LTV, gewichteter, indexierter LTV, Aufstellung zum Umfang der Hypotheken (*mortgage size breakdown*), geographische Zusammensetzung,

125 Vgl. HM Treasury/FSA, Proposals for a UK Regulated Covered Bonds legislative framework, July 2007, para. 2.23.
126 Vgl. reg. 18 RCB Regulations 2008.
127 Vgl. Annual confirmation of compliance with RCB Regulations and the RCB Sourcebook 2008, RCB 3 Annex 1D.

sog. LTV breakdown, Kreditausfallquoten, sog. debt service ratio breakdown, sog. ownership status breakdown (*buy to let* oder *owner occupied*), sog. certification status breakdown (*income verified* oder *self verified*), Beschäftigungsstatus breakdown (beschäftigt oder arbeitslos), Tilgungsmethoden breakdown (Rückzahlung oder interest only), Zins breakdown (fest- oder variabel verzinslich), Kreditnehmer mit sog. Insolvenzhistorie breakdown, Kreditnehmer mit sog. ‚satisfied court judgement' breakdown, Kreditnehmer mit sog. ‚unsatisfied court judgement' breakdown, der Deckungsmasse entnommene Darlehen, Sonstiges) zu machen (*asset pool notifications*). Zur Verifizierung der Angaben zur Deckung hat der Emittent bzw. Rechtsträger der Deckungsmasse gem. Ziffer 3.3.4 RCB Sourcebook 2008 eine angemessene due diligence-Prüfung durchzuführen.

Eine Unterdeckung der Deckungsmasse, eine Zahlungsstörung des UK Regulated Covered Bond und/oder eine wesentliche Vertragsverletzung des UK Regulated Covered Bond hat der Emittent bzw. der Rechtsträger Deckungsmasse nach der Insolvenz des Emittenten der FSA gem. reg. 18(2), 24(1)(c) der RCB Regulations 2008 und der Ziffer 3.5.6 sowie 3.5.7 RCB Sourcebook 2008 unverzüglich anzuzeigen.

Soll die Deckungsmasse auf einen anderen Rechtsträger übertragen werden, so ist dies nach reg. 25(1) RCB Regulations 2008 der FSA anzuzeigen und der FSA nachzuweisen, dass der neue Rechtsträger die Anforderungen der RCB Regulations 2008 erfüllt[128]. Ohne schriftliche Zustimmung der FSA, die gem. reg 25(3) RCB Regulations 2008 ggf. innerhalb von drei Monaten zu erteilen ist, ist die Übertragung der Deckungsmasse auf einen neuen Rechtsträger gem. reg. 25(8) RCB Regulations 2008 nicht zulässig. Dagegen kann der Emittent eines UK Regulated Covered Bond jederzeit seine Rechte und Pflichten aus den UK Regulated Covered Bonds gem. reg. 19 RCB Regulations 2008 auf einen anderen Emittenten übertragen, vorausgesetzt dieser ist im UK Regulated Covered Bond Register eingetragen.

Eine wesentliche Änderung der Bedingungen eines UK Regulated Covered Bond ist ebenfalls gem. reg. 20(1) RCB Regulations 2008 der FSA anzuzeigen und der FSA nachzuweisen, dass nach der Änderung weiterhin die Anforderungen der RCB Regulations 2008 erfüllt sind. Ohne schriftliche Zustimmung der FSA, die gem. Reg 20(3) RCB Regulations 2008 ggf. innerhalb von drei Monaten zu erteilen ist, ist die Übertragung der Deckungsmasse auf einen neuen Rechtsträger gem. reg. 20(8) RCB Regulations 2008 nicht zulässig.

3. Durchsetzung der RCB Regulations 2008

Der Vollzug der RCB Regulations 2008 wird gewährleistet, in dem der FSA weitgehende aufsichtsrechtliche Maßnahmen eingeräumt werden[129].

---

128 Vgl. HM Treasury/FSA, Proposals for a UK Regulated Covered Bonds legislative framework, July 2007, para. 2.22.
129 Vgl. HM Treasury/FSA, Proposals for a UK Regulated Covered Bonds legislative framework, July 2007, para. 2.24.

Zur Durchsetzung der Regelungen des RCB Regulations 2008 kann die FSA Auskunft verlangen, Weisungen gem. reg. 30 RCB Regulations 2008 erteilen, Bußgelder gem. reg. 34 RCB Regulations 2008 verhängen, gem. reg. 38 RCB Regulations 2008 ein Verfahren wegen Irreführung der FSA einleiten, gem. reg. 31(1)(c) RCB Regulations 2008 einen Emittenten aus dem UK Regulated Covered Bond Register löschen oder gem. reg. 30(2) RCB Regulations 2008 als ultima ratio die Liquidierung (*winding up*) eines Emittenten verlangen[130]. Von der Löschung des Emittenten aus dem UK Regulated Covered Bond Register bleiben laufende UK Regulated Covered Bonds des Emittenten unberührt; der Emittent kann lediglich keine neuen UK Regulated Covered Bonds ausgeben[131]. Aufgrund des Weisungsrechts kann die FSA, auch die Indeckungnahme zusätzlicher Deckungswerte verlangen, falls diese nicht für die Deckung des UK Regulated Covered Bonds ausreichen[132].

Vor der Verhängung einer Aufsichtsmaßnahmen ist der Emittent in jedem Fall anzuhören (*warning notice*). Als Rechtsbehelf gegen eine der vorgenannten Maßnahmen steht dem Emittenten die Vorlage der Angelegenheit an das Financial Services and Markets Tribunal zu.

C. Die Überwachung des UK Covered Bond-Umlaufs

Nach der Emission der ersten drei UK covered bond-Programme hatte die FSA im August 2004 eine vorläufige Stellungnahme zur Überwachung des Umlaufs von UK covered bonds britischer Emittenten veröffentlicht[133]. Nach Überprüfung ihrer vorläufigen Stellungnahme zur Emission von UK covered bonds hielt es die FSA für angemessen, den Umfang der im Umlauf befindlichen UK covered bonds im Hinblick auf sich hieraus ergebende Risiken für Einlagengläubiger zu überwachen und erforderlichenfalls eine Erhöhung des aufsichtsrechtlichen Eigenkapitals (*additional capital under its individual capital ratio* bzw. *ICR*) im Rahmen der qualitativen Bankenaufsicht (Säule 2 unter dem zweiten Baseler Akkord) des Emittenten zu verlangen[134].

Die FSA erkennt die Vorteile des UK covered bond – vereinfachter Zugang zum internationalen Kapitalmarkt, Diversifizierung der Investorenbasis, relativ güns-

---

130 Vgl. reg. 29.(2)(b) RCB Regulations 2008.
131 Vgl. reg. 15(2) RCB Regulations 2008; HM Treasury/FSA, Proposals for a UK Regulated Covered Bonds legislative framework, July 2007, para. 2.25.
132 Vgl. HM Treasury/FSA, Proposals for a UK Regulated Covered Bonds legislative framework, July 2007, para. 2.25.
133 Vgl. Letter of Paul Sharma (FSA) to the British Bankers' Association, 17.8.2004, re: Covered bond issuance, 19.8.2004. Für Verbriefungen hat die FSA keine besonderen Überwachungsmaßnahmen im Hinblick auf den Umlauf eingeführt. Dies ist darauf zurückzuführen, dass bei einer true sale MBS die Immobilienkredite vom Originator veräußert werden, die Einlagengläubiger nicht durch eine vorrangige Befriedigung der Wertpapiergläubiger in einen strukturellen Nachrang gestellt werden und ein „Rosinenpicken" bei der Strukturierung des Immobilienkreditpools verboten ist. Vgl. Structured Finance International, Continuity and change, Issue 34, October/November 2004, Interview with Robert Plehn, Head of securitisation at HBOS plc.
134 Vgl. Letter of Paul Sharma (FSA) to the British Bankers' Association, 4.8.2005, re: Covered bond issuance, 4.8.2005; Euromoney, FSA learns to love covered bonds, September 2005, p. 22.

tige Refinanzierungsalternative – für die Refinanzierung des Immobilienkreditgeschäfts an. Diesen Vorteilen gegenüberstehend sieht die FSA jedoch mögliche zusätzliche Risiken für Einlagengläubiger der Institute aus der Struktur des UK covered bond, insbesondere der Reservierung bestimmter qualitativ hochwertiger Immobilienkredite für die Gläubiger des UK covered bond[135]. Dies hat nach Ansicht der FSA zur Folge, dass aufgrund der vorrangigen Befriedigung der UK covered bond-Gläubiger den Einlagengläubigern ein reduziertes, möglicherweise qualitativ geringwertigeres Vermögen zur Befriedigung zur Verfügung steht bzw. die ungesicherten Gläubiger in einen strukturellen Nachrang gestellt werden. Zusätzlich erkennt die FSA einen sog. gearing effect, d.h. eine höhere Ausfallrate im verbleibenden Immobilienkreditvermögen des Emittenten und/oder der Muttergesellschaft.

Die FSA untersucht und bewertet bei der Überwachung des UK covered bond-Umlaufs auf Einzelfallbasis die folgenden Parameter:

- einerseits den Einfluss der möglichen Verbesserung der Bankliquidität und Bankfinanzierung durch den UK covered bond auf die allgemeine Kreditwürdigkeit des Emittenten und/oder der Muttergesellschaft; und
- andererseits, inwiefern aufgrund des vorrangigen Befriedigungsrechts der UK covered bond-Gläubiger den Einlagengläubigern ein reduziertes, möglicherweise qualitativ geringwertigeres Vermögen zur Befriedigung zur Verfügung steht.

Im Ergebnis handelt es sich um eine von der FSA zu treffende Abwägung, welche die Untersuchung emittentenspezifischer Faktoren, wie z.B. Umfang der im Umlauf befindlichen UK covered bonds, Häufigkeit der Emission im Vergleich zum Umfang und Wachstum des gesamten Vermögens und der Immobilienkredite, dem Gesamtumfang aller zu Gunsten Dritter belasteten Vermögensgegenstände (inklusive der Überdeckung des UK covered bond sowie des Finanzierungs- und Liquiditätsprofils der Gesamtbank).

Entscheidend ist dabei, ab welchem Umfang der Umlauf von UK covered bonds als wesentlich zu erachten ist, um zusätzliches Eigenkapital erforderlich zu machen. Bei der Entscheidung dieser Frage wendete die FSA früher mit der sog. Überwachungsschwelle (*monitoring threshold*) von 4 % des gesamten Vermögens des Emittenten und/oder der Muttergesellschaft (*total assets*) und dem sog. höheren Umlauf (*upper benchmark*) von 20 % des gesamten Vermögens des Emittenten und/oder der Muttergesellschaft einen Zweistufen-Ansatz an. Die beiden Schwellenwerte wurden nicht als absolute Grenzen betrachtet, sondern sollten sog. notification thresholds darstellen, die den Überwachungsprozess bzw. eine Diskussion über die Wesentlichkeit (*materiality*) des UK covered bond-Umlaufs einleiten bzw. intensivieren sollen.

Bei Überschreitung der Überwachungsschwelle erwartete die FSA eine Anzeige der Überschreitung durch den Emittenten. Bei einem Umlauf unterhalb der Überwa-

---

135 Aufgrund derselben Argumentation sieht die australische Finanzaufsicht (APRA) in dem auf australische Verhältnisse übertragenen Modell des UK covered structured bonds einen Verstoß gegen den Einlagenschutz aus sec. 13A(3) des australischen Banking Act 1959, was in der Folge bislang der Entwicklung eines australischen structured covered bond im Weg steht.

chungsschwelle sah die FSA vormals keinen Anlass für zusätzliches aufsichtsrechtliches Eigenkapital. Nach Anzeige der Überschreitung der Überwachungsschwelle war der Anwendungsbereich einer Einzelfall bezogenen Bewertung der mit dem UK covered bond verbundenen Vorteile und Risiken eröffnet, die ggf. zusätzliches aufsichtsrechtliches Eigenkapital beim Emittenten und/oder der Muttergesellschaft erfordern kann. Mit Schreiben vom 23.10.2008 hat die FSA ihre vormalige Praxis zur Überwachung des UK covered bond Umlaufs aufgegeben[136]. Die FSA erwartet seither, dass Emittenten ihre Pläne zur Emission von UK covered bonds unabhängig von den früheren Schwellen zwingend in jedem Fall vorab mit der FSA abstimmen.

Nach Auffassung der FSA überwiegen bei einem niedrigen Umlauf die Vorteile des UK covered bond in Bezug auf die Verbesserung der Kreditwürdigkeit des Emittenten und/oder der Muttergesellschaft die damit verbundenen Nachteile für Einlagengläubiger. Mit Erreichen eines höheren Umlaufs können jedoch die Nachteile für Einlagengläubiger die Vorteile des UK covered bond überwiegen, da dann der strukturelle Nachrang der Einlagengläubiger eine wesentliche Bedeutung erlangen kann. Jedenfalls bei Übersteigen des höheren Umlaufs von 20 % des gesamten Vermögens des Emittenten und/oder der Muttergesellschaft hielt die FSA in der Vergangenheit die Erforderlichkeit von zusätzlichem aufsichtsrechtlichem Eigenkapital in den meisten Fällen für wahrscheinlich. Die Entscheidung hierüber traf die FSA erforderlichenfalls auf Einzelfallbasis. Dabei berücksichtigte die FSA die folgenden Faktoren[137]:

- Den Anteil der beliehenen (*encumbered*) Vermögenswerte am gesamten Vermögen des Emittenten und den Umfang der Überdeckung;
- Den gegenwärtigen und künftigen Refinanzierungsplan des Emittenten;
- Möglich Gründe und Auswirkungen etwaiger Rating-Herabstufungen des Emittenten;
- Die Fähigkeit des Emittenten dauerhaft gedeckte Schuldverschreibungen oder andere Programme zu unterhalten unter Berücksichtigung der vertraglichen Verpflichtungen bestimmte sog. ‚asset level' einzuhalten;
- Die Kenntnis und Beteiligung des senior management bei gedeckten Schuldverschreibungen; und
- Den Umfang des Rückgriffs den die gedeckte Schuldverschreibung am allgemeinen Bankvermögen vermittelt.

Etwaige Risiken aus dem UK covered bond-Umlauf eines Instituts will die FSA unabhängig von ihrer bisher geübten Aufsichtspraxis vorerst durch erhöhte Eigenkapitalanforderungen, eine Beschränkung des UK covered bond-Umlaufs und der Laufzeit von UK covered bonds adressieren. Ein entsprechender Regelungsrahmen

136 Vgl. Letter of Paul Sharma (FSA) to the British Bankers' Association, 23.10.2008, re: Covered bond issuance and asset encumbrance, 23.10.2008.
137 Vgl. Letter of Paul Sharma (FSA) to the British Bankers' Association, 23.10.2008, re: Covered bond issuance and asset encumbrance, 23.10.2008.

soll künftig von der FSA entwickelt und in das FSA Handbook aufgenommen werden. Die Emittenten sehen in der Überwachung des Umlaufs des UK covered bond eine Benachteiligung britischer Kreditinstitute gegenüber anderen europäischen Wettbewerbern[138].

§ 21 Rechtsvergleich zur besonderen öffentlichen Aufsicht

Pfandbriefbanken unterliegen ebenso wie die Emittenten bzw. die Muttergesellschaften des Emittenten der UK covered bonds der allgemeinen Bankaufsicht. Für die allgemeine Bankaufsicht ist in Deutschland die Bundesanstalt für Finanzdienstleistungsaufsicht (BaFin) und in Großbritannien die Financial Services Authority (FSA) zuständig.

Das Betreiben des Pfandbriefgeschäfts setzt in Deutschland zusätzlich zur Bankerlaubnis eine besondere Erlaubnis voraus. Die Erlaubnisvoraussetzungen zum Betreiben des Pfandbriefgeschäfts umfassen besondere Anforderungen in Bezug auf das Kernkapital, das Risikomanagement, den Geschäftsplan, den organisatorischen Aufbau und die Geschäftsleiter. Die besondere Erlaubnis zum Betreiben des Pfandbriefgeschäfts kann von der BaFin u.a. aufgehoben werden, wenn eine Pfandbriefbank seit mehr als zwei Jahren keine Pfandbriefe ausgegeben hat und nicht zu erwarten ist, dass das Pfandbriefgeschäft innerhalb der nächsten sechs Monate als regelmäßig und nachhaltig betriebenes Bankgeschäft wieder aufgenommen wird. Beim UK covered bond unterliegen seit der Einführung der RCB Regulations 2008 die Emittenten einem besonderen Erlaubnisvorbehalt und einer besonderen Aufsicht durch die FSA. Von dieser umfasst wird der Rechtsträger der Deckungsmasse insbesondere nach Eintreten der Insolvenz der Emittenten.

Weder das deutsche noch das englische Recht schreiben für die Emission von Pfandbriefen eine bestimmte Rechtsform des Emittenten vor. Stattdessen werden über die allgemeinen Anforderungen an das Mindesteigenkapital der Institute hinaus besondere Anforderungen gestellt. Das Pfandbriefrecht sieht hierfür anstelle einer Pfandbriefumlaufgrenze ein Kernkapital von EUR 25 Mio. vor. Die FSA überwacht den Umlauf des UK covered bond und verlangt im Einzelfall ab einem wesentlichen Umlauf im Verhältnis zum gesamten Vermögen des Emittenten und/oder der Muttergesellschaft zusätzlich aufsichtrechtliches Eigenkapital. Begründet wird das zusätzliche Eigenkapitalerfordernis beim Pfandbrief mit der Langfristigkeit des Pfandbriefgeschäfts sowohl auf der Aktiv- als auch auf der Passivseite. Die FSA schützt mit ihrem bisherigen Aufsichtsansatz ungedeckte bzw. Einlagengläubiger vor den Nachteilen aus dem strukturellen Nachrang gegenüber den UK covered bond-Gläubigern. Ein Aspekt, der nach der Abschaffung des Spezialbankprinzips

---

138 Vgl. Structured Finance International, Please sir, can I have some more, Issue 33, August/September 2004; Vgl. Balai/Witthacker/Grossman, United Kingdom, in: Golin, Covered Bonds beyond Pfandbriefe, p. 197.

auch für den Pfandbrief an Bedeutung zugenommen hat, bisher jedoch soweit ersichtlich nicht diskutiert wird.

Das Pfandbriefrecht sieht in einem zweijährigen Turnus Deckungsprüfungen bei den Pfandbriefbanken vor. Darin wird die Einhaltung der Vorschriften zum Deckungsprinzip überprüft. Dies umfasst die stichprobenmäßige Überprüfung der Einhaltung der Vorschriften zur Deckungsstockfähigkeit bei der Indeckungnahme der Deckungswerte (inklusive der Beleihungswertermittlung) und die Einhaltung der Deckungskongruenz (inklusive der barwertigen Deckungsrechung). Die RCB Regulations 2008 haben für die besondere Aufsicht zum Schutz der Gläubiger der UK covered bonds die sog. asset cover monitor-Lösung übernommen. Diese sieht eine anfängliche und danach jährliche Bestätigung der Einhaltung der Deckungsrechnung bzw. des asset coverage test durch eine Wirtschaftsprüfungsgesellschaft vor. Darüber hinaus sind der FSA vierteljährlich umfassende Angaben zur Deckungsmasse im Rahmen von sog. Deckungsstockanzeigen zur Verfügung zu stellen. Der Emittent hat zudem jährlich eine Compliance-Bestätigung über die Einhaltung der Vorschriften des RCB Regulations 2008 bei der FSA abzugeben.

Neben besonderen, spezifischen Anforderungen an das Risikomanagement für das Pfandbriefgeschäft sieht das allgemeine deutsche Bankaufsichtsrecht aufsichtsrechtliche Maßnahmen zur Abwehr von Gefahren und insbesondere zur Abwehr einer Insolvenz über das Vermögen eines Kreditinstituts vor. Diese umfassen u.a. die Möglichkeit, ein Moratorium im Vorfeld der Hauptinsolvenz der Pfandbriefbank zu erlassen. Das PfandBG sieht allerdings zum Schutz der Pfandbriefgläubiger vor, dass die BaFin im Fall eines Erlasses eines solchen Moratoriums die Sonderung einer gesunden Deckungsmasse durch Bestellung eines Sachwalters vorzeitig herbeiführen kann, wodurch sichergestellt ist, dass die Bedienung der Pfandbriefgläubiger durch ein aufsichtsrechtliches Moratorium nicht ausgeschlossen wird.

6. Teil: Zusammenfassung, Bewertung, Folgerungen und Harmonisierung

§ 22 Zusammenfassender Vergleich, ökonomische Analyse und Bewertung

In einer Vielzahl von überwiegend europäischen Ländern wurden zur Refinanzierung des Immobilienkreditgeschäfts und teilweise auch des Staatskreditgeschäfts gedeckte Schuldverschreibungen entwickelt. Die meisten gedeckten Schuldverschreibungen beruhen auf speziellen Gesetzen. Der deutsche Pfandbrief stellt aufgrund seiner Tradition und seiner Bedeutung ein Benchmark-Modell dar. Mit dem UK structured covered bond ist im Jahr 2003 eine gedeckte Schuldverschreibung als vertragliches Modell entwickelt worden. Seit Einführung der RCB Regulations 2008 können auch britische Emittenten auf eine gesetzliche Emissionsgrundlage zurückgreifen. Die RCB Regulations 2008 erfüllen wie das PfandBG die Anforderungen an den Mindeststandard für gedeckte Schuldverschreibungen des Art. 22 Abs. 4 der OGAW-Richtlinie.

A. Zusammenfassung des empirischen Vergleichs im Lichte des Europäischen Mindeststandards für gedeckte Schuldverschreibungen

Obwohl die Tatbestandsvoraussetzungen des europäischen Mindeststandards für gedeckte Schuldverschreibungen in Art. 22 Abs. 4 der OGAW-Richtlinie verglichen mit der Tiefe und Komplexität des PfandBG sowie den RCB Regulations 2008 und den dazugehörigen vertraglichen Regelungen des UK covered bonds eher rudimentärer Natur sind, stellen sie dennoch das Grundgesetz der europäischen gedeckten Schuldverschreibung dar[1]. Sie sind deswegen ein geeigneter Maßstab für einen zusammenfassenden empirischen Vergleich.

---

1 Vgl. ZKA, Gemeinsame Stellungnahme des Zentralen Kreditausschusses, des Gesamtverbandes der deutschen Versicherungswirtschaft und des Verbandes der privaten Bausparkassen zu den Berichten der Expertengruppen ‚Mortgage Funding' und ‚Mortgage Industry and Consumers', vom 9.2.2007, S. 4.

I. Emissionsgrundlage und wertpapiermäßige Ausstattung

Während in Deutschland seit vielen Jahren und nach der Einführung des PfandBG auch ein einheitliches Pfandbriefrecht gilt, ist in Großbritannien mit den RCB Regulations 2008 eine gesetzliches Rahmenwerk zur Emission von UK Regulated Covered Bonds erst spät geschaffen worden. Beim Vergleich der beiden Modelle werden deutliche Unterschiede in der Konzeption des gesetzlichen Ordnungsrahmens erkennbar. Zum einen eine historisch bedingte hohe Regelungstiefe des PfandBG, die von den Emittenten beschränkend und mitunter als starres Korsett empfunden wird. Gleichzeitig stellt dies den Garant für die vielfach geschätzte hohe Homogenität des Pfandbriefmarkts dar. Zum anderen das flexible Rahmenwerk der RCB Regulations 2008, der bewusst gewählt ist, um das künftige Wachstum des britischen covered bond-Segments sowie Marktinnovationen zu fördern.

Der Markt schätzt bei der Emissionsgrundlage für gedeckte Schuldverschreibungen ein angemessenes Gleichgewicht von Flexibilität und Sicherheit[2]. Dieses Gleichgewicht auszutarieren ist Aufgabe des Gesetzgebers unter Berücksichtigung der Interessen der Emittenten und der Anleger. Dass die Interessen einem dauernden Wandel je nach der konjunkturellen Entwicklung unterliegen, zeigt die aktuelle Finanzkrise, in der der Trend wieder eindeutig zurück gegangen ist, zu mehr Sicherheit und weniger Flexibilität und der Nutzungseffizienz eine geringere Bedeutung zugemessen wird.

In der Emittentenstruktur unterscheiden sich Pfandbriefe und UK covered bonds nur unwesentlich. Pfandbriefe werden ausschließlich von Kreditinstituten mit Sitz in Deutschland emittiert. UK covered bonds werden entweder unmittelbar von einem britischen Kreditinstitut oder der Finanzierungstochtergesellschaft eines Kreditinstituts emittiert, wobei in diesem Fall die gedeckten Schuldverschreibungen von der Muttergesellschaft zusätzlich garantiert werden. Daneben werden UK covered bonds auch von Building Societies emittiert.

In ihrer wertpapiermäßigen Ausstattung (Status, Rechtsnatur, Verzinsung, Laufzeit und Rückzahlung) unterscheiden sich Pfandbriefe und UK covered bonds kaum. Teilweise sind UK covered bonds als sog. soft bullet bonds ausgestattet. Dies erlaubt den Emittenten eine Verlängerung der Laufzeit der endfälligen Schuldverschreibungen zu Lasten der Planungssicherheit der Anleger.

Wertpapierrechtlich bieten UK covered bonds den Schuldverschreibungsgläubigern Mitwirkungs- und Sanktionierungsmöglichkeiten, die in der Hand eines Schuldverschreibungstreuhänders gebündelt sind. Dies gilt sowohl zur Sanktionierung von Vertragspflichtverletzungen als auch im Rahmen der Durchsetzung und Verwertung des vorrangigen Befriedigungsrechts und der Reorganisation bzw. Übertragung der Deckungsmasse auf einen anderen Rechtsträger. Der Schuldverschreibungstreuhänder ist auch im Rahmen der besonderen öffentlichen Aufsicht Ansprechpartner für

2 Vgl. Euromoney, Call for covered bond calm in face of delay, December 2007, p. 29.

die britische Finanzaufsicht. Demgegenüber sieht das deutsche Recht keine Mitwirkungs- und Sanktionierungsrechte der Pfandbriefgläubiger vor. Die Durchsetzung des vorrangigen Befriedigungsrechts obliegt beim Pfandbrief ausschließlich der BaFin. Eine gemeinsame Vertretung der Pfandbriefgläubiger ist nach der Neufassung des SchVG selbst in der Insolvenz der Pfandbriefbank nicht mehr vorgesehen. Die BaFin ersetzt stattdessen mit ihrer Zustimmung zur Übertragung der Deckungsmassen sogar die Zustimmung der Pfandbriefgläubiger.

II. Deckungsprinzip

Die Deckungswerte des Pfandbriefs werden durch Indeckungnahme Bestandteil der Deckungsmasse und sind in ein Deckungsregister einzutragen. Rechtsträger der Deckungsmasse ist die Pfandbriefbank, weshalb die Deckungsmasse bei ihr zu bilanzieren ist. Die Pfandbriefbank verwaltet die Deckungswerte und bleibt voll und unbeschränkt verfügungsbefugt. Beim UK covered bond wird als Deckungsmasse ein selbständiger Rechtsträger mit beschränktem Gesellschaftszweck in der Rechtsform einer Kapitalgesellschaft bzw. limited liability partnership (LLP) gegründet. Die LLP ist Teil der Unternehmensgruppe des Emittenten und in dessen eigener Bilanz oder der Bilanz seiner Konzernmutter zu konsolidieren. Die Deckungswerte werden im Wege einer entgeltlichen Vollrechtsübertragung auf die UK covered bond LLP übertragen, welche in einer Krise des Emittenten zu vervollständigen ist. Die Deckungswerte werden von einem servicer verwaltet bzw. eingezogen. Der servicer hat ein Register über die übertragenen Deckungswerte zu führen.

Als ordentliche Deckung lässt das PfandBG nur Hypothekar-, Staats-, Schiffs- und Flugzeugkredite zu. Die Belegenheit, Beleihungsgrenze, Beleihungswertermittlung und Versicherungspflicht sind im PfandBG, der BelWertV und dem KWG gesetzlich geregelt. Der Pfandbrief ermöglicht die Bildung einer geographisch diversifizierten Deckungsmasse, indem er die Indeckungnahme von im Ausland belegenen, beliehenen Immobilien zulässt. Die Beleihungsgrenze beträgt beim Pfandbrief 60 % auf Basis des Beleihungswerts der beliehenen Immobilien. Der Treuhänder überwacht beim Pfandbrief die Eintragung der Deckungswerte und die Einhaltung der Voraussetzungen der Deckungsstockfähigkeit. Nach Ausweitung des Marktschwankungskonzepts auf Wohnimmobilien erfüllen die Deckungswerte des Pfandbriefs insgesamt die Anforderungen der neu gefassten Bankenrichtlinie.

Die RCB Regulations 2008 übernehmen im Wesentlichen die zulässigen Deckungswerte aus der neu gefassten Bankenrichtlinie. Den UK covered bonds liegen aufgrund des strukturierten Modells vertraglich auferlegte Beschränkungen in Form von Garantien und Gewährleistungen zur Indeckungnahme von Vermögenswerten zu Grunde. Bisher sind die ordentlichen Deckungswerte ausschließlich durch in England, Schottland und teilweise in Nordirland belegene Wohnungsimmobilien besichert. Die RCB Regulations 2008 lassen auch in bestimmten Ländern belegene beliehene Immobilien zur Indeckungnahme zu. Die Beleihungsgrenze beträgt bei UK covered bonds 60 % bis 75 % auf Basis des Marktwerts der beliehenen Wohnimmobilien. Der Wert der den Deckungswerten zu Grunde liegenden Immobilien wird bei UK covered bonds indexiert und damit automatisch an die Preisentwicklung am Immobilienmarkt angepasst. Die RCB Regulations 2008 stellen selbst keine wesentlichen zusätzlichen qualitativen Anforderungen für die als Deckungswert zulässigen Vermögenswerte auf und verweisen mit bestimmten Einschränkungen auf die in Annex VI, Ziffer 68 der neu gefassten Bankenrichtlinie aufgezählten zulässigen Deckungswerte.

Die Deckungskongruenz hat beim Pfandbrief sowohl bar- als auch nennwertig vorzuliegen. Derivategeschäfte der Deckungsmasse müssen ebenfalls gedeckt sein. Die barwertige Deckung ist bankarbeitstäglich festzustellen und Stresstests sind wöchentlich durchzuführen. Eine sichernde Überdeckung in Höhe von 2 % des Gesamtbetrags der zu deckenden Pfandbriefverbindlichkeiten sowie ein Liquiditätspuffer ist vorgeschrieben. Die freiwillige Überdeckung ist insolvenzfest, soweit sie offensichtlich für die kongruente Deckung und die sichernde Überdeckung nicht notwendig ist. Beim UK covered bond ist die Deckungsrechnung im Gesellschaftsvertrag der LLP verankert. Darin ist mindestens ein asset coverage test und ein amortisation test vorgesehen. Der asset coverage test basiert ausschließlich auf einer nennwertigen Deckungsrechnung. Der asset coverage test dient nicht der Überwachung der Zinsdeckung. Dafür verlangt der Hypothekenkauf- und Abtretungsvertrag eine Zinsüberdeckung der zu übertragenden Immobilienkredite auf Portfoliobasis. Swapverträge der Deckungsmasse fließen in die monatliche Deckungsrechnung nicht ein. Der asset coverage test legt eine Überdeckung fest, die aufgrund der entgeltlichen Übertragung der Deckungswerte relativ insolvenzfest ist. Der amortisation test findet nur zur Abwicklung der Deckungsmasse Anwendung. An Stelle detaillierter Vorschriften zur Deckungskongruenz und insbesondere zur Deckungsrechnung legen die RCB Regulations 2008 weder eine Methode zur Bestimmung der Fähigkeit zur jederzeitigen Deckung fest noch konkretisieren sie die erforderliche Überdeckung in quantitativer Hinsicht. Dies überlässt der britische Gesetzgeber stattdessen der FSA im Rahmen ihrer besonderen öffentlichen Aufsicht.

III. Vorrangiges Befriedigungsrecht

Das vorrangige Befriedigungsrecht beruht beim Pfandbrief auf der gesetzlichen Qualifikation der Deckungsmasse als Sondervermögen in der Hauptinsolvenz der Pfandbriefbank, welche die Isolierung der Deckungsmasse von der Insolvenzmasse zur Folge hat. Mit der Sondervermögenslösung schafft das PfandBG ein Sonderinsolvenzrecht für Pfandbriefgläubiger dessen Durchsetzung in den Händen der BaFin liegt.

Mit den RCB Regulations 2008 wird das vorrangige Befriedigungsrecht des UK structured covered bond anerkannt. Dem UK covered bond liegt mit der Vollrechtsübertragung der Deckungswerte auf einen selbständigen und insolvenzfernen Rechtsträger, der die Schuldverschreibungen garantiert und sein gesamtes Vermögen zu Gunsten der Schuldverschreibungsgläubiger verpfändet, ein Mechanismus zu

Grunde, welcher auf der Spezialisierung der Deckungsmasse durch anfängliche Sonderung in Kombination mit der Privilegierung der Schuldverschreibungsgläubiger aufbaut.

Die Insolvenz des Emittenten schließt weder beim Pfandbrief noch bei UK covered bonds das Weiterlaufen der gedeckten Schuldverschreibungen aus. Pfandbriefe und UK covered bonds werden aufgrund der Insolvenz des Emittenten nicht gesamtfällig gestellt. Die Deckungsmassen sind im Interesse der Schuldverschreibungsgläubiger unter Einhaltung der Anleihebedingungen abzuwickeln, wobei die Deckungsmasse ihren revolvierenden bzw. dynamischen Charakter verliert. Die Verwaltung bzw. Abwicklung der Deckungsmasse erfolgt beim Pfandbrief in einem gesonderten Sachwalterverfahren. Beim UK covered bond erfolgt die Verwaltung bzw. Abwicklung der Deckungsmasse durch die Geschäftsführungsorgane der LLP, die deren Geschäft ordnungsgemäß fortführen.

Die Durchsetzung des vorrangigen Befriedigungsrechts obliegt beim Pfandbrief der BaFin. Sie ernennt im Fall der Hauptinsolvenz der Pfandbriefbank den Sachwalter zur Verwaltung der Deckungsmasse oder beantragt bei Insolvenzgefahr im Rahmen der bankaufsichtlichen Gefahrenabwehrmaßnahmen die Ernennung des Sachwalters durch das Gericht. Demgegenüber liegt die Durchsetzung des vorrangigen Befriedigungsrechts beim UK covered bond nach Eintritt eines Kreditereignisses in den Händen des Schuldverschreibungs- bzw. Sicherheitentreuhänders sowie ggf. der Gläubigerversammlung. Die maßgeblichen Kreditereignisse sind beim UK covered bond in einem umfangreichen Katalog vertraglich definiert und ermöglichen die Durchsetzung des vorrangigen Befriedigungsrechts bereits in einem früheren Stadium der Krise des Emittenten.

Die Abwicklung der Deckungsmasse kann übereinstimmend gestreckt und/oder durch Übertragung auf einen Dritten erfolgen. Die Deckungsmasse ist beim UK covered bond mit Zustimmung der Gläubiger anders als beim Pfandbrief einer Sanierung unter Anwendung des bekannten gesellschaftsrechtlichen Instrumentariums zugänglich.

Die Kosten der Insolvenz der Pfandbriefbank bzw. der Emittentin des UK structured covered bond und künftiger UK Regulated Covered Bonds muss die Deckungsmasse bei keinem der Modelle tragen. Für die Kosten der Sachwaltung sieht der Pfandbrief eine gesetzliche übersichernde Deckung vor. Beim UK structured covered bond und UK Regulated Covered Bonds sind die Kosten der Abwicklung der Deckungsmasse aus den realisierten Deckungswerten der UK covered bond LLP zu tragen. Diese sind im Rahmen des Deckungsprinzips ebenfalls berücksichtigt.

Die Insolvenz der Deckungsmasse führt beim Pfandbrief zur Eröffnung eines Sonderinsolvenzverfahrens. Mit Eröffnung der Sonderinsolvenz werden die Pfandbriefe gesetzlich fällig gestellt und quotal befriedigt. Die Insolvenz der Deckungsmasse bzw. UK covered bond LLP berechtigt beim UK covered bond zur vertraglichen Gesamtfälligstellung der Schuldverschreibungen. Die Deckungsmasse ist beim UK covered bond im Rahmen eines gesonderten standardmäßigen Insolvenzverfahrens der UK covered bond LLP abzuwickeln.

Ein etwaiger Ausfall bei der Verwertung der Deckungsmasse kann sowohl beim Pfandbrief als auch beim UK covered bond gegenüber dem insolventen Emittenten geltend gemacht werden.

IV. Besondere öffentliche Aufsicht

Pfandbriefbanken unterliegen ebenso wie die Emittenten des UK covered bond der allgemeinen Bankaufsicht. Das Betreiben des Pfandbriefgeschäfts setzt zusätzlich eine besondere Erlaubnis voraus. Diese weitet die Überwachung der Pfandbriefbanken durch die BaFin auf die Einhaltung der pfandbriefrechtlichen Vorschriften aus. Das PfandBG sieht zudem in einem zweijährigen Turnus Deckungsprüfungen durch die BaFin bei den Pfandbriefbanken vor. Das PfandBG sorgt dadurch für eine ausgesprochen umfangreiche besondere öffentliche Aufsicht im Sinne des Art. 22 Abs. 4 der OGAW-Richtlinie, die zusätzliche Anforderungen an das Risikomanagementsystem stellt.

Die besondere öffentliche Aufsicht umfasst nur UK Regulated Covered Bonds. Nicht dagegen UK structured covered bonds. Der allgemeine Genehmigungsvorbehalt der künftigen RCB Regulations 2008 geht im Gegensatz zum PfandBG nicht einher mit einer restriktiven Zulassungspolitik und schafft daher selbst keine hohen Markteintrittshürden für neue Emittenten. Das Zulassungsverfahren und die laufende Aufsicht über UK Regulated Bonds zeichnen sich durch ihren ressourcenschonenden Ansatz aus, der gleichwohl geeignet erscheint, eine umfassende besondere öffentliche Aufsicht unter Einbindung unabhängiger qualifizierter externer Berater zu gewährleisten. Auf diese Weise wird auch eine jährliche unabhängige Überprüfung der Deckung ermöglicht. Spezifische Deckungsprüfungen wie beim Pfandbrief bleiben in besonderen Fällen möglich.

B. Ökonomische Analyse des Rechts

Um einen umfassenden Bewertungsversuch des Rechts des Pfandbriefs und des UK covered bond zu ermöglichen, soll neben der empirisch analytischen Untersuchung eine ökonomische Analyse des Rechts der beiden Refinanzierungsinstrumente durchgeführt werden. Hierzu bietet sich ein Vergleich anhand der entwickelten Ratingmethodologien sowie eine Transaktionskostenanalyse an. Beides kann im Rahmen dieser Arbeit nur überblicksmäßig geleistet werden, da insbesondere bei den Ratingmethodologien vertiefte betriebswirtschaftliche und mathematische Bewertungs- und Ratingmodelle und quantitative Methoden zur Anwendung kommen. Zudem sind die Dinge diesbezüglich laufend im Fluss, da die Ratinggesellschaften nicht nur im Zusammenhang mit der Finanzkrise ihre Rating-Methodologien regelmäßig überarbeiten.

I. Rating und Rating-Methodologien für gedeckte Schuldverschreibungen

Im Hinblick auf die Beurteilung der Qualität gedeckter Schuldverschreibungen spielen Ratings anerkannter Ratingagenturen eine herausragende Rolle[3]. Für die Emission einer gedeckten Schuldverschreibung im Jumbo-Format sind Ratingurteile durch anerkannte Ratingagenturen absoluter Standard. Die Emittenten lassen ihre gedeckten Schuldverschreibungen von anerkannten Ratingagenturen beurteilen, um institutionelle Investoren, die besonderen Wert auf die Sicherheit ihrer Anlagen legen, für ihre gedeckten Schuldverschreibungen zu gewinnen. Darüber hinaus waren in den letzten zehn Jahren die Ratingagenturen aufgrund ihrer detaillierten Kenntnis der Materie der gedeckten Schuldverschreibung auch von maßgeblicher Bedeutung bei der Entwicklung neuer Systeme und der Weiterentwicklung bestehender Systeme.

Ratingurteilen liegt allgemein eine Einschätzung des mit einer Schuldverschreibung verbundenen Kreditrisikos zu Grunde. Das Kreditrisiko variiert nicht nur zwischen verschiedenen Emittenten aufgrund ihrer unterschiedlichen Kreditwürdigkeit, sondern auch zwischen den Emissionen eines Emittenten, in Abhängigkeit von der Vor- bzw. Nachrangigkeit oder etwaigen Sicherheiten der betreffenden Schuldverschreibung. Daher muss eine Beurteilung des Kreditrisikos grundsätzlich sowohl beim Emittenten selbst als auch bei der Emission ansetzen.

Für das Rating von gedeckten Schuldverschreibungen haben die drei bedeutendsten Ratingagenturen (FitchRatings, Standard & Poors und Moody's) eigene Methodologien entwickelt. Prinzipiell gibt es bei der Beurteilung gedeckter Schuldverschreibungen – unabhängig davon, ob sie auf einer gesetzlichen oder vertraglichen Regelung basieren – keine methodischen Unterschiede[4]. Gleichwohl unterscheiden sich die Methodologien der drei führenden Ratingagenturen[5]. Sie beinhalten gemeinsame Aspekte, führen aber im Bewertungsprozess tatsächlich recht häufig zu unterschiedlichen Ergebnissen[6].

Maßgeblich sind in den Methodologien von FitchRatings, Standard & Poors und Moody's der gesetzliche und aufsichtsrechtliche Rahmen, die Qualität der Deckungswerte, die Auswirkung von Laufzeit- und Währungsinkongruenzen, Liquiditäts- und Zinsänderungsrisiken auf die Mittelzu- und Mittelabflüsse der Deckungsmasse

---

3 Zur Diskussion der rechtlichen Rahmenbedingungen für die Tätigkeit von Ratingagenturen: Blaurock, Verantwortlichkeit von Ratingagenturen – Steuerung durch Privat- oder Aufsichtsrecht?, in: ZGR, 2007, S. 603–653; Deipenbrock, Der US-amerikanische Rechtsrahmen für das Ratingwesen – ein Modell für die europäische Regulierungsdebatte?, in: WM, 2007, S. 2217–2223.

4 Vgl. Horn/Bertram; Verstärkter Wettbewerb für deutsche Pfandbriefe – Vertragliche Konstruktionen ermöglichen höhere Flexibilität – Auf die wichtigsten Rating-Treiber achten, in: BörsenZ vom 23.6.2007, S. B7.

5 Zur Kritik an der Unvollkommenheit der Ratingansätze: Vgl. Leitartikel, Pfandbriefe und Rating – ein gestörtes Verhältnis?, in: I&F, 03/2007, S. 76 f.

6 Vgl. Packer/Stever/Upper (Bank für internationalen Zahlungsverkehr, BIZ), Der Markt für gedeckte Schuldverschreibungen, in: BIZ-Quartalsbericht, September 2007, S. 9 f.

sowie der Umfang der Überdeckung. Nur dann, wenn der gesetzliche und aufsichtsrechtliche Rahmen ein vorrangiges Befriedigungsrecht gewährleisten, welches das Weiterlaufen der gedeckten Schuldverschreibungen nach der Insolvenz der emittierenden Bank bei fortlaufender Bedienung der Schuldverschreibungsgläubiger entsprechend der Anleihebedingungen ermöglicht, rechtfertigen gedeckte Schuldverschreibungen die Vergabe eines eigenen Emissionsratings. Für die Untersuchung der Qualität der Deckungswerte und die Mittelzu- und Mittelabflüsse der Deckungsmasse nutzen die Ratingagenturen komplexe Bewertungsmodelle, die zur Beurteilung der Kreditrisiken der Deckungswerte, der Marktrisiken in Form von Zins- und Währungskursänderungsrisiken sowie Liquiditätsrisiken Stressszenarien beinhalten. In allen Ratingmodellen kommt dem Umfang der Überdeckung entscheidende Bedeutung zu. Der Umfang der Überdeckung wird regelmäßig anhand der in den Deckungsmassen enthaltenen Kreditrisikokonzentrationen (d.h. Klumpenrisiken), Zinsänderungsrisiken aus Laufzeitinkongruenzen, Liquiditätsrisiken und Währungsrisiken bestimmt und soll darüber hinaus die Vergütung eines Ersatz-servicers nach der Insolvenz der emittierenden Bank sicher stellen[7]. Das Emissionsrating basiert allerdings nicht ausschließlich auf der Deckungsmasse. FitchRatings und Moody's berücksichtigen daneben die Emittentenbonität. Standard&Poors will künftig das Emissionsrating stärker an die Emittentenbonität knüpfen. Der angekündigte geänderte Umfang der Berücksichtigung der Emittentenbonität wird von den Emittenten stark kritisiert[8]. Die Frage der Verknüpfung von Emittenten- und Emissionsrating wird seit Jahren zwischen Ratinggesellschaften und Emittenten heftig diskutiert.

Die Vereinheitlichung des Pfandbriefrechts durch das PfandBG hat auch die Grundlage für eine einheitliche Ratingbeurteilung aller Pfandbriefemittenten nach dem Wegfall der staatlichen Garantien für öffentlich-rechtliche Institute geschaffen. Bei Betrachtung der Ratingbewertungen fällt innerhalb des Pfandbriefmarkts auf, dass innerhalb der jeweiligen Pfandbriefgattung eine große Homogenität der Ratingbewertungen der Pfandbriefe unterschiedlicher Emittenten herrscht. Ende 2006 war kein Pfandbrief schlechter als Aa3 geratet. Jedoch wurden im Januar 2007 von Moody's die Öffentlichen Pfandbriefe der Corealcredit Bank AG (vormals AHBR) auf A1 und die Hypothekenpfandbriefe der Corealcredit Bank AG aufgrund der fraglichen Nachhaltigkeit der freiwilligen Überdeckung auf A3 herabgesetzt. Dies wurde teilweise für nicht überzeugend gehalten[9]. Berücksichtigt man die mit der Insolvenz-

7 Dabei zeigen sich Unterschiede für die Höhe und Zusammensetzung der Überdeckung. Während bei einer ausgewählten – nicht repräsentativ für den gesamten Markt – strukturiert gedeckten Schuldverschreibung mit einem Anteil von 86 % die Kreditrisiken und zu 14 % die Zinsrisiken die Höhe der Überdeckung bestimmen, sind die Anteile bei beliebig ausgewählten Pfandbriefen völlig unterschiedlich. Bei diesen bestimmen v.a. Zinsrisiken (73 %) die Höhe der Überdeckung, während die Kreditrisiken nur mit 19 % und die Währungsrisiken mit 8 % Anteil beitragen. Vgl. Horn/Bertram; Verstärkter Wettbewerb für deutsche Pfandbriefe – Vertragliche Konstruktionen ermöglichen höhere Flexibilität – Auf die wichtigsten Rating-Treiber achten, in: BörsenZ vom 23.6.2007, S. B7.

8 Vgl. vdp-Stellungnahme zum Standard & Poor's Konsultationspapier „Covered Bonds Rating Methodology“ vom 4.2.2009, vom 27.3.2009, S. 3 f.

9 Vgl. vdp, Jahresbericht, 2006, S. 11.

festigkeit der freiwilligen Überdeckung bzw. dem Abbau der freiwilligen Überdeckung im Vorfeld der Insolvenz verbundene Rechtsunsicherheit, die rechtliche Unverbindlichkeit von entsprechenden Selbstverpflichtungen sowie insbesondere die Umstände im Zusammenhang mit der strategischen Neuausrichtung der Corealcredit Bank AG, so erhellt, dass die Auswirkung damit verbundener Risiken auch für Pfandbriefe zumindest nicht pauschal von der Hand zu weisen sind.

Abbildung 11: Ratings der Hypothekenpfandbriefe großer Emittenten (Stand: Dezember 2008)

Emittent	Moody's	Standard & Poor's	Fitch
Aareal Bank AG	–	–	AAA
Bayerische Hypo- und Vereinsbank AG	Aa1	–	AAA
Bayerische Landesbank	Aaa	AAA	AAA
Berlin-Hannoversche Hypothekenbank AG	–	–	AA+
Corealcredit Bank AG	–	–	AA
Deutsche Apotheker- und Ärztebank eG	–	AAA	–
Deutsche Genossenschafts-Hypothekenbank AG	–	AAA	AAA
Deutsche Postbank AG	–	AAA	AAA
Eurohypo AG	–	AAA	AAA
HSH Nordbank AG	Aaa	–	AAA
Hypo Real Estate Bank AG	Aa3	AAA	AA+
Landesbank Baden-Württemberg	Aaa	–	AAA
Landesbank Hessen-Thürigen Girozentrale	–	–	AAA
Westdeutsche ImmobilienBank	–	AAA	–
Wüstenrot Bank AG Pfandbriefbank AG	–	–	AAA

Quelle: Rudolf/Saunders, Refinancing Real Estate Loans – Lessons to be Learned from the Subprime Crisis, February 2009, p. 50.

Die Ratingbeurteilungen der UK covered bonds sind ebenfalls sehr homogen. Diese wurden z.B. von Moody's auf Basis der jeweiligen pre-sale reports einheitlich mit Aaa bewertet[10]. FitchRatings und Standard & Poors stufen UK covered bonds als bank-

10 Vgl. Moody's Investor Service, Pre-sale Report, HBOS UK Covered Bond Programme, 4.2.2004; Moody's Investor Service, Pre-sale Report, Northern Rock Covered Bond Programme, ruptcy remote ein[11]. Zum selben Ergebnis gelangt Moody's. Die Finanzkrise hat auch auf das Rating von UK covered bonds selbst nur geringe Auswirkungen.

Abbildung 12: Ratings ausgewählter UK covered bonds (Stand: 3.6.2009)

Emittent	Moody's	Standard & Poor's	Fitch
Abbey National	Aaa	AAA	AAA
Bradford & Bingley	A1	AAA	AAA
HBOS	Aaa	AAA	AAA
HSBC	Aaa	AAA	AAA
Nationwide	Aaa	AAA	AAA
Northern Rock	Aaa	AAA	AAA
Yorkshire	Aa1	AAA	AAA

Quelle: Bloomberg.

1. FitchRatings

Für FitchRatings ist für die weitest mögliche Abkopplung des Ratings für gedeckte Schuldverschreibungen vom Rating ungedeckter Schuldverschreibungen der emittierenden Bank die Analyse und Beurteilung des rechtlichen Umfelds im Hinblick auf die Frage, ob die Deckungsmasse und die gedeckten Schuldverschreibungen die Insolvenz der emittierenden Bank überleben können, von entscheidender Bedeutung[12].

Für das Rating gedeckter Schuldverschreibungen hat FitchRatings einen sog. discontinuity factor entwickelt[13]. Dieser soll das Risiko von Zahlungsunterbrechungen an die Gläubiger der gedeckten Schuldverschreibungen im Fall der Insolvenz des Emittenten messen und wird in einem sog. scoring für Fortführung (*continuity*) ausgedrückt. FitchRatings hat vier Hauptschwerpunkte identifiziert, die Einfluss darauf haben, wie zügig und störungsfrei Mittelzuflüsse der Deckungsmasse im Fall der Insolvenz des Emittenten an die Gläubiger der gedeckten Schuldverschreibungen weitergeleitet werden können:

30.3.2004; Moody's Investor Service, Bradford & Bingley Covered Bond Programme, Pre-Sale Report, 30.3.2004; Moody's Investor Service, Abbey National Treasury Services plc Covered Bond Programme, Pre-Sale Report, 27.3.2006; Moody's Investor Service, Nationwide Building Society Covered Bonds, Pre-Sale Report, 23.11.2005; Moody's Investor Service, Yorkshire Building Society Covered Bond Programme, Pre-Sale Report, 11.10.2006.

11 Vgl. HypoVereinsbank (Volk), Covered Bonds and RMBS, Presentation, January 2006, p. 16.

12 Vgl. FitchRatings (Heberlein), European covered bonds rating methodology, 9.11.2004; FitchRatings (Heberlein/Royo/Graf-Tiedtke), Analysis of German Pfandbriefe: Preparing for 2005, 27.10.2004; Heberlein, Fitch New Rating Approach For Covered Bonds, in: ECBC, European Covered Bond Fact Book, 2006, p. 203; ECBC, European Covered Bond Fact Book, 2007, p. 241; VDH, Der Pfandbrief, 2004, S. 103; VDH, Der Pfandbrief, 2005, S. 102.

13 Vgl. vdp, Der Pfandbrief, 2006, S. 126.

- Erstens, als Grundvoraussetzung eine sehr gut funktionierende Abschirmung der Deckungsmasse gegen Forderungen der übrigen Gläubiger eines insolventen Emittenten. Obwohl die meisten Systeme gedeckter Schuldverschreibungen die Insolvenzferne der Deckungsmasse und die Insolvenzfestigkeit der Deckungswerte gewährleisten, erkennt FitchRatings in der Verfügbarkeit der freiwilligen Überdeckung und der grenzüberschreitenden Anerkennung des Vorrangs Grauzonen.

- Zweitens, müssen sich in der Insolvenz des Emittenten die Gläubiger der gedeckten Schuldverschreibungen darauf verlassen, dass ein Ersatz-servicer für die Verwaltung der Deckungsmassen und die Weiterleitung der Mittelzuflüsse eingeschaltet wird. Die Fähigkeit des Ersatz-servicers, seine Aufgabe erfüllen zu können, hängt nach Einschätzung von FitchRatings stark von der vorhandenen Organisation des Emittenten ab.

- Drittens, die Wahrscheinlichkeit, dass die Umstellung der Bedienung vom Emittenten auf die Deckungsmasse durch einen Ersatz-servicer ohne Zahlungsstörungen geschieht, hängt von möglichen Liquiditätsinkongruenzen aus dem Amortisationsprofil der Deckungsmasse und der gedeckten Schuldverschreibungen, die sich unmittelbar nach der Insolvenz des Emittenten ergeben, ab. Dabei wird man in der Regel davon ausgehen müssen, dass Deckungswerte verkauft oder kurzfristig refinanziert werden müssen. Maßgeblich ist hierfür die Verfassung und Liquidität der Deckungsmasse.

- Viertens, die Rolle der Aufsicht, insbesondere deren Möglichkeiten, bei erkannten Risiken vorsorglich (z.B. durch Erlass eines Moratoriums) eingreifen zu können und die Auswirkung derartiger aufsichtsrechtlicher Maßnahmen auf die Deckungsmasse.

Die Zusammenfassung der vorgenannten Aspekte des Fortführungsrisikos drückt FitchRatings im discontinuity factor aus. Dieser reicht zwischen 0 und 100 %. Eine perfekte Zahlungsfortsetzung entspricht einem discontinuity factor von 0 % und führt zu einer Ausfallwahrscheinlichkeit der gedeckten Schuldverschreibung unabhängig vom Emittentenrating. Ein discontinuity factor von 100 % führt hingegen zur Gleichsetzung der Ausfallwahrscheinlichkeit der gedeckten Schuldverschreibung mit der des Emittenten.

Zur Ableitung der Ausfallwahrscheinlichkeit der gedeckten Schuldverschreibung kombiniert FitchRatings das Emittentenrating mit dem ermittelten discontinuity factor und erhält dadurch die beste zu erreichende Ausfallwahrscheinlichkeit der gedeckten Schuldverschreibung. Im schlechtesten Fall entspricht die Ausfallwahrscheinlichkeit der gedeckten Schuldverschreibung dem Emittentenrating der Bank. Innerhalb dieser Bandbreite testet FitchRatings dann das härteste Stressszenario, in dem die Deckungsmasse die vollständige Bedienung, entsprechend der Anleihebedingungen, noch ermöglicht. Die Ausfallwahrscheinlichkeit der gedeckten Schuldverschreibung wird mit dem Niveau des stressvollsten noch bestandenen Stress-Szenarios gleichgesetzt.

Nach der Bestimmung der Ausfallwahrscheinlichkeit der gedeckten Schuldverschreibung bewertet FitchRatings den Effekt von Verwertungserlösen (*recoveries*) aus der verbleibenden Deckungsmasse bei Ausfall des Emittenten und vergibt im Anschluss das Rating für die gedeckten Schuldverschreibungen. Das Rating der gedeckten Schuldverschreibung kann in Westeuropa und innerhalb der Investment Grade Kategorie bis zu zwei Ratingstufen höher liegen, als sich aus der Ausfallwahrscheinlichkeitsbetrachtung ergeben würde. Seit Abschaffung des Spezialbankprinzips vernachlässigt FitchRatings die mögliche externe Unterstützung (*systematic support*) durch andere Pfandbriefemittenten[14].

Im März 2009 teilte FitchRatings mit, dass die Kriterien zur Bewertung von gedeckten Schuldverschreibungen verschärft wurden[15]. Emittenten müssen seither ihre Deckungsmassen besser ausstatten. Anderenfalls droht eine Herabstufung. Dies erwartet FitchRatings für 15 % aller von FitchRatings gerateter Papiere. Eine Herabstufung soll um so akuter werden, je weniger die Laufzeiten der Deckungswerte mit den Laufzeiten der gedeckten Schuldverschreibungen übereinstimmen.

2. Moody's Investor Service

Moody's bewertet die Ausfallwahrscheinlichkeit und Verlustschwere von gedeckten Schuldverschreibungen im Vergleich zu erstrangigen, ungedeckten Schuldverschreibungen des Emittenten. Dabei gewährte Moody's ursprünglich für gedeckte Schuldverschreibungen ein um bis zu fünf sog. notches besseres Rating als für erstrangige, ungedeckte Schuldverschreibungen. Das bessere Rating begründete Moody's v.a. mit dem insgesamt niedrigeren Risikoprofil der zu Grunde liegenden Deckungswerte. Den Zusammenhang zwischen dem Rating der gedeckten Schuldverschreibung und dem Rating einer erstrangigen, ungedeckten Schuldverschreibung begründet Moody's mit dem Risiko unzureichender Ersatzdeckungswerte sowie Liquiditäts- und Refinanzierungsrisiken aus Laufzeitinkongruenzen.

Beim Rating von structured covered bonds unterstellt Moody's eine größere Unabhängigkeit vom Rating erstrangiger, ungedeckter Schuldverschreibungen als bei klassischen gedeckten Schuldverschreibungen und verlagert den Fokus der Kreditanalyse vom Emittentenrating stärker auf die Qualität der Deckungswerte. Schwerpunktmäßig untersucht werden (i) die Qualität der Deckungsmasse, (ii) die Anforderungen an die Deckungsstockfähigkeit (*eligibility criteria*), (iii) die Überdeckung und dabei insbesondere die Insolvenzfestigkeit der Überdeckung, Inkongruenzen der Mittelzu- und Mittelabflüsse der Deckungsmasse (*cash flow mismatches*), (iv) die Aktiv-Passiv-Steuerung, externe Liquiditätsreserven, (v) die Risiken aus einem Ausfall von Vertragspartnern insbesondere bei Swapvertragsparteien, servicer und cash manager (*counterparty risk*) sowie (vi) operative Risiken. Dabei soll Moody's ein um bis zu acht notches besseres Rating für UK structured covered bonds als für erstrangige, unge-

14 Vgl. FitchRatings (Heberlein/Royo/Graf-Tiedtke), Analysis of German Pfandbriefe: Preparing for 2005, 27.10.2004, p. 6.
15 Vgl. Schulz, Fitch verschärft Ratingregeln für Pfandbriefe, in: FTD vom 12.3.2009, S. 19.

deckte Schuldverschreibungen desselben Emittenten gewährt haben[16]. Dies impliziert unter Berücksichtigung der früher von Moody's für gedeckte Schuldverschreigungen angewandten Notching-Praxis, dass UK structured covered bonds per se einen höheren Sonderungseffekt (*delinkage*) erzielen als andere gedeckte Schuldverschreibungen. Dadurch kann sich bei UK structured covered bonds das Emissionsrating vom Emittentenrating weiter absetzen als bei anderen gedeckten Schuldverschreibungen.

Im Jahr 2004 hat Moody's seine Ratingmethodologie modifiziert[17]. Dabei sind die wesentlichen Elemente des vorangegangenen Ansatzes, einschließlich des sog. joint-default-Ansatzes, beibehalten worden[18]. Im Mittelpunkt stehen seitdem die zu erwartenden Verluste der Anleger. Das Modell wird daher als sog. Expected Loss-Modell bezeichnet. Das Expected Loss-Modell setzt beim sog. gemeinsamen Ausfallrisiko (*joint default*) an, bei dem sowohl die Bonität des Emittenten als auch der Wert der Deckungsmasse bei Ausfall des Emittenten berücksichtigt wird.

Moody's geht im modifizierten Ansatz davon aus, dass die Deckungsmasse bei einem Zahlungsausfall des Emittenten unabhängig zu beurteilen ist und unter Umständen von einem für diesen Zweck benannten Verwalter gemanagt wird. Der Wert der Deckungsmasse wird vor dem Hintergrund eines Zahlungsausfalls des Emittenten analysiert, so dass von einem Stress-Szenario ausgegangen wird. Bei der Beurteilung des Werts der Deckungsmasse berücksichtigt Moody's (i) die Kreditqualität der Deckungsmasse, (ii) das Refinanzierungsrisiko, falls die Deckungsmasse auf dem Wege eines Verkaufs liquidiert wird bzw. Mittel für den Schuldendienst in Form eines durch die Deckungsmasse besicherten Kredits aufgenommen werden müssen und (iii) das Zins- und Währungskursänderungsrisiko, dem die Deckungsmasse ausgesetzt ist. Die Kreditqualität der Deckungsmasse wird mit Hilfe eines sog. Qualitäts-Scores mit komplexen Berechnungsmethoden gemessen. Das Refinanzie-

---

16 Vgl. HypoVereinsbank (Volk), Covered Bonds and RMBS, Presentation, January 2006, p. 16.
17 Vgl. Moody's Investor Service (Lindstrom/Greenberg), European covered bond legal frameworks: Moody's legal checklist, 9.12.2005; Moody's Investor Service (Lindstrom/Greenberg), Moody's rating approach to European covered bonds, 13.6.2005; Lindstrom/León, Moody's approach to rating European covered bonds, in: Golin, Covered Bonds beyond Pfandbriefe, p. 79 et seq.; Sorlano, Moody's Covered Bond Rating Approach, in: ECBC, European Covered Bond Fact Book, 2006, p. 205; ECBC, European Covered Bond Fact Book, 2007, p. 246; VDH, Der Pfandbrief, 2004, S. 104; VDH, Der Pfandbrief, 2005, S. 103; vdp, Der Pfandbrief, 2006, S. 127.
18 Moody's hat seinen Joint Default Ansatz (JDA) im Februar 2007 weiter modifiziert (vgl. Moody's Investor Service, Bank Financial Strength Ratings: Global Methodology, February 2007; Moody's Investor Service, Incorporation of Joint Default Analysis into Moody's Bank Rating Methodology, February 2007; Moody's Investor Service, Frequently Asked Questions on Moody's JDA and BFSR Methodologies, March 2007; BayernLB, Covered Bond Report, Nr. 5 vom 1.3.2007, S. 1). Der JDA berücksichtigt neben dem Stand-alone-Rating eines Instituts stärker als bisher die Möglichkeit externer Unterstützungsmechanismen (z. durch einen Konzernverbund, Bankenverbund, kommunale oder regionale Regierungen). Aufgrund der Kritik an dem neuen Ansatz hat sich Moody's entschlossen die Bankratings zu überarbeiten (vgl. BayernLB, Covered Bond Report, Nr. 8 vom 19.4.2007, S. 1; Handelsblatt vom 13.3.2007, Kritik an Moody's reißt nicht ab – Auch nach Überarbeitung der Bankenratings gilt Glaubwürdigkeit als gefährdet, S. 22; BörsenZ vom 14.3.2007, Moody's macht Rückzieher bei Banken-Ratings – nach heftiger Kritik an Methodik-Änderung kündigt Ratingagentur Überprüfung an – Zeitplan wird verschoben).

rungsrisiko ist im Expected Loss-Modell abhängig von (i) der Refinanzierungsmarge, (ii) dem Umfang der Deckungsmasse, der erforderlich ist, um alle gedeckten Schuldverschreibungen vor ihrer endgültigen Fälligkeit in vollem Umfang abzulösen und (iii) der durchschnittlichen Laufzeit der Deckungsmasse, die zum Refinanzierungszeitpunkt erwartet wird. Nachdem die Selbstverpflichtung der Pfandbriefbank zur Unterhaltung einer bestimmten freiwilligen Überdeckung rechtlich unverbindlich ist, wird die freiwillige Überdeckung von Moody's weniger stark berücksichtigt. Moody's stellt stattdessen stärker auf den Emittenten ab[19].

Je höher die Kreditqualität der Deckungsmasse ist, desto niedriger ist der Qualitäts-Score und je niedriger der Qualitäts-Score ist, desto geringer sind die Verluste, die sich für die Deckungsmasse bei einem Ausfall des Emittenten nach dem Expected Loss-Modell ergeben. Der Qualitäts-Score bildet die Grundlage für die Bemessung der erforderlichen Überdeckung für ein bestimmtes Rating der gedeckten Schuldverschreibung[20].

Der gesetzliche bzw. vertragliche Rahmen hat unmittelbare Auswirkungen auf die genannten Faktoren. Der Wert der Deckungsmasse wird durch die Kriterien der Deckungsstockfähigkeit, die Aktiv-Passiv-Steuerung, die Insolvenzferne der Deckungsmasse, die Bestellung eines unabhängigen Sonderverwalters zur Abwicklung der Deckungsmasse und die Insolvenzfestigkeit der Überdeckung beeinflusst.

3. Standard & Poor's

Standard & Poor's Ratinganalyse gedeckter Schuldverschreibungen untersucht, inwieweit die von den Emittenten zur Verfügung gestellten Risikopuffer ausreichend sind, um das Zielrating (in den meisten Fällen AAA) zu erreichen[21]. Hierzu werden die rechtlichen Rahmenbedingungen, die Bonität und die Struktur der Deckungsmassen analysiert[22]. Das Rating von Standard & Poor's reflektiert auch, ob die vom jeweiligen Emittenten gemachten Aussagen zur jederzeitigen Aufrechterhaltung einer über die gesetzlichen Anforderungen hinausgehenden Überdeckung für das Zielrating angemessen sind.

Die Analyse der rechtlichen Rahmenbedingungen erfolgt mit dem Ziel, zwei grundlegende Fragen zu beantworten[23]: Erstens, inwieweit kann ein Gläubiger einer gedeckten Schuldverschreibung von der Insolvenz der emittierenden Bank betroffen

---

19 Vgl. Leitartikel, Pfandbriefe und Rating – ein gestörtes Verhältnis?, in: I&F, 03/2007, S. 76.
20 Vgl. Moody's Investor Service, WM Covered Bond Programme, Pre-Sale-Report, 5.9.2006, p. 6.
21 Vgl. Althaus, Standard & Poor's, in: ECBC, European Covered Bond Fact Book, 2006, p. 207; ECBC, European Covered Bond Fact Book, 2007, p. 248; VdH, Der Pfandbrief, 2004, S. 105; VDH, Der Pfandbrief, 2005, S. 104; vdp, Der Pfandbrief, 2006, S. 128.
22 Vgl. Läger, „AAA"-Rating ist keine Garantie gegen Verluste – Ratingverfahren strukturierter Finanzierungen besteht insbesondere aus Kredit- und struktureller Analyse, in: BörsenZ vom 16.9.2006, S. B6.
23 Vgl. Standard & Poor's, S&P's Ratingansatz für Europäische Covered Bonds (Präsentation in Frankfurt), 14.2.2006, p. 7.

werden? Zweitens, kann der Gläubiger der gedeckten Schuldverschreibung die rechtzeitige Zahlung von Tilgung und Zinsen entsprechend den Anleihebedingungen in der Insolvenz der emittierenden Bank erwarten? Nur wenn die rechtlichen Rahmenbedingungen die fortgesetzte Bedienung der gedeckten Schuldverschreibung auch im Insolvenzfall der emittierenden Bank erlauben, kann Standard & Poor's das Rating der gedeckten Schuldverschreibung (d.h. das Emissionsrating) vom Emittentenrating abkoppeln. Dabei unterscheidet Standard & Poor's zwischen klassischen- bzw. gesetzlich- und strukturiert gedeckten Schuldverschreibungen.

Für die Beurteilung der Frage, ob das Rating einer klassischen gedeckten Schuldverschreibung (wie z.B. dem Pfandbrief) unabhängig (*delinked*) vom Emittentenrating erfolgen kann, ist für Standard & Poor's maßgeblich[24]: (i) die Separierung der Deckungsmasse in der Insolvenz des Emittenten; (ii) der Ausschluss der Gesamtfälligstellung der gedeckten Schuldverschreibungen in der Insolvenz des Emittenten; (iii) der Ausschluss eines Moratoriums in der Insolvenz des Emittenten; (iv) der Ausschluss einer erzwungenen Reorganisation bzw. Umschuldung; und (v) die Verfügbarkeit von Liquidität nach der Insolvenz des Emittenten.

Für die Beurteilung der Frage, ob ein Rating der strukturiert gedeckten Schuldverschreibung (wie z.B. dem UK structured covered bond) unabhängig vom Emittentenrating erfolgen kann, ist für Standard & Poor's dagegen maßgeblich, dass die Deckungswerte im Rahmen eines sog. standard true sales auf die Deckungsmasse mit dem Ziel der Trennung der Deckungswerte in der Insolvenz der Bank übertragen werden[25]. Dazu muss (i) eine rechtlich bindende Übertragung der Deckungswerte vorliegen, (ii) der Rückgriff auf die Deckungswerte durch den Insolvenzverwalter im Rahmen der Insolvenzanfechtung weitestgehend ausgeschlossen sein und (iii) eine Umdeutung der Übertragung in eine Sicherheitenbestellung ausgeschlossen sein. Schließlich muss die covered bond-Garantie eine zeitgerechte Zahlung auf erstes Anfordern ohne Einredemöglichkeit sicherstellen und darf nicht kündbar sein.

Standard & Poor's hat im Februar 2006 mit dem sog. covered bond monitor sein quantitatives Ratingmodell für gedeckte Schuldverschreibungen den Emittenten und Investoren zur Verfügung gestellt[26]. Mit Hilfe des covered bond monitor untersucht Standard & Poor's: (i) den zu erwartenden Verlust eines individuellen Portfolios mit Hilfe einer detaillierten Analyse der Bonität und Struktur der jeweiligen Deckungsmasse als auch der operativen Besonderheiten im Kreditmanagement; und (ii) die Mittelzuflüsse der Deckungsmasse. Letztere insbesondere dahingehend, ob sie ausreichen, um den Zahlungsverpflichtungen aus den gedeckten Schuldverschreibungen vollumfänglich jederzeit nachkommen zu können. Schließlich unter-

---

24 Vgl. Standard & Poor's Covered Bond Seminar, Standard & Poor's Approach in European Covered Bond Ratings, Frankfurt, 14.2.2006, p. 8; Standard & Poor's, Financial Institutions, Expanding European Covered Bond Universe Puts Spotlight on Key Analytics, 16.7.2004.
25 Vgl. Standard &Poor's Covered Bond Seminar, Standard & Poor's Approach in European Covered Bond Ratings, Frankfurt, 14.2.2006, p. 8; Standard & Poor's, Financial Institutions, Expanding European Covered Bond Universe Puts Spotlight on Key Analytics, 16.7.2004.
26 Vgl. Standard & Poor's, Structured Finance Ratings – Covered Bonds, Covered Bond Monitor, Technical Note, 14.2.2006.

sucht Standard & Poor's, ob die vom Emittenten erbrachten Zusicherungen in Bezug auf die Aufrechterhaltung einer über die gesetzlichen Anforderungen hinausgehenden Überdeckung angemessen sind, und mittels eines sog. compliance test die Fähigkeit des Emittenten, die Zusicherungen einhalten zu können.

Die Emittenten durchlaufen einen umfassenden Banken-Ratingprozess, um das Risikoprofil und die operativen Risiken der Bank einordnen und beurteilen zu können, ob ein Emittent in der Lage ist, den für die Überdeckung erforderlichen Umfang vorzuhalten. Das der Bank erteilte Emittentenrating bestimmt maßgeblich die von Standard & Poor's angewandten Überwachungsstandards. Überdies erwartet Standard & Poor's, dass Emittenten mit niedrigeren Kreditratings höhere Überwachungs- und Transparenzstandards erfüllen und operative Risiken expliziter adressiert werden. Die regelmäßige Überwachung – üblicherweise auf Quartalsbasis – ist für Standard & Poor's integraler Bestandteil der Analyse der gedeckten Schuldverschreibung.

Anfang Februar 2009 veröffentlichte Standard & Poor's ein Konsultationspapier, in dem die Ratingagentur geplante Änderungen an ihrer Rating-Methodologie für gedeckte Schuldverschreibungen vorstellte[27]. Standard & Poor's plant danach vom sog. „de-linked approach“ abzukehren und einen sog. „soft link“ einzuführen. Gedeckte Schuldverschreibungen sollen in drei Kategorien abhängig von der Fristentransformation innerhalb der Deckungsmassen, d.h. den Laufzeiten der gedeckten Schuldverschreibungen und der Deckungswerte, eingeteilt werden. Wiederum abhängig von der Einordnung in die drei Kategorien soll das Rating gedeckter Schuldverschreibungen künftig maximal um eine bestimmte Anzahl an Ratingstufen (*notches*) über dem Emittentenrating liegen können. Standard & Poor's kehrt damit zum sog. Notching-Verfahren in Abhängigkeit vom Emittentenrating zurück. Des Weiteren rückt Standard & Poor's die Addressierung des Liquiditätsrisikos stärker in den Fokus der Bonitätsanalyse. Für Aufsehen sorgte Standard & Poor's mit der Ankündigung, dass etwa 60 % der von Standard & Poor's gerateten gedeckten Schuldverschreibungen die Anforderungen an ein AAA-Rating künftig nicht mehr erfüllen werden. Nach Ansicht der Emittenten ist eine grundlegende Überarbeitung der neuen Standard & Poor's-Rating-Methodologie dringend erforderlich[28].

II. Transaktionskostenanalyse

Zur Analyse der mit dem Pfandbrief und dem UK covered bond beim Emittenten anfallenden Kosten soll zwischen den direkten Refinanzierungskosten und den indirekten Transaktionskosten unterschieden werden[29]. Direkte Refinanzierungskosten fallen naturgemäß in Form der laufenden Verzinsung der Pfandbriefe und UK cov-

---

27 Vgl. Kullig, Die Refinanzierung der Pfandbriefbanken, in: vdp, Jahresbericht 2008, S. 10.
28 Vgl. vdp-Stellungnahme zum Standard & Poor's Konsultationspapier „Covered Bonds Rating Methodology“ vom 4.2.2009, vom 27.3.2009, S. 1.
29 Für eine Berechnung der Transaktionskosten in verschiedenen Ländern, vgl. Bauersfeld, Gedeckte Instrumente zur Refinanzierung von Hypothekendarlehen, 2007, S. 223 ff.

ered bonds an. Anders als MBS kann weder mit Pfandbriefen noch mit UK covered bonds eine Entlastung des regulatorischen Eigenkapitals erreicht werden. Kosten für das market making fallen bei Pfandbriefen und UK covered bonds übereinstimmend an.

In quantitativer Hinsicht werden gedeckte Schuldverschreibungen vom Markt in Relation zu einer laufzeitkongruenten Swaprendite bewertet. Dabei wurde in Bezug auf die Ländersysteme bezüglich der Gesamtheit der strukturellen Charakteristika vor der Finanzkrise festgestellt, dass UK covered bonds ceteris paribus per 15.4.2006 um 2,67 Basispunkte weiter gegenüber einer laufzeitkongruenten Swaprendite handelten als Pfandbriefe, d.h. der Markt einen Zinsaufschlag bei UK covered bonds im Durchschnitt in Höhe von 2,67 Basispunkten gegenüber Pfandbriefen verlangt[30]. In der Folge der Finanzkrise wurde dies noch deutlicher, da UK covered bonds gegenüber Pfandbriefen trotz unverändert hoher Ratings mit Spreadausweitungen von über 100 Basispunkten unter sehr hohen Abgabedruck gerieten, während die Renditeaufschläge von Pfandbriefen in der Regel unter 50 Basispunkten blieben. Dies zeigt, dass die Sekundärmarktentwicklung bei unverändert hohen Ratings stark von anderen Faktoren, wie z.B. der jeweiligen Angebot-Nachfrage Dynamik, der Verfassung des der gedeckten Schuldverschreibung zu Grunde liegenden Immobilienmarkts und des Geschäftsmodells des Emittenten abhängig ist[31].

In struktureller Hinsicht fiel vor der Finanzkrise auf, dass nach Bereinigung um alle Laufzeit-, Liquiditäts- und Qualitätsaspekte der Markt für mittels eines Deckungsregisters im Vermögen der Pfandbriefbank isolierte Pfandbriefe per 15.4.2006 einen Zinsaufschlag von 1,9 Basispunkten im Vergleich zu in einer Emissionsbank vollkommen rechtlich separierten Deckungsaktiva (z.B. Frankreich, Irland) verlangt[32]. Schließlich handelten gedeckte Schuldverschreibungen, die auf einem Vertragsmodell basieren (Großbritannien, Niederlande) per 15.4.2006, also ebenfalls vor der Finanzkrise ceteris paribus um zusätzliche 2,0 Basispunkte weiter als diejenigen, die auf Basis einer speziellen gesetzlichen Emissionsgrundlage ausgegeben wurden[33].

Der Renditeaufschlag von UK covered bonds gegenüber Pfandbriefen wurde vor der Finanzkrise zu einem wesentlichen Teil auf die fehlende privilegierte Risikogewichtung des UK covered bond bei der Eigenkapitalunterlegung aufgrund der Nicht-Erfüllung der Voraussetzungen der neu gefassten Bankenrichtlinie zurückgeführt. Vor diesem Hintergrund ist erwartet worden, dass sich der Renditeaufschlag für UK covered bonds künftig nach Einführung einer gesetzlichen Emissionsgrundlage gegenüber Pfandbriefen grundsätzlich weiter – soweit nicht bereits nach Ankündigung des Erlasses einer gesetzlichen Emissionsgrundlage vorweggenommen – einengen

---

30 Vgl. Volk/Hillenbrand, Der Europäische Jumbo Covered Bond, in: vdp, Der Pfandbrief, 2006, S. 68.
31 Vgl. Moore, Rocked to its core?, in: Euromoney, November 2007, p. 96.
32 Vgl. Volk/Hillenbrand, Der Europäische Jumbo Covered Bond, in: vdp, Der Pfandbrief, 2006, S. 68.
33 Vgl. Volk/Hillenbrand, Der Europäische Jumbo Covered Bond, in: vdp, Der Pfandbrief, 2006, S. 68.

wird. In der Finanzkrise zeigte sich jedoch, dass der Markt für UK covered bonds, u.a. auch wegen der allgemeinen Überhitzung des britischen Immobilienmarkts und der insgesamt stärkeren Betroffenheit britischer Kreditinstitute, sehr viel höhere Renditeaufschläge verlangt.

In Bezug auf die indirekten Transaktionskosten des Pfandbriefs bzw. des UK covered bond führen die standardisierten internen Prozesse sowohl bei der Pfandbriefemission als auch bei der Indeckungnahme von Darlehen zu sehr niedrigen Transaktionskosten[34]. Dagegen fallen bei UK covered bonds aufgrund der Strukturierungskosten, z.B. Separierung der Deckungswerte, Gründung einer Zweckgesellschaft, rechtsgeschäftliche Übertragung der Deckungswerte, rechtliche Beratung, etc., höhere Kosten an als bei der Pfandbriefemission[35]. Insofern sind für die Emission von UK covered bonds Volumina von mehreren hundert Mio. EUR erforderlich. Dagegen lassen sich Pfandbriefe auch in kleineren Losgrößen zu vertretbaren Kosten ausgeben. Zur Verwaltung der Deckungsmasse sind sowohl beim Pfandbrief als auch beim UK covered bond spezifische Softwareprogramme erforderlich, die aufgrund ihrer hohen Kosten ebenfalls ein bestimmtes Mindestemissionsvolumen voraussetzen.

Für die Verwaltung der Deckungsmassen sind beim Pfandbrief richtigerweise kalkulatorische Personal- und Treuhänderbürokosten zu berücksichtigen, die ihrem Umfang nach in etwa der Vergütung des servicer und des cash manager beim UK covered bond entsprechen sollten. Die tägliche barwertige Deckungsrechnung und wöchentlichen Stressszenarien des Pfandbriefs dürften einen höheren EDV- und Personaleinsatz als der asset coverage bzw. amortisation test des UK covered bond erfordern. Bei Pfandbriefen fallen im Zusammenhang mit der Erlaubniserteilung, der besonderen öffentlichen Aufsicht und v.a. den Deckungsprüfungen zusätzliche indirekte Transaktionskosten an. Bei UK structured covered bonds ist nur die Vergütung des asset cover monitors zu tragen. Dagegen dürften die Kosten bei UK Regulated Covered Bonds im Zusammenhang mit der besonderen öffentlichen Aufsicht aufgrund der fortlaufenden regulatorischen Anzeigepflichten unter Einbeziehung externer Berater (d.h. Wirtschaftsprüfer und Rechtsanwälte) insgesamt höher liegen, als beim Pfandbrief.

Als indirekte Transaktionskosten wird man schließlich auch die Kosten der erforderlichen Überdeckung der Deckungsmassen berücksichtigen müssen. Dabei ist zu berücksichtigen, dass die Überdeckung zum Ausgleich struktureller Risiken des jeweiligen covered bond-Modells, überwiegend aber von der Qualität der Deckungsmasse bestimmt werden dürfte. Neben der sichernden Überdeckung in Höhe von 2 % weisen sowohl die Hypotheken- als auch die öffentlichen Deckungsmassen eine Überdeckung von durchschnittlich ca. 15 % auf Basis der Quartalsveröffentlichungen zum 30.9.2005 auf[36]. Demgegenüber beträgt die Überdeckung beim UK covered

---

34 Vgl. Lorenz, Pfandbriefe versus MBS – Rivalen oder komplementäre Instrumente?, in: vdp, Der Pfandbrief, 2006, S. 51.

35 Vgl. Pfingsten/Homölle, Refinanzierung von Hypothekendarlehen – Pfandbriefemissionen versus MBS-Transaktionen, in: DLK 17/2001, S. 619.

36 Vgl. Winkler, Der Pfandbriefmarkt 2005/2006, in: vdp, Der Pfandbrief, 2006, S. 12.

bond im Rahmen des asset coverage test zwischen 7,5 und 10 %. Hierbei fällt auf, dass obwohl das PfandBG grundsätzlich höhere Anforderungen an die Qualität der Deckungswerte stellt (z. B. bei der Beleihungsgrenze), die Deckungsmasse beim UK covered bond eine erheblich geringere Überdeckung erfordert, um hohe Ratingbewertungen zu erzielen.

Insgesamt erscheinen die direkten Refinanzierungskosten aufgrund des geringeren Spreadaufschlags beim Pfandbrief und der niedrigeren indirekten Transaktionskosten gegenüber den Strukturierungskosten des UK covered bond günstiger. Um eine plausible Aussage zur Transaktionskostenanalyse treffen zu können wird man jedoch die Kosten der Überdeckung genauer untersuchen und entsprechend berücksichtigen müssen. Abstrakt betrachtet scheint die erforderliche Überdeckung beim Pfandbrief höhere Kosten zu verursachen als beim UK covered bond.

C. Versuch einer Bewertung

Mit dem empirischen Vergleich des Pfandbriefs und des UK covered bond lässt sich die funktionelle Äquivalenz der beiden Refinanzierungsinstrumente bei wesentlichen – durch die Rechtsformwahl (d.h. gesetzlicher gegenüber vertraglicher Strukturierung) bedingten – strukturellen Unterschieden feststellen. Eine Gesamtbewertung der Unterschiede von Pfandbrief und UK covered bonds wird man nur aus der Zusammenschau eines Bündels unterschiedlicher rechtlicher und ökonomischer Aspekte ableiten können. Es liegt in der Natur der Arbeit, dass nach einführenden Überlegungen dem Bewertungsversuch hauptsächlich rechtliche Aspekte zu Grunde gelegt werden. Maßgebliches Bewertungskriterium ist nach dem Wesen der gedeckten Schuldverschreibung die Sicherheit des Pfandbriefs bzw. des UK covered bond. Die Sicherheit der gedeckten Schuldverschreibung wird überwiegend bestimmt durch (i) die jeweilige Rechtsgrundlage, (ii) das vorrangige Befriedigungsvorrecht als äußerem Sicherungsschirm sowie (iii) den zulässigen Deckungswerten und der Deckungskongruenz als innerem Sicherungsschirm.

I. Gesetzliches versus vertragliches Modell

Mit der Entwicklung des UK structured covered bond als dem britischen Ursprungsmodell auf der Basis einer vertraglichen Grundlage stellte sich die Frage, ob eine vertragliche Emissionsgrundlage eine vergleichbare Sicherheit begründen kann wie eine gesetzliche Emissionsgrundlage. Mit der Entscheidung für die Anerkennung des vertraglichen bzw. künftigen SPV-Modells in den RCB Regulations 2008 ist die Frage für das Modell des UK structured covered bond im positiven Sinn beantwortet. Das common law und das britische Insolvenzrecht begründen eine hinreichend sichere Rechtsgrundlage, welche es dem britischen Gesetzgeber ermöglicht, die entwickelte vertragliche Struktur gesetzlich anzuerkennen.

Zu berücksichtigen ist zudem, dass im englischen Recht parlamentarische Gesetze nur als sekundäre Rechtsquelle bzw. Rechtsquellen „zweiten Ranges“ gelten, die den

Normenkomplex des case law ersetzen und im Lauf der Zeit entstehende Unklarheiten beziehungsweise Lücken berichtigen und ausfüllen sollen[37]. Dass sich in einem künftigen Testfall des UK covered bond die Rechtsprechung der Ansicht des britischen Gesetzgebers anschließt, erscheint aus heutiger Sicht für UK Regulated Covered Bonds überwiegend wahrscheinlich. Sollten einzelne Aspekte der vertraglichen Struktur des UK Regulated Covered Bond durch eine künftige Rechtsprechung in Frage gestellt werden (z.B. die Insolvenzferne der LLP oder die Insolvenzfestigkeit der Übertragung der Deckungswerte), so bliebe abzuwarten, inwieweit sich hieraus ergebende Risiken vertraglich absichern lassen. Sollte eine vertragliche Absicherung dieser Risiken nicht möglich sein, würde es, insbesondere auf dem Gebiet des sich schnell entwickelnden Wirtschaftsrechts, zu den Aufgaben des britischen Gesetzgebers gehören, erforderlichenfalls die Rechtsprechung unter Berücksichtigung der betroffenen Interessen im Rahmen einer Novellierung der RCB Regulations 2008 zu korrigieren.

Im Ergebnis kann für die Bewertung der Sicherheit des Pfandbriefs und des UK covered bond schwerpunktmäßig auf den materiellen Gehalt der Sicherheit, d.h. das vorrangige Befriedigungsrecht und das Deckungsprinzip, abgestellt werden.

II. Der äußere Schirm der gedeckten Schuldverschreibung

Das vorrangige Befriedigungsrecht der gedeckten Schuldverschreibung bewirkt als äußerer Schirm die Abschirmung der Gläubiger der gedeckten Schuldverschreibungen vor der Insolvenz des Emittenten. Je stärker die Schuldverschreibungsgläubiger von der Insolvenz des Emittenten abgeschirmt sind, desto unabhängiger ist das Emissions- vom Emittentenrating und desto sicherer ist die gedeckte Schuldverschreibung. Ein Faktor, welcher die Abschirmung der Gläubiger der gedeckten Schuldverschreibungen von der Insolvenz des Emittenten bestimmt, ist die Stärke des Sonderungseffekts der Deckungsmasse vom sonstigen Vermögen des Emittenten.

UK covered bonds erreichen durch die anfängliche Vollrechtsübertragung der Deckungswerte auf einen rechtlich selbständigen, insolvenzfernen Rechtsträger einen sehr starken Sonderungseffekt. Beim Pfandbrief wurde der Sonderungseffekt durch die Ausgestaltung der Deckungsmasse zum Sondervermögen und die Einführung eines Sachwalterverfahrens zur Abwicklung der Deckungsmasse im Fall der Hauptinsolvenz der Pfandbriefbank weiter gestärkt. Der Sonderungseffekt stimmt insoweit beim Pfandbrief und UK covered bond überein, als die Deckungsmasse im maßgeblichen Zeitpunkt der Insolvenz des Emittenten bei beiden nicht in die Insolvenzmasse des Emittenten fällt. Die Deckungsmasse wird beim Pfandbrief aber erst mit dem Ergreifen bankaufsichtsrechtlicher Gefahrenabwehrmaßnahmen bei Insolvenzgefahr und spätestens mit Eröffnung der Hauptinsolvenz der Pfandbriefbank

37 Vgl. Bernstorff, Einführung in das englische Recht, 2. Auflage, 2000, S. 11.

isoliert, während beim UK covered bond die Deckungsmasse bereits anfänglich vom sonstigen Vermögen des Emittenten getrennt ist.

Die kombinierte Spezialisierungs- und Privilegierungslösung des UK covered bond schafft mit Hilfe der fixed und floating charge eine unmittelbare rechtliche Bindung der Gläubiger des UK covered bond an die Deckungswerte. Demgegenüber schafft die Sondervermögenslösung des Pfandbriefs eine aufschiebend bedingte und erst nach Eröffnung der Hauptinsolvenz bzw. Sachwaltung dinglich wirkende Bindung der Pfandbriefgläubiger an die Deckungswerte. Das Deckungsregister sichert beim Pfandbrief die eindeutige Vermögenszuordnung in der Hauptinsolvenz; das Deckungsregister ist insofern Ersatz für die allgemeine Buchführungspflicht einer rechtlich selbständigen Deckungsmasse.

Insgesamt ist der Isolierungseffekt beim Pfandbrief für eine durch ein Deckungsregister im Vermögen der Pfandbriefbank isolierte Deckungsmasse mittels der Sondervermögens- und Sachwalterlösung absolut optimiert. Aufgrund der bereits anfänglichen vollkommenen Trennung der Deckungswerte vom Vermögen des Emittenten übertrifft der Spezialisierungs- und Privilegierungseffekt des UK covered bond den Isolierungseffekt des Pfandbriefs.

Beim Pfandbrief kann die BaFin das vorrangige Befriedigungsrecht bei (i) Zahlungsunfähigkeit, (ii) drohender Zahlungsunfähigkeit und (iii) Überschuldung der Pfandbriefbank durch Ernennung eines Sachwalters zur Verwaltung der Deckungsmasse sowie (iv) bei Insolvenzgefahr des Emittenten im Fall des Erlasses eines Moratoriums über das Vermögen der Pfandbriefbank durch die Beantragung der Bestellung eines Sachwalters durch das Gericht durchsetzen. Auf diese Weise sind die Pfandbriefgläubiger vor der Hauptinsolvenz sowie vor einem Moratorium bei der Pfandbriefbank abgeschirmt. Beim UK covered bond können der Schuldverschreibungs- und Sicherheitentreuhänder sowie ggf. die UK covered bond-Gläubiger bereits nach Eintritt von Insolvenzrisikoindikatoren, wie z. B. einer Verletzung des asset coverage test, das vorrangige Befriedigungsrechts durch Durchsetzung der covered bond-Garantie und der fixed und floating charge an den Deckungswerten selbst geltend machen. Durch diese Vorverlagerung der Verwertungsreife des vorrangigen Befriedigungsrechts werden die UK covered bond-Gläubiger von der Insolvenz des Emittenten besser abgeschirmt.

Mit der Hauptinsolvenz der Pfandbriefbank bzw. der Insolvenz des Emittenten und/oder der Muttergesellschaft steht das Fortführungsrisiko der gedeckten Schuldverschreibung in einem direkten Zusammenhang, da ab diesem Zeitpunkt die Deckungsmasse selbst unabhängig von der Pfandbriefbank bzw. dem Emittenten die Ansprüche aus der gedeckten Schuldverschreibung befriedigen muss. Das Risiko von Zahlungsstockungen in zeitlicher Nähe zur Hauptinsolvenz der Pfandbriefbank bzw. zur Insolvenz des UK covered bond-Emittenten ist beiden Systemen immanent, da bei beiden die Bedienung der gedeckten Schuldverschreibungen unmittelbar auf die Deckungsmasse umgestellt werden muss. Diese Umstellung hat beim UK covered bond etwas weniger weit reichende Auswirkungen, da hier kein paralleles Sachwalterverfahren zur Abwicklung der Deckungsmasse zu eröffnen ist, sondern die

Abwicklung der Deckungsmasse bis zur Insolvenz der UK covered bond LLP von den allgemeinen Geschäftsführungsorganen der LLP übernommen wird. Beide Modelle adressieren das Risiko von Zahlungsstockungen in zeitlicher Nähe zur Hauptinsolvenz. Beim Pfandbrief wurde für diese Zwecke ein Liquiditätspuffer eingeführt. Beim UK covered bond ist ggf. eine Verlängerung der Laufzeiten möglich.

Für die Sanierung der Bank und der Deckungsmasse beispielsweise durch Übertragung der Deckungsmasse sind beim UK covered bond die klassischen u.a. gesellschaftsrechtlichen Sanierungsmaßnahmen anwendbar, die den UK covered bond-Gläubigern weit reichende Zustimmungsrechte sichern. Dagegen sind beim Pfandbrief aufgrund des Sonderinsolvenzrechts zur Übertragung der Deckungsmasse im Sachwalterverfahren spezielle Regelungen erforderlich. Die Übertragung der Deckungsmasse ist außerhalb des Sachwalterverfahrens aufgrund der fehlenden rechtlichen Selbständigkeit der Deckungsmasse nur schwer zu erreichen. Dies kann die strategische Neuausrichtung einer Pfandbriefbank zumindest behindern[38]. Eine Mitwirkung der Pfandbriefgläubiger ist im Sachwalterverfahren weder bei der übertragenden noch bei der übernehmenden Pfandbriefbank vorgesehen. Die vertragliche Struktur ist damit erwartungsgemäß flexibler in Bezug auf die Verwaltung und Umstrukturierung der Deckungsmasse.

Im Hinblick auf die strategische Ausrichtung des Emittenten gilt beim Pfandbrief und UK covered bond unter Sicherheitsaspekten gleichermaßen, dass einerseits eine Universalbank zwar aufgrund ihres umfangreicheren allgemeinen Bankvermögens eine höhere Gefahr für die Hauptinsolvenz begründen kann, als eine auf das Immobilienkredit- bzw. Pfandbriefgeschäft spezialisierte Bank. Andererseits kann eine Universalbank aufgrund ihres größeren allgemeinen Bankvermögens einen besseren Schutz in der Krise einer Deckungsmasse bieten, als eine spezialisierte Bank mit geringem allgemeinen Bankvermögen. Maßgeblich für die Einstufung der Sicherheit der gedeckten Schuldverschreibung unter Berücksichtigung der Gesamtbankstrategie ist somit die Gesamtbetrachtung des jeweiligen Geschäftsmodells des Emittenten. Aus Sicht der Anleger stellen gedeckte Schuldverschreibungen einer gut aufgestellten Universalbank mit qualitativ hochwertiger Deckungsmasse die vorzugswürdige Anlage dar[39].

III. Der innere Schirm der gedeckten Schuldverschreibung

Der innere Schirm einer gedeckten Schuldverschreibung wird durch die Anforderungen an die hohe Qualität der Deckungswerte, eine positive Zinsmarge der Deckungsmasse und die Überdeckung und gespannt. Der innere Schirm soll die vollständige Befriedigung der Gläubiger der gedeckten Schuldverschreibung im Fall der Abwicklung der Deckungsmasse sicherstellen. Beim Rating gedeckter Schuldverschreibun-

---

38 Vgl. FAZ vom 8.3.2007, DG Hyp kämpft gegen Zerschlagung.
39 Vgl. Brown, Constructive Conservatism, in: Euromoney, April 2005, p. 62.

gen findet der innere Schirm Berücksichtigung bei der Untersuchung der Kreditqualität der Deckungsmasse.

Die Deckungswerte des Hypothekenpfandbriefs weisen abstrakt betrachtet eine höhere Qualität auf, als diejenigen bisher platzierter UK covered bonds[40]. Die zulässigen Deckungswerte sind beim Pfandbrief gesetzlich geregelt. Der Treuhänder hat auf die Vorschriftsmäßigkeit der Deckung zu achten. Dies umfasst eine Überprüfung der Deckungsstockfähigkeit der Vermögenswerte. Den UK covered bonds liegen vertraglich Beschränkungen in Form von Garantien und Gewährleistungen hinsichtlich der auf die UK covered bond LLP zu übertragenden Deckungswerte zu Grunde. Insoweit ist bei jedem UK covered bond zu untersuchen, welche Rechtsfolgen neben einem Schadensersatzanspruch eine Verletzung der Gewährleistungen und Garantien hat. Fraglich ist aber v.a., welcher Wert den Garantien und Gewährleistungen in der Insolvenz des Emittenten zukommt. Anders als beim Pfandbrief umfassen die sonstigen Deckungswerte des UK covered bond auch Verbriefungen.

Die Beleihungsgrenze beträgt beim Pfandbrief 60 % gegenüber 60 bis 75 % beim UK covered bond. Allerdings beinhaltet die Deckungsmasse des Pfandbriefs auch Gewerbeimmobilienfinanzierungen, während auf die UK covered bond LLP bisher emittierter UK covered bonds nur Wohnungsimmobilienfinanzierungen übertragen wurden. Die höhere Beleihungsgrenze des UK covered bond wird dadurch gerechtfertigt, dass die Wohnungsimmobilienfinanzierung ein geringeres Ausfallrisiko aufweist als die Gewerbeimmobilienfinanzierung.

Die Beleihungsgrenze wird beim Pfandbrief auf der Grundlage des Beleihungswerts der zu beleihenden Immobilie bestimmt, während die Beleihungsgrenze beim UK covered bond auf Basis des Marktwerts der zu beleihenden Immobilie bestimmt wird. Der UK covered bond sieht eine Anpassung der Immobilienwerte an die Wertentwicklung eines anerkannten Wohnimmobilienpreisindexes vor.

Die Deckungskongruenz hat beim Pfandbrief sowohl bar- als auch nennwertig vorzuliegen und umfasst eine sichernde Überdeckung von 2 %. Derivategeschäfte der Deckungsmasse müssen gedeckt sein, und das zulässige Volumen von Zinsderivategeschäften ist sowohl aktiv- als auch passivseitig beschränkt. Die barwertige Deckung ist bankarbeitstäglich festzustellen und die Deckungsmasse wöchentlichen Stresstests zu unterziehen. Der asset coverage test des UK covered bond basiert ausschließlich auf einer nennwertigen Deckungsrechnung und dient nicht der Überwachung der Zinsdeckung. Die Zinsdeckung ist außerhalb der Deckungsrechnung vertraglich auf 0,15 % des LIBOR für Einlagen in GBP mit einer Laufzeit von einem Monat festgelegt. Swapverträge der Deckungsmasse fließen in die vertragliche Deckungsrechnung nicht ein.

Beim Pfandbrief haben die Lehren aus der Vergangenheit zu einer umfassenden Berücksichtigung von Zinsderivategeschäften in der Deckungsrechnung geführt.

---

40 Die Qualität der Deckungsmassen kann im Rahmen dieser Arbeit nur abstrakt betrachtet anhand der gesetzlichen bzw. vertraglichen Vorgaben bewertet werden. In der Praxis sind die Deckungsmassen der Emittenten auf Einzelfallbasis hinsichtlich ihrer Qualität zu untersuchen.

Die fehlende Überwachung der Derivate und Swapverträge der UK covered bond LLP ist ebenso wie die ausschließlich nennwertige Deckungsrechnung ohne Berücksichtigung der Zinsdeckung ein Defizit der UK covered bond-Programme. Allerdings werden die Risiken hieraus in den RCB Regulations 2008 und im UK Regulated Covered Bond Sourcebook als wesentliche im Rahmen der Deckungskongruenz zu adressierende Risikofaktoren erfasst.

Der UK covered bond sieht im Rahmen der Abwicklung der Deckungsmasse einen amortisation test vor. Dieser ist zur Überwachung der Deckung im Rahmen der Abwicklung der UK covered bond LLP nach der Insolvenz des Emittenten und/oder der Muttergesellschaft erforderlich. Im Fall der Verletzung des amortisation test können die UK covered bonds zum Schutz der Gläubiger gesamtfällig gestellt und ein administrative receiver zur Verwertung der Deckungswerte der LLP bestellt werden, der nicht in das Insolvenzverfahren über das Vermögen der LLP eingebunden wird. Das PfandBG verlangt im Rahmen des Sachwalterverfahrens weder eine Deckungskongruenz noch die Einhaltung einer modifizierten Deckungsrechnung. Die Überwachung der Deckung ist Aufgabe des Sachwalters, um die Interessen der Pfandbriefgläubiger zu wahren. Regelmäßig wird sich die BaFin im Rahmen einer verschärften Überwachung im Sachwalterverfahren über die Deckung und Liquidität der Deckungsmasse vom Sachwalter – wie bereits im Vorfeld der Hauptinsolvenz – fortlaufend berichten lassen. Für die Pfandbriefgläubiger kann sich diesbezüglich ein Informationsdefizit ergeben.

Der asset coverage test der untersuchten UK covered bonds umfasst eine Überdeckung in Höhe von 7,5 % bis 10 %, die aufgrund der entgeltlichen Übertragung der Deckungswerte vorbehaltlich einer vorsätzlichen Gläubigerbenachteiligung insolvenzfest ist. Ein Abbau der vereinbarten Überdeckung hat eine Verletzung des asset coverage test zur Folge, die zur Durchsetzung der covered bond-Garantie berechtigt und dadurch die UK covered bond-Gläubiger schützt. Ein Abbau der freiwilligen Überdeckung ist im Vorfeld der Hauptinsolvenz beim Pfandbrief grundsätzlich möglich. Dies kann z.B. im Zusammenhang mit einer Änderung der Geschäftsstrategie der Pfandbriefbank Zweifel der Ratingagenturen an der Nachhaltigkeit der freiwilligen Überdeckung des Pfandbriefs begründen. Nach Eröffnung der Hauptinsolvenz ist eine offensichtliche freiwillige Überdeckung beim Pfandbrief herauszugeben. Die Durchsetzung dieses Herausgabeanspruchs ist durch eine Beweislastregelung zu Lasten des Insolvenzverwalters erschwert, welche die freiwillige Überdeckung relativ insolvenzfest macht. Das verbleibende Restrisiko im Zusammenhang mit dem Herausgabeanspruch des Insolvenzverwalters kann aber möglicherweise die Beleihung der freiwilligen Überdeckung durch einen Dritten zur Überbrückung von Liquiditätsengpässen der Deckungsmasse erschweren.

IV. Überwachung, Risiko-Management, Aktiv-Passivsteuerung und besondere öffentliche Aufsicht

Die Überwachung der Deckung ist beim Pfandbrief Aufgabe des Treuhänders. Sie erfolgt beim UK covered bond durch einen sog. asset cover monitor, dessen Aufgabe sich allerdings auf eine jährliche Überprüfung der Einhaltung der Deckungsrechnung beschränkt. Demgegenüber ist der Treuhänder des Pfandbriefs in die Indeckungnahme und die Führung des Deckungsregisters eingebunden. Der Schuldverschreibungs- und Sicherheitentreuhänder nimmt gegenüber dem Emittenten und der UK covered bond LLP die Rechte der Gläubiger des UK covered bond wahr und ist nicht mit dem von der BaFin zu bestellenden Treuhänder des Pfandbriefs vergleichbar.

Das PfandBG und das RCB Sourcebook 2008 beinhalten spezifische Regelungen für das Risikomanagement. Der UK covered bond beinhaltet daneben mit dem pre-maturity test, einer Barreserve und der soft bullet bond-Variante zusätzliche Möglichkeiten zur Aktiv-Passiv-Steuerung. Die soft bullet-Variante des UK covered bond dient dazu, das Fortführungsrisiko zu reduzieren und der UK covered bond LLP ausreichend Zeit zur Refinanzierung der Deckungswerte zu geben. Die Verlängerung der Laufzeit geht dabei allerdings zu Lasten der Planungssicherheit der Schuldverschreibungsgläubiger. Das PfandBG schreibt neben dem spezifischen Risikomanagementsystem einheitliche, gesetzliche Veröffentlichungspflichten vor, die teilweise durch freiwillige Veröffentlichungen ergänzt werden. Demgegenüber sehen die UK covered bond-Programme keine einheitlichen Veröffentlichungspflichten vor.

Das Betreiben des Pfandbriefgeschäfts setzt eine besondere Erlaubnis voraus. Durch die besonderen Erlaubnisvoraussetzungen will der deutsche Gesetzgeber zum Schutz der hohen Qualität des Pfandbriefs sicherstellen, dass die Institute das Pfandbriefgeschäft ausreichend nachhaltig betreiben. Diese gesetzgeberische Entscheidung zum Schutz der Qualität des Pfandbriefs beschränkt den Zugang zur Finanzierung des Hypothekar-, Staats-, Schiffs- und Flugzeugkreditgeschäfts durch Pfandbriefe auf ca. 75 von über 2.150 Banken in Deutschland. Die BaFin überwacht die Einhaltung der Vorschriften des Pfandbriefrechts. Zudem sieht das PfandBG zweijährig Deckungsprüfungen durch die BaFin bei den Pfandbriefbanken vor. UK structured covered bonds unterliegen keiner besonderen öffentlichen Aufsicht. Für UK Regulated Covered Bonds ist eine solche mit den RCB Regulations 2008 eingeführt worden. Diese beschränkt sich auf die Zulassung und Registrierung von UK Regulated Covered Bond-Emittenten und die laufende Überwachung unter Anerkennung der asset cover monitor-Lösung sowie jährlicher und vierteljährlicher Berichtspflichten.

V. Abschließende Gedanken zur Bewertung

Pfandbriefe und UK covered bonds haben mittels des jeweiligen vorrangigen Befriedigungsrechts einen sehr starken äußeren Sicherheitsschirm, der ihre Gläubiger in der Insolvenz der Bank vorbildlich schützt[41]. Gleichwohl stellt sich der äußere Schirm des UK covered bond aufgrund seines stärkeren Sonderungseffekts, der Vorverlagerung der Verwertungsreife des vorrangigen Befriedigungsrechts und eines strukturell geringeren Fortführungsrisikos überzeugender dar[42]. Allerdings ist zu beachten, das die Verwaltung der Deckungsmasse nach einer Insolvenz des Emittenten beim UK covered bond stark von vertraglichen Regelungen abhängig ist. Diese können aus Gläubigersicht in Stresssituationen ein höheres Maß an Unsicherheit im Vergleich zu den gesetzlichen Regelungen des Pfandbriefs in sich bergen. In Stresssituationen kann jedoch eine Anfechtung der gesetzlichen Regelungen von ungedeckten Gläubigern der Pfandbriefbank ebenfalls nicht ausgeschlossen werden.

Das vorrangige Befriedigungsrecht des Pfandbriefs ist rechtsdogmatisch schwer einzuordnen. Das speziell im PfandBG geregelte Sonderinsolvenzrecht der Pfandbriefgläubiger beruht auf einer Reihe von Sonderregelungen, welche allgemeine Grundsätze des Insolvenzrechts durchbrechen. Dies erschwert die dingliche Einordnung der Rechtsnatur der Deckungsmasse vor der Hauptinsolvenz. In materieller Hinsicht hat die Sondervermögenslösung zur Folge, dass die Isolierung der Deckungsmasse von der Insolvenzmasse nur vorbehaltlich der Behandlung der Außerdeckungswerte und der Herausgabe einer offensichtlich freiwilligen Überdeckung erreicht werden kann. Darüber hinaus ist die Sondervermögenslösung des Pfandbriefs auf die Anerkennung des vorrangigen Befriedigungsrechts durch Rechtssysteme außerhalb der Europäischen Union, oder ggf. auf vertragliche Zusatzabsicherungen angewiesen[43].

Das vorrangige Befriedigungsrecht des UK covered bond verlangt der englischen Rechtsordnung kein spezielles Sonderrecht ab. Es nutzt vielmehr mit der Vollrechtsübertragung auf einen selbständigen Rechtsträger, der Garantie der Schuldverschreibungen und der Verpfändung der Deckungswerte klassische Rechtsinstitute[44]. Dies macht das Grundkonzept des vorrangigen Befriedigungsrechts und den UK covered bond insgesamt kompatibler innerhalb des Rechtssystems und darüber hinaus für Investoren leichter verständlich. Ähnlich wie beim Pfandbrief ist die Verpfändung der ausländischen Deckungswerte beim UK covered bond auf die Anerkennung durch die ausländischen Gerichte, oder ggf. auf vertragliche Zusatzabsicherungen angewiesen.

Pfandbriefe und UK covered bonds bieten beide einen sehr robusten inneren Sicherheitsschirm. Die Qualität der Deckungswerte des Hypothekenpfandbriefs ist im PfandBG auf einem höheren Niveau vorgeschrieben als in den RCB Regulations 2008. Demgegenüber ist die entgeltliche Vollrechtsübertragung des UK covered bond in Bezug auf die freiwillige Überdeckung mit weniger Rechtunsicherheit be-

---

41 Zum Pfandbrief: Vgl. Stürner, Die Sicherung der Pfandbrief- und Obligationengläubiger vor einer Insolvenz der Hypothekenbank, 1998, S. 166.
42 Vgl. Skeet, in: Brown, Covered bonds face an identity crisis, Euromoney, November 2004, p. 86; Bowman, Why the sun hasn't set on RMBS, in: Euromoney, April 2006, p. 98.
43 Vgl. Stürner, Deutsche öffentliche Pfandbriefe und Deckungswerte aus Darlehen an U.S.-amerikanische öffentliche Körperschaften, 2006; Stürner/Kern, Deutsche öffentliche Pfandbriefe und japanische Deckungswerte, 2006.
44 Vgl. Kern, Die Sicherheit gedeckter Wertpapiere, S. 505.

haftet als deren Indeckungnahme beim Pfandbrief. Dafür wird die bar- und nennwertige Deckungskongruenz des Pfandbriefs höheren Ansprüchen gerecht als die gesellschaftsvertragliche Deckungsrechnung des UK covered bond. Insgesamt erscheint der innere Sicherheitsschirm des Pfandbriefs in rechtlicher Hinsicht stärker ausgeprägt als beim UK covered bond.

Die Überwachung des Pfandbriefs durch den Treuhänder und die umfassende besondere öffentliche Aufsicht der BaFin sind vergleichbar mit der des UK Regulated Covered Bond. Dagegen obliegt die Überwachung der Deckung des UK structured covered bond allein dem asset cover monitor. Daneben sind die Gläubiger der UK covered bonds mittelbar durch den Schuldverschreibungs- und Sicherheitentreuhänder in die Überwachung eingebunden. Die Mitwirkungs- und Sanktionierungsrechte der UK covered bond-Gläubiger ergänzen die besondere öffentliche Aufsicht. Beim Pfandbrief bestehen keine Mitwirkungs- und Sanktionierungsrechte der Pfandbriefgläubiger.

Bei abstrakter Betrachtung ist die größere Flexibilität des strukturierten bzw. gesetzlich anerkannten vertraglichen Modells des UK covered bond gegenüber dem Modell des Pfandbriefs risikoerhöhend[45]. Das Pfandbriefmodell erreicht aufgrund seiner umfassenden gesetzlichen Emissionsgrundlage eine höhere Transparenz als das gesetzliche Rahmenwerk der RCBR Regulations 2008. Dies hat für Anleger von UK Regulated Covered Bonds und erst Recht für Anleger von UK structured covered bonds einen wesentliche höheren Analyseaufwand zur Folge.

Eine Bewertung der Vorteilhaftigkeit bzw. Sicherheit von Pfandbrief und UK covered bond hat die vorgenannten Faktoren zu berücksichtigen. Pauschal wird man abschließend aus Anlegersicht die Frage nach der vorteilhafteren oder sicheren Anlage kaum beantworten können. Denn performance-orientierte Investoren und buy-and-hold Investoren sowie Investoren mit und ohne umfangreiche Analyse-Kapazitäten gewichten die vorgenannten Faktoren in ihren Bewertungsmodellen unterschiedlich. Das Ergebnis des Zusammenspiels von strukturellen Aspekten, Qualität der Deckungswerte, Transparenz, Mitwirkungs- und Sanktionierungsrechten bleibt am Ende des Tages Wertungsfrage. Insofern ist es sicherlich gut vertretbar, im PfandBG ein den vertragsbasierten Modellen überlegenes Modell zu sehen[46].

Eine abschließende Bewertung kann aufgrund des Ausstehens einer praktischen Bewährungsprobe sowohl des Pfandbriefs als auch des UK covered bond nicht erbracht werden. Bis zum heutigen Tag wurden alle begebenen Pfandbriefe und UK covered bonds fristgerecht bedient und zurückgezahlt. Dies gilt auch für den Zeitraum seit Ausbruch der Finanzkrise. Ein Testfall der rechtlichen Rahmenbedingungen und der Unabhängigkeit der Deckungsmasse im Insolvenzfall steht für den Pfandbrief genauso wie für den UK covered bond aus[47]. Sicherlich ist ein solcher Testfall nicht

---

45 Vgl. Kern, Die Sicherheit gedeckter Wertpapiere, S. 507.
46 Vgl. Rasche, Die Bedeutung des Pfandbriefs und der Pfandbriefbanken für die Stabilität der Finanzmärkte, in: ZfgK, 1/2008, S. 37.
47 Vgl. Packer/Stever/Upper (Bank für internationalen Zahlungsverkehr, BIZ), Der Markt für gedeckte Schuldverschreibungen, in: BIZ-Quartalsbericht, September 2007, S. 8 f.

zu wünschen. Gleichwohl würde er Gelegenheit bieten, um in der Praxis zu sehen, ob der rechtliche Rahmen trägt oder einer Verbesserung bedarf. Es spricht vieles dafür, dass man auch künftig davon ausgehen dürfen wird, dass ein Testfall eines systemrelevanten Instituts durch systemische Unterstützung vermieden wird. Man wird aber mit Sicherheit beachten müssen, dass mangels entsprechender Anspruchsgrundlagen nicht zwingend und ohne weiteres von einer jederzeit verfügbaren systemischen Unterstützung ausgegangen werden kann. Das vehemente Einschreiten von Regierungen, Gesetzgebern, Finanzaufsicht und anderen Marktteilnehmern zur Stabilisierung der Finanzinstitute in und außerhalb der Finanzkrise untermauert allerdings die hohe Bereitschaft in Deutschland und Großbritannien zum Ergreifen außerordentlicher Stabilisierungsmaßnahmen soweit die Insolvenz eines Kreditinstituts mit Blick auf die verbundenen Auswirkungen auf das Ein- und Anlegervertrauen, den Interbankenmarkt und die Zahlungssysteme als nicht verkraftbar eingestuft wird. Für den deutschen Pfandbrief hat dies die Bundesregierung durch ihre implizite Garantie sogar explizit zum Ausdruck gebracht.

§ 23 Folgerungen aus dem Rechtsvergleich

Der Rechtsvergleich von Pfandbrief und UK covered bond ist aufgrund der unterschiedlichen zu Grunde liegenden Modelle besonders fruchtbar. Jedoch wirft jedes Modell spezifische Fragen auf, deren Beantwortung nur schwer aus dem jeweils anderen Modell abgeleitet werden können. Darüber hinaus erschwert der unterschiedliche Regelungsansatz des PfandBG und der RCB Regulations 2008 die Übernahme von Regelungen in das jeweils andere Modell.

A. Folgerungen für das Recht des UK Covered Bond

Der UK covered bond bietet eine hohe Sicherheit und erreicht ein sehr hohes Rating. Das vorrangige Befriedigungsrecht des UK covered bond ist sehr stark. Jedoch offenbart der Rechtsvergleich Schwächen des Modells in Bezug auf die Transparenz, das Deckungsprinzip und die besondere öffentliche Aufsicht. Es bleibt insbesondere abzuwarten, ob ein homogener UK covered bond-Markt entstehen wird bzw. in welcher Form von UK Regulated Covered Bonds und daneben UK structured covered bonds Gebrauch gemacht werden wird.

Das Defizit einer fehlenden gesetzlichen Emissionsgrundlage und die in der Folge fehlende Privilegierung bei der Risikogewichtung von UK structured covered bonds wurde durch ihre gesetzliche Anerkennung mit den RCB Regulations 2008 behoben. Dadurch hat sich die Transparenz für UK Regulated Covered Bonds erhöht. Aufgrund des flexibleren Regelungsansatzes der RCB Regulations 2008, die ein vertraglich strukturiertes covered bond-Modell vorsehen, wird eine vergleichbar hohe Transparenz wie beim Pfandbrief nicht erreicht.

UK covered bonds gehen einher mit Rechtsunsicherheit im Zusammenhang mit der Vollrechtsübertragung zum einen hinsichtlich deren Vervollständigung zum legal assignment in der Insolvenz des Emittenten als auch in Bezug auf eine Aufrechnung durch ungedeckte Gläubiger des Emittenten mit zur Deckungsmasse gehörenden Forderungen. Darüber hinaus ist im englischen Recht die Anerkennung der fixed und floating charge unklar. Schließlich ist eine Schwäche des UK covered bond, dass ungesicherte Gläubiger aus dem Verwertungserlös einer floating charge mit einem bevorrechtigten Anteil vorrangig vor deren Inhabern zu befriedigen sind. Zu begrüßen ist, dass sämtliche aus dem common law resultierenden Rechtsunsicherheiten bzw. Schwächen mit den RCB Regulations 2008 für UK Regulated Covered Bonds beseitigt bzw. klargestellt sind.

Bisher platzierten UK covered bonds liegen als Deckung ausschließlich in Großbritannien belegene Wohnimmobilien zu Grunde. Es mangelt an einer geographischen Risikodiversifizierung durch Indeckungnahme von Immobilienkrediten, die mit in anderen Ländern belegenen Wohnimmobilien gesichert sind. Zu begrüßen ist insofern, dass die RCB Regulations 2008 die Indeckungnahme von Immobilienkrediten erlaubt, die mit außerhalb Großbritanniens belegenen Immobilien besichert sind. Wichtig wird es diesbezüglich sein, das die Emittenten eine wirksame Verpfändung von im Ausland belegenen Deckungswerten zu Gunsten der Deckungsmasse sicherstellen.

Anders als beim Pfandbrief, wo diese Aufgabe dem Treuhänder obliegt, wird beim UK covered bond weder die Eintragung der Deckungswerte in das Deckungsregister der UK covered bond LLP noch die Erfüllung der Garantien und Gewährleistungen aus dem Hypothekenkauf- und Abtretungsvertrag überwacht. Stattdessen überprüft der asset cover monitor lediglich die Einhaltung des asset coverage test. Insofern bietet sich an, den Umfang der Überwachung des asset cover monitor entsprechend auszuweiten. Wie beim Pfandbrieftreuhänder dürfte hierfür eine stichprobenmäßige Überwachung ausreichen.

Die untersuchten UK covered bond-Programme sehen ausschließlich eine nennwertige Deckungsrechnung vor. Sicherungsgeschäfte gegen Währungskurs- und Zinsänderungsrisiken werden im Rahmen der Deckungsrechnung nicht berücksichtigt. Das Beispiel der AHBR zeigt, welche weitreichenden Konsequenzen sich aus einer ungenügenden Adressierung des Zinsänderungsrisikos und der mit Derivategeschäften verbundenen Risiken ergeben können. Es ist zu begrüßen, dass das RCB Sourcebook 2008 diese Risiken adressiert. Gleichwohl ist zu empfehlen, im RCB Sourcebook 2008 eine bestimmte barwertige Deckungsrechnung vorzuschreiben, um einen entsprechenden Standard aufsichtsrechtlich einheitlich vorzugeben.

Neben dem SPV-Modell sah der Gesetzentwurf der RCB Regulations 2008 ein zweites sog. integrated Modell vor. Dieses entsprach in seiner Grundstruktur dem Pfandbrief-Modell mit einer integrierten Deckungsmasse als Sondervermögen. Das integrierte Modell des RCB Regulations 2008 Gesetzentwurfs basierte auf dem Konzept einer zeitlich beschränkten sog. ‚protected cell'. Hierfür wären umfangreiche Sonderregelungen im britischen Insolvenzrecht erforderlich gewesen. Aufgrund von

Zweifeln an der Insolvenzferne der Deckungsmasse beim integrated Modell wurde in den RCB Regulations 2008 auf das integrierte Modell verzichtet. Im Rahmen einer Novellierung der RCB Regulations 2008 soll das integrierte Modell erneut geprüft werden. Für das Vertrauen der Anleger ist zwingend erforderlich, dass die Deckungsmasse im integrated Modell als Sondervermögen qualifiziert. Sollte dies im Zusammenhang mit dem allgemeinen britischen Insolvenzrecht unter Heranziehung des Konzepts der protected cell nicht erreichbar sein, ist zu empfehlen auf das integrated Modell vollständig zu verzichten. Überdies sollte die Erforderlichkeit eines integrierten Modells grundsätzlich geprüft werden. Denn mit ihm würde neben dem SPV-Modell des UK Regulated Covered Bond und dem UK structured covered bond eine dritte Variante des UK covered bond eingeführt werden. Diese würde zwar dem überwiegend in Kontinentaleuropa verwendeten Modell entsprechen, aber die Heterogenität im britischen covered bond-Markt weiter erhöhen.

B. Folgerungen für das deutsche Pfandbriefrecht

Das Pfandbriefrecht schafft eine sehr starke Emissionsgrundlage hoher, anerkannter Qualität, die seit Jahren als Vorbild für zahlreiche pfandbriefähnliche Produkte dient. Gleichwohl kann das PfandBG in rechtsdogmatischer Hinsicht nur eingeschränkt überzeugen, da es zur Lösung von Einzelfragen in einer Vielzahl von Fällen auf Sonderregelungen unter Durchbrechung allgemeiner Prinzipien angewiesen ist (z.B. Sondervermögenslösung, Sachwalterverfahren, Aufrechnungsschutz, Vollstreckungsprivileg, Beweislast zur Herausgabe der Überdeckung, Behandlung von Außerdeckungswerten, Übertragung der Deckungsmasse, etc.).

I. Sondervermögenslösung und freiwillige Überdeckung

Bereits im Rahmen der HBG-Reform 1998 wurde mit der stärkeren Sonderung der Deckungsmasse durch deren Ausgestaltung als Sondervermögen im Insolvenzfall eine wichtige Anregung aus dem Vertragsmodell der Verbriefung für das Pfandbriefrecht übernommen[48]. Der Grund, weshalb man sich zu Gunsten der Sondervermögenslösung und damit gegen das Vertragsmodell entschieden hat, wird in den Gesetzesmaterialien zur HBG-Reform 1998 nicht erläutert. In rechtlicher Hinsicht dürfte gegen eine anfängliche Isolierung die bevorzugte dingliche Zugehörigkeit der Deckungswerte und insbesondere die erwünschte unbeschränkte Verfügungsbefugnis der Bank über die Deckungswerte vor der Hauptinsolvenz gesprochen haben. Daneben dürfte in allgemeiner Hinsicht die Abgrenzung des Pfandbriefs gegenüber Verbriefungen ausschlaggebend für die Entscheidung zu Gunsten der Sondervermögenslösung und gegen das vertragliche SPV-Modell gewesen sein.

---

48 Vgl. Stürner, Die Sicherung der Pfandbrief- und Obligationengläubiger vor einer Insolvenz der Hypothekenbank, 1998, S. 132.

Mit dieser konzeptionellen Grundentscheidung wurden bewusst die Grenzen der Sonderung der Deckungsmasse durch ein Deckungsregister im Vermögen der Pfandbriefbank in Kauf genommen. Eine dem Vertragsmodell identische Sonderung der Deckungsmasse ist mit der Sondervermögenslösung nicht zu erreichen. Ein unmittelbarer Anlass für eine weitere Stärkung der Sonderung der Deckungsmasse besteht jedoch nicht. Sie ist ebenso geeignet ein starkes vorrangiges Befriedigunsrecht zu erzielen. Darüber hinaus ist die Sondervermögenslösung bei den Ratingagenturen seit ihrer Einführung absolut anerkannt. Auch die Marktteilnehmer sehen sich ausreichend komfortabel geschützt.

Die Sondervermögenslösung geht aber einher mit einer Rechtsunsicherheit hinsichtlich der Insolvenzfestigkeit der freiwilligen Überdeckung in der Hauptinsolvenz der Pfandbriefbank. Dies stellt eine Schwachstelle des Pfandbriefmodells – insbesondere unter Berücksichtigung der Bedeutung der freiwilligen Überdeckung beim Rating – dar. Die freiwillige Überdeckung steht nach geltender Rechtslage grundsätzlich der allgemeinen Insolvenzmasse der Pfandbriefbank zu, ist aber vom Gesetzgeber durch eine Beweislastumkehr insoweit insolvenzfest ausgestaltet worden, als es sich bei ihr nicht um eine exzessive Überdeckung handelt.

Aus dem unmittelbaren Rechtsvergleich kann keine direkte Lösung für das Problem der Insolvenzfestigkeit der freiwilligen Überdeckung abgeleitet werden. Die Interessenlage ist sowohl im deutschen als auch im britischen Recht gleich. Durch die freiwillige Überdeckung soll die jederzeitige Deckung auch in der Zukunft sichergestellt werden, ohne dabei die Interessen der ungedeckten Gläubiger unangemessen zu beeinträchtigen. Aufgrund der entgeltlichen Übertragung der Deckungswerte ist beim UK covered bond die Überdeckung insolvenzfest. Unterstellt man beim Pfandbrief – in Anlehnung an das britische Modell – die entgeltliche Indeckungnahme der freiwilligen Überdeckung aufgrund eines gegenseitigen Rechtsgeschäfts zwischen der Deckungsmasse und der Pfandbriefbank, so erhellt, dass das Entgelt für den „Erwerb" der Deckungswerte und damit auch der freiwilligen Überdeckung durch eine Einlage der Pfandbriefbank in die Deckungsmasse finanziert wird. Die entgeltliche Indeckungnahme der freiwilligen Überdeckung wäre entsprechend § 142 InsO insolvenzfest, solange die entgeltliche Indeckungnahme keine vorsätzliche Benachteiligung gem. § 133 Abs. 1 InsO darstellen würde. Diese würde die Kenntnis von der vorsätzlichen Benachteiligung gem. § 133 Abs. 1 Satz 1 InsO im Zeitpunkt der Bildung der freiwilligen Überdeckung voraussetzen. Maßgeblich für die entsprechende Kenntnis müsste hier allein die Kenntnis des Vorstands der Pfandbriefbank sein. Solange der Vorstand mittels entsprechender Bewertungsgutachten nachweisen kann, dass die freiwillige Überdeckung für die jederzeitige Deckung der Pfandbriefe erforderlich ist, sollte eine derartige Kenntnis nicht vorliegen. Insofern wäre eine Möglichkeit die freiwillige Überdeckung des Pfandbriefs dadurch weiter insolvenzfest zu machen, dass der Gesetzgeber das objektive Tatbestandsmerkmal der „offensichtlich nicht notwendigen Überdeckung" des Herausgabeanspruchs des Insolvenzverwalters gem. § 30 Abs. 4 Satz 1 PfandBG durch eine vorsätzliche Benachteiligung der ungedeckten Gläubiger der Pfandbriefbank ersetzt.

II. Sonstige Folgerungen

Das PfandBG weist gegenüber den RCB Regulations 2008 eine wesentlich höhere Regelungstiefe auf. Diese wirkt hinsichtlich der Nutzungseffizienz beschränkend und wird von den Emittenten mitunter als starres Korsett empfunden. Trotz vielfältiger Aufweichungen des Spezialbankprinzips wird man darin ein Erbe der Vorgängergesetze des PfandBG sehen müssen. Gleichzeitig ist darin allerdings ein Garant für die vielfach uns insbesonders in der Finanzkrise geschätzte hohe Sicherheit, Transparenz und Homogenität des Pfandbriefs zu sehen.

Anders als der Pfandbrief sehen die RCB Regulations 2008 keine dem Pfandbriefprivileg vergleichbaren Beschränkungen des Zugangs zur Emission von UK covered bonds für Emittenten vor. Angesichts eines rückläufigen Pfandbriefumlaufs und der Tatsache, dass sich die Pfandbriefbanken verstärkt aus der Wohnungsimmobilienfinanzierung zurückgezogen haben, um sich auf die Gewerbeimmobilienfinanzierung und das Auslandsgeschäft zu konzentrieren, während der Marktanteil der deutschen Sparkassen und Direktbanken an der Wohnungsimmobilienfinanzierung kontinuierlich zunimmt, müssen Überlegungen zur Ausweitung des Pfandbriefprivilegs zulässig sein. Sicherlich kann es keineswegs das Ziel sein, die Nutzung des Pfandbriefs durch möglichst viele Institute auf Kosten der Qualität des Pfandbriefs zu ermöglichen. Angesichts einer überschaubaren Anzahl von insgesamt ca. 75 Pfandbriefemittenten im Vergleich zu einer Gesamtzahl von über 2.000 Kreditinstituten gilt es zu prüfen, wie hoch die Hürden des Pfandbriefprivilegs tatsächlich sein müssen, um die vom Markt verlangte hohe Qualität des Pfandbriefs sicherzustellen.

Die Vorschriften zur Deckungskongruenz des PfandBG gelten zeitlich nur bis zur Hauptinsolvenz der Pfandbriefbank. Das Gesetz schreibt dem Sachwalter nicht vor, wie er die Deckung des Sondervermögens zu überwachen hat. Insbesondere während der Sachwaltung besteht jedoch ein berechtigtes Interesse an der Veröffentlichung von Informationen zur Deckung. Insofern erscheint – in Anlehnung an den amortisation test – die Einführung eines Sachwalter-Deckungstests und die Veröffentlichung der entsprechenden Ergebnisse überlegenswert. Der Sachwalter-Deckungstest sollte geeignet sein, in der Krise der Pfandbriefbank eine Informationslage zu schaffen, die eine ordnungsgemäße Preisbildung ohne verzerrende Sonderfaktoren ermöglicht. Zusätzlich könnte in dem Sachwaltertest ebenfalls ein Schutzmechanismus eingebaut werden, der die Gleichbehandlung der Pfandbriefgläubiger in Bezug auf die Verteilung der freiwilligen Überdeckung während der Abwicklung des Sondervermögens gewährleistet.

Der dem deutschen Insolvenzrecht immanente Schutz des insolventen Unternehmens vor seinen Gläubigern zur Sicherung der Insolvenzmasse und damit ggf. auch zur Steigerung der Fortführungschancen setzt sich im PfandBG fort. Er erschwert Sanierungslösungen im Vorfeld der Hauptinsolvenz der Pfandbriefbank sowie in der Sonderinsolvenz der Deckungsmasse. Darüber hinaus steht er einer zeitlich früheren Ernennung des Sachwalters zur Verwaltung der Deckungsmasse entgegen. Der mangelnden Flexibilität für Maßnahmen im Vorfeld der Insolvenz wirkt der Gesetzgeber an anderer Stelle mit der Neufassung des Schuldverschreibungengesetzes entgegen. Von dessen Anwendungsbereich sind Pfandbriefe allerdings ausgenommen. Damit ist der Möglichkeit der Einforderung von Sanierungsbeiträgen von Pfandbriefgläubigern im Wege von Mehrheitsbeschlüssen in der Gläubigerversammlung die rechtliche Grundlage entzogen. Mit diesem Schutz einher geht allerdings der vollständige Verzicht des Gesetzgebers auf die Anwendung des Organisationsrechts des Schuldverschreibungengesetzes für Pfandbriefgläubiger und damit auch in der Sonderinsolvenz der Deckungsmasse. Die hieraus resultierende fehlende Vertretung der Pfandbriefgläubiger, z. B. durch einen gemeinsamen Vertreter, entspricht nicht den ansonsten bei Schuldverschreibungen international üblichen Standards.

In wertpapierrechtlicher Hinsicht wären beim Pfandbrief ebenso wie beim UK covered bond sog. soft bullet notes grundsätzlich vorstellbar. Diese können in der Form eines wertpapierrechtlich strukturierten Pfandbriefs in den jeweiligen Anleihebedingungen vereinbart werden. Wenngleich mit soft bullet bonds eine weitere Sonderung vom Emittenten erreicht werden kann, und dies insbesondere einen besseren Schutz vor vorübergehenden Zahlungsstockungen schaffen kann, gehen soft bullet bonds allerdings mit dem Verlust an Planungssicherheit für die Anleger einher. Insoweit ist der zuletzt eingeführte Liquiditätspuffer für Pfandbriefe aber in jedem Fall vorzugswürdig.

C. Strukturiert gedeckte Schuldverschreibungen in Deutschland

In Deutschland gibt es seit dem Jahr 2006 zwei strukturiert gedeckte Schuldverschreibungen[49]. Diese wurden von der Valovis Bank AG (früher Karstadt Hypothekenbank AG) und der Landesbank Berlin (LBB) ausgegeben. Während die Valovis Bank AG mit Hilfe eines structured covered bond Versandhandelsforderungen refinanziert hat, hat die LBB das structured covered bond-Modell als Pooling-Modell für Sparkassen zur Refinanzierung von Immobilienkrediten nutzbar gemacht, welche selbst nicht die kritische Masse für eigene Pfandbriefemissionen haben[50]. Für

49 Zur Übertragbarkeit des structured covered bond-Modells auf Deutschland, vgl. Kronat/Hummel, Structured covered bonds – Neue Perspektiven der Refinanzierung für Banken?, in: Finanz Betrieb, 2/2009, S. 75 ff.

50 Der structured covered bond der Valovis Bank AG ist eine mit Versandhandelsforderungen besicherte Namensschuldverschreibung. Der structured covered bond der Valovis Bank AG wird von einer ausländischen Zweckgesellschaft erworben, die den Erwerb durch die Begebung von Schuldscheindarlehen refinanziert. Der structured covered bond der Valovis Bank AG ist u.a. durch eine Sicherungsabtretung der Versandhandelsforderungen und eine Kontoverpfändung besichert. In der Insolvenz der Valovis Bank AG gewährt die Sicherungsabtretung und die Kontoverpfändung kein Aussonderungsrecht, sondern nur ein Absonderungsrecht für die Zweckgesellschaft. Ausgeglichen wird dies u.a. durch eine entsprechende Übersicherung. Der structured covered bond der Valovis Bank AG ist nicht öffentlich platziert. Vgl. Kronat/Hummel, Structured covered bonds – Neue Perspektiven der Refinanzierung von Banken?, in: Finanz Betrieb, 2/2009, S. 74 ff.

dieses Modell entschied sich die LBB, da sich das Pooling bzw. die Bündelung von Hypothekarkrediten der Sparkassen mit Hilfe des Refinanzierungsregisters als kompliziert und kostenintensiv herausgestellt hat[51]. Die Daheim-Anleihe wurde im Wege einer privaten Platzierung und nicht öffentlich emittiert. Sie hat in Deutschland sehr viel Aufsehen erregt und soll deswegen nachfolgend vorgestellt und untersucht werden[52].

I. Das Grundprinzip des strukturierten Pooling-Modells der Daheim-Anleihe der LBB

Die Daheim-Anleihe wird von der LLB selbst ausgegeben[53]. Fällige Zins- und Rückzahlungsansprüche der Daheim-Anleihe sind damit von der LBB zu erfüllen. Die Erlöse aus der Emission der Daheim-Anleihe werden zur Refinanzierung von Darlehen an Kreditinstitute (sog. Finanzierungsalternative) und/oder zur Refinanzierung des Tagesgeschäfts der LBB (sog. Refinanzierungsalternative) verwendet.

Ziel der Daheim-Anleihe ist u.a., Sparkassen, die nicht die kritische Masse für eigene Pfandbriefemissionen besitzen und denen deswegen der Weg an den Pfandbriefmarkt versperrt ist, eine günstige Refinanzierungsmöglichkeit zu bieten[54]. Erreicht wird dies, indem den Sparkassen die Möglichkeit geboten wird, geeignete grundpfandrechtlich gesicherte Darlehen auf die LBB zu übertragen. Die LLB emittiert dann gegen diese eine Anleihe, bei der es sich um ein auf vertraglicher Basis entwickeltes Finanzierungs- und Anleihemodell handelt, das mit seinen Strukturprinzipien „pfandbriefähnliche Wirkmechanismen" im weiteren Sinne erzielt.

Da es grundsätzlich nicht im Interesse einer Sparkasse ist, ihre Bilanz durch den Verkauf von Immobilienkrediten zu verkürzen, hat die LBB eine Struktur entwickelt, welche den Sparkassen eine Partizipation an den günstigen Refinanzierungsbedingungen ohne Bilanzverkürzung ermöglicht. Diese basiert auf der Grundidee einer Forderungsleihe[55].

---

51 Vgl. Johannsen, Structured Covered Bond der LBB erregt die Gemüter, in: BörsenZ vom 16.3.2007, S. 19; BörsenZ vom 17.4.2007, Interview mit Christian Scheibe (Director Treasury bei der LBB), Der Zuspruch für unser Konzept ist ausgesprochen erfreulich, S. 19; Euromoney, LBB looks outside Pfandbrief for issuance, in: Euromoney, April 2007, p. 26.

52 Vgl. Landesbank Berlin AG, Basisprospekt für die Anleihen Daheim Nr. 1, 26.2.2007; Johannsen, LBB bringt ersten Structured Covered Bond – Günstige Refinanzierungsmöglichkeit für Sparkassen, denen der Weg an den Pfandbriefmarkt versperrt ist, in: BörsenZ vom 9.3.2007, S. 17; BayernLB, Covered Bond Report, Nr. 6 vom 16.3.2007, S. 12. Zu den gesellschaftsrechtlichen Verhältnissen der LBB: vgl. Preussner, Der Gesetzentwurf über die Berliner Sparkasse und die Umwandlung der Landesbank Berlin – Girozentrale – in eine Aktiengesellschaft (Berliner Sparkassengesetz) – Zur Neuordnung des Konzerns der Bankgesellschaft Berlin, in: BKR, 2005, S. 309 ff.

53 Im Basisprospekt des Daheim-Emissionsprogramms wird der Begriff Anleihe verwendet. Im folgenden werden überwiegend die Begrifflichkeiten des Basisprospekts verwendet.

54 Vgl. Seidler/Tesch, Merkmale des Structured Covered Bond der LBB, in: I&F, 13/2007, S. 450.

55 Vgl. Seidler/Tesch, Merkmale des Structured Covered Bond der LBB, in: I&F, 13/2007, S. 450.

In der Refinanzierungsalternative reicht die LBB aus den Emissionserlösen der Daheim-Anleihe Darlehen an die beteiligten Sparkassen weiter, die durch die Abtretung von grundpfandrechtlich gesicherten Darlehensforderungen der Sparkassen gesichert werden[56]. Dagegen stellen die beteiligten Sparkassen in der Besicherungsalternative der LBB auf der Grundlage eines Sicherheitengewährungsvertrags grundpfandrechtlich gesicherte Darlehensforderungen gegen eine Gebühr als Deckung zur Verfügung[57]. Zur Absicherung bestimmter Ersatz- und Freigabeansprüche der jeweiligen Sparkasse aus dem Sicherheitengewährungsvertrag verpfändet die LBB ggf. Wertpapiere an die Sparkasse.

Zur Deckung bzw. Sicherung der Ansprüche der Anleihegläubiger wird ein Paket sog. Anleihesicherheiten bestellt. Dieses umfasst die grundpfandrechtlich gesicherten Darlehensforderungen, die aufgrund des Refinanzierungsdarlehensvertrags bzw. des Sicherheitengewährungsvertrags von den beteiligten Sparkassen direkt an einen Sicherheitentreuhänder zu Gunsten der Anleihegläubiger abgetreten werden. Die Grundpfandrechte, welche die Darlehen besichern, sind allerdings zunächst nicht Teil des Sicherheitenpools. Es handelt sich bei diesen ausschließlich um Grundschulden, die mangels Akzessorietät, nicht mit der Abtretung der zu Grunde liegenden Darlehen übergehen, sondern einer gesonderten Übertragung bedürfen[58]. Die LBB und der Sicherheitentreuhänder haben jedoch nach Auslösung eines entsprechenden Ratingtriggers bzw. in der Insolvenz der Sparkasse einen Anspruch auf Übertragung der Grundschulden auf einen sog. Grundbuchtreuhänder.

In der Refinanzierungsalternative verpfändet die LBB gleichzeitig in dem Sicherheitentreuhandvertrag die von ihr an die beteiligten Sparkassen ausgereichten Refinanzierungsdarlehen an den Sicherheitentreuhänder zu Gunsten der Anleihegläubiger. Zusätzlich verpfändet die LBB an den Sicherheitentreuhänder zu Gunsten der Anleihegläubiger sämtliche Forderungen und Rechte gegen die jeweiligen Hypothekarkreditschuldner sowohl aus den Hypothekarkredit- als auch den Sicherungs- und Servicingverträgen sowie sämtlich Anwartschaften an abzutretenden Sicherheiten, Forderungen und Rechten aus und im Zusammenhang mit den jeweiligen Sicherungs- und Servicingverträgen. Die Anleihesicherheiten werden von dem Sicherheitentreuhänder gehalten, verwaltet und im Sicherungsfall verwertet.

---

56 Die Daheim-Anleihe der LBB ist damit in der Refinanzierungsalternative mittelbar durch Hypothekarkredite gedeckt bzw. Grundpfandrechte gesichert.
57 Die Daheim-Anleihe der LBB ist damit in der Besicherungsalternative unmittelbar durch Hypothekarkredite gedeckt bzw. Grundpfandrechte gesichert. Auf diese Weise wird Sparkassen ohne Refinanzierungsbedarf ein zusätzliches Ertragspotential angeboten. Der Emissionserlös aus der Daheim-Anleihe verbleibt in diesem Fall bei der LBB zur Refinanzierung des Tagesgeschäfts. Für die Überlassung der Hypothekarkredite erhält die Sparkasse eine Art „Überlassungsgebühr".
58 Vgl. § 1192 BGB, wonach § 1153 BGB nicht gilt; Palandt, BGB, 68. Auflage, 2009, § 1191, Rdn. 8.

Abbildung 13: Grundprinzip der Daheim-Anleihe der LBB

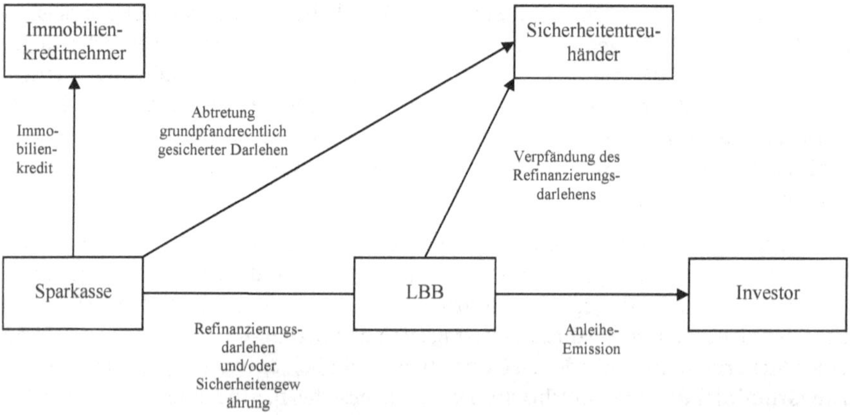

Quelle: Johannsen, LBB bringt ersten Structured Covered Bond, in: BörsenZ vom 9.3.2007, S. 17; BayernLB, Covered Bond Report, Nr. 9 vom 3.5.2007, S. 2.

II. Deckung, Fälligkeit, Abwicklung und Reporting der Daheim-Anleihe

Die Daheim-Anleihe hat keine einheitliche Deckungsmasse. Vielmehr liegen ihr eine Vielzahl von Einzelportfolien, die im Vermögen der beteiligten Sparkassen verbleiben und dem Sicherheitentreuhänder lediglich als Sicherheit gewährt werden, zu Grunde. Soweit im Rahmen der Daheim-Anleihe mehrere Schuldverschreibungsserien begeben werden, wird für jede ein eigenständiger Sicherheitenpool gebildet. Eine Zusammenfassung der einzelnen Sicherheitenpools zu einem gemeinsamen Sicherheitenpool für sämtliche Schuldverschreibungsserien erfolgt nicht.

Im Programm der Daheim-Anleihe sind als deckungsfähige Darlehen ausschließlich an inländische Verbraucher ausgereichte und durch Wohnimmobilien grundpfandrechtlich gesicherte Darlehen mit einem Beleihungswert bzw. -auslauf von maximal 60 % vertraglich zugelassen. Anders als beim Pfandbrief sind bei der Daheim-Anleihe rückständige Immobilienkredite ausgeschlossen. Diese sind zu ersetzen, so dass die Daheim-Anleihe jederzeit eine nahezu rückstandsfreie Deckungsmasse aufweist.

Die Daheim-Anleihe ist derart strukturiert, dass der sog. realisierbare Wert aus Zins- und Rückzahlungen aus den grundpfandrechtlich gesicherten Darlehen zu jedem Zeitpunkt den Nennbetrag der Daheim-Anleihe um 10 % überdeckt. Zur ordnungsgemäßen Verwaltung und Einziehung der grundpfandrechtlich gesicherten Darlehen hat die LBB mit der jeweiligen Sparkasse einen Sicherheiten- und Servicingvertrag abgeschlossen, dem auch der Sicherheitentreuhänder beigetreten ist. Darin ist die Verwaltung der zur Sicherheit abgetretenen grundpfandrechtlich gesicherten Darlehen durch die Sparkasse selbst geregelt. Den Sparkassen kann bei einer bestimmten Ratingherabstufung die Servicing-Funktion entzogen werden und ein sog. Ersatz-Servicer eingesetzt werden. Des Weiteren erhöhen sich in diesem Fall auch die Anforderungen an die deckungsfähigen Immobilienkredite.

Die Fälligkeit der Zinsleistungen der LBB unter der Daheim-Anleihe ist mit der Fälligkeit der Zinsleistungen aus den Sicherheitenpools abgestimmt. Die Fälligkeit der Daheim-Anleihe ist darüber hinaus als soft bullet-Variante ausgestaltet; d.h. es ist eine vorher festgelegte stufenweise Tilgung vereinbart.

Die LBB übernimmt die Abwicklung und das Reporting an die Ratingagentur. Auf der Grundlage der in den Systemen der partizipierenden Sparkassen vorhandenen Informationen werden alle notwendigen Analysen und Reports zur Abwicklung der Zahlungsströme zwischen den Anleihegläubigern und der LBB sowie den Sparkassen erstellt. Die erforderlichen EDV-Schnittstellen sowie das Reporting und die entsprechenden Abwicklungssysteme werden von der LBB zur Verfügung gestellt[59].

III. Haftung der Deckung bzw. Sicherheitenstruktur der Daheim-Anleihe

Die Sicherheitenstruktur der Daheim-Anleihe ist derart gestaltet, dass eine Ratingverschlechterung bis hin zur Insolvenz der LBB weitgehend ohne Einfluss auf die beteiligten Sparkassen und deren täglichen Geschäftsbetrieb bzw. Kundenkontakt bleibt. Eine derartige schonende Verwertung der Immobilienkredite wird erreicht, indem den Sparkassen das Recht eingeräumt wird, ggf. Ersatzsicherheiten an Stelle der Immobilienkredite zu stellen. Andernfalls sind die Sparkassen verpflichtet, den Immobilienkreditnehmern die Abtretung der Immobilienkredite anzuzeigen und diese anzuweisen, Zins- und Rückzahlungen künftig nur noch auf ein Konto des Sicherheitentreuhänders bei einem Drittinstitut zu leisten.

Allerdings erwerben die Anleihegläubiger für den Fall der Insolvenz der LBB oder der beteiligten Sparkasse aufgrund der Sicherheitengewährung an den Anleihesicherheiten kein Aussonderungsrecht, sondern lediglich ein Absonderungsrecht. Im Fall der Insolvenz der LBB oder der beteiligten Sparkasse gehören damit die Anleihesicherheiten gem. § 35 InsO zur entsprechenden Insolvenzmasse. Den Anleihegläubigern steht aufgrund ihres Absonderungsrechts gem. § 50 InsO lediglich ein Anspruch auf vorrangige Befriedigung durch den Insolvenzverwalter zu. Sie sind damit auf die Verwertung der Anleihesicherheiten durch den Insolvenzverwalter angewiesen und werden erst aus dem Verwertungserlös abzüglich der Gebühren des Insolvenzverwalters befriedigt[60]. Die Anleihesicherheiten sind somit rechtlich nicht von der LBB und den beteiligten Sparkassen isoliert[61].

---

59 Dies verletzt gem. Rundschreiben 4/97 der BaFin nicht das Bankgeheimnis, soweit die Kundendaten anonymisiert übertragen werden.
60 Vgl. §§ 166 ff. InsO zur Durchführung der abgesonderten Befriedigung und § 170 InsO zu den Gebühren des Insolvenzverwalters.
61 Vgl. BörsenZ vom 17.4.2007, Interview mit Christian Scheibe (Director Treasury bei der LBB), Der Zuspruch für unser Konzept ist ausgesprochen erfreulich, S. 19.

Um dennoch das angestrebte Aaa-Rating und die dafür erforderliche Insolvenzferne zu erreichen, stellt die Struktur der Daheim-Anleihe sicher, dass der durch die Verwertung des Insolvenzverwalters drohende Zeitverlust kompensiert wird und die dem Insolvenzverwalter zustehenden Gebühren abgedeckt sind[62]. Die Berücksichtigung der entsprechenden Insolvenzverwaltungsgebühren erfolgt dabei im Rahmen der Übersicherung. Der drohende Zeitverlust bei der Verwertung der Anleihesicherheiten wird durch ein komplex gestuftes System von Ratingtriggern adressiert, die im Fall einer Verschlechterung des Ratings der LBB oder einer Sparkasse sowie alternativ im Fall von aufsichtsrechtlichen Maßnahmen der BaFin eingreifen[63]. Die Auslösung dieser Ratingtrigger geht automatisch mit einer Verstärkung der Anleihesicherheiten zu Gunsten der Anleihegläubiger einher. Diese sollen sicherstellen, dass jederzeit kurzfristig ausreichend Zahlungsmittel zur Befriedigung der Anleihegläubiger zur Verfügung stehen. Erreicht wird dies durch die Umleitung der Zahlungsströme aus den grundpfandrechtlich gesicherten Darlehen auf ein Konto des Sicherheitentreuhänders, den Aufbau von Barreserven, die Anzeige und damit Vervollständigung der Abtretung gegenüber den Darlehensnehmern, den Entzug der Servicing-Ermächtigung sowie die Verwertung der abgetretenen grundpfandrechtlich gesicherten Darlehen und ggf. der diese sichernden Grundpfandrechte[64].

Bei der Sicherheitenstruktur der Daheim-Anleihe ist zwischen der Refinanzierungs- und Besicherungsalternative zu unterscheiden. Die Sicherungsstruktur der Refinanzierungsalternative hat gegenüber der Besicherungsalternative den Vorteil, dass sie auf Zahlungsströme aus der Rückzahlung der Refinanzierungsdarlehen und den Immobilienkrediten zurückgreifen kann. Dagegen stehen der Sicherungsstruktur der Besicherungsalternative lediglich die Zahlungsströme aus den Immobilienkrediten zur Verfügung. Bei der Besicherungsalternative ist es deswegen erforderlich, die Auslösung der Ratingtrigger mit einer größeren Stärkung der Anleihesicherheiten zu verknüpfen. In beiden Alternativen erfolgt die Verteilung von Verwertungserlösen aus den Anleihesicherheiten unter den Anleihegläubigern nach den Regelungen des Sicherheitentreuhandvertrags quotal entsprechend den Nominalwerten der erworbenen Schuldverschreibungen.

1. Die Sicherheitenstruktur der Besicherungsalternative

Im Normalfall werden in der Besicherungsalternative die Zins- und Rückzahlungen für die Daheim-Anleihe direkt durch die LBB erfüllt.

Nach einer Ratingherabstufung der LBB auf ein bestimmtes Niveau (Ratingtrigger 1) ist die LBB verpflichtet, als zusätzliche Sicherheit einen bestimmten Betrag

62 Vgl. Seidler/Tesch, Merkmale des Structured Covered Bond der LBB, in: I&F, 13/2007, S. 451.
63 Die alternativen Ratingtrigger werden ausgelöst durch eine Aufhebung der Erlaubnis gem. § 32 KWG, ein Veräußerungs- und Zahlungsverbot nach § 46a Abs. 1 Nr. 1 KWG sowie den Erlaß einer Rechtsverordnung nach § 47 Abs. 1 Satz 1 KWG durch die Bundesregierung.
64 Vgl. § 409 BGB.

auf das Treuhandkonto des Sicherheitentreuhänders zu zahlen. Dabei handelt es sich um eine Barreserve in Höhe eines vollen Jahreszinses, der den Teil der Daheim-Anleihe abdeckt, der durch die Forderungsleihe besichert ist[65]. Dadurch sollen zeitliche Verzögerungen im Fall der Insolvenz der LBB abgefedert werden[66]. Zudem unterliegt die LBB in der Folge strengeren Überwachungs- und Monitoringverpflichtungen (Ratingtrigger 1 und 2). Bei einer weiteren Ratingherabstufung der LBB (Ratingtrigger 3) werden bei der Kalkulation des realisierbaren Werts der abgetretenen grundpfandrechtlich gesicherten Darlehen die von den Drittschuldnern aufrechenbaren Beträge abgezogen[67]. Nach einer weiteren Ratingherabstufung der LBB (Ratingtrigger 4) muss schließlich für die Überwachung und das Monitoring ein back-up-servicer bestellt werden.

Käme es danach zur Insolvenz der LBB, so wird die Daheim-Anleihe fällig gestellt und die Verwertung der Anleihesicherheiten durch den Sicherheitentreuhänder zulässig. Die – weiterhin solventen – Sparkassen sind allerdings berechtigt, an Stelle ihrer als Sicherheit gewährten grundpfandrechtlich gesicherten Darlehen der LBB bestimmte liquide Bar-Ersatzsicherheiten (z.B. Bargeld, liquide Wertpapiere) zur Verfügung zu stellen. Anderenfalls sind sie verpflichtet, ihren Kunden die Abtretung der grundpfandrechtlich gesicherten Darlehen anzuzeigen und diese anzuweisen, ihre Zins- und Rückzahlungen direkt auf ein Konto des Sicherheitentreuhänders bei einem Drittinstitut zu leisten. Gleichwohl bei einer Sparkasse eingehende Erlöse aus dem Servicing, soll diese taggleich auf das Konto des Sicherheitentreuhänders weiterleiten. Der Sicherheitentreuhänder soll auf dem Konto eine Barreserve in Höhe des Produkts aus dem Daheim-Anleihezinssatz und der Summe der gewährten grundpfandrechtlich gesicherten Darlehen bilden. Ungeachtet der Fälligkeit der Ansprüche der Daheim-Anleihegeläubiger aufgrund der Insolvenz, sind Zahlungen aus Verwertungserlösen an den in den Daheim-Anleihebedingungen vorgesehenen Zins- und Rückzahlungstagen zu leisten. Kann eine solche Zahlung nicht in der vereinbarten Höhe geleistet werden, so sind weitere Verwertungserlöse jeweils unverzüglich an die Anleihegläubiger auszuzahlen.

Nach einer Ratingverschlechterung einer beteiligten Sparkasse auf ein bestimmtes Niveau (Ratingtrigger 1)[68] unterliegt diese zunächst strengeren Überwachungs- und Monitoringpflichten. Nach einer weiteren Ratingverschlechterung (Ratingtrigger 2) ist die Sparkasse wiederum berechtigt, an Stelle ihrer grundpfandrechtlich gesicherten Darlehen bestimmte liquide Bar-Ersatzsicherheiten zu stellen. Andernfalls ist die Sparkasse wiederum verpflichtet, ihren Kunden die Abtretung der grundpfandrechtlich gesicherten Darlehen anzuzeigen und diese anzuweisen, Zins- und Rückzahlungen künftig direkt auf ein Konto des Sicherheitentreuhänders bei

---

65 Vgl. Seidler/Tesch, Merkmale des Structured Covered Bond der LBB, in: I&F, 13/2007, S. 451.
66 Vgl. Seidler/Tesch, Merkmale des Structured Covered Bond der LBB, in: I&F, 13/2007, S. 451.
67 Der entsprechende Abzug erfolgt, da trotz entsprechender Auswahlkriterien hinsichtlich deckungsfähiger grundpfandrechtlich gesicherter Darlehen nicht ausgeschlossen werden kann, dass einem Kunden ein aufrechenbarer Gegenanspruch oder sonstige Einwendungen oder Einreden zustehen. Dies kann die Werthaltigkeit der Deckung entsprechend verringern.
68 Das Rating der beteiligten Sparkassen erfolgt hier nach einem internen Rating der LBB.

einem Drittinstitut zu leisten. Die Bar-Ersatzsicherheiten sind in Höhe des vereinbarten realisierbaren Werts der abgetretenen Darlehensforderungen zuzüglich eines Zuschlags in Höhe der Differenz zwischen der Summe der bis zum Laufzeitende anfallenden Zinsen unter dem Refinanzierungsdarlehen und einer entsprechenden Festgeldanlage zu stellen. Alternativ ist aus den Zins- und Rückzahlungen eine entsprechende Barreserve zu bilden. Gleichwohl bei einer Sparkasse eingehende Erlöse aus dem Servicing muss diese wiederum taggleich auf das Konto des Sicherheitentreuhänders weiterleiten. Auf diese Weise wird erreicht, dass zeitig im Vorfeld der Insolvenz der Sparkasse ihre grundpfandrechtlich gesicherten Darlehen durch andere liquide Bar-Ersatzsicherheiten ersetzt oder die Zahlungsströme aus den grundpfandrechtlich gesicherten Darlehen an der Sparkasse vorbeigeleitet werden. Zusätzlich müssen bei der Kalkulation des realisierbaren Werts der abgetretenen grundpfandrechtlich gesicherten Darlehen die von den Drittschuldnern aufrechenbaren Beträge abgezogen werden. Schließlich ist nach einer weiteren Ratingverschlechterung der Sicherheitentreuhänder verpflichtet, die Abtretung oder anderweitige Übertragung der Grundpfandrechte zu veranlassen.

Spätestens im Fall der Insolvenz einer Sparkasse entfällt deren Befugnis, über eingehende Einziehungserlöse auf dem Konto des Sicherheitentreuhänders, welche die entsprechende Barreserve übersteigen, zu verfügen.

2. Die Sicherheitenstruktur der Refinanzierungsalternative

Im Normalfall werden auch in der Refinanzierungsalternative die Zins- und Rückzahlungen für die Daheim-Anleihe direkt durch die LBB erfüllt. Ebenso werden die Zins- und Rückzahlungen der beteiligten Sparkassen aus dem Refinanzierungsdarlehen direkt an die LBB geleistet. Die Zinszahlungen, welche die LBB aus den Refinanzierungsdarlehen erhalten und welche sie an die Daheim-Anleihegläubiger zu leisten hat, werden gleichzeitig fällig.

In der Refinanzierungsalternative sind nach einer Ratingherabstufung der LBB auf ein bestimmtes Niveau (Ratingtrigger 1) die fälligen Zins- und Rückzahlungen aus den Refinanzierungsdarlehen der Sparkassen über ein Konto des Sicherheitentreuhänders bei einem Drittinstitut einzuziehen[69]. Guthaben auf diesem Konto dürfen der LBB nicht mehr ausgezahlt werden, sobald sie ihrerseits Zins- und/oder Rückzahlungsverpflichtungen unter der Daheim-Anleihe nicht mehr planmäßig erfüllt. Der Sicherheitentreuhänder hat dann planmäßig die fälligen Zins- und Rückzahlungsansprüche unter der Daheim-Anleihe aus den auf diesem Konto eingehenden Zins- und Rückzahlungen auf die Refinanzierungsdarlehen der beteiligten (weiterhin solventen) Sparkassen zu bedienen. Strengere Überwachungs- bzw. Monitoringpflichten gelten in diesem Fall entsprechend. Diese sind ggf. von einem back-up servicer zu übernehmen (Ratingtrigger 1 bis 3).

---

69 Eine Barreserve ist vor diesem Hintergrund nicht erforderlich, denn hier steht Liquidität aus den Zahlungen auf die Refinanzierungsdarlehen zur Verfügung.

Im Fall einer Insolvenz der LBB wird die Daheim-Anleihe fällig gestellt. Bei laufender Bedienung durch die jeweilige Sparkasse können die Refinanzierungsdarlehen nicht fällig gestellt werden. Insoweit steht dem Insolvenzverwalter der LBB kein Kündigungsgrund zu[70]. Die beteiligten – weiterhin solventen – Sparkassen bleiben in diesem Fall weiterhin verpflichtet, Zins- und Rückzahlungen auf die Refinanzierungsdarlehen auf das Konto des Sicherheitentreuhänders zu leisten. Dies ermöglicht dem Sicherheitentreuhänder auch in der Insolvenz der LBB, planmäßig die fälligen Zins- und Rückzahlungsansprüche der Daheim-Anleihe zu bedienen.

Nach einer Ratingverschlechterung einer beteiligten Sparkasse (Ratingtrigger 1) unterliegt diese entsprechend strengeren Informationspflichten. In Folge einer weiteren Ratingverschlechterung der Sparkasse (Ratingtrigger 2) hat diese nach ihrer Wahl entweder liquide Bar-Ersatzsicherheiten (z. B. Bargeld, liquide Wertapiere) auf ein Konto des Sicherheitentreuhänders bei einem Drittinstitut zu stellen, oder die Abtretung der grundpfandrechtlich gesicherten Darlehen ihren Kunden anzuzeigen und diese anzuweisen, Zins- und Rückzahlungen künftig nur noch auf ein Konto des Sicherheitentreuhänders bei einem Drittinstitut zu leisten. Die Bar-Ersatzsicherheit ist in diesem Fall in Höhe des vereinbarten realisierbaren Werts der abgetretenen Darlehensforderungen zuzüglich eines Zuschlags in Höhe der Differenz zwischen der Summe der bis zum Laufzeitende anfallenden Zinsen unter dem Refinanzierungsdarlehen und einer entsprechenden Festgeldanlage zu stellen. Alternativ ist aus den Zins- und Rückzahlungen eine entsprechende Barreserve zu bilden.

Im Fall der Insolvenz einer beteiligten Sparkasse wird das Refinanzierungsdarlehen der Sparkasse fällig gestellt. Aufgrund der Sicherungsabrede hat die LBB Anspruch auf die eingehenden Zins- und Rückzahlungen aus den grundpfandrechtlich gesicherten Darlehen um hiermit die fälligen Zins- und Rückzahlungen unter der Daheim-Anleihe planmäßig zu bedienen.

IV. Einordnung der Daheim-Anleihe und allgemeine Diskussion

Das Modell der Daheim-Anleihe ist in seiner Struktur den aus dem spanischen covered bond-Markt bekannten Pooling-Lösungen ähnlich[71]. Es bietet gegenüber dem Pfandbrief-Modell eine größere Flexibilität und setzt für Zwecke des Poolings nicht zwingend eine Übertragung der Immobilienkredite auf den Emittenten voraus. Dadurch kann eine ungewollte Verkürzung der Bilanzsumme der Sparkassen vermieden werden. Dies ist auf Basis des PfandBG nicht möglich, da hier der originäre oder zumindest derivative Erwerb der Hypothek durch die Pfandbriefbank gem. § 1 Abs. 1 Satz 2 Nr. 1 und Abs. 2 PfandBG erforderlich ist.

---

70 Vgl. auch den neuen § 108 Abs. 2 InsO (siehe dazu oben 4. Teil, 1. Abschnitt, § 15, C., II).
71 Vgl. Euromoney, LBB looks outside Pfandbrief for issuance, in: Euromoney, April 2007, p. 26.

Die Daheim-Anleihe wird sehr kontrovers diskutiert[72]. Obwohl der vdp grundsätzlich begrüßt, dass das Daheim-Modell auch kleineren Instituten den Zugang zu covered bonds vergleichbaren Refinanzierungsbedingungen ermöglicht, sieht der vdp in der Daheim-Anleihe ein Produkt, das sich die hohe Reputation des Pfandbriefs unberechtigterweise zu Nutze macht und dadurch die Homogenität des Produkts „Pfandbrief" gefährdet[73]. Der vdp geht insbesondere davon aus, dass die Daheim-Anleihe nicht so insolvenzfest ist wie ein gesetzlich geregelter Pfandbrief[74]. Dem wurde entgegengehalten, dass eine Beurteilung der Sicherheit der Daheim-Anleihe nicht auf eine rein insolvenzrechtliche Betrachtung verkürzt werden darf, sondern der Berücksichtigung der darüber hinaus gehenden Sicherheitenstruktur bedarf[75].

Der Daheim-Anleihe liegt – anders als dem Pfandbrief – keine gesetzliche Emissionsgrundlage zu Grunde und sie unterliegt keiner besonderen öffentlich-rechtlichen Aufsicht. Im Gegensatz zu MBS wird die Daheim-Anleihe von einem Kreditinstitut emittiert und basiert auch nicht auf einer Tranchenbildung. Obwohl die Daheim-Anleihe aufgrund ihrer Deckung typische Merkmale einer strukturiert gedeckten Schuldverschreibung aufweist, unterscheidet sie sich wesentlich sowohl vom Pfandbrief als auch vom UK covered bond. So liegt der Daheim-Anleihe keine einheitliche Deckungsmasse sondern eine Vielzahl getrennter Deckungsmassen zu Grunde. Diese werden darüber hinaus nicht in der Bilanz der Emittentin konsolidiert, sondern verbleiben in der Bilanz der beteiligten Sparkassen. Zwar basiert die Daheim-Anleihe ebenfalls auf einem full recourse-Konzept. Jedoch unterscheidet sich das vorrangige Befriedigungsrecht an der Deckung bei der Daheim-Anleihe deutlich von Pfandbrief und UK covered bond. Denn aufgrund der Sicherheitsgewährung kann im Insolvenzfall nur eine Absonderung, jedoch mangels Vollrechtsübertragung keine Aussonderung verlangt werden. Das Absonderungsrecht gewährt dem Sicherheitentreuhänder kein eigenes Verwertungsrecht. Vielmehr obliegt die Verwertung dem Insolvenzverwalter. Es wird also keine Isolierung der Deckungsmasse von der Insolvenzmasse der Emittentin bzw. der beteiligten Sparkassen erreicht. Stattdessen beruht das vorrangige Befriedigungsrecht ausschließlich auf einer Privilegierung der Anleihegläubiger hinsichtlich der Deckungsmasse. Die Daheim-Anleihe ist damit eine besicherte Inhaberschuldverschreibung[76] und entspricht als solche eher einer Hypothekenanleihe bzw. einem mortgage-backed bond.

---

72 Vgl. Bowman, It depends what you mean by covered bond, in: Euromoney, September 2007, p. 162.

73 Vgl. Benders, LBB rüttelt am Pfandbrief – Die Landesbank wählt eine alternative Refinanzierung und zieht sich damit massive Kritik zu, in: Handelsblatt vom 25.4.2007, S. 25.

74 Vgl. Benders, LBB rüttelt am Pfandbrief – Die Landesbank wählt eine alternative Refinanzierung und zieht sich damit massive Kritik zu, in: Handelsblatt vom 25.4.2007, S. 25; BörsenZ vom 14.3.2007, vdp besorgt über strukturierte Titel; BayernLB, Covered Bond Report, Nr. 9 vom 3.5.2007, S. 1; Stünkel/Winkler, Structured Covered Bonds sind keine Pfandbriefe, in: ZfgK, 18/2007, S. 981 ff.

75 Vgl. Seidler/Tesch, Merkmale des Structured Covered Bond der LBB, in: I&F, 13/2007, S. 451.

76 Vgl. BörsenZ vom 17.4.2007, Interview mit Christian Scheibe (Director Treasury bei der LBB), Der Zuspruch für unser Konzept ist ausgesprochen erfreulich, S. 19; Seidler/Tesch, Merkmale des Structured Covered Bond der LBB, in: I&F, 13/2007, S. 452.

Das Weiterlaufen der Daheim-Anleihe nach Ausfall des Emittenten oder einer beteiligten Sparkasse kann in Folge der bloßen Privilegierung der Anleihegläubiger nur mittels einer komplexen Strukturierung der Zahlungsströme aus den Immobilienkrediten erreicht werden. Diese ist mit zusätzlichem Aufwand und v.a. Kosten verbunden, von denen sich der wesentliche Teil erst in der Krise materialisiert (z.B. erforderliche Barreserven, Berichts- und Überwachungspflichten, etc.). Die Attraktivität dieser Form des Poolings der Immobilienkredite liegt also u.a. darin, dass Kosten in die Zukunft verlagert werden. Dies erscheint insoweit bedenklich, als dies u. U. geeignet sein kann, die Krise der Emittentin oder der beteiligten Sparkasse zu verschärfen. Während das Diskontinuitätsrisiko bei der Daheim-Anleihe hinsichtlich eventueller Liquiditätsengpässe mittels Ratingtrigger und v.a. durch die Bildung von Barreserven gemildert wird, bestehen zusätzliche rechtliche Diskontinuitätsrisiken aufgrund der grundsätzlichen Einbindung der Verwertung der Deckungsmasse in das Insolvenzverfahren. Dies gilt v.a. für Insolvenzanfechtungsrisiken hinsichtlich der Übertragung der Grundpfandrechte, aber auch hinsichtlich der Durchsetzung der Umleitung der Zahlungsströme insbesondere gegenüber den Immobilienkreditnehmern, die von deren vertragsgemäßen Verhalten abhängig ist. Die LBB schließt deswegen insbesondere für den Fall des kumulativen Eintritts von Risiken nicht aus, dass es zu zeitlichen Verzögerungen der Bedienung der Daheim-Anleihe kommen kann und dass der tatsächlich realisierbare Wert der Anleihesicherheiten zur Erfüllung der Daheim-Anleihe nicht ausreicht[77]. Zudem ist die Auslösung der Ratingtrigger davon abhängig, dass die das jeweilige Ratingtrigger auslösende Ereignis bzw. die hierfür maßgeblichen Informationen bekannt werden. Schließlich kann, für den Fall, dass die Umleitung der Zahlungsströme von einem Veräußerungs- und Zahlungsverbots des § 46a Abs. 1 Nr. 1 KWG erfasst werden, die Weiterführung der Transaktion erheblich gestört werden[78].

Unter Berücksichtigung aller Risikofaktoren, insbesondere des Strukturierungsrisikos und der besonderen rechtlichen Risiken (z.B. diverser Einwendungen, Aufrechnungsmöglichkeiten, Abtretungsbeschränkungen, der Risiken aus der Verwaltung der Sicherheitenpools, etc.) hat die Daheim-Anleihe von Moody's eine Bonitätseinstufung von Aaa erhalten[79].

Für den Pfandbrief wird in der Daheim-Anleihe keine Gefahr aber sehr wohl eine Herausforderung gesehen[80]. Beim vdp ist man der Überzeugung, dass das deutsche PfandBG gut und ausreichend ist, und strukturierte Titel nicht benötigt werden.

---

77 Vgl. Landesbank Berlin AG, Basisprospekt für die Anleihen Daheim Nr. 1, 26.2.2007, S. 14.

78 Das Veräußerungs- und Zahlungsverbot erfasst alle Sachen und Rechte des Instituts, insbesondere Forderungen, und soll u.a. verhindern, dass einzelne (und zwar auch geschützte) Gläubiger zu Lasten der übrigen Befriedigung erhalten (Boos/Fischer/Schulte-Mattler, KWG, 3. Auflage, 2008, § 46, Rdn. 11).

79 Zu beachten ist, dass von Moody's in der Analyse der Daheim-Anleihe die möglichen Verwertungserlöse nicht berücksichtigt wurden (vgl. Johannsen, Structured Covered Bond der LBB erregt die Gemüter, in: BörsenZ vom 16.3.2007, S. 19).

80 Vgl. I&F, Im Blickfeld – Erfolgsstory des Pfandbriefs lockt Trittbrettfahrer, in: I&F, 10/2007, S. 337; ZfgK, Gespräch des Tages – LBB – Angriff auf den Pfandbrief, in: ZfgK, 10/2007, S. 484.

Aufgrund einer Vielzahl offener Fragen, hält es der vdp für insgesamt sinnvoller, die zahlreichen auf den Bilanzen von Nicht-Pfandbriefbanken liegenden Immobilienkredite mit Hilfe des Refinanzierungsregisters nutzbar zu machen[81]. Mit der Entwicklung der Daheim-Anleihe wurde in jedem Fall ein erster Schritt zur Entwicklung eines neuen Finanzprodukts unternommen. Ob diese Entwicklung eine Fortsetzung erfährt, werden letztendlich die Investoren entscheiden.

§ 24 Die Integration des Hypothekarkredits und ihre Auswirkungen auf gedeckte Schuldverschreibungen

Die Diskussion der Integration des Hypothekarkredits und seiner Refinanzierung mittels hypothekarisch gedeckter Schuldverschreibungen war bis Mitte der 1980er Jahre unmittelbar in die europäische Bankrechtskoordinierung eingebunden.

Nach ersten Versuchen einer umfassenden Bankrechtskoordinierung hatte man sich zunächst auf eine schrittweise Koordinierung des Bankrechts geeinigt[82]. Die erste Bankrechtskoordinierungs-Richtlinie aus dem Jahr 1977 beschränkte sich insofern auf die Einführung allgemeiner Grundsätze über die Zulassung von Kreditinstituten und beobachtenden Maßnahmen im Bereich der laufenden Bankaufsicht sowie eine EG-weite Zusammenarbeit der Bankaufsichtsbehörden der Mitgliedstaaten[83]. In der Richtlinie über die Beaufsichtigung der Kreditinstitute auf konsolidierter Basis aus dem Jahr 1983 wurde der Grundsatz der Herkunftslandkontrolle weiterentwickelt. Mit der zweiten Bankrechtskoordinierungs-Richtlinie wurde dann im Jahr 1989 ein Wechsel in der Integrationsstrategie hin zum Prinzip der gegenseitigen Anerkennung der Finanzierungstechnik vollzogen[84]. Damit einher ging die Zurückstellung der Arbeiten sowohl an einer Hypothekarkredit-Richtlinie als auch an einer Richtlinie zur Ausgabe hypothekarisch gesicherter Schuldverschreibungen. Die Ergebnisse aus deren Beratung führten aber immerhin zur Einführung eines Mindeststandards für gedeckte Schuldverschreibungen in Art. 22 Abs. 4 der OGAW-Richtlinie[85]. Ein erneuter Harmonisierungsversuch des Rechts der gedeckten

---

81 Vgl. Stünkel/Winkler, Structured Covered Bonds sind keine Pfandbriefe, in: ZfgK, 18/2007, S. 984.

82 Vgl. Römer, Harmonisierung der Bankaufsicht in der Europäischen Gemeinschaft, S. 52; Bellinger, Entwicklung und Stand des EG-Bankrechts, in: Rüchardt, Handbuch des Hypothekarkredits, 3. Auflage, 1993, S. 665.

83 Vgl. Richtlinie 77/780/EWG, Erste Richtlinie des Rates vom 12.2.1977 zur Koordinierung der Rechts- und Verwaltungsvorschriften über die Aufnahme und Ausübung der Tätigkeit der Kreditinstitute; ABl. 1977 L 322/30 vom 17.12.1977.

84 Vgl. Richtlinie 89/646/EWG, Zweite Richtlinie des Rates vom 15.12.1989 zur Koordinierung der Rechts- und Verwaltungsvorschriften über die Aufnahme und Ausübung der Tätigkeit der Kreditinstitute und zur Änderung der Richtlinie 77/780/EWG, abgedruckt in: ABl. 1989 L 386/1; Grundmann, Das Europäische Bankaufsichtsrecht wächst zum System, 1990; Büschgen/Schneider, Der europäische Binnenmarkt 1992, 1990.

85 Vgl. Richtlinie des Rates vom 20.12.1985, (85/611/EWG, ABl. Nr. L 100/31); Grieger, Covered Bond – es ist nicht immer darin, was darauf steht, in: I&F 16/2003, S. 18. Zu Art. 22 Abs. 4 der OGAW-Richtlinie siehe oben 2. Teil, § 4, B., I.

Schuldverschreibung nach Einführung des Euro scheiterte bereits frühzeitig aus Angst vor einer Harmonisierung auf niedrigem Qualitäts- und Sicherheitsniveau[86].

Das Volumen der ausstehenden Hypothekarkredite für private Wohnimmobilien beläuft sich auf fast 47 % des BIP der EU, womit der Hypothekarkreditmarkt zu den wichtigsten Märkten der europäischen Wirtschaft zählt[87]. In Anbetracht der zentralen Bedeutung der Hypothekarkreditmärkte hat die EU-Kommission im Rahmen ihrer sog. Lissabon-Strategie[88] eine umfassende Überprüfung ihrer Funktionsweise und ihres Integrationsgrades angestoßen.

A. Frühere Harmonisierungsversuche auf dem Gebiet der gedeckten Schuldverschreibung

Die sich zwischen der umfassenden Harmonisierung und gegenseitigen Anerkennung bewegende Entstehungsgeschichte des EU-Bankrechts spiegelt sich auch im spezifischen Recht der gedeckten Schuldverschreibung wieder[89]. Dabei wurde das Prinzip der gegenseitigen Anerkennung der Finanzierungstechniken als Alternative zur schrittweisen Harmonisierung bei den Arbeiten zur Liberalisierung des Hypothekarkreditmarkts entwickelt[90]. Im Weißbuch „Vollendung des Binnenmarkts" vom Juni 1985 formulierte die EG-Kommission ihre geänderte Harmonisierungsstrategie: Harmonisiert werden sollte fortan nur noch das als unabdingbar erachtete Minimum, also ein Gerüst mit den wichtigsten Eckpunkten; im Übrigen sollen die

---

86 Vgl. Bellinger, Anpassung des Hypothekenbankgesetzes im Rahmen des Vierten Finanzmarktförderungsgesetzes, in: DLK, 16+17/1999, S. 542.

87 Vgl. EMF, HYPOSTAT 2005: A review of Europe's Mortgage and Housing Markets, November 2006, p. 140.

88 Die Lissabon-Strategie (auch Lissabon-Prozess oder Lissabon-Agenda genannt) ist ein auf dem Sondergipfel der europäischen Staats- und Regierungschefs im März 2000 in Lissabon verabschiedetes Programm, das zum Ziel hatte, die EU innerhalb von zehn Jahren, zum wettbewerbsfähigsten und dynamischsten Wirtschaftsraum der Welt zu machen. Vgl. zur Halbzeitüberprüfung der Lissabon-Strategie im Jahr 2005: Mitteilung der EU-Kommission vom 2.2.2005, Zusammenarbeit für Wachstum und Arbeitsplätze – ein Neubeginn für die Strategie von Lissabon, KOM(2005), 24.

89 Vgl. Bellinger, Entwicklung und Stand des EG-Bankrechts, in: Rüchardt, Handbuch des Hypothekarkredits, 3. Auflage, 1993, S. 674.

90 Anlass für diesen Strategiewechsel dürfte die Rechtsprechung des EuGH im Fall Cassis de Dijon (EuGH Rs. 129/81, Sammlung der Rechtsprechung des Gerichtshofs 1979, S. 649) gewesen sein. Darin erkannte der EuGH für den Warenverkehr, dass Vorschriften, welche zwar auf inländische und ausländische Erzeugnisse in gleicher Weise anwendbar sind, aber die Importe dadurch behindern, dass sie ihnen örtliche Regeln aufzwingen, die im Herkunftsland des Erzeugnisses nicht gelten, als Beschränkung des Warenverkehrs wirken können, die nur hingenommen werden müssen, wenn sie einem wichtigen und objektiven Interesse des Allgemeinwohls dienen. Ausgehend von der Überlegung, dass die Verbraucherschutzvorschriften in allen Mitgliedstaaten die gleichen Ziele verfolgen und diese auch zu erreichen im Stande sind, sollte auch einem in einem Mitgliedstaat zugelassenen Finanzprodukt freier Marktzugang in allen Mitgliedstaaten gewährt werden, soweit nicht zwingende Gründe des Allgemeinwohls eine Ausnahme begründen und eine Einschränkung rechtfertigen. Vgl. Grundmann, Europäisches Schuldvertragsrecht, 1998/1999, S. 18 f. Rdn. 25; Streinz, Europarecht, 8. Auflage, 2008, S. 409 Rdn. 956; Oppermann, Europarecht, 3. Auflage, München 2005, S. 476 Rdn. 1203.

Mitgliedstaaten ihre nationalen Regelungen gegenseitig anerkennen[91]. Das Prinzip der gegenseitigen Anerkennung der Finanzierungstechniken wurde bei der Schaffung des Binnenmarkts auf dem Gebiet des Bankwesens generell angewendet und fand Eingang in die zweite Bankrechtskoordinierungs-Richtlinie[92].

I. Die Vorschläge des Segré-Berichts

Da nach Vereinbarung des Vertrags zur Gründung der Europäischen Gemeinschaft nach ersten Harmonisierungsschritten ein Rückstand bei der Integration der Kapitalmärkte bestand, beauftragte die EU-Kommission eine Sachverständigengruppe unter dem Vorsitzenden Segré, „die Gesamtheit der Fragen zu untersuchen, die sich aus der Verwirklichung des Vertrags von Rom für die Funktionsfähigkeit der europäischen Kapitalmärkte ergeben", um so die notwendigen Maßnahmen anhand „klarer Vorstellungen über Ziele, Bedingungen sowie Auswirkungen der angestrebten Integration der Kapitalmärkte" zu verdeutlichen[93]. Der im November 1966 veröffentlichte Segré-Bericht beinhaltete die in den damals sechs Mitgliedstaaten bestehenden Formen des Investitionskredits und seiner Finanzierung und empfahl u.a.[94]:

- im Interesse des Sparerschutzes und der Stabilität der Kapitalmärkte die Tätigkeit der Spezialinstitute des Wohnungsbau- und Kommunalkredits bestimmten Vorschriften zu unterwerfen;
- für Daueremittenten bei grenzüberschreitenden Tätigkeiten eine allgemeine Genehmigung hinsichtlich derjenigen Anleihen einzuführen, deren Bonität wegen der strengen gesetzlichen Bestimmungen des Herkunftslandes außer Zweifel standen und
- im Interesse der Integration der Kapitalmärkte eine gewisse Harmonisierung der Anleihebedingungen vorzunehmen.

Im Segré-Bericht wurde insbesondere die Eignung der gedeckten Schuldverschreibung als Schrittmacher bei der Integration der Kapitalmärkte in der EG hervorgehoben[95]. Die Vorschläge des Segré-Berichts sah die EU-Kommission als ausgezeichnete

---

91 Vgl. Vollendung des Binnenmarkts: Weißbuch der Kommission an den Europäischen Rat, KOM(85) 310, S. 18 f. 27; Grundmann, Europäisches Schuldvertragsrecht, 1998/1999, S. 18 f. Rdn. 25.

92 Vgl. Bellinger, Die Harmonisierung des Pfandbriefrechts im Rahmen der EG-Richtlinie auf dem Gebiet des Hypothekarkredits, in: Hofmann, Festschrift für Klemens Pleyer zum 65. Geburtstag, S. 4.

93 Vgl. aus dem Vorwort zum Segré-Bericht, S. 5. Der offizielle Titel des Segré-Berichts lautete: „Der Aufbau eines Europäischen Kapitalmarkts, Bericht einer von der EWG-Kommission eingesetzten Sachverständigengruppe" und wurde von der Veröffentlichungsstelle der EG im November 1966 veröffentlicht. Vgl. Stöcker, Die „Eurohypothek", 1991, S. 216.

94 Vgl. EMF, Die Hypothekenbanken und der Pfandbrief in Europa, 3. Auflage, 2001, S. 69.

95 Vgl. Segrè-Bericht: EWG-Kommission, Der Aufbau eines europäischen Kapitalmarkts, 1966, S. 180–185; Schubäus, Das Hypothekenbankgeschäft in den Niederlanden und in der Bundesrepublik Deutschland, 1984, S. 185.

Grundlage zur Erfüllung ihrer Aufgaben auf dem Gebiet des freien Kapitalverkehrs an[96].

II. Die Vorschläge Pleyers

Auf Anregung des Verbands privater Hypothekenbanken wurde im Jahr 1980 das Recht der europäischen Hypothekenbanken in 14 Ländern erstmals umfassend vergleichend untersucht. Das Material wurde auf der Basis eines Fragebogens, der von den Hypothekenbanken beantwortet wurde, gesammelt und unter der Leitung von Pleyer ausgewertet und in Form einer Schrift zusammengestellt[97].

Ziel der Untersuchung Pleyers war die Informationsgewinnung für die beginnende grenzüberschreitende Investitionstätigkeit, die Darstellung der besonderen Natur der Realkreditinstitute im Hinblick auf die umfassende Koordinierung des Bankrechts und die Belebung des Erfahrungsaustauschs und die Meinungsbildung unter den Hypothekenbanken. Dabei wurden die Gemeinsamkeiten im Recht der europäischen Hypothekenbanken herausgearbeitet, und die sich aus den unterschiedlichen Rechtsystemen ergebenden Probleme des Wettbewerbs und Anlegerschutzes einerseits, und die geschichtliche und geschäftliche Einheit der europäischen Hypothekenbanken andererseits ins Bewusstsein gehoben. Eingehend untersucht und verglichen wurde das Aktiv- und Passivgeschäft der Hypothekenbanken unter besonderer Berücksichtigung des Schutzes der Pfandbriefgläubiger.

In den Schlussfolgerungen führte Pleyer eine Vielzahl von Empfehlungen auf, denen der Grundgedanke einer europäischen Regelung des Pfandbriefgeschäfts einschließlich des zugehörigen Aktivgeschäfts als Fernziel zu Grunde lag[98]. Für die europäische Regelung des Passivgeschäfts schlug Pleyer einen Mindeststandard vor. Die Emissionserlöse der gedeckten Schuldverschreibung sollten ausschließlich zur Finanzierung von Hypothekar- und Staatskrediten zugelassen werden. Auch wurde gefordert, dass es im Prinzip eine einheitliche Regelung für die Realisierung der Deckung im Bedarfsfall geben müsste. Auf diese Weise sollte in Europa ein im Wesentlichen gleicher Schutz der Anleger verwirklicht werden und für alle Institute in den betroffenen Ländern im Wesentlichen gleiche Wettbewerbsbedingungen geschaffen werden, um so einen einheitlichen Markt zu gewährleisten[99].

Im Bewusstsein um die Schwierigkeiten der Verwirklichung wurde eine etappenweise Umsetzung vorgeschlagen. Den damaligen Thesen zur Rechtsvereinheitlichung kann bereits entnommen werden, dass die Gemeinsamkeiten beim Hypothekarkreditgeschäft im Passivgeschäft größer sind als im Aktivgeschäft und die Integration des Passivgeschäfts deshalb voranschreiten müsse bzw. automatisch eine Integration des Aktivgeschäfts fördern würde[100].

96 Vgl. Kircher, Grundpfandrechte in Europa, 2004, S. 418.
97 Vgl. Pleyer, Das Recht der Hypothekenbanken in Europa, 1981.
98 Vgl. Pleyer, Das Recht der Hypothekenbanken in Europa, 1981, S. 181 ff.
99 Vgl. Pleyer, Das Recht der Hypothekenbanken in Europa, 1981, S. 186 f.
100 Vgl. Pleyer, Das Recht der Hypothekenbanken in Europa, 1981, S. 187.

III. Der Richtlinienentwurf zur Ausgabe hypothekarisch gesicherter Schuldverschreibungen von 1987

Erste „Überlegungen zur Koordinierung der Rechtsvorschriften über den Wohnungsbaukredit" wurden in einem Arbeitsdokument der EU-Kommission im Jahr 1978 angestellt[101]. Festgestellt wurde, dass die Hypothekarkreditinstitute zwar der ersten Bankrechtskoordinierungs-Richtlinie unterliegen, aber im Allgemeinen keine Kredite außerhalb ihres Herkunftslands gewähren durften[102]. Daran anschließend versuchte man den Anwendungsbereich des Richtlinienvorschlags abzugrenzen[103]. Von einer Beschränkung des Anwendungsbereichs auf Spezialinstitute, die das Hypothekarkreditgeschäft betrieben, wurde abgesehen. Eine Koordinierung der Rechtsvorschriften auf dem Gebiet des Hypothekarkredits sollte eine grenzüberschreitende Tätigkeit der Hypothekeninstitute sowohl auf der Aktiv- als auch auf der Passivseite ermöglichen, indem die Hindernisse für einen grenzüberschreitenden Dienstleistungs- und Niederlassungsverkehr abgebaut werden sollten[104]. Auf eine Definition der einzelnen Finanzierungstechnik wurde verzichtet. Dies hätte vorausgesetzt, dass man hätte entscheiden müssen, ob die Ausgabe von Pfandbriefen eine Geschäftsbeschränkung erfordert bzw. anders ausgedrückt ob das Spezialbankprinzip zwingend zum Wesen dieser Finanzierungstechnik gehört[105].

In einem zweiten Arbeitsdokument der EG-Kommission aus dem Jahr 1979 über die „Freizügigkeit im Sektor des Wohnungsbaukredits" wurde der Schwerpunkt einer ins Auge gefassten Richtlinie auf den Aspekt der Niederlassungsfreiheit gelegt[106]. Das Arbeitsdokument sah die Erlaubnis für niederlassungswillige Institute vor, die heimische Finanzierungstechnik zu exportieren. Bestehende Inkompatibilitäten hätten durch eine „gegenseitige Anerkennung" ausgeräumt werden sollen. Ziel des Koordinierungsversuchs war, die europäischen Bodenkreditsysteme mit ihren verschiedenen Institutstypen, Finanzierungstechniken und Dienstleistungsformen grenzüberschreitend auf den jeweiligen nationalen Märkten nach dem Recht des Herkunftslands in Konkurrenz treten zu lassen; zunächst über Auslandsniederlassungen und in einer zweiten Stufe mit grenzüberschreitenden Finanzierungen[107]. Im Ergebnis hätte dies dazu führen sollen, dass unterschiedliche Rechtssysteme und

---

101 Vgl. das Dokument der EG-Kommission XV 38/78.

102 Vgl. Bellinger/Kerl, HBG, 4. Auflage, 1995, Einleitung, S. 71.

103 Vgl. Bellinger, Die Harmonisierung des Pfandbriefrechts im Rahmen der EG-Richtlinie auf dem Gebiet des Hypothekarkredits, in: Hofmann, Festschrift für Klemens Pleyer zum 65. Geburtstag, S. 9.

104 Vgl. Schubäus, Das Hypothekenbankgeschäft in den Niederlanden und in der Bundesrepublik Deutschland, 1984, S. 186; Bellinger, Entwicklung und Stand des EG-Bankrechts, in: Rüchardt, Handbuch des Hypothekarkredits, 3. Auflage, 1993, S. 674.

105 Bejahend: Bellinger, Die Harmonisierung des Pfandbriefrechts im Rahmen der EG-Richtlinie auf dem Gebiet des Hypothekarkredits, in: Hofmann, Festschrift für Klemens Pleyer zum 65. Geburtstag, S. 10.

106 Vgl. das Dokument der EG-Kommission XV 118/79.

107 Vgl. Bellinger, Entwicklung und Stand des EG-Bankrechts, in: Rüchardt, Handbuch des Hypothekarkredits, 3. Auflage, 1993, S. 667; Pleyer, Das Recht der Hypothekenbanken in Europa, 1981, S. 3.

Wertvorstellungen nebeneinander auf den Märkten konkurrieren. Um die sich daraus ergebenden Probleme des Wettbewerbs- und Sparerschutzes und die geschichtliche und geschäftliche Entwicklung der europäischen Hypothekenbanken andererseits in das Bewusstsein zu rufen, wurde auf Anregung des Verbands deutscher Hypothekenbanken in Zusammenarbeit mit dem Institut für Bankwirtschaft und Bankrecht an der Universität zu Köln unter der Leitung von Pleyer die vorgenannte umfassende rechtsvergleichende Untersuchung über das „Recht der Hypothekenbanken in Europa“ durchgeführt.

Im Jahr 1987 stellte die EG-Kommission den Entwurf einer „Richtlinie des Rates über die Niederlassungsfreiheit und den freien Dienstleistungsverkehr auf dem Gebiet des Hypothekarkredits“ vor[108]. Der Richtlinienentwurf sah vor, dass die Mitgliedstaaten Kreditinstituten, die in einem anderen Mitgliedstaat (Ausgangsstaat) zulässigerweise das Hypothekarkreditgeschäft betrieben, dies auch in ihrem Gebiet (Aufnahmestaat) zu gestatten hätten (sog. Eingangsfreiheit). Eine Ausnahme von diesem Grundsatz der gegenseitigen Anerkennung sah der Richtlinienentwurf für die Refinanzierung durch hypothekarisch gesicherte Schuldverschreibungen vor[109]. Diese erachtete man als geboten, da der Anlegerschutz zum damaligen Zeitpunkt in höchst unterschiedlichem Maß verwirklicht war[110]. Stattdessen plante man eine gesonderte Richtlinie für hypothekarisch gesicherte Schuldverschreibungen, weshalb die Ausnahme auch nur zeitlich befristet vorgesehen war[111]. Letztlich wurde der Richtlinienentwurf zurückgestellt, als die zweite Bankrechtskoordinierungs-Richtlinie erarbeitet wurde, welche verschiedene Vorschriften des Entwurfs der Hypothekar-Richtlinie übernahm.

Im Rahmen der Beratung des Entwurfs der Hypothekarkredit-Richtlinie bereitete das Prinzip der gegenseitigen Anerkennung auch hinsichtlich der Ausgabe von hypothekarisch gesicherten Schuldverschreibungen Schwierigkeiten. Die EG-Kommission diskutierte deshalb, als Ausnahme vom Prinzip der Anerkennung der im Abstammungsland verwendeten Finanzierungstechniken hypothekarisch gesicherte Schuldverschreibungen bis zu ihrer Harmonisierung den im Aufnahmeland geltenden Bestimmungen zu unterwerfen[112]. Sowohl der Finanzausschuss des

108 Vgl. Vorschlag für eine „Richtlinie des Rates über die Niederlassungsfreiheit und den freien Dienstleistungsverkehr auf dem Gebiet des Hypothekarkredits“, KOM(84) 730 endg. Über diesen Entwurf war jahrelang beraten worden. Der Vorschlag wurde vom Europäischen Parlament mit Änderungsvorschlägen versehen (vgl. ABl. 1987 C 76/107; die daraus entstandene überarbeitete Fassung des Vorschlags (KOM(87) 255) findet sich in ABl. 1987 C 161/4; vgl. Kircher, Grundpfandrechte in Europa, 2004, S. 419 f. und 422). Letztlich konnten die bestehenden Hindernisse nicht überwunden werden, so dass der Vorschlag zurückgestellt wurde.

109 Vgl. Art. 4 Abs. 3 Vorschlag für eine „Richtlinie des Rates über die Niederlassungsfreiheit und den freien Dienstleistungsverkehr auf dem Gebiet des Hypothekarkredits“ (KOM(87) 255).

110 Vgl. Bellinger, Die Harmonisierung des Pfandbriefrechts im Rahmen der EG-Richtlinie auf dem Gebiet des Hypothekarkredits, in: Hofmann, Festschrift für Klemens Pleyer zum 65. Geburtstag, S. 13.

111 Vgl. Eilmansberger, Die Liberalisierung des Hypothekarkredits in der EWG, in: EuZW, 1991, S. 691, 696; Kircher, Grundpfandrechte in Europa, 2004, S. 421.

112 Vgl. Art. 5 Abs. 2 der Hypothekar-Richtlinie; EMF, Die Hypothekenbanken und der Pfandbrief in Europa, 3. Auflage, 2001, S. 70.

Deutschen Bundestags als auch der Verband deutscher Hypothekenbanken (heute vdp) sprachen sich gegen diesen Vorschlag aus. Stattdessen befürwortete man, dass im Interesse des Anlegerschutzes und zur Vermeidung von Wettbewerbsverzerrungen das Recht der hypothekarisch gesicherten Schuldverschreibung vor oder parallel zum Inkrafttreten der geplanten Hypothekarkredit-Richtlinie harmonisiert wird[113]. Dem lag die Befürchtung der Gefährdung des Pfandbriefs als Refinanzierungsinstrument und als Anlagepapier zu Grunde, sofern nicht dessen Mindestvoraussetzungen verbindlich geregelt würden. Als Mindestvoraussetzungen waren (i) die ausschließliche Ausgabe durch Kreditinstitute, (ii) die Geschäftsbeschränkung der Emittenten, (iii) das Prinzip der Deckung, (iv) die Beleihungsgrundsätze, (v) die Umlaufgrenze, (vi) das Konkursvorrecht und (vii) die besondere öffentliche Aufsicht formuliert worden.

In der Folge erarbeitete die EG-Kommission einen gesonderten Entwurf einer Richtlinie zur Ausgabe hypothekarisch gesicherter Schuldverschreibungen parallel zum Entwurf der Hypothekar-Richtlinie[114]. Dieser sah vor, das Recht über sog. hypothekarisch gesicherte EG-Schuldverschreibungen in 15 Artikeln zu regeln, welche detaillierte Bestimmungen über die ordentliche Deckung, über die Ersatzdeckung, über die Wertermittlung, die Beleihungsgrenze, das Deckungsregister, das Befriedigungsvorrecht in- und außerhalb des Konkurses und den Bezeichnungsschutz enthielten[115].

Die im Europäischen Hypothekenbankverband zusammengeschlossenen Institute begrüßten im Grundsatz den Vorschlag des Richtlinienentwurfs zur Ausgabe hypothekarisch gesicherter Schuldverschreibungen. Wesentlicher Diskussionsgegenstand war, ob das Spezialbankprinzip zum Wesen der Pfandbriefrefinanzierungstechnik gehört oder nicht[116]. Zudem erwies sich die Regelung des „Konkursvorrechts“ als schwierig[117]. Mit dem Erlass der zweiten Bankrechtskoordinierungs-Richtlinie wurde dem Vorschlag die Grundlage entzogen[118]. Er wurde infolgedessen ebenfalls zurückgestellt. Die Ergebnisse seiner Beratung sind später in Art. 22 Abs. 4 der OGAW-Richtlinie als Mindeststandard der gedeckten Schuldverschreibung eingeflossen und in einer Reihe anderer Richtlinien berücksichtigt worden.

---

113 Vgl. BT-Drucks. 10/3776, S. 12; Bellinger/Kerl, HBG, 4. Auflage, 1995, Einleitung, S. 73; Bellinger, Entwicklung und Stand des EG-Bankrechts, in: Rüchardt, Handbuch des Hypothekarkredits, 3. Auflage, 1993, S. 675.

114 Vgl. Vorschlag für eine „Richtlinie über die Harmonisierung der Ausgabe von hypothekarisch gesicherten Schuldverschreibungen“, XV-140-87-Rev. 1-DE.

115 Vgl. Bellinger, Entwicklung und Stand des EG-Bankrechts, in: Rüchardt, Handbuch des Hypothekarkredits, 3. Auflage, 1993, S. 676; EMF, Die Hypothekenbanken und der Pfandbrief in Europa, 3. Auflage, 2001, S. 70 f.

116 Vgl. Bellinger, Entwicklung und Stand des EG-Bankrechts, in: Rüchardt, Handbuch des Hypothekarkredits, 3. Auflage, 1993, S. 676; Bellinger, Die Harmonisierung des Pfandbriefrechts im Rahmen der EG-Richtlinie auf dem Gebiet des Hypothekarkredits, in: Hofmann, Festschrift für Klemens Pleyer zum 65. Geburtstag, S. 7 und 10.

117 Vgl. Bellinger/Kerl, HBG, 4. Auflage, 1995, Einleitung, S. 73.

118 Vgl. Bellinger, Einige Betrachtungen zur Geschichte der deutschen Hypothekenbanken, in: DLK, 2/2005, S. 51.

B. Wettbewerb der Systeme

Die Beratungen zum Entwurf der Richtlinie zur Ausgabe hypothekarisch gesicherter Schuldverschreibungen führten dazu, dass andere Mitgliedstaaten begannen, sich mit der Refinanzierung des Hypothekarkredits durch die Ausgabe von spezifischen Schuldverschreibungen zu befassen. Aus heutiger Sicht stellt dies den Beginn der Ausweitung und Renaissance der Pfandbrief- bzw. covered bond-Technologie dar.

Vor dem Hintergrund der Internationalisierung des Bankgeschäfts erkannten die deutschen Pfandbriefemittenten die Notwendigkeit, den als „deutsche Spezialität" angesehenen Pfandbrief zu einem europäischen Wertpapier zu entwickeln[119]. Zu diesem Schritt entschied man sich in dem Bewusstsein, dass zur Schaffung eines europäischen Pfandbriefmarkts die Unterstützung und Initiierung von Bestrebungen zur Reaktivierung oder Neueinführung von pfandbriefähnlichen Systemen in anderen europäischen Ländern notwendig war[120]. Die Alternative, einen einheitlichen europäischen Markt durch eine europäische Harmonisierung im Wege einer EU-Richtlinie zu schaffen, lehnten die Hypothekenbanken ab. Es wurde befürchtet, dass eine solche Richtlinienlösung zwangsläufig zu einem auf niedrigerem Niveau nivellierten europäischen Standard geführt hätte (*race to the bottom*)[121]. Ein niedrigeres Sicherheitsniveau hätte die Gefahr begründen können, dass im Fall des Ausfalls eines Emittenten möglicherweise die gesamte Anlageklasse in Verruf geraten wäre[122]. Insbesondere fürchteten die deutschen Hypothekenbanken aber, dass mit einer europäischen Pfandbrief-Richtlinie die Aufgabe des Spezialbankprinzips verbunden wäre[123]. Nachdem der hohe Bonitätsstandard des deutschen Pfandbriefs vor der Sonderung der Deckungsmasse durch die Sondervermögenslösung zu einem wesentlichen Teil auf dem Spezialbankprinzip beruhte, wurde befürchtet, dass des-

---

119 Vgl. von Köller, Pfandbriefrefinanzierung in Deutschland – Bedeutung für Europa, in: Hummel/Breuer, Handbuch europäischer Kapitalmarkt, 2001, S. 619.

120 Vgl. von Köller, Pfandbriefrefinanzierung in Deutschland – Bedeutung für Europa, in: Hummel/Breuer, Handbuch europäischer Kapitalmarkt, 2001, S. 620.

121 Vgl. Bellinger, Anpassung des Hypothekenbankgesetzes im Rahmen des Vierten Finanzmarktförderungsgesetzes, in: DLK, 16+17/1999, S. 542; von Köller, Die deutschen Hypothekenbanken 1998/99: Der deutsche Pfandbrief – eine Benchmark für Europa, in: DLK, 8/1999, S. 13; von Köller, Euro-Erfahrungen der Hypothekenbanken am Kapitalmarkt, in: DLK, 15+16/2000, S. 508; von Köller, Pfandbriefrefinanzierung in Deutschland – Bedeutung für Europa, in: Hummel/ Breuer, Handbuch europäischer Kapitalmarkt, 2001, S. 620. Anders dagegen bei der Harmonisierung des Gesellschaftsrechts, wo die Harmonisierung gerade als Maßnahme gegen ein „race to the bottom" gerechtfertigt wird. Vgl. Zum europäischen Gesellschaftsrecht: Grundmann, Europäisches Gesellschaftsrecht, 2004, § 2 Rdn. 58.

122 Ein noch immer bestehendes Risiko: Vgl. BörsenZ vom 19.7.2005, Das neue Pfandbriefgesetz – eine Zäsur für alle Emittenten (Interview mit Jürgen Grieger und Louis Hagen vom vdp), S. B4.

123 Vgl. von Köller, Pfandbriefrefinanzierung in Deutschland – Bedeutung für Europa, in: Hummel/Breuer, Handbuch europäischer Kapitalmarkt, 2001, S. 620. Die Abschaffung des Spezialbankprinzips im PfandBG, stellt insofern einen harmonisierenden Schritt mit Blick auf die bestehenden und entstehenden pfandbriefähnlichen Gesetze in Europa dar, da dieses nunmehr einer weiteren Harmonisierung nicht mehr im Wege steht (vgl. Schörnig, Der Jumbo-Pfandbrief in der globalen Kapitalmarktkonkurrenz, in: I&F 10/2005, S. 358).

sen Preisgabe dem einheitlichen Pfandbriefmarkt die Grundlage entziehen würde und dieser stattdessen in eine Vielzahl von Institutsmärkten mit Papieren unterschiedlicher Bonität zerfallen würde, was der internationalen Bedeutung des Pfandbriefs erheblich geschadet hätte.

Konsequenterweise wurde einem zweiten Versuch der Harmonisierung des Rechts des Pfandbriefs bzw. der pfandbriefähnlichen Systeme in Europa im Zusammenhang mit der Einführung des Euro, der die Aufgabe des Spezialbankprinzips in Kauf genommen hätte, entgegengehalten, dass dieser lediglich eine Kompromisslösung auf niedrigem Sicherheitsniveau darstelle[124]. Stattdessen wurde anstelle der Richtlinienlösung in einem Wettbewerb der Systeme die bevorzugte Strategie für die weitere Integration im Passivgeschäft gesehen[125].

Der Wettbewerb der Systeme hat die Qualität der einzelnen nationalstaatlichen Systeme für gedeckte Schuldverschreibungen erheblich verbessert. Die anderen Mitgliedstaaten haben sich bei der Einführung, Reformierung und Novellierung ihrer gesetzlichen Emissionsgrundlagen zum einen an dem Mindeststandard des Art. 22 Abs. 4 der OGAW-Richtlinie und zum anderen an anderen covered bond-Modellen orientiert[126]. Der Pfandbrief hatte aufgrund seiner Tradition und seiner Marktstellung Modell- bzw. Benchmark-Charakter. Dies hat zu einer gewissen Angleichung der gesetzlichen Emissionsgrundlagen in den einzelnen Mitgliedstaaten geführt[127]. Zwischenzeitlich waren so viele Entwicklungen auf nationaler Ebene der Mitgliedstaaten in Gang gesetzt, dass empfohlen wurde, zunächst abzuwarten und in einigen Jahren zu überprüfen, ob die Notwendigkeit besteht, auf dem Gebiet des Rechts des covered bond erneut eine umfassende Koordinierung zu versuchen[128].

C. Aktuelle Integrationsdiskussion des Hypothekarkredits für Privatkunden und ihre Auswirkungen für gedeckte Schuldverschreibungen

Der EG-Vertrag schafft die rechtliche Grundlage des Binnenmarkts und die Beseitigung von Hindernissen für den freien Verkehr von Waren, Personen, Dienstleistun-

---

124 Vgl. Bellinger, Anpassung des Hypothekenbankgesetzes im Rahmen des Vierten Finanzmarktförderungsgesetzes, in: DLK, 16+17/1999, S. 542; von Köller, Euro-Erfahrungen der Hypothekenbanken am Kapitalmarkt, in: DLK, 15+16/2000, S. 508; von Köller, Die deutschen Hypothekenbanken 1998/99: Der deutsche Pfandbrief – eine Benchmark für Europa, in: DLK, 8/1999, S. 13.

125 Vgl. Bellinger, Einige Betrachtungen zur Geschichte der deutschen Hypothekenbanken, in: DLK, 2/2005, S. 51; von Köller, Pfandbriefrefinanzierung in Deutschland – Bedeutung für Europa, in: Hummel/Breuer, Handbuch europäischer Kapitalmarkt, 2001, S. 629. Zum Wettbewerb der Systeme als Rahmenkonzept: Grundmann, Das Thema Systembildung im Europäischen Privatrecht, in: Grundmann, Das Thema Systembildung und Regelungslücken in Kerngebieten des Europäischen Privatrechts, Tübingen 2000, S. 14 ff.

126 Vgl. Bruckermann/Bargel, Europäische Pfandbriefsegmente im Vergleich, in: Hummel/Breuer, Handbuch Europäischer Kapitalmarkt, 1. Auflage, 2001, S. 644.

127 Vgl. EMF, Die Hypothekenbanken und der Pfandbrief in Europa, 3. Auflage, 2001, S. 73.

128 Vgl. EMF, Die Hypothekenbanken und der Pfandbrief in Europa, 3. Auflage, 2001, S. 355.

gen und Kapital[129]. Die verfügbaren Daten zeigen jedoch, dass es im Bereich des Hypothekarkredits für Privatkunden noch keinen integrierten Binnenmarkt gibt[130]. Vielmehr stellt im Privatkundengeschäft der grenzüberschreitende Kredit eine zu vernachlässigende Größe dar[131]. Bestärkt wird die EU-Kommission in ihrer Initiative zur Integration der Hypothekarkreditmärkte für Privatkunden durch eine Studie von „London Economics“[132]. Kernaussage der Studie ist, dass ein integrierter Hypothekarkreditmarkt für Privatkunden zu einem erheblichen ökonomischen Nutzen für die Gemeinschaft führen würde. Nach der Studie kann mit einem Wachstum des privaten Konsums von 0,5 % und einer BIP-Steigerung von 0,7 % gerechnet werden.

Gegenstand der aktuellen Integrationsdiskussion sind die Hypothekarkreditmärkte für Privatkunden in der EU. Schwerpunkt der Diskussion ist das Aktivgeschäft der Hypothekarkreditgeber. Gleichwohl umfasst die Diskussion den hiermit untrennbar verknüpften Bereich der Refinanzierung des Hypothekarkredits und damit u.a. auch gedeckte Schuldverschreibungen und die Verbriefung von Wohnungsimmobilienkrediten (RMBS).

I. Der Bericht der Forum Group on Mortgage Credit

Im März 2003 setzte die EU-Kommission die sog. Forum Group on Mortgage Credit (Forum Gruppe) ein. Aufgabe der Forum Gruppe war es Hindernisse der Integration der europäischen Hypothekarkreditmärkte für Privatkunden zu identifizieren, ihre Auswirkungen ergebnisoffen zu untersuchen und Vorschläge für ihre Behebung zu unterbreiten.

Die Forum Gruppe hat in ihrem Abschlussbericht vom 13.12.2004 eine Vielzahl von Empfehlungen vorgelegt, wie bestehende Hindernisse für das grenzüberschreitende Hypothekarkreditgeschäft für Privatkunden abgebaut und ein besser integrierter Markt für die Wohnungsimmobilienfinanzierungen in der EU geschaffen werden kann[133]. Die Empfehlungen betrafen weit überwiegend das Aktivgeschäft und hier die Bereiche Verbraucherschutz, Rechtsfragen und hypothekarische Sicherheiten. Im Einzelnen wurden Empfehlungen und Vorschläge zur Effektivzinsberechnung, zum Recht auf vorzeitige Rückzahlung sowie der Berechnung der Vorfälligkeitsentschädigung, für eine Erleichterung des Zugangs zu den Grundbüchern und Hypothekenre-

---

129 Vgl. Kommission der Europäischen Gemeinschaften, Weißbuch über die Integration der EU-Hypothekarkreditmärkte, KOM(2007) 807 endgültig, 18.12.2007, S. 3.

130 Ein im Auftrag der EU-Kommission erstelltes Gutachten belegt, dass im Durchschnitt in Europa weniger als 1 % der befragten Bürger jemals einen Hypothekarkredit grenzüberschreitend aufgenommen haben (vgl. Eurobarometer, Qualitative Study among cross border buyers or financial services in the European Union, Final Report 2004, zitiert in: König, Stand der Diskussion zur Integration der Hypothekarkreditmärkte, in: I&F, 24/2006, S. 846).

131 Vgl. Hagen, „Wie viel Harmonisierung braucht der europäische Hypothekenmarkt?“, in: I&F, 17/2006, S. 574.

132 Vgl. London Economics, The Cost and Benefits of Integration of EU Mortgage Markets, Report for European Commission, DG-Internal Market and Services, August 2005.

133 Vgl. Forum Group, The Integration of the EU Mortgage Credit Markets, 2004.

gistern, für eine Erleichterung des Zugangs zu Informationen über Kundenbonität, zur Einführung eines einheitlichen europäischen Immobilienbewertungsstandards und zur Steigerung der Effizienz von Zwangsversteigerungsverfahren vorgelegt. Ein Schwerpunkt der Empfehlungen zum Aktivgeschäft hatte die Flexibilisierung von Grundpfandrechten, d.h. die Beschränkung der Akzessorietät von Hypotheken in der EU auf das erforderliche Maß, zum Gegenstand.

Eines der insgesamt fünf Kapitel des Berichts der Forum Gruppe ist der Refinanzierung des Hypothekarkredits für Privatkunden gewidmet[134]. Bei der Beurteilung von Aspekten der Refinanzierung des Hypothekarkredits für die Integration des EU-Hypothekarkreditmarkts hat die Forum-Gruppe die Möglichkeit einer Integration über die Entwicklung eines liquiden und dynamischen Hypothekarkreditzweitmarkts in Europa und die Weiterentwicklung von Hypothekarkreditrefinanzierungsinstrumenten untersucht.

Aufgrund des allgemein rückläufigen Einlagengeschäfts untersuchte die Forum-Gruppe v.a. die Hypothekarkreditrefinanzierung durch gedeckte Schuldverschreibungen, Wohnungsimmobilienkreditverbriefungen (RMBS), strukturiert gedeckte Schuldverschreibungen, Multi-Origination-Plattformen sowie die Idee der Einführung einer sog. European Mortgage Finance Agency (EMFA) in Anlehnung an das U.S.-amerikanische Modell der sog. government sponsored enterprises (d.h. Freddie Mac und Fannie Mae, die von einer impliziten staatlichen Garantie profitieren). Es zeigte sich allerdings, dass die für ein solches Institut erforderliche staatliche Garantie ein unüberwindbares Hindernis darstellt, das nicht in Einklang zu bringen ist mit den bisherigen Bemühungen, den Wettbewerb und die Markteffizienz am Hypothekarkreditmarkt zu fördern. Die Gründung einer solchen Institution stufte die Forum Gruppe zudem als nicht mit den Prinzipien des freien Markts vereinbar ein[135].

Die Forum Gruppe identifizierte in ihrem Bericht Hindernisse im Zusammenhang mit der grenzüberschreitenden Übertragung von Hypothekarkrediten, der Sonderung der Deckungsmasse bei bestimmten gedeckten Schuldverschreibungen (z.B. Spanien, Österreich und Tschechien), der Insolvenzferne von Zweckgesellschaften bei Verbriefungen sowie der unterschiedlichen steuerlichen Behandlung des Immobilienkaufs, des Abschlusses eines Hypothekarkredits und der Bestellung und Eintragung der Hypothekarkreditsicherheiten in den EU-Mitgliedstaaten.

Die Untersuchung und Diskussion der Aspekte der Refinanzierung des Hypothekarkredits für die Integration des EU Hypothekarkreditmarkts resultierte in den folgenden vier Empfehlungen der Forum Gruppe an die EU-Kommission[136]:

---

134 Vgl. Forum Group, The Integration of the EU Mortgage Credit Markets, 2004, p. 39 et seq.
135 Vgl. Art. 87 und 88 EGV; Forum Group of Mortgage Credit, The Integration of the EU Mortgage Credit Markets, Brussels, December 2004, p. 44 para. 191, p. 60. Dieser Position stimmt die MFEG uneingeschränkt zu. Vgl. EU-Commission – Internal Market and Services DG – Financial Institutions – Retail issues, consumer policy and payment systems, Report of the Mortgage Funding Expert Group, Brussel, 22.12.2006, p. 8.
136 Vgl. Forum Group, The Integration of the EU Mortgage Credit Markets, 2004, recommendations 45 to 48, p. 44.

- Die Harmonisierung des rechtlichen Rahmens der Sonderung von Vermögenswerten, um einen ungehinderten Zugang zur Verbriefung in den verschiedenen Jurisdiktionen zu schaffen.
- Die Einführung gesetzlicher Vorschriften, welche die Insolvenzferne einer zur Verbriefung gegründeten Zweckgesellschaft in der Insolvenz des Originators selbst dann anerkennen, wenn die Verbriefungsgesellschaft zur Unternehmensgruppe des Originators gehört.
- Die Untersuchung und Adressierung von steuerlichen Beeinträchtigungen, um Unterschiede in der steuerlichen Behandlung von in- und ausländischen Kreditgebern zu beseitigen.
- Die Untersuchung nationaler Vorschriften, welche die grenzüberschreitende Übertragung von Hypothekarkrediten und in der Folge die grenzüberschreitende Bildung von Deckungsmassen aus Hypothekarkrediten unterschiedlicher Kreditgeber ver- oder behindern.

Abgesehen von der Empfehlung zur Einführung gesetzlicher Vorschriften, welche die Insolvenzferne einer zur Verbriefung gegründeten Zweckgesellschaft in der Insolvenz des Originators selbst dann anerkennen, wenn die Verbriefungsgesellschaft zur Unternehmensgruppe des Originators gehört, betrafen die Empfehlungen der Forum Gruppe im Ergebnis weder strukturiert noch gesetzlich gedeckte Schuldverschreibungen.

II. Grünbuch Hypothekarkredite in der EU

Im Juli 2005 veröffentlichte die EU-Kommission das lang angekündigte Grünbuch Hypothekarkredite in der EU, das gleichzeitig das Konsultationsverfahren zur Integration der Hypothekarkreditmärkte für Privatkunden in der EU einleitete[137]. Die EU-Kommission hat in dem Grünbuch die Auffassung der Forum Gruppe geteilt, dass für eine Integration der Hypothekarkreditmärkte in der EU die vier eigenständigen, wenngleich verknüpften Bereiche Verbraucherschutz, Rechtsfragen, hypothekarische Sicherheiten und Refinanzierung des Hypothekarkredits geprüft werden müssen[138]. Entsprechend hat die EU-Kommission nach ihrer eigenen Analyse – ohne allerdings auf frühere Integrationsversuche einzugehen – die Empfehlungen der Forum Gruppe zur Diskussion gestellt.

In ihrem Grünbuch tendiert die EU-Kommission bezüglich der Refinanzierung des Hypothekarkredits zu der bereits von der Forum Gruppe vertretenen Auffassung, dass eine Integration der EU-Hypothekarkreditmärkte für Privatkunden durch

---

137 Vgl. Kommission der Europäischen Gemeinschaften, Grünbuch, Hypothekarkredite in der EU, KOM(2005) 327, 19.7.2005, Ziffer 1.

138 Für Zwecke dieser Arbeit sollen nur die Bereiche interessieren die für die Finanzierung des Hypothekarkredits durch klassisch gedeckte- und strukturiert gedeckte Schuldverschreibungen von unmittelbarem Interesse sind.

einen gesamteuropäischen Finanzierungsmarkt vorangetrieben werden kann. Die EU-Kommission hat aber eine eingehendere Prüfung für erforderlich gehalten[139]. Nach Ansicht der EU-Kommission bieten gesamteuropäische Finanzierungsmechanismen die Möglichkeit, die Finanzierungsquellen auszuweiten, die Liquidität des Markts zu vertiefen und das Risiko zu diversifizieren. Als hinreichend zentralen Aspekt der Integration sowohl des Primär- als auch des Sekundärmarkts für die Hypothekarkreditrefinanzierung sieht die EU-Kommission die Übertragbarkeit von Hypothekarkrediten.

Die EU-Kommission kündigte in ihrem Grünbuch die Einsetzung einer Ad-hoc-Arbeitsgruppe aus Vertretern der verschiedenen Interessengruppen an, welche die Notwendigkeit und Art etwaiger Maßnahmen im Bereich der Refinanzierung von Hypothekarkrediten (Primär- und Sekundärmarkt) prüfen soll[140]. Diese sollte bewerten, inwieweit ein gesamteuropäischer Markt für die Refinanzierung des Hypothekarkredits mit Hilfe marktgeführter Initiativen (wie z.B. der Erarbeitung von Standards für die Dokumentation und Festlegung grenzübergreifender Finanzierungsmodelle) gefördert werden kann.

Das Europäische Parlament hat das Grünbuch Hypothekarkredit im Ausschuss für Wirtschaft und Währung, im Ausschuss für Binnenmarkt und Verbraucherschutz sowie im Rechtsausschuss behandelt. In seinem Bericht zum Grünbuch des Hypothekarkredits hat das Europäische Parlament der Entwicklung eines einheitlichen, offenen und kompatibeln Refinanzierungsmarkts für Hypothekarkredite erste Priorität zugemessen[141]. Das Europäische Parlament hat darin die Bedeutung und das Potential vom Markt geführter Initiativen für die Integration des Hypothekarkredits anerkannt. Das Europäische Parlament hat darin ebenfalls die Ansicht geäußert, dass eine wohlüberlegte Integration des EU-Hypothekarkreditmarkts von potentiellem Nutzen für Verbraucher und Wirtschaft sein kann. Für den Bereich der Refinanzierung des Hypothekarkredits hat das Europäische Parlament die Notwendigkeit eines einheitlichen und offenen Sekundärmarkts betont, um eine Risikodifferenzierung, optimale Refinanzierungsbedingungen und eine Senkung der Kreditkosten zu erreichen. In diesem Zusammenhang hat das Europäische Parlament die EU-Kommission aufgefordert, Hindernisse bei der grenzüberschreitenden Übertragung von Hypothekarkrediten zu beseitigen und das Potential der Eurohypothek als Sicherungsinstrument näher zu untersuchen[142].

---

139 Vgl. Kommission der Europäischen Gemeinschaften, Grünbuch, Hypothekarkredite in der EU, KOM(2005) 327, 19.7.2005, Ziffer 49.

140 Vgl. Kommission der Europäischen Gemeinschaften, Grünbuch, Hypothekarkredite in der EU, KOM(2005) 327, 19.7.2005, Ziffer 51.

141 Vgl. Bericht der Europäischen Parlaments zum Grünbuch der Kommission zur Integration der europäischen Hypothekarkreditmärkte, 14.11.2006, Ziffer 11.

142 Zur Eurohypothek: Vgl. Stöcker, Die „Eurohypothek"; Köndgen/Stöcker, Die Eurohypothek – Akzessorietät als Gretchenfrage?, in: ZBB 2/05, S. 112 ff.

III. Die Empfehlungen der Mortgage Funding Expert Group

Wie im Grünbuch Hypothekarkredit angekündigt, hat die EU-Kommission im April 2006 eine Ad-hoc-Arbeitsgruppe, die sog. mortgage funding expert group (MFEG), eingesetzt[143]. Aufgabe der MFEG ist es gewesen Integrationshindernisse der Instrumente zur Refinanzierung des Hypothekarkredits (d.h. Einlagen, gedeckte Schuldverschreibungen, RMBS, strukturiert gedeckte Schuldverschreibungen und Multi-Origination-Plattformen) zu identifizieren sowie Empfehlungen und Vorschlägen zur Beseitigung der Hindernisse zu entwickeln.

Für die weitere Integration des Hypothekarkredits hält die MFEG in ihrem Abschlussbericht vom 22.12.2006 einen marktgetriebenen Ansatz zur Schaffung eines effizienten Markts, zur Gewährleistung einer hohen Produktvielfalt und zur Erreichung günstiger Hypothekarkreditkonditionen für am besten geeignet[144]. Für die Schaffung eines integrierten Markts für die Refinanzierung des Hypothekarkredits sieht die MFEG in einem diskriminierungsfreien Zugang zu den Kapitalmärkten – sowohl durch gesetzlich und strukturiert gedeckte Schuldverschreibungen als auch durch Verbriefung – unabhängig vom Sitz des Hypothekarkreditgebers eine entscheidende Voraussetzung[145]. Die MFEG betont, dass das Gesetz insofern kein Instrument der Refinanzierung des Hypothekarkredits bevorzugen sollte, da jedes Instrument seine ihm eigenen produkttypischen Vor- und Nachteile aufweist.

Die MFEG weist in Bezug auf die Integration der Primärmärkte darauf hin, dass produktspezifische Merkmale des Aktivgeschäfts Auswirkungen auf die Instrumente zur Refinanzierung des Hypothekarkredits haben und entsprechend das Verhalten der Investoren auf den Kapitalmärkten beeinflussen können. Nach Ansicht der MFEG ist der Grundsatz der Produktvielfalt für die weitere Marktintegration von entscheidender Bedeutung. Das MFEG lehnt vor diesem Hintergrund ein uneingeschränktes Recht auf vorzeitige Rückzahlung von Festzinskrediten ab. Für die Berechnung der Vorfälligkeitsentschädigung empfiehlt die MFEG die sog. yield-maintenance-indemnity-Methode, die sowohl den Refinanzierungsschaden im engeren Sinn als auch die entgangene Gewinnmarge umfasst. Für die Annäherung der Immobilienbewertung und die berufsrechtlichen Voraussetzungen für Immobiliengutachter schlägt die MFEG der EU-Kommission den Erlass einer Empfehlung an

---

143 Vgl. European Commission – Internal Market and Services DG – Financial Institutions – Retail issues, consumer policy and payment systems, Terms of Reference Mortgage Funding Expert Group (MFEG), Brussels, 23.2.2006. Für den Bereich des Primärmarkts wurde eine gesonderte sog. Mortgage Industry and Consumer Expert Group eingesetzt (vgl. European Commission – Internal Market and Services DG – Financial Institutions – Retail issues, consumer policy and payment systems, Mortgage Industry and Consumers Expert Group – Final Report, Brussels, 20.12.2006).

144 Vgl. EU-Commission – Internal Market and Services DG – Financial Institutions – Retail issues, consumer policy and payment systems, Report of the Mortgage Funding Expert Group, Brussels, 22.12.2006.

145 Vgl. EU-Commission – Internal Market and Services DG – Financial Institutions – Retail issues, consumer policy and payment systems, Report of the Mortgage Funding Expert Group, Brussels, 22.12.2006, p. 5.

Stelle einer EU-Richtlinie vor. Schließlich wird von der MFEG betont, dass die Erleichterung der Übertragung von Hypothekarkrediten bzw. ganzer Kreditportfolien die Schaffung eines liquiden Sekundärmarkts für Hypothekarkredite entscheidend begünstigen würde.

Die Ausführungen der MFEG zur Refinanzierung des Hypothekarkredits sind in erster Linie auf die Weiterentwicklung der covered bond-Märkte und die Schaffung eines pan-europäischen Markts für die Wohnungsimmobilienkreditverbriefungen (RMBS) ausgerichtet[146]. Insgesamt erwecken die zahlreichen Vorschläge und Empfehlungen zur Schaffung eines europäischen RMBS-Markts den Eindruck, als würde die Verbriefung von Hypothekarkrediten den Schwerpunkt des Berichts der MFEG bilden.

Möglichkeiten zur Verbesserung bestehender covered bond-Regime sieht die MFEG bei der Übertragbarkeit von Hypothekarkrediten, der Beschränkung der Indeckungnahme von im Ausland belegenen Hypothekarkreditsicherheiten und der Beseitigung der Rechtsunsicherheit hinsichtlich einer etwaigen doppelten Besteuerung der grenzüberschreitenden Übertragung von Hypothekarkreditportfolien. Die Erleichterung der Übertragung von Hypothekarkrediten fördert die Bildung geographisch diversifizierter Deckungsmassen. Die covered bond-Regime einiger Mitgliedstaaten lassen die Indeckungnahme von mit im Ausland belegenen Immobilien besicherten Hypothekarkrediten nicht zu. Dies beschränkt ebenfalls die Bildung geographisch diversifizierter Deckungsmassen. Von einigen Mitgliedstaaten wird insoweit vorgebracht, dass diese Beschränkung dem Schutz der Anleger dient und insofern gerechtfertigt ist. Im Einzelnen hat die MFEG in Bezug auf gedeckte Schuldverschreibungen die folgenden Empfehlungen vorgelegt[147]:

- Die Einführung von covered bond-Gesetzen in allen EU-Mitgliedstaaten;
- die uneingeschränkte Zulassung grundpfandrechtlich gesicherter Forderungen aus allen EU-Mitgliedstaaten als deckungsstockfähige Vermögenswerte;
- die Sicherstellung der hohen Kreditqualität europäischer covered bonds bei etwaigen Anpassungen der Vorschriften über die Deckungsstockfähigkeit; und
- die Einbringung steuerrechtlicher Fragestellungen des grenzüberschreitenden Hypothekarkreditgeschäfts in die europäische Steuerpolitik sowie ggf. in die bilateralen Verhandlungen der Doppelbesteuerungsabkommen.

Die Vorschläge der MFEG zur Weiterentwicklung des europäischen RMBS-Verbriefungsgeschäfts zielen in erster Linie darauf ab, eine höhere Konvergenz der einzelnen nationalen Vorschriften in der EU zu erreichen sowie geeignete und den Erfordernissen eines integrierten Binnenmarkts entsprechende steuerliche Rahmen-

146 Vgl. EU-Commission – Internal Market and Services DG – Financial Institutions – Retail issues, consumer policy and payment systems, Report of the Mortgage Funding Expert Group, Brussels, 22.12.2006, p. 25 et seq.
147 Vgl. EU-Commission – Internal Market and Services DG – Financial Institutions – Retail issues, consumer policy and payment systems, Report of the Mortgage Funding Expert Group, Brussels, 22.12.2006, p. 27.

bedingungen u.a. für die zur Verbriefung erforderlichen Zweckgesellschaften zu schaffen[148]. Insbesondere betont die MFEG hierbei die Bedeutung der Rechtssicherheit hinsichtlich der Insolvenzferne von Zweckgesellschaften und der Insolvenzfestigkeit der Übertragung der Vermögenswerte auf die Zweckgesellschaften. Darüber hinaus empfiehlt die MFEG den Anwendungsbereich des Art. 22 Abs. 4 der OGAW-Richtlinie auf RMBS mit AAA-Rating auszuweiten.

Allgemein empfiehlt die MFEG für den Bereich der Hypothekarkreditrefinanzierung die Entwicklung und Standardisierung der Schlüsselbegriffe der Hypothekarkreditrefinanzierung sowie die Entwicklung von Veröffentlichungsstandards für Deckungsmassen durch den Markt bzw. Initiativen zur Standardisierung der Veröffentlichungspflichten für RMBS.

IV. Weißbuch über die Integration der EU-Hypothekarkreditmärkte

Ende 2007 veröffentlichte die EU-Kommission das Weißbuch über die Integration der EU-Hypothekarkreditmärkte[149]. Darin fasst die EU-Kommission die Ergebnisse ihrer Überprüfung der Funktionsweise und des Integrationsgrades der Hypothekarkreditmärkte der EU zusammen und schlägt ein Maßnahmenpaket vor, um auf den Hypothekarkreditmärkten der EU für mehr Effizienz und Wettbewerb zu sorgen. Soweit möglich und angebracht, hat die EU-Kommission die Erkenntnisse, die sich bisher aus den Ereignissen an den Finanzmärkten ableiten lassen, berücksichtigt.

Ziel der EU-Kommission ist, die grenzübergreifende Vergabe und Refinanzierung von Hypothekarkrediten zu erleichtern, das Produktangebot zu erweitern, das Verbrauchervertrauen zu erhöhen und die Kundenmobilität zu fördern[150]. Nach Auffassung der EU-Kommission sind die verschiedenen Instrumente zur Refinanzierung des Hypothekarkredits keine Substitute, sondern komplementäre Produkte. Insofern betont die EU-Kommission das Ziel, die Entwicklung eines breiten Produktspektrums zur Refinanzierung des Hypothekarkredits zu erleichtern und nicht zu beschränken. Um die genannten Ziele zu erreichen, müssen aus Sicht der EU-Kommission weitere Arbeiten durchgeführt werden, um zu einem ausgewogenen und optimalen Maßnahmenpaket zu gelangen.

Die EU-Kommission sieht Handlungsbedarf im Bereich vorvertragliche Information[151], effektiver Jahreszins, verantwortliche Kreditvergabe und vorzeitige Rück-

---

148 Vgl. EU-Commission – Internal Market and Services DG – Financial Institutions – Retail issues, consumer policy and payment systems, Report of the Mortgage Funding Expert Group, Brussels, 22.12.2006, p. 27 et seq.
149 Vgl. Kommission der Europäischen Gemeinschaften, Weißbuch über die Integration der EU-Hypothekarkreditmärkte, KOM(2007) 807 endgültig, 18.12.2007.
150 Vgl. Kommission der Europäischen Gemeinschaften, Weißbuch über die Integration der EU-Hypothekarkreditmärkte, KOM(2007) 807 endgültig, 18.12.2007, S. 3 ff.
151 Vgl. Europäische Vereinbarung über einen freiwilligen Verhaltenskodex über vorvertragliche Informationen für wohnungswirtschaftliche Kredite vom 5.3.2001.

zahlung. Nach Auffassung der EU-Kommission sollten die Mitgliedstaaten außerdem ihre Verfahren für Zwangsversteigerungen und Grundbucheintragungen effizienter gestalten.

Nach Ansicht der EU-Kommission kann die Effizienz der EU-Märkte für die Refinanzierung von Hypothekarkrediten noch erheblich gesteigert werden. Deswegen will die EU-Kommission Art, Ursachen und Größenordnung der sowohl von der MFEG als auch von der Arbeitsgruppe „Verbriefung" der European Financial Markets Lawyers Group[152] aufgezeigten Probleme näher analysieren[153].

In ihrer Folgenabschätzung bekräftigt die EU-Kommission in Bezug auf gedeckte Schuldverschreibungen ihre Absicht, die Einführung von covered bond-Gesetzen in allen EU-Mitgliedstaaten zu fördern und die uneingeschränkte Zulassung grundpfandrechtlich gesicherter Forderungen aus allen EU-Mitgliedstaaten als deckungsstockfähige Vermögenswerte sicherzustellen[154].

Als mögliche Handlungsoptionen diskutiert die EU-Kommission in ihrer Folgenabschätzung das Absehen von konkreten Maßnahmen, die Durchsetzung des bestehenden Rechts, die Abgabe einer Empfehlung durch die EU-Kommission, den Erlass einer Richtlinie und die Einführung eines optionalen europäischen Regimes für gedeckte Schuldverschreibungen[155]. Beim Vergleich der vorgenannten Optionen kommt die EU-Kommission zu dem Ergebnis, vorerst von konkreten Maßnahmen auf dem Gebiet der gedeckten Schuldverschreibung abzusehen[156]. Die Einführung von covered bond-Regimen in einer Vielzahl von Mitgliedstaaten zeigt, dass der Nutzen von covered bonds gesehen wird. Entsprechende Gesetzgebungsverfahren laufen in Estland und Slowenien. Somit verbleiben mit Belgien, Malta, der Slowakei und Zypern nur vier Mitgliedstaaten, die – soweit bekannt – keine Einführung eines covered bond-Regimes planen. Im Fall von Malta und Zypern ist aus Sicht der EU-Kommission der jeweilige Hypothekarkreditmarkt möglicherweise sogar zu klein, um die mit der Einführung eines covered bond-Regimes verbundenen Kosten zu rechtfertigen. Der Erlass einer covered bond-Richtlinie würde zwar sicherstellen, dass künftig in allen Mitgliedstaaten covered bond-Regime existieren. Andererseits stellt die EU-Kommission fest, dass eine covered bond-Richtlinie bestehende gut funktionierende nationale covered bond-Regime möglicherweise ändern würde,

---

152 Vgl. European Financial Markets Lawyers Group, Legal Obstacles to cross-border securitisation in the EU, 7.5.2007.

153 Vgl. Kommission der Europäischen Gemeinschaften, Weißbuch über die Integration der EU-Hypothekarkreditmärkte, KOM(2007) 807 endgültig, 18.12.2007, S. 9.

154 Vgl. EU-Commission, Commission Staff Working Document Accompanying the White Paper on the Integration of EU Mortgage Credit Markets, Impact Assessment, Annex 3: Impact assessment on specific issues, COM(2007) 807 final, SEC/2007) 1684, 18.12.2007, p. 146.

155 Vgl. EU-Commission, Commission Staff Working Document Accompanying the White Paper on the Integration of EU Mortgage Credit Markets, Impact Assessment, Annex 3: Impact assessment on specific issues, COM(2007) 807 final, SEC/2007) 1684, 18.12.2007, p. 149 et seq.

156 Vgl. EU-Commission, Commission Staff Working Document Accompanying the White Paper on the Integration of EU Mortgage Credit Markets, Impact Assessment, Annex 3: Impact assessment on specific issues, COM(2007) 807 final, SEC/2007) 1684, 18.12.2007, p. 154 et seq.

ohne dass dies zwingend erforderlich ist[157]. Daneben wäre die Einführung und Umsetzung einer Richtlinie mit erheblichen Kosten verbunden. Das erforderliche Gesetzgebungsverfahren zur Einführung einer Richtlinie kann möglicherweise auch einige Zeit in Anspruch nehmen. Während dieser Zeit ist damit zu rechnen, dass in weiteren Mitgliedstaaten nationale covered bond-Regime eingeführt werden. Mit ähnlicher Argumentation lehnt die EU-Kommission die Einführung eines optionalen europäischen covered bond-Regimes ab[158]. Insgesamt überwiegen nach Ansicht der EU-Kommission die mit der Einführung einer Richtlinie bzw. eines optionalen europäischen Regimes verbundenen Kosten nicht den damit verbundenen Nutzen und erscheinen insofern zur Lösung des Problems unverhältnismäßig[159].

Die EU-Kommission hat zwar deutlich gemacht, dass das Weißbuch nicht als Antwort auf die jüngste Finanzmarktkrise, die durch die Probleme am U.S.-amerikanischen Subprime-Hypothekenmarkt ausgelöst wurde, zu verstehen ist, da die Auswirkungen der Krise weit über das Thema Hypothekarkredit hinausgehen. Soweit möglich und angebracht will die EU-Kommission die Erkenntnisse, die sich schon jetzt ableiten lassen, gebührend berücksichtigen[160]. In diesem Zusammenhang will die EU-Kommission insbesondere prüfen[161]:

- Die Marktusancen und Aufsichtsstandards bei der Steuerung des Risikos der Liquiditätsinkongruenz, das beispielsweise entsteht, wenn langfristige Immobilienkredite über kurzfristige Mittel refinanziert werden; das Augenmerk soll dabei v.a. der Widerstandsfähigkeit bei angespannter Marktlage gelten;
- Die Anreize für Immobilienkreditgeber, das Risiko aus der Bilanz hinaus zu verlagern;
- Die Aufsichtsstandards und die Transparenz der Risiken, die Banken über direkt oder indirekt mit dem Immobilienkredit verbundene Verbriefungsgeschäfte eingehen; und
- Den Handlungsbedarf im Hinblick auf mehr Transparenz für Investoren.

Schließlich fasst die EU-Kommission in Abhängigkeit von der weiteren Entwicklung der Finanzmärkte die Einsetzung einer Expertengruppe für Verbriefung ins Auge. Mit deren Hilfe soll ggf. zu einer geeigneten horizontalen politischen Reaktion auf die in der jüngsten Finanzmarktkrise deutlich gewordenen komplexen Herausforderungen der Verbriefung gelangt werden.

---

157 Vgl. EU-Commission, Commission Staff Working Document Accompanying the White Paper on the Integration of EU Mortgage Credit Markets, Impact Assessment, Annex 3: Impact assessment on specific issues, COM(2007) 807 final, SEC/2007) 1684, 18.12.2007, p. 154.

158 Vgl. EU-Commission, Commission Staff Working Document Accompanying the White Paper on the Integration of EU Mortgage Credit Markets, Impact Assessment, Annex 3: Impact assessment on specific issues, COM(2007) 807 final, SEC/2007) 1684, 18.12.2007, p. 155.

159 Vgl. EU-Commission, Commission Staff Working Document Accompanying the White Paper on the Integration of EU Mortgage Credit Markets, Impact Assessment, Annex 3: Impact assessment on specific issues, COM(2007) 807 final, SEC/2007) 1684, 18.12.2007, p. 155.

160 Vgl. Kommission der Europäischen Gemeinschaften, Weißbuch über die Integration der EU-Hypothekarkreditmärkte, KOM(2007) 807 endgültig, 18.12.2007, S. 2.

161 Vgl. Kommission der Europäischen Gemeinschaften, Weißbuch über die Integration der EU-Hypothekarkreditmärkte, KOM(2007) 807 endgültig, 18.12.2007, S. 9 f.

D. Die marktgetriebene Entwicklung von Qualitätsstandards für gedeckte Schuldverschreibungen

Im Herbst 2004 wurde unter dem Dach des Europäischen Hypothekenverbandes (EHV bzw. European Mortgage Federation, EMF) das European Covered Bond Council (ECBC) gegründet. Motiv für die Gründung des ECBC war die Schaffung einer Plattform und eines gemeinsamen Sprachrohrs der covered bond-Industrie und ihrer Dienstleister[162].

Das ECBC soll sich zum zentralen Kompetenzzentrum für alle covered bond-spezifischen Themen in Europa entwickeln und als Grundlage zur Schaffung mittelfristiger Produktstandards (Liquiditäts- und Sicherheitsstandards) dienen. Tätigkeitsschwerpunkte des ECBC sind die Risikogewichtung gedeckter Schuldverschreibungen, die Sonderung der Deckungsmassen vom Vermögen des Emittenten in der Insolvenz, die Insolvenzfestigkeit, das Risikomanagement, die qualitativen Anforderungen an die Deckungswerte, die Behandlung von Derivaten, das Market Making und die Analyse der verschiedenen Ratingansätze für covered bonds[163].

Das ECBC ist ein unabhängiges Gremium, das auch Nicht-EHV-Mitgliedern offen steht und mittlerweile aus über 100 Mitgliedern, darunter Emittenten, Investmentbanken, Ratingagenturen, internationalen Rechtsanwaltskanzleien, nationalen Verbänden und elektronischen Handelsplattformen besteht. Die Mitglieder des ECBC kommen zweimal im Jahr zusammen, beraten und verabschieden Positionspapiere, schlagen Themen zur Bearbeitung vor und diskutieren über aktuelle Entwicklungen auf den Märkten. Wichtigstes Organ des ECBC ist neben der Mitgliederversammlung ein fünfzehnköpfiges Steering Committee, dessen Mitglieder von der Mitgliederversammlung gewählt werden. Das Steering Committee ist für die laufenden Angelegenheiten des ECBC zuständig und tritt einmal im Quartal zusammen. Es bereitet Strategieentscheidungen vor, steuert die Agenda und die unterschiedlichen Arbeitsgruppen. Primäre Aufgabe des Steering Committee ist die Erarbeitung gemeinsamer Mindestqualitätsstandards für covered bonds, die dann der Mitgliederversammlung vorgeschlagen werden.

Beim ECBC wurden Arbeitsgruppen mit dem Themenschwerpunkt Kapitaladäquanzvorschriften (*Capital Requirements Directive* bzw. CRD), Technical Issues, Trading Standards, Statistics and Data sowie Covered Bond Fact Book gegründet[164]. Eine Arbeitsgruppe analysiert die existierenden covered bond-Modelle und zeigt Gemeinsamkeiten und Unterschiede auf. Auf Basis dieser Ergebnisse werden die für die Sicherheit von covered bonds wesentlichen Kriterien herausgearbeitet, entsprechende Mindestqualitätskriterien entwickelt und die Transparenz der Produkte er-

162 Vgl. Lambert, ECBC hat das Etappenziel erreicht, in: BörsenZ vom 19.7.2005, S. B6.
163 Vgl. Hardt, Judith; Covered Bonds wake up to a new world, in: The Banker, 4.11.2004, p. 4; Hagen, A truly European affair – the first 12 months of ECBC, in: Mortgage Finance Gazette, European Supplement Spring 2006, p. 34.
164 Vgl. vdp, Jahresbericht, 2005, S. 67 ff.

höht[165]. Die Arbeitsgruppe CRD hat sich ferner zum Ziel gesetzt, den in der gegenwärtigen Fassung der CRD verwendeten fundamentalen Risikoansatz zur Bemessung der Eigenkapitalunterlegung von covered bonds mittelfristig in einen strukturierten, d.h. an der Ausfallwahrscheinlichkeit der Deckungsmasse statt an der des Emittenten orientierten Ratingansatz, zu überführen[166]. Ein weiteres Petitum des ECBC im Zusammenhang mit der CRD ist die Reduzierung der LGD-Quote im Basis-IRB-Ansatz von aktuell 12,5 auf 10 %[167]. Auch setzt sich das ECBC dafür ein, dass die Nutzung von Daten des Emittenten über die Deckungsmassen durch den Investor bei der Bestimmung des LGD-Faktors im fortgeschrittenen IRB-Ansatz erlaubt wird.

E. Bemerkungen zur Integrationsdiskussion

Vor dem Hintergrund des Rechtsvergleichs ist festzustellen, dass weder das Pfandbriefrecht noch das Recht des UK covered bond Hindernisse für die grenzüberschreitende Refinanzierung des Hypothekarkredits aufweist. Das Passivgeschäft wird für ausländische Kreditinstitute weder im PfandBG noch in den RCB Regulations 2008 stärker beschränkt als für inländische Institute[168]. Im Aktivgeschäft sind die Indeckungnahme von in EU-Mitgliedstaaten belegenen Immobilien im PfandBG und ebenso in den RCB Regulations 2008 unbeschränkt zulässig. Ein Regelungsbedarf zur umfassenden Harmonisierung des Rechts der gedeckten Schuldverschreibung liegt unter Berücksichtigung des deutschen und britischen Rechts nicht vor[169].

Der Mindeststandard des Art. 22 Abs. 4 der OGAW-Richtlinie für gedeckte Schuldverschreibungen hat die Grundlage für die Entwicklung gedeckter Schuldverschreibungen in einer Vielzahl von EU-Mitgliedstaaten geliefert. Aufgrund seiner abstrakten und weiten Regelungen hat Art. 22 Abs. 4 der OGAW-Richtlinie allerdings die Entwicklung von in ihrer konkreten Ausgestaltung unterschiedlichen covered bond-Modellen zugelassen.

Die Renaissance der gedeckten Schuldverschreibung hat in den Mitgliedstaaten gut funktionierende covered bond-Systeme hervorgebracht. Dass sich in zwei Jahrzehn-

165 Vgl. EMF, Annual Report, 2006, p. 25; Hagen, Covered Bonds: Der Markt sorgt für Standards, in: I&F, 14/2006, S. 477.
166 Vgl. Lambert, ECBC hat das Etappenziel erreicht, in: BörsenZ vom 19.7.2005, S. B6; vdp, Jahresbericht, 2005, S. 68. Von deutscher Seite wurde allerdings zuletzt festgestellt, dass sich dieses Petitum zumindest kurzfristig kaum erreichen lassen wird. Vgl. ZKA, Gemeinsame Stellungnahme des zentralen Kreditausschusse, des Gesamtverbands der deutschen Versicherungswirtschaft und des Verbands der Privaten Bausparkassen zu den Berichten der Expertengruppen ‚Mortgage Funding' und ‚Mortgage Industry and Consumers', vom 9.2.2007, S. 6.
167 Vgl. Lambert, ECBC hat das Etappenziel erreicht, in: BörsenZ vom 19.7.2005, S. B6; vdp, Jahresbericht, 2005, S. 68.
168 So bereits zum Hypothekenbankgesetz: Grundmann, Das Europäische Bankaufsichtsrecht wächst zum System, 1990, S. 27.
169 So allgemein schon früher: Hagen, Covered Bonds: Der Markt sorgt für Standards, in: I&F, 14/2006, S. 33.

ten des Wettbewerbs der Systeme kein einheitliches europäisches Modell des covered bond herauskristallisiert hat, ist weit überwiegend den unterschiedlichen gesetzlichen Rahmenbedingungen der Mitgliedstaaten geschuldet. Gleichwohl ist festzustellen, dass der Wettbewerb der Systeme auf dem Gebiet der gedeckten Schuldverschreibung beispielhaft integrativ gewirkt hat.

Bereits in den Stellungnahmen zum Grünbuch Hypothekarkredite in der EU wurde davor gewarnt, die weitere Integration der Märkte nur zum Selbstzweck voranzutreiben und darauf verwiesen, dass die Hypothekarkreditmärkte in der EU weitgehend effizient und wettbewerbsintensiv aufgestellt sind[170]. Die geäußerten Vorbehalte betrafen aber überwiegend den originären Bereich des Hypothekarkredits[171]. Die bisherigen Empfehlungen zur Refinanzierung des Hypothekarkredits finden stattdessen die weitgehende Zustimmung der Marktteilnehmer. Dies dürfte mit aller größter Wahrscheinlichkeit auch für das Weißbuch über die Integration der Hypothekarkreditmärkte gelten, das sich konsequent in die bisherige Konsultation einfügt. Es zeichnet sich ab, dass in der relativ geringen Anzahl von Vorschlägen und Empfehlungen, die unmittelbar gedeckte Schuldverschreibungen betreffen, zurecht bereits anfänglich ein Indiz dafür gesehen wurde, dass auch aus Sicht der EU-Kommission ein gut funktionierender europäischer covered bond-Markt bereits Realität ist[172]. Demgegenüber zeigen die zahlreichen Vorschläge und Empfehlungen zur Verbriefung von mit Wohnimmobilien besicherten Hypothekarkrediten, dass das Verbriefungsgeschäft weiteres Integrationspotential birgt.

Seitens der Emittenten wurde gegen eine umfassende Harmonisierung angeführt, dass eine einheitliche europäische gesetzliche Emissionsgrundlage für gedeckte Schuldverschreibungen selbst Hindernisse für das Wachstum des Marktsegments schaffen kann[173]. In diesem Zusammenhang wurde auch betont, dass Emittenten und Investoren zugleich die am Markt bestehende Vielfalt und den Wettbewerb der Systeme schätzen[174]. Insofern sollte das Ergebnis der Folgenabschätzung der EU-Kommission keine konkreten Maßnahmen in Bezug auf gedeckte Schuldverschreibungen zu ergreifen, bei den Emittenten auf Zuspruch treffen.

---

170 Vgl. vdp, Jahresbericht, 2006, S. 56.
171 Vgl. ECB, The European Commission's Green Paper on Mortgage Credit in the EU – Eurosystem Contribution to the Public Consultation, 1.12.2005; Tiner (Chief Executive FSA), Keynote speech: European Mortgage Federation conference, Brussel, 22.11.2006; Zehnder, Liberalisierung versus Secondary Mortgage Market, in: I&F, 8/2006, S. 234; Lambert, Neueste Entwicklungen zum Hypothekarkredit in Europa, in: I&F, 9/2006, S. 298; Hagen, Wie viel Harmonisierung braucht der europäische Hypothekenmarkt, in: I&F, 17/2006, S. 574; König, Stand der Diskussion zur Integration der Hypothekenkreditmärkte, in: I&F, 24/2006, S. 846; Deutsche Bank Research, It's the funding, commissioner!, in: Financial Markets Special – EU Monitor 38, 19.10.2006; Hale (FSA Retail Policy), Overview of the European Green Paper on mortgage credit, CML UK Mortgage Funding Summit, 9.11.2006; VÖB, Newsletter – Aktuelles IV/2006, S. 12; Lambert, The road to integration, in: The Banker, 8.1.2007, p. 10; EMF, Mortgage Info, No. 1, January 2007, p. 1; EMF, Mortgage Info, No. 2, February 2007, p. 1; Bundesministerium der Justiz, Integration der Europäischen Hypothekarkreditmärkte – Stellungnahme zu den Berichten der Unterarbeitsgruppen Finanzierungsfragen und Industrie-Verbraucher-Dialog, Berlin, Februar 2007.
172 Vgl. vdp, Jahresbericht, 2006, S. 59.
173 Vgl. Balai, Covered bonds continue to seduce, in: Euromoney, June 2005, p. 149.
174 Vgl. Balai, Covered bonds continue to seduce, in: Euromoney, June 2005, p. 149.

Die EU-Kommission hat zwar deutlich gemacht, dass das Weißbuch über die Integration der EU-Hypothekarkreditmärkte nicht als Antwort auf die aktuelle Finanzkrise, die durch die Probleme am U.S.-amerikanischen Subprime-Hypothekenmarkt ausgelöst wurde, zu verstehen ist, da die Auswirkungen der Krise weit über das Thema Hypothekarkredit hinausgehen. Soweit möglich und angebracht will die EU-Kommission die Erkenntnisse, die sich schon jetzt ableiten lassen, gebührend berücksichtigen. Dies ist angesichts des Ausmaßes der Finanzkrise sicherlich angezeigt.

§ 25 Abschließende Bemerkungen

Die von den Pfandbriefbanken selbst initiierte Verbreitung der gedeckten Schuldverschreibung beobachtet „Großväterchen Pfandbrief" mit einem lachenden und einem weinenden Auge[175]. Schließlich hat diese mit umfangreichen Produktmarketingmaßnahmen des vdp zu einer erheblichen Erweiterung der Investorenbasis geführt. In der Folge nehmen aber gleichzeitig immer mehr neue Wettbewerber am Markt für gedeckte Schuldverschreibungen teil.

Die Anleger sind nicht zuletzt durch die Finanzkrise risikobewusster geworden. Dies hat zu einer stärkeren Differenzierung von gedeckten Schuldverschreibungen geführt. Denn die Anleger haben gelernt, dass covered bond nicht gleich covered bond bzw. Triple-A-Rating nicht gleich Triple-A-Rating ist. Darüber hinaus wurde deutlich, dass die Liquidität im Sekundärmarkt von weiteren Faktoren abhängig ist. Angesichts unterschiedlich stabiler nationaler Immobilienmärkte, rechtlicher Rahmenbedingungen, Qualität der Deckungsaktiva und Geschäftsmodelle der Emittenten ist eine entsprechende Differenzierung in jedem Fall angezeigt und wohl auch überfällig gewesen.

Strukturiert gedeckte Schuldverschreibungen ohne eine gesetzliche Emissionsgrundlage weisen gegenüber traditionellen gedeckten Schuldverschreibungen mit gesetzlicher Emissionsgrundlage zusätzliche Risiken auf. Dies spiegelt sich zu Recht in ihren Renditeaufschlägen und ihrer Risikogewichtung wieder. Wie das Beispiel des UK structured covered bond zeigt, können strukturiert gedeckte Schuldverschreibungen im Einzelfall und in Abhängigkeit vom jeweiligen nationalen Recht funktional äquivalent zu traditionell gedeckten Schuldverschreibungen sein. Andere als strukturiert gedeckte Schuldverschreibungen bezeichnete Instrumente wie z. B. die Daheim-Anleihe der LBB, U.S.-amerikanische structured covered bonds oder französische structured covered bonds stellen dagegen richtigerweise besicherte Schuldverschreibungen und damit ein aliud. Vor diesem Hintergrund ist von den Anlegern klar zwischen gesetzlich gedeckten Schuldverschreibungen (*statutory covered bonds*), strukturiert gedeckten Schuldverschreibungen (*structured covered*

175 Vgl. Hagen, in: Golin, Covered Bonds beyond Pfandbriefe, p. xiii.

bonds) und sonstigen besicherten Schuldverschreibungen (*secured bonds*) zu differenzieren.

Für Emittenten erweitern strukturiert gedeckte Schuldverschreibung das Refinanzierungsspektrum. Dies kann bei mangelner Nutzungseffizienz gesetzlicher Emissionsgrundlage vorteilhaft sein. Während zuvor der Markt zweigeteilt war in traditionelle gedeckte Schuldverschreibungen und Verbriefungen, sieht man sich in der neuen komplexen Welt des covered bond-Universums mit all ihren Vor- und Nachteilen der Herausforderung eines fließenden Kontinuums gegenüber gestellt. Das hohe Gut der Homogenität des covered bond-Markts hat durch die Entwicklung strukturiert gedeckter Schuldverschreibungen unzweifelhaft gelitten. Dies ist insbesondere für all jene kein Grund zur Freude, die sich der Pflege der Homogenität des covered bond-Markts verschrieben haben. Eine hohe Homogenität sollte aber jedenfalls innerhalb des Segments der gesetzlich gedeckten Schuldverschreibungen und insbesondere innerhalb der nationalen Märkte weiterhin vorzufinden sein. Darüber hinaus wird im Markt insbesondere von Seiten der Anleger eine gewisse Heterogenität durchaus geschätzt.

In der Finanzkrise sind aufgrund der Differenzierung erneut Stimmen laut geworden, die in gedeckten Schuldverschreibungen eher ein sog. ‚credits product' und weniger ein sog. ‚rates product' sehen wollen[176]. Ein ‚rates product' zeichnet sich dadurch aus, dass keine bzw. kaum Ausfallrisikoaufschläge bezahlt werden. Ebenso wichtig ist jedoch für ein ‚rates product' eine erstklassige Liquidität, die sich durch enge Geld-Brief Spannen, große Volumina und v.a. durch rasche Ausführung und zeitnahe Erneuerbarkeit des Angebots auszeichnet[177]. Diesbezüglich offenbarten gedeckte Schulverschreibungen gegenüber klassischen rates products in der Finanzkrise Schwächen, die sich in Renditeaufschlägen niederschlagen. Die Charakterisierung von gedeckten Schuldverschreibungen als eindeutiges credit products ist aber ebenso wenig zutreffend, da sich deren Rating nicht zwingend parallel zum entsprechenden Emittentenrating verhalten muss[178]. Insoweit erhellt, dass gedeckte Schuldverschreibungen eine eigenständige Anlageklasse darstellen, welche die Merkmale von rates- und credit products in Abhängigkeit von ihrem jeweiligen Modell mehr oder weniger stark ausgeprägt aufweisen.

Gegenüber Verbriefungen gehen gedeckte Schuldverschreibungen aufgrund ihrer einfacheren, standardisierten Struktur und v.a. weil Kreditrisiken gerade nicht ausgelagert werden, gestärkt aus der Finanzkrise hervor. Die Tatsache, dass traditionelle Pfandbriefe wenige Zeit nach dem Höhepunkt der Finanzkrise wieder abgesetzt werden konnten und eine gewisse Wiederbelebung des Jumbo-Pfandbriefmarkts seit dem Frühjahr 2009 eingesetzt hat, zeigt, dass Pfandbriefe krisenfest

---

176 Vgl. Euromoney, ECBC puts head on troubled shoulders, October 2007, p. 24 et seq.; LBBW, Covered Bonds Weekly, Nr. 30 vom 2.8.2007; LBBW, Brave Old World – warum Covered Bonds weiterhin Credit Produkte sind, 1.8.2008.
177 Vgl. LBBW, Covered Bonds Weekly, Nr. 43 vom 2.11.2007, S. 2 f.
178 Vgl. Moore, Rocked to ist core?, in: Euromoney, November 2007, p. 100.

sind und selbst in angespannten Zeiten Zugang zu Refinanzierungsmitteln ermöglichen. Dagegen bleibt in Großbritannien abzuwarten, wann sich der Markt für öffentliche Platzierungen von UK covered bonds wieder öffnet[179]. Dies zeigt, dass das Vertrauen der Anleger in den Pfandbrief größer ist, als das Vertrauen der Anleger in UK covered bond. Inwiefern dabei die unterschiedliche Ausprägung der Finanz- und Immobilienkrise in Deutschland und Großbritannien eine Rolle spielt, kann hier nicht beantwortet werden.

Nach Beruhigung des britischen Finanz- und Immobilienmarkts ist ein weiterer Anstieg des öffentlichen Umlaufs von UK covered bonds zu erwarten. Der britische Gesetzgeber selbst sieht in der Generierung der erforderlichen Deckungswerte eine hohe Markteintrittsbarriere[180]. Trotzdem geht er davon aus, dass etwa zehn weitere Kreditinstitute und Building Societies die notwendige kritische Größe zur Emission von UK covered bonds aufweisen[181]. Als Indiz für einen künftig wieder steigenden Umlauf von UK covered bonds wird man auch den hohen Umfang zur Refinanzierung bei der Bank of England als Sicherheit zur Verfügung gestellter UK covered bonds betrachten dürfen.

Ein wichtiger Faktor für die Überwindung der Finanzkrise wird die Wiederherstellung stabiler Refinanzierungsmärkte sein. Denn auf Dauer sind die Regierungsprogramme zur Emission staatsgarantierte Bankschuldverschreibungen nicht angelegt; das können sie auch nicht sein. Erforderlich ist, dass das Vertrauen am Kapitalmarkt wieder zurückkehrt. Insofern sind nach den staatlichen Stabilisierungsmaßnahmen vorerst weiter vertrauensbildende Maßnahmen nötig, um die Unabhängigkeit der Bankrefinanzierung von staatlichen Garantien wieder vollständig zu erlangen. Auch aus diesem Grund ist das Aufkaufprogramm der EZB als vertrauensbildende Maßnahme für die im Wettbewerb mit staatsgarantierten Bankschuldverschreibungen stehenden covered bonds zu begrüßen.

Nach Genesung der Finanzmärkte wird die Internationalisierung des covered bond weiter voranschreiten. Covered bonds sind schon vor der Finanzkrise weit über die Grenzen Europas hinaus gewachsen. Nach Debütemissionen in den USA, Kanada und Japan haben strukturiert gedeckte Schuldverschreibungen die Entwicklung der gedeckten Schuldverschreibung zu einer globalen Anlageklasse befördert. Mit weiteren gesetzlich und strukturiert gedeckten Schuldverschreibungen ausländischer Emittenten ist zu rechnen. Trotz ihres rückläufigen Anteils am Gesamtumlauf von gedeckten Schuldverschreibungen sind die deutschen Pfandbriefbanken keineswegs als Verlierer dieser Entwicklung zu betrachten. Denn die Internationalisierung der gedeckten Schuldverschreibung hat dem Pfandbrief einen Marketingeffekt beschert

---

179 Öffentlich zu platzierende UK covered bonds sollen sich bei einigen britischen Emittenten bereits wieder in der „Pipeline" befinden. Beispielsweise organisierte Barclays kurz vor Drucklegung dieser Arbeit eine Roadshow für ihre UK covered bond-Debütemission.

180 Vgl. HM Treasury/FSA, Proposals for a UK Regulated Covered Bonds legislative framework, July 20007, Regulatory Impact Assessment, para. 4.19.

181 Vgl. HM Treasury/FSA, Proposals for a UK Regulated Covered Bonds legislative framework, July 20007, Regulatory Impact Assessment, para. 4.19.

und den Zugang zu einer Investorenbasis ermöglicht, der ohne diese Entwicklung nicht erreicht worden wäre. Nachdem die Frage, ob der Pfandbrief noch ‚state of the art' ist, in regelmäßigen Abständen gestellt wird, ist zu erwarten, dass der Pfandbrief trotz Finanzkrise, Anpassung der Geschäftsmodelle einiger Pfandbriefbanken und der sich abzeichnenden Neuordnung der (Pfandbrief-)Bankenlandschaft weiterhin die Benchmark im covered bond-Segment bleibt und sich der Exporterfolg des Pfandbriefs fortsetzen wird.

Urteilsverzeichnis

Adams v. Cape Industries Plc (1990) C.A. [1991] Ch 433, [1991] 1 All E.R. 929, [1990] 2;
Agnew v. Commissioner of Inland Revenue [2000] 1 N. Z. L. R. 223, [2001] 2 A.C. 710;
Annangel Glory Cia Naveria SA v. M Golodetz Ltd. [1988] 1 Lloyd's Rep 45;
Arden v. Arden (1885) 29 Ch.D. 702, 709;
Arthur D Little v. Ableco Finance LLC [2002] EWHC 701, [2003] Ch 217;
Ashborder BV v. Green Gas Power Ltd [2004] EWHC 1517 (Ch);
Astor Chemicals Ltd. v. Synthetic Technology Ltd. [1990] BCLC 1, 12;
Athenaeum Soc. v. Pooley (1853) 3 D. & J. 294;

Badeley v. Consolidated Bank (1888) 38 Ch.D. 238;
Barclay's Bank plc. v. Willowbrook International Ltd. [1987] 1 F.T.L.R. 386;
Bell Group Finance (Pty) Ltd. (in liquid.) v. Bell Group (UK) Holdings Ltd. [1996] 1 BCLC 304;
Bence v. Shearmann [1898] 2 Ch. 582;
Biggerstaff v. Rowatt's Wharf Ltd. [1896] 2 Ch. 93;
Bosanquet v. St. John D'El Rey Mining Co., Ltd., 1897, 77 L.T.R. 206;
Bowden's Patents Syndicate v. Smith [1904] 2 Ch. 86;
Bristol Airport plc v. Powdrill [1990] Ch 744;
Brown v. Bateman (1867) LR 2 CP 272;
Burr v. Wimbledon Local Board (1887) 56 L.T. 329;
Business Computers Ltd. v. Anglo-African Leasing Ltd. [1977] 2 All E.R. 741, 1 W.L.R. 578;

C. I. R. v. Goldblatt [1972] Ch 498;
Cairney v. Back [1906] 2 K.B., 746;
Carruth v. Imperial Chemical Industries Ltd. (1937) A. C. 707;
cf. Grey v. I. R. C. [1960] A.C. 1;
cf. Kekewich v. Manning (1851) 1 De G.M. & G. 176;
cf. Meek v. Kettlewell (1843) 1 Ph. 342;
cf. Watson v. Mid. Wales Ry. (1867) L.R. 2 C.P. 593;
Chuckmere Brick Company Ltd. v. Mutual Finance Ltd. [1971] Ch 949;
Contemporary Cottages (NZ) Ltd. v. Margin Traders Ltd. [1981] 2 N.Z.L.R. 114;
Cootage Club Estates Ltd v. Woodside Estates (Amersham) Ltd [1928] 2 Q.B. 463, 467;
Cornhill Insurances plc v. Improvement Services Ltd. [1986] 1 WLR 114;
Cotton v. Heyl [1930] 1 Ch. 510;
Crouch v. Martin (1707) 2 Vern. 595;

Davey & Co. v. Williamson & Sons, Ltd. [1898] 2 Q.B. 194;
Dawson v. Great Northern and City Rly. Co. [1905] 1 KB 260 CA;
Dearle v. Hall (1828) 3 Russ. 1;
Deposit Protection Board v. Dalia [1994] 2 A.C. 367, 392;
Downsview Nominees Ltd. v. First City Corporation [1993] AC 295;
Durham Brothers v. Robertson (1898) 1 Q.B. C. A. 765, 769;
D.H.N. Food Distributors Ltd. v. London Borough of Tower Hamlets [1976] 1 W.L.R. 852;

Edwards Nelson & Co. Ltd. v. Faber [1903] 2 K.B. 367;
Edwards v. Standard Rolling Stock Syndicate [1893] 1 Ch. 574 (Ch.D.);

Evans v. Rival Granite Quarries [1910] 2 KB 979, 999;
Ex p. Agra Bank (1868) L.R. 3 Ch.App. 555;
Ex p. South (1818) 3 Swanst. 392;
Ex parte Moor (1878) 10 Ch.D. 530;

Farley v. Housing and Commercial Developments (1984) BCLC 442, 450;
Ferrier v. Bottomer (1972) 126 C.L.R. 597;
Fire Nymph Products Ltd. v. Heating Center Pty. Ltd. (in liquidation) 1992 7 ACSR 365, 373;
Fitzroy v. Cave [1905] 2 K.B. 364, 372;
Ford & Carter Ltd. v. Midland Bank Ltd. (1979) 129 New LJ 543, 544;
Forster v. Baker [1910] 2 K.B. 636;
Forster v. Wilson (1843) 12 M&W 191, 203;

Geisse v. Taylor, 1905, 2 K.B. 658;
George Barker (Transport) Ltd. v. Eynon [1974] 1 W.L.R. 462, 467.
German v. Yates (1915) T. L. R. 52;
Glegg v. Bromley [1912] 3 K.B. 474;
Gomba Holdings U. K. Ltd. v. Homan [1986] 3 All E.R. 94 = [1986] BCLC 331;
Gorringe v. Irwell India Rubber Works (1886) 34 Ch.D. 128;
Government Stock Co. v. Manila Ry. [1897] A.C. 81;
Grigson v. George Taplin and Co., Ltd., 1915, 112, L.T.R. 985;

Helstan Securities Ltd. v. Hertfordshire C.C. [1978] 3 All E.R. 262;
Herkules Piling v. Tilbury Construction (1992) 61 Build.L.R. 107, 119;
Hirsch v. Coats (1856) 18 CB 757;
Hodson v. Tea Co (1880) Ch.D. 859;
Holroyd v. Marshall [1861–1873] All E. R. 414, 418;
Holt v. Heatherfield Trust Ltd (1942) 2 K.B. 1;
Hubbuck v. Helms (1887) 56 L. J. Ch. 536;
Hyde Management Services Pty. Ltd. v. F. A. I. Insurances Ltd. (1979) 144 CLR 541, 543;

Illingworth v. Houldsworth [1904] A. C., 355, 357;
International Factors Limited v. Rodriguez [1979] Q.B. 351;

Johnson v. Collins (1880) 1 East 98;
Joseph Wright and Grace Elizabeth Wright v. Horton and others (1887) 12 A. C. 371 (HL);

Knightsbridge Estates Trust Ltd. v. Byrne (1939) Ch. 441, 456 (C.A.);
Kreglinger v. New Patagonia Meat and Cold Storage Co. Ltd. [1914] A.C. 25 at 37;

Levene v. Maton (1907) 51 Sol Jo 532;
Linden Gardens Trust Ltd. v. Lenesta Sludge Disposals Ltd [1994] 1 A.C. 85;
Lister v. Hooson (1908) 1 K.B. 174;
Liversidge v. Broadbent (1859) 4 H. & N. 603;

MacMahon v. North Kent Ironworks Co. [1891] 2 Ch. 574;
MacNiven v. Westmoreland Investments Ltd. [2001] STC 237;
Magee v. UDC Finance Ltd [1983] NZLR 438, CA;
Marchant v. Morton, Don & Co [1901] 2 K.B. 829;
Medforth v. Blake [1999] 3 All E.R. 97, 103;
Meek v. Kettlewell (1843) 1 Ph. 342;
Mercantile Bank of India v. Chartered Bank of India, Australia and China [1937] 1 All E.R., 231;
Mogg v. Baker (1838) 3 M&W 195;
Moschi v. Lep Air Services Ltd. [1973] AC 331, 347;

National Provincial & Union Bank of England v. Charnley [1924] 1 K.B. 431, 449;
National Westminster Bank v. Spectrum Plus [2005] UKHL 41;
Newhart Developments Ltd. v. Cooperative Commercial Bank Ltd. [1978] Q.B. 814;
Norton v. Yates [1906] 1 K.B. 112;
NW Robbie & Co. Ltd. v. Witney Warehouse Co. Ltd. [1963] 3 All E.R. 613, 621 (C.A.);

Oughtred v. I. R. C. [1960] A.C. 206;

Palmer v. Carey [1926] A.C. 703 at 706–707;
Pane & Frank Ltd. v. Discount Bank;
Parsons v. Sovereign Bank of Canada [1913] 106 L.T. 674;
Perciwal v. Dunn (1885) 29 ChD 128;
Performing Rights Society Ltd. v. London Theatre of Varieties Ltd. [1924] A.C. 1;
Pfeiffer Weinkellerei-Weineinkauf GmbH & Co. v. Arbuthnot Factors [1988] 1 W.L.R. 150;
Phipps v. Lovegrove, Prosser v. Phipps (1873) L.R. 16 Eq. 80;

Re A Company (no. 001573 of 1983) [1983] 1 BCC 98–937, 98.939;
Re Anglo-Continental Supply Co. (1922) 2 Ch. 723;
Re Armagh Shoes Ltd. [1982] N.I. 59; [1984] BCLC 405;
Re ASRS Establishment Ltd. [2000] 2 B. C. L. C. 631;
Re Automatic Bottle Makers. Ltd., 1926, Ch. 412 (C. A.);
Re B. Johnson & Co. (Builders) Ltd. [1955] Ch. 634, 644 = 2 All E.R. 775, 779;
Re Barleycorn Enterprise, Ltd. [1970] 2 All E.R. 155;
Re Benjamin Cope & Sons, Ltd., 1914, 1 Ch. 800;
Re Borax Co; Foster v. Borax Co. [1901] 1 Ch. 326 (C. A.);
Re Brightlife Ltd. [1986] 3 All E.R. 673, Ch 200;
Re Croftbell Ltd. (1990) BCL 844;
Re Crompton & Co. Ltd. [1914] 1 Ch 954;
Re Dominion of Canada Freehold Estate and Timber Co. Ltd. (1886) 55 L.T. 347;
Re Dorman, Long & Co. (1934) Ch. 635;
Re Earl of Lucan, Hardinge v. Cobden (1890) 45 ChD 470;
Re Ellenborough [1903] 1 Ch. 697;
Re Empire Mining Co. (1890) 44 Ch. D. 402;
Re F.G. (Films) Ltd [1953] 1 W.L.R. 483;
Re Florence Land and Pubic Works Co (1878) 10 Ch. D. 530;
Re G L Saunders Ltd. [1986] BCLC 40, 43 = [1986] 1 W.L.R. 215, 219;
Re GE Tunbridge Ltd. [1995] 1 BCLC 34;
Re General Horticultural Co (1886) 32 Ch D 512;
Re General Motors Cab Co. (1913) 1 Ch. 377;
Re General South America Co. [1876] 2 Ch.D. 337 (C. A.);
Re Goldcorp Exchange Ltd. (1994) 3 W.L.R. 199, 212.f.;
Re Guardian Assurance Co. (1917) 1 Ch. 431;
Re Gunsbourg, ex p. Trustee (1919) 88 LJKB 479;
Re Hamilton Young & Co, ex parte Carter [1905] 2 K.B. 772;
Re Henry Pound, Son, & Hutchins (1889) 42 Ch.D. 402, 418;
Re Keenan Bros. Ltd. [1985] I.R. 401; [1986] BCLC 242;
Re Lewis Merthyr Consolidated Collieries Ltd. [1929] 1 Ch. 498, 512;
Re London Pressed Hinge Co. Ltd., Campell v. London Pressed Hinge Co. Ltd. [1905] 1 Ch. 576;
Re Lowersoft Traffic Services Ltd. [1986] BCLC 81;
Re New Bullas Trading [1991] 1 BCLC 485;
Re Old Bushmills Distillery Co.; Ex parte Brett, 1897, 1 I. R. 488, 505;
Re Opera Ltd. [1891] 2 Ch 154;
Re Panama, New Zealand and Australian Royal Mail Company (1870), L.R. 5 Ch. App. 318;

Re Paramount Airways Ltd. [1990] BCC 130, 137;
Re Parkes Garage (Swadlincote) Ltd. [1929] 1 Ch. 139;
Re Pearl Maintenance Services Ltd. [1995] BCC 657;
Re Permanent Houses (Holdings) Ltd [1988] BCLC 563;
Re Potters Oils Ltd. (No. 2) [1986] 1 W.L.R. 2001;
Re Purpoint Ltd [1991] B.C.L.C. 491, 499;
Re Reprographic Exports (Euromart) Ltd. (1978) 122 S.J. 400;
Re Rose [1949] Ch. 78; Re Rose [1952] Ch. 499;
Re Sandwell Park Colliery Co. (1914) 1 Ch. 589;
Re Steel Wing Co. Ltd. [1921] 1 Ch. 349;
Re Tilt (1896) 74 L.T. 163;
Re Tilt Cove Copper Co. Ltd. [1913] 2 Ch 588;
Re Trytel [1952] 2 T.L.R. 32;
Re Unit 2 Windows Ltd. (1985) 1 W.L.R. 1383, 1388;
Re Welsh Irish Ferries Ltd. [1986] Ch 471, [1985] 3 WLR 610;
Re White Star Line Ltd. (1938) Ch. 458;
Re Woodroffes (Musical Instruments) Ltd. [1985] 2 All E.R. 908;
Re Yorkshire Woolcomber's Association [1903] 2 Ch 284, (CA);
ReBond Worth Ltd [1980] Ch 226;
Rice v. Bannister (1878) 3 Q.B.D. 569, C.A.;
Robson v. Smith [1895] 2 Ch. 118;
Roddick v. Gandell (1852) 1 De G.M. & G. 763 at 777;
Rottenberg & Ors v. Monjack [1992] BCC 688 = [1993] BCLC 374;
Row v. Dawson (1749) 1 Ves. Sen. 331;
Roxburghe v. Cox (1881) 17 Ch.D. 520, 526;
Ryall v. Rowes (1750) 1 Ves. Sen. 348;

Salmon v. Salmon & Co. [1897] A.C. 22;
Santley v. Wilde [1899] 2 Ch. 474 (CA);
Saunders v. Vautier (1841) 4 Beav. 115;
Scott v. Lord Hasting (1859) 4 K. & J. 633;
Shepherd v. Federal Commissioners of Taxation (1965) 113 C.L.R. 385;
Siebe Gorman & Co. Ltd. v. Barclay's Bank Ltd. [1979] 2 Lloyd's Rep. 142;
Smith v. English and Scottish Mercantile Investment Trust, 1896, W. N. 86;
Sowman v. Daniel Samuel Trust Ltd. [1978] 1 All E.R. 616;
Stephens v. Venables (1862) 30 Beav. 625;
Stocks v. Dobson (1853) 4 De G M & G 11;
Stoddart v. Union Trust Ltd. (1912) 1 K.B. 181;
Swiss Bank Corp v. Lloyds Bank Ltd, [1982] AC 584;

Tailby v. Official Receiver (1881) 13 A.C. 523;
Tailby v. Official Receiver [1886–1890] All E.R. 486, 496;
Tancred v. Delagoa Bay & East Africa Rty. Co. (1893) 23 Q.B.D 239;
Taylors Industrial Flooring Ltd. v. M & H Plant Hire (Manchester) Ltd. [1990] BCLC 216;
The Annangel Glory [1988] 1 Lloyd's Rep. 45;
The Attika Hope [1988] 1 Lloyd's Rep. 439, 441;
The Cebu (no. 2) [1993] Q.B. 1;
The Halycorn The Great [1984] 1 Lloyd's Rep. 283, 289;
Torkington v. Magee (1902) 2 K.B. 427, 430;
Tudor Grange Holdings Ltd. v. Citibank NA [1992] Ch. 53 = [1991] 4 All E.R. 1 (CA).

Walker v. Bradford Old Bank (1884) 12 Q.B.D. 511;
Wallace v. Evershed [1899] 1 Ch. 891, 894;

Wallace v. Universal Automatic Machines Co [1894] 2 Ch 547;
Ward v. Duncombe [1893] A.C. 369;
Warner Bros. Records Inc. v. Rollgreen Ltd [1976] Q.B. 430;
Waters v. Widdows [1984] V. R. 503;
Watson v. Duke of Wellington (1830) 1 Russ & M 602, 605;
Webb v. Smith (1885) 30 Ch.D. 192;
Weddell v. J. A. Pearce & Major [1988] Ch 26, 40;
Welsh Development Agency v. Export Finance Co. [1990] BCC 393;
Westminster Bank, Ltd. v. Residential Properties Improvement Co., Ltd. [1938] 2 All E.R. 374;
Whitworth v. Gaugain (1844) 3 Hare 416;
Williams Brandt's Sons v. Dunlop Rubber Co. [1905] A.C. 454;
Williams v. Atlantic Assurance Co. Ltd. [1933] 1 K.B. 81, 100;
Williams v. Atlantic Insurance Co. Ltd. (1933) 1 K.B. 81;
Wilson v. Coupland (1821) 5 B. & Ald. 228, 232;
Witworth v. Gaugain (1844) 3 Hare 416; und
Wu Koon Tai v. Wy Yau Loi [1997] A. C. 179, 189.

Literatur- und Quellenverzeichnis

Adkins, Richard; Company Receivers – A New Status? JIBL, [1988], p. 202 et seq.; **zitiert**: Adkins, Company Receivers – A New Status? JIBL, [1988], p.;

Afhüppe, Sven; Cünnen, Andrea; Regierung fürchtet Verunsicherung der Anleger, in: Handelsblatt vom 28.5.2009, S. 24; **zitiert**: Afhüppe/Cünnen, Regierung fürchtet Verunsicherung der Anleger, in: Handelsblatt vom 28.5.2009, S. 24;

Afhüppe, Sven; Hypo Real Estate: Was wusste Steinbrück?, in: Handelsblatt vom 17.10.2008; **zitiert**: Afhüppe, Hypo Real Estate: Was wusste Steinbrück?, in: Handelsblatt vom 17.10.2008;

Alexander, John; The Enterprise Act 2002, IL&P, [2003], 3; **zitiert**: Alexander, The Enterprise Act 2002, IL&P 2003, p.;

Amend, Angelika; Die „eingeschränkte Insolvenz", in: ZIP, 9/2009, S. 395; **zitiert**: Amend, Die „eingeschränkte Insolvenz", in: ZIP, 9/2009, S. 395;

Amend, Angelika; Das Finanzmarktstabilisierungsergänzungsgesetz oder der Bedeutungsverlust des Insolvenzrecht, in: ZIP, 13/2009, S. 589 ff.; **zitiert**: Amend, Das Finanzmarktstabilisierungsergänzungsgesetz oder der Bedeutungsverlust des Insolvenzrecht, in: ZIP, 9/2009, S.;

Anderson, Andrew; Administration: Rights of Secured Creditors, IL&P, [1991], p. 130 et seq.; **zitiert**: Anderson, Administration: Rights of Secured Creditors, IL&P 1991, p.;

App, Jürgen G.; Rzimski, Michael; Neue Offenlegungsanforderungen für Banken nach der Solvabilitätsverordnung, in: ZfgK, 24/2006, S. 1340 ff.; **zitiert**: App/Rzimski, Neue Offenlegungsanforderungen für Banken nach der Solvabilitätsverordnung, in: ZfgK, 24/2006, S.;

Archer, David; Insolvency Act 2000, SJ, [2001], p. 108 et seq.; **zitiert**: Archer, Insolvency Act 2000, SJ, [2001], p.;

Armour, Douglas; Tolley's Limited Liability partnership – the new legislation, Croyden, 2001; **zitiert**: Armour, Tolley's Limited Liability partnership – the new legislation, p. para.;

Armour, John; Bennett, Howard (general editors); Vulnerable Transactions in Corporate Insolvency, 2003, Oxford; **zitiert**: Armour, Bennett, Vulnerable Transactions in Corporate Insolvency, p. para.;

Armour, John; Frisby, Sandra; Rethinking Receivership, OJLS, [2001], 73 et seq.; **zitiert**: Armour/Frisby, Rethinking Receivership, OJLS [2001], p.;

Arnholz, Josef; Gainor Edward E.; Offerings of Asset-Backed Securities, USA, 2004; **zitiert**: Arnholz/Gainor, Offerings of Asset-Backed Securities, 2004, p.;

Asmussen, Jörg; Neues Pfandbriefrecht – Fortsetzung einer Erfolgsgeschichte, in: Börsenzeitung vom 19.5.2005, S. B3; **zitiert**: Asmussen, Neues Pfandbriefrecht – Fortsetzung einer Erfolgsgeschichte, in: Börsenzeitung vom 19.7.2005, S. B3;

Asmussen, Jörg; Der Pfandbrief – eine Stütze des deutschen Finanzsystems, in: I&F, 2008, S. 13 ff.; **zitiert**: Asmussen, Der Pfandbrief – eine Stütze des deutschen Finanzsystems, in: I&F, 2008, S.;

Assmann, Heinz-Dieter; Neues Recht für den Wertpapierbetrieb, die Förderung der Vermögensbildung durch Wertpapieranlagen und die Geschäftstätigkeit von Hypothekenbanken, in: NJW, 9/1991, S. 528 ff.; **zitiert**: Assmann, Neues Recht für den Wertpapierbetrieb, die Förderung der Vermögensbildung durch Wertpapieranlagen und die Geschäftstätigkeit von Hypothekenbanken, in: NJW, 9/1991, S.;

Augar, Philipp; The Death of Gentlemanly Capitalism, 2000, London; **zitiert**: Augar, The Death of Gentlemanly Capitalism, 2000, p.;

Bailey, Edward; Groves, Hugo; Smith, Cormack; Corporate Insolvency, 2nd Edition, 2001, London; **zitiert**: Bailey/Groves/Smith, Corporate Insolvency, 2nd Edition, 2001, p. para.;

Bailey, Edward; Voluntary Arrangements, 2003, London; **zitiert:** Bailey, Voluntary Arrangements, 2003, p. para.;

Balai, David; Covered bonds continue to seduce, in: Euromoney, June 2005, p. 142 et seq.; **zitiert:** Balai, David; Covered bonds continue to seduce, in: Euromoney, June 2005, p.;

Barbour, Iain; Hostalier, Katie; Thym, Jennifer; True sale versus synthetics for MBS/CLO transactions, Commerzbank Securities, Global Structural Analysis, 29.5.2003, S. 1; **zitiert:** Barbour/Hostalier/Thym, True sale versus synthetics for MBS/CLO transactions, Commerzbank Securities, Global Structural Analysis, 29.5.2003, p.;

Baseler Ausschuss für Bankenaufsicht; International Konvergenz der Kapitalmessung und Eigenkapitalanforderungen, Überarbeitete Rahmenvereinbarung (Übersetzung der Deutschen Bundsbank), Juni 2004; **zitiert:** Baseler Ausschuss für Bankenaufsicht, International Konvergenz der Kapitalmessung und Eigenkapitalanforderungen, Überarbeitete Rahmenvereinbarung (Übersetzung der Deutschen Bundsbank), Juni 2004, S.;

Batchvarov, Alexander; Merril Lynch Guide to International Mortgage Markets and *Mortgage* Backed Securities, London, 2003; **zitiert:** Batchvarov, Merril Lynch Guide to International Mortgage Markets and Mortgage Backed Securities, 2003, p.;

Battersby, G.; Preston, A. D.; The Concepts of „Property", „Title" and „Owner" Used in the Sale of Goods Act 1893, [1972], 32 MLR, p. 268 et seq.; **zitiert:** Battersby/Preston, The Concepts of „Property", „Title" and „Owner" Used in the Sale of Goods Act 1893, [1972], 32 MLR, p.;

Bauersfeld, Tanja; Gedeckte Instrumente zur Refinanzierung von Hypothekendarlehen (Dissertation), 2007; **zitiert:** Bauersfeld, Gedeckte Instrumente zur Refinanzierung von Hypothekendarlehen, 2007, S.;

Baums, Theodor; Die gerichtliche Kontrolle von Beschlüssen der Gläubigerversammlung nach dem Referentenentwurf eines neuen Schuldverschreibungengesetzes, in: ZBB, 1/2009, S. 1 ff.; **zitiert:** Baums, Die gerichtliche Kontrolle von Beschlüssen der Gläubigerversammlung nach dem Referentenentwurf eines neuen Schuldverschreibungengesetzes, in: ZBB, 1/2009, S.;

BayernLB; Covered Bond Report, 2006, 2007, 2008 und 2009; **zitiert**; BayernLB, Covered Bond Report, Nr. vom [Datum], S.;

Beatson, J.; Anson's Law of Contract, 28th Edition, 2002, Oxford, Cambridge; **zitiert:** Beatson, Anson's Law of Contract, p.;

Becker, Florian; Mock, Sebastian; FMStG – Finanzmarktstabilisierungsgesetz: Kommentar, 1. Auflage, März 2009; **zitiert:** Becker/Mock, FMStG, § Rn.;

Behr, Patrick; Güttler, André; Ein allgemeines Pfandbriefgesetz bietet Investoren mehr Chancen als Risiken, in: Portfolio Institutionell, Ausgabe 6, November/Dezember 2003, S. 12 ff.; **zitiert:** Behr/Güttler; Ein allgemeines Pfandbriefgesetz bietet Investoren mehr Chancen als Risiken, in: Portfolio Institutionell, Ausgabe 6, November/Dezember 2003, S.;

Bellinger, Dieter; Anpassung des Hypothekenbankgesetzes im Rahmen des Vierten Finanzmarktförderungsgesetzes, in: DLK, 16+17/1999, S. 542 ff.; **zitiert:** Bellinger, Anpassung des Hypothekenbankgesetzes im Rahmen des Vierten Finanzmarktförderungsgesetzes, in: DLK, 16+17/1999, S.;

Bellinger, Dieter; Bezeichnungsschutz und EG-Standard des Pfandbriefes, in DLK, 1992, S. 553 ff.; **zitiert:** Bellinger, Bezeichnungsschutz und EG-Standard des Pfandbriefes, in DLK, 1992, S.;

Bellinger, Dieter; Die Harmonisierung des Pfandbriefrechts im Rahmen der EG-Richtlinie auf dem Gebiet des Hypothekarkredits, in: Festschrift für Klemens Pleyer zum 65. Geburtstag, Herausgeber: Hofmann, Paul (Hrsg.); Meyer-Cording, Ulrich; Wiedemann, Herbert; 1986, S. 3 ff.; **zitiert:** Bellinger, Die Harmonisierung des Pfandbriefrechts im Rahmen der EG-Richtlinie auf dem Gebiet des Hypothekarkredits, in: Hofmann, Festschrift für Klemens Pleyer zum 65. Geburtstag, S.;

Bellinger, Dieter; Einige Betrachtungen zur Geschichte der deutschen Hypothekenbanken, in: DLK, 02/2005, S. 48 ff.; **zitiert:** Bellinger, Einige Betrachtungen zur Geschichte der deutschen Hypothekenbanken, in: DLK, 02/2005, S.;

Bellinger, Dieter; Einige Betrachtungen zur Geschichte der deutschen Hypothekenbanken, in: I&F, 2/2005, S. 48ff.; **zitiert:** Bellinger, Einige Betrachtungen zur Geschichte der deutschen Hypothekenbanken, in: I&F, 2/2005, S.;

Bellinger, Dieter; Kerl, Volkher; Hypothekenbankgesetz, Kommentar, 4. völlig neubearbeitete und erweiterte Auflage des von Kurt Bartlet & Ernst Karding begründeten und von Rudolf Fleischmann fortgeführten Werkes, München 1995; **zitiert:** Bellinger/Kerl, Hypothekenbankgesetz, 4. Auflage, 1995, § Rdn.;

Benders, Rolf; LBB rüttelt am Pfandbrief – Die Landesbank wählt eine alternative Refinanzierung und zieht sich damit massive Kritik zu, in: Handelsblatt vom 25.4.2007, S. 25; **zitiert:** LBB rüttelt am Pfandbrief – Die Landesbank wählt eine alternative Refinanzierung und zieht sich damit massive Kritik zu, in: Handelsblatt vom 25.4.2007, S.;

Berg, Alan; Duties of a Mortgagee and a Receiver, J.B.L., 1993, p. 213 et seq.; **zitiert:** Berg, Duties of a Mortgagee and a Receiver, J.B.L., 1993, p.;

Bernstorff, Graf von, Christoph; Das Hypothekenrecht in den EU-Staaten, RIW 1997, Heft 3, S. 1881–1888; **zitiert:** Bernstorff, Das Hypothekenrecht in den EU-Staaten, RIW 1997, Heft 3, S.;

Bernstorff, Graf von, Christoph; Einführung in das englische Recht, 2. Auflage, 2000, München; **zitiert:** Bernstorff, Einführung in das englische Recht, 2. Auflage, 2000, S.;

Bettink, Jan; Neue Geschäftsmodelle für Hypothekenbanken, in: ZfgK, 20/2004, S. 1117 ff.; **zitiert:** Bettink, Neue Geschäftsmodelle für Hypothekenbanken, in: ZfgK, 20/2004, S.;

Binder, Jens-Hinrich; Bankinsolvenzen im Spannungsfeld zwischen Bankaufsichts- und Insolvenzrecht (Dissertation), 2005; **zitiert:** Binder, Bankinsolvenzen im Spannungsfeld zwischen Bankaufsichts- und Insolvenzrecht, S.;

Binder, Jens-Hinrich; Institutionalisierte Krisenbewältigung bei Kreditinstituten, in: ZBB, 2009, S. 19 ff; **zitiert:** Binder, Institutionalisierte Krisenbewältigung bei Kreditinstituten, in: ZBB, 2009, S.;

Birkett, Kirsten; First English covered bond – HBOS paves the way, August 2003; **zitiert:** Birkett, First English Covered Bond – HBOS paves the way, in: practicallaw, 8/2003, p.;

Blaurock, Uwe; Verantwortlichkeit von Ratingagenturen – Steuerung durch Privat- oder Aufsichtsrecht?, in: ZGR, 2007, S. 603–653; **zitiert:** Blaurock, Verantwortlichkeit von Ratingagenturen – Steuerung durch Privat- oder Aufsichtsrecht?, in: ZGR, 2007, S.;

BMJ; Diskussionsentwurf für ein Gesetz zur Einführung eines Reorganisationsplanverfahrens für systemrelevante Kreditinstitute und zur Abwehr von Gefahren für die Stabilität des Finanzsystems, 26.8.2009 (siehe: http://www.bmj.bund.de/files/-/3891/DiskE%20KredReorgG.pdf; zuletzt besucht am 26.8.2009); **zitiert:** BMJ; Diskussionsentwurf für ein Gesetz zur Einführung eines Reorganisationsplanverfahrens für systemrelevante Kreditinstitute und zur Abwehr von Gefahren für die Stabilität des Finanzsystems, 26.8.2009 (siehe: http://www.bmj.bund.de/files/-/3891/DiskE%20KredReorgG.pdf; zuletzt besucht am 26.8.2009), S.;

BNP Paribas; Covered Bond – Investor Presentation, February 2007; **zitiert:** BNP Paribas, Covered Bonds – Investor Presentation, February 2007, p.;

Böhm, Timo; Covered Bonds bieten weiterhin attraktives Anlagespektrum, in: Börsen-Zeitung vom. 19.7.2005, S. B6; **zitiert:** Böhm, Covered Bonds bieten weiterhin attraktives Anlagespektrum, in: BörsenZ vom. 19.7.2005, S. B6;

Bonfig, Kurt; Das Baseler Konsultationspapier zur Novellierung der Kapitaladäquanzrichtlinie, in: DLK 16+17/1999, S. 537; **zitiert:** Bonfig, Das Baseler Konsultationspapier zur Novellierung der Kapitaladäquanzrichtlinie, in: DLK 16+17/1999, S.;

Boos, Karl-Heinz; Fischer, Reinfried; Schulte-Mattler, Hermann; KWG, 3. Auflage, 2008, München; **zitiert:** Boos/Fischer/Schulte-Mattler, KWG, 3. Auflage, 2008, § Rdn.;

Boos, Karl-Heinz; Görke, Oliver; Eine erste Bewertung aus Sicht des VÖB, in: ZfgK 20/2004, S. 1126 ff.; **zitiert:** Boos/Görke, Oliver; Eine erste Bewertung aus Sicht des VÖB, in: ZfgK 20/2004, S.;

Boos, Karl-Heinz; Görke, Oliver; Neues Pfandbriefgesetz stärkt den Finanzplatz Deutschland, in: Börsen-Zeitung vom 27.11.2004, S. B1; **zitiert:** Boos/Görke, Neues Pfandbriefgesetz stärkt den Finanzplatz Deutschland, in: Börsen-Zeitung vom 27.11.2004, S. B1;

Boos, Karl-Heinz; Kein Anlass zur Änderung der Emissionsgrundlage, in: DLK, 17/2004, S. 522; **zitiert:** Boos, Kein Anlass zur Änderung der Emissionsgrundlage, in: DLK, 17/2004, S.;

Boos, Karl-Heinz; Kein Anlass zur Änderung der Rechtsgrundlage, in: I&F 17/2004, S. 524 ff.; **zitiert:** Boos, Kein Anlass zur Änderung der Rechtsgrundlage, in: I&F 17/2004, S.;

Boos, Karl-Heinz; Preuß, Thomas; Die Umsetzung der EU-Prospekt-Richtlinie in Deutschland – Folgen für daueremittierende Banken, in: ZfgK, 10/2005, S. 523 ff.; **zitiert:** Boos/Preuß, Die Umsetzung der EU-Prospekt-Richtlinie in Deutschland – Folgen für daueremittierende Banken, in: ZfgK, 10/2005, S.;

Boos, Karl-Heinz; Rost, Birgit; Landesbanken als Pfandbriefbanken – Geschichte, Gegenwart, Zukunft, in: I&F, 13/2007, S. 440 f.; **zitiert:** Boos/Rost, Landesbanken als Pfandbriefbanken – Geschichte, Gegenwart, Zukunft, in: I&F, 13/2007, S.;

BörsenZ vom 12.5.2007, Pfandbriefgesetz auf dem Prüfstand – Verband diskutiert über Novellierung – Deckungsstock soll um Verbriefungstitel erweitert werden – Mehr als 200 Mrd. Euro an zusätzlicher Masse, S. 1; **zitiert:** *BörsenZ* vom 12.5.2007, Pfandbriefgesetz auf dem Prüfstand – Verband diskutiert über Novellierung, S. 1;

BörsenZ vom 14.3.2007; Moody's macht Rückzieher bei Banken-Ratings – nach heftiger Kritik an Methodik-Änderung kündigt Ratingagentur Überprüfung an – Zeitplan wird verschoben; **zitiert:** BörsenZ vom 14.3.2007, Moody's macht Rückzieher bei Banken-Ratings – nach heftiger Kritik an Methodik-Änderung kündigt Ratingagentur Überprüfung an – Zeitplan wird verschoben;

BörsenZ vom 14.3.2007; vdp besorgt über strukturierte Titel; **zitiert:** BörsenZ vom 14.3.2007, vdp besorgt über strukturierte Titel;

BörsenZ vom 17.4.2007, Interview mit Christian Scheibe (Director Treasury bei der LBB), „Der Zuspruch für unser Konzept ist ausgesprochen erfreulich" – Landesbank Berlin bringt ersten strukturierten, besicherten Bond – Seltene Diversifikationschance für Investoren – Für kleinere und mittlere Sparkassen interessant, S. 19; **zitiert:** BörsenZ vom 17.4.2007, Interview mit Christian Scheibe (Director Treasury bei der LBB), Der Zuspruch für unser Konzept ist ausgesprochen erfreulich, S. 19;

BörsenZ vom 19.7.2005; „Eine Zäsur für alle Pfandbriefemittenten" – Einheitliche Rechtsgrundlage in Kraft, 19.7.2005, S. 1; **zitiert:** BörsenZ, „Eine Zäsur für alle Pfandbriefemittenten" – Einheitliche Rechtsgrundlage in Kraft, 19.7.2005, S. 1;

BörsenZ vom 19.7.2005; Neue Indexfamilie für Covered Bonds, S. 18; **zitiert:** BörsenZ, Neue Indexfamilie für Covered Bonds, vom 19.7.2005, S. 18;

BörsenZ vom 19.7.2005; Das neue Pfandbriefgesetz – eine Zäsur für alle Emittenten (Interview mit Jürgen Grieger und Louis Hagen vom vdp), S. B1; **zitiert:** BörsenZ vom 19.7.2005, Das neue Pfandbriefgesetz – eine Zäsur für alle Emittenten (Interview mit Jürgen Grieger und Louis Hagen vom vdp), S. B1;

BörsenZ vom 2.9.2006; Debüt von Washington Mutual begeistert die Bondinvestoren, S. 18; **zitiert:** BörsenZ vom 2.9.2006, Debüt von Washington Mutual begeistert die Bondinvestoren, S. 18;

BörsenZ vom 23.5.2007; Genossen nehmen neuen Anlauf zur Fusion – DG Hyp und Münchner Hyp bündeln Kräfte – Vorstände unterzeichnen Absichtserklärung über Zusammenschluss der beiden Immobilienfinanzierer, S. 1; **zitiert:** BZ vom 23.5.2007, Genossen nehmen neuen Anlauf zur Fusion – DG Hyp und Münchner Hyp bündeln Kräfte – Vorstände unterzeichnen Absichtserklärung über Zusammenschluss der beiden Immobilienfinanzierer, S. 1;

BörsenZ vom 23.8.2007, „Sicherheit trotz Subprime-Krise" – Pfandbriefverband tritt Zweifeln entgegen – Anteile von US-Objekten marginal; **zitiert:** vom 23.8.2007, „Sicherheit trotz Subprime-Krise" – Pfandbriefverband tritt Zweifeln entgegen – Anteile von US-Objekten marginal;

BörsenZ vom 25.4.2007, LBB rüttelt am Pfandbrief, S. 25; **zitiert:** BörsenZ vom 25.4.2007, LBB rüttelt am Pfandbrief, S. 25;

BörsenZ vom 25.4.2007, Pfandbriefbanken sehen Homogenität gefährdet, S. 5; **zitiert:** BörsenZ vom 25.4.2007, Pfandbriefbanken sehen Homogenität gefährdet, S. 5;

BörsenZ vom 25.4.2007, Reinheitsgebot am Pfandbriefmarkt, S. 8; **zitiert:** BörsenZ vom 25.4.2007, Reinheitsgebot am Pfandbriefmarkt, S. 8;

BörsenZ vom 27.10.2005; Schwarzer Tag für AHBR-Anleihen – Pfandbrief-Verkäufer in Aufruhr – Nachrangpapiere stürzen ab – Ratingagenturen bestätigen Höchstnoten für besicherte Titel; **zitiert:** BörsenZ vom 27.10.2005, Schwarzer Tag für AHBR-Anleihen – Pfandbrief-Verkäufer in Aufruhr – Nachrangpapiere stürzen ab – Ratingagenturen bestätigen Höchstnoten für besicherte Titel;

BörsenZ vom 27.10.2005; Systemtest für den Pfandbrief; **zitiert:** BörsenZ vom 27.10.2005, Systemtest für den Pfandbrief;

BörsenZ vom 13.3.2009; Mindestkapitalregeln werden erst 2010 überprüft, S. 3; **zitiert:** BörsenZ vom 13.3.2009, Mindestkapitalregeln werden erst 2010 überprüft, S. 3;

BörsenZ vom 5.6.2009; Länder wollen die Bankenkonsolidierung, S. 3; **zitiert:** BörsenZ vom 5.6.2009, Länder wollen die Bankenkonsolidierung, S. 3;

Boughey, Simon; Covered Bonds Go International – A „Boring" Asset Class Grows in Popularity, in: Institutional Investor, July/August 2006, Sponsored Report, p. 25 et seq.; **zitiert:** Boughey, Covered Bonds Go International – A „Boring" Asset Class Grows in Popularity, in: Institutional Investor, July/August 2006, Sponsored Report, p.;

Bowman, Louise; The S word, in: Euromoney, November 2007, p. 78 et seq.; **zitiert:** Bowman, The S word, in: Euromoney, November 2007, p.;

Bowman, Louise; It depends what you mean by covered bond, in: Euromoney, September 2005, p. 162; **zitiert:** Bowman, It depends what you mean by covered bond, in: Euromoney, September 2005, p.;

Bowman, Louise; Why the sun hasn't set on RMBS, in: Euromoney, April 2006, p. 92 et seq.; **zitiert:** Bowman, Why the sun hasn't set on RMBS, in: Euromoney, April 2006, p.;

Boyle, A. J.; Birds, John; MacNeil, Iain; McCormack, Gerard; Twigg-Flesner, Christian; Villiers, Charlotte; Boyle & Bird's Company Law, 5th Edition, 2004, Bristol; **zitiert:** Boyle & Bird's Company Law, 5th Edition 2004, p. para.;

Boyle, A. J.; Validity of Automatic Crystallisation Clauses, [1979] JBL 231; **zitiert:** Boyle, Validity of Automatic Crystallisation Clauses [1979] JBL, p. 231;

Bradford & Bingley plc EUR 10 Billion Covered Bond Programme, 21.5.2004 (offering circular); **zitiert:** Bradford & Bingley plc EUR 10 Billion Covered Bond Programme, 21.5.2004 (offering circular), p.;

Braun, Eberhard (Hrsg.); Insolvenzordnung – Kommentar, München, 3. Auflage, 2007; **zitiert:** Braun, InsO, 3. Auflage, 2007, § Rdn.;

Bridge, M.G.; Fixed Charges and Freedom of Contract, 1994, 110 LQR, p. 340 et seq.; **zitiert:** Bridge, Fixed Charges and Freedom of Contract, 1994, 110 LQR, p.;

Brink, Ulrich; Habel, Wolfgang; Hartwig, Hans J.; Das Recht der Kreditsicherheit in europäischen Ländern – Teil IV: England, 218, Herausgeber: Hadding Walther und Uwe H. Schneider, 1980, Berlin; **zitiert:** Brink/Habel/Hartwig, Das Recht der Kreditsicherheiten, Teil IV: England, S.;

British Bankers' Association, London Investment Banking Association, Council of Mortgage Lenders, International capital Market Association; Joint association response to the proposals for a UK Regulated Covered Bonds legislative framework, undated, p.; **zitiert:** bba/LIBA/CML/ICMA, Joint association response to the proposals for a UK Regulated Covered Bonds legislative framework, p.;

Brocker, Till; Nutzen des Refinanzierungsregisters für ausländische Kreditinstitute in ABS-Transaktionen, in: BKR, 2007, S. 60 ff.; **zitiert:** Brocker, Nutzen des Refinanzierungsregisters für ausländische Kreditinstitute in ABS-Transaktionen, in: BKR, 2007, S.;

Brown, Mark; Constructive Conservatism, in: Euromoney, April 2005, p. 60 et seq.; **zitiert:** Brown, Constructive Conservatism, in: Euromoney, April 2005, p.;

Brown, Mark; Covered bonds face an identity crisis, in: Euromoney, November 2004, p. 77 et seq.; **zitiert:** Brown, Covered bonds face an identity crisis, in: Euromoney, November 2004, p.;

Brown, Mark; Covered bonds invade new markets, in: Euromoney, November 2003, p. 6 et seq.; **zitiert:** Brown, Mark; Covered bonds invade new markets, in: Euromoney, November 2003, p.;

Brown, Mark; Has Brussel got the market covered? In: Euromoney, November 2005, p. 89 et seq.; **zitiert**: Brown, Has Brussel got the market covered? In: Euromoney, November 2005, p.;

Brown, Mark; Pfandbriefe cannot count on brand loyalty, in: Euromoney, April 2004; **zitiert**: Brown, Pfandbriefe cannot count on brand loyalty, in: Euromoney, April 2004, p.;

Bundesanstalt für Finanzdienstleistungsaufsicht (BaFin), Jahresbericht, 2003; **zitiert**: BaFin, Jahresbericht, 2003, S.;

Bundesanstalt für Finanzdienstleistungsaufsicht (BaFin), Jahresbericht, 2004; **zitiert**: BaFin, Jahresbericht, 2004, S.;

Bundesanstalt für Finanzdienstleistungsaufsicht (BaFin), Jahresbericht, 2005; **zitiert**: BaFin, Jahresbericht, 2005, S.;

Bundesanstalt für Finanzdienstleistungsaufsicht (BaFin), Jahresbericht, 2008; **zitiert**: BaFin, Jahresbericht, 2008, S.;

Bundesanstalt für Finanzdienstleistungsaufsicht (BaFin), Merkblatt, Voraussetzungen für die Erteilung einer Erlaubnis zum Betreiben des Pfandbriefgeschäftes (§ 1 Abs. 1 Satz 2 Nr. 1a KWG – Anforderungen an die Anzeige nach § 42 Abs. 1 Satz 2 PBG, April 2005; **zitiert**: BaFin, Merkblatt, Voraussetzungen für die Erteilung einer Erlaubnis zum Betreiben des Pfandbriefgeschäftes (§ 1 Abs. 1 Satz 2 Nr. 1a KWG) – Anforderungen an die Anzeige nach § 42 Abs. 1 Satz 2 PfandBG, April 2005, S.;

Bundesministerium der Justiz, Integration der Europäischen Hypothekarkreditmärkte – Stellungnahme zu den Berichten der Unterarbeitsgruppen Finanzierungsfragen und Industrie-Verbraucher-Dialog, Februar 2007; **zitiert**: Bundesministerium der Justiz, Integration der Europäischen Hypothekarkreditmärkte – Stellungnahme zu den Berichten der Unterarbeitsgruppen Finanzierungsfragen und Industrie-Verbraucher-Dialog, Februar 2007, S.;

Bundesministerium für Finanzen; Untersuchungsausschuss zur HRE-Rettung – Keine Alternative zur Rettung und Stabilisierung der HRE, vom 23.4.2009 (siehe: http://www.bundesfinanzministerium.de/DE/Wirtschaft_und_Verwaltung/Finanz_ und_Wirtschaftspolitik/230409_UA_HRE.html; zuletzt besucht am 31.7.2009); **zitiert**: BMF, Untersuchungsausschuss zur HRE-Rettung – Keine Alternative zur Rettung und Stabilisierung der HRE, vom 23.4.2009 (siehe: http://www.bundesfinanzministerium.de/DE/ Wirtschaft_und_Verwaltung/Finanz_ und_Wirtschaftspolitik/230409_UA_HRE.html; zuletzt besucht am 31.7.2009);

Bundesministerium für Finanzen; Neuordnung des Pfandbriefrechts – Weiterentwicklung eines deutschen Modellprodukts, in: Monatsbericht Mai 2005, S. 69 ff.; **zitiert**; Bundesministerium für Finanzen, Neuordnung des Pfandbriefrechts – Weiterentwicklung eines deutschen Modellprodukts, in: Monatsbericht, Mai 2005, S.;

Bundesministerium für Finanzen; Umsetzung von Basel II in Deutschland und der Europäischen Union, in: Monatsbericht Januar 2006, S. 57 ff.; **zitiert**: Bundesministerium für Finanzen, Umsetzung von Basel II in Deutschland und der Europäischen Union, in: Monatsbericht, Januar 2006, S.;

Bundesverband Deutscher Banken und Verband deutscher Hypothekenbanken; Gemeinsame Stellungnahme von BdB und VDH zur Stellungnahme des Bundesrates zu dem Entwurf eines Gesetzes der Bundesregierung vom 31.10.2004 zur Neuordnung des Pfandbriefrechts (Bundesrats-Drucksache 781/04), vom 29.11.2004; **zitiert**: BdB und VDH, Gemeinsame Stellungnahme von BdB und VDH zur Stellungnahme des Bundesrates zu dem Entwurf eines Gesetzes der Bundesregierung vom 31.10.2004 zur Neuordnung des Pfandbriefrechts (Bundesrats-Drucksache 781/04), vom 29.11.2004, S.;

Bundesverband Öffentlicher Banken Deutschland (VÖB); Deutscher Pfandbrief 2006 – Aktuelle Entwicklungen und internationaler Vergleich, 2006; **zitiert**: Autor, Titel, in: VÖB, Deutscher Pfandbrief 2006 – Aktuelle Entwicklungen und internationaler Vergleich, 2006, S.;

Bundesverband Öffentlicher Banken Deutschland (VÖB); Newsletter – Aktuelles IV/2006; **zitiert**: VÖB, Newsletter – Aktuelles IV/2006, S.;

Bundesverband Öffentlicher Banken Deutschland (VÖB)/Allen & Overy; Das neue Pfandbriefgesetz – Stärkung des Finanzplatzes Deutschland, 2005; **zitiert:** VÖB/Allen & Overy, Das neue Pfandbriefgesetz – Stärkung des Finanzplatzes Deutschland, 2005, S.;

Bundesverband Öffentlicher Banken Deutschlands (VÖB); Stellungnahme zu den künftigen Haftungsstrukturen der deutschen Landesbanken, vom 15.1.2003; **zitiert:** VÖB, Stellungnahme zu den künftigen Haftungsstrukturen der deutschen Landesbanken, vom 15.1.2003, S.;

Bundesverband Öffentlicher Banken Deutschland (VÖB); Jahresbericht 2008; **zitiert:** VÖB, Jahresbericht, 2008, S.;

Bundeswirtschaftsministerium (BMWi); Gesetz zur Ergänzung des Kreditwesengesetzes (Entwurf), undatiert (siehe: http://www.bmwi.de/BMWi/Redaktion/PDF/Gesetz/entwurf-gesetz-ergaenzung-des-kreditwesengesetzes,property=pdf,bereich=bmwi,sprache=de,rwb=true.pdf; zuletzt besucht am: 26.8.2009); **zitiert:** Bundeswirtschaftsministerium (BMWi), Gesetz zur Ergänzung des Kreditwesengesetzes (Entwurf), undatiert (siehe: http://www.bmwi.de/BMWi/Redaktion/PDF/Gesetz/entwurf-gesetz-ergaenzung-des-kreditwesengesetzes,property=pdf,bereich=bmwi,sprache=de,rwb=true.pdf; zuletzt besucht am: 26.8.2009), S.;

Bunge, Jürgen; Zivilprozess und Zwangsvollstreckung in England – Eine Gesamtdarstellung mit internationalem Prozessrecht und einer Bibliographie, Berlin, 1995; **zitiert:** Bunge, Zivilprozess und Zwangsvollstreckung in England, S.;

Burgess, Robert; Corporate Finance Law, 2nd Edition, 1992, London; **zitiert:** Burgess, Corporate Finance Law, 2nd Edition, 1992, p.;

Burn, E. H.; Cheshire and Burn's Modern Law of Real Property, 16h Edition, 2000, London; **zitiert:** Burn, Cheshire and Burn's Modern Law of Real Property, p.;

Büschgen, Hans E.; Schneider, Uwe H.; Der europäische Binnenmarkt 1992, Frankfurt a.M. 1990; **zitiert:** Autor, Titel, in: Büschgen/Schneider, Der europäische Binnenmarkt 1992, S.;

Cadwalader, Wickersham & Taft LLP (London); Clients&FriendsMemo, Regulated Covered Bonds 2008, 13.2.2008; **zitiert:** Cadwalader, Clients&FriendsMemo, Regulated Covered Bonds 2008, 13.2.2008, p.;

Calnan, R. J.; Floating Charges: A Proposal for Reform, BJIBFL, [2004], p. 341 et seq.; **zitiert:** Calnan, Floating Charges: A Proposal for Reform, BJIBFL, [2004], p.;

Calnan, R. J.; Priorities between Execution Creditors and Floating Charges, NZULR [1982], p. 111 et seq.; **zitiert:** Calnan, Priorities between Execution Creditors and Floating Charges, NZULR [1982], p.;

Calnan, R. J.; The Reform of Company Security Interests, BJIBFL, [2004], p. 25 et seq.; **zitiert:** Calnan The Reform of Company Security Interests, BJIBFL, [2005], p.;

Calnan, R. J.; The Reform of the Law of Security, BJIBFL, [2004], p. 88 et seq.; **zitiert:** Calnan, The Reform of the Law of Security, BJIBFL, [2004], p.;

Chambers, Alex; The party gets bigger, in: Euromoney, 4/2006, p. 104 et seq.; **zitiert:** Chambers, The party gets bigger, in: Euromoney, 4/2006, p.;

Clark, Wayne; Fisher & Lightwood's Law of Mortgage, 11th Edition, 2002, London; **zitiert:** Fisher & Lightwood's Law of Mortgage, 11th Edition, 2002, p., para.;

Clifford Chance; Changes to the German Pfandbrief Act, in: Newsletter, March 2009; **zitiert:** Clifford Chance, Changes to the German Pfandbrief Act, in: Newsletter, March 2009;

Clist, Angela; Rhodes Nicole (Allen&Overy); New UK covered bond regime: from good to gold?, 29.4.2008; **zitiert:** Clist/Rhodes (Allen&Overy), New UK covered bond regime: from good to gold?, 29.4.2008, p.;

Clist, Angela; Rhodes Nicole (Allen&Overy); Covered bonds in the spotlight, 8.6.2006; **zitiert:** Clist/Rhodes (Allen&Overy), Covered bonds in the spotlight, 8.6.2006, p.;

Coles, Adrian; The Role of the Building Societies in Great Britain, in: DLK, 8/2000, p. 282 et seq.; **zitiert**; Coles, The Role of the Building Societies in Great Britain, in: DLK, 8/2000, p.;

Council of Mortgage Lenders (CML); 2nd Annual Funding Conference, Presentation: Funding as an Enabler of Product Innovation, 9.11.2006; **zitiert:** CML, 2nd Annual Funding Conference, Presentation: Funding as an Enabler of Product Innovation, 9.11.2006, p.;

Council of the European Union; Agreed Council conclusions on Strengthening EU Financial Supervision, Brussel, 10.6.2009, 10862/09, ECOFIN 434, EF 91 ‚SURE 20‘; **zitiert:** Council of the European Union, Agreed Council conclusions on Strengthening EU Financial Supervision, Brussel, 10.6.2009, 10862/09, ECOFIN 434, EF 91 ‚SURE 20‘, p.;

Cousins, Edward; The Law of Mortgages, 2nd Edition, 2001, London; **zitiert:** Cousins, The Law of Mortgage, 2nd Edition, 2001, p., para.;

Cowan, Cameron L.; Lore Kenneth G.; Mortgage-Backed Securities, USA, 2006; **zitiert:** Cowan/Gore, Mortgage-Backed Securities, 2006, p.;

Cranston, Ross; Principles of Banking Law, 2nd edition, 2004, Oxford; **zitiert:** Cranston, Principles of Banking Law, p.;

Cresswell, Sir Peter; Blair, W. J. L.; Hill, G. J. S.; Hooley, R. J. A.; Philipps, P. M.; Wood, P. R.; Encyclopedia of Banking Law, Binder 1–4, Loseblattsammlung; **zitiert:** Cresswell, in: Cresswell/Blair/Hill/Hooley/Phillips/Wood, Encyclopedia of Banking Law, part 2, F (5006–50012), p.;

Dannenbaum, Fritz; Deutsche Hypothekenbanken – Wirtschaftliche Darstellung nebst Kommentar zum Hypothekenbankgesetz, 2. Auflage, Berlin, 1928; **zitiert:** Dannenbaum, Deutsche Hypothekenbanken, § Anm.;

Dannenbaum, Fritz; Öffentlichrechtliche Kreditanstalten, Berlin, 1930; **zitiert:** Dannenbaum, Öffentlichrechtliche Kreditanstalten, S.;

Davies, Paul L.; Gower and Davies Principle's of Modern Company Law, 7th Edition, 2003, London; **zitiert:** Gower and Davies' Principles of Modern Company Law, 7th Edition, 2003, London, p.;

Davies, Paul; Fletcher, Ian F.; Bennett, David A.; Bridge Michael; Palmer's Corporate Insolvency, Loseblattsammlung (Stand Juli 2002), London; **zitiert:** Palmer's Corporate Insolvency, 2002, para.;

Davis, Christine J.; The Rescue Culture in the United Kingdom, IL&P, [1997], p. 3 et seq.; **zitiert:** Davis, The Rescue Culture in the United Kingdom, InsLit&Prac 1997, p.;

Deipenbrock, Gundula; Der US-amerikanische Rechtsrahmen für das Ratingwesen – ein Modell für die europäische Regulierungsdebatte?, in: WM, 2007, S. 2217–2223; **zitiert:** Deipenbrock, Der US-amerikanische Rechtsrahmen für das Ratingwesen – ein Modell für die europäische Regulierungsdebatte?, in: WM, 2007, S.;

Deloitte (Cluse, Michael; Engel, Jörg); Basel II – Handbuch zur praktischen Umsetzung des neuen Bankenaufsichtsrechts, Berlin, 2005; zitiert; Deloitte, Basel II; **zitiert:** Autor, Titel, in: Deloitte, Basel II, S.;

Dennis, Vernon; Fox, Alexander; The New Law of Insolvency, Insolvency Act 1986 to Enterprise Act 2002, London, 2003; **zitiert:** Dennis/Fox, The New Law of Insolvency, Insolvency Act 1986 to Enterprise Act 2002, para.;

Deutsch, Josef; Kirschner, Wolfgang; Petit, Helmut; Perspektiven des Pfandbriefmarkts, in: Die Bank, 1/96, S. 21 ff.; **zitiert:** Deutsch/Kirschner/Petit, Perspektiven des Pfandbriefmarkts, in: Die Bank 1/96, S.;

Deutsche Bank Research (EU Monitor Financial Market Special, No. 7), 1.10.2003; **zitiert:** Autor, Titel, in: Deutsche Bank Research, EU Monitor Financial Market Special, No. 7, 1.10.2003, p.;

Deutsche Bank Research (Financial Market Special – EU Monitor No. 38), Integration of EU mortgage markets – It's the funding, commissioner!, 19.10.2006; **zitiert:** Deutsche Bank Research (Financial Market Special – EU Monitor No. 38), Integration of EU mortgage markets – It's the funding, commissioner!, 19.10.2006, p.;

Deutsche Bank Research (Financial Markets Special: EU Monitor), Early Repayment of Fixed-Rate Mortgages: There is no free lunch, 7.7.2006; **zitiert:** Deutsche Bank Research (Financial Market Special, EU Monitor, No. 36), Early prepayment of fixed-rate mortgages: There is no free lunch, 7.7.2006, p.;

Deutsche Bank, Covered Bonds and Mortgage-Backed Securities in the light of Basel II, Unternehmenspräsentation auf dem 2nd Annual Covered Bond Investor Congress in Amsterdam, 21.9.2004; **zitiert:** Deutsche Bank, Covered Bonds and Mortgage Backed Securities in the light of Basel II, Unternehmenspräsentation auf dem 2nd Annual Covered Bond Investor Congress in Amsterdam, 21.9.2004, p.;

Deutsche Bundesbank; Vorläufiges Verzeichnis der privilegierten Schuldverschreibungen deutscher Kreditinstitute nach Artikel 22 Absatz 4 der Richtlinie 85/611 EG, Stand August 2009 (siehe: http://www.bundesbank.de/download/bankenaufsicht/pdf/verzschuld.pdf): **zitiert**: Deutsche Bundesbank, Vorläufiges Verzeichnis der privilegierten Schuldverschreibungen deutscher Kreditinstitute nach Artikel 22 Absatz 4 der Richtlinie 85/611 EG, Stand August 2009 (siehe: http://www.bundesbank.de/download/bankenaufsicht/pdf/verzschuld.pdf);

Deutsche Bundesbank; Die Umsetzung der neuen Eigenkapitalregelungen für Banken in deutsches Recht, in: Monatsbericht Dezember 2006, S. 69 ff.; **zitiert**: Deutsche Bundesbank, Einlagensicherung und Anlegerentschädigung in Deutschland, in: Monatsbericht Juli 2000, S.;

Deutscher Bundestag; Antwort der Bundesregierung auf die kleine Anfrage der Abgeordneten Frank Schäffler, Jens Ackermann, Dr. Karl Addicks, weiterer Abgeordneter und der Fraktion der FDP – Drucks. 16/2734 – Verhalten der Bundesanstalt für Finanzdienstleistungsaufsicht bezüglich der Allgemeinen HypothekenBank Rheinboden AG, Drucks. 16/2949, vom 13.10.2006; zitiert: Deutscher Bundestag, Antwort der Bundesregierung auf die kleine Anfrage der Abgeordneten Frank Schäffler, Jens Ackermann, Dr. Karl Addicks, weiterer Abgeordneter und der Fraktion der FDP – Drucks. 16/2734 – Verhalten der Bundesanstalt für Finanzdienstleistungsaufsicht bezüglich der Allgemeinen HypothekenBank Rheinboden AG, Drucks. 16/2949, vom 13.10.2006, S.;

Deutscher Bundestag; Antwort der Bundesregierung auf die kleine Anfrage der Abgeordneten Dr. Volker Wissing, Jens Ackermann, Dr. Karl Addicks, weiterer Abgeordneter und der Fraktion der FDP – Drucksache 16/11950 – Verstaatlichung der Hypo Real Estate, Drucks. 16/12486, vom 26.3.2009; **zitiert**: Deutscher Bundestag, Antwort der Bundesregierung auf die kleine Anfrage der Abgeordneten Dr. Volker Wissing, Jens Ackermann, Dr. Karl Addicks, weiterer Abgeordneter und der Fraktion der FDP – Drucksache 16/11950 – Verstaatlichung der Hypo Real Estate, Drucks. 16/12486, vom 26.3.2009, S.;

Deutscher Bundestag; Gesetzentwurf der Bundesregierung, Gesetz zur Stärkung der Finanzmarkt- und Versicherungsaufsicht, Drucks. 16/12783, vom 27.4.2009; **zitiert**: Deutscher Bundestag, Gesetzentwurf der Bundesregierung, Gesetz zur Stärkung der Finanzmarkt- und Versicherungsaufsicht, Drucks. 16/12783, vom 27.4.2009;

Deutscher Bundestag; Gesetzentwurf der Fraktionen der CDU/CSU und SPD, Entwurf eines Gesetzes zur Fortentwicklung der Finanzmarktstabilisierung (Finanzmarktstabilisierungsfortentwicklungsgesetz, FMStFG), Drucks. 16/13156, vom 4.6.2009; zitiert: Deutscher Bundestag, Gesetzentwurf der Fraktionen der CDU/CSU und SPD, Entwurf eines Gesetzes zur Fortentwicklung der Finanzmarktstabilisierung (Finanzmarktstabilisierungsfortentwicklungsgesetz, FMStFG), Drucks. 16/13156, vom 4.6.2009;

DG Hyp; Sicher und zuverlässig – der deutsche Pfandbrief in Zeiten der Finanzmarktkrise, September 2008, S.; **zitiert**: DG Hyp, Sicher und zuverlässig – der deutsche Pfandbrief in Zeiten der Finanzmarktkrise, September 2008, S.;

Die Welt vom 9.9.1997, Deutsche Hypothekenbanken ein Relikt?; **zitiert**: Die Welt vom 9.9.1997, Deutsche Hypothekenbanken ein Relikt?;

Dohmen, C.; Drost, F.; Köhler, P.; Für Landesbanken beginnt das wahre Leben, in: Handelsblatt vom 19.7.2005; **zitiert**: Dohmen/Drost/Köhler, Für Landesbanken beginnt das wahre Leben, in: Handelsblatt vom 19.7.2005;

Dous, Matthias; Die Hypothekenversicherung bringt frischen Wind, in: FAZ vom 28.7.2006; **zitiert**: Dous, Die Hypothekenversicherung bringt frischen Wind, in: FAZ vom 28.7.2006;

Dous, Matthias; Hypothekenverischerung: Kann Deutschland von den USA lernen?, in: I&F, 11/2006, S. 363ff.; **zitiert**: Dous, Hypothekenversicherung: Kann Deutschland von den USA lernen?, in: I&F, 11/2006, S.;

Doyle, Loius G.; The Receiver's Duties on a Sale of Charged Assets, InsInt, [1997], p. 9 et seq.; **zitiert**: Doyle, The Receiver's Duties on a Sale of Charged Assets, InsInt, 1997, p.;

Doyle, Louis G., Administrative Receivership: Law and Practice, London, 1995; **zitiert**: Doyle, Administrative Receivership, p.;

Doyle, Louis; Fixed or Floating Charge, SJ, [1998], p. 1052, 1088, 1110; **zitiert**: Doyle, Fixed or Floating Charge, S. J. 1998, p.;

Dreesbach, Stefan; UK Covered Bonds – die feine englische Art, in: BörsenZ, 25.10.2003, S. B6; **zitiert**; Dreesbach, UK Covered Bonds – die feine englische Art, in: BörsenZ, 25.10.2003, S. B6;

Dübel, Hans-Joachim; Köndgen, Johannes; Die vorzeitige Rückzahlung von Festzinskrediten in Europa, 2006; **zitiert**: Dübel/Köndgen, Die vorzeitige Rückzahlung von Festzinskrediten in Europa, S.;

DZ Bank; Covered Bonds Weekly, vom 19.10.2004; **zitiert**: DZ Bank, Covered Bonds Weekly, vom 19.10.2004, S.;

Early, Fionnuala; UK mortgage funding, in: CML Housing Finance Issue 2/2005, p. 6 et seq.; **zitiert**: Early, UK mortgage funding, in: CML Housing Finance Issue 2/2005, p.;

Eilmansberger, Thomas; Die Liberalisierung des Hypothekarkredits in der EWG, in: EuZW 1991, S. 691 ff.; **zitiert**: Eilmansberger, Die Liberalisierung des Hypothekarkredits in der EWG, in: EuZW, 1991, S.;

Einecke, Helga; Willkommen im Wettbewerb, in: SZ vom 15.7.2005, S. 23; **zitiert**: Einecke, Willkommen im Wettbewerb, in: SZ vom 15.7.2005, S.;

Ekkenga, Jens; *Hadding, Walther*; Hammen, Horst; Bankrecht und Kapitalmarktrecht in der Entwicklung – Festschrift für Siegfried Kümpel zum 70. Geburtstag, 2003; **zitiert**: Ekkenga/Hadding/Hammen (Hrsg.), Bankrecht und Kapitalmarktrecht in der Entwicklung – Festschrift für Siegfried Kümpel zum 70. Geburtstag, S.;

Ellinger, E.P.; Lomnicka, Eva; Hooley, Richard; Modern Banking Law, Oxford, 3rd edition, 2002; **zitiert**: Ellinger/Lomnicka,/Hooley, Modern Banking Law, 2002, p.;

Engelhard, Fritz; Elling, Torsten; Hypothekenpfandbriefe und Wohnimmobilien – eine alte Liebe?, in: BörsenZ vom 23.6.2007, B6; zitiert: Engelhard/Elling, Hypothekenpfandbriefe und Wohnimmobilien – eine alte Liebe?, in: BörsenZ vom 23.6.2007, B6;

Engert, Andreas; Schmidl, Michael; Verkaufte Darlehen in der Insolvenz des Darlehensgebers, WM 2/2005, S. 65 ff.; **zitiert**: Engert/Schmidl, Verkaufte Darlehen in der Insolvenz des Darlehensgebers, WM 2/2005, S.;

Escher, Markus; Frey, Peter; Der Regierungsentwurf zum neuen Pfandbriefgesetz, in: BKR 10/2004, S. 381 ff.; **zitiert**: Escher/Frey, Der Regierungsentwurf zum neuen Pfandbriefgesetz, in: BKR 10/2004, S.;

Escher, Markus; Walz, Christian; Verständigung mit EU-Kommission über die Zukunft der öffentlichen Kreditinstitute, in: BKR, 6/2002, S. 241 ff.; **zitiert**: Escher/Walz, Verständigung mit EU-Kommission über die Zukunft der öffentlichen Kreditinstitute, in: BKR, 6/2002, S.;

Esser, Josef; Grundsatz und Norm in der richterlichen Fortbildung des Privatrechts.; Rechtsvergleichende Beiträge zur Rechtsquellen und Interpretationslehre, 4. Auflage, Tübingen, 1990; **zitiert**: Esser, Grundsatz und Norm in der richterlichen Fortbildung des Privatrechts.; Rechtsvergleichende Beiträge zur Rechtsquellen und Interpretationslehre, 4. Auflage, 1990, S.;

EU-Commission; Commission Staff Working Document Accompanying the White Paper on the Integration of EU Mortgage Credit Markets, Impact Assessment, Annex 3: Impact assessment on specific issues, COM(2007) 807 final, SEC/2007) 1684, 18.12.2007; **zitiert**: EU-Commission, Commission Staff Working Document Accompanying the White Paper on the Integration of EU Mortgage Credit Markets, Impact Assessment, Annex 3: Impact assessment on specific issues, COM(2007) 807 final, SEC/2007) 1684, 18.12.2007, p.;

EU-Commission – Internal Market and Services DG – Financial Institutions – Retail issues, consumer policy and payment systems; Mortgage Industry and Consumer Expert Group, Final Report, Brussels, 20.12.2006; **zitiert**: EU-Commission – Internal Market and Services DG – Financial Institutions – Retail issues, consumer policy and payment systems, Mortgage Industry and Consumer Expert Group, Final Report, Brussels, 20.12.2006, p.;

EU-Commission; Working Paper of the Commission Services on the Treatment of Covered Bonds, 7.4.2003; **zitiert**; EU-Commission, Working Paper of the Commission Services on the Treatment of Covered Bonds, 7.4.2003, p.;

European Central Bank – Eurosystem; Covered Bonds in the EU Financial System, December 2008; **zitiert**: ECB, Covered Bonds in the EU Financial System, December 2008, p.;

European Central Bank – Eurosystem; EU Banks' Funding Structures and Policies, May 2009; **zitiert:** ECB, EU Banks' Funding Structures and Policies, May 2009, p.;

European Financial Markets Lawyers Group; Legal Obstacles to cross-border securitisation in the EU, 7.5.2007; **zitiert:** European Financial Markets Lawyers Group, Legal Obstacles to cross-border securitisation in the EU, 7.5.2007, p.;

EU-Kommission; Weißbuch über die Integration der EU-Hypothekarkreditmärkte, KOM(2007) 807 endgültig, 18.12.2007; **zitiert:** EU-Kommission, Weißbuch über die Integration der EU-Hypothekarkreditmärkte, KOM(2007) 807 endgültig, 18.12.2007, S.;

EU-Kommission; Grünbuch Hypothekarkredite in der EU, KOM(2005) 327 endgültig, 19.7.2005; **zitiert:** EU-Kommission, Grünbuch Hypothekarkredite in der EU, KOM(2005) 327 endgültig, 19.7.2005, S.;

EU-Kommission; Mitteilung der Kommission, Finanzdienstleistungen: Umsetzung des Finanzmarktrahmens: Aktionsplan, KOM(1999) 232, 11.5.1999; **zitiert:** EU-Kommission, Mitteilung der Kommission, Finanzdienstleistungen: Umsetzung des Finanzmarktrahmens: Aktionsplan, KOM(1999) 232, 11.5.1999, S.;

EU-Kommission; Staatliche Beihilfen Nr. E 10/2000 – Deutschland – Anstaltslast und Gewährträgerhaftung, vom 27.3.2002, C(2002)1286; **zitiert:** EU-Kommission, Staatliche Beihilfen Nr. E 10/ 2000 – Deutschland – Anstaltslast und Gewährträgerhaftung, vom 27.3.2002, C(2002)1286, S.;

Euromoney; Covered bonds catch credit ratings cold, September 2007, p. 36; **zitiert:** Euromoney, Covered bonds catch credit ratings cold, September 2007, p. 36;

Euromoney; ABN adapts structured covered bonds for the Netherlands, October 2005, p. 22; **zitiert:** Euromoney, ABN adapts structured covered bonds for the Netherlands, October 2005, p. 22;

Euromoney; BNP takes structured approach, December 2006, p. 26 et seq.; **zitiert:** Euromoney, BNP takes structured approach, December 2006, p.;

Euromoney; Covered bonds catch credit crunch cold, September 2007, p. 36; **zitiert:** Euromoney, Covered bonds catch credit crunch cold, September 2007, p. 36;

Euromoney; Covered bond debate: What's next in a developing market?, June 2006, p. 145; **zitiert:** Euromoney, Covered bond debate: What's next in a developing market?, June 2006, p. 145;

Euromoney; Covered bond issuers take on the global market, June 2007, p.116 et seq.; **zitiert:** Euromoney, Covered bond issuers take on the global market, June 2007, p.;

Euromoney; Details emerge of WaMu's landmark covered bond, September 2006, p. 26 et seq.; **zitiert:** Euromoney, Details emerge of WaMu's landmark covered bond, September 2006, p.;

Euromoney; ECBC puts a head on troubled shoulders, October 2007, p. 24; **zitiert:** Euromoney, ECBC puts a head on troubled shoulders, October 2007, p. 24;

Euromoney; FSA learns to love covered bonds, September 2005, p. 22; **zitiert:** Euromoney, FSA learns to love covered bonds, September 2005, p. 22;

Euromoney; LBB looks outside Pfandbrief for issuance, April 2007, p. 26; **zitiert:** Euromoney, LBB looks outside Pfandbrief for issuance, April 2007, p. 26;

Euromoney; UK gains parity, March 2006, p. 23 et seq.; **zitiert:** Euromoney, UK gains parity, March 2006, p.;

Euromoney; WaMu ponders pioneering role, May 2006, p. 22 et seq.; **zitiert:** Euromoney, WaMu ponders pioneering role, May 2006, p.;

European Association of Public Banks; Annual Report, 2006–2007; **zitiert:** EAPB, Annual Report, 2006–2007, p.;

European Covered Bond Council (ECBC); Covered Bond Fact Book, Brussels, 2006, 1st edition; **zitiert:** Autor, Titel, in: ECBC, European Covered Bond Fact Book, 2006, p.;

European Covered Bond Council (ECBC); Covered Bond Fact Book, Brussels, 2007, 2nd edition; **zitiert:** Autor, Titel, in: ECBC, European Covered Bond Fact Book, 2007, p.;

European Covered Bond Council (ECBC); Covered Bond Fact Book, Brussels, 2008, 3rd edition; **zitiert:** Autor, Titel, in: ECBC, European Covered Bond Fact Book, 2008, p.;

European Mortgage Federation (EMF); HYPOSTAT 2005: A review of Europe's Mortgage and Housing Markets, November 2006; **zitiert:** EMF, HYPOSTAT 2005: A review of Europe's Mortgage and Housing Markets, November 2006, p.;

European Mortgage Federation (EMF); Annual Report – Activities 2006, June 2007; **zitiert:** EMF, Annual Report, 2006, p.;
European Mortgage Federation (EMF); Covered Bonds & Mortgage-Backed Securities in the European Union, November 2004; **zitiert:** EMF, Covered Bonds & Mortgage-Backed Securities in the European Union, November 2004, p.;
European Mortgage Federation (EMF); Die Hypothekenbanken und der Pfandbrief in Europa, 3. Auflage, 2001; **zitiert:** EMF, Die Hypothekenbanken und der Pfandbrief in Europa, 3. Auflage, 2001, S.;
European Mortgage Federation (EMF); Fact Sheet 2007 – United Kingdom, Brussels; **zitiert:** EMF, Fact Sheet 2007 – United Kingdom, p.;
European Mortgage Federation (EMF); Mortgage Info, No. 1, Brussels, February 2007; **zitiert:** EMF, Mortgage Info, No. 1, February 2007, p.;
European Mortgage Federation (EMF); Mortgage Info, No. 2, Brussels, February 2007; **zitiert:** EMF, Mortgage Info, No. 2, February 2007, p.;
European Mortgage Federation (EMF); Mortgage Info, No. 9, Brussels, September 2003; **zitiert:** EMF, Mortgage Info, No. 9, September 2003, p.;
Evans, Michael; Regulatory confusion casts shadow over launch of UK Pfandbriefe, in: IFLR, 8/2003, p. 7 et seq.; **zitiert:** Evans, Regulatory confusion casts shadow over launch of UK Pfandbriefe, in: IFLR, 8/2003, p.;
Evans, Michael; Regulatory haze obscures UK Pfandbrief issues, in: Euromoney, 8/2003; **zitiert:** Evans, Regulatory haze obscures UK Pfandbrief issues, in: Euromoney, 8/2003, p.;

Farrar, John H.; Hannigan, Brenda; Furey, Nigel E.; Wylie, Philipp; Farrar's Company Law, 4th Edition, 1998, London; **zitiert:** Farrar's Company Law, 4th Edition, 1998, p.;
Farrar, John. H.; World Economic Stagnation puts the Floating Charge on Trial, Co. Law. 1, [1980], 83 et seq.; **zitiert:** Farrar, World Economic Stagnation puts the Floating Charge on Trial, Co. Law. 1 (1980), p.;
FAZ vom 30.1.2008, Reform des Pfandbriefhandels, S. 23; **zitiert:** FAZ vom 30.1.2008, Reform des Pfandbriefhandels, S. 23;
FAZ vom 22.1.2008, Sparkassen müssen zur Rettung der WestLB Reserven angreifen, S. 12; **zitiert:** FAZ vom 22.1.2008, Sparkassen müssen zur Rettung der WestLB Reserven angreifen, S.12;
FAZ vom 5.1.2008, London stärkt die Bankenaufsicht, vom 5.1.2008, S. 12; **zitiert:** FAZ vom 5.1.2008, London stärkt die Bankenaufsicht, vom 5.1.2008, S. 12;
FAZ vom 4.1.2008, Corealcredit erzielt wieder Gewinn, S. 17; **zitiert:** FAZ vom 4.1.2008, Corealcredit erzielt wieder Gewinn, S. 17;
FAZ vom 15.12.2007, Citigroup fängt Zweckgesellschaft auf, S. 11; **zitiert:** FAZ vom 15.12.2007, Citigroup fängt Zweckgesellschaft auf, S. 11;
FAZ vom 15.12.2007, Teure Aufräumarbeiten bei Banken, S. 19; **zitiert:** FAZ vom 15.12.2007, Teure Aufräumarbeiten bei Banken, S. 19;
FAZ vom 14.12.2007, Rettung der SachsenLB in letzter Sekunde, S. 12; **zitiert:** FAZ vom 14.12. 2007, Rettung der SachsenLB in letzter Sekunde, S. 12;
FAZ vom 8.3.2007, DG Hyp kämpft gegen Zerschlagung; **zitiert:** FAZ vom 8.3.2007, DG Hyp kämpft gegen Zerschlagung;
FAZ vom 10.11.2007, Zweckgesellschaften schlagen auf Banken zurück, S. 23; **zitiert:** FAZ vom 10.11.2007, Zweckgesellschaften schlagen auf Banken zurück, S. 23;
FAZ vom 9.11.2007, Panik im Handel mit Spezialanleihen, S. 27; **zitiert:** FAZ vom 9.11.2007, Panik im Handel mit Spezialanleihen, S. 27;
FAZ vom 23.10.2007, Banker gestehen Schuld an der Finanzkrise ein, S. 18; **zitiert:** FAZ vom 23.10.2007, Banker gestehen Schuld an der Finanzkrise ein, S. 18;
FAZ vom 26.9.2007, Fusion von DG Hyp und Münchner Hyp geplatzt; **zitiert:** FAZ vom 26.9.2007, Fusion von DG Hyp und Münchner Hyp geplatzt;
FAZ vom 24.9.2007, Oettinger wirbt bei Rüttgers um die WestLB – Ärger in der Landesbank Baden-Württemberg über Fusionsgespräche mit Bayern, S. 18; **zitiert:** FAZ, vom 24.9.2007,

Oettinger wirbt bei Rüttgers um die WestLB – Ärger in der Landesbank Baden-Württemberg über Fusionsgespräche mit Bayern, S. 18;

FAZ vom 27.8.2007, Krisenwochenende in Leipzig – Die angeschlagene Sachsen LB wird zur Filiale der Stuttgarter LBBW, S. 14; **zitiert:** FAZ vom 27.8.2007, Krisenwochenende in Leipzig – Die angeschlagene Sachsen LB wird zur Filiale der Stuttgarter LBBW, S. 14;

FAZ vom 30.7.2007, Bafin befragt Banken zu Immobilienrisiken, S. 13; **zitiert:** FAZ vom 30.7.2007, Bafin befragt Banken zu Immobilienrisiken, S. 13;

FAZ vom 23.5.2007, Bayerische Landesbank kommt in Kärnten zum Zuge – Mehrheit an Hypo Group Alpe Adria eröffnet Münchner Institut Chancen in der wachstumsstarken Balkanregion, S. 19; **zitiert:** FAZ vom 23.5.2007, Bayerische Landesbank kommt in Kärnten zum Zuge – Mehrheit an Hypo Group Alpe Adria eröffnet Münchner Institut Chancen in der wachstumsstarken Balkanregion, S. 19;

FAZ vom 23.5.2007, DG Hyp und MHB planen Fusion – Neue genossenschaftliche Immobilienbank mit Sitz in München, S. 17; **zitiert:** FAZ vom 23.5.2007, DG Hyp und MHB planen Fusion – Neue genossenschaftliche Immobilienbank mit Sitz in München, S. 17;

FAZ vom 12.2.2007, DG Hyp macht DZ Bank sorgen – Abschreibungen auf den Firmenwert der Hypothekenbank nötig, S. 14; **zitiert:** FAZ vom 12.2.2007, DG Hyp macht DZ Bank Sorgen – Abschreibungen auf den Firmenwert der Hypothekenbank nötig, S. 14;

FAZ vom 13.2.2007, Depfa opfert Rendite für Wachstum – Staatsfinanzierer will Stellenzahl mittelfristig mehr als verdoppeln, S. 15; **zitiert:** FAZ vom 13.2.2007, Depfa opfert Rendite für Wachstum – Staatsfinanzierer will Stellenzahl mittelfristig mehr als verdoppeln, S. 15;

FAZ vom 23.12.2006, Für das Kreditgewerbe beginnt mit Basel II eine neue Ära; **zitiert:** FAZ vom 23.12.2006, Für das Kreditgewerbe beginnt mit Basel II eine neue Ära;

FAZ vom 20.9.2006, Pfandbrief zweiter Klasse aus Übersee, S. 21; **zitiert:** FAZ vom 20.9.2006, Pfandbrief zweiter Klasse aus Übersee, S. 21;

FAZ vom 11.1.2006, Strukturierte Finanzierungen im Aufwind, S. 19; **zitiert:** FAZ vom 11.1. 2006, Strukturierte Finanzierungen im Aufwind, S. 19;

FAZ vom 13.11.2005, Liquiditätshilfe vor AHBR Verkauf; **zitiert:** FAZ vom 13.11.2005, Liquiditätshilfe vor AHBR Verkauf;

FAZ vom 26.10.2005, Sicherheitsschirm für die AHBR; **zitiert:** FAZ vom 26.10.2005, Sicherheitsschirm für die AHBR;

FAZ vom 26.10.2005, Testfall für den Pfandbriefmarkt; **zitiert:** FAZ vom 26.10.2005, Testfall für den Pfandbriefmarkt;

FAZ vom 25.10.2005, Hypothekenbank gerät in Bedrängnis; **zitiert:** FAZ vom 25.10.2005, Hypothekenbank gerät in Bedrängnis;

FAZ vom 16.7.2005, Für die Landesbanken wird nichts mehr sein, wie es war, in: Interview mit Thomas Fischer, S. 13; **zitiert:** FAZ vom 16.7.2005, Für die Landesbanken wird nichts mehr sein, wie es war, in: Interview mit Thomas Fischer, S. 13

FAZ vom 10.6.2009, Lloyds Banking Group gibt Staatskapital zurück, S. 16; zitiert: FAZ vom 10.6.2009, Lloyds Banking Group gibt Staatskapital zurück, S. 16;

Fealy, Michael; Receivers Duties: A Return to Orthodoxy, NILQ, [1994], p. 61 et seq.; **zitiert:** Fealy, Receivers Duties: A Return to Orthodoxy, NILQ 1994, p.;

Fédération Bancaire de la CEE; Le Crédit immobilier en Allemagne, Belgique, France et Italie, Rom, 1973; **zitiert:** Fédération Bancaire de la CEE, Le Crédit immobilier en Allemagne, Belgique, France et Italie, Rom, 1973, p.;

Fédération Hypothécaire (Hypothekenverband bei der Europäischen Wirtschaftsgemeinschaft); Bedingungen zur Ausübung der Hypothekarkredittätigkeit in den Ländern der Europäischen Wirtschaftsgemeinschaft, 1977; **zitiert:** Fédération Hypothécaire (Hypothekenverband bei der Europäischen Wirtschaftsgemeinschaft), Bedingungen zur Ausübung der Hypothekarkredittätigkeit in den Ländern der Europäischen Wirtschaftsgemeinschaft, 1977, S.;

Ferran, Eilís; Company Law and Corporate Finance, 1999, Oxford; **zitiert:** Ferran, Company Law and Corporate Finance, 1999, p.;

Ferran, Eilís; Fixed Charges on Book Debts – The Story Continues, [2000] CLJ, p. 456 et seq.; **zitiert:** Ferran, Fixed Charges on Book Debts – The Story Continues, [2000] CLJ, p.;

Ferran, Eilís; Floating Charges – The Nature of the Security, CLJ, [1988], 213 et seq.; **zitiert:** Ferran, Floating Charges – The Natur of Security, [1988], CLJ, p.;

Fieseler, Bernd M.; Der Pfandbrief aus Sicht der Sparkassen-Finanzgruppe, in: I&F, 2009, S. 306 f.; **zitiert:** Fieseler, Der Pfandbrief aus Sicht der Sparkassen-Finanzgruppe, in: I&F, 2009, S.;

Financial Markets Law Committee (FMLC); Issue 55 – Asset Backed Bonds, London, 2006; **zitiert:** FMLC, Issue 55 – Asset Backed Bonds, p.;

Financial Services Authority (FSA); The Turner Review: A regulatory response to the global banking crisis, March 2009; **zitiert:** FSA, The Turner Review: A regulatory response to the global banking crisis, March 2009, p.;

Financial Services Authority (FSA); FSA/PN/134/2007, FSA publishes a review of the liquidity requirements for banks and building societies, 19.12.2007; **zitiert:** FSA/PN/134/2007, FSA publishes a review of the liquidity requirements for banks and building societies, 19.12.2007, p.;

Financial Services Authority (FSA); Letter of Intent, Covered Bonds, 7.2.2006; **zitiert:** FSA, Letter of Intent, Covered Bonds, 7.2.2006, p.;

Financial Services Authority (FSA); Consultation Paper 06/3, Strengthening Capital Standards 2, February 2006; **zitiert:** FSA, Consultation Paper 06/3, Strengthening Capital Standards 2, February 2006, p.;

Financial Services Authority (FSA); Consultation Paper, 135, New Collective Investment Scheme products – Proposal to implement the UCITS Amending Directive (2001/108/EEC), April 2002; **zitiert:** FSA, Consultation Paper, 135, New Collective Investment Scheme products – Proposal to implement the UCITS Amending Directive (2001/108/EEC), April 2002, p.;

Financial Services Authority (FSA); Policy Statement, 06/6, Strengthening Capital Standards 2 – Feedback on CP 06/3, July 2006; **zitiert:** FSA, Policy Statement, 06/6, Strengthening Capital Standards 2 – Feedback on CP 06/3, July 2006, p.;

Financial Services Authority (FSA); UK Covered Bond Update, European Covered Bonds Council Plenary Meeting, Presentation, Zürich, 7.2.2006; **zitiert:** FSA, UK Covered Bond Update, European Covered Bonds Council Plenary Meeting, Presentation, Zürich, 7.2.2006, p.;

Finch, Vanessa; Corporate Insolvency Law: Perspectives and Principles, 2002, Cambridge; **zitiert:** Finch, Corporate Insolvency Law, 2002, p.;

Fischer, Reinfried; Pfandbriefemission durch Sparkassen, in: Ekkenga, Jens; Hadding, Walther; Hammen, Horst; Bankrecht und Kapitalmarktrecht in der Entwicklung, Festschrift für Siegfried Kümpel zum 70. Geburtstag; **zitiert:** Fischer, Pfandbriefemission durch Sparkassen, in: Ekkenga/Hadding/Walther/Hammen (Hrsg.); Bankrecht und Kapitalmarktrecht in der Entwicklung, Festschrift für Siegfried Kümpel zum 70. Geburtstag, S.;

FitchRatings (Heberlein); European covered bonds rating methodology, 9.112004; **zitiert:** FitchRatings (Heberlein), European covered bonds rating methodology, 9.11.2004, p.;

FitchRatings (Heberlein/Royo/Graf-Tiedtke), Analysis of German Pfandbriefe: Preparing for 2005, 27.10.2004; **zitiert:** FitchRatings (Heberlein/Royo/Graf-Tiedtke), Analysis of German Pfandbriefe: Preparing for 2005, 27.10.2004, p.;

FitchRatings; European Covered Bonds Rating Methodology (Presentation), 9.11.2004; **zitiert:** FitchRatings, European Covered Bonds Rating Methodology (Presentation), 9.11.2004, p.;

Fleckner, Andreas M.; Das Refinanzierungsregister – Rechtsfolgen der Eintragung und Vorschläge zur Verbesserung, in: WM, 49/2007, S. 2272 ff.; **zitiert:** Fleckner, Das Refinanzierungsregister – Rechtsfolgen der Eintragung und Vorschläge zur Verbesserung, in: WM, 49/2007, S. 2280, S.;

Fleckner, Andreas M.; Das Refinanzierungsregister – Tatbestandliche Grenzen und Vorschläge zur Verbesserung, in: WM, 15/2006, S. 697 ff.; **zitiert:** Fleckner, Das Refinanzierungsregister – Tatbestandliche Grenzen und Vorschläge zur Verbesserung, in: WM, 15/2006, S.;

Fleckner, Andreas M.; Die Refinanzierungstreuhand – Erleichterungen für die Begebung von Asset Backed Securities und Pfandbriefen durch das Gesetz zur Schaffung eines Refinanzierungsregisters, in: Der Betrieb, 50/2005, S. 2733 ff.; **zitiert:** Fleckner, Die Refinanzierungstreuhand –

Erleichterungen für die Begebung von Asset Backed Securities und Pfandbriefen durch das Gesetz zur Schaffung eines Refinanzierungsregisters, in: Der Betrieb, 50/2005, S.;

Fletcher, Ian M.; Higham, John; Trower, William; Corporate administrations and rescue procedures, 2nd Edition, 2004, London; **zitiert**: Fletcher, Highham, Trower, Corporate Administrations, 2004, p.;

Fletcher, Ian; The Law of Insolvency, 2nd edition 1996; **zitiert**: Fletcher, The Law of Insolvency, 2nd edition, 1996, p.;

Forum Group on Mortgage Credit; The Integration of the EU Mortgage Credit Markets, 2004; **zitiert**: Forum Group of Mortgage Credit, The Integration of the EU Mortgage Credit Markets, Brussels, December 2004, p.;

Fragos, Nikolaus; Lindemann, Alexander; Public Finance durch darlehensähnliche Swapgeschäfte, in: RiW, 2006, S. 593 ff.; **zitiert**: Fragos/Lindemann, Public Finance durch darlehensähnliche Swapgeschäfte, in: RiW, 2006, S.;

Frank, Wolfgang; Glatzl, Stefan; Das Pfandbriefgesetz – Die Vereinheitlichung und Neuordnung des Pfandbriefrechts, in: WM, 36/2005, S. 1681 ff.; **zitiert**: Frank/Glatzl, Das Pfandbriefgesetz – Die Vereinheitlichung und Neuordnung des Pfandbriefrechts, in: WM, 36/2005, S.;

Franke Günter; Krahnen, Jan Pieter; Finanzmarktkrise: Ursachen und Lehren, in: FAZ vom 24.11. 2007, S. 13; **zitiert**: Franke/Krahnen, Finanzmarktkrise: Ursachen und Lehren, in: FAZ vom 24.11.2007, S. 13;

Friedrich, Hans-Jürgen; Hypothekenanleihen als Alternative im Wertpapierdepot, in: I&F, 2008, S. 24 ff.; **zitiert**: Friedrich, Hypothekenanleihen als Alternative im Wertpapierdepot, in: I&F, 2008, S.;

Frost, Christopher W.; Asset Securitization and Corporate Risk Allocation, in: 72 Tul. L. Rev., 1997, p. 101 et seq.; **zitiert**: Frost, Asset Securitization and Corporate Risk Allocation, in: 72 Tul. L. Rev., 1997, p.;

Frühauf, Markus; Deckungsstock nicht verwässert, in: BörsenZ vom 25.8.2007, S. 4; **zitiert**: Frühauf, Deckungsstock nicht verwässert, in: BörsenZ vom 25.8.2007, S. 4;

Frühauf, Markus; Sinneswandel bei den Pfandbriefbanken – Diskussion im Verband über Aufnahme von Verbriefungstiteln in Deckungsstock – Höhere Diversifikation, in: BörsenZ vom 12.5.2007, S. 3; **zitiert**: Frühauf, Sinneswandel bei den Pfandbriefbanken, in: BörsenZ vom 12.5.2007, S. 3;

FTD vom 24.7.2007; Großfusion Deutscher Spezialbanken – Immobilieninstitut Hypo Real Estate will Staatsfinanzierer Depfa für 5,7 Mrd. kaufen – Anleger strafen Dax-Konzern ab, S. 1; **zitiert**: FTD vom 24.7.2007, Großfusion Deutscher Spezialbanken, S. 1;

Fuchs, Karlo; Althaus, Torsten; S&P begrüßt verbesserte Transparenzvorschriften, in: Börsen-Zeitung vom 19.7.2005, S. B4; **zitiert**: Fuchs/Althaus, S&P begrüßt verbesserte Transparenzvorschriften, in: BörsenZ vom 19.7.2005, S. B4;

Gault, Lousia; Refinance register revolutionizes German true sales, in: IFLR, 8/2005, p. 6 et seq.; **zitiert**: Gault, Refinance register revolutionizes German true sales, in: IFLR, 8/2005, p.;

Gerke, Wolfgang; Steiner, Manfred; Handwörterbuch des Bank- und Finanzwesens, 3. Auflage, 2001; **zitiert**: Gerke/Steiner, Handwörterbuch des Bank- und Finanzwesens, 3. Auflage, S.;

Gloyens, Patrick; The Landesbanks: How Long Can They Retain Competitive Advantage?, JIBL, [2002] Issue 3, p. 55 et seq.; **zitiert**: Gloyens, The Landesbanks: How Long Can They Retain Competitive Advantage?, JIBL, [2002] Issue 3, p.;

Glüder, Dieter; Promise und Provide – die Verbriefung von Mittelstands- und Wohnungsbaukrediten durch die KfW, in: I&F 17/2002, S. 19 ff.; **zitiert**: Glüder, Promise und Provide – die Verbriefung von Mittelstands- und Wohnungsbaukrediten durch die KfW, in: I&F 17/2002, S.;

Godfrey, Partricia; Loebel, Anke; Englische Gesellschaften in der Insolvenz, 1999; **zitiert**: Godfrey/Loebel, Englische Gesellschaften in der Insolvenz, S.;

Goedecke, Wolfgang; Kerl, Volkher; Scholz, Helmut; Die deutschen Hypothekenbanken: Pfandbrief – Realkredit – Kommunalkredit, 4. Auflage, 1997, Frankfurt a.M.; **zitiert**: Goedecke/Kerl/Scholz, Die deutschen Hypothekenbanken, 4. Auflage, 1997, S.;

Golin, Jonathan; Covered Bonds beyond Pfandbriefe – Innovations, Investment and Structured Alternatives, 2006; **zitiert**: Golin, Covered Bonds beyond Pfandbriefe, p.;

Goode, Roysten M.; Charges over Book Debts: a Missed Opportunity?, LQR (1994) 110, p. 592 et seq.; **zitiert**: Goode, Roy; Charges over Book Debts: a Missed Opportunity?, LQR (1994) 110, p.;

Goode, Roysten M.; Commercial Law, 3rd Edition, 2003; **zitiert**: Goode, Commercial Law, 3rd Edition, 2003, p.;

Goode, Roysten M.; Commercial Law, 3rd Edition, 2004, London; **zitiert**: Goode, Commercial Law, 3rd Edition, 2004, p.;

Goode, Roysten M.; Legal Problems of Credit and Security, 2. Auflage, 2003, London; **zitiert**: Goode, Legal Problems of Credit and Security, 2003, p. para.;

Goode, Roysten M.; Principles of Corporate Insolvency Law, 2nd Edition, 1997, London; **zitiert**: Goode, Corporate Insolvency Law, 1997, p.;

Goode, Roysten M.; Proprietary Rights and Insolvency in Sales Transactions, 2nd Edition, 1989, London; **zitiert**: Goode, Proprietary Rights and Insolvency in Sales Transactions, 2nd Edition, 1989, p.;

Gottwald, Peter (Hrsg.); Insolvenzrecht Handbuch, 3. Auflage, 2006; **zitiert**: Gottwald, Insolvenzrecht Handbuch, § Rdn.;

Gough, William J.; Company Charges, 2nd Edition, 1996, London; **zitiert**: Gough, Company Charges, 2nd Edition, 1996, p.;

Grabitz, Eberhard; Hilf, Meinhard; Das Recht der Europäischen Union, Kommentar, Bd. II, Loseblattsammlung (Stand 2005); **zitiert**: Grabitz/Hilf, Das Recht der Europäischen Union, Kommentar, Bd. II, Loseblattsammlung, Art. Rdn.;

Grassinger, Robert; Öffentliche Jumbos versus Hypotheken-Jumbos, in: I&F 19/2005, S. 354 ff.; **zitiert**: Grassinger, Öffentliche Jumbos versus Hypotheken-Jumbos, in: I&F 19/2005, S.;

Gray, Kevin; Gray, Susan Francis; Elements of Land Law, 4th Edition, 2005; **zitiert**: Gray, Elements of Land Law, 4th edition, 2005, p.;

Grieger, Jürgen; Covered Bond – es ist nicht immer darin, was darauf steht, in: I&F 16/2003, S. 18 ff.; **zitiert**: Grieger, Covered Bonds – Es ist nicht immer darin was darauf steht, in: I&F, 16/2003, S.;

Gries, Lothar; Konkurrenten in der Klemme – Wegfall der öffentlichen Garantien bringt Privaten keine Besserung, in: SZ vom 15.7.2005, S. 23; **zitiert**: Gries, Konkurrenten in der Klemme – Wegfall der öffentlichen Garantien bringt Privaten keine Besserung, in: SZ vom 15.7.2005, S. 23;

Grill, Wolf; Die Sicherung von Bankkrediten durch Rechte und Forderungen in England (Dissertation), 1971; **zitiert**: Grill, Die Sicherung von Bankkrediten durch Rechte und Forderungen in England, 1971, S.;

Groeben, von der, Hans; Schwarze, Jürgen; Kommentar zum Vertrag über die Europäische Union und zur Gründung der Europäischen Gemeinschaft, Band 1, 6. Auflage, 2003; **zitiert**: Groeben/Schwarze, Kommentar zum Vertrag über die Europäische Union und zur Gründung der Europäischen Gemeinschaft, Band 1, 6. Auflage, 2003, Art. Rdn.;

Groß, Wolfgang; Kapitalmarkt, 3. Auflage, München, 2006; **zitiert**: Groß, Kapitalmarktrecht, 3. Auflage, 2006, S.;

Grundmann, Stefan (Herausgeber); Das Thema Systembildung und Regelungslücken in Kerngebieten des Europäischen Privatrechts, Tübingen 2000; **zitiert**: Autor, Titel in: Grundmann, Das Thema Systembildung und Regelungslücken in Kerngebieten des Europäischen Privatrechts, Tübingen 2000, S.;

Grundmann, Stefan; Das Europäische Bankaufsichtsrecht wächst zum System, 1990; **zitiert**: Grundmann, Das Europäische Bankaufsichtsrecht wächst zum System, 1990, S.;

Grundmann, Stefan; Der Treuhandvertrag – insbesondere die werbende Treuhand, 1997; **zitiert**: Grundmann, Der Treuhandvertrag – insbesondere die werbende Treuhand, 1997, S.;

Grundmann, Stefan; Europäisches Gesellschaftsrecht, 2004, Heidelberg; **zitiert**: Grundmann, Europäisches Gesellschaftsrecht, 2004, § Rdn.;

Grundmann, Stefan; Europäisches Schuldvertragsrecht – Das europäische Recht der Unternehmensgeschäfte, Berlin 1998; **zitiert**: Grundmann, Europäisches Schuldvertragsrecht, 1998/1999, S. Rdn.;

Grylls, Michael, Sir; Insolvency Reform: Does the United Kingdom need to retain the floating charge?, JIBL, [1994], p. 391 et seq.; **zitiert**: Grylls, Insolvency Reform: Does the United Kingdom need to retain the floating charge?, JIBL 1994, p.;

Güthoff, Julia; Gesellschaftsrecht in Großbritannien, 3. Auflage, 2004; **zitiert**: Güthoff, Gesellschaftsrecht in Großbritannien, S.;

Habersack, Mathias; Mülbert, Peter O.; Schlitt, Michael (Hrsg.); Unternehmensfinanzierung am Kapitalmarkt, 2. Auflage, 2008; **zitiert**: [Name], [Titel], in: Habersack/Mülbert/Schlitt, Unternehmensfinanzierung am Kapitalmarkt, §;

Hadding, Walter; Schneider, Uwe H.; Die Forderungsabtretung insbesondere zur Kreditsicherung in ausländischen Rechtsordnungen, Berlin, 1999; **zitiert**: Autor, Titel, in: Hadding/Schneider, Forderungsabtretung, S.;

Hadijemmanuil, Christos; Banking Regulation and the Bank of England (Dissertation), London, 1996; **zitiert**: Hadijemmanuil, Banking Regulation and the Bank of England, 1996, p.;

Hagedorn, Fred; Die Landschaften. Eine rechtsgeschichtliche Darstellung der preußischen Agrarinstitute, Dissertation Freiburg, 1978; **zitiert**: Hagedorn, Die Landschaften. Eine rechtsgeschichtliche Darstellung der preußischen Agrarinstitute, Dissertation Freiburg, 1978, S.;

Hagen, Louis; Anmerkungen Regelwerk für Jumbo-Pfandbriefe, in: I&F 10/2005, S. 364 ff.; **zitiert**: Hagen, Anmerkungen Regelwerk für Jumbo-Pfandbriefe, in: I&F 10/2005, S.;

Hagen, Louis; A truly European affair – the first 12 months of ECBC, in MortgageFinanceGazette, European Supplement Spring 2006, p. 34 et seq.; **zitiert**: Hagen, A truly European affair – the first 12 months of ECBC, in MortgageFinanceGazette, European Supplement Spring 2006, p.;

Hagen, Louis; Braucht das Pfandbriefgesetz eine Novelle?, in: I&F, 15/2007, S. 509 ff.; **zitiert**: Hagen, Braucht das Pfandbriefgesetz eine Novelle?, in: I&F, 15/2007, S.;

Hagen, Louis; Covered Bonds: Der Markt sorgt für Standards, in: I&F, 14, 2006, S. 476 ff.; **zitiert**: Hagen, Covered Bonds: Der Markt sorgt für Standards, in: I&F, 14/2006, S.;

Hagen, Louis; Die Ziele des Verbandes deutscher Hypothekenbanken im nationalen und internationalen Umfeld, in: DLK, 10/2001, S. 325 ff.; **zitiert**: Hagen, Louis, Die Ziele des Verbandes deutscher Hypothekenbanken im nationalen und internationalen Umfeld, in: DLK, 10/2001, S.;

Hagen, Louis; Einheitliche Standards für Covered Bonds – wie weit ist das ECBC?, in: ZfgK, 18/2007, S. 954 f.; **zitiert**: Hagen, Einheitliche Standards für Covered Bonds – wie weit ist das ECBC?, in: ZfgK, 18/2007, S.;

Hagen, Louis; Hypothekenbanken rüsten für die Zukunft, in: Die Bank 12/2001, S. 862 ff.; **zitiert**: Hagen, Hypothekenbanken rüsten für die Zukunft, in: Die Bank 12/2001, S.;

Hagen, Louis; Kullig, Sascha; Pfandbrief bleibt Pfandbrief!?, in: ZfgK 20/2004, S. 1135 ff.; **zitiert**: Hagen/Kullig, Sascha; Pfandbrief bleibt Pfandbrief!?, in: ZfgK 20/2004, S.;

Hagen, Louis; Lone Star und die AHBR-Bilanz – kein stiller Genuss, in: I&F, 10/2006, S. 6 ff.; **zitiert**: Hagen, Lone Star und die AHBR-Bilanz – kein stiller Genuss, in: I&F, 10/2006, S.;

Hagen, Louis; Stöcker, Otmar; Verband deutscher Pfandbriefbanken (vdp), Das Pfandbriefgesetz – Textsammlung und Materialien, 2005; **zitiert**: vdp, Das Pfandbriefgesetz, S.;

Hagen, Louis; Uns ist das Hypothekenbankgesetz lieber als ein Pfandbriefgesetz, in: I&F, 17/2004, S. 517 ff.; **zitiert**: Hagen, Uns ist das Hypothekenbankgesetz lieber als ein Pfandbriefgesetz, in: I&F, 17/2004, S.;

Hagen, Louis; Wenn's dem Pfandbrief dient oder von der Aufgabe eines kreditwirtschaftlichen Verbandes, in: DLK, 2/2005, S. 57 ff.; **zitiert**: Hagen, Wenn's dem Pfandbrief dient oder von der Aufgabe eines kreditwirtschaftlichen Verbandes, in: DLK, 2/2005, S.;

Hagen, Louis; Wie viel Harmonisierung braucht der europäische Hypothekenmarkt, in: I&F, 17/2006, S. 574 ff.; **zitiert**: Hagen, Wie viel Harmonisierung braucht der europäische Hypothekenmarkt, in: I&F, 17/2006, S.;

Hagen, Louis; Würde der Pfandbrief durch die Pleite einer Pfandbriefbank Schaden nehmen?, in: I&F, 23/2005, S. 6 ff.; **zitiert**: Hagen, Würde der Pfandbrief durch die Pleite einer Pfandbriefbank Schaden nehmen?, in: I&F, 23/2005, S.;

Hagen, Louis; Zur Novellierung des Hypothekenbankgesetzes, in: I&F 16/2003, S. 52 ff.; **zitiert:** Hagen, Zur Novellierung des Hypothekenbankgesetzes, in: I&F 16/2003, S.;

Hale Keith (FSA Retail Policy); Overview of the European Green Paper on mortgage credit, CML UK Mortgage Funding Summit, 9.11.2006; **zitiert:** Hale (FSA Retail Policy), Overview of the European Green Paper on mortgage credit, CML UK Mortgage Funding Summit, 9.11.2006, p.;

Halsbury's Laws of England; vol. 16 (2), 4th Edition Reissue, 2003; **zitiert:** Halsbury's Laws of England, vol. 16 (2), 4th Edition Reissue, 2003, para.;

Halsbury's Laws of England; vol. 29 (3), 4th Edition Reissue, 2003; **zitiert:** Halsbury's Laws of England, vol. 29 (3), 4th Edition Reissue, 2003, para.;

Halsbury's Laws of England; vol. 6, 4th Edition Reissue, 2003; **zitiert:** Halsbury's Laws of England, vol. 6, 4th Edition Reissue, 2003, para.;

Halsbury's Laws of England; vol. 7 (2), 4th Edition Reissue, 2004; **zitiert:** Halsbury's Laws of England, vol. 7 (2), 4th Edition Reissue, 2004, para.;

Halsbury's Laws of England; vol. 7 (3), 4th Edition Reissue, 2004; **zitiert:** Halsbury's Laws of England, vol. 7 (3), 4th Edition Reissue, 2004, para.;

Halsbury's Laws of England; vol. 7 (4), 4th Edition Reissue, 2004; **zitiert:** Halsbury's Laws of England, vol. 7 (4), 4th Edition Reissue, 2004, para.;

Handelsblatt vom 13.3.2007, Kritik an Moody's reißt nicht ab – Auch nach Überarbeitung der Bankenratings gilt Glaubwürdigkeit als gefährdet, S. 22; **zitiert:** Handelsblatt vom 13.3.2007, Kritik an Moody's reißt nicht ab – Auch nach Überarbeitung der Bankenratings gilt Glaubwürdigkeit als gefährdet, S. 22;

Hannigan, Brenda; Company Law, 2003, London; **zitiert:** Hannigan, 2003, Company Law, 2003, p.;

Hanson, Chris J.; Fixed and Floating Charge – Re Brightlife Ltd., LMCLQ, [1987], p. 147 et seq.; **zitiert:** Hanson, Fixed and Floating Charge – Re Brightlife Ltd., LMCLQ, [1987], p.;

Hanson, Chris; Yeowart, Geoffrey; Book Debt Charges after Brumark (Agnew): Where are we now?, BJIBFL, [2001], p. 456 et seq.; **zitiert:** Hanson/Yeowart, Book Debt Charges after Brumark (Agnew): Where are we now?, BJIBFL, [2001], p.;

Hapgood, Mark; Paget's Law of Banking, 12. Auflage, 2003, London; **zitiert:** Hapgood, Paget's Law of Banking, 2003, p. para.;

Hardman, Vanessa; Covered bonds face tough questions in the UK, in: IFLR, Supplement, The 2005 Guide to Structured Finance, p. 62 et seq.; **zitiert:** Hardman, Covered bonds face tough questions in the UK, in: IFLR, Supplement, The 2005 Guide to Structured Finance, p.;

Hardt, Judith; Covered Bonds wake up to a new world, in: The Banker, 4.11.2004, p. 4 et seq.; **zitiert:** Hardt, Covered Bonds wake up to a new world, in: The Banker, 4.11.2004, p.;

Hardt, Judith; Refinanzierung von Hypothekendarlehen in Europa: Auswirkungen der vorgeschlagenen Kapitaladäquanz, in: DLK 10/2001, S. 336 ff.; **zitiert:** Hardt, Refinanzierung von Hypothekendarlehen in Europa: Auswirkungen der vorgeschlagenen Kapitaladäquanz, in: DLK 10/2001, S.;

Hayre, Lakhbir (editor.); Salomon Smith Barney Guide to Mortgage-backed and Asset-Backed Securities, New York, 2001; **zitiert:** Author, title, in: Hayre (ed.), Salomon Smith Barney Guide, p.;

Hays, John; Merger synergies, in: SFI, Issue 27, 2003; **zitiert:** Hays, Merger Synergies, in: SFI, Issue 27, 2003;

HBOS plc – HBOS Treasury Services plc EUR 14 Billion Covered Bond Programme, 27.6.2003 (offering circular); **zitiert:** HBOS plc – HBOS Treasury Services plc EUR 14 Billion Covered Bond Programme, 27.6.2003 (offering circular), p.;

Hecht, Felix; Les Crédit Foncier en Europe, Paris, 1900; **zitiert:** Hecht, Les Crédit Foncier en Europe, Paris, 1900, p.;

Helk, Anja; Mortgage banks learn from newcomers, in: Euromoney, November 2000, p. 105 et. seq.; **zitiert:** Helk, Mortgage banks learn from newcomers, in: Euromoney, November 2000, p.;

Hellner, Thorwald; Steuer, Stephan (Hrsg.); Bankrecht und Bankpraxis, Loseblattsammlung, Stand 10/2006; **zitiert:** Hellner/Steuer, Bankrecht und Bankpraxis, Loseblattsammlung, S.;

Hemetsberger, Walburga; Schoppmann, Henning; Schwander, David; Wengler, Christoph; European Banking and Financial Services Law, Second edition, 2006; **zitiert:** Hemetsberger/Schoppmann/Schwander/Wengler, European Banking and Financial Services Law, 2nd edition, 2006, p.;

Henderson, John; Scott, Jonathan P.; Securitization, 1988, New York, London, Toronto, Sydney, Tokio; **zitiert:** Henderson/Scott, Securitization, p.;

Hengst, Gregor; Whole Business Securitisation. Die Verbriefung sämtlicher Erträge eines Unternehmens (Diss.), Köln, 2005; **zitiert:** Hengst, Whole Business Securitisation, S.;

Henssler, Mansel; Die Limited Liability Partnership als Organisationsform anwaltlicher Berufsausübung, in: NJW, 2007, S. 1393 ff.; **zitiert:** Henssler, Die Limited Liability Partnership als Organisationsform anwaltlicher Berufsausübung, in: NJW, 2007, S.;

Herpfer, Jens; Der Pfandbrief – Pfandbriefgesetz vs. Novellierung des HBG, 2007 (Studienarbeit); **zitiert:** Herpfer, Jens; Der Pfandbrief – Pfandbriefgesetz vs. Novellierung des HBG, 2007, S.;

Hies, Michael; Die Refinanzierung deutscher Hypothekenbanken (Dissertation), 1996, Frankfurt a.M.; **zitiert:** Hies, Die Refinanzierung deutscher Hypothekenbanken, 1996, S.;

HM Treasury/FSA; Proposals for a Regulated Covered Bonds legislative framework, July 2007; **zitiert:** HM Treasury/FSA, Proposals for a Regulated Covered Bonds legislative framework, July 2007, p.;

HM Treasury; UK Response to the Commission on the Mortgage Funding Expert Group and mortgage Industry Consumers Expert Group Reports, February 2007; **zitiert:** HM Treasury, UK Response to the Commission on the Mortgage Funding Expert Group and mortgage Industry Consumers Expert Group Reports, February 2007, p.;

Hofmann Gerhard; Basel II, in: WISU 10/04, S. 1202; **zitiert:** Hofmann, Basel II, in: WISU 10/04, S. 1202;

Hofmann, Carsten; Mortgage und Charge – Gestaltungsmöglichkeiten im englischen Kreditsicherungsrecht, Berlin, 2001 (Dissertation); **zitiert:** Hofmann, Mortgage und Charge – Gestaltungsmöglichkeiten im englischen Kreditsicherungsrecht, 2001, S.;

Hoger, Andreas; Bankenaufsicht in der EU im Wandel – Bemerkungen zur Reform des aufsichtsrechtlichen Genehmigungsverfahrens bei Fusionen im Bankensektor, in: WM, 23/2007, S. 1053 ff.; **zitiert:** Hoger, Bankenaufsicht in der EU im Wandel – Bemerkungen zur Reform des aufsichtsrechtlichen Genehmigungsverfahrens bei Fusionen im Bankensektor, in: WM, 23/2007, S.;

Hollender, Wolfgang; Vom Nutzen des Spezialbankprinzips, in: DLK 19/2000, S. 689 ff.; **zitiert:** Hollender, Vom Nutzen des Spezialbankprinzips, in: DLK 19/2000, S.;

Holschuh, Klaus; Jumbo-Pfandbrief-Indices als Marktindikator und Benchmark, in: I&F 10/2005, S. 367 ff.; **zitiert:** Holschuh, Jumbo-Pfandbrief-Indices als Marktindikator und Benchmark, in: I&F 10/2005, S.;

Horn, Norbert; Die Stellung der Anleihegläubiger nach neuem Schuldverschreibungsgesetz und allgemeinem Privatrecht im Licht aktueller Marktentwicklungen, in: ZHR 173/2009, S. 12 ff.; **zitiert:** Horn, Die Stellung der Anleihegläubiger nach neuem Schuldverschreibungsgesetz und allgemeinem Privatrecht im Licht aktueller Marktentwicklungen, in: ZHR 173/2009, S.;

Horn, Holger; Bertram, Horst; Verstärkter Wettbewerb für deutsche Pfandbriefe – Vertragliche Konstruktionen ermöglichen höhere Flexibilität – Auf die wichtigsten Rating-Treiber achten, in: BörsenZ vom 23.6.2007, S. B7; **zitiert:** Horn/Bertram; Verstärkter Wettbewerb für deutsche Pfandbriefe – Vertragliche Konstruktionen ermöglichen höhere Flexibilität – Auf die wichtigsten Rating-Treiber achten, in: BörsenZ vom 23.6.2007, S. B7;

HSH NORDBANK; Covered Bond Research Monthly, 28.6.2007; **zitiert:** HSH NORDBANK, Covered Bond Research Monthly, 28.6.2007, S.;

Hughes, Martin; Assignments of Choses in Action, BJIBFL, [2001], p. 103 et seq.; **zitiert:** Hughes, Assignments of Choses in Action, BJIBFL, [2001], p.;

Hummel, Detlev; Breuer, Rolf-E.; Handbuch des Europäischen Kapitalmarkts, 1. Auflage, 2001; **zitiert:** Autor, Titel, in: Hummel/Breuer, Handbuch des Europäischen Kapitalmarkts, 1. Auflage, 2001, S.;

Humpert, Oliver; Basel II und internes Rating: Ökonomische Analyse der Regelungen zur kreditvergabe an Unternehmen der Neuen Baseler Eigenkapitalvereinbarung in der Version vom Januar 2001 (Diss.), 2003; **zitiert:** Ausführlich zum Eigenkapitalakkord von 1998: Vgl. Humpert, Basel II und Internes Rating, S.;

Hüpkes, Eva H. G.; The Legal Aspects of Bank Insolvency: A comparative Analysis of Western Europe, the United States and Canada, 2000; **zitiert:** Hupkes, The Legal Aspects of Bank Insolvency: A comparative Analysis of Western Europe, the United States and Canada, p.;

HypoVereinsbank (Volk); Covered Bonds and RMBS, Presentation, January 2006; **zitiert:** HypoVereinsbank (Volk), Covered Bonds and RMBS, Presentation, January 2006, p.;

HypoVereinsbank (Volk/Hillenbrand); Neuordnung des Pfandbriefrechts, Global Markets Research Covered Bonds, 7.4.2005; **zitiert:** HypoVereinsbank (Volk/Hillenbrand), Neuordnung des Pfandbriefrechts, Global Markets Research Covered Bonds, 7.4.2005, S.;

I&F Leitartikel; Bekommt der Pfandbrief ein gutes Gesetz?, in: I&F, 17/2004, S. 4; **zitiert:** I&F, Bekommt der Pfandbrief ein gutes Gesetz?, in: I&F, 17/2004, S. 4;

I&F Leitartikel; Das Pfandbriefgesetz: Es wurde Zeit, in: I&F, 10/2004, S. 1101; **zitiert:** I&F Leitartikel, Das Pfandbriefgesetz: Es wurde Zeit, in: I&F, 10/2004, S. 1101;

I&F Leitartikel; Der Anschluss an den Intercity, in: I&F, 10/2005, S. 348; **zitiert:** I&F, Leitartikel, Der Anschluss an den Intercity, in: I&F 10/2005, S. 348;

I&F Leitartikel; Der Pfandbrief von der Sparkasse, in: I&F 5/2002, S. 124; **zitiert:** I&F, Leitartikel, Der Pfandbrief von der Sparkasse, in: I&F, 5/2002, S. 124;

I&F Leitartikel; Pfandbriefe und Rating – ein gestörtes Verhältnis?, in: I&F, 03/2007, S. 76; **zitiert:** I&F Leitartikel, Pfandbriefe und Rating – ein gestörtes Verhältnis?, in: I&F, 03/2007, S. 76;

I&F Leitartikel; Vertraute Qualität, in: I&F, 2008, S. 852; **zitiert:** I&F Leitartikel, Vertraute Qualität, in: I&F, 2008, S. 852;

I&F Redaktionsgespräch mit Henning Rasche; „Wir müssen an der Vertrauensbasis arbeiten", in: I&F, 2008, S. 858 ff.; **zitiert:** I&F Redaktionsgespräch Rasche, „Wir müssen an der Vertrauensbasis arbeiten", in: I&F, 2008, S.;

I&F Redaktionsgespräch mit Henning Rasche; „Das Vertrauen in das Produkt Pfandbrief ist nach wie vor groß", in: I&F, 2009, S. 115; **zitiert:** I&F Redaktionsgespräch Rasche, „Das Vertrauen in das Produkt Pfandbrief ist nach wie vor groß", in: I&F, 2009, S. 115;

I&F, Im Blickfeld; Der VDP empfiehlt (nur) ..., in I&F, 18/2006, S. 635; **zitiert:** I&F, Im Blickfeld: Der vdp empfiehlt (nur) ..., in I&F, 18/2006, S. 635;

I&F, Im Blickfeld; Erfolgsstory des Pfandbriefs lockt Trittbrettfahrer, in: I&F, 10/2007, S. 8 f.; **zitiert:** *I&F*, Im Blickfeld – Erfolgsstory des Pfandbriefs lockt Trittbrettfahrer, in: I&F, 10/2007, S.;

IMF Working Paper; The Use of Mortgage Covered Bonds, WP/07/20, January 2007; **zitiert:** IMF Working Paper, The Use of Mortgage Covered Bonds, WP/07/20, p.;

Immobilien Manager; Vom VDH zum vdp: Gemeinsame Interessenvertretung aller Pfandbriefbanken, Monat/2005, S. 10 f.; **zitiert:** Immobilien Manager, Vom VDH zum vdp: Gemeinsame Interessenvertretung aller Pfandbriefbanken, Monat/2005, S.;

Johannsen, Kai; Der Exportschlager des deutschen Kapitalmarkts, in: Börsenzeitung vom 27. Mai 2005, S. 19; **zitiert:** Johannsen, Der Exportschlager des deutschen Kapitalmarkts, in: BörsenZ vom 27.6.2005, S. 19;

Johannsen, Kai; LBB bringt ersten Structured Covered Bond – Günstige Refinanzierungsmöglichkeit für Sparkassen, denen der Weg an den Pfandbriefmarkt versperrt ist, in: BörsenZ vom 9.3.2007, S. 17; **zitiert:** Johannsen, LBB bringt ersten Structured Covered Bond – Günstige Refinanzierungsmöglichkeit für Sparkassen, denen der Weg an den Pfandbriefmarkt versperrt ist, in: BörsenZ vom 9.3.2007, S. 17;

Johannsen, Kai; Nord/LB Covered Bond Finance Bank gibt Debüt in Dollar und Franken – Erste Neugründung einer Pfandbriefbank in Luxemburg in diesem Jahrtausend – Institut öffnet heute die Bücher – Weitere Häuser könnten folgen, in: BörsenZ vom 23.5.2007, S. 20; **zitiert:** Johannsen, Nord/LB Covered Bond Finance Bank gibt Debüt in Dollar und Franken, in: BörsenZ vom 23.9.2007, S.;

Johannsen, Kai; Structured Covered Bond der LBB erregt die Gemüter – Anhänger der Pfandbriefe fürchten um Sicherheitsmechanismen der neuen Papiere – Moody's sieht Vorteile gegenüber klassischen Titeln, in: BörsenZ vom 16.3.2007, S. 19; **zitiert:** Johannsen, Structured Covered Bond der LBB erregt die Gemüter, in: BörsenZ vom 16.3.2007, S. 19;

Jones, Ceri; New lease of life for old hand as covered bonds explode, in: FTMandate, May 2006; **zitiert:** Jones, New lease of life for old hand as covered bonds explode, in: FTMandate, May 2006;

Jones, Sam; The long arm of the law – Covered bonds are breaking free of the legislation that made them, in: IFLR, May 2007, p. 21 et seq.; **zitiert:** Jones, The long arm of the law, in: IFLR, May 2007, p.;

Jungmann, Carsten; Grundpfandgläubiger und Unternehmensinsolvenz, Deutschland – England – Schottland (Dissertation), 2004; **zitiert:** Jungmann, Grundpfandgläubiger und Unternehmensinsolvenz, Deutschland – England – Schottland, 2004, S.;

Kage, Klaus; Mehr Mut am Pfandbriefmarkt, in: DLK, 21/1997, S. 20 ff. **zitiert:** Kage, Mehr Mut am Pfandbriefmarkt, in: DLK, 21/1997, S.;

Kayser, Godehard; Die Insolvenzanfechtung nach § 134 InsO – Ausweitung der Anfechtbarkeit auf Drittleistungen?, in: WM, 1/2007, S. 1 ff.; **zitiert:** Kayser, Die Insolvenzanfechtung nach § 134 InsO – Ausweitung der Anfechtbarkeit auf Drittleistungen?, in: WM, 1/2007, S.;

Keay, Andrew R.; McPherson's Law of Company Liquidation, 2001, London; **zitiert:** Keay, McPherson's Law of Company Liquidation, para.;

Keay, Andrew; Walton, Peter; The Preferential Debts Regime in Liquidation Law: In the Public Interest?, CfiLR, [1999], p. 84 et seq.; **zitiert:** Keay, Walton, The Preferential Debts Regime in Liquidation Law: In the Public Interest?, CfiLR [1999], p.;

Kerl, Volkher; Bankaufsichtlicher Anforderungen an den Realkredit, 2. Auflage, Berlin 2002; **zitiert:** Kerl, Bankaufsichtliche Anforderungen an den Realkredit, 2. Auflage, 2002, S.;

Kerl, Volkher; Die Struktur der Hypothekenbanken als Qualitätsmerkmal der Pfandbriefe, in: DLK, 15+16/2001, S. 513 ff.; **zitiert:** Kerl, Die Struktur der Hypothekenbanken als Qualitätsmerkmal der Pfandbriefe, in: DLK, 15+16/2001, S.;

Kern, Christoph; Die Sicherheit gedeckter Wertpapiere (Dissertation), 2004, Tübingen; **zitiert:** Kern, Die Sicherheit gedeckter Wertpapiere, 2004, S.;

Kern, Hanns; Die Wohnungsfinanzierung durch die Building Societies und ihre Refinanzierung, Mainz, 1981, Nr. 35 Gelbe Reihe; **zitiert:** Kern, Die Wohnungsfinanzierung durch die Building Societies und ihre Refinanzierung, 1981, Nr. 35 Gelbe Reihe, S.;

Kieninger, Eva-Maria (editor); Security Rights in Movable Property in European Private Law, Cambridge, 2004; **zitiert:** Kieninger, Security Rights in Movables Property in European Private Law, 2004, Cambridge; cited: Bridge, The English Law of Securities, in: Kieninger, Security Rights in Movables Property in European Private Law, 2004, Cambridge, p.;

Kieninger, Eva-Maria; Wettbewerb der Rechtsordnungen im Europäischen Binnenmarkt, Tübingen, 2002; **zitiert:** Kieninger, Wettbewerb der Rechtsordnungen im Europäischen Binnenmarkt, S.;

Kilian, Matthias; Die limited liability partnership – Eine neue Gesellschaftsform im britischen Recht, in: NZG, 2000, S. 1008 ff.; **zitiert:** Kilian, Die limited liability partnership – Eine neue Gesellschaftsform im britischen Recht, in: NZG, 2000, S.;

Kircher, Steffen; Grundpfandrechte in Europa – Überlegungen zur Harmonisierung der Grundpfandrechte unter besonderer Beachtung der deutschen, französischen und englischen Rechtsordnung (Dissertation), 2004, Berlin; **zitiert:** Kircher, Grundpfandrechte in Europa, 2004, S.;

Kirsten, Sebastian; Springer, Andreas; Der Treuhänder einer Pfandbriefbank und das neue Pfandbriefgesetz, in: BKR, 2006, S. 366 ff.; **zitiert:** Kirsten/Springer, Der Treuhänder einer Pfandbriefbank und das neue Pfandbriefgesetz, in: BKR, 2006, S.;

Klein, Dietmar K. R.; Die Banksysteme der EU-Länder, 3. Auflage 1998 Frankfurt a.M.; **zitiert:** Klein, Die Bankensysteme der EU-Länder, 1998, S.;

Klüwer, Arne; Marschall, Fabian; Whole Business Securitisation – Die Verbriefung des Unternehmenscashflows, in: ZBB, 4/2005, S. 255 ff.; **zitiert:** Klüwer/Marshall, Whole Business Securitisation, in: ZBB 4/2005, S.;

Knobloch, Bernd; Das Geschäftsmodell der Eurohypo – hat es noch Bestand?, DLK, 2/2005, S. 54 ff.; **zitiert**: Knobloch, Bernd; Das Geschäftsmodell der Eurohypo – hat es noch Bestand?, DLK, 2/2005, S.;

Knobloch, Bernd; Verbriefung und Pfandbrief ergänzen einander, in: BörsenZ vom 23.6.2007, S. B4; **zitiert**: Knobloch, Verbriefung und Pfandbrief ergänzen einander, in: BörsenZ vom 23.6.2007, S. B4;

Kofner, Stefan; Hypothekenversicherung: Auf der Überholspur ins Wohneigentum?, in: I&F, 11/2006, S. 356 ff.; **zitiert**: Kofner, Hypothekenversicherung: Auf der Überholspur ins Wohneigentum?, in: I&F, 11/2006, S.;

Köndgen, Johannes; Die vorzeitige Rückzahlung von Festzinskrediten, in: vdp, Schriftenreihe Nr. 8, 2000; **zitiert**: Köndgen, Die vorzeitige Rückzahlung von Festzinskrediten, S.;

Köndgen, Johannes; Stöcker, Otmar; Die Eurohypothek – Akzessorietät als Gretchenfrage?, in: ZBB 2/05, S. 112 ff.; **zitiert**: Köndgen, Johannes; Stöcker, Otmar; Die Eurohypothek – Akzessorietät als Gretchenfrage?, in: ZBB 2/05, S.;

König, Christian; Stand der Diskussion zur Integration der Hypothekenkreditmärkte, in: I&F, 24/2006, S. 846 ff.; **zitiert**: König, Stand der Diskussion zur Integration der Hypothekarkreditmärkte, in: I&F, 18/2006, S.;

Koppmann, Tobias; Die besondere Sicherheit der Pfandbriefe in der Insolvenz der Pfandbriefbank, in: WM, 7/2006, S. 305 ff.; **zitiert**: Koppmann, Die besondere Sicherheit des Pfandbriefs in der Insolvenz der Pfandbriefbank, WM, 7/2006, S.;

Kösters, Jürgen; Pfandbriefgesetz: Bewertung aus der Sicht einer Landesbank, in: ZfgK, 20/2004, S. 1121 ff.; **zitiert**: Kösters, Pfandbriefgesetz: Bewertung aus der Sicht einer Landesbank, in: ZfgK, 20/2004, S.;

Kösters, Jürgen; Pfandbriefrecht für eine zusätzliche Anlageklasse öffnen – Schaffung des Luftfahrzeugpfandbriefs wäre kein revolutionärer, sondern ein folgerichtiger Schritt zur weiteren Modernisierung des Gesetzes, in: BörsenZ, vom 23.06,2007, S. B3; **zitiert**: Kösters, Pfandbriefrecht für eine zusätzliche Anlageklasse öffnen – Schaffung des Luftfahrzeugpfandbriefs wäre kein revolutionärer, sondern ein folgerichtiger Schritt zur weiteren Modernisierung des Gesetzes, in: BörsenZ, vom 23.06,2007, S. B3;

Krumnow, Jürgen (Hrsg.); Gabler Bank Lexikon, 12. Auflage, 2002; **zitiert**: Krumnow (Hrsg.), Gabler Bank Lexikon, 12. Auflage, 2002, S.;

Krumnow, Jürgen; Gramlich, Ludwig; Lange, Thomas A.; Dewner, Thomas L.; Gabler Bank Lexikon, 13. Auflage, 2002; **zitiert**: Krumnow/Gramlich/Lange/Dewner, Gabler Bank Lexikon, S.;

Kullmann, Walburga; Sester, Peter; Inhalt und Form von Emissionsprospekten nach dem WpPG, in: ZBB 3/2005, S. 209 ff.; **zitiert**: Kullmann/Sester, Inhalt und Form von Emissionsprospekten nach dem WpPG, in: ZBB 3/2005, S.;

Kürn, Christoph; Mortgage-Backed Securities – Rechtliche Voraussetzungen und Hindernisse (Dissertation), 1997, Erlangen; **zitiert**: Kürn, Mortgage-Backed Securities – Rechtliche Voraussetzungen und Hindernisse, 1997, S.;

Lahny, Peter J.; Asset Securitization: A Discussion of the Traditional Bankruptcy Attacks and an Analysis of the Next Potential Attack, Substantive Consolidation, in: 9 Am. Bank. I. L. Rev., 2001, p. 815, 850 et. seq.; **zitiert**: Lahny, Asset Securitization: A Discussion of the Traditional Bankruptcy Attacks and an Analysis of the Next Potential Attack, Substantive Consolidation, in: 9 Am. Bank. I. L. Rev., 2001, p.;

Lamazure; Das System der Obligations fonciéres und der Pfandbriefe in Frankreich, Deutschland, Österreich und nach den Bestimmungen des Schweizerischen Zivilgesetzbuches, Bern, 1909; **zitiert**: Lamazure, Das System der Obligations fonciéres und der Pfandbriefe in Frankreich, Deutschland, Österreich und nach den Bestimmungen des Schweizerischen Zivilgesetzbuches, Bern, 1909, S.;

Lambert, Annik; Neueste Entwicklungen zum Hypothekarkredit in Europa, in: I&F, 9/2006, S. 298 ff.; **zitiert**: Lambert, Neueste Entwicklungen zum Hypothekarkredit in Europa, in: I&F, 9/2006, S.;

Lambert, Annik; The road to integration, in: The Banker, 8.1.2007, p. 10 et seq.; **zitiert**: Lambert, Annik; The road to integration, in: The Banker, 8.1.2007, p.;

Lambert, Annika; ECBC hat das Etappenziel erreicht, in: Börsen-Zeitung vom 19.7.2005, S. B6; **zitiert**: Lambert, ECBC hat das Etappenziel erreicht, in: Börsen-Zeitung vom 19.7.2005, S. B6;

Lamby, Frank; Transaktionsstrukturen befinden sich im Wandel – Bedarf an strukturierten Finanzierungen steigt – Pfandbrief bleibt kostengünstigste Refinanzierungsmöglichkeit – Produktmix optimiert Funding, in: BörsenZ vom 23.6.2007, S. B5; **zitiert**: Lamby, Transaktionsstrukturen befinden sich im Wandel – Bedarf an strukturierten Finanzierungen steigt – Pfandbrief bleibt kostengünstigste Refinanzierungsmöglichkeit – Produktmix optimiert Funding, in: BörsenZ vom 23.6.2007, S. B5;

Landesbank Berlin AG; Basisprospekt für die Anleihen Daheim Nr. 1, 26.2.2007; zitiert: Landesbank Berlin AG, Basisprospekt für die Anleihen Daheim Nr. 1, 26.2.2007, S.;

Lang, Rüdiger; Die Entwicklung des europäischen Pfandbriefmarkts, in: I&F, 17/2004, S. 520 ff.; **zitiert**: Lang, Die Entwicklung des europäischen Pfandbriefmarkts, in: I&F, 17/2004, S.;

Lassen, Tim; Lehren aus der Hypothekenbankkrise von 1900, in: I&F, 18/2003, S. 652 ff.; **zitiert**: Lassen, Lehren aus der Hypothekenbankkrise von 1900, in: I&F, 18/2003, S.;

Lassen, Tim; Pfandbriefe und fundierte Schuldverschreibungen in Österreich, in: I&F 10/2005, S. 374 ff.; **zitiert**: Lassen, Pfandbriefe und fundierte Schuldverschreibungen in Österreich, in: I&F 10/2005, S.;

Lastra, Rosa M.; Northern Rock, UK bank insolvency and cross-border bank insolvency, in: Journal of Banking Regulation, Vol. 9, 2008, p. 165 et seq.; **zitiert**: Lastra, Northern Rock, UK bank insolvency and cross-border bank insolvency, in: Journal of Banking Regulation, Vol. 9, 2008, p.;

Lawson, Frederick H.; Rudden, Bernard; The Law of Property, 3rd Edition, 2001; **zitiert**: Lawson/Rudden, The Law of Property, 3rd Edition, 2001, p.;

LBBW; Brave Old World – warum Covered Bonds weiterhin Credit Produkte sind, 1.8.2008; zitiert: LBBW, Brave Old World – warum Covered Bonds weiterhin Credit Produkte sind, 1.8.2008, S.;

LBBW; Covered Bonds Weekly, Nr. 30 vom 2.8.2007; **zitiert**: LBBW, Covered Bonds Weekly, Nr. 30 vom 2.8.2007, S.;

LBBW; Covered Bonds Weekly, Nr. 43 vom 2.11.2007; **zitiert**: LBBW, Covered Bonds Weekly, Nr. 43 vom 2.11.2007, S.;

Lee, Sun Chol; Kapitalmobilisierung durch Sekurisation der hypothekarisch gesicherten Darlehensforderung (Dissertation), 1991, Hamburg; **zitiert**: Lee, Kapitalmobilisierung durch Sekurisation der hypothekarisch gesicherten Darlehensforderung, S.;

Letschert, Günther; Franz, Steffan; Pfandbrief und Kommunalobligation, 2. Auflage, 1981, Frankfurt a.M.; **zitiert**: Letschert/Steffan, Pfandbrief und Kommunalobligation, 2. Auflage, 1981, S.;

Letter of Paul Sharma (FSA) to the British Bankers' Association; 17.8.2004, re: Covered bond issuance, 19.8.2004; **zitiert**: Letter of Paul Sharma (FSA) to the British Bankers' Association, 17.8.2004, re: Covered bond issuance, 19.8.2004;

Letter of Paul Sharma (FSA) to the British Bankers' Association; 4.8.2005, re: Covered bond issuance, 4.8.2005; **zitiert**: Letter of Paul Sharma (FSA) to the British Bankers' Association, 4.8.2005, re: Covered bond issuance, 4.8.2005;

Lightman, Gavin, Sir; The Challenges Ahead: Address to the Insolvency Lawyer's Association, JBL, [1996], p. 113 et seq.; **zitiert**: Lightman, The Challenges Ahead: Address to the Insolvency Lawyer's Association, in: J.B.L., 1996, p.;

Lihua, Guo; The Euromoney, International Debt Capital Markets Handbook, 2005, S. 75; **zitiert**: author, title, in: The Euromoney International Debt Capital Markets Handbook, 2005, p.;

Lingard, James R.; Bank Security Document, 3rd Edition, 1993, London; **zitiert**: Lingard, Bank Security Documents, 3rd Edition, 1993, p. para.;

Linkert, Florian; Insolvenzrechtliche Risiken bei Asset-Backed Securities (Dissertation), 2008; **zitiert**: Linkert, Insolvenzrechtliche Risiken bei Asset-Backed Securities, 2008, S.;

Linklaters LLP; Regulated Covered Bonds. Covered., March 2008; **zitiert**: Linklaters; Regulated Covered Bonds. Covered., March 2008, p.;

Linklaters LLP; Covered Bonds Update, July 2008. **zitiert:** Linklaters, Covered Bonds Update, July 2008, p.;

London Economics; The Cost and Benefits of Integration of EU Mortgage Markets, Report for European Commission, DG-Internal Market and Services, August 2005; **zitiert:** London Economics, The Cost and Benefits of Integration of EU Mortgage Markets, August 2005, p.;

Lowry, Dignam; Butterworths Company Law, 2nd edition, 2003, London; **zitiert:** Lowry/ Dignam, Company Law, 2nd Edition, 2003, p. para.;

Lupica, Lois R.; Asset Securitization: The Unsecured Creditor's Perspective, in: 76 Tex. L. Rev., 1989, p. 595 et seq.; **zitiert:** Lupica, Asset Securitization: The Unsecured Creditor's Perspective, in: 76 Tex. L. Rev., 1989, p.;

Lux, Reiner; Beleihungswert und Zertifizierung, in: DLK 10/2001, S. 345 ff.; **zitiert:** Lux, Beleihungswert und Zertifizierung, in: DLK 10/2001, S.;

Lyall, Francis; An Introduction to British Law, 2nd edition, 2002, Baden-Baden; **zitiert:** Lyall, An Introduction to British Law, p.;

Mayer Brown; Stärkung der europaweiten Konsortialfinanzierung mit Hilfe der Finanzierungsregister durch das Gesetz zur Fortentwicklung des Pfandbriefrechts, in: Banking & Finance Update, April 22, 2009; **zitiert:** Mayer Brown, Stärkung der europaweiten Konsortialfinanzierung mit Hilfe der Finanzierungsregister durch das Gesetz zur Fortentwicklung des Pfandbriefrechts, in: Banking & Finance Update, April 22, 2009;

Maiden, Ben; The British are coming, in: IFLR, 10/2006, p. 34 et seq.; **zitiert:** Maiden, The British are coming, in: IFLR, 10/2006, p.;

Mankelow, Nat; New powers emerging in hunt for covered bonds, in: FTmandate, May 2007; **zitiert:** Mankelow, New powers emerging in hunt for covered bonds, in: FTmandate, May 2007;

Marray, Michael; The universe is expanding, in: The Banker, 2.4.2007, p. 42 et seq.; **zitiert:** Marray, The universe is expanding, in: The Banker, 2.4.2007, p.;

Marzi, Leopold-Michael; Die Geschichte des Pfandbriefs und der Hypothekenbanken in Gegenwart und Vergangenheit (Dissertation), 2001, Wien; **zitiert:** Marzi, Das Recht der Pfandbriefe und Hypothekenbanken in Vergangenheit und Gegenwart, 2002, S.;

Mayer&Brown (London); Finance Legal Bulletin, UK Regulated Covered Bond Regulations 2008, March 2008; **zitiert:** Mayer&Brown, Finance Legal Bulletin, UK Regulated Covered Bond Regulations 2008, March 2008, p.;

McBryde, W. W.; Flessner, A.; Kortmann, S. C. J. J.; Principless of European Insolvency Law – National Report for England, 2003; **zitiert:** McBryde/Flessner/Kortmann, European Insolvency Law – England, p.;

McCormack, Gerrard; Fixed Charges on Future Book Debts, The Company Lawyer, 1987, Vol. 8, No. 1, p. 3 et seq.; **zitiert:** McCormack, Fixed Charges over Future Book Debts, The Company Lawyer, Vol. 8, No. 1, p.;

McGhee, John; Snell's Equity, 31st Edition, 2005, London; **zitiert:** McGhee, Snell's Equity, 31st Edition, 2005, p. para.;

McKnight, Andrew; Brumark: The Difference between Fixed and Floating Charges, JIBL, [2001], p. 157 et seq.; **zitiert:** McKnight, Brumark: The Difference between Fixed and Floating Charges, JIBL, [2001], p.;

McLannahan, Ben; Seeking Cover – With a blockbuster issue from Washington Mutual and more U.S. borrowers knocking at the door, the European covered bond market is going global, in: Institutional Investor, December 2006 / January 2007, p. 37 et seq.; **zitiert:** McLannahan, Seeking Cover – With a blockbuster issue from Washington Mutual and more U.S. borrowers knocking at the door, the European covered bond market is going global, in: Institutional Investor, December 2006 / January 2007, p.;

Mercer Oliver Wyman (Low/Sebag-Montefiore/Dübel); Study on the Financial Integration of European Mortgage Markets, October 2003; **zitiert:** Mercer Oliver Wyman/EMF: Study on the Financial Integration of European Mortgage Markets, October 2003, p.;

Mielk, Holger; Die Neufassung des § 10 KWG durch die 7. KWG-Novelle, in: WM, 2/2007, S. 52 ff.; **zitiert:** Mielk, Die Neufassung des § 10 KWG durch die 7. KWG-Novelle, in: WM, 2/2007, S.;

Mielk, Holger; Die Umsetzung von Basel II in deutsches Recht – Ein Überblick über wesentliche Aspekte des KWG-Änderungsgesetzes, in: WM, 14/2007, S. 621 ff.; **zitiert:** Mielk, Die Umsetzung von Basel II in deutsches Recht – Ein Überblick über wesentliche Aspekte des KWG-Änderungsgesetzes, in: WM, 14/2007, S.;

Miles, Robert Sir; The UK Mortgage Market: Taking a Longer-Term View, Final Report and Recommendations, March 2004; **zitiert:** Miles, The UK Mortgage Market: Taking a Longer-Term View, Final Report and Recommendations, March 2004, p. para.;

Milman, David; Chris Durrant; Corporate insolvency: law and practice, 1999, London; **zitiert:** Milman/Durrant, Corporate Insolvency, para.;

Möhlenkamp, Andreas; Besteht ein ersatzfähiger Schaden durch Verletzung des Bankgeheimnisses?, in: BB, 2007/21, S. 1126 ff.; **zitiert:** Möhlenkamp, Besteht ein ersatzfähiger Schaden durch Verletzung des Bankgeheimnisses?, in: BB, 2007/21, S.;

Mohrbutter, Harro; Ringsmeier, Andreas; Handbuch der Insolvenzverwaltung, 8. Auflage, 2007; **zitiert:** Mohrbutter/Ringsmeier, Handbuch der Insolvenzverwaltung, 8. Auflage, § Rdn.;

Moody's Investor Service (Lindstrom Greenberg); Moody's Rating Approach to European Covered Bonds, 13.6.2005; **zitiert:** Moody's Investor Service (Lindstrom/Greenberg), Moody's rating approach to European covered bonds, 13.6.2005, p.;

Moody's Investor Service; Abbey National Treasury Services plc. Covered Bond Programme, Pre-Sale Report, 27.3.2006; **zitiert:** Moody's Investor Service, Abbey National Treasury Services plc. Covered Bond Programme, Pre-Sale Report, 27.3.2006, p.;

Moody's Investor Service; ABN AMRO Bank N.V., Covered Bonds, Pre-Sale-Report, 5.9.2005, **zitiert:** Moody's Investor Services, ABN AMRO Bank N.V., Pre-Sale Report, 5.9.2005, p.;

Moody's Investor Service; Bank Financial Strength Ratings: Global Methodology, February 2007; **zitiert:** Moody's Investor Service, Bank Financial Strength Ratings: Global Methodology, February 2007, p.;

Moody's Investor Service; Bradford & Bingley Covered Bond Programme, Pre-Sale Report, 30.3.2004; **zitiert:** Moody's Investor Service, Bradford & Bingley Covered Bond Programme, Pre-Sale Report, 30.3.2004, p.;

Moody's Investor Service; European Structured Covered Bonds: Moody's Rating Approach, 10.4.2003; **zitiert:** Moody's Investors Service, European Structured Covered Bonds: Moody's Rating Approach, 10.4.2003, p.;

Moody's Investor Service; Frequently Asked Questions on Moody's JDA and BFSR Methodologies, March 2007; **zitiert:** Moody's Investor Service, Frequently Asked Questions on Moody's JDA and BFSR Methodologies, March 2007, p.;

Moody's Investor Service; HSBC Covered Bond Programme, Pre-Sale Report, 24.10.2006; **zitiert:** Moody's Investor Service, HSBC Covered Bond Programme, Pre-Sale Report, 24.10.2006, p.;

Moody's Investor Service; Incorporation of Joint Default Analysis into Moody's Bank Rating Methodology, February 2007; **zitiert:** Moody's Investor Service, Incorporation of Joint Default Analysis into Moody's Bank Rating Methodology, February 2007, p.;

Moody's Investor Service; Nationwide Building Society Covered Bond Programme, Pre-Sale Report, 23.11.2005; **zitiert:** Moody's Investor Service, Nationwide Building Society Covered Bond Programme, Pre-Sale Report, 23.11.2005, p.;

Moody's Investor Service; Pre-sale Report, HBOS UK Covered Bond Programme, 4.2.2004; **zitiert:** Moody's Investor Service, Pre-sale Report, HBOS UK Covered Bond Programme, 4.2.2004, p.;

Moody's Investor Service; Pre-sale Report, Northern Rock Covered Bond Programme, 30.3.2004; **zitiert:** Moody's Investor Service, Pre-sale Report, Northern Rock Covered Bond Programme, 30.3.2004, p.;

Moody's Investor Service; WM Covered Bond, Pre-Sale-Report, 5.9.2006; **zitiert:** Moody's Investor Service, WM Covered Bond Programme, Pre-Sale-Report, 5.9.2006, p.;

Moody's Investor Service; Yorkshire Building Society Covered Bond Programme, Pre-Sale Report, 11.10.2006; **zitiert:** Moody's Investor Service, Yorkshire Building Society Covered Bond Programme, Pre-Sale Report, 11.10.2006, p.;

Moody's Investor Services (Lindstrom/Greenberg); European Covered Bond Legal Frameworks: Moody's legal checklist, 9.11.2005; **zitiert:** Moody's Investor Service (Lindstrom/Greenberg), European covered bond legal frameworks: Moody's legal checklist, 9.12.2005;

Moore, Philip; Rocked to its core? In: Euromoney, November 2007, p. 95 et seq.; **zitiert:** Moore, Rocked to its core? In: Euromoney, November 2007, p.;

Moore, Philip; US banks pay for covered charge, in: Euromoney, April 2007, p. 83 et seq.; **zitiert:** Moore, US banks pay for covered charge, in: Euromoney, April 2007, p.;

Morse, Geoffrey (and others); Palmer's Company Law, Vol. 3, Loseblattsammlung (Stand: Februar 2005), London; **zitiert:** Morse, Palmer's Company Law, para.;

Morse, Geoffrey (editor); Davies, Paul; Fletcher Ian F.; Milman, David; Morris, Richard; Bennet, David A.; Palmer's Limited Liability Partnership Law, 2002, London; **zitiert:** Morse, Palmer's Limited Liability Partnership Law, para.;

Morse, Geoffrey; Partnership Law, 5th Edition, Nottingham, 2002; **zitiert:** Morse, Partnership Law, p.;

Mortgage Credit Foundation; Basic Guidelines for a Eurohypotec – Outcome of the Eurohypotec workshop November 2004 / April 2005, Warsaw, May 2005; **zitiert:** Mortgage Credit Foundation, Basic Guidelines for a Eurohypotec – Outcome of the Eurohypotec work-shop November 2004 / April 2005, Warsaw, May 2005), p.;

Moss, Gabriel QC; Wessels, Bob; EU Banking and Insurance Insolvency, London, 2006; **zitiert:** Moss/Wessels, EU Banking and Insurance Insolvency, p.;

Müller, Michael; Klanke, Reinhold; Deckungsstock Controlling, I&F, 14/2005, S. 508 ff.; **zitiert:** Müller/Klanke, Deckungsstock-Controlling – mehr Sicherheit für den Pfandbrief, in: I&F 14/2005, S.;

Münchner Kommentar zum Bürgerlichen Gesetzbuch; (Hrsg.) Rebmann, Kurt; Säcker, Franz, Jürgen; Rixecker Roland; **zitiert:** Autor, MüKo, § Rdn.;

Münchner Kommentar zur Insolvenzordnung; (Hrsg.) Kirchhof, Hans-Peter; Lwowski Hans-Jürgen; Stürner, Rolf; 2. Auflage, 2008; **zitiert:** Autor, in: MüKo, InsO, 2. Auflage, 2008, §, Rdn.;

Munsberg, Friedrich; Pfandbrief ist nicht gleich Pfandbrief, in: Die Bank 4/97, S. 204 ff., **zitiert:** Munsberg, Pfandbrief ist nicht gleich Pfandbrief, in: Die Bank 4/97, S.;

Munsberg, Friedrich; Zehn Jahre Jumbo-Pfandbrief – Wie alles begann, in: Die Bank 6/2005, S. 20 ff.; **zitiert**; Munsberg, Zehn Jahre Jumbo-Pfandbrief – Wie alles begann, in: Die Bank 6/2005, S.;

Mußler, Hanno; Die marode Hypothekenbank und die BaFin, in: FAZ vom 14.7.2006, S. 15; **zitiert:** Mußler, Die marode Hypothekenbank und die BaFin, in: FAZ vom 14.7.2006, S. 15;

Mußler, Hanno; Herabgestuft, in: FAZ, vom 18.7.2005, S. 16; **zitiert:** Mußler, Herabgestuft, in: FAZ, vom 18.7.2005, S. 16;

Mußler, Hanno; Landesbanken ohne Staatsgarantien – Herabgestuft, in: FAZ vom 18.7.2005, S. 16; **zitiert:** Mußler, Landesbanken ohne Staatsgarantien – Herabgestuft, in: FAZ vom 18.7.2005, S. 16;

Nasarre-Aznar, Sergio; Securitisation & mortgage bond: Legal aspects and harmonisation in Europe, Cambridge, 2004; **zitiert:** Nasarre-Aznar, Securitisation & mortgage bond: Legal aspects and harmonisation in Europe, Cambridge, 2004, p.;

Neville, Laurence; Old product, new law, in: Euromoney, November 2005, p. 102 et seq.; **zitiert:** Neville, Old product, new law, in: Euromoney, November 2005, p.;

Newton, Alan; Higgs, Will; Covering all angels, in: The Lawyer Features, 24.9.2007; **zitiert:** Newton/Higgs, Covering all angels, in: The Lawyer Features, 24.9.2007;

Newton, Alan; Trott, David; Jones, Helen; United Kingdom English Law Developments, in: A special IFLR supplement, 2003; **zitiert:** Newton/Trott/Jones, United Kingdom English Law Developments, in: A special IFLR supplement, 2003, p.;

Northern Rock plc EUR 10 Billion Global Covered Bond Programme, 30.4.2004 (offering circular); **zitiert:** Northern Rock plc EUR 10 Billion Global Covered Bond Programme, 30.4.2004 (offering circular), p.;

Norton, Joseph Jude; Spellman, Paul R.; Asset Securitization – International Financial and Legal Perspectives, 1991, London; **zitiert:** Norton/Spellman, Asset Securitization – International Financial and Legal Perspectives, 1991, p.;

Nußbaum, Arthur; Lehrbuch des Deutschen Hypothekenbankwesens nebst einer Einführung in das allgemeine Grundbuchrecht, 2. Auflage, 1921; **zitiert:** Nußbaum, Lehrbuch des Deutschen Hypothekenbankwesens nebst einer Einführung in das allgemeine Grundbuchrecht, S.;

O'Hare, John; Browne, Kevin; Civil Litigation, 11th Edition, 2003, London; **zitiert:** O'Hare/Browne, Civil Litigation, 11th Edition, 2003, p. para.;

O'Reilly, Pat; Hardt, Judith; The Future of the European Mortgage Markets, Part I: Property and Mortgage Markets in Diversity, in: DLK, 24/2000, S. 855; **zitiert:** O'Reilly/Hardt, The Future of the European Mortgage Markets, Part I: Property and Mortgage Markets in Diversity, in: DLK, 24/2000, S.;

O'Reilly, Pat; Hardt, Judith; The Future of the European Mortgage Markets, Part II: Mortgage Bonds vs MBS, in: DLK, 4/2001, S. 122; **zitiert:** O'Reilly/Hardt, The Future of the European Mortgage Markets, Part II: Mortgage Bonds vs MBS, in: DLK, 4/2001, S.

Obermüller, Manfred; Insolvenzrecht in der Bankpraxis, 7. Auflage, 2007; **zitiert:** Obermüller, Insolvenzrecht in der Bankpraxis, 7. Auflage, 2007, para.;

Oditah, Fidelis; Lightweight Floating Charges, JBL, [1991], p. 49 et seq.; **zitiert:** Oditah, Lightweight Floating Charges, JBL, [1991], p.;

Oditah, Fidelis; Receivables Financing, 2nd Edition, 1991, London; **zitiert:** Oditah, Receivables Financing, 1991, p. para.;

Oppermann, Thomas; Europarecht, 3. Auflage, München 2005; **zitiert:** Oppermann, Europarecht, 3. Auflage, München 2005, S. Rdn.;

Osman, Yasmin; Dossier Angriff auf den deutschen Pfandbrief, in: FTD vom 4.4.2007; **zitiert** Osman, Dossier Angriff auf den deutschen Pfandbrief, in: FTD vom 4.4.2007;

Osman, Yasmin; Jumbo-Pfandbrief: Ausländer jagen Deutschen Marktanteile ab, in: FTD vom 14.5.2005; **zitiert:** Osman, Jumbo-Pfandbrief: Ausländer jagen Deutschen Marktanteile ab, in: FTD vom 14.5.2005;

Osman, Yasmin; Pfandbrief Wildwuchs erbost Insider, in: FTD, vom 22.11.2006; **zitiert:** Osman, Pfandbrief Wildwuchs erbost Insider, in: FTD, vom 22.11.2006;

Osman, Yasmin; Pfandbriefe sichern vorteilhafte Refinanzierung, in: FTD vom 18.7.2005, S. A8; **zitiert:** Osman, Pfandbriefe sichern vorteilhafte Refinanzierung, in: FTD vom 18.7.2005, S. A8;

Osman, Yasmin; Türkei entdeckt Pfandbrief, in: FTD vom 5.2.2007; **zitiert:** Osman, Türkei entdeckt Pfandbrief, in: FTD vom 5.2.2007;

Oxford Capital Markets Law Journal; UK and EU, Vol. 1, No. 1, p. 113 et seq.; **zitiert:** Oxford Capital Markets Law Journal, UK and EU, Vol. 1, No. 1, p.;

Packer, Frank; Stever, Ryan; Upper, Christian (Bank für internationalen Zahlungsverkehr, BIZ); Der Markt für gedeckte Schuldverschreibungen, in: BIZ-Quartalsbericht, September 2007; **zitiert:** Packer/Stever/Upper (Bank für internationalen Zahlungsverkehr, BIZ), Der Markt für gedeckte Schuldverschreibungen, in: BIZ-Quartalsbericht, September 2007, S.;

Palandt; BGB, 68. Auflage, 2009; **zitiert:** Palandt, BGB, 68. Auflage, 2009, § Rdn.;

Pannen, Klaus; Krise und Insolvenz bei Kreditinstituten: Handbuch, 2. Auflage, 2005; Pannen, Krise und Insolvenz bei Kreditinstituten, 2005, S.;

Pannen, Klaus; Wolff, Patrick; ABS-Transaktionen in der Insolvenz des Originators, in: ZIP 2/2006, S. 55 et seq.; **zitiert:** Pannen/Wolff, ABS-Transaktionen in der Insolvenz des Originators, in: ZIP 2/2006, S.;

Paterson, Frances A; Britton, Philipp; Limited Liability Partnerships – A guide for professionals, London, 1921; **zitiert:** Autor, in: Paterson/Britton, Limited Liabilities Partnerships – A guide for professionals, 2001, p.;

Pau, Ali; The Law of Secured Finance: An International Survey of Security Interests over Personal Property, 2002, Melbourne; **zitiert**: Pau, The Law of Secured Finance on Personal Property, 2002, p. para.;

Paul, Stephan; Fehr, Peter; Hypothekenpfandbriefe versus MBS – Konkurrenz oder Komplementarität? (I), in: Die Bank 6/1996, S. 351 ff.; **zitiert**: Paul/Fehr, Hypothekenpfandbrief versus MBS – Konkurrenz oder Komplementarität? (I), in: Die Bank 6/96, S.;

Paul, Stephan; Fehr, Peter; Hypothekenpfandbriefe versus MBS – Konkurrenz oder Komplementarität? (II), in: Die Bank 7/1996, S. 407 ff. **zitiert**: Paul/Fehr, Hypothekenpfandbrief versus MBS – Konkurrenz oder Komplementarität? (I), in: Die Bank 7/96, S.;

Pennington, Robert R.; Bank Finance for Companies, 1987, London; **zitiert**: Pennington, Bank Finance for Companies, 1987, London, p.;

Pennington, Robert R.; Pennington's Corporate Insolvency Law, 2nd Edition, 1997, London; **zitiert**: Pennington, Corporate Insolvency Law, 2nd Edition, 1997, p.;

Pennington, Robert R.; Pennington's Company Law, 8th Edition, 2001, London; **zitiert**; Pennington's Company Law, 8th Edition, 2001, p.;

Pennington, Robert R.; The Genesis of the Floating Charge, MLR, [1960], Vol. 23, p. 630 et seq.; **zitiert**: Pennington, The Genesis of the Floating Charge (1960) 23 M. L. R., p.;

Pfau, Juliane; Hypothekenpfandbriefe und Mortgage-Backed Securities im Vergleich unter Berücksichtigung des Bedarfes an selbst bewohnten Eigentum (Dissertation), 2002; **zitiert**: Pfau, Hypothekenpfandbriefe und Mortgage-Backed Securities im Vergleich unter Berücksichtigung des Bedarfes an selbst bewohnten Eigentum, 2002, S.;

Pfeifer, Hans; Wie Kredite zu Anleihen werden – Verbriefte Hypothekarkredite verschaffen den Banken Liquidität und verhelfen Anlegern zu besser diversifizierten Portfolios, in: FTD, vom 28.9.2004, S. 19; **zitiert**: Pfeifer, Wie Kredite zu Anleihen werden – Verbriefte Hypothekarkredite verschaffen den Banken Liquidität und verhelfen Anlegern zu besser diversifizierten Portfolios, in: FTD, vom 28.9.2004, S.;

Pfingsten, Andreas; Homölle, Susanne; Refinanzierung von Hypothekendarlehen – Pfandbriefemissionen versus MBS-Transaktionen, in: DLK 17/2001, S. 619 ff.; **zitiert**: Pfingsten/Homölle, Refinanzierung von Hypothekendarlehen – Pfandbriefemissionen versus MBS-Transaktionen, in: DLK 17/2001, S.;

Picarda, Hubert; Labels: A Voyage Round Fixed and Floating Charges, BJIBFL, [2001], 114 et seq.; **zitiert**: Picarda, Labels: A Voyage Round Fixed and Floating Charges, BJIBFL 2001, p.;

Picarda; Hubert; The Law Relating to Receivers, Managers and Administrators, 3rd Edition, 2000, London; **zitiert**: Picarda, Receivers, Managers and Administrators, 3rd Edition, 2000, p.;

Picherer, Martin H.; Sicherungsinstrumente bei Konsortialfinanzierungen von Hypothekenbanken (Dissertation), Frankfurt 2002; **zitiert**: Picherer, Sicherungsinstrumente bei Konsortialfinanzierungen von Hypothekenbanken, 2002, S.;

Pleyer, Klemens (Hrsg.); Elsner, Bernd; v. Hertzberg, Christine; Rix, Reinhard; Bellinger, Dieter; Glauner, Karl-Heinz; Das Recht der Hypothekenbanken in Europa, 1981, München; **zitiert**: Pleyer, Das Recht der Hypothekenbanken in Europa, 1981, S.;

Pleyer, Klemens; Neues Recht für die Hypothekenbanken – Die Änderung des Hypothekenbankgesetzes, in: NJW, 2/1989, S. 69 ff.; **zitiert**: Pleyer, Neues Recht für die Hypothekenbanken – Die Änderung des Hypothekenbankgesetzes, in: NJW, 2/1989, S.;

Podiumsdiskussion anlässlich des 100-jährigen Bestehens des HBG. Abgedruckt in: Der Wissenschaftliche Beirat des Instituts für bankhistorische Forschung e.V., Bankhistorisches Archiv – Zeitschrift für Bankgeschichte, Beiheft 38, Pfandbrief und Kapitalmarkt, 2000; **zitiert**: Podiumsdiskussion anlässlich des 100-jährigen Bestehens des HBG. Abgedruckt in: Der Wissenschaftliche Beirat des Instituts für bankhistorische Forschung e.V., Bankhistorisches Archiv – Zeitschrift für Bankgeschichte, Beiheft 38, Pfandbrief und Kapitalmarkt, 2000, S.;

Pohl, Hans; Europäische Bankengeschichte, Frankfurt, 1993; **zitiert**: Pohl, Europäische Bankengeschichte, Frankfurt, 1993, S.;

Pollmann, Marian; Das neue deutsche Pfandbriefrecht, 2007 (Diplomarbeit); **zitiert**: Pollmann, Das neue deutsche Pfandbriefrecht, 2007, S.;

Praxl, Herwig; Der Treuhänder nach dem Hypothekenbankgesetz und die Aufsichtsbehörde, 1965; **zitiert:** Praxl, Der Treuhänder nach dem Hypothekenbankgesetz und die Aufsichtsbehörde, Freiburg, 1965, S.;

Preussner, Joachim; Der Gesetzentwurf über die Berliner Sparkasse und die Umwandlung der Landesbank Berlin – Girozentrale – in eine Aktiengesellschaft (Berliner Sparkassengesetz) – Zur Neuordnung des Konzerns der Bankgesellschaft Berlin, in: BKR, 2005, S. 309 ff.; **zitiert:** Preussner, Der Gesetzentwurf über die Berliner Sparkasse und die Umwandlung der Landesbank Berlin – Girozentrale – in eine Aktiengesellschaft (Berliner Sparkassengesetz) – Zur Neuordnung des Konzerns der Bankgesellschaft Berlin, in: BKR, 2005, S.;

Preussner, Joachim; Fett, Torsten; Hypothekenbanken als abhängige Konzernunternehmen, in: AG, 7/2001, S. 337 ff.; **zitiert:** Preussner/Fett, Hypothekenbanken als abhängige Konzernunternehmen, in: AG, 7/2001, S.;

Radbruch, Gustav; Der Geist des englischen Rechts, 3. Auflage, Göttingen 1956; **zitiert:** Radbruch, Der Geist des englischen Rechts, S.;

Rajani, Shashi; Tolley's Corporate Insolvency Law, 1994, Croydon; **zitiert:** Rajani, Tolley's Corporate Insolvency, 1994, p. para.;

Rasche, Henning; Die Bedeutung des Pfandbriefs und der Pfandbriefbanken für die Stabilität der Finanzmärkte, in: ZfgK, 1/2008, S. 35 ff.; **zitiert:** Rasche, Die Bedeutung des Pfandbriefs und der Pfandbriefbanken für die Stabilität der Finanzmärkte, in: ZfgK, 1/2008, S.;

Rasche, Henning; Ein Jahr Pfandbriefgesetz – was hat es gebracht?, in: I&F, 14/2006, S. 454 ff.; **zitiert:** Rasche, Ein Jahr Pfandbriefgesetz – was hat es gebracht?, in: I&F, 14/2006, S.;

Rasche, Henning; Jumbo-Pfandbriefe – der Weg eines neuen Kapitalmarktinstruments, in: I&F 10/2005, S. 353 ff.; **zitiert:** Rasche, Jumbo-Pfandbriefe – der Weg eines neuen Kapitalmarktinstruments, in: I&F 10/2005, S.;

Reinecker, Heinrich A.; Das Hypotheken- und Pfandbriefgeschäft in der Bundesrepublik Deutschland und in Frankreich, 1974; **zitiert:** Reinecker, Das Hypotheken- und Pfandbriefgeschäft in der Bundesrepublik Deutschland und in Frankreich, 1974, S.;

Reischauer, Friedrich; Kleinhans, Joachim (zusammen Begründer); Becker, Egon; Bitterwolf, Manfred; Brogl, Frank A.; Lehnhoff, Jochen; Mielk, Holger (zusammen Bearbeiter); KWG, Loseblattkommentar, Stand 12/2006; **zitiert:** Reischauer/Kleinhans/ Becker/Bitterwolf/Brogl/Lehnhoff/Mielk, KWG, Loseblattsammlung, § Rdn.;

Remaklus, Hermann M.; Anmerkungen zum Verhältnis von Universal- und Spezialbank, in: DLK, 19/2000; S. 694 ff.; **zitiert:** Remaklus, Anmerkungen zum Verhältnis von Universal- und Spezialbank, in: DLK, 19/2000, S.;

Reuleaux, Matthias; Der zukünftige Luftfahrzeugpfandbrief: Ein „Internationales Sicherungsrecht" gemäß der Kapstadt-Konvention als vergleichbare Sicherheit i.S.d. § 22 Abs. 5 PfandBG?, in: ZBB, 6/2006, S. 463 ff.; **zitiert:** Reuleaux, Der zukünftige Luftfahrzeugpfandbrief: Ein „Internationales Sicherungsrecht" gemäß der Kapstadt-Konvention als vergleichbare Sicherheit i.S.d. § 22 Abs. 5 PfandBG?, in: ZBB, 6/2006, S.;

Reuschle, Fabian; Novellierung des Hypothekenbankgesetzes, in: BKR, 17/2003, S. 689 ff.; **zitiert:** Reuschle, Novellierung des Hypothekenbankgesetzes, in: BKR, 17/2003, S.;

Riddal, J. G.; Land Law, 7th Edition, 2003, Leeds; **zitiert:** Riddall, Land Law, p.;

Rieck, Peter; Brauchen Universalbanken noch Spezialinstitute?, in: I&F, 17/2004, S. 14 ff.; **zitiert:** Rieck, Brauchen Universalbanken noch Spezialinstitute?, in: I&F, 17/2004, S.;

Rögner, Herbert; Bankgeheimnis im Spannungsverhältnis mit dem Kapitalmarktrecht?, in: NJW, 45/2004, S. 3230 ff.; **zitiert:** Rögner, Bankgeheimnis im Spannungsverhältnis mit dem Kapitalmarktrecht?, in: NJW, 45/2004, S.;

Römer, Monika; Harmonisierung der Bankaufsicht in der Europäischen Gemeinschaft, 1977; **zitiert:** Römer, Harmonisierung der Bankaufsicht in der Europäischen Gemeinschaft, S.;

Rösler,Patrick; Wimmer, Konrad; Lang,Volker; Vorzeitige Beendigung von Darlehensverträgen: Begründung und Berechnung von Vorfälligkeitsentschädigung aus juristischer und finanzmathematischer Sicht, 2002; **zitiert:** Rösler/Wimmer/Lang, Vorzeitige Beendigung von Darlehensverträgen: Begründung und Berechnung von Vorfälligkeitsentschädigung aus juristischer und finanzmathematischer Sicht, 2002, S.;

Rottnauer, Achim. E.; Die Mobiliarkreditsicherheiten unter besonderer Berücksichtigung der besitzlosen Pfandrechte im deutschen und englischen Recht (Dissertation), 1991; **zitiert:** Rottnauer, Die Mobiliarkreditsicherheiten unter besonderer Berücksichtigung der besitzlosen Pfandrechte im deutschen und englischen Recht, S.;

Rouch, David; Smethurst, James; Limited Liability Partnerships: Flexing the Body Corporate, BJIBFL, [2004], p. 46 et seq.; **zitiert:** Rouch/Smethurst, Limited Liability Partnerships: Flexing the Body Corporate, BJIBFL, [2004], p.;

Röver, Jan-Hendrik; Vergleichende Prinzipien dinglicher Sicherheiten (Dissertation), München, 1999; zitiert: Röver, Vergleichende Prinzipien dinglicher Sicherheiten, S.;

Royo, Raimon; Bertram, Horst; Grenzen zwischen Covered Bonds und strukturierten Transaktionen, in: I&F 10/2005, S. 372 ff.; **zitiert:** Royo, Raimon; Bertram, Horst; Grenzen zwischen Covered Bonds und strukturierten Transaktionen, in: I&F 10/2005, S.;

Rudolf, Markus; Saunders, Anthony; Refinancing Real Estate Loans – Lessons to be Learned from the Subprime Crisis, February 2009; **zitiert:** Rudolf/Saunders, Refinancing Real Estate Loans – Lessons to be Learned from the Subprime Crisis, February 2009, p.;

Rüchardt, Konrad; Der Beleihungswert, Frankfurt, 2001; **zitiert:** Rüchardt, Der Beleihungswert, 2001, S.;

Rüchardt, Konrad; Handbuch des Hypothekarkredits, 3. Auflage, 1993; **zitiert:** Autor, Titel, in: Rüchardt, Handbuch des Hypothekarkredits, 3. Auflage, 1993, S. 1046;

Sanio, Jochen; Zum bankaufsichtlichen Rahmen des Hypothekenbankgeschäfts, in: DLK 10/2001, S. 314 ff.; **zitiert:** Sanio, Zum bankaufsichtlichen Rahmen des Hypothekenbankgeschäfts, in: DLK 10/2001, S.;

Schäfer, Frank A.; Hamann, Uwe; Kapitalmarktgesetze, 2. Auflage, Düsseldorf, 2006; **zitiert:** Autor, in: Schäfer/Hamann, Kapitalmarktgesetze, 2. Auflage 2006, § Rdn.;

Scherer, Peter; Benzler, Marc; Das neue Pfandbriefgesetz ist revolutionär, in: Börsen-Zeitung vom 18.12.2004, S. 2; **zitiert:** Scherer/Benzler, Das neue Pfandbriefgesetz ist revolutionär, in: BörsenZ vom 18.12.2004, S. 2;

Schilken, Eberhard; Becker-Eberhard, Ekkehard; Gerhardt, Walter (Hrsg.); Festschrift für Hans Friedhelm Gaul zum 70. Geburtstag am 19.11.1997, 1997; **zitiert:** Bearbeiter, Titel, in: Schilken/Becker-Eberhard/Gerhardt, Festschrift für Hans Friedhelm Gaul zum 70. Geburtstag am 19.11.1997, 1997, S.;

Schimansky, Herbert; Bunte, Hermann-Josef; Lwowski, Hans Jürgen; Bankrechts-Handbuch, 3. Auflage, 2007, München; **zitiert:** Bearbeiter, Schimansky/Bunte/Lwowski, Bankrechts-Handbuch, §;

Schlitt, Michael; Schäfer, Susanne; Die Restrukturierung von Anleihen nach dem neuen Schuldverschreibungsgesetz, in: AG, 13–14/2009, S. 477 ff.; **zitiert:** Schlitt/Schäfer, Die Restrukturierung von Anleihen nach dem neuen Schuldverschreibungsgesetz, in: AG, 13-14/2009, S.;

Schmalenbach, Dirk; Sester, Peter; Voraussetzungen und Rechtsfolgen der Eintragung in das neu geschaffene Refinanzierungsregister, in: WM, 43/2005, S. 2034 ff.; **zitiert:** Schmalenbach/Sester, Eintragung in das Refinanzierungsregister, in: WM, 43/2005, S.;

Schmalenbach, Dirk; Sester, Peter; Zur Einführung des Flugzeugpfandbriefes, in: WM, 16/2009, S. 725 ff.; **zitiert:** Schmalenbach/Sester, Zur Einführung des Flugzeugpfandbriefes, in: WM, 16/2009, S.;

Schmid, Fidelius; Hektik vor dem Tag der Wahrheit, in: FTD vom 18.7.2005, S. A1; **zitiert:** Schmid, Hektik vor dem Tag der Wahrheit, in: FTD vom 18.7.2005, S. A1;

Schmid, Fidelius; Wirkung stellt sich langsam ein – Wegfall staatlicher Garantien trifft Institute nicht sofort – Liquidität gebunkert, in: FTD vom 18.7.2005, S. A6; **zitiert:** Schmid, Wirkung stellt sich langsam ein – Wegfall staatlicher Garantien trifft Institute nicht sofort – Liquidität gebunkert, in: FTD vom 18.7.2005, S. A6;

Schmid, Hubert; Hoffman, Guido; Verbriefung über inländische Zweckgesellschaft noch am Anfang – Abwicklung derartiger Transaktionen über die TSI-Plattform in Erwägung zu ziehen, in: BörsenZ vom 16.9.2006, S. B4; **zitiert:** Schmid/Hoffman, Verbriefung über inländische Zweckgesellschaft noch am Anfang – Abwicklung derartiger Transaktionen über die TSI-Plattform in Erwägung zu ziehen, in: BörsenZ vom 16.9.2006, S. B4;

Schmidt, Albrecht; Von der reinen Hypothekenbank zur Universalbank mit Pfandbriefprivileg, in: DLK, 2/2005, S. 52 ff.; **zitiert:** Schmidt, Von der reinen Hypothekenbank zur Universalbank mit Pfandbriefprivileg, in: DLK, 2/2005, S.;

Schmidt, Karsten; Darlehen, Darlehensversprechen und Darlehenskrediteröffnung im Konkurs, in: JZ 1976, S. 756 ff.; **zitiert:** K. Schmidt, Darlehen, Darlehensversprechen und Darlehenskrediteröffnung im Konkurs, JZ 1976, S.;

Schmitthoff, Clive M.; Woolridge, Frank; Group of Companies, 1991, London; **zitiert:** Schmitthoff/Woolridge, Groups of Companies, 1991, London, p.;

Schmolke, Klaus Ulrich; Der gemeinsame Vertreter im Referentenentwurf eines Gesetzes zur Neuregelung des Schuldverschreibungsgesetzes – Bestellung, Befugnisse, Haftung, in: ZBB, 1/2009, S. 8 ff.; **zitiert:** Schmolke, Der gemeinsame Vertreter im Referentenentwurf eines Gesetzes zur Neuregelung des Schuldverschreibungsgesetzes – Bestellung, Befugnisse, Haftung, in: ZBB, 1/2009, S.;

Schneider, Claudia; Hypothekenversicherungen und Basel II, in: I&F, 11/2006, S. 360; **zitiert:** Schneider, Hypothekenversicherungen und Basel II, in: I&F, 11/2006, S. 360;

Schnittker, Helder; Bank Stephan; Die LLP in der Praxis, 2008; **zitiert:** Schnittker/Bank, Die LLP in der Praxis, 2008, S. Rn.;

Schnyder, Anton K.; Europäisches Banken- und Versicherungsrecht, 2005; **zitiert:** Schnyder, Europäisches Banken- und Versicherungsrecht, 2005, S. Rdn.;

Schörnig, Christof M.; Bach, Bernd; Bewährtes Qualitätsprodukt zukunftssicher gemacht, in: BörsenZ vom 19.7.2005, S. B2; **zitiert:** Schörnig/Bach, Bewährtes Qualitätsprodukt zukunftssicher gemacht, in: BörsenZ vom 19.7.2005, S. B2;

Schörnig, Christof M.; Der Jumbo-Pfandbrief in der globalen Kapitalmarktkonkurrenz, in: I&F 10/2005, S. 358 ff.; **zitiert:** Schörnig, Der Jumbo-Pfandbrief in der globalen Kapitalmarktkonkurrenz, in: I&F 10/2005, S.;

Schubäus, Klaus; Das Hypothekenbankgeschäft in den Niederlanden und in der Bundesrepublik Deutschland, 1984, Berlin; **zitiert:** Schubäus, Das Hypothekenbankgeschäft in den Niederlanden und der Bundesrepublik Deutschland, 1984, S.;

Schulz, Mareike; Fitch verschärft Ratingregeln für Pfandbriefe, in: FTD vom 12.3.2009, S. 19; **zitiert:** Schulz, Fitch verschärft Ratingregeln für Pfandbriefe, in: FTD vom 12.3.2009, S. 19.

Schulz-Trieglaff, Kai; Grundschuld und Floating Charge zur Absicherung von Unternehmenskrediten (Dissertation), 1997; **zitiert:** Schulz-Trieglaff, Grundschuld und Floating Charge zur Absicherung von Unternehmenskrediten, 1997, S.;

Schuster, Gunnar; Sester, Peter; Zum Entwurf des Pfandbriefgesetzes, in: ZBB 6/2004, S. 481 ff.; **zitiert:** Schuster/Sester, Zum Entwurf des Pfandbriefgesetzes, in: ZBB 6/2004, S.;

Schwarcz, Steven L.; Structured Finance: The New Way to Securitize Assets, in: 11 Cardozo L. Rev. 607, 1990, p. 613 et seq.; **zitiert:** Schwarcz, Structured Finance: The New Way to Securitize Assets, in: 11 Cardozo L. Rev. 607, 1990, p.;

Schwark, Eberhard; Kapitalmarktrechts-Kommentar, 3. Auflage, München, 2004; **zitiert:** Autor, in: Schwark, Kapitalmarktrechts-Kommentar, 3. Auflage, 2004, § Rdn.;

Schwartz, Ivo E.; Rechtsangleichung und Rechtswettbewerb im Binnenmarkt – Zum europäischen Modell, in: EuR, 2/2007, S. 194 ff.; **zitiert:** Schwartz, Rechtsangleichung und Rechtswettbewerb im Binnenmarkt – Zum europäischen Modell, in: EuR, 2/2007, S.;

Schwirten, Christian; Pfandbriefgesetz schafft neue Möglichkeiten, in: Die Bank 1/2005, S. 33 ff.; **zitiert:** Schwirten, Pfandbriefgesetz schafft neue Möglichkeiten, in: Die Bank 1/2005, S.;

Securitisation Forum; A Framework for European Securitisation, May 2002; **zitiert:** Securitisation Forum, A Framework for European Securitisation, May 2002, p.;

Seidler, Nina-Luisa; Tesch, Petra; Merkmale des Structured Covered Bond der LBB, in: I&F, 13/2007, S. 450 ff.; **zitiert:** Seidler/Tesch, Merkmale des Structured Covered Bond der LBB, in: I&F, 13/2007, S.;

Seif, Ulrike; Der Bestandsschutz besitzloser Mobiliarsicherheiten im deutschen und englischen Rechtskreis (Dissertation), 1997; **zitiert:** Seif, Der Bestandsschutz besitzloser Mobiliarsicherheiten im deutschen und englischen Recht, 1997, S.;

Selim, Omar; Engelhard, Fritz; Bleibt die Pfandbrieftechnologie in Europa auf der Überholspur?, in: Börsenzeitung vom 19.7.2005, S. B5; **zitiert:** Selim/Engelhard, Bleibt die Pfandbrieftechnologie in Europa auf der Überholspur?, in: BörsenZ vom 19.7.2005, S. B;

Shaw, Zoe; International Securitisation, The scope, development and future outlook for asset-backed finance, 1991, New York; **zitiert:** Author, title, in: Shaw, International Securitisation, 1991, p.;

Sparkes, Peter; a new land law, 2nd Edition, 2003, Southampton, Oxford; **zitiert:** Sparkes, A New Land Law, p., para.;

Specht, Birgit; Kauntze, Sophia; MBS – ein komplementäres Instrument zum Pfandbrief, in: I&F 23/2002, S. 54 ff.; **zitiert:** Specht/Kauntze, MBS – ein komplementäres Instrument zum Pfandbrief, in: I&F 23/2002, S.;

Stahmer, Kerstin; Verzinsliche Darlehen in der Insolvenz – eine rechtsvergleichende Darstellung des deutschen, französischen und englischen Rechts (Dissertation), Frankfurt 2001; **zitiert:** Stahmer, Kerstin; Verzinsliche Darlehen in der Insolvenz – eine rechtsvergleichende Darstellung des deutschen, französischen und englischen Rechts, Frankfurt 2001, S.;

Standard & Poor's; All Covered Bonds are not created equal, 13.9.2007; **zitiert:** Standard & Poor's, All Covered Bonds are not created equal, 13.9.2007, p.;

Standard & Poor's; Commentary Report, Criteria for Swaps Included in the Cover Register of German Pfandbriefe, 3.12.2003; **zitiert:** Standard & Poor's, Commentary Report, Criteria for Swaps Included in the Cover Register of German Pfandbriefe, 3.12.2003, p.;

Standard & Poor's; Structured Finance Viewpoint – Rising Demand Challenges the Deep Roots of Covered Bonds in Europe, 2006; **zitiert:** Standard & Poor's (Althaus/Fuchs), Structured Finance Viewpoint – Rising Demand Challenges the Deep Roots of Covered Bonds in Europe, 2006, p.;

Standard & Poor's; Commentary Report, Approach to rating European covered bonds refined, 16.10.2003; **zitiert:** Standard & Poor's, Commentary Report, Approach to rating European covered bonds refined, 16.10.2003, p.;

Standard & Poor's; Commentary Report, Criteria Update: Refined commercial real estate analysis in European covered bonds, 18.11.2005; **zitiert:** Standard & Poor's, Commentary Report, Criteria Update: Refined commercial real estate analysis in European covered bonds, 18.11.2005, p.;

Standard & Poor's; Commentary Report, Extended Criteria on Collateral Agreements for Swaps in the Cover Register of Covered Bonds, 5.1.2005; **zitiert:** Standard & Poor's, Commentary Report, Extended Criteria on Collateral Agreements for Swaps in the Cover Register of Covered Bonds, 5.1.2005, p.;

Standard & Poor's; Commentary Report, Germany farewells Mortgage Bank Act for new Covered Bond Act to take center stage, 21.3.2005; **zitiert:** Standard & Poor's, Commentary Report, Germany farewells Mortgage Bank Act for new Covered Bond Act to take center stage, 21.3.2005, p.;

Standard & Poor's; Commentary Report, Standard & poor's Global Interest Rate and Currency Swap Counterparty Rating Criteria Expanded, 17.12.2003; **zitiert:** Standard & Poor's, Commentary Report, Standard & Poor s Global Interest Rate and Currency Swap Counterparty Rating Criteria Expanded, 17.12.2003, p.;

Standard & Poor's; Covered Bond Seminar, Standard & Poor's Approach in European Covered Bond Ratings, Presentation, Frankfurt, 14.2.2006; **zitiert:** Standard & Poor's Covered Bond Seminar, Standard & Poor's Approach in European Covered Bond Ratings, Presentation, Frankfurt, 14.2.2006, p.;

Standard & Poor's; Covered Bond Seminar, Standard & Poor's Approach in European Covered Bond Ratings, Frankfurt, 14.2.2006; **zitiert:** Standard & Poor's Covered Bond Seminar, Standard & Poor's Approach in European Covered Bond Ratings, Frankfurt, 14.2.2006, p.;

Standard & Poor's; Covered Bond Seminar, Standard & Poor's Approach in European Covered Bond Ratings, Frankfurt, 14.2.2006; **zitiert**; Standard &Poor's Covered Bond Seminar, Standard & Poor's Approach in European Covered Bond Ratings, Frankfurt, 14.2.2006, p.;

Standard & Poor's; Financial Institutions, Expanding European Covered Bond Universe Puts Spotlight on Key Analytics, 16.7.2004; **zitiert:** Standard & Poor's, Expanding European Covered Bond Universe Puts Spotlight on Key Analytics, 16.7.2004, p.;

Standard & Poor's; Financial Institutions, Expanding European Covered Bond Universe Puts Spotlight on Key Analytics, 16.7.2004; **zitiert:** Standard & Poor's, Financial Institutions, Expanding European Covered Bond Universe Puts Spotlight on Key Analytics, 16.7.2004, p.;

Standard & Poor's; Financial Institutions, German Pfandbrief Framework Further Improved, 15.3.2004; **zitiert:** Standard & Poor's, Financial Institutions, German Pfandbrief Framework Further Improved, 15.3.2004, p.;

Standard & Poor's; Nationwide Building Society Global Covered Bond Programme, Pre-Sale Report, 22.11.2005; **zitiert:** Standard & Poor's, Nationwide Building Society Global Covered Bond Programme, Pre-Sale Report, 22.11.2005, p.;

Standard & Poor's; S&P's Ratingansatz für Europäische Covered Bonds, Präsentation, Frankfurt, 14.2.2006; **zitiert:** Standard & Poor's, S&P's Ratingansatz für Europäische Covered Bonds, Präsentation in Frankfurt, 14.2.2006, p.;

Standard & Poor's; Structured Finance Ratings – Covered Bonds – Covered Bond Monitor – Technical Note, 14.2.2006; **zitiert:** Standard & Poor's, Structured Finance Ratings – Covered Bonds, Covered Bond Monitor, Technical Note, 14.2.2006, p.;

Standard & Poor's; Structured Finance Ratings – Covered Bonds, Rating Pfandbriefe – The Analytical Perspective, 8.4.2004; **zitiert:** Standard & Poor's, Structured Finance Ratings – Covered Bonds, Rating Pfandbriefe – The Analytical Perspective, 8.4.2004, p.;

Standard & Poor's; Structured Finance View Point – Covered Bonds Expand into New Areas, 2006; **zitiert:** Standard & Poor's, Structured Finance View Point – Covered Bonds Expand into New Areas, 2006, p.;

Stein, Jürgen; Das Bankensystem in Deutschland, 22. Auflage, 1997; **zitiert:** Stein, Das Bankensystem in Deutschland, 1997, S.;

Sterndal, Werner; Das Gesetz zur Vereinfachung des Insolvenzverfahren, in: NJW, 2007, S. 1909 ff.; **zitiert:** Sterndal, Das Gesetz zur Vereinfachung des Insolvenzverfahrens, in: NJW, 2007, S.;

Stevens, Christine; Immobiliarsicherheiten im englischen und deutschen Recht, Frankfurt a.M., 2001; **zitiert:** Stevens, Immobiliarsicherheiten im englischen und deutschen Recht, S.;

Stevens, John; Pearce, Robert A.; Land Law, 3rd Edition, 2003, Birmingham, London; **zitiert**; Stevens/Pearce, Land Law, 2003, p. para.;

Stöcker, Otmar; Ausländische Deckungswerte und Insolvenzvorrecht der Pfandbriefe, in: I&F 16/2003, S. 46 ff.; **zitiert:** Stöcker, Ausländische Deckungswerte und Insolvenzvorrecht der Pfandbriefe, in: I&F 16/2003, S.;

Stöcker, Otmar; Die „Eurohypothek" – Zur Bedeutung eines einheitlichen nicht-akzessorischen Grundpfandrechts für den Aufbau eines „Europäischen Binnenmarkts für den Hypothekarkredit" mit einer Darstellung der Verwendung der Grundschuld durch die deutsche Hypothekarpraxis sowie des französischen, spanischen und schweizerischen Hypothekenrechts (Dissertation), Berlin, 1992; **zitiert:** Stöcker, Die „Eurohypothek", 1992, S.;

Stöcker, Otmar; Die HBG Novelle 2004: Neue Benchmark für insolvenzfeste Pfandbriefe, in: Die Bank 5/2004, S. 332 ff.; **zitiert:** Stöcker, Die HBG Novelle 2004: Neue Benchmark für insolvenzfeste Pfandbriefe, in: Die Bank 5/2004, S.;

Stöcker, Otmar.; Die Hypothekenbanken und der Pfandbrief in den mitteleuropäischen Reformländern, 1998, Frankfurt a.M.; **zitiert:** Stöcker, Die Hypothekenbanken und der Pfandbrief in den mitteleuropäischen Reformländern, 1998, S.;

Stöcker, Otmar; Die treuhänderisch gehaltene Sicherungsbuchgrundschuld zur Verbriefung und Syndizierung von Krediten, in: Die Bank 1/2004, S. 55 ff.; **zitiert:** Stöcker, Die treuhänderisch gehaltene Sicherungsbuchgrundschuld zur Verbriefung und Syndizierung von Krediten, in: Die Bank 1/2004, S.;

Stöcker, Otmar; Luckow, Andreas; Rechtsfragen der Immobilienfinanzierung in England und Wales – Ein Überblick in Vorträgen, in: vdp, Schriftentreihe, Nr. 25, 2006; **zitiert:** Stöcker/Luckow, Rechtsfragen der Immobilienfinanzierung in England und Wales, S.;

Streinz, Rudolf; Europarecht, 8. Auflage, 2008; **zitiert:** Streinz, Europarecht, 8. Auflage, 2008, S. Rdn.;

Structured Finance International; Continuity and change, Issue 34, October/November 2004; **zitiert:** Structured Finance International, Continuity and change, Issue 34, October/November 2004, p.;

Structured Finance International; Fifteen into one – the mortgage finance puzzle, Issue 29, December/ January, 2003; **zitiert:** Structured Finance International, Fifteen into one – the mortgage finance puzzle, Issue 29, December/January, 2003, p.;

Structured Finance International; Please sir, can I have some more, Issue 33, August/September 2004; **zitiert:** Structured Finance International, Please sir, can I have some more, Issue 33, August/ September 2004, p.;

Strüder, Hans-Joachim; Pfandbriefgesetz schafft vorbildlichen Rechtsrahmen, in: Börsen-Zeitung vom. 19.7.2005, S. B2; **zitiert:** Strüder, Pfandbriefgesetz schafft vorbildlichen Rechtsrahmen, in: BörsenZ vom. 19.7.2005, S. B2;

Stürner, Rolf; Der Abschied von der „klassenlosen" Insolvenz, in: NZI, 2005, S. 597 ff.; zitiert: Stürner, Der Abschied von der „klassenlosen" Insolvenz, in: NZI, 2005, S.;

Stürner, Rolf; Kern, Christoph; Deutsche Hypothekenpfandbriefe und U.S.-amerikanische Deckungswerte, 2007; **zitiert:** Stürner/Kern, Deutsche Hypothekenpfandbriefe und U.S.-amerikanische Deckungswerte, 2007, S.;

Stürner, Rolf; Deutsche öffentliche Pfandbrief und Deckungswerte aus Darlehen an U.S.-amerikanische öffentliche Körperschaften, 2005; **zitiert:** Stürner, Deutsche öffentliche Pfandbriefe- und Deckungswerte aus Darlehen an U.S.-amerikanische öffentliche Körperschaften, 2006, S.;

Stürner, Rolf; Die europäische Sanierungs- und Liquidationsrichtlinie für Banken und die deutschen Hypothekenbanken. Insolvenzrecht im Wandel der Zeit, in: Festschrift für Hans-Peter Kirchhof, 2003, S. 467 ff.; **zitiert:** Stürner, Die europäische Sanierungs- und Liquidationsrichtlinie für Banken und die deutschen Hypothekenbanken. Insolvenzrecht im Wandel der Zeit, in: Festschrift für Hans-Peter Kirchhof, 2003, S.;

Stürner, Rolf; Die Sicherung der Pfandbrief- und Obligationengläubiger vor einer Insolvenz der Hypothekenbank, 1998, Frankfurt a.M.; **zitiert:** Stürner, Die Sicherung der Pfandbrief- und Obligationengläubiger vor einer Insolvenz der Hypothekenbank, 1998, S.;

Stürner, Rolf; Hypothekenpfandbriefe und Beleihungen in Frankreich, München 1994; **zitiert:** Stürner, Hypothekenpfandbriefe und Beleihungen in Frankreich, 1994, S.;

Stürner, Rolf; Kern, Christoph; Deutsche öffentliche Pfandbriefe und japanische Deckungswerte, Berlin/Freiburg, 2006; **zitiert:** Stürner/Kern, Deutsche öffentliche Pfandbriefe und japanische Deckungswerte, 2006, S.;

Stürner, Rolf; Schumacher, Bernd; Bruns, Alexander; Der deutsche Pfandbrief und englische Deckungswerte, Frankfurt a.M., 2000; **zitiert:** Stürner/Schumacher/Bruns, Der deutsche Pfandbrief und englische Deckungswerte, 2002, S.;

Stürner, Rolf; Stadler, Astrid; Deutsche Pfandbriefe und Deckungswerte in den Niederlanden, Frankfurt a.M., 2000; **zitiert:** Stürner/Stadler, Deutsche Pfandbriefe und Deckungswerte in den Niederlanden, 2000, S.;

Stürner, Rolf; Stadler, Astrid; Pfandbriefe und Beleihungen in Spanien, Frankfurt 2002; **zitiert:** Stürner/Stadler, Pfandbriefe und Beleihungen in Spanien, 2002, S.;

Süddeutsche Zeitung vom 15.7.2005, Druck durch die EU-Kommission, S. 23; **zitiert:** Süddeutsche Zeitung vom 15.7.2003, Druck durch die EU-Kommission, S. 23;

Süddeutsche Zeitung vom 15.7.2005, Gespräch mit dem Bayern LB-Chef Werner Schmidt, „Die Privatbanken haben einen Pyrrhussieg errungen"; **zitiert:** Süddeutsche Zeitung vom 15.7.2005, Gespräch mit dem Bayern LB-Chef Werner Schmidt, „Die Privatbanken haben einen Pyrrhussieg errungen", S. 23;

Süddeutsche Zeitung vom 15.7.2005, Landesbanken ohne staatlichen Schutz: Was das Ende der Garantie für die Finanzbranche bedeutet (Interview mit Werner Schmidt, BayernLB), S. 23; **zitiert:** Süddeutsche Zeitung vom 15.7.2005, Landesbanken ohne staatlichen Schutz: Was das Ende der Garantie für die Finanzbranche bedeutet (Interview mit Werner Schmidt, BayernLB), S. 23;

Suyter, Alexander; Basel II: Internationales Level Playing Field n der Institutsaufsicht?, in: ZfgK, 24/2006, S. 1328 ff.; **zitiert:** Suyter, Basel II: Internationales Level Playing Field in der Institutsaufsicht?, in: ZfgK, 24/2006, S.;

ter Meulen, Edzard; Floating Charge (Dissertation), Frankfurt a. M., 1969; **zitiert:** ter Meulen, Floating Charge, S.;

Thole, Christoph; Gesellschafterhaftung in England, in: Der Konzern, 8/2008, S. 402 ff.; **zitiert:** Thole, Gesellschafterhaftung in England, in: Der Konzern, 8/2008, S.;

The Banker; Are you in?, 4.11.2004, p. 9 et seq.; **zitiert:** The Banker, Are you in?, 4.11.2004, p.;

The Banker; Covered bonds wake up to a new world, in: The Banker, 4.11.2004, p. 4 et seq.; **zitiert:** The Banker, Covered bonds wake up to a new world, in: The Banker, 4.11.2004, p.;

The Banker; Germany's VDH takes control of European covered bond dispute, 6/2004, p. 13; **zitiert:** The Banker, Germany's VDH takes control of European covered bond dispute, 6/2004, p.;

The Banker; Investors shouldn't count on covered bond standardisation, 5.4.2004, p. 37 et seq.; **zitiert:** The Banker, Investors shouldn't count on covered bond standardisation, 5.4.2004, p.;

The Banker; The universe is expanding, published 2.4.2007, p. 42 et seq.; **zitiert:** The Banker, The universe is expanding, published 2.4.2007, p.;

The City of London Law Society's Financial Law Committee; Response to the Proposals for a UK Regulated Covered Bonds legislative Framework Made by HM Treasury and the Financial Services Authority in July 2007, undated; **zitiert:** The City of London Law Society's Financial Law Committee, Response to the Proposals for a UK Regulated Covered Bonds legislative Framework Made by HM Treasury and the Financial Services Authority in July 2007, p.;

Tiner John (Chief Executive, FSA), Keynote speech: European Mortgage Federation conference, Brussels, 22.11.2006, p. 1 et seq.; **zitiert:** Tiner (Chief Executive, FSA); Keynote speech, European Mortgage Federation conference, Brussel, 22.11.2006, p.;

Tollmann, Claus; Die Bedeutung des neuen Refinanzierungsregisters für Asset Backed Securities, in: ZHR 169 (2005), S. 594 ff.; **zitiert:** Tollmann, Die Bedeutung des Refinanzierungsregisters für Asset Backed Securities, in ZHR 169 (2005), S.;

Tollmann, Claus; Die Sicherstellung der Insolvenzfestigkeit bei der Asset Backed Securitization nach dem neuen Refinanzierungsregister gem. §§ 22a ff. KWG, in: WM 43/2005, S. 2017 ff.; **zitiert:** Tollmann, Die Sicherstellung der Insolvenzfestigkeit bei der Asset Backed Securitization nach dem Refinanzierungsregister gem. §§ 22a ff. KWG, in: WM, 43/2005, S.;

Treitel, Sir Guenter; The Law of Contract, 11th Edition, 2003, London; **zitiert:** Treitel, The Law of Contract, 11th Edition, 2003, p.;

Triebel, Volker; Otte, Sabine; Kimpel, Bert; Die englische Limited Liability Partnership in Deutschland: Eine attraktive Rechtsform für deutsche Beratungsgesellschaften?, in: BB, 2005, S. 1233 ff.; **zitiert:** Triebel/Otte/Kimpel, Die englische Limited Liability Partnership in Deutschland: Eine attraktive Rechtsform für deutsche Beratungsgesellschaften?, in: BB, 2005, S.;

Tumpel-Gugerell, Gertrude; Market Integration, in: The Banker, 4.4.2005, p. 58 et seq.; **zitiert:** Tumpel-Gugerell, Market Integration, in: The Banker, 4.4.2005, p.;

Tumpel-Gugerell, Getrude; Rede von Frau Tumpel-Gugerell, Mitglied des Executive Board der EZB, auf der Jahreskonferenz des Europäischen Hypothekenbankverbandes (EHV) am 23.11.2004; **zitiert:** Tumpel-Gugerell, Rede von Frau Tumpel-Gugerell, Mitglied des Executive Board der EZB, auf der Jahreskonferenz des Europäischen Hypothekenbankverbandes (EHV) am 23.11. 2004, S.;

Uhlenbruck, Wihelm (Hrsg.); Berscheid, Ersnt-Dieter; Hirte Heribert; Lüer Hans-Jochen; Maus, Karl Heinz; Sinz, Ralf; Uhlenbruck Wilhelm (zusammen Bearbeiter); Insolvenzordnung, 12. Auflage, 2003; **zitiert:** Uhlenbruck, InsO, 12. Auflage, 2003, § Rdn.;

Vach, Michael; Aspekte der Insolvenzrechtsreform von 1986 in England (Dissertation), 1991; **zitiert:** Vach, Aspekte der Insolvenzrechtsreform von 1986 in England, S.;

Veranneman, Peter; Jaletzke, Matthias; Finanzmarktstabilisierungsgesetz – Kommentar, 2009; **zitiert:** Bearbeiter, in: Veranneman/Jaletzke, FMStG, § Rn.;
Verband Deutscher Hypothekenbanken (VDH); 100 Jahre Hypothekenbankgesetz – Textsammlung und Materialien, Bonn, 1999; **zitiert:** VDH, 100 Jahre Hypothekenbankgesetz – Textsammlung und Materialien, Bonn, 1999, S.;
Verband Deutscher Hypothekenbanken (VDH); Der Pfandbrief, 1997; **zitiert:** Autor, Titel, in: VDH, Der Pfandbrief, 1997, S.;
Verband Deutscher Hypothekenbanken (VDH); Der Pfandbrief, 1998; **zitiert:** Autor, Titel, in: VDH, Der Pfandbrief, 1998, S.;
Verband Deutscher Hypothekenbanken (VDH); Der Pfandbrief, 1999; **zitiert:** Autor, Titel, in: VDH, Der Pfandbrief, 1999, S.;
Verband Deutscher Hypothekenbanken (VDH); Der Pfandbrief, 2000; **zitiert:** Autor, Titel, in: VDH, Der Pfandbrief, 2000, S.;
Verband Deutscher Hypothekenbanken (VDH); Der Pfandbrief, 2001; **zitiert:** Autor, Titel, in: VDH, Der Pfandbrief, 2001, S.;
Verband Deutscher Hypothekenbanken (VDH); Der Pfandbrief, 2002; **zitiert:** Autor, Titel, in: VDH, Der Pfandbrief, 2002, S.;
Verband Deutscher Hypothekenbanken (VDH); Der Pfandbrief, 2003; **zitiert:** Autor, Titel, in: VDH, Der Pfandbrief, 2003, S.;
Verband Deutscher Hypothekenbanken (VDH); Der Pfandbrief, 2004; **zitiert:** Autor, Titel, in: VDH, Der Pfandbrief, 2004, S.;
Verband Deutscher Hypothekenbanken (VDH); Jahresbericht, 2001; **zitiert:** VDH, Jahresbericht, 2001, S.;
Verband Deutscher Hypothekenbanken (VDH); Jahresbericht, 2002; **zitiert:** VDH, Jahresbericht, 2002, S.;
Verband Deutscher Hypothekenbanken (VDH); Jahresbericht, 2003; **zitiert:** VDH, Jahresbericht, 2003, S.;
Verband Deutscher Hypothekenbanken (VDH); Jahresbericht, 2004; **zitiert:** VDH, Jahresbericht, 2004, S.;
Verband Deutscher Hypothekenbanken (VDH); Professionelles Immobilien-Banking, 2003; **zitiert:** Autor, Titel, in: VDH, Professionelles Immobilien-Banking, 2003, S.;
Verband Deutscher Hypothekenbanken (VDH); Professionelles Immobilien-Banking, 2004; **zitiert:** Autor, Titel, in: VDH, Professionelles Immobilien-Banking, 2004, S.;
Verband Deutscher Pfandbriefbanken (vdp); Das Pfandbriefgesetz – Textsammlung und Materialien, 2005; **zitiert:** Verband deutscher Pfandbriefbanken, Das Pfandbriefgesetz – Textsammlung und Materialien, 2005, S.;
Verband Deutscher Pfandbriefbanken (vdp); Der Pfandbrief, 2005; **zitiert:** Autor, Titel, in: VDH, Der Pfandbrief, 2005, S.;
Verband Deutscher Pfandbriefbanken (vdp); Der Pfandbrief, 2006; **zitiert:** Autor, Titel, in: VDH, Der Pfandbrief, 2006, S.;
Verband Deutscher Pfandbriefbanken (vdp); Der Pfandbrief, 2007; **zitiert:** Autor, Titel, in: VDH, Der Pfandbrief, 2007, S.;
Verband Deutscher Pfandbriefbanken (vdp); Der Pfandbrief, 2008; **zitiert:** Autor, Titel, in: VDH, Der Pfandbrief, 2008, S.;
Verband Deutscher Pfandbriefbanken (vdp); Europäische Immobilienmärkte und ihre Bewertungsverfahrens, Dezember 2004; **zitiert:** vdp, Europäische Immobilienmärkte und ihre Bewertungsverfahrens, Dezember 2004, S.;
Verband Deutscher Pfandbriefbanken (vdp); Jahresbericht, 2005; **zitiert:** vdp, Jahresbericht, 2005, S.;
Verband Deutscher Pfandbriefbanken (vdp); Jahresbericht, 2006; **zitiert:** vdp, Jahresbericht, 2006, S.;
Verband Deutscher Pfandbriefbanken (vdp); Jahresbericht, 2007; **zitiert:** vdp, Jahresbericht, 2007, S.;
Verband Deutscher Pfandbriefbanken (vdp); Jahresbericht, 2008; **zitiert:** vdp, Jahresbericht, 2008, S.;
Verband Deutscher Pfandbriefbanken (vdp); Professionelles Immobilien-Banking, 2005; **zitiert:** Autor, Titel, in: vdp, Professionelles Immobilien-Banking, 2005, S.;

Verband Deutscher Pfandbriefbanken (vdp); Professionelles Immobilien-Banking, 2006; **zitiert**: Autor, Titel, in: vdp, Professionelles Immobilien-Banking, 2006, S.;

Verband Deutscher Pfandbriefbanken (vdp); Professionelles Immobilien-Banking, 2007; **zitiert**: Autor, Titel, in: vdp, Professionelles Immobilien-Banking, 2007, S.;

Verband Deutscher Pfandbriefbanken (vdp); Professionelles Immobilien-Banking, 2008; **zitiert**: Autor, Titel, in: vdp, Professionelles Immobilien-Banking, 2008, S.;

Verband deutscher Pfandbriefbanken (vdp); Pfandbriefbanken gegen zeitliche Ausweitung von Staatsgarantien für Bankschuldverschreibungen, 30.1.2009 (siehe: http://www.hypverband.de/d/internet.nsf/tindex/de_presse.htm?OpenDocument&E387ECB2C9A66D15C12575510032A787 besucht zuletzt am 28.7.2009); **zitiert**: vdp, Pfandbriefbanken gegen zeitliche Ausweitung von Staatsgarantien für Bankschuldverschreibungen, 30.1.2009;

Verband deutscher Pfandbriefbanken (vdp); Stellungnahme zum vdp-Stellungnahme zum Standard & Poor's Konsultationspapier „Covered Bonds Rating Methodology" vom 4.2.2009, vom 27.3. 2009 (siehe: http://www.hypverband.de/d/internet.nsf/0/FA1A3363E842FE07C12575AE00559C4A/$FILE/S&P%20Konsultationspapier_vdp-Stellungnahme_2009-03-27.pdf? OpenElement besucht zuletzt am 28.7.2009); **zitiert**: vdp-Stellungnahme zum Standard & Poor's Konsultationspapier „Covered Bonds Rating Methodology" vom 4.2.2009, vom 27.3.2009, S.;

Vogel, Hans-Gert; Das Schuldverschreibungsgesetz – Entstehung, Inhalt und Bedeutung; **zitiert**: Vogel, Das Schuldverschreibungsgesetz – Entstehung, Inhalt und Bedeutung, S.;

Vogel, Hans-Gert; Das Schuldverschreibungsgesetz – gesetzgeberisches Fossil oder lebendiges Kapitalmarktrecht?, ZBB 1996, S. 321 ff.; **zitiert**: Vogel, Das Schuldverschreibungsgesetz – gesetzgeberisches Fossil oder lebendiges Kapitalmarktrecht?, ZBB 1996, S.;

Volk, Bernd; Covered Bonds und Radwan, in: Börsen-Zeitung online, besucht am 17.7.2005; **zitiert**: Volk, Covered Bonds und Radwan, in: BörsenZ online, besucht am 17.7.2005;

Volk, Bernd; Die Reform der Covered-Bond-Gesetze in Europa am Beispiel Österreich, in: ZfgK, 7/2005, S. 32 ff.; **zitiert**: Volk, Bernd; Die Reform der Covered-Bond-Gesetze in Europa am Beispiel Österreich, in: ZfgK, 7/2005, S.;

Volk, Bernd; Luxemburger Pfandbrief wird zunehmend populär – Lettre de Gage ist ein hochwertiges Investmentprodukt – Größerer Diversifikationsgrad im Großherzogtum, in: BörsenZ vom 16.2.2006, S. 18 ff.; **zitiert**: Volk, Luxemburger Pfandbrief wird zunehmend populär – Lettre de Gage ist ein hochwertiges Investmentprodukt – Größerer Diversifikationsgrad im Großherzogtum, in: BörsenZ vom 16.2.2006, S.;

von Köller, Karsten; Die deutschen Hypothekenbanken 1998/99: Der deutsche Pfandbrief – eine Benchmark für Europa, in: DLK 8/1999, S. 9 ff.; **zitiert**: von Köller, Die deutschen Hypothekenbanken 1998/99: Der deutsche Pfandbrief – eine Benchmark für Europa, in: DLK 8/1999, S.;

von Köller, Karsten; Die neue Eurohypo der Großbanken, in: DLK, 22/2001, S. 804 ff.; **zitiert**: von Köller, Die neue Eurohypo der Großbanken, in: DLK, 22/2001, S.;

von Köller, Karsten; Euro-Erfahrungen der Hypothekenbanken am Kapitalmarkt, in: DLK, 15+16/2000, S. 508 ff.; **zitiert**: von Köller, Euro-Erfahrungen der Hypothekenbanken am Kapitalmarkt, in: DLK, 15+16/2000, S.;

von Köller, Karsten; Für weitere Veränderungen sind Hypothekenbanken gut gerüstet, in: DLK 16+17/1999, S. 532 ff.; **zitiert**: von Köller, Für weitere Veränderungen sind Hypothekenbanken gut gerüstet, in: DLK 16+17/1999, S.;

von Köller, Karsten; Für weitere Veränderungen sind Hypothekenbanken gut gerüstet, in: DLK 16+17/1999, S. 532 ff.; **zitiert**: von Köller, Für weitere Veränderungen sind Hypothekenbanken gut gerüstet, in: DLK 16+17/1999, S.;

von Köller, Karsten; Spezialinstitute in einer Universalbanklandschaft: Gegenwart und Zukunft aus Sicht der Hypothekenbanken, in: DLK 23/1997, S. 752 ff.; **zitiert**: von Köller, Spezialinstitute in einer Universalbanklandschaft: Gegenwart und Zukunft aus Sicht der Hypothekenbanken, in: DLK 23/1997, S.;

von Köller, Karsten; Zum bankaufsichtlichen Rahmen des Hypothekengeschäfts aus Sicht der Hypothekenbanken, in: DLK 10/2001, S. 318 ff.; **zitiert**: von Köller, Zum bankaufsichtlichen Rahmen des Hypothekenbankgeschäfts aus Sicht der Hypothekenbanken, in: DLK, 10/2001, S.;

Vortmüller, Claudia; Jumbo-Pfandbriefmarkt – was ändert das neue Gesetz?, in: I&F, 10/2005, S. 362 ff.; **zitiert:** Vortmüller, Jumbo-Pfandbriefmarkt – was ändert das neue Gesetz?, in: I&F, 10/2005, S.;

Wadsley, J.; Penn, G. A.; The Law Relating to Domestic Banking Vol. 1, 2nd Edition, 2000, London; **zitiert:** Wadsley/Penn, Domestic Banking, Vol. 1, 2nd Edition, 2000, p.;

Wagner-Döbler, Roland; Präjudizien in deutschen, englischen und U.S. amerikanischen Gerichtsentscheidungen, Ein quantitativer Vergleich, RabelsZ 59 (1995) S. 113 ff.; **zitiert:** Wagner-Döbler, Präjudizien in deutschen, englischen und U.S. amerikanischen Gerichtsentscheidungen, Ein quantitativer Vergleich, RabelsZ 59 (1995) S.;

Walter, Rolf; Der Pfandbrief und seine Bedeutung in historischer Perspektive, in: Der Wissenschaftliche Beirat des Instituts für bankhistorische Forschung e.V., Bankhistorisches Archiv – Zeitschrift für Bankgeschichte, Beiheft 38, Pfandbrief und Kapitalmarkt, 2000; **zitiert:** Walter, Der Pfandbrief und seine Bedeutung in historischer Perspektive, in: Der Wissenschaftliche Beirat des Instituts für bankhistorische Forschung e.V., Bankhistorisches Archiv – Zeitschrift für Bankgeschichte, Beiheft 38, Pfandbrief und Kapitalmarkt, 2000, S.;

Walton, Sir Raymond; Hunter, Muir, Kerr on the Law and Practice as to Receivers and Administrators, 17th edition, London, 1989; **zitiert:** Walton/Muir, Kerr on Receivers and Administrators, 1989, p.;

Wanner, Eckhardt; Hypothekenbankenkrise vor 100 Jahren, in: Die Bank, 2000, Seite 484 ff.; **zitiert:** Wanner, Hypothekenbankenkrise vor 100 Jahren, in: Die Bank, 2000, S.;

Ward, Richard; Walker & Walker's English Legal System, 8th Edition, 1998, Leicester, London; **zitiert**; Ward, Walker & Walker's English Legal System, p.;

Weber, Axel; Perspektiven bei der Emission gedeckter Schuldverschreibungen, in: I&F, 17/2004, S. 546 ff.; **zitiert:** Weber, Perspektiven bei der Emission gedeckter Schuldverschreibungen, in: I&F, 17/2004, S.;

Wenckstern, Manfred; Die englische Floating Charge, RabelsZ 56 (1992), S. 624 ff.; **zitiert:** Wenckstern, Die englische Floating Charge im deutschen Internationalen Privatrecht, RabelsZ 56 (1992), S.;

West Inga; Miller, Ross; Enterprise Act 2002: Issues for Secured Lenders, [2004], JIBLR, p. 88 et seq.; **zitiert:** West/Miller, Enterprise Act 2002: Issues for Secured Lenders, JIBLR, [2004], p.;

WestLB; Guide to Covered Bonds, Thomson financial, September 2004; **zitiert**; Autor, Titel, in: WestLB, Guide to Covered Bonds, Thomson financial, September 2004, p.;

Wickins, R. J.; Ong, C. A.; Duties of Mortgagees and Receivers: Common Law or Equity, HKLJ, [1994], 89 et seq.; **zitiert:** Wickins/Ong, Duties of Mortgagees and Receivers: Common Law or Equity, HKLJ, [1994], 89 ff.;

Wilken, Markus; Größeres Strategiespektrum mit dem neuen Pfandbriefgesetz, in: DLK, 08/2005, S. 19 ff.; **zitiert:** Wilken, Größeres Strategiespektrum mit dem neuen Pfandbriefgesetz, in: DLK, 08/2005, S.;

Willburger, Andreas; Asset Backed Securities im Zivil- und Steuerrecht (Dissertation), Köln, 2002; **zitiert:** Wilburger, Asset-Backed Securities im Zivil- und Steuerrecht, S.;

Wimmer, Klaus; Wegener, Dirk; Insolvenzordnung, 3. Auflage, 2002; **zitiert:** Wimmer/Wegener, InsO, 3. Auflage, 2002, § Rdn.;

Wimmer, Konrad; Vorfälligkeitsentschädigung bei vorzeitiger Beendigung von Darlehensverträgen – Bewertung aktueller Fragen aus rechtlicher und finanzmathematischer Sicht – im Anschluss an Rösler/Wimmer, WM 2000, 164, in: WM 2005/40, S. 1873 ff.; **zitiert:** Wimmer, Vorfälligkeitsentschädigung bei vorzeitiger Beendigung von Darlehensverträgen, in: WM 2005/40, S.;

Wittig, Arne; Bankaufsichtsrechtliche Grundlagen des (internen) Ratings und seiner Transformation in das Darlehensverhältnis mit Unternehmen, in: ZHR Bd. 169, S. 212 ff.; **zitiert:** Wittig, Bankaufsichtsrechtliche Grundlagen des (internen) Ratings und seiner Transformation in das Darlehensverhältnis mit Unternehmen, in: ZHR Bd. 169, S.;

Wittig, Arne; Kritische und notleidende Kreditengagements – Änderungen auf Grund der Schuldrechtsreform, in: NZI, 12/2002, S. 633 ff.; **zitiert**: Wittig, Kritische und notleidende Kreditengagements – Änderungen auf Grund der Schuldrechtsreform, in: NZI, 12/2002, S.;

Wood, Philip R.; English and International Set-Off, 1989, London; **zitiert**: Wood, English and International Set-Off, 1989, p. para.;

Wood, Philipp R.; International Loans, Bonds and Securities Regulation, 1995, London; **zitiert**: Wood, International Loans, Bonds and Securities Regulation, 1996, p.;

Wood, Philipp R.; Principles of International Insolvency, 1995, London; **zitiert**: Wood, Principles of International Insolvency, 1995, p. para.;

Wood, Philipp R.; The Law and Practice of International Finance, 1980, London; **zitiert**: Wood, The Law and Practice of International Finance, 1980, p.;

Wood, Phlipp R.; Comparative Law of Securities and Guarantees, 1995, London; **zitiert**: Wood, Comparative Law of Security and Guarantees, 1995, p. para.;

Worthington, Sarah; Floating Charges – An Alternative Theory, CLJ, [1994], 81 et seq.; **zitiert**: Worthington, Floating Charges – Alternative Theory, (1994) 53 Cambridge L.J., p.;

Worthington, Sarah; Proprietary Interests in Commercial Transactions, 1996, Oxford; **zitiert**: Worthington, Proprietary Interests in Commercial Transactions, 1996, p.;

Wüerst, Alexander; Wird die KSK auch künftig Pfandbriefe emittieren?, in: ZfgK 20/2004, S. 1124 ff.; **zitiert**: Wüerst, Wird die KSK auch künftig Pfandbriefe emittieren?, in: ZfgK 20/2004, S.;

Wurtzburg, Edward Albert; Mills, John; Building Societies Law, 15th Edition, Editor: Lloyd M. Water, E. Ovey, 1989; **zitiert**: Wurtzburg/Mills, Building Societies Law, 15th Edition, Editor: Lloyd M. Water, E. Ovey, 1989, p.;

Yeowart, Geoffrey; Administrative Receivership: Abolition or Reform?, BJIBFL, [2002], p. 6 et seq.; **zitiert**: Yeowart, Administrative Receivership: Abolition or Reform?, BJIBFL 2002, p.;

Yeowart, Geoffrey; Enterprise Bill – Impact on Financing Transactions, BJIBFL, [2002], p. 189 et seq.; **zitiert**: Yeowart, Enterprise Bill – Impact on Financing Transactions, BJIBFL, 2002, p.;

Yeowart, Geoffrey; Spectrum Plus, BJIFBL, [2004], p. 297 et seq.; **zitiert**: Yeowart, Spectrum Plus, BJIFBL, [2004], p.;

Yeowart, Geoffrey; Why Spectrum Plus is bad news for banks, in: IFLR, August 2005, p. 21 et seq.; **zitiert**: Yeowart, Why Spectrum Plus is bad news for banks, in: IFLR, August 2005, p.;

Yorkshire Building Society EUR 7.5 Billion Global Covered Bond Programme, 1.11.2006 (offering circular); **zitiert**: Yorkshire Building Society EUR 7.5 Billion Global Covered Bond Programme, 1.11.2006 (offering circular), p.;

Zahn, Andreas; Lemke, Rudolf; Kaune, Clemens R.; Änderungen des neuen Pfandbriefrechts sind zu begrüßen, in Börsen-Zeitung vom 27.11.2004, S. 3; **zitiert**: Zahn/Lemke/Kaune, Änderungen des neuen Pfandbriefrechts sind zu begrüßen, in BörsenZ vom 27.11.2004, S. 3;

Zehnder, Andreas J.; Liberalisierung versus Secondary Mortgage Market, in: I&F, 8/2006, S. 234 ff.; **zitiert**: Zehnder, Liberalisierung versus Secondary Mortgage Market, in: I&F, 8/2006, S.;

Zentraler Kreditauschuss (ZKA); Gemeinsame Stellungnahme des Zentralen Kreditausschusses, des Gesamtverbandes der deutschen Versicherungswirtschaft und des Verbandes der privaten Bausparkassen zu den Berichten der Expertengruppen ‚Mortgage Funding' und ‚Mortgage Industry and Consumers', vom 9.2.2007; **zitiert**: ZKA, Gemeinsame Stellungnahme des Zentralen Kreditausschusses, des Gesamtverbandes der deutschen Versicherungswirtschaft und des Verbandes der privaten Bausparkassen zu den Berichten der Expertengruppen ‚Mortgage Funding' und ‚Mortgage Industry and Consumers', vom 9.2.2007, S.;

Zentraler Kreditausschuss (ZKA); Gemeinsame Stellungnahme des zentralen Kreditausschusse, des Gesamtverbands der deutschen Versicherungswirtschaft und des Verbands der Privaten Bausparkassen zu den Berichten der Expertengruppen ‚Mortgage Funding' und ‚Mortgage Industry and Consumers', 9.2.2007; **zitiert**: ZKA, Gemeinsame Stellungnahme des zentralen Kreditausschusse, des Gesamtverbands der deutschen Versicherungswirtschaft und des Verbands der Privaten Bausparkassen zu den Berichten der Expertengruppen ‚Mortgage Funding' und ‚Mortgage Industry and Consumers', 9.2.2007, S.;

Zentraler Kreditausschuss (ZKA); Schreiben an die EU-Kommission, Überarbeitung der EU-Eigenkapitalvorschriften für Kreditinstitute und Wertpapierhäuser, 30.4.2003; **zitiert:** ZKA, Schreiben an die EU-Kommission, Überarbeitung der EU-Eigenkapitalvorschriften für Kreditinstitute und Wertpapierhäuser, 30.4.2003, S.;

Zentraler Kreditausschuss (ZKA); Stellungnahme zum Entwurf einer Deckungsregister-Verordnung, vom 14.11.2005; **zitiert:** ZKA, Stellungnahme zum Entwurf einer Deckungsregister-Verordnung, vom 14.11.2005, S.;

ZfgK; Gespräch des Tages – Landesbank Berlin – Droht Aufspaltung des Pfandbriefmarkts?, in: ZfgK, 13/2007, S. 13 f.; **zitiert:** ZfgK, Gespräch des Tages – Landesbank Berlin – Droht Aufspaltung des Pfandbriefmarkts?, in: ZfgK, 13/2007, S. 13.

ZfgK; Gespräch des Tages – LBB – Angriff auf den Pfandbrief, in: ZfgK, 10/2007, S. 484 f.; **zitiert:** ZfgK – Gespräch des Tages – LBB – Angriff auf den Pfandbrief, in: ZfgK, 10/2007, S.;

ZfgK Leitartikel; Das Pfandbriefgesetz: Es wurde Zeit, in: I&F 10/2004, S. 1101; **zitiert:** Leitartikel, Pfandbriefe und Rating – ein gestörtes Verhältnis?, in: I&F, 03/2007, S. 76;

Zoller, Edgar; Die Bedeutung des zukünftigen Pfandbriefrechts für Universalbanken, in: ZfgK, 20/2004, S. 1114 ff.; **zitiert:** Zoller, Die Bedeutung des zukünftigen Pfandbriefrechts für Universalbanken, in: ZfgK, 20/2004, S.;

Zweigert, Konrad; Kötz, Hein; Einführung in die Rechtsvergleichung auf dem Gebiet des Privatrechts, 3. Auflage, Tübingen 1996; **zitiert:** Zweigert/Kötz, Einführung in die Rechtsvergleichung auf dem Gebiet des Privatrechts, 3. Auflage, 1996, S.

Stichwortverzeichnis

FSC
www.fsc.org
MIX
Papier | Fördert gute Waldnutzung
FSC® C083411

Kolibri 360 GmbH
Ferdinand-Jühlke-Straße 7
99095 Erfurt, Deutschland
produktsicherheit@kolibri360.de